Vergaberecht

Schnellübersicht

Vergaberecht

Gesetz gegen Wettbewerbsbeschränkungen –
GWB – 4. Teil
Vergabeverordnung – VgV
Sektorenverordnung – SektVO
Vergabeverordnung Verteidigung und Sicherheit – VSVgV
Konzessionsvergabeverordnung – KonzVgV
Wettbewerbsregistergesetz – WRegG
Wettbewerbsregisterverordnung – WRegV
Vergabe- und Vertragsordnung für Bauleistungen
Teil A und B – VOB
Unterschwellenvergabeordnung – UVgO
Allgemeine Vertragsbedingungen für die Ausführung von
Leistungen – VOL/B

Textausgabe mit Sachverzeichnis
und einer Einführung von
Dr. Ute Jasper, Rechtsanwältin in Düsseldorf und
Dr. Fridhelm Marx, Ministerialdirigent a. D., Alfter

24. Auflage
Stand: 30. Juni 2021

dtv

www.dtv.de

www.beck.de

Sonderausgabe
dtv Verlagsgesellschaft mbH & Co. KG,
Tumblingerstraße 21, 80337 München
© 2021. Redaktionelle Verantwortung: Verlag C. H. Beck oHG
Gesamtherstellung: Druckerei C. H. Beck, Nördlingen
(Adresse der Druckerei: Wilhelmstraße 9, 80801 München)
Umschlagtypographie auf der Grundlage
der Gestaltung von Celestino Piatti

chbeck.de/nachhaltig

ISBN 978-3-423-53107-8 (dtv)
ISBN 978-3-406-77961-9 (C. H. Beck)

Inhaltsverzeichnis

Bundes- und europäisches Recht

Inhaltsverzeichnis

Vergabe- und Vertragsordnungen

Landesrecht

Inhaltsverzeichnis

Regelungen für Nachprüfungsverfahren

Inhaltsverzeichnis

Abkürzungsverzeichnis

Abs.	Absatz
AGB	Allgemeine Geschäftsbedingungen
ArchLG	Gesetz zur Regelung von Ingenieur- und Architekturleistungen
BAnz.	Bundesanzeiger
BauR	Baurecht – Zeitschrift für das gesamte öffentliche und private Baurecht
BayBauVG ...	Bayerisches Bauaufträge-Vergabegesetz
BbgMFG	Brandenburgische Mittelstandsförderungsgesetz
Berl.AVG	Berliner Ausschreibungs- und Vergabegesetz
BGB	Bürgerliches Gesetzbuch
BGBl.	Bundesgesetzblatt
BGH	Bundesgerichtshof
BHO	Bundeshaushaltsordnung
DNotZ	Deutsche Notar-Zeitschrift
EWG	Europäische Wirtschaftsgemeinschaft
EVertr.	Einigungsvertrag zwischen der Bundesrepublik Deutschland und der Deutschen Demokratischen Republik über die Herstellung der Einheit Deutschlands vom 31. August 1990 (BGBl. II S. 889)
ff.	folgende
FFV	Frauenförderverordnung
gem.	gemäß
GOA	Gebührenordnung für Architekten
GOI	Gebührenordnung für Ingenieure
GSB	Gesetz über die Sicherung der Bauforderungen
GWB	Gesetz gegen Wettbewerbsbeschränkungen
GewO	Gewerbeordnung
HGrG	Haushaltsgrundsätzegesetz
HmbVgG	Hamburgisches Vergabegesetz
HOAI	Honorarordnung für Architekten und Ingenieure
HVTG	Hessisches Vergabe- und Tariftreuegesetz
KonzVgV	Konzessionsvergabeverordnung
KorruptionsbG	Korruptionsbekämpfungsgesetz
LNPV	Landesnachprüfungsverordnung
LTMG	Landfestariftreue- und Mindestlohngesetz
LTTG	Landestariftreuegesetz
LVG LSA	Landesvergabegesetz Sachsen-Anhalt
MaBV	Makler- und Bauträgerverordnung
MfG	Mittelstandsförderungsgesetz
NJW	Neue Juristische Wochenschrift
NJW-RR	NJW-Rechtsprechungsreport
NPV	Nachprüfungsverordnung
NTVerG	Niedersächsisches Tariftreue- und Vergabegesetz
OLG	Oberlandesgericht

Abkürzungsverzeichnis

ÖPP .... Öffentlich Private Partnerschaften
RGZ .... Amtl. Sammlung der Entscheidungen des Reichsgerichts in Zivilsachen
S. .... Seite
SaarBauVG ... Saarländisches Bauaufträge-Vergabegesetz
Sächs-
VergabeDVO Sächsische Vergabedurchführungsverordnung
Sächs-
VergabeG ..... Sächsisches Vergabegesetz
SektVO .... Sektorenverordnung
STTG .... Saarländisches Tariftreuegesetz
ThürVgV ..... Thüringer Vergabegesetz
TTG .... Tariftreue- und Vergabegesetz Schleswig-Holstein
TVgGNRW . Tariftreue- und Vergabegesetz Nordrhein-Westfalen
UVgO .... Unterschwellenvergabeordnung
VersR .... Versicherungsrecht
VergStatVO .. Vergabestatistikverordnung
VGSH .... Vergabegesetz Schleswig-Holstein
VgNG M-V .. Vergabenachprüfungsgesetz Mecklenburg-Vorpommern
VgRÄG ...... Vergaberechtsänderungsgesetz
VgV .... Vergabeverordnung
VNPVO ...... Vergabenachprüfungsverordnung
VOB .... Vergabe- und Vertragsordnung für Bauleistungen
VOF .... Vergabeordnung für freiberufliche Leistungen
VOL .... Vergabe- und Vertragsordnung für Leistungen
VSVgV .... Vergabeverordnung Verteidigung und Sicherheit
WRegG ...... Wettbewerbsregistergesetz
Ziff. .... Ziffer
ZfBR .... Zeitschrift für deutsches und internationales Bau- und Vergaberecht
ZPO .... Zivilprozeßordnung

X

Einführung

von Dr. Ute Jasper, Rechtsanwältin in Düsseldorf, und
Dr. Fridhelm Marx, Ministerialdirigent a. D., Alfter

Übersicht

Einführung

I. Gegenstand, Rechtsquellen und Struktur des Vergaberechts

1. Begriff

Unter „Vergaberecht" ist die Gesamtheit der Regeln und Vorschriften zu verstehen, die dem Staat, seinen Behörden und Institutionen eine bestimmte Vorgehensweise beim Einkauf von Gütern und Leistungen vorschreiben, die zur Erfüllung der Aufgaben der jeweiligen Institution erforderlich sind. Einkauf bedeutet dabei jede Inanspruchnahme einer Leistung am Markt gegen Entgelt. Darunter fallen die Regeln darüber, wie eine Gemeinde vorzugehen hat, wenn sie zum Bau eines neuen Rathauses den Architekten oder zum Bau eines Müllkraftwerkes die Lieferanten oder die Bauunternehmer sucht. Erfasst sind auch die Vorschriften, die die Bundesregierung beim Erwerb der Versorgungsgüter für die Bundeswehr einzuhalten hat. Teil des Vergaberechts sind außerdem die Regelungen, die die öffentliche Versorgungswirtschaft – von der Energie- und die Trinkwasserversorgung bis zum Verkehr – bei ihren Einkäufen zu beachten hat, und Vertragskonstellationen, bei denen ein öffentlicher Auftraggeber ein Unternehmen mit der Erbringung einer Leistung betraut, die Gegenleistung aber nicht in einer Zahlung, sondern in dem Recht besteht, die Leistung wirtschaftlich nutzen zu dürfen (Konzession).

Andere öffentliche Sektoren wie zum Beispiel die Entsorgungswirtschaft waren in der Vergangenheit Aufgabe des Staates selbst. Im vergaberechtlichen Sinne wird er auch heute noch so behandelt. In der Entsorgungswirtschaft gelten daher Vergaberegeln nur für öffentlich beherrschte und öffentlich geführte Unternehmen – sofern sie denn die übrigen Voraussetzungen der Auftraggeberdefinition erfüllen. Für diese Unternehmen gelten dann die Regeln, die auch für behördliche Auftraggeber gelten. Für in der Entsorgungswirtschaft tätige private Unternehmen gibt es selbstverständlich keine Einkaufsvorschriften, die denen der Energiewirtschaft, des Verkehrs oder der Wasserversorgung entsprechen. Gleiches gilt in Deutschland für Postdienste, die im europäischen Recht als Versorgungssektor geführt werden. In Deutschland werden die Postdienste weder durch staatsbeherrschte Unternehmen noch durch Unternehmen angeboten, die über Monopolrechte verfügen. Daher sind die Unternehmen, die Postdienste anbieten, im deutschen Recht auch keine öffentlichen Auftraggeber.

Insgesamt sind von dem durch das Vergaberecht vorgegebenen Rechtsrahmen für das Vorgehen beim Einkauf am Markt ca. 10 bis 12% des Bruttoinlandsproduktes betroffen. Die oft in Literatur und Presse angegebenen weit höheren Prozentsätze sind meist schlicht aus der Luft gegriffen, basieren jedenfalls nicht auf nachvollziehbaren Berechnungen oder Schätzungen.

Der Begriff „Vergabe" hat etwas Altertümliches an sich. Er passt nach heutigem Sprachgefühl nicht recht auf den Vorgang, der hier gemeint ist. Das Wort suggeriert das Entgegenkommen eines Hoheitsträgers, das, wenn denn nicht eine Art Gnadenakt, so doch eine Handlung ist, die die staatliche Vergabestelle huldvoll dem gewährt, der sich würdig erweist. Obwohl dies in der politischen Öffentlichkeit leider allzu oft falsch gesehen wird, hat die öffentliche Auftragsvergabe selbstverständlich mit dieser herablassenden Mildtätigkeit nichts zu tun. Der Einkauf der staatlichen und halbstaatlichen Institutionen ist ein ganz profaner ökonomischer Vorgang. Der Erwerb der für die Existenz und die Aufgabenerfüllung notwendigen Ressourcen – der Erwerb von Waren, von Dienstleistungen und einer speziellen Mischung aus beidem, von Bauten – gegen Geld, das vom Steuer- oder Gebührenzahler zwangsweise erhoben wird, hat nach unserer Finanzverfassung „wirtschaftlich" zu erfolgen.

Der Begriff Vergabe verführt den Gesetzgeber immer wieder dazu, in die Haltung des gnadenerweisenden Hoheitsträgers zurückzufallen und den Lieferanten Auflagen zu machen, an die ein Einkäufer eines Unternehmens niemals denken würde. Auch dies sind dann Gegenstände des Vergaberechts: Ausschlussregeln für Unternehmen, die ihre Arbeitnehmer nicht in ganz bestimmter Weise entlohnen, Ausschlussregeln für Unternehmen, die einer bestimmten Sekte angehören; Vorzugsregeln für Unternehmen, die ausbilden, die Luft weniger verschmutzen als andere, Frauen besser fördern als andere uvm.

2. Ursprung und Rechtscharakter des deutschen Vergaberechts

Das deutsche Vergaberecht ist traditionell spezieller Teil des Haushaltsrechts, welches die Vorschriften zur Aufstellung und zur Abwicklung des Etats einer öffentlich-rechtlichen Körperschaft beinhaltet. Die Regeln über den Umgang der Regierung und der Verwaltung mit dem Geld der Steuerzahler schließen, wie ganz selbstverständlich erscheint, auch die Regeln ein, die das Ausgabeverhalten des Staates beim Erwerb der für sein Funktionieren erforderlichen materiellen Grundlagen steuern. Haushaltsgrundsätzegesetz, Bundes- und Landeshaushaltsordnungen (§§ 55 BHO, LHO), die Haushaltsordnungen aller möglichen öffentlich-rechtlichen Körperschaften ebenso wie Gemeindehaushaltsverordnungen der Länder schreiben den Beamten bestimmte Verhaltens- und Vorgehensweisen beim Einkauf vor. Da diese Regeln allein das Ziel haben, die ökonomische Verwendung der Haushaltsmittel zu sichern, das heißt den Etat zu schützen, können sie nur in Ausnahmefällen zu Rechtspositionen von potenziellen Vertragspartnern der einkaufenden, staatlichen Institutionen führen. Im Grundsatz sind es Kompetenzvorschriften und objektive Ordnungsregeln, die allenfalls Reflexwirkungen auf potenzielle Vertragspartner entfalten können.

Die gesetzlichen haushaltsrechtlichen Vorschriften, die die Verwaltungen durchweg nur ganz allgemein verpflichten, im Wettbewerb zu beschaffen, werden näher ergänzt und ausgefüllt durch „Vergabeordnungen". Die Bezeichnung „Vergabeordnung" hat in den letzten Jahren den Begriff „Verdingungsordnung" ersetzt, der nun doch als allzu altmodisch und aussagelos empfunden wurde und mit dem, was geregelt werden soll, nur noch wenig zu tun zu haben schien. In den bis zur Reform 2015/16 bestehenden Vergabeordnungen – Vergabe- und Vertragsordnung für Bauleistungen (VOB), Vergabe- und Vertragsordnung für Leistungen (VOL) und Vergabeordnung für freiberufliche Dienstleistungen (VOF) – waren die einzelnen Regeln enthalten, die die Auftraggeber bei der Anbahnung und dem Abschluss eines Auftrags zu beachten hatten: Vorschriften über die Publizität, über einzuhaltende Fristen, über die Zulassung und Wertung von Angeboten, über den Zuschlag und die nach dem Zuschlag herzustellende Transparenz. VOB, VOL und VOF waren ursprünglich selbst keine staatlichen Normen, weder Verordnungen noch Satzungen, noch gar gesetzliche Vorschriften. Es waren pure Vereinbarungen zwischen den beiden Marktseiten, den öffentlichen Auftraggebern auf der einen und Vertretern der anbietenden Wirtschaft auf der anderen Seite. Sie wurden verabredet in den sog. Vergabeausschüssen – Deutscher Vergabe- und Vertragsausschuss für Bauleistungen (DVA) und Deutscher Vergabe- und Vertragsausschuss für Lieferungen und Dienstleistungen (DVAL) –, die seit Beginn der 20er Jahre des vergangenen Jahrhunderts in Deutschland etabliert waren. Außer den Bestimmungen über das bei der Vergabe einzuhaltende Verfahren in den Teilen A enthielten die Vergabeordnungen in ihren Teilen B Allgemeine Geschäftsbedingungen, die beim Abschluss eines Vertrages zu Grunde zu legen waren. Mit Abschluss des Vertrages werden sie Vertragsgegenstand. Diese Rechtssituation gilt seit der neuesten Vergaberechtsreform so nur noch für die VOB. Die VOB enthält im Übrigen noch einen Teil C mit technischen Vorgaben für das Bauen, der allerdings in der Regel ebenso wenig wie der Teil B zum Vergaberecht gezählt wird.

Die VOB gliedert sich in Teile und Abschnitte:

Teile	Abschnitte des Teils A
A mit allgemeinen Bestimmungen über Anbahnung und Abschluss der Verträge	**1** mit dem nationalen Vergaberecht
B mit allgemeinen Vertragsbedingungen für die Ausführung der Leistung (besonderes Werkvertragsrecht)	**2** mit den Regeln über die Vergabe von Bauleistungen im Oberschwellenbereich
C mit allgemeinen technischen Vertragsbedingungen	**3** mit den Vorschriften über die Vergabe von verteidigungs- und sicherheitsspezifischen Bauleistungen

Der DVA hat am 31.1.2019 eine Überarbeitung der VOB/A mit den Abschnitten 1 bis 3 beschlossen. Diese wurde am 19.2.2019 im Bundesanzeiger veröffentlicht. Mit Wirkung zum 1.3.2019 hat das Bundesbauministerium das Inkrafttreten des Abschnitts 1 der VOB/A für Bundesbehörden durch Erlass bestimmt (BAnz AT 19.2.2019 B2). Auf Länderebene gilt die überarbeitete VOB/A mittlerweile weitestgehend. Eine Ausnahmen gibt es (Stand März 2020) nur für Nordrhein-Westfalen. Hier gilt die überarbeitete VOB/A dank dynamischer Verweisung in den Kommunalen Vergabegrundsätzen zwar schon für die Kommunen, für die Landesbehörden bedarf es aber noch einer Änderung des starren Verweises in den Verwaltungsvorschriften zu § 55 LHO NRW.

Der 2. und 3. Abschnitt der VOB/A wurden durch die Änderung der Verweise in § 2 VgV und § 2 Abs. 2 S. 2 VSVgV mit Wirkung zum 18.7.2019 in Kraft gesetzt. Auch die Allgemeinen Technischen Vertragsbedingungen der VOB/C wurden nunmehr überarbeitet.

Für Lieferleistungen, Dienstleistungen und freiberufliche Leistungen gilt nun die Unterschwellenvergabeordnung (UVgO) an Stelle der VOL/A unterhalb der Schwellenwerte. Sie bezieht ihre Rechtskraft wie die Basisvorschriften der VOB/A aus den haushaltsrechtlichen Regeln der §§ 55 BHO/LHO, orientiert sich aber inhaltlich an der neuen VgV. Auf Länderebene gilt die UVgO bereits in 12 zwölf Ländern. Sachsen, Sachsen-Anhalt, Rheinland-Pfalz und Hessen haben die UvgO bisher nicht umgesetzt (Stand März 2020). Hier gilt weiterhin die VOL/A.

Inhaltlich lässt sich die Ersetzung der 20 Paragraphen der UVgO nicht ernsthaft als Vereinfachung des Vergaberechts darstellen. Von Bürokratieabbau kann man nicht sprechen.

Eine echte Vereinfachung des Rechts ist vermutlich nur zu erreichen, wenn man auf das „haushaltsrechtliche Vergaberecht" ganz verzichtet und soweit möglich keine besonderen Verfahrensvorschriften aufstellt, sondern nur allgemeine Diskriminierungsfreiheit, Ex-ante- und Ex-post-Transparenz verlangt. Damit könnte dann auch das mit dem Vergaberechtsänderungsgesetz 2015/2016 nicht angepackte Problem des Unterschwellenschutzes einer Lösung zugeführt werden: Der vergaberechtliche Rechtsschutz der §§ 155 ff. GWB könnte dann auch für diese – abgespeckten – Regeln im Unterschwellenbereich gelten.

3. Ausweitung durch den EU-Binnenmarkt

Die Entwicklung der Europäischen Gemeinschaft, die kontinuierliche Fortentwicklung der Marktfreiheiten und der Ausbau des Binnenmarktes konnte an den volkswirtschaftlich bedeutenden „marchés publics" nicht vorübergehen – zumal es in allen Mitgliedstaaten der Union üblich war, den öffentlichen Einkauf auf die heimischen Märkte zu beschränken – ein Zustand, an dem sich aus welchen Gründen auch immer bis heute nichts Wesentliches geändert hat. Rechtlich führte das Programm zur Vollendung des Binnenmarktes in der EU Anfang der 90er Jahre des vergangenen Jahrhunderts zu einer Vervollständigung des Systems der EU-Regeln über die Vergabe öffentlicher Aufträge. Ihr Anwendungsbereich wurde stark erweitert. Er erfasste jetzt insbesondere auch öffentliche Versorgungsunternehmen und auch alle staatsbeherrschten, nicht gewerblichen Zwecken dienenden Institutionen – und zwar unabhängig davon, ob sie öffentlich-rechtlich oder privatrechtlich organisiert sind.

Die zur Marktöffnung zunächst erlassenen Richtlinien der EU zur Koordinierung der nationalen Vorschriften über die Vergabe öffentlicher Aufträge (Richtlinien 2004/17/EG und 2004/18/EG sowie der Richtlinien 89/665/EWG und 92/13/EWG in der Fassung der Richtlinie 2007/66/EG) wurden 2014 durch ein neues Richtlinienpaket ersetzt, das das europäische Recht allerdings weder einfacher noch klarer noch effizienter macht, obwohl genau dies die vorgeblichen Ziele der ganzen Reformaktion waren. Die neuen Richtlinien stellen allerdings in der Tat die umfangreichste Reform des Vergaberechts der letzten 10 Jahre dar. Sie beziehen in ausführlicher Form auch strategische Ziele wie innovativere Lösungen, Sozialverträglichkeit und Umweltfreundlichkeit ein. Die Vielzahl von Detailregelungen wird das Vergaberecht noch sperriger und bürokratischer machen als bisher.

Die neue VKR 2014/24/EU ersetzt die bisherige Vergabekoordinierungsrichtlinie 2004/18/EG. Viele der dort enthaltenen Neuerungen sind auch in

Einführung

die Konzessions- und Sektorenrichtlinie eingeflossen. Wesentliche Neuerungen sind die Pflicht zur losweisen Vergabe sowie die Aufnahme von In-House-Geschäften. Klares Ziel der neuen Vergaberichtlinie ist die zukünftige Vergabe auf elektronischem Wege. Dies soll schrittweise geschehen und ab September 2018 auch für Bieter verpflichtend sein. Zur Förderung von Innovationen sieht die Richtlinie in Art. 31 die Vergabeart der Innovationspartnerschaft vor. Dadurch soll die Entwicklung und der anschließende Erwerb von bislang nicht auf dem Markt verfügbaren Leistungen vereinfacht werden. Zum ersten Mal wird die Vergabe von Konzessionen ausdrücklich geregelt. Die KonzRL 2014/23/EU erfasst Konzessionen ab einem Auftragswert, der dem Bauauftragsschwellenwert entspricht. Maßgeblich ist dabei der geschätzte Gesamtumsatz, den der Konzessionsnehmer während der Vertragslaufzeit erzielt. Neu ist, dass durch die Richtlinie nicht nur Baukonzessionen, sondern auch Dienstleistungskonzessionen erfasst werden. Unternehmen steht bei der Vergabe von Dienstleistungskonzessionen nun erstmalig vergaberechtlicher Rechtsschutz zu. Die Richtlinie SKR über die Vergabe von Aufträgen durch Auftraggeber im Bereich der Wasser-, Energie und Verkehrsversorgung sowie der Postdienste (RL 2014/25/EU) ersetzt die Richtlinie 2004/17/EG.

4. Umsetzung in deutsches Wettbewerbsrecht

Für Aufträge mit Auftragswerten unterhalb der von den Richtlinien bestimmten Schwellen und innerhalb der in den Richtlinien fixierten Ausnahmebereichen gelten – cum grano salis – die traditionellen deutschen Vergaberegeln. Für Aufträge oberhalb dieser Schwellenwerte gilt seit dem Vergaberechtsmodernisierungsgesetz 2016 ein gegenüber dem früheren Recht stark ausgeweiteter Teil 4 des GWB und eine Reihe von Verordnungen, die die Einzelheiten der jeweiligen Vergabeverfahren regulieren: Das sind neben der Vergabeverordnung (VgV), die Verordnung für verteidigungs- und sicherheitsspezifische Aufträge (VSVgV), die Verordnung für die Vergabe von Aufträgen auf bestimmten (Versorgungs)Sektoren (SektVO) und die Verordnung für die Vergabe von Konzessionen (KonzVgV). Die näheren Bestimmungen über das Vorgehen beim Einkauf von Gütern am Markt befinden sich in diesen Verordnungen. Ausgenommen von diesem Prinzip ist nur die Vergabe von Bauleistungen. Für sie gilt weiterhin, dass die Detailregeln über die Vergabe in der VOB/A stehen, und zwar in einem ersten Abschnitt die Regeln für die Baumaßnahmen im Unterschwellenbereich, im Abschnitt EU die Regeln über die Vergabe von Bauleistungen mit einem Wert, der den Schwellenwert erreicht oder übersteigt, und in einem dritten Abschnitt die Regeln über die Vergabe von verteidigungs- und sicherheitsspezifischen Bauleistungen.

Letztlich gelang es damit trotz jahrelangen hinhaltenden Widerstandes der Beteiligten in Behörden und Unternehmen nicht, das traditionelle deutsche Vergaberecht zu erhalten und dabei zugleich das in mancher Beziehung prinzipiell anders angelegte EU-Vergaberecht im deutschen Recht aufzufangen. Die prinzipielle Zugehörigkeit zum Haushaltsrecht und der Rechtscharakter der Regeln als objektive Ordnungsregeln zum Schutze nur des Budgets ohne Rechte für Bewerber und Bieter widerspricht dem sich aus dem EU-Recht zwingend ergebenden Aspekt des Rechts der Unternehmen auf Einhaltung der Vergaberegeln ebenso wie der Ausdehnung des subjektiven Anwendungsbereichs auf öffentliche Unternehmen und private Versorgungsunternehmen in den Sektoren Energie, Trinkwasser und Verkehr und nun auch der Konzessionsvergabe. Der Vierte Teil des GWB teilt sich in zwei Kapitel, von denen das erste die „Vergabeverfahren" betrifft und das zweite den „Nachprüfungsverfahren" genannten Rechtsschutz zum Gegenstand hat. Das Kapitel 1 enthält drei Abschnitte, die sich mit Grundsätzen der Vergabe, den Auftraggebern und den Auftragsdefinitionen, der Konzessionsbeschreibung, den Schwellenwerten und allgemeinen Ausnahmen befassen. Der erste Abschnitt mit den §§ 110 bis 114 GWB enthält detaillierte Regeln darüber, wie mit gemischten Aufträgen zu verfahren ist, die erforderlichen Verordnungsermächtigungen für VgV, VSVgV, SektVO und KonzVO sowie in § 114 GWB die Rechtsgrundlage für die Gewinnung flächendeckender statistischer Daten. Der Abschnitt zwei befasst sich mit der Vergabe öffentlicher Aufträge durch öffentliche Auftraggeber, dem Anwendungsbereich (§§ 115–118 GWB), den Vergabeverfahren und der Auftragsausführung. Dabei wird Vieles, was bisher in den Verordnungen oder den Vergabeordnungen untergebracht war, ins Gesetz übernommen, von den Verfahrensarten (§ 119 GWB) über die Leistungsbeschreibung (§ 121 GWB) und die Eignung (§ 122 bis 124 GWB) bis zum Zuschlag (§ 127 GWB) und einer Regel über die Auftragsausführung (§ 128 GWB). Erstmals geregelt werden durch das Vergaberechtsmodernisierungsgesetz 2016 im neuen GWB die Selbstreinigung einmal ausgeschlossener Unternehmen, um wieder an öffentliche Aufträge zu kommen (§ 125 GWB), Auftragsänderungen während der Laufzeit von Aufträgen (§ 132 GWB) sowie die Kündigung von öffentlichen Aufträgen in besonderen Fällen (§ 133 GWB).

Besonders wichtiger Teil der Regelung des Vierten Teils des GWB ist der Rechtsschutz im Zweiten Kapitel. Es handelt sich um ein zweistufiges Überprüfungsverfahren, deren erste Stufe eine obligatorische verwaltungsmäßige Nachprüfung durch sog. Vergabekammern als Eingangsinstanz für den Vergaberechtsschutz darstellt. Vergabekammern sind im Bund und in jedem Bundesland eingerichtet; im Bund sind sie beim Kartellamt angesiedelt. Gegen Entscheidungen der Vergabekammern gibt es die Möglichkeit einer „Sofortigen Beschwerde" beim Oberlandesgericht. Einige notwendige Regelungen über den Schadensersatz und über die Kosten folgen am Ende des Kapitels 2 im Vierten Teil des GWB. Die Vergabeverordnung (VgV) enthält die näheren Bestimmungen über die bei der Vergabe von Aufträgen einzuhaltenden Verfahren. Das gilt nicht für die Vergabe von Bauleistungen. In diesem Fall verweist die VgV lediglich auf den zweiten Abschnitt der VOB/A, die als Gesamtpaket vom Vorstand des DVA am 31.1.2019 neu beschlossen und am 20.2.2019 im Bundesanzeiger veröffentlicht worden ist. Wesentliche Änderung in der neuen VOB ist die Einführung des Prinzips der Wahlfreiheit zwischen Öffentlicher Ausschreibung und Beschränkter Ausschreibung mit Teilnahmewettbewerb.

Die Vergabeordnung für die Bereiche Verteidigung und Sicherheit (VSVgV) vom 12. 7. 2012 gilt für die Vergabe von verteidigungs- und sicherheitsrelevanten Aufträgen im Sinne des § 99 Abs. 6 GWB durch öffentliche Auftraggeber im Sinne des § 99 GWB und Sektorenauftraggeber gemäß § 100 GWB, soweit diese Aufträge nicht gemäß § 117 und 145 GWB dem Anwendungsbereich des Vierten Teils des GWB entzogen sind. Erfasst sind Aufträge, deren geschätzter Auftragswert ohne Umsatzsteuer die Schwellenwerte erreicht oder überschreitet, die in Artikel 8 der Richtlinie 2009/81/EG des Europäischen Parlaments und des Rates vom 13.7.2009 in der jeweils geltenden Fassung festgelegt werden (EU-Schwellenwerte). Dabei gelten für die erfassten Liefer- und Dienstleis-

Einführung

tungsaufträge die in der VSVgV selbst enthaltenen Regeln direkt; für die Bauaufträge des Verteidigungs- und Sicherheitsbereiches wird auf einen eigenen dritten Abschnitt der VOB verwiesen.

Die Sektorenverordnung (SektVO) vom 12.4.2016 enthält die „näheren Bestimmungen" über das von Sektorenauftraggebern bei der Vergabe von Sektorenaufträgen (Aufträge im Bereich des Verkehrs, der Trinkwasser- und Energieversorgung) einzuhaltende Verfahren. Die Verordnung ist in fünf Abschnitte unterteilt und mit drei Anlagen versehen. Der Abschnitt 1 ergänzt die Regeln über das Anwendungsfeld der SektVO und regelt Grundsätze, Dokumentation und die Kommunikation. Der Abschnitt 2 über das Vergabeverfahren enthält Vorschriften über die Vorbereitung des Verfahrens, Detailvorschriften über Bekanntmachungen und Fristen sowie die Anforderungen, die an die Vertragspartner der Sektorenauftraggeber zu stellen sind. Im Unterabschnitt 6 geht es um Prüfung und Wertung der Angebote und die Beendigung des Vergabeverfahrens durch Vertragsabschluss oder Aufhebung und Einstellung. Für die EU-Schwellen verweist die SektVO wie die VgV flexibel auf die jeweils geltenden Werte.

Die Verordnung über die Vergabe von Konzessionen (KonzVgV) regelt die **„näheren Bestimmungen" über das bei der Vergabe von Konzessionen einzuhaltende Verfahren.** Zu Beginn stehen die Berechnung des geschätzten Vertragswertes und die Laufzeit der Konzessionen. Dabei ist von besonderer Bedeutung, dass der Konzessionsgeber den geschätzten Vertragswert nach einer „objektiven Methode" vorzunehmen hat, die in den Vergabeunterlagen zu beschreiben ist und von der Berechnung der Schwellenwerte bei öffentlichen Aufträgen stark abweichen kann. Kern des Schwellenwertes sind die für die Konzession vorzunehmenden Investitionen. Dazu können insbesondere die zu berücksichtigenden Investitionen gehören, Aufwendungen für Infrastruktur, Urheber- und Patentrechte, Ausrüstung, Logistik sowie Kosten für die Anstellung und Schulung von Personal. Die Laufzeit jedweder Konzession ist auf den Abschreibungszeitraum für die zu ihrer Erfüllung erforderlichen Investitionen beschränkt – sofern sie nicht ohnehin nur weniger als 5 Jahre laufen soll. § 6 verpflichtet den Konzessionsgeber, das Vergabeverfahren von Beginn an fortlaufend in Textform nach § 126b BGB zu dokumentieren. Zusätzlich wird verlangt, dass der Konzessionsgeber über jedes Vergabeverfahren in Textform einen Vergabevermerk anfertigt. So ganz erschließt sich dem Leser der Verordnung allerdings nicht, worin der Unterschied zwischen Dokumentation und Vergabevermerk besteht und warum beides parallel verlangt wird. In den §§ 7–11 beschäftigt sich die Verordnung mit der Kommunikation zwischen Konzessionsgeber und Wirtschaftsteilnehmer und verpflichtet den Konzessionsgeber abweichend von der allgemeinen Regel der Richtlinie 2014/23/EU auf die elektronische Kommunikation. Die KonzVgV verlangt für jedwede Kommunikation die Verwendung elektronischer Kommunikationsmittel. Dies soll einer effizienten Abwicklung des Vergabeverfahrens und der Anpassung der Regeln an die Regeln der Beschaffung dienen.

Die zentralen Regeln zur Konzessionsvergabe finden sich im Abschnitt 2 der KonzVgV. Das beginnt mit einer weiteren Regel über die „allgemeinen Grundsätze", in denen wieder einmal festgehalten ist, dass der Konzessionsgeber das Verfahren von Konzessionen „frei" gestalten kann, während zugleich Hinweise gegeben werden, was nicht geschehen darf: Verhandlungen über den Konzessionsgegenstand dürfen ebenso wenig stattfinden wie Änderungen an Angebot und Zuschlagskriterien. Im § 13 heißt es unter „Verfahrensgarantien":

Einführung

Die Konzessionen werden auf der Grundlage der vom Konzessionsgeber festgelegten Zuschlagsgarantien vergeben, wenn der Bieter geeignet ist, die weiteren Teilnahmebedingungen erfüllt sind und er nicht nach den Vorschriften des § 154 GWB auszuschließen ist. Der Konzessionsgeber übermittelt den Teilnehmern an einem Vergabeverfahren einen **Organisations- und Zeitplan des Vergabeverfahrens** einschließlich eines unverbindlichen Schlusstermins. Sämtliche Änderungen an diesem Zeitplan werden allen Teilnehmern mitgeteilt. Wenn die Änderungen Inhalte der Konzessionsbekanntmachung betreffen, sind sie europaweit bekannt zu machen. Wenn dies keine neue bürokratische Last ist, weiß ich nicht mehr, was eine bürokratische Last ist.

Dem Vergabeverfahren muss eine genaue Leistungsbeschreibung der geforderten Bau- oder Dienstleistung voraus gehen. Die Leistungsbeschreibung ist Hauptgegenstand der Vergabeunterlagen. Diese umfassen daneben jede Unterlage, die vom Konzessionsgeber erstellt wird oder auf die er sich bezieht, um Bestandteile der Konzession oder des Verfahrens zu beschreiben. Sie werden den Wirtschaftsteilnehmern unter einer elektronischen Adresse uneingeschränkt, unentgeltlich, vollständig und direkt zur Verfügung gestellt. Die entsprechende elektronische Adresse ist in der Konzessionsbekanntmachung oder in der Aufforderung zur Angebotsabgabe anzugeben.

Die Absicht, eine Konzession zu vergeben, ist in einer Konzessionsbekanntmachung nach Standardformular mitzuteilen, es sei denn, es liegt einer der in der Verordnung niedergelegten Gründe vor, die ausnahmsweise erlauben, von einer Bekanntmachung abzusehen. Dabei sind Eignungskriterien und Zuschlagskriterien festzulegen. Die Eignung und das Nichtvorliegen von Ausschlussgründen werden aufgrund der Vorlage von Eigenerklärungen oder von Nachweisen geprüft.

Nach dem Ende des Vergabeverfahrens sind unbeschadet der Informations- und Wartpflicht nach § 134 GWB alle Bewerber und Bieter unverzüglich über die Entscheidung zu informieren. Dabei sind der Namen des erfolgreichen Bieters, die Gründe für die Ablehnung der Teilnahmeanträge oder Angebote sowie die Gründe für eine Entscheidung darzustellen, Konzessionen nicht zu vergeben oder das Verfahren neu einzuleiten. Spätestens 48 Tage nach der Vergabe einer Konzession übermittelt der Konzessionsgeber zusätzlich eine Vergabebekanntmachung mit dem Ergebnis des Vergabeverfahrens.

Einführung

Das **System des Vergaberechts oberhalb der EU-Schwellen** hat danach
folgende **formale Struktur:**

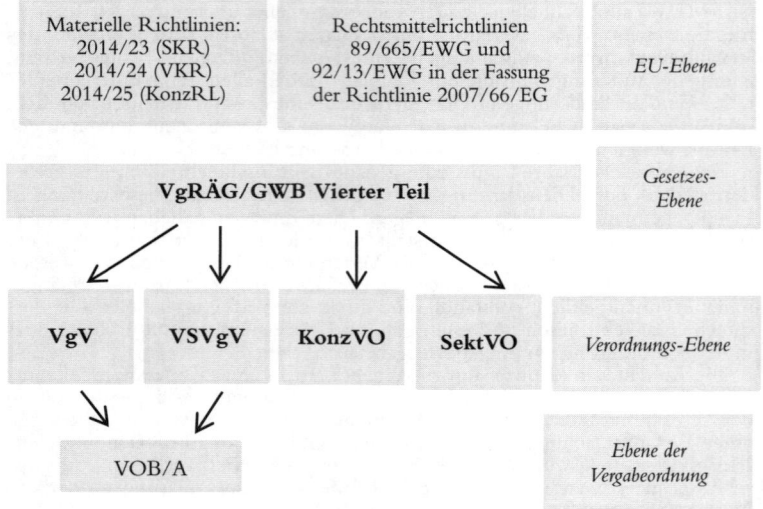

Mit dem Gesetz (Wettbewerbsregistergesetz – WRegG) vom 18.7.2017 hat der
Gesetzgeber bei dem Bundeskartellamt als Registerbehörde ein Register zum
Schutz des Wettbewerbs um öffentliche Aufträge und Konzessionen eingeführt.
In das Wettbewerbsregister sind nach § 2 WRegG verschiedene rechtskräftige
strafgerichtliche Verurteilungen sowie verschiedene rechtskräftige Bußgeldentscheidungen einzutragen. Öffentliche Auftraggeber iS v § 99 GBW sind nach
§ 6 Abs. 1 WRegG verpflichtet, vor der Erteilung des Zuschlags in einem
Vergabeverfahren mit einem geschätzten Auftragswert von 30.000,00 € ohne
Umsatzsteuer bei der Registerbehörde abzufragen, ob Eintragungen zum Bestbieter vorliegen. Der Gesetzgeber hat insbesondere die §§ 123–125 GWB an
die Einführung des WRegG angepasst.

Nach § 125 Abs. 1 GWB (nF) schließen öffentliche Auftraggeber ein Unternehmen, bei dem ein Ausschlussgrund nach § 123 oder § 124 GWB vorliegt,
nunmehr nicht von der Teilnahme am Vergabeverfahren aus, wenn das Unternehmen entweder dem öffentlichen Auftraggeber selbst oder nach § 8 WRegG
dem Bundeskartellamt erfolgreiche Selbstreinigungsmaßnahmen nachgewiesen
hat.

Das Vertrauensdienstgesetz vom 18. 7.2017 (BGBl. I S. 2745) erleichtert die
Verwendung elektronischer Vertrauensdienste, also beispielsweise digitaler Un-
terschriften, elektronischer Zeitstempel oder elektronischer Behördensiegel.
Damit werden elektronische Dokumente europaweit als rechtsgültig anerkannt.
Die Bundesnetzagentur überwacht als Aufsichtsstelle den Einsatz der elektroni-
schen Signaturen.

Einführung

II. Zweck und Grundprinzipien des Vergaberechts

1. Regelungszwecke

Vielfach wird bezweifelt, dass die Vergaberegeln einen ernst zu nehmenden und sinnvollen ökonomischen Hintergrund haben. Oft wird ihnen vorgeworfen, sie seien überflüssige bürokratische Belastungen, die im Zeitalter eines effizienten Staates eher abgeschafft werden müssen, als ausgeweitet werden dürfen; sie seien allenfalls geeignet, die Beschaffung von Bleistiften für Finanzämter vernünftig zu gestalten, nicht aber sinnvoll zum Einsatz beim Einkauf von Stadtwerken, Verkehrsunternehmen und Müllentsorgern. Dafür seien sie völlig unzeitgemäß. „Besonders unsinnig", heißt es, seien sie schon deswegen, weil sie zu wenig Schutzmöglichkeiten gegen Absprachen unter Bietern gewährten und weil sie bei komplexen Beschaffungen von inhomogenen Gütern, beim Erwerb von technologischen Neuheiten und der Beschaffung von allem übrigen, das der Auftraggeber nicht im Vorhinein genau beschreiben könne, nicht zu den erstrebten billigen Einkäufen führten. „Wir müssen von den hohen Standards herunter", sagen Kommunalpolitiker, „besonders auch bei der Beschaffung."

Bei näherem Hinsehen erweisen sich diese Urteile allesamt als falsch. Das zu einer eigenständigen Rechtsmaterie herangewachsene Vergaberecht mag seine Mängel haben. Für anbietende Unternehmen ebenso wie für Auftraggeber – ob öffentlich-rechtliche Körperschaften oder privatrechtlich organisierte Institutionen – wird die Rechtsmaterie nicht zuletzt wegen ihrer europarechtlichen Bindung zunehmend wichtiger, wenn auch immer undurchsichtiger und komplizierter.

Das oberste Ziel der Regeln des öffentlichen Auftragswesens ist die Verpflichtung der Auftraggeber auf den Einkauf nach dem Prinzip der Wirtschaftlichkeit. Überall dort nämlich, wo von vorne herein wettbewerbliche Strukturen fehlen, gibt es keinen Mechanismus, der den handelnden Institutionen den Maßstab der Wirtschaftlichkeit aufzwingt. Ökonomischer Zwang zu wirtschaftlichem Einkaufsverhalten besteht nur dort, wo unwirtschaftliches Verhalten letztlich mit dem Untergang, das heißt dem Konkurs bedroht ist. Das ist bei steuer- und abgabefinanzierten öffentlichen Institutionen ebenso wenig der Fall wie bei öffentlichen Versorgungsmonopolen. Diesen Institutionen muss daher vorgeschrieben werden, nach welchen Maßstäben sie einzukaufen haben. Es sind Regeln und deren Überwachung erforderlich, um Verschwendung oder unkontrollierte Verwendung von (Steuer)Mitteln für beliebige politische Zwecke zu verhindern. Die jüngere Vergangenheit zeigt, dass hier die „Standards" eher erhöht werden müssen, als gesenkt werden können. Denn die staatlichen Strukturen sind nicht per se auf ökonomische Prinzipien festgelegt; es gibt keinen unmittelbar selbststeuernden Mechanismus, der zugunsten behutsamer, wirtschaftlicher Verwendung von Budgetmitteln wirkt. Dies gilt erst recht dann, wenn zusätzlich zu Wirtschaftlichkeit und Effizienz weitere „strategische" Ziele mit der Beschaffung verfolgt werden sollen.

Außerdem ist ein zweiter Aspekt zu bedenken: Wenn der Staat einkauft, tritt er, unabhängig von der Form und der Art seines Auftretens, als großer und starker Nachfrager auf den Märkten auf. Völlig ungeregeltes und völlig willkürliches Auftreten könnte angesichts der potenziell riesigen Nachfrage zu erheblichen Störungen der Märkte führen. Daher muss die potenzielle Nachfrage-

Einführung

macht des Leviathan gebändigt, von vorneherein reguliert und für alle anderen Marktbeteiligten kalkulierbar gemacht werden. Auf keinen Fall dürfen einzelne auftragsvergebende Institutionen missbräuchlich Nachfragemacht ausüben. Einen anderen Weg, als Regeln vorzugeben und deren Einhaltung zu kontrollieren, gibt es zur Verfolgung dieses Ziel nicht.

Leicht übersehen wird der dritte, auch keinesfalls unwesentliche Aspekt: Da nur die „richtigen" Preise auf längere Sicht die volkswirtschaftlich richtige Ressourcenverteilung bewirken, diese aber nur bei funktionierendem Wettbewerb zustande kommen, muss Wettbewerb organisiert werden. Wie sollte dies anders geschehen als durch Regeln?

Schließlich ist als eigenständiger Gesetzeszweck auch die Öffnung der öffentlichen Beschaffungsmärkte in der EU hin zu einem großen Binnenmarkt anzusehen. Die noch immer durch vielerlei Hemmnisse weithin füreinander verschlossenen und den nur den jeweils im Lande sitzenden Anbietern offen stehenden Märkte sollen aufgebrochen werden, indem Transparenz der Regeln und der einzelnen Aufträge geschaffen sowie die Pflicht zur nichtdiskriminierenden Vergabe nach rationalen Kriterien überall in der EU durchgesetzt wird.

2. Prinzipien und Ziele des Vergaberechtes

Diese Regelungszwecke werden im deutschen Vergaberecht durch eine Reihe von Prinzipien ergänzt, die der Umsetzung der allgemeinen Ziele dienen, wobei die beiden letzten Prinzipien nicht in dem Teil des Vergaberechts gelten, der die Aufträge oberhalb der EU-Schwellen reguliert. Im Einzelnen sind dies:

– das **Privatrechts- und Effizienzprinzip:** Es bedeutet, dass der Staat bei seinen Einkäufen wie ein Privatunternehmen auftritt. Der Staat wird im Marktgeschehen und vor dem Gesetz wie eine Privatperson behandelt. Er schließt privatrechtliche Verträge. Das Prinzip wird insbesondere auf Länderebene, aber auch in einem Appell an die Auftraggeber in § 97 Abs. 3 GWB durch eine Festlegung auf weitere soziale und umweltbezogene Ziele, die mit der Vergabe zu verfolgen sind, mit der Zeit immer weiter in den Hintergrund gerückt.

– das **Wettbewerbs- und Transparenzprinzip:** Der Staat beschafft im (internationalen) Wettbewerb prinzipiell durch Ausschreibung und nicht bei seinen „Hoflieferanten". Dabei hält er eine Rangfolge der Vergabearten zugunsten der öffentlichen Ausschreibung und zu Lasten der misstrauisch als leicht missbrauchbar beargwöhnten sog. freihändigen Vergabe ein (Sie wurde im EU-Recht durch das „Verhandlungsverfahren" abgelöst). Um in möglichst breitem Wettbewerb im einzelnen Beschaffungsfall für die beste Relation von Preis und Leistung zu sorgen, enthalten die Regeln einen Vorrang öffentlicher Ausschreibung und beschränkter Ausschreibung vor dem Verhandlungsverfahren und der freihändigen Vergabe; sie verlangen internationalen Wettbewerb mit Marktöffnung auch für ausländische Bieter. Durch die vorherige Fixierung der Spielregeln wird für gleiche Startchancen gesorgt. Daher gibt es keinen Wechsel der einmal gewählten Verfahrensart ohne Beendigung des Vergabeverfahrens, und sei es durch Aufhebung; es gibt auch keine Nachverhandlung, um noch einmal aus den Bietern etwas herauszuholen, was sie nach den vorher verkündeten Regeln nicht zu geben bereit waren. Durch größtmögliche Transparenz wird Schutz vor Bestechung und sonstigem unredlichen Umgang mit dem Geld des Steuerzahlers geschaffen.

– das Prinzip der **Gleichbehandlung aller interessierten Unternehmen** und aller Teilnehmer am Vergabeverfahren (§ 97 Abs. 2 GWB).

– das Prinzip der **langfristigen Wirtschaftlichkeit und der Berücksichtigung mittelständischer Interessen:** Die strengen Regeln sollen nicht nur den kurzfristig unter aktuellen Haushaltsgesichtspunkten billigsten Einkauf ermöglichen. Darauf kommt es im deutschen Regelwerk eben nicht an. Wichtig ist, auch in Zukunft eine breite Angebotspalette und möglichst mittelständische Angebotsstrukturen zu erhalten, damit langfristig wirtschaftlicher Einkauf möglich bleibt. Dies wird ausdrücklich in § 97 Abs. 4 GWB verlangt: Mittelständische Interessen sind vornehmlich zu berücksichtigen. Leistungen sind in Teillose und Fachlose aufzuteilen.

– das Prinzip der **elektronischen Kommunikation:** Für das Senden, Empfangen, Weiterleiten und Speichern von Daten in einem Vergabeverfahren verwenden Auftraggeber und Unternehmen gemäß § 97 Abs. 5 GWB grundsätzlich elektronische Mittel.

– das Prinzip der **dezentralen Beschaffung:** Nicht nur jeder Auftraggeber, sondern auch jede einzelne Behörde vergibt die Aufträge eigenverantwortlich. Zentrale Beschaffung ist möglichst zu vermeiden. Die föderale Struktur der Bundesrepublik mit ihrer stark differenzierten Aufteilung der „Staatsmacht" und der damit verbundenen dezentralen Verantwortung für die einzelnen „Staatshaushalte" bewirkt auch eine weitverzweigte Verantwortlichkeit für die Anwendung des Rechts der öffentlichen Auftragsvergabe. Das bietet den Vorteil der Flexibilität und der Zersplitterung der Nachfrage auf ca. 35.000 öffentliche Auftraggeber, sodass die Nachfragemacht von vornherein begrenzt ist. Auch wenn dies unter dem auf kurze Frist und Liquidität fixierten Blickwinkel des jährlichen Budgets zeitweise zu höheren Ausgaben führen mag, überwiegen langfristig die Vorteile wettbewerblicher Strukturen.

– das **Haushaltsrechtsprinzip:** Die nicht dem Wettbewerbsrecht und dem Wirtschaftsrecht zuzuordnenden Vorschriften des Vergaberechtes erhalten Geltungskraft durch Verankerung im Haushaltsrecht der jeweiligen staatlichen Instanz. Dieses Prinzip hat zwei rein rechtstechnische, aber dennoch sehr wichtige Konsequenzen: Der Adressatenkreis der Regeln bestimmt sich nach der Verpflichtung, öffentliches Haushaltsrecht und Rechnungswesen anzuwenden. Adressaten sind die klassischen öffentlichen Auftraggeber. Unternehmen in privater Rechtsform sind nur verpflichtet, wenn dies für sie durch Hoheitsakt oder Vertrag extra festgelegt wird, weil sie subventioniert und zum überwiegenden Teil aus öffentlichen Kassen finanziert werden. Der Rechtscharakter der Regeln ist der Charakter von innerdienstlichen Weisungen, auf die sich ein Dritter (zB ein nicht berücksichtigter Bieter) nur in Ausnahmefällen berufen kann. Es gibt kein Recht eines Bewerbers oder Bieters auf Einhaltung der Vergaberegeln, daher auch keinen Rechtsschutz.

3. Instrumente des Vergaberechtes

Hauptinstrumente des Vergaberechtes sind Pflichten des Auftraggebers, mit denen sichergestellt werden soll, dass alle an einem Auftrag interessierten Unternehmen sich an einem Verfahren beteiligen können. Deswegen wird auf vor-

Einführung

herige Bekanntmachung und „Ausschreibung" ebenso großer Wert gelegt wie auf eine Auswahl des Vertragspartners nach möglichst objektiven „Zuschlagskriterien". Obwohl viel von Transparenz im gesamten Verfahren die Rede ist, geht es letztlich um einen Geheimwettbewerb, bei dem nur sichergestellt sein muss, dass alle potentiellen Teilnehmer von den gleichen Voraussetzungen ausgehen können.

4. Theoretischer Hintergrund: Haushaltsrecht und/oder Wirtschaftsrecht

Über den Rechtscharakter des Vergaberechtes gibt es bis heute keine klaren Vorstellungen. Allgemein geht man von der **Theorie vom fiskalischen Hilfsgeschäft** aus. Danach haben die für das **Innenverhältnis** unter den Akteuren des Staates geltenden Regeln über die staatliche Beschaffung **budgetrechtlichen Charakter.** Haushalts- oder Budgetrecht kann dabei für die verschiedenen staatlichen und öffentlichen Institutionen höchst unterschiedlich sein. Privatrechtlich organisierte Auftraggeber sind erst durch zusätzlichen Rechtsakt aus subventionsrechtlichen oder vertraglichen Bindungen belastet. Soweit der Bund und die Länder als Auftraggeber auftreten, folgt die Pflicht aus den §§ 55 BHO/LHO i. V. m. entsprechenden Anwendungserlassen.

Das fiskalische Hilfsgeschäft unterlag zunächst außer der haushaltsrechtlichen keiner sonstigen allgemein öffentlich-rechtlichen Bindung. Einziger zusätzlich zu den zivilrechtlichen Gesichtspunkten zu beachtender Aspekt war die sich aus dem Demokratieprinzip ergebende Verpflichtung, die Regeln über den Umgang mit den von der jeweiligen Vertretungskörperschaft bewilligten Haushaltsmittel zu beachten. In den **Haushaltsvorschriften** von Bund, Ländern und Gemeinden finden sich Regeln für die Vergabe von Subventionen (§§ 44 BHO, LHO) und **Regeln über die Ausgaben** im Zusammenhang mit dem Erwerb der notwendigen Sachmittel und Leistungen **durch Verträge** (§§ 30 HGrG und 55 BHO, LHO). Ähnliches gilt für die Haushaltsvorschriften anderer selbständiger, öffentlich-rechtlicher Einrichtungen und Anstalten, die zumeist an die Haushaltsregeln der Gebietskörperschaften anknüpfen und sie zumindest teilweise übernehmen. Da das Haushaltsrecht aber eben nur eine Regel für die Rechtfertigung gegenüber dem Haushaltsgesetzgeber ist, die Exekutive nur ihm und niemandem sonst für den Umgang mit Steuern oder Mitteln aus Gebühren und Zwangsabgaben verantwortlich ist, ist das haushaltsrechtliche Vergaberecht nur eine interne Bindung ohne direkte rechtliche Wirkung auf Dritte. Denn wenn der jeweilige Haushaltsgesetzgeber einer staatlichen Einheit allein verantwortlich ist, hat er – selbstverständlich im Rahmen des Grundgesetzes und der allgemeinen Gesetze – auch selbst zu entscheiden, ob ihm dieses oder jenes Verfahren als das wirtschaftlichste Verfahren erscheint. Gerichtsurteile gibt es in diesem Zusammenhang allenfalls in Verfassungsstreitigkeiten.

Weil es indessen **keine staatliche Tätigkeit ohne Bindung an das Grundgesetz und die Grundrechte** gibt, kann die Freistellung des fiskalischen Hilfsgeschäftes von außenwirksamen öffentlich-rechtlichen Bindungen nur sehr eingeschränkt wirken. Auch das fiskalische Hilfsgeschäft ist selbstverständlich so abzuschließen, dass Verstöße gegen den Gleichheitssatz ausgeschlossen sind. Auch die übrigen Grundrechte dürfen nicht verletzt werden. Die Rechtsbeziehungen zwischen Auftraggeber und Unternehmen müssen so gestaltet bzw. interpretiert werden, dass die rechtmäßige Vergabe eines öffentlichen Auftrags nicht mit einem Verstoß gegen Artikel 3 Grundgesetz oder ein einschlägiges anderes Grundrecht verbunden ist. In der **Innensicht** der staatlichen Organisation ist die Einkauftätigkeit also gefesselt durch ein Bündel aus budgetrechtlichen Vorschriften, dem Gleichheitsgrundsatz und anderen Teilhaberechten. Dabei werden diese für sich genommen offenbar öffentlich-rechtlichen Fesseln nicht als solche erkennbar und unterliegen daher auch keiner selbständigen verwaltungsgerichtlichen Kontrolle. Das richtig interpretierte Privatrecht muss dafür sorgen, dass der Auftraggeber den öffentlich-rechtlichen Bindungen genügt. Wettbewerb und Transparenz haben in diesem Zusammenhang rein instrumentellen Charakter: Sie dienen einzig der Suche nach dem besten Angebot. Die Einhaltung der internen öffentlich-rechtlichen Bindungen ist zivilrechtliche Obliegenheit des öffentlichen Auftraggebers im Verlaufe der Vertragsanbahnung: Die Unternehmen dürfen darauf vertrauen, dass der Staat die haushaltsrechtlichen Vergaberegeln einhält. Wenn er das nicht tut, liegt eine Obliegenheitsverletzung im Zusammenhang mit einer Vertragsanbahnung vor, die zu (vor)vertraglichen Schadensersatzansprüchen führt.

Diese in sich geschlossene dogmatische Vorstellung von der Auftragsvergabe führt im Ergebnis zu einer klaren Wertung unter den teilweise widerstreitenden Funktionen und Teilfunktionen der Regeln über das öffentliche Beschaffungswesen: Klaren **Vorrang hat danach die Effektivität der Beschaffung.** Der Gleichbehandlungsaspekt ist, so wichtig er auch sein mag, nur Randbedingung, nicht gleichberechtigte Hauptfunktion.

Im Bereich der **Außenbeziehung im Verhältnis zu Unternehmen und Privaten** ergibt sich ein völlig anderes Bild. Hier halten **Rechtsprechung (BVerfG v. 13.6.2006, VergR 2006, 871 ff.; BVerwG v. 2.5.2007, VergR 2007, 337) und hM am Zivilrecht** fest. Noch heute sehen sie im Bereich der Aufträge, die nicht vom GWB erfasst sind, die Grundrechte gewahrt, wenn überall, wo dies mit verhältnismäßigen Mitteln möglich ist und die „Natur des Auftrags" dies erlaubt, Wettbewerb organisiert und der Zuschlag nach objektiven Kriterien vergeben wird. Auch faktisch macht ja eine staatliche Einheit bei ihren Einkäufen nichts anderes als eine vergleichbare juristische Person des privaten Rechtes: Sie betreibt Marktforschung, lässt sich beraten, holt Angebote ein, schließt Verträge und achtet auf die Vertragserfüllung. **Äußerlich** haftet der Einkaufstätigkeit staatlicher Institutionen also nichts Besonderes an. Man geht allgemein davon aus, dass der Staat und seine rechtlich selbständigen öffentlich-rechtlich verfassten Untergliederungen **am zivilen Rechtsverkehr teilnehmen** wie jeder andere auch. Wenn sie einkaufen, verwenden sie die üblichen zivilen Rechtsinstrumente, sie bedienen sich des allgemeinen Schuldrechtes, des Kaufrechtes, des Sachenrechtes. Sie sind den Regeln des vertraglichen und deliktischen Schadensersatzrechtes unterworfen. Staatliche Einheiten machen also bei ihren Einkäufen rechtlich und auch faktisch nichts anderes als Private.

Vergaberecht hat über die nationalrechtliche Entwicklung hinaus im EU-Primärrecht eine supranationalrechtliche Verankerung, die in den letzten 20 Jahren immer bedeutsamer geworden ist. Die Mitgliedsstaaten und ihre Untergliederungen müssen deshalb über die traditionellen budgetrechtlichen und gleichheitsrechtlichen Bindungen hinaus bei der Beschaffung von Waren und Dienstleistungen das EU-Primärrecht beachten. Dies stärkt den überprüfbaren Außenbereich des Vergaberechtes, der jedenfalls **im Oberschwellenbereich als Wirtschaftsrecht** zu betrachten ist und im Nachprüfungsverfahren gerichtlicher Kontrolle unterliegt. Voraussichtlich gilt dies – abgesehen von der gerichtlichen Kontrolle im Nachprüfungsverfahren – auch für die Ländergesetze, soweit sie außenwirksame Regeln für den Unterschwellenbereich enthalten.

Einführung

Die Kommission der EU hat in einer »**Mitteilung** der Kommission zu Auslegungsfragen in Bezug auf das Gemeinschaftsrecht, das für die Vergabe öffentlicher Aufträge gilt, die nicht oder nur teilweise unter die Vergaberichtlinien fallen« (Amtsblatt der Europäischen Union C/02 v. 1.8.2006) umschrieben, welche Regeln nach ihrer Auffassung angewandt werden müssen, um den vertraglichen Grundfreiheiten Genüge zu tun: Nach Ihrer Meinung verlangt der EG-Vertrag, dass für alle Aufträge mit Binnenmarktbezug folgende Anforderungen gelten:

- Grundsätzliche Pflicht zur Bekanntmachung der konkreten beabsichtigten Auftragsvergabe ex-ante. Direktvergaben sind lediglich in entsprechender Anwendung der Ausnahmebestimmungen der Richtlinien zulässig;
- Die Bekanntmachung ist auf »angemessene Weise« vorzunehmen, beispielweise im Amtsblatt der EU, in nationalen Amtsblättern, in Zeitschriften oder im Internet, je nach der zu erwartenden »Binnenmarktwirksamkeit« des beabsichtigten Auftrags;
- Die Bekanntmachung muss eine nicht diskriminierende Leistungsbeschreibung beinhalten, sodass gleicher Zugang für Bieter aus allen Mitgliedstaaten möglich ist;
- Es müssen angemessene Fristen für die Angebotsabgabe gewährt werden;
- Nach einer Vorauswahl sollten mindestens drei Unternehmen zur Abgabe von Angeboten aufgefordert werden;
- Diskriminierungsfreie Vergabe muss gewährleistet sein, insb. müssen Prüfungszeugnisse, Diplome und sonstige Befähigungsnachweise gegenseitig anerkannt werden;
- Effektiver Rechtsschutz muss auf einem in allen Mitgliedstaaten in etwa gleichen Niveau gewährleistet werden.

Für die Praxis erscheint in diesem Zusammenhang wichtig, dass die **Kommission,** ohne es in dem Text zu erwähnen, **bei Aufträgen unterhalb von € 40.000 in aller Regel nicht aktiv** werden will und dass dann, wenn der 1. Abschnitt der VOB/A und die Unterschwellenvergabeordnung (UVgO) strikt eingehalten werden, den Anforderungen vielfach ausreichend Rechnung getragen sein dürfte. Die Flexibilität in der Anwendung der Regeln wird jedoch verloren gehen, wenn in jedem einzelnen – vielleicht gerade einem kritischen Fall – nicht eingekauft werden kann, sondern erst einmal präzise um die Einhaltung der Regeln gerungen werden muss.

Die **Bundesrepublik Deutschland** hat unter Hinweis darauf, dass es sich nicht um eine unverbindliche Mitteilung, sondern um eine verkappte Regelung handele, **gegen die Mitteilung geklagt.** Sie wollte dabei auch erreichen, dass unterhalb der Auftragsschwellen die bisherige Freiheit und Flexibilität fortbesteht, die auch das BVerfG (Entscheidung v. 16.6.2006, VergR 2006, 871 ff.) als verfassungskonform und vor dem Hintergrund des Grundgesetzes und der Grundrechte als durchaus vernünftig und begründbar angesehen hat. Das EuG (Entscheidung v. 25.5.2010 – T-258/06) erklärte die Klage für unzulässig, weil die Rechtsprechung des EuGH richtig wiedergegeben werde und mit der Mitteilung keine Regelung verbunden sei.

III. Auftraggeber

1. Auftraggeber nach nationalem Vergaberecht

Das durch die EU-Schwellenwerte zweigeteilte deutsche Vergaberecht kennt – der Zweiteilung entsprechend – unterschiedliche Definitionen des „öffentlichen Auftraggebers".

Unterhalb der Schwellenwerte und innerhalb der Ausnahmen des § 100 Abs. 2 GWB kommt es allein auf das Budgetrecht an. Das heißt, dass von einzelnen Ausnahmen abgesehen alle staatlichen Institutionen, die öffentliches Haushaltsrecht anwenden müssen, auch die Vergaberegeln anzuwenden haben. Dies sind die institutionell bestimmten öffentlichen Auftraggeber „im klassischen Sinne", der Staat mit seinen Gebietskörperschaften und seinen sonstigen Körperschaften und Einrichtungen des öffentlichen Rechts. Ausgangspunkt sind die §§ 55 BHO/LHO und die entsprechenden Vorschriften der Gemeindehaushaltsverordnungen der Länder. Nicht nach nationalem Recht und daher unterhalb der EU-Schwellen auch nicht zur Anwendung ausgeklügelter Vergaberegeln verpflichtet sind Institutionen, wenn die für sie geltenden Haushaltsregeln die §§ 55 BHO/LHO nicht für anwendbar erklärt haben. Dies war im Bundesbereich beispielsweise bei der Treuhandanstalt der Fall.

Private, natürliche Personen und juristische Personen des privaten Rechts müssen Vergaberegeln nur anwenden, wenn ihnen die Anwendungspflicht durch besonderen Akt (beispielsweise durch Zuwendungsvertrag oder Zuwendungsbescheid) im Einzelfall auferlegt ist. Anspruch darauf, dass dieser Dritte Private die Vergaberegeln dann einhält, hat ein potenzieller Auftragnehmer erst recht nicht.

Allerdings wankt diese klare Trennungslinie seit längerem. Die EU-Kommission vertritt seit der Mitteilung vom 26.7.2006 (veröffentlicht im Amtsblatt 2006 C 294, S. 52) die Auffassung, dass die Richtlinien nicht alle öffentlichen Auftraggeber erfassen und die Pflichten der öffentlichen Auftraggeber nicht ausreichend wiedergeben. Über die Regeln der Richtlinien 2004/17/EG und 2004/18/EG hinaus seien öffentliche Auftraggeber aufgrund primärrechtlicher Regeln verpflichtet, in allen Fällen Ex-Ante-Transparenz zu üben, in denen sie im Einzelfall Binnenmarktrelevanz annehmen müssten. Danach sind Unterschwellenaufträge keineswegs frei vergebbar und allein mitgliedstaatlichen Regeln unterworfen. Bei Unterschwellenaufträgen soll das primäre Gemeinschaftsrecht durchschlagen. Daraus soll sich für jeden Auftraggeber die Pflicht ergeben, in jedem Einzelfall zu ermitteln, ob für den beabsichtigten Auftrag Binnenmarktrelevanz gegeben ist. Von Binnenmarktrelevanz sei auszugehen, wenn angenommen werden muss, dass sich außer örtlich ansässigen Unternehmen auch Unternehmen aus anderen Mitgliedstaaten interessiert zeigen könnten. Wird diese Relevanz für in anderen Mitgliedstaaten ansässige Unternehmen angenommen, soll der EU-Vertrag die oben unter II. 3. A. E. genannten konkreten Verhaltensweisen vorgeben.

Trotz der höchst fragwürdigen Grundlagen dieser Regelung werden die Mitgliedstaaten sich ihr auf Dauer kaum entziehen können, wenn sie sicher gehen wollen, dass ihre Einkäufe korrekt realisiert werden und auf Dauer Bestand haben sollen. Dies gilt umso mehr als es auch einige Entscheidungen des Europäischen Gerichtshofs (EuGH) gibt, die die Haltung der EU-Kommission zu stützen scheinen (zB EuGH v. 3.2.2001 – R C-59/00 „Vestergaard" Slg 2001 I-09 505; EuGH v. 20.10.2005 – Rs. C-264/03 KOM./.Frankreich Slg 2005 I-08 831).

Einführung

2. Auftraggeber aufgrund EU-Vergaberechts

Diesen hergebrachten institutionell bestimmten Begriff des öffentlichen Auftraggebers verlassen die EU-Richtlinien und das auf ihnen basierende deutsche Wettbewerbsrecht. Für ihr gesetzgeberisches Ziel, die verschlossenen Vergabemärkte aufzubrechen und für den gemeinsamen Binnenmarkt fruchtbar zu machen, kann es nicht darauf ankommen, ob in einer nationalen Regelung die Auftraggebereigenschaft an bestimmte institutionelle Charakteristika geknüpft ist. Für sie kann nur entscheidend sein, ob die auf dem Markt auftretende Einheit staatliche Funktionen wahrnimmt oder nicht. Daher wird der subjektive Anwendungsbereich von den EU-Vergaberichtlinien funktionell beschrieben. Diesem **funktionalen Auftraggeberbegriff** folgen die §§ 98–102 GWB. Die Vorschrift des § 98 GWB bezeichnet die Auftraggeber, für die die Bundesregierung mit Zustimmung des Bundesrates bestimmte Vergaberegeln vorschreiben kann, wie dies mit dem Erlass der VgV, der VSVgV, der SektVO und der KonzVgV geschehen ist. Nach § 98 GWB sind dies die öffentlichen Auftraggeber gemäß § 99 GWB, die Sektorenauftraggeber des § 100 GWB und die Konzessionsgeber im Sinne des § 101 GWB.

Öffentliche Auftraggeber des § 99 GWB sind selbstverständlich **die Gebietskörperschaften und deren Sondervermögen** (§ 99 Nr. 1 GWB). Das sind die klassischen Auftraggeber Bund, Länder und Kommunen mit ihren öffentlich-rechtlichen Sondervermögen; Sondervermögen in diesem Sinne sind auf kommunaler Ebene insbesondere auch die Eigenbetriebe.

Öffentliche Auftraggeber sind nach § 99 Nr. 2 GWB darüber hinaus alle anderen juristischen Personen des öffentlichen und des privaten Rechts, die zu dem besonderen Zweck gegründet wurden, im Allgemeininteresse liegende Aufgaben nichtgewerblicher Art zu erfüllen, wenn Gebietskörperschaften sie überwiegend finanzieren oder über ihre Leitung die Aufsicht ausüben (sog. **öffentliche Unternehmen**). Diese an der staatlichen Aufgabenerfüllung ausgerichtete Begriffsdefinition ist nicht einfach abzugrenzen, zumal sich über das, was staatliche Aufgabe ist, schon immer trefflich streiten ließ.

Eine noch relativ leicht erfassbare Eingrenzung ergibt sich aus dem Kriterium der Beherrschung durch eine Gebietskörperschaft oder deren Sondervermögen, der das betroffene Unternehmen unterliegen muss und das in zwei Ausprägungen vorkommen kann: Beherrschung liegt vor bei einer überwiegenden Finanzierung durch eine oder mehrere Gebietskörperschaften. Dies wird unwiderleglich vermutet, wenn eine höhere als 50%ige Kapitalbeteiligung besteht (§ 99 Nr. 2a GWB). Beherrschung liegt auch vor, wenn zwar private Finanzierung gegeben ist, aber die Geschäftsführungsorgane entweder mehrheitlich (d.h. zu mehr als 50%) von Gebietskörperschaften bestimmt oder aber auf andere Art und Weise kontrolliert werden (§ 99 Nr. 2a und b GWB). Darunter werden so ziemlich alle „Stadtwerke GmbH" fallen, Messegesellschaften, Wirtschaftsförderungsgesellschaften.

Schwierigkeiten können sich bei dem Merkmal der **staatlichen Beherrschung** bei Anstalten, Stiftungen und Körperschaften des öffentlichen Rechts mit eigener von Gebietskörperschaften unabhängiger Rechtspersönlichkeit, Industrie- und Handelskammern, Ärztekammern, anderen Selbstverwaltungskörperschaften, Sparkassen oder öffentlichen Banken ergeben. Von der Rechtsprechung wird hier zu Recht die pure Rechtsaufsicht als ausreichend für die staatliche Beeinflussungsmöglichkeit angesehen. Bundesregierung und Länder betrachteten die öffentlich-rechtlichen Rundfunkanstalten nicht als öffentliche

Einführung

Auftraggeber, da ihre Unabhängigkeit vom Staat verfassungsrechtlich garantiert sei – bis der EuGH dieser durch nichts zu rechtfertigenden Sonderstellung ein Ende machte und den Regeln der Richtlinien, die nur die programmbezogene Einkauftätigkeit der öffentlich-rechtlichen Rundfunkanstalten freistellen, zum Durchbruch verhalf. Was beispielsweise der Bau eines neuen Funkhauses oder der Einkauf der Putzleistungen für ein Funkhaus mit der Unabhängigkeit des Rundfunks in Deutschland zu tun haben sollte, verstand der EuGH nicht. Ähnlich urteilte der EuGH über die öffentliche Auftraggebereigenschaft der deutschen öffentlichen Krankenkassen.

Wann eine juristische Person gegründet ist, um **Aufgaben im Allgemeininteresse nicht gewerblicher** Art zu erfüllen, lässt sich nicht nach den Begriffen des nationalen Rechts beurteilen. Ausgangspunkt muss bei der Interpretation dieses relativ offenen Begriffszusammenhangs der Zweck der EU-Richtlinien sein, die geschlossenen staatlichen Beschaffungsmärkte füreinander zu öffnen. Unabhängig von der Rechtsform, in der sie betrieben wird, soll jede „staatliche" Tätigkeit erfasst werden. Kein Mitgliedstaat soll die Möglichkeit haben, sich durch einfache Umetikettierung den Verpflichtungen zu entziehen. Das heißt jede Aktivität, die nicht vereinzelte, private Zielsetzung hat, liegt in diesem Sinne im Allgemeininteresse. Da Personen des öffentlichen Rechts schon aus verfassungsrechtlichen Gründen in aller Regel nur gegründet werden dürfen, wenn es sich bei den von ihnen zu bewältigenden Aufgaben nicht um eine Aktivität im privaten Interesse eines Einzelnen oder einer Gruppe von Menschen handelt, kann man davon ausgehen, dass ihre Aufgaben im allgemeinen Interesse liegen. Die Gas- oder die Wasserversorgung einer Gemeinde, in öffentlich-rechtlicher Form von einer kommunalen Eigengesellschaft betrieben, ist auch dann im Allgemeininteresse, wenn die Gemeinde damit Geld verdient und ein Privater dieselbe Versorgung auch als Geschäft betreiben könnte. Bei öffentlich-rechtlich verfassten Auftraggebern liegt eine starke Vermutung dafür vor, dass es sich um eine Einheit handelt, die zum Zweck gegründet wurde, Aufgaben im Allgemeininteresse wahrzunehmen.

Wirklich problematisch wird die Qualifikation der Aufgabenzuweisung an einen Auftraggeber erst, wenn es um eine privatrechtlich verfasste juristische Person geht. Offensichtlich kann es durchaus auch im Allgemeininteresse liegen, dass ein einzelner sein Privatinteresse als Geschäftsmann wahrnimmt und damit dem öffentlichen Interesse der Versorgung mit Wirtschaftsgütern dient, Arbeitsplätze schafft, Steuern zahlt usw. Privatrechtlich verfasste juristische Personen mit einem solchen Geschäftszweck sind, so sehr ihre erfolgreiche Tätigkeit im allgemeinen Interesse liegt, nicht staatliche Organe im privatrechtlichen Kleid. Sie sollen denn auch keineswegs von den Vergaberegeln erfasst werden. In aller Regel besteht ja in der privaten Wirtschaftssphäre Wettbewerbsdruck, der die Unternehmen automatisch zu ökonomischem Einkauf veranlasst. Dieses Prinzip braucht in dieser Sphäre nicht erst als Norm eingeführt zu werden. Es ist als Automatismus vorhanden.

Deshalb reicht es nicht festzustellen, dass ein Unternehmenszweck im Allgemeininteresse liegt. Darüber hinaus muss feststehen, dass er nicht gewerblicher Art ist. Auch dieses Begriffselement ist nicht eindeutig. „Gewerblichkeit" wird im Gewerberecht und im Steuerrecht unterschiedlich definiert; im Zivilrecht liegen wieder andere Kriterien vor. Die direkte europarechtliche Herkunft des Begriffs dürfte allerdings Rückgriffe auf diese nationalrechtlich geprägten Felder ausschließen. Deshalb ist es voraussichtlich notwendig, sich einer genaueren Erfassung des Begriffsinhaltes aus ganz anderer Gedankenrichtung zu nähern.

Einführung

Gewerbliche Tätigkeit ist nach herkömmlichem, allgemeinem Verständnis mit Gewinnerzielungsabsicht verbunden. Umgekehrt würde das heißen, dass „nichtgewerblich" eine Tätigkeit ist, die nicht mit Gewinnerzielungsabsichten unternommen wird. Vor dem Hintergrund dessen, was zu der Gegensatzpaar Allgemeininteresse und Privatinteresse gesagt worden ist, würde das heißen, dass in einer Gemeinde der Bäcker (auch) im Allgemeininteresse, aber gewerblich tätig ist, während die Stadtwerke GmbH, die Wasser und Verkehrsleistungen zur Verfügung stellt und damit kein Geld verdient, nichtgewerblich tätig ist. Die Motivation für die Tätigkeit der Stadtwerke GmbH ist nicht die Gewinnerzielung, sondern die Versorgung. Denn der Sinn der von den Gemeinden betriebenen Daseinsvorsorge ist, dass sie auch dann angeboten werden soll, wenn sie gerade keinen Gewinn abwirft. Dies schließt nicht aus, dass die Unternehmen ebenso organisiert sind wie auf Gewinn ausgerichtete Wirtschaftsunternehmen. Dass sie selbstverständlich dasselbe Rechnungswesen wie gewinnorientierte Unternehmen haben, ist ebenfalls und für die Qualifizierung als öffentlicher Auftraggeber uninteressant. Ein öffentliches Unternehmen verliert seine Qualität als öffentlicher Auftraggeber auch nicht allein dadurch, dass es ein Geschäftsfeld mit Gewinn und Gewinnerzielungsabsicht betreibt, wie der EuGH in seiner Entscheidung zur österreichischen Bundesdruckerei festgestellt hat. An dieser Linie entlang wird im Einzelfall zu klären sein, ob ein Unternehmen darauf angelegt ist, privates Handels- und Wirtschaftsunternehmen zu sein, wie dies unzweifelhaft kommunale Brauereien sind oder die Industriebeteiligungen des Bundes und der Länder oder die „staatsbeherrschten" Energieversorgungsunternehmen oder die Landesbanken, oder ob es sich um eine öffentliche Aufgabe handelt, die der Zweckmäßigkeit halber in privatrechtlicher Form und mit kaufmännischem Rechnungswesen abgewickelt wird. Wichtige Kontrollfrage dürfte in diesem Zusammenhang sein, ob die zu qualifizierende juristische Person auf dem Feld, auf dem sie Anbieter ist, im Wettbewerb steht und ob die Möglichkeit besteht, dass sie bei miserablem Wirtschaften Konkurs gehen könnte.

Öffentliche Auftraggeber sind nicht nur die Auftraggeber nach § 99 Nr. 1 und 2 GWB, sondern gemäß § 99 Nr. 3 GWB auch die Verbände dieser Auftraggeber. In der Realität wird die Mehrzahl dieser Verbände im kommunalen Bereich zu finden sein: Wasserversorgungs-, Abwasser-, Müllbeseitigungs- oder Planungsverbände u. ä.

Partiell öffentliche Auftraggeber sind nach § 99 Nr. 4 GWB **natürliche oder juristische Personen des privaten Rechtes** und von Gesetzes wegen bei Aufträgen an Dritte zur Anwendung der Vergaberegeln verpflichtet, wenn sie für Tiefbaumaßnahmen, für die Errichtung von Krankenhäusern, Sport-, Erholungs- oder Freizeiteinrichtungen, Schul-, Hochschul- oder Verwaltungsgebäuden oder für damit in Verbindung stehende Dienstleistungen und Auslobungsverfahren von anderen öffentlichen Auftraggebern, die unter § 99 Nr. 1 bis 3 GWB fallen, Mittel erhalten, mit denen die genannten Vorhaben zu mehr als 50% finanziert werden (§ 99 Nr. 4 GWB).

3. Sektorenauftraggeber

Unabhängig davon, ob der Unternehmenszweck im Allgemeininteresse liegt oder gewerblicher Art ist, qualifiziert § 98 i. V.m. § 100 und 102 GWB Unternehmen, die auf bestimmten „Sektoren" agieren, als dem Vierten Teil des GWB unterworfene Auftraggeber, wenn sie öffentliche Auftraggeber sind, die eine

Sektorentätigkeit ausüben (§ 100 Abs. 1 Nr. 1 GWB), oder – als Private – eine Sektorentätigkeit auf der Basis ausschließlicher Rechte ausüben bzw. dem beherrschenden Einfluss öffentlicher Auftraggeber ausgesetzt sind. Die Sektoren sind die Trinkwasser- und die Energieversorgung sowie der Verkehr (§ 102 GWB). Die auf diesen Sektoren agierenden Versorgungsunternehmen handelten noch zu Beginn des letzten Jahrzehnts des vergangenen Jahrhunderts auf diesen Feldern entweder als private Monopolisten mit bestimmtem staatlichen „Daseinsvorsorgeauftrag" oder als „privatrechtlich organisierte Behörde", deren Verluste der Steuerzahler zu tragen hatte. Dies hat sich zum Teil durch die Öffnung der öffentlichen Beschaffungsmärkte geändert. So werden zum Beispiel Telekommunikationsleistungen heute in Europa vorrangig und Postdienste in Deutschland ganz auf Wettbewerbsmärkten von privaten Unternehmen angeboten. Andererseits verharren andere Sektoren noch immer in Märkten mit staatlichen oder staatlich abgestützten Monopolstrukturen. In diesen Sektoren verlangt die Herstellung eines Beschaffungsbinnenmarktes auf europäischer Ebene den Einsatz von Vergaberegeln.

Sektorenauftraggeber können nach dem Gesetz nach § 100 Abs. 1 GWB in zwei Formen auftreten: Einmal sind es Unternehmen, die auf den Sektoren tätig sind und von Gebietskörperschaften oder öffentlichen Auftraggebern gemäß § 99 Nr. 1–3 GWB beherrscht werden. Wichtigster Beispielsfall dürfte die privatisierte DB AG sein. Verkehrsleistungen der Deutschen Bahn AG liegen zwar auch weiterhin im Allgemeininteresse, die Erfüllung dieses Interesses wird indessen gewerblich wahrgenommen. So ist es ausdrücklich in den Bahnreformgesetzen festgehalten. Zum anderen sind Unternehmen erfasst, die als gänzlich private Unternehmen Sektorentätigkeiten vollziehen, aber auf der Grundlage von „besonderen oder ausschließlichen Rechten" (§ 100 Abs. 2 GWB) tätig werden, die von der zuständigen Behörde erteilt wurden. Dies sind die staatlich berufenen Monopolisten, deren Verpflichtung, staatliche Vergaberegeln anzuwenden, sich aus der Tatsache ergibt, dass sie im staatlichen Auftrag agieren und keiner Wettbewerbskontrolle unterliegen.

Bei einer wesentlichen Änderung der Angebotsstrukturen können Sektorenunternehmen administrativ aus der Anwendungspflicht für Vergaberegeln entlassen werden, wenn auf einem frei zugänglichen, abgrenzbaren Marktsegment effektiver Wettbewerb nachgewiesen werden kann. Die Vorschrift wird durch § 3 der SektVO in deutsches Recht umgesetzt.

4. Konzessionsgeber

Dem Vierten Teil des GWB unterworfene Auftraggeber sind auch Konzessionsgeber. Das sind öffentliche Auftraggeber gemäß § 99 Nr. 1–3 GWB, die eine Konzession vergeben, sowie Sektorenauftraggeber nach § 100 GWB, die zum Zwecke der Ausübung ihrer Sektorentätigkeit eine Konzession vergeben.

IV. Aufträge, Konzessionen, nicht erfasste Vertragskonstellationen, Ausnahmen

Mit der Umschreibung des subjektiven Geltungsbereiches durch die genauere Fixierung der Normadressaten des Vergaberechts ist das Anwendungsfeld des Vergaberechts nicht vollständig festgelegt. Denn der objektive Geltungsbereich ergibt sich nicht einfach aus einem Hinweis auf die Einkauftätigkeit. Auch bei

Einführung

den Aufträgen und Konzessionen gilt es, sehr genau hinzuschauen und zu prüfen, welche Aufträge und Konzessionen von der Pflicht zur Anwendung der Regeln betroffen sind und welche nicht. Deshalb sind immer auch die etwas verschachtelten Ausnahmekataloge und „besonderen Ausnahmen" der einzelnen Abschnitte und Unterabschnitte des Vierten Teils des GWB zu beachten.

1. Aufträge

Öffentliche Aufträge sind Verträge zwischen öffentlichen Auftraggebern und **„Unternehmen"** (§ 103 Abs. 1 GWB). Mit Unternehmen ist jede Institution mit eigener Rechtspersönlichkeit gemeint, die weder privater Endverbraucher ist, noch im Rahmen hoheitlicher Befugnisse tätig wird. Unabhängig von der Rechtsform und unabhängig von einer Gewinnerzielungsabsicht, sind es Personen, die sich mit der Erzeugung oder Verteilung von Waren oder der Erbringung von Leistungen befassen. Natürlich können auch **Körperschaften, Anstalten und Stiftungen** des öffentlichen Rechtes Auftragnehmer bei öffentlichen Aufträgen sein, wenn sie „Unternehmen" im kartellrechtlichen Sinne sind. Die Richtlinien sprechen von „Wirtschaftsteilnehmern". Der im deutschen Recht verwendete kartellrechtliche Begriff des Unternehmens ist damit identisch.

Betroffen von der haushaltsrechtlichen Pflicht zur „Ausschreibung" ist nach §§ 55 BHO/LHO nur der Abschluss von **Verträgen** über Lieferungen und Leistungen. Im Gegensatz zur Rechtssituation im Oberschwellenbereich, wo es nach zutreffender allgemeiner Meinung nicht auf die rechtliche Qualifizierung eines Auftrages als privatrechtlich oder öffentlich-rechtlich ankommt, dürften von den haushaltsrechtlichen Vergaberegeln im Unterschwellenbereich nur zivilrechtliche Verträge mit **Bindungswirkung** für die Vertragsparteien gemeint sein. Da der Haushalt im Wesentlichen die Ermächtigung der jeweiligen Exekutive durch den Haushaltsgesetzgeber zur Ausgabe von Geld darstellt, muss es sich um einen **entgeltlichen** Vertrag handeln. **Schenkung, Leihe und Sponsoring** sind **keine** entgeltlichen Leistungen und daher weder im Haushaltsrecht noch im wettbewerbsrechtlichen Vergaberecht des Oberschwellenbereichs erfasst.

Nicht vom Auftragsbegriff erfasst sind **Verkäufe**. Denn es ist keine Leistung für einen öffentlichen Auftraggeber, wenn er gegen Zahlung eines Entgelts einen Wertgegenstand hergibt. Keine Schenkung und kein Verkauf, sondern der „Einkauf" einer Dienstleistung liegt in jedem Falle vor, wenn der Auftraggeber nicht nur Gegenstände hergibt, sondern z.B. eine Entsorgungsgebühr an den Übernehmer zahlt. Nicht als Leistung im vergaberechtlichen Sinne ist auch die **Gründung einer Gesellschaft** anzusehen.

Das deutsche Vergaberecht unterschied ursprünglich nur zwischen Bauleistungen und sonstigen Leistungen. Dementsprechend regelten die VOB die Vergabe von Bauleistungen und die VOL die Vergabe von Lieferungen und Leistungen mit Ausnahme von Bauleistungen. Von den EU-Vergaberichtlinien und vom GWB werden die öffentlichen Aufträge mehrfach unterteilt: § 103 GWB unterscheidet Aufträge zur Beschaffung von Waren **(Lieferaufträge), Bauaufträge,** und **Dienstleistungsaufträge.** § 104 GWB definiert außerdem die öffentlichen Aufträge, deren Gegenstand **verteidigungs- oder sicherheitsspezifischer** Natur ist; sie werden von Richtlinie und Gesetz anders behandelt, als übliche öffentliche Aufträge. Zuletzt sind – zwar nicht zu den Auftragsarten – aber doch als dem Vergaberecht unterworfene Vertragskonstellation mit Beschaffungscharakter die **Konzessionen** hinzugekommen (§ 105 GWB). Da jede Auftragsart und jede Konzession unterschiedlichen Vergaberegeln unterliegt, ist es notwendig, die Aufträge entsprechend einzuteilen.

Lieferaufträge (§ 103 Abs. 2 GWB) sind nach allgemeinem Sprachgebrauch und der Sprache des Geschäftsverkehrs Verträge über die **Beschaffung von Waren.** Der Lieferauftrag kann danach insbesondere ein Kauf oder ein Ratenkauf oder ein Leasingvertrag sein, aber auch Miet- oder Pachtverträge mit oder ohne Kaufoption sind in § 103 Abs. 2 GWB ausdrücklich erwähnt. Daraus ergibt sich, dass es auf die zivilrechtliche Vertragsart nicht ankommt, solange der Auftraggeber die **tatsächliche Verfügungsgewalt über bewegliche Sachen** erlangt. Wie der Hinweis auf Leasing und Miete oder Pachtverträge zeigt, ist der Eigentumserwerb nicht erforderlich. Zu den **beweglichen Sachen** zählen in diesem Zusammenhang außer den üblichen Handelswaren Einrichtungsgegenstände, Computerhardware und Computersoftware, Maschinen, Kraftfahrzeuge, Baumaterialien, Brennstoffe, Kohle, Erdöl, Benzin, Gas, elektrische Energie und Wärme und Wasser.

Bauaufträge, die von den öffentlichen Auftraggebern sowohl unterhalb als auch oberhalb der EU-Schwellenwerte nach der VOB zu vergeben sind, sind Aufträge über Bauleistungen. Die Definitionen der für die unterschwelligen Bauaufträge geltenden „Basisparagraphen" der VOB und die Bauauftragsdefinition des § 103 Abs. 3 GWB, die für die Anwendung des zweiten und dritten Abschnitts der VOB und der SektVO durch öffentliche Auftraggeber und Sektorenauftraggeber bestimmend ist, stimmen im Wortlaut nicht ganz überein. Die Basisparagraphen stellen in erster Linie auf die Bauleistung ab, durch die ein Bauwerk hergestellt wird. Die GWB-Regel enthält demgegenüber einen erweiterten Begriff des Bauauftrages. Hier kommt es nur auf die Erbringung einer Bauleistung an. Die Vertragsart spielt keinerlei Rolle. Jeder entgeltliche Vertrag über eine Bautätigkeit ist daher als Bauauftrag anzusehen und auszuschreiben, wenn die Schwellenwerte überschritten sind. Ob der Vertrag nach deutschem Zivilrecht als Werk-, Werklieferungs-, Kauf- oder Leasingvertrag einzuordnen ist, ist unerheblich.

Dienstleistungsaufträge sind nach § 103 Abs. 4 GWB Verträge über Leistungen, die keine Bauleistungen und keine Lieferleistungen sind. Das heißt zugleich, dass alles, was sich am Markt einkaufen lässt, Gegenstand eines öffentlichen Auftrags sein kann, was wiederum bedeutet, dass – abgesehen von den expliziten Ausnahmen der Richtlinien selbst - kein Gegenstand und keine Leistung dem prinzipiell offenen Vergaberecht seines speziellen Gegenstands wegen entzogen ist. Umso **wichtiger** ist es, **am Charakter des Vergaberechtes als Einkaufsrecht strikt festzuhalten.**

Vertragsverlängerungen und **Vertragserweiterungen** sind Verträge, die im Prinzip auf den Einkauf einer Leistung gerichtet sind. Grundsätzlich sind sie also neue öffentliche Aufträge oder Vertragsänderungen, für die § 132 GWB gilt. Wird ein Vertrag aufgrund einer **Verlängerungsklausel** oder durch **Nichtausnutzen** einer im Vertrag enthaltenen **Kündigungsklausel** – ohne Änderung des Vertragsgegenstandes – verlängert oder stillschweigend fortgesetzt, liegt **kein neuer Vertrag und keine Vertragsänderung** vor. Selbstverständlich braucht dafür auch kein neues Vergabeverfahren durchgeführt zu werden. Sieht ein Vertrag allerdings ausdrücklich vor, dass an die Stelle des nicht gekündigten Vertrages ein neuer Vertrag tritt, liegt auch ein neuer Auftrag vor, auf den Vergaberecht anzuwenden ist. Die Ausübung eines **Optionsrechtes** ist keine neue Vergabe, sondern nur die Ausübung eines Gestaltungsrechtes, das dem Vertragspartner bereits zusteht und bei der Schätzung des Auftragswertes für den ursprünglichen Vertrag bereits berücksichtigt wurde

2. Konzessionen

Konzessionen sind Rechtsgeschäfte, die sich dem Begriff des öffentlichen Auftrags eigentlich entziehen und daher von vorneherein nicht von den EU-Vergaberichtlinien und nicht vom Vierten Teil des GWB erfasst werden. Die Konzession ist ein Vertrag, der als Gegenleistung für die Erbringung der vereinbarten Leistung kein Entgelt, sondern ein Recht zur Nutzung der durch die Erlaubnis (Konzession) eingeräumten Position vorsieht (§ 105 Abs. 1 GWB). Die Verbindung zum Vergaberecht ergibt sich daraus, dass diese Vertragskonstruktion funktionell in vielen Fällen einen öffentlichen Auftrag gegen Geld ersetzen kann, sowie daraus, dass die Baukonzession schon von Beginn an wie ein öffentlicher Auftrag behandelt wurde. Musterbeispiele für die vergaberechtsfreie Dienstleistungskonzession sind der Betrieb einer Bahnlinie oder eines Schwimmbades oder auch eines Flughafens.

Der den Vergaberichtlinien zu Grunde liegende Begriff der Konzession geht, soweit er die **Dienstleistungskonzession** betrifft, auf die Rechtsprechung des EuGH zurück und ist als Rechtsbegriff des Gemeinschaftsrechtes ausschließlich nach gemeinschaftsrechtlichen Kriterien auszulegen. Bei Dienstleistungskonzessionen handelt sich damit um Vereinbarungen, die im Unterschied zum Dienstleistungsauftrag als Gegenleistung für eine Dienstleistung kein Entgelt vorsehen, sondern das ausschließliche Recht, die eigene Leistung unter Übernahme des wirtschaftlichen Risikos zu nutzen und entgeltlich zu verwerten. **Begriffsprägend** ist die als Gegenleistung eingeräumte **Nutzungsbefugnis** und das sich daraus ergebende eigene **wirtschaftliche Risiko des Konzessionärs** (§ 105 Abs. 2 GWB). Der Konzessionär erhält sein Entgelt für seine Leistungen nicht vom Konzessionsgeber, sondern von den Nutzern des zu verwertenden Rechts oder Bauwerkes. Erhält der Vertragspartner vom öffentlichen Auftraggeber als Gegenleistung ausschließlich eine vorher festgelegte Zahlung, handelt es sich nicht um eine Konzession, sondern um einen Auftrag. Dabei ist unerheblich, auf welcher rechtlichen Grundlage – öffentlich-rechtlich oder privatrechtlich – die Nutzer der Leistung das Entgelt an den Konzessionär entrichten.

Dem mit einer Konzession zum Konzessionär werdenden Wirtschaftsteilnehmer darf durch die Konzessionsvereinbarung nicht das **wirtschaftliche Risiko** an der Verwertung des Nutzungsrechts ganz abgenommen werden. Der Konzessionär muss das Risiko tragen. Nicht erforderlich ist, dass es sich um das vollständige Betriebsrisiko handelt. So ist es im Bereich der **Daseinsvorsorge** und insbesondere im Bereich der Wasserversorgung- und Abwasserbeseitigung üblich, dass das wirtschaftliche Risiko des Auftraggebers durch gesetzliche Bestimmungen eingeschränkt ist. Abwasserproduzenten können beispielsweise aufgrund eines kommunalrechtlichen Anschluss- und Benutzungszwangs verpflichtet sein, die Leistungen des Konzessionärs in Anspruch zu nehmen, sodass hinsichtlich des Absatzes der Leistungen des Konzessionärs nur ein geringes Risiko besteht. Selbst wenn ein kommunalrechtlicher Anschluss- und Benutzungszwang zugunsten eines Konzessionärs besteht oder Subventionen gezahlt werden, ändert sich der Charakter des Geschäftes erst, wenn der Konzessionär keinerlei unternehmerisches Risiko mehr trägt.

3. Nicht erfasste Vertragskonstellationen

Das Recht des öffentlichen Auftragswesens regelt das Verhalten öffentlicher Institutionen beim Einkauf auf den Märkten. Gegenstand des Vergaberechtes ist einzig und allein die Regulierung der Einkaufstätigkeit von staatlichen Institutionen und von Versorgungsunternehmen mit Monopolstellung. Es handelt sich nicht um Liberalisierungsrecht oder Privatisierungsrecht. Es lässt Zuständigkeiten und Kompetenzen staatlicher und halbstaatlicher Institutionen unberührt. Ein öffentlicher Auftrag ist daher immer ein **Beschaffungsakt.** Dies schreibt die Konzessionsrichtlinie in der Eingangsformulierung des Art. 1 Abs. 1 KonzRL ausdrücklich fest, obwohl sie an keiner Stelle mehr darauf zurückkommt und auch nicht erkennbar ist, warum das dort steht. Die Fixierung auf die Beschaffung bedeutet, dass **bestimmte Sachverhalte dem Anwendungsfeld des Vergaberechtes von vorneherein entzogen** sind: Die Vergabevorschriften finden – selbstverständlich möchte man meinen – **keine Anwendung** auf **Verträge zur Gründung von Gesellschaften** und keine Anwendung auf **Verträge, mit denen Werte veräußert** werden. Hierzu bedarf es keiner besonderen „Ausnahmevorschrift". Verträge mit diesen Inhalten fallen von vorneherein nicht in den Anwendungsbereich des Vergaberechtes. Es muss umgekehrt eine besondere Legitimation vorliegen, wenn sie vergaberechtlichen Anforderungen unterworfen werden sollen. Ebenfalls keine vergaberechtlich relevanten Vertragsverhältnisse sind Kooperationen unter einzelnen rechtlich selbständigen staatlichen Einheiten und sog. „In-House-Geschäfte". In allen drei Fällen handelt es sich um im europäischen Recht und im Recht der Mitgliedstaaten als vergaberechtsfrei anerkannte Vertragskonstruktionen bzw. Konstellationen unter den Vertragsparteien.

Das neue GWB enthält in §§ 108, 138, 139 und 154 Nr. 5 Regelungen über „besondere Ausnahmen" bei öffentlich-öffentlicher Zusammenarbeit und bei Aufträgen und Konzessionen an verbundene Unternehmen. Das sind **besondere Konstellationen unter den beteiligten Vertragsparteien,** die dafür sorgen, dass die ansonsten durchaus in den Begriff des öffentlichen Auftrags bzw. der Konzessionsvergabe passende Vertragsbeziehung aus dem richtig verstandenen Begriff des öffentlichen Auftrags oder der Konzessionsvergabe heraus fällt. Diese Vertragskonstellationen als Ausnahmen zu bezeichnen, ist daher eigentlich fehl am Platz. Denn es geht nicht um einen Auftrag oder eine Konzessionsvergabe, sondern um eine dem europäischen Recht von vorneherein entzogene Aktion: Es geht um die Aufgabenverteilung im staatlichen Bereich, die nichts mit dem Binnenmarkt zu tun hat und die allenfalls von den Binnenmarktaktivitäten abzugrenzen ist. Bei In-House-Geschäften, bei Kooperationen unter öffentlichen Auftraggebern und bei Verträgen mit eigenen, verbundenen Unternehmen liegt unzweifelhaft **kein Beschaffungsakt** vor, **weil** der öffentliche Auftraggeber mit seinem Leistungsauftrag **innerhalb der staatlichen Organisation bleibt.** Das ist zB der Fall, wenn der Bund Bauleistungen von den Bauverwaltungen der Länder vornehmen lässt oder wenn Ministerien an staatliche Universitäten Forschungsaufträge „vergeben".

Vernünftigerweise kann dies nicht nur gelten, wenn die Leistung von einer unselbständigen staatlichen Einheit einer anderen staatlichen Einheit erbracht und aufgrund einer Anweisung wahrgenommen wird. Auch wenn die äußeren Merkmale eines öffentlichen Auftrags – Öffentlicher Auftraggeber schließt öffentlich-rechtlichen oder privatrechtlichen Vertrag mit einem selbständigen Rechtssubjekt über eine Warenlieferung, eine Dienstleistung oder eine Bauleis-

Einführung

tung gegen Zahlung eines Entgelts. – vorliegen, kann von einem Beschaffungsakt keine Rede sein, solange die geplante Tätigkeit nicht am Markt bei Wirtschaftsteilnehmern eingekauft, sondern im Rahmen des Staatsaufbaus vollzogen
wird. Dann fehlt die Basis für die Anwendung von Vergabeverfahren und von
Vergaberecht, weil lediglich eine staatliche Einrichtung von einer anderen staatlichen Institution Leistungen entgegennimmt. In diesem Zusammenhang erge-
hende Weisungen und abgeschlossene Verträge sind Akte staatlicher Organisation oder Vorgänge aufgrund bestimmter staatlicher Organisation.

Unter den Begriff des öffentlichen Auftraggebers fällt jede rechtlich selbständige Einheit, die funktional Staat ist – egal wie sie bezeichnet wird oder konstruiert ist. Dies führt zu einer enormen Ausweitung des (subjektiven) Geltungsbereiches der Vergaberegeln. Wenn man indessen Willkür im Vergaberecht ausschließen will – und das scheint selbstverständlich notwendig zu sein - darf man
**nicht nur den Auftraggeberbegriff funktional ausweiten, sondern muss
auch den Auftrag ebenso funktional betrachten** – selbst auf die Gefahr
hin, dass dabei eine Reduktion des Anwendungsfeldes eintritt. Anders ausge-
drückt heißt dies: Wenn es beim Auftraggeber nicht auf die Rechtsform ankommen darf, kann es auch beim Auftrag nicht auf die Rechtsform oder auf
die Frage ankommen, ob mit einer privatrechtlich organisierten Rechtspersönlichkeit oder einem öffentlichen Unternehmen ein Vertrag abgeschlossen wird.
Es kann im Gegenteil allein um die Frage gehen, ob funktional ein Einkauf
vorliegt. Und das ist eben nur der Fall, wenn der Markt in Anspruch genommen
wird, indem bei einem Unternehmen gekauft wird, das als werbendes Unternehmen auf dem Markt auftritt und „Wirtschaftsteilnehmer" ist. Ist dies nicht
der Fall, kann die Auferlegung von Regeln, die für die Inanspruchnahme des
Marktes gedacht sind, nicht in Betracht kommen – so wünschenswert es Diesem
oder Jenem im Einzelfall erscheinen mag.

Der **EuGH** hatte die **Überlegungen zur Eigenleistung in der Entscheidung „Teckal"** (EuGH v. 18.11.1999 – C-107/98 „Teckal", NZBau 2000,
90; EuGH C-458/03, NZBau 2005, 644) erstmals im Prinzip **anerkannt** und
in einer seither gefestigter Rechtsprechung festgestellt, dass ein Vertrag einer
Gebietskörperschaft mit einer Person, über die die Gebietskörperschaft die
Kontrolle „wie über eine eigene Dienststelle" ausübt, nicht den Regeln des
Vergaberechtes unterworfen ist. Die öffentliche Hand hat die Möglichkeit, ihre
im Allgemeininteresse liegenden Aufgaben mit ihren eigenen administrativen,
technischen und finanziellen Mitteln zu erfüllen oder aber auf Dritte zurück-
zugreifen. Dazu aber ist sie nicht gezwungen. Wenn es sich bei einem Einkaufs-
vorgang im Ergebnis um verwaltungsinterne Organisationsmaßnahmen unter
ausschließlicher Nutzung verwaltungseigener Ressourcen handelt, liegt keine
Beschaffung vor (EuGH v. 10.9.2009, Rs. C-573/07, VergabeR 2009, 882).

Übt ein öffentlicher Auftraggeber allein oder zusammen mit anderen Stellen
der öffentlichen Hand eine ähnliche Kontrolle wie über seine eigenen Dienststellen aus, besteht an dem zu beauftragenden Unternehmen keine private Kapitalbeteiligung und dienen mehr als 80% der Tätigkeit des Unternehmens der
Ausführung von Aufgaben, mit denen sie vom öffentlichen Auftraggeber betraut wurde, liegt nach § 108 GWB ein entsprechendes In-House-Geschäft vor.

Die **Kontrolle** „wie über eine eigene Dienststelle" ist **nicht mehr** anzunehmen, **wenn** der Auftrag oder die Konzession an ein gemischt-wirtschaftliches
Unternehmen gehen soll, bei dem neben dem oder den öffentlichen Anteils-
eigner auch **ein Privater am Kapital beteiligt** ist. Bereits eine geringfügige
private Beteiligung schließt danach ein In-House-Geschäft vergaberechtlich aus

(EuGH v. 11.1.2005 – C-26/03 Stadt Halle, Rn. 49–53, NVwZ 2005, 187). Die Beteiligung Privater führt dazu, dass auch andere als Allgemeininteressen berücksichtigt werden müssen.

Außer auf das **Kontrollkriterium** kommt es für die Feststellung einer Eigenleistung auf einen weiteren Aspekt an: **Die zu beauftragende Institution muss in ihrer Gesamttätigkeit auf die öffentliche Hand bezogen sein.** Es darf sich nicht um ein allgemein am Markt agierendes Unternehmen handeln. Das zu beauftragende Unternehmen muss zu 80% für den öffentlichen Auftraggeber tätig sein. Dieses Marktkriterium soll insbesondere sicherstellen, dass die Vergaberegeln grundsätzlich anwendbar bleiben, wenn ein von einer oder mehreren Körperschaft(en) kontrolliertes Unternehmen auf dem Markt tätig ist. So wird garantiert, dass mit einer Direktvergabe keine Verfälschung des Wettbewerbs erfolgt und keine ungerechtfertigte Bevorzugung eintritt.

Zum bisher geltenden Vergaberecht wurde vielfach und lange Zeit angenommen, dass die In-House-Rule mit Kontroll- und Marktkriterium auch für die vergaberechtliche Beurteilung von **Kooperationen unter selbständigen staatlichen Einheiten** zu gelten habe, **die – regional oder sachlich – nebeneinander stehen und keinerlei steuernden Einfluss aufeinander ausüben können.** Mangels Kontrolle der auftraggebenden staatlichen Einheit über die auftragnehmende Einheit seien Kooperationen generell den Vergaberegeln unterworfen. Dies hat § 108 Abs. 6 GWB auf der Basis der Richtlinienregelungen gründlich geändert. Für horizontale öffentlich-öffentliche Kooperation gilt, dass sie freigestellt sind, wenn der Vertrag eine Zusammenarbeit zwischen den öffentlichen Auftraggebern begründet, um die Erfüllung ihrer Aufgaben sicherzustellen, die Zusammenarbeit ausschließlich dem öffentlichen Interesse dient und die Auftraggeber auf dem Markt weniger als 20% der der Kooperation unterliegenden Tätigkeiten erbringen.

Die Freistellung dieser Zusammenarbeit ist das **Pendant zum In-House-Geschäft.** Gilt die Ausnahme für das In-House-Geschäft im Vertikal-Verhältnis, ist die Kooperationsregel die In-House-Rule für die vergleichbaren Horizontalfälle. Bei der Kooperation übertragen staatliche Einheiten eine ihnen allen gemeinsam oder ihnen jeweils für ihren Zuständigkeitsbereich obliegende Aufgabe auf die andere staatliche Einheit oder gar einen Dritten. Diese Übertragung kann vergaberechtsfrei erfolgen. Wird dagegen der **Vertrag mit** einem **Wirtschaftsteilnehmer** abgeschlossen, **der auch ansonsten im Markt agiert,** liegt selbstverständlich ein **Auftragsverhältnis** vor, das den Vergaberegeln unterworfen bleibt.

Gemäß §§ 138 und 139 GWB gilt für den besonderen Fall der Auftragsvergabe an ein Unternehmen, das mit dem **Sektorenauftraggeber** gesellschaftsrechtlich „verbunden" ist, und für den Fall der Vergabe von Aufträgen an ein Gemeinschaftsunternehmen von Sektorenauftraggebern ebenfalls die auf dem In-House-Gedanken beruhende Freistellung. Richtliniengeber und Gesetzgeber haben hier ausdrücklich die Grenzen der Anwendung des Vergaberechts festgemacht, weil sie sich in die Abläufe innerhalb eines Konzerns – in In-House-Geschäfte der Sektorenauftraggeber - nicht einmischen wollen.

4. Gesetzliche Ausnahmen

Richtlinien und Gesetz sehen außer den eher nachrichtlich aufgenommenen Ausnahmen der §§ 108, 138 und 139 GWB weitere echte Ausnahmen von der Anwendepflicht der Vergaberegeln vor, wobei die bundesdeutsche gesetzli-

Einführung

che Regelung in den §§ 107, 109, 116, 117, 137, 145 sowie 149 und 150 GWB ziemlich verschachtelt und unübersichtlich geraten ist. Es ist **kein einheitliches Prinzip erkennbar, das die Ausnahmen legitimiert.** Es sind eine **ganze Reihe unterschiedlicher Gründe,** die den Gesetzgeber veranlasst haben, das prinzipiell für notwendig, richtig und vernünftig angesehene allgemeine Vergaberechtsregime auf einem bestimmten Feld nicht für angemessen zu halten.

Aktuell gilt das besonders für Notfälle (vor einigen Jahren Flüchtlingsunterkünfte, 2020 für die COVID 19 Pandemie). In solchen Fällen erlauben sowohl das europäische als auch das deutsche Vergaberecht Ausnahmen bis hin zu Direktvergabe ohne Wettbewerb. Entscheidende Frage ist, ob und inwieweit die objektive Notlage keinen Wettbewerb erlaubt.

Alle Ausnahmeregeln, wenn es sich tatsächlich um Ausnahmen und nicht um die Präzisierung des Anwendungsfeldes des Vergaberechtes durch negativ formulierte Anwendungsvoraussetzungen handelt, sind ausnahmslos eng auszulegen (EuGH v. 12.11.1998 – C-360/96, NVwZ 1999, 397).

Die allgemeinen Ausnahmen im § 107 GWB beziehen sich auf öffentliche Aufträge und Konzessionen zu **Schlichtungs- und Schiedsgerichtleistungen, zu Immobiliengeschäften, zu Arbeitsverträgen und zu Dienstleistungen des Katastrophenschutzes,** sofern sie von gemeinnützigen Organisationen erbracht werden. In all diesen Fällen ist davon auszugehen, dass kein Markt besteht bzw. – insbesondere bei Immobiliengeschäften – kein binnenmarktrelevantes Angebot zustande kommt, wenn ein öffentlicher Auftraggeber zur Vergabe aufruft. Generell ausgenommen sind auch öffentliche Aufträge und Konzessionen, die dazu zwingen würden, im Zusammenhang mit dem Vergabeverfahren und der Auftragsausführung Auskünfte zu erteilen, deren Preisgabe wesentliche Sicherheitsinteressen der Bundesrepublik Deutschland beeinträchtigen würde (§ 107 Abs. 2 GWB). Nach § 109 GWB gilt der Vierte Teil des GWB nicht für öffentliche Aufträge, Wettbewerbe und Konzessionen, die nach internationalen Verfahrensregeln, durch internationale Organisationen oder wegen internationaler Finanzierung nach den Regeln der Finanzierungsinstitution zu vergeben sind.

Die §§ 116 und 117 GWB enthalten Ausnahmen nur für die Vergabe öffentlicher Aufträge durch öffentliche Auftraggeber für die **Rechtsdienstleistungen,** sofern sie sich um die forensische Tätigkeit von Rechtsanwälten drehen, für die Vergabe von **allgemein zugänglichen Forschungs- und Entwicklungsleistungen,** für die Vergabe von **Programmen zur Ausstrahlung durch Rundfunkanstalten, für finanzielle Dienstleistungen, Kredite und Darlehen** und schließlich für die Vergabe von **Dienstleistungsaufträgen an öffentliche Auftraggeber, denen ein ausschließliches Recht auf Leistung zusteht.** Der Sinn der Ausnahme ist nur schwer verständlich und wahrscheinlich nur vor dem Hintergrund des Zwecks der Vergaberichtlinien überhaupt nachzuvollziehen: Die EU-Vergaberichtlinien sollen generell dafür sorgen, dass staatliche Aufträge, wenn sie denn am Markt platziert werden, im Wettbewerb und nach objektiven Kriterien vergeben werden. Das ist aber – ebenso wenig wie etwa beim In-House-Geschäft und der Kooperation – nicht erforderlich, wenn keine Auftragsvergabe stattfindet, sondern eine **Eigenleistung einer staatlichen Einheit an eine andere staatliche Einheit.** Um eine solche Eigenleistung aber handelt es sich bei dem im § 116 Abs. 1 Nr. 6 GWB beschriebenen Fall: Ein öffentlicher Auftraggeber „vergibt" einen „Auftrag" an einen anderen öffentlichen Auftraggeber, der dazu noch ein auf Gesetz oder Verordnung beruhendes Recht hat, die Dienstleistung, um die es geht, zu erbringen. Der angesprochene Auftraggeber muss das Recht bereits haben. Die Festlegung, dass das Recht auf Leistung auf Gesetz oder Verordnung beruhen muss, ist eine **deutsche Besonderheit,** die nicht aus den Richtlinien stammt und deren Zweck darin besteht zu verhindern, dass sich insbesondere die Kommunen gegenseitig allzu einfach durch gemeindliche Satzung ein Schlupfloch für die Nichtanwendung der Vergaberegeln schaffen. § 117 GWB stellt noch einmal klar, dass auch öffentliche Aufträge und Wettbewerbe, die verteidigungs- und Sicherheitsaspekte umfassen, auch dann freigestellt sind, wenn sie keine verteidigungs- oder sicherheitsspezifischen Aufträge sind, dafür aber dem Schutz wesentlicher Sicherheitsinteressen der Bundesrepublik Deutschland dienen oder deren Vergabe und Ausführung für geheim erklärt worden ist oder auf internationalen Übereinkünften beruhen.

Aufträge von **Sektorenauftraggebern** nach §§ 136 ff GWB müssen nach der SektVO vergeben werden, wenn sie denn überhaupt unter das Vergaberecht fallen. Dafür gibt es mit § 137 GWB noch einmal eine besondere Regel. Sie bezieht sich auf die Ausnahmen des § 116 Abs. 1 GWB und übernimmt diese. Außerdem werden einige **spezifische Ausnahmen** für Sektorenauftraggeber hinzugefügt: Nach § 137 Nr. 7 und 8 GWB sind Verträge von **Energieversorgern** über die **Lieferung von Energie oder von Brennstoffen** zum Zwecke der Energieversorgung sowie die Verträge von **Wasserversorgern** über die **Beschaffung von Wasser** ausgenommen. Damit will der Gesetzgeber bei den leitungsgebundenen Versorgungsunternehmen die Beschaffung der Vorleistung für die Hauptaktivität des Sektorenauftraggebers ganz aus dem Anwendungsbereich der Vergaberichtlinien heraushalten. In das Hauptgeschäft der Energieversorger und Wasserversorger mischen sich die Regeln über die Beschaffung ebenso wenig ein, wie die klassischen Vergaberegeln das bei Behörden bei deren Aufgaben tun. Beschaffung ist nachgeordnete Hilfstätigkeit. Beschaffungsrecht darf sich nicht in den Mittelpunkt stellen wollen. Nach § 137 Nr. 9 GWB fallen unter die spezifisch zu regulierende Sektorenaufträge auch solche Verträge nicht, die über die Beschaffung von Gegenständen zum Zwecke der **Weiterveräußerung oder Weitervermietung an Dritte** abgeschlossen werden. Beschafft ein Stadtwerk aber im Auftrag der Stadt die Leistungen und Gegenstände, die die Stadt für die Erfüllung ihrer Aufgaben braucht, trifft diese Ausnahme nicht. Schließlich fallen nach § 137 Abs. 2 GWB Aufträge aus dem Anwendungsbereich des Vierten Teils heraus, die von Sektorenauftraggebern zu anderen Zwecken vergeben werden als zu Zwecken der Ausübung der Sektorentätigkeit **(Prinzip der Konnexität).** Die letzte Ausnahme gilt für Aufträge, die **außerhalb des Gebietes der EU** vergeben werden, es sei denn sie sind ausnahmsweise mit der tatsächlichen Nutzung eines Netzes innerhalb der EG verbunden.

Besondere Ausnahmen sehen die §§ 145 und 150 GWB für die Vergabe von sicherheits- und verteidigungsspezifischen Aufträgen sowie Konzessionen in den Bereichen Verteidigung und Sicherheit vor.

Die Ausnahmeregel für die Vergabe von **Konzessionen** (§ 149 GWB) ist der Ausnahmeregel für die Sektorenaufträge nachgebildet. Sie übernimmt aus § 116 Abs. 1 GWB die Ausnahmen der Nr. 1–5 sowie die Ausnahme für die Vergabe aufgrund eines ausschließlichen Rechtes. Von besonderer Bedeutung sind die zusätzlichen Ausnahmen aller Konzessionen im Bereich der Wasserversorgung und die Vergabe von Dienstleistungskonzessionen zu Lotterieleistungen. Schließlich sind vom Vierten Teil des GWB Konzessionen im Bereich der Luftverkehrsdienste und der Personenbeförderung ausgenommen, für die Sonderregeln gelten.

Einführung

5. Gemischte Aufträge

Selbstverständlich gibt es in der Realität nicht nur Verträge, die genau in eine der Schubladen passen, die der Gesetzgeber für die Auftragsvergabe und die Vergabe von Konzessionen geschaffen hat. Es wird in der Realität hauptsächlich Verträge geben, die verschiedene Leistungen zum Gegenstand haben (§ 110 GWB), öffentliche Aufträge und Konzessionen, deren Teile unterschiedlichen rechtlichen Regelungen unterliegen (§ 111 GWB) und öffentliche Aufträge und Konzessionen, die verschiedene Tätigkeiten umfassen (§ 112 GWB). Für alle drei Kategorien gibt der Gesetzgeber umfangreiche Handlungsanweisungen vor.

Die einfachste Anweisung findet sich noch in § 110 GWB. Danach sind Aufträge, die **verschiedene Leistungen** wie Liefer-, Bau- oder Dienstleistungen zum Gegenstand haben, nach den Regeln über den Hauptgegenstand zu vergeben. Der Hauptgegenstand bestimmt sich bei der Vergabe von Dienstleistungen und Dienstleistungskonzessionen einerseits und der Vergabe sozialer Dienstleistungen und sozialer Konzessionen andererseits nach dem geschätzten Wert der jeweiligen Leistung, woraus zu entnehmen ist, dass es in allen anderen Fällen nicht allein auf den Wert ankommen kann.

Sind **verschiedene Teile eines öffentlichen Auftrags**, die jeweils unterschiedlichen rechtlichen Regeln unterliegen, objektiv nicht trennbar, ist es wieder der Hauptgegenstand des Auftrags, der den Ausschlag gibt (§ 111 Abs. 4 Nr. 1 GWB). Im Übrigen können in der Konstellation des § 111 GWB sowohl mehrere Aufträge nach den jeweils geltenden rechtlichen Regeln als auch – unter bestimmten Bedingungen – ein Gesamtauftrag vergeben werden.

Die Vergabe von öffentlichen **Aufträgen und Konzessionen, die verschiedene Tätigkeiten** umfassen, regelt § 112 GWB – ebenfalls auf eine etwas unübersichtlich komplizierte Weise. Selbstverständlich erscheint zunächst die Feststellung in Abs. 1, dass ein öffentlicher Auftrag, der mehrere Tätigkeiten und dabei auch eine Sektorentätigkeit umfasst, entweder als Gesamtauftrag oder in Einzelaufträgen vergeben werden darf. Selbstverständlich erscheint auch die Feststellung in Abs. 2, dass bei Vergabe getrennter Aufträge die Vorschriften heranzuziehen sind, die für die Merkmale des spezifischen Auftrags gelten. In Abs. 3 wird dann festgestellt, dass ein Gesamtauftrag nach den Regeln für die Tätigkeit zu vergeben ist, für die der Auftrag hauptsächlich bestimmt ist. Für die Vergabe von Aufträgen, bei denen die Tätigkeit, für die der Auftrag hauptsächlich bestimmt ist, nicht feststellbar ist, gelten besondere Einschränkungen. Gleiches gilt für Konzessionen, die mehrere Tätigkeiten umfassen, von denen eine Tätigkeit eine Sektorentätigkeit ist und es unmöglich ist, die Tätigkeit festzustellen, für die die Konzession hauptsächlich bestimmt ist.

V. Schwellenwerte

Auch nach der Vergaberechtsreform sind öffentliche Aufträge nur dann in einem europaweiten Vergabeverfahren nach dem 4. Teil des GWB auszuschreiben, wenn ihr Auftrags- oder Vertragswert die maßgeblichen EU-Schwellenwerte überschreitet. Alle zwei Jahre setzt die EU-Kommission die Schwellenwerte per Verordnung neu fest. § 106 GWB enthält, wie zuvor auch die VgV, für alle Auftragsarten eine dynamische Verweisung auf die jeweils geltenden Schwellenwerte. Der Gesetzgeber muss das GWB damit nicht alle zwei Jahre anpassen. Das Bundesministerium für Wirtschaft und Energie gibt die neuen Schwellenwerte nur noch im Bundesanzeiger bekannt, sobald die neuen Verordnungen im Amtsblatt der EU veröffentlicht wurden.

Mit den Delegierten Verordnungen (EU) 2019/1827, 2019/1828, 2019/1829 und 2019/1830 vom 30.10.2019 hat die EU-Kommission zuletzt die Schwellenwerte für die nächsten zwei Jahre festgelegt. Demnach beträgt der Schwellenwert für Bauaufträge derzeit € 5.350.000 für Liefer- und Dienstleistungsaufträge € 214.000 für Liefer- und Dienstleistungen im Sektorenbereich und im Bereich Verteidigung und Sicherheit € 428.000 und für Liefer- und Dienstleistungsaufträge von obersten und oberen Bundesbehörden € 139.000. Für Konzessionsvergaben gilt ein Schwellenwert von € 5.350.000. Soziale und andere besondere Dienstleistungen nach Anhang XIV der VRL müssen unverändert ab einem Auftragsvolumen von € 750.000 europaweit ausgeschrieben werden. Die nächste Anpassung der Schwellenwerte wird die EU-Kommission 2021 vornehmen.

Ob ein Auftrag den jeweiligen Schwellenwert überschreitet, richtet sich nach dem geschätzten Auftragswert. Im Falle von Konzessionen bestimmt sich der Auftragswert nach dem voraussichtlichen Gesamtumsatz ohne Umsatzsteuer, den der Konzessionsnehmer während der Vertragslaufzeit mit der Bau- oder Dienstleistung, die Gegenstand der Konzession ist, sowie mit Lieferungen erzielt, die mit diesen Bau- oder Dienstleistungen verbunden sind. Maßgeblicher Zeitpunkt für die Berechnung des Auftragswerts ist der Tag an dem die Auftrags- oder Konzessionsbekanntmachung abgesendet oder das Vergabeverfahren auf andere Weise eingeleitet wird. Bei der Berechnung sind alle Optionen und Vertragsverlängerungen zu berücksichtigen. Für Konzessionen gelten nach § 2 Abs. 4 KonzVgV noch weitere Besonderheiten. So muss der Auftraggeber bei der Bestimmung des Auftragswerts ua auch Einkünfte aus Gebühren und Entgelten, die von Nutzern der Bauwerke oder Dienstleistungen gezahlt werden oder Zuschüsse Dritter berücksichtigen.

Die §§ 3 VgV, 2 SektVO und 2 KonzVgV unterbinden Versuche der Auftraggeber, europaweite Ausschreibungen dadurch zu vermeiden, dass sie die Schwellenwerte durch geschicktes Taktieren unterschreiten. Deshalb ist es beispielsweise verboten, Aufträge oder Konzessionen aufzuteilen, um sie der Anwendung der Vorschriften für europaweite Vergaben zu entziehen. Dieses Umgehungsverbot verpflichtet auch dazu, Teilaufträge, zB bei Losvergaben, grundsätzlich zusammenzurechnen. Allerdings können kleine Teillose bis zu bestimmten Einzel- und Gesamtwerten auch so vergeben werden, dass die Vorschriften für europaweite Vergaben darauf nicht angewandt werden. Für Daueraufträge von Liefer- und Dienstleistungen gelten weitere Besonderheiten. Hier ist der tatsächliche Gesamtwert des Auftrags maßgeblich. Soweit kein Gesamtpreis angegeben ist, ist bei einer Laufzeit von bis zu vier Jahren der Wert für die gesamte Laufzeit maßgeblich, bei einer Vertragslaufzeit, die vier Jahre überschreitet, kommt es auf den Auftragswert für vier Jahre an.

VI. Verfahrensarten

Das deutsche Vergaberecht kennt drei Arten von Vergabeverfahren: Die öffentliche Ausschreibung, die beschränkte Ausschreibung und die freihändige Vergabe. Diese Verfahren unterscheiden sich in der Auswahl der Bieter und der Bindung an einen vorgegebenen Verfahrensablauf. Die öffentliche Ausschreibung wendet sich an einen unbeschränkten Bieterkreis, die beschränkte Ausschreibung und die freihändige Vergabe bzw. Verhandlungsvergabe (laut neuer

Einführung

UVgO) sind – zum Teil durch vorgeschaltete Teilnahmewettbewerbe – nur auf einen beschränkten, zuvor ausgewählten Bieterkreis ausgerichtet. Bei öffentlicher und beschränkter Ausschreibung sind Form und Ablauf des Verfahrens in zahlreichen Einzelbestimmungen der Vergabeordnungen genau festgelegt. Im Gegensatz dazu gelten für die freihändige Vergabe bzw. Verhandlungsvergabe keine strengen Regelungen. Der Verfahrensablauf ist grundsätzlich frei. Die Novellierung der Regelungen für die nationale Vergabe wurde nach Abschluss der EU-Vergaberechtsreform im April 2016 in Angriff genommen. Inzwischen wurde die Vergabe- und Vertragsordnung für Leistungen - Teil A (VOL/A) (1. Abschnitt) durch die Unterschwellenvergabeordnung (UVgO) ersetzt. Die UVgO erfasst, anders als die VOL/A, nun auch freiberufliche Leistungen. Die nationale Vergabeordnung von Bauleistungen (VOB/A) wurde zuletzt im Januar 2019 überarbeitet. Die Begriffe der öffentlichen und beschränkten Ausschreibung und der freihändigen Vergabe gelten dort weiter.

Das EU-Vergaberecht spricht im Vergleich zum deutschen Vergaberecht vom Offenen und Nichtoffenen Verfahren und vom Verhandlungsverfahren mit und ohne Teilnahmewettbewerb. Zudem kennt das europäische Vergaberecht mit dem Wettbewerblichen Dialog und der neu geschaffenen Innovationspartnerschaft noch zwei weitere Verfahrensarten.

Unter dem alten Vergaberecht galt das sog. Primat des Offenen Verfahrens. Der Auftraggeber musste seine Aufträge grundsätzlich im Wege des Offenen Verfahrens vergeben. Nur in begründeten Ausnahmefällen durfte er auf das Nichtoffene Verfahren, das Verhandlungsverfahren oder den Wettbewerblichen Dialog ausweichen. Das neue Vergaberecht durchbricht diese strenge Hierarchie der Vergabearten. Zukünftig dürfen öffentliche Auftraggeber zwischen dem Offenen Verfahren und dem Nichtoffenen Verfahren mit vorgeschaltetem Teilnahmewettbewerb wählen. Öffentliche Auftraggeber erhalten dadurch mehr Flexibilität und Entscheidungsspielraum. Das Offene und das Nichtoffene Verfahren haben aber weiterhin Vorrang vor dem Verhandlungsverfahren (mit und ohne Teilnahmewettbewerb), dem Wettbewerblichen Dialog und der Innovationspartnerschaft. Diese Rangordnung dient dem Ziel, einen möglichst breiten Wettbewerb zu gewährleisten. Am größten ist der Wettbewerb im Offenen Verfahren, bei dem alle interessierten Unternehmen ein Angebot abgeben können. Um dem Wettbewerb auch im Nichtoffenen Verfahren Rechnung zu tragen, muss vorab immer ein öffentlicher Teilnahmewettbewerb stattfinden.

Die neueste Überarbeitung des ersten Teils der VOB/A führt nunmehr auch für Bauleistungen die Wahlfreiheit zwischen Öffentlicher Ausschreibung und Beschränkter Ausschreibung mit Teilnahmewettbewerb ein. Somit wurde auch in diesem Bereich der Vorrang der Öffentlichen Ausschreibung aufgegeben.

In den Ausnahmefällen des § 14 VgV dürfen Auftraggeber zwischen dem Verhandlungsverfahren und dem Wettbewerblichen Dialog wählen. Der Anwendungsbereich des Verhandlungsverfahrens wird damit erstmals gesetzlich konkretisiert. Dies schafft Rechtssicherheit für öffentliche Auftraggeber, die oft versuchen, das Offene Verfahren bzw. die öffentliche Ausschreibung zu vermeiden. Sie möchten sich wie private Auftraggeber verhalten und verhandeln, das heißt die Bieter im Preis „drücken" und versuchen deshalb oft, große Aufträge im Verhandlungsverfahren zu vergeben. Dann versuchen sie, die Sachverhalte so auszugestalten, dass die Voraussetzungen für ein Verhandlungsverfahren vorliegen. Durch die neuen Vorschriften wird es öffentlichen Auftraggebern erleichtert, das Verhandlungsverfahren zu wählen, auch wenn es weiterhin auf bestimmte Ausnahmefälle beschränkt bleibt. Insbesondere ist das Verhandlungsverfahren zukünftig zulässig, wenn der Auftrag aufgrund konkreter Umstände, „die mit der Art, der Komplexität oder dem rechtlichen oder finanziellen Rahmen oder den damit einhergehenden Risiken zusammenhängen, nicht ohne Verhandlungen vergeben" werden kann.

Der Wettbewerbliche Dialog wurde bereits 2005 in das GWB eingeführt und bleibt auch nach der Reform erhalten. In der Praxis hat das Verfahren bisher keine größere Bedeutung erlangt, da Auftraggeber meist das flexiblere Verhandlungsverfahren wählten. Der wesentliche Unterschied zwischen den Verfahrensarten liegt darin, dass Ziel und Funktion der Leistung im Verhandlungsverfahren bereits feststehen, aber gemeinsam mit den Bietern weiter konkretisiert werden. Der Wettbewerbliche Dialog kommt in Betracht, wenn die Leistung, die beschafft werden soll, nur vage beschrieben werden kann und der Auftraggeber mit den Teilnehmern eine Lösung für seinen Beschaffungsbedarf entwickeln will. Noch weiter geht die neu geschaffene Innovationspartnerschaft. Voraussetzung für das Verfahren der Innovationspartnerschaft ist, dass der Auftraggeber seinen Bedarf nicht durch eine am Markt verfügbare Lösung befriedigen kann. Ziel des Verfahrens ist die Entwicklung einer innovativen Liefer- oder Dienstleistung und deren anschließender Erwerb im Rahmen eines einzigen Vergabeverfahrens.

Für Sektorenauftraggeber gilt die Hierarchie der Verfahrensarten auch nach dem neuem Vergaberecht nur eingeschränkt. Sektorenauftraggebern stehen wahlweise das Offene, das Nichtoffene und das Verhandlungsverfahren mit Teilnahmewettbewerb sowie der wettbewerbliche Dialog zur Verfügung. Die Durchführung eines Verhandlungsverfahrens ohne Teilnahmewettbewerb und einer Innovationspartnerschaft unterliegt zusätzlichen Voraussetzungen.

Ähnliches gilt gemäß § 64 VgV bei der Vergabe sozialer und besonderer Dienstleistungen. Die bisherige Unterscheidung zwischen prioritären und nichtprioritären Dienstleistungen ist mit der Vergaberechtsreform entfallen. Bestimmte besondere und soziale Dienstleistungen, die in Anlage XIV der Vergabeberichtlinie 2014/24/EU im Einzelnen benannt sind, profitieren jedoch weiterhin von einem weniger strengen Vergaberegime. Diese Aufträge dürfen nach Wahl des Auftraggebers im Offenen oder Nichtoffenen Verfahren, im Verhandlungsverfahren mit Teilnahmewettbewerb, im Wettbewerblichen Dialog oder als Innovationspartnerschaft vergeben werden. Ein Verhandlungsverfahren ohne Teilnahmewettbewerb ist nur in den gesetzlich normierten Ausnahmefällen zulässig.

Geändert hat sich die Rechtslage für die Vergabe freiberuflicher Dienstleistungen. Freiberufliche Dienstleistungen dürfen entgegen der bisherigen Regelung der VOL/A nicht mehr grundsätzlich im Verhandlungsverfahren vergeben werden. Auch für freiberufliche Dienstleistungen gilt der Vorrang des Offenen und des Nichtoffenen Verfahrens. § 74 VgV bestimmt allerdings, dass Architekten- und Ingenieurleistungen auch weiterhin „in der Regel" im Verhandlungsverfahren mit Teilnahmewettbewerb vergeben werden dürfen.

Völlig frei in der Gestaltung des Vergabeverfahrens sind Auftraggeber bei der Vergabe von Konzessionen. § 12 KonzVgV sieht vor, dass Konzessionsgeber das Vergabeverfahren frei ausgestalten dürfen. Sie können das Vergabeverfahren am Ablauf des Verhandlungsverfahrens orientieren, sind dazu aber nicht verpflichtet. Der Gegenstand der Konzession, Mindestanforderungen und Zuschlagskriterien dürfen jedoch nicht zum Gegenstand der Verhandlungen gemacht werden.

Einführung

VII. Vergabeverfahren

1. Grundsätze

Wenn auch die vorgenannten Vergabeverfahren in Einzelheiten unterschiedlich ablaufen, gelten für alle Verfahren einheitliche Verfahrensgrundsätze:

- **Wettbewerbsgrundsatz**
  Leistungen sind nach den Vergabeverordnungen grundsätzlich im Wettbewerb zu vergeben. Der Wettbewerbsgrundsatz verpflichtet Auftraggeber, Wettbewerbsverfälschungen und wettbewerbswidrige Verhaltensweisen nicht zuzulassen. Aufträge sollen daher in einem möglichst formalisierten Verfahren vergeben werden, um möglichst vielen Bietern die Gelegenheit zu geben, ihre Leistung anzubieten. Daraus ergibt sich der Vorrang des Offenen Verfahrens und des Nichtoffenen Verfahrens vor dem Verhandlungsverfahren, dem Wettbewerblichen Dialog und der Innovationspartnerschaft

- **Diskriminierungsverbot/Gleichbehandlungsgebot**
  Alle Teilnehmer an einem Vergabeverfahren sind grundsätzlich gleich zu behandeln. Wenn ein Bieter zB auf mündliche Nachfrage von dem Auftraggeber oder seinen Beratern Auskünfte erhält, so sind diese allen Mitbietern mitzuteilen. Das Diskriminierungsverbot wird auch dadurch konkretisiert, dass kein Bieter nach Ablauf der Angebotsfrist sein Angebot „nachbessern" darf. Dies gilt sogar dann, wenn das nachgebesserte Angebot sehr viel günstiger als die bisherigen Angebote ist. Dann darf der öffentliche Auftraggeber nicht einmal die Ausschreibung aufheben, um ein neues Vergabeverfahren einzuleiten und dem Bieter Gelegenheit zu geben, das nachgebesserte Angebot dort ordnungsgemäß abzugeben. Das Gebot der sparsamen Haushaltsführung tritt hier im Einzelfall hinter das Diskriminierungsverbot zurück. Langfristig schont aber das Gleichbehandlungsgebot auch hier „die Kasse" der öffentlichen Hand, weil ein Vertrauensverhältnis zwischen öffentlichen Auftraggebern und privaten Auftragnehmern geschaffen wird, das auf Dauer zu günstigeren Angeboten ohne unnötige Risikozuschläge führt.

- **Verhandlungsverbot**
  Das Verhandlungsverbot konkretisiert den Grundsatz von Treu und Glauben, der auch im Vergaberecht gilt. Danach ist der Auftraggeber prinzipiell an seine Ausschreibung und die darin enthaltenen Angaben gebunden. Er darf sich nicht zu seinem eigenen Verhalten in Widerspruch setzen und insbesondere nicht die Ausschreibungsvoraussetzungen während des Verfahrens ändern. So darf der Auftraggeber auch die Aufklärungsgespräche nicht dazu nutzen, die Bieter zu Angebotsvarianten zu veranlassen, die von der Ausschreibung abweichen.

- **Grundsatz der ökologischen und sozialen Vergabe**
  Ziel der Vergaberechtsreform war auch die Stärkung sozialer und ökologischer Aspekte im Rahmen von Vergabeverfahren. Daher sieht § 97 Abs. 3 GWB vor, dass bei Ausschreibungen Aspekte der Qualität und der Innovation sowie soziale und umweltbezogene Aspekte zu berücksichtigen sind. Die Gesetzesbegründung stellt jedoch klar, dass es sich nicht um eine zwingende Vorgabe handelt, sondern, dass der Auftraggeber in jeder Phase eines Verfahrens berechtigt ist, qualitative, soziale, umweltbezogene oder innovative Aspekte einzubeziehen, solange diese mit dem Auftragsgegenstand in Verbindung stehen.

– **Gebot der Losvergabe**
  Der Grundsatz der Losvergabe ist in § 97 Abs. 4 GWB geregelt und wird in der VgV, der VOB/A und der SektVO präzisiert. Nach der im deutschen Vergaberecht vorherrschenden Mittelstandsfreundlichkeit sollen kleine und mittlere Unternehmen die Chance erhalten, sich im Rahmen ihrer Leistungsfähigkeit zu bewerben. Die Auftraggeber dürfen jedoch von dem Grundsatz der Losvergabe in begründeten Fällen abweichen oder auch die einheitliche Auftragsvergabe (an einen Generalunternehmer) parallel zur Losvergabe ausschreiben, um die wirtschaftlichste Lösung zu ermitteln. In diesen Fällen muss die Abweichung vom Grundsatz der Losvergabe aber genau dokumentiert werden.

– **Grundsatz der e-Vergabe**
  Mit der Vergaberechtsreform hat der nationale Gesetzgeber auch den Grundsatz der elektronischen Vergabe (e-Vergabe) eingeführt. Gemäß § 97 Abs. 5 GWB verwenden Auftraggeber und Unternehmen für das Senden, Empfangen, Weiterleiten und Speichern von Daten im Vergabeverfahren grundsätzlich elektronische Mittel. Die Vergabeverordnungen regeln die Details und Ausnahmen der elektronischen Kommunikation. Spätestens bis zum 18.4.2018 mussten die Mitgliedstaaten die elektronische Kommunikation flächendeckend einführen.

2. Verfahrensablauf

Die Vergabeverfahren beginnen regelmäßig damit, dass die Vorinformation und anschließend die Bekanntmachung im EU-Amtsblatt veröffentlicht werden. Der Inhalt dieser Veröffentlichungen ist für alle Vergabeverfahren in Mustern streng vorgegeben. Diese Muster gelten europaweit und wurden aus den europäischen Richtlinien in die Anhänge der Vergabeordnungen übernommen. Die vergaberechtlichen Bestimmungen über die Bekanntmachungen sind nicht nur als reine Formvorschriften anzusehen. Sie sichern die gleichmäßige und ausreichende Information der Bieter und somit den Wettbewerb. Werden die Vorschriften verletzt, kann das gesamte Vergabeverfahren rechtswidrig sein.

Der Innovationspartnerschaft geht ebenso wie dem Nichtoffenen Verfahren, dem Verhandlungsverfahren und dem Wettbewerblichen Dialog ein Teilnahmewettbewerb voraus. Der Teilnahmewettbewerb beginnt damit, dass der zu vergebende Auftrag im EU-Amtsblatt bekannt gemacht wird und Bewerber ihr Interesse bekunden, sich am Vergabeverfahren zu beteiligen. Der Auftraggeber sondiert dann zunächst den Kreis der möglichen Bieter und wählt in einer ersten Stufe des Vergabeverfahrens diejenigen Unternehmen aus, die er auffordern will, ein Angebot abzugeben. Dies geschieht durch eine Eignungsprüfung. Hierfür verlangt der Auftraggeber von den Bewerbern Nachweise über ihre Fachkunde, Leistungsfähigkeit und Zuverlässigkeit, vor allem Angaben über Umsätze und Anzahl der Arbeitnehmer sowie Referenzen.

Für die Eignungsprüfung führen die EU-Richtlinien die „Einheitliche Europäische Eigenerklärung" (EEE) ein. Die EEE ist ein Standardformular, mit dem die Bieter ihre Eignung vorläufig nachweisen können. Ziel ist es, den bürokratischen Aufwand für die Angebotsabgabe zu verringern, indem nur noch der Bieter, an den der Auftraggeber den Zuschlag erteilen will, alle geforderten Unterlagen vorlegen muss. Öffentliche Auftraggeber sind zwar nicht verpflichtet die EEE zu fordern, müssen diese aber als Eignungsnachweise akzeptieren,

Einführung

wenn ein Bieter sie vorlegt. Seit 2018 ist die Abgabe der EEE nur noch elektronisch über ein Onlineportal der EU möglich.

Daneben besteht aber auch das deutsche Präqualifikationssystem fort. In Vergabeverfahren nach der VgV und der VOB/A kann auch weiterhin zum Nachweis der Eignung auf Informationen aus einem Präqualifikationsverfahren zurückgegriffen werden. Bei der Präqualifikation handelt es sich um eine vorgelagerte, auftragsunabhängige Prüfung der Eignungsnachweise. Wenn ein Auftragnehmer präqualifiziert ist, muss er die umfassten Eignungsnachweise nicht mehr separat in einem Vergabeverfahren einreichen. Die EEE und die Präqualifikation sparen sowohl dem Auftraggeber als auch dem Auftragnehmer Zeit und Kosten. Zugleich senken sie für den Auftragnehmer die Gefahr, wegen formaler Mängel auszuscheiden.

Das neue GWB sieht erstmals auch die Möglichkeit der sog. Selbstreinigung vor. Öffentliche Auftraggeber dürfen einen Auftragnehmer nicht von einem Vergabeverfahren ausschließen, wenn er nachgewiesen hat, dass er für einen verursachten Schaden einen Ausgleich gezahlt oder sich zur Zahlung eines Ausgleichs verpflichtet hat, aktiv mit den Ermittlungsbehörden und dem öffentlichen Auftraggebern zusammengearbeitet hat und konkrete technische, organisatorische und personelle Maßnahmen ergriffen hat, die geeignet sind, weitere Straftaten oder ein weiteres Fehlverhalten zu vermeiden (vgl. § 125 GWB).

Nach Vorinformation, Bekanntmachung und gegebenenfalls Teilnahmewettbewerb werden die Vergabeunterlagen versandt. Dabei sind die vorgesehenen Fristen einzuhalten. In dringenden Fällen kann der Auftraggeber die Fristen verkürzen oder vom Offenen auf das Nichtoffene, in Extremfällen sogar auf das Verhandlungsverfahren ohne Teilnahmewettbewerb, ausweichen – grundsätzlich aber nur, wenn die Eilbedürftigkeit nicht vom Auftraggeber selbst zu vertreten ist. Zum Ablauf der Angebotsfrist gehen dem Auftraggeber die Angebote zu. Diese genügen oft nicht den formellen Anforderungen der Vergabeordnungen und der Vergabeunterlagen. Das gilt – wie die Praxis überraschenderweise zeigt – für kleine Unternehmen ebenso wie für große Konzerne. Viele Angebote müssen als fehlerhaft ausgeschlossen werden. Häufig entstehen Fehler, wenn bei Bietergemeinschaften nicht sämtliche Mitglieder unterzeichnen oder mit dem Angebot ungenügende Vollmachten vorlegen. In die Vergabeverordnungen und die SektVO wurden allerdings Möglichkeiten zur Nachforderung von Erklärungen und Nachweisen aufgenommen (vgl. § 51 Abs. 2 SektVO).

An Nebenangebote und Änderungsvorschläge sind grundsätzlich dieselben Anforderungen wie an Hauptangebote zu stellen. Die Zuschlagskriterien sind so festzulegen, dass sie sowohl auf das Hauptangebot als auch auf das Nebenangebot anwendbar sind. Nebenangebote sind ungebrochen beliebt, weil sie den Bietern die Möglichkeit eröffnen, technologisch neue, dem Auftraggeber noch nicht bekannte, aber besonders kostengünstige Lösungen anzubieten. Oft übersehen die Bieter aber, dass die Nebenangebote grundsätzlich so detailliert abgegeben werden müssen, dass sie mit den Hauptangeboten verglichen werden können. Pauschale Hinweise auf Einsparungsmöglichkeiten genügen nicht und dürfen auch nicht in Nachverhandlungen aufgeklärt werden. Wenn Bieter fehlerhafte Haupt- oder Nebenangebote abgegeben haben, so dürfen sie diese Fehler nach dem Eröffnungstermin nur in sehr engen Grenzen berichtigen. Anderenfalls wären Preiskorrekturen uneingeschränkt möglich, nachdem die Bieter die Preise ihrer Konkurrenz erfahren haben.

Bei der Wertung der Angebote steht dem Auftraggeber ein Beurteilungsspielraum zu. Der Zuschlag ist auf das wirtschaftlichste Angebot zu erteilen. Das wirtschaftlichste Angebot bestimmt sich nach dem besten Preis-Leistungs-verhältnis. Der Auftraggeber kann, muss den Zuschlag daher aber nicht auf das Angebot mit dem niedrigsten Preis erteilen. Er darf auch andere Kriterien einer Leistung in seine Wertung einbeziehen, wie zB die Qualität und die Lebenszykluskosten. Die neuen Vergabeverordnungen regeln detailliert welche Kosten in die Berechnung der Lebenszykluskosten einfließen dürfen (vgl. § 59 VgV).

Mit der Vergaberechtsreform wird die bisher strikte Trennung von Eignungs- und Zuschlagskriterien aufgeweicht, denn nach den neuen EU-Vergabericht-linien können auch Organisation, Qualifikation und Erfahrung des mit der Aus-führung des Auftrags betrauten Personals in die Wertungsentscheidung einflie-ßen, wenn die Qualität des Personals erheblichen Einfluss auf das Niveau der Auftragsausführung hat. Diese Regelung hat der deutsche Gesetzgeber in die neuen Vergabeverordnungen übernommen. Die Wertungskriterien müssen in der Bekanntmachung, spätestens aber in den Vergabeunterlagen angegeben werden.

Jede Ausschreibung endet grundsätzlich mit dem Zuschlag, das heißt mit dem zivilrechtlichen Vertragsschluss. Nach § 134 GWB muss der Auftraggeber ober-halb der EU-Schwellenwerte die unterlegenen Bieter über den bevorstehenden Zuschlag informieren, damit sie Gelegenheit erhalten, noch rechtzeitig ein Nachprüfungsverfahren einzuleiten. Nur ausnahmsweise darf eine Ausschrei-bung aufgehoben werden, wenn schwerwiegende Gründe dafür vorliegen. Die Rechtsprechung stellt jedoch an diese Gründe sehr strenge Anforderungen. Ein Aufhebungsgrund liegt beispielsweise vor, wenn kein Angebot den Ausschrei-bungsbedingungen entspricht. Dann muss der Auftraggeber sogar regelmäßig die Ausschreibung aufheben und darf nicht nur die Anforderungen ändern, die er in den Vergabeunterlagen selbst definiert hat.

Spätestens ab April 2018 sind alle Vergabeverfahren zwingend elektronisch abzuwickeln. Die Pflicht zur e-Vergabe wird schrittweise umgesetzt. Ab dem 18.4.2016 müssen die Bekanntmachung und die Ausschreibungsunterlagen elektronisch zur Verfügung gestellt werden. Zentrale Beschaffungsstellen, die die Vergabetätigkeit mehrerer öffentlicher Auftraggeber bündeln, müssen ihre Vergabeverfahren ab 18.4.2017 vollständig elektronisch durchführen. Ab dem 18.4.2018 sind alle öffentlichen Auftraggeber und Konzessionsgeber verpflich-tet, elektronische Mittel einzusetzen.

VIII. Ergänzende Regeln der Bundesländer

1. Gesetzlicher Rahmen

Nach § 97 Abs. 4 GWB (alt) konnten weitere Anforderungen an Unterneh-men und Auftrag gestellt werden. So konnte nach § 97 Abs. 4 S. 2 GWB (alt) jeder Auftraggeber **für die Auftragsausführung zusätzliche Anforderun-gen** an Auftragnehmer stellen, wenn diese Anforderungen in sachlichem Zu-sammenhang mit dem Auftragsgegenstand standen. Außerdem konnten nach § 97 Abs. 4 S. 3 GWB (alt) **„andere oder weitergehende Anforderungen an Auftragnehmer gestellt** werden, **„wenn dies durch Bundes- oder Landesgesetz** vorgesehen" war. Bundesgesetze, die von dem Bund zuzurech-nenden Auftraggebern zusätzliche Anforderungen an die Auftragsausführung verlangten oder weitergehende Anforderungen an die Auftragnehmer als Fach-kunde, Leistungsfähigkeit und Zuverlässigkeit stellten, gab es nicht. Dagegen

Einführung

stieg bis ins Jahr 2014 **die Zahl der Landes(vergabe)gesetze,** deren Anforderungen zusätzlich zu den Regeln des GWB zu beachten waren, stetig an. Die Gesetzgebungsflut bei den Landesgesetzen geht auf die Unzufriedenheit einer Reihe von Bundesländern mit der streng betriebswirtschaftlichen Betrachtungsweise des Einkaufs im früheren § 97 Abs. 4 GWB und mit dem sog. Rüffert-Urteil des EuGH (Urt. v. 3.4.2008 – Rs. C-346/06) einher, die allerdings mit der Neufassung durch § 97 Abs. 3 GWB im Vergaberechtsmodernisierungsgesetz 2016 abgelöst worden ist. Bei diesen Landesgesetzen geht es außer um eine zumeist redundante Mittelstandsregelung hauptsächlich um die Festschreibung, dass nur Unternehmen beauftragt werden dürfen, die sich an das Arbeitnehmerentsendegesetz und an Mindestlohngesetze halten und entsprechende Tarife zahlen. Auch diese Vorschriften dürften indessen weitestgehend redundant sein, weil die entsprechenden Mindestlohnregelungen in den §§ 19 und 21 des Mindestlohngesetzes und des Arbeitnehmerentsendegesetzes, auf die § 124 Abs. 2 GWB ausdrücklich noch einmal verweist, bereits enthalten sind, und weil § 128 Abs. 1 GWB (neu) von allen Auftrag ausführenden Unternehmen verlangt, dass sie alle für sie geltenden rechtlichen Verpflichtungen einhalten.

Die nach neuem GWB-Vergaberecht offenbar abschließenden Regelungen für Aufträge und Konzessionen im Oberschwellenbereich sorgen dafür, dass ergänzende Länderregelungen zum Vergaberecht auf die Auftragsausführung und auf den Unterschwellenbereich begrenzt bleiben. Die Vorschriften gelten nur noch für die Auftragsausführung unterhalb der Schwellen und für Aufträge der jeweiligen Länder und der ihnen zuzurechnenden Institutionen. Die Ländergesetze müssen dem Vergaberechtsänderungsgesetz 2016 angepasst werden. Der Anpassungsprozess ist noch nicht abgeschlossen.

Erst wenn dieser Anpassungsprozess abgeschlossen ist, wird man beurteilen können, inwieweit das Unterschwellenvergaberechtrecht für Länder und Kommunen tatsächlich nur haushaltsrechtliche Qualität hat oder ob nicht doch wesentliche Teile dieses Unterschwellenvergaberechtes in Wahrheit Wirtschaftsrecht sind und unter einem ganz anderen Blickwinkel zu betrachten sind als bislang.

2. Kritik

Die sehr unterschiedlichen Landesvergabegesetze zerstückeln, sofern sie nicht in geradezu nervtötend redundanter Weise die Bundesregeln wiederholen, die Märkte für öffentliche Aufträge in Deutschland stark – zu einer Zeit zu der der europäische Binnenmarkt eigentlich einen großen einheitlichen Markt entstehen lassen soll. Das ist eine rechtspolitisch nicht ganz nachvollziehbare Entwicklung, die nicht zuletzt auch auf die geradezu sture Haltung der Bundespolitik zu den früher so genannten vergabefremden Zwecken zurückzuführen ist.

IX. Informationspflicht über die Zuschlagsabsicht, Änderung und Kündigung

Neben Bekanntmachungspflichten vor und zum Ende eines Vergabeverfahrens gibt es eine besondere, auf den Rechtsschutz zielende Informationspflicht des Auftraggebers. Bekanntmachungspflichten und die Information nach § 134 GWB dürfen nicht miteinander verwechselt werden. Die Bekanntmachung ist, wenn sie vor oder zu Beginn des Vergabeverfahrens gemacht wird, der Auftakt für ein Vergabeverfahren und dient, wenn sie nach Abschluss eines Verfahrens gemacht wird, der Transparenz des Verfahrens. Die **Information nach § 134 GWB** dient der adäquaten Vorbereitung eines eventuellen Antrags auf Rechtsschutz im Nachprüfungsverfahren nach §§ 155 ff. GWB. Will ein Unternehmen, das sich in einem Vergabeverfahren nicht rechtmäßig behandelt fühlt, Rechtsschutz in Anspruch nehmen, wird ihm vom Gesetz zugemutet, vor dem Hintergrund eines komplizierten Sachverhaltes möglicherweise folgenschwere Entscheidungen zu treffen. Sollte mit dem Zuschlag der Vertrag tatsächlich abgeschlossen werden, würde ohne weitere Sicherung dem sich rechtswidrig behandelt fühlenden Unternehmer jede rechtliche Möglichkeit genommen, den Auftraggeber zu einem Verhalten in seinem Sinne zu zwingen. Denn nach der expliziten Regelung § 168 Abs. 2 S. 1 GWB kann auch in einem Nachprüfungsverfahren ein einmal rechtmäßig abgeschlossener Vertrag nicht mehr aufgehoben werden.

Damit der Unternehmer wissen kann, was der Auftraggeber beabsichtigt, werden ihm gegenüber Rechtsakte zur Beendigung eines Vergabeverfahrens, wie dies Vertragsschluss oder Aufhebung sind, nur dann wirksam, wenn der Auftraggeber **den im Rennen verbliebenen Konkurrenten** mitteilt, **auf welches Angebot der Zuschlag erteilt werden soll.** Nur so kann ein Unternehmen, dem der Auftraggeber den Zuschlag nicht zu erteilen beabsichtigt, wissen, dass es nicht in Frage kommt und, ob es sich lohnt, Rechtsschutz in Anspruch zu nehmen und eine Nachprüfung in Gang zu setzen oder ob es lieber die Finger davon lassen sollte.

Dieses besondere **Informationsregime** am Ende, aber vor Abschluss des Vergabeverfahrens, ist untrennbar mit dem besonderen primären Rechtsschutz verbunden, den es in dieser speziellen Form nur zu Lasten der öffentlichen Einkäufer gibt. **Im Bereich der öffentlichen Versorgungsunternehmen** ist dieser Rechtsschutz mit diesem Informationsregime das **zwingende Pendant zur Monopolstellung.** In der Neufassung durch das Vergaberechtsmodernisierungsgesetz 2016 wird die Informations- und Wartepflicht in § 134 GWB geregelt. Die Rechtsfolgen aus einem Verstoß gegen die Regel der §§ 134 GWB und BGB werden in § 135 GWB dargestellt. **Änderung und Kündigung öffentlicher Aufträge** waren bislang weder in den Richtlinien noch in den nationalen Vergaberegeln verankert. Bisher gab es dazu nur die Rechtsprechung des EuGH.

1. Informationspflicht des Auftraggebers

a) Adressaten und Gegenstand der Information

Zu benachrichtigen sind die „**betroffenen Bieter**", deren Angebote nicht berücksichtigt werden sollen. Das sind die Unternehmen, die ein Angebot abgegeben haben, noch nicht endgültig ausgeschlossen worden sind und noch am Wettbewerb teilnehmen. Ausdrücklich gleichgestellt werden **Bewerber,** die über die Ablehnung ihrer Bewerbung noch nicht informiert worden sind. Uninteressant ist in diesem Zusammenhang in welchem Verfahren – im offenen, im nicht-offenen oder im Verhandlungsverfahren die Bieter- oder Bewerberposition entstanden ist. Die Informationspflicht entfällt nach § 134 Abs. 3 S. 1 GWB in Fällen, in denen das Verhandlungsverfahren ohne Teilnahmewettbewerb wegen besonderer Dringlichkeit gerechtfertigt ist und direkt vergeben darf.

Einführung

Gegenstand der Information ist **nur die beabsichtigte Auftragsvergabe.** Eine beabsichtigte Aufhebung bedarf nicht der Information nach § 134 GWB. Soll allerdings nach einer Aufhebung einer Ausschreibung ein Auftrag freihändig vergeben werden – ohne dass die Voraussetzungen der besonderen Dringlichkeit vorliegen – ist gemäß § 134 GWB zu informieren und der Ablauf der Wartefrist abzuwarten, selbst wenn genau genommen in dem Vergabeverfahren, das durch die freihändige Vergabe abgeschlossen wird, weder Angebot noch Bewerbung vorgelegen haben wird. Der Bieterstatus aus dem aufgehobenen Verfahren wirkt insoweit fort. Überzogen erscheint indessen die vereinzelt vertretene Vorstellung, wonach die Bieterstellung aus einem selbständigen Interimsauftrag fortwirkt, wenn der Auftraggeber bereits das Vergabeverfahren zur endgültigen Auftragsvergabe eingeleitet hat. Im Falle verteidigungs- und sicherheitsspezifischer Aufträge können Auftraggeber beschließen, bestimmte Informationen aus Sicherheitsgründen nicht mitzuteilen (§ 134 Abs. 3 S. 2 GWB).

b) Umfang und Ausmaß der Information

Der Auftraggeber hat über den **Namen des erfolgreichen Bieters** so zu informieren, dass der beabsichtigte Vertragspartner zweifelsfrei identifiziert werden kann. Diese Information muss richtig sein. Außer dem Namen des erfolgreichen Bieters müssen die **Gründe der Nichtberücksichtigung** mitgeteilt werden, die den Auftraggeber veranlassen, auf das Angebot oder die Bewerbung des zu Informierenden nicht einzugehen. Der Bieter muss aufgrund der Mitteilung nachvollziehen können, warum sein Angebot nicht zum Zuge kommt. Eine Darlegung aller denkbaren Gründe ist nicht notwendig. Denn der Sinn der Regel ist es, dem nicht erfolgreichen Bieter einen vernünftigen Ansatzpunkt für seine Überlegung zu liefern, ob er Rechtsschutz in Anspruch nehmen soll. In diesem Zusammenhang kann nicht von seinem potentieller Gegner vor Vergabekammer und OLG verlangt werden, dass der zuvor die Argumente für ein Rechtsschutzverfahren liefert. **Weiterer Pflichtgegenstand der Information** ist die **Angabe des frühesten Zeitpunktes des Vertragsschlusses.**

c) Form und Rechtscharakter der Informationspflicht

Der Auftraggeber hat die Bieter **„in Textform"** zu informieren. Nach § 126b BGB bedeutet dies, dass die Erklärung in einer **Urkunde oder auf andere,** zur dauerhaften Wiedergabe in Schriftzeichen geeigneter **Weise** unter Nennung des Namens des Erklärenden und Abschlusses der Erklärung durch Nachbildung der Namensunterschrift zu erfolgen hat. Eine Information im E-Mail-Verkehr reicht damit aus. Die Information nach § 134 GWB ist keine Willenserklärung nach bürgerlichem Recht mit den dort vorgesehenen Rechtsfolgen. Es handelt sich um eine Erklärung des Auftraggebers, die eine Information vermittelt, aus der aber in keinem Fall eine vertragliche Beziehung entstehen kann.

Die Information nach § 134 GWB hat **„unverzüglich"** zu erfolgen. Es soll sichergestellt werden, dass die unterlegenen Bewerber und Bieter möglichst frühzeitig Klarheit über die Erfolgsaussichten ihrer Angebote bzw. Teilnahmeanträge bekommen.

d) Frist

Am Tage nach Absendung der Information **beginnt** für den Auftraggeber eine **15tägige Wartefrist,** vor deren Ablauf er den Vertrag nicht schließen darf. Die Frist beginnt ausdrücklich nicht mit dem Zugang der Information in den Bereich der Adressaten, sondern am Tag nach der Absendung, sodass der Auftrag am Tag nach Ablauf der Frist dann wirksam erteilt werden kann, wenn die Information einen nicht berücksichtigten Bieter noch nicht erreicht hat. Auf den Tag des Zugangs beim betroffenen Bieter oder Bewerber kommt es ausdrücklich nicht an. (§ 134 Abs. 2 S. 3 2. HS GWB).

2. Rechtsfolgen eines Verstoßes

Ein öffentlicher Auftrag ist von Anfang an unwirksam, wenn der öffentliche Auftraggeber generell gegen ein Gesetz verstoßen hat (§ 134 BGB). Gleiches gilt speziell, wenn der Auftraggeber gegen die Informations- und die Wartepflicht des § 134 GWB verstoßen hat. In beiden Fällen entsteht kein wirksamer Vertrag. Das gilt allerdings nur, wenn dieser Verstoß im Nachprüfungsverfahren festgestellt worden ist; insoweit wird die Wirkung des § 134 BGB im Vergaberecht eingeschränkt. Der Vergaberechtsverstoß kann jedoch nur innerhalb einer Frist von längstens einem halben Jahr vor der Vergabekammer geltend gemacht und von dieser festgestellt werden. Hat der Auftraggeber die Auftragsvergabe im Amtsblatt der EU bekannt gemacht, endet die Frist zur Geltendmachung der Unwirksamkeit des Vertrages bereits 30 Kalendertage nach Veröffentlichung der Bekanntmachung. **Verstreichen die Fristen,** ohne dass ein Verstoß vor der zuständigen Vergabekammer geltend gemacht wird, oder folgen Vergabekammer oder Beschwerdegericht einem rechtzeitig gestellten Feststellungsantrag nicht, ist der **Vertrag** nach der klaren Formulierung des Gesetzes in § 135 Abs. 1 GWB **von Anfang an wirksam.**

Sind die Fristen verstrichen, gibt es nur noch die Möglichkeit, dass die Kommission der EU den Verstoß für so gravierend hält, dass sie zu der Auffassung kommt, dass ein darauf beruhender Vertrag nicht weiter fortbestehen kann und gegen den betreffenden Mitgliedstaat ein Vertragsverletzungsverfahren führt.

Die Regeln über die Informations- und Wartepflicht gelten gemäß §§ 142, 147 und 154 Nr. 4 GWB auch für Sektorenaufträge, sicherheits- und verteidigungsspezifische öffentliche Aufträge sowie für die Vergabe von Konzessionen.

3. Auftragsänderung nach §§ 132, 142 und 154 Nr. 3 und 4 GWB

Seit der Vergaberechtsreform 2016 enthalten Richtlinien und Gesetz komplexe Regeln über die Änderung öffentlicher Aufträge und Konzessionen während der Laufzeit von Aufträgen und Konzessionen und über die Kündigung von öffentlichen Aufträgen und Konzessionen.

Soll ein öffentlicher Auftrag während der Vertragslaufzeit wesentlichen Änderungen unterworfen werden, bedarf es eines neuen Vergabeverfahrens. Das Gesetz gibt eine Reihe von Hinweisen, wann eine solche wesentliche Änderung vorliegt. Die wichtigsten dürften darin liegen, dass das wirtschaftliche Gleichgewicht zugunsten des Auftragsnehmers in einer Weise verschoben wird, die im ursprünglichen Auftrag nicht vorgesehen war, und dass trotz gleich bleibenden Gesamtcharakters des Auftrags der Wert der Änderung 10 % bei Liefer- und Dienstleistungen bzw. 15 % bei Bauleistungen übersteigt. Ein Auftragneh-

Einführung

merwechsel ist möglich, wenn in den Vergabeunterlagen klare, genaue und eindeutig formulierte Überprüfungsklauseln zu Art, Umfang und Voraussetzungen möglicher Auftragnehmerwechsel enthalten sind (§ 132 Abs. 2 Nr. 4a) GWB), oder wenn ein anderes Unternehmen im Zuge einer Umstrukturierung ganz oder teilweise an die Stelle des ursprünglichen Auftragnehmers tritt (§ 132 Abs. 2 Nr. 4b) GWB). Gemäß §§ 142, 147 und 154 Nr. 3 und 4 GWB gelten die Vorschriften des § 132 GWB über die Vertragsänderung auch für Sektorenaufträge, sicherheits- und verteidigungsspezifische Aufträge und die Vergabe von Konzessionen.

4. Kündigung von öffentlichen Aufträgen

Auftraggeber können einen Auftrag oder eine Konzession kündigen, wenn eine wesentliche Änderung vorgenommen wurde, die ein neues Vergabeverfahren erfordert hätte, zum Zeitpunkt der Zuschlagserteilung ein zwingender Ausschlussgrund nach § 123 vorlag oder der Auftrag wegen einer schweren Pflichtverletzung, die der EuGH festgestellt hat, nicht hätte vergeben werden dürfen (§§ 133, 142, 147 sowie 154 Nr. 3 und 4 GWB).

X. Rechtsschutz bei Verletzung der Vergaberegeln

1. Begriffe und Strukturen

Das Verhalten eines jeden staatlichen Auftraggebers fällt in den Verantwortungsbereich einer gewählten Exekutive, die dem Parlament und der Öffentlichkeit Rechenschaft schuldet und politisch für das gesetzmäßige Handeln ihrer Behörden geradezustehen hat. Im kommunalen Bereich gilt Ähnliches für die Verwaltungsspitze gegenüber dem Rat und der Bürgerschaft. Der unrechtmäßig und falsch behandelte Bieter kann daher, wenn er sich im Einzelfall in individueller Rechtsverfolgung nicht durchsetzen kann, dafür sorgen, dass die Öffentlichkeit Druck auf die korrekte Einhaltung der Vergaberegeln macht, die rechtswidrig handelnden Personen zur Rechenschaft gezogen werden und für die Zukunft rechtmäßiges Handeln gesichert wird. Auf gleicher Ebene liegt die Möglichkeit, Kontrolltätigkeit der Rechnungshöfe anzuregen, die mit der Überprüfung des Ausgabeverhaltens der Behörden auch die korrekte Anwendung des dem Haushaltsrecht zugeordneten Vergaberechts zu überprüfen haben und Fehler in der Rechtsanwendung Parlament und Öffentlichkeit mitteilen, um für die Zukunft Rechtmäßigkeit herbeizuführen. Obwohl in der politischen Diskussion öfter damit verwechselt, ist diese **politische Kontrolle** jedoch kein Rechtsschutz.

Kontrolle und Rechtsschutz im öffentlichen Auftragswesen waren in den 90er Jahren des letzten Jahrhunderts **das Zentralthema der deutschen rechtspolitischen Diskussion um die Regeln für die Beschaffungen der öffentlichen Hand.** Die Verabschiedung des „Vergaberechtsänderungsgesetzes" durch Bundestag und Bundesrat am 29.5.1998 (BGBl. I 1998, S. 2512) hat zum Ende der Grundsatzdiskussion geführt und markiert den Übergang zur Detaildiskussion über Einzelfragen und Entscheidungen der Spruchkörper, der Vergabekammern und Oberlandesgerichte.

Rechtsschutz – im engeren vergaberechtlichen Zusammenhang „**Nachprüfung**" genannt – meint die Möglichkeit eines an einem öffentlichen Auftrag

Einführung

Interessierten, sich im Einzelfall an eine dritte, vom öffentlichen Auftraggeber unabhängige staatliche Institution, wenden zu können, um die Überprüfung des Einkaufsverhaltens des Auftraggebers zu veranlassen, wenn er annimmt, dass er von seinem potentiellen Auftraggeber nicht rechtmäßig behandelt wird oder worden ist. Dieser sehr weite Rechtsschutzbegriff setzt nicht notwendigerweise eine subjektive Rechtsposition als Schutzobjekt voraus, deren Beachtung bei der Dritten Gewalt als der qua Verfassung dazu berufenen unabhängigen Institution vom öffentlichen Auftraggeber eingefordert werden könnte. Dennoch setzt Rechtsschutz selbstverständlich in jedem Falle die Existenz von spezifischen Rechten voraus, auf die sich der einzelne Rechtsschutzbegehrende berufen kann.

Dabei ist die Rechtssituation des am Auftrag interessierten Unternehmens in den verschiedenen Phasen des Vergabeverfahrens je unterschiedlich. Das Unternehmen befindet sich vor und zu Beginn eines Vergabeverfahrens in anderer Rechtsposition als während des Vergabeverfahrens, in nochmals völlig anderer Lage wiederum nach Abschluss des Verfahrens (durch Zuschlag oder Aufhebung) sowie in der Realisierungsphase des Auftrags. Deshalb spielen in der Diskussion über den Rechtsschutz im öffentlichen Auftragswesen der Bundesrepublik Deutschland zwei Begriffe als definitorisches Gegensatzpaar eine besondere Rolle, die Begriffe **„Primärrechtsschutz"** und **„Sekundärrechtsschutz".** Unter Primärrechtsschutz versteht man die Existenz von und die Durchsetzungsmöglichkeit für Ansprüche auf eine bestimmte Verhaltensweise des Auftraggebers bei der Vertragsanbahnung und im Vergabeverfahren bis zum Abschluss des Verfahrens. Als „Sekundärrechtsschutz" werden die rechtlichen Optionen zugunsten des sich falsch behandelt fühlenden, potentiellen Auftragnehmers zulasten des Auftraggebers bezeichnet, mit denen er das Vergabeverhalten des Auftraggebers zu verändern in der Lage ist. Der Primärrechtsschutz ist von besonderer Bedeutung, weil bei der (öffentlichen) Auftragsvergabe in aller Regel die Wirkungen fehlerhafter Handlungen des Auftraggebers aus rechtlichen oder tatsächlichen Gründen irreversibel sind.

Eine weitere Besonderheit der Rechtsschutzdiskussion im Bereich des öffentlichen Auftragswesens beruht auf der Tatsache, dass weithin angenommen wurde und **für den gesamten großen Bereich der Aufträge, deren Auftragswert die EU-Schwellen nicht erreicht,** noch immer angenommen wird, ausreichender „Rechtsschutz" sei gewährt, wenn den an Aufträgen interessierten Unternehmen eine Beschwerdemöglichkeit bei der Rechtsaufsicht gewährt und ein Anspruch auf Schadensersatz eingeräumt, aber **kein spezifischer Anspruch** auf Einhaltung von Beschaffungsvorschriften zugesprochen wird.

Außer auf den Zeitpunkt im Laufe des Vergabeverfahrens, zu dem der Rechtssuchende Schutz begehrt, kommt es **daher wesentlich auf den prognostizierten Wert des zu vergebenden oder vergebenen Auftrags an:** Mit Erreichen und Überschreiten der EU-Schwellen gelangen die Beteiligten in das rechtliche Umfeld der EU-Vergaberegeln, die durch die Richtlinien im Gefolge des Programms zur Vertiefung und Vollendung des europäischen Binnenmarktes zu Anfang der 90er Jahre des vergangenen Jahrhunderts das deutsche Vergaberecht umgekrempelt haben. Mit den diese EU-Regeln in deutsches Recht transformierenden Vorschriften des Vierten Teils des GWB erhalten die Unternehmen einen einklagbaren Anspruch auf Einhaltung der Vergabevorschriften und Rechtsschutz auf einem gesonderten Rechtsweg. Unterhalb der Schwellen entspricht die Rechtssituation weiter der traditionellen Rechtslage.

Einführung

Obwohl seit Inkrafttreten des Vergaberechtsänderungsgesetzes die Forderung nach einem adäquaten Rechtsschutz auch für die Vergabe von geringwertigen Aufträgen erhoben wird, halten Rechtsprechung und absolut herrschende Meinung noch immer mit höchstrichterlicher Billigung durch das Bundesverfassungsgericht BVerfG v. 13.6.2006 1 – BvR 1160/03, VergabeR 2006 und das Bundesverwaltungsgericht BVerwG v. 2.5.2007 – 6 B 10.07, VergabeR 2007 daran fest, dass ausreichender „Rechtsschutz" gewährt sei, wenn den an Aufträgen interessierten Unternehmen eine Beschwerdemöglichkeit bei der Rechtsaufsicht geboten und ein Anspruch auf Schadensersatz eingeräumt, aber **kein spezifischer Anspruch auf Einhaltung von Beschaffungsbestimmungen** zugesprochen wird. Einen solchen spezifischen Anspruch gibt es **nach traditionellem deutschem Vergaberecht** nicht. Unterhalb der Schwellen entspricht die Rechtssituation daher im Prinzip weiter der traditionellen deutschen Rechtslage.

2. Rechtsschutz unterhalb der EU-Schwellen

Nach traditionellem deutschem Recht gibt es bei der Vergabe von öffentlichen Aufträgen keinen Primärrechtsschutz im beschriebenen Sinne. Die Vorstellung, dass mit der Vergabeentscheidung in einzelne Rechtspositionen eines interessierten Unternehmens eingegriffen wird, ist dem deutschen Rechtsdenken fremd geblieben. Das gilt auch für Unternehmen, die bereits am Vergabeverfahren beteiligt sind, sei es dass sie sich auf eine Bekanntmachung hin als interessiert gemeldet haben (Bewerber), sei es dass sie im Laufe eines Vergabeverfahrens ein Angebot abgegeben haben (Bieter). Wenn als Rechtsschutz nur der Schutz subjektiver Rechte angesehen wird, gibt es also im traditionellen deutschen Vergaberecht keinen primären Rechtsschutz. Die einzelne Vergabeentscheidung ist auch nach absolut herrschender Meinung keine Entscheidung zur Regelung eines Einzelfalles und daher kein Verwaltungsakt. Mangels auch eines öffentlich-rechtlichen Rechtsverhältnisses gibt es keine Möglichkeit, die Vergabeentscheidung von den Verwaltungsgerichten überprüfen zu lassen oder dort vorläufigen Rechtsschutz zu erlangen. Frühere Versuche, die Vergabeentscheidung auch in Deutschland in einen ersten, der „hoheitlichen" Ebene zuzuordnenden Teil und einen zweiten, vertragsrechtlichen Teil aufzuspalten und beide Stufen unterschiedlichen Rechtssphären zu unterwerfen (Zwei-Stufen-Theorie), haben nicht überzeugend wirken können. In Deutschland wird daran festgehalten, dass die Vergabeentscheidung (Zuschlag) und der Vertragsabschluss in einem Akt zusammenfallen und die rechtliche Qualität damit festgelegt ist: Es handelt sich um einen Akt „fiskalischen Handelns" des Staates. Das heißt der Staat und seine Institutionen sind beim Einkauf von Waren, Dienstleistungen und Bauleistungen auf den Märkten so zu behandeln wie jeder andere private Marktteilnehmer auch. Im Außenverhältnis zwischen Auftraggeber und Dritten gilt in vollem Umfang Zivilrecht sowohl für die Anbahnung als auch den Abschluss und den Vollzug eines Vertrages. Der Zuschlag ist eine Willenserklärung zum Abschluss eines privatrechtlichen Vertrages. Diese Willenserklärung und der dadurch zustande gekommene Vertrag sind nur unter bürgerlich-rechtlichen Voraussetzungen unwirksam oder anfechtbar, das heißt so gut wie gar nicht aus der Welt zu schaffen.

Die Vergaberegeln zur Vorbereitung dieses Vertrages sind Haushaltsrecht mit Verweisen auf die Vergabeordnung (VOB/A). Die zugrunde liegenden haushaltsrechtlichen Vorschriften und die VOB/A sind lediglich interne Anweisun-

Einführung

gen an die Bediensteten des Staates oder anderer halbstaatlicher Auftraggeber. Als solche können sie keine Schutzfunktion zugunsten Dritter, Bieter, Bewerber oder gar nur allgemein Interessierter enthalten. Sie sind lediglich objektive Verfahrensregeln mit Schutzfunktionen zugunsten der öffentlichen Budgets. Ein Schutz von Bewerbern und Bietern ergibt sich allenfalls als Reflex der objektiven Verfahrensordnung. Auf diese Reflexe hat jedoch niemand einen Anspruch.

Ansprüche von Bietern auf ein bestimmtes Verhalten des öffentlichen Auftraggebers können sich indessen auch unterhalb der EU-Schwellen aus anderen Rechtsgründen ergeben. Der wichtigste hier relevante Rechtsgrund ist das Diskriminierungsverbot des GWB bei Vorliegen einer marktbeherrschenden Position des staatlichen Nachfragers. Eine solche marktbeherrschende Position kann der Staat leicht im Straßenbau erwerben, auch bei der Nachfrage nach Rüstungsgütern. Aufgrund von § 20 Abs. 1 GWB sind Unterlassungsansprüche denkbar, die sowohl gerichtlich als auch kartellbehördlich durchsetzbar sind.

Die Anwendbarkeit des GWB ist die Konsequenz aus einer stringenten Gleichbehandlung des Staates mit allen anderen Marktbeteiligten. Das Gegenstück dazu ist die Feststellung, dass die Gleichbehandlung mit den Privaten doch nicht so weit gehen kann, dass bestimmte öffentlich-rechtliche oder verfassungsrechtliche Vorgaben ganz entfallen. So kann sich – weiterer denkbarer Rechtsgrund – aus dem Gleichbehandlungsgrundsatz des Art. 3 GG zusammen mit einer festen Verwaltungspraxis ein Anspruch auf Teilnahme an einem Vergabeverfahren oder ein Anspruch auf eine bestimmte Handlung des Auftraggebers in einem Vergabeverfahren ergeben. Hat beispielsweise ein Auftraggeber die Vorschriften der Vergabeordnung in der Vergangenheit immer in einer bestimmten Weise angewandt, kann er des Gleichbehandlungsgebotes wegen von dieser Anwendungsart nur abweichen, wenn er sachliche Gründe geltend machen kann. In diesem Fall besteht allerdings ein weites Ermessen des staatlichen Auftraggebers, sodass nur in Ausnahmefällen ein durchsetzbarer Anspruch entstehen dürfte.

Ist mangels eigenen Rechts auf Vornahme oder Unterlassung einer bestimmten Handlung des Auftraggebers im Vergabeverfahren oder nach Abschluss des Vergabeverfahrens primärer Rechtsschutz nicht möglich, sind die Bewerber oder der Bieter auf die Sicherung und Durchsetzung von zivilrechtlichen Ansprüchen reduziert, wie sie auch unter privaten Geschäftspartnern bestehen können. Es gelten die zivilrechtlichen und zivilprozessualen Regeln, die auch sonst greifen, wenn ein Vertrag zwischen privaten Marktteilnehmern notleidend wird. Eröffnet ist der Weg zu den Zivilgerichten einschließlich natürlich der Möglichkeiten für einen vorläufigen Rechtsschutz für Schadensersatzansprüche aus Vertrag oder vorvertraglicher Obliegenheit und deren Verletzung (culpa in contrahendo) sowie für Schadensersatzansprüche aus deliktischem Verhalten (§§ 823 ff. BGB, §§ 20 und 33 GWB) wobei die Einhaltung der Vergaberegeln einschließlich der VOB/A als Obliegenheit der öffentlichen Auftraggeber beim Vertragsabschluss angesehen wird. Durch Ausschreibung oder Bekanntmachung der Einkaufsabsicht eines Auftraggebers und durch Beteiligung eines interessierten Unternehmers am Vergabeverfahren kommt zwischen Auftraggeber und Unternehmen ein vorvertragliches Vertrauensverhältnis zustande. Danach können Bieter und Bewerber darauf vertrauen, dass der Auftraggeber die Vergaberegeln einhält. Haben sie auch keinen Anspruch auf Einhaltung der Bestimmungen, so können sie doch von ihrem potenziellen Vertragspartner erwarten, dass er sich nach ihnen richtet. Das bedeutet, dass ein schuldhaft begangener Verstoß gegen diese Obliegenheit durch den Auftraggeber beim Bewerber oder

Bieter zu einem Anspruch auf Schadensersatz aus culpa in contrahendo führt. Enttäuschtes Vertrauen kann nicht vorliegen, wenn der Bieter oder Bewerber die Rechtswidrigkeit des Verhaltens des Auftraggebers kannte. Im Normalfall kann aus Vertragsverletzung und c. i. c. ein Anspruch nur auf das negative Interesse erwachsen. Aus dem Vertrauen auf die Einhaltung der Regeln kann ein Vertrauen auf den Erhalt des Zuschlags nur entstehen, wenn ein Konkurrent entweder überhaupt nicht vorhanden ist oder für den Zuschlag bei rechtmäßigem Verhalten nicht in Frage kommt und der Auftraggeber nicht seine Einkaufsabsicht ganz aufgegeben hat. Nur in besonderen Ausnahmefällen besteht daher Anspruch auf das positive Interesse. Dieses kann der Bieter nur beanspruchen, wenn bei Vergabe des Auftrags an einen Anderen er bei pflichtgemäßen Verhalten des Auftraggebers den Auftrag mit an Sicherheit grenzender Wahrscheinlichkeit erhalten hätte. Das ist dann der Fall, wenn bei rechtmäßigem Verhalten des Auftraggebers die Vergabe an den Kläger die zwingende Alternative gewesen wäre. Manche setzen den Maßstab hier nicht so streng und lassen auch eine hohe Wahrscheinlichkeit genügen. Gegenüber dem aus c. i. c. geltend gemachten Anspruch auf das negative oder gar das positive Interesse kann der Auftraggeber geltend machen, dass der Schaden auch bei rechtmäßigen Verhalten eingetreten sei (Einwand des rechtmäßigen Alternativverhaltens). In diesem Fall fehlt die Kausalität zwischen der Obliegenheitsverletzung des Auftraggebers und dem beim Bewerber eingetretenen Schaden.

Schadensersatzansprüche **aus einer deliktischen Anspruchsgrundlage** ergeben sich **nur in besonderen Ausnahmefällen** (§ 823 Abs. 1 BGB bei Eingriff in den eingerichteten und ausgeübten Gewerbebetrieb, § 826 BGB). § 823 Abs. 2 BGB führt in aller Regel nicht zum Ziel, weil die Vergabevorschriften nach traditionellem deutschem Recht unterhalb der EU-Schwellen gerade keine Schutzgesetze sind oder enthalten. Schadensersatzansprüche aus Gesetz lassen sich indessen aus § 33 iVm § 20 Abs. 1 GWB herleiten, wenn auf der Seite des Auftraggebers im relevanten Markt Nachfragemacht herrscht und Bieter oder Bewerber diskriminiert werden. Dabei kann nach der Verwaltungspraxis der Kartellbehörden und der Rechtsprechung der Gerichte davon ausgegangen werden, dass Diskriminierung nicht vorliegt, wenn die Vergabevorschriften eingehalten wurden.

3. Rechtsschutz oberhalb der EU-Schwellen

Die in sich geschlossene und abgerundete Regelung der Kontrolle und des (mageren) Rechtsschutzes bei Vergabeentscheidungen der öffentlichen Hand in Deutschland, die die Rolle des einkaufenden Staates auf die schlichte Nachfragefunktion reduziert, gilt heute nicht mehr bei Auftragsvergaben oberhalb der EU-Schwellen. Sie musste mit der Umsetzung der EG-Richtlinien zur Vollendung des Binnenmarktes in das deutsche Recht wesentlich erweitert und umgestaltet werden.

a) Rechtsschutz nach dem GWB

Das Vergaberechtsänderungsgesetz vom 29.5.1998 veränderte die Rechtssituation für die Vergabe der öffentlichen Aufträge, deren Wert die EU-Schwellen erreicht oder überschreitet, grundlegend. Die Materie wurde im Gesetz gegen Wettbewerbsbeschränkungen (GWB) verankert. Mit dem Vergaberechtsmodernisierungsgesetz 2016 wurde das Gesetz in diesem Punkt wesentlich erweitert.

Außer dem Kreis der Normadressaten und dem objektiven Anwendungsbereich der gesetzlichen Regelung werden dort neben den notwendigen technischen Regeln wie zum Beispiel der Ermächtigungsnorm für die Vergabeverordnungen (VgV, VSVgV, der SektVO und der KonzVO) die Grundsätze festgelegt, nach denen sich die öffentlichen Auftraggeber auszurichten haben. Wichtigste Regelungsgegenstände dieser im Wettbewerbsrecht verankerten Vorschriften sind aber darüber hinaus die Rechte von Bietern, Bewerbern und sonstigen interessierten Unternehmen sowie der Schutz dieser Rechte in einem speziellen zweistufigen Rechtsschutzverfahren, das eine behördliche Instanz als notwenige Eingangsinstanz (Vergabekammer) sowie eine gerichtliche Instanz (Oberlandesgericht) vorsieht. Hohe Qualität der Entscheidungen und hohe Autorität der entscheidenden Personen könnten – so hoffte man 1998 – dafür sorgen, dass die Rechtsschutz Suchenden bereits in der ersten Instanz überzeugt würden. Unangemessene Verzögerungen von öffentlichen Investitionen sollten in jedem Falle vermieden werden. Ganz hat sich das alles nicht bewahrheitet. Die Vergabekammern überziehen die vorgesehene Entscheidungszeit und die Oberlandesgerichte werden allzu oft angerufen.

Die Unternehmen haben **nach § 97 Abs. 6 GWB „Anspruch** darauf, dass der die Bestimmungen über das Vergabeverfahren eingehalten werden". Anspruchsberechtigt ist jedes „Unternehmen" im kartellrechtlichen Sinne, das heißt jede Person, die im Wirtschaftsverkehr auftritt. Anspruch bedeutet eigenes subjektives Recht, das wie jedes andere Recht gerichtlich durchsetzbar ist. Anspruchsinhalt ist die Berechtigung, von jedem öffentlichen Auftraggeber im Aktionsradius des Unternehmens verlangen zu können, dass er sich nach den für ihn geltenden Bestimmungen über die Verhaltens- und Vorgehensweise beim Einkauf richtet. Dieser **Anspruch erfasst alle Vergabebestimmungen.** Er ist nicht begrenzt auf Regeln, die gerade den Schutz des Anspruchstellers bezwecken. Dennoch kann der Rechtsschutz selbstverständlich nur soweit gehen, wie eine bestimmte vergaberechtliche Vorschrift auch den Schutz des potenziellen Auftragnehmers bezweckt. Doch das ist nicht eine Frage der Reichweite des materiellen Anspruchs, sondern des **Rechtsschutzinteresses.** Nur wenn eine Regel verletzt wird, die zumindest auch den Schutz des Antragstellers im Auge hat, besteht ein Rechtsschutzinteresse. Dies wird allerdings für die allermeisten Vergabevorschriften in Gesetz, Verordnung und VOB/A zutreffen. Gerade auch die eher formellen Regeln über Fristen und Formen dienen im Vergabeverfahren ja der Sicherung von Transparenz und Gleichberechtigung der Teilnehmer im Wettbewerb um den öffentlichen Auftrag. Reine Ordnungsregeln, auf deren Einhaltung sich im Vergabeverfahren kein Unternehmen berufen kann, sind nur die Vorschriften über die Ex-Post-Transparenz. Selbstverständlich kann sich auch nicht jedes Unternehmen ohne einen konkreten Bezug zu einem bestimmten Auftrag gegenüber jedwedem öffentlichen Auftraggeber darauf berufen, dass es ein „Recht" auf Einhaltung der Vergaberegeln habe. Ein Nachprüfungsantrag ist mangels Rechtsschutzinteresse unzulässig, wenn das Unternehmen kein objektiv belegbares Interesse am Auftrag hat und nicht darlegen kann, dass ihm durch die behauptete Verletzung der Vergabevorschriften ein Schaden entstanden ist oder zu entstehen droht. Dabei dürfen an die Darlegung der drohenden Schädigung keine allzu strengen Anforderungen gestellt werden. Keinesfalls kann dies bedeuten, dass zum Antrag berechtigt etwa nur derjenige wäre, der nachweisen kann, dass er bei korrekter Anwendung der Vergabevorschriften den Auftrag erhalten hätte. Zum Schutze des Rechts aus § 97 Abs. 6 GWB, das aus Gründen des deutschen Verfassungsrechts nach

Einführung

Art. 19 IV GG und den Geboten des Rechtsstaates einer gerichtlichen Kontrolle zugänglich sein muss, wird im Gesetz selbst ein spezieller Rechtsweg zur Verfügung gestellt – das **„Nachprüfungsverfahren"** durch **Vergabekammern,** deren Entscheidungen der Überprüfung durch eine (einzige) gerichtliche Instanz unterliegen, durch das **Oberlandesgericht.** Die Ausschließlichkeit dieses Rechtsweges ist in § 156 Abs. 2 GWB gesichert, indem bestimmt ist, dass Rechte aus § 97 Abs. 6 GWB nur vor den Vergabekammern und dem Beschwerdegericht geltend gemacht werden können. Gleiches gilt ausdrücklich für sonstige Ansprüche, die wie beispielsweise solche aus § 1004 i. V. m. § 823 Abs. 2 BGB auf die Vornahme oder Unterlassung einer Handlung in einem Vergabeverfahren gerichtet sind. Nicht ausgeschlossen ist die kartellbehördliche Verfolgung von Vergaberechtsverstößen, wenn mit dem Rechtsverstoß zugleich ein Diskriminierungstatbestand des allgemeinen Kartellrechts realisiert wird. Dies hebt § 156 Abs. 3 GWB noch einmal ausdrücklich hervor.

Die **Vergabekammer ist eine Behörde,** die auf Antrag vollstreckbaren Rechtsschutz gegenüber dem öffentlichen Auftraggeber gewährt, der dabei ist, ein rechtswidriges Vergabeverfahren weiter zu betreiben oder gar durch Zuschlag zu beenden. Vergabekammern werden vom Bund und den Bundesländern eingerichtet, um die dem jeweiligen Bereich zuzuordnenden Aufträge zu prüfen. Bundesaufträge fallen in die Zuständigkeit der **Bundesvergabekammer beim Bundeskartellamt.** Aufträge eines Landes einschließlich der Aufträge der Kommunen dieses Landes werden von der örtlich zuständigen Landesvergabekammer überprüft. Die Kammern entscheiden in der Besetzung mit einem Vorsitzenden, einem hauptamtlichen und einem ehrenamtlichen Beisitzer, der die fachliche Kompetenz der Kammer durch eigenes, jederzeit präsentes technisches Fachwissen erhöhen kann, ohne dass – zeitraubend – Gutachten eingeholt werden müssen. Die Länder richteten ihre Vergabekammern zum großen Teil bei den Mittelbehörden ein. Um ihre Unabhängigkeit zu gewährleisten, werden alle Kammermitglieder für eine feste Amtszeit von jeweils fünf Jahren bestellt, in der sie gegen ihren Willen nicht abrufbar sind. Obwohl die Kammer kein Gericht, sondern Verwaltungsbehörde ist, entscheiden ihre Mitglieder gemäß § 157 Abs. 4 GWB unabhängig und sind nur dem Gesetz unterworfen. Die Nachprüfung wird in Gang gesetzt, wenn ein sich in seinen Rechten nach § 97 Abs. 6 GWB beeinträchtigt fühlendes Unternehmen dies beantragt. Der **Antrag** muss darlegen, dass der Antragsteller in seinen Rechten nach § 97 Abs. 6 GWB beeinträchtigt wird oder ihm dadurch ein Schaden entstanden ist oder zu entstehen droht. **Der Antrag ist nicht mehr möglich, wenn das Vergabeverfahren abgeschlossen ist.** Das ist der Fall, wenn ein **rechtsgültiger Vertrag abgeschlossen** ist oder das **Vergabeverfahren rechtmäßig aufgehoben** worden ist. Dann kann der Auftraggeber nicht mehr gezwungen werden, eine bestimmte Handlung im Vergabeverfahren vorzunehmen oder zu unterlassen. Dann kann es nur noch Surrogate für den Anspruch geben – „Sekundärrechtsschutz". Der zulässige und nicht offensichtlich unbegründete Antrag wird von der Kammer dem Auftraggeber zugestellt. Das hindert diesen, von da an den Zuschlag zu erteilen. Ein dennoch abgeschlossener Vertrag ist als Verstoß gegen ein gesetzliches Verbot nichtig (automatischer Suspensiveffekt). **Beteiligte** am Verfahren vor der Kammer sind nicht nur der Antragsteller und der Auftraggeber, sondern auch die Unternehmen, deren Interessen durch die Entscheidung mitbetroffen sind, weil sie sich ebenfalls um den Auftrag beworben haben. Dabei wird allerdings ein höherer Grad an „Betroffenheit" verlangt. Um das Verfahren noch praktikabel zu halten, soll außer dem Unternehmen, dem der Auftraggeber den Zuschlag zugedacht hat, nur der Kreis derer erfasst werden, die selbst einen Antrag stellen könnten. Das sind die Unternehmen, die „schwerwiegend berührt" sind und die von der Kammer beizuladen sind. Das **Verfahren** ist ein Verwaltungsverfahren. Es gilt daher das Verwaltungsverfahrensgesetz, soweit nicht ausdrücklich im Vierten Teil des GWB anderes bestimmt ist oder auf bestimmte Verfahrensvorschriften in anderen Teilen des GWB verwiesen wird. Damit der Antrag rasch beschieden werden kann, gelten die allgemeine Beschleunigungsmaxime und der Untersuchungsgrundsatz. Grundsätzlich soll die Entscheidung nach einer gut vorbereiteten mündlichen Verhandlung fallen. Der Vergabekammer wird dafür eine Höchstfrist vorgegeben, die nach dem Gesetz nur in ganz besonderen Ausnahmefällen überschritten werden darf: Es muss innerhalb von fünf Wochen entschieden werden.

Gegen die Entscheidung der Vergabekammer kann innerhalb von zwei Wochen „**Sofortige Beschwerde**" **beim Oberlandesgericht** erhoben werden. Eine weitere Instanz, wie sie beispielsweise das allgemeine kartellgerichtliche Verfahren mit der Rechtsbeschwerde bereithält, gibt es nicht. Die Einheitlichkeit der Rechtsanwendung in der Bundesrepublik wird dadurch herbeigeführt, dass ein Oberlandesgericht, das von einer Entscheidung eines anderen Oberlandesgerichts abweichen will, die Sache dem Bundesgerichtshof vorlegen muss, der dann an der Stelle des vorlegenden Gerichts entscheidet. Obwohl in den Vorschriften über das Verfahren nicht ausdrücklich darauf verwiesen wird, gilt allerdings auch für das Oberlandesgericht, dass es sich sehr beeilen muss und das Vergabeverfahren nicht mehr als unbedingt notwendig behindern darf. Die Sofortige Beschwerde **hat aufschiebende Wirkung** gegenüber der Entscheidung der Vergabekammer. Damit wird eigentlich eine Selbstverständlichkeit festgelegt, die für ein effektives Gerichtsverfahren gilt: Solange das Gericht nicht entschieden hat, dürfen keine irreversiblen Fakten geschaffen werden. Genau das würde indessen durch die Realisierung eines durch die Entscheidung der Kammer erlaubten Zuschlags geschehen; das Gerichtsverfahren würde sich für den Unternehmer im Vergabefall, an dem er verdienen will, in eine Farce verwandeln. Im umgekehrten Fall, in dem der Auftraggeber vor der Kammer die Oberhand behalten hat, würde der Schaden im Extremfall nur darin bestehen, dass er ungerechtfertigt zu einem Vertragsabschluss mit einem Unternehmen gezwungen würde, mit dem er, aus welchen Gründen auch immer, nicht abschließen will. Obwohl der Schaden für den Auftraggeber also geringer wäre als der des Beschwerde führenden Unternehmens, hat der Gesetzgeber den Interessen der Auftraggeber insofern nachgegeben, als er die aufschiebende Wirkung der Sofortigen Beschwerde nach Ablauf der Beschwerdefrist von 14 Tagen nur noch weitere 14 Tage wirken, dann aber automatisch entfallen lässt. Bis dahin muss der Beschwerdeführer eine Entscheidung des Oberlandesgerichts entweder in der Sache oder über die Verlängerung der aufschiebenden Wirkung erreicht haben. Über diese Verlängerung ist nach den Maßstäben zu entscheiden, die auch bei der Vorabentscheidung über den Zuschlag anzulegen sind.

Der Auftraggeber kann die Entscheidung über den **Zuschlag schon vor Ablauf der 14-tägigen Verfallsdauer der aufschiebenden Wirkung** erzwingen, indem er den Antrag nach § 176 GWB auf Gestattung des Zuschlags trotz noch nicht vorliegender (Hauptsache) Entscheidung über die Beschwerde stellt. Das Gericht kann den Fortgang des Vergabeverfahrens und den Zuschlag in zwei Fällen gestatten: Das ist – erstens – dann möglich, wenn die Erfolgsaussichten der Sofortigen Beschwerde so verschwindend gering sind, dass die zügige Vergabe, an der prinzipiell ein öffentliches Interesse besteht, nicht aufgehalten werden darf. Das prinzipielle öffentliche Interesse besteht im Übrigen auch am zügigen Abschluss des Vergabeverfahrens eines privatrechtlich organisierten oder gar eines privaten „öffentlichen Auftraggebers". Der Zuschlag kann – 2. Fall – auch gestattet werden, wenn die Erfolgsaussichten der Sofortigen Beschwerde zwar absolut gesehen durchaus im Bereich des Möglichen liegen, in der Relation zu den mit der Angelegenheit verknüpften Interessen Anderer ein weiteres Aufhalten des Vergabeverfahrens aber nicht vertretbar erscheint. In beiden Konstellationen ist dem Gericht keine endgültige, sondern nur eine vorläufige Entscheidung abverlangt. Es kann und wird daher **wie im Verfahren des vorläufigen Rechtsschutzes** im Rahmen der Beurteilung der Erfolgsaussichten der Sofortigen Beschwerde die rechtliche Bewertung des Vergabeverfahrens vornehmen und im Übrigen auf der Basis der Sachverhaltsermittlung der Vergabekammer sowie weiterer nur glaubhaft zu machender Tatsachen entscheiden. Selbstverständlich wird das Gericht auch in diesem Verfahren, wie dies beispielsweise in Wettbewerbsprozessen oder in Pressestreitigkeiten durchaus üblich ist, bei seiner Entscheidung nicht aus dem Blick verlieren, dass es mit der rechtlich nur vorläufigen Entscheidung in der Sache etwas Endgültiges zulässt. Die Entscheidung über den Antrag des Auftraggebers auf Vorabentscheidung ist unverzüglich zu fällen und zu begründen. **Längstens kann sich das Gericht fünf Wochen Zeit lassen.**

Wenn in diesem Eilverfahren eine Entscheidung zu Lasten des Auftraggebers gefallen ist, hat in den meisten Fällen die Vergabekammer in erster Instanz entschieden, dass der Auftraggeber gegen Vorschriften verstoßen hat. Danach hat das Oberlandesgericht als zweite Instanz –, wenn auch in einem Eilverfahren, aber doch nach sorgfältiger Prüfung – die Auffassung der Vergabekammer bestätigt und dem Auftraggeber die Fortsetzung des Vergabeverfahrens verwehrt. Effektiver Primärrechtsschutz lässt sich mit dem Prinzip der ungestörten, reibungslosen Verwirklichung öffentlicher Investitionen nur vereinbaren, wenn die Rechtsschutzinstanzen ökonomisch agieren und schnell entscheiden – auf die Gefahr hin, dass in größerem Umfang falsch entschieden wird, als dies im Normalfall bei deutschen Gerichten geschieht. Zu diesem Zweck sind hier den Nachprüfungsinstanzen Höchstfristen für die Entscheidung vorgegeben worden und ist bestimmt, dass nach den Verfahrensgrundsätzen des vorläufigen Verfahrens entschieden wird. Wenn danach vom Oberlandesgericht im Eilverfahren gegen den Auftraggeber entschieden wurde, müsste sich **der ökonomisch denkende Auftraggeber einsichtig zeigen und sich dem Gericht beugen** – auch wenn er anderer Meinung bleiben mag. Zur Klärung präjudizieller Fragen von allgemeiner Bedeutung für sein Vergabeverhalten und zur Vermeidung eines späteren Schadensersatzprozesses vor einem Zivilgericht kann er, wie auch andere Beteiligte, beantragen, dass im „Hauptverfahren" dennoch endgültig über die Sofortige Beschwerde entschieden wird. Das Gericht stellt dann fest, ob das Unternehmen, das die Nachprüfung beantragt hat, in seinen Rechten verletzt ist. **Beugt sich der Auftraggeber nicht,** sondern setzt das Verfahren über die Sofortige Beschwerde in der Hoffnung auf den Eintritt des unwahrscheinlichen Falles fort, das Gericht werde nach genauerer Prüfung seine Auffassung doch noch ändern, müsste während der Verfahrensdauer das Vergabeverfahren ruhen. Alle Beteiligten schwebten bis zur endgültigen Entscheidung des Gerichts in Unsicherheit. Ein solches Verhalten eines Auftraggebers wäre nicht sinnvoll. Deswegen nimmt das GWB dem Auftraggeber diese Option des weiteren Wartens auf eine Entscheidung und versperrt ihm einen Weg, den er sinnvollerweise ohnehin nicht gehen sollte: Das Vergabeverfahren wird, wenn der Auftraggeber nicht binnen 10 Tagen reagiert, per Gesetz beendet. Wenn der Auftraggeber an der Beschaffung festhalten will, ist er gezwungen, entweder der Auffassung des Gerichts in der vorläufigen Entscheidung zu folgen oder aber das Vergabeverfahren neu zu beginnen.

Hat der Auftraggeber nach Entscheidung der Kammer oder des Beschwerdegerichts oder nach Ablauf der Frist des § 173 Abs. 1 bzw. der Entscheidung des Oberlandesgerichts nach § 173 Abs. 2 GWB den Zuschlag erteilt oder ist das Vergabeverfahren – umgekehrt – nach Erfolg des Antragstellers im Vorabentscheidungsverfahren über den Zuschlag aufgehoben oder hat sich der Streit auf andere Weise erledigt, können die Beteiligten sowohl in der Verwaltungsinstanz bei der Vergabekammer als auch vor Gericht weiter streiten. So kann **unabhängig vom Schicksal der konkreten Vergabe** festgestellt werden, ob der Auftraggeber sich rechtmäßig verhalten hat. Selbstverständlich ist dieser Antrag nicht zulässig, wenn für die Feststellung der Kammer oder des Gerichts jedes Rechtschutzinteresse fehlt. Dieses Interesse dürfte indessen nur in Ausnahmefällen nicht vorhanden sein. Das Interesse an einer Grundentscheidung für einen später erhobenen Schadensersatzanspruch und das Interesse an einem Präjudiz für zukünftiges Vergabeverhalten des Auftraggebers dürften als Rechtsschutzinteresse regelmäßig ausreichen. Nach § 179 GWB entfaltet die bestandskräftige Entscheidung der Kammer und die rechtskräftige Entscheidung des Oberlandesgerichts inter partes eine Bindungswirkung für das Gericht eines späteren Schadensersatzprozesses. Wenn sich die Rahmenbedingungen des Nachprüfungsantrags und der Sofortigen Beschwerde durch Erledigung verändert haben, schließen Kammer und Gericht das Hauptverfahren also nicht wegen Unmöglichkeit der Durchsetzung jedweder Primärrechtsansprüche sofort ab. Sie verlängern (auf Antrag) das Hauptverfahren bis festgestellt werden kann, ob das Unternehmen, das die Nachprüfung beantragt hat, in seinen Rechten verletzt wurde. Diese Regel ist der **Fortsetzungsfeststellung** der VwGO nachgebildet. Die Entkoppelung von Vergabeverfahren und Nachprüfungsverfahren macht es nicht mehr erforderlich, die Nachprüfungsbehörde in diesem Fall noch zu besonderer Eile anzutreiben.

b) Schadensersatz

Unzufriedene oder gar böswillige Wettbewerber können den mit Zähnen ausgestatteten Primärrechtsschutz des GWB leicht missbrauchen. Nachprüfungsanträge können auch gestellt werden, um entweder auf unredliche Weise an Aufträge zu kommen oder aber andere Wettbewerber zu behindern oder auch um bestimmte öffentliche Investitionen zu verhindern. Man sieht einem Antrag nicht gleich von vornherein an, dass er anderen Zwecken als der Teilnahme am Wettbewerb dient. Als Gegengewicht zu dem in diesem Zusammenhang als besonders gefährlich angesehenen Suspensiveffekt hat der Gesetzgeber eine spezifische Schadensersatzregel festgelegt. § 180 Abs. 1 GWB zwingt alle Unternehmen, die ihre Nachprüfungsrechte missbräuchlich in Anspruch nehmen, zum Ersatz des dem Auftraggeber oder einem anderen Beteiligten entstandenen Schadens. Als Missbrauchstatbestände werden in § 180 Abs. 2 GWB beispielhaft drei Fälle umschrieben.

Sekundärrechtsschutz und Schadensersatzansprüche im Bereich des öffentlichen Auftragswesens sind im Prinzip unabhängig von der Teilung des deutschen Vergaberechts in das Recht für Aufträge, deren Wert unterhalb der EU-

Einführung

Schwellen bleibt, und die Regeln für Aufträge, die die EU-Schwellen erreichen oder überschreiten. Allerdings dürfte dieses Prinzip jetzt dadurch durchbrochen werden, dass die Verletzung der Vergabebestimmungen zugleich eine Verletzung des Anspruchs der Unternehmen gegenüber den Auftraggebern auf Einhaltung der Vergabebestimmungen aus § 97 Abs. 6 GWB darstellt und damit auch eine Verletzung eines Schutzgesetzes nach § 823 Abs. 2 BGB verbunden sein dürfte. Diese weitere deliktische Rechtsgrundlage stellt eine beträchtliche Erweiterung der Rechtsgrundlagen für Schadensersatzansprüche dar. Nun ist auch der Unternehmer geschützt, der keinen Vertrauensschaden geltend machen kann, weil noch gar kein vorvertragliches Verhältnis entstanden war. Hinzu kommt eine weitere Besonderheit: § 181 GWB dehnt in dem Falle, dass das negative Interesse verlangt wird, den Kreis der Berechtigten dadurch aus, dass die Kausalität zwischen Rechtsverstoß des Auftraggebers und Schaden eines beteiligten Unternehmens gelockert wird. Es muss nicht dargelegt werden, dass ohne den Vergaberechtsverstoß des Auftraggebers der Auftrag mit hoher Wahrscheinlichkeit an den Anspruchsteller gegangen wäre. Nach § 181 GWB reicht es aus, darzulegen, dass der Anspruchsteller eine echte Chance auf den Auftrag gehabt hätte. Dies können in einem Vergabefall auch mehrere Unternehmen sein.

Weiterführende Literatur

Burgi, Vergaberecht, 3. Auflage, München 2021.

Burgi/Dreher, Beck'scher Vergaberechtskommentar, Band 1 und Band 2, 3. Auflage, München 2017/2019

Byok/Jaeger, Kommentar zum Vergaberecht, 4. Auflage, Köln 2018.

Dageförde, Einführung in das Vergaberecht, 2. Auflage, Berlin 2008.

Dreher/Stockmann, Kartellvergaberecht, München 2008.

Dieckmann/Scharf/Wagner-Cardenal, Vergabeverordnung, Unterschwellenvergabeordnung: VgV, UVgO, 3. Auflage München 2021

Eschenbruch/Opitz/Röwekamp, SektVO, 2. Auflage München 2019.

Franke/Kemper/Zanner/Grünhagen, VOB-Kommentar, 7. Auflage, Düsseldorf 2020.

Gabriel/Krohn/Neun, Handbuch des Vergaberechtes, 3. Auflage, München 2021.

Greb/Müller, Kommentar zur SektVO, 2. Auflage, Köln 2017.

Hertwig, Praxis der öffentlichen Auftragsvergabe, 6. Auflage, München 2016.

Ingenstau/Korbion, VOB Teile A und B, 21. Auflage, Düsseldorf 2020,

Kulartz/Kus/Marx/Portz/Prieß, Vergabeverordnung, Köln 2016.

Kulartz/Röwekamp/Portz/Prieß, Kommentar zur UVgO, Köln 2018

Kulartz/Marx/Portz/Prieß, VOB/A, 2. Auflage, Köln 2014.

Leinemann, Die Vergabe öffentlicher Aufträge, 7. Auflage, Köln 2020.

Marx, Vergaberecht für Versorgungsbetriebe, München 2011.

Marx, Vergaberecht – Was ist das?, in Recht und Wettbewerb: Festschrift für Rainer Bechtold zum 65. Geburtstag, hrsg. v. Ingo Brinker et alii, München 2006, 305 ff.

Marx, Zum Begriff des öffentlichen Bauauftrags, in Baurecht als Herausforderung: Festschrift für Horst Franke zum 60. Geburtstag, hrsg. von Wolfgang Heiermann und Klaus Englert, Köln 2009, 245 ff.

Montag/Säcker, Münchener Kommentar Europäisches und Deutsches Wettbewerbsrecht, Band 3 Vergaberecht, 2. Auflage, München 2019.

Motzke/Dreher, Beck'scher VOB-Kommentar Teil A, 2. Auflage, München 2012.

Müller-Wrede, GWB-Vergaberecht, Köln München 2016

Müller-Wrede, VgV/UVgO 5. Auflage Köln 2014

Müller-Wrede, SektVO Kommentar, 2. Auflage, Köln 2018

Müller-Wrede, KonzVgV, Köln 2018

Müller-Wrede, VOB/A, Köln 2019

Noch, Vergaberecht kompakt, 8. Auflage. Düsseldorf 2019.

Prieß/Lau/Kratzenberg, Wettbewerb-Transparenz-Gleichbehandlung, München 2013.

Prieß, Handbuch des Europäischen Vergaberechtes, 3. Auflage, Köln 2005.

Pünder/Schellenberg, Vergaberecht, 3. Auflage, Baden-Baden 2019.

Reidt/Stickler/Glahs, Vergaberecht, Kommentar, 4. Auflage, Köln 2017.

Röwekamp/Kus/Portz/Prieß, Kommentar zum GWB Vergaberecht, 5. Auflage, Köln 2020.

Willenbruch/Wieddekind, Vergaberecht, Kompaktkommentar, 4. Auflage Köln 2017.

Terwiesche/Becker/Prechtel, Tariftreue- und Vergabegesetz der Länder: TVgG, München 2018

Ziekow/Völlink, Vergaberecht, 4. Auflage 2020

1. Gesetz gegen Wettbewerbsbeschränkungen (GWB)[1]

In der Fassung der Bekanntmachung vom 26. Juni 2013[2]

(BGBl. I S. 1750, ber. S. 3245)

FNA 703-5

zuletzt geänd. durch Art. 30 Telekommunikationsmodernisierungsgesetz v. 23.6.2021 (BGBl. I S. 1858)

– Auszug –

Nichtamtliche Inhaltsübersicht

---

[1] Die Neufassung des § 125 durch G v. 18.7.2017 (BGBl. I S. 2739, geänd. durch G v. 18.1.2021, BGBl. I S. 2) tritt erst **mit bisher noch unbestimmtem Datum** in Kraft und ist insoweit im Text noch nicht berücksichtigt.
[2] Neubekanntmachung des GWB idF der Bek. v. 15.7.2005 (BGBl. I S. 2114, ber. 2009 S. 3850) in der ab 30.6.2013 geltenden Fassung.

Teil 4. Vergabe von öffentlichen Aufträgen und Konzessionen

Kapitel 1. Vergabeverfahren

Erster Abschnitt. Grundsätze, Definitionen und Anwendungsbereich

§ 97 Grundsätze der Vergabe. (1) [1] Öffentliche Aufträge und Konzessionen werden im Wettbewerb und im Wege transparenter Verfahren vergeben. [2] Dabei werden die Grundsätze der Wirtschaftlichkeit und der Verhältnismäßigkeit gewahrt.

(2) Die Teilnehmer an einem Vergabeverfahren sind gleich zu behandeln, es sei denn, eine Ungleichbehandlung ist aufgrund dieses Gesetzes ausdrücklich geboten oder gestattet.

(3) Bei der Vergabe werden Aspekte der Qualität und der Innovation sowie soziale und umweltbezogene Aspekte nach Maßgabe dieses Teils berücksichtigt.

(4) [1] Mittelständische Interessen sind bei der Vergabe öffentlicher Aufträge vornehmlich zu berücksichtigen. [2] Leistungen sind in der Menge aufgeteilt (Teillose) und getrennt nach Art oder Fachgebiet (Fachlose) zu vergeben. [3] Mehrere Teil- oder Fachlose dürfen zusammen vergeben werden, wenn wirtschaftliche oder technische Gründe dies erfordern. [4] Wird ein Unternehmen, das nicht öffentlicher Auftraggeber oder Sektorenauftraggeber ist, mit der Wahrnehmung oder Durchführung einer öffentlichen Aufgabe betraut, verpflichtet der öffentliche Auftraggeber oder Sektorenauftraggeber das Unternehmen, sofern es Unteraufträge vergibt, nach den Sätzen 1 bis 3 zu verfahren.

(5) Für das Senden, Empfangen, Weiterleiten und Speichern von Daten in einem Vergabeverfahren verwenden Auftraggeber und Unternehmen grundsätzlich elektronische Mittel nach Maßgabe der aufgrund des § 113 erlassenen Verordnungen.

(6) Unternehmen haben Anspruch darauf, dass die Bestimmungen über das Vergabeverfahren eingehalten werden.

§ 98 Auftraggeber. Auftraggeber im Sinne dieses Teils sind öffentliche Auftraggeber im Sinne des § 99, Sektorenauftraggeber im Sinne des § 100 und Konzessionsgeber im Sinne des § 101.

§ 99 Öffentliche Auftraggeber. Öffentliche Auftraggeber sind
1. Gebietskörperschaften sowie deren Sondervermögen,

2. andere juristische Personen des öffentlichen und des privaten Rechts, die zu dem besonderen Zweck gegründet wurden, im Allgemeininteresse liegende Aufgaben nichtgewerblicher Art zu erfüllen, sofern

a) sie überwiegend von Stellen nach Nummer 1 oder 3 einzeln oder gemeinsam durch Beteiligung oder auf sonstige Weise finanziert werden,

b) ihre Leitung der Aufsicht durch Stellen nach Nummer 1 oder 3 unterliegt oder

c) mehr als die Hälfte der Mitglieder eines ihrer zur Geschäftsführung oder zur Aufsicht berufenen Organe durch Stellen nach Nummer 1 oder 3 bestimmt worden sind;

dasselbe gilt, wenn diese juristische Person einer anderen juristischen Person des öffentlichen oder privaten Rechts einzeln oder gemeinsam mit anderen die überwiegende Finanzierung gewährt, über deren Leitung die Aufsicht ausübt oder die Mehrheit der Mitglieder eines zur Geschäftsführung oder Aufsicht berufenen Organs bestimmt hat,

3. Verbände, deren Mitglieder unter Nummer 1 oder 2 fallen,

4. natürliche oder juristische Personen des privaten Rechts sowie juristische Personen des öffentlichen Rechts, soweit sie nicht unter Nummer 2 fallen, in den Fällen, in denen sie für Tiefbaumaßnahmen, für die Errichtung von Krankenhäusern, Sport-, Erholungs- oder Freizeiteinrichtungen, Schul-, Hochschul- oder Verwaltungsgebäuden oder für damit in Verbindung stehende Dienstleistungen und Wettbewerbe von Stellen, die unter die Nummern 1, 2 oder 3 fallen, Mittel erhalten, mit denen diese Vorhaben zu mehr als 50 Prozent subventioniert werden.

§ 100 Sektorenauftraggeber. (1) Sektorenauftraggeber sind

1. öffentliche Auftraggeber gemäß § 99 Nummer 1 bis 3, die eine Sektorentätigkeit gemäß § 102 ausüben,

2. natürliche oder juristische Personen des privaten Rechts, die eine Sektorentätigkeit gemäß § 102 ausüben, wenn

a) diese Tätigkeit auf der Grundlage von besonderen oder ausschließlichen Rechten ausgeübt wird, die von einer zuständigen Behörde gewährt wurden, oder

b) öffentliche Auftraggeber gemäß § 99 Nummer 1 bis 3 auf diese Personen einzeln oder gemeinsam einen beherrschenden Einfluss ausüben können.

(2) [1]Besondere oder ausschließliche Rechte im Sinne von Absatz 1 Nummer 2 Buchstabe a sind Rechte, die dazu führen, dass die Ausübung dieser Tätigkeit einem oder mehreren Unternehmen vorbehalten wird und dass die Möglichkeit anderer Unternehmen, diese Tätigkeit auszuüben, erheblich beeinträchtigt wird. [2]Keine besonderen oder ausschließlichen Rechte in diesem Sinne sind Rechte, die aufgrund eines Verfahrens nach den Vorschriften dieses Teils oder aufgrund eines sonstigen Verfahrens gewährt wurden, das angemessen bekannt gemacht wurde und auf objektiven Kriterien beruht.

(3) Die Ausübung eines beherrschenden Einflusses im Sinne von Absatz 1 Nummer 2 Buchstabe b wird vermutet, wenn ein öffentlicher Auftraggeber gemäß § 99 Nummer 1 bis 3

1. unmittelbar oder mittelbar die Mehrheit des gezeichneten Kapitals des Unternehmens besitzt,

2. über die Mehrheit der mit den Anteilen am Unternehmen verbundenen Stimmrechte verfügt oder

3. mehr als die Hälfte der Mitglieder des Verwaltungs-, Leitungs- oder Aufsichtsorgans des Unternehmens bestellen kann.

§ 101 Konzessionsgeber. (1) Konzessionsgeber sind

1. öffentliche Auftraggeber gemäß § 99 Nummer 1 bis 3, die eine Konzession vergeben,

2. Sektorenauftraggeber gemäß § 100 Absatz 1 Nummer 1, die eine Sektorentätigkeit gemäß § 102 Absatz 2 bis 6 ausüben und eine Konzession zum Zweck der Ausübung dieser Tätigkeit vergeben,

3. Sektorenauftraggeber gemäß § 100 Absatz 1 Nummer 2, die eine Sektorentätigkeit gemäß § 102 Absatz 2 bis 6 ausüben und eine Konzession zum Zweck der Ausübung dieser Tätigkeit vergeben.

(2) § 100 Absatz 2 und 3 gilt entsprechend.

§ 102 Sektorentätigkeiten. (1) [1] Sektorentätigkeiten im Bereich Wasser sind

1. die Bereitstellung oder das Betreiben fester Netze zur Versorgung der Allgemeinheit im Zusammenhang mit der Gewinnung, der Fortleitung und der Abgabe von Trinkwasser,

2. die Einspeisung von Trinkwasser in diese Netze.

[2] Als Sektorentätigkeiten gelten auch Tätigkeiten nach Satz 1, die im Zusammenhang mit Wasserbau-, Bewässerungs- oder Entwässerungsvorhaben stehen, sofern die zur Trinkwasserversorgung bestimmte Wassermenge mehr als 20 Prozent der Gesamtwassermenge ausmacht, die mit den entsprechenden Vorhaben oder Bewässerungs- oder Entwässerungsanlagen zur Verfügung gestellt wird oder die im Zusammenhang mit der Abwasserbeseitigung oder -behandlung steht. [3] Die Einspeisung von Trinkwasser in feste Netze zur Versorgung der Allgemeinheit durch einen Sektorenauftraggeber nach § 100 Absatz 1 Nummer 2 gilt nicht als Sektorentätigkeit, sofern die Erzeugung von Trinkwasser durch den betreffenden Auftraggeber erfolgt, weil dessen Verbrauch für die Ausübung einer Tätigkeit erforderlich ist, die keine Sektorentätigkeit nach den Absätzen 1 bis 4 ist, und die Einspeisung in das öffentliche Netz nur von dem Eigenverbrauch des betreffenden Auftraggebers abhängt und bei Zugrundelegung des Durchschnitts der letzten drei Jahre einschließlich des laufenden Jahres nicht mehr als 30 Prozent der gesamten Trinkwassererzeugung des betreffenden Auftraggebers ausmacht.

(2) Sektorentätigkeiten im Bereich Elektrizität sind

1. die Bereitstellung oder das Betreiben fester Netze zur Versorgung der Allgemeinheit im Zusammenhang mit der Erzeugung, der Fortleitung und der Abgabe von Elektrizität,

2. die Einspeisung von Elektrizität in diese Netze, es sei denn,

   a) die Elektrizität wird durch den Sektorenauftraggeber nach § 100 Absatz 1 Nummer 2 erzeugt, weil ihr Verbrauch für die Ausübung einer Tätigkeit erforderlich ist, die keine Sektorentätigkeit nach den Absätzen 1 bis 4 ist, und

5

b) die Einspeisung hängt nur von dem Eigenverbrauch des Sektorenauftraggebers ab und macht bei Zugrundelegung des Durchschnitts der letzten drei Jahre einschließlich des laufenden Jahres nicht mehr als 30 Prozent der gesamten Energieerzeugung des Sektorenauftraggebers aus.

(3) Sektorentätigkeiten im Bereich von Gas und Wärme sind

1. die Bereitstellung oder das Betreiben fester Netze zur Versorgung der Allgemeinheit im Zusammenhang mit der Erzeugung, der Fortleitung und der Abgabe von Gas und Wärme,

2. die Einspeisung von Gas und Wärme in diese Netze, es sei denn,

a) die Erzeugung von Gas oder Wärme durch den Sektorenauftraggeber nach § 100 Absatz 1 Nummer 2 ergibt sich zwangsläufig aus der Ausübung einer Tätigkeit, die keine Sektorentätigkeit nach den Absätzen 1 bis 4 ist, und

b) die Einspeisung zielt nur darauf ab, diese Erzeugung wirtschaftlich zu nutzen und macht bei Zugrundelegung des Durchschnitts der letzten drei Jahre einschließlich des laufenden Jahres nicht mehr als 20 Prozent des Umsatzes des Sektorenauftraggebers aus.

(4) Sektorentätigkeiten im Bereich Verkehrsleistungen sind die Bereitstellung oder das Betreiben von Netzen zur Versorgung der Allgemeinheit mit Verkehrsleistungen per Eisenbahn, automatischen Systemen, Straßenbahn, Trolleybus, Bus oder Seilbahn; ein Netz gilt als vorhanden, wenn die Verkehrsleistung gemäß den von einer zuständigen Behörde festgelegten Bedingungen erbracht wird; dazu gehören die Festlegung der Strecken, die Transportkapazitäten und die Fahrpläne.

(5) Sektorentätigkeiten im Bereich Häfen und Flughäfen sind Tätigkeiten im Zusammenhang mit der Nutzung eines geografisch abgegrenzten Gebiets mit dem Zweck, für Luft-, See- oder Binnenschifffahrtsverkehrsunternehmen Flughäfen, See- oder Binnenhäfen oder andere Terminaleinrichtungen bereitzustellen.

(6) Sektorentätigkeiten im Bereich fossiler Brennstoffe sind Tätigkeiten zur Nutzung eines geografisch abgegrenzten Gebiets zum Zweck

1. der Förderung von Öl oder Gas oder

2. der Exploration oder Förderung von Kohle oder anderen festen Brennstoffen.

(7) [1] Für die Zwecke der Absätze 1 bis 3 umfasst der Begriff „Einspeisung" die Erzeugung und Produktion sowie den Groß- und Einzelhandel. [2] Die Erzeugung von Gas fällt unter Absatz 6.

§ 103 Öffentliche Aufträge, Rahmenvereinbarungen und Wettbewerbe. (1) Öffentliche Aufträge sind entgeltliche Verträge zwischen öffentlichen Auftraggebern oder Sektorenauftraggebern und Unternehmen über die Beschaffung von Leistungen, die die Lieferung von Waren, die Ausführung von Bauleistungen oder die Erbringung von Dienstleistungen zum Gegenstand haben.

(2) [1] Lieferaufträge sind Verträge zur Beschaffung von Waren, die insbesondere Kauf oder Ratenkauf oder Leasing, Mietverhältnisse oder Pachtverhältnisse mit oder ohne Kaufoption betreffen. [2] Die Verträge können auch Nebenleistungen umfassen.

(3) [1]Bauaufträge sind Verträge über die Ausführung oder die gleichzeitige Planung und Ausführung

1. von Bauleistungen im Zusammenhang mit einer der Tätigkeiten, die in Anhang II der Richtlinie 2014/24/EU des Europäischen Parlaments und des Rates vom 26. Februar 2014 über die öffentliche Auftragsvergabe und zur Aufhebung der Richtlinie 2004/18/EG (ABl. L 94 vom 28.3.2014, S. 65) und Anhang I der Richtlinie 2014/25/EU des Europäischen Parlaments und des Rates vom 26. Februar 2014 über die Vergabe von Aufträgen durch Auftraggeber im Bereich der Wasser-, Energie- und Verkehrsversorgung sowie der Postdienste und zur Aufhebung der Richtlinie 2004/17/EG (ABl. L 94 vom 28.3.2014, S. 243) genannt sind, oder

2. eines Bauwerkes für den öffentlichen Auftraggeber oder Sektorenauftraggeber, das Ergebnis von Tief- oder Hochbauarbeiten ist und eine wirtschaftliche oder technische Funktion erfüllen soll.

[2]Ein Bauauftrag liegt auch vor, wenn ein Dritter eine Bauleistung gemäß den vom öffentlichen Auftraggeber oder Sektorenauftraggeber genannten Erfordernissen erbringt, die Bauleistung dem Auftraggeber unmittelbar wirtschaftlich zugutekommt und dieser einen entscheidenden Einfluss auf Art und Planung der Bauleistung hat.

(4) Als Dienstleistungsaufträge gelten die Verträge über die Erbringung von Leistungen, die nicht unter die Absätze 2 und 3 fallen.

(5) [1]Rahmenvereinbarungen sind Vereinbarungen zwischen einem oder mehreren öffentlichen Auftraggebern oder Sektorenauftraggebern und einem oder mehreren Unternehmen, die dazu dienen, die Bedingungen für die öffentlichen Aufträge, die während eines bestimmten Zeitraums vergeben werden sollen, festzulegen, insbesondere in Bezug auf den Preis. [2]Für die Vergabe von Rahmenvereinbarungen gelten, soweit nichts anderes bestimmt ist, dieselben Vorschriften wie für die Vergabe entsprechender öffentlicher Aufträge.

(6) Wettbewerbe sind Auslobungsverfahren, die dem Auftraggeber aufgrund vergleichender Beurteilung durch ein Preisgericht mit oder ohne Verteilung von Preisen zu einem Plan oder einer Planung verhelfen sollen.

§ 104 Verteidigungs- oder sicherheitsspezifische öffentliche Aufträge.

(1) Verteidigungs- oder sicherheitsspezifische öffentliche Aufträge sind öffentliche Aufträge, deren Auftragsgegenstand mindestens eine der folgenden Leistungen umfasst:

1. die Lieferung von Militärausrüstung, einschließlich dazugehöriger Teile, Bauteile oder Bausätze,

2. die Lieferung von Ausrüstung, die im Rahmen eines Verschlusssachenauftrags vergeben wird, einschließlich der dazugehörigen Teile, Bauteile oder Bausätze,

3. Liefer-, Bau- und Dienstleistungen in unmittelbarem Zusammenhang mit der in den Nummern 1 und 2 genannten Ausrüstung in allen Phasen des Lebenszyklus der Ausrüstung oder

4. Bau- und Dienstleistungen speziell für militärische Zwecke oder Bau- und Dienstleistungen, die im Rahmen eines Verschlusssachenauftrags vergeben werden.

(2) Militärausrüstung ist jede Ausrüstung, die eigens zu militärischen Zwecken konzipiert oder für militärische Zwecke angepasst wird und zum Einsatz als Waffe, Munition oder Kriegsmaterial bestimmt ist.

(3) Ein Verschlusssachenauftrag im Sinne dieser Vorschrift ist ein Auftrag im speziellen Bereich der nicht-militärischen Sicherheit, der ähnliche Merkmale aufweist und ebenso schutzbedürftig ist wie ein Auftrag über die Lieferung von Militärausrüstung im Sinne des Absatzes 1 Nummer 1 oder wie Bau- und Dienstleistungen speziell für militärische Zwecke im Sinne des Absatzes 1 Nummer 4, und

1. bei dessen Erfüllung oder Erbringung Verschlusssachen nach § 4 des Gesetzes über die Voraussetzungen und das Verfahren von Sicherheitsüberprüfungen des Bundes oder nach den entsprechenden Bestimmungen der Länder verwendet werden oder

2. der Verschlusssachen im Sinne der Nummer 1 erfordert oder beinhaltet.

§ 105 Konzessionen. (1) Konzessionen sind entgeltliche Verträge, mit denen ein oder mehrere Konzessionsgeber ein oder mehrere Unternehmen

1. mit der Erbringung von Bauleistungen betrauen (Baukonzessionen); dabei besteht die Gegenleistung entweder allein in dem Recht zur Nutzung des Bauwerks oder in diesem Recht zuzüglich einer Zahlung; oder

2. mit der Erbringung und der Verwaltung von Dienstleistungen betrauen, die nicht in der Erbringung von Bauleistungen nach Nummer 1 bestehen (Dienstleistungskonzessionen); dabei besteht die Gegenleistung entweder allein in dem Recht zur Verwertung der Dienstleistungen oder in diesem Recht zuzüglich einer Zahlung.

(2) [1] In Abgrenzung zur Vergabe öffentlicher Aufträge geht bei der Vergabe einer Bau- oder Dienstleistungskonzession das Betriebsrisiko für die Nutzung des Bauwerks oder für die Verwertung der Dienstleistungen auf den Konzessionsnehmer über. [2] Dies ist der Fall, wenn

1. unter normalen Betriebsbedingungen nicht gewährleistet ist, dass die Investitionsaufwendungen oder die Kosten für den Betrieb des Bauwerks oder der Erbringung der Dienstleistungen wieder erwirtschaftet werden können, und

2. der Konzessionsnehmer den Unwägbarkeiten des Marktes tatsächlich ausgesetzt ist, sodass potenzielle geschätzte Verluste des Konzessionsnehmers nicht vernachlässigbar sind.

[3] Das Betriebsrisiko kann ein Nachfrage- oder Angebotsrisiko sein.

§ 106 Schwellenwerte. (1) [1] Dieser Teil gilt für die Vergabe von öffentlichen Aufträgen und Konzessionen sowie die Ausrichtung von Wettbewerben, deren geschätzter Auftrags- oder Vertragswert ohne Umsatzsteuer die jeweils festgelegten Schwellenwerte erreicht oder überschreitet. [2] § 114 Absatz 2 bleibt unberührt.

(2) Der jeweilige Schwellenwert ergibt sich

1. für öffentliche Aufträge und Wettbewerbe, die von öffentlichen Auftraggebern vergeben werden, aus Artikel 4 der Richtlinie 2014/24/EU in der jeweils geltenden Fassung; der sich hieraus für zentrale Regierungsbehörden ergebende Schwellenwert ist von allen obersten Bundesbehörden sowie allen

oberen Bundesbehörden und vergleichbaren Bundeseinrichtungen anzuwenden,

2. für öffentliche Aufträge und Wettbewerbe, die von Sektorenauftraggebern zum Zweck der Ausübung einer Sektorentätigkeit vergeben werden, aus Artikel 15 der Richtlinie 2014/25/EU in der jeweils geltenden Fassung,

3. für verteidigungs- oder sicherheitsspezifische öffentliche Aufträge aus Artikel 8 der Richtlinie 2009/81/EG des Europäischen Parlaments und des Rates vom 13. Juli 2009 über die Koordinierung der Verfahren zur Vergabe bestimmter Bau-, Liefer- und Dienstleistungsaufträge in den Bereichen Verteidigung und Sicherheit und zur Änderung der Richtlinien 2004/17/EG und 2004/18/EG (ABl. L 216 vom 20.8.2009, S. 76) in der jeweils geltenden Fassung,

4. für Konzessionen aus Artikel 8 der Richtlinie 2014/23/EU des Europäischen Parlaments und des Rates vom 26. Februar 2014 über die Konzessionsvergabe (ABl. L 94 vom 28.3.2014, S. 1) in der jeweils geltenden Fassung.

(3) Das Bundesministerium für Wirtschaft und Energie gibt die geltenden Schwellenwerte unverzüglich, nachdem sie im Amtsblatt der Europäischen Union veröffentlicht worden sind, im Bundesanzeiger bekannt[1].

§ 107 Allgemeine Ausnahmen. (1) Dieser Teil ist nicht anzuwenden auf die Vergabe von öffentlichen Aufträgen und Konzessionen

1. zu Schiedsgerichts- und Schlichtungsdienstleistungen,

2. für den Erwerb, die Miete oder die Pacht von Grundstücken, vorhandenen Gebäuden oder anderem unbeweglichem Vermögen sowie Rechten daran, ungeachtet ihrer Finanzierung,

3. zu Arbeitsverträgen,

4. zu Dienstleistungen des Katastrophenschutzes, des Zivilschutzes und der Gefahrenabwehr, die von gemeinnützigen Organisationen oder Vereinigungen erbracht werden und die unter die Referenznummern des Common Procurement Vocabulary 75250000-3, 75251000-0, 75251100-1, 75251110-4, 75251120-7, 75252000-7, 75222000-8, 98113100-9 und 85143000-3 mit Ausnahme des Einsatzes von Krankenwagen zur Patientenbeförderung fallen; gemeinnützige Organisationen oder Vereinigungen im Sinne dieser Nummer sind insbesondere die Hilfsorganisationen, die nach Bundes- oder Landesrecht als Zivil- und Katastrophenschutzorganisationen anerkannt sind.

(2) [1] Dieser Teil ist ferner nicht auf öffentliche Aufträge und Konzessionen anzuwenden,

1. bei denen die Anwendung dieses Teils den Auftraggeber dazu zwingen würde, im Zusammenhang mit dem Vergabeverfahren oder der Auftragsausführung Auskünfte zu erteilen, deren Preisgabe seiner Ansicht nach wesentlichen Sicherheitsinteressen der Bundesrepublik Deutschland im Sinne des Artikels 346 Absatz 1 Buchstabe a des Vertrags über die Arbeitsweise der Europäischen Union widerspricht, oder

2. die dem Anwendungsbereich des Artikels 346 Absatz 1 Buchstabe b des Vertrags über die Arbeitsweise der Europäischen Union unterliegen.

---

[1] Siehe hierzu Bek. gemäß § 106 Abs. 3 GWB ab 1.1.2018 v. 20.12.2017 (BAnz AT 29.12.2017 B1).

²Wesentliche Sicherheitsinteressen im Sinne des Artikels 346 Absatz 1 des Vertrags über die Arbeitsweise der Europäischen Union können insbesondere berührt sein, wenn der öffentliche Auftrag oder die Konzession verteidigungsindustrielle Schlüsseltechnologien betrifft. ³Ferner können im Fall des Satzes 1 Nummer 1 wesentliche Sicherheitsinteressen im Sinne des Artikels 346 Absatz 1 Buchstabe a des Vertrags über die Arbeitsweise der Europäischen Union insbesondere berührt sein, wenn der öffentliche Auftrag oder die Konzession

1. sicherheitsindustrielle Schlüsseltechnologien betreffen oder

2. Leistungen betreffen, die

    a) für den Grenzschutz, die Bekämpfung des Terrorismus oder der organisierten Kriminalität oder für verdeckte Tätigkeiten der Polizei oder der Sicherheitskräfte bestimmt sind, oder

    b) Verschlüsselung betreffen

und soweit ein besonders hohes Maß an Vertraulichkeit erforderlich ist.

§ 108 Ausnahmen bei öffentlich-öffentlicher Zusammenarbeit.

(1) Dieser Teil ist nicht anzuwenden auf die Vergabe von öffentlichen Aufträgen, die von einem öffentlichen Auftraggeber im Sinne des § 99 Nummer 1 bis 3 an eine juristische Person des öffentlichen oder privaten Rechts vergeben werden, wenn

1. der öffentliche Auftraggeber über die juristische Person eine ähnliche Kontrolle wie über seine eigenen Dienststellen ausübt,

2. mehr als 80 Prozent der Tätigkeiten der juristischen Person der Ausführung von Aufgaben dienen, mit denen sie von dem öffentlichen Auftraggeber oder von einer anderen juristischen Person, die von diesem kontrolliert wird, betraut wurde, und

3. an der juristischen Person keine direkte private Kapitalbeteiligung besteht, mit Ausnahme nicht beherrschender Formen der privaten Kapitalbeteiligung und Formen der privaten Kapitalbeteiligung ohne Sperrminorität, die durch gesetzliche Bestimmungen vorgeschrieben sind und die keinen maßgeblichen Einfluss auf die kontrollierte juristische Person vermitteln.

(2) ¹Die Ausübung einer Kontrolle im Sinne von Absatz 1 Nummer 1 wird vermutet, wenn der öffentliche Auftraggeber einen ausschlaggebenden Einfluss auf die strategischen Ziele und die wesentlichen Entscheidungen der juristischen Person ausübt. ²Die Kontrolle kann auch durch eine andere juristische Person ausgeübt werden, die von dem öffentlichen Auftraggeber auf gleiche Weise kontrolliert wird.

(3) ¹Absatz 1 gilt auch für die Vergabe öffentlicher Aufträge, die von einer kontrollierten juristischen Person, die zugleich öffentlicher Auftraggeber im Sinne des § 99 Nummer 1 bis 3 ist, an den kontrollierenden öffentlichen Auftraggeber oder an eine von diesem öffentlichen Auftraggeber kontrollierte andere juristische Person vergeben werden. ²Voraussetzung ist, dass keine direkte private Kapitalbeteiligung an der juristischen Person besteht, die den öffentlichen Auftrag erhalten soll. ³Absatz 1 Nummer 3 zweiter Halbsatz gilt entsprechend.

(4) Dieser Teil ist nicht anzuwenden auf die Vergabe von öffentlichen Aufträgen, bei denen der öffentliche Auftraggeber im Sinne des § 99 Nummer 1

bis 3 über eine juristische Person des privaten oder öffentlichen Rechts zwar keine Kontrolle im Sinne des Absatzes 1 Nummer 1 ausübt, aber

1. der öffentliche Auftraggeber gemeinsam mit anderen öffentlichen Auftraggebern über die juristische Person eine ähnliche Kontrolle ausübt wie jeder der öffentlichen Auftraggeber über seine eigenen Dienststellen,

2. mehr als 80 Prozent der Tätigkeiten der juristischen Person der Ausführung von Aufgaben dienen, mit denen sie von den öffentlichen Auftraggebern oder von einer anderen juristischen Person, die von diesen Auftraggebern kontrolliert wird, betraut wurde, und

3. an der juristischen Person keine direkte private Kapitalbeteiligung besteht; Absatz 1 Nummer 3 zweiter Halbsatz gilt entsprechend.

(5) Eine gemeinsame Kontrolle im Sinne von Absatz 4 Nummer 1 besteht, wenn

1. sich die beschlussfassenden Organe der juristischen Person aus Vertretern sämtlicher teilnehmender öffentlicher Auftraggeber zusammensetzen; ein einzelner Vertreter kann mehrere oder alle teilnehmenden öffentlichen Auftraggeber vertreten,

2. die öffentlichen Auftraggeber gemeinsam einen ausschlaggebenden Einfluss auf die strategischen Ziele und die wesentlichen Entscheidungen der juristischen Person ausüben können und

3. die juristische Person keine Interessen verfolgt, die den Interessen der öffentlichen Auftraggeber zuwiderlaufen.

(6) Dieser Teil ist ferner nicht anzuwenden auf Verträge, die zwischen zwei oder mehreren öffentlichen Auftraggebern im Sinne des § 99 Nummer 1 bis 3 geschlossen werden, wenn

1. der Vertrag eine Zusammenarbeit zwischen den beteiligten öffentlichen Auftraggebern begründet oder erfüllt, um sicherzustellen, dass die von ihnen zu erbringenden öffentlichen Dienstleistungen im Hinblick auf die Erreichung gemeinsamer Ziele ausgeführt werden,

2. die Durchführung der Zusammenarbeit nach Nummer 1 ausschließlich durch Überlegungen im Zusammenhang mit dem öffentlichen Interesse bestimmt wird und

3. die öffentlichen Auftraggeber auf dem Markt weniger als 20 Prozent der Tätigkeiten erbringen, die durch die Zusammenarbeit nach Nummer 1 erfasst sind.

(7) [1] Zur Bestimmung des prozentualen Anteils nach Absatz 1 Nummer 2, Absatz 4 Nummer 2 und Absatz 6 Nummer 3 wird der durchschnittliche Gesamtumsatz der letzten drei Jahre vor Vergabe des öffentlichen Auftrags oder ein anderer geeigneter tätigkeitsgestützter Wert herangezogen. [2] Ein geeigneter tätigkeitsgestützter Wert sind zum Beispiel die Kosten, die der juristischen Person oder dem öffentlichen Auftraggeber in dieser Zeit in Bezug auf Liefer-, Bau- und Dienstleistungen entstanden sind. [3] Liegen für die letzten drei Jahre keine Angaben über den Umsatz oder einen geeigneten alternativen tätigkeitsgestützten Wert wie zum Beispiel Kosten vor oder sind sie nicht aussagekräftig, genügt es, wenn der tätigkeitsgestützte Wert insbesondere durch Prognosen über die Geschäftsentwicklung glaubhaft gemacht wird.

(8) Die Absätze 1 bis 7 gelten entsprechend für Sektorenauftraggeber im Sinne des § 100 Absatz 1 Nummer 1 hinsichtlich der Vergabe von öffentlichen Aufträgen sowie für Konzessionsgeber im Sinne des § 101 Absatz 1 Nummer 1 und 2 hinsichtlich der Vergabe von Konzessionen.

§ 109 Ausnahmen für Vergaben auf der Grundlage internationaler Verfahrensregeln. (1) Dieser Teil ist nicht anzuwenden, wenn öffentliche Aufträge, Wettbewerbe oder Konzessionen

1. nach Vergabeverfahren zu vergeben oder durchzuführen sind, die festgelegt werden durch

   a) ein Rechtsinstrument, das völkerrechtliche Verpflichtungen begründet, wie eine im Einklang mit den EU-Verträgen geschlossene internationale Übereinkunft oder Vereinbarung zwischen der Bundesrepublik Deutschland und einem oder mehreren Staaten, die nicht Vertragsparteien des Übereinkommens über den Europäischen Wirtschaftsraum sind, oder ihren Untereinheiten über Liefer-, Bau- oder Dienstleistungen für ein von den Unterzeichnern gemeinsam zu verwirklichendes oder zu nutzendes Projekt, oder

   b) eine internationale Organisation oder

2. gemäß den Vergaberegeln einer internationalen Organisation oder internationalen Finanzierungseinrichtung bei vollständiger Finanzierung der öffentlichen Aufträge und Wettbewerbe durch diese Organisation oder Einrichtung zu vergeben sind; für den Fall einer überwiegenden Kofinanzierung öffentlicher Aufträge und Wettbewerbe durch eine internationale Organisation oder eine internationale Finanzierungseinrichtung einigen sich die Parteien auf die anwendbaren Vergabeverfahren.

(2) Für verteidigungs- oder sicherheitsspezifische öffentliche Aufträge ist § 145 Nummer 7 und für Konzessionen in den Bereichen Verteidigung und Sicherheit ist § 150 Nummer 7 anzuwenden.

§ 110 Vergabe von öffentlichen Aufträgen und Konzessionen, die verschiedene Leistungen zum Gegenstand haben. (1) [1]Öffentliche Aufträge, die verschiedene Leistungen wie Liefer-, Bau- oder Dienstleistungen zum Gegenstand haben, werden nach den Vorschriften vergeben, denen der Hauptgegenstand des Auftrags zuzuordnen ist. [2]Dasselbe gilt für die Vergabe von Konzessionen, die sowohl Bau- als auch Dienstleistungen zum Gegenstand haben.

(2) Der Hauptgegenstand öffentlicher Aufträge und Konzessionen, die

1. teilweise aus Dienstleistungen, die den Vorschriften zur Vergabe von öffentlichen Aufträgen über soziale und andere besondere Dienstleistungen im Sinne des § 130 oder Konzessionen über soziale und andere besondere Dienstleistungen im Sinne des § 153 unterfallen, und teilweise aus anderen Dienstleistungen bestehen oder

2. teilweise aus Lieferleistungen und teilweise aus Dienstleistungen bestehen,

wird danach bestimmt, welcher geschätzte Wert der jeweiligen Liefer- oder Dienstleistungen am höchsten ist.

§ 111 Vergabe von öffentlichen Aufträgen und Konzessionen, deren Teile unterschiedlichen rechtlichen Regelungen unterliegen. (1) Sind die verschiedenen Teile eines öffentlichen Auftrags, die jeweils unterschiedlichen rechtlichen Regelungen unterliegen, objektiv trennbar, so dürfen getrennte Aufträge für jeden Teil oder darf ein Gesamtauftrag vergeben werden.

(2) Werden getrennte Aufträge vergeben, so wird jeder einzelne Auftrag nach den Vorschriften vergeben, die auf seine Merkmale anzuwenden sind.

(3) Wird ein Gesamtauftrag vergeben,

1. kann der Auftrag ohne Anwendung dieses Teils vergeben werden, wenn ein Teil des Auftrags die Voraussetzungen des § 107 Absatz 2 Nummer 1 oder 2 erfüllt und die Vergabe eines Gesamtauftrags aus objektiven Gründen gerechtfertigt ist,

2. kann der Auftrag nach den Vorschriften über die Vergabe von verteidigungs- oder sicherheitsspezifischen Aufträgen vergeben werden, wenn ein Teil des Auftrags diesen Vorschriften unterliegt und die Vergabe eines Gesamtauftrags aus objektiven Gründen gerechtfertigt ist,

3. sind die Vorschriften zur Vergabe von öffentlichen Aufträgen durch Sektorenauftraggeber anzuwenden, wenn ein Teil des Auftrags diesen Vorschriften unterliegt und der Wert dieses Teils den geltenden Schwellenwert erreicht oder überschreitet; dies gilt auch dann, wenn der andere Teil des Auftrags den Vorschriften über die Vergabe von Konzessionen unterliegt,

4. sind die Vorschriften zur Vergabe von öffentlichen Aufträgen durch öffentliche Auftraggeber anzuwenden, wenn ein Teil des Auftrags den Vorschriften zur Vergabe von Konzessionen und ein anderer Teil des Auftrags den Vorschriften zur Vergabe von öffentlichen Aufträgen durch öffentliche Auftraggeber unterliegt und wenn der Wert dieses Teils den geltenden Schwellenwert erreicht oder überschreitet,

5. sind die Vorschriften dieses Teils anzuwenden, wenn ein Teil des Auftrags den Vorschriften dieses Teils und ein anderer Teil des Auftrags sonstigen Vorschriften außerhalb dieses Teils unterliegt; dies gilt ungeachtet des Wertes des Teils, der sonstigen Vorschriften außerhalb dieses Teils unterliegen würde und ungeachtet ihrer rechtlichen Regelung.

(4) Sind die verschiedenen Teile eines öffentlichen Auftrags, die jeweils unterschiedlichen rechtlichen Regelungen unterliegen, objektiv nicht trennbar,

1. wird der Auftrag nach den Vorschriften vergeben, denen der Hauptgegenstand des Auftrags zuzuordnen ist; enthält der Auftrag Elemente einer Dienstleistungskonzession und eines Lieferauftrags, wird der Hauptgegenstand danach bestimmt, welcher geschätzte Wert der jeweiligen Dienst- oder Lieferleistungen höher ist,

2. kann der Auftrag ohne Anwendung der Vorschriften dieses Teils oder gemäß den Vorschriften über die Vergabe von verteidigungs- oder sicherheitsspezifischen öffentlichen Aufträgen vergeben werden, wenn der Auftrag Elemente enthält, auf die § 107 Absatz 2 Nummer 1 oder 2 anzuwenden ist.

(5) Die Entscheidung, einen Gesamtauftrag oder getrennte Aufträge zu vergeben, darf nicht zu dem Zweck getroffen werden, die Auftragsvergabe von den Vorschriften zur Vergabe öffentlicher Aufträge und Konzessionen auszunehmen.

(6) Auf die Vergabe von Konzessionen sind die Absätze 1, 2 und 3 Nummer 1 und 2 sowie die Absätze 4 und 5 entsprechend anzuwenden.

§ 112 Vergabe von öffentlichen Aufträgen und Konzessionen, die verschiedene Tätigkeiten umfassen. (1) Umfasst ein öffentlicher Auftrag mehrere Tätigkeiten, von denen eine Tätigkeit eine Sektorentätigkeit im Sinne des § 102 darstellt, dürfen getrennte Aufträge für die Zwecke jeder einzelnen Tätigkeit oder darf ein Gesamtauftrag vergeben werden.

(2) Werden getrennte Aufträge vergeben, so wird jeder einzelne Auftrag nach den Vorschriften vergeben, die auf seine Merkmale anzuwenden sind.

(3) ¹Wird ein Gesamtauftrag vergeben, unterliegt dieser Auftrag den Bestimmungen, die für die Tätigkeit gelten, für die der Auftrag hauptsächlich bestimmt ist. ²Ist der Auftrag sowohl für eine Sektorentätigkeit im Sinne des § 102 als auch für eine Tätigkeit bestimmt, die Verteidigungs- oder Sicherheitsaspekte umfasst, ist § 111 Absatz 3 Nummer 1 und 2 entsprechend anzuwenden.

(4) Die Entscheidung, einen Gesamtauftrag oder getrennte Aufträge zu vergeben, darf nicht zu dem Zweck getroffen werden, die Auftragsvergabe von den Vorschriften dieses Teils auszunehmen.

(5) Ist es objektiv unmöglich, festzustellen, für welche Tätigkeit der Auftrag hauptsächlich bestimmt ist, unterliegt die Vergabe

1. den Vorschriften zur Vergabe von öffentlichen Aufträgen durch öffentliche Auftraggeber, wenn eine der Tätigkeiten, für die der Auftrag bestimmt ist, unter diese Vorschriften fällt,

2. den Vorschriften zur Vergabe von öffentlichen Aufträgen durch Sektorenauftraggeber, wenn der Auftrag sowohl für eine Sektorentätigkeit im Sinne des § 102 als auch für eine Tätigkeit bestimmt ist, die in den Anwendungsbereich der Vorschriften zur Vergabe von Konzessionen fallen würde,

3. den Vorschriften zur Vergabe von öffentlichen Aufträgen durch Sektorenauftraggeber, wenn der Auftrag sowohl für eine Sektorentätigkeit im Sinne des § 102 als auch für eine Tätigkeit bestimmt ist, die weder in den Anwendungsbereich der Vorschriften zur Vergabe von Konzessionen noch in den Anwendungsbereich der Vorschriften zur Vergabe öffentlicher Aufträge durch öffentliche Auftraggeber fallen würde.

(6) ¹Umfasst eine Konzession mehrere Tätigkeiten, von denen eine Tätigkeit eine Sektorentätigkeit im Sinne des § 102 darstellt, sind die Absätze 1 bis 4 entsprechend anzuwenden. ²Ist es objektiv unmöglich, festzustellen, für welche Tätigkeit die Konzession hauptsächlich bestimmt ist, unterliegt die Vergabe

1. den Vorschriften zur Vergabe von Konzessionen durch Konzessionsgeber im Sinne des § 101 Absatz 1 Nummer 1, wenn eine der Tätigkeiten, für die die Konzession bestimmt ist, diesen Bestimmungen und die andere Tätigkeit den Bestimmungen für die Vergabe von Konzessionen durch Konzessionsgeber im Sinne des § 101 Absatz 1 Nummer 2 oder Nummer 3 unterliegt,

2. den Vorschriften zur Vergabe von öffentlichen Aufträgen durch öffentliche Auftraggeber, wenn eine der Tätigkeiten, für die die Konzession bestimmt ist, unter diese Vorschriften fällt,

3. den Vorschriften zur Vergabe von Konzessionen, wenn eine der Tätigkeiten, für die die Konzession bestimmt ist, diesen Vorschriften und die andere Tätigkeit weder den Vorschriften zur Vergabe von öffentlichen Aufträgen durch Sektorenauftraggeber noch den Vorschriften zur Vergabe öffentlicher Aufträge durch öffentliche Auftraggeber unterliegt.

§ 113 Verordnungsermächtigung. [1]Die Bundesregierung wird ermächtigt, durch Rechtsverordnungen mit Zustimmung des Bundesrates die Einzelheiten zur Vergabe von öffentlichen Aufträgen und Konzessionen sowie zur Ausrichtung von Wettbewerben zu regeln. [2]Diese Ermächtigung umfasst die Befugnis zur Regelung von Anforderungen an den Auftragsgegenstand und an das Vergabeverfahren, insbesondere zur Regelung

1. der Schätzung des Auftrags- oder Vertragswertes,

2. der Leistungsbeschreibung, der Bekanntmachung, der Verfahrensarten und des Ablaufs des Vergabeverfahrens, der Nebenangebote, der Vergabe von Unteraufträgen sowie der Vergabe öffentlicher Aufträge und Konzessionen, die soziale und andere besondere Dienstleistungen betreffen,

3. der besonderen Methoden und Instrumente in Vergabeverfahren und für Sammelbeschaffungen einschließlich der zentralen Beschaffung,

4. des Sendens, Empfangens, Weiterleitens und Speicherns von Daten einschließlich der Regelungen zum Inkrafttreten der entsprechenden Verpflichtungen,

5. der Auswahl und Prüfung der Unternehmen und Angebote sowie des Abschlusses des Vertrags,

6. der Aufhebung des Vergabeverfahrens,

7. der verteidigungs- oder sicherheitsspezifischen Anforderungen im Hinblick auf den Geheimschutz, auf die allgemeinen Regelungen zur Wahrung der Vertraulichkeit, auf die Versorgungssicherheit sowie auf die besonderen Regelungen für die Vergabe von Unteraufträgen,

8. der Voraussetzungen, nach denen Sektorenauftraggeber, Konzessionsgeber oder Auftraggeber nach dem Bundesberggesetz von der Verpflichtung zur Anwendung dieses Teils befreit werden können, sowie des dabei anzuwendenden Verfahrens einschließlich der erforderlichen Ermittlungsbefugnisse des Bundeskartellamtes und der Einzelheiten der Kostenerhebung; Vollstreckungserleichterungen dürfen vorgesehen werden.

[3]Die Rechtsverordnungen sind dem Bundestag zuzuleiten. [4]Die Zuleitung erfolgt vor der Zuleitung an den Bundesrat. [5]Die Rechtsverordnungen können durch Beschluss des Bundestages geändert oder abgelehnt werden. [6]Der Beschluss des Bundestages wird der Bundesregierung zugeleitet. [7]Hat sich der Bundestag nach Ablauf von drei Sitzungswochen seit Eingang der Rechtsverordnungen nicht mit ihnen befasst, so werden die unveränderten Rechtsverordnungen dem Bundesrat zugeleitet.

§ 114 Monitoring und Vergabestatistik. (1) [1]Die obersten Bundesbehörden und die Länder erstatten in ihrem jeweiligen Zuständigkeitsbereich dem Bundesministerium für Wirtschaft und Energie über die Anwendung der Vorschriften dieses Teils und der aufgrund des § 113 erlassenen Rechtsverordnungen bis zum 15. Februar 2017 und danach auf Anforderung schriftlich Bericht. [2]Zu berichten ist regelmäßig über die jeweils letzten drei Kalenderjahre, die der Anforderung vorausgegangen sind.

(2) [1]Das Statistische Bundesamt erstellt im Auftrag des Bundesministeriums für Wirtschaft und Energie eine Vergabestatistik. [2]Zu diesem Zweck übermitteln Auftraggeber im Sinne des § 98 an das Statistische Bundesamt Daten zu öffentlichen Aufträgen im Sinne des § 103 Absatz 1 unabhängig von deren geschätzten Auftragswert und zu Konzessionen im Sinne des § 105. [3]Das

Bundesministerium für Wirtschaft und Energie wird ermächtigt, im Einvernehmen mit dem Bundesministerium des Innern, für Bau und Heimat durch Rechtsverordnung mit Zustimmung des Bundesrates die Einzelheiten der Vergabestatistik sowie der Datenübermittlung durch die meldende Stelle einschließlich des technischen Ablaufs, des Umfangs der zu übermittelnden Daten, der Wertgrenzen für die Erhebung sowie den Zeitpunkt des Inkrafttretens und der Anwendung der entsprechenden Verpflichtungen zu regeln.

Zweiter Abschnitt. Vergabe von öffentlichen Aufträgen durch öffentliche Auftraggeber

Unterabschnitt 1. Anwendungsbereich

§ 115 Anwendungsbereich. Dieser Abschnitt ist anzuwenden auf die Vergabe von öffentlichen Aufträgen und die Ausrichtung von Wettbewerben durch öffentliche Auftraggeber.

§ 116 Besondere Ausnahmen. (1) Dieser Teil ist nicht anzuwenden auf die Vergabe von öffentlichen Aufträgen durch öffentliche Auftraggeber, wenn diese Aufträge Folgendes zum Gegenstand haben:

1. Rechtsdienstleistungen, die eine der folgenden Tätigkeiten betreffen:
   a) Vertretung eines Mandanten durch einen Rechtsanwalt in
      aa) Gerichts- oder Verwaltungsverfahren vor nationalen oder internationalen Gerichten, Behörden oder Einrichtungen,
      bb) nationalen oder internationalen Schiedsgerichts- oder Schlichtungsverfahren,
   b) Rechtsberatung durch einen Rechtsanwalt, sofern diese zur Vorbereitung eines Verfahrens im Sinne von Buchstabe a dient oder wenn konkrete Anhaltspunkte dafür vorliegen und eine hohe Wahrscheinlichkeit besteht, dass die Angelegenheit, auf die sich die Rechtsberatung bezieht, Gegenstand eines solchen Verfahrens werden wird,
   c) Beglaubigungen und Beurkundungen, sofern sie von Notaren vorzunehmen sind,
   d) Tätigkeiten von gerichtlich bestellten Betreuern, Vormündern, Pflegern, Verfahrensbeiständen, Sachverständigen oder Verwaltern oder sonstige Rechtsdienstleistungen, deren Erbringer durch ein Gericht dafür bestellt oder durch Gesetz dazu bestimmt werden, um bestimmte Aufgaben unter der Aufsicht dieser Gerichte wahrzunehmen, oder
   e) Tätigkeiten, die zumindest teilweise mit der Ausübung von hoheitlichen Befugnissen verbunden sind,
2. Forschungs- und Entwicklungsdienstleistungen, es sei denn, es handelt sich um Forschungs- und Entwicklungsdienstleistungen, die unter die Referenznummern des Common Procurement Vocabulary 73000000-2 bis 73120000-9, 73300000-5, 73420000-2 und 73430000-5 fallen und bei denen
   a) die Ergebnisse ausschließlich Eigentum des Auftraggebers für seinen Gebrauch bei der Ausübung seiner eigenen Tätigkeit werden und
   b) die Dienstleistung vollständig durch den Auftraggeber vergütet wird,
3. den Erwerb, die Entwicklung, die Produktion oder die Koproduktion von Sendematerial für audiovisuelle Mediendienste oder Hörfunkmediendienste,

wenn diese Aufträge von Anbietern von audiovisuellen Mediendiensten oder Hörfunkmediendiensten vergeben werden, die Ausstrahlungszeit oder die Bereitstellung von Sendungen, wenn diese Aufträge an Anbieter von audiovisuellen Mediendiensten oder Hörfunkmediendiensten vergeben werden,

4. finanzielle Dienstleistungen im Zusammenhang mit der Ausgabe, dem Verkauf, dem Ankauf oder der Übertragung von Wertpapieren oder anderen Finanzinstrumenten, Dienstleistungen der Zentralbanken sowie mit der Europäischen Finanzstabilisierungsfazilität und dem Europäischen Stabilitätsmechanismus durchgeführte Transaktionen,

5. Kredite und Darlehen, auch im Zusammenhang mit der Ausgabe, dem Verkauf, dem Ankauf oder der Übertragung von Wertpapieren oder anderen Finanzinstrumenten oder

6. Dienstleistungen, die an einen öffentlichen Auftraggeber nach § 99 Nummer 1 bis 3 vergeben werden, der ein auf Gesetz oder Verordnung beruhendes ausschließliches Recht hat, die Leistungen zu erbringen.

(2) Dieser Teil ist ferner nicht auf öffentliche Aufträge und Wettbewerbe anzuwenden, die hauptsächlich den Zweck haben, dem öffentlichen Auftraggeber die Bereitstellung oder den Betrieb öffentlicher Kommunikationsnetze oder die Bereitstellung eines oder mehrerer elektronischer Kommunikationsdienste für die Öffentlichkeit zu ermöglichen.

§ 117 Besondere Ausnahmen für Vergaben, die Verteidigungs- oder Sicherheitsaspekte umfassen. Bei öffentlichen Aufträgen und Wettbewerben, die Verteidigungs- oder Sicherheitsaspekte umfassen, ohne verteidigungs- oder sicherheitsspezifische Aufträge zu sein, ist dieser Teil nicht anzuwenden,

1. soweit der Schutz wesentlicher Sicherheitsinteressen der Bundesrepublik Deutschland nicht durch weniger einschneidende Maßnahmen gewährleistet werden kann, zum Beispiel durch Anforderungen, die auf den Schutz der Vertraulichkeit der Informationen abzielen, die der öffentliche Auftraggeber im Rahmen eines Vergabeverfahrens zur Verfügung stellt,

2. soweit die Voraussetzungen des Artikels 346 Absatz 1 Buchstabe a des Vertrags über die Arbeitsweise der Europäischen Union erfüllt sind,

3. wenn die Vergabe und die Ausführung des Auftrags für geheim erklärt werden oder nach den Rechts- oder Verwaltungsvorschriften besondere Sicherheitsmaßnahmen erfordern; Voraussetzung hierfür ist eine Feststellung darüber, dass die betreffenden wesentlichen Interessen nicht durch weniger einschneidende Maßnahmen gewährleistet werden können, zum Beispiel durch Anforderungen, die auf den Schutz der Vertraulichkeit der Informationen abzielen,

4. wenn der öffentliche Auftraggeber verpflichtet ist, die Vergabe oder Durchführung nach anderen Vergabeverfahren vorzunehmen, die festgelegt sind durch

a) eine im Einklang mit den EU-Verträgen geschlossene internationale Übereinkunft oder Vereinbarung zwischen der Bundesrepublik Deutschland und einem oder mehreren Staaten, die nicht Vertragsparteien des Übereinkommens über den Europäischen Wirtschaftsraum sind, oder ihren Untereinheiten über Liefer-, Bau- oder Dienstleistungen für ein von den Unterzeichnern gemeinsam zu verwirklichendes oder zu nutzendes Projekt,

b) eine internationale Übereinkunft oder Vereinbarung im Zusammenhang mit der Stationierung von Truppen, die Unternehmen betrifft, die ihren Sitz in der Bundesrepublik Deutschland oder einem Staat haben, der nicht Vertragspartei des Übereinkommens über den Europäischen Wirtschaftsraum ist, oder

c) eine internationale Organisation oder

5. wenn der öffentliche Auftraggeber gemäß den Vergaberegeln einer internationalen Organisation oder internationalen Finanzierungseinrichtung einen öffentlichen Auftrag vergibt oder einen Wettbewerb ausrichtet und dieser öffentliche Auftrag oder Wettbewerb vollständig durch diese Organisation oder Einrichtung finanziert wird. Im Falle einer überwiegenden Kofinanzierung durch eine internationale Organisation oder eine internationale Finanzierungseinrichtung einigen sich die Parteien auf die anwendbaren Vergabeverfahren.

§ 118 Bestimmten Auftragnehmern vorbehaltene öffentliche Aufträge. (1) Öffentliche Auftraggeber können das Recht zur Teilnahme an Vergabeverfahren Werkstätten für Menschen mit Behinderungen und Unternehmen vorbehalten, deren Hauptzweck die soziale und berufliche Integration von Menschen mit Behinderungen oder von benachteiligten Personen ist, oder bestimmen, dass öffentliche Aufträge im Rahmen von Programmen mit geschützten Beschäftigungsverhältnissen durchzuführen sind.

(2) Voraussetzung ist, dass mindestens 30 Prozent der in diesen Werkstätten oder Unternehmen Beschäftigten Menschen mit Behinderungen oder benachteiligte Personen sind.

Unterabschnitt 2. Vergabeverfahren und Auftragsausführung

§ 119 Verfahrensarten. (1) Die Vergabe von öffentlichen Aufträgen erfolgt im offenen Verfahren, im nicht offenen Verfahren, im Verhandlungsverfahren, im wettbewerblichen Dialog oder in der Innovationspartnerschaft.

(2) [1]Öffentlichen Auftraggebern stehen das offene Verfahren und das nicht offene Verfahren, das stets einen Teilnahmewettbewerb erfordert, nach ihrer Wahl zur Verfügung. [2]Die anderen Verfahrensarten stehen nur zur Verfügung, soweit dies aufgrund dieses Gesetzes gestattet ist.

(3) Das offene Verfahren ist ein Verfahren, in dem der öffentliche Auftraggeber eine unbeschränkte Anzahl von Unternehmen öffentlich zur Abgabe von Angeboten auffordert.

(4) Das nicht offene Verfahren ist ein Verfahren, bei dem der öffentliche Auftraggeber nach vorheriger öffentlicher Aufforderung zur Teilnahme eine beschränkte Anzahl von Unternehmen nach objektiven, transparenten und nichtdiskriminierenden Kriterien auswählt (Teilnahmewettbewerb), die er zur Abgabe von Angeboten auffordert.

(5) Das Verhandlungsverfahren ist ein Verfahren, bei dem sich der öffentliche Auftraggeber mit oder ohne Teilnahmewettbewerb an ausgewählte Unternehmen wendet, um mit einem oder mehreren dieser Unternehmen über die Angebote zu verhandeln.

(6) [1]Der wettbewerbliche Dialog ist ein Verfahren zur Vergabe öffentlicher Aufträge mit dem Ziel der Ermittlung und Festlegung der Mittel, mit denen die Bedürfnisse des öffentlichen Auftraggebers am besten erfüllt werden kön-

nen. [2] Nach einem Teilnahmewettbewerb eröffnet der öffentliche Auftraggeber mit den ausgewählten Unternehmen einen Dialog zur Erörterung aller Aspekte der Auftragsvergabe.

(7) [1] Die Innovationspartnerschaft ist ein Verfahren zur Entwicklung innovativer, noch nicht auf dem Markt verfügbarer Liefer-, Bau- oder Dienstleistungen und zum anschließenden Erwerb der daraus hervorgehenden Leistungen. [2] Nach einem Teilnahmewettbewerb verhandelt der öffentliche Auftraggeber in mehreren Phasen mit den ausgewählten Unternehmen über die Erst- und Folgeangebote.

§ 120 Besondere Methoden und Instrumente in Vergabeverfahren.

(1) Ein dynamisches Beschaffungssystem ist ein zeitlich befristetes, ausschließlich elektronisches Verfahren zur Beschaffung marktüblicher Leistungen, bei denen die allgemein auf dem Markt verfügbaren Merkmale den Anforderungen des öffentlichen Auftraggebers genügen.

(2) [1] Eine elektronische Auktion ist ein sich schrittweise wiederholendes elektronisches Verfahren zur Ermittlung des wirtschaftlichsten Angebots. [2] Jeder elektronischen Auktion geht eine vollständige erste Bewertung aller Angebote voraus.

(3) [1] Ein elektronischer Katalog ist ein auf der Grundlage der Leistungsbeschreibung erstelltes Verzeichnis der zu beschaffenden Liefer-, Bau- und Dienstleistungen in einem elektronischen Format. [2] Er kann insbesondere beim Abschluss von Rahmenvereinbarungen eingesetzt werden und Abbildungen, Preisinformationen und Produktbeschreibungen umfassen.

(4) [1] Eine zentrale Beschaffungsstelle ist ein öffentlicher Auftraggeber, der für andere öffentliche Auftraggeber dauerhaft Liefer- und Dienstleistungen beschafft, öffentliche Aufträge vergibt oder Rahmenvereinbarungen abschließt (zentrale Beschaffungstätigkeit). [2] Öffentliche Auftraggeber können Liefer- und Dienstleistungen von zentralen Beschaffungsstellen erwerben oder Liefer-, Bau- und Dienstleistungsaufträge mittels zentraler Beschaffungsstellen vergeben. [3] Öffentliche Aufträge zur Ausübung zentraler Beschaffungstätigkeiten können an eine zentrale Beschaffungsstelle vergeben werden, ohne ein Vergabeverfahren nach den Vorschriften dieses Teils durchzuführen. [4] Derartige Dienstleistungsaufträge können auch Beratungs- und Unterstützungsleistungen bei der Vorbereitung oder Durchführung von Vergabeverfahren umfassen. [5] Die Teile 1 bis 3 bleiben unberührt.

§ 121 Leistungsbeschreibung. (1) [1] In der Leistungsbeschreibung ist der Auftragsgegenstand so eindeutig und erschöpfend wie möglich zu beschreiben, sodass die Beschreibung für alle Unternehmen im gleichen Sinne verständlich ist und die Angebote miteinander verglichen werden können. [2] Die Leistungsbeschreibung enthält die Funktions- oder Leistungsanforderungen oder eine Beschreibung der zu lösenden Aufgabe, deren Kenntnis für die Erstellung des Angebots erforderlich ist, sowie die Umstände und Bedingungen der Leistungserbringung.

(2) Bei der Beschaffung von Leistungen, die zur Nutzung durch natürliche Personen vorgesehen sind, sind bei der Erstellung der Leistungsbeschreibung außer in ordnungsgemäß begründeten Fällen die Zugänglichkeitskriterien für Menschen mit Behinderungen oder die Konzeption für alle Nutzer zu berücksichtigen.

(3) Die Leistungsbeschreibung ist den Vergabeunterlagen beizufügen.

§ 122 Eignung. (1) Öffentliche Aufträge werden an fachkundige und leistungsfähige (geeignete) Unternehmen vergeben, die nicht nach den §§ 123 oder 124 ausgeschlossen worden sind.

(2) [1] Ein Unternehmen ist geeignet, wenn es die durch den öffentlichen Auftraggeber im Einzelnen zur ordnungsgemäßen Ausführung des öffentlichen Auftrags festgelegten Kriterien (Eignungskriterien) erfüllt. [2] Die Eignungskriterien dürfen ausschließlich Folgendes betreffen:

1. Befähigung und Erlaubnis zur Berufsausübung,
2. wirtschaftliche und finanzielle Leistungsfähigkeit,
3. technische und berufliche Leistungsfähigkeit.

(3) Der Nachweis der Eignung und des Nichtvorliegens von Ausschlussgründen nach den §§ 123 oder 124 kann ganz oder teilweise durch die Teilnahme an Präqualifizierungssystemen erbracht werden.

(4) [1] Eignungskriterien müssen mit dem Auftragsgegenstand in Verbindung und zu diesem in einem angemessenen Verhältnis stehen. [2] Sie sind in der Auftragsbekanntmachung, der Vorinformation oder der Aufforderung zur Interessensbestätigung aufzuführen.

§ 123 Zwingende Ausschlussgründe. (1) Öffentliche Auftraggeber schließen ein Unternehmen zu jedem Zeitpunkt des Vergabeverfahrens von der Teilnahme aus, wenn sie Kenntnis davon haben, dass eine Person, deren Verhalten nach Absatz 3 dem Unternehmen zuzurechnen ist, rechtskräftig verurteilt oder gegen das Unternehmen eine Geldbuße nach § 30 des Gesetzes über Ordnungswidrigkeiten rechtskräftig festgesetzt worden ist wegen einer Straftat nach:

1. § 129 des Strafgesetzbuchs (Bildung krimineller Vereinigungen), § 129a des Strafgesetzbuchs (Bildung terroristischer Vereinigungen) oder § 129b des Strafgesetzbuchs (Kriminelle und terroristische Vereinigungen im Ausland),
2. § 89c des Strafgesetzbuchs (Terrorismusfinanzierung) oder wegen der Teilnahme an einer solchen Tat oder wegen der Bereitstellung oder Sammlung finanzieller Mittel in Kenntnis dessen, dass diese finanziellen Mittel ganz oder teilweise dazu verwendet werden oder verwendet werden sollen, eine Tat nach § 89a Absatz 2 Nummer 2 des Strafgesetzbuchs zu begehen,
3. § 261 des Strafgesetzbuchs (Geldwäsche),
4. § 263 des Strafgesetzbuchs (Betrug), soweit sich die Straftat gegen den Haushalt der Europäischen Union oder gegen Haushalte richtet, die von der Europäischen Union oder in ihrem Auftrag verwaltet werden,
5. § 264 des Strafgesetzbuchs (Subventionsbetrug), soweit sich die Straftat gegen den Haushalt der Europäischen Union oder gegen Haushalte richtet, die von der Europäischen Union oder in ihrem Auftrag verwaltet werden,
6. § 299 des Strafgesetzbuchs (Bestechlichkeit und Bestechung im geschäftlichen Verkehr), §§ 299a und 299b des Strafgesetzbuchs (Bestechlichkeit und Bestechung im Gesundheitswesen),
7. § 108e des Strafgesetzbuchs (Bestechlichkeit und Bestechung von Mandatsträgern),

8. den §§ 333 und 334 des Strafgesetzbuchs (Vorteilsgewährung und Bestechung), jeweils auch in Verbindung mit § 335a des Strafgesetzbuchs (Ausländische und internationale Bedienstete),

9. Artikel 2 § 2 des Gesetzes zur Bekämpfung internationaler Bestechung (Bestechung ausländischer Abgeordneter im Zusammenhang mit internationalem Geschäftsverkehr) oder

10. den §§ 232, 232a Absatz 1 bis 5, den §§ 232b bis 233a des Strafgesetzbuches (Menschenhandel, Zwangsprostitution, Zwangsarbeit, Ausbeutung der Arbeitskraft, Ausbeutung unter Ausnutzung einer Freiheitsberaubung).

(2) Einer Verurteilung oder der Festsetzung einer Geldbuße im Sinne des Absatzes 1 stehen eine Verurteilung oder die Festsetzung einer Geldbuße nach den vergleichbaren Vorschriften anderer Staaten gleich.

(3) Das Verhalten einer rechtskräftig verurteilten Person ist einem Unternehmen zuzurechnen, wenn diese Person als für die Leitung des Unternehmens Verantwortlicher gehandelt hat; dazu gehört auch die Überwachung der Geschäftsführung oder die sonstige Ausübung von Kontrollbefugnissen in leitender Stellung.

(4) ¹ Öffentliche Auftraggeber schließen ein Unternehmen zu jedem Zeitpunkt des Vergabeverfahrens von der Teilnahme an einem Vergabeverfahren aus, wenn

1. das Unternehmen seinen Verpflichtungen zur Zahlung von Steuern, Abgaben oder Beiträgen zur Sozialversicherung nicht nachgekommen ist und dies durch eine rechtskräftige Gerichts- oder bestandskräftige Verwaltungsentscheidung festgestellt wurde oder

2. die öffentlichen Auftraggeber auf sonstige geeignete Weise die Verletzung einer Verpflichtung nach Nummer 1 nachweisen können.

² Satz 1 ist nicht anzuwenden, wenn das Unternehmen seinen Verpflichtungen dadurch nachgekommen ist, dass es die Zahlung vorgenommen oder sich zur Zahlung der Steuern, Abgaben und Beiträge zur Sozialversicherung einschließlich Zinsen, Säumnis- und Strafzuschlägen verpflichtet hat.

(5) ¹ Von einem Ausschluss nach Absatz 1 kann abgesehen werden, wenn dies aus zwingenden Gründen des öffentlichen Interesses geboten ist. ² Von einem Ausschluss nach Absatz 4 Satz 1 kann abgesehen werden, wenn dies aus zwingenden Gründen des öffentlichen Interesses geboten ist oder ein Ausschluss offensichtlich unverhältnismäßig wäre. ³ § 125 bleibt unberührt.

§ 124 Fakultative Ausschlussgründe. (1) Öffentliche Auftraggeber können unter Berücksichtigung des Grundsatzes der Verhältnismäßigkeit ein Unternehmen zu jedem Zeitpunkt des Vergabeverfahrens von der Teilnahme an einem Vergabeverfahren ausschließen, wenn

1. das Unternehmen bei der Ausführung öffentlicher Aufträge nachweislich gegen geltende umwelt-, sozial- oder arbeitsrechtliche Verpflichtungen verstoßen hat,

2. das Unternehmen zahlungsunfähig ist, über das Vermögen des Unternehmens ein Insolvenzverfahren oder ein vergleichbares Verfahren beantragt oder eröffnet worden ist, die Eröffnung eines solchen Verfahrens mangels Masse abgelehnt worden ist, sich das Unternehmen im Verfahren der Liquidation befindet oder seine Tätigkeit eingestellt hat,

3. das Unternehmen im Rahmen der beruflichen Tätigkeit nachweislich eine schwere Verfehlung begangen hat, durch die die Integrität des Unternehmens infrage gestellt wird; § 123 Absatz 3 ist entsprechend anzuwenden,

4. der öffentliche Auftraggeber über hinreichende Anhaltspunkte dafür verfügt, dass das Unternehmen mit anderen Unternehmen Vereinbarungen getroffen oder Verhaltensweisen aufeinander abgestimmt hat, die eine Verhinderung, Einschränkung oder Verfälschung des Wettbewerbs bezwecken oder bewirken,

5. ein Interessenkonflikt bei der Durchführung des Vergabeverfahrens besteht, der die Unparteilichkeit und Unabhängigkeit einer für den öffentlichen Auftraggeber tätigen Person bei der Durchführung des Vergabeverfahrens beeinträchtigen könnte und der durch andere, weniger einschneidende Maßnahmen nicht wirksam beseitigt werden kann,

6. eine Wettbewerbsverzerrung daraus resultiert, dass das Unternehmen bereits in die Vorbereitung des Vergabeverfahrens einbezogen war, und diese Wettbewerbsverzerrung nicht durch andere, weniger einschneidende Maßnahmen beseitigt werden kann,

7. das Unternehmen eine wesentliche Anforderung bei der Ausführung eines früheren öffentlichen Auftrags oder Konzessionsvertrags erheblich oder fortdauernd mangelhaft erfüllt hat und dies zu einer vorzeitigen Beendigung, zu Schadensersatz oder zu einer vergleichbaren Rechtsfolge geführt hat,

8. das Unternehmen in Bezug auf Ausschlussgründe oder Eignungskriterien eine schwerwiegende Täuschung begangen oder Auskünfte zurückgehalten hat oder nicht in der Lage ist, die erforderlichen Nachweise zu übermitteln, oder

9. das Unternehmen
   a) versucht hat, die Entscheidungsfindung des öffentlichen Auftraggebers in unzulässiger Weise zu beeinflussen,
   b) versucht hat, vertrauliche Informationen zu erhalten, durch die es unzulässige Vorteile beim Vergabeverfahren erlangen könnte, oder
   c) fahrlässig oder vorsätzlich irreführende Informationen übermittelt hat, die die Vergabeentscheidung des öffentlichen Auftraggebers erheblich beeinflussen könnten, oder versucht hat, solche Informationen zu übermitteln.

(2) § 21 des Arbeitnehmer-Entsendegesetzes, § 98c des Aufenthaltsgesetzes, § 19 des Mindestlohngesetzes und § 21 des Schwarzarbeitsbekämpfungsgesetzes bleiben unberührt.

§ 125 Selbstreinigung. (1) [1] Öffentliche Auftraggeber schließen ein Unternehmen, bei dem ein Ausschlussgrund nach § 123 oder § 124 vorliegt, nicht von der Teilnahme an dem Vergabeverfahren aus, wenn das Unternehmen nachgewiesen hat, dass es

1. für jeden durch eine Straftat oder ein Fehlverhalten verursachten Schaden einen Ausgleich gezahlt oder sich zur Zahlung eines Ausgleichs verpflichtet hat,

2. die Tatsachen und Umstände, die mit der Straftat oder dem Fehlverhalten und dem dadurch verursachten Schaden in Zusammenhang stehen, durch eine aktive Zusammenarbeit mit den Ermittlungsbehörden und dem öffentlichen Auftraggeber umfassend geklärt hat, und

3. konkrete technische, organisatorische und personelle Maßnahmen ergriffen
hat, die geeignet sind, weitere Straftaten oder weiteres Fehlverhalten zu
vermeiden.

[2] § 123 Absatz 4 Satz 2 bleibt unberührt.

(2) [1] Öffentliche Auftraggeber bewerten die von dem Unternehmen ergriffenen Selbstreinigungsmaßnahmen und berücksichtigen dabei die Schwere und
die besonderen Umstände der Straftat oder des Fehlverhaltens. [2] Erachten die
öffentlichen Auftraggeber die Selbstreinigungsmaßnahmen des Unternehmens
als unzureichend, so begründen sie diese Entscheidung gegenüber dem Unternehmen.

§ 126 Zulässiger Zeitraum für Ausschlüsse. Wenn ein Unternehmen, bei
dem ein Ausschlussgrund vorliegt, keine oder keine ausreichenden Selbstreinigungsmaßnahmen nach § 125 ergriffen hat, darf es

1. bei Vorliegen eines Ausschlussgrundes nach § 123 höchstens fünf Jahre ab
dem Tag der rechtskräftigen Verurteilung von der Teilnahme an Vergabeverfahren ausgeschlossen werden,

2. bei Vorliegen eines Ausschlussgrundes nach § 124 höchstens drei Jahre ab
dem betreffenden Ereignis von der Teilnahme an Vergabeverfahren ausgeschlossen werden.

§ 127 Zuschlag. (1) [1] Der Zuschlag wird auf das wirtschaftlichste Angebot
erteilt. [2] Grundlage dafür ist eine Bewertung des öffentlichen Auftraggebers, ob
und inwieweit das Angebot die vorgegebenen Zuschlagskriterien erfüllt. [3] Das
wirtschaftlichste Angebot bestimmt sich nach dem besten Preis-Leistungs-Verhältnis. [4] Zu dessen Ermittlung können neben dem Preis oder den Kosten auch
qualitative, umweltbezogene oder soziale Aspekte berücksichtigt werden.

(2) Verbindliche Vorschriften zur Preisgestaltung sind bei der Ermittlung des
wirtschaftlichsten Angebots zu beachten.

(3) [1] Die Zuschlagskriterien müssen mit dem Auftragsgegenstand in Verbindung stehen. [2] Diese Verbindung ist auch dann anzunehmen, wenn sich ein
Zuschlagskriterium auf Prozesse im Zusammenhang mit der Herstellung, Bereitstellung oder Entsorgung der Leistung, auf den Handel mit der Leistung
oder auf ein anderes Stadium im Lebenszyklus der Leistung bezieht, auch wenn
sich diese Faktoren nicht auf die materiellen Eigenschaften des Auftragsgegenstandes auswirken.

(4) [1] Die Zuschlagskriterien müssen so festgelegt und bestimmt sein, dass die
Möglichkeit eines wirksamen Wettbewerbs gewährleistet wird, der Zuschlag
nicht willkürlich erteilt werden kann und eine wirksame Überprüfung möglich
ist, ob und inwieweit die Angebote die Zuschlagskriterien erfüllen. [2] Lassen
öffentliche Auftraggeber Nebenangebote zu, legen sie die Zuschlagskriterien so
fest, dass sie sowohl auf Hauptangebote als auch auf Nebenangebote anwendbar
sind.

(5) Die Zuschlagskriterien und deren Gewichtung müssen in der Auftragsbekanntmachung oder den Vergabeunterlagen aufgeführt werden.

§ 128 Auftragsausführung. (1) Unternehmen haben bei der Ausführung
des öffentlichen Auftrags alle für sie geltenden rechtlichen Verpflichtungen
einzuhalten, insbesondere Steuern, Abgaben und Beiträge zur Sozialversiche

rung zu entrichten, die arbeitsschutzrechtlichen Regelungen einzuhalten und den Arbeitnehmerinnen und Arbeitnehmern wenigstens diejenigen Mindestarbeitsbedingungen einschließlich des Mindestentgelts zu gewähren, die nach dem Mindestlohngesetz, einem nach dem Tarifvertragsgesetz mit den Wirkungen des Arbeitnehmer-Entsendegesetzes für allgemein verbindlich erklärten Tarifvertrag oder einer nach § 7, § 7a oder § 11 des Arbeitnehmer-Entsendegesetzes oder einer nach § 3a des Arbeitnehmerüberlassungsgesetzes erlassenen Rechtsverordnung für die betreffende Leistung verbindlich vorgegeben werden.

(2) [1] Öffentliche Auftraggeber können darüber hinaus besondere Bedingungen für die Ausführung eines Auftrags (Ausführungsbedingungen) festlegen, sofern diese mit dem Auftragsgegenstand entsprechend § 127 Absatz 3 in Verbindung stehen. [2] Die Ausführungsbedingungen müssen sich aus der Auftragsbekanntmachung oder den Vergabeunterlagen ergeben. [3] Sie können insbesondere wirtschaftliche, innovationsbezogene, umweltbezogene, soziale oder beschäftigungspolitische Belange oder den Schutz der Vertraulichkeit von Informationen umfassen.

§ 129 Zwingend zu berücksichtigende Ausführungsbedingungen.
Ausführungsbedingungen, die der öffentliche Auftraggeber dem beauftragten Unternehmen verbindlich vorzugeben hat, dürfen nur aufgrund eines Bundes- oder Landesgesetzes festgelegt werden.

§ 130 Vergabe von öffentlichen Aufträgen über soziale und andere besondere Dienstleistungen. (1) [1] Bei der Vergabe von öffentlichen Aufträgen über soziale und andere besondere Dienstleistungen im Sinne des Anhangs XIV der Richtlinie 2014/24/EU stehen öffentlichen Auftraggebern das offene Verfahren, das nicht offene Verfahren, das Verhandlungsverfahren mit Teilnahmewettbewerb, der wettbewerbliche Dialog und die Innovationspartnerschaft nach ihrer Wahl zur Verfügung. [2] Ein Verhandlungsverfahren ohne Teilnahmewettbewerb steht nur zur Verfügung, soweit dies aufgrund dieses Gesetzes gestattet ist.

(2) Abweichend von § 132 Absatz 3 ist die Änderung eines öffentlichen Auftrags über soziale und andere besondere Dienstleistungen im Sinne des Anhangs XIV der Richtlinie 2014/24/EU ohne Durchführung eines neuen Vergabeverfahrens zulässig, wenn der Wert der Änderung nicht mehr als 20 Prozent des ursprünglichen Auftragswertes beträgt.

§ 131 Vergabe von öffentlichen Aufträgen über Personenverkehrsleistungen im Eisenbahnverkehr. (1) [1] Bei der Vergabe von öffentlichen Aufträgen, deren Gegenstand Personenverkehrsleistungen im Eisenbahnverkehr sind, stehen öffentlichen Auftraggebern das offene und das nicht offene Verfahren, das Verhandlungsverfahren mit Teilnahmewettbewerb, der wettbewerbliche Dialog und die Innovationspartnerschaft nach ihrer Wahl zur Verfügung. [2] Ein Verhandlungsverfahren ohne Teilnahmewettbewerb steht nur zur Verfügung, soweit dies aufgrund dieses Gesetzes gestattet ist.

(2) [1] Anstelle des § 108 Absatz 1 ist Artikel 5 Absatz 2 der Verordnung (EG) Nr. 1370/2007[1] des Europäischen Parlaments und des Rates vom 23. Oktober

---

[1] Nr. 7.

2007 über öffentliche Personenverkehrsdienste auf Schiene und Straße und zur Aufhebung der Verordnungen (EWG) Nr. 1191/69 und (EWG) Nr. 1107/70 des Rates (ABl. L 315 vom 3.12.2007, S. 1) anzuwenden. [2] Artikel 5 Absatz 5 und Artikel 7 Absatz 2 der Verordnung (EG) Nr. 1370/2007 bleiben unberührt.

(3) [1] Öffentliche Auftraggeber, die öffentliche Aufträge im Sinne von Absatz 1 vergeben, sollen gemäß Artikel 4 Absatz 5 der Verordnung (EG) Nr. 1370/2007 verlangen, dass bei einem Wechsel des Betreibers der Personenverkehrsleistung der ausgewählte Betreiber die Arbeitnehmerinnen und Arbeitnehmer, die beim bisherigen Betreiber für die Erbringung dieser Verkehrsleistung beschäftigt waren, übernimmt und ihnen die Rechte gewährt, auf die sie Anspruch hätten, wenn ein Übergang gemäß § 613a des Bürgerlichen Gesetzbuchs erfolgt wäre. [2] Für den Fall, dass ein öffentlicher Auftraggeber die Übernahme von Arbeitnehmerinnen und Arbeitnehmern im Sinne von Satz 1 verlangt, beschränkt sich das Verlangen auf diejenigen Arbeitnehmerinnen und Arbeitnehmer, die für die Erbringung der übergehenden Verkehrsleistung unmittelbar erforderlich sind. [3] Der öffentliche Auftraggeber soll Regelungen vorsehen, durch die eine missbräuchliche Anpassung tarifvertraglicher Regelungen zu Lasten des neuen Betreibers zwischen der Veröffentlichung der Auftragsbekanntmachung und der Übernahme des Betriebes ausgeschlossen wird. [4] Der bisherige Betreiber ist nach Aufforderung durch den öffentlichen Auftraggeber verpflichtet, alle hierzu erforderlichen Angaben zu machen.

§ 132 Auftragsänderungen während der Vertragslaufzeit. (1) [1] Wesentliche Änderungen eines öffentlichen Auftrags während der Vertragslaufzeit erfordern ein neues Vergabeverfahren. [2] Wesentlich sind Änderungen, die dazu führen, dass sich der öffentliche Auftrag erheblich von dem ursprünglich vergebenen öffentlichen Auftrag unterscheidet. [3] Eine wesentliche Änderung liegt insbesondere vor, wenn

1. mit der Änderung Bedingungen eingeführt werden, die, wenn sie für das ursprüngliche Vergabeverfahren gegolten hätten,

   a) die Zulassung anderer Bewerber oder Bieter ermöglicht hätten,

   b) die Annahme eines anderen Angebots ermöglicht hätten oder

   c) das Interesse weiterer Teilnehmer am Vergabeverfahren geweckt hätten,

2. mit der Änderung das wirtschaftliche Gleichgewicht des öffentlichen Auftrags zugunsten des Auftragnehmers in einer Weise verschoben wird, die im ursprünglichen Auftrag nicht vorgesehen war,

3. mit der Änderung der Umfang des öffentlichen Auftrags erheblich ausgeweitet wird oder

4. ein neuer Auftragnehmer den Auftragnehmer in anderen als den in Absatz 2 Satz 1 Nummer 4 vorgesehenen Fällen ersetzt.

(2) [1] Unbeschadet des Absatzes 1 ist die Änderung eines öffentlichen Auftrags ohne Durchführung eines neuen Vergabeverfahrens zulässig, wenn

1. in den ursprünglichen Vergabeunterlagen klare, genaue und eindeutig formulierte Überprüfungsklauseln oder Optionen vorgesehen sind, die Angaben zu Art, Umfang und Voraussetzungen möglicher Auftragsänderungen enthalten, und sich aufgrund der Änderung der Gesamtcharakter des Auftrags nicht verändert,

2. zusätzliche Liefer-, Bau- oder Dienstleistungen erforderlich geworden sind, die nicht in den ursprünglichen Vergabeunterlagen vorgesehen waren, und ein Wechsel des Auftragnehmers

   a) aus wirtschaftlichen oder technischen Gründen nicht erfolgen kann und

   b) mit erheblichen Schwierigkeiten oder beträchtlichen Zusatzkosten für den öffentlichen Auftraggeber verbunden wäre,

3. die Änderung aufgrund von Umständen erforderlich geworden ist, die der öffentliche Auftraggeber im Rahmen seiner Sorgfaltspflicht nicht vorhersehen konnte, und sich aufgrund der Änderung der Gesamtcharakter des Auftrags nicht verändert oder

4. ein neuer Auftragnehmer den bisherigen Auftragnehmer ersetzt

   a) aufgrund einer Überprüfungsklausel im Sinne von Nummer 1,

   b) aufgrund der Tatsache, dass ein anderes Unternehmen, das die ursprünglich festgelegten Anforderungen an die Eignung erfüllt, im Zuge einer Unternehmensumstrukturierung, wie zum Beispiel durch Übernahme, Zusammenschluss, Erwerb oder Insolvenz, ganz oder teilweise an die Stelle des ursprünglichen Auftragnehmers tritt, sofern dies keine weiteren wesentlichen Änderungen im Sinne des Absatzes 1 zur Folge hat, oder

   c) aufgrund der Tatsache, dass der öffentliche Auftraggeber selbst die Verpflichtungen des Hauptauftragnehmers gegenüber seinen Unterauftragnehmern übernimmt.

[2] In den Fällen des Satzes 1 Nummer 2 und 3 darf der Preis um nicht mehr als 50 Prozent des Wertes des ursprünglichen Auftrags erhöht werden. [3] Bei mehreren aufeinander folgenden Änderungen des Auftrags gilt diese Beschränkung für den Wert jeder einzelnen Änderung, sofern die Änderungen nicht mit dem Ziel vorgenommen werden, die Vorschriften dieses Teils zu umgehen.

(3) [1] Die Änderung eines öffentlichen Auftrags ohne Durchführung eines neuen Vergabeverfahrens ist ferner zulässig, wenn sich der Gesamtcharakter des Auftrags nicht ändert und der Wert der Änderung

1. die jeweiligen Schwellenwerte nach § 106 nicht übersteigt und

2. bei Liefer- und Dienstleistungsaufträgen nicht mehr als 10 Prozent und bei Bauaufträgen nicht mehr als 15 Prozent des ursprünglichen Auftragswertes beträgt.

[2] Bei mehreren aufeinander folgenden Änderungen ist der Gesamtwert der Änderungen maßgeblich.

(4) Enthält der Vertrag eine Indexierungsklausel, wird für die Wertberechnung gemäß Absatz 2 Satz 2 und 3 sowie gemäß Absatz 3 der höhere Preis als Referenzwert herangezogen.

(5) Änderungen nach Absatz 2 Satz 1 Nummer 2 und 3 sind im Amtsblatt der Europäischen Union bekannt zu machen.

§ 133 Kündigung von öffentlichen Aufträgen in besonderen Fällen.

(1) Unbeschadet des § 135 können öffentliche Auftraggeber einen öffentlichen Auftrag während der Vertragslaufzeit kündigen, wenn

1. eine wesentliche Änderung vorgenommen wurde, die nach § 132 ein neues Vergabeverfahren erfordert hätte,

2. zum Zeitpunkt der Zuschlagserteilung ein zwingender Ausschlussgrund nach § 123 Absatz 1 bis 4 vorlag oder

3. der öffentliche Auftrag aufgrund einer schweren Verletzung der Verpflichtungen aus dem Vertrag über die Arbeitsweise der Europäischen Union oder aus den Vorschriften dieses Teils, die der Europäische Gerichtshof in einem Verfahren nach Artikel 258 des Vertrags über die Arbeitsweise der Europäischen Union festgestellt hat, nicht an den Auftragnehmer hätte vergeben werden dürfen.

(2) ¹Wird ein öffentlicher Auftrag gemäß Absatz 1 gekündigt, kann der Auftragnehmer einen seinen bisherigen Leistungen entsprechenden Teil der Vergütung verlangen. ²Im Fall des Absatzes 1 Nummer 2 steht dem Auftragnehmer ein Anspruch auf Vergütung insoweit nicht zu, als seine bisherigen Leistungen infolge der Kündigung für den öffentlichen Auftraggeber nicht von Interesse sind.

(3) Die Berechtigung, Schadensersatz zu verlangen, wird durch die Kündigung nicht ausgeschlossen.

§ 134 Informations- und Wartepflicht. (1) ¹Öffentliche Auftraggeber haben die Bieter, deren Angebote nicht berücksichtigt werden sollen, über den Namen des Unternehmens, dessen Angebot angenommen werden soll, über die Gründe der vorgesehenen Nichtberücksichtigung ihres Angebots und über den frühesten Zeitpunkt des Vertragsschlusses unverzüglich in Textform zu informieren. ²Dies gilt auch für Bewerber, denen keine Information über die Ablehnung ihrer Bewerbung zur Verfügung gestellt wurde, bevor die Mitteilung über die Zuschlagsentscheidung an die betroffenen Bieter ergangen ist.

(2) ¹Ein Vertrag darf erst 15 Kalendertage nach Absendung der Information nach Absatz 1 geschlossen werden. ²Wird die Information auf elektronischem Weg oder per Fax versendet, verkürzt sich die Frist auf zehn Kalendertage. ³Die Frist beginnt am Tag nach der Absendung der Information durch den Auftraggeber; auf den Tag des Zugangs beim betroffenen Bieter und Bewerber kommt es nicht an.

(3) ¹Die Informationspflicht entfällt in Fällen, in denen das Verhandlungsverfahren ohne Teilnahmewettbewerb wegen besonderer Dringlichkeit gerechtfertigt ist. ²Im Fall verteidigungs- oder sicherheitsspezifischer Aufträge können öffentliche Auftraggeber beschließen, bestimmte Informationen über die Zuschlagserteilung oder den Abschluss einer Rahmenvereinbarung nicht mitzuteilen, soweit die Offenlegung den Gesetzesvollzug behindert, dem öffentlichen Interesse, insbesondere Verteidigungs- oder Sicherheitsinteressen, zuwiderläuft, berechtigte geschäftliche Interessen von Unternehmen schädigt oder den lauteren Wettbewerb zwischen ihnen beeinträchtigen könnte.

§ 135 Unwirksamkeit. (1) Ein öffentlicher Auftrag ist von Anfang an unwirksam, wenn der öffentliche Auftraggeber

1. gegen § 134 verstoßen hat oder

2. den Auftrag ohne vorherige Veröffentlichung einer Bekanntmachung im Amtsblatt der Europäischen Union vergeben hat, ohne dass dies aufgrund Gesetzes gestattet ist,

und dieser Verstoß in einem Nachprüfungsverfahren festgestellt worden ist.

(2) [1] Die Unwirksamkeit nach Absatz 1 kann nur festgestellt werden, wenn sie im Nachprüfungsverfahren innerhalb von 30 Kalendertagen nach der Information der betroffenen Bieter und Bewerber durch den öffentlichen Auftraggeber über den Abschluss des Vertrags, jedoch nicht später als sechs Monate nach Vertragsschluss geltend gemacht worden ist. [2] Hat der Auftraggeber die Auftragsvergabe im Amtsblatt der Europäischen Union bekannt gemacht, endet die Frist zur Geltendmachung der Unwirksamkeit 30 Kalendertage nach Veröffentlichung der Bekanntmachung der Auftragsvergabe im Amtsblatt der Europäischen Union.

(3) [1] Die Unwirksamkeit nach Absatz 1 Nummer 2 tritt nicht ein, wenn

1. der öffentliche Auftraggeber der Ansicht ist, dass die Auftragsvergabe ohne vorherige Veröffentlichung einer Bekanntmachung im Amtsblatt der Europäischen Union zulässig ist,
2. der öffentliche Auftraggeber eine Bekanntmachung im Amtsblatt der Europäischen Union veröffentlicht hat, mit der er die Absicht bekundet, den Vertrag abzuschließen, und
3. der Vertrag nicht vor Ablauf einer Frist von mindestens zehn Kalendertagen, gerechnet ab dem Tag nach der Veröffentlichung dieser Bekanntmachung, abgeschlossen wurde.

[2] Die Bekanntmachung nach Satz 1 Nummer 2 muss den Namen und die Kontaktdaten des öffentlichen Auftraggebers, die Beschreibung des Vertragsgegenstands, die Begründung der Entscheidung des Auftraggebers, den Auftrag ohne vorherige Veröffentlichung einer Bekanntmachung im Amtsblatt der Europäischen Union zu vergeben, und den Namen und die Kontaktdaten des Unternehmens, das den Zuschlag erhalten soll, umfassen.

Abschnitt 3. Vergabe von öffentlichen Aufträgen in besonderen Bereichen und von Konzessionen

Unterabschnitt 1. Vergabe von öffentlichen Aufträgen durch Sektorenauftraggeber

§ 136 Anwendungsbereich. Dieser Unterabschnitt ist anzuwenden auf die Vergabe von öffentlichen Aufträgen und die Ausrichtung von Wettbewerben durch Sektorenauftraggeber zum Zweck der Ausübung einer Sektorentätigkeit.

§ 137 Besondere Ausnahmen. (1) Dieser Teil ist nicht anzuwenden auf die Vergabe von öffentlichen Aufträgen durch Sektorenauftraggeber zum Zweck der Ausübung einer Sektorentätigkeit, wenn die Aufträge Folgendes zum Gegenstand haben:

1. Rechtsdienstleistungen im Sinne des § 116 Absatz 1 Nummer 1,
2. Forschungs- und Entwicklungsdienstleistungen im Sinne des § 116 Absatz 1 Nummer 2,
3. Ausstrahlungszeit oder Bereitstellung von Sendungen, wenn diese Aufträge an Anbieter von audiovisuellen Mediendiensten oder Hörfunkmediendiensten vergeben werden,
4. finanzielle Dienstleistungen im Sinne des § 116 Absatz 1 Nummer 4,
5. Kredite und Darlehen im Sinne des § 116 Absatz 1 Nummer 5,
6. Dienstleistungen im Sinne des § 116 Absatz 1 Nummer 6, wenn diese Aufträge aufgrund eines ausschließlichen Rechts vergeben werden,

7. die Beschaffung von Wasser im Rahmen der Trinkwasserversorgung,

8. die Beschaffung von Energie oder von Brennstoffen zur Energieerzeugung im Rahmen der Energieversorgung oder

9. die Weiterveräußerung oder Vermietung an Dritte, wenn

a) dem Sektorenauftraggeber kein besonderes oder ausschließliches Recht zum Verkauf oder zur Vermietung des Auftragsgegenstandes zusteht und

b) andere Unternehmen die Möglichkeit haben, den Auftragsgegenstand unter den gleichen Bedingungen wie der betreffende Sektorenauftraggeber zu verkaufen oder zu vermieten.

(2) Dieser Teil ist ferner nicht anzuwenden auf die Vergabe von öffentlichen Aufträgen und die Ausrichtung von Wettbewerben, die Folgendes zum Gegenstand haben:

1. Liefer-, Bau- und Dienstleistungen sowie die Ausrichtung von Wettbewerben durch Sektorenauftraggeber nach § 100 Absatz 1 Nummer 2, soweit sie anderen Zwecken dienen als einer Sektorentätigkeit, oder

2. die Durchführung von Sektorentätigkeiten außerhalb des Gebietes der Europäischen Union, wenn der Auftrag in einer Weise vergeben wird, die nicht mit der tatsächlichen Nutzung eines Netzes oder einer Anlage innerhalb dieses Gebietes verbunden ist.

§ 138 Besondere Ausnahme für die Vergabe an verbundene Unternehmen. (1) Dieser Teil ist nicht anzuwenden auf die Vergabe von öffentlichen Aufträgen,

1. die ein Sektorenauftraggeber an ein verbundenes Unternehmen vergibt oder

2. die ein Gemeinschaftsunternehmen, das ausschließlich mehrere Sektorenauftraggeber zur Durchführung einer Sektorentätigkeit gebildet haben, an ein Unternehmen vergibt, das mit einem dieser Sektorenauftraggeber verbunden ist.

(2) Ein verbundenes Unternehmen im Sinne des Absatzes 1 ist

1. ein Unternehmen, dessen Jahresabschluss mit dem Jahresabschluss des Auftraggebers in einem Konzernabschluss eines Mutterunternehmens entsprechend § 271 Absatz 2 des Handelsgesetzbuchs nach den Vorschriften über die Vollkonsolidierung einzubeziehen ist, oder

2. ein Unternehmen, das

a) mittelbar oder unmittelbar einem beherrschenden Einfluss nach § 100 Absatz 3 des Sektorenauftraggebers unterliegen kann,

b) einen beherrschenden Einfluss nach § 100 Absatz 3 auf den Sektorenauftraggeber ausüben kann oder

c) gemeinsam mit dem Auftraggeber aufgrund der Eigentumsverhältnisse, der finanziellen Beteiligung oder der für das Unternehmen geltenden Bestimmungen dem beherrschenden Einfluss nach § 100 Absatz 3 eines anderen Unternehmens unterliegt.

(3) Absatz 1 gilt für Liefer-, Bau- oder Dienstleistungsaufträge, sofern unter Berücksichtigung aller Liefer-, Bau- oder Dienstleistungen, die von dem verbundenen Unternehmen während der letzten drei Jahre in der Europäischen Union erbracht wurden, mindestens 80 Prozent des im jeweiligen Leistungssektor insgesamt erzielten durchschnittlichen Umsatzes dieses Unternehmens

aus der Erbringung von Liefer-, Bau- oder Dienstleistungen für den Sektorenauftraggeber oder andere mit ihm verbundene Unternehmen stammen.

(4) Werden gleiche oder gleichartige Liefer-, Bauoder Dienstleistungen von mehr als einem mit dem Sektorenauftraggeber verbundenen und mit ihm wirtschaftlich zusammengeschlossenen Unternehmen erbracht, so werden die Prozentsätze nach Absatz 3 unter Berücksichtigung des Gesamtumsatzes errechnet, den diese verbundenen Unternehmen mit der Erbringung der jeweiligen Liefer-, Dienst- oder Bauleistung erzielen.

(5) Liegen für die letzten drei Jahre keine Umsatzzahlen vor, genügt es, wenn das Unternehmen etwa durch Prognosen über die Tätigkeitsentwicklung glaubhaft macht, dass die Erreichung des nach Absatz 3 geforderten Umsatzziels wahrscheinlich ist.

§ 139 Besondere Ausnahme für die Vergabe durch oder an ein Gemeinschaftsunternehmen. (1) Dieser Teil ist nicht anzuwenden auf die Vergabe von öffentlichen Aufträgen,

1. die ein Gemeinschaftsunternehmen, das mehrere Sektorenauftraggeber ausschließlich zur Durchführung von Sektorentätigkeiten gebildet haben, an einen dieser Auftraggeber vergibt oder

2. die ein Sektorenauftraggeber, der einem Gemeinschaftsunternehmen im Sinne der Nummer 1 angehört, an dieses Gemeinschaftsunternehmen vergibt.

(2) Voraussetzung ist, dass

1. das Gemeinschaftsunternehmen im Sinne des Absatzes 1 Nummer 1 gebildet wurde, um die betreffende Sektorentätigkeit während eines Zeitraums von mindestens drei Jahren durchzuführen, und

2. in dem Gründungsakt des Gemeinschaftsunternehmens festgelegt wird, dass die das Gemeinschaftsunternehmen bildenden Sektorenauftraggeber dem Gemeinschaftsunternehmen mindestens während desselben Zeitraums angehören werden.

§ 140 Besondere Ausnahme für unmittelbar dem Wettbewerb ausgesetzte Tätigkeiten. (1) [1]Dieser Teil ist nicht anzuwenden auf öffentliche Aufträge, die zum Zweck der Ausübung einer Sektorentätigkeit vergeben werden, wenn die Sektorentätigkeit unmittelbar dem Wettbewerb auf Märkten ausgesetzt ist, die keiner Zugangsbeschränkung unterliegen. [2]Dasselbe gilt für Wettbewerbe, die im Zusammenhang mit der Sektorentätigkeit ausgerichtet werden.

(2) [1]Für Gutachten und Stellungnahmen, die aufgrund der nach § 113 Satz 2 Nummer 8 erlassenen Rechtsverordnung vorgenommen werden, erhebt das Bundeskartellamt Kosten (Gebühren und Auslagen) zur Deckung des Verwaltungsaufwands. [2]§ 62 Absatz 1 Satz 3 und Absatz 2 Satz 1, Satz 2 Nummer 1, Satz 3 und 4, Absatz 5 Satz 1 sowie Absatz 6 Satz 1 Nummer 2, Satz 2 und 3 gilt entsprechend. [3]Hinsichtlich der Möglichkeit zur Beschwerde über die Kostenentscheidung gilt § 73 Absatz 1 und 4 entsprechend.

§ 141 Verfahrensarten. (1) Sektorenauftraggebern stehen das offene Verfahren, das nicht offene Verfahren, das Verhandlungsverfahren mit Teilnahmewettbewerb und der wettbewerbliche Dialog nach ihrer Wahl zur Verfügung.

(2) Das Verhandlungsverfahren ohne Teilnahmewettbewerb und die Innovationspartnerschaft stehen nur zur Verfügung, soweit dies aufgrund dieses Gesetzes gestattet ist.

§ 142 Sonstige anwendbare Vorschriften. Im Übrigen gelten für die Vergabe von öffentlichen Aufträgen durch Sektorenauftraggeber zum Zweck der Ausübung von Sektorentätigkeiten die §§ 118 und 119, soweit in § 141 nicht abweichend geregelt, die §§ 120 bis 129, 130 in Verbindung mit Anhang XVII der Richtlinie 2014/25/EU sowie die §§ 131 bis 135 mit der Maßgabe entsprechend, dass

1. Sektorenauftraggeber abweichend von § 122 Absatz 1 und 2 die Unternehmen anhand objektiver Kriterien auswählen, die allen interessierten Unternehmen zugänglich sind,
2. Sektorenauftraggeber nach § 100 Absatz 1 Nummer 2 ein Unternehmen nach § 123 ausschließen können, aber nicht ausschließen müssen,
3. § 132 Absatz 2 Satz 2 und 3 nicht anzuwenden ist.

§ 143 Regelung für Auftraggeber nach dem Bundesberggesetz.

(1) [1] Sektorenauftraggeber, die nach dem Bundesberggesetz berechtigt sind, Erdöl, Gas, Kohle oder andere feste Brennstoffe aufzusuchen oder zu gewinnen, müssen bei der Vergabe von Liefer-, Bau- oder Dienstleistungsaufträgen oberhalb der Schwellenwerte nach § 106 Absatz 2 Nummer 2 zur Durchführung der Aufsuchung oder Gewinnung von Erdöl, Gas, Kohle oder anderen festen Brennstoffen die Grundsätze der Nichtdiskriminierung und der wettbewerbsorientierten Auftragsvergabe beachten. [2] Insbesondere müssen sie Unternehmen, die ein Interesse an einem solchen Auftrag haben können, ausreichend informieren und bei der Auftragsvergabe objektive Kriterien zugrunde legen. [3] Die Sätze 1 und 2 gelten nicht für die Vergabe von Aufträgen, deren Gegenstand die Beschaffung von Energie oder Brennstoffen zur Energieerzeugung ist.

(2) [1] Die Auftraggeber nach Absatz 1 erteilen der Europäischen Kommission über das Bundesministerium für Wirtschaft und Energie Auskunft über die Vergabe der unter diese Vorschrift fallenden Aufträge nach Maßgabe der Entscheidung 93/327/EWG der Kommission vom 13. Mai 1993 zur Festlegung der Voraussetzungen, unter denen die öffentlichen Auftraggeber, die geographisch abgegrenzte Gebiete zum Zwecke der Suche oder Förderung von Erdöl, Gas, Kohle oder anderen Festbrennstoffen nutzen, der Kommission Auskunft über die von ihnen vergebenen Aufträge zu erteilen haben (ABl. L 129 vom 27.5.1993, S. 25). [2] Sie können über das Verfahren gemäß der Rechtsverordnung nach § 113 Satz 2 Nummer 8 unter den dort geregelten Voraussetzungen eine Befreiung von der Pflicht zur Anwendung dieser Bestimmung erreichen.

Unterabschnitt 2. Vergabe von verteidigungs- oder sicherheitsspezifischen öffentlichen Aufträgen

§ 144 Anwendungsbereich. Dieser Unterabschnitt ist anzuwenden auf die Vergabe von verteidigungs- oder sicherheitsspezifischen öffentlichen Aufträgen durch öffentliche Auftraggeber und Sektorenauftraggeber.

§ 145 Besondere Ausnahmen für die Vergabe von verteidigungs- oder sicherheitsspezifischen öffentlichen Aufträgen. Dieser Teil ist nicht anzuwenden auf die Vergabe von verteidigungs- oder sicherheitsspezifischen öffentlichen Aufträgen, die

1. den Zwecken nachrichtendienstlicher Tätigkeiten dienen,

2. im Rahmen eines Kooperationsprogramms vergeben werden, das

   a) auf Forschung und Entwicklung beruht und

   b) mit mindestens einem anderen Mitgliedstaat der Europäischen Union für die Entwicklung eines neuen Produkts und gegebenenfalls die späteren Phasen des gesamten oder eines Teils des Lebenszyklus dieses Produkts durchgeführt wird;

   beim Abschluss eines solchen Abkommens teilt die Europäische Kommission den Anteil der Forschungs- und Entwicklungsausgaben an den Gesamtkosten des Programms, die Vereinbarung über die Kostenteilung und gegebenenfalls den geplanten Anteil der Beschaffungen je Mitgliedstaat mit,

3. in einem Staat außerhalb der Europäischen Union vergeben werden; zu diesen Aufträgen gehören auch zivile Beschaffungen im Rahmen des Einsatzes von Streitkräften oder von Polizeien des Bundes oder der Länder außerhalb des Gebiets der Europäischen Union, wenn der Einsatz es erfordert, dass im Einsatzgebiet ansässige Unternehmen beauftragt werden; zivile Beschaffungen sind Beschaffungen nicht-militärischer Produkte und Beschaffungen von Bau- oder Dienstleistungen für logistische Zwecke,

4. die Bundesregierung, eine Landesregierung oder eine Gebietskörperschaft an eine andere Regierung oder an eine Gebietskörperschaft eines anderen Staates vergibt und die Folgendes zum Gegenstand haben:

   a) die Lieferung von Militärausrüstung im Sinne des § 104 Absatz 2 oder die Lieferung von Ausrüstung, die im Rahmen eines Verschlusssachenauftrags im Sinne des § 104 Absatz 3 vergeben wird,

   b) Bau- und Dienstleistungen, die in unmittelbarem Zusammenhang mit dieser Ausrüstung stehen,

   c) Bau- und Dienstleistungen speziell für militärische Zwecke oder

   d) Bau- und Dienstleistungen, die im Rahmen eines Verschlusssachenauftrags im Sinne des § 104 Absatz 3 vergeben werden,

5. Finanzdienstleistungen mit Ausnahme von Versicherungsdienstleistungen zum Gegenstand haben,

6. Forschungs- und Entwicklungsdienstleistungen zum Gegenstand haben, es sei denn, die Ergebnisse werden ausschließlich Eigentum des Auftraggebers für seinen Gebrauch bei der Ausübung seiner eigenen Tätigkeit und die Dienstleistung wird vollständig durch den Auftraggeber vergütet, oder

7. besonderen Verfahrensregeln unterliegen,

   a) die sich aus einem internationalen Abkommen oder einer internationalen Vereinbarung ergeben, das oder die zwischen einem oder mehreren Mitgliedstaaten der Europäischen Union und einem oder mehreren Staaten, die nicht Vertragsparteien des Übereinkommens über den Europäischen Wirtschaftsraum sind, geschlossen wurde,

   b) die sich aus einem internationalen Abkommen oder einer internationalen Vereinbarung im Zusammenhang mit der Stationierung von Truppen ergeben, das oder die Unternehmen eines Mitgliedstaates der Europäischen Union oder eines anderen Staates betrifft, oder

c) die für eine internationale Organisation gelten, wenn diese für ihre Zwecke Beschaffungen tätigt oder wenn ein Mitgliedstaat öffentliche Aufträge nach diesen Regeln vergeben muss.

§ 146 Verfahrensarten. [1]Bei der Vergabe von verteidigungs- oder sicherheitsspezifischen öffentlichen Aufträgen stehen öffentlichen Auftraggebern und Sektorenauftraggebern das nicht offene Verfahren und das Verhandlungsverfahren mit Teilnahmewettbewerb nach ihrer Wahl zur Verfügung. [2]Das Verhandlungsverfahren ohne Teilnahmewettbewerb und der wettbewerbliche Dialog stehen nur zur Verfügung, soweit dies aufgrund dieses Gesetzes gestattet ist.

§ 147 Sonstige anwendbare Vorschriften. [1]Im Übrigen gelten für die Vergabe von verteidigungs- oder sicherheitsspezifischen öffentlichen Aufträgen die §§ 119, 120, 121 Absatz 1 und 3 sowie die §§ 122 bis 135 mit der Maßgabe entsprechend, dass ein Unternehmen gemäß § 124 Absatz 1 auch dann von der Teilnahme an einem Vergabeverfahren ausgeschlossen werden kann, wenn das Unternehmen nicht die erforderliche Vertrauenswürdigkeit aufweist, um Risiken für die nationale Sicherheit auszuschließen. [2]Der Nachweis, dass Risiken für die nationale Sicherheit nicht auszuschließen sind, kann auch mit Hilfe geschützter Datenquellen erfolgen.

Unterabschnitt 3. Vergabe von Konzessionen

§ 148 Anwendungsbereich. Dieser Unterabschnitt ist anzuwenden auf die Vergabe von Konzessionen durch Konzessionsgeber.

§ 149 Besondere Ausnahmen. Dieser Teil ist nicht anzuwenden auf die Vergabe von:

1. Konzessionen zu Rechtsdienstleistungen im Sinne des § 116 Absatz 1 Nummer 1,

2. Konzessionen zu Forschungs- und Entwicklungsdienstleistungen im Sinne des § 116 Absatz 1 Nummer 2,

3. Konzessionen zu audiovisuellen Mediendiensten oder Hörfunkmediendiensten im Sinne des § 116 Absatz 1 Nummer 3,

4. Konzessionen zu finanziellen Dienstleistungen im Sinne des § 116 Absatz 1 Nummer 4,

5. Konzessionen zu Krediten und Darlehen im Sinne des § 116 Absatz 1 Nummer 5,

6. Dienstleistungskonzessionen, die an einen Konzessionsgeber nach § 101 Absatz 1 Nummer 1 oder Nummer 2 aufgrund eines auf Gesetz oder Verordnung beruhenden ausschließlichen Rechts vergeben werden,

7. Dienstleistungskonzessionen, die an ein Unternehmen aufgrund eines ausschließlichen Rechts vergeben werden, das diesem im Einklang mit den nationalen und unionsrechtlichen Rechtsvorschriften über den Marktzugang für Tätigkeiten nach § 102 Absatz 2 bis 6 gewährt wurde; ausgenommen hiervon sind Dienstleistungskonzessionen für Tätigkeiten, für die die Unionsvorschriften keine branchenspezifischen Transparenzverpflichtungen vorsehen; Auftraggeber, die einem Unternehmen ein ausschließliches Recht im Sinne dieser Vorschrift gewähren, setzen die Europäische Kommission hierüber binnen eines Monats nach Gewährung dieses Rechts in Kenntnis,

8. Konzessionen, die hauptsächlich dazu dienen, dem Konzessionsgeber im Sinne des § 101 Absatz 1 Nummer 1 die Bereitstellung oder den Betrieb öffentlicher Kommunikationsnetze oder die Bereitstellung eines oder mehrerer elektronischer Kommunikationsdienste für die Öffentlichkeit zu ermöglichen,

9. Konzessionen im Bereich Wasser, die
   a) die Bereitstellung oder das Betreiben fester Netze zur Versorgung der Allgemeinheit im Zusammenhang mit der Gewinnung, dem Transport oder der Verteilung von Trinkwasser oder die Einspeisung von Trinkwasser in diese Netze betreffen oder
   b) mit einer Tätigkeit nach Buchstabe a im Zusammenhang stehen und einen der nachfolgend aufgeführten Gegenstände haben:
      aa) Wasserbau-, Bewässerungs- und Entwässerungsvorhaben, sofern die zur Trinkwasserversorgung bestimmte Wassermenge mehr als 20 Prozent der Gesamtwassermenge ausmacht, die mit den entsprechenden Vorhaben oder Bewässerungs- oder Entwässerungsanlagen zur Verfügung gestellt wird, oder
      bb) Abwasserbeseitigung oder -behandlung,

10. Dienstleistungskonzessionen zu Lotteriedienstleistungen, die unter die Referenznummer des Common Procurement Vocabulary 92351100-7 fallen, und die einem Unternehmen auf der Grundlage eines ausschließlichen Rechts gewährt werden,

11. Konzessionen, die Konzessionsgeber im Sinne des § 101 Absatz 1 Nummer 2 und 3 zur Durchführung ihrer Tätigkeiten in einem nicht der Europäischen Union angehörenden Staat in einer Weise vergeben, die nicht mit der physischen Nutzung eines Netzes oder geografischen Gebiets in der Europäischen Union verbunden ist, oder

12. Konzessionen, die im Bereich der Luftverkehrsdienste auf der Grundlage der Erteilung einer Betriebsgenehmigung im Sinne der Verordnung (EG) Nr. 1008/2008 des Europäischen Parlaments und des Rates vom 24. September 2008 über gemeinsame Vorschriften für die Durchführung von Luftverkehrsdiensten in der Gemeinschaft (ABl. L 293 vom 31.10.2008, S. 3) vergeben werden, oder von Konzessionen, die die Beförderung von Personen im Sinne des § 1 des Personenbeförderungsgesetzes betreffen.

§ 150 Besondere Ausnahmen für die Vergabe von Konzessionen in den Bereichen Verteidigung und Sicherheit. Dieser Teil ist nicht anzuwenden auf die Vergabe von Konzessionen in den Bereichen Verteidigung und Sicherheit,

1. bei denen die Anwendung der Vorschriften dieses Teils den Konzessionsgeber verpflichten würde, Auskünfte zu erteilen, deren Preisgabe seines Erachtens den wesentlichen Sicherheitsinteressen der Bundesrepublik Deutschland zuwiderläuft, oder wenn die Vergabe und Durchführung der Konzession als geheim zu erklären sind oder von besonderen Sicherheitsmaßnahmen gemäß den geltenden Rechts- oder Verwaltungsvorschriften begleitet sein müssen, sofern der Konzessionsgeber festgestellt hat, dass die betreffenden wesentlichen Interessen nicht durch weniger einschneidende Maßnahmen gewahrt werden können, wie beispielsweise durch Anforderungen, die auf den Schutz der Vertraulichkeit der Informationen abzielen, die

Konzessionsgeber im Rahmen eines Konzessionsvergabeverfahrens zur Verfügung stellen,

2. die im Rahmen eines Kooperationsprogramms vergeben werden, das
   a) auf Forschung und Entwicklung beruht und
   b) mit mindestens einem anderen Mitgliedstaat der Europäischen Union für die Entwicklung eines neuen Produkts und gegebenenfalls die späteren Phasen des gesamten oder eines Teils des Lebenszyklus dieses Produkts durchgeführt wird,

3. die die Bundesregierung an eine andere Regierung für in unmittelbarem Zusammenhang mit Militärausrüstung oder sensibler Ausrüstung stehende Bau- und Dienstleistungen oder für Bau- und Dienstleistungen speziell für militärische Zwecke oder für sensible Bau- und Dienstleistungen vergibt,

4. die in einem Staat, der nicht Vertragspartei des Übereinkommens über den Europäischen Wirtschaftsraum ist, im Rahmen des Einsatzes von Truppen außerhalb des Gebiets der Europäischen Union vergeben werden, wenn der Einsatz erfordert, dass diese Konzessionen an im Einsatzgebiet ansässige Unternehmen vergeben werden,

5. die durch andere Ausnahmevorschriften dieses Teils erfasst werden,

6. die nicht bereits gemäß den Nummern 1 bis 5 ausgeschlossen sind, wenn der Schutz wesentlicher Sicherheitsinteressen der Bundesrepublik Deutschland nicht durch weniger einschneidende Maßnahmen garantiert werden kann, wie beispielsweise durch Anforderungen, die auf den Schutz der Vertraulichkeit der Informationen abzielen, die Konzessionsgeber im Rahmen eines Konzessionsvergabeverfahrens zur Verfügung stellen, oder

7. die besonderen Verfahrensregeln unterliegen,
   a) die sich aus einem internationalen Abkommen oder einer internationalen Vereinbarung ergeben, das oder die zwischen einem oder mehreren Mitgliedstaaten der Europäischen Union und einem oder mehreren Staaten, die nicht Vertragsparteien des Übereinkommens über den Europäischen Wirtschaftsraum sind, geschlossen wurde,
   b) die sich aus einem internationalen Abkommen oder einer internationalen Vereinbarung im Zusammenhang mit der Stationierung von Truppen ergeben, das oder die Unternehmen eines Mitgliedstaates der Europäischen Union oder eines anderen Staates betrifft, oder
   c) die für eine internationale Organisation gelten, wenn diese für ihre Zwecke Beschaffungen tätigt oder wenn ein Mitgliedstaat der Europäischen Union Aufträge nach diesen Regeln vergeben muss.

§ 151 Verfahren. [1] Konzessionsgeber geben die Absicht bekannt, eine Konzession zu vergeben. [2] Auf die Veröffentlichung der Konzessionsvergabeabsicht darf nur verzichtet werden, soweit dies aufgrund dieses Gesetzes zulässig ist. [3] Im Übrigen dürfen Konzessionsgeber das Verfahren zur Vergabe von Konzessionen vorbehaltlich der aufgrund dieses Gesetzes erlassenen Verordnung zu den Einzelheiten des Vergabeverfahrens frei ausgestalten.

§ 152 Anforderungen im Konzessionsvergabeverfahren. (1) Zur Leistungsbeschreibung ist § 121 Absatz 1 und 3 entsprechend anzuwenden.

(2) Konzessionen werden an geeignete Unternehmen im Sinne des § 122 vergeben.

(3) ¹Der Zuschlag wird auf der Grundlage objektiver Kriterien erteilt, die sicherstellen, dass die Angebote unter wirksamen Wettbewerbsbedingungen bewertet werden, sodass ein wirtschaftlicher Gesamtvorteil für den Konzessionsgeber ermittelt werden kann. ²Die Zuschlagskriterien müssen mit dem Konzessionsgegenstand in Verbindung stehen und dürfen dem Konzessionsgeber keine uneingeschränkte Wahlfreiheit einräumen. ³Sie können qualitative, umweltbezogene oder soziale Belange umfassen. ⁴Die Zuschlagskriterien müssen mit einer Beschreibung einhergehen, die eine wirksame Überprüfung der von den Bietern übermittelten Informationen gestatten, damit bewertet werden kann, ob und inwieweit die Angebote die Zuschlagskriterien erfüllen.

(4) Die Vorschriften zur Auftragsausführung nach § 128 und zu den zwingend zu berücksichtigenden Ausführungsbedingungen nach § 129 sind entsprechend anzuwenden.

§ 153 Vergabe von Konzessionen über soziale und andere besondere Dienstleistungen. Für das Verfahren zur Vergabe von Konzessionen, die soziale und andere besondere Dienstleistungen im Sinne des Anhangs IV der Richtlinie 2014/23/EU betreffen, sind die §§ 151 und 152 anzuwenden.

§ 154 Sonstige anwendbare Vorschriften. Im Übrigen sind für die Vergabe von Konzessionen einschließlich der Konzessionen nach § 153 folgende Vorschriften entsprechend anzuwenden:

1. § 118 hinsichtlich vorbehaltener Konzessionen,

2. die §§ 123 bis 126 mit der Maßgabe, dass

   a) Konzessionsgeber nach § 101 Absatz 1 Nummer 3 ein Unternehmen unter den Voraussetzungen des § 123 ausschließen können, aber nicht ausschließen müssen,

   b) Konzessionsgeber im Fall einer Konzession in den Bereichen Verteidigung und Sicherheit ein Unternehmen von der Teilnahme an einem Vergabeverfahren ausschließen können, wenn das Unternehmen nicht die erforderliche Vertrauenswürdigkeit aufweist, um Risiken für die nationale Sicherheit auszuschließen; der Nachweis kann auch mithilfe geschützter Datenquellen erfolgen,

3. § 131 Absatz 2 und 3 und § 132 mit der Maßgabe, dass

   a) § 132 Absatz 2 Satz 2 und 3 für die Vergabe von Konzessionen, die Tätigkeiten nach § 102 Absatz 2 bis 6 betreffen, nicht anzuwenden ist und

   b) die Obergrenze des § 132 Absatz 3 Nummer 2 für Bau- und Dienstleistungskonzessionen einheitlich 10 Prozent des Wertes der ursprünglichen Konzession beträgt,

4. die §§ 133 bis 135,

5. § 138 hinsichtlich der Vergabe von Konzessionen durch Konzessionsgeber im Sinne des § 101 Absatz 1 Nummer 2 und 3 an verbundene Unternehmen,

6. § 139 hinsichtlich der Vergabe von Konzessionen durch Konzessionsgeber im Sinne des § 101 Absatz 1 Nummer 2 und 3 an ein Gemeinschaftsunternehmen oder durch Gemeinschaftsunternehmen an einen Konzessionsgeber im Sinne des § 101 Absatz 1 Nummer 2 und 3 und

7. § 140 hinsichtlich der Vergabe von Konzessionen durch Konzessionsgeber im Sinne des § 101 Absatz 1 Nummer 2 und 3 für unmittelbar dem Wettbewerb ausgesetzte Tätigkeiten.

Kapitel 2. Nachprüfungsverfahren
Abschnitt 1. Nachprüfungsbehörden

§ 155 Grundsatz. Unbeschadet der Prüfungsmöglichkeiten von Aufsichtsbehörden unterliegt die Vergabe öffentlicher Aufträge und von Konzessionen der Nachprüfung durch die Vergabekammern.

§ 156 Vergabekammern. (1) Die Nachprüfung der Vergabe öffentlicher Aufträge und der Vergabe von Konzessionen nehmen die Vergabekammern des Bundes für die dem Bund zuzurechnenden öffentlichen Aufträge und Konzessionen, die Vergabekammern der Länder für die diesen zuzurechnenden öffentlichen Aufträge und Konzessionen wahr.

(2) Rechte aus § 97 Absatz 6 sowie sonstige Ansprüche gegen Auftraggeber, die auf die Vornahme oder das Unterlassen einer Handlung in einem Vergabeverfahren gerichtet sind, können nur vor den Vergabekammern und dem Beschwerdegericht geltend gemacht werden.

(3) Die Zuständigkeit der ordentlichen Gerichte für die Geltendmachung von Schadensersatzansprüchen und die Befugnisse der Kartellbehörden zur Verfolgung von Verstößen insbesondere gegen die §§ 19 und 20 bleiben unberührt.

§ 157 Besetzung, Unabhängigkeit. (1) Die Vergabekammern üben ihre Tätigkeit im Rahmen der Gesetze unabhängig und in eigener Verantwortung aus.

(2) [1] Die Vergabekammern entscheiden in der Besetzung mit einem Vorsitzenden und zwei Beisitzern, von denen einer ein ehrenamtlicher Beisitzer ist. [2] Der Vorsitzende und der hauptamtliche Beisitzer müssen Beamte auf Lebenszeit mit der Befähigung zum höheren Verwaltungsdienst oder vergleichbar fachkundige Angestellte sein. [3] Der Vorsitzende oder der hauptamtliche Beisitzer muss die Befähigung zum Richteramt haben; in der Regel soll dies der Vorsitzende sein. [4] Die Beisitzer sollen über gründliche Kenntnisse des Vergabewesens, die ehrenamtlichen Beisitzer auch über mehrjährige praktische Erfahrungen auf dem Gebiet des Vergabewesens verfügen. [5] Bei der Überprüfung der Vergabe von verteidigungs- oder sicherheitsspezifischen Aufträgen im Sinne des § 104 können die Vergabekammern abweichend von Satz 1 auch in der Besetzung mit einem Vorsitzenden und zwei hauptamtlichen Beisitzern entscheiden.

(3) [1] Die Kammer kann das Verfahren dem Vorsitzenden oder dem hauptamtlichen Beisitzer ohne mündliche Verhandlung durch unanfechtbaren Beschluss zur alleinigen Entscheidung übertragen. [2] Diese Übertragung ist nur möglich, sofern die Sache keine wesentlichen Schwierigkeiten in tatsächlicher oder rechtlicher Hinsicht aufweist und die Entscheidung nicht von grundsätzlicher Bedeutung sein wird.

(4) [1] Die Mitglieder der Kammer werden für eine Amtszeit von fünf Jahren bestellt. [2] Sie entscheiden unabhängig und sind nur dem Gesetz unterworfen.

§ 158 Einrichtung, Organisation. (1) [1]Der Bund richtet die erforderliche Anzahl von Vergabekammern beim Bundeskartellamt ein. [2]Einrichtung und Besetzung der Vergabekammern sowie die Geschäftsverteilung bestimmt der Präsident des Bundeskartellamts. [3]Ehrenamtliche Beisitzer und deren Stellvertreter ernennt er auf Vorschlag der Spitzenorganisationen der öffentlich-rechtlichen Kammern. [4]Der Präsident des Bundeskartellamts erlässt nach Genehmigung durch das Bundesministerium für Wirtschaft und Energie eine Geschäftsordnung und veröffentlicht diese im Bundesanzeiger.

(2) [1]Die Einrichtung, Organisation und Besetzung der in diesem Abschnitt genannten Stellen (Nachprüfungsbehörden) der Länder bestimmen die nach Landesrecht zuständigen Stellen, mangels einer solchen Bestimmung die Landesregierung, die die Ermächtigung weiter übertragen kann. [2]Die Länder können gemeinsame Nachprüfungsbehörden einrichten.

§ 159 Abgrenzung der Zuständigkeit der Vergabekammern. (1) Die Vergabekammer des Bundes ist zuständig für die Nachprüfung der Vergabeverfahren

1. des Bundes;

2. von öffentlichen Auftraggebern im Sinne des § 99 Nummer 2, von Sektorenauftraggebern im Sinne des § 100 Absatz 1 Nummer 1 in Verbindung mit § 99 Nummer 2 und Konzessionsgebern im Sinne des § 101 Absatz 1 Nummer 1 in Verbindung mit § 99 Nummer 2, sofern der Bund die Beteiligung überwiegend verwaltet oder die sonstige Finanzierung überwiegend gewährt hat oder über die Leitung überwiegend die Aufsicht ausübt oder die Mitglieder des zur Geschäftsführung oder zur Aufsicht berufenen Organs überwiegend bestimmt hat, es sei denn, die an dem Auftraggeber Beteiligten haben sich auf die Zuständigkeit einer anderen Vergabekammer geeinigt;

3. von Sektorenauftraggebern im Sinne des § 100 Absatz 1 Nummer 2 und von Konzessionsgebern im Sinne des § 101 Absatz 1 Nummer 3, sofern der Bund auf sie einen beherrschenden Einfluss ausübt; ein beherrschender Einfluss liegt vor, wenn der Bund unmittelbar oder mittelbar die Mehrheit des gezeichneten Kapitals des Auftraggebers besitzt oder über die Mehrheit der mit den Anteilen des Auftraggebers verbundenen Stimmrechte verfügt oder mehr als die Hälfte der Mitglieder des Verwaltungs-, Leitungs- oder Aufsichtsorgans des Auftraggebers bestellen kann;

4. von Auftraggebern im Sinne des § 99 Nummer 4, sofern der Bund die Mittel überwiegend bewilligt hat;

5. die im Rahmen der Organleihe für den Bund durchgeführt werden;

6. in Fällen, in denen sowohl die Vergabekammer des Bundes als auch eine oder mehrere Vergabekammern der Länder zuständig sind.

(2) [1]Wird das Vergabeverfahren von einem Land im Rahmen der Auftragsverwaltung für den Bund durchgeführt, ist die Vergabekammer dieses Landes zuständig. [2]Ist in entsprechender Anwendung des Absatzes 1 Nummer 2 bis 5 ein Auftraggeber einem Land zuzuordnen, ist die Vergabekammer des jeweiligen Landes zuständig.

(3) [1]In allen anderen Fällen wird die Zuständigkeit der Vergabekammern nach dem Sitz des Auftraggebers bestimmt. [2]Bei länderübergreifenden Beschaf-

fungen benennen die Auftraggeber in der Vergabebekanntmachung nur eine zuständige Vergabekammer.

Abschnitt 2. Verfahren vor der Vergabekammer

§ 160 Einleitung, Antrag. (1) Die Vergabekammer leitet ein Nachprüfungsverfahren nur auf Antrag ein.

(2) [1] Antragsbefugt ist jedes Unternehmen, das ein Interesse an dem öffentlichen Auftrag oder der Konzession hat und eine Verletzung in seinen Rechten nach § 97 Absatz 6 durch Nichtbeachtung von Vergabevorschriften geltend macht. [2] Dabei ist darzulegen, dass dem Unternehmen durch die behauptete Verletzung der Vergabevorschriften ein Schaden entstanden ist oder zu entstehen droht.

(3) [1] Der Antrag ist unzulässig, soweit

1. der Antragsteller den geltend gemachten Verstoß gegen Vergabevorschriften vor Einreichen des Nachprüfungsantrags erkannt und gegenüber dem Auftraggeber nicht innerhalb einer Frist von zehn Kalendertagen gerügt hat; der Ablauf der Frist nach § 134 Absatz 2 bleibt unberührt,
2. Verstöße gegen Vergabevorschriften, die aufgrund der Bekanntmachung erkennbar sind, nicht spätestens bis zum Ablauf der in der Bekanntmachung benannten Frist zur Bewerbung oder zur Angebotsabgabe gegenüber dem Auftraggeber gerügt werden,
3. Verstöße gegen Vergabevorschriften, die erst in den Vergabeunterlagen erkennbar sind, nicht spätestens bis zum Ablauf der Frist zur Bewerbung oder zur Angebotsabgabe gegenüber dem Auftraggeber gerügt werden,
4. mehr als 15 Kalendertage nach Eingang der Mitteilung des Auftraggebers, einer Rüge nicht abhelfen zu wollen, vergangen sind.

[2] Satz 1 gilt nicht bei einem Antrag auf Feststellung der Unwirksamkeit des Vertrags nach § 135 Absatz 1 Nummer 2. [3] § 134 Absatz 1 Satz 2 bleibt unberührt.

§ 161 Form, Inhalt. (1) [1] Der Antrag ist schriftlich bei der Vergabekammer einzureichen und unverzüglich zu begründen. [2] Er soll ein bestimmtes Begehren enthalten. [3] Ein Antragsteller ohne Wohnsitz oder gewöhnlichen Aufenthalt, Sitz oder Geschäftsleitung im Geltungsbereich dieses Gesetzes hat einen Empfangsbevollmächtigten im Geltungsbereich dieses Gesetzes zu benennen.

(2) Die Begründung muss die Bezeichnung des Antragsgegners, eine Beschreibung der behaupteten Rechtsverletzung mit Sachverhaltsdarstellung und die Bezeichnung der verfügbaren Beweismittel enthalten sowie darlegen, dass die Rüge gegenüber dem Auftraggeber erfolgt ist; sie soll, soweit bekannt, die sonstigen Beteiligten benennen.

§ 162 Verfahrensbeteiligte, Beiladung. [1] Verfahrensbeteiligte sind der Antragsteller, der Auftraggeber und die Unternehmen, deren Interessen durch die Entscheidung schwerwiegend berührt werden und die deswegen von der Vergabekammer beigeladen worden sind. [2] Die Entscheidung über die Beiladung ist unanfechtbar.

§ 163 Untersuchungsgrundsatz. (1) [1] Die Vergabekammer erforscht den Sachverhalt von Amts wegen. [2] Sie kann sich dabei auf das beschränken, was von den Beteiligten vorgebracht wird oder ihr sonst bekannt sein muss. ³Zu einer umfassenden Rechtmäßigkeitskontrolle ist die Vergabekammer nicht verpflichtet. ⁴Sie achtet bei ihrer gesamten Tätigkeit darauf, dass der Ablauf des Vergabeverfahrens nicht unangemessen beeinträchtigt wird.

(2) ¹Die Vergabekammer prüft den Antrag darauf, ob er offensichtlich unzulässig oder unbegründet ist. ²Dabei berücksichtigt die Vergabekammer auch einen vorsorglich hinterlegten Schriftsatz (Schutzschrift) des Auftraggebers. ³Sofern der Antrag nicht offensichtlich unzulässig oder unbegründet ist, übermittelt die Vergabekammer dem Auftraggeber eine Kopie des Antrags und fordert bei ihm die Akten an, die das Vergabeverfahren dokumentieren (Vergabeakten). ⁴Der Auftraggeber hat die Vergabeakten der Kammer sofort zur Verfügung zu stellen. ⁵Die §§ 57 bis 59 Absatz 1 bis 4, § 59a Absatz 1 bis 3 und § 59b sowie § 61 gelten entsprechend.

§ 164 Aufbewahrung vertraulicher Unterlagen. (1) Die Vergabekammer stellt die Vertraulichkeit von Verschlusssachen und anderen vertraulichen Informationen sicher, die in den von den Parteien übermittelten Unterlagen enthalten sind.

(2) Die Mitglieder der Vergabekammern sind zur Geheimhaltung verpflichtet; die Entscheidungsgründe dürfen Art und Inhalt der geheim gehaltenen Urkunden, Akten, elektronischen Dokumente und Auskünfte nicht erkennen lassen.

§ 165 Akteneinsicht. (1) Die Beteiligten können die Akten bei der Vergabekammer einsehen und sich durch die Geschäftsstelle auf ihre Kosten Ausfertigungen, Auszüge oder Abschriften erteilen lassen.

(2) Die Vergabekammer hat die Einsicht in die Unterlagen zu versagen, soweit dies aus wichtigen Gründen, insbesondere des Geheimschutzes oder zur Wahrung von Betriebs- oder Geschäftsgeheimnissen, geboten ist.

(3) ¹Jeder Beteiligte hat mit Übersendung seiner Akten oder Stellungnahmen auf die in Absatz 2 genannten Geheimnisse hinzuweisen und diese in den Unterlagen entsprechend kenntlich zu machen. ²Erfolgt dies nicht, kann die Vergabekammer von seiner Zustimmung auf Einsicht ausgehen.

(4) Die Versagung der Akteneinsicht kann nur im Zusammenhang mit der sofortigen Beschwerde in der Hauptsache angegriffen werden.

§ 166 Mündliche Verhandlung. (1) ¹Die Vergabekammer entscheidet aufgrund einer mündlichen Verhandlung, die sich auf einen Termin beschränken soll. ²Alle Beteiligten haben Gelegenheit zur Stellungnahme. ³Mit Zustimmung der Beteiligten oder bei Unzulässigkeit oder bei offensichtlicher Unbegründetheit des Antrags kann nach Lage der Akten entschieden werden.

(2) Auch wenn die Beteiligten in dem Verhandlungstermin nicht erschienen oder nicht ordnungsgemäß vertreten sind, kann in der Sache verhandelt und entschieden werden.

§ 167 Beschleunigung. (1) ¹Die Vergabekammer trifft und begründet ihre Entscheidung schriftlich innerhalb einer Frist von fünf Wochen ab Eingang des Antrags. ²Bei besonderen tatsächlichen oder rechtlichen Schwierigkeiten kann der Vorsitzende im Ausnahmefall die Frist durch Mitteilung an die Beteiligten um den erforderlichen Zeitraum verlängern. [3] Dieser Zeitraum soll nicht länger als zwei Wochen dauern. [4] Er begründet diese Verfügung schriftlich.

(2) [1] Die Beteiligten haben an der Aufklärung des Sachverhalts mitzuwirken, wie es einem auf Förderung und raschen Abschluss des Verfahrens bedachten Vorgehen entspricht. [2] Den Beteiligten können Fristen gesetzt werden, nach deren Ablauf weiterer Vortrag unbeachtet bleiben kann.

§ 168 Entscheidung der Vergabekammer. (1) [1] Die Vergabekammer entscheidet, ob der Antragsteller in seinen Rechten verletzt ist und trifft die geeigneten Maßnahmen, um eine Rechtsverletzung zu beseitigen und eine Schädigung der betroffenen Interessen zu verhindern. [2] Sie ist an die Anträge nicht gebunden und kann auch unabhängig davon auf die Rechtmäßigkeit des Vergabeverfahrens einwirken.

(2) [1] Ein wirksam erteilter Zuschlag kann nicht aufgehoben werden. [2] Hat sich das Nachprüfungsverfahren durch Erteilung des Zuschlags, durch Aufhebung oder durch Einstellung des Vergabeverfahrens oder in sonstiger Weise erledigt, stellt die Vergabekammer auf Antrag eines Beteiligten fest, ob eine Rechtsverletzung vorgelegen hat. [3] § 167 Absatz 1 gilt in diesem Fall nicht.

(3) [1] Die Entscheidung der Vergabekammer ergeht durch Verwaltungsakt. [2] Die Vollstreckung richtet sich, auch gegen einen Hoheitsträger, nach den Verwaltungsvollstreckungsgesetzen des Bundes und der Länder. [3] Die Höhe des Zwangsgeldes beträgt mindestens 1 000 Euro und höchstens 10 Millionen Euro. [4] § 61 Absatz 1 und 2 gilt entsprechend.

§ 169 Aussetzung des Vergabeverfahrens. (1) Informiert die Vergabekammer den Auftraggeber in Textform über den Antrag auf Nachprüfung, darf dieser vor einer Entscheidung der Vergabekammer und dem Ablauf der Beschwerdefrist nach § 172 Absatz 1 den Zuschlag nicht erteilen.

(2) [1] Die Vergabekammer kann dem Auftraggeber auf seinen Antrag oder auf Antrag des Unternehmens, das nach § 134 vom Auftraggeber als das Unternehmen benannt ist, das den Zuschlag erhalten soll, gestatten, den Zuschlag nach Ablauf von zwei Wochen seit Bekanntgabe dieser Entscheidung zu erteilen, wenn unter Berücksichtigung aller möglicherweise geschädigten Interessen sowie des Interesses der Allgemeinheit an einem raschen Abschluss des Vergabeverfahrens die nachteiligen Folgen einer Verzögerung der Vergabe bis zum Abschluss der Nachprüfung die damit verbundenen Vorteile überwiegen. [2] Bei der Abwägung ist das Interesse der Allgemeinheit an einer wirtschaftlichen Erfüllung der Aufgaben des Auftraggebers zu berücksichtigen; bei verteidigungs- oder sicherheitsspezifischen Aufträgen im Sinne des § 104 sind zusätzlich besondere Verteidigungs- und Sicherheitsinteressen zu berücksichtigen. [3] Die besonderen Verteidigungs- und Sicherheitsinteressen überwiegen in der Regel, wenn der öffentliche Auftrag oder die Konzession im unmittelbaren Zusammenhang steht mit

1. einer Krise,

2. einem mandatierten Einsatz der Bundeswehr,

3. einer einsatzgleichen Verpflichtung der Bundeswehr oder

4. einer Bündnisverpflichtung.

[4] Die Vergabekammer berücksichtigt dabei auch die allgemeinen Aussichten des Antragstellers im Vergabeverfahren, den Auftrag oder die Konzession zu erhal-

ten. [5]Die Erfolgsaussichten des Nachprüfungsantrags müssen nicht in jedem Fall Gegenstand der Abwägung sein. [6]Das Beschwerdegericht kann auf Antrag das Verbot des Zuschlags nach Absatz 1 wiederherstellen; § 168 Absatz 2 Satz 1 bleibt unberührt. [7]Wenn die Vergabekammer den Zuschlag nicht gestattet, kann das Beschwerdegericht auf Antrag des Auftraggebers unter den Voraussetzungen der Sätze 1 bis 4 den sofortigen Zuschlag gestatten. [8]Für das Verfahren vor dem Beschwerdegericht gilt § 176 Absatz 2 Satz 1 und 2 und Absatz 3 entsprechend. [9]Eine sofortige Beschwerde nach § 171 Absatz 1 ist gegen Entscheidungen der Vergabekammer nach diesem Absatz nicht zulässig.

(3) [1]Sind Rechte des Antragstellers aus § 97 Absatz 6 im Vergabeverfahren auf andere Weise als durch den drohenden Zuschlag gefährdet, kann die Kammer auf besonderen Antrag mit weiteren vorläufigen Maßnahmen in das Vergabeverfahren eingreifen. [2]Sie legt dabei den Beurteilungsmaßstab des Absatzes 2 Satz 1 zugrunde. [3]Diese Entscheidung ist nicht selbständig anfechtbar. [4]Die Vergabekammer kann die von ihr getroffenen weiteren vorläufigen Maßnahmen nach den Verwaltungsvollstreckungsgesetzen des Bundes und der Länder durchsetzen; die Maßnahmen sind sofort vollziehbar. [5]§ 86a Satz 2 gilt entsprechend.

(4) [1]Macht der Auftraggeber das Vorliegen der Voraussetzungen nach § 117 Nummer 1 bis 3 oder § 150 Nummer 1 oder 6 geltend, entfällt das Verbot des Zuschlags nach Absatz 1 fünf Werktage nach Zustellung eines entsprechenden Schriftsatzes an den Antragsteller; die Zustellung ist durch die Vergabekammer unverzüglich nach Eingang des Schriftsatzes vorzunehmen. [2]Auf Antrag kann das Beschwerdegericht das Verbot des Zuschlags wiederherstellen. [3]§ 176 Absatz 1 Satz 1, Absatz 2 Satz 1 sowie Absatz 3 und 4 ist entsprechend anzuwenden.

§ 170 Ausschluss von abweichendem Landesrecht. Soweit dieser Abschnitt Regelungen zum Verwaltungsverfahren enthält, darf hiervon durch Landesrecht nicht abgewichen werden.

Abschnitt 3. Sofortige Beschwerde

§ 171 Zulässigkeit, Zuständigkeit. (1) [1]Gegen Entscheidungen der Vergabekammer ist die sofortige Beschwerde zulässig. [2]Sie steht den am Verfahren vor der Vergabekammer Beteiligten zu.

(2) Die sofortige Beschwerde ist auch zulässig, wenn die Vergabekammer über einen Antrag auf Nachprüfung nicht innerhalb der Frist des § 167 Absatz 1 entschieden hat; in diesem Fall gilt der Antrag als abgelehnt.

(3) [1]Über die sofortige Beschwerde entscheidet ausschließlich das für den Sitz der Vergabekammer zuständige Oberlandesgericht. [2]Bei den Oberlandesgerichten wird ein Vergabesenat gebildet.

(4) [1]Rechtssachen nach den Absätzen 1 und 2 können von den Landesregierungen durch Rechtsverordnung anderen Oberlandesgerichten oder dem Obersten Landesgericht zugewiesen werden. [2]Die Landesregierungen können die Ermächtigung auf die Landesjustizverwaltungen übertragen.

§ 172 Frist, Form, Inhalt. (1) Die sofortige Beschwerde ist binnen einer Notfrist von zwei Wochen, die mit der Zustellung der Entscheidung, im Fall des § 171 Absatz 2 mit dem Ablauf der Frist beginnt, schriftlich bei dem Beschwerdegericht einzulegen.

(2) [1]Die sofortige Beschwerde ist zugleich mit ihrer Einlegung zu begründen. [2]Die Beschwerdebegründung muss enthalten:

1. die Erklärung, inwieweit die Entscheidung der Vergabekammer angefochten und eine abweichende Entscheidung beantragt wird,
2. die Angabe der Tatsachen und Beweismittel, auf die sich die Beschwerde stützt.

(3) [1]Die Beschwerdeschrift muss durch einen Rechtsanwalt unterzeichnet sein. [2]Dies gilt nicht für Beschwerden von juristischen Personen des öffentlichen Rechts.

(4) Mit der Einlegung der Beschwerde sind die anderen Beteiligten des Verfahrens vor der Vergabekammer vom Beschwerdeführer durch Übermittlung einer Ausfertigung der Beschwerdeschrift zu unterrichten.

§ 173 Wirkung. (1) [1]Die sofortige Beschwerde hat aufschiebende Wirkung gegenüber der Entscheidung der Vergabekammer. [2]Die aufschiebende Wirkung entfällt zwei Wochen nach Ablauf der Beschwerdefrist. [3]Hat die Vergabekammer den Antrag auf Nachprüfung abgelehnt, so kann das Beschwerdegericht auf Antrag des Beschwerdeführers die aufschiebende Wirkung bis zur Entscheidung über die Beschwerde verlängern.

(2) [1]Das Gericht lehnt den Antrag nach Absatz 1 Satz 3 ab, wenn unter Berücksichtigung aller möglicherweise geschädigten Interessen die nachteiligen Folgen einer Verzögerung der Vergabe bis zur Entscheidung über die Beschwerde die damit verbundenen Vorteile überwiegen. [2]Bei der Abwägung ist das Interesse der Allgemeinheit an einer wirtschaftlichen Erfüllung der Aufgaben des Auftraggebers zu berücksichtigen; bei verteidigungs- oder sicherheitsspezifischen Aufträgen im Sinne des § 104 sind zusätzlich besondere Verteidigungs- und Sicherheitsinteressen zu berücksichtigen. [3]Die besonderen Verteidigungs- und Sicherheitsinteressen überwiegen in der Regel, wenn der öffentliche Auftrag oder die Konzession im unmittelbaren Zusammenhang steht mit

1. einer Krise,
2. einem mandatierten Einsatz der Bundeswehr,
3. einer einsatzgleichen Verpflichtung der Bundeswehr oder
4. einer Bündnisverpflichtung.

[4]Das Gericht berücksichtigt bei seiner Entscheidung auch die Erfolgsaussichten der Beschwerde, die allgemeinen Aussichten des Antragstellers im Vergabeverfahren, den öffentlichen Auftrag oder die Konzession zu erhalten, und das Interesse der Allgemeinheit an einem raschen Abschluss des Vergabeverfahrens.

(3) Hat die Vergabekammer dem Antrag auf Nachprüfung durch Untersagung des Zuschlags stattgegeben, so unterbleibt dieser, solange nicht das Beschwerdegericht die Entscheidung der Vergabekammer nach § 176 oder § 178 aufhebt.

§ 174 Beteiligte am Beschwerdeverfahren. An dem Verfahren vor dem Beschwerdegericht beteiligt sind die an dem Verfahren vor der Vergabekammer Beteiligten.

§ 175 Verfahrensvorschriften. (1) [1]Vor dem Beschwerdegericht müssen sich die Beteiligten durch einen Rechtsanwalt als Bevollmächtigten vertreten lassen. [2]Juristische Personen des öffentlichen Rechts können sich durch Beamte oder Angestellte mit Befähigung zum Richteramt vertreten lassen.

(2) Die §§ 65, 69 bis 72 mit Ausnahme der Verweisung auf § 227 Absatz 3 der Zivilprozessordnung, § 75 Absatz 1 bis 3, § 76 Absatz 1 und 6, die §§ 165 und 167 Absatz 2 Satz 1 sind entsprechend anzuwenden.

§ 176 Vorabentscheidung über den Zuschlag. (1) [1]Auf Antrag des Auftraggebers oder auf Antrag des Unternehmens, das nach § 134 vom Auftraggeber als das Unternehmen benannt ist, das den Zuschlag erhalten soll, kann das Gericht den weiteren Fortgang des Vergabeverfahrens und den Zuschlag gestatten, wenn unter Berücksichtigung aller möglicherweise geschädigten Interessen die nachteiligen Folgen einer Verzögerung der Vergabe bis zur Entscheidung über die Beschwerde die damit verbundenen Vorteile überwiegen. [2]Bei der Abwägung ist das Interesse der Allgemeinheit an einer wirtschaftlichen Erfüllung der Aufgaben des Auftraggebers zu berücksichtigen; bei verteidigungs- oder sicherheitsspezifischen Aufträgen im Sinne des § 104 sind zusätzlich besondere Verteidigungs- und Sicherheitsinteressen zu berücksichtigen. [3]Die besonderen Verteidigungs- und Sicherheitsinteressen überwiegen in der Regel, wenn der öffentliche Auftrag oder die Konzession im unmittelbaren Zusammenhang steht mit

1. einer Krise,

2. einem mandatierten Einsatz der Bundeswehr,

3. einer einsatzgleichen Verpflichtung der Bundeswehr oder

4. einer Bündnisverpflichtung.

[4]Das Gericht berücksichtigt bei seiner Entscheidung auch die Erfolgsaussichten der sofortigen Beschwerde, die allgemeinen Aussichten des Antragstellers im Vergabeverfahren, den öffentlichen Auftrag oder die Konzession zu erhalten, und das Interesse der Allgemeinheit an einem raschen Abschluss des Vergabeverfahrens.

(2) [1]Der Antrag ist schriftlich zu stellen und gleichzeitig zu begründen. [2]Die zur Begründung des Antrags vorzutragenden Tatsachen sowie der Grund für die Eilbedürftigkeit sind glaubhaft zu machen. [3]Bis zur Entscheidung über den Antrag kann das Verfahren über die Beschwerde ausgesetzt werden.

(3) [1]Die Entscheidung ist unverzüglich, längstens innerhalb von fünf Wochen nach Eingang des Antrags zu treffen und zu begründen; bei besonderen tatsächlichen oder rechtlichen Schwierigkeiten kann der Vorsitzende im Ausnahmefall die Frist durch begründete Mitteilung an die Beteiligten um den erforderlichen Zeitraum verlängern. [2]Die Entscheidung kann ohne mündliche Verhandlung ergehen. [3]Ihre Begründung erläutert Rechtmäßigkeit oder Rechtswidrigkeit des Vergabeverfahrens. [4]§ 175 ist anzuwenden.

(4) Gegen eine Entscheidung nach dieser Vorschrift ist ein Rechtsmittel nicht zulässig.

§ 177 Ende des Vergabeverfahrens nach Entscheidung des Beschwerdegerichts. Ist der Auftraggeber mit einem Antrag nach § 176 vor dem Beschwerdegericht unterlegen, gilt das Vergabeverfahren nach Ablauf von zehn Tagen nach Zustellung der Entscheidung als beendet, wenn der Auftraggeber nicht die Maßnahmen zur Herstellung der Rechtmäßigkeit des Verfahrens ergreift, die sich aus der Entscheidung ergeben; das Verfahren darf nicht fortgeführt werden.

§ 178 Beschwerdeentscheidung. [1]Hält das Gericht die Beschwerde für begründet, so hebt es die Entscheidung der Vergabekammer auf. [2]In diesem Fall entscheidet das Gericht in der Sache selbst oder spricht die Verpflichtung der Vergabekammer aus, unter Berücksichtigung der Rechtsauffassung des Gerichts über die Sache erneut zu entscheiden. [3]Auf Antrag stellt es fest, ob das Unternehmen, das die Nachprüfung beantragt hat, durch den Auftraggeber in seinen Rechten verletzt ist. [4]§ 168 Absatz 2 gilt entsprechend.

§ 179 Bindungswirkung und Vorlagepflicht. (1) Wird wegen eines Verstoßes gegen Vergabevorschriften Schadensersatz begehrt und hat ein Verfahren vor der Vergabekammer stattgefunden, ist das ordentliche Gericht an die bestandskräftige Entscheidung der Vergabekammer und die Entscheidung des Oberlandesgerichts sowie gegebenenfalls des nach Absatz 2 angerufenen Bundesgerichtshofs über die Beschwerde gebunden.

(2) [1]Will ein Oberlandesgericht von einer Entscheidung eines anderen Oberlandesgerichts oder des Bundesgerichtshofs abweichen, so legt es die Sache dem Bundesgerichtshof vor. [2]Der Bundesgerichtshof entscheidet anstelle des Oberlandesgerichts. [3]Der Bundesgerichtshof kann sich auf die Entscheidung der Divergenzfrage beschränken und dem Beschwerdegericht die Entscheidung in der Hauptsache übertragen, wenn dies nach dem Sach- und Streitstand des Beschwerdeverfahrens angezeigt scheint. [4]Die Vorlagepflicht gilt nicht im Verfahren nach § 173 Absatz 1 Satz 3 und nach § 176.

§ 180 Schadensersatz bei Rechtsmissbrauch. (1) Erweist sich der Antrag nach § 160 oder die sofortige Beschwerde nach § 171 als von Anfang an ungerechtfertigt, ist der Antragsteller oder der Beschwerdeführer verpflichtet, dem Gegner und den Beteiligten den Schaden zu ersetzen, der ihnen durch den Missbrauch des Antrags- oder Beschwerderechts entstanden ist.

(2) Ein Missbrauch des Antrags- oder Beschwerderechts ist es insbesondere,

1. die Aussetzung oder die weitere Aussetzung des Vergabeverfahrens durch vorsätzlich oder grob fahrlässig vorgetragene falsche Angaben zu erwirken;
2. die Überprüfung mit dem Ziel zu beantragen, das Vergabeverfahren zu behindern oder Konkurrenten zu schädigen;
3. einen Antrag in der Absicht zu stellen, ihn später gegen Geld oder andere Vorteile zurückzunehmen.

(3) Erweisen sich die von der Vergabekammer entsprechend einem besonderen Antrag nach § 169 Absatz 3 getroffenen vorläufigen Maßnahmen als von Anfang an ungerechtfertigt, hat der Antragsteller dem Auftraggeber den aus der Vollziehung der angeordneten Maßnahme entstandenen Schaden zu ersetzen.

§ 181 Anspruch auf Ersatz des Vertrauensschadens. [1]Hat der Auftraggeber gegen eine den Schutz von Unternehmen bezweckende Vorschrift verstoßen und hätte das Unternehmen ohne diesen Verstoß bei der Wertung der Angebote eine echte Chance gehabt, den Zuschlag zu erhalten, die aber durch den Rechtsverstoß beeinträchtigt wurde, so kann das Unternehmen Schadensersatz für die Kosten der Vorbereitung des Angebots oder der Teilnahme an einem Vergabeverfahren verlangen. [2] Weiterreichende Ansprüche auf Schadensersatz bleiben unberührt.

§ **182 Kosten des Verfahrens vor der Vergabekammer.** (1) [1] Für Amtshandlungen der Vergabekammern werden Kosten (Gebühren und Auslagen) zur Deckung des Verwaltungsaufwandes erhoben. [2] Das Verwaltungskostengesetz vom 23. Juni 1970 (BGBl. I S. 821) in der am 14. August 2013 geltenden Fassung ist anzuwenden.

(2) [1] Die Gebühr beträgt mindestens 2 500 Euro; dieser Betrag kann aus Gründen der Billigkeit bis auf ein Zehntel ermäßigt werden. [2] Die Gebühr soll den Betrag von 50 000 Euro nicht überschreiten; sie kann im Einzelfall, wenn der Aufwand oder die wirtschaftliche Bedeutung außergewöhnlich hoch ist, bis zu einem Betrag von 100 000 Euro erhöht werden.

(3) [1] Soweit ein Beteiligter im Verfahren unterliegt, hat er die Kosten zu tragen. [2] Mehrere Kostenschuldner haften als Gesamtschuldner. [3] Kosten, die durch Verschulden eines Beteiligten entstanden sind, können diesem auferlegt werden. [4] Hat sich der Antrag vor Entscheidung der Vergabekammer durch Rücknahme oder anderweitig erledigt, ist die Hälfte der Gebühr zu entrichten. [5] Die Entscheidung, wer die Kosten zu tragen hat, erfolgt nach billigem Ermessen. [6] Aus Gründen der Billigkeit kann von der Erhebung von Gebühren ganz oder teilweise abgesehen werden.

(4) [1] Soweit ein Beteiligter im Nachprüfungsverfahren unterliegt, hat er die zur zweckentsprechenden Rechtsverfolgung oder Rechtsverteidigung notwendigen Aufwendungen des Antragsgegners zu tragen. [2] Die Aufwendungen der Beigeladenen sind nur erstattungsfähig, soweit sie die Vergabekammer aus Billigkeit der unterlegenen Partei auferlegt. [3] Hat sich der Antrag durch Rücknahme oder anderweitig erledigt, erfolgt die Entscheidung, wer die zur zweckentsprechenden Rechtsverfolgung oder Rechtsverteidigung notwendigen Aufwendungen anderer Beteiligter zu tragen hat, nach billigem Ermessen; in Bezug auf die Erstattung der Aufwendungen der Beigeladenen gilt im Übrigen Satz 2 entsprechend. [4] § 80 Absatz 1, 2 und 3 Satz 2 des Verwaltungsverfahrensgesetzes und die entsprechenden Vorschriften der Verwaltungsverfahrensgesetze der Länder gelten entsprechend. [5] Ein gesondertes Kostenfestsetzungsverfahren findet nicht statt.

§ **183 Korrekturmechanismus der Kommission.** (1) Erhält die Bundesregierung im Laufe eines Vergabeverfahrens vor Abschluss des Vertrags eine Mitteilung der Europäischen Kommission, dass diese der Auffassung ist, es liege ein schwerer Verstoß gegen das Recht der Europäischen Union zur Vergabe öffentlicher Aufträge oder zur Vergabe von Konzessionen vor, der zu beseitigen sei, teilt das Bundesministerium für Wirtschaft und Energie dies dem Auftraggeber mit.

(2) Der Auftraggeber ist verpflichtet, innerhalb von 14 Kalendertagen nach Eingang dieser Mitteilung dem Bundesministerium für Wirtschaft und Energie eine umfassende Darstellung des Sachverhalts zu geben und darzulegen, ob der behauptete Verstoß beseitigt wurde, oder zu begründen, warum er nicht beseitigt wurde, ob das Vergabeverfahren Gegenstand eines Nachprüfungsverfahrens ist oder aus sonstigen Gründen ausgesetzt wurde.

(3) Ist das Vergabeverfahren Gegenstand eines Nachprüfungsverfahrens oder wurde es ausgesetzt, so ist der Auftraggeber verpflichtet, das Bundesministeri-

um für Wirtschaft und Energie unverzüglich über den Ausgang des Verfahrens zu informieren.

§ 184 Unterrichtungspflichten der Nachprüfungsinstanzen. Die Vergabekammern und die Oberlandesgerichte unterrichten das Bundesministerium für Wirtschaft und Energie bis zum 31. Januar eines jeden Jahres über die Anzahl der Nachprüfungsverfahren des Vorjahres und deren Ergebnisse.

Teil 5. Anwendungsbereich der Teile 1 bis 3

§ 185 Unternehmen der öffentlichen Hand, Geltungsbereich.

(1) ¹Die Vorschriften des Ersten bis Dritten Teils dieses Gesetzes sind auch auf Unternehmen anzuwenden, die ganz oder teilweise im Eigentum der öffentlichen Hand stehen oder die von ihr verwaltet oder betrieben werden. ²Die §§ 19, 20 und 31b Absatz 5 sind nicht anzuwenden auf öffentlich-rechtliche Gebühren oder Beiträge. ³Die Vorschriften des Ersten bis Dritten Teils dieses Gesetzes sind nicht auf die Deutsche Bundesbank und die Kreditanstalt für Wiederaufbau anzuwenden.

(2) Die Vorschriften des Ersten bis Dritten Teils dieses Gesetzes sind auf alle Wettbewerbsbeschränkungen anzuwenden, die sich im Geltungsbereich dieses Gesetzes auswirken, auch wenn sie außerhalb des Geltungsbereichs dieses Gesetzes veranlasst werden.

(3) Die Vorschriften des Energiewirtschaftsgesetzes stehen der Anwendung der §§ 19, 20 und 29 nicht entgegen, soweit in § 111 des Energiewirtschaftsgesetzes keine andere Regelung getroffen ist.

Teil 6. Übergangs- und Schlussbestimmungen

§ 186 Übergangsbestimmungen. (1) § 29 ist nach dem 31. Dezember 2022 nicht mehr anzuwenden.

(2) Vergabeverfahren, die vor dem 18. April 2016 begonnen haben, einschließlich der sich an diese anschließenden Nachprüfungsverfahren sowie am 18. April 2016 anhängige Nachprüfungsverfahren werden nach dem Recht zu Ende geführt, das zum Zeitpunkt der Einleitung des Verfahrens galt.

(3) ¹Mit Ausnahme von § 33c Absatz 5 sind die §§ 33a bis 33f nur auf Schadensersatzansprüche anwendbar, die nach dem 26. Dezember 2016 entstanden sind. ²§ 33h ist auf nach dem 26. Dezember 2016 entstandene Ansprüche nach § 33 Absatz 1 oder § 33a Absatz 1 sowie auf vor dem 27. Dezember 2016 entstandene Unterlassungs-, Beseitigungs- und Schadensersatzansprüche wegen eines Verstoßes gegen eine Vorschrift im Sinne des § 33 Absatz 1 oder gegen eine Verfügung der Kartellbehörde anzuwenden, die am 9. Juni 2017 noch nicht verjährt waren. ³Der Beginn, die Hemmung, die Ablaufhemmung und der Neubeginn der Verjährung der Ansprüche, die vor dem 27. Dezember 2016 entstanden sind, bestimmen sich jedoch für die Zeit bis zum 8. Juni 2017 nach den bisher für diese Ansprüche jeweils geltenden Verjährungsvorschriften.

(4) § 33c Absatz 5 und die §§ 33g sowie 89b bis 89e sind unabhängig vom Zeitpunkt der Entstehung der Schadensersatzansprüche nur in Rechtsstreiten anzuwenden, in denen nach dem 26. Dezember 2016 Klage erhoben worden ist.

(5) [1] § 81a findet Anwendung, wenn das Erlöschen der nach § 30 des Gesetzes über Ordnungswidrigkeiten verantwortlichen juristischen Person oder Personenvereinigung oder die Verschiebung von Vermögen nach dem 9. Juni 2017 erfolgt. [2] War die Tat zu diesem Zeitpunkt noch nicht beendet, gehen die Regelungen des § 81 Absatz 3a bis 3e vor.

(6) § 30 Absatz 2b findet nur Anwendung auf Vereinbarungen, die nach dem 9. Juni 2017 und vor dem 31. Dezember 2027 wirksam geworden sind.

(7) [1] Für einen Zusammenschluss, für den die Anmeldung nach § 39 zwischen dem 1. März 2020 und dem Ablauf des 31. Mai 2020 beim Bundeskartellamt eingegangen ist, beträgt die Frist nach § 40 Absatz 1 Satz 1 zwei Monate und die Frist nach § 40 Absatz 2 Satz 2 sechs Monate. [2] Satz 1 gilt auch im Fall des § 40 Absatz 5. [3] Die Sätze 1 und 2 gelten nicht, wenn am 29. Mai 2020

1. die Frist nach § 40 Absatz 1 Satz 1 abgelaufen war, ohne dass das Bundeskartellamt den anmeldenden Unternehmen mitgeteilt hat, dass es in die Prüfung des Zusammenschlusses (Hauptprüfverfahren) eingetreten ist,

2. die Frist nach § 40 Absatz 2 Satz 2 abgelaufen war oder

3. der Zusammenschluss vom Bundeskartellamt freigegeben worden war.

(8) § 81f Satz 1 ist in der Zeit bis zum Ablauf des 30. Juni 2021 nicht anzuwenden, soweit für die Zahlung einer Geldbuße Zahlungserleichterungen nach § 18 oder § 93 des Gesetzes über Ordnungswidrigkeiten gewährt sind.

(9) [1] Die §§ 35 bis 41 sind nicht anzuwenden auf einen Zusammenschluss im Krankenhausbereich, soweit

1. der Zusammenschluss eine standortübergreifende Konzentration von mehreren Krankenhäusern oder einzelnen Fachrichtungen mehrerer Krankenhäuser zum Gegenstand hat,

2. dem Zusammenschluss keine anderen wettbewerbsrechtlichen Vorschriften entgegenstehen und dies das Land bei Antragstellung nach § 14 Absatz 2 Nummer 3 Buchstabe a der Krankenhausstrukturfonds-Verordnung bestätigt hat,

3. das Vorliegen der weiteren Voraussetzungen für eine Förderung nach § 12a Absatz 1 Satz 4 des Krankenhausfinanzierungsgesetzes in Verbindung mit § 11 Absatz 1 Nummer 2 der Krankenhausstrukturfonds-Verordnung in einem Auszahlungsbescheid nach § 15 der Krankenhausstrukturfonds-Verordnung festgestellt wurde und

4. der Zusammenschluss bis zum 31. Dezember 2027 vollzogen wird.

[2] Ein Zusammenschluss im Sinne des Satzes 1 ist dem Bundeskartellamt nach Vollzug anzuzeigen. [3] Für die Evaluierung dieser Regelung sind die §§ 32e und 21 Absatz 3 Satz 8 des Krankenhausentgeltgesetzes entsprechend anzuwenden. [4] Für die Zwecke der Evaluierung und zur Untersuchung der Auswirkungen dieser Regelung auf die Wettbewerbsverhältnisse und die Versorgungsqualität können Daten aus der amtlichen Krankenhausstatistik zusammengeführt werden.

2. Verordnung über die Vergabe öffentlicher Aufträge (Vergabeverordnung – VgV)[1)] [2)]

Vom 12. April 2016
(BGBl. I S. 624)

FNA 703-5-5

zuletzt geänd. durch Art. 2 G zur Umsetzung der RL (EU) 2019/1161 vom 20. Juni 2019 zur Änd. der RL 2009/33/EG über die Förderung sauberer und energieeffizienter Straßenfahrzeuge sowie zur Änd. vergaberechtlicher Vorschriften v. 9.6.2021 (BGBl. I S. 1691)

Inhaltsübersicht

[1)] Verkündet als Art. 1 VO v. 12.4.2016 (BGBl. I S. 624); Inkrafttreten gem. Art. 7 Abs. 1 dieser VO am 18.4.2016.

[2)] **Amtl. Anm. am Titel der MantelVO**: „Artikel 1 dieser Verordnung dient der Umsetzung der Richtlinie 2014/24/EU v. 26.2.2014 (ABl. L 94 S. 65), zuletzt geänd. durch VO v. 30.10.2019 (ABl. L 279 S. 25) des Europäischen Parlaments und des Rates vom 26. Februar 2014 über die öffentliche Auftragsvergabe und zur Aufhebung der Richtlinie 2004/18/EG (ABl. L 94 vom 28.3.2014, S. 65)."

Abschnitt 1. Allgemeine Bestimmungen und Kommunikation

Unterabschnitt 1. Allgemeine Bestimmungen

§ 1 Gegenstand und Anwendungsbereich (1) Diese Verordnung trifft nähere Bestimmungen über das einzuhaltende Verfahren bei der dem Teil 4 des Gesetzes gegen Wettbewerbsbeschränkungen[1]) unterliegenden Vergabe von öffentlichen Aufträgen und bei der Ausrichtung von Wettbewerben durch den öffentlichen Auftraggeber.

(2) Diese Verordnung ist nicht anzuwenden auf

1. die Vergabe von öffentlichen Aufträgen und die Ausrichtung von Wettbewerben durch Sektorenauftraggeber zum Zweck der Ausübung einer Sektorentätigkeit,

2. die Vergabe von verteidigungs- oder sicherheitsspezifischen öffentlichen Aufträgen und

3. die Vergabe von Konzessionen durch Konzessionsgeber.

§ 2 Vergabe von Bauaufträgen. [1]Für die Vergabe von Bauaufträgen sind Abschnitt 1 und Abschnitt 2, Unterabschnitt 2 anzuwenden. [2]Im Übrigen ist Teil A Abschnitt 2 der Vergabe- und Vertragsordnung für Bauleistungen[2]) in der Fassung der Bekanntmachung vom 31. Januar 2019 (BAnz AT 19.02.2019 B2) anzuwenden.

§ 3 Schätzung des Auftragswerts. (1) [1]Bei der Schätzung des Auftragswerts ist vom voraussichtlichen Gesamtwert der vorgesehenen Leistung ohne Umsatzsteuer auszugehen. [2]Zudem sind etwaige Optionen oder Vertragsverlängerungen zu berücksichtigen. [3]Sieht der öffentliche Auftraggeber Prämien oder Zahlungen an den Bewerber oder Bieter vor, sind auch diese zu berücksichtigen.

---

[1]) Auszugsweise abgedruckt unter Nr. **1**.
[2]) Nr. **14**.

(2) [1] Die Wahl der Methode zur Berechnung des geschätzten Auftragswerts darf nicht in der Absicht erfolgen, die Anwendung der Bestimmungen des Teils 4 des Gesetzes gegen Wettbewerbsbeschränkungen[1] oder dieser Verordnung zu umgehen. [2] Eine Auftragsvergabe darf nicht so unterteilt werden, dass sie nicht in den Anwendungsbereich der Bestimmungen des Gesetzes gegen Wettbewerbsbeschränkungen[1] oder dieser Verordnung fällt, es sei denn, es liegen objektive Gründe dafür vor, etwa wenn eine eigenständige Organisationseinheit selbstständig für ihre Auftragsvergabe oder bestimmte Kategorien der Auftragsvergabe zuständig ist.

(3) Maßgeblicher Zeitpunkt für die Schätzung des Auftragswerts ist der Tag, an dem die Auftragsbekanntmachung abgesendet wird oder das Vergabeverfahren auf sonstige Weise eingeleitet wird.

(4) Der Wert einer Rahmenvereinbarung oder eines dynamischen Beschaffungssystems wird auf der Grundlage des geschätzten Gesamtwertes aller Einzelaufträge berechnet, die während der gesamten Laufzeit einer Rahmenvereinbarung oder eines dynamischen Beschaffungssystems geplant sind.

(5) Der zu berücksichtigende Wert im Falle einer Innovationspartnerschaft entspricht dem geschätzten Gesamtwert der Forschungs- und Entwicklungstätigkeiten, die während sämtlicher Phasen der geplanten Partnerschaft stattfinden sollen, sowie der Bau-, Liefer- oder Dienstleistungen, die zu entwickeln und am Ende der geplanten Partnerschaft zu beschaffen sind.

(6) [1] Bei der Schätzung des Auftragswerts von Bauleistungen ist neben dem Auftragswert der Bauaufträge der geschätzte Gesamtwert aller Liefer- und Dienstleistungen zu berücksichtigen, die für die Ausführung der Bauleistungen erforderlich sind und vom öffentlichen Auftraggeber zur Verfügung gestellt werden. [2] Die Möglichkeit des öffentlichen Auftraggebers, Aufträge für die Planung und die Ausführung von Bauleistungen entweder getrennt oder gemeinsam zu vergeben, bleibt unberührt.

(7) [1] Kann das beabsichtigte Bauvorhaben oder die vorgesehene Erbringung einer Dienstleistung zu einem Auftrag führen, der in mehreren Losen vergeben wird, ist der geschätzte Gesamtwert aller Lose zugrunde zu legen. [2] Bei Planungsleistungen gilt dies nur für Lose über gleichartige Leistungen. [3] Erreicht oder überschreitet der geschätzte Gesamtwert den maßgeblichen Schwellenwert, gilt diese Verordnung für die Vergabe jedes Loses.

(8) Kann ein Vorhaben zum Zweck des Erwerbs gleichartiger Lieferungen zu einem Auftrag führen, der in mehreren Losen vergeben wird, ist der geschätzte Gesamtwert aller Lose zugrunde zu legen.

(9) Der öffentliche Auftraggeber kann bei der Vergabe einzelner Lose von Absatz 7 Satz 3 sowie Absatz 8 abweichen, wenn der geschätzte Nettowert des betreffenden Loses bei Liefer- und Dienstleistungen unter 80 000 Euro und bei Bauleistungen unter 1 Million Euro liegt und die Summe der Nettowerte dieser Lose 20 Prozent des Gesamtwertes aller Lose nicht übersteigt.

(10) Bei regelmäßig wiederkehrenden Aufträgen oder Daueraufträgen über Liefer- oder Dienstleistungen sowie bei Liefer- oder Dienstleistungsaufträgen, die innerhalb eines bestimmten Zeitraums verlängert werden sollen, ist der Auftragswert zu schätzen

---

[1] Auszugsweise abgedruckt unter Nr. **1**.

1. auf der Grundlage des tatsächlichen Gesamtwerts entsprechender aufeinanderfolgender Aufträge aus dem vorangegangenen Haushaltsjahr oder Geschäftsjahr; dabei sind voraussichtliche Änderungen bei Mengen oder Kosten möglichst zu berücksichtigen, die während der zwölf Monate zu erwarten sind, die auf den ursprünglichen Auftrag folgen, oder

2. auf der Grundlage des geschätzten Gesamtwerts aufeinanderfolgender Aufträge, die während der auf die erste Lieferung folgenden zwölf Monate oder während des auf die erste Lieferung folgenden Haushaltsjahres oder Geschäftsjahres, wenn dieses länger als zwölf Monate ist, vergeben werden.

(11) Bei Aufträgen über Liefer- oder Dienstleistungen, für die kein Gesamtpreis angegeben wird, ist Berechnungsgrundlage für den geschätzten Auftragswert

1. bei zeitlich begrenzten Aufträgen mit einer Laufzeit von bis zu 48 Monaten der Gesamtwert für die Laufzeit dieser Aufträge, und

2. bei Aufträgen mit unbestimmter Laufzeit oder mit einer Laufzeit von mehr als 48 Monaten der 48-fache Monatswert.

(12) [1] Bei einem Planungswettbewerb nach § 69, der zu einem Dienstleistungsauftrag führen soll, ist der Wert des Dienstleistungsauftrags zu schätzen zuzüglich etwaiger Preisgelder und Zahlungen an die Teilnehmer. [2] Bei allen übrigen Planungswettbewerben entspricht der Auftragswert der Summe der Preisgelder und Zahlungen an die Teilnehmer einschließlich des Werts des Dienstleistungsauftrags, der vergeben werden könnte, soweit der öffentliche Auftraggeber diese Vergabe in der Wettbewerbsbekanntmachung des Planungswettbewerbs nicht ausschließt.

§ 4 Gelegentliche gemeinsame Auftragsvergabe; zentrale Beschaffung.

(1) [1] Mehrere öffentliche Auftraggeber können vereinbaren, bestimmte öffentliche Aufträge gemeinsam zu vergeben. [2] Dies gilt auch für die Auftragsvergabe gemeinsam mit öffentlichen Auftraggebern aus anderen Mitgliedstaaten der Europäischen Union. [3] Die Möglichkeiten zur Nutzung von zentralen Beschaffungsstellen bleiben unberührt.

(2) [1] Soweit das Vergabeverfahren im Namen und im Auftrag aller öffentlichen Auftraggeber insgesamt gemeinsam durchgeführt wird, sind diese für die Einhaltung der Bestimmungen über das Vergabeverfahren gemeinsam verantwortlich. [2] Das gilt auch, wenn ein öffentlicher Auftraggeber das Verfahren in seinem Namen und im Auftrag der anderen öffentlichen Auftraggeber allein ausführt. [3] Bei nur teilweise gemeinsamer Durchführung sind die öffentlichen Auftraggeber nur für jene Teile gemeinsam verantwortlich, die gemeinsam durchgeführt wurden. [4] Wird ein Auftrag durch öffentliche Auftraggeber aus verschiedenen Mitgliedstaaten der Europäischen Union gemeinsam vergeben, legen diese die Zuständigkeiten und die anwendbaren Bestimmungen des nationalen Rechts durch Vereinbarung fest und geben das in den Vergabeunterlagen an.

(3) Die Bundesregierung kann für Dienststellen des Bundes in geeigneten Bereichen allgemeine Verwaltungsvorschriften über die Einrichtung und die Nutzung zentraler Beschaffungsstellen sowie die durch die zentralen Beschaffungsstellen bereitzustellenden Beschaffungsdienstleistungen erlassen.

§ 5 Wahrung der Vertraulichkeit. (1) [1] Sofern in dieser Verordnung oder anderen Rechtsvorschriften nichts anderes bestimmt ist, darf der öffentliche Auftraggeber keine von den Unternehmen übermittelten und von diesen als vertraulich gekennzeichneten Informationen weitergeben. [2] Dazu gehören insbesondere Betriebs- und Geschäftsgeheimnisse und die vertraulichen Aspekte der Angebote einschließlich ihrer Anlagen.

(2) [1] Bei der gesamten Kommunikation sowie beim Austausch und der Speicherung von Informationen muss der öffentliche Auftraggeber die Integrität der Daten und die Vertraulichkeit der Interessensbekundungen, Interessensbestätigungen, Teilnahmeanträge und Angebote einschließlich ihrer Anlagen gewährleisten. [2] Die Interessensbekundungen, Interessensbestätigungen, Teilnahmeanträge und Angebote einschließlich ihrer Anlagen sowie die Dokumentation über Öffnung und Wertung der Teilnahmeanträge und Angebote sind auch nach Abschluss des Vergabeverfahrens vertraulich zu behandeln.

(3) [1] Der öffentliche Auftraggeber kann Unternehmen Anforderungen vorschreiben, die auf den Schutz der Vertraulichkeit der Informationen im Rahmen des Vergabeverfahrens abzielen. [2] Hierzu gehört insbesondere die Abgabe einer Verschwiegenheitserklärung.

§ 6 Vermeidung von Interessenkonflikten. (1) Organmitglieder oder Mitarbeiter des öffentlichen Auftraggebers oder eines im Namen des öffentlichen Auftraggebers handelnden Beschaffungsdienstleisters, bei denen ein Interessenkonflikt besteht, dürfen in einem Vergabeverfahren nicht mitwirken.

(2) Ein Interessenkonflikt besteht für Personen, die an der Durchführung des Vergabeverfahrens beteiligt sind oder Einfluss auf den Ausgang eines Vergabeverfahrens nehmen können und die ein direktes oder indirektes finanzielles, wirtschaftliches oder persönliches Interesse haben, das ihre Unparteilichkeit und Unabhängigkeit im Rahmen des Vergabeverfahrens beeinträchtigen könnte.

(3) Es wird vermutet, dass ein Interessenkonflikt besteht, wenn die in Absatz 1 genannten Personen

1. Bewerber oder Bieter sind,
2. einen Bewerber oder Bieter beraten oder sonst unterstützen oder als gesetzliche Vertreter oder nur in dem Vergabeverfahren vertreten,
3. beschäftigt oder tätig sind
   a) bei einem Bewerber oder Bieter gegen Entgelt oder bei ihm als Mitglied des Vorstandes, Aufsichtsrates oder gleichartigen Organs oder
   b) für ein in das Vergabeverfahren eingeschaltetes Unternehmen, wenn dieses Unternehmen zugleich geschäftliche Beziehungen zum öffentlichen Auftraggeber und zum Bewerber oder Bieter hat.

(4) [1] Die Vermutung des Absatzes 3 gilt auch für Personen, deren Angehörige die Voraussetzungen nach Absatz 3 Nummer 1 bis 3 erfüllen. [2] Angehörige sind der Verlobte, der Ehegatte, Lebenspartner, Verwandte und Verschwägerte gerader Linie, Geschwister, Kinder der Geschwister, Ehegatten und Lebenspartner der Geschwister und Geschwister der Ehegatten und Lebenspartner, Geschwister der Eltern sowie Pflegeeltern und Pflegekinder.

§ 7 Mitwirkung an der Vorbereitung des Vergabeverfahrens. (1) Hat ein Unternehmen oder ein mit ihm in Verbindung stehendes Unternehmen den öffentlichen Auftraggeber beraten oder war auf andere Art und Weise an der Vorbereitung des Vergabeverfahrens beteiligt (vorbefasstes Unternehmen), so ergreift der öffentliche Auftraggeber angemessene Maßnahmen, um sicherzustellen, dass der Wettbewerb durch die Teilnahme dieses Unternehmens nicht verzerrt wird.

(2) Die Maßnahmen nach Absatz 1 umfassen insbesondere die Unterrichtung der anderen am Vergabeverfahren teilnehmenden Unternehmen in Bezug auf die einschlägigen Informationen, die im Zusammenhang mit der Einbeziehung des vorbefassten Unternehmens in der Vorbereitung des Vergabeverfahrens ausgetauscht wurden oder daraus resultieren, und die Festlegung angemessener Fristen für den Eingang der Angebote und Teilnahmeanträge.

(3) Vor einem Ausschluss nach § 124 Absatz 1 Nummer 6 des Gesetzes gegen Wettbewerbsbeschränkungen[1] ist dem vorbefassten Unternehmen die Möglichkeit zu geben nachzuweisen, dass seine Beteiligung an der Vorbereitung des Vergabeverfahrens den Wettbewerb nicht verzerren kann.

§ 8 Dokumentation und Vergabevermerk. (1) [1]Der öffentliche Auftraggeber dokumentiert das Vergabeverfahren von Beginn an fortlaufend in Textform nach § 126b des Bürgerlichen Gesetzbuchs, soweit dies für die Begründung von Entscheidungen auf jeder Stufe des Vergabeverfahrens erforderlich ist. [2]Dazu gehört zum Beispiel die Dokumentation der Kommunikation mit Unternehmen und interner Beratungen, der Vorbereitung der Auftragsbekanntmachung und der Vergabeunterlagen, der Öffnung der Angebote, Teilnahmeanträge und Interessensbestätigungen, der Verhandlungen und der Dialoge mit den teilnehmenden Unternehmen sowie der Gründe für Auswahlentscheidungen und den Zuschlag.

(2) [1]Der öffentliche Auftraggeber fertigt über jedes Vergabeverfahren einen Vermerk in Textform nach § 126b des Bürgerlichen Gesetzbuchs an. [2]Dieser Vergabevermerk umfasst mindestens Folgendes:

1. den Namen und die Anschrift des öffentlichen Auftraggebers sowie Gegenstand und Wert des Auftrags, der Rahmenvereinbarung oder des dynamischen Beschaffungssystems,

2. die Namen der berücksichtigten Bewerber oder Bieter und die Gründe für ihre Auswahl,

3. die nicht berücksichtigten Angebote und Teilnahmeanträge sowie die Namen der nicht berücksichtigten Bewerber oder Bieter und die Gründe für ihre Nichtberücksichtigung,

4. die Gründe für die Ablehnung von Angeboten, die für ungewöhnlich niedrig befunden wurden,

5. den Namen des erfolgreichen Bieters und die Gründe für die Auswahl seines Angebots sowie, falls bekannt, den Anteil am Auftrag oder an der Rahmenvereinbarung, den der Zuschlagsempfänger an Dritte weiterzugeben beabsichtigt, und gegebenenfalls, soweit zu jenem Zeitpunkt bekannt, die Namen der Unterauftragnehmer des Hauptauftragnehmers,

6. bei Verhandlungsverfahren und wettbewerblichen Dialogen die in § 14 Absatz 3 genannten Umstände, die die Anwendung dieser Verfahren rechtfertigen,

---

[1] Nr. 1.

7. bei Verhandlungsverfahren ohne vorherigen Teilnahmewettbewerb die in § 14 Absatz 4 genannten Umstände, die die Anwendung dieses Verfahrens rechtfertigen,

8. gegebenenfalls die Gründe, aus denen der öffentliche Auftraggeber auf die Vergabe eines Auftrags, den Abschluss einer Rahmenvereinbarung oder die Einrichtung eines dynamischen Beschaffungssystems verzichtet hat,

9. gegebenenfalls die Gründe, aus denen andere als elektronische Mittel für die Einreichung der Angebote verwendet wurden,

10. gegebenenfalls Angaben zu aufgedeckten Interessenkonflikten und getroffenen Abhilfemaßnahmen,

11. gegebenenfalls die Gründe, aufgrund derer mehrere Teil- oder Fachlose zusammen vergeben wurden, und

12. gegebenenfalls die Gründe für die Nichtangabe der Gewichtung von Zuschlagskriterien.

(3) [1]Der Vergabevermerk ist nicht erforderlich für Aufträge auf der Grundlage von Rahmenvereinbarungen, sofern diese gemäß § 21 Absatz 3 oder gemäß § 21 Absatz 4 Nummer 1 geschlossen wurden. [2]Soweit die Vergabebekanntmachung die geforderten Informationen enthält, kann sich der öffentliche Auftraggeber auf diese beziehen.

(4) [1]Die Dokumentation, der Vergabevermerk sowie die Angebote, die Teilnahmeanträge, die Interessensbekundungen, die Interessensbestätigungen und ihre Anlagen sind bis zum Ende der Laufzeit des Vertrags oder der Rahmenvereinbarung aufzubewahren, mindestens jedoch für drei Jahre ab dem Tag des Zuschlags. [2]Gleiches gilt für Kopien aller abgeschlossenen Verträge, die mindestens den folgenden Auftragswert haben:

1. 1 Million Euro im Falle von Liefer- oder Dienstleistungsaufträgen,

2. 10 Millionen Euro im Falle von Bauaufträgen.

(5) Der Vergabevermerk oder dessen Hauptelemente sowie die abgeschlossenen Verträge sind der Europäischen Kommission sowie den zuständigen Aufsichts- oder Prüfbehörden auf deren Anforderung hin zu übermitteln.

(6) § 5 bleibt unberührt.

Unterabschnitt 2. Kommunikation

§ 9 Grundsätze der Kommunikation. (1) Für das Senden, Empfangen, Weiterleiten und Speichern von Daten in einem Vergabeverfahren verwenden der öffentliche Auftraggeber und die Unternehmen grundsätzlich Geräte und Programme für die elektronische Datenübermittlung (elektronische Mittel).

(2) Die Kommunikation in einem Vergabeverfahren kann mündlich erfolgen, wenn sie nicht die Vergabeunterlagen, die Teilnahmeanträge, die Interessensbestätigungen oder die Angebote betrifft und wenn sie ausreichend und in geeigneter Weise dokumentiert wird.

(3) [1]Der öffentliche Auftraggeber kann von jedem Unternehmen die Angabe einer eindeutigen Unternehmensbezeichnung sowie einer elektronischen Adresse verlangen (Registrierung). [2]Für den Zugang zur Auftragsbekanntmachung und zu den Vergabeunterlagen darf der öffentliche Auftraggeber keine Registrierung verlangen; eine freiwillige Registrierung ist zulässig.

§ 10 Anforderungen an die verwendeten elektronischen Mittel.
(1) ¹Der öffentliche Auftraggeber legt das erforderliche Sicherheitsniveau für die elektronischen Mittel fest. ²Elektronische Mittel, die von dem öffentlichen Auftraggeber für den Empfang von Angeboten, Teilnahmeanträgen und Interessensbestätigungen sowie von Plänen und Entwürfen für Planungswettbewerbe verwendet werden, müssen gewährleisten, dass

1. die Uhrzeit und der Tag des Datenempfangs genau zu bestimmen sind,

2. kein vorfristiger Zugriff auf die empfangenen Daten möglich ist,

3. der Termin für den erstmaligen Zugriff auf die empfangenen Daten nur von den Berechtigten festgelegt oder geändert werden kann,

4. nur die Berechtigten Zugriff auf die empfangenen Daten oder auf einen Teil derselben haben,

5. nur die Berechtigten nach dem festgesetzten Zeitpunkt Dritten Zugriff auf die empfangenen Daten oder auf einen Teil derselben einräumen dürfen,

6. empfangene Daten nicht an Unberechtigte übermittelt werden und

7. Verstöße oder versuchte Verstöße gegen die Anforderungen gemäß den Nummern 1 bis 6 eindeutig festgestellt werden können.

(2) ¹Die elektronischen Mittel, die von dem öffentlichen Auftraggeber für den Empfang von Angeboten, Teilnahmeanträgen und Interessensbestätigungen sowie von Plänen und Entwürfen für Planungswettbewerbe genutzt werden, müssen über eine einheitliche Datenaustauschschnittstelle verfügen. ²Es sind die jeweils geltenden Interoperabilitäts- und Sicherheitsstandards der Informationstechnik gemäß § 3 Absatz 1 des Vertrags über die Errichtung des IT-Planungsrats und über die Grundlagen der Zusammenarbeit beim Einsatz der Informationstechnologie in den Verwaltungen von Bund und Ländern vom 1. April 2010 zu verwenden.

§ 11 Anforderungen an den Einsatz elektronischer Mittel im Vergabeverfahren. (1) ¹Elektronische Mittel und deren technische Merkmale müssen allgemein verfügbar, nichtdiskriminierend und mit allgemein verbreiteten Geräten und Programmen der Informations- und Kommunikationstechnologie kompatibel sein. ²Sie dürfen den Zugang von Unternehmen zum Vergabeverfahren nicht einschränken. ³Der öffentliche Auftraggeber gewährleistet die barrierefreie Ausgestaltung der elektronischen Mittel nach den §§ 4, 12a und 12b des Behindertengleichstellungsgesetzes vom 27. April 2002 (BGBl. I S. 1467, 1468) in der jeweils geltenden Fassung.

(2) Der öffentliche Auftraggeber verwendet für das Senden, Empfangen, Weiterleiten und Speichern von Daten in einem Vergabeverfahren ausschließlich solche elektronischen Mittel, die die Unversehrtheit, die Vertraulichkeit und die Echtheit der Daten gewährleisten.

(3) Der öffentliche Auftraggeber muss den Unternehmen alle notwendigen Informationen zur Verfügung stellen über

1. die in einem Vergabeverfahren verwendeten elektronischen Mittel,

2. die technischen Parameter zur Einreichung von Teilnahmeanträgen, Angeboten und Interessensbestätigungen mithilfe elektronischer Mittel und

3. verwendete Verschlüsselungs- und Zeiterfassungsverfahren.

§ 12 Einsatz alternativer elektronischer Mittel bei der Kommunikation. (1) Der öffentliche Auftraggeber kann im Vergabeverfahren die Verwendung elektronischer Mittel, die nicht allgemein verfügbar sind (alternative elektronische Mittel), verlangen, wenn er

1. Unternehmen während des gesamten Vergabeverfahrens unter einer Internetadresse einen unentgeltlichen, uneingeschränkten, vollständigen und direkten Zugang zu diesen alternativen elektronischen Mitteln gewährt und
2. diese alternativen elektronischen Mittel selbst verwendet.

(2) ¹Der öffentliche Auftraggeber kann im Rahmen der Vergabe von Bauleistungen und für Wettbewerbe die Nutzung elektronischer Mittel für die Bauwerksdatenmodellierung verlangen. ²Sofern die verlangten elektronischen Mittel für die Bauwerksdatenmodellierung nicht allgemein verfügbar sind, bietet der öffentliche Auftraggeber einen alternativen Zugang zu ihnen gemäß Absatz 1 an.

§ 13 Allgemeine Verwaltungsvorschriften. Die Bundesregierung kann mit Zustimmung des Bundesrates allgemeine Verwaltungsvorschriften über die zu verwendenden elektronischen Mittel (Basisdienste für die elektronische Auftragsvergabe) sowie über die einzuhaltenden technischen Standards erlassen.

Abschnitt 2. Vergabeverfahren

Unterabschnitt 1. Verfahrensarten

§ 14 Wahl der Verfahrensart. (1) Die Vergabe von öffentlichen Aufträgen erfolgt nach § 119 des Gesetzes gegen Wettbewerbsbeschränkungen[1] im offenen Verfahren, im nicht offenen Verfahren, im Verhandlungsverfahren, im wettbewerblichen Dialog oder in der Innovationspartnerschaft.

(2) ¹Dem öffentlichen Auftraggeber stehen das offene Verfahren und das nicht offene Verfahren, das stets einen Teilnahmewettbewerb erfordert, nach seiner Wahl zur Verfügung. ²Die anderen Verfahrensarten stehen nur zur Verfügung, soweit dies durch gesetzliche Bestimmungen oder nach den Absätzen 3 und 4 gestattet ist.

(3) Der öffentliche Auftraggeber kann Aufträge im Verhandlungsverfahren mit Teilnahmewettbewerb oder im wettbewerblichen Dialog vergeben, wenn

1. die Bedürfnisse des öffentlichen Auftraggebers nicht ohne die Anpassung bereits verfügbarer Lösungen erfüllt werden können,
2. der Auftrag konzeptionelle oder innovative Lösungen umfasst,
3. der Auftrag aufgrund konkreter Umstände, die mit der Art, der Komplexität oder dem rechtlichen oder finanziellen Rahmen oder den damit einhergehenden Risiken zusammenhängen, nicht ohne vorherige Verhandlungen vergeben werden kann,
4. die Leistung, insbesondere ihre technischen Anforderungen, vom öffentlichen Auftraggeber nicht mit ausreichender Genauigkeit unter Verweis auf eine Norm, eine Europäische Technische Bewertung (ETA), eine gemeinsame technische Spezifikation oder technische Referenzen im Sinne der Anlage 1 Nummer 2 bis 5 beschrieben werden kann oder

---

[1] Nr. 1.

5. im Rahmen eines offenen oder nicht offenen Verfahrens keine ordnungsgemäßen oder nur unannehmbare Angebote eingereicht wurden; nicht ordnungsgemäß sind insbesondere Angebote, die nicht den Vergabeunterlagen
entsprechen, nicht fristgerecht eingereicht wurden, nachweislich auf kollusiven Absprachen oder Korruption beruhen oder nach Einschätzung des
öffentlichen Auftraggebers ungewöhnlich niedrig sind; unannehmbar sind
insbesondere Angebote von Bietern, die nicht über die erforderlichen Qualifikationen verfügen, und Angebote, deren Preis die vor Einleitung des Vergabeverfahrens festgelegten und dokumentierten eingeplanten Haushaltsmittel des öffentlichen Auftraggebers übersteigt; der öffentliche Auftraggeber
kann in diesen Fällen von einem Teilnahmewettbewerb absehen, wenn er in
das Verhandlungsverfahren alle geeigneten Unternehmen einbezieht, die
form- und fristgerechte Angebote abgegeben haben.

(4) Der öffentliche Auftraggeber kann Aufträge im Verhandlungsverfahren
ohne Teilnahmewettbewerb vergeben,

1. wenn in einem offenen oder einem nicht offenen Verfahren keine oder keine
geeigneten Angebote oder keine geeigneten Teilnahmeanträge abgegeben
worden sind, sofern die ursprünglichen Bedingungen des Auftrags nicht
grundlegend geändert werden; ein Angebot gilt als ungeeignet, wenn es
ohne Abänderung den in den Vergabeunterlagen genannten Bedürfnissen
und Anforderungen des öffentlichen Auftraggebers offensichtlich nicht entsprechen kann; ein Teilnahmeantrag gilt als ungeeignet, wenn das Unternehmen aufgrund eines zwingenden oder fakultativen Ausschlussgrunds nach
den §§ 123 und 124 des Gesetzes gegen Wettbewerbsbeschränkungen[1] auszuschließen ist oder ausgeschlossen werden kann oder wenn es die Eignungskriterien nicht erfüllt,

2. wenn zum Zeitpunkt der Aufforderung zur Abgabe von Angeboten der
Auftrag nur von einem bestimmten Unternehmen erbracht oder bereitgestellt werden kann,

   a) weil ein einzigartiges Kunstwerk oder eine einzigartige künstlerische Leistung erschaffen oder erworben werden soll,

   b) weil aus technischen Gründen kein Wettbewerb vorhanden ist oder

   c) wegen des Schutzes von ausschließlichen Rechten, insbesondere von
   gewerblichen Schutzrechten,

3. wenn äußerst dringliche, zwingende Gründe im Zusammenhang mit Ereignissen, die der betreffende öffentliche Auftraggeber nicht voraussehen konnte, es nicht zulassen, die Mindestfristen einzuhalten, die für das offene und
das nicht offene Verfahren sowie für das Verhandlungsverfahren mit Teilnahmewettbewerb vorgeschrieben sind; die Umstände zur Begründung der
äußersten Dringlichkeit dürfen dem öffentlichen Auftraggeber nicht zuzurechnen sein,

4. wenn eine Lieferleistung beschafft werden soll, die ausschließlich zu For-
schungs-, Versuchs-, Untersuchungs- oder Entwicklungszwecken hergestellt
wurde; hiervon nicht umfasst ist die Serienfertigung zum Nachweis der
Marktfähigkeit des Produkts oder zur Deckung der Forschungs- und Entwicklungskosten,

---

[1] Nr. 1.

5. wenn zusätzliche Lieferleistungen des ursprünglichen Auftragnehmers be-
schafft werden sollen, die entweder zur teilweisen Erneuerung oder Erweiterung bereits erbrachter Leistungen bestimmt sind, und ein Wechsel des
Unternehmens dazu führen würde, dass der öffentliche Auftraggeber eine
Leistung mit unterschiedlichen technischen Merkmalen kaufen müsste und
dies eine technische Unvereinbarkeit oder unverhältnismäßige technische
Schwierigkeiten bei Gebrauch und Wartung mit sich bringen würde; die
Laufzeit dieser öffentlichen Aufträge darf in der Regel drei Jahre nicht über-
schreiten,

6. wenn es sich um eine auf einer Warenbörse notierte und gekaufte Lieferleistung handelt,

7. wenn Liefer- oder Dienstleistungen zu besonders günstigen Bedingungen bei
Lieferanten, die ihre Geschäftstätigkeit endgültig einstellen, oder bei Insolvenzverwaltern oder Liquidatoren im Rahmen eines Insolvenz-, Vergleichs-
oder Ausgleichsverfahrens oder eines in den Vorschriften eines anderen Mitgliedstaats der Europäischen Union vorgesehenen gleichartigen Verfahrens
erworben werden,

8. wenn im Anschluss an einen Planungswettbewerb im Sinne des § 69 ein
Dienstleistungsauftrag nach den Bedingungen dieses Wettbewerbs an den
Gewinner oder an einen der Preisträger vergeben werden muss; im letzteren
Fall müssen alle Preisträger des Wettbewerbs zur Teilnahme an den Verhand-
lungen aufgefordert werden, oder

9. wenn eine Dienstleistung beschafft werden soll, die in der Wiederholung
gleichartiger Leistungen besteht, die durch denselben öffentlichen Auftraggeber an das Unternehmen vergeben werden, das den ersten Auftrag erhalten
hat, sofern sie einem Grundprojekt entsprechen und dieses Projekt Gegenstand des ersten Auftrags war, das im Rahmen eines Vergabeverfahrens mit
Ausnahme eines Verhandlungsverfahrens ohne Teilnahmewettbewerb vergeben wurde; die Möglichkeit der Anwendung des Verhandlungsverfahrens
muss bereits in der Auftragsbekanntmachung des ersten Vorhabens angegeben werden; darüber hinaus sind im Grundprojekt bereits der Umfang
möglicher Dienstleistungen sowie die Bedingungen, unter denen sie vergeben werden, anzugeben; der für die nachfolgenden Dienstleistungen in
Aussicht genommene Gesamtauftragswert wird vom öffentlichen Auftraggeber bei der Berechnung des Auftragswerts berücksichtigt; das Verhandlungsverfahren ohne Teilnahmewettbewerb darf nur innerhalb von drei Jahren nach Abschluss des ersten Auftrags angewandt werden.

(5) Im Falle des Absatzes 4 Nummer 1 ist der Europäischen Kommission auf
Anforderung ein Bericht vorzulegen.

(6) Die in Absatz 4 Nummer 2 Buchstabe b und c genannten Voraussetzungen für die Anwendung des Verhandlungsverfahrens ohne Teilnahmewettbewerb gelten nur dann, wenn es keine vernünftige Alternative oder Ersatzlösung gibt und der mangelnde Wettbewerb nicht das Ergebnis einer künstlichen Einschränkung der Auftragsvergabeparameter ist.

§ 15 Offenes Verfahren. (1) [1]Bei einem offenen Verfahren fordert der öffentliche Auftraggeber eine unbeschränkte Anzahl von Unternehmen öffentlich
zur Abgabe von Angeboten auf. [2]Jedes interessierte Unternehmen kann ein
Angebot abgeben.

(2) Die Frist für den Eingang der Angebote (Angebotsfrist) beträgt mindestens 35 Tage, gerechnet ab dem Tag nach der Absendung der Auftragsbekanntmachung.

(3) Für den Fall, dass eine hinreichend begründete Dringlichkeit die Einhaltung der Frist gemäß Absatz 2 unmöglich macht, kann der öffentliche Auftraggeber eine Frist festlegen, die 15 Tage, gerechnet ab dem Tag nach der Absendung der Auftragsbekanntmachung, nicht unterschreiten darf.

(4) Der öffentliche Auftraggeber kann die Frist gemäß Absatz 2 um fünf Tage verkürzen, wenn er die elektronische Übermittlung der Angebote akzeptiert.

(5) [1] Der öffentliche Auftraggeber darf von den Bietern nur Aufklärung über das Angebot oder deren Eignung verlangen. [2] Verhandlungen, insbesondere über Änderungen der Angebote oder Preise, sind unzulässig.

§ 16 Nicht offenes Verfahren. (1) [1] Bei einem nicht offenen Verfahren fordert der öffentliche Auftraggeber eine unbeschränkte Anzahl von Unternehmen im Rahmen eines Teilnahmewettbewerbs öffentlich zur Abgabe von Teilnahmeanträgen auf. [2] Jedes interessierte Unternehmen kann einen Teilnahmeantrag abgeben. [3] Mit dem Teilnahmeantrag übermitteln die Unternehmen die vom öffentlichen Auftraggeber geforderten Informationen für die Prüfung ihrer Eignung.

(2) Die Frist für den Eingang der Teilnahmeanträge (Teilnahmefrist) beträgt mindestens 30 Tage, gerechnet ab dem Tag nach der Absendung der Auftragsbekanntmachung.

(3) Für den Fall, dass eine hinreichend begründete Dringlichkeit die Einhaltung der Teilnahmefrist unmöglich macht, kann der öffentliche Auftraggeber eine Frist festlegen, die 15 Tage, gerechnet ab dem Tag nach der Absendung der Auftragsbekanntmachung, nicht unterschreiten darf.

(4) [1] Nur diejenigen Unternehmen, die vom öffentlichen Auftraggeber nach Prüfung der übermittelten Informationen dazu aufgefordert werden, können ein Angebot einreichen. [2] Der öffentliche Auftraggeber kann die Zahl geeigneter Bewerber, die zur Angebotsabgabe aufgefordert werden, gemäß § 51 begrenzen.

(5) Die Angebotsfrist beträgt mindestens 30 Tage, gerechnet ab dem Tag nach der Absendung der Aufforderung zur Angebotsabgabe.

(6) [1] Mit Ausnahme oberster Bundesbehörden kann der öffentliche Auftraggeber die Angebotsfrist mit den Bewerbern, die zur Angebotsabgabe aufgefordert werden, im gegenseitigen Einvernehmen festlegen, sofern allen Bewerbern dieselbe Frist für die Einreichung der Angebote gewährt wird. [2] Erfolgt keine einvernehmliche Festlegung der Angebotsfrist, beträgt diese mindestens zehn Tage, gerechnet ab dem Tag nach der Absendung der Aufforderung zur Angebotsabgabe.

(7) Für den Fall, dass eine hinreichend begründete Dringlichkeit die Einhaltung der Angebotsfrist gemäß Absatz 5 unmöglich macht, kann der öffentliche Auftraggeber eine Frist festlegen, die zehn Tage, gerechnet ab dem Tag nach der Absendung der Aufforderung zur Angebotsabgabe, nicht unterschreiten darf.

(8) Der öffentliche Auftraggeber kann die Angebotsfrist gemäß Absatz 5 um fünf Tage verkürzen, wenn er die elektronische Übermittlung der Angebote akzeptiert.

(9) § 15 Absatz 5 gilt entsprechend.

§ 17 Verhandlungsverfahren. (1) [1]Bei einem Verhandlungsverfahren mit Teilnahmewettbewerb fordert der öffentliche Auftraggeber eine unbeschränkte Anzahl von Unternehmen im Rahmen eines Teilnahmewettbewerbs öffentlich zur Abgabe von Teilnahmeanträgen auf. [2]Jedes interessierte Unternehmen kann einen Teilnahmeantrag abgeben. [3]Mit dem Teilnahmeantrag übermitteln die Unternehmen die vom öffentlichen Auftraggeber geforderten Informationen für die Prüfung ihrer Eignung.

(2) Die Frist für den Eingang der Teilnahmeanträge (Teilnahmefrist) beträgt mindestens 30 Tage, gerechnet ab dem Tag nach der Absendung der Auftragsbekanntmachung.

(3) Für den Fall, dass eine hinreichend begründete Dringlichkeit die Einhaltung der Teilnahmefrist unmöglich macht, kann der öffentliche Auftraggeber eine Frist festlegen, die 15 Tage, gerechnet ab dem Tag nach der Absendung der Auftragsbekanntmachung, nicht unterschreiten darf.

(4) [1]Nur diejenigen Unternehmen, die vom öffentlichen Auftraggeber nach Prüfung der übermittelten Informationen dazu aufgefordert werden, können ein Erstangebot einreichen. [2]Der öffentliche Auftraggeber kann die Zahl geeigneter Bewerber, die zur Angebotsabgabe aufgefordert werden, gemäß § 51 begrenzen.

(5) Bei einem Verhandlungsverfahren ohne Teilnahmewettbewerb erfolgt keine öffentliche Aufforderung zur Abgabe von Teilnahmeanträgen, sondern unmittelbar eine Aufforderung zur Abgabe von Erstangeboten an die vom öffentlichen Auftraggeber ausgewählten Unternehmen.

(6) Die Frist für den Eingang der Erstangebote beträgt beim Verhandlungsverfahren mit Teilnahmewettbewerb mindestens 30 Tage, gerechnet ab dem Tag nach der Absendung der Aufforderung zur Angebotsabgabe.

(7) [1]Mit Ausnahme oberster Bundesbehörden kann der öffentliche Auftraggeber die Angebotsfrist mit den Bewerbern, die zur Angebotsabgabe aufgefordert werden, im gegenseitigen Einvernehmen festlegen, sofern allen Bewerbern dieselbe Frist für die Einreichung der Angebote gewährt wird. [2]Erfolgt keine einvernehmliche Festlegung der Angebotsfrist, beträgt diese mindestens zehn Tage, gerechnet ab dem Tag nach der Absendung der Aufforderung zur Angebotsabgabe.

(8) Für den Fall, dass eine hinreichend begründete Dringlichkeit die Einhaltung der Angebotsfrist gemäß Absatz 6 unmöglich macht, kann der öffentliche Auftraggeber eine Frist festlegen, die zehn Tage, gerechnet ab dem Tag nach der Absendung der Aufforderung zur Angebotsabgabe, nicht unterschreiten darf.

(9) Der öffentliche Auftraggeber kann die Angebotsfrist gemäß Absatz 6 um fünf Tage verkürzen, wenn er die elektronische Übermittlung der Angebote akzeptiert.

(10) [1]Der öffentliche Auftraggeber verhandelt mit den Bietern über die von ihnen eingereichten Erstangebote und alle Folgeangebote, mit Ausnahme der endgültigen Angebote, mit dem Ziel, die Angebote inhaltlich zu verbessern.

[2] Dabei darf über den gesamten Angebotsinhalt verhandelt werden mit Ausnahme der vom öffentlichen Auftraggeber in den Vergabeunterlagen festgelegten Mindestanforderungen und Zuschlagskriterien.

(11) Der öffentliche Auftraggeber kann den Auftrag auf der Grundlage der Erstangebote vergeben, ohne in Verhandlungen einzutreten, wenn er sich in der Auftragsbekanntmachung oder in der Aufforderung zur Interessensbestätigung diese Möglichkeit vorbehalten hat.

(12) [1] Sofern der öffentliche Auftraggeber in der Auftragsbekanntmachung oder in den Vergabeunterlagen darauf hingewiesen hat, kann er die Verhandlungen in verschiedenen aufeinanderfolgenden Phasen abwickeln, um so die Zahl der Angebote, über die verhandelt wird, anhand der vorgegebenen Zuschlagskriterien zu verringern. [2] In der Schlussphase des Verfahrens müssen noch so viele Angebote vorliegen, dass der Wettbewerb gewährleistet ist, sofern ursprünglich eine ausreichende Anzahl von Angeboten oder geeigneten Bietern vorhanden war.

(13) [1] Der öffentliche Auftraggeber stellt sicher, dass alle Bieter bei den Verhandlungen gleichbehandelt werden. [2] Insbesondere enthält er sich jeder diskriminierenden Weitergabe von Informationen, durch die bestimmte Bieter gegenüber anderen begünstigt werden könnten. [3] Er unterrichtet alle Bieter, deren Angebote nicht gemäß Absatz 12 ausgeschieden wurden, in Textform nach § 126b des Bürgerlichen Gesetzbuchs über etwaige Änderungen der Leistungsbeschreibung, insbesondere der technischen Anforderungen oder anderer Bestandteile der Vergabeunterlagen, die nicht die Festlegung der Mindestanforderungen und Zuschlagskriterien betreffen. [4] Im Anschluss an solche Änderungen gewährt der öffentliche Auftraggeber den Bietern ausreichend Zeit, um ihre Angebote zu ändern und gegebenenfalls überarbeitete Angebote einzureichen. [5] Der öffentliche Auftraggeber darf vertrauliche Informationen eines an den Verhandlungen teilnehmenden Bieters nicht ohne dessen Zustimmung an die anderen Teilnehmer weitergeben. [6] Eine solche Zustimmung darf nicht allgemein, sondern nur in Bezug auf die beabsichtigte Mitteilung bestimmter Informationen erteilt werden.

(14) [1] Beabsichtigt der öffentliche Auftraggeber, die Verhandlungen abzuschließen, so unterrichtet er die verbleibenden Bieter und legt eine einheitliche Frist für die Einreichung neuer oder überarbeiteter Angebote fest. [2] Er vergewissert sich, dass die endgültigen Angebote die Mindestanforderungen erfüllen, und entscheidet über den Zuschlag auf der Grundlage der Zuschlagskriterien.

(15) In einem Verhandlungsverfahren ohne Teilnahmewettbewerb nach § 14 Absatz 4 Nummer 3 ist der öffentliche Auftraggeber von den Verpflichtungen der §§ 9 bis 13, des § 53 Absatz 1 sowie der §§ 54 und 55 befreit.

§ 18 Wettbewerblicher Dialog. (1) [1] In der Auftragsbekanntmachung oder den Vergabeunterlagen zur Durchführung eines wettbewerblichen Dialogs beschreibt der öffentliche Auftraggeber seine Bedürfnisse und Anforderungen an die zu beschaffende Leistung. [2] Gleichzeitig nennt und erläutert er die hierbei zugrunde gelegten Zuschlagskriterien und legt einen vorläufigen Zeitrahmen für den Dialog fest.

(2) [1] Der öffentliche Auftraggeber fordert eine unbeschränkte Anzahl von Unternehmen im Rahmen eines Teilnahmewettbewerbs öffentlich zur Abgabe von Teilnahmeanträgen auf. [2] Jedes interessierte Unternehmen kann einen Teil-

nahmeantrag abgeben. [3] Mit dem Teilnahmeantrag übermitteln die Unternehmen die vom öffentlichen Auftraggeber geforderten Informationen für die Prüfung ihrer Eignung.

(3) Die Frist für den Eingang der Teilnahmeanträge beträgt mindestens 30 Tage, gerechnet ab dem Tag nach der Absendung der Auftragsbekanntmachung.

(4) [1] Nur diejenigen Unternehmen, die vom öffentlichen Auftraggeber nach Prüfung der übermittelten Informationen dazu aufgefordert werden, können am Dialog teilnehmen. [2] Der öffentliche Auftraggeber kann die Zahl geeigneter Bewerber, die zur Teilnahme am Dialog aufgefordert werden, gemäß § 51 begrenzen.

(5) [1] Der öffentliche Auftraggeber eröffnet mit den ausgewählten Unternehmen einen Dialog, in dem er ermittelt und festlegt, wie seine Bedürfnisse und Anforderungen am besten erfüllt werden können. [2] Dabei kann er mit den ausgewählten Unternehmen alle Aspekte des Auftrags erörtern. [3] Er sorgt dafür, dass alle Unternehmen bei dem Dialog gleichbehandelt werden, gibt Lösungsvorschläge oder vertrauliche Informationen eines Unternehmens nicht ohne dessen Zustimmung an die anderen Unternehmen weiter und verwendet diese nur im Rahmen des jeweiligen Vergabeverfahrens. [4] Eine solche Zustimmung darf nicht allgemein, sondern nur in Bezug auf die beabsichtigte Mitteilung bestimmter Informationen erteilt werden.

(6) [1] Der öffentliche Auftraggeber kann vorsehen, dass der Dialog in verschiedenen aufeinanderfolgenden Phasen geführt wird, sofern der öffentliche Auftraggeber darauf in der Auftragsbekanntmachung oder in den Vergabeunterlagen hingewiesen hat. [2] In jeder Dialogphase kann die Zahl der zu erörternden Lösungen anhand der vorgegebenen Zuschlagskriterien verringert werden. [3] Der öffentliche Auftraggeber hat die Unternehmen zu informieren, wenn deren Lösungen nicht für die folgende Dialogphase vorgesehen sind. [4] In der Schlussphase müssen noch so viele Lösungen vorliegen, dass der Wettbewerb gewährleistet ist, sofern ursprünglich eine ausreichende Anzahl von Lösungen oder geeigneten Bietern vorhanden war.

(7) [1] Der öffentliche Auftraggeber schließt den Dialog ab, wenn er die Lösungen ermittelt hat, mit denen die Bedürfnisse und Anforderungen an die zu beschaffende Leistung befriedigt werden können. [2] Die im Verfahren verbliebenen Teilnehmer sind hierüber zu informieren.

(8) [1] Nach Abschluss des Dialogs fordert der öffentliche Auftraggeber die Unternehmen auf, auf der Grundlage der eingereichten und in der Dialogphase näher ausgeführten Lösungen ihr endgültiges Angebot vorzulegen. [2] Die Angebote müssen alle Einzelheiten enthalten, die zur Ausführung des Projekts erforderlich sind. [3] Der öffentliche Auftraggeber kann Klarstellungen und Ergänzungen zu diesen Angeboten verlangen. [4] Diese Klarstellungen oder Ergänzungen dürfen nicht dazu führen, dass wesentliche Bestandteile des Angebots oder des öffentlichen Auftrags einschließlich der in der Auftragsbekanntmachung oder in den Vergabeunterlagen festgelegten Bedürfnisse und Anforderungen grundlegend geändert werden, wenn dadurch der Wettbewerb verzerrt wird oder andere am Verfahren beteiligte Unternehmen diskriminiert werden.

(9) [1] Der öffentliche Auftraggeber hat die Angebote anhand der in der Auftragsbekanntmachung oder den Vergabeunterlagen festgelegten Zuschlagskrite-

rien zu bewerten. [2]Der öffentliche Auftraggeber kann mit dem Unternehmen, dessen Angebot als das wirtschaftlichste ermittelt wurde, mit dem Ziel Verhandlungen führen, im Angebot enthaltene finanzielle Zusagen oder andere Bedingungen zu bestätigen, die in den Auftragsbedingungen abschließend festgelegt werden. [3]Dies darf nicht dazu führen, dass wesentliche Bestandteile des Angebots oder des öffentlichen Auftrags einschließlich der in der Auftragsbekanntmachung oder den Vergabeunterlagen festgelegten Bedürfnisse und Anforderungen grundlegend geändert werden, der Wettbewerb verzerrt wird oder andere am Verfahren beteiligte Unternehmen diskriminiert werden.

(10) Der öffentliche Auftraggeber kann Prämien oder Zahlungen an die Teilnehmer am Dialog vorsehen.

§ 19 Innovationspartnerschaft. (1) [1]Der öffentliche Auftraggeber kann für die Vergabe eines öffentlichen Auftrags eine Innovationspartnerschaft mit dem Ziel der Entwicklung einer innovativen Liefer- oder Dienstleistung und deren anschließenden Erwerb eingehen. [2]Der Beschaffungsbedarf, der der Innovationspartnerschaft zugrunde liegt, darf nicht durch auf dem Markt bereits verfügbare Liefer- oder Dienstleistungen befriedigt werden können. [3]Der öffentliche Auftraggeber beschreibt in der Auftragsbekanntmachung oder den Vergabeunterlagen die Nachfrage nach der innovativen Liefer- oder Dienstleistung. [4]Dabei ist anzugeben, welche Elemente dieser Beschreibung Mindestanforderungen darstellen. [5]Es sind Eignungskriterien vorzugeben, die die Fähigkeiten der Unternehmen auf dem Gebiet der Forschung und Entwicklung sowie die Ausarbeitung und Umsetzung innovativer Lösungen betreffen. [6]Die bereitgestellten Informationen müssen so genau sein, dass die Unternehmen Art und Umfang der geforderten Lösung erkennen und entscheiden können, ob sie eine Teilnahme an dem Verfahren beantragen.

(2) [1]Der öffentliche Auftraggeber fordert eine unbeschränkte Anzahl von Unternehmen im Rahmen eines Teilnahmewettbewerbs öffentlich zur Abgabe von Teilnahmeanträgen auf. [2]Jedes interessierte Unternehmen kann einen Teilnahmeantrag abgeben. [3]Mit dem Teilnahmeantrag übermitteln die Unternehmen die vom öffentlichen Auftraggeber geforderten Informationen für die Prüfung ihrer Eignung.

(3) Die Frist für den Eingang der Teilnahmeanträge beträgt mindestens 30 Tage, gerechnet ab dem Tag nach der Absendung der Auftragsbekanntmachung.

(4) [1]Nur diejenigen Unternehmen, die vom öffentlichen Auftraggeber infolge einer Bewertung der übermittelten Informationen dazu aufgefordert werden, können ein Angebot in Form von Forschungs- und Innovationsprojekten einreichen. [2]Der öffentliche Auftraggeber kann die Zahl geeigneter Bewerber, die zur Angebotsabgabe aufgefordert werden, gemäß § 51 begrenzen.

(5) [1]Der öffentliche Auftraggeber verhandelt mit den Bietern über die von ihnen eingereichten Erstangebote und alle Folgeangebote, mit Ausnahme der endgültigen Angebote, mit dem Ziel, die Angebote inhaltlich zu verbessern. [2]Dabei darf über den gesamten Auftragsinhalt verhandelt werden mit Ausnahme der vom öffentlichen Auftraggeber in den Vergabeunterlagen festgelegten Mindestanforderungen und Zuschlagskriterien. [3]Sofern der öffentliche Auftraggeber in der Auftragsbekanntmachung oder in den Vergabeunterlagen darauf hingewiesen hat, kann er die Verhandlungen in verschiedenen aufeinan-

derfolgenden Phasen abwickeln, um so die Zahl der Angebote, über die verhandelt wird, anhand der vorgegebenen Zuschlagskriterien zu verringern.

(6) [1] Der öffentliche Auftraggeber trägt dafür Sorge, dass alle Bieter bei den Verhandlungen gleichbehandelt werden. [2] Insbesondere enthält er sich jeder diskriminierenden Weitergabe von Informationen, durch die bestimmte Bieter gegenüber anderen begünstigt werden könnten. [3] Er unterrichtet alle Bieter, deren Angebote gemäß Absatz 5 nicht ausgeschieden wurden, in Textform nach § 126b des Bürgerlichen Gesetzbuchs über etwaige Änderungen der Anforderungen und sonstigen Informationen in den Vergabeunterlagen, die nicht die Festlegung der Mindestanforderungen betreffen. [4] Im Anschluss an solche Änderungen gewährt der öffentliche Auftraggeber den Bietern ausreichend Zeit, um ihre Angebote zu ändern und gegebenenfalls überarbeitete Angebote einzureichen. [5] Der öffentliche Auftraggeber darf vertrauliche Informationen eines an den Verhandlungen teilnehmenden Bieters nicht ohne dessen Zustimmung an die anderen Teilnehmer weitergeben. [6] Eine solche Zustimmung darf nicht allgemein, sondern nur in Bezug auf die beabsichtigte Mitteilung bestimmter Informationen erteilt werden. [7] Der öffentliche Auftraggeber muss in den Vergabeunterlagen die zum Schutz des geistigen Eigentums geltenden Vorkehrungen festlegen.

(7) [1] Die Innovationspartnerschaft wird durch Zuschlag auf Angebote eines oder mehrerer Bieter eingegangen. [2] Eine Erteilung des Zuschlags allein auf der Grundlage des niedrigsten Preises oder der niedrigsten Kosten ist ausgeschlossen. [3] Der öffentliche Auftraggeber kann eine Innovationspartnerschaft mit einem Partner oder mit mehreren Partnern, die getrennte Forschungs- und Entwicklungstätigkeiten durchführen, eingehen.

(8) [1] Die Innovationspartnerschaft wird entsprechend dem Forschungs- und Innovationsprozess in zwei aufeinanderfolgenden Phasen strukturiert:

1. einer Forschungs- und Entwicklungsphase, die die Herstellung von Prototypen oder die Entwicklung der Dienstleistung umfasst, und
2. einer Leistungsphase, in der die aus der Partnerschaft hervorgegangene Leistung erbracht wird.

[2] Die Phasen sind durch die Festlegung von Zwischenzielen zu untergliedern, bei deren Erreichen die Zahlung der Vergütung in angemessenen Teilbeträgen vereinbart wird. [3] Der öffentliche Auftraggeber stellt sicher, dass die Struktur der Partnerschaft und insbesondere die Dauer und der Wert der einzelnen Phasen den Innovationsgrad der vorgeschlagenen Lösung und der Abfolge der Forschungs- und Innovationstätigkeiten widerspiegeln. [4] Der geschätzte Wert der Liefer- oder Dienstleistung darf in Bezug auf die für ihre Entwicklung erforderlichen Investitionen nicht unverhältnismäßig sein.

(9) Auf der Grundlage der Zwischenziele kann der öffentliche Auftraggeber am Ende jedes Entwicklungsabschnitts entscheiden, ob er die Innovationspartnerschaft beendet oder, im Fall einer Innovationspartnerschaft mit mehreren Partnern, die Zahl der Partner durch die Kündigung einzelner Verträge reduziert, sofern der öffentliche Auftraggeber in der Auftragsbekanntmachung oder in den Vergabeunterlagen darauf hingewiesen hat, dass diese Möglichkeiten bestehen und unter welchen Umständen davon Gebrauch gemacht werden kann.

(10) Nach Abschluss der Forschungs- und Entwicklungsphase ist der öffentliche Auftraggeber zum anschließenden Erwerb der innovativen Liefer- oder

Dienstleistung nur dann verpflichtet, wenn das bei Eingehung der Innovationspartnerschaft festgelegte Leistungsniveau und die Kostenobergrenze eingehalten werden.

§ 20 Angemessene Fristsetzung; Pflicht zur Fristverlängerung.

(1) ¹Bei der Festlegung der Fristen für den Eingang der Angebote und der Teilnahmeanträge nach den §§ 15 bis 19 sind die Komplexität der Leistung und die Zeit für die Ausarbeitung der Angebote angemessen zu berücksichtigen. ²§ 38 Absatz 3 bleibt unberührt.

(2) Können Angebote nur nach einer Besichtigung am Ort der Leistungserbringung oder nach Einsichtnahme in die Anlagen zu den Vergabeunterlagen vor Ort beim öffentlichen Auftraggeber erstellt werden, so sind die Angebotsfristen so festzulegen, dass alle Unternehmen von allen Informationen, die für die Erstellung des Angebots erforderlich sind, unter gewöhnlichen Umständen Kenntnis nehmen können.

(3) ¹Die Angebotsfristen sind, abgesehen von den in § 41 Absatz 2 und 3 geregelten Fällen, zu verlängern,

1. wenn zusätzliche Informationen trotz rechtzeitiger Anforderung durch ein Unternehmen nicht spätestens sechs Tage vor Ablauf der Angebotsfrist zur Verfügung gestellt werden; in den Fällen des § 15 Absatz 3, § 16 Absatz 7 oder § 17 Absatz 8 beträgt dieser Zeitraum vier Tage, oder

2. wenn der öffentliche Auftraggeber wesentliche Änderungen an den Vergabeunterlagen vornimmt.

²Die Fristverlängerung muss in einem angemessenen Verhältnis zur Bedeutung der Information oder Änderung stehen und gewährleisten, dass alle Unternehmen Kenntnis von den Informationen oder Änderungen nehmen können. ³Dies gilt nicht, wenn die Information oder Änderung für die Erstellung des Angebots unerheblich ist oder die Information nicht rechtzeitig angefordert wurde.

Unterabschnitt 2. Besondere Methoden und Instrumente in Vergabeverfahren

§ 21 Rahmenvereinbarungen. (1) ¹Der Abschluss einer Rahmenvereinbarung erfolgt im Wege einer nach dieser Verordnung anwendbaren Verfahrensart. ²Das in Aussicht genommene Auftragsvolumen ist so genau wie möglich zu ermitteln und bekannt zu geben, braucht aber nicht abschließend festgelegt zu werden. ³Eine Rahmenvereinbarung darf nicht missbräuchlich oder in einer Art angewendet werden, die den Wettbewerb behindert, einschränkt oder verfälscht.

(2) ¹Auf einer Rahmenvereinbarung beruhende Einzelaufträge werden nach den Kriterien dieses Absatzes und der Absätze 3 bis 5 vergeben. ²Die Einzelauftragsvergabe erfolgt ausschließlich zwischen den in der Auftragsbekanntmachung oder der Aufforderung zur Interessensbestätigung genannten öffentlichen Auftraggebern und denjenigen Unternehmen, die zum Zeitpunkt des Abschlusses des Einzelauftrags Vertragspartei der Rahmenvereinbarung sind. ³Dabei dürfen keine wesentlichen Änderungen an den Bedingungen der Rahmenvereinbarung vorgenommen werden.

(3) [1] Wird eine Rahmenvereinbarung mit nur einem Unternehmen geschlossen, so werden die auf dieser Rahmenvereinbarung beruhenden Einzelaufträge entsprechend den Bedingungen der Rahmenvereinbarung vergeben. [2] Für die Vergabe der Einzelaufträge kann der öffentliche Auftraggeber das an der Rahmenvereinbarung beteiligte Unternehmen in Textform nach § 126b des Bürgerlichen Gesetzbuchs auffordern, sein Angebot erforderlichenfalls zu vervollständigen.

(4) Wird eine Rahmenvereinbarung mit mehr als einem Unternehmen geschlossen, werden die Einzelaufträge wie folgt vergeben:

1. gemäß den Bedingungen der Rahmenvereinbarung ohne erneutes Vergabeverfahren, wenn in der Rahmenvereinbarung alle Bedingungen für die Erbringung der Leistung sowie die objektiven Bedingungen für die Auswahl der Unternehmen festgelegt sind, die sie als Partei der Rahmenvereinbarung ausführen werden; die letztgenannten Bedingungen sind in der Auftragsbekanntmachung oder den Vergabeunterlagen für die Rahmenvereinbarung zu nennen;

2. wenn in der Rahmenvereinbarung alle Bedingungen für die Erbringung der Leistung festgelegt sind, teilweise ohne erneutes Vergabeverfahren gemäß Nummer 1 und teilweise mit erneutem Vergabeverfahren zwischen den Unternehmen, die Partei der Rahmenvereinbarung sind, gemäß Nummer 3, wenn diese Möglichkeit in der Auftragsbekanntmachung oder den Vergabeunterlagen für die Rahmenvereinbarung durch die öffentlichen Auftraggeber festgelegt ist; die Entscheidung, ob bestimmte Liefer- oder Dienstleistungen nach erneutem Vergabeverfahren oder direkt entsprechend den Bedingungen der Rahmenvereinbarung beschafft werden sollen, wird nach objektiven Kriterien getroffen, die in der Auftragsbekanntmachung oder den Vergabeunterlagen für die Rahmenvereinbarung festgelegt sind; in der Auftragsbekanntmachung oder den Vergabeunterlagen ist außerdem festzulegen, welche Bedingungen einem erneuten Vergabeverfahren unterliegen können; diese Möglichkeiten gelten auch für jedes Los einer Rahmenvereinbarung, für das alle Bedingungen für die Erbringung der Leistung in der Rahmenvereinbarung festgelegt sind, ungeachtet dessen, ob alle Bedingungen für die Erbringung einer Leistung für andere Lose festgelegt wurden; oder

3. sofern nicht alle Bedingungen zur Erbringung der Leistung in der Rahmenvereinbarung festgelegt sind, mittels eines erneuten Vergabeverfahrens zwischen den Unternehmen, die Parteien der Rahmenvereinbarung sind.

(5) Die in Absatz 4 Nummer 2 und 3 genannten Vergabeverfahren beruhen auf denselben Bedingungen wie der Abschluss der Rahmenvereinbarung und erforderlichenfalls auf genauer formulierten Bedingungen sowie gegebenenfalls auf weiteren Bedingungen, die in der Auftragsbekanntmachung oder den Vergabeunterlagen für die Rahmenvereinbarung in Übereinstimmung mit dem folgenden Verfahren genannt werden:

1. vor Vergabe jedes Einzelauftrags konsultiert der öffentliche Auftraggeber in Textform nach § 126b des Bürgerlichen Gesetzbuchs die Unternehmen, die in der Lage sind, den Auftrag auszuführen,

2. der öffentliche Auftraggeber setzt eine ausreichende Frist für die Abgabe der Angebote für jeden Einzelauftrag fest; dabei berücksichtigt er unter anderem die Komplexität des Auftragsgegenstands und die für die Übermittlung der Angebote erforderliche Zeit,

3. die Angebote sind in Textform nach § 126b des Bürgerlichen Gesetzbuchs einzureichen und dürfen bis zum Ablauf der Einreichungsfrist nicht geöffnet werden,

4. der öffentliche Auftraggeber vergibt die Einzelaufträge an den Bieter, der auf der Grundlage der in der Auftragsbekanntmachung oder den Vergabeunterlagen für die Rahmenvereinbarung genannten Zuschlagskriterien das jeweils wirtschaftlichste Angebot vorgelegt hat.

(6) Die Laufzeit einer Rahmenvereinbarung darf höchstens vier Jahre betragen, es sei denn, es liegt ein im Gegenstand der Rahmenvereinbarung begründeter Sonderfall vor.

§ 22 Grundsätze für den Betrieb dynamischer Beschaffungssysteme.

(1) Der öffentliche Auftraggeber kann für die Beschaffung marktüblicher Leistungen ein dynamisches Beschaffungssystem nutzen.

(2) Bei der Auftragsvergabe über ein dynamisches Beschaffungssystem befolgt der öffentliche Auftraggeber die Vorschriften für das nicht offene Verfahren.

(3) [1] Ein dynamisches Beschaffungssystem wird ausschließlich mithilfe elektronischer Mittel eingerichtet und betrieben. [2] Die §§ 11 und 12 finden Anwendung.

(4) [1] Ein dynamisches Beschaffungssystem steht im gesamten Zeitraum seiner Einrichtung allen Bietern offen, die die im jeweiligen Vergabeverfahren festgelegten Eignungskriterien erfüllen. [2] Die Zahl der zum dynamischen Beschaffungssystem zugelassenen Bewerber darf nicht begrenzt werden.

(5) Der Zugang zu einem dynamischen Beschaffungssystem ist für alle Unternehmen kostenlos.

§ 23 Betrieb eines dynamischen Beschaffungssystems. (1) Der öffentliche Auftraggeber gibt in der Auftragsbekanntmachung an, dass er ein dynamisches Beschaffungssystem nutzt und für welchen Zeitraum es betrieben wird.

(2) Der öffentliche Auftraggeber informiert die Europäische Kommission wie folgt über eine Änderung der Gültigkeitsdauer:

1. Wird die Gültigkeitsdauer ohne Einstellung des dynamischen Beschaffungssystems geändert, ist das Muster gemäß Anhang II der Durchführungsverordnung (EU) 2015/1986 der Kommission vom 11. November 2015 zur Einführung von Standardformularen für die Veröffentlichung von Vergabebekanntmachungen für öffentliche Aufträge und zur Aufhebung der Durchführungsverordnung (EU) Nr. 842/2011 (ABl. L 296 vom 12.11.2015, S. 1) in der jeweils geltenden Fassung zu verwenden.

2. Wird das dynamische Beschaffungssystem eingestellt, ist das Muster gemäß Anhang III der Durchführungsverordnung (EU) 2015/1986 zu verwenden.

(3) In den Vergabeunterlagen sind mindestens die Art und die geschätzte Menge der zu beschaffenden Leistung sowie alle erforderlichen Daten des dynamischen Beschaffungssystems anzugeben.

(4) [1] In den Vergabeunterlagen ist anzugeben, ob ein dynamisches Beschaffungssystem in Kategorien von Leistungen untergliedert wurde. [2] Gegebenenfalls sind die objektiven Merkmale jeder Kategorie anzugeben.

(5) Hat ein öffentlicher Auftraggeber ein dynamisches Beschaffungssystem in Kategorien von Leistungen untergliedert, legt er für jede Kategorie die Eignungskriterien gesondert fest.

(6) [1] § 16 Absatz 4 und § 51 Absatz 1 finden mit der Maßgabe Anwendung, dass die zugelassenen Bewerber für jede einzelne, über ein dynamisches Beschaffungssystem stattfindende Auftragsvergabe gesondert zur Angebotsabgabe aufzufordern sind. [2] Wurde ein dynamisches Beschaffungssystem in Kategorien von Leistungen untergliedert, werden jeweils alle für die einem konkreten Auftrag entsprechende Kategorie zugelassenen Bewerber aufgefordert, ein Angebot zu unterbreiten.

§ 24 Fristen beim Betrieb dynamischer Beschaffungssysteme.

(1) Abweichend von § 16 gelten bei der Nutzung eines dynamischen Beschaffungssystems die Bestimmungen der Absätze 2 bis 5.

(2) [1] Die Mindestfrist für den Eingang der Teilnahmeanträge beträgt 30 Tage, gerechnet ab dem Tag nach der Absendung der Auftragsbekanntmachung, oder im Falle einer Vorinformation nach § 38 Absatz 4 nach der Absendung der Aufforderung zur Interessensbestätigung. [2] Sobald die Aufforderung zur Angebotsabgabe für die erste einzelne Auftragsvergabe im Rahmen eines dynamischen Beschaffungssystems abgesandt worden ist, gelten keine weiteren Fristen für den Eingang der Teilnahmeanträge.

(3) [1] Der öffentliche Auftraggeber bewertet den Antrag eines Unternehmens auf Teilnahme an einem dynamischen Beschaffungssystem unter Zugrundelegung der Eignungskriterien innerhalb von zehn Arbeitstagen nach dessen Eingang. [2] In begründeten Einzelfällen, insbesondere wenn Unterlagen geprüft werden müssen oder um auf sonstige Art und Weise zu überprüfen, ob die Eignungskriterien erfüllt sind, kann die Frist auf 15 Arbeitstage verlängert werden. [3] Wurde die Aufforderung zur Angebotsabgabe für die erste einzelne Auftragsvergabe im Rahmen eines dynamischen Beschaffungssystems noch nicht versandt, kann der öffentliche Auftraggeber die Frist verlängern, sofern während der verlängerten Frist keine Aufforderung zur Angebotsabgabe versandt wird. [4] Die Fristverlängerung ist in den Vergabeunterlagen anzugeben. [5] Jedes Unternehmen wird unverzüglich darüber informiert, ob es zur Teilnahme an einem dynamischen Beschaffungssystem zugelassen wurde oder nicht.

(4) [1] Die Frist für den Eingang der Angebote beträgt mindestens zehn Tage, gerechnet ab dem Tag nach der Absendung der Aufforderung zur Angebotsabgabe. [2] § 16 Absatz 6 findet Anwendung.

(5) [1] Der öffentliche Auftraggeber kann von den zu einem dynamischen Beschaffungssystem zugelassenen Bewerbern jederzeit verlangen, innerhalb von fünf Arbeitstagen nach Übermittlung der Aufforderung zur Angebotsabgabe eine erneute und aktualisierte Einheitliche Europäische Eigenerklärung nach § 48 Absatz 3 einzureichen. [2] § 48 Absatz 3 bis 6 findet Anwendung.

§ 25 Grundsätze für die Durchführung elektronischer Auktionen.

(1) [1] Der öffentliche Auftraggeber kann im Rahmen eines offenen, eines nicht offenen oder eines Verhandlungsverfahrens vor der Zuschlagserteilung eine elektronische Auktion durchführen, sofern der Inhalt der Vergabeunterlagen hinreichend präzise beschrieben und die Leistung mithilfe automatischer Bewertungsmethoden eingestuft werden kann. [2] Geistig-schöpferische Leistun-

gen können nicht Gegenstand elektronischer Auktionen sein. [3] Der elektronischen Auktion hat eine vollständige erste Bewertung aller Angebote anhand der Zuschlagskriterien und der jeweils dafür festgelegten Gewichtung vorauszugehen. [4] Die Sätze 1 und 2 gelten entsprechend bei einem erneuten Vergabeverfahren zwischen den Parteien einer Rahmenvereinbarung nach § 21 und bei einem erneuten Vergabeverfahren während der Laufzeit eines dynamischen Beschaffungssystems nach § 22. [5] Eine elektronische Auktion kann mehrere, aufeinanderfolgende Phasen umfassen.

(2) [1] Im Rahmen der elektronischen Auktion werden die Angebote mittels festgelegter Methoden elektronisch bewertet und automatisch in eine Rangfolge gebracht. [2] Die sich schrittweise wiederholende, elektronische Bewertung der Angebote beruht auf

1. neuen, nach unten korrigierten Preisen, wenn der Zuschlag allein aufgrund des Preises erfolgt, oder

2. neuen, nach unten korrigierten Preisen oder neuen, auf bestimmte Angebotskomponenten abstellenden Werten, wenn das Angebot mit dem besten Preis-Leistungs-Verhältnis oder, bei Verwendung eines Kosten-Wirksamkeits-Ansatzes, mit den niedrigsten Kosten den Zuschlag erhält.

(3) [1] Die Bewertungsmethoden werden mittels einer mathematischen Formel definiert und in der Aufforderung zur Teilnahme an der elektronischen Auktion bekanntgemacht. [2] Wird der Zuschlag nicht allein aufgrund des Preises erteilt, muss aus der mathematischen Formel auch die Gewichtung aller Angebotskomponenten nach Absatz 2 Nummer 2 hervorgehen. [3] Sind Nebenangebote zugelassen, ist für diese ebenfalls eine mathematische Formel bekanntzumachen.

(4) Angebotskomponenten nach Absatz 2 Nummer 2 müssen numerisch oder prozentual beschrieben werden.

§ 26 Durchführung elektronischer Auktionen. (1) Der öffentliche Auftraggeber kündigt in der Auftragsbekanntmachung oder in der Aufforderung zur Interessensbestätigung an, dass er eine elektronische Auktion durchführt.

(2) Die Vergabeunterlagen müssen mindestens folgende Angaben enthalten:

1. alle Angebotskomponenten, deren Werte Grundlage der automatischen Neureihung der Angebote sein werden,

2. gegebenenfalls die Obergrenzen der Werte nach Nummer 1, wie sie sich aus den technischen Spezifikationen ergeben,

3. eine Auflistung aller Daten, die den Bietern während der elektronischen Auktion zur Verfügung gestellt werden,

4. den Termin, an dem die Daten nach Nummer 3 den Bietern zur Verfügung gestellt werden,

5. alle für den Ablauf der elektronischen Auktion relevanten Daten und

6. die Bedingungen, unter denen die Bieter während der elektronischen Auktion Gebote abgeben können, insbesondere die Mindestabstände zwischen den der automatischen Neureihung der Angebote zugrunde liegenden Preisen oder Werten.

(3) [1] Der öffentliche Auftraggeber fordert alle Bieter, die zulässige Angebote unterbreitet haben, gleichzeitig zur Teilnahme an der elektronischen Auktion auf. [2] Ab dem genannten Zeitpunkt ist die Internetverbindung gemäß den in

der Aufforderung zur Teilnahme an der elektronischen Auktion genannten Anweisungen zu nutzen. [3]Der Aufforderung zur Teilnahme an der elektronischen Auktion ist jeweils das Ergebnis der vollständigen Bewertung des betreffenden Angebots nach § 25 Absatz 1 Satz 3 beizufügen.

(4) Eine elektronische Auktion darf frühestens zwei Arbeitstage nach der Versendung der Aufforderung zur Teilnahme gemäß Absatz 3 beginnen.

(5) [1]Der öffentliche Auftraggeber teilt allen Bietern im Laufe einer jeden Phase der elektronischen Auktion unverzüglich zumindest den jeweiligen Rang ihres Angebots innerhalb der Reihenfolge aller Angebote mit. [2]Er kann den Bietern weitere Daten nach Absatz 2 Nummer 3 zur Verfügung stellen. [3]Die Identität der Bieter darf in keiner Phase einer elektronischen Auktion offengelegt werden.

(6) Der Zeitpunkt des Beginns und des Abschlusses einer jeden Phase ist in der Aufforderung zur Teilnahme an einer elektronischen Auktion ebenso anzugeben wie gegebenenfalls die Zeit, die jeweils nach Eingang der letzten neuen Preise oder Werte nach § 25 Absatz 2 Satz 2 Nummer 1 und 2 vergangen sein muss, bevor eine Phase einer elektronischen Auktion abgeschlossen wird.

(7) Eine elektronische Auktion wird abgeschlossen, wenn

1. der vorher festgelegte und in der Aufforderung zur Teilnahme an einer elektronischen Auktion bekanntgemachte Zeitpunkt erreicht ist,

2. von den Bietern keine neuen Preise oder Werte nach § 25 Absatz 2 Satz 2 Nummer 1 und 2 mitgeteilt werden, die die Anforderungen an Mindestabstände nach Absatz 2 Nummer 6 erfüllen, und die vor Beginn der elektronischen Auktion bekanntgemachte Zeit, die zwischen dem Eingang der letzten neuen Preise oder Werte und dem Abschluss der elektronischen Auktion vergangen sein muss, abgelaufen ist oder

3. die letzte Phase einer elektronischen Auktion abgeschlossen ist.

(8) Der Zuschlag wird nach Abschluss einer elektronischen Auktion entsprechend ihrem Ergebnis mitgeteilt.

§ 27 Elektronische Kataloge. (1) [1]Der öffentliche Auftraggeber kann festlegen, dass Angebote in Form eines elektronischen Katalogs einzureichen sind oder einen elektronischen Katalog beinhalten müssen. [2]Angeboten, die in Form eines elektronischen Katalogs eingereicht werden, können weitere Unterlagen beigefügt werden.

(2) Akzeptiert der öffentliche Auftraggeber Angebote in Form eines elektronischen Katalogs oder schreibt der öffentliche Auftraggeber vor, dass Angebote in Form eines elektronischen Katalogs einzureichen sind, so weist er in der Auftragsbekanntmachung oder in der Aufforderung zur Interessensbestätigung darauf hin.

(3) Schließt der öffentliche Auftraggeber mit einem oder mehreren Unternehmen eine Rahmenvereinbarung im Anschluss an die Einreichung der Angebote in Form eines elektronischen Katalogs, kann er vorschreiben, dass ein erneutes Vergabeverfahren für Einzelaufträge auf der Grundlage aktualisierter elektronischer Kataloge erfolgt, indem er

1. die Bieter auffordert, ihre elektronischen Kataloge an die Anforderungen des zu vergebenden Einzelauftrages anzupassen und erneut einzureichen, oder

2. die Bieter informiert, dass er den bereits eingereichten elektronischen Katalogen zu einem bestimmten Zeitpunkt die Daten entnimmt, die erforderlich sind, um Angebote zu erstellen, die den Anforderungen des zu vergebenden Einzelauftrags entsprechen; dieses Verfahren ist in der Auftragsbekanntmachung oder den Vergabeunterlagen für den Abschluss einer Rahmenvereinbarung anzukündigen; der Bieter kann diese Methode der Datenerhebung ablehnen.

(4) Hat der öffentliche Auftraggeber gemäß Absatz 3 Nummer 2 bereits eingereichten elektronischen Katalogen selbstständig Daten zur Angebotserstellung entnommen, legt er jedem Bieter die gesammelten Daten vor der Erteilung des Zuschlags vor, sodass dieser die Möglichkeit zum Einspruch oder zur Bestätigung hat, dass das Angebot keine materiellen Fehler enthält.

Unterabschnitt 3. Vorbereitung des Vergabeverfahrens

§ 28 Markterkundung. (1) Vor der Einleitung eines Vergabeverfahrens darf der öffentliche Auftraggeber Markterkundungen zur Vorbereitung der Auftragsvergabe und zur Unterrichtung der Unternehmen über seine Auftragsvergabepläne und -anforderungen durchführen.

(2) Die Durchführung von Vergabeverfahren lediglich zur Markterkundung und zum Zwecke der Kosten- oder Preisermittlung ist unzulässig.

§ 29 Vergabeunterlagen. (1) [1] Die Vergabeunterlagen umfassen alle Angaben, die erforderlich sind, um dem Bewerber oder Bieter eine Entscheidung zur Teilnahme am Vergabeverfahren zu ermöglichen. [2] Sie bestehen in der Regel aus

1. dem Anschreiben, insbesondere der Aufforderung zur Abgabe von Teilnahmeanträgen oder Angeboten oder Begleitschreiben für die Abgabe der angeforderten Unterlagen,

2. der Beschreibung der Einzelheiten der Durchführung des Verfahrens (Bewerbungsbedingungen), einschließlich der Angabe der Eignungs- und Zuschlagskriterien, sofern nicht bereits in der Auftragsbekanntmachung genannt, und

3. den Vertragsunterlagen, die aus der Leistungsbeschreibung und den Vertragsbedingungen bestehen.

(2) [1] Der Teil B der Vergabe- und Vertragsordnung für Leistungen[1] in der Fassung der Bekanntmachung vom 5. August 2003 (BAnz. Nr. 178a) ist in der Regel in den Vertrag einzubeziehen. [2] Dies gilt nicht für die Vergabe von Aufträgen, die im Rahmen einer freiberuflichen Tätigkeit erbracht oder im Wettbewerb mit freiberuflich Tätigen angeboten werden und deren Gegenstand eine Aufgabe ist, deren Lösung nicht vorab eindeutig und erschöpfend beschrieben werden kann.

§ 30 Aufteilung nach Losen. (1) [1] Unbeschadet des § 97 Absatz 4 des Gesetzes gegen Wettbewerbsbeschränkungen[2] kann der öffentliche Auftraggeber festlegen, ob die Angebote nur für ein Los, für mehrere oder für alle Lose eingereicht werden dürfen. [2] Er kann, auch wenn Angebote für mehrere oder

---

[1] Nr. 14.
[2] Nr. 1.

alle Lose eingereicht werden dürfen, die Zahl der Lose auf eine Höchstzahl beschränken, für die ein einzelner Bieter den Zuschlag erhalten kann.

(2) [1] Der öffentliche Auftraggeber gibt die Vorgaben nach Absatz 1 in der Auftragsbekanntmachung oder der Aufforderung zur Interessensbestätigung bekannt. [2] Er gibt die objektiven und nichtdiskriminierenden Kriterien in den Vergabeunterlagen an, die er bei der Vergabe von Losen anzuwenden beabsichtigt, wenn die Anwendung der Zuschlagskriterien dazu führen würde, dass ein einzelner Bieter den Zuschlag für eine größere Zahl von Losen als die Höchstzahl erhält.

(3) In Fällen, in denen ein einziger Bieter den Zuschlag für mehr als ein Los erhalten kann, kann der öffentliche Auftraggeber Aufträge über mehrere oder alle Lose vergeben, wenn er in der Auftragsbekanntmachung oder in der Aufforderung zur Interessensbestätigung angegeben hat, dass er sich diese Möglichkeit vorbehält und die Lose oder Losgruppen angibt, die kombiniert werden können.

§ 31 Leistungsbeschreibung. (1) Der öffentliche Auftraggeber fasst die Leistungsbeschreibung (§ 121 des Gesetzes gegen Wettbewerbsbeschränkungen[1]) in einer Weise, dass sie allen Unternehmen den gleichen Zugang zum Vergabeverfahren gewährt und die Öffnung des nationalen Beschaffungsmarkts für den Wettbewerb nicht in ungerechtfertigter Weise behindert.

(2) [1] In der Leistungsbeschreibung sind die Merkmale des Auftragsgegenstands zu beschreiben:

1. in Form von Leistungs- oder Funktionsanforderungen oder einer Beschreibung der zu lösenden Aufgabe, die so genau wie möglich zu fassen sind, dass sie ein klares Bild vom Auftragsgegenstand vermitteln und hinreichend vergleichbare Angebote erwarten lassen, die dem öffentlichen Auftraggeber die Erteilung des Zuschlags ermöglichen,

2. unter Bezugnahme auf die in Anlage 1 definierten technischen Anforderungen in der Rangfolge:

   a) nationale Normen, mit denen europäische Normen umgesetzt werden,

   b) Europäische Technische Bewertungen,

   c) gemeinsame technische Spezifikationen,

   d) internationale Normen und andere technische Bezugssysteme, die von den europäischen Normungsgremien erarbeitet wurden oder,

   e) falls solche Normen und Spezifikationen fehlen, nationale Normen, nationale technische Zulassungen oder nationale technische Spezifikationen für die Planung, Berechnung und Ausführung von Bauwerken und den Einsatz von Produkten oder

3. als Kombination von den Nummern 1 und 2

   a) in Form von Leistungs- oder Funktionsanforderungen unter Bezugnahme auf die technischen Anforderungen gemäß Nummer 2 als Mittel zur Vermutung der Konformität mit diesen Leistungs- und Funktionsanforderungen oder

   b) mit Bezugnahme auf die technischen Anforderungen gemäß Nummer 2 hinsichtlich bestimmter Merkmale und mit Bezugnahme auf die Leis-

---

[1] Nr. 1.

tungs- und Funktionsanforderungen gemäß Nummer 1 hinsichtlich anderer Merkmale.

[2] Jede Bezugnahme auf eine Anforderung nach Nummer 2 Buchstabe a bis e ist mit dem Zusatz „oder gleichwertig" zu versehen.

(3) [1] Die Merkmale können auch Aspekte der Qualität und der Innovation sowie soziale und umweltbezogene Aspekte betreffen. [2] Sie können sich auch auf den Prozess oder die Methode zur Herstellung oder Erbringung der Leistung oder auf ein anderes Stadium im Lebenszyklus des Auftragsgegenstands einschließlich der Produktions- und Lieferkette beziehen, auch wenn derartige Faktoren keine materiellen Bestandteile der Leistung sind, sofern diese Merkmale in Verbindung mit dem Auftragsgegenstand stehen und zu dessen Wert und Beschaffungszielen verhältnismäßig sind.

(4) In der Leistungsbeschreibung kann ferner festgelegt werden, ob Rechte des geistigen Eigentums übertragen oder dem öffentlichen Auftraggeber daran Nutzungsrechte eingeräumt werden müssen.

(5) Werden verpflichtende Zugänglichkeitserfordernisse im Sinne des § 121 Absatz 2 des Gesetzes gegen Wettbewerbsbeschränkungen[1] mit einem Rechtsakt der Europäischen Union erlassen, so muss die Leistungsbeschreibung, soweit die Kriterien der Zugänglichkeit für Menschen mit Behinderungen oder der Konzeption für alle Nutzer betroffen sind, darauf Bezug nehmen.

(6) [1] In der Leistungsbeschreibung darf nicht auf eine bestimmte Produktion oder Herkunft oder ein besonderes Verfahren, das die Erzeugnisse oder Dienstleistungen eines bestimmten Unternehmens kennzeichnet, oder auf gewerbliche Schutzrechte, Typen oder einen bestimmten Ursprung verwiesen werden, wenn dadurch bestimmte Unternehmen oder bestimmte Produkte begünstigt oder ausgeschlossen werden, es sei denn, dieser Verweis ist durch den Auftragsgegenstand gerechtfertigt. [2] Solche Verweise sind ausnahmsweise zulässig, wenn der Auftragsgegenstand anderenfalls nicht hinreichend genau und allgemein verständlich beschrieben werden kann; diese Verweise sind mit dem Zusatz „oder gleichwertig" zu versehen.

§ 32 Technische Anforderungen. (1) Verweist der öffentliche Auftraggeber in der Leistungsbeschreibung auf technische Anforderungen nach § 31 Absatz 2 Nummer 2, so darf er ein Angebot nicht mit der Begründung ablehnen, dass die angebotenen Liefer- und Dienstleistungen nicht den von ihm herangezogenen technischen Anforderungen der Leistungsbeschreibung entsprechen, wenn das Unternehmen in seinem Angebot dem öffentlichen Auftraggeber mit geeigneten Mitteln nachweist, dass die vom Unternehmen vorgeschlagenen Lösungen diesen technischen Anforderungen gleichermaßen entsprechen.

(2) [1] Enthält die Leistungsbeschreibung Leistungs- oder Funktionsanforderungen, so darf der öffentliche Auftraggeber ein Angebot nicht ablehnen, wenn diese Anforderungen die von ihm geforderten Leistungs- oder Funktionsanforderungen betreffen und das Angebot Folgendem entspricht:

1. einer nationalen Norm, mit der eine europäische Norm umgesetzt wird,

2. einer Europäischen Technischen Bewertung,

3. einer gemeinsamen technischen Spezifikation,

---

[1] Nr. 1.

4. einer internationalen Norm oder

5. einem technischen Bezugssystem, das von den europäischen Normungsgremien erarbeitet wurde.

[2] Das Unternehmen muss in seinem Angebot belegen, dass die jeweilige der Norm entsprechende Liefer- oder Dienstleistung den Leistungs- oder Funktionsanforderungen des öffentlichen Auftraggebers entspricht. [3] Belege können insbesondere eine technische Beschreibung des Herstellers oder ein Prüfbericht einer anerkannten Stelle sein.

§ 33 Nachweisführung durch Bescheinigungen von Konformitätsbewertungsstellen. (1) [1] Als Beleg dafür, dass eine Liefer- oder Dienstleistung bestimmten, in der Leistungsbeschreibung geforderten Merkmalen entspricht, kann der öffentliche Auftraggeber die Vorlage von Bescheinigungen, insbesondere Testberichten oder Zertifizierungen, einer Konformitätsbewertungsstelle verlangen. [2] Wird die Vorlage einer Bescheinigung einer bestimmten Konformitätsbewertungsstelle verlangt, hat der öffentliche Auftraggeber auch Beschenigungen gleichwertiger anderer Konformitätsbewertungsstellen zu akzeptieren.

(2) [1] Der öffentliche Auftraggeber akzeptiert auch andere als die in Absatz 1 genannten geeigneten Unterlagen, insbesondere ein technisches Dossier des Herstellers, wenn das Unternehmen keinen Zugang zu den in Absatz 1 genannten Bescheinigungen oder keine Möglichkeit hatte, diese innerhalb der einschlägigen Fristen einzuholen, sofern das Unternehmen den fehlenden Zugang nicht zu vertreten hat. [2] In den Fällen des Satzes 1 hat das Unternehmen durch die vorgelegten Unterlagen zu belegen, dass die von ihm zu erbringende Leistung die angegebenen Anforderungen erfüllt.

(3) Eine Konformitätsbewertungsstelle ist eine Stelle, die gemäß der Verordnung (EG) Nr. 765/2008 des Europäischen Parlaments und des Rates vom 9. Juli 2008 über die Vorschriften für die Akkreditierung und Marktüberwachung im Zusammenhang mit der Vermarktung von Produkten und zur Aufhebung der Verordnung (EWG) Nr. 339/93 des Rates (ABl. L 218 vom 13.8.2008, S. 30) akkreditiert ist und Konformitätsbewertungstätigkeiten durchführt.

§ 34 Nachweisführung durch Gütezeichen. (1) Als Beleg dafür, dass eine Liefer- oder Dienstleistung bestimmten, in der Leistungsbeschreibung geforderten Merkmalen entspricht, kann der öffentliche Auftraggeber die Vorlage von Gütezeichen nach Maßgabe der Absätze 2 bis 5 verlangen.

(2) Das Gütezeichen muss allen folgenden Bedingungen genügen:

1. Alle Anforderungen des Gütezeichens sind für die Bestimmung der Merkmale der Leistung geeignet und stehen mit dem Auftragsgegenstand nach § 31 Absatz 3 in Verbindung.

2. Die Anforderungen des Gütezeichens beruhen auf objektiv nachprüfbaren und nichtdiskriminierenden Kriterien.

3. Das Gütezeichen wurde im Rahmen eines offenen und transparenten Verfahrens entwickelt, an dem alle interessierten Kreise teilnehmen können.

4. Alle betroffenen Unternehmen haben Zugang zum Gütezeichen.

5. Die Anforderungen wurden von einem Dritten festgelegt, auf den das Unternehmen, das das Gütezeichen erwirbt, keinen maßgeblichen Einfluss ausüben konnte.

(3) Für den Fall, dass die Leistung nicht allen Anforderungen des Gütezeichens entsprechen muss, hat der öffentliche Auftraggeber die betreffenden Anforderungen anzugeben.

(4) Der öffentliche Auftraggeber muss andere Gütezeichen akzeptieren, die gleichwertige Anforderungen an die Leistung stellen.

(5) Hatte ein Unternehmen aus Gründen, die ihm nicht zugerechnet werden können, nachweislich keine Möglichkeit, das vom öffentlichen Auftraggeber angegebene oder ein gleichwertiges Gütezeichen innerhalb einer einschlägigen Frist zu erlangen, so muss der öffentliche Auftraggeber andere geeignete Belege akzeptieren, sofern das Unternehmen nachweist, dass die von ihm zu erbringende Leistung die Anforderungen des geforderten Gütezeichens oder die vom öffentlichen Auftraggeber angegebenen spezifischen Anforderungen erfüllt.

§ 35 Nebenangebote. (1) [1] Der öffentliche Auftraggeber kann Nebenangebote in der Auftragsbekanntmachung oder in der Aufforderung zur Interessensbestätigung zulassen oder vorschreiben. [2] Fehlt eine entsprechende Angabe, sind keine Nebenangebote zugelassen. [3] Nebenangebote müssen mit dem Auftragsgegenstand in Verbindung stehen.

(2) [1] Lässt der öffentliche Auftraggeber Nebenangebote zu oder schreibt er diese vor, legt er in den Vergabeunterlagen Mindestanforderungen fest und gibt an, in welcher Art und Weise Nebenangebote einzureichen sind. [2] Die Zuschlagskriterien sind gemäß § 127 Absatz 4 des Gesetzes gegen Wettbewerbsbeschränkungen[1] so festzulegen, dass sie sowohl auf Hauptangebote als auch auf Nebenangebote anwendbar sind. [3] Nebenangebote können auch zugelassen oder vorgeschrieben werden, wenn der Preis oder die Kosten das alleinige Zuschlagskriterium sind.

(3) [1] Der öffentliche Auftraggeber berücksichtigt nur Nebenangebote, die die Mindestanforderungen erfüllen. [2] Ein Nebenangebot darf nicht deshalb ausgeschlossen werden, weil es im Falle des Zuschlags zu einem Dienstleistungsauftrag anstelle eines Lieferauftrags oder zu einem Lieferauftrag anstelle eines Dienstleistungsauftrags führen würde.

§ 36 Unteraufträge. (1) [1] Der öffentliche Auftraggeber kann Unternehmen in der Auftragsbekanntmachung oder den Vergabeunterlagen auffordern, bei Angebotsabgabe die Teile des Auftrags, die sie im Wege der Unterauftragsvergabe an Dritte zu vergeben beabsichtigen, sowie, falls zumutbar, die vorgesehenen Unterauftragnehmer zu benennen. [2] Vor Zuschlagserteilung kann der öffentliche Auftraggeber von den Bietern, deren Angebote in die engere Wahl kommen, verlangen, die Unterauftragnehmer zu benennen und nachzuweisen, dass ihnen die erforderlichen Mittel dieser Unterauftragnehmer zur Verfügung stehen. [3] Wenn ein Bewerber oder Bieter die Vergabe eines Teils des Auftrags an einen Dritten im Wege der Unterauftragsvergabe beabsichtigt und sich zugleich im Hinblick auf seine Leistungsfähigkeit gemäß den §§ 45 und 46 auf die Kapazitäten dieses Dritten beruft, ist auch § 47 anzuwenden.

---

[1] Nr. 1.

(2) Die Haftung des Hauptauftragnehmers gegenüber dem öffentlichen Auftraggeber bleibt von Absatz 1 unberührt.

(3) [1] Bei der Vergabe von Dienstleistungsaufträgen, die in einer Einrichtung des öffentlichen Auftraggebers unter dessen direkter Aufsicht zu erbringen sind, schreibt der öffentliche Auftraggeber in den Vertragsbedingungen vor, dass der Auftragnehmer spätestens bei Beginn der Auftragsausführung die Namen, die Kontaktdaten und die gesetzlichen Vertreter seiner Unterauftragnehmer mitteilt und dass jede im Rahmen der Auftragsausführung eintretende Änderung auf der Ebene der Unterauftragnehmer mitzuteilen ist. [2] Der öffentliche Auftraggeber kann die Mitteilungspflichten nach Satz 1 auch als Vertragsbedingungen bei der Vergabe anderer Dienstleistungsaufträge oder bei der Vergabe von Lieferaufträgen vorsehen. [3] Des Weiteren können die Mitteilungspflichten auch auf Lieferanten, die an Dienstleistungsaufträgen beteiligt sind, sowie auf weitere Stufen in der Kette der Unterauftragnehmer ausgeweitet werden.

(4) Für Unterauftragnehmer aller Stufen gilt § 128 Absatz 1 des Gesetzes gegen Wettbewerbsbeschränkungen[1].

(5) [1] Der öffentliche Auftraggeber überprüft vor der Erteilung des Zuschlags, ob Gründe für den Ausschluss des Unterauftragnehmers vorliegen. [2] Bei Vorliegen zwingender Ausschlussgründe verlangt der öffentliche Auftraggeber die Ersetzung des Unterauftragnehmers. [3] Bei Vorliegen fakultativer Ausschlussgründe kann der öffentliche Auftraggeber verlangen, dass dieser ersetzt wird. [4] Der öffentliche Auftraggeber kann dem Bewerber oder Bieter dafür eine Frist setzen.

Unterabschnitt 4. Veröffentlichungen, Transparenz

§ 37 Auftragsbekanntmachung; Beschafferprofil. (1) [1] Der öffentliche Auftraggeber teilt seine Absicht, einen öffentlichen Auftrag zu vergeben oder eine Rahmenvereinbarung abzuschließen, in einer Auftragsbekanntmachung mit. [2] § 17 Absatz 5 und § 38 Absatz 4 bleiben unberührt.

(2) Die Auftragsbekanntmachung wird nach dem Muster gemäß Anhang II der Durchführungsverordnung (EU) 2015/1986 erstellt.

(3) Der öffentliche Auftraggeber benennt in der Auftragsbekanntmachung die Vergabekammer, an die sich die Unternehmen zur Nachprüfung geltend gemachter Vergabeverstöße wenden können.

(4) [1] Der öffentliche Auftraggeber kann im Internet zusätzlich ein Beschafferprofil einrichten. [2] Es enthält die Veröffentlichung von Vorinformationen, Angaben über geplante oder laufende Vergabeverfahren, über vergebene Aufträge oder aufgehobene Vergabeverfahren sowie alle sonstigen für die Auftragsvergabe relevanten Informationen wie zum Beispiel Kontaktstelle, Anschrift, E-Mail-Adresse, Telefon- und Telefaxnummer des öffentlichen Auftraggebers.

§ 38 Vorinformation. (1) Der öffentliche Auftraggeber kann die Absicht einer geplanten Auftragsvergabe mittels Veröffentlichung einer Vorinformation nach dem Muster gemäß Anhang I der Durchführungsverordnung (EU) 2015/1986 bekanntgeben.

(2) [1] Die Vorinformation kann an das Amt für Veröffentlichungen der Europäischen Union versandt oder im Beschafferprofil veröffentlicht werden. [2] Ver-

öffentlicht der öffentliche Auftraggeber eine Vorinformation im Beschafferprofil, übermittelt er die Mitteilung dieser Veröffentlichung dem Amt für Veröffentlichungen der Europäischen Union nach dem Muster gemäß Anhang VIII der Durchführungsverordnung (EU) 2015/1986.

(3) Hat der öffentliche Auftraggeber eine Vorinformation gemäß Absatz 1 veröffentlicht, kann die Mindestfrist für den Eingang von Angeboten im offenen Verfahren auf 15 Tage und im nicht offenen Verfahren oder Verhandlungsverfahren auf zehn Tage verkürzt werden, sofern

1. die Vorinformation alle nach Anhang I der Durchführungsverordnung (EU) 2015/1986 geforderten Informationen enthält, soweit diese zum Zeitpunkt der Veröffentlichung der Vorinformation vorlagen, und
2. die Vorinformation wenigstens 35 Tage und nicht mehr als zwölf Monate vor dem Tag der Absendung der Auftragsbekanntmachung zur Veröffentlichung an das Amt für Veröffentlichungen der Europäischen Union übermittelt wurde.

(4) [1] Mit Ausnahme oberster Bundesbehörden kann der öffentliche Auftraggeber im nicht offenen Verfahren oder im Verhandlungsverfahren auf eine Auftragsbekanntmachung nach § 37 Absatz 1 verzichten, sofern die Vorinformation

1. die Liefer- oder Dienstleistungen benennt, die Gegenstand des zu vergebenden Auftrages sein werden,
2. den Hinweis enthält, dass dieser Auftrag im nicht offenen Verfahren oder Verhandlungsverfahren ohne gesonderte Auftragsbekanntmachung vergeben wird,
3. die interessierten Unternehmen auffordert, ihr Interesse mitzuteilen (Interessensbekundung),
4. alle nach Anhang I der Durchführungsverordnung (EU) 2015/1986 geforderten Informationen enthält und
5. wenigstens 35 Tage und nicht mehr als zwölf Monate vor dem Zeitpunkt der Absendung der Aufforderung zur Interessensbestätigung veröffentlicht wird.

[2] Ungeachtet der Verpflichtung zur Veröffentlichung der Vorinformation können solche Vorinformationen zusätzlich in einem Beschafferprofil veröffentlicht werden.

(5) [1] Der öffentliche Auftraggeber fordert alle Unternehmen, die auf die Veröffentlichung einer Vorinformation nach Absatz 4 hin eine Interessensbekundung übermittelt haben, zur Bestätigung ihres Interesses an einer weiteren Teilnahme auf (Aufforderung zur Interessensbestätigung). [2] Mit der Aufforderung zur Interessensbestätigung wird der Teilnahmewettbewerb nach § 16 Absatz 1 und § 17 Absatz 1 eingeleitet. [3] Die Frist für den Eingang der Interessensbestätigung beträgt 30 Tage, gerechnet ab dem Tag nach der Absendung der Aufforderung zur Interessensbestätigung.

(6) Der von der Vorinformation abgedeckte Zeitraum beträgt höchstens zwölf Monate ab dem Datum der Übermittlung der Vorinformation an das Amt für Veröffentlichungen der Europäischen Union.

§ 39 Vergabebekanntmachung; Bekanntmachung über Auftragsänderungen. (1) Der öffentliche Auftraggeber übermittelt spätestens 30 Tage nach der Vergabe eines öffentlichen Auftrags oder nach dem Abschluss einer Rahmenvereinbarung eine Vergabebekanntmachung mit den Ergebnissen des Vergabeverfahrens an das Amt für Veröffentlichungen der Europäischen Union.

(2) Die Vergabebekanntmachung wird nach dem Muster gemäß Anhang III der Durchführungsverordnung (EU) 2015/1986 erstellt.

(3) Ist das Vergabeverfahren durch eine Vorinformation in Gang gesetzt worden und hat der öffentliche Auftraggeber beschlossen, keine weitere Auftragsvergabe während des Zeitraums vorzunehmen, der von der Vorinformation abgedeckt ist, muss die Vergabebekanntmachung einen entsprechenden Hinweis enthalten.

(4) ¹Die Vergabebekanntmachung umfasst die abgeschlossenen Rahmenvereinbarungen, aber nicht die auf ihrer Grundlage vergebenen Einzelaufträge. ²Bei Aufträgen, die im Rahmen eines dynamischen Beschaffungssystems vergeben werden, umfasst die Vergabebekanntmachung eine vierteljährliche Zusammenstellung der Einzelaufträge; die Zusammenstellung muss spätestens 30 Tage nach Quartalsende versendet werden.

(5) Auftragsänderungen gemäß § 132 Absatz 2 Nummer 2 und 3 des Gesetzes gegen Wettbewerbsbeschränkungen¹⁾ sind gemäß § 132 Absatz 5 des Gesetzes gegen Wettbewerbsbeschränkungen¹⁾ unter Verwendung des Musters gemäß Anhang XVII der Durchführungsverordnung (EU) 2015/1986 bekanntzumachen.

(6) Der öffentliche Auftraggeber ist nicht verpflichtet, einzelne Angaben zu veröffentlichen, wenn deren Veröffentlichung

1. den Gesetzesvollzug behindern,

2. dem öffentlichen Interesse zuwiderlaufen,

3. den berechtigten geschäftlichen Interessen eines Unternehmens schaden oder

4. den lauteren Wettbewerb zwischen Unternehmen beeinträchtigen

würde.

§ 40 Veröffentlichung von Bekanntmachungen. (1) ¹Auftragsbekanntmachungen, Vorinformationen, Vergabebekanntmachungen und Bekanntmachungen über Auftragsänderungen (Bekanntmachungen) sind dem Amt für Veröffentlichungen der Europäischen Union mit elektronischen Mitteln zu übermitteln. ²Der öffentliche Auftraggeber muss den Tag der Absendung nachweisen können.

(2) ¹Bekanntmachungen werden durch das Amt für Veröffentlichungen der Europäischen Union veröffentlicht. ²Als Nachweis der Veröffentlichung dient die Bestätigung der Veröffentlichung der übermittelten Informationen, die der öffentliche Auftraggeber vom Amt für Veröffentlichungen der Europäischen Union erhält.

(3) ¹Bekanntmachungen dürfen auf nationaler Ebene erst nach der Veröffentlichung durch das Amt für Veröffentlichungen der Europäischen Union oder 48 Stunden nach der Bestätigung über den Eingang der Bekanntmachung durch das Amt für Veröffentlichungen der Europäischen Union veröffentlicht werden. ²Die Veröffentlichung darf nur Angaben enthalten, die in den an das Amt für Veröffentlichungen der Europäischen Union übermittelten Bekannt-

---

¹⁾ Nr. 1.

machungen enthalten sind oder in einem Beschafferprofil veröffentlicht wurden. [3] In der nationalen Bekanntmachung ist der Tag der Übermittlung an das Amt für Veröffentlichungen der Europäischen Union oder der Tag der Veröffentlichung im Beschafferprofil anzugeben.

(4) Der öffentliche Auftraggeber kann auch Auftragsbekanntmachungen über öffentliche Liefer- oder Dienstleistungsaufträge, die nicht der Bekanntmachungspflicht unterliegen, an das Amt für Veröffentlichungen der Europäischen Union übermitteln.

§ 41 Bereitstellung der Vergabeunterlagen. (1) Der öffentliche Auftraggeber gibt in der Auftragsbekanntmachung oder der Aufforderung zur Interessensbestätigung eine elektronische Adresse an, unter der die Vergabeunterlagen unentgeltlich, uneingeschränkt, vollständig und direkt abgerufen werden können.

(2) [1] Der öffentliche Auftraggeber kann die Vergabeunterlagen auf einem anderen geeigneten Weg übermitteln, wenn die erforderlichen elektronischen Mittel zum Abruf der Vergabeunterlagen

1. aufgrund der besonderen Art der Auftragsvergabe nicht mit allgemein verfügbaren oder verbreiteten Geräten und Programmen der Informations- und Kommunikationstechnologie kompatibel sind,

2. Dateiformate zur Beschreibung der Angebote verwenden, die nicht mit allgemein verfügbaren oder verbreiteten Programmen verarbeitet werden können oder die durch andere als kostenlose und allgemein verfügbare Lizenzen geschützt sind, oder

3. die Verwendung von Bürogeräten voraussetzen, die dem öffentlichen Auftraggeber nicht allgemein zur Verfügung stehen.

[2] Die Angebotsfrist wird in diesen Fällen um fünf Tage verlängert, sofern nicht ein Fall hinreichend begründeter Dringlichkeit gemäß § 15 Absatz 3, § 16 Absatz 7 oder § 17 Absatz 8 vorliegt.

(3) [1] Der öffentliche Auftraggeber gibt in der Auftragsbekanntmachung oder in der Aufforderung zur Interessensbestätigung an, welche Maßnahmen er zum Schutz der Vertraulichkeit von Informationen anwendet und wie auf die Vergabeunterlagen zugegriffen werden kann. [2] Die Angebotsfrist wird in diesen Fällen um fünf Tage verlängert, es sei denn, die Maßnahme zum Schutz der Vertraulichkeit besteht ausschließlich in der Abgabe einer Verschwiegenheitserklärung oder es liegt ein Fall hinreichend begründeter Dringlichkeit gemäß § 15 Absatz 3, § 16 Absatz 7 oder § 17 Absatz 8 vor.

Unterabschnitt 5. Anforderungen an Unternehmen; Eignung

§ 42 Auswahl geeigneter Unternehmen; Ausschluss von Bewerbern und Bietern. (1) Der öffentliche Auftraggeber überprüft die Eignung der Bewerber oder Bieter anhand der nach § 122 des Gesetzes gegen Wettbewerbsbeschränkungen[1] festgelegten Eignungskriterien und das Nichtvorliegen von Ausschlussgründen nach den §§ 123 und 124 des Gesetzes gegen Wettbewerbsbeschränkungen[1] sowie gegebenenfalls Maßnahmen des Bewerbers oder Bieters zur Selbstreinigung nach § 125 des Gesetzes gegen Wettbewerbsbeschrän-

---

[1] Nr. 1.

kungen[1] und schließt gegebenenfalls Bewerber oder Bieter vom Vergabeverfahren aus.

(2) [1] Im nicht offenen Verfahren, im Verhandlungsverfahren mit Teilnahmewettbewerb, im wettbewerblichen Dialog und in der Innovationspartnerschaft
fordert der öffentliche Auftraggeber nur solche Bewerber zur Abgabe eines
Angebots auf, die ihre Eignung nachgewiesen haben und nicht ausgeschlossen
worden sind. [2] § 51 bleibt unberührt.

(3) Bei offenen Verfahren kann der öffentliche Auftraggeber entscheiden, ob
er die Angebotsprüfung vor der Eignungsprüfung durchführt.

§ 43 Rechtsform von Unternehmen und Bietergemeinschaften.

(1) [1] Bewerber oder Bieter, die gemäß den Rechtsvorschriften des Staates, in
dem sie niedergelassen sind, zur Erbringung der betreffenden Leistung berechtigt sind, dürfen nicht allein deshalb zurückgewiesen werden, weil sie gemäß
den deutschen Rechtsvorschriften eine natürliche oder juristische Person sein
müssten. [2] Juristische Personen können jedoch bei Dienstleistungsaufträgen
sowie bei Lieferaufträgen, die zusätzlich Dienstleistungen umfassen, verpflichtet
werden, in ihrem Antrag auf Teilnahme oder in ihrem Angebot die Namen
und die berufliche Befähigung der Personen anzugeben, die für die Erbringung
der Leistung als verantwortlich vorgesehen sind.

(2) [1] Bewerber- und Bietergemeinschaften sind wie Einzelbewerber und
-bieter zu behandeln. [2] Der öffentliche Auftraggeber darf nicht verlangen, dass
Gruppen von Unternehmen eine bestimmte Rechtsform haben müssen, um
einen Antrag auf Teilnahme zu stellen oder ein Angebot abzugeben. [3] Sofern
erforderlich kann der öffentliche Auftraggeber in den Vergabeunterlagen Bedingungen festlegen, wie Gruppen von Unternehmen die Eignungskriterien zu
erfüllen und den Auftrag auszuführen haben; solche Bedingungen müssen
durch sachliche Gründe gerechtfertigt und angemessen sein.

(3) Unbeschadet des Absatzes 2 kann der öffentliche Auftraggeber verlangen,
dass eine Bietergemeinschaft nach Zuschlagserteilung eine bestimmte Rechtsform annimmt, soweit dies für die ordnungsgemäße Durchführung des Auftrags
erforderlich ist.

§ 44 Befähigung und Erlaubnis zur Berufsausübung.
(1) [1] Der öffent-
liche Auftraggeber kann verlangen, dass Bewerber oder Bieter je nach den
Rechtsvorschriften des Staats, in dem sie niedergelassen sind, entweder die
Eintragung in einem Berufs- oder Handelsregister dieses Staats nachweisen oder
auf andere Weise die erlaubte Berufsausübung nachweisen. [2] Für die Mitgliedstaaten der Europäischen Union sind die jeweiligen Berufs- oder Handelsregister und die Bescheinigungen oder Erklärungen über die Berufsausübung
in Anhang XI der Richtlinie 2014/24/EU des Europäischen Parlaments und
des Rates vom 26. Februar 2014 über die öffentliche Auftragsvergabe und zur
Aufhebung der Richtlinie 2004/18/EG (ABl. L 94 vom 28.3.2014, S. 65)
aufgeführt.

(2) Bei der Vergabe öffentlicher Dienstleistungsaufträge kann der öffentliche
Auftraggeber dann, wenn Bewerber oder Bieter eine bestimmte Berechtigung
besitzen oder Mitglied einer bestimmten Organisation sein müssen, um die
betreffende Dienstleistung in ihrem Herkunftsstaat erbringen zu können, von

---

[1] Nr. **1.**

den Bewerbern oder Bietern verlangen, ihre Berechtigung oder Mitgliedschaft nachzuweisen.

§ 45 Wirtschaftliche und finanzielle Leistungsfähigkeit. (1) [1] Der öffentliche Auftraggeber kann im Hinblick auf die wirtschaftliche und finanzielle Leistungsfähigkeit der Bewerber oder Bieter Anforderungen stellen, die sicherstellen, dass die Bewerber oder Bieter über die erforderlichen wirtschaftlichen und finanziellen Kapazitäten für die Ausführung des Auftrags verfügen. [2] Zu diesem Zweck kann er insbesondere Folgendes verlangen:

1. einen bestimmten Mindestjahresumsatz, einschließlich eines bestimmten Mindestjahresumsatzes in dem Tätigkeitsbereich des Auftrags,
2. Informationen über die Bilanzen der Bewerber oder Bieter; dabei kann das in den Bilanzen angegebene Verhältnis zwischen Vermögen und Verbindlichkeiten dann berücksichtigt werden, wenn der öffentliche Auftraggeber transparente, objektive und nichtdiskriminierende Methoden und Kriterien für die Berücksichtigung anwendet und die Methoden und Kriterien in den Vergabeunterlagen angibt, oder
3. eine Berufs- oder Betriebshaftpflichtversicherung in bestimmter geeigneter Höhe.

(2) [1] Sofern ein Mindestjahresumsatz verlangt wird, darf dieser das Zweifache des geschätzten Auftragswerts nur überschreiten, wenn aufgrund der Art des Auftragsgegenstands spezielle Risiken bestehen. [2] Der öffentliche Auftraggeber hat eine solche Anforderung in den Vergabeunterlagen oder im Vergabevermerk hinreichend zu begründen.

(3) [1] Ist ein öffentlicher Auftrag in Lose unterteilt, finden die Absätze 1 und 2 auf jedes einzelne Los Anwendung. [2] Der öffentliche Auftraggeber kann jedoch für den Fall, dass der erfolgreiche Bieter den Zuschlag für mehrere gleichzeitig auszuführende Lose erhält, einen Mindestjahresumsatz verlangen, der sich auf diese Gruppe von Losen bezieht.

(4) Als Beleg der erforderlichen wirtschaftlichen und finanziellen Leistungsfähigkeit des Bewerbers oder Bieters kann der öffentliche Auftraggeber in der Regel die Vorlage einer oder mehrerer der folgenden Unterlagen verlangen:

1. entsprechende Bankerklärungen,
2. Nachweis einer entsprechenden Berufs- oder Betriebshaftpflichtversicherung,
3. Jahresabschlüsse oder Auszüge von Jahresabschlüssen, falls deren Veröffentlichung in dem Land, in dem der Bewerber oder Bieter niedergelassen ist, gesetzlich vorgeschrieben ist,
4. eine Erklärung über den Gesamtumsatz und gegebenenfalls den Umsatz in dem Tätigkeitsbereich des Auftrags; eine solche Erklärung kann höchstens für die letzten drei Geschäftsjahre verlangt werden und nur, sofern entsprechende Angaben verfügbar sind.

(5) Kann ein Bewerber oder Bieter aus einem berechtigten Grund die geforderten Unterlagen nicht beibringen, so kann er seine wirtschaftliche und finanzielle Leistungsfähigkeit durch Vorlage anderer, vom öffentlichen Auftraggeber als geeignet angesehener Unterlagen belegen.

§ 46 Technische und berufliche Leistungsfähigkeit. (1) [1] Der öffentliche Auftraggeber kann im Hinblick auf die technische und berufliche Leistungsfähigkeit der Bewerber oder Bieter Anforderungen stellen, die sicherstellen, dass die Bewerber oder Bieter über die erforderlichen personellen und technischen Mittel sowie ausreichende Erfahrungen verfügen, um den Auftrag in angemessener Qualität ausführen zu können. [2] Bei Lieferaufträgen, für die Verlege- oder Installationsarbeiten erforderlich sind, sowie bei Dienstleistungsaufträgen darf die berufliche Leistungsfähigkeit der Unternehmen auch anhand ihrer Fachkunde, Effizienz, Erfahrung und Verlässlichkeit beurteilt werden.

(2) Der öffentliche Auftraggeber kann die berufliche Leistungsfähigkeit eines Bewerbers oder Bieters verneinen, wenn er festgestellt hat, dass dieser Interessen hat, die mit der Ausführung des öffentlichen Auftrags im Widerspruch stehen und sie nachteilig beeinflussen könnten.

(3) Als Beleg der erforderlichen technischen und beruflichen Leistungsfähigkeit des Bewerbers oder Bieters kann der öffentliche Auftraggeber je nach Art, Verwendungszweck und Menge oder Umfang der zu erbringenden Liefer- oder Dienstleistungen ausschließlich die Vorlage von einer oder mehreren der folgenden Unterlagen verlangen:

1. geeignete Referenzen über früher ausgeführte Liefer- und Dienstleistungsaufträge in Form einer Liste der in den letzten höchstens drei Jahren erbrachten wesentlichen Liefer- oder Dienstleistungen mit Angabe des Werts, des Liefer- beziehungsweise Erbringungszeitpunkts sowie des öffentlichen oder privaten Empfängers; soweit erforderlich, um einen ausreichenden Wettbewerb sicherzustellen, kann der öffentliche Auftraggeber darauf hinweisen, dass er auch einschlägige Liefer- oder Dienstleistungen berücksichtigen wird, die mehr als drei Jahre zurückliegen,

2. Angabe der technischen Fachkräfte oder der technischen Stellen, die im Zusammenhang mit der Leistungserbringung eingesetzt werden sollen, unabhängig davon, ob diese dem Unternehmen angehören oder nicht, und zwar insbesondere derjenigen, die mit der Qualitätskontrolle beauftragt sind,

3. Beschreibung der technischen Ausrüstung, der Maßnahmen zur Qualitätssicherung und der Untersuchungs- und Forschungsmöglichkeiten des Unternehmens,

4. Angabe des Lieferkettenmanagement- und Lieferkettenüberwachungssystems, das dem Unternehmen zur Vertragserfüllung zur Verfügung steht,

5. bei komplexer Art der zu erbringenden Leistung oder bei solchen Leistungen, die ausnahmsweise einem besonderen Zweck dienen sollen, eine Kontrolle, die vom öffentlichen Auftraggeber oder in dessen Namen von einer zuständigen amtlichen Stelle im Niederlassungsstaat des Unternehmens durchgeführt wird; diese Kontrolle betrifft die Produktionskapazität beziehungsweise die technische Leistungsfähigkeit und erforderlichenfalls die Untersuchungs- und Forschungsmöglichkeiten des Unternehmens sowie die von diesem für die Qualitätskontrolle getroffenen Vorkehrungen,

6. Studien- und Ausbildungsnachweise sowie Bescheinigungen über die Erlaubnis zur Berufsausübung für die Inhaberin, den Inhaber oder die Führungskräfte des Unternehmens, sofern diese Nachweise nicht als Zuschlagskriterium bewertet werden,

7. Angabe der Umweltmanagementmaßnahmen, die das Unternehmen während der Auftragsausführung anwendet,

8. Erklärung, aus der die durchschnittliche jährliche Beschäftigtenzahl des Unternehmens und die Zahl seiner Führungskräfte in den letzten drei Jahren ersichtlich ist,

9. Erklärung, aus der ersichtlich ist, über welche Ausstattung, welche Geräte und welche technische Ausrüstung das Unternehmen für die Ausführung des Auftrags verfügt,

10. Angabe, welche Teile des Auftrags das Unternehmen unter Umständen als Unteraufträge zu vergeben beabsichtigt,

11. bei Lieferleistungen:

    a) Muster, Beschreibungen oder Fotografien der zu liefernden Güter, wobei die Echtheit auf Verlangen des öffentlichen Auftraggebers nachzuweisen ist, oder

    b) Bescheinigungen, die von als zuständig anerkannten Instituten oder amtlichen Stellen für Qualitätskontrolle ausgestellt wurden, mit denen bestätigt wird, dass die durch entsprechende Bezugnahmen genau bezeichneten Güter bestimmten technischen Anforderungen oder Normen entsprechen.

§ 47 Eignungsleihe. (1) [1] Ein Bewerber oder Bieter kann für einen bestimmten öffentlichen Auftrag im Hinblick auf die erforderliche wirtschaftliche und finanzielle sowie die technische und berufliche Leistungsfähigkeit die Kapazitäten anderer Unternehmen in Anspruch nehmen, wenn er nachweist, dass ihm die für den Auftrag erforderlichen Mittel tatsächlich zur Verfügung stehen werden, indem er beispielsweise eine entsprechende Verpflichtungserklärung dieser Unternehmen vorlegt. [2] Diese Möglichkeit besteht unabhängig von der Rechtsnatur der zwischen dem Bewerber oder Bieter und den anderen Unternehmen bestehenden Verbindungen. [3] Ein Bewerber oder Bieter kann jedoch im Hinblick auf Nachweise für die erforderliche berufliche Leistungsfähigkeit wie Ausbildungs- und Befähigungsnachweise nach § 46 Absatz 3 Nummer 6 oder die einschlägige berufliche Erfahrung die Kapazitäten anderer Unternehmen nur dann in Anspruch nehmen, wenn diese die Leistung erbringen, für die diese Kapazitäten benötigt werden.

(2) [1] Der öffentliche Auftraggeber überprüft im Rahmen der Eignungsprüfung, ob die Unternehmen, deren Kapazitäten der Bewerber oder Bieter für die Erfüllung bestimmter Eignungskriterien in Anspruch nehmen will, die entsprechenden Eignungskriterien erfüllen und ob Ausschlussgründe vorliegen. [2] Legt der Bewerber oder Bieter eine Einheitliche Europäische Eigenerklärung nach § 50 vor, so muss diese auch die Angaben enthalten, die für die Überprüfung nach Satz 1 erforderlich sind. [3] Der öffentliche Auftraggeber schreibt vor, dass der Bewerber oder Bieter ein Unternehmen, das das entsprechende Eignungskriterium nicht erfüllt oder bei dem zwingende Ausschlussgründe nach § 123 des Gesetzes gegen Wettbewerbsbeschränkungen[1]) vorliegen, ersetzen muss. [4] Er kann vorschreiben, dass der Bewerber oder Bieter auch ein Unternehmen, bei dem fakultative Ausschlussgründe nach § 124 des Gesetzes gegen Wettbewerbsbeschränkungen[1]) vorliegen, ersetzen muss. [5] Der öffentliche Auftraggeber kann dem Bewerber oder Bieter dafür eine Frist setzen.

---

[1]) Nr. 1.

(3) Nimmt ein Bewerber oder Bieter die Kapazitäten eines anderen Unternehmens im Hinblick auf die erforderliche wirtschaftliche und finanzielle Leistungsfähigkeit in Anspruch, so kann der öffentliche Auftraggeber eine gemeinsame Haftung des Bewerbers oder Bieters und des anderen Unternehmens für die Auftragsausführung entsprechend dem Umfang der Eignungsleihe verlangen.

(4) Die Absätze 1 bis 3 gelten auch für Bewerber- oder Bietergemeinschaften.

(5) Der öffentliche Auftraggeber kann vorschreiben, dass bestimmte kritische Aufgaben bei Dienstleistungsaufträgen oder kritische Verlege- oder Installationsarbeiten im Zusammenhang mit einem Lieferauftrag direkt vom Bieter selbst oder im Fall einer Bietergemeinschaft von einem Teilnehmer der Bietergemeinschaft ausgeführt werden müssen.

§ 48 Beleg der Eignung und des Nichtvorliegens von Ausschlussgründen. (1) In der Auftragsbekanntmachung oder der Aufforderung zur Interessensbestätigung ist neben den Eignungskriterien ferner anzugeben, mit welchen Unterlagen (Eigenerklärungen, Angaben, Bescheinigungen und sonstige Nachweise) Bewerber oder Bieter ihre Eignung gemäß den §§ 43 bis 47 und das Nichtvorliegen von Ausschlussgründen zu belegen haben.

(2) ¹Der öffentliche Auftraggeber fordert grundsätzlich die Vorlage von Eigenerklärungen an. ²Wenn der öffentliche Auftraggeber Bescheinigungen und sonstige Nachweise anfordert, verlangt er in der Regel solche, die vom Online-Dokumentenarchiv e-Certis abgedeckt sind.

(3) Als vorläufigen Beleg der Eignung und des Nichtvorliegens von Ausschlussgründen akzeptiert der öffentliche Auftraggeber die Vorlage einer Einheitlichen Europäischen Eigenerklärung nach § 50.

(4) Als ausreichenden Beleg dafür, dass die in § 123 Absatz 1 bis 3 des Gesetzes gegen Wettbewerbsbeschränkungen[1] genannten Ausschlussgründe auf den Bewerber oder Bieter nicht zutreffen, erkennt der öffentliche Auftraggeber einen Auszug aus einem einschlägigen Register, insbesondere ein Führungszeugnis aus dem Bundeszentralregister oder, in Ermangelung eines solchen, eine gleichwertige Bescheinigung einer zuständigen Gerichts- oder Verwaltungsbehörde des Herkunftslands oder des Niederlassungsstaats des Bewerbers oder Bieters an.

(5) Als ausreichenden Beleg dafür, dass die in § 123 Absatz 4 und § 124 Absatz 1 Nummer 2 des Gesetzes gegen Wettbewerbsbeschränkungen[1] genannten Ausschlussgründe auf den Bewerber oder Bieter nicht zutreffen, erkennt der öffentliche Auftraggeber eine von der zuständigen Behörde des Herkunftslands oder des Niederlassungsstaats des Bewerbers oder Bieters ausgestellte Bescheinigung an.

(6) ¹Werden Urkunden oder Bescheinigungen nach den Absätzen 4 und 5 von dem Herkunftsland oder dem Niederlassungsstaat des Bewerbers oder Bieters nicht ausgestellt oder werden darin nicht alle Ausschlussgründe nach § 123 Absatz 1 bis 4 sowie § 124 Absatz 1 Nummer 2 des Gesetzes gegen Wettbewerbsbeschränkungen[1] erwähnt, so können sie durch eine Versicherung an Eides statt ersetzt werden. ²In den Staaten, in denen es keine Versicherung

---

[1] Nr. 1.

an Eides statt gibt, darf die Versicherung an Eides statt durch eine förmliche Erklärung ersetzt werden, die ein Vertreter des betreffenden Unternehmens vor einer zuständigen Gerichts- oder Verwaltungsbehörde, einem Notar oder einer dazu bevollmächtigten Berufs- oder Handelsorganisation des Herkunftslands oder des Niederlassungsstaats des Bewerbers oder Bieters abgibt.

(7) Der öffentliche Auftraggeber kann Bewerber oder Bieter auffordern, die erhaltenen Unterlagen zu erläutern.

(8) [1] Sofern der Bewerber oder Bieter in einem amtlichen Verzeichnis eingetragen ist oder über eine Zertifizierung verfügt, die jeweils den Anforderungen des Artikels 64 der Richtlinie 2014/24/EU entsprechen, werden die im amtlichen Verzeichnis oder dem Zertifizierungssystem niedergelegten Unterlagen und Angaben vom öffentlichen Auftraggeber nur in begründeten Fällen in Zweifel gezogen (Eignungsvermutung). [2] Ein den Anforderungen des Artikels 64 der Richtlinie 2014/24/EU entsprechendes amtliches Verzeichnis kann auch durch Industrie- und Handelskammern eingerichtet werden. [3] Die Industrie- und Handelskammern bedienen sich bei der Führung des amtlichen Verzeichnisses einer gemeinsamen verzeichnisführenden Stelle. [4] Der öffentliche Auftraggeber kann mit Blick auf die Entrichtung von Steuern, Abgaben oder Sozialversicherungsbeiträgen die gesonderte Vorlage einer entsprechenden Bescheinigung verlangen.

§ 49 Beleg der Einhaltung von Normen der Qualitätssicherung und des Umweltmanagements. (1) [1] Verlangt der öffentliche Auftraggeber als Beleg dafür, dass Bewerber oder Bieter bestimmte Normen der Qualitätssicherung erfüllen, die Vorlage von Bescheinigungen unabhängiger Stellen, so bezieht sich der öffentliche Auftraggeber auf Qualitätssicherungssysteme, die

1. den einschlägigen europäischen Normen genügen und
2. von akkreditierten Stellen zertifiziert sind.

[2] Der öffentliche Auftraggeber erkennt auch gleichwertige Bescheinigungen von akkreditierten Stellen aus anderen Staaten an. [3] Konnte ein Bewerber oder Bieter aus Gründen, die er nicht zu vertreten hat, die betreffenden Bescheinigungen nicht innerhalb einer angemessenen Frist einholen, so muss der öffentliche Auftraggeber auch andere Unterlagen über gleichwertige Qualitätssicherungssysteme anerkennen, sofern der Bewerber oder Bieter nachweist, dass die vorgeschlagenen Qualitätssicherungsmaßnahmen den geforderten Qualitätssicherungsnormen entsprechen.

(2) [1] Verlangt der öffentliche Auftraggeber als Beleg dafür, dass Bewerber oder Bieter bestimmte Systeme oder Normen des Umweltmanagements erfüllen, die Vorlage von Bescheinigungen unabhängiger Stellen, so bezieht sich der öffentliche Auftraggeber

1. entweder auf das Gemeinschaftssystem für das Umweltmanagement und die Umweltbetriebsprüfung EMAS der Europäischen Union oder
2. auf andere nach Artikel 45 der Verordnung (EG) Nr. 1221/2009 des Europäischen Parlaments und des Rates vom 25. November 2009 über die freiwillige Teilnahme von Organisationen an einem Gemeinschaftssystem für Umweltmanagement und Umweltbetriebsprüfung und zur Aufhebung der Verordnung (EG) Nr. 761/2001, sowie der Beschlüsse der Kommission 2001/681/EG und 2006/193/EG (ABl. L 342 vom 22.12.2009, S. 1) anerkannte Umweltmanagementsysteme oder

3. auf andere Normen für das Umweltmanagement, die auf den einschlägigen europäischen oder internationalen Normen beruhen und von akkreditierten Stellen zertifiziert sind.

[2]Der öffentliche Auftraggeber erkennt auch gleichwertige Bescheinigungen von Stellen in anderen Staaten an. [3]Hatte ein Bewerber oder Bieter aus Gründen, die ihm nicht zugerechnet werden können, nachweislich keinen Zugang zu den betreffenden Bescheinigungen oder aus Gründen, die er nicht zu vertreten hat, keine Möglichkeit, diese innerhalb der einschlägigen Fristen zu erlangen, so muss der öffentliche Auftraggeber auch andere Unterlagen über gleichwertige Umweltmanagementmaßnahmen anerkennen, sofern der Bewerber oder Bieter nachweist, dass diese Maßnahmen mit denen, die nach dem geltenden System oder den geltenden Normen für das Umweltmanagement erforderlich sind, gleichwertig sind.

§ 50 Einheitliche Europäische Eigenerklärung. (1) [1]Die Einheitliche Europäische Eigenerklärung ist in der Form des Anhangs 2 der Durchführungsverordnung (EU) 2016/7 der Kommission vom 5. Januar 2016 zur Einführung des Standardformulars für die Einheitliche Europäische Eigenerklärung (ABl. L 3 vom 6.1.2016, S. 16) zu übermitteln. [2]Bewerber oder Bieter können eine bereits bei einer früheren Auftragsvergabe verwendete Einheitliche Europäische Eigenerklärung wiederverwenden, sofern sie bestätigen, dass die darin enthaltenen Informationen weiterhin zutreffend sind.

(2) [1]Der öffentliche Auftraggeber kann bei Übermittlung einer Einheitlichen Europäischen Eigenerklärung Bewerber oder Bieter jederzeit während des Verfahrens auffordern, sämtliche oder einen Teil der nach den §§ 44 bis 49 geforderten Unterlagen beizubringen, wenn dies zur angemessenen Durchführung des Verfahrens erforderlich ist. [2]Vor der Zuschlagserteilung fordert der öffentliche Auftraggeber den Bieter, an den er den Auftrag vergeben will, auf, die geforderten Unterlagen beizubringen.

(3) Ungeachtet von Absatz 2 müssen Bewerber oder Bieter keine Unterlagen beibringen, sofern und soweit die zuschlagerteilende Stelle

1. die Unterlagen über eine für den öffentlichen Auftraggeber kostenfreie Datenbank innerhalb der Europäischen Union, insbesondere im Rahmen eines Präqualifikationssystems, erhalten kann oder

2. bereits im Besitz der Unterlagen ist.

§ 51 Begrenzung der Anzahl der Bewerber. (1) [1]Bei allen Verfahrensarten mit Ausnahme des offenen Verfahrens kann der öffentliche Auftraggeber die Zahl der geeigneten Bewerber, die zur Abgabe eines Angebots aufgefordert oder zum Dialog eingeladen werden, begrenzen, sofern genügend geeignete Bewerber zur Verfügung stehen. [2]Dazu gibt der öffentliche Auftraggeber in der Auftragsbekanntmachung oder der Aufforderung zur Interessensbestätigung die von ihm vorgesehenen objektiven und nichtdiskriminierenden Eignungskriterien für die Begrenzung der Zahl, die vorgesehene Mindestzahl und gegebenenfalls auch die Höchstzahl der einzuladenden Bewerber an.

(2) [1]Die vom öffentlichen Auftraggeber vorgesehene Mindestzahl der einzuladenden Bewerber darf nicht niedriger als drei sein, beim nicht offenen Verfahren nicht niedriger als fünf. [2]In jedem Fall muss die vorgesehene Mindestzahl ausreichend hoch sein, sodass der Wettbewerb gewährleistet ist.

(3) [1] Sofern geeignete Bewerber in ausreichender Zahl zur Verfügung stehen, lädt der öffentliche Auftraggeber eine Anzahl von geeigneten Bewerbern ein, die nicht niedriger als die festgelegte Mindestzahl an Bewerbern ist. [2] Sofern die Zahl geeigneter Bewerber unter der Mindestzahl liegt, kann der öffentliche Auftraggeber das Vergabeverfahren fortführen, indem er den oder die Bewerber einlädt, die über die geforderte Eignung verfügen. [3] Andere Unternehmen, die sich nicht um die Teilnahme beworben haben, oder Bewerber, die nicht über die geforderte Eignung verfügen, dürfen nicht zu demselben Verfahren zugelassen werden.

Unterabschnitt 6. Einreichung, Form und Umgang mit Interessensbekundungen, Interessensbestätigungen, Teilnahmeanträgen und Angeboten

§ 52 Aufforderung zur Interessensbestätigung, zur Angebotsabgabe, zur Verhandlung oder zur Teilnahme am Dialog. (1) Ist ein Teilnahmewettbewerb durchgeführt worden, wählt der öffentliche Auftraggeber gemäß § 51 Bewerber aus, die er auffordert, in einem nicht offenen Verfahren oder einem Verhandlungsverfahren ein Angebot einzureichen, am wettbewerblichen Dialog teilzunehmen oder an Verhandlungen im Rahmen einer Innovationspartnerschaft teilzunehmen.

(2) [1] Die Aufforderung nach Absatz 1 enthält mindestens:

1. einen Hinweis auf die veröffentlichte Auftragsbekanntmachung,
2. den Tag, bis zu dem ein Angebot eingehen muss, die Anschrift der Stelle, bei der es einzureichen ist, die Art der Einreichung sowie die Sprache, in der es abzufassen ist,
3. beim wettbewerblichen Dialog den Termin und den Ort des Beginns der Dialogphase sowie die verwendete Sprache,
4. die Bezeichnung der gegebenenfalls beizufügenden Unterlagen, sofern nicht bereits in der Auftragsbekanntmachung enthalten,
5. die Zuschlagskriterien sowie deren Gewichtung oder gegebenenfalls die Kriterien in der Rangfolge ihrer Bedeutung, wenn diese Angaben nicht bereits in der Auftragsbekanntmachung oder in der Aufforderung zur Interessensbestätigung enthalten sind.

[2] Bei öffentlichen Aufträgen, die in einem wettbewerblichen Dialog oder im Rahmen einer Innovationspartnerschaft vergeben werden, sind die in Satz 1 Nummer 2 genannten Angaben nicht in der Aufforderung zur Teilnahme am Dialog oder an den Verhandlungen aufzuführen, sondern in der Aufforderung zur Angebotsabgabe.

(3) [1] Im Falle einer Vorinformation nach § 38 Absatz 4 fordert der öffentliche Auftraggeber gleichzeitig alle Unternehmen, die eine Interessensbekundung übermittelt haben, nach § 38 Absatz 5 auf, ihr Interesse zu bestätigen. [2] Diese Aufforderung umfasst zumindest folgende Angaben:

1. Umfang des Auftrags, einschließlich aller Optionen auf zusätzliche Aufträge, und, sofern möglich, eine Einschätzung der Frist für die Ausübung dieser Optionen; bei wiederkehrenden Aufträgen Art und Umfang und, sofern möglich, das voraussichtliche Datum der Veröffentlichung zukünftiger Auftragsbekanntmachungen für die Liefer- oder Dienstleistungen, die Gegenstand des Auftrags sein sollen,

2. Art des Verfahrens,

3. gegebenenfalls Zeitpunkt, an dem die Lieferleistung erbracht oder die Dienstleistung beginnen oder abgeschlossen sein soll,

4. Internetadresse, über die die Vergabeunterlagen unentgeltlich, uneingeschränkt und vollständig direkt verfügbar sind,

5. falls kein elektronischer Zugang zu den Vergabeunterlagen bereitgestellt werden kann, Anschrift und Schlusstermin für die Anforderung der Vergabeunterlagen sowie die Sprache, in der die Interessensbekundung abzufassen ist,

6. Anschrift des öffentlichen Auftraggebers, der den Zuschlag erteilt,

7. alle wirtschaftlichen und technischen Anforderungen, finanziellen Sicherheiten und Angaben, die von den Unternehmen verlangt werden,

8. Art des Auftrags, der Gegenstand des Vergabeverfahrens ist, und

9. die Zuschlagskriterien sowie deren Gewichtung oder gegebenenfalls die Kriterien in der Rangfolge ihrer Bedeutung, wenn diese Angaben nicht bereits in der Vorinformation oder den Vergabeunterlagen enthalten sind.

§ 53 Form und Übermittlung der Interessensbekundungen, Interessensbestätigungen, Teilnahmeanträge und Angebote. (1) Die Unternehmen übermitteln ihre Interessensbekundungen, Interessensbestätigungen, Teilnahmeanträge und Angebote in Textform nach § 126b des Bürgerlichen Gesetzbuchs mithilfe elektronischer Mittel gemäß § 10.

(2) [1] Der öffentliche Auftraggeber ist nicht verpflichtet, die Einreichung von Angeboten mithilfe elektronischer Mittel zu verlangen, wenn auf die zur Einreichung erforderlichen elektronischen Mittel einer der in § 41 Absatz 2 Nummer 1 bis 3 genannten Gründe zutrifft oder wenn zugleich physische oder maßstabsgetreue Modelle einzureichen sind, die nicht elektronisch übermittelt werden können. [2] In diesen Fällen erfolgt die Kommunikation auf dem Postweg oder auf einem anderen geeigneten Weg oder in Kombination von postalischem oder einem anderen geeigneten Weg und Verwendung elektronischer Mittel. [3] Der öffentliche Auftraggeber gibt im Vergabevermerk die Gründe an, warum die Angebote mithilfe anderer als elektronischer Mittel eingereicht werden können.

(3) [1] Der öffentliche Auftraggeber prüft, ob zu übermittelnde Daten erhöhte Anforderungen an die Sicherheit stellen. [2] Soweit es erforderlich ist, kann der öffentliche Auftraggeber verlangen, dass Interessensbekundungen, Interessensbestätigungen, Teilnahmeanträge und Angebote zu versehen sind mit

1. einer fortgeschrittenen elektronischen Signatur,

2. einer qualifizierten elektronischen Signatur,

3. einem fortgeschrittenen elektronischen Siegel oder

4. einem qualifizierten elektronischen Siegel.

(4) [1] Der öffentliche Auftraggeber kann festlegen, dass Angebote mithilfe anderer als elektronischer Mittel einzureichen sind, wenn sie besonders schutzwürdige Daten enthalten, die bei Verwendung allgemein verfügbarer oder alternativer elektronischer Mittel nicht angemessen geschützt werden können, oder wenn die Sicherheit der elektronischen Mittel nicht gewährleistet werden kann. [2] Der öffentliche Auftraggeber gibt im Vergabevermerk die Gründe an, warum er die Einreichung der Angebote mithilfe anderer als elektronischer Mittel für erforderlich hält.

(5) Auf dem Postweg oder direkt übermittelte Interessensbekundungen, Interessensbestätigungen, Teilnahmeanträge und Angebote sind in einem verschlossenen Umschlag einzureichen und als solche zu kennzeichnen.

(6) [1] Auf dem Postweg oder direkt übermittelte Interessensbekundungen, Interessensbestätigungen, Teilnahmeanträge und Angebote müssen unterschrieben sein. [2] Bei Abgabe mittels Telefax genügt die Unterschrift auf der Telefaxvorlage.

(7) [1] Änderungen an den Vergabeunterlagen sind unzulässig. [2] Die Interessensbestätigungen, Teilnahmeanträge und Angebote müssen vollständig sein und alle geforderten Angaben, Erklärungen und Preise enthalten. [3] Nebenangebote müssen als solche gekennzeichnet sein.

(8) Die Unternehmen haben anzugeben, ob für den Auftragsgegenstand gewerbliche Schutzrechte bestehen, beantragt sind oder erwogen werden.

(9) [1] Bewerber- oder Bietergemeinschaften haben in der Interessensbestätigung, im Teilnahmeantrag oder im Angebot jeweils die Mitglieder sowie eines ihrer Mitglieder als bevollmächtigten Vertreter für den Abschluss und die Durchführung des Vertrags zu benennen. [2] Fehlt eine dieser Angaben, so ist sie vor der Zuschlagserteilung beizubringen.

§ 54 Aufbewahrung ungeöffneter Interessensbekundungen, Interessensbestätigungen, Teilnahmeanträge und Angebote.

[1] Elektronisch übermittelte Interessensbekundungen, Interessensbestätigungen, Teilnahmeanträge und Angebote sind auf geeignete Weise zu kennzeichnen und verschlüsselt zu speichern. [2] Auf dem Postweg und direkt übermittelte Interessensbestätigungen, Teilnahmeanträge und Angebote sind ungeöffnet zu lassen, mit Eingangsvermerk zu versehen und bis zum Zeitpunkt der Öffnung unter Verschluss zu halten. [3] Mittels Telefax übermittelte Interessensbestätigungen, Teilnahmeanträge und Angebote sind ebenfalls entsprechend zu kennzeichnen und auf geeignete Weise unter Verschluss zu halten.

§ 55 Öffnung der Interessensbestätigungen, Teilnahmeanträge und Angebote.

(1) Der öffentliche Auftraggeber darf vom Inhalt der Interessensbestätigungen, Teilnahmeanträge und Angebote erst nach Ablauf der entsprechenden Fristen Kenntnis nehmen.

(2) [1] Die Öffnung der Angebote wird von mindestens zwei Vertretern des öffentlichen Auftraggebers gemeinsam an einem Termin unverzüglich nach Ablauf der Angebotsfrist durchgeführt. [2] Bieter sind nicht zugelassen.

Unterabschnitt 7. Prüfung und Wertung der Interessensbestätigungen, Teilnahmeanträge und Angebote; Zuschlag

§ 56 Prüfung der Interessensbestätigungen, Teilnahmeanträge und Angebote; Nachforderung von Unterlagen.

(1) Die Interessensbestätigungen, Teilnahmeanträge und Angebote sind auf Vollständigkeit und fachliche Richtigkeit, Angebote zudem auf rechnerische Richtigkeit zu prüfen.

(2) [1] Der öffentliche Auftraggeber kann den Bewerber oder Bieter unter Einhaltung der Grundsätze der Transparenz und der Gleichbehandlung auffordern, fehlende, unvollständige oder fehlerhafte unternehmensbezogene Unterlagen, insbesondere Eigenerklärungen, Angaben, Bescheinigungen oder sonstige Nachweise, nachzureichen, zu vervollständigen oder zu korrigieren,

oder fehlende oder unvollständige leistungsbezogene Unterlagen nachzureichen oder zu vervollständigen. [2] Der öffentliche Auftraggeber ist berechtigt, in der Auftragsbekanntmachung oder den Vergabeunterlagen festzulegen, dass er keine Unterlagen nachfordern wird.

(3) [1] Die Nachforderung von leistungsbezogenen Unterlagen, die die Wirtschaftlichkeitsbewertung der Angebote anhand der Zuschlagskriterien betreffen, ist ausgeschlossen. [2] Dies gilt nicht für Preisangaben, wenn es sich um unwesentliche Einzelpositionen handelt, deren Einzelpreise den Gesamtpreis nicht verändern oder die Wertungsreihenfolge und den Wettbewerb nicht beeinträchtigen.

(4) Die Unterlagen sind vom Bewerber oder Bieter nach Aufforderung durch den öffentlichen Auftraggeber innerhalb einer von diesem festzulegenden angemessenen, nach dem Kalender bestimmten Frist vorzulegen.

(5) Die Entscheidung zur und das Ergebnis der Nachforderung sind zu dokumentieren.

§ 57 Ausschluss von Interessensbekundungen, Interessensbestätigungen, Teilnahmeanträgen und Angeboten. (1) Von der Wertung ausgeschlossen werden Angebote von Unternehmen, die die Eignungskriterien nicht erfüllen, und Angebote, die nicht den Erfordernissen des § 53 genügen, insbesondere:

1. Angebote, die nicht form- oder fristgerecht eingegangen sind, es sei denn, der Bieter hat dies nicht zu vertreten,

2. Angebote, die nicht die geforderten oder nachgeforderten Unterlagen enthalten,

3. Angebote, in denen Änderungen des Bieters an seinen Eintragungen nicht zweifelsfrei sind,

4. Angebote, bei denen Änderungen oder Ergänzungen an den Vergabeunterlagen vorgenommen worden sind,

5. Angebote, die nicht die erforderlichen Preisangaben enthalten, es sei denn, es handelt sich um unwesentliche Einzelpositionen, deren Einzelpreise den Gesamtpreis nicht verändern oder die Wertungsreihenfolge und den Wettbewerb nicht beeinträchtigen, oder

6. nicht zugelassene Nebenangebote.

(2) Hat der öffentliche Auftraggeber Nebenangebote zugelassen, so berücksichtigt er nur die Nebenangebote, die die von ihm verlangten Mindestanforderungen erfüllen.

(3) Absatz 1 findet auf die Prüfung von Interessensbekundungen, Interessensbestätigungen und Teilnahmeanträgen entsprechende Anwendung.

§ 58 Zuschlag und Zuschlagskriterien. (1) Der Zuschlag wird nach Maßgabe des § 127 des Gesetzes gegen Wettbewerbsbeschränkungen[1) auf das wirtschaftlichste Angebot erteilt.

(2) [1] Die Ermittlung des wirtschaftlichsten Angebots erfolgt auf der Grundlage des besten Preis-Leistungs-Verhältnisses. [2] Neben dem Preis oder den

---

[1)] Nr. 1.

Kosten können auch qualitative, umweltbezogene oder soziale Zuschlagskriterien berücksichtigt werden, insbesondere:

1. die Qualität, einschließlich des technischen Werts, Ästhetik, Zweckmäßigkeit, Zugänglichkeit der Leistung insbesondere für Menschen mit Behinderungen, ihrer Übereinstimmung mit Anforderungen des „Designs für Alle", soziale, umweltbezogene und innovative Eigenschaften sowie Vertriebs- und Handelsbedingungen,

2. die Organisation, Qualifikation und Erfahrung des mit der Ausführung des Auftrags betrauten Personals, wenn die Qualität des eingesetzten Personals erheblichen Einfluss auf das Niveau der Auftragsausführung haben kann, oder

3. die Verfügbarkeit von Kundendienst und technischer Hilfe sowie Lieferbedingungen wie Liefertermin, Lieferverfahren sowie Liefer- oder Ausführungsfristen.

[3] Der öffentliche Auftraggeber kann auch Festpreise oder Festkosten vorgeben, sodass das wirtschaftlichste Angebot ausschließlich nach qualitativen, umweltbezogenen oder sozialen Zuschlagskriterien nach Satz 1 bestimmt wird.

(3) [1] Der öffentliche Auftraggeber gibt in der Auftragsbekanntmachung oder den Vergabeunterlagen an, wie er die einzelnen Zuschlagskriterien gewichtet, um das wirtschaftlichste Angebot zu ermitteln. [2] Diese Gewichtung kann auch mittels einer Spanne angegeben werden, deren Bandbreite angemessen sein muss. [3] Ist die Gewichtung aus objektiven Gründen nicht möglich, so gibt der öffentliche Auftraggeber die Zuschlagskriterien in absteigender Rangfolge an.

(4) Für den Beleg, ob und inwieweit die angebotene Leistung den geforderten Zuschlagskriterien entspricht, gelten die §§ 33 und 34 entsprechend.

(5) An der Entscheidung über den Zuschlag sollen in der Regel mindestens zwei Vertreter des öffentlichen Auftraggebers mitwirken.

§ 59 Berechnung von Lebenszykluskosten. (1) Der öffentliche Auftraggeber kann vorgeben, dass das Zuschlagskriterium „Kosten" auf der Grundlage der Lebenszykluskosten der Leistung berechnet wird.

(2) [1] Der öffentliche Auftraggeber gibt die Methode zur Berechnung der Lebenszykluskosten und die zur Berechnung vom Unternehmen zu übermittelnden Informationen in der Auftragsbekanntmachung oder den Vergabeunterlagen an. [2] Die Berechnungsmethode kann umfassen

1. die Anschaffungskosten,

2. die Nutzungskosten, insbesondere den Verbrauch von Energie und anderen Ressourcen,

3. die Wartungskosten,

4. Kosten am Ende der Nutzungsdauer, insbesondere die Abholungs-, Entsorgungs- oder Recyclingkosten, oder

5. Kosten, die durch die externen Effekte der Umweltbelastung entstehen, die mit der Leistung während ihres Lebenszyklus in Verbindung stehen, sofern ihr Geldwert nach Absatz 3 bestimmt und geprüft werden kann; solche Kosten können Kosten der Emission von Treibhausgasen und anderen Schadstoffen sowie sonstige Kosten für die Eindämmung des Klimawandels umfassen.

(3) Die Methode zur Berechnung der Kosten, die durch die externen Effekte der Umweltbelastung entstehen, muss folgende Bedingungen erfüllen:

1. sie beruht auf objektiv nachprüfbaren und nichtdiskriminierenden Kriterien; ist die Methode nicht für die wiederholte oder dauerhafte Anwendung entwickelt worden, darf sie bestimmte Unternehmen weder bevorzugen noch benachteiligen,

2. sie ist für alle interessierten Beteiligten zugänglich und

3. die zur Berechnung erforderlichen Informationen lassen sich von Unternehmen, die ihrer Sorgfaltspflicht im üblichen Maße nachkommen, einschließlich Unternehmen aus Drittstaaten, die dem Übereinkommen über das öffentliche Beschaffungswesen von 1994 (ABl. C 256 vom 3.9.1996, S. 1), geändert durch das Protokoll zur Änderung des Übereinkommens über das öffentliche Beschaffungswesen (ABl. L 68 vom 7.3.2014, S. 2) oder anderen, für die Europäische Union bindenden internationalen Übereinkommen beigetreten sind, mit angemessenem Aufwand bereitstellen.

(4) Sofern eine Methode zur Berechnung der Lebenszykluskosten durch einen Rechtsakt der Europäischen Union verbindlich vorgeschrieben worden ist, hat der öffentliche Auftraggeber diese Methode vorzugeben.

§ 60 Ungewöhnlich niedrige Angebote. (1) Erscheinen der Preis oder die Kosten eines Angebots im Verhältnis zu der zu erbringenden Leistung ungewöhnlich niedrig, verlangt der öffentliche Auftraggeber vom Bieter Aufklärung.

(2) [1] Der öffentliche Auftraggeber prüft die Zusammensetzung des Angebots und berücksichtigt die übermittelten Unterlagen. [2] Die Prüfung kann insbesondere betreffen:

1. die Wirtschaftlichkeit des Fertigungsverfahrens einer Lieferleistung oder der Erbringung der Dienstleistung,

2. die gewählten technischen Lösungen oder die außergewöhnlich günstigen Bedingungen, über die das Unternehmen bei der Lieferung der Waren oder bei der Erbringung der Dienstleistung verfügt,

3. die Besonderheiten der angebotenen Liefer- oder Dienstleistung,

4. die Einhaltung der Verpflichtungen nach § 128 Absatz 1 des Gesetzes gegen Wettbewerbsbeschränkungen[1]), insbesondere der für das Unternehmen geltenden umwelt-, sozial- und arbeitsrechtlichen Vorschriften, oder

5. die etwaige Gewährung einer staatlichen Beihilfe an das Unternehmen.

(3) [1] Kann der öffentliche Auftraggeber nach der Prüfung gemäß den Absätzen 1 und 2 die geringe Höhe des angebotenen Preises oder der angebotenen Kosten nicht zufriedenstellend aufklären, darf er den Zuschlag auf dieses Angebot ablehnen. [2] Der öffentliche Auftraggeber lehnt das Angebot ab, wenn er festgestellt hat, dass der Preis oder die Kosten des Angebots ungewöhnlich niedrig sind, weil Verpflichtungen nach Absatz 2 Satz 2 Nummer 4 nicht eingehalten werden.

(4) [1] Stellt der öffentliche Auftraggeber fest, dass ein Angebot ungewöhnlich niedrig ist, weil der Bieter eine staatliche Beihilfe erhalten hat, so lehnt der öffentliche Auftraggeber das Angebot ab, wenn der Bieter nicht fristgemäß

---

[1]) Nr. 1.

nachweisen kann, dass die staatliche Beihilfe rechtmäßig gewährt wurde. [2] Der öffentliche Auftraggeber teilt die Ablehnung der Europäischen Kommission mit.

§ 61 Ausführungsbedingungen. Für den Beleg, dass die angebotene Leistung den geforderten Ausführungsbedingungen gemäß § 128 Absatz 2 des Gesetzes gegen Wettbewerbsbeschränkungen[1)] entspricht, gelten die §§ 33 und 34 entsprechend.

§ 62 Unterrichtung der Bewerber und Bieter. (1) [1] Unbeschadet des § 134 des Gesetzes gegen Wettbewerbsbeschränkungen[1)] teilt der öffentliche Auftraggeber jedem Bewerber und jedem Bieter unverzüglich seine Entscheidungen über den Abschluss einer Rahmenvereinbarung, die Zuschlagserteilung oder die Zulassung zur Teilnahme an einem dynamischen Beschaffungssystem mit. [2] Gleiches gilt für die Entscheidung, ein Vergabeverfahren aufzuheben oder erneut einzuleiten einschließlich der Gründe dafür, sofern eine Auftragsbekanntmachung oder Vorinformation veröffentlicht wurde.

(2) Der öffentliche Auftraggeber unterrichtet auf Verlangen des Bewerbers oder Bieters unverzüglich, spätestens innerhalb von 15 Tagen nach Eingang des Antrags in Textform nach § 126b des Bürgerlichen Gesetzbuchs,

1. jeden nicht erfolgreichen Bewerber über die Gründe für die Ablehnung seines Teilnahmeantrags,

2. jeden nicht erfolgreichen Bieter über die Gründe für die Ablehnung seines Angebots,

3. jeden Bieter über die Merkmale und Vorteile des erfolgreichen Angebots sowie den Namen des erfolgreichen Bieters und

4. jeden Bieter über den Verlauf und die Fortschritte der Verhandlungen und des wettbewerblichen Dialogs mit den Bietern.

(3) § 39 Absatz 6 ist auf die in den Absätzen 1 und 2 genannten Angaben über die Zuschlagserteilung, den Abschluss von Rahmenvereinbarungen oder die Zulassung zu einem dynamischen Beschaffungssystem entsprechend anzuwenden.

§ 63 Aufhebung von Vergabeverfahren. (1) [1] Der öffentliche Auftraggeber ist berechtigt, ein Vergabeverfahren ganz oder teilweise aufzuheben, wenn

1. kein Angebot eingegangen ist, das den Bedingungen entspricht,

2. sich die Grundlage des Vergabeverfahrens wesentlich geändert hat,

3. kein wirtschaftliches Ergebnis erzielt wurde oder

4. andere schwerwiegende Gründe bestehen.

[2] Im Übrigen ist der öffentliche Auftraggeber grundsätzlich nicht verpflichtet, den Zuschlag zu erteilen.

(2) [1] Der öffentliche Auftraggeber teilt den Bewerbern oder Bietern nach Aufhebung des Vergabeverfahrens unverzüglich die Gründe für seine Entscheidung mit, auf die Vergabe eines Auftrages zu verzichten oder das Verfahren erneut einzuleiten. [2] Auf Antrag teilt er ihnen dies in Textform nach § 126b des Bürgerlichen Gesetzbuchs mit.

[1)] Nr. 1.

Abschnitt 3. Besondere Vorschriften für die Vergabe von sozialen und anderen besonderen Dienstleistungen

§ 64 Vergabe von Aufträgen für soziale und andere besondere Dienstleistungen. Öffentliche Aufträge über soziale und andere besondere Dienstleistungen im Sinne von § 130 Absatz 1 des Gesetzes gegen Wettbewerbsbeschränkungen[1]) werden nach den Bestimmungen dieser Verordnung und unter Berücksichtigung der Besonderheiten der jeweiligen Dienstleistung nach Maßgabe dieses Abschnitts vergeben.

§ 65 Ergänzende Verfahrensregeln. (1) [1]Neben dem offenen und dem nicht offenen Verfahren stehen dem öffentlichen Auftraggeber abweichend von § 14 Absatz 3 auch das Verhandlungsverfahren mit Teilnahmewettbewerb, der wettbewerbliche Dialog und die Innovationspartnerschaft nach seiner Wahl zur Verfügung. [2]Ein Verhandlungsverfahren ohne Teilnahmewettbewerb steht nur zur Verfügung, soweit dies nach § 14 Absatz 4 gestattet ist.

(2) Die Laufzeit einer Rahmenvereinbarung darf abweichend von § 21 Absatz 6 höchstens sechs Jahre betragen, es sei denn, es liegt ein im Gegenstand der Rahmenvereinbarung begründeter Sonderfall vor.

(3) [1]Der öffentliche Auftraggeber kann für den Eingang der Angebote und der Teilnahmeanträge unter Berücksichtigung der Besonderheiten der jeweiligen Dienstleistung von den §§ 15 bis 19 abweichende Fristen bestimmen. [2]§ 20 bleibt unberührt.

(4) § 48 Absatz 3 ist nicht anzuwenden.

(5) [1]Bei der Bewertung der in § 58 Absatz 2 Satz 2 Nummer 2 genannten Kriterien können insbesondere der Erfolg und die Qualität bereits erbrachter Leistungen des Bieters oder des vom Bieter eingesetzten Personals berücksichtigt werden. [2]Bei Dienstleistungen nach dem Zweiten und Dritten Buch Sozialgesetzbuch können für die Bewertung des Erfolgs und der Qualität bereits erbrachter Leistungen des Bieters insbesondere berücksichtigt werden:

1. Eingliederungsquoten,

2. Abbruchquoten,

3. erreichte Bildungsabschlüsse und

4. Beurteilungen der Vertragsausführung durch den öffentlichen Auftraggeber anhand transparenter und nichtdiskriminierender Methoden.

§ 66 Veröffentlichungen, Transparenz. (1) [1]Der öffentliche Auftraggeber teilt seine Absicht, einen öffentlichen Auftrag zur Erbringung sozialer oder anderer besonderer Dienstleistungen zu vergeben, in einer Auftragsbekanntmachung mit. [2]§ 17 Absatz 5 bleibt unberührt.

(2) Eine Auftragsbekanntmachung ist nicht erforderlich, wenn der öffentliche Auftraggeber auf kontinuierlicher Basis eine Vorinformation veröffentlicht, sofern die Vorinformation

1. sich speziell auf die Arten von Dienstleistungen bezieht, die Gegenstand der zu vergebenen Aufträge sind,

---

[1]) Nr. 1.

2. den Hinweis enthält, dass dieser Auftrag ohne gesonderte Auftragsbekanntmachung vergeben wird,

3. die interessierten Unternehmen auffordert, ihr Interesse mitzuteilen (Interessensbekundung).

(3) [1] Der öffentliche Auftraggeber, der einen Auftrag zur Erbringung von sozialen und anderen besonderen Dienstleistungen vergeben hat, teilt die Ergebnisse des Vergabeverfahrens mit. [2] Er kann die Vergabebekanntmachungen quartalsweise bündeln. [3] In diesem Fall versendet er die Zusammenstellung spätestens 30 Tage nach Quartalsende.

(4) [1] Für die Bekanntmachungen nach den Absätzen 1 bis 3 ist das Muster gemäß Anhang XVIII der Durchführungsverordnung (EU) 2015/1986 zu verwenden. [2] Die Veröffentlichung der Bekanntmachungen erfolgt gemäß § 40.

Abschnitt 4. Besondere Vorschriften für die Beschaffung energieverbrauchsrelevanter Leistungen

§ 67 Beschaffung energieverbrauchsrelevanter Liefer- oder Dienstleistungen. (1) Wenn energieverbrauchsrelevante Waren, technische Geräte oder Ausrüstungen Gegenstand einer Lieferleistung oder wesentliche Voraussetzung zur Ausführung einer Dienstleistung sind (energieverbrauchsrelevante Liefer- oder Dienstleistungen), sind die Anforderungen der Absätze 2 bis 5 zu beachten.[1]

(2) In der Leistungsbeschreibung sollen im Hinblick auf die Energieeffizienz insbesondere folgende Anforderungen gestellt werden:

1. das höchste Leistungsniveau an Energieeffizienz und,

2. soweit vorhanden, die höchste Energieeffizienzklasse im Sinne der Energieverbrauchskennzeichnungsverordnung.

(3) In der Leistungsbeschreibung oder an anderer geeigneter Stelle in den Vergabeunterlagen sind von den Bietern folgende Informationen zu fordern:

1. konkrete Angaben zum Energieverbrauch, es sei denn, die auf dem Markt angebotenen Waren, technischen Geräte oder Ausrüstungen unterscheiden sich im zulässigen Energieverbrauch nur geringfügig, und

2. in geeigneten Fällen

a) eine Analyse minimierter Lebenszykluskosten oder

b) die Ergebnisse einer Buchstabe a vergleichbaren Methode zur Überprüfung der Wirtschaftlichkeit.

(4) Der öffentliche Auftraggeber darf nach Absatz 3 übermittelte Informationen überprüfen und hierzu ergänzende Erläuterungen von den Bietern fordern.

---

[1] **Amtl. Anm.:** § 67 der Vergabeverordnung dient der Umsetzung folgender Richtlinien:
– Richtlinie 2010/30/EU des Europäischen Parlaments und des Rates vom 19. Mai 2010 über die Angabe des Verbrauchs an Energie und anderen Ressourcen durch energieverbrauchsrelevante Produkte mittels einheitlicher Etiketten und Produktinformationen (ABl. L 153 vom 18.6.2010, S. 1),
– Richtlinie 2012/27/EU des Europäischen Parlaments und des Rates vom 25. Oktober 2012 zur Energieeffizienz, zur Änderung der Richtlinien 2009/125/EG und 2010/30/EU und zur Aufhebung der Richtlinien 2004/8/EG und 2006/32/EG (ABl. L 315 vom 14.11.2012, S. 1).

(5) Im Rahmen der Ermittlung des wirtschaftlichsten Angebotes ist die anhand der Informationen nach Absatz 3 oder der Ergebnisse einer Überprüfung nach Absatz 4 zu ermittelnde Energieeffizienz als Zuschlagskriterium angemessen zu berücksichtigen.

§ 68 *(aufgehoben)*

Abschnitt 5. Planungswettbewerbe

§ 69 Anwendungsbereich. (1) Wettbewerbe nach § 103 Absatz 6 des Gesetzes gegen Wettbewerbsbeschränkungen[1]) werden insbesondere auf den Gebieten der Raumplanung, des Städtebaus und des Bauwesens oder der Datenverarbeitung durchgeführt (Planungswettbewerbe).

(2) Bei der Durchführung eines Planungswettbewerbs wendet der öffentliche Auftraggeber die §§ 5, 6 und 43 und die Vorschriften dieses Abschnitts an.

§ 70 Veröffentlichung, Transparenz. (1) [1]Der öffentliche Auftraggeber teilt seine Absicht, einen Planungswettbewerb auszurichten, in einer Wettbewerbsbekanntmachung mit. [2]Die Wettbewerbsbekanntmachung wird nach dem Muster gemäß Anhang IX der Durchführungsverordnung (EU) 2015/1986 erstellt. [3]§ 40 ist entsprechend anzuwenden.

(2) Beabsichtigt der öffentliche Auftraggeber im Anschluss an einen Planungswettbewerb einen Dienstleistungsauftrag im Verhandlungsverfahren ohne Teilnahmewettbewerb zu vergeben, hat der öffentliche Auftraggeber die Eignungskriterien und die zum Nachweis der Eignung erforderlichen Unterlagen hierfür bereits in der Wettbewerbsbekanntmachung anzugeben.

(3) [1]Die Ergebnisse des Planungswettbewerbs sind bekanntzumachen und innerhalb von 30 Tagen an das Amt für Veröffentlichungen der Europäischen Union zu übermitteln. [2]Die Bekanntmachung wird nach dem Muster gemäß Anhang X der Durchführungsverordnung (EU) 2015/1986 erstellt.

(4) § 39 Absatz 6 gilt entsprechend.

§ 71 Ausrichtung. (1) Die an einem Planungswettbewerb Interessierten sind vor Wettbewerbsbeginn über die geltenden Durchführungsregeln zu informieren.

(2) Die Zulassung von Teilnehmern an einem Planungswettbewerb darf nicht beschränkt werden

1. unter Bezugnahme auf das Gebiet eines Mitgliedstaats der Europäischen Union oder einen Teil davon oder

2. auf nur natürliche oder nur juristische Personen.

(3) [1]Bei einem Planungswettbewerb mit beschränkter Teilnehmerzahl hat der öffentliche Auftraggeber eindeutige und nichtdiskriminierende Auswahlkriterien festzulegen. [2]Die Zahl der Bewerber, die zur Teilnahme aufgefordert werden, muss ausreichen, um den Wettbewerb zu gewährleisten.

§ 72 Preisgericht. (1) [1]Das Preisgericht darf nur aus Preisrichtern bestehen, die von den Teilnehmern des Planungswettbewerbs unabhängig sind. [2]Wird

---

[1]) Nr. 1.

von den Wettbewerbsteilnehmern eine bestimmte berufliche Qualifikation verlangt, muss mindestens ein Drittel der Preisrichter über dieselbe oder eine gleichwertige Qualifikation verfügen.

(2) [1] Das Preisgericht ist in seinen Entscheidungen und Stellungnahmen unabhängig. [2] Es trifft seine Entscheidungen nur aufgrund von Kriterien, die in der Wettbewerbsbekanntmachung genannt sind. [3] Die Wettbewerbsarbeiten sind ihm anonym vorzulegen. [4] Die Anonymität ist bis zu den Stellungnahmen oder Entscheidungen des Preisgerichts zu wahren.

(3) [1] Das Preisgericht erstellt einen Bericht über die Rangfolge der von ihm ausgewählten Wettbewerbsarbeiten, indem es auf die einzelnen Projekte eingeht und seine Bemerkungen sowie noch zu klärende Fragen aufführt. [2] Dieser Bericht ist von den Preisrichtern zu unterzeichnen.

(4) [1] Die Teilnehmer können zur Klärung bestimmter Aspekte der Wettbewerbsarbeiten aufgefordert werden, Fragen zu beantworten, die das Preisgericht in seinem Protokoll festzuhalten hat. [2] Der Dialog zwischen Preisrichtern und Teilnehmern ist zu dokumentieren.

Abschnitt 6. Besondere Vorschriften für die Vergabe von Architekten- und Ingenieurleistungen

Unterabschnitt 1. Allgemeines

§ 73 Anwendungsbereich und Grundsätze. (1) Die Bestimmungen dieses Abschnitts gelten zusätzlich für die Vergabe von Architekten- und Ingenieurleistungen, deren Gegenstand eine Aufgabe ist, deren Lösung vorab nicht eindeutig und erschöpfend beschrieben werden kann.

(2) Architekten- und Ingenieurleistungen sind

1. Leistungen, die von der Honorarordnung für Architekten und Ingenieure erfasst werden, und
2. sonstige Leistungen, für die die berufliche Qualifikation des Architekten oder Ingenieurs erforderlich ist oder vom öffentlichen Auftraggeber gefordert wird.

(3) Aufträge über Leistungen nach Absatz 1 sollen unabhängig von Ausführungs- und Lieferinteressen vergeben werden.

§ 74 Verfahrensart. Architekten- und Ingenieurleistungen werden in der Regel im Verhandlungsverfahren mit Teilnahmewettbewerb nach § 17 oder im wettbewerblichen Dialog nach § 18 vergeben.

§ 75 Eignung. (1) Wird als Berufsqualifikation der Beruf des Architekten, Innenarchitekten, Landschaftsarchitekten oder Stadtplaners gefordert, so ist zuzulassen, wer nach dem für die öffentliche Auftragsvergabe geltenden Landesrecht berechtigt ist, die entsprechende Berufsbezeichnung zu tragen oder in der Bundesrepublik Deutschland entsprechend tätig zu werden.

(2) Wird als Berufsqualifikation der Beruf des „Beratenden Ingenieurs" oder „Ingenieurs" gefordert, so ist zuzulassen, wer nach dem für die öffentliche Auftragsvergabe geltenden Landesrecht berechtigt ist, die entsprechende Berufsbezeichnung zu tragen oder in der Bundesrepublik Deutschland entsprechend tätig zu werden.

(3) Juristische Personen sind als Auftragnehmer zuzulassen, wenn sie für die Durchführung der Aufgabe einen verantwortlichen Berufsangehörigen gemäß Absatz 1 oder 2 benennen.

(4) [1] Eignungskriterien müssen gemäß § 122 Absatz 4 des Gesetzes gegen Wettbewerbsbeschränkungen[1]) mit dem Auftragsgegenstand in Verbindung und zu diesem in einem angemessenen Verhältnis stehen. [2] Sie sind bei geeigneten Aufgabenstellungen so zu wählen, dass kleinere Büroorganisationen und Berufsanfänger sich beteiligen können.

(5) [1] Die Präsentation von Referenzprojekten ist zugelassen. [2] Verlangt der öffentliche Auftraggeber geeignete Referenzen im Sinne von § 46 Absatz 3 Nummer 1, so lässt er hierfür Referenzobjekte zu, deren Planungs- oder Beratungsanforderungen mit denen der zu vergebenden Planungs- oder Beratungsleistung vergleichbar sind. [3] Für die Vergleichbarkeit der Referenzobjekte ist es in der Regel unerheblich, ob der Bewerber bereits Objekte derselben Nutzungsart geplant oder realisiert hat.

(6) Erfüllen mehrere Bewerber an einem Teilnahmewettbewerb mit festgelegter Höchstzahl gemäß § 51 gleichermaßen die Anforderungen und ist die Bewerberzahl auch nach einer objektiven Auswahl entsprechend der zugrunde gelegten Eignungskriterien zu hoch, kann die Auswahl unter den verbleibenden Bewerbern durch Los getroffen werden.

§ 76 Zuschlag. (1) [1] Architekten- und Ingenieurleistungen werden im Leistungswettbewerb vergeben. [2] Auf die zu erbringende Leistung anwendbare Gebühren- oder Honorarordnungen bleiben unberührt.

(2) [1] Die Ausarbeitung von Lösungsvorschlägen der gestellten Aufgabe kann der öffentliche Auftraggeber nur im Rahmen eines Planungswettbewerbs, eines Verhandlungsverfahrens oder eines wettbewerblichen Dialogs verlangen. [2] Die Erstattung der Kosten richtet sich nach § 77. [3] Unaufgefordert eingereichte Ausarbeitungen bleiben unberücksichtigt.

§ 77 Kosten und Vergütung. (1) Für die Erstellung der Bewerbungs- und Angebotsunterlagen werden Kosten nicht erstattet.

(2) Verlangt der öffentliche Auftraggeber außerhalb von Planungswettbewerben darüber hinaus die Ausarbeitung von Lösungsvorschlägen für die gestellte Planungsaufgabe in Form von Entwürfen, Plänen, Zeichnungen, Berechnungen oder anderen Unterlagen, so ist einheitlich für alle Bewerber eine angemessene Vergütung festzusetzen.

(3) Gesetzliche Gebühren- oder Honorarordnungen und der Urheberrechtsschutz bleiben unberührt.

Unterabschnitt 2. Planungswettbewerbe für Architekten- und Ingenieurleistungen

§ 78 Grundsätze und Anwendungsbereich für Planungswettbewerbe.

(1) Planungswettbewerbe gewährleisten die Wahl der besten Lösung der Planungsaufgabe und sind gleichzeitig ein geeignetes Instrument zur Sicherstellung der Planungsqualität und Förderung der Baukultur.

---

[1]) Nr. 1.

(2) [1] Planungswettbewerbe dienen dem Ziel, alternative Vorschläge für Planungen, insbesondere auf dem Gebiet der Raumplanung, des Städtebaus und des Bauwesens, auf der Grundlage veröffentlichter einheitlicher Richtlinien zu erhalten. [2] Sie können vor oder ohne Vergabeverfahren ausgerichtet werden. [3] In den einheitlichen Richtlinien wird auch die Mitwirkung der Architekten- und Ingenieurkammern an der Vorbereitung und bei der Durchführung von Planungswettbewerben geregelt. [4] Der öffentliche Auftraggeber prüft bei Aufgabenstellungen im Hoch-, Städte- und Brückenbau sowie in der Landschafts- und Freiraumplanung, ob für diese ein Planungswettbewerb durchgeführt werden soll, und dokumentiert seine Entscheidung.

(3) [1] Die Bestimmungen dieses Unterabschnitts sind zusätzlich zu Abschnitt 5 für die Ausrichtung von Planungswettbewerben anzuwenden. [2] Die auf die Durchführung von Planungswettbewerben anwendbaren Regeln nach Absatz 2 sind in der Wettbewerbsbekanntmachung mitzuteilen.

§ 79 Durchführung von Planungswettbewerben. (1) Mit der Ausrichtung eines Planungswettbewerbs sind Preise oder neben Preisen Anerkennungen auszuloben, die der Bedeutung und Schwierigkeit der Bauaufgabe sowie dem Leistungsumfang nach der jeweils geltenden Honorarordnung angemessen sind.

(2) [1] Ausgeschlossen von Planungswettbewerben sind Personen, die infolge ihrer Beteiligung an der Vorbereitung oder Durchführung des Planungswettbewerbs bevorzugt sein oder Einfluss auf die Entscheidung des Preisgerichts nehmen können. [2] Das Gleiche gilt für Personen, die sich durch Angehörige oder ihnen wirtschaftlich verbundene Personen einen entsprechenden Vorteil oder Einfluss verschaffen können.

(3) [1] Abweichend von § 72 Absatz 1 Satz 2 muss die Mehrheit der Preisrichter über dieselbe oder eine gleichwertige Qualifikation verfügen, wie sie von den Teilnehmern verlangt wird. [2] Auch muss die Mehrheit der Preisrichter unabhängig vom Ausrichter sein.

(4) [1] Das Preisgericht hat in seinen Entscheidungen die in der Wettbewerbsbekanntmachung als bindend bezeichneten Vorgaben des Ausrichters zu beachten. [2] Nicht zugelassene oder über das geforderte Maß hinausgehende Teilleistungen sind von der Wertung auszuschließen.

(5) [1] Das Preisgericht hat einen von den Preisrichtern zu unterzeichnenden Bericht über die Rangfolge und hierin eine Beurteilung der von ihm ausgewählten Wettbewerbsarbeiten zu erstellen. [2] Der Ausrichter informiert die Teilnehmer unverzüglich über das Ergebnis durch Versendung des Protokolls der Preisgerichtssitzung. [3] Der Ausrichter soll spätestens einen Monat nach der Entscheidung des Preisgerichts alle eingereichten Wettbewerbsarbeiten mit Namensangaben der Verfasser unter Auslegung des Protokolls öffentlich ausstellen. [4] Soweit ein Preisträger wegen mangelnder Teilnahmeberechtigung oder Verstoßes gegen Wettbewerbsregeln nicht berücksichtigt werden kann, rücken die übrigen Preisträger sowie sonstige Teilnehmer in der Rangfolge des Preisgerichts nach, soweit das Preisgericht ausweislich seines Protokolls nichts anderes bestimmt hat.

§ 80 Aufforderung zur Verhandlung; Nutzung der Ergebnisse des Planungswettbewerbs. (1) Soweit und sobald das Ergebnis des Planungswettbewerbs realisiert werden soll und beabsichtigt ist, einen oder mehrere der

Preisträger mit den zu beschaffenden Planungsleistungen zu beauftragen, hat der öffentliche Auftraggeber in der Aufforderung zur Teilnahme an den Verhandlungen die zum Nachweis der Eignung erforderlichen Unterlagen für die gemäß § 70 Absatz 2 bereits in der Wettbewerbsbekanntmachung genannten Eignungskriterien zu verlangen.

(2) Gesetzliche Vorschriften, nach denen Teillösungen von Teilnehmern des Planungswettbewerbs, die bei der Auftragserteilung nicht berücksichtigt worden sind, nur mit deren Erlaubnis genutzt werden dürfen, bleiben unberührt.

Abschnitt 7. Übergangs- und Schlussbestimmungen

§ 81 Übergangsbestimmungen. ¹Zentrale Beschaffungsstellen im Sinne von § 120 Absatz 4 Satz 1 des Gesetzes gegen Wettbewerbsbeschränkungen[1] können bis zum 18. April 2017, andere öffentliche Auftraggeber bis zum 18. Oktober 2018, abweichend von § 53 Absatz 1 die Übermittlung der Angebote, Teilnahmeanträge und Interessensbestätigungen auch auf dem Postweg, anderem geeigneten Weg, Fax oder durch die Kombination dieser Mittel verlangen. ²Dasselbe gilt für die sonstige Kommunikation im Sinne des § 9 Absatz 1, soweit sie nicht die Übermittlung von Bekanntmachungen und die Bereitstellung der Vergabeunterlagen betrifft.

§ 82 Fristenberechnung. Die Berechnung der in dieser Verordnung geregelten Fristen bestimmt sich nach der Verordnung (EWG, Euratom) Nr. 1182/71 des Rates vom 3. Juni 1971 zur Festlegung der Regeln für die Fristen, Daten und Termine (ABl. L 124 vom 8.6.1971, S. 1).

Anlage 1
(zu § 31 Absatz 2)
Technische Anforderungen, Begriffsbestimmungen

1. „Technische Spezifikation" bei Liefer- oder Dienstleistungen hat eine der folgenden Bedeutungen: eine Spezifikation, die in einem Schriftstück enthalten ist, das Merkmale für ein Produkt oder eine Dienstleistung vorschreibt, wie Qualitätsstufen, Umwelt- und Klimaleistungsstufen, „Design für Alle" (einschließlich des Zugangs von Menschen mit Behinderungen) und Konformitätsbewertung, Leistung, Vorgaben für Gebrauchstauglichkeit, Sicherheit oder Abmessungen des Produkts, einschließlich der Vorschriften über Verkaufsbezeichnung, Terminologie, Symbole, Prüfungen und Prüfverfahren, Verpackung, Kennzeichnung und Beschriftung, Gebrauchsanleitungen, Produktionsprozesse und -methoden in jeder Phase des Lebenszyklus der Liefer- oder Dienstleistung sowie über Konformitätsbewertungsverfahren;

2. „Norm" bezeichnet eine technische Spezifikation, die von einer anerkannten Normungsorganisation zur wiederholten oder ständigen Anwendung angenommen wurde, deren Einhaltung nicht zwingend ist und die unter eine der nachstehenden Kategorien fällt:

   a) internationale Norm: Norm, die von einer internationalen Normungsorganisation angenommen wurde und der Öffentlichkeit zugänglich ist;

   b) europäische Norm: Norm, die von einer europäischen Normungsorganisation angenommen wurde und der Öffentlichkeit zugänglich ist;

   c) nationale Norm: Norm, die von einer nationalen Normungsorganisation angenommen wurde und der Öffentlichkeit zugänglich ist;

3. „Europäische Technische Bewertung" bezeichnet eine dokumentierte Bewertung der Leistung eines Bauprodukts in Bezug auf seine wesentlichen Merkmale im Einklang mit dem betreffenden Europäischen Bewertungsdokument gemäß der Begriffsbestimmung in Artikel 2 Nummer 12 der Verordnung (EU) Nr. 305/2011 des Europäischen Parlaments und des Rates vom 9. März 2011 zur

---

[1] Nr. 1.

Festlegung harmonisierter Bedingungen für die Vermarktung von Bauprodukten und zur Aufhebung der Richtlinie 89/106/EWG des Rates (ABl. L 88 vom 4.4.2011, S. 5);

4. „gemeinsame technische Spezifikationen" sind technische Spezifikationen im Bereich der Informations- und Kommunikationstechnologie, die gemäß den Artikeln 13 und 14 der Verordnung (EU) Nr. 1025/2012 des Europäischen Parlaments und des Rates vom 25. Oktober 2012 zur europäischen Normung, zur Änderung der Richtlinien 89/686/EWG und 93/15/EWG des Rates sowie der Richtlinien 94/9/EG, 94/25/EG, 95/16/EG, 97/23/EG, 98/34/EG, 2004/22/EG, 2007/23/EG, 2009/23/EG und 2009/105/EG des Europäischen Parlaments und des Rates und zur Aufhebung des Beschlusses 87/95/EWG des Rates und des Beschlusses Nr. 1673/2006/EG des Europäischen Parlaments und des Rates (ABl. L 316 vom 14.11.2012, S. 12) festgelegt wurden;

5. „technische Bezugsgröße" bezeichnet jeden Bezugsrahmen, der keine europäische Norm ist und von den europäischen Normungsorganisationen nach den an die Bedürfnisse des Markts angepassten Verfahren erarbeitet wurde.

Anlage 2
(aufgehoben)

Anlage 3
(aufgehoben)

3. Verordnung über die Vergabe von öffentlichen Aufträgen im Bereich des Verkehrs, der Trinkwasserversorgung und der Energieversorgung (Sektorenverordnung – SektVO)[1)] [2)]

Vom 12. April 2016

(BGBl. I S. 624, 657)

FNA 703-5-6

zuletzt geänd. durch Art. 3 G zur Umsetzung der RL (EU) 2019/1161 vom 20. Juni 2019 zur Änd. der RL 2009/33/EG über die Förderung sauberer und energieeffizienter Straßenfahrzeuge sowie zur Änd. vergaberechtlicher Vorschriften v. 9.6.2021 (BGBl. I S. 1691)

[1)] Verkündet als Art. 2 der VO v. 12.4.2016 (BGBl. I S. 624); Inkrafttreten gem. Art. 7 Abs. 1 dieser VO am 18.4.2016.

[2)] **Amtl. Anm. am Titel der MantelVO:** „Artikel 2 dieser Verordnung dient der Umsetzung der Richtlinie 2014/25/EU v. 26.2.2014 (ABl. L 94 S. 243), zuletzt geänd. durch VO v. 30.10.2019 (ABl. L 279 S. 27) des Europäischen Parlaments und des Rates vom 26. Februar 2014 über die Vergabe von Aufträgen durch Auftraggeber im Bereich der Wasser-, Energie- und Verkehrsversorgung sowie der Postdienste und zur Aufhebung der Richtlinie 2004/17/EG (ABl. L 94 vom 28.3.2014, S. 243)."

Abschnitt 1. Allgemeine Bestimmungen und Kommunikation

Unterabschnitt 1. Allgemeine Bestimmungen

§ 1 Anwendungsbereich (1) Diese Verordnung trifft nähere Bestimmungen über das einzuhaltende Verfahren bei der dem Teil 4 des Gesetzes gegen Wettbewerbsbeschränkungen[1)] unterliegenden Vergabe von Aufträgen und die Ausrichtung von Wettbewerben zum Zwecke von Tätigkeiten auf dem Gebiet der Trinkwasser- oder Energieversorgung oder des Verkehrs (Sektorentätigkeiten) durch Sektorenauftraggeber.

(2) Diese Verordnung ist nicht anzuwenden auf die Vergabe von verteidigungs- oder sicherheitsspezifischen öffentlichen Aufträgen.

(3) Für die Beschaffung im Wege von Konzessionen im Sinne des § 105 des Gesetzes gegen Wettbewerbsbeschränkungen[2)] gilt die Verordnung über die Vergabe von Konzessionen[3)].

§ 2 Schätzung des Auftragswerts. (1) [1]Bei der Schätzung des Auftragswerts ist vom voraussichtlichen Gesamtwert der vorgesehenen Leistung ohne Umsatzsteuer auszugehen. [2]Zudem sind etwaige Optionen oder Vertragsverlängerungen zu berücksichtigen. [3]Sieht der Auftraggeber Prämien oder Zahlungen an den Bewerber oder Bieter vor, sind auch diese zu berücksichtigen.

(2) [1]Die Wahl der Methode zur Berechnung des geschätzten Auftragswerts darf nicht in der Absicht erfolgen, die Anwendung der Bestimmungen des Teils 4 des Gesetzes gegen Wettbewerbsbeschränkungen[1)] oder dieser Verordnung zu umgehen. [2]Eine Auftragsvergabe darf nicht so unterteilt werden, dass sie nicht in den Anwendungsbereich der Bestimmungen des Teils 4 des Gesetzes gegen Wettbewerbsbeschränkungen[1)] oder dieser Verordnung fällt, es sei denn, es liegen objektive Gründe dafür vor, etwa wenn eine eigenständige Organisationseinheit selbständig für ihre Auftragsvergabe oder bestimmte Kategorien der Auftragsvergabe zuständig ist.

(3) Maßgeblicher Zeitpunkt für die Schätzung des Auftragswerts ist der Tag, an dem die Auftragsbekanntmachung abgesendet wird oder das Vergabeverfahren auf sonstige Weise eingeleitet wird.

(4) Der Wert einer Rahmenvereinbarung oder eines dynamischen Beschaffungssystems wird auf der Grundlage des geschätzten Gesamtwertes aller Einzelaufträge berechnet, die während der gesamten Laufzeit einer Rahmenvereinbarung oder eines dynamischen Beschaffungssystems geplant sind.

(5) Der zu berücksichtigende Wert im Falle einer Innovationspartnerschaft entspricht dem geschätzten Gesamtwert der Forschungs- und Entwicklungstätigkeiten, die während sämtlicher Phasen der geplanten Partnerschaft stattfinden sollen, sowie der Bau-, Liefer- oder Dienstleistungen, die zu entwickeln und am Ende der geplanten Partnerschaft zu beschaffen sind.

(6) [1]Bei der Schätzung des Auftragswerts von Bauleistungen ist neben dem Auftragswert der Bauaufträge der geschätzte Gesamtwert aller Liefer- und Dienstleistungen zu berücksichtigen, die für die Ausführung der Bauleistungen erforderlich sind und vom Auftraggeber zur Verfügung gestellt werden. [2]Die

---

[1)] Auszugsweise abgedruckt unter Nr. **1**.
[2)] Nr. **1**.
[3)] Nr. **5**.

Möglichkeit des Auftraggebers, Aufträge für die Planung und die Ausführung von Bauleistungen entweder getrennt oder gemeinsam zu vergeben, bleibt unberührt.

(7) [1] Kann das beabsichtigte Bauvorhaben oder die vorgesehene Erbringung einer Dienstleistung zu einem Auftrag führen, der in mehreren Losen vergeben wird, ist der geschätzte Gesamtwert aller Lose zugrunde zu legen. [2] Bei Planungsleistungen gilt dies nur für Lose über gleichartige Leistungen. [3] Erreicht oder überschreitet der geschätzte Gesamtwert den maßgeblichen Schwellenwert, gilt diese Verordnung für die Vergabe jedes Loses.

(8) Kann ein Vorhaben zum Zweck des Erwerbs gleichartiger Lieferungen zu einem Auftrag führen, der in mehreren Losen vergeben wird, ist der geschätzte Gesamtwert aller Lose zugrunde zu legen.

(9) Der Auftraggeber kann bei der Vergabe einzelner Lose von Absatz 7 Satz 3 sowie Absatz 8 abweichen, wenn der geschätzte Nettowert des betreffenden Loses bei Liefer- und Dienstleistungsaufträgen unter 80 000 Euro und bei Bauleistungen unter 1 Million Euro liegt und die Summe der Nettowerte dieser Lose 20 Prozent des Gesamtwertes aller Lose nicht übersteigt.

(10) Bei regelmäßig wiederkehrenden Aufträgen oder Daueraufträgen über Liefer- oder Dienstleistungen sowie bei Liefer- oder Dienstleistungsaufträgen, die innerhalb eines bestimmten Zeitraums verlängert werden sollen, ist der Auftragswert zu schätzen

1. auf der Grundlage des tatsächlichen Gesamtwertes entsprechender aufeinanderfolgender Aufträge aus dem vorangegangenen Haushaltsjahr oder Geschäftsjahr; dabei sind voraussichtliche Änderungen bei Mengen oder Kosten möglichst zu berücksichtigen, die während der zwölf Monate zu erwarten sind, die auf den ursprünglichen Auftrag folgen; oder

2. auf der Grundlage des geschätzten Gesamtwertes aufeinanderfolgender Aufträge, die während der auf die erste Lieferung folgenden zwölf Monate oder während des auf die erste Lieferung folgenden Haushaltsjahres oder Geschäftsjahres, wenn dieses länger als zwölf Monate ist, vergeben werden.

(11) Bei Aufträgen über Liefer- oder Dienstleistungen, für die kein Gesamtpreis angegeben wird, ist Berechnungsgrundlage für den geschätzten Auftragswert

1. bei zeitlich begrenzten Aufträgen mit einer Laufzeit von bis zu 48 Monaten der Gesamtwert für die Laufzeit dieser Aufträge und

2. bei Aufträgen mit unbestimmter Laufzeit oder mit einer Laufzeit von mehr als 48 Monaten der 48-fache Monatswert.

(12) [1] Bei einem Planungswettbewerb nach § 60, der zu einem Dienstleistungsauftrag führen soll, ist der Wert des Dienstleistungsauftrags zu schätzen zuzüglich etwaiger Preisgelder und Zahlungen an Teilnehmer. [2] Bei allen übrigen Planungswettbewerben entspricht der Auftragswert der Summe der Preisgelder und Zahlungen an die Teilnehmer einschließlich des Wertes des Dienstleistungsauftrags, der vergeben werden könnte, soweit der Auftraggeber diese Vergabe in der Wettbewerbsbekanntmachung des Planungswettbewerbs nicht ausschließt.

§ 3 Antragsverfahren für Tätigkeiten, die unmittelbar dem Wettbewerb ausgesetzt sind. (1) [1] Auftraggeber können bei der Europäischen

Kommission beantragen festzustellen, dass die Vorschriften des Teils 4 des Gesetzes gegen Wettbewerbsbeschränkungen[1] sowie der Sektorenverordnung auf die Auftragsvergabe oder Ausrichtung von Wettbewerben für die Ausübung dieser Tätigkeit keine Anwendung finden. [2]Dem Antrag ist eine Stellungnahme des Bundeskartellamtes beizufügen. [3]Dem Antrag sind alle sachdienlichen Informationen beizufügen, insbesondere Gesetze, Verordnungen, Verwaltungsvorschriften oder Vereinbarungen, die darlegen, dass die betreffende Tätigkeit unmittelbar dem Wettbewerb auf Märkten ausgesetzt ist, die keiner Zugangsbeschränkung unterliegen. [4]Eine Kopie des Antrags ist dem Bundesministerium für Wirtschaft und Energie zu übermitteln.

(2) [1]Der Antrag des Auftraggebers an das Bundeskartellamt auf Stellungnahme muss die in § 39 Absatz 3 Satz 2 Nummer 1 bis 4 des Gesetzes gegen Wettbewerbsbeschränkungen bezeichneten Angaben enthalten. [2]§ 39 Absatz 3 Satz 4 und 5 des Gesetzes gegen Wettbewerbsbeschränkungen gilt entsprechend. [3]Der Antrag nach Absatz 1 kann auch von einem Verband der Auftraggeber gestellt werden. [4]In diesem Fall gelten für die Verbände die Regelungen für Auftraggeber.

(3) [1]Das Bundeskartellamt soll die Stellungnahme innerhalb von vier Monaten nach Antragseingang abgeben. [2]Für die Erarbeitung der beantragten Stellungnahme hat das Bundeskartellamt die Ermittlungsbefugnisse nach den §§ 57 bis 59 des Gesetzes gegen Wettbewerbsbeschränkungen. [3]Das Bundeskartellamt holt eine Stellungnahme der Bundesnetzagentur ein. [4]§ 50c Absatz 1 des Gesetzes gegen Wettbewerbsbeschränkungen gilt entsprechend.

(4) Die Stellungnahme des Bundeskartellamtes besitzt keine Bindungswirkung für seine Entscheidungen nach den Teilen 1 bis 3 des Gesetzes gegen Wettbewerbsbeschränkungen[1].

(5) [1]Einen Antrag nach Absatz 1 kann auch das Bundesministerium für Wirtschaft und Energie stellen. [2]In diesem Fall teilt es der Europäischen Kommission sachdienliche Informationen nach Absatz 1 Satz 3 mit. [3]Es holt zur wettbewerblichen Beurteilung eine Stellungnahme des Bundeskartellamtes ein, die ebenfalls der Kommission der Europäischen Union übermittelt wird. [4]Dies gilt auch für den Fall, dass die Europäische Kommission auf eigene Veranlassung für eine der Sektorentätigkeiten in Deutschland ein solches Verfahren einleitet.

(6) Die Feststellung, dass die betreffende Tätigkeit unmittelbar dem Wettbewerb auf Märkten ausgesetzt ist, die keiner Zugangsbeschränkung unterliegen, gilt als getroffen, wenn die Europäische Kommission dies bestätigt hat oder wenn sie innerhalb der Frist nach Artikel 35 in Verbindung mit Anhang IV der Richtlinie 2014/25/EU des Europäischen Parlaments und des Rates vom 26. Februar 2014 über die Vergabe von Aufträgen durch Auftraggeber im Bereich der Wasser-, Energie- und Verkehrsversorgung sowie der Postdienste und zur Aufhebung der Richtlinie 2004/17/EG (ABl. L 94 vom 28.3.2014, S. 243) keine Feststellung getroffen hat und das Bundesministerium für Wirtschaft und Energie die Feststellung oder den Ablauf der Frist im Bundesanzeiger bekanntgemacht hat.

---

[1] Auszugsweise abgedruckt unter Nr. **1**.

(7) Die Absätze 1 bis 6 gelten für Auftraggeber im Sinne des § 143 des Gesetzes gegen Wettbewerbsbeschränkungen[1] entsprechend.

§ 4 Gelegentliche gemeinsame Auftragsvergabe. (1) [1] Mehrere Auftraggeber können vereinbaren, bestimmte Aufträge gemeinsam zu vergeben. [2] Dies gilt auch für die Auftragsvergabe gemeinsam mit Auftraggebern aus anderen Mitgliedstaaten der Europäischen Union. [3] Die Möglichkeiten zur Nutzung von zentralen Beschaffungsstellen bleiben unberührt.

(2) [1] Soweit das Vergabeverfahren im Namen und im Auftrag aller Auftraggeber insgesamt gemeinsam durchgeführt wird, sind diese für die Einhaltung der Bestimmungen über das Vergabeverfahren gemeinsam verantwortlich. [2] Das gilt auch, wenn ein Auftraggeber das Verfahren in seinem Namen und im Auftrag der anderen Auftraggeber allein ausführt. [3] Bei nur teilweise gemeinsamer Durchführung sind die Auftraggeber nur für jene Teile gemeinsam verantwortlich, die gemeinsam durchgeführt wurden. [4] Wird ein Auftrag durch Auftraggeber aus verschiedenen Mitgliedstaaten der Europäischen Union gemeinsam vergeben, legen diese die Zuständigkeiten und die anwendbaren Bestimmungen des nationalen Rechts durch Vereinbarung fest und geben das in den Vergabeunterlagen an.

§ 5 Wahrung der Vertraulichkeit. (1) [1] Sofern in dieser Verordnung oder anderen Rechtsvorschriften nichts anderes bestimmt ist, darf der Auftraggeber keine von den Unternehmen übermittelten und von diesen als vertraulich gekennzeichneten Informationen weitergeben. [2] Dazu gehören insbesondere Betriebs- und Geschäftsgeheimnisse und die vertraulichen Aspekte der Angebote einschließlich ihrer Anlagen.

(2) [1] Bei der gesamten Kommunikation sowie beim Austausch und bei der Speicherung von Informationen muss der Auftraggeber die Integrität der Daten und die Vertraulichkeit der Interessensbekundungen, Interessensbestätigungen, Teilnahmeanträge und Angebote einschließlich ihrer Anlagen gewährleisten. [2] Die Interessensbekundungen, Interessensbestätigungen, Teilnahmeanträge und Angebote einschließlich ihrer Anlagen sowie die Dokumentation über Öffnung und Wertung der Teilnahmeanträge und Angebote sind auch nach Abschluss des Vergabeverfahrens vertraulich zu behandeln.

(3) [1] Der Auftraggeber kann Unternehmen Anforderungen vorschreiben, die auf den Schutz der Vertraulichkeit der Informationen im Rahmen des Vergabeverfahrens abzielen, einschließlich der Informationen, die in Verbindung mit der Verwendung eines Qualifizierungssystems zur Verfügung gestellt werden. [2] Hierzu gehört insbesondere die Abgabe einer Verschwiegenheitserklärung.

§ 6 Vermeidung von Interessenkonflikten. (1) Organmitglieder oder Mitarbeiter des öffentlichen Auftraggebers oder eines im Namen des öffentlichen Auftraggebers handelnden Beschaffungsdienstleisters, bei denen ein Interessenkonflikt besteht, dürfen in einem Vergabeverfahren nicht mitwirken.

(2) Ein Interessenkonflikt besteht für Personen, die an der Durchführung des Vergabeverfahrens beteiligt sind oder Einfluss auf den Ausgang eines Vergabeverfahrens nehmen können und die ein direktes oder indirektes finanzielles, wirtschaftliches oder persönliches Interesse haben, das ihre Unparteilichkeit

---

[1] Nr. 1.

und Unabhängigkeit im Rahmen des Vergabeverfahrens beeinträchtigen könnte.

(3) Es wird vermutet, dass ein Interessenkonflikt besteht, wenn die in Absatz 1 genannten Personen

1. Bewerber oder Bieter sind,
2. einen Bewerber oder Bieter beraten oder sonst unterstützen oder als gesetzliche Vertreter oder nur in dem Vergabeverfahren vertreten,
3. beschäftigt oder tätig sind
   a) bei einem Bewerber oder Bieter gegen Entgelt oder bei ihm als Mitglied des Vorstandes, Aufsichtsrates oder gleichartigen Organs oder
   b) für ein in das Vergabeverfahren eingeschaltetes Unternehmen, wenn dieses Unternehmen zugleich geschäftliche Beziehungen zum öffentlichen Auftraggeber und zum Bewerber oder Bieter hat.

(4) ¹Die Vermutung des Absatzes 3 gilt auch für Personen, deren Angehörige die Voraussetzungen nach Absatz 3 Nummer 1 bis 3 erfüllen. ²Angehörige sind der Verlobte, der Ehegatte, Lebenspartner, Verwandte und Verschwägerte gerader Linie, Geschwister, Kinder der Geschwister, Ehegatten und Lebenspartner der Geschwister und Geschwister der Ehegatten und Lebenspartner, Geschwister der Eltern sowie Pflegeeltern und Pflegekinder.

§ 7 Mitwirkung an der Vorbereitung des Vergabeverfahrens. (1) Hat ein Unternehmen oder ein mit ihm in Verbindung stehendes Unternehmen den Auftraggeber beraten oder war auf andere Art und Weise an der Vorbereitung des Vergabeverfahrens beteiligt (vorbefasstes Unternehmen), so ergreift der Auftraggeber angemessene Maßnahmen, um sicherzustellen, dass der Wettbewerb durch die Teilnahme dieses Unternehmens nicht verzerrt wird.

(2) Die Maßnahmen nach Absatz 1 umfassen insbesondere die Unterrichtung der anderen am Vergabeverfahren teilnehmenden Unternehmen in Bezug auf die einschlägigen Informationen, die im Zusammenhang mit der Einbeziehung des vorbefassten Unternehmens in der Vorbereitung des Vergabeverfahrens ausgetauscht wurden oder daraus resultieren, und die Festlegung angemessener Fristen für den Eingang der Angebote und Teilnahmeanträge.

(3) Vor einem Ausschluss nach § 124 Absatz 1 Nummer 6 des Gesetzes gegen Wettbewerbsbeschränkungen[1] ist dem vorbefassten Unternehmen die Möglichkeit zu geben, nachzuweisen, dass seine Beteiligung an der Vorbereitung des Vergabeverfahrens den Wettbewerb nicht verzerren kann.

§ 8 Dokumentation. (1) ¹Der Auftraggeber ist verpflichtet, den Fortgang des Vergabeverfahrens jeweils zeitnah zu dokumentieren. ²Hierzu stellt er sicher, dass er über eine ausreichende Dokumentation verfügt, um Entscheidungen in allen Phasen des Vergabeverfahrens, insbesondere zu den Verhandlungs- oder Dialogphasen, der Auswahl der Teilnehmer sowie der Zuschlagsentscheidung, nachvollziehbar zu begründen.

(2) ¹Der Auftraggeber bewahrt die sachdienlichen Unterlagen zu jedem Auftrag auf. ²Die Unterlagen müssen so ausführlich sein, dass zu einem späteren Zeitpunkt mindestens folgende Entscheidungen nachvollzogen und gerechtfertigt werden können:

---

[1] Nr. 1.

1. Qualifizierung und Auswahl der Teilnehmer sowie Zuschlagserteilung,
2. Rückgriff auf Verhandlungsverfahren ohne vorherigen Teilnahmewettbewerb,
3. Nichtanwendung dieser Verordnung aufgrund der Ausnahmen nach Teil 4 des Gesetzes gegen Wettbewerbsbeschränkungen[1]) und
4. Gründe, aus denen andere als elektronische Kommunikationsmittel für die elektronische Einreichung von Angeboten verwendet wurden.

(3) [1] Die Dokumentation ist bis zum Ende der Vertragslaufzeit oder Rahmenvereinbarung aufzubewahren, mindestens jedoch für drei Jahre ab dem Tag des Zuschlags. [2] Gleiches gilt für Kopien aller abgeschlossenen Verträge, die mindestens den folgenden Auftragswert haben:

1. 1 Million Euro im Falle von Liefer- oder Dienstleistungsaufträgen,
2. 10 Millionen Euro im Falle von Bauaufträgen.

(4) Die Dokumentation oder deren Hauptelemente ist der Europäischen Kommission sowie den zuständigen Aufsichts- oder Prüfbehörden auf deren Anforderung hin zu übermitteln.

Unterabschnitt 2. Kommunikation

§ 9 Grundsätze der Kommunikation. (1) Für das Senden, Empfangen, Weiterleiten und Speichern von Daten in einem Vergabeverfahren verwenden Auftraggeber und Unternehmen grundsätzlich Geräte und Programme für die elektronische Datenübermittlung (elektronische Mittel).

(2) Die Kommunikation in einem Vergabeverfahren kann mündlich erfolgen, wenn sie nicht die Vergabeunterlagen, die Teilnahmeanträge, die Interessensbestätigungen oder die Angebote betrifft und wenn sie ausreichend und in geeigneter Weise dokumentiert wird.

(3) In einem Verhandlungsverfahren ohne Teilnahmewettbewerb nach § 13 Absatz 2 Nummer 4 darf die Kommunikation im Vergabeverfahren auch mit anderen als elektronischen Mitteln erfolgen.

(4) [1] Der Auftraggeber kann von jedem Unternehmen die Angabe einer eindeutigen Unternehmensbezeichnung sowie einer elektronischen Adresse verlangen (Registrierung). [2] Für den Zugang zur Auftragsbekanntmachung und zu den Vergabeunterlagen darf der Auftraggeber keine Registrierung verlangen; eine freiwillige Registrierung ist zulässig.

§ 10 Anforderungen an die verwendeten elektronischen Mittel.

(1) [1] Der Auftraggeber legt das erforderliche Sicherheitsniveau für die elektronischen Mittel fest. [2] Elektronische Mittel, die vom Auftraggeber für den Empfang von Angeboten, Teilnahmeanträgen und Interessensbestätigungen sowie von Plänen und Entwürfen für Planungswettbewerbe verwendet werden, müssen gewährleisten, dass

1. die Uhrzeit und der Tag des Datenempfanges genau zu bestimmen sind,
2. kein vorfristiger Zugriff auf die empfangenen Daten möglich ist,
3. der Termin für den erstmaligen Zugriff auf die empfangenen Daten nur von den Berechtigten festgelegt oder geändert werden kann,

---

[1]) Auszugsweise abgedruckt unter Nr. **1**.

4. nur die Berechtigten Zugriff auf die empfangenen Daten oder auf einen Teil derselben haben,

5. nur die Berechtigten nach dem festgesetzten Zeitpunkt Dritten Zugriff auf die empfangenen Daten oder auf einen Teil derselben einräumen dürfen,

6. empfangene Daten nicht an Unberechtigte übermittelt werden und

7. Verstöße oder versuchte Verstöße gegen die Anforderungen gemäß den Nummern 1 bis 6 eindeutig festgestellt werden können.

(2) [1] Die elektronischen Mittel, die vom Auftraggeber für den Empfang von Angeboten, Teilnahmeanträgen und Interessensbestätigungen sowie von Plänen und Entwürfen für Planungswettbewerbe genutzt werden, müssen über eine einheitliche Datenaustauschschnittstelle verfügen. [2] Es sind die jeweils geltenden Interoperabilitäts- und Sicherheitsstandards der Informationstechnik gemäß § 3 Absatz 1 des Vertrags über die Errichtung des IT-Planungsrats und über die Grundlagen der Zusammenarbeit beim Einsatz der Informationstechnologie in den Verwaltungen von Bund und Ländern vom 1. April 2010 zu verwenden.

§ 11 Anforderungen an den Einsatz elektronischer Mittel im Vergabeverfahren. (1) [1] Elektronische Mittel und deren technische Merkmale müssen allgemein verfügbar, nichtdiskriminierend und mit allgemein verbreiteten Geräten und Programmen der Informations- und Kommunikationstechnologie kompatibel sein. [2] Sie dürfen den Zugang von Unternehmen zum Vergabeverfahren nicht einschränken. [3] Der Auftraggeber gewährleistet die barrierefreie Ausgestaltung der elektronischen Mittel nach den §§ 4, 12a und 12b des Behindertengleichstellungsgesetzes vom 27. April 2002 (BGBl. I S. 1467, 1468) in der jeweils geltenden Fassung.

(2) Der Auftraggeber verwendet für das Senden, Empfangen, Weiterleiten und Speichern von Daten in einem Vergabeverfahren ausschließlich solche elektronischen Mittel, die die Unversehrtheit, die Vertraulichkeit und die Echtheit der Daten gewährleisten.

(3) Der Auftraggeber muss den Unternehmen alle notwendigen Informationen zur Verfügung stellen über

1. die in einem Vergabeverfahren verwendeten elektronischen Mittel,

2. die technischen Parameter zur Einreichung von Teilnahmeanträgen, Angeboten und Interessensbestätigungen mithilfe elektronischer Mittel und

3. verwendete Verschlüsselungs- und Zeiterfassungsverfahren.

§ 12 Einsatz alternativer elektronischer Mittel bei der Kommunikation. (1) Der Auftraggeber kann im Vergabeverfahren die Verwendung elektronischer Mittel, die nicht allgemein verfügbar sind (alternative elektronische Mittel), verlangen, wenn er

1. Unternehmen während des gesamten Vergabeverfahrens unter einer Internetadresse einen unentgeltlichen, uneingeschränkten, vollständigen und direkten Zugang zu diesen alternativen elektronischen Mitteln gewährt und

2. diese alternativen elektronischen Mittel selbst verwendet.

(2) [1] Der Auftraggeber kann im Rahmen der Vergabe von Bauleistungen und für Planungswettbewerbe die Nutzung elektronischer Mittel für die Bauwerksdatenmodellierung verlangen. [2] Sofern die verlangten elektronischen Mittel für

die Bauwerksdatenmodellierung nicht allgemein verfügbar sind, bietet der Auftraggeber einen alternativen Zugang zu ihnen gemäß Absatz 1 an.

Abschnitt 2. Vergabeverfahren

Unterabschnitt 1. Verfahrensarten, Fristen

§ 13 Wahl der Verfahrensart. (1) ¹Dem Auftraggeber stehen zur Vergabe von Aufträgen das offene Verfahren, das nicht offene Verfahren und das Verhandlungsverfahren mit Teilnahmewettbewerb sowie der wettbewerbliche Dialog nach seiner Wahl zur Verfügung. ²Die Innovationspartnerschaft steht nach Maßgabe dieser Verordnung zur Verfügung.

(2) Der Auftraggeber kann Aufträge im Verhandlungsverfahren ohne Teilnahmewettbewerb vergeben,

1. wenn im Rahmen eines Verhandlungsverfahrens mit Teilnahmewettbewerb keine oder keine geeigneten Angebote oder keine geeigneten Teilnahmeanträge abgegeben worden sind, sofern die ursprünglichen Bedingungen des Auftrags nicht grundlegend geändert werden; ein Angebot gilt als ungeeignet, wenn es ohne Abänderung den in der Auftragsbekanntmachung oder den Vergabeunterlagen genannten Bedürfnissen und Anforderungen des Auftraggebers offensichtlich nicht entsprechen kann; ein Teilnahmeantrag gilt als ungeeignet, wenn das Unternehmen aufgrund des § 142 Nummer 2 des Gesetzes gegen Wettbewerbsbeschränkungen[1] auszuschließen ist oder ausgeschlossen werden kann oder wenn es die objektiven Kriterien bezüglich der Eignung nicht erfüllt;

2. wenn ein Auftrag nur den Zwecken von Forschung, Experimenten, Studien oder der Entwicklung dient und nicht den Zwecken einer Gewinnerzielungsabsicht oder Abdeckung von Forschungs- und Entwicklungskosten und sofern der Zuschlag dem Zuschlag für Folgeaufträge nicht abträglich ist, die insbesondere diesen Zwecken dienen;

3. wenn zum Zeitpunkt der Aufforderung zur Abgabe von Angeboten der Auftrag nur von einem bestimmten Unternehmen erbracht oder bereitgestellt werden kann,
   a) weil ein einzigartiges Kunstwerk oder eine einzigartige künstlerische Leistung erschaffen oder erworben werden soll,
   b) weil aus technischen Gründen kein Wettbewerb vorhanden ist oder
   c) wegen des Schutzes von ausschließlichen Rechten, einschließlich der Rechte des geistigen Eigentums;

4. wenn äußerst dringliche, zwingende Gründe im Zusammenhang mit Ereignissen, die der betreffende Auftraggeber nicht voraussehen konnte, es nicht zulassen, die Mindestfristen einzuhalten, die für das offene und das nicht offene Verfahren sowie für das Verhandlungsverfahren mit Teilnahmewettbewerb vorgeschrieben sind; die Umstände zur Begründung der äußersten Dringlichkeit dürfen dem Auftraggeber nicht zuzurechnen sein;

5. wenn zusätzliche Lieferleistungen des ursprünglichen Auftragnehmers beschafft werden sollen, die entweder zur teilweisen Erneuerung oder Erweiterung bereits erbrachter Leistungen bestimmt sind, und ein Wechsel des

---

[1] Nr. 1.

Unternehmens dazu führen würde, dass der Auftraggeber eine Leistung mit unterschiedlichen technischen Merkmalen kaufen müsste und dies eine technische Unvereinbarkeit oder unverhältnismäßige technische Schwierigkeiten bei Gebrauch und Wartung mit sich bringen würde;

6. wenn eine Bau- oder Dienstleistung beschafft werden soll, die in der Wiederholung gleichartiger Leistungen besteht, die durch denselben Auftraggeber an das Unternehmen vergeben werden, das den ersten Auftrag erhalten hat, sofern sie einem Grundprojekt entsprechen und dieses Projekt Gegenstand des ersten Auftrags war, das im Rahmen eines Vergabeverfahrens mit Ausnahme eines Verhandlungsverfahrens ohne Teilnahmewettbewerb vergeben wurde; die Möglichkeit der Anwendung des Verhandlungsverfahrens muss bereits in der Auftragsbekanntmachung des ersten Vorhabens angegeben werden; darüber hinaus sind im Grundprojekt bereits der Umfang möglicher Bau- oder Dienstleistungen sowie die Bedingungen, unter denen sie vergeben werden, anzugeben; der für die nachfolgenden Bau- oder Dienstleistungen in Aussicht genommene Gesamtauftragswert wird vom Auftraggeber bei der Berechnung des Auftragswerts berücksichtigt;

7. wenn es sich um eine auf einer Warenbörse notierte und gekaufte Lieferleistung handelt;

8. bei Gelegenheitsbeschaffungen, bei denen es möglich ist, Lieferungen zu beschaffen, indem eine besonders vorteilhafte Gelegenheit genutzt wird, die nur kurzfristig besteht und bei der ein Preis erheblich unter den üblichen Marktpreisen liegt;

9. wenn Liefer- oder Dienstleistungen zu besonders günstigen Bedingungen bei Lieferanten, die ihre Geschäftstätigkeit endgültig einstellen, oder bei Insolvenzverwaltern im Rahmen eines Insolvenzverfahrens oder eines in den Vorschriften eines anderen Mitgliedstaats der Europäischen Union vorgesehenen gleichartigen Verfahrens erworben werden; oder

10. wenn im Anschluss an einen Planungswettbewerb im Sinne des § 60 ein Dienstleistungsauftrag nach den Bedingungen dieses Wettbewerbs an den Gewinner oder an einen der Preisträger vergeben werden muss; im letzteren Fall müssen alle Preisträger des Wettbewerbs zur Teilnahme an den Verhandlungen aufgefordert werden.

(3) Die in Absatz 2 Nummer 3 Buchstabe b und c genannten Voraussetzungen für die Anwendung des Verhandlungsverfahrens ohne Teilnahmewettbewerb gelten nur dann, wenn es keine vernünftige Alternative oder Ersatzlösung gibt und der mangelnde Wettbewerb nicht das Ergebnis einer künstlichen Einschränkung der Auftragsvergabeparameter ist.

§ 14 Offenes Verfahren; Fristen. (1) In einem offenen Verfahren kann jedes interessierte Unternehmen ein Angebot abgeben.

(2) Die Frist für den Eingang der Angebote (Angebotsfrist) beträgt mindestens 35 Tage, gerechnet ab dem Tag nach der Absendung der Auftragsbekanntmachung.

(3) Für den Fall, dass eine hinreichend begründete Dringlichkeit die Einhaltung der Frist gemäß Absatz 2 unmöglich macht, kann der Auftraggeber eine Frist festlegen, die 15 Tage, gerechnet ab dem Tag nach der Absendung der Auftragsbekanntmachung, nicht unterschreiten darf.

(4) Der Auftraggeber kann die Frist gemäß Absatz 2 um fünf Tage verkürzen, wenn er die elektronische Übermittlung der Angebote akzeptiert.

§ 15 Nicht offenes Verfahren und Verhandlungsverfahren mit vorherigem Teilnahmewettbewerb; Fristen. (1) In einem nicht offenen Verfahren sowie einem Verhandlungsverfahren mit vorherigem Teilnahmewettbewerb kann jedes interessierte Unternehmen einen Teilnahmeantrag abgeben.

(2) [1] Die Frist für den Eingang der Teilnahmeanträge (Teilnahmefrist) beträgt mindestens 30 Tage, gerechnet ab dem Tag nach der Absendung der Auftragsbekanntmachung oder der Aufforderung zur Interessensbekundung. [2] Sie darf auf keinen Fall weniger als 15 Tage betragen.

(3) [1] Die Angebotsfrist kann im gegenseitigen Einvernehmen zwischen dem Auftraggeber und ausgewählten Bewerbern festgelegt werden. [2] Allen ausgewählten Bewerbern muss dieselbe Angebotsfrist eingeräumt werden. [3] Unterbleibt eine einvernehmliche Fristfestlegung, beträgt die Angebotsfrist mindestens zehn Tage, gerechnet ab dem Tag nach der Versendung der Aufforderung zur Angebotsabgabe.

(4) Der Auftraggeber kann im Verhandlungsverfahren den Auftrag auf der Grundlage der Erstangebote vergeben, ohne in Verhandlungen einzutreten, wenn er sich diese Möglichkeit in der Auftragsbekanntmachung oder in der Aufforderung zur Interessensbestätigung vorbehalten hat.

§ 16 Fristsetzung; Pflicht zur Fristverlängerung. (1) Bei der Festlegung der Fristen für den Eingang der Angebote und der Teilnahmeanträge berücksichtigt der Auftraggeber die Komplexität der Leistung und die Zeit, die für die Ausarbeitung der Angebote erforderlich ist.

(2) Können die Angebote nur nach einer Ortsbesichtigung oder Einsichtnahme in Anlagen zu den Vergabeunterlagen beim Auftraggeber erstellt werden, so ist die Mindestangebotsfrist erforderlichenfalls so zu bemessen, dass die Bewerber im Besitz aller Informationen sind, die sie für die Angebotserstellung benötigen.

(3) [1] Die Angebotsfristen sind zu verlängern,

1. wenn zusätzliche Informationen trotz rechtzeitiger Anforderung durch ein Unternehmen nicht spätestens sechs Tage vor Ablauf der Angebotsfrist zur Verfügung gestellt werden; in Fällen hinreichend begründeter Dringlichkeit nach § 14 Absatz 3 beträgt dieser Zeitraum vier Tage, oder

2. wenn der Auftraggeber wesentliche Änderungen an den Vergabeunterlagen vornimmt.

[2] Die Fristverlängerung muss in einem angemessenen Verhältnis zur Bedeutung der Information oder Änderung stehen und gewährleisten, dass alle Unternehmen Kenntnis von den Informationen oder Änderungen nehmen können. [3] Dies gilt nicht, wenn die Information oder Änderung nicht rechtzeitig angefordert wurde oder ihre Bedeutung für die Erstellung des Angebots unerheblich ist.

§ 17 Wettbewerblicher Dialog. (1) [1] In der Auftragsbekanntmachung oder den Vergabeunterlagen zur Durchführung eines wettbewerblichen Dialogs beschreibt der Auftraggeber seine Bedürfnisse und Anforderungen an die zu beschaffende Leistung. [2] Gleichzeitig nennt und erläutert er die hierbei zugrunde gelegten Zuschlagskriterien und legt einen vorläufigen Zeitrahmen für den Dialog fest.

(2) ¹Der Auftraggeber fordert eine unbeschränkte Anzahl von Unternehmen im Rahmen eines Teilnahmewettbewerbs öffentlich zur Abgabe von Teilnahmeanträgen auf. ²Jedes interessierte Unternehmen kann einen Teilnahmeantrag abgeben. ³Mit dem Teilnahmeantrag übermitteln die Unternehmen die vom Auftraggeber geforderten Informationen für die Prüfung ihrer Eignung.

(3) ¹Die Frist für den Eingang der Teilnahmeanträge beträgt mindestens 30 Tage, gerechnet ab dem Tag nach der Absendung der Auftragsbekanntmachung. ²Sie darf auf keinen Fall weniger als 15 Tage betragen.

(4) ¹Nur diejenigen Unternehmen, die vom Auftraggeber nach Prüfung der übermittelten Informationen dazu aufgefordert werden, können am Dialog teilnehmen. ²Der Auftraggeber kann die Zahl geeigneter Bewerber, die zur Teilnahme am Dialog aufgefordert werden, gemäß § 45 Absatz 3 begrenzen.

(5) ¹Der Auftraggeber eröffnet mit den ausgewählten Unternehmen einen Dialog, in dem er ermittelt und festlegt, wie seine Bedürfnisse und Anforderungen am besten erfüllt werden können. ²Dabei kann er mit den ausgewählten Unternehmen alle Aspekte des Auftrags erörtern. ³Er sorgt dafür, dass alle Unternehmen bei dem Dialog gleichbehandelt werden, gibt Lösungsvorschläge oder vertrauliche Informationen eines Unternehmens nicht ohne dessen Zustimmung an die anderen Unternehmen weiter und verwendet diese nur im Rahmen des jeweiligen Vergabeverfahrens. ⁴Eine solche Zustimmung darf nicht allgemein, sondern nur in Bezug auf die beabsichtigte Mitteilung bestimmter Informationen erteilt werden.

(6) ¹Der Auftraggeber kann vorsehen, dass der Dialog in verschiedenen aufeinanderfolgenden Phasen geführt wird, sofern der Auftraggeber darauf in der Auftragsbekanntmachung oder in den Vergabeunterlagen hingewiesen hat. ²In jeder Dialogphase kann die Zahl der zu erörternden Lösungen anhand der vorgegebenen Zuschlagskriterien verringert werden. ³Der Auftraggeber hat die Unternehmen zu informieren, wenn deren Lösungen nicht für die folgende Dialogphase vorgesehen sind. ⁴In der Schlussphase müssen noch so viele Lösungen vorliegen, dass ein echter Wettbewerb gewährleistet ist, sofern ursprünglich eine ausreichende Anzahl von Lösungen oder geeigneten Bietern vorhanden war.

(7) ¹Der Auftraggeber schließt den Dialog ab, wenn er die Lösungen ermittelt hat, mit denen die Bedürfnisse und Anforderungen an die zu beschaffende Leistung befriedigt werden können. ²Die im Verfahren verbliebenen Teilnehmer sind hierüber zu informieren.

(8) ¹Nach Abschluss des Dialogs fordert der Auftraggeber die Unternehmen auf, auf der Grundlage der eingereichten und in der Dialogphase näher ausgeführten Lösungen ihr endgültiges Angebot vorzulegen. ²Die Angebote müssen alle Einzelheiten enthalten, die zur Ausführung des Projekts erforderlich sind. ³Der Auftraggeber kann Klarstellungen und Ergänzungen zu diesen Angeboten verlangen. ⁴Diese Klarstellungen oder Ergänzungen dürfen nicht dazu führen, dass wesentliche Bestandteile des Angebots oder des öffentlichen Auftrags einschließlich der in der Auftragsbekanntmachung oder in den Vergabeunterlagen festgelegten Bedürfnisse und Anforderungen grundlegend geändert werden, wenn dadurch der Wettbewerb verzerrt wird oder andere am Verfahren beteiligte Unternehmen diskriminiert werden.

(9) [1] Der Auftraggeber hat die Angebote anhand der in der Auftragsbekanntmachung oder in den Vergabeunterlagen festgelegten Zuschlagskriterien zu bewerten. [2] Der Auftraggeber kann mit dem Unternehmen, dessen Angebot als das wirtschaftlichste ermittelt wurde, mit dem Ziel Verhandlungen führen, im Angebot enthaltene finanzielle Zusagen oder andere Bedingungen zu bestätigen, die in den Auftragsbedingungen abschließend festgelegt werden. [3] Dies darf nicht dazu führen, dass wesentliche Bestandteile des Angebots oder des öffentlichen Auftrags einschließlich der in der Auftragsbekanntmachung oder den Vergabeunterlagen festgelegten Bedürfnisse und Anforderungen grundlegend geändert werden, der Wettbewerb verzerrt wird oder andere am Verfahren beteiligte Unternehmen diskriminiert werden.

(10) Der Auftraggeber kann Prämien oder Zahlungen an die Teilnehmer am Dialog vorsehen.

§ 18 Innovationspartnerschaft. (1) [1] Der Auftraggeber kann für die Vergabe eines Auftrags eine Innovationspartnerschaft mit dem Ziel der Entwicklung einer innovativen Leistung und deren anschließenden Erwerb eingehen. [2] Der Beschaffungsbedarf, der der Innovationspartnerschaft zugrunde liegt, darf nicht durch auf dem Markt bereits verfügbare Leistungen befriedigt werden können. [3] Der Auftraggeber beschreibt in der Auftragsbekanntmachung, der Bekanntmachung über das Bestehen eines Qualifizierungssystems oder den Vergabeunterlagen die Nachfrage nach der innovativen Leistung. [4] Dabei ist anzugeben, welche Elemente dieser Beschreibung Mindestanforderungen darstellen. [5] Es sind Eignungskriterien vorzugeben, die die Fähigkeiten der Unternehmen auf dem Gebiet der Forschung und Entwicklung sowie die Ausarbeitung und Umsetzung innovativer Lösungen betreffen. [6] Die bereitgestellten Informationen müssen so genau sein, dass die Unternehmen Art und Umfang der geforderten Lösung erkennen und entscheiden können, ob sie eine Teilnahme an dem Verfahren beantragen.

(2) [1] Der Auftraggeber fordert eine unbeschränkte Anzahl von Unternehmen im Rahmen eines Teilnahmewettbewerbs öffentlich zur Abgabe von Teilnahmeanträgen auf. [2] Jedes interessierte Unternehmen kann einen Teilnahmeantrag abgeben. [3] Mit dem Teilnahmeantrag übermitteln die Unternehmen die vom Auftraggeber geforderten Informationen für die Prüfung ihrer Eignung.

(3) [1] Die Frist für den Eingang der Teilnahmeanträge beträgt mindestens 30 Tage, gerechnet ab dem Tag nach der Absendung der Bekanntmachung nach Absatz 1. [2] Sie darf auf keinen Fall weniger als 15 Tage betragen.

(4) [1] Nur diejenigen Unternehmen, die vom Auftraggeber infolge einer Bewertung der übermittelten Informationen dazu aufgefordert werden, können ein Angebot in Form von Forschungs- und Innovationsprojekten einreichen. [2] Der Auftraggeber kann die Zahl geeigneter Bewerber, die zur Angebotsabgabe aufgefordert werden, gemäß § 45 Absatz 3 begrenzen.

(5) [1] Der Auftraggeber verhandelt mit den Bietern über die von ihnen eingereichten Erstangebote und alle Folgeangebote, mit Ausnahme der endgültigen Angebote, mit dem Ziel, die Angebote inhaltlich zu verbessern. [2] Dabei darf über den gesamten Auftragsinhalt verhandelt werden mit Ausnahme der vom Auftraggeber in den Vergabeunterlagen festgelegten Mindestanforderungen und Zuschlagskriterien. [3] Sofern der Auftraggeber in der Auftragsbekanntmachung oder in den Vergabeunterlagen darauf hingewiesen hat, kann er die Verhandlungen in verschiedenen aufeinanderfolgenden Phasen abwickeln, um

so die Zahl der Angebote, über die verhandelt wird, anhand der vorgegebenen Zuschlagskriterien zu verringern.

(6) [1] Der Auftraggeber trägt dafür Sorge, dass alle Bieter bei den Verhandlungen gleichbehandelt werden. [2] Insbesondere enthält er sich jeder diskriminierenden Weitergabe von Informationen, durch die bestimmte Bieter gegenüber anderen begünstigt werden könnten. [3] Er unterrichtet alle Bieter, deren Angebote gemäß Absatz 5 nicht ausgeschieden wurden, in Textform nach § 126b des Bürgerlichen Gesetzbuchs über etwaige Änderungen der Anforderungen und sonstigen Informationen in den Vergabeunterlagen, die nicht die Festlegung der Mindestanforderungen betreffen. [4] Im Anschluss an solche Änderungen gewährt der Auftraggeber den Bietern ausreichend Zeit, um ihre Angebote zu ändern und gegebenenfalls überarbeitete Angebote einzureichen. [5] Der Auftraggeber darf vertrauliche Informationen eines an den Verhandlungen teilnehmenden Bieters nicht ohne dessen Zustimmung an die anderen Teilnehmer weitergeben. [6] Eine solche Zustimmung darf nicht allgemein, sondern nur in Bezug auf die beabsichtigte Mitteilung bestimmter Informationen erteilt werden. [7] Der Auftraggeber muss in den Vergabeunterlagen die zum Schutz des geistigen Eigentums geltenden Vorkehrungen festlegen.

(7) [1] Die Innovationspartnerschaft wird durch Zuschlag auf Angebote eines oder mehrerer Bieter eingegangen. [2] Eine Erteilung des Zuschlags allein auf der Grundlage des niedrigsten Preises oder der niedrigsten Kosten ist ausgeschlossen. [3] Der Auftraggeber kann eine Innovationspartnerschaft mit einem Partner oder mit mehreren Partnern, die getrennte Forschungs- und Entwicklungstätigkeiten durchführen, eingehen.

(8) [1] Die Innovationspartnerschaft wird entsprechend dem Forschungs- und Innovationsprozess in zwei aufeinanderfolgenden Phasen strukturiert:

1. einer Forschungs- und Entwicklungsphase, die die Herstellung von Prototypen oder die Entwicklung der Dienstleistung umfasst, und

2. einer Leistungsphase, in der die aus der Partnerschaft hervorgegangene Leistung erbracht wird.

[2] Die Phasen sind durch die Festlegung von Zwischenzielen zu untergliedern, bei deren Erreichen die Zahlung der Vergütung in angemessenen Teilbeträgen vereinbart wird. [3] Der Auftraggeber stellt sicher, dass die Struktur der Partnerschaft und insbesondere die Dauer und der Wert der einzelnen Phasen den Innovationsgrad der vorgeschlagenen Lösung und den Abfolge der Forschungs- und Innovationstätigkeiten widerspiegeln. [4] Der geschätzte Wert der Liefer- oder Dienstleistung darf in Bezug auf die für ihre Entwicklung erforderlichen Investitionen nicht unverhältnismäßig sein.

(9) Auf der Grundlage der Zwischenziele kann der Auftraggeber am Ende jedes Entwicklungsabschnittes entscheiden, ob er die Innovationspartnerschaft beendet oder, im Fall einer Innovationspartnerschaft mit mehreren Partnern, die Zahl der Partner durch die Kündigung einzelner Verträge reduziert, sofern der Auftraggeber in der Bekanntmachung oder in den Vergabeunterlagen darauf hingewiesen hat, dass diese Möglichkeiten bestehen und unter welchen Umständen davon Gebrauch gemacht werden kann.

(10) Nach Abschluss der Forschungs- und Entwicklungsphase ist der Auftraggeber zum anschließenden Erwerb der innovativen Liefer- oder Dienstleistung nur dann verpflichtet, wenn das bei Eingehung der Innovationspartner-

schaft festgelegte Leistungsniveau und die Kostenobergrenze eingehalten werden.

Unterabschnitt 2. Besondere Methoden und Instrumente im Vergabeverfahren

§ 19 Rahmenvereinbarungen. (1) [1]Der Abschluss einer Rahmenvereinbarung erfolgt im Wege einer nach dieser Verordnung geltenden Verfahrensart. [2]Das in Aussicht genommene Auftragsvolumen ist so genau wie möglich zu ermitteln und bekanntzugeben, braucht aber nicht abschließend festgelegt zu werden. [3]Eine Rahmenvereinbarung darf nicht missbräuchlich oder in einer Art angewendet werden, die den Wettbewerb behindert, einschränkt oder verfälscht.

(2) [1]Auf einer Rahmenvereinbarung beruhende Einzelaufträge werden nach vom Auftraggeber festzulegenden objektiven und nichtdiskriminierenden Regeln und Kriterien vergeben. [2]Dazu kann auch die Durchführung eines erneuten Wettbewerbs zwischen denjenigen Unternehmen, die zum Zeitpunkt des Abschlusses Vertragspartei der Rahmenvereinbarung sind, gehören. [3]Die Regeln und Kriterien sind in den Vergabeunterlagen oder der Bekanntmachung für die Rahmenvereinbarung festzulegen.

(3) Mit Ausnahme angemessen begründeter Sonderfälle, in denen dies insbesondere aufgrund des Gegenstands der Rahmenvereinbarung gerechtfertigt werden kann, beträgt die Laufzeit einer Rahmenvereinbarung maximal acht Jahre.

§ 20 Grundsätze für den Betrieb dynamischer Beschaffungssysteme.

(1) Der Auftraggeber kann für die Beschaffung marktüblicher Leistungen ein dynamisches Beschaffungssystem nutzen.

(2) Bei der Auftragsvergabe über ein dynamisches Beschaffungssystem befolgt der Auftraggeber die Vorschriften für das nicht offene Verfahren.

(3) [1]Ein dynamisches Beschaffungssystem wird mithilfe elektronischer Mittel eingerichtet und betrieben. [2]Die §§ 11 und 12 finden Anwendung.

(4) [1]Ein dynamisches Beschaffungssystem steht im gesamten Zeitraum seiner Einrichtung allen Bietern offen, die die im jeweiligen Vergabeverfahren festgelegten Eignungskriterien erfüllen. [2]Die Zahl der zum dynamischen Beschaffungssystem zugelassenen Bewerber darf nicht begrenzt werden.

(5) Der Zugang zu einem dynamischen Beschaffungssystem ist für alle Unternehmen kostenlos.

§ 21 Betrieb eines dynamischen Beschaffungssystems. (1) Der Auftraggeber gibt in der Auftragsbekanntmachung an, dass er ein dynamisches Beschaffungssystem nutzt und für welchen Zeitraum es betrieben wird.

(2) Auftraggeber informieren die Europäische Kommission wie folgt über die Änderung der Gültigkeitsdauer:
1. Wird die Gültigkeitsdauer ohne Einstellung des dynamischen Beschaffungssystems geändert, ist das in Anhang V der Durchführungsverordnung (EU) 2015/1986 der Kommission vom 11. November 2015 zur Einführung von Standardformularen für die Veröffentlichung von Vergabebekanntmachungen für öffentliche Aufträge und zur Aufhebung der Durchführungsverordnung

(EU) Nr. 842/2011 (ABl. L 296 vom 12.11.2015, S. 1) in der jeweils geltenden Fassung enthaltene Muster zu verwenden.

2. Wird das dynamische Beschaffungssystem eingestellt, ist das in Anhang VI der Durchführungsverordnung (EU) 2015/1986 enthaltene Muster zu verwenden.

(3) In den Vergabeunterlagen sind mindestens die Art und die geschätzte Menge der zu beschaffenden Leistung sowie alle erforderlichen Daten des dynamischen Beschaffungssystems anzugeben.

(4) ¹In den Vergabeunterlagen ist anzugeben, ob ein dynamisches Beschaffungssystem in Kategorien von Leistungen untergliedert wurde. ²Gegebenenfalls sind die objektiven Merkmale jeder Kategorie anzugeben.

(5) Hat ein Auftraggeber ein dynamisches Beschaffungssystem in Kategorien von Leistungen untergliedert, legt er für jede Kategorie die Eignungskriterien gesondert fest.

(6) ¹Die zugelassenen Bewerber sind für jede einzelne, über ein dynamisches Beschaffungssystem stattfindende Auftragsvergabe gesondert zur Angebotsabgabe aufzufordern. ²Wurde ein dynamisches Beschaffungssystem in Kategorien von Leistungen untergliedert, werden jeweils alle für die einem konkreten Auftrag entsprechende Kategorie zugelassenen Bewerber aufgefordert, ein Angebot zu unterbreiten.

§ 22 Fristen beim Betrieb eines dynamischen Beschaffungssystems.

(1) Abweichend von § 15 gelten bei der Nutzung eines dynamischen Beschaffungssystems die Bestimmungen der Absätze 2 bis 5.

(2) ¹Die Frist für den Eingang der Teilnahmeanträge beträgt mindestens 30 Tage, gerechnet ab dem Tag nach der Absendung der Auftragsbekanntmachung oder im Falle einer regelmäßigen nicht verbindlichen Bekanntmachung nach § 36 Absatz 4 nach der Absendung der Aufforderung zur Interessensbestätigung. ²Sobald die Aufforderung zur Angebotsabgabe für die erste einzelne Auftragsvergabe im Rahmen eines dynamischen Beschaffungssystems abgesandt worden ist, gelten keine weiteren Fristen für den Eingang der Teilnahmeanträge.

(3) ¹Der Auftraggeber bewertet den Antrag eines Unternehmens auf Teilnahme an einem dynamischen Beschaffungssystem unter Zugrundelegung objektiver Kriterien innerhalb von zehn Arbeitstagen nach dessen Eingang. ²In begründeten Einzelfällen, insbesondere wenn Unterlagen geprüft werden müssen oder um auf sonstige Art und Weise zu überprüfen, ob die Eignungskriterien erfüllt sind, kann die Frist auf 15 Arbeitstage verlängert werden. ³Wurde die Aufforderung zur Angebotsabgabe für die erste einzelne Auftragsvergabe im Rahmen eines dynamischen Beschaffungssystems noch nicht versandt, kann der Auftraggeber die Frist verlängern, sofern während der verlängerten Frist keine Aufforderung zur Angebotsabgabe versandt wird. ⁴Die Fristverlängerung ist in den Vergabeunterlagen anzugeben. ⁵Jedes Unternehmen wird unverzüglich darüber informiert, ob es zur Teilnahme an einem dynamischen Beschaffungssystem zugelassen wurde oder nicht.

(4) ¹Die Frist für den Eingang der Angebote beträgt mindestens zehn Tage, gerechnet ab dem Tag nach der Absendung der Aufforderung zur Angebotsabgabe. ²§ 15 Absatz 3 findet Anwendung.

§ 23 Grundsätze für die Durchführung elektronischer Auktionen.

(1) [1]Der Auftraggeber kann im Rahmen eines offenen, eines nicht offenen oder eines Verhandlungsverfahrens vor der Zuschlagserteilung eine elektronische Auktion durchführen, sofern der Inhalt der Vergabeunterlagen hinreichend präzise beschrieben und die Leistung mithilfe automatischer Bewertungsmethoden eingestuft werden kann. [2]Geistig-schöpferische Leistungen können nicht Gegenstand elektronischer Auktionen sein. [3]Der elektronischen Auktion hat eine vollständige erste Bewertung aller Angebote anhand der Zuschlagskriterien und der jeweils dafür festgelegten Gewichtung vorauszugehen. [4]Die Sätze 1 und 2 gelten entsprechend bei einem erneuten Vergabeverfahren zwischen den Parteien einer Rahmenvereinbarung nach § 19 und bei einem erneuten Vergabeverfahren während der Laufzeit eines dynamischen Beschaffungssystems nach § 20. [5]Eine elektronische Auktion kann mehrere, aufeinanderfolgende Phasen umfassen.

(2) [1]Im Rahmen der elektronischen Auktion werden die Angebote mittels festgelegter Methoden elektronisch bewertet und automatisch in eine Rangfolge gebracht. [2]Die sich schrittweise wiederholende, elektronische Bewertung der Angebote beruht auf

1. neuen, nach unten korrigierten Preisen, wenn der Zuschlag allein aufgrund des Preises erfolgt, oder

2. neuen, nach unten korrigierten Preisen oder neuen, auf bestimmte Angebotskomponenten abstellenden Werten, wenn das Angebot mit dem besten Preis-Leistungs-Verhältnis oder, bei Verwendung eines Kosten-Wirksamkeits-Ansatzes, mit den niedrigsten Kosten den Zuschlag erhält.

(3) [1]Die Bewertungsmethoden werden mittels einer mathematischen Formel definiert und in der Aufforderung zur Teilnahme an der elektronischen Auktion bekanntgemacht. [2]Wird der Zuschlag nicht allein aufgrund des Preises erteilt, muss aus der mathematischen Formel auch die Gewichtung aller Angebotskomponenten nach Absatz 2 Satz 2 Nummer 2 hervorgehen. [3]Sind Nebenangebote zugelassen, ist für diese ebenfalls eine mathematische Formel bekanntzumachen.

(4) Angebotskomponenten nach Absatz 2 Satz 2 Nummer 2 müssen numerisch oder prozentual beschrieben werden.

§ 24 Durchführung elektronischer Auktionen. (1) Der Auftraggeber kündigt in der Auftragsbekanntmachung oder in der Aufforderung zur Interessensbestätigung an, dass er eine elektronische Auktion durchführt.

(2) Die Vergabeunterlagen müssen mindestens folgende Angaben enthalten:

1. alle Angebotskomponenten, deren Werte Grundlage der automatischen Neureihung der Angebote sein werden,

2. gegebenenfalls die Obergrenzen der Werte nach Nummer 1, wie sie sich aus den technischen Spezifikationen ergeben,

3. eine Auflistung aller Daten, die den Bietern während der elektronischen Auktion zur Verfügung gestellt werden,

4. den Termin, an dem die Daten nach Nummer 3 den Bietern zur Verfügung gestellt werden,

5. alle für den Ablauf der elektronischen Auktion relevanten Daten und

6. die Bedingungen, unter denen die Bieter während der elektronischen Auktion Gebote abgeben können, insbesondere die Mindestabstände zwischen den der automatischen Neureihung der Angebote zugrunde liegenden Preisen oder Werten.

(3) [1] Der Auftraggeber fordert alle Bieter, die zulässige Angebote unterbreitet haben, gleichzeitig zur Teilnahme an der elektronischen Auktion auf. [2] Ab dem genannten Zeitpunkt ist die Internetverbindung gemäß den in der Aufforderung zur Teilnahme an der elektronischen Auktion genannten Anweisungen zu nutzen. [3] Der Aufforderung zur Teilnahme an der elektronischen Auktion ist jeweils das Ergebnis der vollständigen Bewertung des betreffenden Angebots nach § 23 Absatz 1 Satz 3 beizufügen.

(4) Eine elektronische Auktion darf frühestens zwei Arbeitstage nach der Versendung der Aufforderung zur Teilnahme gemäß Absatz 3 beginnen.

(5) [1] Der Auftraggeber teilt allen Bietern im Laufe einer jeden Phase der elektronischen Auktion unverzüglich zumindest den jeweiligen Rang ihres Angebotes innerhalb der Reihenfolge aller Angebote mit. [2] Er kann den Bietern weitere Daten nach Absatz 2 Nummer 3 zur Verfügung stellen. [3] Die Identität der Bieter darf in keiner Phase einer elektronischen Auktion offengelegt werden.

(6) Der Zeitpunkt des Beginns und des Abschlusses einer jeden Phase ist in der Aufforderung zur Teilnahme an einer elektronischen Auktion ebenso anzugeben wie gegebenenfalls die Zeit, die jeweils nach Eingang der letzten neuen Preise oder Werte nach § 23 Absatz 2 Satz 2 Nummer 1 und 2 vergangen sein muss, bevor eine Phase einer elektronischen Auktion abgeschlossen wird.

(7) Eine elektronische Auktion wird abgeschlossen, wenn

1. der vorher festgelegte und in der Aufforderung zur Teilnahme an einer elektronischen Auktion bekanntgemachte Zeitpunkt erreicht ist,

2. von den Bietern keine neuen Preise oder Werte nach § 23 Absatz 2 Satz 2 Nummer 1 und 2 mitgeteilt werden, die die Anforderungen an Mindestabstände nach Absatz 2 Nummer 6 erfüllen, und die vor Beginn einer elektronischen Auktion bekanntgemachte Zeit, die zwischen dem Eingang der letzten neuen Preise oder Werte und dem Abschluss der elektronischen Auktion vergangen sein muss, abgelaufen ist oder

3. die letzte Phase einer elektronischen Auktion abgeschlossen ist.

(8) Der Zuschlag wird nach Abschluss einer elektronischen Auktion entsprechend ihrem Ergebnis mitgeteilt.

§ 25 Elektronische Kataloge. (1) [1] Der Auftraggeber kann festlegen, dass Angebote in Form eines elektronischen Kataloges einzureichen sind oder einen elektronischen Katalog beinhalten müssen. [2] Angeboten, die in Form eines elektronischen Kataloges eingereicht werden, können weitere Unterlagen beigefügt werden.

(2) Akzeptiert der Auftraggeber Angebote in Form eines elektronischen Kataloges oder schreibt er vor, dass Angebote in Form eines elektronischen Kataloges einzureichen sind, so weist er in der Auftragsbekanntmachung oder, sofern eine regelmäßige nichtverbindliche Bekanntmachung als Auftragsbekanntmachung dient, in der Aufforderung zur Interessensbestätigung darauf hin.

(3) Schließt der Auftraggeber mit einem oder mehreren Unternehmen eine Rahmenvereinbarung im Anschluss an die Einreichung der Angebote in Form eines elektronischen Kataloges, kann er vorschreiben, dass ein erneutes Vergabeverfahren für Einzelaufträge auf der Grundlage aktualisierter elektronischer Kataloge erfolgt, indem er:

1. die Bieter auffordert, ihre elektronischen Kataloge an die Anforderungen des zu vergebenden Einzelauftrages anzupassen und erneut einzureichen, oder

2. die Bieter informiert, dass er den bereits eingereichten elektronischen Katalogen zu einem bestimmten Zeitpunkt die Daten entnimmt, die erforderlich sind, um Angebote zu erstellen, die den Anforderungen des zu vergebenden Einzelauftrages entsprechen; dieses Verfahren ist in der Auftragsbekanntmachung oder den Vergabeunterlagen für den Abschluss einer Rahmenvereinbarung anzukündigen; der Bieter kann diese Methode der Datenerhebung ablehnen.

(4) Vor der Erteilung des Zuschlags sind dem jeweiligen Bieter die gesammelten Daten vorzulegen, sodass dieser die Möglichkeit zum Einspruch oder zur Bestätigung, dass das Angebot keine materiellen Fehler enthält, hat.

Unterabschnitt 3. Vorbereitung des Vergabeverfahrens

§ 26 Markterkundung. (1) Vor der Einleitung eines Vergabeverfahrens darf der Auftraggeber eine Markterkundung zur Vorbereitung der Auftragsvergabe und zur Unterrichtung der Marktteilnehmer über seine Auftragsvergabepläne und -anforderungen durchführen.

(2) Die Durchführung von Vergabeverfahren lediglich zur Markterkundung und zum Zwecke der Kosten- oder Preisermittlung ist unzulässig.

§ 27 Aufteilung nach Losen. (1) [1]Unbeschadet des § 97 Absatz 4 des Gesetzes gegen Wettbewerbsbeschränkungen[1)] kann der Auftraggeber festlegen, ob die Angebote nur für ein Los, für mehrere oder für alle Lose eingereicht werden dürfen. [2]Er kann, auch wenn Angebote für mehrere oder alle Lose eingereicht werden dürfen, die Zahl der Lose auf eine Höchstzahl beschränken, für die ein einzelner Bieter den Zuschlag erhalten kann.

(2) [1]Der Auftraggeber gibt die Vorgaben nach Absatz 1 in der Auftragsbekanntmachung, der Aufforderung zur Interessensbestätigung oder im Falle einer Bekanntmachung über das Bestehen eines Qualifizierungssystems in der Aufforderung zu Verhandlungen oder zur Angebotsabgabe bekannt. [2]Er gibt die objektiven und nichtdiskriminierenden Kriterien an, die er bei der Vergabe von Losen anzuwenden beabsichtigt, wenn die Anwendung der Zuschlagskriterien dazu führen würde, dass ein einzelner Bieter den Zuschlag für eine größere Zahl von Losen als die Höchstzahl erhält.

(3) In Fällen, in denen ein einziger Bieter den Zuschlag für mehr als ein Los erhalten kann, kann der Auftraggeber Aufträge über mehrere oder alle Lose vergeben, wenn er in der Auftragsbekanntmachung oder in der Aufforderung zur Interessensbestätigung angegeben hat, dass er sich diese Möglichkeit vorbehält und die Lose oder Losgruppen angibt, die kombiniert werden können.

[1)] Nr. **1.**

§ 28 Leistungsbeschreibung. (1) Der Auftraggeber fasst die Leistungs-beschreibung (§ 121 des Gesetzes gegen Wettbewerbsbeschränkungen[1]) in einer Weise, dass sie allen Unternehmen den gleichen Zugang zum Vergabe-verfahren gewährt und die Öffnung des nationalen Beschaffungsmarktes für den Wettbewerb nicht in ungerechtfertigter Weise behindert.

(2) [1]In der Leistungsbeschreibung sind die Merkmale des Auftragsgegen-standes zu beschreiben:

1. in Form von Leistungs- oder Funktionsanforderungen oder einer Beschrei-bung der zu lösenden Aufgabe, die so genau wie möglich zu fassen sind, dass sie ein klares Bild vom Auftragsgegenstand vermitteln und hinreichend ver-gleichbare Angebote erwarten lassen, die dem Auftraggeber die Erteilung des Zuschlags ermöglichen,

2. unter Bezugnahme auf die in Anlage 1 definierten technischen Anforderun-gen in der Rangfolge:

   a) nationale Normen, mit denen europäische Normen umgesetzt werden,

   b) Europäische Technische Bewertungen,

   c) gemeinsame technische Spezifikationen,

   d) internationale Normen und andere technische Bezugssysteme, die von den europäischen Normungsgremien erarbeitet wurden oder,

   e) falls solche Normen und Spezifikationen fehlen, nationale Normen, na-tionale technische Zulassungen oder nationale technische Spezifikationen für die Planung, Berechnung und Ausführung von Bauwerken und den Einsatz von Produkten oder

3. als Kombination der Nummern 1 und 2

   a) in Form von Leistungs- oder Funktionsanforderungen unter Bezugnahme auf die technischen Anforderungen gemäß Nummer 2 als Mittel zur Ver-mutung der Konformität mit diesen Leistungs- und Funktionsanforderun-gen oder

   b) mit Bezugnahme auf die technischen Anforderungen gemäß Nummer 2 hinsichtlich bestimmter Merkmale und mit Bezugnahme auf die Leis-tungs- und Funktionsanforderungen gemäß Nummer 1 hinsichtlich ande-rer Merkmale.

[2]Jede Bezugnahme auf eine Anforderung nach Satz 1 Nummer 2 Buchstabe a bis e ist mit dem Zusatz „oder gleichwertig" zu versehen.

(3) [1]Die Merkmale können auch Aspekte der Qualität und der Innovation sowie soziale und umweltbezogene Aspekte betreffen. [2]Sie können sich auch auf den Prozess oder die Methode zur Herstellung oder Erbringung der Leis-tung oder auf ein anderes Stadium im Lebenszyklus des Auftragsgegenstandes einschließlich der Produktions- und Lieferkette beziehen, auch wenn derartige Faktoren keine materiellen Bestandteile der Leistung sind, sofern diese Merk-male in Verbindung mit dem Auftragsgegenstand stehen und zu dessen Wert und Beschaffungszielen verhältnismäßig sind.

(4) In der Leistungsbeschreibung kann ferner festgelegt werden, ob Rechte des geistigen Eigentums übertragen oder dem Auftraggeber daran Nutzungs-rechte eingeräumt werden müssen.

---

[1] Nr. 1.

(5) Werden verpflichtende Zugänglichkeitserfordernisse im Sinne des § 121 Absatz 2 des Gesetzes gegen Wettbewerbsbeschränkungen[1] mit einem Rechtsakt der Europäischen Union erlassen, so muss die Leistungsbeschreibung, soweit die Kriterien der Zugänglichkeit für Menschen mit Behinderungen oder der Konzeption für alle Nutzer betroffen sind, darauf Bezug nehmen.

(6) [1] In der Leistungsbeschreibung darf nicht auf eine bestimmte Produktion oder Herkunft oder ein besonderes Verfahren oder auf gewerbliche Schutzrechte, Typen oder einen bestimmten Ursprung verwiesen werden, wenn dadurch bestimmte Unternehmen oder bestimmte Produkte begünstigt oder ausgeschlossen werden, es sei denn, dieser Verweis ist durch den Auftragsgegenstand gerechtfertigt. [2] Solche Verweise sind ausnahmsweise zulässig, wenn der Auftragsgegenstand anderenfalls nicht hinreichend genau und allgemein verständlich beschrieben werden kann; die Verweise sind mit dem Zusatz „oder gleichwertig" zu versehen.

§ 29 Technische Anforderungen. (1) Verweist der Auftraggeber in der Leistungsbeschreibung auf technische Anforderungen nach § 28 Absatz 2 Satz 1 Nummer 2, so darf er ein Angebot nicht mit der Begründung ablehnen, dass die angebotenen Liefer- und Dienstleistungen nicht den von ihm herangezogenen technischen Anforderungen der Leistungsbeschreibung entsprechen, wenn das Unternehmen in seinem Angebot dem Auftraggeber mit geeigneten Mitteln nachweist, dass die vom Unternehmen vorgeschlagenen Lösungen diesen technischen Anforderungen gleichermaßen entsprechen.

(2) [1] Legt der Auftraggeber die technischen Anforderungen in Form von Leistungs- oder Funktionsanforderungen fest, so darf der Auftraggeber ein Angebot nicht ablehnen, das Folgendem entspricht:

1. einer nationalen Norm, mit der eine europäische Norm umgesetzt wird,
2. einer Europäischen Technischen Bewertung,
3. einer gemeinsamen technischen Spezifikation,
4. einer internationalen Norm oder
5. einem technischen Bezugssystem, das von den europäischen Normungsgremien erarbeitet wurde, wenn diese technischen Anforderungen die von ihm geforderten Leistungs- und Funktionsanforderungen betreffen.

[2] Das Unternehmen muss in seinem Angebot belegen, dass die jeweilige der Norm entsprechende Liefer- oder Dienstleistung den Leistungs- oder Funktionsanforderungen des Auftraggebers entspricht. [3] Belege können insbesondere eine technische Beschreibung des Herstellers oder ein Prüfbericht einer anerkannten Stelle sein.

§ 30 Bekanntmachung technischer Anforderungen. (1) Der Auftraggeber stellt den interessierten Unternehmen auf deren Anfrage die technischen Anforderungen zur Verfügung, auf die er sich in seinen Aufträgen regelmäßig bezieht oder die er anzuwenden beabsichtigt.

(2) Diese technischen Anforderungen sind elektronisch uneingeschränkt, vollständig, unentgeltlich und unmittelbar zugänglich zu machen.

(3) [1] Können die technischen Anforderungen nicht gemäß Absatz 2 elektronisch zugänglich gemacht werden, so wählt der Auftraggeber einen anderen

---

[1] Nr. **1.**

Weg, um die technischen Anforderungen zugänglich zu machen. [2] Dies gilt auch für den Fall, dass der Auftraggeber Anforderungen an die Vertraulichkeit von durch ihn den Bewerbern oder Bietern zur Verfügung gestellten Unterlagen oder Dokumenten nach § 41 Absatz 4 stellt.

§ 31 Nachweisführung durch Bescheinigungen von Konformitätsbewertungsstellen. (1) [1] Als Beleg dafür, dass eine Leistung bestimmten, in der Leistungsbeschreibung geforderten Merkmalen entspricht, kann der Auftraggeber die Vorlage von Bescheinigungen, insbesondere Testberichten oder Zertifizierungen, einer Konformitätsbewertungsstelle verlangen. [2] Wird die Vorlage einer Bescheinigung einer bestimmten Konformitätsbewertungsstelle verlangt, hat der Auftraggeber auch Bescheinigungen gleichwertiger anderer Konformitätsbewertungsstellen zu akzeptieren.

(2) [1] Der Auftraggeber akzeptiert auch andere als die in Absatz 1 genannten geeigneten Unterlagen, insbesondere ein technisches Dossier des Herstellers, wenn das Unternehmen keinen Zugang zu den in Absatz 1 genannten Bescheinigungen oder keine Möglichkeit hatte, diese innerhalb der einschlägigen Fristen einzuholen, sofern das Unternehmen den fehlenden Zugang nicht zu vertreten hat. [2] In den Fällen des Satzes 1 hat das Unternehmen durch die vorgelegten Unterlagen zu belegen, dass die von ihm zu erbringende Leistung die angegebenen Anforderungen erfüllt.

(3) Eine Konformitätsbewertungsstelle ist eine Stelle, die gemäß der Verordnung (EG) Nr. 765/2008 des Europäischen Parlaments und des Rates vom 9. Juli 2008 über die Vorschriften für die Akkreditierung und Marktüberwachung im Zusammenhang mit der Vermarktung von Produkten und zur Aufhebung der Verordnung (EWG) Nr. 339/93 des Rates (ABl. L 218 vom 13.8.2008, S. 30) akkreditiert ist und Konformitätsbewertungstätigkeiten durchführt.

§ 32 Nachweisführung durch Gütezeichen. (1) Als Beleg dafür, dass eine Leistung bestimmten, in der Leistungsbeschreibung geforderten Merkmalen entspricht, kann der Auftraggeber die Vorlage von Gütezeichen nach Maßgabe der Absätze 2 bis 5 verlangen.

(2) Das Gütezeichen muss allen folgenden Bedingungen genügen:

1. Alle Anforderungen des Gütezeichens sind für die Bestimmung der Merkmale der Leistung geeignet und stehen mit dem Auftragsgegenstand nach § 28 Absatz 3 in Verbindung.

2. Die Anforderungen des Gütezeichens beruhen auf objektiv nachprüfbaren und nichtdiskriminierenden Kriterien.

3. Das Gütezeichen wurde im Rahmen eines offenen und transparenten Verfahrens entwickelt, an dem alle interessierten Kreise teilnehmen können.

4. Alle betroffenen Unternehmen müssen Zugang zum Gütezeichen haben.

5. Die Anforderungen wurden von einem Dritten festgelegt, auf den das Unternehmen, das das Gütezeichen erwirbt, keinen maßgeblichen Einfluss ausüben konnte.

(3) Für den Fall, dass die Leistung nicht allen Anforderungen des Gütezeichens entsprechen muss, hat der Auftraggeber die betreffenden Anforderungen anzugeben.

(4) Der Auftraggeber muss andere Gütezeichen akzeptieren, die gleichwertige Anforderungen an die Leistung stellen.

(5) Hatte ein Unternehmen aus Gründen, die ihm nicht zugerechnet werden können, nachweislich keine Möglichkeit, das vom Auftraggeber angegebene oder ein gleichwertiges Gütezeichen innerhalb einer einschlägigen Frist zu erlangen, so muss der Auftraggeber andere geeignete Belege akzeptieren, sofern das Unternehmen nachweist, dass die von ihm zu erbringende Leistung die Anforderungen des geforderten Gütezeichens oder die vom Auftraggeber angegebenen spezifischen Anforderungen erfüllt.

§ 33 Nebenangebote. (1) [1] Der Auftraggeber kann Nebenangebote zulassen oder vorschreiben. [2] Dabei legt er Mindestanforderungen, denen die Nebenangebote genügen müssen, fest.

(2) [1] Die entsprechenden Angaben machen die Auftraggeber in der Bekanntmachung oder den Vergabeunterlagen. [2] Fehlt eine entsprechende Angabe, sind keine Nebenangebote zugelassen. [3] Es ist auch anzugeben, ob ein Nebenangebot unabhängig oder nur in Verbindung mit einem Hauptangebot eingereicht werden darf. [4] Fehlt eine solche Angabe, sind Nebenangebote auch ohne ein Hauptangebot zugelassen.

(3) [1] Die Zuschlagskriterien sind gemäß § 127 Absatz 4 des Gesetzes gegen Wettbewerbsbeschränkungen[1] so festzulegen, dass sie sowohl auf Hauptangebote als auch auf Nebenangebote anwendbar sind. [2] Nebenangebote können auch zugelassen oder vorgeschrieben werden, wenn der Preis oder die Kosten das alleinige Zuschlagskriterium sind.

(4) [1] Der Auftraggeber berücksichtigt nur Nebenangebote, die die Mindestanforderungen erfüllen. [2] Bei den Verfahren zur Vergabe von Liefer- oder Dienstleistungsaufträgen dürfen Auftraggeber, die Nebenangebote zugelassen oder vorgeschrieben haben, ein Nebenangebot nicht allein deshalb zurückweisen, weil es, wenn darauf der Zuschlag erteilt werden sollte, entweder zu einem Dienstleistungsauftrag anstatt zu einem Lieferauftrag oder zu einem Lieferauftrag anstatt zu einem Dienstleistungsauftrag führen würde.

§ 34 Unteraufträge. (1) [1] Der Auftraggeber kann Unternehmen in der Auftragsbekanntmachung oder den Vergabeunterlagen auffordern, bei Angebotsabgabe die Teile des Auftrags, die sie im Wege der Unterauftragsvergabe an Dritte zu vergeben beabsichtigen, sowie, falls zumutbar, die vorgesehenen Unterauftragnehmer zu benennen. [2] Vor Zuschlagserteilung kann der Auftraggeber von den Bietern, deren Angebote in die engere Wahl kommen, verlangen, die Unterauftragnehmer zu benennen und nachzuweisen, dass ihnen die erforderlichen Mittel dieser Unterauftragnehmer zur Verfügung stehen.

(2) Die Haftung des Hauptauftragnehmers gegenüber dem Auftraggeber bleibt von Absatz 1 unberührt.

(3) [1] Bei der Vergabe von Bau- oder Dienstleistungsaufträgen, die in einer Einrichtung des Auftraggebers unter dessen direkter Aufsicht zu erbringen sind, schreibt der Auftraggeber in den Vertragsbedingungen vor, dass der Auftragnehmer spätestens bei Beginn der Auftragsausführung die Namen, die Kontaktdaten und die gesetzlichen Vertreter seiner Unterauftragnehmer mitteilt und dass jede im Rahmen der Auftragsausführung eintretende Änderung auf der

---

[1] Nr. 1.

Ebene der Unterauftragnehmer mitzuteilen ist. [2] Der Auftraggeber kann die Mitteilungspflichten nach Satz 1 auch als Vertragsbedingungen bei der Vergabe anderer Dienstleistungsaufträge oder bei der Vergabe von Lieferaufträgen vorsehen. [3] Des Weiteren können die Mitteilungspflichten auch auf Lieferanten, die an Dienstleistungsaufträgen beteiligt sind, sowie auf weitere Stufen in der Kette der Unterauftragnehmer ausgeweitet werden.

(4) Für Unterauftragnehmer aller Stufen gilt § 128 Absatz 1 des Gesetzes gegen Wettbewerbsbeschränkungen[1].

(5) [1] Der öffentliche Auftraggeber im Sinne des § 100 Absatz 1 Nummer 1 des Gesetzes gegen Wettbewerbsbeschränkungen[1] überprüft vor der Erteilung des Zuschlags, ob Gründe für den Ausschluss des Unterauftragnehmers vorliegen. [2] Bei Vorliegen zwingender Ausschlussgründe verlangt der öffentliche Auftraggeber die Ersetzung des Unterauftragnehmers. [3] Bei Vorliegen fakultativer Ausschlussgründe kann der öffentliche Auftraggeber verlangen, dass dieser ersetzt wird. [4] Der öffentliche Auftraggeber kann dem Bewerber oder Bieter dafür eine Frist setzen.

Unterabschnitt 4. Veröffentlichung, Transparenz

§ 35 Auftragsbekanntmachungen, Beschafferprofil. (1) [1] Der Auftraggeber teilt seine Absicht, einen Auftrag zu vergeben oder eine Rahmenvereinbarung abzuschließen, in einer Auftragsbekanntmachung mit. [2] § 13 Absatz 2, § 36 Absatz 4 und § 37 bleiben unberührt.

(2) Die Auftragsbekanntmachung wird nach dem im Anhang V der Durchführungsverordnung (EU) 2015/1986 enthaltenen Muster erstellt.

(3) Der Auftraggeber benennt in der Auftragsbekanntmachung die Vergabekammer, an die sich die Unternehmen zur Nachprüfung geltend gemachter Vergabeverstöße wenden können.

(4) [1] Der Auftraggeber kann im Internet zusätzlich ein Beschafferprofil einrichten. [2] Dieses kann regelmäßige nicht verbindliche Bekanntmachungen, Angaben über laufende oder aufgehobene Vergabeverfahren, über vergebene Aufträge sowie alle sonstigen Informationen von allgemeinem Interesse wie Kontaktstelle, Telefon- und Faxnummer, Anschrift und E-Mail-Adresse des Auftraggebers enthalten.

§ 36 Regelmäßige nicht verbindliche Bekanntmachung. (1) Der Auftraggeber kann die Absicht einer geplanten Auftragsvergabe mittels Veröffentlichung einer regelmäßigen nicht verbindlichen Bekanntmachung nach dem in Anhang IV der Durchführungsverordnung (EU) 2015/1986 enthaltenen Muster bekanntgeben.

(2) [1] Die regelmäßige nicht verbindliche Bekanntmachung kann durch das Amt für Veröffentlichungen der Europäischen Union oder im Beschafferprofil veröffentlicht werden. [2] Erfolgt die Veröffentlichung im Beschafferprofil, übermittelt der Auftraggeber die Mitteilung dieser Veröffentlichung dem Amt für Veröffentlichungen der Europäischen Union nach dem Muster gemäß Anhang VIII der Durchführungsverordnung (EU) 2015/1986.

---

[1] Nr. 1.

(3) Hat der Auftraggeber eine regelmäßige nicht verbindliche Bekanntmachung nach Absatz 1 veröffentlicht, kann die Mindestfrist für den Eingang von Angeboten im offenen Verfahren auf 15 Tage verkürzt werden, sofern

1. die regelmäßige nicht verbindliche Bekanntmachung alle nach Anhang IV der Durchführungsverordnung (EU) 2015/1986 geforderten Informationen enthält, soweit diese zum Zeitpunkt der Veröffentlichung der regelmäßigen nicht verbindlichen Bekanntmachung vorlagen, und

2. die regelmäßige nicht verbindliche Bekanntmachung wenigstens 35 Tage und nicht mehr als zwölf Monate vor dem Tag der Absendung der Auftragsbekanntmachung zur Veröffentlichung an das Amt für Veröffentlichungen der Europäischen Union übermittelt wurde.

(4) ¹Der Auftraggeber kann im nicht offenen Verfahren und im Verhandlungsverfahren auf eine Auftragsbekanntmachung nach § 35 verzichten, sofern die regelmäßige nicht verbindliche Bekanntmachung

1. die Liefer- oder Dienstleistungen benennt, die Gegenstand des zu vergebenden Auftrages sein werden,

2. den Hinweis enthält, dass dieser Auftrag im nicht offenen Verfahren oder Verhandlungsverfahren ohne gesonderte Auftragsbekanntmachung vergeben wird,

3. die interessierten Unternehmen auffordert, ihr Interesse mitzuteilen (Interessensbekundung),

4. alle nach Anhang IV der Durchführungsverordnung (EU) 2015/1986 geforderten Informationen enthält und

5. wenigstens 35 Tage und nicht mehr als zwölf Monate vor dem Zeitpunkt der Absendung der Aufforderung zur Interessensbestätigung veröffentlicht wird.

²Ungeachtet der Verpflichtung zur Veröffentlichung der Bekanntmachung können solche regelmäßigen nicht verbindlichen Bekanntmachungen zusätzlich in einem Beschafferprofil veröffentlicht werden.

(5) ¹Der Auftraggeber fordert alle Unternehmen, die auf die Veröffentlichung einer regelmäßigen nicht verbindlichen Bekanntmachung nach Absatz 4 eine Interessensbekundung übermittelt haben, zur Bestätigung ihres Interesses an einer weiteren Teilnahme auf (Aufforderung zur Interessensbestätigung). ²Mit der Aufforderung zur Interessensbestätigung wird der Teilnahmewettbewerb eingeleitet. ³Die Frist für den Eingang der Interessensbestätigung beträgt 30 Tage, gerechnet ab dem Tag nach der Absendung der Aufforderung zur Interessensbestätigung.

(6) Der von der regelmäßigen nicht verbindlichen Bekanntmachung abgedeckte Zeitraum beträgt höchstens zwölf Monate ab dem Tag der Übermittlung der regelmäßigen nicht verbindlichen Bekanntmachung an das Amt für Veröffentlichungen der Europäischen Union.

§ 37 Bekanntmachung über das Bestehen eines Qualifizierungssystems. (1) Der Auftraggeber kann die Absicht einer Auftragsvergabe mittels der Bekanntmachung über das Bestehen eines Qualifizierungssystems bekanntmachen.

(2) ¹Die Bekanntmachung über das Bestehen eines Qualifizierungssystems wird nach dem in Anhang VII der Durchführungsverordnung (EU) 2015/1986

enthaltenen Muster erstellt. [2] Der Auftraggeber gibt in der Bekanntmachung den Zweck und die Gültigkeitsdauer des Systems an.

(3) [1] Änderungen der Gültigkeitsdauer, ohne das System zu ändern, werden nach dem in Anhang XI der Durchführungsverordnung (EU) 2015/1986 enthaltenen Muster erstellt. [2] Bei Beendigung des Systems wird das in Anhang VI der Durchführungsverordnung (EU) 2015/1986 enthaltene Muster für Vergabebekanntmachungen nach § 38 verwendet.

§ 38 Vergabebekanntmachungen; Bekanntmachung über Auftragsänderungen. (1) Der Auftraggeber übermittelt spätestens 30 Tage nach Zuschlagserteilung oder nach dem Abschluss einer Rahmenvereinbarung eine Vergabebekanntmachung mit den Ergebnissen des Vergabeverfahrens an das Amt für Veröffentlichungen der Europäischen Union.

(2) Die Vergabebekanntmachung wird nach dem in Anhang VI der Durchführungsverordnung (EU) 2015/1986 enthaltenen Muster erstellt.

(3) Ist das Vergabeverfahren durch eine regelmäßige nicht verbindliche Bekanntmachung in Gang gesetzt worden und hat der Auftraggeber beschlossen, keine weitere Auftragsvergabe während des Zeitraums vorzunehmen, der von der regelmäßigen nicht verbindlichen Bekanntmachung abgedeckt ist, muss die Vergabebekanntmachung einen entsprechenden Hinweis enthalten.

(4) [1] Die Vergabebekanntmachung umfasst die abgeschlossenen Rahmenvereinbarungen, aber nicht die auf ihrer Grundlage vergebenen Einzelaufträge. [2] Bei Aufträgen, die im Rahmen eines dynamischen Beschaffungssystems vergeben werden, umfasst die Vergabebekanntmachung eine vierteljährliche Zusammenstellung der Einzelaufträge, die Zusammenstellung muss spätestens 30 Tage nach Quartalsende versendet werden.

(5) Auftragsänderungen gemäß § 132 Absatz 2 Nummer 2 und 3 des Gesetzes gegen Wettbewerbsbeschränkungen[1]) sind gemäß § 132 Absatz 5 des Gesetzes gegen Wettbewerbsbeschränkungen[1]) unter Verwendung des Musters gemäß Anhang XVII der Durchführungsverordnung (EU) 2015/1986 bekanntzumachen.

(6) Der Auftraggeber ist nicht verpflichtet, einzelne Angaben zu veröffentlichen, wenn deren Veröffentlichung

1. den Gesetzesvollzug behindern,

2. dem öffentlichen Interesse zuwiderlaufen,

3. den berechtigten geschäftlichen Interessen eines Unternehmens schaden oder

4. den lauteren Wettbewerb zwischen Unternehmen beeinträchtigen

würde.

(7) Bei vergebenen Dienstleistungsaufträgen auf dem Gebiet der Forschung und Entwicklung (F&E-Dienstleistungen) können die Angaben zur Art und Menge der Dienstleistung auf Folgendes beschränkt werden:

1. auf die Angabe „F&E-Dienstleistungen", sofern der Auftrag im Zuge eines Verhandlungsverfahrens ohne vorherigen Teilnahmewettbewerb vergeben wurde,

---

[1]) Nr. 1.

2. auf Angaben in der Auftragsbekanntmachung, die mindestens ebenso detailliert sind wie in der Auftragsbekanntmachung.

§ 39 Bekanntmachungen über die Vergabe sozialer und anderer besonderer Dienstleistungen. (1) [1] Der Auftraggeber teilt seine Absicht, einen Auftrag zur Erbringung sozialer oder anderer besonderer Dienstleistungen im Sinne von § 130 Absatz 1 des Gesetzes gegen Wettbewerbsbeschränkungen[1] zu vergeben, mittels

1. einer Auftragsbekanntmachung gemäß § 35,

2. einer regelmäßigen nicht verbindlichen Bekanntmachung gemäß § 36 Absatz 4 oder

3. einer Bekanntmachung über das Bestehen eines Qualifizierungssystems gemäß § 37

mit. [2] Dies gilt nicht, wenn ein Verhandlungsverfahren ohne vorherigen Teilnahmewettbewerb nach § 13 Absatz 2 zulässig wäre; § 13 Absatz 2 bleibt unberührt.

(2) Die Bekanntmachungen nach Absatz 1 werden nach dem Muster gemäß Anhang XIX der Durchführungsverordnung (EU) 2015/1986 erstellt.

(3) [1] Der Auftraggeber, der einen Auftrag zur Erbringung von sozialen und anderen besonderen Dienstleistungen vergeben hat, teilt die Ergebnisse des Vergabeverfahrens unter Verwendung des im Anhang XIX der Durchführungsverordnung (EU) 2015/1986 enthaltenen Musters mit. [2] Er kann die Vergabebekanntmachungen quartalsweise bündeln. [3] In diesem Fall versendet er die Zusammenstellung spätestens 30 Tage nach Quartalsende.

§ 40 Veröffentlichung von Bekanntmachungen. (1) [1] Auftragsbekanntmachungen, regelmäßige nicht verbindliche Bekanntmachungen nach § 36 Absatz 4, Bekanntmachungen über das Bestehen von Qualifikationssystemen und Vergabebekanntmachungen (Bekanntmachungen) sind dem Amt für Veröffentlichungen der Europäischen Union mit elektronischen Mitteln zu übermitteln. [2] Der Auftraggeber muss den Tag der Absendung nachweisen können.

(2) [1] Bekanntmachungen werden durch das Amt für Veröffentlichungen der Europäischen Union veröffentlicht. [2] Als Nachweis der Veröffentlichung dient die Bestätigung der Veröffentlichung der übermittelten Informationen, die der Auftraggeber vom Amt für Veröffentlichungen der Europäischen Union erhält.

(3) [1] Bekanntmachungen auf nationaler Ebene dürfen nach der Veröffentlichung durch das Amt für Veröffentlichungen der Europäischen Union oder 48 Stunden nach der Bestätigung über den Eingang der Bekanntmachung durch das Amt für Veröffentlichungen der Europäischen Union veröffentlicht werden. [2] Die Veröffentlichung darf nur Angaben enthalten, die in den an das Amt für Veröffentlichungen der Europäischen Union übermittelten Bekanntmachungen enthalten sind oder in einem Beschafferprofil veröffentlicht wurden. [3] In der nationalen Bekanntmachung ist der Tag der Übermittlung an das Amt für Veröffentlichungen der Europäischen Union oder der Tag der Veröffentlichung im Beschafferprofil anzugeben.

---

[1] Nr. 1.

131

(4) Der Auftraggeber kann auch Bekanntmachungen über Bau-, Liefer- oder Dienstleistungsaufträge, die nicht der Bekanntmachungspflicht unterliegen, an das Amt für Veröffentlichungen der Europäischen Union übermitteln.

§ 41 Bereitstellung der Vergabeunterlagen. (1) Der Auftraggeber gibt in der Auftragsbekanntmachung oder der Aufforderung zur Interessensbestätigung eine elektronische Adresse an, unter der die Vergabeunterlagen unentgeltlich, uneingeschränkt, vollständig und direkt abgerufen werden können.

(2) [1] Im Falle einer Bekanntmachung über das Bestehen eines Qualifizierungssystems nach § 37 ist dieser Zugang unverzüglich, spätestens zum Zeitpunkt der Absendung der Aufforderung zur Angebotsabgabe oder zu Verhandlungen anzubieten. [2] Der Text der Bekanntmachung oder dieser Aufforderung muss die Internetadresse, über die diese Vergabeunterlagen abrufbar sind, enthalten.

(3) [1] Der Auftraggeber kann die Vergabeunterlagen auf einem anderen geeigneten Weg zur Verfügung stellen oder übermitteln, wenn die erforderlichen elektronischen Mittel zum Abruf der Unterlagen

1. aufgrund der besonderen Art der Auftragsvergabe nicht mit allgemein verfügbaren oder verbreiteten Geräten und Programmen der Informations- und Kommunikationstechnologie kompatibel sind,

2. Dateiformate zur Beschreibung der Angebote verwenden, die nicht mit allgemein verfügbaren oder verbreiteten Programmen verarbeitet werden können oder die durch andere als kostenlose und allgemein verfügbare Lizenzen geschützt sind, oder

3. die Verwendung von Bürogeräten voraussetzen, die Auftraggebern nicht allgemein zur Verfügung stehen.

[2] Die Angebotsfrist wird in diesen Fällen um fünf Tage verlängert, sofern nicht ein Fall hinreichend begründeter Dringlichkeit gemäß § 14 Absatz 3 vorliegt oder die Frist gemäß § 15 Absatz 3 im gegenseitigen Einvernehmen festgelegt wurde.

(4) [1] Der Auftraggeber gibt in der Auftragsbekanntmachung oder der Aufforderung zur Interessensbestätigung oder, sofern eine Bekanntmachung über das Bestehen eines Qualifizierungssystems erfolgt, in den Vergabeunterlagen an, welche Maßnahmen er zum Schutz der Vertraulichkeit von Informationen anwendet und wie auf die Vergabeunterlagen zugegriffen werden kann. [2] Die Angebotsfrist wird in diesen Fällen um fünf Tage verlängert, es sei denn, die Maßnahme zum Schutz der Vertraulichkeit besteht ausschließlich in der Abgabe einer Verschwiegenheitserklärung, es liegt ein Fall hinreichend begründeter Dringlichkeit gemäß § 14 Absatz 3 vor oder die Frist wurde gemäß § 15 Absatz 3 im gegenseitigen Einvernehmen festgelegt.

§ 42 Aufforderung zur Interessensbestätigung, zur Angebotsabgabe, zur Verhandlung oder zur Teilnahme am Dialog. (1) Ist ein Teilnahmewettbewerb durchgeführt worden, wählt der Auftraggeber Bewerber aus, die er auffordert, in einem nicht offenen Verfahren ein Angebot oder in einem Verhandlungsverfahren ein Erstangebot einzureichen und darüber zu verhandeln, am wettbewerblichen Dialog teilzunehmen oder an Verhandlungen im Rahmen einer Innovationspartnerschaft teilzunehmen.

(2) [1] Die Aufforderung nach Absatz 1 enthält mindestens:

1. einen Hinweis auf die veröffentlichte Auftragsbekanntmachung,

2. den Tag, bis zu dem ein Angebot eingehen muss, die Anschrift der Stelle, bei der es einzureichen ist, die Art der Einreichung sowie die Sprache, in der es abzufassen ist,

3. beim wettbewerblichen Dialog den Termin und den Ort des Beginns der Dialogphase sowie die verwendete Sprache,

4. die Bezeichnung der gegebenenfalls beizufügenden Unterlagen, sofern nicht bereits in der Auftragsbekanntmachung enthalten,

5. die Gewichtung der Zuschlagskriterien oder gegebenenfalls die Kriterien in der absteigenden Rangfolge ihrer Bedeutung, sofern nicht bereits in der Auftragsbekanntmachung oder der Aufforderung zur Interessensbestätigung enthalten.

2 Bei öffentlichen Aufträgen, die in einem wettbewerblichen Dialog oder im Rahmen einer Innovationspartnerschaft vergeben werden, sind die in Satz 1 Nummer 2 genannten Angaben nicht in der Aufforderung zur Teilnahme am Dialog oder an den Verhandlungen aufzuführen, sondern zu einem späteren Zeitpunkt in der Aufforderung zur Angebotsabgabe.

(3) ¹ Im Falle einer regelmäßigen nicht verbindlichen Bekanntmachung nach § 36 Absatz 4 fordert der Auftraggeber gleichzeitig alle Unternehmen, die eine Interessensbekundung übermittelt haben, nach § 36 Absatz 5 auf, ihr Interesse zu bestätigen. ² Diese Aufforderung umfasst zumindest folgende Angaben:

1. Umfang des Auftrags, einschließlich aller Optionen auf zusätzliche Aufträge und, sofern möglich, eine Einschätzung der Frist für die Ausübung dieser Optionen; bei wiederkehrenden Aufträgen Art und Umfang und, sofern möglich, das voraussichtliche Datum der Veröffentlichung zukünftiger Auftragsbekanntmachungen für die Liefer- oder Dienstleistungen, die Gegenstand des Auftrags sein sollen,

2. Art des Verfahrens,

3. gegebenenfalls Zeitpunkt, an dem die Lieferleistung erbracht oder die Dienstleistung beginnen oder abgeschlossen sein soll,

4. Internetadresse, über die die Vergabeunterlagen unentgeltlich, uneingeschränkt und vollständig direkt verfügbar sind,

5. falls kein elektronischer Zugang zu den Vergabeunterlagen bereitgestellt werden kann, Anschrift und Schlusstermin für die Anforderung der Vergabeunterlagen sowie die Sprache, in der diese abgefasst sind,

6. Anschrift des öffentlichen Auftraggebers, der den Zuschlag erteilt,

7. alle wirtschaftlichen und technischen Anforderungen, finanziellen Sicherheiten und Angaben, die von den Unternehmen verlangt werden,

8. Art des Auftrags, der Gegenstand des Vergabeverfahrens ist, und

9. die Zuschlagskriterien sowie deren Gewichtung oder gegebenenfalls die Kriterien in der Rangfolge ihrer Bedeutung, wenn diese Angaben nicht in der regelmäßigen nicht verbindlichen Bekanntmachung oder den Vergabeunterlagen enthalten sind.

§ 43 Form und Übermittlung der Angebote, Teilnahmeanträge, Interessensbekundungen und Interessensbestätigungen. (1) Die Unternehmen übermitteln ihre Angebote, Teilnahmeanträge, Interessensbekundungen und Interessensbestätigungen in Textform nach § 126b des Bürgerlichen Gesetzbuchs mithilfe elektronischer Mittel.

(2) ¹Der Auftraggeber ist nicht verpflichtet, die Einreichung von Angeboten, Teilnahmeanträgen, Interessensbekundungen und Interessensbestätigungen mithilfe elektronischer Mittel zu verlangen, wenn auf die zur Einreichung erforderlichen elektronischen Mittel einer der in § 41 Absatz 3 genannten Gründe zutrifft oder wenn zugleich physische oder maßstabsgetreue Modelle einzureichen sind, die nicht elektronisch übermittelt werden können. ²In diesen Fällen erfolgt die Kommunikation auf dem Postweg oder auf einem anderen geeigneten Weg oder in Kombination von postalischem oder einem anderen geeigneten Weg und unter Verwendung elektronischer Mittel.

(3) Der Auftraggeber gibt im Vergabevermerk die Gründe an, warum die Angebote mithilfe anderer als elektronischer Mittel eingereicht werden können.

§ 44 Erhöhte Sicherheitsanforderungen bei der Übermittlung der Angebote, Teilnahmeanträge, Interessensbekundungen und Interessensbestätigungen. (1) ¹Der Auftraggeber prüft im Einzelfall, ob zu übermittelnde Daten erhöhte Anforderungen an die Sicherheit stellen. ²Soweit es erforderlich ist, kann der Auftraggeber verlangen, dass Interessensbekundungen, Interessensbestätigungen, Teilnahmeanträge und Angebote zu versehen sind mit

1. einer fortgeschrittenen elektronischen Signatur,
2. einer qualifizierten elektronischen Signatur,
3. einem fortgeschrittenen elektronischen Siegel oder
4. einem qualifizierten elektronischen Siegel.

(2) ¹Der Auftraggeber kann festlegen, dass Angebote mithilfe anderer als elektronischer Mittel einzureichen sind, wenn sie besonders schutzwürdige Daten enthalten, die bei Verwendung allgemein verfügbarer oder alternativer elektronischer Mittel nicht angemessen geschützt werden können, oder wenn die Sicherheit der elektronischen Mittel nicht gewährleistet werden kann. ²Der Auftraggeber dokumentiert die Gründe, warum er die Einreichung der Angebote mithilfe anderer als elektronischer Mittel für erforderlich hält.

Unterabschnitt 5. Anforderungen an die Unternehmen

§ 45 Grundsätze. (1) Bei der Auswahl der Teilnehmer an Vergabeverfahren beachtet der Auftraggeber die in den Absätzen 2 und 3 genannten Grundsätze.

(2) Bei einem nicht offenen Verfahren, Verhandlungsverfahren, wettbewerblichen Dialog oder einer Innovationspartnerschaft darf der Auftraggeber bezüglich seiner Auswahlentscheidung Unternehmen keine administrativen, technischen oder finanziellen Anforderungen stellen, die er anderen Unternehmen nicht stellt, sowie bei der Aktualisierung von Kriterien keine Nachweise fordern, die sich mit bereits vorhandenen Nachweisen decken.

(3) ¹In Fällen, in denen der Auftraggeber ein angemessenes Gleichgewicht zwischen bestimmten Merkmalen des Vergabeverfahrens und den notwendigen Ressourcen für dessen Durchführung sicherstellen muss, kann er bei nicht offenen Verfahren, Verhandlungsverfahren, wettbewerblichen Dialogen oder Innovationspartnerschaften objektive Kriterien festlegen, die es ermöglichen, die Zahl der Bewerber, die zur Angebotsabgabe oder zur Aufnahme von Ver-

handlungen aufgefordert werden, zu begrenzen. [2] Die Zahl der ausgewählten Bewerber muss jedoch der Notwendigkeit Rechnung tragen, dass ein angemessener Wettbewerb gewährleistet sein muss.

§ 46 Objektive und nichtdiskriminierende Kriterien. (1) Der Auftraggeber wählt die Unternehmen anhand objektiver Kriterien aus, die allen interessierten Unternehmen zugänglich sein müssen.

(2) [1] Die objektiven und nichtdiskriminierenden Kriterien für die Auswahl der Unternehmen, die eine Qualifizierung im Rahmen eines Qualifizierungssystems beantragen, sowie für die Auswahl der Bewerber und Bieter im offenen Verfahren, nicht offenen Verfahren, Verhandlungsverfahren, wettbewerblichen Dialog oder in einer Innovationspartnerschaft können nach § 142 Nummer 2 des Gesetzes gegen Wettbewerbsbeschränkungen[1] die Anwendung des § 123 des Gesetzes gegen Wettbewerbsbeschränkungen[1] beinhalten. [2] Handelt es sich um einen Auftraggeber nach § 100 Absatz 1 Nummer 1 des Gesetzes gegen Wettbewerbsbeschränkungen[1], beinhalten diese Kriterien nach § 142 Nummer 2 des Gesetzes gegen Wettbewerbsbeschränkungen[1] die Anwendung des § 123 des Gesetzes gegen Wettbewerbsbeschränkungen[1].

§ 47 Eignungsleihe. (1) [1] Ein Bewerber oder Bieter kann für einen bestimmten Auftrag im Hinblick auf die erforderliche wirtschaftliche und finanzielle sowie die technische und berufliche Leistungsfähigkeit die Kapazitäten anderer Unternehmen in Anspruch nehmen, wenn er nachweist, dass ihm die für den Auftrag erforderlichen Mittel tatsächlich zur Verfügung stehen werden, indem er beispielsweise eine entsprechende Verpflichtungserklärung dieser Unternehmen vorlegt. [2] Diese Möglichkeit besteht unabhängig von der Rechtsnatur der zwischen dem Bewerber oder Bieter und den anderen Unternehmen bestehenden Verbindungen. [3] Ein Bewerber oder Bieter kann jedoch im Hinblick auf Nachweise für die erforderliche berufliche Leistungsfähigkeit wie Ausbildungs- und Befähigungsnachweise oder die einschlägige berufliche Erfahrung die Kapazitäten anderer Unternehmen nur dann in Anspruch nehmen, wenn diese die Leistung erbringen, für die diese Kapazitäten benötigt werden.

(2) [1] Der Auftraggeber überprüft im Rahmen der Eignungsprüfung, ob die Unternehmen, deren Kapazitäten der Bewerber oder Bieter für die Erfüllung bestimmter Eignungskriterien in Anspruch nehmen will, die entsprechenden Kriterien erfüllen, und ob Ausschlussgründe vorliegen, sofern er solche festgelegt hat. [2] Hat der Auftraggeber auf zwingende Ausschlussgründe nach § 123 des Gesetzes gegen Wettbewerbsbeschränkungen[1] Bezug genommen, schreibt er vor, dass der Bewerber oder Bieter ein Unternehmen, das das entsprechende Eignungskriterium nicht erfüllt oder bei dem zwingende Ausschlussgründe nach § 123 des Gesetzes gegen Wettbewerbsbeschränkungen[1] vorliegen, ersetzen muss. [3] Hat der Auftraggeber auf fakultative Ausschlussgründe nach § 124 des Gesetzes gegen Wettbewerbsbeschränkungen[1] Bezug genommen, kann er vorschreiben, dass der Bewerber oder Bieter auch ein Unternehmen, bei dem fakultative Ausschlussgründe nach § 124 des Gesetzes gegen Wettbewerbsbeschränkungen[1] vorliegen, ersetzen muss. [4] Der Auftraggeber kann dem Bewerber oder Bieter dafür eine Frist setzen.

---

[1] Nr. **1.**

(3) Nimmt ein Bewerber oder Bieter die Kapazitäten eines anderen Unternehmens im Hinblick auf die erforderliche wirtschaftliche und finanzielle Leistungsfähigkeit in Anspruch, so kann der Auftraggeber eine gemeinsame Haftung des Bewerbers oder Bieters und des anderen Unternehmens für die Auftragsausführung entsprechend dem Umfang der Eignungsleihe verlangen.

(4) Die Absätze 1 bis 3 gelten auch für Bewerber- oder Bietergemeinschaften.

(5) Der Auftraggeber kann vorschreiben, dass bestimmte kritische Aufgaben bei Bauaufträgen, Dienstleistungsaufträgen oder kritische Verlege- oder Installationsarbeiten im Zusammenhang mit einem Lieferauftrag direkt vom Bieter selbst oder im Fall einer Bietergemeinschaft von einem Teilnehmer der Bietergemeinschaft ausgeführt werden müssen.

§ 48 Qualifizierungssysteme. (1) [1]Der Auftraggeber kann zur Eignungsfeststellung ein Qualifizierungssystem für Unternehmen einrichten und betreiben. [2]Unternehmen müssen jederzeit die Zulassung zum Qualifizierungssystem beantragen können. [3]Das Qualifizierungssystem kann verschiedene Qualifizierungsstufen umfassen.

(2) [1]Der Auftraggeber legt für den Ausschluss und die Eignung von Unternehmen objektive Kriterien fest. [2]Enthalten diese Kriterien technische Anforderungen, so gelten die §§ 28 und 29.

(3) Für die Funktionsweise des Qualifizierungssystems, wie etwa die Aufnahme in das System, die Aktualisierung der Kriterien und dessen Dauer, legt der Auftraggeber objektive Vorschriften fest.

(4) [1]Die nach den Absätzen 2 und 3 festgelegten Kriterien und Vorschriften werden den Unternehmen auf Antrag zur Verfügung gestellt. [2]Aktualisierungen sind diesen Unternehmen mitzuteilen. [3]Entspricht nach Ansicht des Auftraggebers das Qualifizierungssystem bestimmter anderer Auftraggeber, Stellen oder Einrichtungen seinen Anforderungen, so teilt er den Unternehmen deren Namen und Adressen mit.

(5) Enthalten die Kriterien gemäß Absatz 2 Anforderungen an die wirtschaftliche und finanzielle Leistungsfähigkeit oder die fachliche und berufliche Befähigung des Unternehmens, kann das Unternehmen auch die Kapazitäten eines anderen Unternehmens in Anspruch nehmen, unabhängig von dem Rechtsverhältnis, in dem es zu ihm steht.

(6) Bezüglich der Kriterien, Ausbildungsnachweise und Bescheinigungen über die berufliche Befähigung des Unternehmens, einschließlich der einschlägigen beruflichen Erfahrung, können Unternehmen nur die Kapazitäten anderer Unternehmen in Anspruch nehmen, wenn diese auch die Leistung erbringen, für die die Kapazitäten benötigt werden.

(7) Beabsichtigt ein Unternehmen die Kapazitäten eines anderen Unternehmens in Anspruch zu nehmen, weist es dem Auftraggeber beispielsweise durch eine entsprechende Verpflichtungserklärung des anderen Unternehmens nach, dass es während der gesamten Gültigkeitsdauer des Qualifizierungssystems auf dessen Kapazitäten zurückgreifen kann.

(8) [1]Der Auftraggeber führt ein Verzeichnis der geprüften Unternehmen. [2]Dieses kann nach Auftragsarten, für die die Prüfung Gültigkeit hat, aufgegliedert werden.

(9) Ist eine Bekanntmachung über das Bestehen eines Qualifizierungssystems gemäß § 37 erfolgt, werden die Aufträge im Wege eines nicht offenen Verfahrens oder eines Verhandlungsverfahrens unter den gemäß diesem System qualifizierten und im Verzeichnis nach Absatz 8 geführten Bewerber vergeben.

(10) [1] Der Auftraggeber kann im Zusammenhang mit Anträgen auf Qualifizierung, der Aktualisierung oder der Aufrechterhaltung einer bereits bestehenden Qualifizierung für das System Gebühren erheben. [2] Die Gebühr muss im Verhältnis zu den angefallenen Kosten stehen.

(11) [1] Der Auftraggeber teilt seine Entscheidung hinsichtlich der Qualifizierung den Unternehmen innerhalb von sechs Monaten nach Eingang der Beantragung zur Aufnahme in das Qualifizierungssystem mit. [2] Kann eine Entscheidung nicht innerhalb von vier Monaten getroffen werden, so teilt der Auftraggeber innerhalb von zwei Monaten nach Eingang des Antrags dies sowie den voraussichtlichen Entscheidungszeitpunkt dem Unternehmen mit.

(12) [1] Eine Ablehnung ist dem Unternehmen innerhalb von 15 Tagen nach der Entscheidung unter Angabe der Gründe mitzuteilen. [2] Dabei darf sich eine Ablehnung nur auf die gemäß Absatz 2 festgelegten objektiven Kriterien beziehen. [3] Dasselbe gilt für die Beendigung einer Qualifizierung. [4] Die beabsichtigte Beendigung ist dem Unternehmen 15 Tage vor dem vorgesehenen Ausschluss unter Angabe der Gründe mitzuteilen.

§ 49 Beleg der Einhaltung von Normen der Qualitätssicherung und des Umweltmanagements. (1) [1] Verlangt der Auftraggeber als Beleg dafür, dass Bewerber oder Bieter bestimmte Normen der Qualitätssicherung erfüllen, die Vorlage von Bescheinigungen unabhängiger Stellen, so bezieht er sich auf Qualitätssicherungssysteme, die

1. den einschlägigen europäischen Normen genügen und

2. von akkreditierten Stellen zertifiziert sind.

[2] Der Auftraggeber erkennt auch gleichwertige Bescheinigungen von akkreditierten Stellen aus anderen Staaten an. [3] Konnte ein Bewerber oder Bieter aus Gründen, die er nicht zu vertreten hat, die betreffenden Bescheinigungen nicht innerhalb einer angemessenen Frist einholen, so muss der Auftraggeber auch andere Unterlagen über gleichwertige Qualitätssicherungssysteme anerkennen, sofern der Bewerber oder Bieter nachweist, dass die vorgeschlagenen Qualitätssicherungsmaßnahmen den geforderten Qualitätssicherungsnormen entsprechen.

(2) [1] Verlangt der Auftraggeber als Beleg dafür, dass Bewerber oder Bieter bestimmte Systeme oder Normen des Umweltmanagements erfüllen, die Vorlage von Bescheinigungen unabhängiger Stellen, so bezieht er sich

1. entweder auf das Gemeinschaftssystem für das Umweltmanagement und die Umweltbetriebsprüfung EMAS der Europäischen Union oder

2. auf andere nach Artikel 45 der Verordnung (EG) Nr. 1221/2009 des Europäischen Parlaments und des Rates vom 25. November 2009 über die freiwillige Teilnahme von Organisationen an einem Gemeinschaftssystem für Umweltmanagement und Umweltbetriebsprüfung und zur Aufhebung der Verordnung (EG) Nr. 761/2001, sowie der Beschlüsse der Kommission 2001/681/EG und 2006/193/EG (ABl. L 342 vom 22.12.2009, S. 1) anerkannte Umweltmanagementsysteme oder

3. auf andere Normen für das Umweltmanagement, die auf den einschlägigen europäischen oder internationalen Normen beruhen und von akkreditierten Stellen zertifiziert sind.

[2]Der Auftraggeber erkennt auch gleichwertige Bescheinigungen von Stellen in anderen Staaten an. [3]Hatte ein Bewerber oder Bieter aus Gründen, die ihm nicht zugerechnet werden können, nachweislich keinen Zugang zu den betreffenden Bescheinigungen oder aus Gründen, die es nicht zu vertreten hat, keine Möglichkeit, diese innerhalb der einschlägigen Fristen zu erlangen, so muss der Auftraggeber auch andere Unterlagen über gleichwertige Umweltmanagementmaßnahmen anerkennen, sofern der Bewerber oder Bieter nachweist, dass diese Maßnahmen mit denen, die nach dem geltenden System oder den geltenden Normen für das Umweltmanagement erforderlich sind, gleichwertig sind.

§ 50 Rechtsform von Unternehmen und Bietergemeinschaften.

(1) [1]Bewerber oder Bieter, die gemäß den Rechtsvorschriften des Staates, in dem sie niedergelassen sind, zur Erbringung der betreffenden Leistung berechtigt sind, dürfen nicht allein deshalb zurückgewiesen werden, weil sie gemäß den deutschen Rechtsvorschriften eine natürliche oder juristische Person sein müssten. [2]Juristische Personen können jedoch bei Dienstleistungsaufträgen sowie bei Lieferaufträgen, die zusätzlich Dienstleistungen umfassen, verpflichtet werden, in ihrem Antrag auf Teilnahme oder in ihrem Angebot die Namen und die berufliche Befähigung der Personen anzugeben, die für die Erbringung der Leistung als verantwortlich vorgesehen sind.

(2) [1]Bewerber- und Bietergemeinschaften sind wie Einzelbewerber und -bieter zu behandeln. [2]Der Auftraggeber darf nicht verlangen, dass Gruppen von Unternehmen eine bestimmte Rechtsform haben müssen, um einen Antrag auf Teilnahme zu stellen oder ein Angebot abzugeben. [3]Sofern erforderlich kann der Auftraggeber in den Vergabeunterlagen Bedingungen festlegen, wie Gruppen von Unternehmen die Eignungskriterien zu erfüllen und den Auftrag auszuführen haben; solche Bedingungen müssen durch sachliche Gründe gerechtfertigt und angemessen sein.

(3) Unbeschadet des Absatzes 2 kann der Auftraggeber verlangen, dass eine Bietergemeinschaft nach Zuschlagserteilung eine bestimmte Rechtsform annimmt, soweit dies für die ordnungsgemäße Durchführung des Auftrags erforderlich ist.

Unterabschnitt 6. Prüfung und Wertung der Angebote

§ 51 Prüfung und Wertung der Angebote; Nachforderung von Unterlagen. (1) Die Angebote werden geprüft und gewertet, bevor der Zuschlag erteilt wird.

(2) [1]Der Auftraggeber kann den Bewerber oder Bieter unter Einhaltung der Grundsätze der Transparenz und der Gleichbehandlung auffordern, fehlende, unvollständige oder fehlerhafte unternehmensbezogene Unterlagen, insbesondere Eigenerklärungen, Angaben, Bescheinigungen oder sonstige Nachweise, nachzureichen, zu vervollständigen oder zu korrigieren, oder fehlende oder unvollständige leistungsbezogene Unterlagen nachzureichen oder zu vervollständigen. [2]Der Auftraggeber ist berechtigt, in der Auftragsbekanntmachung

oder den Vergabeunterlagen festzulegen, dass er keine Unterlagen nachfordern wird.

(3) [1] Die Nachforderung von leistungsbezogenen Unterlagen, die die Wirtschaftlichkeitsbewertung der Angebote anhand der Zuschlagskriterien betreffen, ist ausgeschlossen. [2] Dies gilt nicht für Preisangaben, wenn es sich um unwesentliche Einzelpositionen handelt, deren Einzelpreise den Gesamtpreis nicht verändern oder die Wertungsreihenfolge und den Wettbewerb beeinträchtigen.

(4) Die Unterlagen sind vom Bewerber oder Bieter nach Aufforderung durch den Auftraggeber innerhalb einer von diesem festzulegenden angemessenen, nach dem Kalender bestimmten Frist vorzulegen.

(5) Die Entscheidung zur und das Ergebnis der Nachforderung sind zu dokumentieren.

§ 52 Zuschlag und Zuschlagskriterien. (1) Der Zuschlag wird nach Maßgabe des § 127 des Gesetzes gegen Wettbewerbsbeschränkungen[1]) auf das wirtschaftlichste Angebot erteilt.

(2) [1] Die Ermittlung des wirtschaftlichsten Angebots erfolgt auf der Grundlage des besten Preis-Leistungs-Verhältnisses. [2] Neben dem Preis oder den Kosten können auch qualitative, umweltbezogene oder soziale Zuschlagskriterien berücksichtigt werden, insbesondere:

1. die Qualität, einschließlich des technischen Werts, Ästhetik, Zweckmäßigkeit, Zugänglichkeit der Leistung insbesondere für Menschen mit Behinderungen, ihrer Übereinstimmung mit Anforderungen des „Designs für Alle", soziale, umweltbezogene und innovative Eigenschaften sowie Vertriebs- und Handelsbedingungen,

2. die Organisation, Qualifikation und Erfahrung des mit der Ausführung des Auftrags betrauten Personals, wenn die Qualität des eingesetzten Personals erheblichen Einfluss auf das Niveau der Auftragsausführung haben kann, oder

3. die Verfügbarkeit von Kundendienst und technischer Hilfe sowie Lieferbedingungen wie Liefertermin, Lieferverfahren sowie Liefer- oder Ausführungsfristen.

[3] Der Auftraggeber kann auch Festpreise oder Festkosten vorgeben, sodass das wirtschaftlichste Angebot ausschließlich nach qualitativen, umweltbezogenen oder sozialen Zuschlagskriterien nach Satz 1 bestimmt wird.

(3) [1] Der Auftraggeber gibt in der Auftragsbekanntmachung oder den Vergabeunterlagen an, wie er die einzelnen Zuschlagskriterien gewichtet, um das wirtschaftlichste Angebot zu ermitteln. [2] Diese Gewichtung kann auch mittels einer Spanne angegeben werden, deren Bandbreite angemessen sein muss. [3] Ist die Gewichtung aus objektiven Gründen nicht möglich, so gibt der Auftraggeber die Zuschlagskriterien in absteigender Rangfolge an.

(4) Für den Beleg, ob und inwieweit die angebotene Leistung den geforderten Zuschlagskriterien entspricht, gelten die §§ 31 und 32 entsprechend.

---

[1]) Nr. 1.

(5) Für den Beleg, dass die angebotene Leistung den geforderten Ausführungsbedingungen gemäß § 128 Absatz 2 des Gesetzes gegen Wettbewerbsbeschränkungen[1] entspricht, gelten die §§ 31 und 32 entsprechend.

§ 53 Berechnung von Lebenszykluskosten. (1) Der Auftraggeber kann vorgeben, dass das Zuschlagskriterium „Kosten" auf der Grundlage der Lebenszykluskosten der Leistung berechnet wird.

(2) [1]Der Auftraggeber gibt die Methode zur Berechnung der Lebenszykluskosten und die zur Berechnung vom Unternehmen zu übermittelnden Informationen in der Auftragsbekanntmachung oder den Vergabeunterlagen an. [2]Die Berechnungsmethode kann umfassen

1. die Anschaffungskosten,

2. die Nutzungskosten, insbesondere den Verbrauch von Energie und anderen Ressourcen,

3. die Wartungskosten,

4. Kosten am Ende der Nutzungsdauer, insbesondere die Abholungs-, Entsorgungs- oder Recyclingkosten, oder

5. Kosten, die durch die externen Effekte der Umweltbelastung entstehen, die mit der Leistung während ihres Lebenszyklus in Verbindung stehen, sofern ihr Geldwert nach Absatz 3 bestimmt und geprüft werden kann; solche Kosten können Kosten der Emission von Treibhausgasen und anderen Schadstoffen sowie sonstige Kosten für die Eindämmung des Klimawandels umfassen.

(3) Die Methode zur Berechnung der Kosten, die durch die externen Effekte der Umweltbelastung entstehen, muss folgende Bedingungen erfüllen:

1. Sie beruht auf objektiv nachprüfbaren und nichtdiskriminierenden Kriterien; ist die Methode nicht für die wiederholte oder dauerhafte Anwendung entwickelt worden, darf sie bestimmte Unternehmen weder bevorzugen noch benachteiligen,

2. sie ist für alle interessierten Beteiligten zugänglich, und

3. die zur Berechnung erforderlichen Informationen lassen sich von Unternehmen, die ihrer Sorgfaltspflicht im üblichen Maße nachkommen, einschließlich Unternehmen aus Drittstaaten, die dem Übereinkommen über das öffentliche Beschaffungswesen von 1994 (ABl. C 256 vom 3.9.1996, S. 1), geändert durch das Protokoll zur Änderung des Übereinkommens über das öffentliche Beschaffungswesen (ABl. L 68 vom 7.3.2014, S. 2) oder anderen, für die Europäische Union bindenden internationalen Übereinkommen beigetreten sind, mit angemessenem Aufwand bereitstellen.

(4) Sofern eine Methode zur Berechnung der Lebenszykluskosten durch einen Rechtsakt der Europäischen Union verbindlich vorgeschrieben worden ist, hat der Auftraggeber diese Methode vorzugeben.

§ 54 Ungewöhnlich niedrige Angebote. (1) Erscheinen der Preis oder die Kosten eines Angebots im Verhältnis zu der zu erbringenden Leistung ungewöhnlich niedrig, verlangt der Auftraggeber vom Bieter Aufklärung.

---

[1] Nr. 1.

(2) [1] Der Auftraggeber prüft die Zusammensetzung des Angebots und berücksichtigt die übermittelten Unterlagen. [2] Die Prüfung kann insbesondere betreffen:

1. die Wirtschaftlichkeit des Fertigungsverfahrens einer Lieferleistung oder der Erbringung der Dienstleistung,

2. die gewählten technischen Lösungen oder die außergewöhnlich günstigen Bedingungen, über die das Unternehmen bei der Lieferung der Waren oder bei der Erbringung der Dienstleistung verfügt,

3. die Besonderheiten der angebotenen Liefer- oder Dienstleistung,

4. die Einhaltung der Verpflichtungen nach § 128 Absatz 1 des Gesetzes gegen Wettbewerbsbeschränkungen[1], insbesondere der für das Unternehmen geltenden umwelt-, sozial- und arbeitsrechtlichen Vorschriften, oder

5. die etwaige Gewährung einer staatlichen Beihilfe an das Unternehmen.

(3) [1] Kann der Auftraggeber nach der Prüfung gemäß den Absätzen 1 und 2 die geringe Höhe des angebotenen Preises oder der angebotenen Kosten nicht zufriedenstellend aufklären, darf er den Zuschlag auf dieses Angebot ablehnen. [2] Er lehnt das Angebot ab, wenn er festgestellt hat, dass der Preis oder die Kosten des Angebots ungewöhnlich niedrig sind, weil Verpflichtungen nach Absatz 2 Satz 2 Nummer 4 nicht eingehalten werden.

(4) [1] Stellt der Auftraggeber fest, dass ein Angebot ungewöhnlich niedrig ist, weil der Bieter eine staatliche Beihilfe erhalten hat, so lehnt der Auftraggeber das Angebot ab, wenn der Bieter nicht fristgemäß nachweisen kann, dass die staatliche Beihilfe rechtmäßig gewährt wurde. [2] Der Auftraggeber teilt die Ablehnung der Europäischen Kommission mit.

§ 55 Angebote, die Erzeugnisse aus Drittländern umfassen. (1) [1] Der Auftraggeber eines Lieferauftrags kann Angebote zurückweisen, bei denen der Warenanteil zu mehr als 50 Prozent des Gesamtwertes aus Ländern stammt, die nicht Vertragsparteien des Abkommens über den Europäischen Wirtschaftsraum sind und mit denen auch keine sonstigen Vereinbarungen über gegenseitigen Marktzugang bestehen. [2] Das Bundesministerium für Wirtschaft und Energie gibt im Bundesanzeiger bekannt, mit welchen Ländern und auf welchen Gebieten solche Vereinbarungen bestehen.

(2) [1] Sind zwei oder mehrere Angebote nach den Zuschlagskriterien gleichwertig, so ist dasjenige Angebot zu bevorzugen, das nicht nach Absatz 1 zurückgewiesen werden kann. [2] Die Preise sind als gleichwertig anzusehen, wenn sie nicht um mehr als 3 Prozent voneinander abweichen. [3] Satz 1 ist nicht anzuwenden, wenn die Bevorzugung zum Erwerb von Ausrüstungen führen würde, die andere technische Merkmale als die vom Auftraggeber bereits genutzten Ausrüstungen aufweisen und dadurch bei Betrieb und Wartung zu Inkompatibilität oder technischen Schwierigkeiten oder zu unverhältnismäßigen Kosten führen würde.

(3) Software, die in der Ausstattung für Telekommunikationsnetze verwendet wird, gilt als Ware im Sinne des Absatzes 1.

§ 56 Unterrichtung der Bewerber oder Bieter. (1) [1] Unbeschadet des § 134 des Gesetzes gegen Wettbewerbsbeschränkungen[1] teilt der Auftraggeber

---

[1] Nr. 1.

jedem Bewerber und jedem Bieter unverzüglich seine Entscheidungen über den Abschluss einer Rahmenvereinbarung, die Zuschlagserteilung oder die Zulassung zur Teilnahme an einem dynamischen Beschaffungssystem mit. [2] Gleiches gilt für die Entscheidung, ein Vergabeverfahren aufzuheben oder erneut einzuleiten, einschließlich der Gründe dafür, sofern eine Bekanntmachung veröffentlicht wurde.

(2) Der Auftraggeber unterrichtet auf Verlangen des Bewerbers oder Bieters unverzüglich, spätestens innerhalb von 15 Tagen nach Eingang des Antrags in Textform

1. jeden nicht erfolgreichen Bewerber über die Gründe für die Ablehnung seines Teilnahmeantrags,

2. jeden nicht erfolgreichen Bieter über die Gründe für die Ablehnung seines Angebots,

3. jeden Bieter über die Merkmale und Vorteile des erfolgreichen Angebots sowie den Namen des erfolgreichen Bieters und

4. jeden Bieter über den Verlauf und die Fortschritte der Verhandlungen und des wettbewerblichen Dialogs mit den Bietern.

(3) § 38 Absatz 6 gilt entsprechend.

§ 57 Aufhebung und Einstellung des Verfahrens. [1] Ein Vergabeverfahren kann ganz oder bei Losvergabe für einzelne Lose aufgehoben werden oder im Fall eines Verhandlungsverfahrens eingestellt werden. [2] In diesen Fällen hat der Auftraggeber den am Vergabeverfahren beteiligten Unternehmen unverzüglich die Aufhebung oder Einstellung des Verfahrens und die Gründe hierfür sowie seine etwaige Absicht, ein neues Vergabeverfahren durchzuführen, in Textform mitzuteilen.

Abschnitt 3. Besondere Vorschriften für die Beschaffung energieverbrauchsrelevanter Leistungen

§ 58 Beschaffung energieverbrauchsrelevanter Leistungen. (1) [1] Mit der Leistungsbeschreibung sind im Rahmen der technischen Spezifikationen von den Bietern Angaben zum Energieverbrauch von technischen Geräten und Ausrüstungen zu fordern. [2] Bei Bauleistungen sind diese Angaben dann zu fordern, wenn die Lieferung von technischen Geräten und Ausrüstungen Bestandteil dieser Bauleistungen sind. [3] Dabei ist in geeigneten Fällen eine Analyse minimierter Lebenszykluskosten oder eine vergleichbare Methode zur Gewährleistung der Wirtschaftlichkeit vom Bieter zu fordern.

(2) Bei technischen Geräten und Ausrüstungen kann deren Energieverbrauch bei der Entscheidung über den Zuschlag berücksichtigt werden, bei Bauleistungen jedoch nur dann, wenn die Lieferung der technischen Geräte oder Ausrüstungen ein wesentlicher Bestandteil der Bauleistung ist.

§ 59 *(aufgehoben)*

Abschnitt 4. Planungswettbewerbe

§ 60 Anwendungsbereich. (1) Wettbewerbe nach § 103 Absatz 6 des Gesetzes gegen Wettbewerbsbeschränkungen[1]) werden insbesondere auf den Gebieten der Raumplanung, des Städtebaus und des Bauwesens oder der Datenverarbeitung durchgeführt (Planungswettbewerbe).

(2) Bei der Durchführung eines Planungswettbewerbs wendet der Auftraggeber die §§ 5, 6, 50 und die Vorschriften dieses Abschnitts an.

§ 61 Veröffentlichung, Transparenz. (1) [1]Der Auftraggeber teilt seine Absicht, einen Planungswettbewerb auszurichten, in einer Wettbewerbsbekanntmachung mit. [2]Die Wettbewerbsbekanntmachung wird nach dem in Anhang IX der Durchführungsverordnung (EU) 2015/1986 enthaltenen Muster erstellt.

(2) Beabsichtigt der Auftraggeber im Anschluss an einen Planungswettbewerb einen Dienstleistungsauftrag im Verhandlungsverfahren ohne Teilnahmewettbewerb zu vergeben, hat der Auftraggeber die Eignungskriterien und die zum Nachweis der Eignung erforderlichen Unterlagen hierfür bereits in der Wettbewerbsbekanntmachung anzugeben.

(3) [1]Die Ergebnisse des Planungswettbewerbs sind bekanntzumachen und innerhalb von 30 Tagen an das Amt für Veröffentlichungen der Europäischen Union zu übermitteln. [2]Die Bekanntmachung wird nach dem Muster gemäß Anhang X der Durchführungsverordnung (EU) 2015/1986 erstellt.

(4) § 38 Absatz 6 gilt entsprechend.

§ 62 Ausrichtung. (1) Die an einem Planungswettbewerb Interessierten sind vor Wettbewerbsbeginn über die geltenden Durchführungsregeln zu informieren.

(2) Die Zulassung von Teilnehmern an einem Planungswettbewerb darf nicht beschränkt werden

1. unter Bezugnahme auf das Gebiet eines Mitgliedstaats der Europäischen Union oder einen Teil davon oder

2. auf nur natürliche oder nur juristische Personen.

(3) [1]Bei einem Planungswettbewerb mit beschränkter Teilnehmerzahl hat der Auftraggeber eindeutige und nichtdiskriminierende Auswahlkriterien festzulegen. [2]Die Zahl der Bewerber, die zur Teilnahme aufgefordert werden, muss ausreichen, um einen echten Wettbewerb zu gewährleisten.

§ 63 Preisgericht. (1) [1]Das Preisgericht darf nur aus Preisrichtern bestehen, die von den Teilnehmern des Planungswettbewerbs unabhängig sind. [2]Wird von den Wettbewerbsteilnehmern eine bestimmte berufliche Qualifikation verlangt, muss mindestens ein Drittel der Preisrichter über dieselbe oder eine gleichwertige Qualifikation verfügen.

(2) [1]Das Preisgericht ist in seinen Entscheidungen und Stellungnahmen unabhängig. [2]Es trifft seine Entscheidungen nur aufgrund von Kriterien, die in der Wettbewerbsbekanntmachung genannt sind. [3]Die Wettbewerbsarbeiten

---

[1]) Nr. 1.

sind ihm anonym vorzulegen. [4]Die Anonymität ist bis zu den Stellungnahmen oder Entscheidungen des Preisgerichts zu wahren.

(3) [1]Das Preisgericht erstellt einen Bericht über die Rangfolge der von ihm ausgewählten Wettbewerbsarbeiten, indem es auf die einzelnen Projekte eingeht und seine Bemerkungen sowie noch zu klärende Fragen aufführt. [2]Dieser Bericht ist von den Preisrichtern zu unterzeichnen.

(4) [1]Die Teilnehmer können zur Klärung bestimmter Aspekte der Wettbewerbsarbeiten aufgefordert werden, Fragen zu beantworten, die das Preisgericht in seinem Protokoll festzuhalten hat. [2]Der Dialog zwischen Preisrichtern und Teilnehmern ist zu dokumentieren.

Abschnitt 5. Übergangs- und Schlussbestimmungen

§ 64 Übergangsbestimmungen. [1]Zentrale Beschaffungsstellen im Sinne von § 120 Absatz 4 Satz 1 des Gesetzes gegen Wettbewerbsbeschränkungen[1)] können bis zum 18. April 2017, andere Auftraggeber bis zum 18. Oktober 2018, abweichend von § 43 Absatz 1 die Übermittlung der Angebote, Teilnahmeanträge und Interessensbestätigungen auch auf dem Postweg, anderem geeigneten Weg, Fax oder durch die Kombination dieser Mittel verlangen. [2]Dasselbe gilt für die sonstige Kommunikation im Sinne des § 9 Absatz 1, soweit sie nicht die Übermittlung von Bekanntmachungen und die Bereitstellung der Vergabeunterlagen betrifft.

§ 65 Fristenberechnung. Die Berechnung der in dieser Verordnung geregelten Fristen bestimmt sich nach der Verordnung (EWG, Euratom) Nr. 1182/71 des Rates vom 3. Juni 1971 zur Festlegung der Regeln für die Fristen, Daten und Termine (ABl. L 124 vom 8.6.1971, S. 1).

Anlage 1
(zu § 28 Absatz 2)

Technische Anforderungen, Begriffsbestimmungen

1. „Technische Spezifikation" bei Liefer- oder Dienstleistungen hat eine der folgenden Bedeutungen: eine Spezifikation, die in einem Schriftstück enthalten ist, das Merkmale für ein Produkt oder eine Dienstleistung vorschreibt, wie Qualitätsstufen, Umwelt- und Klimaleistungsstufen, „Design für Alle" (einschließlich des Zugangs von Menschen mit Behinderungen) und Konformitätsbewertung, Leistung, Vorgaben für Gebrauchstauglichkeit, Sicherheit oder Abmessungen des Produkts, einschließlich der Vorschriften über Verkaufsbezeichnung, Terminologie, Symbole, Prüfungen und Prüfverfahren, Verpackung, Kennzeichnung und Beschriftung, Gebrauchsanleitungen, Produktionsprozesse und -methoden in jeder Phase des Lebenszyklus der Liefer- oder Dienstleistung sowie über Konformitätsbewertungsverfahren;

2. „Norm" bezeichnet eine technische Spezifikation, die von einer anerkannten Normungsorganisation zur wiederholten oder ständigen Anwendung angenommen wurde, deren Einhaltung nicht zwingend ist und die unter eine der nachstehenden Kategorien fällt:

   a) internationale Norm: Norm, die von einer internationalen Normungsorganisation angenommen wurde und der Öffentlichkeit zugänglich ist;

   b) europäische Norm: Norm, die von einer europäischen Normungsorganisation angenommen wurde und der Öffentlichkeit zugänglich ist;

   c) nationale Norm: Norm, die von einer nationalen Normungsorganisation angenommen wurde und der Öffentlichkeit zugänglich ist;

[1)] Nr. 1.

3. „Europäische Technische Bewertung" bezeichnet eine dokumentierte Bewertung der Leistung eines Bauprodukts in Bezug auf seine wesentlichen Merkmale im Einklang mit dem betreffenden Europäischen Bewertungsdokument gemäß der Begriffsbestimmung in Artikel 2 Nummer 12 der Verordnung (EU) Nr. 305/2011 des Europäischen Parlaments und des Rates vom 9. März 2011 zur Festlegung harmonisierter Bedingungen für die Vermarktung von Bauprodukten und zur Aufhebung der Richtlinie 89/106/EWG des Rates (ABl. L 88 vom 4.4.2011, S. 5);

4. „gemeinsame technische Spezifikationen" sind technische Spezifikationen im Bereich der Informations- und Kommunikationstechnologie, die gemäß den Artikeln 13 und 14 der Verordnung (EU) Nr. 1025/2012 des Europäischen Parlaments und des Rates vom 25. Oktober 2012 zur europäischen Normung, zur Änderung der Richtlinien 89/686/EWG und 93/15/EWG des Rates sowie der Richtlinien 94/9/EG, 94/25/EG, 95/16/EG, 97/23/EG, 98/34/EG, 2004/22/EG, 2007/23/ EG, 2009/23/EG und 2009/105/EG des Europäischen Parlaments und des Rates und zur Aufhebung des Beschlusses 87/95/EWG des Rates und des Beschlusses Nr. 1673/2006/EG des Europäischen Parlaments und des Rates (ABl. L 316 vom 14.11.2012, S. 12) festgelegt wurden;

5. „technische Bezugsgröße" bezeichnet jeden Bezugsrahmen, der keine europäische Norm ist und von den europäischen Normungsorganisationen nach den an die Bedürfnisse des Markts angepassten Verfahren erarbeitet wurde.

Anlage 2

(aufgehoben)

Anlage 3

(aufgehoben)

4. Vergabeverordnung für die Bereiche Verteidigung und Sicherheit zur Umsetzung der Richtlinie 2009/81/EG des Europäischen Parlaments und des Rates vom 13. Juli 2009 über die Koordinierung der Verfahren zur Vergabe bestimmter Bau-, Liefer- und Dienstleistungsaufträge in den Bereichen Verteidigung und Sicherheit und zur Änderung der Richtlinien 2004/17/EG und 2004/18/EG (Vergabeverordnung Verteidigung und Sicherheit – VSVgV)[1]

Vom 12. Juli 2012

(BGBl. I S. 1509)

FNA 703-5-3

zuletzt geänd. durch Art. 5 G zur Änd. des Gesetzes zur Regelung von Ingenieur- und Architekten-
leistungen und anderer Gesetze v. 12.11.2020 (BGBl. I S. 2392)

Nichtamtliche Inhaltsübersicht

---

[1] **Amtl. Anm.:** ABl. L 216 vom 20.8.2009, S. 76

Auf Grund des § 97 Absatz 6, des § 127 Nummer 1, 3 und 8 des Gesetzes gegen Wettbewerbsbeschränkungen[1], von denen § 127 Nummer 1 durch Artikel 1 Nummer 23 Buchstabe a des Gesetzes vom 20. April 2009 (BGBl. I S. 790) geändert, Nummer 3 durch Artikel 1 Nummer 10 des Gesetzes vom 7. Dezember 2011 (BGBl. I S. 2570) neu gefasst und § 127 Nummer 8 zuletzt durch Artikel 1 Nummer 23 Buchstabe e des Gesetzes vom 20. April 2009 (BGBl. I S. 790) geändert worden ist, verordnet die Bundesregierung:

Teil 1. Allgemeine Bestimmungen

§ 1 Anwendungsbereich. Diese Verordnung gilt für die Vergabe von verteidigungs- oder sicherheitsspezifischen öffentlichen Aufträgen im Sinne des § 104 Absatz 1 des Gesetzes gegen Wettbewerbsbeschränkungen[1], die dem Teil 4 des Gesetzes gegen Wettbewerbsbeschränkungen unterfallen und durch öffentliche Auftraggeber im Sinne des § 99 und Sektorenauftraggeber im Sinne des § 100 des Gesetzes gegen Wettbewerbsbeschränkungen vergeben werden.

§ 2 Anzuwendende Vorschriften für Liefer-, Dienstleistungs- und Bauaufträge. (1) Für die Vergabe von verteidigungs- oder sicherheitsspezifischen Liefer- und Dienstleistungsaufträgen sind die Vorschriften dieser Verordnung anzuwenden.

(2) [1]Für die Vergabe von verteidigungs- oder sicherheitsspezifischen Bauaufträgen sind die §§ 1 bis 4, 6 bis 9 und 38 bis 42 sowie 44 und 45 anzuwenden. [2]Im Übrigen ist Abschnitt 3 der Vergabe- und Vertragsordnung für Bauleistungen (VOB/A)[2] in der Fassung der Bekanntmachung vom 31. Januar 2019 (BAnz AT 19.02.2019 B2) anzuwenden.

§ 3 Schätzung des Auftragswertes. (1) [1]Bei der Schätzung des Auftragswertes ist von der voraussichtlichen Gesamtvergütung ohne Umsatzsteuer für die vorgesehene Leistung einschließlich etwaiger Prämien oder Zahlungen an

---

[1] Nr. 1.
[2] Nr. 14.

4 VSVgV § 4   Vergabeverordnung

Bewerber oder Bieter auszugehen. ²Dabei sind alle Optionen und etwaige Vertragsverlängerungen zu berücksichtigen.

(2) Der Wert eines beabsichtigten Auftrags darf nicht in der Absicht geschätzt oder aufgeteilt werden, den Auftrag der Anwendung dieser Verordnung zu entziehen.

(3) Bei regelmäßig wiederkehrenden Aufträgen oder Daueraufträgen über Liefer- oder Dienstleistungen ist der Auftragswert zu schätzen

1. entweder auf der Grundlage des tatsächlichen Gesamtwertes entsprechender aufeinanderfolgender Aufträge aus dem vorangegangenen Haushaltsjahr; dabei sind voraussichtliche Änderungen bei Mengen oder Kosten möglichst zu berücksichtigen, die während der zwölf Monate zu erwarten sind, die auf den ursprünglichen Auftrag folgen, oder

2. auf der Grundlage des geschätzten Gesamtwertes aufeinanderfolgender Aufträge, die während der auf die erste Lieferung folgenden zwölf Monate oder während des auf die erste Lieferung folgenden Haushaltsjahres, wenn dieses länger als zwölf Monate ist, vergeben werden.

(4) Bei Aufträgen über Liefer- oder Dienstleistungen, für die kein Gesamtpreis angegeben wird, ist Berechnungsgrundlage für den geschätzten Auftragswert

1. bei zeitlich begrenzten Aufträgen mit einer Laufzeit von bis zu 48 Monaten der Gesamtwert für die Laufzeit dieser Aufträge;

2. bei Aufträgen mit unbestimmter Laufzeit oder mit einer Laufzeit von mehr als 48 Monaten der 48-fache Monatswert.

(5) Bei Bauleistungen ist neben dem Auftragswert der Bauaufträge der geschätzte Wert aller Lieferleistungen zu berücksichtigen, die für die Ausführungen der Bauleistungen erforderlich sind und von Auftraggebern zur Verfügung gestellt werden.

(6) Der Wert einer Rahmenvereinbarung wird auf der Grundlage des geschätzten Gesamtwertes aller Einzelaufträge berechnet, die während deren Laufzeit geplant sind.

(7) ¹Besteht die beabsichtigte Beschaffung aus mehreren Losen, für die jeweils ein gesonderter Auftrag vergeben wird, ist bei der Schätzung der Wert aller Lose zugrunde zu legen. ²Bei Lieferaufträgen gilt dies nur für Lose über gleichartige Lieferungen. ³Bei Planungsleistungen gilt dies nur für Lose über gleichartige Leistungen. ⁴Erreicht oder überschreitet der Gesamtwert den maßgeblichen EU-Schwellenwert, gilt diese Verordnung für die Vergabe jedes Loses. ⁵Dies gilt nicht bis zu einer Summe der Werte dieser Lose von 20 Prozent des Gesamtwertes ohne Umsatzsteuer für

1. Liefer- oder Dienstleistungsaufträge mit einem Wert unter 80 000 Euro und

2. Bauaufträge mit einem Wert unter 1 000 000 Euro.

(8) Maßgeblicher Zeitpunkt für die Schätzung des Auftragswertes ist der Tag, an dem die Bekanntmachung der beabsichtigten Auftragsvergabe abgesendet oder das Vergabeverfahren auf andere Weise eingeleitet wird.

§ 4 Begriffsbestimmungen. (1) ¹Krise ist jede Situation in einem Mitgliedstaat der Europäischen Union oder einem Drittland, in der ein Schadensereignis eingetreten ist, das deutlich über die Ausmaße von Schadensereignissen des täglichen Lebens hinausgeht und

1. dabei Leben und Gesundheit zahlreicher Menschen erheblich gefährdet oder einschränkt,
2. eine erhebliche Auswirkung auf Sachwerte hat oder
3. lebensnotwendige Versorgungsmaßnahmen für die Bevölkerung erforderlich macht.

[2] Eine Krise liegt auch vor, wenn konkrete Umstände dafür vorliegen, dass ein solches Schadensereignis unmittelbar bevorsteht. [3] Bewaffnete Konflikte und Kriege sind Krisen im Sinne dieser Verordnung.

(2) Unterauftrag ist ein zwischen einem erfolgreichen Bieter und einem oder mehreren Unternehmen geschlossener entgeltlicher Vertrag über die Ausführung des betreffenden Auftrags oder von Teilen des Auftrags.

(3) [1] Forschung und Entwicklung sind alle Tätigkeiten, die Grundlagenforschung, angewandte Forschung und experimentelle Entwicklung umfassen, wobei letztere die Herstellung von technologischen Demonstrationssystemen einschließen kann. [2] Technologische Demonstrationssysteme sind Vorrichtungen zur Demonstration der Leistungen eines neuen Konzepts oder einer neuen Technologie in einem relevanten oder repräsentativen Umfeld.

§ 5 Dienstleistungsaufträge. (1) Aufträge über Dienstleistungen gemäß Anhang I der Richtlinie 2009/81/EG unterliegen den Vorschriften dieser Verordnung.

(2) Aufträge über Dienstleistungen gemäß Anhang II der Richtlinie 2009/ 81/EG unterliegen ausschließlich den §§ 15 und 35.

(3) [1] Aufträge, die sowohl Dienstleistungen gemäß Anhang I als auch solche des Anhangs II der Richtlinie 2009/81/EG umfassen, unterliegen den Vorschriften dieser Verordnung, wenn der Wert der Dienstleistungen nach Anhang I der Richtlinie 2009/81/EG überwiegt. [2] Überwiegt der Wert der Dienstleistungen nach Anhang II der Richtlinie 2009/81/EG, unterliegen diese Aufträge ausschließlich den §§ 15 und 35.

§ 6 Wahrung der Vertraulichkeit. (1) [1] Auftraggeber, Bewerber, Bieter und Auftragnehmer wahren gegenseitig die Vertraulichkeit aller Angaben und Unterlagen. [2] Für die Anforderungen an den Schutz von Verschlusssachen einschließlich ihrer Weitergabe an Unterauftragnehmer gilt § 7.

(2) [1] Sofern in dieser Verordnung nichts anderes bestimmt ist, dürfen Auftraggeber nach anderen Rechtsvorschriften vorbehaltlich vertraglich erworbener Rechte keine von den Bewerbern, Bietern und Auftragnehmern übermittelte und von diesen als vertraulich eingestufte Information weitergeben. [2] Dies gilt insbesondere für technische Geheimnisse und Betriebsgeheimnisse.

(3) [1] Bewerber, Bieter und Auftragnehmer dürfen keine von den Auftraggebern als vertraulich eingestufte Information an Dritte weitergeben. [2] Dies gilt nicht für die Unterauftragsvergabe, wenn die Weitergabe der als vertraulich eingestuften Information für den Teilnahmeantrag, das Angebot oder die Auftragsausführung erforderlich ist. [3] Bewerber, Bieter und Auftragnehmer müssen die Wahrung der Vertraulichkeit mit den in Aussicht genommenen Unterauftragnehmern vereinbaren. [4] Auftraggeber können an Bewerber, Bieter und Auftragnehmer weitere Anforderungen zur Wahrung der Vertraulichkeit stel-

len, die mit dem Auftragsgegenstand im sachlichen Zusammenhang stehen und durch ihn gerechtfertigt sind.

§ 7 Anforderungen an den Schutz von Verschlusssachen durch Unternehmen. (1) ¹Im Falle eines Verschlusssachenauftrags im Sinne des § 104 Absatz 3 des Gesetzes gegen Wettbewerbsbeschränkungen¹⁾ müssen Auftraggeber in der Bekanntmachung oder den Vergabeunterlagen die erforderlichen Maßnahmen, Anforderungen und Auflagen benennen, die ein Unternehmen als Bewerber, Bieter oder Auftragnehmer sicherstellen oder erfüllen muss, um den Schutz von Verschlusssachen entsprechend dem jeweiligen Geheimhaltungsgrad zu gewährleisten. ²Auftraggeber müssen in der Bekanntmachung oder den Vergabeunterlagen auch die erforderlichen Maßnahmen, Anforderungen und Auflagen benennen, die Unterauftragnehmer sicherstellen müssen, um den Schutz von Verschlusssachen entsprechend dem jeweiligen Geheimhaltungsgrad zu gewährleisten, und deren Einhaltung der Bewerber, Bieter oder Auftragnehmer mit dem Unterauftragnehmer vereinbaren muss.

(2) ¹Auftraggeber müssen insbesondere verlangen, dass der Teilnahmeantrag oder das Angebot folgende Angaben enthält:

1. Wenn der Auftrag Verschlusssachen des Geheimhaltungsgrades „VS-VER-TRAULICH" oder höher umfasst, Erklärungen des Bewerbers oder Bieters und der bereits in Aussicht genommenen Unterauftragnehmer,

 a) ob und in welchem Umfang für diese Sicherheitsbescheide des Bundesministeriums für Wirtschaft und Energie oder entsprechender Landesbehörden bestehen oder

 b) dass sie bereit sind, alle notwendigen Maßnahmen und Anforderungen zu erfüllen, die zum Erhalt eines Sicherheitsbescheids zum Zeitpunkt der Auftragsausführung vorausgesetzt werden;

2. Verpflichtungserklärungen

 a) des Bewerbers oder Bieters und

 b) der bereits in Aussicht genommenen Unterauftragnehmer

 während der gesamten Vertragsdauer sowie nach Kündigung, Auflösung oder Ablauf des Vertrags den Schutz aller in ihrem Besitz befindlichen oder ihnen zur Kenntnis gelangter Verschlusssachen gemäß den einschlägigen Rechts- und Verwaltungsvorschriften zu gewährleisten;

3. Verpflichtungserklärungen des Bewerbers oder Bieters, von Unterauftragnehmern, an die er im Zuge der Auftragsausführung Unteraufträge vergibt, Erklärungen und Verpflichtungserklärungen gemäß den Nummern 1 und 2 · einzuholen und vor der Vergabe des Unterauftrags den Auftraggebern vorzulegen.

(3) ¹Muss einem Bewerber, Bieter oder bereits in Aussicht genommenen Unterauftragnehmern für den Teilnahmeantrag oder das Erstellen eines Angebots der Zugang zu Verschlusssachen des Geheimhaltungsgrades „VS-VER-TRAULICH" oder höher gewährt werden, verlangen Auftraggeber bereits vor Gewährung dieses Zugangs einen Sicherheitsbescheid vom Bundesministerium für Wirtschaft und Energie oder von entsprechenden Landesbehörden und die Verpflichtungserklärungen nach Absatz 2 Nummer 2 und 3. ²Kann zu diesem Zeitpunkt noch kein Sicherheitsbescheid durch das Bundesministerium für

---

¹⁾ Nr. 1.

Wirtschaft und Energie oder durch entsprechende Landesbehörden ausgestellt werden und machen Auftraggeber von der Möglichkeit Gebrauch, Zugang zu diesen Verschlusssachen zu gewähren, müssen Auftraggeber die zum Einsatz kommenden Mitarbeiter des Unternehmens überprüfen und ermächtigen, bevor diesen Zugang gewährt wird.

(4) Muss einem Bewerber, Bieter oder bereits in Aussicht genommenen Unterauftragnehmern für den Teilnahmeantrag oder das Erstellen eines Angebots der Zugang zu Verschlusssachen des Geheimhaltungsgrades „VS–NUR FÜR DEN DIENSTGEBRAUCH" gewährt werden, verlangen Auftraggeber bereits vor Gewährung dieses Zugangs die Verpflichtungserklärungen nach Absatz 2 Nummer 2 und 3.

(5) Kommt der Bewerber oder Bieter dem Verlangen des Auftraggebers nach den Absätzen 3 und 4 nicht nach, die Verpflichtungserklärungen vorzulegen, oder können auch im weiteren Verfahren weder ein Sicherheitsbescheid vom Bundesministerium für Wirtschaft und Energie oder von entsprechenden Landesbehörden ausgestellt noch Mitarbeiter zum Zugang ermächtigt werden, müssen Auftraggeber den Bewerber oder Bieter von der Teilnahme am Vergabeverfahren ausschließen.

(6) [1] Auftraggeber können Bewerbern, Bietern oder bereits in Aussicht genommenen Unterauftragnehmern, die noch nicht in der Geheimschutzbetreuung des Bundesministeriums für Wirtschaft und Energie oder entsprechender Landesbehörden sind oder deren Personal noch nicht überprüft und ermächtigt ist, zusätzliche Zeit gewähren, um diese Anforderungen zu erfüllen. [2] In diesem Fall müssen Auftraggeber diese Möglichkeit und die Frist in der Bekanntmachung mitteilen.

(7) [1] Das Bundesministerium für Wirtschaft und Energie erkennt Sicherheitsbescheide und Ermächtigungen anderer Mitgliedstaaten an, wenn diese den nach den Bestimmungen des Sicherheitsüberprüfungsgesetzes und des § 21 Absatz 4 und 6 der Allgemeinen Verwaltungsvorschrift des Bundesministeriums des Innern zum materiellen und organisatorischen Schutz von Verschlusssachen[1] erforderlichen Sicherheitsbescheiden und Ermächtigungen gleichwertig sind. [2] Auf begründetes Ersuchen der auftraggebenden Behörde hat das Bundesministerium für Wirtschaft und Energie weitere Untersuchungen zur Sicherstellung des Schutzes von Verschlusssachen zu veranlassen und deren Ergebnisse zu berücksichtigen. [3] Das Bundesministerium für Wirtschaft und Energie kann im Einvernehmen mit der Nationalen Sicherheitsbehörde für den Geheimschutz von weiteren Ermittlungen absehen.

(8) Das Bundesministerium für Wirtschaft und Energie kann die Nationale Sicherheitsbehörde des Landes, in dem der Bewerber oder Bieter oder bereits in Aussicht genommene Unterauftragnehmer ansässig ist, oder die Designierte Sicherheitsbehörde dieses Landes ersuchen, zu überprüfen, ob die voraussichtlich genutzten Räumlichkeiten und Einrichtungen, die vorgesehenen Produktions- und Verwaltungsverfahren, die Verfahren zur Behandlung von Informationen oder die persönliche Lage des im Rahmen des Auftrags voraussichtlich eingesetzten Personals den einzuhaltenden Sicherheitsvorschriften entsprechen.

---

[1] **Amtl. Anm.:** VS-Anweisung – VSA vom 31. März 2006 in der Fassung vom 26. April 2010 (GMBl 2010 S. 846).

§ 8 Versorgungssicherheit. (1) Auftraggeber legen in der Bekanntmachung oder den Vergabeunterlagen ihre Anforderungen an die Versorgungssicherheit fest.

(2) Auftraggeber können insbesondere verlangen, dass der Teilnahmeantrag oder das Angebot folgende Angaben enthält:

1. eine Bescheinigung oder Unterlagen, die belegen, dass der Bewerber oder Bieter in Bezug auf Güterausfuhr, -verbringung und -durchfuhr die mit der Auftragsausführung verbundenen Verpflichtungen erfüllen kann, wozu auch unterstützende Unterlagen der zuständigen Behörden des oder der betreffenden Mitgliedstaaten zählen;

2. die Information über alle für den Auftraggeber aufgrund von Ausfuhrkontroll- oder Sicherheitsbeschränkungen geltenden Einschränkungen bezüglich der Angabepflicht, Verbringung oder Verwendung der Güter und Dienstleistungen oder über Festlegungen zu diesen Gütern und Dienstleistungen;

3. eine Bescheinigung oder Unterlagen, die belegen, dass Organisation und Standort der Lieferkette des Bewerbers oder Bieters ihm erlauben, die vom Auftraggeber in der Bekanntmachung oder den Vergabeunterlagen genannten Anforderungen an die Versorgungssicherheit zu erfüllen, und die Zusage des Bewerbers oder Bieters, sicherzustellen, dass mögliche Änderungen in seiner Lieferkette während der Auftragsausführung die Erfüllung dieser Anforderungen nicht beeinträchtigen werden;

4. die Zusage des Bewerbers oder Bieters, die zur Deckung möglicher Bedarfssteigerungen des Auftraggebers infolge einer Krise erforderlichen Kapazitäten unter zu vereinbarenden Bedingungen zu schaffen oder beizubehalten;

5. unterstützende Unterlagen bezüglich der Deckung des zusätzlichen Bedarfs des Auftraggebers infolge einer Krise, die durch die für den Bewerber oder Bieter zuständige nationale Behörde ausgestellt worden sind;

6. die Zusage des Bewerbers oder Bieters, für Wartung, Modernisierung oder Anpassung der im Rahmen des Auftrags gelieferten Güter zu sorgen;

7. die Zusage des Bewerbers oder Bieters, den Auftraggeber rechtzeitig über jede Änderung seiner Organisation, Lieferkette oder Unternehmensstrategie zu unterrichten, die seine Verpflichtungen dem Auftraggeber gegenüber berühren könnte;

8. die Zusage des Bewerbers oder Bieters, dem Auftraggeber unter zu vereinbarenden Bedingungen alle speziellen Mittel zur Verfügung zu stellen, die für die Herstellung von Ersatzteilen, Bauteilen, Bausätzen und speziellen Testgeräten erforderlich sind, einschließlich technischer Zeichnungen, Lizenzen und Bedienungsanleitungen, sofern er nicht mehr in der Lage sein sollte, diese Güter zu liefern.

(3) Von einem Bieter darf nicht verlangt werden, eine Zusage eines Mitgliedstaats einzuholen, welche die Freiheit dieses Mitgliedstaats einschränken würde, im Einklang mit internationalen Verträgen und europarechtlichen Rechtsvorschriften seine eigenen Kriterien für die Erteilung einer Ausfuhr-, Verbringungs- oder Durchfuhrgenehmigung unter den zum Zeitpunkt der Genehmigungsentscheidung geltenden Bedingungen anzuwenden.

§ 9 Unteraufträge. (1) [1] Auftraggeber können den Bieter auffordern, in seinem Angebot den Teil des Auftrags, den er im Wege von Unteraufträgen an Dritte zu vergeben beabsichtigt, und die bereits vorgeschlagenen Unterauftragnehmer sowie den Gegenstand der Unteraufträge bekannt zu geben. [2]Sie können außerdem verlangen, dass der Auftragnehmer ihnen jede im Zuge der Ausführung des Auftrags eintretende Änderung auf Ebene der Unterauftragnehmer mitteilt.

(2) [1]Auftragnehmer dürfen ihre Unterauftragnehmer für alle Unteraufträge frei wählen, soweit Auftraggeber keine Anforderungen an die Erteilung der Unteraufträge im wettbewerblichen Verfahren gemäß Absatz 3 Nummer 1 und 2 stellen. [2]Von Auftragnehmern darf insbesondere nicht verlangt werden, potenzielle Unterauftragnehmer anderer EU-Mitgliedstaaten aus Gründen der Staatsangehörigkeit zu diskriminieren.

(3) Folgende Anforderungen können Auftraggeber an die Erteilung von Unteraufträgen im wettbewerblichen Verfahren stellen:

1. Auftraggeber können Auftragnehmer verpflichten, einen Teil des Auftrags an Dritte weiter zu vergeben. Dazu benennen Auftraggeber eine Wertspanne unter Einschluss eines Mindest- und Höchstprozentsatzes. Der Höchstprozentsatz darf 30 Prozent des Auftragswerts nicht übersteigen. Diese Spanne muss im angemessenen Verhältnis zum Gegenstand und zum Wert des Auftrags und zur Art des betroffenen Industriesektors stehen, einschließlich des auf diesem Markt herrschenden Wettbewerbsniveaus und der einschlägigen technischen Fähigkeiten der industriellen Basis. Jeder Prozentsatz der Unterauftragsvergabe, der in die angegebene Wertspanne fällt, gilt als Erfüllung der Verpflichtung zur Vergabe von Unteraufträgen. Auftragnehmer vergeben die Unteraufträge gemäß den §§ 38 bis 41. In ihrem Angebot geben die Bieter an, welchen Teil oder welche Teile ihres Angebots sie durch Unteraufträge zu vergeben beabsichtigen, um die Wertspanne zu erfüllen. Auftraggeber können die Bieter auffordern, den oder die Teile ihres Angebots, den sie über den geforderten Prozentsatz hinaus durch Unteraufträge zu vergeben beabsichtigen, sowie die bereits in Aussicht genommenen Unterauftragnehmer offenzulegen.

2. Auftraggeber können verlangen, dass Auftragnehmer die Bestimmungen der §§ 38 bis 41 auf alle oder bestimmte Unteraufträge anwenden, die diese an Dritte zu vergeben beabsichtigen.

(4) Die in den Absätzen 1 und 3 genannten Anforderungen geben die Auftraggeber in der Bekanntmachung oder den Vergabeunterlagen an.

(5) [1]Auftraggeber dürfen einen vom Bieter oder Auftragnehmer ausgewählten Unterauftragnehmer nur auf Grundlage der Kriterien ablehnen, die für den Hauptauftrag gelten und in der Bekanntmachung oder den Vergabeunterlagen angegeben wurden. [2]Lehnen Auftraggeber einen Unterauftragnehmer ab, müssen sie dies gegenüber dem betroffenen Bieter oder dem Auftragnehmer in Textform nach § 126b des Bürgerlichen Gesetzbuchs begründen und darlegen, warum der Unterauftragnehmer ihres Erachtens die für den Hauptauftrag vorgegebenen Kriterien nicht erfüllt.

(6) Die Haftung des Auftragnehmers gegenüber dem Auftraggeber bleibt von den Vorschriften dieser Verordnung zur Unterauftragsvergabe unberührt.

Teil 2. Vergabeverfahren

§ 10 Grundsätze des Vergabeverfahrens. (1) [1]Für die Berücksichtigung mittelständischer Interessen gilt § 97 Absatz 4 des Gesetzes gegen Wettbewerbsbeschränkungen[1]. [2] Mehrere Teil- oder Fachlose dürfen gemäß § 97 Absatz 4 Satz 3 des Gesetzes gegen Wettbewerbsbeschränkungen[1] zusammen vergeben werden, wenn wirtschaftliche oder technische Gründe dies erfordern, insbesondere weil die Leistungsbeschreibung die Systemfähigkeit der Leistung verlangt und dies durch den Auftragsgegenstand gerechtfertigt ist.

(2) Hat ein Bieter oder Bewerber vor Einleitung des Vergabeverfahrens den Auftraggeber beraten oder sonst unterstützt, so hat der Auftraggeber sicherzustellen, dass der Wettbewerb durch die Teilnahme des Bieters oder Bewerbers nicht verfälscht wird.

(3) Die Allgemeinen Vertragsbedingungen für die Ausführung von Leistungen (VOL/B) sind grundsätzlich zum Vertragsgegenstand zu machen.

(4) Die Durchführung von Vergabeverfahren zur Markterkundung und zum Zwecke der Ertragsberechnung ist unzulässig.

(5) Bei der Vergabe sind die Vorschriften über die Preise bei öffentlichen Aufträgen zu beachten.

§ 11 Arten der Vergabe von Liefer- und Dienstleistungsaufträgen.

(1) [1] Die Vergabe von Liefer- und Dienstleistungsaufträgen erfolgt im nicht offenen Verfahren oder im Verhandlungsverfahren mit Teilnahmewettbewerb. [2] In begründeten Ausnahmefällen ist ein Verhandlungsverfahren ohne Teilnahmewettbewerb oder ein wettbewerblicher Dialog zulässig.

(2) Verhandlungen im nicht offenen Verfahren sind unzulässig.

(3) [1] Auftraggeber können vorsehen, dass das Verhandlungsverfahren mit Teilnahmewettbewerb in verschiedenen aufeinanderfolgenden Phasen abgewickelt wird, um so die Zahl der Angebote, über die verhandelt wird, anhand der in der Bekanntmachung oder den Vergabeunterlagen angegebenen Zuschlagskriterien zu verringern. [2] Wenn Auftraggeber dies vorsehen, geben sie dies in der Bekanntmachung oder den Vergabeunterlagen an. [3] In der Schlussphase des Verfahrens müssen so viele Angebote vorliegen, dass ein echter Wettbewerb gewährleistet ist, sofern eine ausreichende Anzahl geeigneter Bewerber vorhanden ist.

§ 12 Verhandlungsverfahren ohne Teilnahmewettbewerb. (1) Ein Verhandlungsverfahren ohne Teilnahmewettbewerb ist zulässig

1. bei Liefer- und Dienstleistungsaufträgen,
   a) wenn in einem nicht offenen Verfahren, in einem Verhandlungsverfahren mit Teilnahmewettbewerb oder in einem wettbewerblichen Dialog
      aa) keine oder keine geeigneten Angebote oder keine Bewerbungen abgegeben worden sind, sofern die ursprünglichen Bedingungen des Auftrags nicht grundlegend geändert werden;
      bb) keine ordnungsgemäßen Angebote oder nur Angebote abgegeben worden sind, die nach dem geltenden Vergaberecht oder nach den im Vergabeverfahren zu beachtenden Rechtsvorschriften unannehmbar sind, sofern die ursprünglichen Bedingungen des Auftrags nicht grundlegend geändert werden und nur alle und nur die Bieter einbezogen werden, die die Eignungskriterien erfüllen und im Verlauf des vorangegangenen Vergabeverfahrens Angebote eingereicht haben,

---

[1] Nr. **1**.

die den formalen Voraussetzungen für das Vergabeverfahren entsprechen;

b) wenn die Fristen, auch die verkürzten Fristen gemäß § 20 Absatz 2 Satz 2 und Absatz 3 Satz 2, die für das nicht offene Verfahren und das Verhandlungsverfahren mit Teilnahmewettbewerb vorgeschrieben sind, nicht eingehalten werden können, weil

aa) dringliche Gründe im Zusammenhang mit einer Krise es nicht zulassen; ein dringlicher Grund liegt in der Regel vor, wenn

1. mandatierte Auslandseinsätze oder einsatzgleiche Verpflichtungen der Bundeswehr,

2. friedenssichernde Maßnahmen,

3. die Abwehr terroristischer Angriffe oder

4. eingetretene oder unmittelbar drohende Großschadenslagen kurzfristig neue Beschaffungen erfordern oder bestehende Beschaffungsbedarfe steigern; oder

bb) dringliche, zwingende Gründe im Zusammenhang mit Ereignissen, die die Auftraggeber nicht voraussehen konnten, dies nicht zulassen. Umstände, die die zwingende Dringlichkeit begründen, dürfen nicht dem Verhalten der Auftraggeber zuzuschreiben sein;

c) wenn zum Zeitpunkt der Aufforderung zur Abgabe von Angeboten der Auftrag wegen seiner technischen Besonderheiten oder aufgrund des Schutzes von Ausschließlichkeitsrechten wie zum Beispiel des Patent- oder Urheberrechts nur von einem bestimmten Unternehmen durchgeführt werden kann;

d) wenn es sich um Forschungs- und Entwicklungsleistungen handelt;

e) wenn es sich um Güter handelt, die ausschließlich zum Zwecke von Forschung und Entwicklung hergestellt werden; dies gilt nicht für Serienfertigungen zum Nachweis der Marktfähigkeit oder zur Deckung der Forschungs- und Entwicklungskosten;

2. bei Lieferaufträgen

a) über zusätzliche Lieferungen eines Auftragnehmers, die entweder zur teilweisen Erneuerung von gelieferten marktüblichen Gütern oder zur Erweiterung von Lieferungen oder bestehenden Einrichtungen bestimmt sind, wenn ein Wechsel des Unternehmers dazu führen würde, dass der Auftraggeber Güter mit unterschiedlichen technischen Merkmalen kaufen müsste und dies zu einer technischen Unvereinbarkeit oder unverhältnismäßigen technischen Schwierigkeiten bei Gebrauch und Wartung führen würde. Die Laufzeit solcher Aufträge oder Daueraufträge darf fünf Jahre nicht überschreiten, abgesehen von Ausnahmefällen, die unter Berücksichtigung der zu erwartenden Nutzungsdauer gelieferter Güter, Anlagen oder Systeme und den durch einen Wechsel des Unternehmens entstehenden technischen Schwierigkeiten bestimmt werden;

b) bei auf einer Warenbörse notierten und gekauften Ware;

c) wenn Güter zu besonders günstigen Bedingungen bei Lieferanten, die ihre Geschäftstätigkeit endgültig einstellen, oder bei Insolvenzverwaltern im Rahmen eines Insolvenzverfahrens oder eines in den Vorschriften eines anderen Mitgliedstaats vorgesehenen gleichartigen Verfahrens erworben werden;

3. bei Dienstleistungsaufträgen

   a) für zusätzliche Dienstleistungen, die weder in dem der Vergabe zugrunde liegenden Entwurf noch im ursprünglich geschlossenen Vertrag vorgesehen sind, die aber wegen eines unvorhergesehenen Ereignisses zur Ausführung der darin beschriebenen Dienstleistung erforderlich sind, sofern der Auftrag an den Unternehmer vergeben wird, der diese Dienstleistung erbringt, wenn der Gesamtwert der Aufträge für die zusätzlichen Dienstleistungen 50 Prozent des Wertes des ursprünglichen Auftrags nicht überschreitet und

     aa) sich diese zusätzlichen Dienstleistungen in technischer und wirtschaftlicher Hinsicht nicht ohne wesentlichen Nachteil für den Auftraggeber vom ursprünglichen Auftrag trennen lassen oder

     bb) diese Dienstleistungen zwar von der Ausführung des ursprünglichen Auftrags getrennt werden können, aber für dessen Vollendung unbedingt erforderlich sind;

   b) bei neuen Dienstleistungsaufträgen, welche Dienstleistungen wiederholen, die durch denselben Auftraggeber an denselben Auftragnehmer vergeben wurden, sofern sie einem Grundentwurf entsprechen und dieser Entwurf Gegenstand des ursprünglichen Auftrags war, der in einem nicht offenen Verfahren, einem Verhandlungsverfahren mit Teilnahmewettbewerb oder im wettbewerblichen Dialog vergeben wurde. Der Auftraggeber muss die Möglichkeit der Anwendung dieses Verfahrens bereits beim Aufruf zum Wettbewerb für das erste Vorhaben angeben; der für die Fortführung der Dienstleistungen in Aussicht genommene Gesamtauftragswert wird vom Auftraggeber bei der Anwendung des § 106 Absatz 2 Nummer 3 des Gesetzes gegen Wettbewerbsbeschränkungen[1] berücksichtigt. Dieses Verfahren darf nur binnen fünf Jahren nach Abschluss des ursprünglichen Auftrags angewandt werden, abgesehen von Ausnahmefällen, die durch die Berücksichtigung der zu erwartenden Nutzungsdauer gelieferter Güter, Anlagen oder Systeme und den durch einen Wechsel des Unternehmens entstehenden technischen Schwierigkeiten bestimmt werden;

4. für Aufträge im Zusammenhang mit der Bereitstellung von Luft- und Seeverkehrsdienstleistungen für die Streit- oder Sicherheitskräfte, die im Ausland eingesetzt werden oder eingesetzt werden sollen, wenn der Auftraggeber diese Dienste bei Unternehmen beschaffen muss, die die Gültigkeit ihrer Angebote nur für so kurze Zeit garantieren, dass auch die verkürzte Frist für das nicht offene Verfahren oder das Verhandlungsverfahren mit Teilnahmewettbewerb einschließlich der verkürzten Fristen gemäß § 20 Absatz 2 Satz 2 und Absatz 3 Satz 2 nicht eingehalten werden kann.

(2) Die Auftraggeber müssen die Anwendung des Verhandlungsverfahrens ohne Teilnahmewettbewerb in der Bekanntmachung gemäß § 35 begründen.

(3) In den Fällen des Absatzes 1 Nummer 1 Buchstabe b ist der öffentliche Auftraggeber von den Verpflichtungen des § 30 Absatz 1 und 2 befreit.

§ 13 Wettbewerblicher Dialog. (1) Auftraggeber können einen wettbewerblichen Dialog gemäß § 119 Absatz 6 Satz 1 des Gesetzes gegen Wett-

---

[1] Nr. 1.

bewerbsbeschränkungen[1] zur Vergabe besonders komplexer Aufträge durchführen, sofern sie objektiv nicht in der Lage sind,

1. die technischen Mittel anzugeben, mit denen ihre Bedürfnisse und Ziele erfüllt werden können, oder
2. die rechtlichen oder finanziellen Bedingungen des Vorhabens anzugeben.

(2) [1] Im wettbewerblichen Dialog eröffnen Auftraggeber gemäß $\S$ 119 Absatz 6 Satz 2 des Gesetzes gegen Wettbewerbsbeschränkungen[1] nach einem Teilnahmewettbewerb mit den ausgewählten Unternehmen einen Dialog zur Erörterung aller Aspekte der Angebotsabgabe. [2] Im Einzelnen gehen die Auftraggeber wie folgt vor:

1. Die Auftraggeber müssen ihre Bedürfnisse und Anforderungen bekannt machen und erläutern. Die Erläuterung erfolgt in der Bekanntmachung oder der Leistungsbeschreibung.
2. Mit den nach $\S\S$ 6, 7, 8 und 21 bis 28 ausgewählten geeigneten Unternehmen eröffnen die Auftraggeber einen Dialog, in dem sie ermitteln und festlegen, wie ihre Bedürfnisse am besten erfüllt werden können. Dabei können sie mit den ausgewählten Unternehmen alle Einzelheiten des Auftrags erörtern. Die Auftraggeber müssen alle Unternehmen bei dem Dialog gleich behandeln. Insbesondere enthalten sie sich jeder diskriminierenden Weitergabe von Informationen, durch die bestimmte Bieter gegenüber anderen begünstigt werden können. Der Auftraggeber darf Lösungsvorschläge oder vertrauliche Informationen eines Unternehmens nicht ohne dessen Zustimmung an die anderen Unternehmen weitergeben.
3. Die Auftraggeber können vorsehen, dass der Dialog in verschiedenen aufeinanderfolgenden Phasen abgewickelt wird, um die Zahl der in der Dialogphase zu erörternden Lösungsvorschläge anhand der in der Bekanntmachung oder in den Vergabeunterlagen angegebenen Zuschlagskriterien zu verringern. In der Bekanntmachung oder in der Leistungsbeschreibung ist anzugeben, ob diese Möglichkeit in Anspruch genommen wird. In der Schlussphase müssen noch so viele Angebote vorliegen, dass ein echter Wettbewerb gewährleistet ist, sofern eine ausreichende Zahl von Lösungen vorhanden ist. Die Unternehmen, deren Lösungen nicht für die nächstfolgende Dialogphase vorgesehen sind, werden darüber informiert.
4. Die Auftraggeber erklären den Dialog für abgeschlossen, wenn eine oder mehrere Lösungen gefunden worden sind, die ihre Bedürfnisse erfüllen oder erkennbar ist, dass keine Lösung gefunden werden kann. Im Falle der ersten Alternative fordern sie die Unternehmen auf, auf der Grundlage der eingereichten und in der Dialogphase näher ausgeführten Lösungen ihr endgültiges Angebot vorzulegen, das alle zur Ausführung des Projekts erforderlichen Einzelheiten enthalten muss. Die Auftraggeber können verlangen, dass Präzisierungen, Klarstellungen und Ergänzungen zu diesen Angeboten gemacht werden. Diese Präzisierungen, Klarstellungen oder Ergänzungen dürfen jedoch keine Änderung der grundlegenden Elemente des Angebots oder der Ausschreibung zur Folge haben, die den Wettbewerb verfälschen oder diskriminierend wirken könnte.
5. Die Auftraggeber müssen die Angebote aufgrund der in der Bekanntmachung oder in den Vergabeunterlagen festgelegten Zuschlagskriterien

---

[1] Nr. 1.

bewerten. Der Zuschlag darf ausschließlich auf das wirtschaftlichste Angebot erfolgen. Auftraggeber dürfen das Unternehmen, dessen Angebot als das wirtschaftlichste ermittelt wurde, auffordern, bestimmte Einzelheiten des Angebots näher zu erläutern oder im Angebot enthaltene Zusagen zu bestätigen. Dies darf nicht dazu führen, dass wesentliche Aspekte des Angebots oder der Ausschreibung geändert werden, und dass der Wettbewerb verzerrt wird oder andere am Verfahren beteiligte Unternehmen diskriminiert werden.

6. Verlangen die Auftraggeber, dass die am wettbewerblichen Dialog teilnehmenden Unternehmen Entwürfe, Pläne, Zeichnungen, Berechnungen oder andere Unterlagen ausarbeiten, müssen sie einheitlich für alle Unternehmen, die die geforderte Unterlage rechtzeitig vorgelegt haben, eine angemessene Kostenerstattung hierfür gewähren.

§ 14 Rahmenvereinbarungen. (1) ¹Für den Abschluss einer Rahmenvereinbarung im Sinne des § 103 Absatz 5 Satz 1 des Gesetzes gegen Wettbewerbsbeschränkungen[1]) befolgen die Auftraggeber die Verfahrensvorschriften dieser Verordnung. ²Für die Auswahl des Auftragnehmers gelten die Zuschlagskriterien gemäß § 34. ³Auftraggeber dürfen das Instrument einer Rahmenvereinbarung nicht missbräuchlich oder in einer Weise anwenden, durch die der Wettbewerb behindert, eingeschränkt oder verfälscht wird.

(2) ¹Auftraggeber vergeben Einzelaufträge nach dem in den Absätzen 3 bis 5 vorgesehenen Verfahren. ²Die Vergabe darf nur erfolgen durch Auftraggeber, die ihren voraussichtlichen Bedarf für das Vergabeverfahren gemeldet haben, an Unternehmen, mit denen die Rahmenvereinbarungen abgeschlossen wurden. ³Bei der Vergabe der Einzelaufträge dürfen die Parteien keine wesentlichen Änderungen an den Bedingungen dieser Rahmenvereinbarung vornehmen. ⁴Dies gilt insbesondere für den Fall, dass die Rahmenvereinbarung mit einem einzigen Unternehmen geschlossen wurde.

(3) ¹Wird eine Rahmenvereinbarung mit einem einzigen Unternehmen geschlossen, so werden die auf dieser Rahmenvereinbarung beruhenden Einzelaufträge entsprechend den Bedingungen der Rahmenvereinbarung vergeben. ²Vor der Vergabe der Einzelaufträge können die Auftraggeber das an der Rahmenvereinbarung beteiligte Unternehmen in Textform nach § 126b des Bürgerlichen Gesetzbuchs befragen und dabei auffordern, sein Angebot erforderlichenfalls zu vervollständigen.

(4) Wird eine Rahmenvereinbarung mit mehreren Unternehmen geschlossen, so müssen mindestens drei Unternehmen beteiligt sein, sofern eine ausreichend große Zahl von Unternehmen die Eignungskriterien oder eine ausreichend große Zahl von zulässigen Angeboten die Zuschlagskriterien erfüllt.

(5) Die Vergabe von Einzelaufträgen, die auf einer mit mehreren Unternehmen geschlossenen Rahmenvereinbarung beruhen, erfolgt, sofern

1. alle Bedingungen festgelegt sind, nach den Bedingungen der Rahmenvereinbarung ohne erneuten Aufruf zum Wettbewerb oder

2. nicht alle Bedingungen in der Rahmenvereinbarung festgelegt sind, nach erneutem Aufruf der Parteien zum Wettbewerb zu denselben Bedingungen, die erforderlichenfalls zu präzisieren sind, oder nach anderen in den Vergabe-

---

[1]) Nr. 1.

unterlagen zur Rahmenvereinbarung genannten Bedingungen. Dabei ist folgendes Verfahren einzuhalten:

a) Vor Vergabe jedes Einzelauftrags konsultieren die Auftraggeber die Unternehmen, die in der Lage sind, den Einzelauftrag auszuführen.

b) Auftraggeber setzen eine angemessene Frist für die Abgabe der Angebote für jeden Einzelauftrag; dabei berücksichtigen sie insbesondere die Komplexität des Auftragsgegenstands und die für die Übermittlung der Angebote erforderliche Zeit.

c) Auftraggeber geben an, in welcher Form die Angebote einzureichen sind, der Inhalt der Angebote ist bis zum Ablauf der Angebotsfrist geheim zu halten.

d) Die Auftraggeber vergeben die einzelnen Aufträge an das Unternehmen, das auf der Grundlage der in der Rahmenvereinbarung aufgestellten Zuschlagskriterien das wirtschaftlichste Angebot abgegeben hat.

(6) ¹Die Laufzeit einer Rahmenvereinbarung darf sieben Jahre nicht überschreiten. ²Dies gilt nicht in Sonderfällen, in denen aufgrund der zu erwartenden Nutzungsdauer gelieferter Güter, Anlagen oder Systeme und der durch einen Wechsel des Unternehmens entstehenden technischen Schwierigkeiten eine längere Laufzeit gerechtfertigt ist. ³Die Auftraggeber begründen die längere Laufzeit in der Bekanntmachung gemäß § 35.

§ 15 Leistungsbeschreibung und technische Anforderungen. (1) Die Auftraggeber stellen sicher, dass die Leistungsbeschreibung allen Bewerbern und Bietern gleichermaßen zugänglich ist und die Öffnung des nationalen Beschaffungsmarktes für den Wettbewerb durch Anbieter aus anderen EU-Mitgliedsstaaten nicht in ungerechtfertigter Weise behindert wird.

(2) ¹Die Leistung ist eindeutig und vollständig zu beschreiben, sodass die Vergleichbarkeit der Angebote gewährleistet ist. ²Technische Anforderungen im Sinne des Anhangs III Nummer 1 Buchstabe b der Richtlinie 2009/81/EG sind zum Gegenstand der Bekanntmachung oder der Vergabeunterlagen zu machen.

(3) Unbeschadet zwingender technischer Vorschriften einschließlich solcher zur Produktsicherheit und technischer Anforderungen, die laut internationaler Standardisierungsvereinbarungen zur Gewährleistung der in diesen Vereinbarungen geforderten Interoperabilität zu erfüllen sind, sind technische Anforderungen in der Leistungsbeschreibung wie folgt festzulegen:

1. unter Bezugnahme auf die in Anhang III der Richtlinie 2009/81/EG definierten technischen Anforderungen in folgender Rangfolge, wobei jede dieser Bezugnahmen mit dem Zusatz „oder gleichwertig" zu versehen ist:

a) zivile Normen, mit denen europäische Normen umgesetzt werden,

b) europäische technische Zulassungen,

c) gemeinsame zivile technische Spezifikationen,

d) zivile Normen, mit denen internationale Normen umgesetzt werden,

e) andere internationale zivile Normen,

f) andere technische Bezugssysteme, die von den europäischen Normungsgremien erarbeitet wurden, oder, falls solche Normen und Spezifikationen fehlen, andere nationale zivile Normen, nationale technische Zulassungen oder nationale technische Spezifikationen für die Planung und Berechnung und Ausführungen von Erzeugnissen sowie den Einsatz von Produkten,

g) zivile technische Spezifikationen, die von der Industrie entwickelt wurden und von ihr allgemein anerkannt werden, oder

h) wehrtechnische Normen im Sinne des Anhangs III Nummer 3 der Richtlinie 2009/81/EG und Spezifikationen für Verteidigungsgüter, die diesen Normen entsprechen,

2. oder in Form von Leistungs- oder Funktionsanforderungen, die auch Umwelteigenschaften umfassen können. Diese Anforderungen müssen so klar formuliert werden, dass sie den Bewerbern und Bietern den Auftragsgegenstand eindeutig und abschließend erläutern und den Auftraggebern die Erteilung des Zuschlags ermöglichen,

3. oder als Kombination der Nummern 1 und 2,

a) entweder in Form von Leistungs- oder Funktionsanforderungen gemäß Nummer 2 unter Bezugnahme auf die in Anhang III der Richtlinie 2009/81/EG definierten technischen Anforderungen gemäß Nummer 1 als Mittel zur Vermutung der Konformität mit diesen Leistungs- und Funktionsanforderungen oder

b) hinsichtlich bestimmter Merkmale unter Bezugnahme auf die in Anhang III der Richtlinie 2009/81/EG definierten technischen Anforderungen gemäß Nummer 1 und hinsichtlich anderer Merkmale unter Bezugnahme auf die Leistungs- und Funktionsanforderungen gemäß Nummer 2.

(4) [1] Verweisen die Auftraggeber auf die in Absatz 3 Nummer 1 genannten technischen Anforderungen, dürfen sie ein Angebot nicht mit der Begründung ablehnen, die angebotenen Güter und Dienstleistungen entsprächen nicht den von ihnen herangezogenen Anforderungen, sofern die Unternehmen in ihrem Angebot den Auftraggebern mit geeigneten Mitteln nachweisen, dass die von ihnen vorgeschlagenen Lösungen den technischen Anforderungen, auf die Bezug genommen wurde, gleichermaßen entsprechen. [2] Als geeignetes Mittel gelten insbesondere eine technische Beschreibung des Herstellers oder ein Prüfbericht einer anerkannten Stelle.

(5) [1] Legt der Auftraggeber die technischen Anforderungen nach Absatz 3 Nummer 2 in Form von Leistungs- oder Funktionsanforderungen fest, so darf er ein Angebot, das einer Norm, mit der eine europäische Norm umgesetzt wird, oder einer europäischen technischen Zulassung, einer gemeinsamen technischen Spezifikation, einer internationalen Norm oder einem technischen Bezugssystem, das von den europäischen Normungsgremien erarbeitet wurde, entspricht, nicht zurückweisen, wenn diese Spezifikationen die von ihm geforderten Leistungs- oder Funktionsanforderungen betreffen. [2] Die Bieter müssen in ihren Angeboten dem Auftraggeber mit allen geeigneten Mitteln nachweisen, dass die der Norm entsprechende jeweilige Ware oder Dienstleistung den Leistungs- oder Funktionsanforderungen des Auftraggebers entspricht. [3] Als geeignetes Mittel kann eine technische Beschreibung des Herstellers oder ein Prüfbericht einer anerkannten Stelle gelten.

(6) [1] Schreiben die Auftraggeber Umwelteigenschaften in Form von Leistungs- oder Funktionsanforderungen gemäß Absatz 3 Nummer 2 vor, so können sie ganz oder teilweise die Spezifikationen verwenden, die in europäi-

schen, multinationalen, nationalen oder anderen Umweltzeichen definiert sind, wenn

1. diese sich zur Definition der Merkmale der Güter oder Dienstleistungen eignen, die Gegenstand des Auftrags sind,

2. die Anforderungen an das Umweltzeichen auf der Grundlage von wissenschaftlich abgesicherten Informationen ausgearbeitet werden,

3. die Umweltzeichen im Rahmen eines Verfahrens erlassen werden, an dem interessierte Kreise teilnehmen können und

4. das Umweltzeichen für alle Betroffenen zugänglich und verfügbar ist.

[2] Die Auftraggeber können in der Leistungsbeschreibung angeben, dass bei Gütern oder Dienstleistungen, die mit einem Umweltzeichen ausgestattet sind, vermutet wird, dass diese den in der Leistungsbeschreibung festgelegten technischen Anforderungen genügen. [3] Die Auftraggeber müssen jedes andere geeignete Beweismittel wie technische Unterlagen des Herstellers oder Prüfberichte anerkannter Stellen zulassen.

(7) [1] Anerkannte Stellen sind die Prüf- und Kalibrierlaboratorien sowie die Inspektions- und Zertifizierungsstellen, die den Anforderungen der jeweils anwendbaren europäischen Normen entsprechen. [2] Die Auftraggeber erkennen Bescheinigungen von in anderen Mitgliedstaaten ansässigen anerkannten Stellen an.

(8) [1] Soweit es nicht durch den Auftragsgegenstand gerechtfertigt ist, darf in der Leistungsbeschreibung nicht auf eine bestimmte Produktion oder Herkunft oder ein besonderes Verfahren oder auf Marken, Patente, Typen, einen bestimmten Ursprung oder eine bestimmte Produktion verwiesen werden, wenn dadurch bestimmte Unternehmen oder bestimmte Güter begünstigt oder ausgeschlossen werden. [2] Solche Verweise sind jedoch ausnahmsweise zulässig, wenn der Auftragsgegenstand nach den Absätzen 2 und 3 nicht eindeutig und vollständig beschrieben werden kann; solche Verweise sind mit dem Zusatz „oder gleichwertig" zu versehen.

§ 16 Vergabeunterlagen. (1) [1] Die Vergabeunterlagen umfassen alle Angaben, die erforderlich sind, um eine Entscheidung zur Teilnahme am Vergabeverfahren oder zur Angebotsabgabe zu ermöglichen. [2] Sie bestehen in der Regel aus

1. dem Anschreiben (Aufforderung zur Teilnahme oder Angebotsabgabe oder Begleitschreiben für die Abgabe der angeforderten Unterlagen),

2. der Beschreibung der Einzelheiten der Durchführung des Verfahrens (Bewerbungsbedingungen), einschließlich der Angabe der Zuschlagskriterien und deren Gewichtung oder der absteigenden Reihenfolge der diesen Kriterien zuerkannten Bedeutung, sofern nicht in der Bekanntmachung bereits genannt,

3. den Vertragsunterlagen, die aus Leistungsbeschreibung und Vertragsbedingungen bestehen, und

4. Name und Anschrift der Vergabekammer, die für die Nachprüfung zuständig ist.

(2) Sofern die Auftraggeber Nachweise verlangen, haben sie diese in einer abschließenden Liste zusammenzustellen.

§ 17 Vorinformation. (1) Auftraggeber können durch Vorinformation, die von der Europäischen Kommission oder von ihnen selbst in ihrem Beschafferprofil veröffentlicht wird, den geschätzten Gesamtwert der Aufträge oder der Rahmenvereinbarungen mitteilen, die sie in den kommenden zwölf Monaten zu vergeben oder abzuschließen beabsichtigen.

1. Lieferaufträge sind nach Warengruppen unter Bezugnahme auf das Gemeinsame Vokabular für öffentliche Aufträge gemäß der Verordnung (EG) Nr. 213/2008 der Europäischen Kommission vom 28. November 2007 zur Änderung der Verordnung (EG) Nr. 2195/2002 des Europäischen Parlaments und des Rates über das Gemeinsame Vokabular für öffentliche Aufträge (CPV) und der Vergaberichtlinien des Europäischen Parlaments und des Rates 2004/17/EG und 2004/18/EG im Hinblick auf die Überarbeitung des Vokabulars (ABl. L 74 vom 15.3.2008, S. 1) in der jeweils geltenden Fassung,
2. Dienstleistungsaufträge sind nach den in Anhang I der Richtlinie 2009/81/ EG genannten Kategorien

aufzuschlüsseln.

(2) ¹Die Mitteilungen nach Absatz 1 werden unverzüglich nach der Entscheidung über die Genehmigung des Projekts, für das die Auftraggeber beabsichtigen, Aufträge zu erteilen oder Rahmenvereinbarungen abzuschließen, an die Europäische Kommission übermittelt oder im Beschafferprofil veröffentlicht. ²Die Bekanntmachung der Vorinformation wird nach dem Muster gemäß Anhang XIII der Durchführungsverordnung (EU) 2015/1986 der Kommission vom 11. November 2015 zur Einführung von Standardformularen für die Veröffentlichung von Vergabebekanntmachungen für öffentliche Aufträge und zur Aufhebung der Durchführungsverordnung (EU) Nr. 842/2011 (ABl. L 296 vom 12.11.2015, S. 1) in der jeweils geltenden Fassung erstellt. ³Veröffentlicht ein Auftraggeber eine Vorinformation in seinem Beschafferprofil, so meldet er dies dem Amt für Veröffentlichungen der Europäischen Union unter Verwendung des Musters gemäß Anhang VIII der Durchführungsverordnung (EU) 2015/1986. ⁴Die Vorinformationen dürfen nicht in einem Beschafferprofil veröffentlicht werden, bevor die Ankündigung dieser Veröffentlichung an die Europäische Kommission abgesendet wurde. ⁵Das Datum der Absendung muss im Beschafferprofil angegeben werden.

(3) Auftraggeber sind zur Veröffentlichung verpflichtet, wenn sie beabsichtigen, von der Möglichkeit einer Verkürzung der Fristen für den Eingang der Angebote gemäß § 20 Absatz 3 Satz 3 und 4 Gebrauch zu machen.

(4) Die Absätze 1, 2 und 3 gelten nicht für das Verhandlungsverfahren ohne Teilnahmewettbewerb.

§ 18 Bekanntmachung von Vergabeverfahren. (1) Auftraggeber, die einen Auftrag oder eine Rahmenvereinbarung im Wege eines nicht offenen Verfahrens, eines Verhandlungsverfahrens mit Teilnahmewettbewerb oder eines wettbewerblichen Dialogs zu vergeben beabsichtigen, müssen dies durch eine Bekanntmachung mitteilen.

(2) ¹Die Bekanntmachung muss zumindest die in Anhang IV der Richtlinie 2009/81/EG aufgeführten Informationen enthalten. ²Sie wird nach dem Muster gemäß Anhang XIV der Durchführungsverordnung (EU) 2015/1986 erstellt.

(3) Auftraggeber müssen in der Bekanntmachung insbesondere angeben:

1. bei der Vergabe im nicht offenen Verfahren oder Verhandlungsverfahren mit Teilnahmewettbewerb, welche Eignungsanforderungen gelten und welche Eignungsnachweise vorzulegen sind,

2. gemäß § 9 Absatz 4, ob gemäß § 9 Absatz 1 oder 3 Anforderungen an die Vergabe von Unteraufträgen gestellt werden und welchen Inhalt diese haben,

3. ob beabsichtigt ist, ein Verhandlungsverfahren mit Teilnahmewettbewerb oder einen wettbewerblichen Dialog in verschiedenen Phasen abzuwickeln, um die Zahl der Angebote zu verringern, und

4. Namen und Anschrift der Vergabekammer, die für die Nachprüfung zuständig ist.

(4) [1] Die Bekanntmachung ist unter Beachtung der Muster und Modalitäten für die elektronische Übermittlung von Bekanntmachungen nach Anhang VI Nummer 3 der Richtlinie 2009/81/EG oder auf anderem Wege unverzüglich dem Amt für amtliche Veröffentlichungen der Europäischen Union zu übermitteln. [2] Im beschleunigten Verfahren nach § 20 Absatz 2 Satz 2 und Absatz 3 Satz 2 muss die Bekanntmachung unter Beachtung der Muster und Modalitäten für die elektronische Übermittlung von Bekanntmachungen nach Anhang VI Nummer 3 der Richtlinie 2009/81/EG mittels Telefax oder auf elektronischem Weg übermittelt werden. [3] Die Auftraggeber müssen den Tag der Absendung nachweisen können.

(5) [1] Die Bekanntmachung und ihr Inhalt dürfen auf nationaler Ebene oder in einem Beschafferprofil nicht vor dem Tag der Absendung an das Amt für amtliche Veröffentlichungen der Europäischen Union veröffentlicht werden. [2] Die Veröffentlichung auf nationaler Ebene darf keine anderen Angaben enthalten als die Bekanntmachung an das Amt für amtliche Veröffentlichungen der Europäischen Union oder die Veröffentlichung im Beschafferprofil. [3] Auf das Datum der Absendung der europaweiten Bekanntmachung an das Amt für amtliche Veröffentlichungen der Europäischen Union oder der Veröffentlichung im Beschafferprofil ist in der nationalen Bekanntmachung hinzuweisen.

§ 19 Informationsübermittlung. (1) Die Auftraggeber geben in der Bekanntmachung oder den Vergabeunterlagen an, ob Informationen auf dem Postweg, mittels Telefax, elektronisch, telefonisch oder durch eine Kombination dieser Kommunikationsmittel zu übermitteln sind.

(2) Das gewählte Kommunikationsmittel muss allgemein verfügbar sein und darf den Zugang der Unternehmen zu dem Vergabeverfahren nicht beschränken.

(3) [1] Die Auftraggeber haben bei der Mitteilung oder Übermittlung und Speicherung von Informationen die Unversehrtheit der Daten und die Vertraulichkeit der Angebote und Teilnahmeanträge zu gewährleisten. [2] Auftraggeber dürfen vom Inhalt der Angebote und Teilnahmeanträge erst nach Ablauf der Frist für ihre Einreichung Kenntnis nehmen. [3] Auf dem Postweg oder direkt zu übermittelnde Angebote sind in einem verschlossenen Umschlag einzureichen, als solche zu kennzeichnen und bis zum Ablauf der Angebotsfrist unter Verschluss zu halten. [4] Bei elektronisch zu übermittelnden Angeboten ist die Unversehrtheit durch entsprechende organisatorische und technische Lösungen nach den Anforderungen des Auftraggebers und die Vertraulichkeit durch

Verschlüsselung sicherzustellen. [5] Die Verschlüsselung muss bis zum Ablauf der Angebotsfrist aufrechterhalten bleiben.

(4) [1] Bei elektronischen Kommunikationsmitteln müssen die technischen Merkmale allgemein zugänglich, kompatibel mit den allgemein verbreiteten Geräten der Informations- und Kommunikationstechnologie und nicht diskriminierend sein. [2] Die Auftraggeber haben dafür Sorge zu tragen, dass den interessierten Unternehmen die Informationen über die Spezifikationen, die für die elektronische Übermittlung der Anträge auf Teilnahme und der Angebote erforderlich sind, einschließlich der Verschlüsselung, zugänglich sind. [3] Außerdem muss gewährleistet sein, dass die Vorrichtungen für den elektronischen Eingang der Angebote und Teilnahmeanträge den Anforderungen des Anhangs VIII der Richtlinie 2009/81/EG genügen.

(5) [1] Neben den Hinweisen nach Absatz 1 geben die Auftraggeber in der Bekanntmachung an, in welcher Form Anträge auf Teilnahme am Vergabeverfahren oder Angebote einzureichen sind. [2] Insbesondere können sie festlegen, dass die Teilnahmeanträge im Falle der elektronischen Übermittlung zu versehen sind mit

1. einer fortgeschrittenen elektronischen Signatur,
2. einer qualifizierten elektronischen Signatur,
3. einem fortgeschrittenen elektronischen Siegel oder
4. einem qualifizierten elektronischen Siegel.

[3] Anträge auf Teilnahme am Vergabeverfahren können schriftlich oder telefonisch gestellt werden. [4] Wird ein solcher Antrag telefonisch gestellt, ist dieser vor Ablauf der Frist für den Eingang der Anträge in Schriftform zu bestätigen. [5] Die Auftraggeber können verlangen, dass per Telefax gestellte Anträge in Schriftform oder elektronischer Form bestätigt werden, sofern dies für das Vorliegen eines gesetzlich gültigen Nachweises erforderlich ist. [6] In diesem Fall geben die Auftraggeber in der Bekanntmachung diese Anforderung zusammen mit der Frist für die Übermittlung der Bestätigung an.

§ 20 Fristen für den Eingang von Anträgen auf Teilnahme und Eingang der Angebote. (1) Bei der Festsetzung der Fristen für den Eingang der Angebote und der Anträge auf Teilnahme berücksichtigen die Auftraggeber unbeschadet der nachstehend festgelegten Mindestfristen insbesondere die Komplexität des Auftrags und die Zeit, die für die Ausarbeitung der Angebote erforderlich ist.

(2) [1] Beim nicht offenen Verfahren, im Verhandlungsverfahren mit Teilnahmewettbewerb und im wettbewerblichen Dialog beträgt die von den Auftraggebern festzusetzende Frist für den Eingang der Anträge auf Teilnahme mindestens 37 Tage ab dem Tag der Absendung der Bekanntmachung. [2] In Fällen besonderer Dringlichkeit (beschleunigtes Verfahren) beim nicht offenen Verfahren und Verhandlungsverfahren mit Teilnahmewettbewerb beträgt diese Frist mindestens 15 Tage oder mindestens zehn Tage bei elektronischer Übermittlung[1], jeweils gerechnet vom Tag der Absendung der Bekanntmachung an.

---

[1] **Amtl. Anm.:** Das Muster und die Modalitäten für die elektronische Übermittlung der Bekanntmachungen sind unter der Internetadresse http://simap.europa.eu abrufbar, vergleiche Anhang VI Nummer 3 der Richtlinie 2009/81/EG.

(3) [1] Die von den Auftraggebern festzusetzende Angebotsfrist beim nicht offenen Verfahren beträgt mindestens 40 Tage, gerechnet vom Tag der Absendung der Aufforderung zur Angebotsabgabe an. [2] Im beschleunigten Verfahren beträgt die Frist mindestens zehn Tage, gerechnet vom Tag der Absendung der Aufforderung zur Angebotsabgabe an. [3] Haben die Auftraggeber eine Vorinformation gemäß § 17 veröffentlicht, können sie die Frist für den Eingang der Angebote in der Regel auf 36 Tage ab dem Tag der Absendung der Aufforderung zur Angebotsabgabe, jedoch keinesfalls weniger als 22 Tage festsetzen. [4] Diese verkürzte Frist ist zulässig, sofern die Vorinformation alle die für die Bekanntmachung nach Anhang IV der Richtlinie 2009/81/EG geforderten Informationen − soweit diese zum Zeitpunkt der Veröffentlichung der Bekanntmachung vorlagen − enthielt und die Vorinformation spätestens 52 Tage und frühestens zwölf Monate vor dem Tag der Absendung der Bekanntmachung zur Veröffentlichung übermittelt wurde.

(4) [1] Bei elektronisch erstellten und übermittelten Bekanntmachungen können die Auftraggeber die Frist nach Absatz 2 Satz 1 um sieben Tage verkürzen. [2] Die Auftraggeber können die Frist für den Eingang der Angebote nach Absatz 3 Satz 1 um weitere fünf Tage verkürzen, wenn sie ab der Veröffentlichung der Bekanntmachung die Vergabeunterlagen und unterstützende Unterlagen entsprechend der Angaben in Anhang VI der Richtlinie 2009/81/EG elektronisch frei, direkt und vollständig verfügbar machen; in der Bekanntmachung ist die Internetadresse anzugeben, unter der diese Unterlagen abrufbar sind. [3] Diese Verkürzung nach Satz 2 kann mit der in Satz 1 genannten Verkürzung verbunden werden.

(5) Die Auftraggeber müssen rechtzeitig angeforderte zusätzliche Informationen über die Vergabeunterlagen, die Beschreibung oder die unterstützenden Unterlagen im Falle des nicht offenen Verfahrens spätestens sechs Tage oder im Falle des beschleunigten Verhandlungsverfahrens spätestens vier Tage vor Ablauf der für die Einreichung von Angeboten festgelegten Frist übermitteln.

(6) Können die Angebote nur nach einer Ortsbesichtigung oder Einsichtnahme in nicht übersandte Vergabeunterlagen erstellt werden oder konnten die Fristen nach Absatz 5 nicht eingehalten werden, so sind die Angebotsfristen entsprechend zu verlängern, und zwar so, dass alle betroffenen Unternehmen von allen Informationen, die für die Erstellung des Angebots notwendig sind, Kenntnis nehmen können.

(7) [1] Bis zum Ablauf der Angebotsfrist können Bieter ihre Angebote zurückziehen. [2] Dabei sind die für die Einreichung der Angebote maßgeblichen Formerfordernisse zu beachten.

§ 21 Eignung und Auswahl der Bewerber. (1) Aufträge werden unter Wahrung der Eignungsanforderungen des § 122 Absatz 1 des Gesetzes gegen Wettbewerbsbeschränkungen[1]) vergeben.

(2) [1] Auftraggeber können Mindestanforderungen an die Eignung stellen, denen die Bewerber genügen müssen. [2] Diese Mindestanforderungen müssen mit dem Auftragsgegenstand im sachlichen Zusammenhang stehen und durch ihn gerechtfertigt sein. [3] Die Mindestanforderungen werden in der Bekanntmachung oder den Vergabeunterlagen angegeben.

---

[1]) Nr. **1**.

(3) [1] Im nicht offenen Verfahren, Verhandlungsverfahren mit Teilnahmewettbewerb und im wettbewerblichen Dialog dürfen Auftraggeber die Zahl der geeigneten Bewerber begrenzen, die zur Abgabe eines Angebots aufgefordert werden. [2] Dazu geben die Auftraggeber in der Bekanntmachung die von ihnen vorgesehenen objektiven und nicht diskriminierenden Anforderungen sowie die vorgesehene Mindestzahl und gegebenenfalls auch die Höchstzahl an Bewerbern an. [3] Die Mindestzahl der Bewerber darf nicht niedriger als drei sein.

1. Sofern geeignete Bewerber in ausreichender Zahl zur Verfügung stehen, wird das Verfahren mit der Anzahl von Bewerbern fortgeführt, die der festgelegten Mindestzahl an Bewerbern entspricht.

2. Sofern die Zahl geeigneter Bewerber unter der Mindestanzahl liegt, kann der Auftraggeber das Verfahren fortführen. Ist der Auftraggeber der Auffassung, dass die Zahl der geeigneten Bewerber zu gering ist, um einen echten Wettbewerb zu gewährleisten, so kann er das Verfahren aussetzen und die erste Bekanntmachung gemäß § 18 zur Festsetzung einer neuen Frist für die Einreichung von Anträgen auf Teilnahme erneut veröffentlichen. In diesem Fall wird das Verfahren mit den nach der ersten sowie mit den nach der zweiten Bekanntmachung ausgewählten Bewerbern gemäß § 29 fortgeführt. Die Möglichkeit, das laufende Vergabeverfahren einzustellen und ein neues Verfahren einzuleiten, bleibt unberührt.

(4) [1] Bewerber oder Bieter, die gemäß den Rechtsvorschriften des EU-Mitgliedstaats, in dem sie ihre Niederlassung haben, zur Erbringung der betreffenden Leistung berechtigt sind, dürfen nicht allein deshalb zurückgewiesen werden, weil sie gemäß den einschlägigen deutschen Rechtsvorschriften eine natürliche oder juristische Person sein müssten. [2] Im Falle zusätzlicher Dienstleistungen bei Lieferaufträgen und im Falle von Dienstleistungsaufträgen können juristische Personen verpflichtet werden, in ihrem Antrag auf Teilnahme oder Angebot die Namen und die beruflichen Qualifikationen der Personen anzugeben, die für die Durchführung des Auftrags als verantwortlich vorgesehen sind.

(5) [1] Bewerber- und Bietergemeinschaften sind wie Einzelbewerber und -bieter zu behandeln. [2] Auftraggeber dürfen nicht verlangen, dass nur Gruppen von Unternehmen, die eine bestimmte Rechtsform haben, einen Teilnahmeantrag stellen oder ein Angebot abgeben dürfen. [3] Für den Fall der Auftragserteilung können die Auftraggeber verlangen, dass eine Bietergemeinschaft eine bestimmte Rechtsform annimmt, sofern dies für die ordnungsgemäße Durchführung des Auftrags notwendig ist.

§ 22 Allgemeine Vorgaben zum Nachweis der Eignung und des Nichtvorliegens von Ausschlussgründen. (1) [1] Auftraggeber müssen in der Bekanntmachung oder im Verhandlungsverfahren ohne Teilnahmewettbewerb in den Vergabeunterlagen angeben, mit welchen Nachweisen gemäß den §§ 6, 7, 8 und 23 bis 28 Unternehmen ihre Eignung und das Nichtvorliegen von Ausschlussgründen nachzuweisen haben. [2] Auftraggeber dürfen von den Bewerbern oder Bietern zum Nachweis ihrer Eignung und für das Nichtvorliegen von Ausschlussgründen nur Unterlagen und Angaben fordern, die durch den Gegenstand des Auftrags gerechtfertigt sind.

(2) Soweit mit den vom Auftragsgegenstand betroffenen Verteidigungs- und Sicherheitsinteressen vereinbar, können Auftraggeber zulassen, dass Bewerber oder Bieter ihre Eignung durch die Vorlage einer Erklärung belegen, dass sie

die vom Auftraggeber verlangten Eignungskriterien erfüllen und die festgelegten Nachweise auf Aufforderung unverzüglich beibringen können (Eigenerklärung).

(3) [1] Erbringen Bewerber oder Bieter den Nachweis für die an die Eignung gestellten Mindestanforderungen nicht, werden sie im Rahmen eines nicht offenen Verfahrens, Verhandlungsverfahrens mit Teilnahmewettbewerb oder wettbewerblichen Dialogs nicht zur Abgabe eines Angebots aufgefordert. [2] Wenn Bewerber oder Bieter im Verhandlungsverfahren ohne Teilnahmewettbewerb ein Angebot abgegeben haben, wird dieses nicht gewertet.

(4) [1] Unternehmen sind verpflichtet, die geforderten Nachweise

1. beim nicht offenen Verfahren und Verhandlungsverfahren mit Teilnahmewettbewerb vor Ablauf der Teilnahmefrist,

2. beim Verhandlungsverfahren ohne Teilnahmewettbewerb vor Ablauf der Angebotsfrist,

3. bei einer Rahmenvereinbarung entsprechend der gewählten Verfahrensart gemäß den Nummern 1 und 2,

4. beim wettbewerblichen Dialog vor Ablauf der Teilnahmefrist

vorzulegen, es sei denn, der jeweilige Nachweis ist elektronisch verfügbar.

(5) [1] Im nicht offenen Verfahren und Verhandlungsverfahren mit Teilnahmewettbewerb dürfen die Vergabeunterlagen nur an geeignete Unternehmen übersandt werden. [2] Im Verhandlungsverfahren ohne Teilnahmewettbewerb dürfen die Vergabeunterlagen an die Unternehmen übermittelt werden, die vom Auftraggeber unter Beachtung der §§ 6 und 7 ausgewählt wurden.

(6) [1] Erklärungen und sonstige Unterlagen, die als Nachweis im Teilnahmewettbewerb oder mit dem Angebot einzureichen sind und die auf Anforderung des Auftraggebers nicht bis zum Ablauf der maßgeblichen Frist vorgelegt wurden, können bis zum Ablauf einer zu bestimmenden Nachfrist nachgefordert werden. [2] Werden die Nachweise und sonstigen Unterlagen nicht innerhalb der Nachfrist vorgelegt, ist der Bewerber oder Bieter auszuschließen.

§ 23 Zwingender Ausschluss. (1) [1] Der Auftraggeber schließt ein Unternehmen zu jedem Zeitpunkt des Vergabeverfahrens von der Teilnahme aus, wenn ein zwingender Ausschlussgrund nach § 147 in Verbindung mit § 123 des Gesetzes gegen Wettbewerbsbeschränkungen[1)] vorliegt. [2] § 147 in Verbindung mit § 125 des Gesetzes gegen Wettbewerbsbeschränkungen[1)] bleibt unberührt.

(2) [1] Zur Anwendung des Absatzes 1 kann der öffentliche Auftraggeber die erforderlichen Informationen über die persönliche Lage der Bewerber oder Bieter bei den zuständigen Behörden einholen, wenn er Bedenken in Bezug auf das Nichtvorliegen von Ausschlussgründen hat. [2] Betreffen die Informationen einen Bewerber oder Bieter, der in einem anderen Mitgliedstaat als der Auftraggeber ansässig ist, so kann dieser die zuständigen Behörden um Mitarbeit ersuchen. [3] Nach Maßgabe des nationalen Rechts des Mitgliedstaats, in dem der Bewerber oder Bieter ansässig ist, betreffen diese Ersuchen juristische und natürliche Personen, gegebenenfalls auch die jeweiligen Unternehmensleiter oder jede andere Person, die befugt ist, den Bewerber oder Bieter zu

---

[1)] Nr. **1**.

vertreten, in seinem Namen Entscheidungen zu treffen oder ihn zu kontrollieren.

(3) Als ausreichenden Nachweis dafür, dass die in § 147 in Verbindung mit § 123 Absatz 1 bis 3 des Gesetzes gegen Wettbewerbsbeschränkungen[1] genannten Ausschlussgründe auf den Bewerber oder Bieter nicht zutreffen, erkennt der Auftraggeber einen Auszug aus einem einschlägigen Register, insbesondere ein Führungszeugnis aus dem Bundeszentralregister oder, in Ermangelung eines solchen, eine gleichwertige Bescheinigung einer zuständigen Gerichts- oder Verwaltungsbehörde des Herkunftslandes oder des Niederlassungsstaates des Bewerbers oder Bieters an.

(4) Als ausreichenden Nachweis dafür, dass die in § 147 in Verbindung mit § 123 Absatz 4 des Gesetzes gegen Wettbewerbsbeschränkungen[1] genannten Ausschlussgründe auf den Bewerber oder Bieter nicht zutreffen, erkennt der öffentliche Auftraggeber eine von der zuständigen Behörde des Herkunftslandes oder des Niederlassungsstaates des Bewerbers oder Bieters ausgestellte Bescheinigung an.

(5) [1] Wird eine Urkunde oder Bescheinigung von dem Herkunftsland des Bewerbers oder Bieters nicht ausgestellt oder werden darin nicht alle vorgesehenen Fälle erwähnt, so kann sie durch eine Versicherung an Eides statt ersetzt werden. [2] In den Staaten, in denen es keine Versicherung an Eides statt gibt, darf die Versicherung an Eides statt durch eine förmliche Erklärung ersetzt werden, die ein Vertreter des betreffenden Unternehmens vor einer zuständigen Gerichts- oder Verwaltungsbehörde, einem Notar oder einer dafür qualifizierten Berufsorganisation des Herkunftslands abgibt.

§ 24 Fakultativer Ausschluss. (1) [1] Der Auftraggeber kann unter Berücksichtigung des Grundsatzes der Verhältnismäßigkeit ein Unternehmen zu jedem Zeitpunkt des Vergabeverfahrens von der Teilnahme an einem Vergabeverfahren ausschließen, wenn ein fakultativer Ausschlussgrund nach § 147 in Verbindung mit § 124 des Gesetzes gegen Wettbewerbsbeschränkungen[1] vorliegt. [2] § 147 in Verbindung mit § 125 des Gesetzes gegen Wettbewerbsbeschränkungen[1] bleibt unberührt.

(2) Als ausreichenden Nachweis dafür, dass die in § 147 in Verbindung mit § 124 Absatz 1 Nummer 2 des Gesetzes gegen Wettbewerbsbeschränkungen[1] genannten Fälle auf das Unternehmen nicht zutreffen, erkennt der öffentliche Auftraggeber eine von der zuständigen Behörde des Herkunftslandes oder des Niederlassungsstaates des Bewerbers oder Bieters ausgestellte Bescheinigung an.

(3) [1] Wird eine in Absatz 2 genannte Bescheinigung im Herkunftsland des Unternehmens nicht ausgestellt oder werden darin nicht alle in § 147 in Verbindung mit § 124 Absatz 1 Nummer 2 des Gesetzes gegen Wettbewerbsbeschränkungen[1] vorgesehenen Fälle erwähnt, so kann sie durch eine Versicherung an Eides statt ersetzt werden. [2] In den Mitgliedstaaten, in denen es keine Versicherung an Eides statt gibt, gilt § 23 Absatz 5 Satz 2 entsprechend.

§ 25 Nachweis der Erlaubnis zur Berufsausübung. (1) Die Auftraggeber können die Bewerber oder Bieter auffordern, als Nachweis für die Erlaubnis zur Berufsausübung

---

[1] Nr. 1.

1. den Auszug eines Berufs- oder Handelsregisters gemäß der unverbindlichen Liste des Anhangs VII Teil B und C der Richtlinie 2009/81/EG vorzulegen, wenn die Eintragung gemäß den Vorschriften des Mitgliedstaats ihrer Herkunft oder Niederlassung Voraussetzung für die Berufsausübung ist,

2. darüber eine Erklärung unter Eid abzugeben oder

3. eine sonstige Bescheinigung vorzulegen.

(2) Müssen Bewerber oder Bieter eine bestimmte Berechtigung besitzen oder Mitglied einer bestimmten Organisation sein, um eine Dienstleistung in ihrem Herkunftsmitgliedstaat erbringen zu können, können Auftraggeber Bewerber oder Bieter auffordern, darüber den Nachweis zu erbringen.

§ 26 Nachweis der wirtschaftlichen und finanziellen Leistungsfähigkeit. (1) Auftraggeber können je nach Art, Verwendungszweck und Menge der zu liefernden Güter oder dem Umfang der zu erbringenden Dienstleistungen angemessene Nachweise der finanziellen und wirtschaftlichen Leistungsfähigkeit der Bewerber oder Bieter verlangen, insbesondere die Vorlage

1. entsprechender Bankerklärungen oder des Nachweises einer entsprechenden Berufshaftpflichtversicherung,

2. von Bilanzen oder Bilanzauszügen, falls deren Veröffentlichung in dem Land, in dem der Bewerber oder Bieter ansässig ist, gesetzlich vorgeschrieben ist,

3. einer Erklärung über den Gesamtumsatz und den Umsatz für den durch den Auftragsgegenstand vorausgesetzten Tätigkeitsbereich, jedoch höchstens für die letzten drei Geschäftsjahre, entsprechend dem Gründungsdatum oder dem Datum der Tätigkeitsaufnahme des Unternehmens, sofern entsprechende Angaben verfügbar sind.

(2) Können Bewerber oder Bieter aus einem berechtigten Grund die geforderten Nachweise nicht beibringen, so kann der Auftraggeber die Vorlage jedes anderen geeigneten Nachweises zulassen.

(3) ¹Bewerber oder Bieter können sich für einen bestimmten Auftrag auf die Leistungsfähigkeit anderer Unternehmen berufen, wenn sie nachweisen, dass ihnen dadurch die erforderlichen Mittel zur Verfügung stehen. ²Dies gilt auch für Bewerber- oder Bietergemeinschaften.

§ 27 Nachweis der technischen und beruflichen Leistungsfähigkeit.

(1) ¹Auftraggeber können je nach Art, Verwendungszweck und Menge der zu liefernden Güter oder dem Umfang der zu erbringenden Dienstleistungen angemessene Nachweise der technischen und beruflichen Leistungsfähigkeit verlangen. ²Insbesondere können die Auftraggeber verlangen:

1. bei Lieferaufträgen

   a) eine Liste der wesentlichen in den letzten fünf Jahren erbrachten Lieferungen;

   b) Muster, Beschreibungen oder Fotografien der zu liefernden Güter, deren Echtheit nach Aufforderung durch den Auftraggeber nachzuweisen ist;

   c) Bescheinigungen, die von zuständigen Instituten oder amtlichen Stellen für Qualitätskontrolle ausgestellt wurden, mit denen bestätigt wird, dass die durch entsprechende Bezugnahmen genau bezeichneten Güter bestimmten Spezifikationen oder Normen entsprechen;

d) die Angabe der technischen Fachkräfte oder der technischen Stellen, unabhängig davon, ob diese dem Unternehmen angeschlossen sind oder nicht, und zwar insbesondere derjenigen, die mit der Qualitätskontrolle beauftragt sind;

e) eine Beschreibung der technischen Ausrüstung, der Maßnahmen des Unternehmens zur Qualitätssicherung und der Untersuchungs- und Forschungsmöglichkeiten des Unternehmens sowie der internen Vorschriften in Bezug auf gewerbliche Schutzrechte;

f) bei komplexer Art der zu liefernden Güter oder solchen, die ausnahmsweise einem besonderen Zweck dienen, eine Kontrolle, die vom Auftraggeber oder in dessen Namen von einer zuständigen amtlichen Stelle im Herkunftsland des Unternehmens durchgeführt wird. Diese Kontrolle betrifft Produktionskapazitäten und erforderlichenfalls die Untersuchungs- und Forschungsmöglichkeiten des Unternehmens sowie die von diesem für die Qualitätskontrolle getroffenen Vorkehrungen;

g) im Falle zusätzlicher Dienst- oder Bauleistungen die Studien- und Ausbildungsnachweise sowie Bescheinigungen darüber, dass das Unternehmen die Erlaubnis zur Berufsausübung sowie die Führungskräfte des Unternehmens und insbesondere die für die Erbringung der Dienst- oder Bauleistung verantwortlichen Personen die erforderliche berufliche Befähigung besitzen;

h) eine Erklärung, aus der die durchschnittliche jährliche Beschäftigtenzahl des Unternehmens und die Zahl seiner Führungskräfte in den letzten drei Jahren ersichtlich ist;

i) eine Beschreibung der Ausstattung, der Geräte, der technischen Ausrüstung sowie die Angabe der Anzahl der Mitarbeiter und ihrer Kenntnisse sowie die Angabe der Zulieferer, auf die das Unternehmen zurückgreifen kann, um den Auftrag auszuführen und einen etwaigen steigenden Bedarf des Auftraggebers infolge einer Krise zu decken oder die Wartung, Modernisierung oder Anpassung der im Rahmen des Auftrags gelieferten Güter sicherzustellen. Zur Angabe der Zulieferer gehört die Angabe des geografischen Standortes, falls diese Zulieferer außerhalb der Europäischen Union ansässig sind;

2. bei Dienstleistungsaufträgen

a) eine Liste der wesentlichen in den letzten fünf Jahren erbrachten Dienstleistungen;

b) Muster, Beschreibungen oder Fotografien der zu erbringenden Dienstleistungen, deren Echtheit nach Aufforderung durch den Auftraggeber nachzuweisen ist;

c) Studien- und Ausbildungsnachweise sowie Bescheinigungen darüber, dass das Unternehmen die Erlaubnis zur Berufsausübung sowie die Führungskräfte des Unternehmens und insbesondere die für die Erbringung der Dienstleistung verantwortlichen Personen die erforderliche berufliche Befähigung besitzen;

d) die Angabe der technischen Fachkräfte oder der technischen Stellen, unabhängig davon, ob diese dem Unternehmen angeschlossen sind oder nicht, und zwar insbesondere derjenigen, die mit der Qualitätskontrolle beauftragt sind;

e) bei Dienstleistungen komplexer Art oder solchen, die ausnahmsweise einem besonderen Zweck dienen, eine Kontrolle, die vom Auftraggeber oder in dessen Namen von einer zuständigen amtlichen Stelle im Herkunftsland des Unternehmens durchgeführt wird. Diese Kontrolle betrifft die technische Leistungsfähigkeit und erforderlichenfalls die Untersuchungs- und Forschungsmöglichkeiten des Unternehmens sowie die von diesem für die Qualitätskontrolle getroffenen Vorkehrungen;

f) im Falle zusätzlicher Bauleistungen die Studien- und Ausbildungsnachweise sowie Bescheinigungen darüber, dass das Unternehmen die Erlaubnis zur Berufsausübung sowie die Führungskräfte des Unternehmens und insbesondere die für die Ausführung der Bauleistung verantwortlichen Personen die erforderliche berufliche Befähigung besitzen;

g) die Angabe der durch den Auftragsgegenstand erforderlichen Umweltmanagementmaßnahmen;

h) eine Erklärung, aus der die durchschnittliche jährliche Beschäftigtenzahl des Unternehmens und die Zahl seiner Führungskräfte in den letzten drei Jahren ersichtlich ist;

i) eine Beschreibung der Ausstattung, der Geräte, der technischen Ausrüstung sowie die Angabe der Anzahl der Mitarbeiter und ihrer Kenntnisse sowie die Angabe der Zulieferer, auf die das Unternehmen zurückgreifen kann, um den Auftrag auszuführen und einen etwaigen steigenden Bedarf des Auftraggebers infolge einer Krise zu decken. Zur Angabe der Zulieferer gehört die Angabe ihres geografischen Standortes, falls diese Zulieferer außerhalb der Europäischen Union ansässig sind.

(2) Verlangt der Auftraggeber Angaben zu erbrachten Liefer- und Dienstleistungen im Sinne des Absatzes 1 Nummer 1 Buchstabe a und Nummer 2 Buchstabe a über erbrachte Leistungen, so sind diese zu erbringen

1. bei Leistungen an öffentliche Auftraggeber durch eine von der zuständigen Behörde ausgestellte Bescheinigung, die beglaubigt werden kann, oder

2. bei Leistungen an private Auftraggeber durch eine von diesen ausgestellte Bescheinigung oder, falls eine solche Bescheinigung nicht erhältlich ist, durch einfache Erklärung.

(3) Auskünfte im Sinne des Absatzes 2 enthalten mindestens die folgenden Angaben:

1. Name der Auskunftsperson;

2. Wert der Leistung;

3. Zeit der Leistungserbringung;

4. Angabe, ob die Lieferleistung sachmangelfrei und ordnungsgemäß oder die Dienstleistung fachgerecht und ordnungsgemäß ausgeführt wurde.

(4) [1] Bewerber oder Bieter können sich für einen bestimmten Auftrag auf die Leistungsfähigkeit anderer Unternehmen berufen, wenn sie nachweisen, dass diese ihnen die für die Auftragsausführung erforderlichen Mittel zur Verfügung stellen. [2] Dies gilt auch für Bewerber- oder Bietergemeinschaften. [3] Der Nachweis kann auch durch Zusage der Unternehmen erfolgen, die dem Bewerber oder Bieter die für die Auftragsausführung erforderlichen Mittel zur Verfügung stellen. [4] Die Zusage muss in Schriftform oder elektronisch mindestens mittels einer fortgeschrittenen elektronischen Signatur oder mindestens mittels eines fortgeschrittenen elektronischen Siegels erfolgen.

(5) Können Bewerber oder Bieter aus einem berechtigten Grund die geforderten Nachweise ihrer technischen und beruflichen Leistungsfähigkeit nicht beibringen, so kann der Auftraggeber die Vorlage jedes anderen geeigneten Nachweises zulassen.

§ 28 Nachweis für die Einhaltung von Normen des Qualitäts- und Umweltmanagements. (1) [1]Verlangen Auftraggeber zum Nachweis dafür, dass Bewerber oder Bieter bestimmte Normen des Qualitätsmanagements erfüllen, die Vorlage von Bescheinigungen unabhängiger und akkreditierter Stellen, so beziehen sich Auftraggeber auf Qualitätsmanagementsysteme, die

1. den einschlägigen europäischen Normen genügen und

2. von unabhängigen akkreditierten Stellen zertifiziert sind, die den europäischen Normen für die Akkreditierung und Zertifizierung entsprechen.

[2]Auftraggeber erkennen gleichwertige Bescheinigungen von unabhängigen akkreditierten Stellen aus anderen Mitgliedstaaten und andere Nachweise für gleichwertige Qualitätsmanagementsysteme an.

(2) [1]Verlangen Auftraggeber bei der Vergabe von Dienstleistungsaufträgen als Nachweis der technischen Leistungsfähigkeit, dass Bewerber oder Bieter bestimmte Normen für das Umweltmanagement erfüllen, die Vorlage von Bescheinigungen unabhängiger Stellen, so beziehen sich Auftraggeber

1. entweder auf das Gemeinschaftssystem für das Umweltmanagement und die Umweltbetriebsprüfung (EMAS) oder

2. auf Normen für das Umweltmanagement, die auf den einschlägigen europäischen oder internationalen Normen beruhen und von entsprechenden Stellen zertifiziert sind, die dem Gemeinschaftsrecht oder europäischen oder internationalen Zertifizierungsnormen entsprechen.

[2]Gleichwertige Bescheinigungen von Stellen in anderen Mitgliedstaaten sind anzuerkennen. [3]Auftraggeber erkennen auch andere Nachweise für gleichwertige Umweltmanagementmaßnahmen an, die von Bewerbern oder Bietern vorgelegt werden.

§ 29 Aufforderung zur Abgabe eines Angebots. (1) Beim nicht offenen Verfahren, Verhandlungsverfahren mit Teilnahmewettbewerb und wettbewerblichen Dialog fordern Auftraggeber die Bewerber mit der Benachrichtigung über die Auswahl auf, ihre Angebote einzureichen oder zu verhandeln oder – im Falle des wettbewerblichen Dialogs – am Dialog teilzunehmen.

(2) Die Aufforderung enthält die Vergabeunterlagen und alle unterstützenden Unterlagen oder die Angabe, wie darauf gemäß § 20 Absatz 4 Satz 2 elektronisch zugegriffen werden kann.

(3) [1]Hält eine andere Stelle als der für das Vergabeverfahren zuständige Auftraggeber die Unterlagen bereit, gibt der Auftraggeber in der Aufforderung die Anschrift dieser Stelle an und den Zeitpunkt, bis zu dem die Unterlagen angefordert werden können. [2]Darüber hinaus sind der Betrag, der für den Erhalt der Unterlagen zu entrichten ist, und die Zahlungsbedingungen anzugeben. [3]Die Unternehmen erhalten die Unterlagen unverzüglich nach Zugang der Anforderung.

(4) Veröffentlicht der Auftraggeber zusätzliche Informationen über die Vergabeunterlagen und sonstige ergänzende Unterlagen, so gilt § 20 Absatz 5.

(5) Die Aufforderung enthält über die in den Absätzen 2, 3 und 4 genannten Angaben mindestens:

1. den Hinweis auf die veröffentlichte Bekanntmachung;
2. den Tag, bis zu dem die Angebote eingehen müssen, die Anschrift der Stelle, bei der sie einzureichen sind, sowie die Sprache, in der sie abzufassen sind. Im Falle eines wettbewerblichen Dialogs ist diese Information nicht in der Aufforderung zur Teilnahme am Dialog, sondern in der Aufforderung zur Angebotsabgabe aufzuführen;
3. beim wettbewerblichen Dialog den Termin und den Ort des Beginns der Konsultationsphase sowie die verwendeten Sprachen;
4. die Liste der beizufügenden Eignungsnachweise im Falle des Verhandlungsverfahrens ohne Teilnahmewettbewerb;
5. die Gewichtung der Zuschlagskriterien oder die absteigende Reihenfolge der diesen Kriterien zuerkannten Bedeutung, anhand derer das wirtschaftlichste Angebot bestimmt wird, wenn diese nicht bereits in der Bekanntmachung enthalten sind.

(6) [1] Auftraggeber können verlangen, dass Bieter im Angebot angeben, ob für den Gegenstand des Angebots gewerbliche Schutzrechte bestehen oder von den Bietern oder Dritten beantragt sind. [2] Bieter haben stets anzugeben, ob sie erwägen, Angaben aus ihrem Angebot für die Anmeldung eines gewerblichen Schutzrechtes zu verwerten.

(7) [1] Bietergemeinschaften haben im Angebot jeweils die Mitglieder sowie eines ihrer Mitglieder als bevollmächtigten Vertreter für den Abschluss und die Durchführung des Vertrags zu benennen. [2] Fehlt eine dieser Angaben im Angebot, so ist sie vor der Zuschlagserteilung beizubringen. [3] § 22 Absatz 6 gilt entsprechend.

§ 30 Öffnung der Angebote. (1) [1] Auf dem Postweg und direkt übermittelte Angebote sind ungeöffnet zu lassen, mit Eingangsvermerk zu versehen und bis zum Zeitpunkt der Öffnung unter Verschluss zu halten. [2] Elektronische Angebote sind auf geeignete Weise zu kennzeichnen und verschlüsselt aufzubewahren. [3] Mittels Telefax eingereichte Angebote sind ebenfalls entsprechend zu kennzeichnen und auf geeignete Weise unter Verschluss zu halten.

(2) [1] Die Öffnung der Angebote wird von mindestens zwei Vertretern des Auftraggebers gemeinsam durchgeführt und dokumentiert. [2] Bieter sind nicht zugelassen. [3] Dabei wird mindestens festgehalten:

1. Name und Anschrift der Bieter,
2. die Endbeträge ihrer Angebote und andere den Preis betreffenden Angaben,
3. ob und von wem Nebenangebote eingereicht worden sind.

(3) Die Angebote und ihre Anlagen sowie die Dokumentation über die Angebotsöffnung sind auch nach Abschluss des Vergabeverfahrens sorgfältig zu verwahren und vertraulich zu behandeln.

§ 31 Prüfung der Angebote. (1) Die Angebote sind auf Vollständigkeit sowie auf fachliche und rechnerische Richtigkeit zu prüfen.

(2) Ausgeschlossen werden:

1. Angebote, die nicht die geforderten oder nachgeforderten Erklärungen und Nachweise enthalten;

2. Angebote, die nicht unterschrieben sind oder nicht mindestens versehen sind
   mit einer fortgeschrittenen elektronischen Signatur oder mit einem fortgeschrittenen elektronischen Siegel;
3. Angebote, in denen Änderungen des Bieters an seinen Eintragungen nicht
   zweifelsfrei sind;
4. Angebote, bei denen Änderungen oder Ergänzungen an den Vergabeunterlagen vorgenommen worden sind;
5. Angebote, die nicht form- oder fristgerecht eingegangen sind, es sei denn,
   der Bieter hat dies nicht zu vertreten;
6. Angebote von Bietern, die in Bezug auf die Vergabe eine unzulässige, wettbewerbsbeschränkende Abrede getroffen haben;
7. Angebote von Bietern, die auch als Bewerber gemäß § 24 von der Teilnahme
   am Wettbewerb hätten ausgeschlossen werden können;
8. Angebote, die nicht die erforderlichen Preisangaben enthalten, es sei denn, es
   handelt sich um unwesentliche Einzelpositionen, deren Einzelpreise den
   Gesamtpreis nicht verändern oder die Wertungsreihenfolge und den Wettbewerb nicht beeinträchtigen.

§ 32 Nebenangebote. (1) ¹Auftraggeber können Nebenangebote in der Bekanntmachung zulassen. ²In diesem Fall geben Auftraggeber in den Vergabeunterlagen an, welche Mindestanforderungen für Nebenangebote gelten und in
welcher Art und Weise Nebenangebote einzureichen sind. ³Auftraggeber berücksichtigen nur Nebenangebote, die den in den Vergabeunterlagen festgelegten Mindestanforderungen entsprechen. ⁴Nebenangebote sind auszuschließen,
wenn sie in der Bekanntmachung nicht ausdrücklich zugelassen sind.

(2) Auftraggeber dürfen ein Nebenangebot nicht deshalb zurückweisen, weil
es im Falle des Zuschlags zu einem Dienstleistungsauftrag anstelle eines Lieferauftrags oder zu einem Lieferauftrag anstelle eines Dienstleistungsauftrags führen würde.

§ 33 Ungewöhnlich niedrige Angebote. (1) ¹Erscheint ein Angebot im
Verhältnis zu der zu erbringenden Leistung ungewöhnlich niedrig, verlangen
die Auftraggeber vor Ablehnung dieses Angebots vom Bieter Aufklärung über
dessen Einzelpositionen. ²Auf Angebote, deren Preise in offenbarem Missverhältnis zur Leistung stehen, darf der Zuschlag nicht erteilt werden.

(2) ¹Auftraggeber prüfen die Zusammensetzung des Angebots und berücksichtigen die gelieferten Nachweise. ²Sie können Bieter zur Aufklärung betreffend der Einzelpositionen des Angebots auffordern.

(3) ¹Angebote, die aufgrund einer staatlichen Beihilfe im Sinne des Artikels 107 des Vertrags über die Arbeitsweise der Europäischen Union ungewöhnlich niedrig sind, dürfen aus diesem Grund nur abgelehnt werden, wenn
das Unternehmen nach Aufforderung innerhalb einer von den Auftraggebern
festzulegenden ausreichenden Frist nicht nachweisen kann, dass die betreffende
Beihilfe rechtmäßig gewährt wurde. ²Auftraggeber, die unter diesen Umständen ein Angebot ablehnen, müssen dies der Europäischen Kommission mitteilen.

§ 34 Zuschlag. (1) ¹Die Annahme eines Angebots (Zuschlag) erfolgt in
Schriftform oder elektronisch mindestens mittels einer fortgeschrittenen elektronischen Signatur oder mindestens mittels eines fortgeschrittenen elektro-

nischen Siegels. [2]Bei Übermittlung durch Telefax genügt die Unterschrift auf der Telefaxvorlage.

(2) [1]Zur Ermittlung des wirtschaftlichsten Angebots wendet der Auftraggeber die in der Bekanntmachung oder den Vergabeunterlagen angegebenen Zuschlagskriterien in der festgelegten Gewichtung oder in der absteigenden Reihenfolge der ihnen zuerkannten Bedeutung an. [2]Diese Zuschlagskriterien müssen sachlich durch den Auftragsgegenstand gerechtfertigt sein. [3]Insbesondere können folgende Kriterien erfasst sein:

1. Qualität,
2. Preis,
3. Zweckmäßigkeit,
4. technischer Wert, Kundendienst und technische Hilfe,
5. Betriebskosten, Rentabilität, Lebenszykluskosten,
6. Interoperabilität und Eigenschaften beim Einsatz,
7. Umwelteigenschaften,
8. Lieferfrist oder Ausführungsdauer und
9. Versorgungssicherheit.

§ 35 Bekanntmachung über die Auftragserteilung. (1) [1]Die Auftraggeber sind verpflichtet, die Vergabe eines Auftrags oder den Abschluss einer Rahmenvereinbarung innerhalb von 48 Tagen bekanntzumachen. [2]Die Bekanntmachung über die Auftragserteilung wird nach dem Muster gemäß Anhang XV der Durchführungsverordnung (EU) 2015/1986 erstellt. [3]Diese Pflicht besteht nicht für die Vergabe von Einzelaufträgen, die aufgrund einer Rahmenvereinbarung erfolgen.

(2) Die Auftraggeber müssen eine Auftragsvergabe oder den Abschluss einer Rahmenvereinbarung nicht bekannt geben, soweit deren Offenlegung den Gesetzesvollzug behindern, dies dem öffentlichen Interesse, insbesondere Verteidigungs- oder Sicherheitsinteressen, zuwiderlaufen, die berechtigten geschäftlichen Interessen öffentlicher oder privater Unternehmen schädigen oder den lauteren Wettbewerb zwischen ihnen beeinträchtigen könnte.

§ 36 Unterrichtung der Bewerber oder Bieter. (1) [1]Unbeschadet des § 147 in Verbindung mit § 134 des Gesetzes gegen Wettbewerbsbeschränkungen[1]) unterrichten die Auftraggeber alle Bewerber oder Bieter unverzüglich über die Gründe für die Entscheidung, einen Auftrag oder eine Rahmenvereinbarung, für die eine Bekanntmachung veröffentlicht wurde, nicht zu vergeben oder das Verfahren neu einzuleiten. [2]Diese Information wird auf Verlangen der Bewerber oder Bieter schriftlich erteilt.

(2) Unbeschadet des § 147 in Verbindung mit § 134 des Gesetzes gegen Wettbewerbsbeschränkungen[1]) unterrichten die Auftraggeber auf Verlangen des Betroffenen unverzüglich, spätestens 15 Tage nach Eingang eines entsprechenden Antrags in Textform nach § 126b des Bürgerlichen Gesetzbuchs,

1. jeden nicht erfolgreichen Bewerber über die Gründe für die Ablehnung der Bewerbung;

---

[1]) Nr. 1.

2. jeden nicht berücksichtigten Bieter über die Gründe für die Ablehnung des Angebots, insbesondere die Gründe dafür, dass keine Gleichwertigkeit im Sinne des § 15 Absatz 4 und 5 dieser Verordnung vorliegt oder dass die Lieferungen oder Dienstleistungen nicht den Leistungs- oder Funktionsanforderungen entsprechen, und in den Fällen der §§ 7 und 8 die Gründe dafür, dass keine Gleichwertigkeit bezüglich der Anforderungen an den Schutz von Verschlusssachen oder an die Versorgungssicherheit durch Unternehmen vorliegt;

3. jeden Bieter, der ein ordnungsgemäßes Angebot eingereicht hat, das jedoch abgelehnt worden ist, über die Merkmale und Vorteile des ausgewählten Angebots sowie über die Namen des Zuschlagsempfängers oder der Vertragspartner der Rahmenvereinbarung.

§ 37 Aufhebung und Einstellung des Vergabeverfahrens. (1) Die Vergabeverfahren können ganz oder bei Vergabe nach Losen auch teilweise aufgehoben werden, wenn

1. kein Angebot eingegangen ist, das den Bewerbungsbedingungen entspricht,

2. sich die Grundlagen der Vergabeverfahren wesentlich geändert haben,

3. sie kein wirtschaftliches Ergebnis gehabt haben oder

4. andere schwerwiegende Gründe bestehen.

(2) Die Auftraggeber teilen den Bewerbern oder Bietern nach Aufhebung des Vergabeverfahrens mindestens in Textform im Sinne des § 126b des Bürgerlichen Gesetzbuchs unverzüglich die Gründe für ihre Entscheidung mit, auf die Vergabe eines bekannt gemachten Auftrags zu verzichten oder das Vergabeverfahren erneut einzuleiten.

Teil 3. Unterauftragsvergabe

§ 38 Allgemeine Vorgaben zur Unterauftragsvergabe. (1) [1] In den Fällen des § 9 Absatz 3 Nummer 1 und 2 vergeben Auftragnehmer, die keine öffentlichen Auftraggeber im Sinne des § 99 oder Sektorenauftraggeber im Sinne des § 100 des Gesetzes gegen Wettbewerbsbeschränkungen[1]) oder vergleichbarer Normen anderer Mitgliedstaaten der Europäischen Union sind, Unteraufträge an Dritte nach den Vorschriften dieses Teils. [2] Die Auftragnehmer vergeben Unteraufträge im Wege transparenter Verfahren und behandeln sämtliche potenzielle Unterauftragnehmer gleich und in nicht diskriminierender Weise.

(2) [1] Für die Zwecke von Absatz 1 gelten Bietergemeinschaften oder mit dem Auftragnehmer verbundene Unternehmen nicht als Unterauftragnehmer im Sinne dieses Teils. [2] Der Bieter fügt dem Angebot eine vollständige Liste dieser Unternehmen bei. [3] Ergeben sich Änderungen in den Beziehungen zwischen den Unternehmen, ist dem Auftraggeber darüber eine aktualisierte Liste zur Verfügung zu stellen.

(3) Auftragnehmer, die öffentliche Auftraggeber sind, halten bei der Unterauftragsvergabe die Vorschriften dieser Verordnung über die Vergabe von Hauptaufträgen ein.

(4) Für die Schätzung des Wertes von Unteraufträgen gilt § 3 entsprechend.

---

[1]) Nr. 1.

§ 39 Bekanntmachung. (1) [1]Der Auftragnehmer veröffentlicht seine Absicht, einen Unterauftrag zu vergeben, in Form einer Bekanntmachung. [2]Die Bekanntmachung enthält zumindest die in Anhang V der Richtlinie 2009/81/EG aufgeführten Informationen sowie die Auswahlkriterien des § 40 Absatz 1. [3]Für die Bekanntmachung ist die Einwilligung des Auftraggebers einzuholen. [4]Die Bekanntmachung wird nach dem Muster gemäß Anhang XVI der Durchführungsverordnung (EU) 2015/1986 erstellt und wird gemäß § 18 Absatz 4 und 5 veröffentlicht.

(2) Eine Bekanntmachung über Unteraufträge ist nicht erforderlich, wenn in entsprechender Anwendung des § 12 eine Bekanntmachung verzichtbar ist, weil ein Verhandlungsverfahren ohne Teilnahmewettbewerb zulässig wäre.

§ 40 Kriterien zur Auswahl der Unterauftragsnehmer. (1) [1]In der Bekanntmachung für den Unterauftrag gibt der Auftragnehmer die vom Auftraggeber festgelegten Eignungskriterien sowie alle anderen Kriterien an, die er für die Auswahl der Unterauftragnehmer anwenden wird. [2]Diese Kriterien müssen objektiv und nicht diskriminierend sein und im Einklang mit den Kriterien stehen, die der Auftraggeber für die Auswahl der Bieter für den Hauptauftrag angewandt hat. [3]Die geforderte Leistungsfähigkeit muss in unmittelbarem Zusammenhang mit dem Gegenstand des Unterauftrags stehen und das Niveau der geforderten Fähigkeiten muss dem Gegenstand des Unterauftrags angemessen sein.

(2) Der Auftraggeber darf vom Auftragnehmer nicht verlangen, einen Unterauftrag zu vergeben, wenn dieser nachweist, dass keiner der Unterauftragnehmer, die an dem Wettbewerb teilnehmen, oder keines der eingereichten Angebote die in der Bekanntmachung über den Unterauftrag genannten Kriterien erfüllt und es daher dem erfolgreichen Bieter unmöglich wäre, die Anforderungen des Hauptauftrags zu erfüllen.

§ 41 Unteraufträge aufgrund einer Rahmenvereinbarung. (1) [1]Der Auftragnehmer kann die Anforderungen an die Vergabe von Unteraufträgen im Sinne des § 9 Absatz 3 Nummer 1 und 2 erfüllen, indem er Unteraufträge auf der Grundlage einer Rahmenvereinbarung vergibt, die unter Einhaltung des § 38 Absatz 1 Satz 2, der §§ 39 und 40 geschlossen wurde. [2]Unteraufträge auf der Grundlage einer solchen Rahmenvereinbarung werden gemäß den Bedingungen der Rahmenvereinbarung vergeben. [3]Sie dürfen nur an Unternehmen vergeben werden, die von Anfang an Parteien der Rahmenvereinbarung waren.

(2) Für die durch den Auftragnehmer geschlossene Rahmenvereinbarung gilt § 14 Absatz 1 Satz 2 und Absatz 6 Satz 1 und 2 entsprechend.

Teil 4. Besondere Bestimmungen

§ 42 Ausgeschlossene Personen. (1) Als Organmitglied oder Mitarbeiter eines Auftraggebers oder als Beauftragter oder als Mitarbeiter eines Beauftragten eines Auftraggebers dürfen bei Entscheidungen in einem Vergabeverfahren für einen Auftraggeber als voreingenommen geltende natürliche Personen nicht mitwirken, soweit sie in diesem Verfahren

1. Bieter oder Bewerber sind,

2. einen Bieter oder Bewerber beraten oder sonst unterstützen oder als gesetzlicher Vertreter oder nur in dem Vergabeverfahren vertreten,

3. beschäftigt oder tätig sind

   a) bei einem Bieter oder Bewerber gegen Entgelt oder bei ihm als Mitglied des Vorstandes, Aufsichtsrates oder gleichartigen Organs,

   b) für ein in das Vergabeverfahren eingeschaltetes Unternehmen, wenn dieses Unternehmen zugleich geschäftliche Beziehungen zum Auftraggeber und zum Bieter oder Bewerber hat,

es sei denn, dass daraus kein Interessenkonflikt für die Person entsteht oder sich die Tätigkeiten nicht auf die Entscheidungen in dem Vergabeverfahren auswirken.

(2) [1] Als voreingenommen gelten auch die Personen, deren Angehörige die Voraussetzungen nach Absatz 1 Nummer 1 bis 3 erfüllen. [2] Angehörige sind der Verlobte, der Ehegatte, Lebenspartner, Verwandte und Verschwägerte gerader Linie, Geschwister, Kinder der Geschwister, Ehegatten und Lebenspartner der Geschwister und Geschwister der Ehegatten und Lebenspartner, Geschwister der Eltern sowie Pflegeeltern und Pflegekinder.

§ 43 Dokumentations- und Aufbewahrungspflichten. (1) Das Vergabeverfahren ist von Beginn an in einem Vergabevermerk fortlaufend zu dokumentieren, um die einzelnen Stufen des Verfahrens, die einzelnen Maßnahmen sowie die Begründung der einzelnen Entscheidungen festzuhalten.

(2) Der Vergabevermerk umfasst zumindest:

1. den Namen und die Anschrift des öffentlichen Auftraggebers, Gegenstand und Wert des Auftrags oder der Rahmenvereinbarung,

2. die Namen der berücksichtigten Bewerber oder Bieter und die Gründe für ihre Auswahl,

3. die Namen der nicht berücksichtigten Bewerber oder Bieter und die Gründe für ihre Ablehnung,

4. die Gründe für die Ablehnung von ungewöhnlich niedrigen Angeboten,

5. den Namen des erfolgreichen Bieters und die Gründe für die Auswahl seines Angebots sowie, falls bekannt, den Anteil am Auftrag oder an der Rahmenvereinbarung, den der Zuschlagsempfänger an Dritte weiterzugeben beabsichtigt oder verpflichtet ist weiterzugeben,

6. beim Verhandlungsverfahren ohne Teilnahmewettbewerb und wettbewerblichen Dialog die in dieser Verordnung jeweils genannten Umstände oder Gründe, die die Anwendung dieser Verfahren rechtfertigen; gegebenenfalls die Begründung für die Überschreitung der Fristen gemäß § 12 Absatz 1 Nummer 2 Buchstabe a Satz 2 und Nummer 3 Buchstabe b Satz 3 sowie für die Überschreitung der Schwelle von 50 Prozent gemäß § 12 Absatz 1 Nummer 3 Buchstabe a,

7. gegebenenfalls die Gründe, aus denen die Auftraggeber auf die Vergabe eines Auftrags oder den Abschluss einer Rahmenvereinbarung verzichtet haben,

8. die Gründe, aufgrund derer mehrere Teil- oder Fachlose zusammen vergeben werden sollen,

9. die Gründe, warum der Gegenstand des Auftrags die Vorlage von Eigenerklärungen oder von Eignungsnachweisen erfordert,

10. die Gründe der Nichtangabe der Gewichtung der Zuschlagskriterien,

11. gegebenenfalls die Gründe, die eine über sieben Jahre hinausgehende Laufzeit einer Rahmenvereinbarung rechtfertigen, und

12. die Gründe für die Ablehnung von Angeboten.

(3) Die Auftraggeber müssen geeignete Maßnahmen treffen, um den Ablauf der mit elektronischen Mitteln durchgeführten Vergabeverfahren zu dokumentieren.

(4) Auf Ersuchen der Europäischen Kommission müssen die Auftraggeber den Vermerk in Kopie übermitteln oder dessen wesentlichen Inhalt mitteilen.

Teil 5. Übergangs- und Schlussbestimmungen

§ 44 Übergangsbestimmung. Vergabeverfahren, die vor dem Inkrafttreten der Verordnung begonnen haben, werden einschließlich der sich an diese anschließenden Nachprüfungsverfahren nach dem Recht zu Ende geführt, das zum Zeitpunkt der Einleitung des Verfahrens galt.

§ 45 Inkrafttreten. Diese Verordnung tritt am Tag nach der Verkündung[1] in Kraft.

Der Bundesrat hat zugestimmt.

---

[1] Verkündet am 18.7.2012.

5. Verordnung über die Vergabe von Konzessionen (Konzessionsvergabeverordnung – KonzVgV)[1)][2)]

Vom 12. April 2016
(BGBl. I S. 624, 683)

FNA 703-5-7

zuletzt geänd. durch Art. 6 G zur Verlängerung befristeter Regelungen im Arbeitsförderungsrecht und zur Umsetzung der RL (EU) 2016/2102 über den barrierefreien Zugang zu den Websites und mobilen Anwendungen öffentlicher Stellen v. 10.7.2018 (BGBl. I S. 1117)

Inhaltsübersicht

[1)] Verkündet als Art. 3 VO v. 12.4.2016 (BGBl. I S. 624); Inkrafttreten gem. Art. 7 Abs. 1 dieser VO am 18.4.2016.
[2)] **Amtl. Anm. am Titel der MantelVO:** „Artikel 3 dieser Verordnung dient der Umsetzung der Richtlinie 2014/23/EU v. 26.2.2014 (ABl. L 94 S. 1, ber. ABl. 2015 L 114 S. 24, ABl. 2018 L 82 S. 17), zuletzt geänd. durch VO v. 30.10.2019 (ABl. L 279 S. 23) des Europäischen Parlaments und des Rates vom 26. Februar 2014 über die Konzessionsvergabe (ABl. L 94 vom 28.3.2014, S. 1)."

Abschnitt 1. Allgemeine Bestimmungen und Kommunikation

Unterabschnitt 1. Allgemeine Bestimmungen

§ 1 Gegenstand und Anwendungsbereich. Diese Verordnung trifft nähere Bestimmungen über das einzuhaltende Verfahren bei der dem Teil 4 des Gesetzes gegen Wettbewerbsbeschränkungen[1] unterliegenden Vergabe von Konzessionen durch einen Konzessionsgeber.

§ 2 Berechnung des geschätzten Vertragswerts. (1) Der Konzessionsgeber berechnet den geschätzten Vertragswert nach einer objektiven Methode, die in den Vergabeunterlagen anzugeben ist.

(2) [1]Die Wahl der Methode zur Berechnung des geschätzten Vertragswerts darf nicht in der Absicht erfolgen, die Anwendung der Bestimmungen des Teils 4 des Gesetzes gegen Wettbewerbsbeschränkungen[1] oder dieser Verordnung zu umgehen. [2]Eine Konzession darf insbesondere nicht so aufgeteilt werden, dass sie nicht in den Anwendungsbereich des Teils 4 des Gesetzes gegen Wettbewerbsbeschränkungen[1] fällt, es sei denn, es liegen objektive Gründe für eine solche Aufteilung vor.

(3) Bei der Berechnung des geschätzten Vertragswerts geht der Konzessionsgeber von dem voraussichtlichen Gesamtumsatz ohne Umsatzsteuer aus, den der Konzessionsnehmer während der Vertragslaufzeit als Gegenleistung erzielt

1. für die Bau- oder Dienstleistungen, die Gegenstand der Konzession sind, und

2. für Lieferungen, die mit diesen Bau- oder Dienstleistungen verbunden sind.

(4) Der Konzessionsgeber berücksichtigt dabei nach den Umständen des jeweiligen Einzelfalls insbesondere

1. den Wert aller Arten von Optionen und möglichen Vertragsverlängerungen,

2. die Einkünfte aus Gebühren oder Entgelten sowie Geldbußen oder Vertragsstrafen, die von den Nutzern der Bauwerke oder Dienstleistungen gezahlt werden, soweit diese nicht im Auftrag des Konzessionsgebers erhoben werden,

3. die Zahlungen des Konzessionsgebers oder jeder anderen Behörde an den Konzessionsnehmer oder weitere finanzielle Vorteile jedweder Art, einschließlich Gegenleistungen für die Erfüllung von Gemeinwohlverpflichtungen sowie staatlicher Investitionsbeihilfen,

---

[1] Auszugsweise abgedruckt unter Nr. **1**.

4. den Wert von Zuschüssen oder sonstigen finanziellen Vorteilen jeglicher Art, die von Dritten für die Durchführung der Konzession gewährt werden,

5. die Einkünfte aus dem Verkauf von Vermögensgegenständen, die Teil der Konzession sind,

6. den Wert aller Lieferungen und Dienstleistungen, die der Konzessionsgeber für den Konzessionsnehmer bereitstellt, sofern sie für die Erbringung der Bau- oder Dienstleistungen erforderlich sind,

7. Prämien oder Zahlungen an Bewerber oder Bieter.

(5) [1] Maßgeblicher Zeitpunkt für die Berechnung des geschätzten Vertragswerts ist der Zeitpunkt, zu dem die Konzessionsbekanntmachung abgesendet oder das Vergabeverfahren auf sonstige Weise eingeleitet wird. [2] Abweichend davon ist der Zeitpunkt des Zuschlags maßgeblich, falls der Vertragswert zu diesem Zeitpunkt mehr als 20 Prozent über dem nach Satz 1 geschätzten Wert liegt.

(6) [1] Kann ein Bauvorhaben oder eine geplante Dienstleistung zur Vergabe von Konzessionen in Form mehrerer Lose führen, ist der geschätzte Gesamtwert aller Lose zu berücksichtigen. [2] Erreicht oder übersteigt der geschätzte Gesamtwert den maßgeblichen Schwellenwert, ist diese Verordnung für die Vergabe jedes Loses anzuwenden.

§ 3 Laufzeit von Konzessionen. (1) [1] Die Laufzeit von Konzessionen ist beschränkt. [2] Der Konzessionsgeber schätzt die Laufzeit je nach den geforderten Bau- oder Dienstleistungen.

(2) [1] Bei Konzessionen mit einer Laufzeit von über fünf Jahren darf die Laufzeit nicht länger sein als der Zeitraum, innerhalb dessen der Konzessionsnehmer nach vernünftigem Ermessen die Investitionsaufwendungen für die Errichtung, die Erhaltung und den Betrieb des Bauwerks oder die Erbringung der Dienstleistungen zuzüglich einer Rendite auf das investierte Kapital unter Berücksichtigung der zur Verwirklichung der spezifischen Vertragsziele notwendigen Investitionen wieder erwirtschaften kann. [2] Die dabei zugrunde zu legenden Investitionsaufwendungen umfassen sowohl die zu Anfang als auch die während der Laufzeit der Konzessionen vorzunehmenden Investitionen. [3] In diesem Rahmen kann der Konzessionsgeber für bestimmte Konzessionstypen durchschnittliche Investitionsaufwendungen und durchschnittliche Renditen zugrunde legen, soweit es die Besonderheiten des jeweiligen Konzessionstyps rechtfertigen.

§ 4 Wahrung der Vertraulichkeit. (1) [1] Sofern in dieser Verordnung oder anderen Rechtsvorschriften nichts anderes bestimmt ist, darf der Konzessionsgeber keine von den Unternehmen übermittelten und von diesen als vertraulich gekennzeichneten Informationen weitergeben. [2] Dazu gehören insbesondere Betriebs- und Geschäftsgeheimnisse und die vertraulichen Aspekte der Angebote einschließlich ihrer Anlagen.

(2) [1] Bei der gesamten Kommunikation sowie beim Austausch und bei der Speicherung von Informationen muss der Konzessionsgeber die Integrität der Daten sowie die Vertraulichkeit der Teilnahmeanträge und Angebote einschließlich ihrer Anlagen gewährleisten. [2] Die Teilnahmeanträge und Angebote einschließlich ihrer Anlagen sowie die Dokumentation über die Angebotsöffnung sind auch nach Abschluss des Vergabeverfahrens vertraulich zu behandeln.

(3) [1] Der Konzessionsgeber kann Unternehmen Anforderungen vorschreiben, die auf den Schutz der Vertraulichkeit der Informationen im Rahmen des Vergabeverfahrens abzielen. [2] Hierzu gehört insbesondere die Abgabe einer Verschwiegenheitserklärung.

§ 5 Vermeidung von Interessenkonflikten. (1) Organmitglieder und Mitarbeiter des Konzessionsgebers oder eines im Namen des Konzessionsgebers handelnden Beschaffungsdienstleisters, bei denen ein Interessenkonflikt besteht, dürfen in einem Vergabeverfahren nicht mitwirken.

(2) Ein Interessenkonflikt besteht für Personen, die an der Durchführung des Vergabeverfahrens beteiligt sind oder Einfluss auf den Ausgang eines Vergabeverfahrens nehmen können und die ein direktes oder indirektes finanzielles, wirtschaftliches oder persönliches Interesse haben, das ihre Unparteilichkeit und Unabhängigkeit im Rahmen des Vergabeverfahrens beeinträchtigen könnte.

(3) Es wird vermutet, dass ein Interessenkonflikt besteht, wenn die in Absatz 1 genannten Personen

1. Bewerber oder Bieter sind,

2. einen Bewerber oder Bieter beraten oder sonst unterstützen oder als gesetzlicher Vertreter oder nur in dem Vergabeverfahren vertreten oder

3. beschäftigt oder tätig sind

   a) bei einem Bewerber oder Bieter gegen Entgelt oder als Organmitglied oder

   b) für ein in das Vergabeverfahren eingeschaltetes Unternehmen, wenn dieses Unternehmen zugleich geschäftliche Beziehungen zum Konzessionsgeber und zum Bewerber oder Bieter hat.

(4) [1] Die Vermutung des Absatzes 3 gilt auch für Personen, deren Angehörige die Voraussetzungen nach Absatz 3 Nummer 1 bis 3 erfüllen. [2] Angehörige sind der Verlobte, der Ehegatte, Lebenspartner, Verwandte und Verschwägerte gerader Linie, Geschwister, Kinder der Geschwister, Ehegatten und Lebenspartner der Geschwister und Geschwister der Ehegatten und Lebenspartner, Geschwister der Eltern sowie Pflegeeltern und Pflegekinder.

§ 6 Dokumentation und Vergabevermerk. (1) [1] Der Konzessionsgeber dokumentiert das Vergabeverfahren von Beginn an fortlaufend in Textform nach § 126b des Bürgerlichen Gesetzbuchs, soweit dies für die Begründung von Entscheidungen auf jeder Stufe des Vergabeverfahrens erforderlich ist. [2] Dazu gehört zum Beispiel die Dokumentation der Kommunikation mit Unternehmen und internen Beratungen, der Vorbereitung der Konzessionsbekanntmachung und der Vergabeunterlagen, der Öffnung der Teilnahmeanträge und Angebote, der Verhandlungen mit den Bewerbern und Bietern sowie der Gründe für Auswahlentscheidungen und den Zuschlag.

(2) [1] Der Konzessionsgeber fertigt über jedes Vergabeverfahren einen Vermerk in Textform nach § 126b des Bürgerlichen Gesetzbuchs an. [2] Dieser Vergabevermerk umfasst mindestens Folgendes:

1. den Namen und die Anschrift des Konzessionsgebers sowie Gegenstand und Vertragswert der Konzession,

2. die Namen der berücksichtigten Bewerber oder Bieter und die Gründe für ihre Auswahl,

3. die nicht berücksichtigten Teilnahmeanträge und Angebote sowie die Namen der nicht berücksichtigten Bewerber oder Bieter und die Gründe für ihre Nichtberücksichtigung,

4. den Namen des erfolgreichen Bieters und die Gründe für die Auswahl seines Angebots sowie, falls bekannt, den Anteil an der Konzession, den der erfolgreiche Bieter an Dritte weiterzugeben beabsichtigt, und die Namen der Unterauftragnehmer,

5. die Gründe, aus denen der Konzessionsgeber auf die Vergabe einer Konzession verzichtet hat,

6. die Gründe, aus denen andere als elektronische Mittel für die Einreichung der Angebote verwendet wurden, und

7. Angaben zu aufgedeckten Interessenkonflikten und getroffenen Abhilfemaßnahmen.

(3) Die Dokumentation, der Vergabevermerk, die Teilnahmeanträge und die Angebote einschließlich ihrer Anlagen sind bis zum Ende der Vertragslaufzeit vertraulich zu behandeln und aufzubewahren, mindestens jedoch für drei Jahre ab dem Tag des Zuschlags.

(4) § 4 bleibt unberührt.

Unterabschnitt 2. Kommunikation

§ 7 Grundsätze der Kommunikation. (1) Für das Senden, Empfangen, Weiterleiten und Speichern von Daten in einem Vergabeverfahren verwenden der Konzessionsgeber und die Unternehmen grundsätzlich Geräte und Programme für die elektronische Datenübermittlung (elektronische Mittel).

(2) Die Kommunikation kann mündlich erfolgen, wenn sie nicht die Vergabeunterlagen, die Teilnahmeanträge oder die Angebote betrifft und sie ausreichend und in geeigneter Weise dokumentiert wird.

(3) [1] Der Konzessionsgeber kann von jedem Unternehmen die Angabe einer eindeutigen Unternehmensbezeichnung sowie einer elektronischen Adresse verlangen (Registrierung). [2] Für den Zugang zur Konzessionsbekanntmachung und zu den Vergabeunterlagen darf der Konzessionsgeber keine Registrierung verlangen; eine freiwillige Registrierung ist zulässig.

§ 8 Anforderungen an die verwendeten elektronischen Mittel.

(1) [1] Der Konzessionsgeber legt das erforderliche Sicherheitsniveau für die elektronischen Mittel fest. [2] Elektronische Mittel, die der Konzessionsgeber für den Empfang von Teilnahmeanträgen und Angeboten verwendet, müssen gewährleisten, dass

1. die Uhrzeit und der Tag des Datenempfangs genau zu bestimmen sind,

2. kein vorfristiger Zugriff auf die empfangenen Daten möglich ist,

3. der Termin für den erstmaligen Zugriff auf die empfangenen Daten nur von dem oder den Berechtigten festgelegt oder geändert werden kann,

4. nur die Berechtigten Zugriff auf die empfangenen Daten oder auf einen Teil derselben haben,

5. nur die berechtigten Dritten Zugriff auf die empfangenen Daten oder auf einen Teil derselben einräumen dürfen,

6. empfangene Daten nicht an Unberechtigte übermittelt werden und

7. Verstöße oder versuchte Verstöße gegen die Anforderungen gemäß den Nummern 1 bis 6 eindeutig festgestellt werden können.

(2) [1] Die elektronischen Mittel, die der Konzessionsgeber für den Empfang von Teilnahmeanträgen und Angeboten verwendet, müssen über eine einheitliche Datenaustauschschnittstelle verfügen. [2] Es sind die jeweils geltenden IT-Interoperabilitäts- und IT-Sicherheitsstandards der Informationstechnik gemäß § 3 Absatz 1 des Vertrags über die Errichtung des IT-Planungsrats und über die Grundlagen der Zusammenarbeit beim Einsatz der Informationstechnologie in den Verwaltungen von Bund und Ländern vom 1. April 2010 zu verwenden.

§ 9 Anforderungen an den Einsatz elektronischer Mittel im Vergabeverfahren. (1) [1] Elektronische Mittel und deren technische Merkmale müssen allgemein verfügbar, nichtdiskriminierend und mit allgemein verbreiteten Geräten und Programmen der Informations- und Kommunikationstechnologie kompatibel sein. [2] Sie dürfen den Zugang von Unternehmen zum Vergabeverfahren nicht unangemessen einschränken. [3] Der Konzessionsgeber gewährleistet die barrierefreie Ausgestaltung der elektronischen Mittel nach den §§ 4, 12a und 12b des Behindertengleichstellungsgesetzes vom 27. April 2002 (BGBl. I S. 1467, 1468) in der jeweils geltenden Fassung.

(2) Der Konzessionsgeber verwendet für das Senden, Empfangen, Weiterleiten und Speichern von Daten ausschließlich solche elektronischen Mittel, die die Unversehrtheit, die Vertraulichkeit und die Echtheit der Daten gewährleisten.

(3) Der Konzessionsgeber muss den Unternehmen alle notwendigen Informationen zur Verfügung stellen über

1. die in einem Vergabeverfahren verwendeten elektronischen Mittel,

2. die technischen Parameter zur Einreichung von Teilnahmeanträgen und Angeboten mithilfe elektronischer Mittel und

3. die verwendeten Verschlüsselungs- und Zeiterfassungsverfahren.

§ 10 Einsatz alternativer elektronischer Mittel bei der Kommunikation. Der Konzessionsgeber kann im Vergabeverfahren die Verwendung elektronischer Mittel, die nicht allgemein verfügbar sind (alternative elektronische Mittel), verlangen, wenn der Konzessionsgeber

1. Unternehmen während des gesamten Vergabeverfahrens unter einer Internetadresse einen unentgeltlichen, uneingeschränkten, vollständigen und direkten Zugang zu diesen alternativen elektronischen Mitteln gewährt und

2. diese alternativen elektronischen Mittel selbst verwendet.

§ 11 Allgemeine Verwaltungsvorschriften. Die Bundesregierung kann mit Zustimmung des Bundesrates allgemeine Verwaltungsvorschriften über die zu verwendenden elektronischen Mittel (Basisdienste für die elektronische Konzessionsvergabe) sowie über die einzuhaltenden technischen Standards erlassen.

Abschnitt 2. Vergabeverfahren

Unterabschnitt 1. Allgemeine Verfahrensvorschriften

§ 12 Allgemeine Grundsätze. (1) [1]Der Konzessionsgeber darf das Verfahren zur Vergabe von Konzessionen nach Maßgabe dieser Verordnung frei ausgestalten. [2]Der Konzessionsgeber kann das Verfahren an den Vorschriften der Vergabeverordnung[1] zum Ablauf des Verhandlungsverfahrens mit Teilnahmewettbewerb ausrichten.

(2) [1]Das Verfahren kann ein- oder mehrstufig durchgeführt werden. [2]Der Konzessionsgeber darf mit Bewerbern und Bietern Verhandlungen führen. [3]Während der Verhandlungen dürfen der Konzessionsgegenstand, die Mindestanforderungen an das Angebot und die Zuschlagskriterien nicht geändert werden.

(3) Der Konzessionsgeber darf Bewerber oder Bieter bei der Weitergabe von Informationen nicht diskriminieren.

§ 13 Verfahrensgarantien. (1) Konzessionen werden auf der Grundlage der von dem Konzessionsgeber gemäß § 31 festgelegten Zuschlagskriterien vergeben, sofern alle folgenden Bedingungen erfüllt sind:

1. Der Bieter erfüllt die von dem Konzessionsgeber festgelegten Eignungskriterien und weiteren Teilnahmebedingungen sowie die gegebenenfalls festgelegten Mindestanforderungen, die insbesondere technische, physische, funktionelle und rechtliche Bedingungen und Merkmale umfassen, die jedes Angebot erfüllen sollte, und

2. der Bieter ist vorbehaltlich des § 154 Nummer 2 in Verbindung mit § 125 des Gesetzes gegen Wettbewerbsbeschränkungen[2] nicht gemäß § 154 Nummer 2 in Verbindung mit den §§ 123 und 124 des Gesetzes gegen Wettbewerbsbeschränkungen[2] von der Teilnahme am Vergabeverfahren ausgeschlossen.

(2) Der Konzessionsgeber erteilt folgende Angaben:

1. in der Konzessionsbekanntmachung gemäß § 19 eine Beschreibung der Konzession sowie der Teilnahmebedingungen und

2. in der Konzessionsbekanntmachung gemäß § 19, der Aufforderung zur Angebotsabgabe oder in anderen Vergabeunterlagen die Zuschlagskriterien sowie die gegebenenfalls festgelegten Mindestanforderungen.

(3) [1]Der Konzessionsgeber übermittelt den Teilnehmern an einem Vergabeverfahren einen Organisations- und Zeitplan des Vergabeverfahrens einschließlich eines unverbindlichen Schlusstermins. [2]Der Konzessionsgeber teilt sämtliche Änderungen allen Teilnehmern mit. [3]Sofern diese Änderungen Inhalte der Konzessionsbekanntmachung betreffen, sind sie bekanntzumachen.

(4) [1]Die Zahl der Bewerber oder Angebote kann auf eine angemessene Zahl begrenzt werden, sofern dies anhand objektiver Kriterien und in transparenter Weise geschieht. [2]Die Zahl der zur Teilnahme oder Angebotsabgabe aufgefor-

---

[1] Nr. 2.
[2] Nr. 1.

derten Bewerber oder Bieter muss ausreichend hoch sein, dass der Wettbewerb gewährleistet ist.

§ 14 Umgehungsverbot. Das Verfahren zur Vergabe einer Konzession darf nicht in einer Weise ausgestaltet werden, dass es vom Anwendungsbereich des Teils 4 des Gesetzes gegen Wettbewerbsbeschränkungen[1] ausgenommen wird oder bestimmte Unternehmen oder bestimmte Bauleistungen, Lieferungen oder Dienstleistungen auf unzulässige Weise bevorzugt oder benachteiligt werden.

Unterabschnitt 2. Vorbereitung des Vergabeverfahrens

§ 15 Leistungsbeschreibung. (1) [1] In der Leistungsbeschreibung werden die für die vertragsgegenständlichen Bau- oder Dienstleistungen geforderten Merkmale durch technische und funktionelle Anforderungen festgelegt. [2] Der Konzessionsgeber fasst die Leistungsbeschreibung gemäß § 152 Absatz 1 in Verbindung mit § 121 Absatz 1 und 3 des Gesetzes gegen Wettbewerbsbeschränkungen[2] in einer Weise, dass allen Unternehmen der gleiche Zugang zum Vergabeverfahren gewährt wird und die Öffnung des nationalen Beschaffungsmarkts für den Wettbewerb nicht in ungerechtfertigter Weise behindert wird.

(2) [1] Die Merkmale können Aspekte der Qualität und Innovation sowie soziale und umweltbezogene Aspekte betreffen. [2] Sie können sich auch auf den Prozess oder die Methode zur Herstellung oder Erbringung der Bau- oder Dienstleistungen oder auf ein anderes Stadium im Lebenszyklus des Gegenstands der Konzession einschließlich der Produktions- und Lieferkette beziehen, auch wenn derartige Faktoren keine materiellen Bestandteile des Gegenstands der Konzession sind, sofern diese Merkmale in Verbindung mit dem Gegenstand der Konzession stehen und zu dessen Wert und Beschaffungszielen verhältnismäßig sind.

(3) [1] In der Leistungsbeschreibung darf nicht auf eine bestimmte Produktion oder Herkunft oder ein besonderes Verfahren, das die Erzeugnisse oder Dienstleistungen eines bestimmten Unternehmens kennzeichnet, oder auf gewerbliche Schutzrechte, Typen oder eine bestimmte Erzeugung verwiesen werden, wenn dadurch bestimmte Unternehmen oder bestimmte Produkte begünstigt oder ausgeschlossen werden, es sei denn, dieser Verweis ist durch den Konzessionsgegenstand gerechtfertigt. [2] Solche Verweise sind ausnahmsweise zulässig, wenn der Konzessionsgegenstand andernfalls nicht hinreichend genau und allgemein verständlich beschrieben werden kann; diese Verweise sind mit dem Zusatz „oder gleichwertig" zu versehen.

(4) Ein Angebot darf nicht mit der Begründung abgelehnt werden, dass die angebotenen Bau- oder Dienstleistungen nicht den in der Leistungsbeschreibung genannten technischen und funktionellen Anforderungen entsprechen, wenn der Bieter in seinem Angebot mit geeigneten Mitteln nachgewiesen hat, dass die von ihm vorgeschlagenen Lösungen diese Anforderungen in gleichwertiger Weise erfüllen.

§ 16 Vergabeunterlagen. [1] Die Vergabeunterlagen umfassen jede Unterlage, die vom Konzessionsgeber erstellt wird oder auf die er sich bezieht, um

---

[1] Auszugsweise abgedruckt unter Nr. 1.
[2] Nr. 1.

Bestandteile der Konzession oder des Verfahrens zu beschreiben oder festzulegen. ²Dazu zählen insbesondere die Leistungsbeschreibung, der Entwurf der Vertragsbedingungen, Vorlagen für die Einreichung von Unterlagen durch Bewerber oder Bieter sowie Informationen über allgemeingültige Verpflichtungen.

§ 17 Bereitstellung der Vergabeunterlagen. (1) Der Konzessionsgeber gibt in der Konzessionsbekanntmachung oder – sofern die Konzessionsbekanntmachung keine Aufforderung zur Angebotsabgabe enthält – in der Aufforderung zur Angebotsabgabe eine elektronische Adresse an, unter der die Vergabeunterlagen unentgeltlich, uneingeschränkt, vollständig und direkt abgerufen werden können.

(2) ¹Der Konzessionsgeber kann die Vergabeunterlagen auf einem anderen geeigneten Weg übermitteln, wenn aufgrund hinreichend begründeter Umstände aus außergewöhnlichen Sicherheitsgründen oder technischen Gründen oder aufgrund der besonderen Sensibilität von Handelsinformationen, die eines sehr hohen Datenschutzniveaus bedürfen, ein unentgeltlicher, uneingeschränkter und vollständiger elektronischer Zugang nicht angeboten werden kann. ²In diesem Fall gibt der Konzessionsgeber in der Konzessionsbekanntmachung oder der Aufforderung zur Angebotsabgabe an, dass die Vergabeunterlagen auf einem anderen geeigneten Weg übermittelt werden können und die Frist für den Eingang der Angebote verlängert wird.

§ 18 Zusätzliche Auskünfte zu den Vergabeunterlagen. Der Konzessionsgeber erteilt allen Unternehmen, die sich an dem Vergabeverfahren beteiligen, spätestens sechs Tage vor dem Schlusstermin für den Eingang der Angebote zusätzliche Auskünfte zu den Vergabeunterlagen, sofern die Unternehmen diese zusätzlichen Auskünfte rechtzeitig angefordert haben.

Unterabschnitt 3. Bekanntmachungen

§ 19 Konzessionsbekanntmachung. (1) Der Konzessionsgeber teilt seine Absicht, eine Konzession zu vergeben, in einer Konzessionsbekanntmachung mit.

(2) Die Konzessionsbekanntmachung wird nach dem Muster gemäß Anhang XXI der Durchführungsverordnung (EU) 2015/1986 der Kommission vom 11. November 2015 zur Einführung von Standardformularen für die Veröffentlichung von Vergabebekanntmachungen für öffentliche Aufträge und zur Aufhebung der Durchführungsverordnung (EU) Nr. 842/2011 in der jeweils geltenden Fassung erstellt (ABl. L 296 vom 12.11.2015, S. 1).

(3) Der Konzessionsgeber benennt in der Konzessionsbekanntmachung die Vergabekammer, an die sich die Unternehmen zur Nachprüfung geltend gemachter Vergabeverstöße wenden können.

§ 20 Ausnahmen von der Konzessionsbekanntmachung. (1) ¹Von einer Konzessionsbekanntmachung kann abgesehen werden, wenn die Bau- oder Dienstleistung nur von einem bestimmten Unternehmen erbracht werden kann, weil

1. das Ziel der Konzession die Erschaffung oder der Erwerb eines einzigartigen Kunstwerks oder einer einzigartigen künstlerischen Leistung ist,
2. Wettbewerb aus technischen Gründen nicht entstehen kann,

3. ein ausschließliches Recht besteht oder
4. Rechte des geistigen Eigentums oder andere als die in § 101 Absatz 2 in Verbindung mit § 100 Absatz 2 Satz 1 des Gesetzes gegen Wettbewerbsbeschränkungen[1] definierten ausschließlichen Rechte zu beachten sind.

[2] Satz 1 Nummer 2 bis 4 ist nur anzuwenden, wenn es keine sinnvolle Alternative oder Ersatzlösung gibt und der fehlende Wettbewerb nicht das Ergebnis einer künstlichen Einengung der Parameter der Konzessionsvergabe ist.

(2) [1] Von einer neuen Konzessionsbekanntmachung kann abgesehen werden, wenn bei einem vorausgegangenen Vergabeverfahren keine oder keine geeigneten Teilnahmeanträge oder Angebote eingereicht wurden, sofern die ursprünglichen Bedingungen des Konzessionsvertrags nicht grundlegend geändert werden und der Europäischen Kommission auf Anforderung ein Verfahrensbericht vorgelegt wird. [2] Ungeeignet sind
1. ein Teilnahmeantrag, wenn
   a) der Bewerber gemäß § 154 Nummer 2 in Verbindung mit den §§ 123 bis 126 des Gesetzes gegen Wettbewerbsbeschränkungen[1] aufgrund eines zwingenden oder fakultativen Ausschlussgrunds auszuschließen ist oder ausgeschlossen werden könnte oder der Bewerber die gemäß § 152 Absatz 2 in Verbindung mit § 122 des Gesetzes gegen Wettbewerbsbeschränkungen[1] festgelegten Eignungskriterien nicht erfüllt oder
   b) der Teilnahmeantrag ein ungeeignetes Angebot enthält, weil dieses ohne wesentliche Abänderung den in den Vergabeunterlagen genannten Bedürfnissen und Anforderungen des Konzessionsgebers offensichtlich nicht entsprechen kann, und
2. ein Angebot, wenn es ohne wesentliche Abänderung den in den Vergabeunterlagen genannten Bedürfnissen und Anforderungen des Konzessionsgebers offensichtlich nicht entsprechen kann.

§ 21 Vergabebekanntmachung, Bekanntmachung über Änderungen einer Konzession. (1) [1] Der Konzessionsgeber übermittelt spätestens 48 Tage nach der Vergabe einer Konzession eine Vergabebekanntmachung mit dem Ergebnis des Vergabeverfahrens an das Amt für Veröffentlichungen der Europäischen Union. [2] Die Vergabebekanntmachung wird nach dem Muster gemäß Anhang XXII der Durchführungsverordnung (EU) 2015/1986 erstellt.

(2) Bekanntmachungen über Änderungen einer Konzession gemäß § 154 Nummer 3 in Verbindung mit § 132 Absatz 5 des Gesetzes gegen Wettbewerbsbeschränkungen[1] werden nach dem Muster gemäß Anhang XVII der Durchführungsverordnung (EU) 2015/1986 erstellt.

§ 22 Konzessionen, die soziale und andere besondere Dienstleistungen betreffen. (1) Der Konzessionsgeber teilt seine Absicht, eine Konzession zur Erbringung sozialer Dienstleistungen oder anderer besonderer Dienstleistungen im Sinne des § 153 des Gesetzes gegen Wettbewerbsbeschränkungen[1] zu vergeben, durch eine Vorinformation mit.

(2) [1] Auf Vergabebekanntmachungen ist § 21 Absatz 1 anzuwenden. [2] Der Konzessionsgeber kann Vergabebekanntmachungen vierteljährlich zusammenfassen. [3] In diesem Fall ist die Veröffentlichung der zusammengefassten Be-

---

[1] Nr. 1.

kanntmachungen innerhalb von 48 Tagen nach dem Ende des Quartals zu veranlassen.

(3) Für Bekanntmachungen nach den Absätzen 1 und 2 ist das Muster gemäß Anhang XX der Durchführungsverordnung (EU) 2015/1986 zu verwenden.

(4) Auf Bekanntmachungen über Änderungen einer Konzession gemäß § 154 Nummer 3 in Verbindung mit § 132 Absatz 5 des Gesetzes gegen Wettbewerbsbeschränkungen[1]) ist § 21 Absatz 2 anzuwenden.

§ 23 Form und Modalitäten der Veröffentlichung von Bekanntmachungen. (1) Konzessionsbekanntmachungen, Vorinformationen, Vergabebekanntmachungen und Bekanntmachungen zu Änderungen einer Konzession (Bekanntmachungen) sind dem Amt für Veröffentlichungen der Europäischen Union mit elektronischen Mitteln zu übermitteln.

(2) Als Nachweis der Veröffentlichung dient die Bestätigung des Eingangs der Bekanntmachung und der Veröffentlichung der übermittelten Information, die der Konzessionsgeber vom Amt für Veröffentlichungen der Europäischen Union erhält.

(3) ¹Bekanntmachungen dürfen frühestens 48 Stunden nach der Bestätigung des Amtes für Veröffentlichungen der Europäischen Union über die Veröffentlichung der übermittelten Informationen auf nationaler Ebene veröffentlicht werden. ²Die Veröffentlichung darf nur die Angaben enthalten, die in der an das Amt für Veröffentlichungen der Europäischen Union übermittelten Bekanntmachung enthalten sind. ³In der nationalen Bekanntmachung ist das Datum der Übermittlung an das Amt für Veröffentlichungen der Europäischen Union anzugeben.

Unterabschnitt 4. Auswahlverfahren und Zuschlag

§ 24 Rechtsform von Unternehmen und Bietergemeinschaften.

(1) ¹Bewerber oder Bieter, die gemäß den Rechtsvorschriften des Staats, in dem sie niedergelassen sind, zur Erbringung der betreffenden Leistung berechtigt sind, dürfen nicht allein deshalb zurückgewiesen werden, weil sie gemäß den deutschen Rechtsvorschriften eine natürliche oder juristische Person sein müssten. ²Juristische Personen können verpflichtet werden, in ihrem Antrag auf Teilnahme oder in ihrem Angebot die Namen und die berufliche Befähigung der Personen anzugeben, die für die Durchführung des Konzessionsvertrags als verantwortlich vorgesehen sind.

(2) ¹Bewerber- und Bietergemeinschaften sind wie Einzelbewerber und -bieter zu behandeln. ²Der Konzessionsgeber darf nicht verlangen, dass Gruppen von Unternehmen eine bestimmte Rechtsform haben müssen, um einen Antrag auf Teilnahme zu stellen oder ein Angebot abzugeben. ³Sofern erforderlich kann der Konzessionsgeber in den Vergabeunterlagen Bedingungen festlegen, wie Gruppen von Unternehmen die Eignungskriterien zu erfüllen und die Konzession auszuführen haben; solche Bedingungen müssen durch sachliche Gründe gerechtfertigt und angemessen sein.

(3) Unbeschadet des Absatzes 2 kann der Konzessionsgeber verlangen, dass eine Bietergemeinschaft nach Zuschlagserteilung eine bestimmte Rechtsform

---

¹⁾ Nr. 1.

annimmt, soweit dies für die ordnungsgemäße Durchführung der Konzession erforderlich ist.

§ 25 Anforderungen an die Auswahl geeigneter Unternehmen; Eignungsleihe. (1) [1]Der Konzessionsgeber legt die Eignungskriterien gemäß § 152 Absatz 2 in Verbindung mit § 122 des Gesetzes gegen Wettbewerbsbeschränkungen[1] fest und gibt die Eignungskriterien in der Konzessionsbekanntmachung an. [2]Ist eine Konzessionsbekanntmachung gemäß § 20 nicht erforderlich, sind die Eignungskriterien in die Vergabeunterlagen aufzunehmen.

(2) Die Eignungskriterien müssen nichtdiskriminierend sein und dem Zweck dienen,

1. sicherzustellen, dass der Konzessionsnehmer zur Durchführung der Konzession in Anbetracht des Konzessionsgegenstands fähig ist, sowie
2. den Wettbewerb zu gewährleisten.

(3) [1]Zur Erfüllung der Eignungskriterien darf ein Unternehmen Kapazitäten anderer Unternehmen einbeziehen, unabhängig davon, welche rechtlichen Beziehungen zwischen ihm und diesen Unternehmen bestehen. [2]Hinsichtlich der finanziellen Leistungsfähigkeit kann der Konzessionsgeber verlangen, dass die Unternehmen gemeinschaftlich für die Vertragsdurchführung haften.

§ 26 Beleg für die Eignung und das Nichtvorliegen von Ausschlussgründen. (1) Der Konzessionsgeber prüft die Eignung und das Nichtvorliegen von Ausschlussgründen aufgrund der Vorlage von Eigenerklärungen oder von Nachweisen.

(2) [1]In der Konzessionsbekanntmachung ist anzugeben, mit welchen Unterlagen Unternehmen die Eignung und das Nichtvorliegen von Ausschlussgründen zu belegen haben. [2]Ist eine Konzessionsbekanntmachung gemäß § 20 nicht erforderlich, sind diese Angaben in die Vergabeunterlagen aufzunehmen.

(3) Bei Einbeziehung von Kapazitäten anderer Unternehmen gemäß § 25 Absatz 3 können Konzessionsgeber den Nachweis verlangen, dass die zur Erfüllung der Eignungskriterien erforderlichen Mittel während der gesamten Konzessionslaufzeit zur Verfügung stehen werden.

§ 27 Fristen für den Eingang von Teilnahmeanträgen und Angeboten.
(1) Der Konzessionsgeber berücksichtigt bei der Festsetzung von Fristen insbesondere die Komplexität der Konzession und die Zeit, die für die Einreichung der Teilnahmeanträge und für die Ausarbeitung der Angebote erforderlich ist.

(2) Auf ausreichend lange Fristen ist insbesondere zu achten, wenn eine Ortsbesichtigung oder eine persönliche Einsichtnahme in nicht übermittelte Anlagen zu den Vergabeunterlagen vor Ort erforderlich ist.

(3) Die Mindestfrist für den Eingang von Teilnahmeanträgen mit oder ohne Angebot beträgt 30 Tage ab dem Tag nach der Übermittlung der Konzessionsbekanntmachung.

(4) [1]Findet das Verfahren in mehreren Stufen statt, beträgt die Mindestfrist für den Eingang von Erstangeboten 22 Tage ab dem Tag nach der Aufforderung

---

[1] Nr. 1.

zur Angebotsabgabe. [2] Der Konzessionsgeber kann die Frist für den Eingang von Angeboten um fünf Tage verkürzen, wenn diese mit elektronischen Mitteln eingereicht werden.

§ 28 Form und Übermittlung der Teilnahmeanträge und Angebote.
(1) Bewerber oder Bieter übermitteln ihre Teilnahmeanträge und Angebote grundsätzlich in Textform nach § 126b des Bürgerlichen Gesetzbuchs mithilfe elektronischer Mittel.

(2) [1] Der Konzessionsgeber ist nicht verpflichtet, die Einreichung von Teilnahmeanträgen und Angeboten mithilfe elektronischer Mittel zu verlangen, wenn auf die zur Einreichung erforderlichen elektronischen Mittel einer der in § 17 Absatz 2 genannten Gründe zutrifft oder wenn zugleich physische oder maßstabsgetreue Modelle einzureichen sind, die nicht elektronisch übermittelt werden können. [2] In diesen Fällen erfolgt die Kommunikation auf dem Postweg oder auf einem anderen geeigneten Weg oder in Kombination von postalischem oder einem anderen geeigneten Weg und der Verwendung elektronischer Mittel. [3] Der Konzessionsgeber gibt im Vergabevermerk die Gründe an, warum die Angebote mithilfe anderer als elektronischer Mittel eingereicht werden können.

(3) [1] Der Konzessionsgeber prüft, ob zu übermittelnde Daten erhöhte Anforderungen an die Sicherheit der Datenübermittlung stellen. [2] Soweit es erforderlich ist, kann der Konzessionsgeber verlangen, dass Teilnahmeanträge und Angebote zu versehen sind mit

1. einer fortgeschrittenen elektronischen Signatur,
2. einer qualifizierten elektronischen Signatur,
3. einem fortgeschrittenen elektronischen Siegel oder
4. einem qualifizierten elektronischen Siegel.

(4) [1] Der Konzessionsgeber kann festlegen, dass Angebote mithilfe anderer als elektronischer Mittel einzureichen sind, wenn sie besonders schutzwürdige Daten enthalten, die bei Verwendung allgemein verfügbarer oder alternativer elektronischer Mittel nicht angemessen geschützt werden können. [2] Der Konzessionsgeber gibt im Vergabevermerk die Gründe an, warum er die Einreichung der Angebote mithilfe anderer als elektronischer Mittel für erforderlich hält.

§ 29 Prüfung und Aufbewahrung der ungeöffneten Teilnahmeanträge und Angebote. [1] Der Konzessionsgeber prüft den Inhalt der Teilnahmeanträge und Angebote erst nach Ablauf der Frist für ihre Einreichung. [2] Bei der Aufbewahrung der ungeöffneten Teilnahmeanträge und Angebote sind die Integrität und die Vertraulichkeit der Daten zu gewährleisten.

§ 30 Unterrichtung der Bewerber oder Bieter. (1) Unbeschadet § 134 des Gesetzes gegen Wettbewerbsbeschränkungen[1] unterrichtet der Konzessionsgeber alle Bewerber oder Bieter unverzüglich über die Entscheidungen hinsichtlich des Zuschlags, einschließlich des Namens des erfolgreichen Bieters, der Gründe für die Ablehnung ihrer Teilnahmeanträge oder Angebote sowie die Gründe für eine Entscheidung, Konzessionen, für die eine Konzessions-

---

[1] Nr. 1.

bekanntmachung veröffentlicht wurde, nicht zu vergeben oder das Verfahren neu einzuleiten.

(2) Auf Anfrage der Betroffenen in Textform gemäß § 126b des Bürgerlichen Gesetzbuchs unterrichtet der Konzessionsgeber unverzüglich, in jedem Fall binnen 15 Tagen, jeden Bieter, der ein ordnungsgemäßes Angebot eingereicht hat, über die Merkmale und relativen Vorteile des ausgewählten Angebots.

(3) Der Konzessionsgeber kann beschließen, bestimmte in Absatz 1 genannte Angaben zur Konzession nicht mitzuteilen, soweit die Offenlegung dieser Angaben

1. den Gesetzesvollzug behindern,

2. dem öffentlichen Interesse auf sonstige Weise zuwiderlaufen,

3. die berechtigten geschäftlichen Interessen von Unternehmen schädigen oder den lauteren Wettbewerb zwischen ihnen beeinträchtigen

würde.

§ 31 Zuschlagskriterien. (1) Die Zuschlagskriterien nach § 152 Absatz 3 des Gesetzes gegen Wettbewerbsbeschränkungen[1]) sind in absteigender Rangfolge anzugeben.

(2) [1] Enthält ein Angebot eine innovative Lösung mit außergewöhnlich hoher funktioneller Leistungsfähigkeit, die der Konzessionsgeber nicht vorhersehen konnte, kann die Reihenfolge der Zuschlagskriterien entsprechend geändert werden. [2] In diesem Fall hat der Konzessionsgeber die Bieter über die geänderte Reihenfolge der Zuschlagskriterien zu unterrichten und unter Wahrung der Mindestfrist nach § 27 Absatz 4 Satz 1 eine neue Aufforderung zur Angebotsabgabe zu veröffentlichen. [3] Wurden die Zuschlagskriterien zu demselben Zeitpunkt wie die Konzessionsbekanntmachung veröffentlicht, ist eine neue Konzessionsbekanntmachung unter Wahrung der Mindestfrist gemäß § 27 Absatz 3 zu veröffentlichen.

(3) Der Konzessionsgeber überprüft nach § 152 Absatz 3 des Gesetzes gegen Wettbewerbsbeschränkungen[1]), ob die Angebote die Zuschlagskriterien tatsächlich erfüllen.

§ 32 Aufhebung von Vergabeverfahren. (1) [1] Der Konzessionsgeber ist berechtigt, ein Vergabeverfahren ganz oder teilweise aufzuheben, wenn

1. kein Angebot eingegangen ist, das den Bedingungen entspricht,

2. sich die Grundlage des Vergabeverfahrens wesentlich geändert hat,

3. kein wirtschaftliches Ergebnis erzielt wurde oder

4. andere schwerwiegende Gründe bestehen.

[2] Im Übrigen ist der Konzessionsgeber grundsätzlich nicht verpflichtet, den Zuschlag zu erteilen.

(2) [1] Der Konzessionsgeber teilt den Bewerbern oder Bietern nach Aufhebung des Vergabeverfahrens unverzüglich die Gründe für seine Entscheidung mit, auf die Vergabe einer Konzession zu verzichten oder das Verfahren erneut einzuleiten. [2] Auf Antrag teilt er ihnen dies in Textform nach § 126b des Bürgerlichen Gesetzbuchs mit.

---

[1]) Nr. 1.

Abschnitt 3. Ausführung der Konzession

§ 33 **Vergabe von Unteraufträgen.** (1) [1] Der Konzessionsgeber kann Unternehmen in der Konzessionsbekanntmachung oder den Vergabeunterlagen auffordern, bei Angebotsabgabe die Teile der Konzession, die sie im Wege der Unterauftragsvergabe an Dritte zu vergeben beabsichtigen, sowie, falls zumutbar, die vorgesehenen Unterauftragnehmer zu benennen. [2] Vor Zuschlagserteilung kann der Konzessionsgeber von den Bietern, deren Angebote in die engere Wahl kommen, verlangen, die Unterauftragnehmer zu benennen und nachzuweisen, dass ihnen die erforderlichen Mittel dieser Unterauftragnehmer zur Verfügung stehen. [3] Wenn ein Bewerber oder Bieter die Vergabe eines Teils der Konzession an einen Dritten im Wege der Unterauftragsvergabe beabsichtigt und sich zugleich im Hinblick auf seine Leistungsfähigkeit auf die Kapazitäten dieses Dritten beruft, ist auch § 25 Absatz 3 anzuwenden.

(2) Die Haftung des Hauptauftragnehmers gegenüber dem Konzessionsgeber bleibt von Absatz 1 unberührt.

(3) Der Konzessionsnehmer einer Baukonzession, der im Rahmen dieser Baukonzession Aufträge an Dritte vergibt, deren Gegenstand die Erbringung von Bauleistungen im Sinne des § 103 Absatz 3 des Gesetzes gegen Wettbewerbsbeschränkungen[1] ist, hat in der Regel Teil B der Vergabe- und Vertragsordnung für Bauleistungen[2], die Allgemeinen Vertragsbedingungen für die Ausführung von Bauleistungen, und Teil C der Vergabe und Vertragsordnung für Bauleistungen, die Allgemeinen Technischen Vertragsbedingungen für Bauleistungen, zum Vertragsgegenstand zu machen.

(4) [1] Im Falle von Baukonzessionen und in Bezug auf Dienstleistungen, die in der Einrichtung des Konzessionsgebers unter dessen direkter Aufsicht zu erbringen sind, schreibt der Konzessionsgeber dem Konzessionsnehmer in den Vertragsbedingungen vor, dass dieser spätestens bei Beginn der Durchführung der Konzession die Namen, die Kontaktdaten und die gesetzlichen Vertreter der Unterauftragnehmer mitteilt und dass jede im Rahmen der Durchführung der Konzession eintretende Änderung auf der Ebene der Unterauftragnehmer mitzuteilen ist. [2] Der Konzessionsgeber kann die Mitteilungspflichten auch als Vertragsbedingungen für die Vergabe von Dienstleistungskonzessionen vorsehen, bei denen die Dienstleistungen nicht in der Einrichtung des Konzessionsgebers unter dessen direkter Aufsicht zu erbringen sind. [3] Des Weiteren können die Mitteilungspflichten auch auf Lieferanten, die bei Bau- oder Dienstleistungskonzessionen beteiligt sind, sowie auf weitere Stufen in der Kette der Unterauftragnehmer ausgeweitet werden.

(5) Für Unterauftragnehmer aller Stufen ist § 152 Absatz 4 in Verbindung mit § 128 Absatz 1 des Gesetzes gegen Wettbewerbsbeschränkungen[1] anzuwenden.

(6) [1] Der Konzessionsgeber überprüft vor der Erteilung des Zuschlags, ob Gründe für den Ausschluss von Unterauftragnehmern vorliegen. [2] Bei Vorliegen zwingender Ausschlussgründe verlangt der Konzessionsgeber, dass der Unterauftragnehmer ersetzt wird, bei Vorliegen fakultativer Ausschlussgründe kann

---

[1] Nr. 1.
[2] Nr. 14.

der Konzessionsgeber verlangen, dass der Unterauftragnehmer ersetzt wird.
[3] Der Konzessionsgeber kann dem Bewerber oder Bieter dafür eine Frist setzen.

Abschnitt 4. Übergangs- und Schlussbestimmungen

§ 34 Übergangsbestimmung für die elektronische Kommunikation und elektronische Übermittlung von Teilnahmeanträgen und Angeboten. [1] Abweichend von § 28 Absatz 1 kann der Konzessionsgeber bis zum 18. Oktober 2018 die Übermittlung der Teilnahmeanträge und Angebote auch auf dem Postweg, einem anderen geeigneten Weg, Fax oder durch die Kombination dieser Mittel verlangen. [2] Dasselbe gilt für die sonstige Kommunikation im Sinne des § 7 Absatz 1, soweit sie nicht die Übermittlung von Bekanntmachungen gemäß § 23 und die Bereitstellung der Vergabeunterlagen gemäß § 17 betrifft.

§ 35 Elektronische Kommunikation durch Auslandsdienststellen.
Auslandsdienststellen sind bei der Vergabe von Konzessionen nicht verpflichtet, elektronische Mittel nach den §§ 7 bis 11 und 28 dieser Verordnung anzuwenden.

§ 36 Fristberechnung. Die Berechnung der in dieser Verordnung geregelten Fristen bestimmt sich nach der Verordnung (EWG, Euratom) Nr. 1182/71 des Rates vom 3. Juni 1971 zur Festlegung der Regeln für die Fristen, Daten und Termine (ABl. L 124 vom 8.6.1971, S. 1).

6. Verordnung zur Statistik über die Vergabe öffentlicher Aufträge und Konzessionen (Vergabestatistikverordnung – VergStatVO)

Vom 12. April 2016

(BGBl. I S. 624, 691, geänd. BGBl. I 2020 S. 674)

FNA 703-5-8

geänd. durch Art. 5 G zur beschleunigten Beschaffung im Bereich der Verteidigung und Sicherheit und zur Optimierung der Vergabestatistik v. 25.3.2020 (BGBl. I S. 674)

Nichtamtliche Inhaltsübersicht

§ 1 Anwendungsbereich und Grundsätze der Datenübermittlung.

(1) [1]Diese Verordnung regelt die Pflichten der Auftraggeber im Sinne von § 98 des Gesetzes gegen Wettbewerbsbeschränkungen[1]) zur Übermittlung der in § 3 aufgeführten Daten an das vom Bundesministerium für Wirtschaft und Energie zum Empfang und zur Verarbeitung der Daten beauftragte Statistische Bundesamt. [2]Zur Erfüllung ihrer Pflichten nach Satz 1 bedienen sich die Auftraggeber Berichtsstellen. [3]Berichtsstellen sind diejenigen Stellen, die Informationen über vergebene Aufträge und Konzessionen als Auftrag- oder Konzessionsgeber selbst oder für einen anderen Auftrag- oder Konzessionsgeber melden.

(2) Die Daten nach § 3 sind innerhalb von 60 Tagen nach Zuschlagserteilung zu übermitteln.

(3) [1]Die Übermittlung der Daten an das Statistische Bundesamt erfolgt elektronisch. [2]Hierfür sind die vom Statistischen Bundesamt zur Verfügung gestellten sicheren elektronischen Verfahren zu nutzen. [3]Bei der Übermittlung der Daten ist sicherzustellen, dass die nach Bundes- oder Landesrecht zuständi-

---

[1]) Nr. 1.

gen Datenschutzaufsichtsbehörden die Möglichkeit zur Einsicht in die Protokolldaten betreffend die Übermittlung der Daten haben.

(4) Das Statistische Bundesamt speichert die erhaltenen Daten, bereitet sie statistisch auf und erstellt im Auftrag des Bundesministeriums für Wirtschaft und Energie eine Vergabestatistik.

§ 2 Art und Umfang der Datenübermittlung. (1) Auftraggeber im Sinne von § 98 des Gesetzes gegen Wettbewerbsbeschränkungen[1] übermitteln nach der Vergabe eines öffentlichen Auftrags nach § 103 Absatz 1 des Gesetzes gegen Wettbewerbsbeschränkungen[1] oder einer Konzession nach § 105 des Gesetzes gegen Wettbewerbsbeschränkungen[1] bei Erreichen oder Überschreiten der in § 106 des Gesetzes gegen Wettbewerbsbeschränkungen[1] genannten Schwellenwerte die in § 3 Absatz 1 genannten Daten.

(2) Öffentliche Auftraggeber im Sinne des § 99 des Gesetzes gegen Wettbewerbsbeschränkungen[1] übermitteln nach der Vergabe eines öffentlichen Auftrags die in § 3 Absatz 2 und 3 aufgeführten Daten, wenn

1. der Auftragswert ohne Umsatzsteuer 25 000 Euro überschreitet,
2. der Auftragswert den geltenden Schwellenwert gemäß § 106 des Gesetzes gegen Wettbewerbsbeschränkungen[1] unterschreitet,
3. die Vergabe des öffentlichen Auftrags nach den jeweils maßgeblichen Vorgaben des Bundes oder der Länder vergabe- oder haushaltsrechtlichen Verfahrensregeln unterliegt und
4. der Auftrag im Übrigen unter die Regelungen des Teils 4 des Gesetzes gegen Wettbewerbsbeschränkungen[2] fallen würde.

(3) Die vorstehenden Pflichten gelten nicht bei der Vergabe öffentlicher Aufträge und Konzessionen durch Auslandsdienststellen von Auftraggebern.

§ 3 Zu übermittelnde Daten. (1) In den Fällen des § 2 Absatz 1 umfasst die Pflicht zur Übermittlung die folgenden Daten:

1. bei der Vergabe öffentlicher Aufträge durch öffentliche Auftraggeber umfasst die Pflicht zur Übermittlung die Daten gemäß Anlage 1,
2. bei der Vergabe öffentlicher Aufträge über soziale und andere besondere Dienstleistungen nach § 130 des Gesetzes gegen Wettbewerbsbeschränkungen[1] durch öffentliche Auftraggeber umfasst die Pflicht zur Übermittlung die Daten gemäß Anlage 2,
3. bei der Vergabe öffentlicher Aufträge durch Sektorenauftraggeber nach § 100 des Gesetzes gegen Wettbewerbsbeschränkungen[1] zum Zweck der Ausübung einer Sektorentätigkeit nach § 102 des Gesetzes gegen Wettbewerbsbeschränkungen[1] umfasst die Pflicht zur Übermittlung die Daten gemäß Anlage 3,
4. bei der Vergabe öffentlicher Aufträge über soziale und andere besondere Dienstleistungen nach § 142 in Verbindung mit § 130 des Gesetzes gegen Wettbewerbsbeschränkungen[1] durch Sektorenauftraggeber zum Zweck der Ausübung einer Sektorentätigkeit umfasst die Pflicht zur Übermittlung die Daten gemäß Anlage 4,

---

[1] Nr. 1.
[2] Auszugsweise abgedruckt unter Nr. 1.

5. bei der Vergabe von Konzessionen durch Konzessionsgeber nach § 101 des Gesetzes gegen Wettbewerbsbeschränkungen[1] umfasst die Pflicht zur Übermittlung die Daten gemäß Anlage 5,

6. bei der Vergabe von Konzessionen über soziale und andere besondere Dienstleistungen nach § 153 des Gesetzes gegen Wettbewerbsbeschränkungen[1] durch Konzessionsgeber umfasst die Pflicht zur Übermittlung die Daten gemäß Anlage 6 und

7. bei der Vergabe verteidigungs- oder sicherheitsspezifischer öffentlicher Aufträge nach § 104 des Gesetzes gegen Wettbewerbsbeschränkungen[1] durch öffentliche Auftraggeber und Sektorenauftraggeber umfasst die Pflicht zur Übermittlung die Daten gemäß Anlage 7.

(2) In den Fällen des § 2 Absatz 2 umfasst die Pflicht zur Übermittlung die Daten gemäß Anlage 8.

(3) Sofern Auftraggeber freiwillig Daten gemäß den Anlagen 1 bis 8 zu den Absätzen 1 und 2 zur statistischen Auswertung übermitteln, sind § 1 Absatz 2 und 3 und § 4 auch für diese Daten anzuwenden.

§ 4 Statistische Aufbereitung und Übermittlung der Daten; Veröffentlichung statistischer Auswertungen; Datenbank. (1) Das Statistische Bundesamt ist mit Einwilligung des Bundesministeriums für Wirtschaft und Energie berechtigt, aus den aufbereiteten Daten statistische Auswertungen zu veröffentlichen.

(2) Das Bundesministerium für Wirtschaft und Energie ist berechtigt, zur Erfüllung der Berichtspflichten der Bundesrepublik Deutschland, die sich aus der Richtlinie 2014/23/EU des Europäischen Parlaments und des Rates vom 26. Februar 2014 über die Konzessionsvergabe (ABl. L 94 vom 28.3.2014, S. 1), der Richtlinie 2014/24/EU des Europäischen Parlaments und des Rates vom 26. Februar 2014 über die öffentliche Auftragsvergabe und zur Aufhebung der Richtlinie 2004/18/EG (ABl. L 94 vom 28.3.2014, S. 65), der Richtlinie 2014/25/EU des Europäischen Parlaments und des Rates vom 26. Februar 2014 über die Vergabe von Aufträgen durch Auftraggeber im Bereich der Wasser-, Energie- und Verkehrsversorgung sowie der Postdienste und zur Aufhebung der Richtlinie 2004/17/EG (ABl. L 94 vom 28.3.2014, S. 243) und der Richtlinie 2009/81/EG des Europäischen Parlaments und des Rates vom 13. Juli 2009 über die Koordinierung der Verfahren zur Vergabe bestimmter Bau-, Liefer- und Dienstleistungsaufträge in den Bereichen Verteidigung und Sicherheit und zur Änderung der Richtlinien 2004/17/EG und 2004/18/EG (ABl. L 216 vom 20.8.2009, S. 76) gegenüber der Europäischen Kommission ergeben, statistische Auswertungen an die Europäische Kommission zu übermitteln.

(3) Das Bundesministerium für Wirtschaft und Energie stellt den Berichtsstellen die für die Analyse und Planung ihres Beschaffungsverhaltens erforderlichen eigenen Daten sowie statistische Auswertungen zur Verfügung.

(4) Bundes-, Landes- oder Kommunalbehörden können auf Antrag beim Bundesministerium für Wirtschaft und Energie statistische Auswertungen erhalten.

---

[1] Nr. 1.

(5) Das Bundesministerium für Wirtschaft und Energie stellt den statistischen Landesämtern auf deren Antrag die ihren jeweiligen Erhebungsbereich betreffenden und vorhandenen Daten für die gesonderte Aufbereitung auf regionaler und auf Landesebene zur Verfügung.

(6) Das durch das Bundesministerium für Wirtschaft und Energie beauftragte Statistische Bundesamt ist berechtigt, die statistischen Auswertungen durchzuführen und die statistischen Auswertungen und Daten nach den Absätzen 3 bis 5 zu übermitteln.

(7) [1] Das Statistische Bundesamt ist berechtigt, die Angaben zu den Merkmalen gemäß Abschnitt 2 der Anlagen 1 bis 8, mit Ausnahme der Angaben zu Auftraggebereigenschaft und Korrekturmeldung, in einer Datenbank zu speichern, um die technische Umsetzung der Datenübermittlung zu gewährleisten. [2] Die freiwilligen Angaben zu den für Rückfragen zur Verfügung stehenden Personen sind auf Verlangen unverzüglich zu löschen.

§ 5 Datenübermittlung für die wissenschaftliche Forschung. (1) Das Bundesministerium für Wirtschaft und Energie stellt Hochschulen und anderen Einrichtungen, die wissenschaftliche Forschung betreiben, auf Antrag statistische Auswertungen oder Daten in anonymisierter Form zur Verfügung, soweit

1. dies für die Durchführung wissenschaftlicher Forschungsarbeiten erforderlich ist und

2. die Übermittlung der Daten oder die Erstellung der statistischen Auswertungen keinen unverhältnismäßigen Aufwand erfordert.

(2) Das durch das Bundesministerium für Wirtschaft und Energie beauftragte Statistische Bundesamt ist berechtigt, die statistischen Auswertungen durchzuführen und die statistischen Auswertungen und Daten nach Absatz 1 zu übermitteln.

§ 6 Anwendungsbestimmung. (1) Das Bundesministerium für Wirtschaft und Energie hat

1. das Vorliegen der Voraussetzungen einer elektronischen Datenübertragung entsprechend den Vorgaben des § 1 Absatz 3 festzustellen und

2. die Feststellung nach Nummer 1 im Bundesanzeiger bekanntzumachen.

(2) Die §§ 1 bis 5 sind ab dem ersten Tag des vierten Monats, der auf den Monat der Bekanntmachung nach Absatz 1 Satz 1 Nummer 2 folgt, anzuwenden[1]; dieser Tag ist vom Bundesministerium für Wirtschaft und Energie unverzüglich im Bundesanzeiger bekanntzumachen.

§ 7 Übergangsregelung. (1) [1] Solange die §§ 1 bis 5 nicht nach § 6 anzuwenden sind, übermitteln die Auftraggeber dem Bundesministerium für Wirtschaft und Energie für vergebene Aufträge, die der Vergabeverordnung[2] unterliegen, eine jährliche statistische Aufstellung der jeweils im Vorjahr vergebenen Aufträge, und zwar getrennt nach öffentlichen Liefer-, Dienstleistungs- und Bauaufträgen. [2] Für jeden Auftraggeber enthält die statistische Aufstellung mindestens die Zahl und den Wert der vergebenen Aufträge. [3] Die Daten werden, soweit möglich, wie folgt aufgeschlüsselt:

---

[1] Anzuwenden ab dem **1.10.2020**; siehe hierzu die Bek. v. 3.6.2020 (BAnz AT 25.06.2020 B2).
[2] Nr. **2**.

1. nach den jeweiligen Vergabeverfahren,

2. nach Waren, Dienstleistungen und Bauarbeiten gemäß den Kategorien der Common Procurement Vocabulary-Nomenklatur,

3. nach der Staatszugehörigkeit des Bieters, an den der Auftrag vergeben wurde.

(2) Die statistischen Aufstellungen im Sinne des Absatzes 1 für oberste und obere Bundesbehörden und für vergleichbare Bundeseinrichtungen enthalten auch den geschätzten Gesamtwert der Aufträge unterhalb der Schwellenwerte.

(3) [1]Solange die §§ 1 bis 5 nicht nach § 6 anzuwenden sind, übermitteln die Sektorenauftraggeber dem Bundesministerium für Wirtschaft und Energie für vergebene Aufträge, die der Sektorenverordnung[1]) unterliegen, eine jährliche Aufstellung der jeweils im Vorjahr vergebenen Aufträge, und zwar getrennt nach öffentlichen Liefer-, Dienstleistungs- und Bauaufträgen. [2]Für jeden Sektorenauftraggeber enthält die statistische Aufstellung mindestens die Zahl und den Wert der vergebenen Aufträge. [3]Die Sätze 1 und 2 gelten nicht für Auftraggeber der Bereiche Gas- und Wärmeversorgung und Eisenbahnverkehr, ausgenommen Schnellbahnen. [4]In den anderen Sektorenbereichen entfallen Angaben über Dienstleistungsaufträge.

(4) [1]Die Sektorenauftraggeber übermitteln dem Bundesministerium für Wirtschaft und Energie auch den Gesamtwert der vergebenen Aufträge unterhalb der Schwellenwerte, die ohne eine Schwellenwertfestlegung von der Datenübermittlungspflicht erfasst wären. [2]Aufträge von geringem Wert können aus Gründen der Vereinfachung unberücksichtigt bleiben.

(5) [1]Solange die §§ 1 bis 5 nicht nach § 6 anzuwenden sind, übermitteln die öffentlichen Auftraggeber und Sektorenauftraggeber dem Bundesministerium für Wirtschaft und Energie für vergebene Aufträge, die der Vergabeverordnung für die Bereiche Verteidigung und Sicherheit unterliegen, eine jährliche Aufstellung der jeweils im Vorjahr vergebenen Aufträge, und zwar getrennt nach öffentlichen Liefer-, Dienstleistungs- und Bauaufträgen. [2]Für jeden Auftraggeber enthält die statistische Aufstellung mindestens die Zahl und den Wert der vergebenen Aufträge. [3]Die Daten werden, soweit möglich, wie folgt aufgeschlüsselt:

1. nach den jeweiligen Vergabeverfahren,

2. nach Waren, Dienstleistungen und Bauarbeiten gemäß den Kategorien der Common Procurement Vocabulary-Nomenklatur,

3. nach der Staatszugehörigkeit des Bieters, an den der Auftrag vergeben wurde.

(6) [1]Das Bundesministerium für Wirtschaft und Energie setzt jeweils durch Allgemeinverfügung fest, in welcher Form die statistischen Angaben zu übermitteln sind. [2]Die Allgemeinverfügung wird im Bundesanzeiger bekannt gemacht.

---

[1]) Nr. 3.

Anl. 1   VergStatVO   6

Anlage 1
(zu § 3 Absatz 1 Nummer 1)

Öffentlicher Auftrag durch einen öffentlichen Auftraggeber

Abschnitt 1. Daten, die durch öffentliche Auftraggeber nach Zuschlagserteilung im Rahmen der Vergabe eines öffentlichen Auftrages im Oberschwellenbereich dem Statistischen Bundesamt zugeleitet werden

Merkmalsgruppe	Name des Merkmals	Ausprägungen/Bemerkungen
Angaben zum Auftraggeber	Name des Auftraggebers[1]	Anzugeben ist hier die Bezeichnung des Auftraggebers und keine einzelnen Organisationseinheiten innerhalb des Auftraggebers.
	Leitweg-ID	Jeder öffentliche Auftraggeber verfügt über eine oder mehrere Leitweg-ID, die zur Übermittlung der elektronischen Rechnung gem. E-Rechnungsverordnung vom 13. Oktober 2017 (BGBl. I S. 3555) (ERechV) (auf Bundesebene) in den Vergabeunterlagen angegeben werden müssen. Die Angabe ist nur für Auftraggeber auf Bundesebene verpflichtend.
	Art des Auftraggebers	Öffentliche Auftraggeber Bund ☐ Oberste Bundesbehörden ☐ Obere, mittlere und untere Bundesbehörden ☐ Körperschaften des öffentlichen Rechts auf Bundesebene ☐ Anstalten des öffentlichen Rechts auf Bundesebene ☐ Stiftungen des öffentlichen Rechts auf Bundesebene ☐ Sonstige Auftraggeber auf Bundesebene Land ☐ Oberste Landesbehörden ☐ Obere, mittlere und untere Landesbehörden ☐ Körperschaften des öffentlichen Rechts auf Landesebene ☐ Anstalten des öffentlichen Rechts auf Landesebene ☐ Stiftungen des öffentlichen Rechts auf Landesebene ☐ Sonstige Auftraggeber auf Landesebene Kommunen ☐ Kommunalbehörden ☐ Körperschaften des öffentlichen Rechts auf Kommunalebene ☐ Anstalten des öffentlichen Rechts auf Kommunalebene ☐ Stiftungen des öffentlichen Rechts auf Kommunalebene ☐ Sonstige Auftraggeber auf Kommunalebene Sonstige ☐ Sonstige Auftraggeber
	Postleitzahl des Auftraggebers	Räumliche Zuordnung des Auftraggebers
	Zentrale Beschaffungsstelle	☐ ja ☐ nein

---

[1] **Amtl. Anm.**: Anmerkung: „Auftraggeber" bezeichnet im Folgenden die in § 98 des Gesetzes gegen Wettbewerbsbeschränkungen genannten Auftraggeber.

Merkmalsgruppe	Name des Merkmals	Ausprägungen/Bemerkungen
Angaben zum Auftragsgegenstand	Bekanntmachungsnummer im Amtsblatt der EU	Bekanntmachungsnummer im Amtsblatt der EU
	Auftragsnummer	Interne Auftrags-Nr. oder vergebenes Aktenzeichen
	Art des Auftrages	□ Bauauftrag □ Lieferauftrag □ Dienstleistungsauftrag
	Common Procurement Vocabulary-Code (CPV-Code)	Die Angabe dient der Ermittlung des Auftragsgegenstandes. Anzugeben ist der Hauptteil des CPV-Codes (ohne Zusatzteil). Mehrfachnennung ist möglich. Es können bis zu drei CPV-Codes angegeben werden.
	Auftragswert	Ermittlung des Netto-Auftragswertes in Euro
	Aufteilung des Auftrags in Lose	□ ja □ nein
	Zuschlagskriterium	Ermittlung der Zuschlagskriterien für die Zuschlagsentscheidung: □ nur Preis □ nur Kosten □ Preis und Qualitätskriterien □ Kosten und Qualitätskriterien Wenn Zuschlagskriterium: ☒ Preis und Qualitätskriterien → Gewichtung Preis vs. Qualitätskriterien in % Wenn Zuschlagskriterium: ☒ Kosten und Qualitätskriterien → Gewichtung Kosten vs. Qualitätskriterien in %
Angaben zum Verfahren	Verfahrensart	□ Offenes Verfahren (§ 15 VgV[1]); § 3 EU Nr. 1 Vergabe- und Vertragsordnung für Bauleistungen, Teil A[2], in der Fassung der Bekanntmachung vom 31. Januar 2019 (BAnz AT 19.02.2019 B2) (VOB/A) □ Nicht offenes Verfahren (§ 16 VgV; § 3 EU Nr. 2 VOB/A) □ Verhandlungsverfahren mit Teilnahmewettbewerb (§ 17 Abs. 1 VgV; § 3 EU Nr. 3 VOB/A) □ Verhandlungsverfahren ohne Teilnahmewettbewerb (§ 17 Abs. 5 VgV; § 3 EU Nr. 3 VOB/A) □ Wettbewerblicher Dialog (§ 18 VgV; § 3 EU Nr. 4 VOB/A) □ Innovationspartnerschaft (§ 19 VgV; § 3 EU Nr. 5 VOB/A)
	Rahmenvereinbarung	□ ja □ nein
	Dynamisches Beschaffungssystem	□ ja □ nein
	Elektronische Auktion	□ ja □ nein
	Nachhaltigkeitskriterien (siehe Anlage 9)	Berücksichtigung nachhaltiger Kriterien bei der Leistungsbeschreibung, bei der Eignung, bei den Zuschlagskriterien oder bei den Ausführungsbedingungen □ ja □ nein Wenn Nachhaltigkeitskriterien ☒ ja

---

[1] Nr. **2**.
[2] Nr. **14**.

Merkmalsgruppe	Name des Merkmals	Ausprägungen/Bemerkungen
		→ Ermittlung, an welcher Stelle des Vergabeverfahrens das/die Nachhaltigkeitskriterium/en vorgegeben wurde/n: □ Leistungsbeschreibung □ Eignung □ Zuschlag □ Ausführungsbedingungen (Mehrfachnennung ist möglich.)
		Wenn Leistungsbeschreibung ☒ → Ermittlung, welche Art von Nachhaltigkeitskriterium: □ umweltbezogen □ sozial □ innovativ (Mehrfachnennung ist möglich.)
		Wenn Eignung ☒ → Ermittlung, welche Art von Nachhaltigkeitskriterium: □ umweltbezogen □ sozial □ innovativ (Mehrfachnennung ist möglich.)
		Wenn Zuschlag ☒ → Ermittlung, welche Art von Nachhaltigkeitskriterium: □ umweltbezogen □ sozial □ innovativ (Mehrfachnennung ist möglich.)
		Wenn Ausführungsbedingung ☒ → Ermittlung, welche Art von Nachhaltigkeitskriterium: □ umweltbezogen □ sozial □ innovativ (Mehrfachnennung ist möglich.)
Angaben zur Auftragsvergabe	Datum des Vertragsabschlusses	Zeitliche Zuordnung der Vergabe
	Gesamtanzahl eingegangener Angebote	Anzahl der Angebote, die insgesamt eingegangen sind
	Anzahl Angebote von KMU	Anzahl der Angebote, die von Kleinstunternehmen und/oder kleinen und/oder mittleren Unternehmen eingegangen sind. Es wird die KMU-Definition in der Empfehlung 2003/361/EG der Kommission vom 6. Mai 2003 betreffend die Definition der Kleinstunternehmen sowie der kleinen und mittleren Unternehmen (ABl. L 124 vom 20.5.2003, S. 36) zugrunde gelegt.
	Anzahl Angebote aus anderen EU-Mitgliedstaaten	Anzahl der Angebote, die aus anderen europäischen Mitgliedstaaten eingegangen sind
	Anzahl elektronisch übermittelter Angebote	Anzahl der auf elektronischem Wege eingegangenen Angebote
	Auftragnehmer ist ein KMU	□ ja □ nein

Merkmalsgruppe	Name des Merkmals	Ausprägungen/Bemerkungen
	Herkunftsland Auftrag-nehmer	Angabe des Herkunftslandes des Auftragnehmers
Abschlussseite	Bemerkung	Freiwillige Angabe

Abschnitt 2. Merkmale, die ausschließlich der technischen Umsetzung der Datenübermitt-lung nach § 2 Absatz 1 dienen

Merkmalsgruppe	Name des Merkmals	Ausprägungen/Bemerkungen
Merkmale	Name der Berichtsstelle	Zur Erfüllung ihrer Meldepflichten bedienen sich die Auftraggeber Berichtsstellen. Berichtsstellen sind diejenigen Stellen, die Informationen über vergebene Aufträge als Auftraggeber selbst oder für einen anderen Auftraggeber melden.
	Straße	
	Hausnummer	
	Postleitzahl	
	Ort	
	Postfachnummer	Freiwillige Angaben
	Postleitzahl des Post-faches	
	Ort des Postfaches	
	Nachname Ansprech-person	
	Vorname Ansprechper-son	
	E-Mail-Adresse	
	Telefonnummer	
	Auftraggebereigen-schaft[1]	☐ Öffentlicher Auftrag durch öffentliche Auftraggeber im Oberschwellenbereich ☐ Öffentlicher Auftrag durch öffentliche Auftraggeber über soziale und andere besondere Dienstleistungen im Oberschwellenbereich ☐ Öffentlicher Auftrag durch Sektorenauftraggeber im Oberschwellenbereich ☐ Öffentlicher Auftrag durch Sektorenauftraggeber über soziale und andere besondere Dienstleistungen im Oberschwellenbereich ☐ Konzession durch Konzessionsgeber im Oberschwellenbereich ☐ Konzession durch Konzessionsgeber über soziale und andere besondere Dienstleistungen im Oberschwellenbereich ☐ Verteidigungs- und sicherheitsspezifischer öffentlicher Auftrag durch öffentliche Auftraggeber und Sektorenauftraggeber im Oberschwellenbereich ☐ Öffentliche Aufträge durch öffentliche Auftraggeber im Unterschwellenbereich
Angaben zur Mel-dung	Korrekturmeldung	☐ ja ☐ nein

---

[1] **Amtl. Anm.:** Anmerkung: „Auftraggeber" bezeichnet in diesem Fall die in § 98 des Gesetzes gegen Wettbewerbsbeschränkungen *[Nr. 1]* genannten Auftraggeber.

Anlage 2
(zu § 3 Absatz 1 Nummer 2)

Öffentlicher Auftrag über eine soziale oder andere besondere Dienstleistung durch einen öffentlichen Auftraggeber

Abschnitt 1. Daten, die durch öffentliche Auftraggeber nach Zuschlagserteilung im Rahmen der Vergabe eines öffentlichen Auftrages im Oberschwellenbereich über soziale und andere besondere Dienstleistungen nach Anhang XIV der Richtlinie 2014/24/EU dem Statistischen Bundesamt zugeleitet werden

Merkmalsgruppe	Name des Merkmals	Ausprägungen/Bemerkungen
Angaben zum Auftraggeber	Name des Auftraggebers[1)	Anzugeben ist hier die Bezeichnung des Auftraggebers und keine einzelnen Organisationseinheiten innerhalb des Auftraggebers.
	Leitweg-ID	Jeder öffentliche Auftraggeber verfügt über eine oder mehrere Leitweg-ID, die zur Übermittlung der elektronischen Rechnung gem. ERechV (auf Bundesebene) in den Vergabeunterlagen angegeben werden müssen. Die Angabe ist nur für Auftraggeber auf Bundesebene verpflichtend.
	Art des Auftraggebers	Öffentliche Auftraggeber Bund ☐ Oberste Bundesbehörden ☐ Obere, mittlere und untere Bundesbehörden ☐ Körperschaften des öffentlichen Rechts auf Bundesebene ☐ Anstalten des öffentlichen Rechts auf Bundesebene ☐ Stiftungen des öffentlichen Rechts auf Bundesebene ☐ Sonstige Auftraggeber auf Bundesebene Land ☐ Oberste Landesbehörden ☐ Obere, mittlere und untere Landesbehörden ☐ Körperschaften des öffentlichen Rechts auf Landesebene ☐ Anstalten des öffentlichen Rechts auf Landesebene ☐ Stiftungen des öffentlichen Rechts auf Landesebene ☐ Sonstige Auftraggeber auf Landesebene Kommunen ☐ Kommunalbehörden ☐ Körperschaften des öffentlichen Rechts auf Kommunalebene ☐ Anstalten des öffentlichen Rechts auf Kommunalebene ☐ Stiftungen des öffentlichen Rechts auf Kommunalebene ☐ Sonstige Auftraggeber auf Kommunalebene Sonstige ☐ Sonstige Auftraggeber
	Postleitzahl des Auftraggebers	Räumliche Zuordnung des Auftraggebers
	Zentrale Beschaffungsstelle	☐ ja ☐ nein

[1) **Amtl. Anm.:** Anmerkung: „Auftraggeber" bezeichnet in diesem Fall die in § 98 des Gesetzes gegen Wettbewerbsbeschränkungen *[Nr. 1]* genannten Auftraggeber.

Merkmalsgruppe	Name des Merkmals	Ausprägungen/Bemerkungen
Angaben zum Auftragsgegenstand	Bekanntmachungsnummer im Amtsblatt der EU	Bekanntmachungsnummer im Amtsblatt der EU
	Auftragsnummer	Interne Auftrags-Nr. oder vergebenes Aktenzeichen
	Art des Auftrages	☒ Aufträge über soziale und andere besondere Dienstleistungen
	CPV-Code	Die Angabe dient der Ermittlung des Auftragsgegenstandes. Anzugeben ist der Hauptteil des CPV-Codes (ohne Zusatzteil). Mehrfachnennung ist möglich. Es können bis zu drei CPV-Codes angegeben werden.
	Auftragswert	Ermittlung des Netto-Auftragswertes in Euro
	Aufteilung des Auftrags in Lose	☐ ja ☐ nein
	Zuschlagskriterium	Ermittlung der Zuschlagskriterien für die Zuschlagsentscheidung: ☐ nur Preis ☐ nur Kosten ☐ Preis und Qualitätskriterien ☐ Kosten und Qualitätskriterien Wenn Zuschlagskriterium: ☒ Preis und Qualitätskriterien → Gewichtung Preis vs. Qualitätskriterien in % Wenn Zuschlagskriterium: ☒ Kosten und Qualitätskriterien → Gewichtung Kosten vs. Qualitätskriterien in %
Angaben zum Verfahren	Verfahrensart	☐ Offenes Verfahren (§ 15 VgV[1]) ☐ Nicht offenes Verfahren (§ 16 VgV) ☐ Verhandlungsverfahren mit Teilnahmewettbewerb (§ 17 Abs. 1 VgV) ☐ Verhandlungsverfahren ohne Teilnahmewettbewerb (§ 17 Abs. 5 VgV) ☐ Wettbewerblicher Dialog (§ 18 VgV) ☐ Innovationspartnerschaft (§ 19 VgV)
	Rahmenvereinbarung	☐ ja ☐ nein
	Nachhaltigkeitskriterien (siehe Anlage 9)	Berücksichtigung nachhaltiger Kriterien bei der Leistungsbeschreibung, bei der Eignung, bei den Zuschlagskriterien oder bei den Ausführungsbedingungen ☐ ja ☐ nein Wenn Nachhaltigkeitskriterien ☒ ja → Ermittlung, an welcher Stelle des Vergabeverfahrens das/die Nachhaltigkeitskriterium/en vorgegeben wurde/n: ☐ Leistungsbeschreibung ☐ Eignung ☐ Zuschlag ☐ Ausführungsbedingungen (Mehrfachnennung ist möglich.) Wenn Leistungsbeschreibung ☒ → Ermittlung, welche Art von Nachhaltigkeitskriterium: ☐ umweltbezogen ☐ sozial

---

[1] Nr. 2.

Merkmalsgruppe	Name des Merkmals	Ausprägungen/Bemerkungen
		□ innovativ (Mehrfachnennung ist möglich.)
		Wenn Eignung ☒ → Ermittlung, welche Art von Nachhaltigkeitskriterium: □ umweltbezogen □ sozial □ innovativ (Mehrfachnennung ist möglich.)
		Wenn Zuschlag ☒ → Ermittlung, welche Art von Nachhaltigkeitskriterium: □ umweltbezogen □ sozial □ innovativ (Mehrfachnennung ist möglich.)
		Wenn Ausführungsbedingung ☒ → Ermittlung, welche Art von Nachhaltigkeitskriterium: □ umweltbezogen □ sozial □ innovativ (Mehrfachnennung ist möglich.)
Angaben zur Auftragsvergabe	Datum des Vertragsabschlusses	Zeitliche Zuordnung der Vergabe
	Gesamtanzahl eingegangener Angebote	Anzahl der Angebote, die insgesamt eingegangen sind
	Anzahl Angebote von KMU	Anzahl der Angebote, die von Kleinstunternehmen und/oder kleinen und/oder mittleren Unternehmen eingegangen sind. Es wird die KMU-Definition in der Empfehlung 2003/361/EG der Kommission vom 6. Mai 2003 betreffend die Definition der Kleinstunternehmen sowie der kleinen und mittleren Unternehmen (ABl. L 124 vom 20.5.2003, S. 36) zugrunde gelegt.
	Anzahl Angebote aus anderen EU-Mitgliedstaaten	Anzahl der Angebote, die aus anderen europäischen Mitgliedstaaten eingegangen sind
	Anzahl elektronisch übermittelter Angebote	Anzahl der auf elektronischem Wege eingegangenen Angebote
	Auftragnehmer ist ein KMU	□ ja □ nein
	Herkunftsland Auftragnehmer	Angabe des Herkunftslandes des Auftragnehmers
Abschlussseite	Bemerkung	Freiwillige Angabe

Abschnitt 2. Merkmale, die ausschließlich der technischen Umsetzung der Datenübermittlung nach § 2 Absatz 1 dienen

Merkmalsgruppe	Name des Merkmals	Ausprägungen/Bemerkungen
Merkmale	Name der Berichtsstelle	Zur Erfüllung ihrer Meldepflichten bedienen sich die Auftraggeber Berichtsstellen. Berichtsstellen sind diejenigen Stellen, die Informationen über vergebene Aufträge als Auftraggeber selbst oder für einen anderen Auftraggeber melden.
	Straße	

Merkmalsgruppe	Name des Merkmals	Ausprägungen/Bemerkungen
	Hausnummer	
	Postleitzahl	
	Ort	
	Postfachnummer	Freiwillige Angaben
	Postleitzahl des Postfaches	
	Ort des Postfaches	
	Nachname Ansprechperson	
	Vorname Ansprechperson	
	E-Mail-Adresse	
	Telefonnummer	
	Auftraggebereigenschaft[1]	☐ Öffentlicher Auftrag durch öffentliche Auftraggeber im Oberschwellenbereich ☐ Öffentlicher Auftrag durch öffentliche Auftraggeber über soziale und andere besondere Dienstleistungen im Oberschwellenbereich ☐ Öffentlicher Auftrag durch Sektorenauftraggeber im Oberschwellenbereich ☐ Öffentlicher Auftrag durch Sektorenauftraggeber über soziale und andere besondere Dienstleistungen im Oberschwellenbereich ☐ Konzession durch Konzessionsgeber im Oberschwellenbereich ☐ Konzession durch Konzessionsgeber über soziale und andere besondere Dienstleistungen im Oberschwellenbereich ☐ Verteidigungs- und sicherheitsspezifischer öffentlicher Auftrag durch öffentliche Auftraggeber und Sektorenauftraggeber im Oberschwellenbereich ☐ Öffentliche Aufträge durch öffentliche Auftraggeber im Unterschwellenbereich
Angaben zur Meldung	Korrekturmeldung	☐ ja ☐ nein

Anlage 3
(zu § 3 Absatz 1 Nummer 3)

Öffentlicher Auftrag durch einen Sektorenauftraggeber

Abschnitt 1. Daten, die durch Sektorenauftraggeber nach Zuschlagserteilung im Rahmen der Vergabe eines öffentlichen Auftrages im Oberschwellenbereich dem Statistischen Bundesamt zugeleitet werden

Merkmalsgruppe	Name des Merkmals	Ausprägungen/Bemerkungen
Angaben zum Auftraggeber	Name des Auftraggebers[2]	Anzugeben ist hier die Bezeichnung des Auftraggebers und keine einzelnen Organisationseinheiten innerhalb des Auftraggebers.
	Leitweg-ID	Jeder öffentliche (Sektoren-)Auftraggeber verfügt über eine oder mehrere Leitweg-ID, die zur Übermittlung der elektronischen Rechnung gem. ERechV (auf Bun-

[1] **Amtl. Anm.:** Anmerkung: „Auftraggeber" bezeichnet in diesem Fall die in § 98 des Gesetzes gegen Wettbewerbsbeschränkungen *[Nr. 1]* genannten Auftraggeber.
[2] **Amtl. Anm.:** Anmerkung: „Auftraggeber" bezeichnet die in § 98 des Gesetzes gegen Wettbewerbsbeschränkungen *[Nr. 1]* genannten Auftraggeber.

Merkmalsgruppe	Name des Merkmals	Ausprägungen/Bemerkungen
		desebene) in den Vergabeunterlagen angegeben werden müssen. Die Angabe ist nur für (Sektoren-)Auftraggeber auf Bundesebene verpflichtend.
	Art des Auftraggebers	Öffentliche Auftraggeber Bund □ Oberste Bundesbehörden □ Obere, mittlere und untere Bundesbehörden □ Körperschaften des öffentlichen Rechts auf Bundesebene □ Anstalten des öffentlichen Rechts auf Bundesebene □ Stiftungen des öffentlichen Rechts auf Bundesebene □ Sonstige Auftraggeber auf Bundesebene Land □ Oberste Landesbehörden □ Obere, mittlere und untere Landesbehörden □ Körperschaften des öffentlichen Rechts auf Landesebene □ Anstalten des öffentlichen Rechts auf Landesebene □ Stiftungen des öffentlichen Rechts auf Landesebene □ Sonstige Auftraggeber auf Landesebene Kommunen □ Kommunalbehörden □ Körperschaften des öffentlichen Rechts auf Kommunalebene □ Anstalten des öffentlichen Rechts auf Kommunalebene □ Stiftungen des öffentlichen Rechts auf Kommunalebene □ Sonstige Auftraggeber auf Kommunalebene Sonstige □ Sonstige Auftraggeber
	Postleitzahl des Auftraggebers	Räumliche Zuordnung des Auftraggebers
	Zentrale Beschaffungsstelle	□ ja □ nein
Angaben zum Auftragsgegenstand	Bekanntmachungsnummer im Amtsblatt der EU	Bekanntmachungsnummer im Amtsblatt der EU
	Auftragsnummer	Interne Auftrags-Nr. oder vergebenes Aktenzeichen
	Art des Auftrages	□ Bauauftrag □ Lieferauftrag □ Dienstleistungsauftrag
	CPV-Code	Die Angabe dient der Ermittlung des Auftragsgegenstandes. Anzugeben ist der Hauptteil des CPV-Codes (ohne Zusatzteil). Mehrfachnennung ist möglich. Es können bis zu drei CPV-Codes angegeben werden.
	Auftragswert	Ermittlung des Netto-Auftragswertes in Euro
	Aufteilung des Auftrags in Lose	□ ja □ nein
	Zuschlagskriterium	Ermittlung der Zuschlagskriterien für die Zuschlagsentscheidung: □ nur Preis □ nur Kosten

Merkmalsgruppe	Name des Merkmals	Ausprägungen/Bemerkungen
		☐ Preis und Qualitätskriterien ☐ Kosten und Qualitätskriterien Wenn Zuschlagskriterium: ☒ Preis und Qualitätskriterien → Gewichtung Preis vs. Qualitätskriterien in % Wenn Zuschlagskriterium: ☒ Kosten und Qualitätskriterien → Gewichtung Kosten vs. Qualitätskriterien in %
Angaben zum Verfahren	Verfahrensart	☐ Offenes Verfahren (§ 14 SektVO[1]) ☐ Nicht offenes Verfahren (§ 15 SektVO) ☐ Verhandlungsverfahren mit Teilnahmewettbewerb (§ 15 SektVO) ☐ Verhandlungsverfahren ohne Teilnahmewettbewerb (§ 13 Abs. 2 SektVO) ☐ Wettbewerblicher Dialog (§ 17 SektVO) ☐ Innovationspartnerschaft (§ 18 SektVO)
	Rahmenvereinbarung	☐ ja ☐ nein
	Dynamisches Beschaffungssystem	☐ ja ☐ nein
	Elektronische Auktion	☐ ja ☐ nein

	Nachhaltigkeitskriterien (siehe Anlage 9)	Berücksichtigung nachhaltiger Kriterien bei der Leistungsbeschreibung, bei der Eignung, bei den Zuschlagskriterien oder bei den Ausführungsbedingungen
		☐ ja ☐ nein
		Wenn Nachhaltigkeitskriterien ☒ ja
		→ Ermittlung, an welcher Stelle des Vergabeverfahrens das/die Nachhaltigkeitskriterium/en vorgegeben wurde/n:
		  ☐ Leistungsbeschreibung
		  ☐ Eignung
		  ☐ Zuschlag
		  ☐ Ausführungsbedingungen
		  (Mehrfachnennung ist möglich.)
		
		Wenn Leistungsbeschreibung ☒
		→ Ermittlung, welche Art von Nachhaltigkeitskriterium:
		  ☐ umweltbezogen
		  ☐ sozial
		  ☐ innovativ
		  (Mehrfachnennung ist möglich.)
		
		Wenn Eignung ☒
		→ Ermittlung, welche Art von Nachhaltigkeitskriterium:
		  ☐ umweltbezogen
		  ☐ sozial
		  ☐ innovativ
		  (Mehrfachnennung ist möglich.)
		
		Wenn Zuschlag ☒
		→ Ermittlung, welche Art von Nachhaltigkeitskriterium:
		  ☐ umweltbezogen
		  ☐ sozial

[1] Nr. 3.

Merkmalsgruppe	Name des Merkmals	Ausprägungen/Bemerkungen
		☐ innovativ (Mehrfachnennung ist möglich.) Wenn Ausführungsbedingung ☒ ➔ Ermittlung, welche Art von Nachhaltigkeitskriterium: ☐ umweltbezogen ☐ sozial ☐ innovativ (Mehrfachnennung ist möglich.)
Angaben zur Auftragsvergabe	Datum des Vertragsabschlusses	Zeitliche Zuordnung der Vergabe
	Gesamtanzahl eingegangener Angebote	Anzahl der Angebote, die insgesamt eingegangen sind
	Anzahl Angebote von KMU	Anzahl der Angebote, die von Kleinstunternehmen und/oder kleinen und/oder mittleren Unternehmen eingegangen sind. Es wird die KMU-Definition in der Empfehlung 2003/361/EG der Kommission vom 6. Mai 2003 betreffend die Definition der Kleinstunternehmen sowie der kleinen und mittleren Unternehmen (ABl. L 124 vom 20.5.2003, S. 36) zugrunde gelegt.
	Anzahl Angebote aus anderen EU-Mitgliedstaaten	Anzahl der Angebote, die aus anderen europäischen Mitgliedstaaten eingegangen sind
	Anzahl elektronisch übermittelter Angebote	Anzahl der auf elektronischem Wege eingegangenen Angebote
	Auftragnehmer ist ein KMU	☐ ja ☐ nein
	Herkunftsland Auftragnehmer	Angabe des Herkunftslandes des Auftragnehmers
Abschlussseite	Bemerkung	Freiwillige Angabe

Abschnitt 2. Merkmale, die ausschließlich der technischen Umsetzung der Datenübermittlung nach § 2 Absatz 1 dienen

Merkmalsgruppe	Name des Merkmals	Ausprägungen/Bemerkungen
Merkmale	Name der Berichtsstelle	Zur Erfüllung ihrer Meldepflichten bedienen sich die (Sektoren-)Auftraggeber Berichtsstellen. Berichtsstellen sind diejenigen Stellen, die Informationen über vergebene Aufträge als (Sektoren-)Auftraggeber selbst oder für einen anderen (Sektoren-)Auftraggeber melden.
	Straße	
	Hausnummer	
	Postleitzahl	
	Ort	
	Postfachnummer	Freiwillige Angaben
	Postleitzahl des Postfaches	
	Ort des Postfaches	
	Nachname Ansprechperson	
	Vorname Ansprechperson	
	E-Mail-Adresse	

211

Merkmalsgruppe	Name des Merkmals	Ausprägungen/Bemerkungen
	Telefonnummer	
	Auftraggebereigenschaft[1]	□ Öffentlicher Auftrag durch öffentliche Auftraggeber im Oberschwellenbereich
		□ Öffentlicher Auftrag durch öffentliche Auftraggeber über soziale und andere besondere Dienstleistungen im Oberschwellenbereich
		□ Öffentlicher Auftrag durch Sektorenauftraggeber im Oberschwellenbereich
		□ Öffentlicher Auftrag durch Sektorenauftraggeber über soziale und andere besondere Dienstleistungen im Oberschwellenbereich
		□ Konzession durch Konzessionsgeber im Oberschwellenbereich
		□ Konzession durch Konzessionsgeber über soziale und andere besondere Dienstleistungen im Oberschwellenbereich
		□ Verteidigungs- und sicherheitsspezifischer öffentlicher Auftrag durch öffentliche Auftraggeber und Sektorenauftraggeber im Oberschwellenbereich
		□ Öffentliche Aufträge durch öffentliche Auftraggeber im Unterschwellenbereich
Angaben zur Meldung	Korrekturmeldung	□ ja □ nein

Anlage 4
(zu § 3 Absatz 1 Nummer 4)

Öffentlicher Auftrag über eine soziale oder andere besondere Dienstleistung durch einen Sektorenauftraggeber

Abschnitt 1. Daten, die durch Sektorenauftraggeber nach Zuschlagserteilung im Rahmen der Vergabe eines öffentlichen Auftrages im Oberschwellenbereich über soziale und andere besondere Dienstleistungen nach Anhang XVII der Richtlinie 2014/25/EU dem Statistischen Bundesamt zugeleitet werden

Merkmalsgruppe	Name des Merkmals	Ausprägungen/Bemerkungen
Angaben zum Auftraggeber	Name des Auftraggebers[1]	Anzugeben ist hier die Bezeichnung des Auftraggebers und keine einzelnen Organisationseinheiten innerhalb des Auftraggebers.
	Leitweg-ID	Jeder öffentliche (Sektoren-)Auftraggeber verfügt über eine oder mehrere Leitweg-ID, die zur Übermittlung der elektronischen Rechnung gem. ERechV (auf Bundesebene) in den Vergabeunterlagen angegeben werden müssen.
		Die Angabe ist nur für (Sektoren-)Auftraggeber auf Bundesebene verpflichtend.
	Art des Auftraggebers	Öffentliche Auftraggeber
		Bund
		□ Oberste Bundesbehörden
		□ Obere, mittlere und untere Bundesbehörden
		□ Körperschaften des öffentlichen Rechts auf Bundesebene
		□ Anstalten des öffentlichen Rechts auf Bundesebene
		□ Stiftungen des öffentlichen Rechts auf Bundesebene
		□ Sonstige Auftraggeber auf Bundesebene

---

[1] **Amtl. Anm.:** Anmerkung: „Auftraggeber" bezeichnet im Folgenden die in § 98 des Gesetzes gegen Wettbewerbsbeschränkungen *[Nr. 1]* genannten Auftraggeber.

Merkmalsgruppe	Name des Merkmals	Ausprägungen/Bemerkungen
		Land □ Oberste Landesbehörden □ Obere, mittlere und untere Landesbehörden □ Körperschaften des öffentlichen Rechts auf Landesebene □ Anstalten des öffentlichen Rechts auf Landesebene □ Stiftungen des öffentlichen Rechts auf Landesebene □ Sonstige Auftraggeber auf Landesebene Kommunen □ Kommunalbehörden □ Körperschaften des öffentlichen Rechts auf Kommunalebene □ Anstalten des öffentlichen Rechts auf Kommunalebene □ Stiftungen des öffentlichen Rechts auf Kommunalebene □ Sonstige Auftraggeber auf Kommunalebene Sonstige □ Sonstige Auftraggeber
	Postleitzahl des Auftraggebers	Räumliche Zuordnung des Auftraggebers
	Zentrale Beschaffungsstelle	□ ja □ nein
Angaben zum Auftragsgegenstand	Bekanntmachungsnummer im Amtsblatt der EU	Bekanntmachungsnummer im Amtsblatt der EU
	Auftragsnummer	Interne Auftrags-Nr. oder vergebenes Aktenzeichen
	Art des Auftrages	☒ Aufträge über soziale und andere besondere Dienstleistungen
	CPV-Code	Die Angabe dient der Ermittlung des Auftragsgegenstandes. Anzugeben ist der Hauptteil des CPV-Codes (ohne Zusatzteil). Mehrfachnennung ist möglich. Es können bis zu drei CPV-Codes angegeben werden.
	Auftragswert	Ermittlung des Netto-Auftragswertes in Euro
	Aufteilung des Auftrags in Lose	□ ja □ nein
	Zuschlagskriterium	Ermittlung der Zuschlagskriterien für die Zuschlagsentscheidung: □ nur Preis □ nur Kosten □ Preis und Qualitätskriterien □ Kosten und Qualitätskriterien Wenn Zuschlagskriterium: ☒ Preis und Qualitätskriterien → Gewichtung Preis vs. Qualitätskriterien in % Wenn Zuschlagskriterium: ☒ Kosten und Qualitätskriterien → Gewichtung Kosten vs. Qualitätskriterien in %
Angaben zum Verfahren	Verfahrensart	□ Offenes Verfahren (§ 14 SektVO[1]) □ Nicht offenes Verfahren (§ 15 SektVO) □ Verhandlungsverfahren mit Teilnahmewettbewerb (§ 15 SektVO)

---

[1] Nr. 3.

Merkmalsgruppe	Name des Merkmals	Ausprägungen/Bemerkungen
		☐ Verhandlungsverfahren ohne Teilnahmewettbewerb (§ 13 Abs. 2 SektVO) ☐ Wettbewerblicher Dialog (§ 17 SektVO) ☐ Innovationspartnerschaft (§ 18 SektVO)
	Rahmenvereinbarung	☐ ja ☐ nein
	Nachhaltigkeitskriterien (siehe Anlage 9)	Berücksichtigung nachhaltiger Kriterien bei der Leistungsbeschreibung, bei der Eignung, bei den Zuschlagskriterien oder bei den Ausführungsbedingungen ☐ ja ☐ nein Wenn Nachhaltigkeitskriterien ☒ ja ➜ Ermittlung, an welcher Stelle des Vergabeverfahrens das/die Nachhaltigkeitskriterium/en vorgegeben wurde/n: ☐ Leistungsbeschreibung ☐ Eignung ☐ Zuschlag ☐ Ausführungsbedingungen (Mehrfachnennung ist möglich.) Wenn Leistungsbeschreibung ☒ ➜ Ermittlung, welche Art von Nachhaltigkeitskriterium: ☐ umweltbezogen ☐ sozial ☐ innovativ (Mehrfachnennung ist möglich.) Wenn Eignung ☒ ➜ Ermittlung, welche Art von Nachhaltigkeitskriterium: ☐ umweltbezogen ☐ sozial ☐ innovativ (Mehrfachnennung ist möglich.) Wenn Zuschlag ☒ ➜ Ermittlung, welche Art von Nachhaltigkeitskriterium: ☐ umweltbezogen ☐ sozial ☐ innovativ (Mehrfachnennung ist möglich.) Wenn Ausführungsbedingung ☒ ➜ Ermittlung, welche Art von Nachhaltigkeitskriterium: ☐ umweltbezogen ☐ sozial ☐ innovativ (Mehrfachnennung ist möglich.)
Angaben zur Auftragsvergabe	Datum des Vertragsabschlusses	Zeitliche Zuordnung der Vergabe
	Gesamtanzahl eingegangener Angebote	Anzahl der Angebote, die insgesamt eingegangen sind
	Anzahl Angebote von KMU	Anzahl der Angebote, die von Kleinstunternehmen und/oder kleinen und/oder mittleren Unternehmen eingegangen sind. Es wird die KMU-Definition in der Empfehlung 2003/361/EG der Kommission vom 6. Mai 2003 be-

Merkmalsgruppe	Name des Merkmals	Ausprägungen/Bemerkungen
		treffend die Definition der Kleinstunternehmen sowie der kleinen und mittleren Unternehmen (ABl. L 124 vom 20.5.2003, S. 36) zugrunde gelegt.
	Anzahl Angebote aus anderen EU-Mitgliedstaaten	Anzahl der Angebote, die aus anderen europäischen Mitgliedstaaten eingegangen sind
	Anzahl elektronisch übermittelter Angebote	Anzahl der auf elektronischem Wege eingegangenen Angebote
	Auftragnehmer ist ein KMU	□ ja □ nein
	Herkunftsland Auftragnehmer	Angabe des Herkunftslandes des Auftragnehmers
Abschlussseite	Bemerkung	Freiwillige Angabe

Abschnitt 2. Merkmale, die ausschließlich der technischen Umsetzung der Datenübermittlung nach § 2 Absatz 1 dienen

Merkmalsgruppe	Name des Merkmals	Ausprägungen/Bemerkungen
Merkmale	Name der Berichtsstelle	Zur Erfüllung ihrer Meldepflichten bedienen sich die (Sektoren-)Auftraggeber Berichtsstellen. Berichtsstellen sind diejenigen Stellen, die Informationen über vergebene Aufträge als (Sektoren-)Auftraggeber selbst oder für einen anderen (Sektoren-)Auftraggeber melden.
	Straße	
	Hausnummer	
	Postleitzahl	
	Ort	
	Postfachnummer	Freiwillige Angaben
	Postleitzahl des Postfaches	
	Ort des Postfaches	
	Nachname Ansprechperson	
	Vorname Ansprechperson	
	E-Mail-Adresse	
	Telefonnummer	
	Auftraggebereigenschaft[1]	□ Öffentlicher Auftrag durch öffentliche Auftraggeber im Oberschwellenbereich □ Öffentlicher Auftrag durch öffentliche Auftraggeber über soziale und andere besondere Dienstleistungen im Oberschwellenbereich □ Öffentlicher Auftrag durch Sektorenauftraggeber im Oberschwellenbereich □ Öffentlicher Auftrag durch Sektorenauftraggeber über soziale und andere besondere Dienstleistungen im Oberschwellenbereich □ Konzession durch Konzessionsgeber im Oberschwellenbereich □ Konzession durch Konzessionsgeber über soziale und andere besondere Dienstleistungen im Oberschwellenbereich

[1] **Amtl. Anm.:** Anmerkung: „Auftraggeber" bezeichnet in diesem Fall die in § 98 des Gesetzes gegen Wettbewerbsbeschränkungen *[Nr. 1]* genannten Auftraggeber.

Merkmalsgruppe	Name des Merkmals	Ausprägungen/Bemerkungen
		□ Verteidigungs- und sicherheitsspezifischer öffentlicher Auftrag durch öffentliche Auftraggeber und Sektorenauftraggeber im Oberschwellenbereich □ Öffentliche Aufträge durch öffentliche Auftraggeber im Unterschwellenbereich
Angaben zur Meldung	Korrekturmeldung	□ ja □ nein

Anlage 5
(zu § 3 Absatz 1 Nummer 5)

Konzession durch einen Konzessionsgeber

Abschnitt 1. Daten, die durch Konzessionsgeber nach Vergabe einer Konzession im Oberschwellenbereich dem Statistischen Bundesamt zugeleitet werden

Merkmalsgruppe	Name des Merkmals	Ausprägungen/Bemerkungen
Angaben zum Auftraggeber	Name des Auftraggebers[1]	Anzugeben ist hier die Bezeichnung des Auftraggebers und keine einzelnen Organisationseinheiten innerhalb des Auftraggebers.
	Leitweg-ID	Jeder Konzessionsgeber verfügt über eine oder mehrere Leitweg-ID, die zur Übermittlung der elektronischen Rechnung gem. ERechV (auf Bundesebene) in den Vergabeunterlagen angegeben werden müssen. Die Angabe ist nur für Konzessionsgeber auf Bundesebene verpflichtend.
	Art des Auftraggebers	Öffentliche Auftraggeber Bund □ Oberste Bundesbehörden □ Obere, mittlere und untere Bundesbehörden □ Körperschaften des öffentlichen Rechts auf Bundesebene □ Anstalten des öffentlichen Rechts auf Bundesebene □ Stiftungen des öffentlichen Rechts auf Bundesebene □ Sonstige Auftraggeber auf Bundesebene Land □ Oberste Landesbehörden □ Obere, mittlere und untere Landesbehörden □ Körperschaften des öffentlichen Rechts auf Landesebene □ Anstalten des öffentlichen Rechts auf Landesebene □ Stiftungen des öffentlichen Rechts auf Landesebene □ Sonstige Auftraggeber auf Landesebene Kommunen □ Kommunalbehörden □ Körperschaften des öffentlichen Rechts auf Kommunalebene □ Anstalten des öffentlichen Rechts auf Kommunalebene □ Stiftungen des öffentlichen Rechts auf Kommunalebene □ Sonstige Auftraggeber auf Kommunalebene Sonstige

[1] **Amtl. Anm.:** Anmerkung: „Auftraggeber" bezeichnet im Folgenden die in § 98 des Gesetzes gegen Wettbewerbsbeschränkungen [Nr. 1] genannten Auftraggeber.

Merkmalsgruppe	Name des Merkmals	Ausprägungen/Bemerkungen
		☐ Sonstige Auftraggeber
	Postleitzahl des Auftraggebers	Räumliche Zuordnung des Auftraggebers
	Zentrale Beschaffungsstelle	☐ ja ☐ nein
Angaben zum Auftragsgegenstand	Bekanntmachungsnummer im Amtsblatt der EU	Bekanntmachungsnummer im Amtsblatt der EU
	Auftragsnummer	Interne Auftrags-Nr. oder vergebenes Aktenzeichen
	Art des Auftrages	☐ Baukonzession ☐ Dienstleistungskonzession
	CPV-Code	Die Angabe dient der Ermittlung des Auftragsgegenstandes. Anzugeben ist der Hauptteil des CPV-Codes (ohne Zusatzteil). Mehrfachnennung ist möglich. Es können bis zu drei CPV-Codes angegeben werden.
	Auftragswert	Ermittlung des Netto-Auftragswertes in Euro
	Aufteilung des Auftrags in Lose	☐ ja ☐ nein
Angaben zum Verfahren	Verfahrensart	☐ Vergabeverfahren mit vorheriger Veröffentlichung einer Konzessionsbekanntmachung (§ 19 KonzVgV[1]) ☐ Vergabeverfahren ohne vorherige Veröffentlichung einer Konzessionsbekanntmachung (§ 20 KonzVgV)
	Nachhaltigkeitskriterien (siehe Anlage 9)	Berücksichtigung nachhaltiger Kriterien bei der Leistungsbeschreibung, bei der Eignung, bei den Zuschlagskriterien oder bei den Ausführungsbedingungen ☐ ja ☐ nein Wenn Nachhaltigkeitskriterien ☒ ja ➔ Ermittlung, an welcher Stelle des Vergabeverfahrens das/die Nachhaltigkeitskriterium/en vorgegeben wurde/n: ☐ Leistungsbeschreibung ☐ Eignung ☐ Zuschlag ☐ Ausführungsbedingungen (Mehrfachnennung ist möglich.) Wenn Leistungsbeschreibung ☒ ➔ Ermittlung, welche Art von Nachhaltigkeitskriterium: ☐ umweltbezogen ☐ sozial ☐ innovativ (Mehrfachnennung ist möglich.) Wenn Eignung ☒ ➔ Ermittlung, welche Art von Nachhaltigkeitskriterium: ☐ umweltbezogen ☐ sozial ☐ innovativ (Mehrfachnennung ist möglich.) Wenn Zuschlag ☒

[1] Nr. 5.

Merkmalsgruppe	Name des Merkmals	Ausprägungen/Bemerkungen
		→ Ermittlung, welche Art von Nachhaltigkeitskriterium: ☐ umweltbezogen ☐ sozial ☐ innovativ (Mehrfachnennung ist möglich.) Wenn Ausführungsbedingung ☒ → Ermittlung, welche Art von Nachhaltigkeitskriterium: ☐ umweltbezogen ☐ sozial ☐ innovativ (Mehrfachnennung ist möglich.)
Angaben zur Auftragsvergabe	Datum des Vertragsabschlusses	Zeitliche Zuordnung der Vergabe
	Gesamtanzahl eingegangener Angebote	Anzahl der Angebote, die insgesamt eingegangen sind
	Anzahl Angebote von KMU	Anzahl der Angebote, die von Kleinstunternehmen und/oder kleinen und/oder mittleren Unternehmen eingegangen sind. Es wird die KMU-Definition in der Empfehlung 2003/361/EG der Kommission vom 6. Mai 2003 betreffend die Definition der Kleinstunternehmen sowie der kleinen und mittleren Unternehmen (ABl. L 124 vom 20.5.2003, S. 36) zugrunde gelegt.
	Anzahl Angebote aus anderen EU-Mitgliedstaaten	Anzahl der Angebote, die aus anderen europäischen Mitgliedstaaten eingegangen sind
	Anzahl elektronisch übermittelter Angebote	Anzahl der auf elektronischem Wege eingegangenen Angebote
	Auftragnehmer ist ein KMU	☐ ja ☐ nein
	Herkunftsland Auftragnehmer	Angabe des Herkunftslandes des Auftragnehmers
Abschlussseite	Bemerkung	Freiwillige Angabe

Abschnitt 2. Merkmale, die ausschließlich der technischen Umsetzung der Datenübermittlung nach § 2 Absatz 1 dienen

Merkmalsgruppe	Name des Merkmals	Ausprägungen/Bemerkungen
Merkmale	Name der Berichtsstelle	Zur Erfüllung ihrer Meldepflichten bedienen sich die Konzessionsgeber Berichtsstellen. Berichtsstellen sind diejenigen Stellen, die Informationen über vergebene Konzessionen als Konzessionsgeber selbst oder für einen anderen Konzessionsgeber melden.
	Straße	
	Hausnummer	
	Postleitzahl	
	Ort	
	Postfachnummer	Freiwillige Angaben
	Postleitzahl des Postfaches	
	Ort des Postfaches	
	Nachname	
	Ansprechperson	

Merkmalsgruppe	Name des Merkmals	Ausprägungen/Bemerkungen
	Vorname	
	Ansprechperson	
	E-Mail-Adresse	
	Telefonnummer	
	Auftraggebereigen-schaft[1]	□ Öffentlicher Auftrag durch öffentliche Auftraggeber im Oberschwellenbereich □ Öffentlicher Auftrag durch öffentliche Auftraggeber über soziale und andere besondere Dienstleistungen im Oberschwellenbereich □ Öffentlicher Auftrag durch Sektorenauftraggeber im Oberschwellenbereich □ Öffentlicher Auftrag durch Sektorenauftraggeber über soziale und andere besondere Dienstleistungen im Oberschwellenbereich □ Konzession durch Konzessionsgeber im Oberschwellenbereich □ Konzession durch Konzessionsgeber über soziale und andere besondere Dienstleistungen im Oberschwellenbereich □ Verteidigungs- und sicherheitsspezifischer öffentlicher Auftrag durch öffentliche Auftraggeber und Sektorenauftraggeber im Oberschwellenbereich □ Öffentliche Aufträge durch öffentliche Auftraggeber im Unterschwellenbereich
Angaben zur Meldung	Korrekturmeldung	□ ja □ nein

Anlage 6
(zu § 3 Absatz 1 Nummer 6)

Konzession über eine soziale oder andere besondere Dienstleistung durch einen Konzessionsgeber

Abschnitt 1. Daten, die durch Konzessionsgeber nach Vergabe einer Konzession im Oberschwellenbereich über soziale und andere besondere Dienstleistungen nach Anhang IV der Richtlinie 2014/23/EU dem Statistischen Bundesamt zugeleitet werden

Merkmalsgruppe	Name des Merkmals	Ausprägungen/Bemerkungen
Angaben zum Auftraggeber	Name des Auftraggebers[2]	Anzugeben ist hier die Bezeichnung des Auftraggebers und keine einzelnen Organisationseinheiten innerhalb des Auftraggebers.
	Leitweg-ID	Jeder Konzessionsgeber verfügt über eine oder mehrere Leitweg-ID, die zur Übermittlung der elektronischen Rechnung gem. ERechV (auf Bundesebene) in den Vergabeunterlagen angegeben werden müssen. Die Angabe ist nur für Konzessionsgeber auf Bundesebene verpflichtend.
	Art des Auftraggebers	Öffentliche Auftraggeber Bund □ Oberste Bundesbehörden □ Obere, mittlere und untere Bundesbehörden

---

[1] **Amtl. Anm.:** Anmerkung: „Auftraggeber" bezeichnet in diesem Fall die in § 98 des Gesetzes gegen Wettbewerbsbeschränkungen *[Nr. 1]* genannten Auftraggeber.
[2] **Amtl. Anm.:** Anmerkung: „Auftraggeber" bezeichnet im Folgenden die in § 98 des Gesetzes gegen Wettbewerbsbeschränkungen *[Nr. 1]* genannten Auftraggeber.

Merkmalsgruppe	Name des Merkmals	Ausprägungen/Bemerkungen
		□ Körperschaften des öffentlichen Rechts auf Bundesebene □ Anstalten des öffentlichen Rechts auf Bundesebene □ Stiftungen des öffentlichen Rechts auf Bundesebene □ Sonstige Auftraggeber auf Bundesebene Land □ Oberste Landesbehörden □ Obere, mittlere und untere Landesbehörden □ Körperschaften des öffentlichen Rechts auf Landesebene □ Anstalten des öffentlichen Rechts auf Landesebene □ Stiftungen des öffentlichen Rechts auf Landesebene □ Sonstige Auftraggeber auf Landesebene Kommunen □ Kommunalbehörden □ Körperschaften des öffentlichen Rechts auf Kommunalebene □ Anstalten des öffentlichen Rechts auf Kommunalebene □ Stiftungen des öffentlichen Rechts auf Kommunalebene □ Sonstige Auftraggeber auf Kommunalebene Sonstige □ Sonstige Auftraggeber
	Postleitzahl des Auftraggebers	Räumliche Zuordnung des Auftraggebers
	Zentrale Beschaffungsstelle	□ ja □ nein
Angaben zum Auftragsgegenstand	Bekanntmachungsnummer im Amtsblatt der EU	Bekanntmachungsnummer im Amtsblatt der EU
	Auftragsnummer	Interne Auftrags-Nr. oder vergebenes Aktenzeichen
	Art des Auftrages	☒ Konzessionen über soziale und andere besondere Dienstleistungen
	CPV-Code	Die Angabe dient der Ermittlung des Auftragsgegenstandes. Anzugeben ist der Hauptteil des CPV-Codes (ohne Zusatzteil). Mehrfachnennung ist möglich. Es können bis zu drei CPV-Codes angegeben werden.
	Auftragswert	Ermittlung des Netto-Auftragswertes in Euro
	Aufteilung des Auftrags in Lose	□ ja □ nein
Angaben zum Verfahren	Verfahrensart	□ Vergabeverfahren mit vorheriger Veröffentlichung einer Konzessionsbekanntmachung (§ 22 KonzVgV[1]) □ Vergabeverfahren ohne vorherige Veröffentlichung einer Konzessionsbekanntmachung (§ 22 KonzVgV)
	Nachhaltigkeitskriterien (siehe Anlage 9)	Berücksichtigung nachhaltiger Kriterien bei der Leistungsbeschreibung, bei der Eignung, bei den Zuschlagskriterien oder bei den Ausführungsbedingungen □ ja □ nein Wenn Nachhaltigkeitskriterien ☒ ja

[1] Nr. 5.

Merkmalsgruppe	Name des Merkmals	Ausprägungen/Bemerkungen
		→ Ermittlung, an welcher Stelle des Vergabeverfahrens das/die Nachhaltigkeitskriterium/en vorgegeben wurde/n: □ Leistungsbeschreibung □ Eignung □ Zuschlag □ Ausführungsbedingungen (Mehrfachnennung ist möglich.)
		Wenn Leistungsbeschreibung ☒ → Ermittlung, welche Art von Nachhaltigkeitskriterium: □ umweltbezogen □ sozial □ innovativ (Mehrfachnennung ist möglich.)
		Wenn Eignung ☒ → Ermittlung, welche Art von Nachhaltigkeitskriterium: □ umweltbezogen □ sozial □ innovativ (Mehrfachnennung ist möglich.)
		Wenn Zuschlag ☒ → Ermittlung, welche Art von Nachhaltigkeitskriterium: □ umweltbezogen □ sozial □ innovativ (Mehrfachnennung ist möglich.)
		Wenn Ausführungsbedingung ☒ → Ermittlung, welche Art von Nachhaltigkeitskriterium: □ umweltbezogen □ sozial □ innovativ (Mehrfachnennung ist möglich.)
Angaben zur Auftragsvergabe	Datum des Vertragsabschlusses	Zeitliche Zuordnung der Vergabe
	Gesamtanzahl eingegangener Angebote	Anzahl der Angebote, die insgesamt eingegangen sind
	Anzahl Angebote von KMU	Anzahl der Angebote, die von Kleinstunternehmen und/oder kleinen und/oder mittleren Unternehmen eingegangen sind. Es wird die KMU-Definition in der Empfehlung 2003/361/EG der Kommission vom 6. Mai 2003 betreffend die Definition der Kleinstunternehmen sowie der kleinen und mittleren Unternehmen (ABl. L 124 vom 20.5.2003, S. 36) zugrunde gelegt.
	Anzahl Angebote aus anderen EU-Mitgliedstaaten	Anzahl der Angebote, die aus anderen europäischen Mitgliedstaaten eingegangen sind
	Anzahl elektronisch übermittelter Angebote	Anzahl der auf elektronischem Wege eingegangenen Angebote
	Auftragnehmer ist ein KMU	□ ja □ nein

Merkmalsgruppe	Name des Merkmals	Ausprägungen/Bemerkungen
	Herkunftsland Auftrag-nehmer	Angabe des Herkunftslandes des Auftragnehmers
Abschlussseite	Bemerkung	Freiwillige Angabe

Abschnitt 2. Merkmale, die ausschließlich der technischen Umsetzung der Datenübermittlung nach § 2 Absatz 1 dienen

Merkmalsgruppe	Name des Merkmals	Ausprägungen/Bemerkungen
Merkmale	Name der Berichtsstelle	Zur Erfüllung ihrer Meldepflichten bedienen sich die Konzessionsgeber Berichtsstellen. Berichtsstellen sind diejenigen Stellen, die Informationen über vergebene Konzessionen als Konzessionsgeber selbst oder für einen anderen Konzessionsgeber melden.
	Straße	
	Hausnummer	
	Postleitzahl	
	Ort	
	Postfachnummer	Freiwillige Angaben
	Postleitzahl des Post-faches	
	Ort des Postfaches	
	Nachname Ansprechperson	
	Vorname Ansprechperson	
	E-Mail-Adresse	
	Telefonnummer	
	Auftraggebereigen-schaft[1]	▢ Öffentlicher Auftrag durch öffentliche Auftraggeber im Oberschwellenbereich ▢ Öffentlicher Auftrag durch öffentliche Auftraggeber über soziale und andere besondere Dienstleistungen im Oberschwellenbereich ▢ Öffentlicher Auftrag durch Sektorenauftraggeber im Oberschwellenbereich ▢ Öffentlicher Auftrag durch Sektorenauftraggeber über soziale und andere besondere Dienstleistungen im Oberschwellenbereich ▢ Konzession durch Konzessionsgeber im Oberschwellenbereich ▢ Konzession durch Konzessionsgeber über soziale und andere besondere Dienstleistungen im Oberschwellenbereich ▢ Verteidigungs- und sicherheitsspezifischer öffentlicher Auftrag durch öffentliche Auftraggeber und Sektorenauftraggeber im Oberschwellenbereich ▢ Öffentliche Aufträge durch öffentliche Auftraggeber im Unterschwellenbereich
Angaben zur Meldung	Korrekturmeldung	▢ ja ▢ nein

---

[1] **Amtl. Anm.:** Anmerkung: „Auftraggeber" bezeichnet in diesem Fall die in § 98 des Gesetzes gegen Wettbewerbsbeschränkungen *[Nr. 1]* genannten Auftraggeber.

Anlage 7
(zu § 3 Absatz 1 Nummer 7)

Verteidigungs- oder sicherheitsspezifischer öffentlicher Auftrag durch einen öffentlichen Auftraggeber oder einen Sektorenauftraggeber

Abschnitt 1. Daten, die durch öffentliche Auftraggeber und Sektorenauftraggeber nach Zuschlagserteilung im Rahmen der Vergabe eines verteidigungs- oder sicherheitsspezifischen öffentlichen Auftrages im Oberschwellenbereich dem Statistischen Bundesamt zugeleitet werden

Merkmalsgruppe	Name des Merkmals	Ausprägungen/Bemerkungen
Angaben zum Auftraggeber	Name des Auftraggebers[1]	Anzugeben ist hier die Bezeichnung des Auftraggebers und keine einzelnen Organisationseinheiten innerhalb des Auftraggebers.
	Leitweg-ID	Jeder öffentliche Auftraggeber verfügt über eine oder mehrere Leitweg-ID, die zur Übermittlung der elektronischen Rechnung gem. ERechV (auf Bundesebene) in den Vergabeunterlagen angegeben werden müssen. Die Angabe ist nur für Auftraggeber auf Bundesebene verpflichtend.
	Art des Auftraggebers	Öffentliche Auftraggeber Bund □ Oberste Bundesbehörden □ Obere, mittlere und untere Bundesbehörden □ Körperschaften des öffentlichen Rechts auf Bundesebene □ Anstalten des öffentlichen Rechts auf Bundesebene □ Stiftungen des öffentlichen Rechts auf Bundesebene □ Sonstige Auftraggeber auf Bundesebene Land □ Oberste Landesbehörden □ Obere, mittlere und untere Landesbehörden □ Körperschaften des öffentlichen Rechts auf Landesebene □ Anstalten des öffentlichen Rechts auf Landesebene □ Stiftungen des öffentlichen Rechts auf Landesebene □ Sonstige Auftraggeber auf Landesebene Kommunen □ Kommunalbehörden □ Körperschaften des öffentlichen Rechts auf Kommunalebene □ Anstalten des öffentlichen Rechts auf Kommunalebene □ Stiftungen des öffentlichen Rechts auf Kommunalebene □ Sonstige Auftraggeber auf Kommunalebene Sonstige □ Sonstige Auftraggeber
	Postleitzahl des Auftraggebers	Räumliche Zuordnung des Auftraggebers
	Zentrale Beschaffungsstelle	□ ja □ nein

---

[1] **Amtl. Anm.:** Anmerkung: „Auftraggeber" bezeichnet im Folgenden die in § 98 des Gesetzes gegen Wettbewerbsbeschränkungen *[Nr. 1]* genannten Auftraggeber.

Merkmalsgruppe	Name des Merkmals	Ausprägungen/Bemerkungen
Angaben zum Auftragsgegenstand	Bekanntmachungsnummer im Amtsblatt der EU	Bekanntmachungsnummer im Amtsblatt der EU
	Auftragsnummer	Interne Auftrags-Nr. oder vergebenes Aktenzeichen
	Art des Auftrages	□ Bauauftrag □ Lieferauftrag □ Dienstleistungsauftrag
	CPV-Code	Die Angabe dient der Ermittlung des Auftragsgegenstandes. Anzugeben ist der Hauptteil des CPV-Codes (ohne Zusatzteil). Mehrfachnennung ist möglich. Es können bis zu drei CPV-Codes angegeben werden.
	Auftragswert	Ermittlung des Netto-Auftragswertes in Euro
	Zuschlagskriterium	Ermittlung der Zuschlagskriterien für die Zuschlagsentscheidung: □ nur Preis □ nur Kosten □ Preis und Qualitätskriterien □ Kosten und Qualitätskriterien
Angaben zum Verfahren	Verfahrensart	□ Nicht offenes Verfahren (§ 11 VSVgV[1]; § 3 VS Nr. 1 VOB/A[2]) [einschließlich des beschleunigten, nicht offenen Verfahrens] □ Verhandlungsverfahren mit Teilnahmewettbewerb (§ 11 VSVgV; § 3 VS Nr. 2 VOB/A) [einschließlich des beschleunigten Verhandlungsverfahrens] □ Verhandlungsverfahren ohne Teilnahmewettbewerb (§ 12 VSVgV; § 3 VS Nr. 2 VOB/A) □ Wettbewerblicher Dialog (§ 13 VSVgV; § 3 VS Nr. 3 VOB/A)
	Rahmenvereinbarung	□ ja □ nein
	Nachhaltigkeitskriterien (siehe Anlage 9)	Berücksichtigung nachhaltiger Kriterien bei der Leistungsbeschreibung, bei der Eignung, bei den Zuschlagskriterien oder bei den Ausführungsbedingungen □ ja □ nein Wenn Nachhaltigkeitskriterien ☒ ja ➔ Ermittlung, an welcher Stelle des Vergabeverfahrens das/die Nachhaltigkeitskriterium/en vorgegeben wurde/n: □ Leistungsbeschreibung □ Eignung □ Zuschlag □ Ausführungsbedingungen (Mehrfachnennung ist möglich.) Wenn Leistungsbeschreibung ☒ ➔ Ermittlung, welche Art von Nachhaltigkeitskriterium: □ umweltbezogen □ sozial □ innovativ (Mehrfachnennung ist möglich.) Wenn Eignung ☒ ➔ Ermittlung, welche Art von Nachhaltigkeitskriterium:

---

[1] Nr. **4**.
[2] Nr. **14**.

Merkmalsgruppe	Name des Merkmals	Ausprägungen/Bemerkungen
		☐ umweltbezogen ☐ sozial ☐ innovativ (Mehrfachnennung ist möglich.) Wenn Zuschlag ☒ → Ermittlung, welche Art von Nachhaltigkeitskriterium: ☐ umweltbezogen ☐ sozial ☐ innovativ (Mehrfachnennung ist möglich.) Wenn Ausführungsbedingung ☒ → Ermittlung, welche Art von Nachhaltigkeitskriterium: ☐ umweltbezogen ☐ sozial ☐ innovativ (Mehrfachnennung ist möglich.)
Angaben zur Auftragsvergabe	Datum des Vertragsabschlusses	Zeitliche Zuordnung der Vergabe
	Gesamtanzahl eingegangener Angebote	Anzahl der Angebote, die insgesamt eingegangen sind
	Anzahl elektronisch übermittelter Angebote	Anzahl der auf elektronischem Wege eingegangenen Angebote
	Herkunftsland Auftragnehmer	Angabe des Herkunftslandes des Auftragnehmers
Abschlussseite	Bemerkung	Freiwillige Angabe

Abschnitt 2. Merkmale, die ausschließlich der technischen Umsetzung der Datenübermittlung nach § 2 Absatz 1 dienen

Merkmalsgruppe	Name des Merkmals	Ausprägungen/Bemerkungen
Merkmale	Name der Berichtsstelle	Zur Erfüllung ihrer Meldepflichten bedienen sich die Auftraggeber Berichtsstellen. Berichtsstellen sind diejenigen Stellen, die Informationen über vergebene Aufträge als Auftraggeber selbst oder für einen anderen Auftraggeber melden.
	Straße	
	Hausnummer	
	Postleitzahl	
	Ort	
	Postfachnummer	Freiwillige Angaben
	Postleitzahl des Postfaches	
	Ort des Postfaches	
	Nachname Ansprechperson	
	Vorname Ansprechperson	
	E-Mail-Adresse	
	Telefonnummer	

Merkmalsgruppe	Name des Merkmals	Ausprägungen/Bemerkungen
	Auftraggebereigen-schaft[1]	□ Öffentlicher Auftrag durch öffentliche Auftraggeber im Oberschwellenbereich
		□ Öffentlicher Auftrag durch öffentliche Auftraggeber über soziale und andere besondere Dienstleistungen im Oberschwellenbereich
		□ Öffentlicher Auftrag durch Sektorenauftraggeber im Oberschwellenbereich
		□ Öffentlicher Auftrag durch Sektorenauftraggeber über soziale und andere besondere Dienstleistungen im Oberschwellenbereich
		□ Konzession durch Konzessionsgeber im Oberschwellenbereich
		□ Konzession durch Konzessionsgeber über soziale und andere besondere Dienstleistungen im Oberschwellenbereich
		□ Verteidigungs- und sicherheitsspezifischer öffentlicher Auftrag durch öffentliche Auftraggeber und Sektorenauftraggeber im Oberschwellenbereich
		□ Öffentliche Aufträge durch öffentliche Auftraggeber im Unterschwellenbereich
Angaben zur Meldung	Korrekturmeldung	□ ja □ nein

Anlage 8
(zu § 3 Absatz 2)

Öffentlicher Auftrag durch einen öffentlichen Auftraggeber unterhalb des EU-Schwellenwertes

Abschnitt 1. Daten, die durch öffentliche Auftraggeber nach Zuschlagserteilung im Rahmen der Vergabe eines öffentlichen Auftrages im Unterschwellenbereich dem Statistischen Bundesamt zugeleitet werden

Merkmalsgruppe	Name des Merkmals	Ausprägungen/Bemerkungen
Angaben zum Auftraggeber	Name des Auftraggebers[2]	Anzugeben ist hier die Bezeichnung des Auftraggebers und keine einzelnen Organisationseinheiten innerhalb des Auftraggebers.
	Leitweg-ID	Jeder öffentliche Auftraggeber verfügt über eine oder mehrere Leitweg-ID, die zur Übermittlung der elektronischen Rechnung gem. ERechV (auf Bundesebene) in den Vergabeunterlagen angegeben werden müssen.
		Die Angabe ist nur für Auftraggeber auf Bundesebene verpflichtend.
	Art des Auftraggebers	Öffentliche Auftraggeber
		Bund
		□ Oberste Bundesbehörden
		□ Obere, mittlere und untere Bundesbehörden
		□ Körperschaften des öffentlichen Rechts auf Bundesebene
		□ Anstalten des öffentlichen Rechts auf Bundesebene
		□ Stiftungen des öffentlichen Rechts auf Bundesebene
		□ Sonstige Auftraggeber auf Bundesebene

---

[1] **Amtl. Anm.**: Anmerkung: „Auftraggeber" bezeichnet in diesem Fall die in § 98 des Gesetzes gegen Wettbewerbsbeschränkungen *[Nr. 1]* genannten Auftraggeber."
[2] **Amtl. Anm.**: Anmerkung: „Auftraggeber" bezeichnet im Folgenden die in § 99 des Gesetzes gegen Wettbewerbsbeschränkungen *[Nr. 1]* genannten Auftraggeber.

Merkmalsgruppe	Name des Merkmals	Ausprägungen/Bemerkungen
		Land □ Oberste Landesbehörden □ Obere, mittlere und untere Landesbehörden □ Körperschaften des öffentlichen Rechts auf Landesebene □ Anstalten des öffentlichen Rechts auf Landesebene □ Stiftungen des öffentlichen Rechts auf Landesebene □ Sonstige Auftraggeber auf Landesebene Kommunen □ Kommunalbehörden □ Körperschaften des öffentlichen Rechts auf Kommunalebene □ Anstalten des öffentlichen Rechts auf Kommunalebene □ Stiftungen des öffentlichen Rechts auf Kommunalebene □ Sonstige Auftraggeber auf Kommunalebene Sonstige □ Sonstige Auftraggeber
	Postleitzahl des Auftraggebers	Räumliche Zuordnung des Auftraggebers
	Zentrale Beschaffungsstelle	□ ja □ nein
Angaben zum Auftragsgegenstand	Auftragsnummer	Interne Auftrags-Nr. oder vergebenes Aktenzeichen
	Art des Auftrages	□ Bauauftrag □ Lieferauftrag □ Dienstleistungsauftrag
	CPV-Code	Die Angabe dient der Ermittlung des Auftragsgegenstandes. Anzugeben ist der Hauptteil des CPV-Codes (ohne Zusatzteil). Mehrfachnennung ist möglich. Es können bis zu drei CPV-Codes angegeben werden.
	Auftragswert	Ermittlung des Netto-Auftragswertes in Euro
	Aufteilung des Auftrags in Lose	Freiwillige Angabe □ ja □ nein □ keine Angabe
	Zuschlagskriterium	Freiwillige Angabe Ermittlung der Zuschlagkriterien für die Zuschlagsentscheidung: □ nur Preis □ nur Kosten □ Preis und Qualitätskriterien □ Kosten und Qualitätskriterien □ keine Angabe Wenn Zuschlagskriterium: ☒ Preis und Qualitätskriterien → Gewichtung Preis vs. Qualitätskriterien in % Wenn Zuschlagskriterium: ☒ Kosten und Qualitätskriterien → Gewichtung Kosten vs. Qualitätskriterien in %
Angaben zum Verfahren	Verfahrensart	□ Öffentliche Ausschreibung (§ 9 UVgO[1]; § 3 Abs. 1 VOB/A[2])

---

[1] Nr. **15**.
[2] Nr. **14**.

Merkmalsgruppe	Name des Merkmals	Ausprägungen/Bemerkungen
		☐ Beschränkte Ausschreibung mit Teilnahmewettbewerb (§ 10 UVgO; § 3 Abs. 2 VOB/A) ☐ Beschränkte Ausschreibung ohne Teilnahmewettbewerb (§ 11 UVgO; § 3 Abs. 2 VOB/A) ☐ Verhandlungsvergabe/freihändige Vergabe mit Teilnahmewettbewerb (§ 12 Abs. 1 UVgO; § 3 Abs. 3 VOB/A) ☐ Verhandlungsvergabe/freihändige Vergabe ohne Teilnahmewettbewerb (§ 12 Abs. 2 UVgO; § 3 Abs. 3 VOB/A) ☐ Sonstige Verfahren
	Rahmenvereinbarung	Freiwillige Angabe ☐ ja ☐ nein ☐ keine Angabe
	Dynamisches Beschaffungssystem	Freiwillige Angabe ☐ ja ☐ nein ☐ keine Angabe
	Elektronische Auktion	Freiwillige Angabe ☐ ja ☐ nein ☐ keine Angabe
	Nachhaltigkeitskriterien (siehe Anlage 9)	Berücksichtigung nachhaltiger Kriterien bei der Leistungsbeschreibung, bei der Eignung, bei den Zuschlagskriterien oder bei den Ausführungsbedingungen ☐ ja ☐ nein Wenn Nachhaltigkeitskriterien ☒ ja → Ermittlung, welches Kriterium bei o.g. Merkmalen beachtet wurde: ☐ umweltbezogen ☐ sozial ☐ innovativ (Mehrfachnennung ist möglich.)
Angaben zur Auftragsvergabe	Datum des Vertragsabschlusses	Zeitliche Zuordnung der Vergabe
	Gesamtanzahl eingegangener Angebote	Freiwillige Angabe Anzahl der Angebote, die insgesamt eingegangen sind
	Anzahl Angebote von KMU	Freiwillige Angabe Anzahl der Angebote, die von Kleinstunternehmen und/oder kleinen und/oder mittleren Unternehmen eingegangen sind. Es wird die KMU-Definition in der Empfehlung 2003/361/EG der Kommission vom 6. Mai 2003 betreffend die Definition der Kleinstunternehmen sowie der kleinen und mittleren Unternehmen (ABl. L 124 vom 20.5.2003, S. 36) zugrunde gelegt.
	Anzahl Angebote aus anderen EU-Mitgliedstaaten	Freiwillige Angabe Anzahl der Angebote, die aus anderen europäischen Mitgliedstaaten eingegangen sind
	Anzahl elektronisch übermittelter Angebote	Freiwillige Angabe Anzahl der auf elektronischem Wege eingegangenen Angebote
	Auftragnehmer ist ein KMU	☐ ja ☐ nein
	Herkunftsland Auftragnehmer	Freiwillige Angabe Angabe des Herkunftslandes des Auftragnehmers ☐ keine Angabe
Abschlussseite	Bemerkung	Freiwillige Angabe

Abschnitt 2. Merkmale, die ausschließlich der technischen Umsetzung der Datenübermittlung nach § 2 Absatz 2 dienen

Merkmalsgruppe	Name des Merkmals	Ausprägungen/Bemerkungen
Merkmale	Name der Berichtsstelle	Zur Erfüllung ihrer Meldepflichten bedienen sich die Auftraggeber Berichtsstellen. Berichtsstellen sind diejenigen Stellen, die Informationen über vergebene Aufträge als Auftraggeber selbst oder für einen anderen Auftraggeber melden.
	Straße	
	Hausnummer	
	Postleitzahl	
	Ort	
	Postfachnummer	Freiwillige Angaben
	Postleitzahl des Postfaches	
	Ort des Postfaches	
	Nachname Ansprechperson	
	Vorname Ansprechperson	
	E-Mail-Adresse	
	Telefonnummer	
	Auftraggebereigenschaft[1]	☐ Öffentlicher Auftrag durch öffentliche Auftraggeber im Oberschwellenbereich ☐ Öffentlicher Auftrag durch öffentliche Auftraggeber über soziale und andere besondere Dienstleistungen im Oberschwellenbereich ☐ Öffentlicher Auftrag durch Sektorenauftraggeber im Oberschwellenbereich ☐ Öffentlicher Auftrag durch Sektorenauftraggeber über soziale und andere besondere Dienstleistungen im Oberschwellenbereich ☐ Konzession durch Konzessionsgeber im Oberschwellenbereich ☐ Konzession durch Konzessionsgeber über soziale und andere besondere Dienstleistungen im Oberschwellenbereich ☐ Verteidigungs- und sicherheitsspezifischer öffentlicher Auftrag durch öffentliche Auftraggeber und Sektorenauftraggeber im Oberschwellenbereich ☐ Öffentliche Aufträge durch öffentliche Auftraggeber im Unterschwellenbereich
Angaben zur Meldung	Korrekturmeldung	☐ ja ☐ nein

Anlage 9

Erläuterung zu den Nachhaltigkeitskriterien im Sinne der Anlagen 1 bis 8

In einem Vergabeverfahren können insbesondere folgende Nachhaltigkeitskriterien einbezogen werden. Die nachfolgende Aufzählung ist nicht abschließend.

Umweltbezogene Kriterien

---

[1] **Amtl. Anm.:** Anmerkung: „Auftraggeber" bezeichnet die in § 99 des Gesetzes gegen Wettbewerbsbeschränkungen *[Nr. 1]* genannten Auftraggeber.

- Anforderung der Erfüllung der Voraussetzungen eines ISO-14024-Typ-I-Umweltzeichens (zum Beispiel Blauer Engel, Nordischer Schwan, Österreichisches Umweltzeichen) oder gleichwertige Kriterien

- Anforderung einer Übereinstimmung mit der durch die Verordnung (EG) Nr. 1221/2009 festgelegten Strategie für Umweltmanagement und -betriebsprüfung (EMAS)

- Anforderung einer Übereinstimmung mit einem Umweltmanagementsystem gemäß der Norm ISO 14001, mit Ausnahme der durch die Verordnung (EG) Nr. 1221/2009 festgelegten Strategie für Umweltmanagement und -betriebsprüfung (EMAS)

- Anforderung einer Übereinstimmung mit der höchsten Energieeffizienzklasse (im Einklang mit der Definition in verschiedenen Rechtsvorschriften, zum Beispiel in der Verordnung (EU) Nr. 626/2011 über Luftkonditionierer)

- Anforderung einer Übereinstimmung, für den größten Teil der betreffenden Beschaffung, mit der Verordnung (EG) Nr. 834/2007 über die ökologische/biologische Produktion und die Kennzeichnung von ökologischen/biologischen Produkten

- Vorgabe einer Kostenberechnung auf der Grundlage von Lebenszykluskosten

Soziale Kriterien

- Beschäftigungsmöglichkeiten für Langzeitarbeitslose, Benachteiligte und/oder für Menschen mit Behinderungen

- Zugänglichkeit der Leistung für Menschen mit Behinderungen

- faire Arbeitsbedingungen

- Schutz der Menschen- und Arbeitnehmerrechte in globalen Wertschöpfungsketten

- Gleichstellung der Geschlechter

- Gleichstellung von ethnischen Gruppen

- Kernarbeitsnormen der Internationalen Arbeitsorganisation (IAO) entlang der globalen Wertschöpfungskette

Innovative Kriterien

- Die in Auftrag gegebenen Bauleistungen, Lieferungen oder Dienstleistungen sind innovativ für die Organisation.

- Die in Auftrag gegebenen Bauleistungen, Lieferungen oder Dienstleistungen sind innovativ für den gesamten Markt.

- Die technischen Spezifikationen beruhen in erster Linie auf den Funktions- und Leistungsanforderungen und nicht auf der Beschreibung der technischen Lösung.

- Die in Auftrag gegebenen Bauleistungen, Lieferungen oder Dienstleistungen umfassen Forschungs- und Entwicklungstätigkeiten.

- Die in Auftrag gegebenen Bauleistungen, Lieferungen oder Dienstleistungen dürften die Wirksamkeit der Arbeit des Beschaffers erhöhen."

7. Verordnung (EG) Nr. 1370/2007 des Europäischen Parlaments und des Rates vom 23. Oktober 2007 über öffentliche Personenverkehrsdienste auf Schiene und Straße und zur Aufhebung der Verordnungen (EWG) Nr. 1191/69 und (EWG) Nr. 1107/70 des Rates

(ABl. L 315 S. 1)

Celex-Nr. 3 2007 R 1370

geänd. durch Art. 1 ÄndVO (EU) 2016/2338 v. 14.12.2016 (ABl. L 354 S. 22)

Nichtamtliche Inhaltsübersicht

DAS EUROPÄISCHE PARLAMENT UND DER RAT DER EUROPÄISCHEN UNION –

gestützt auf den Vertrag zur Gründung der Europäischen Gemeinschaft[1], insbesondere auf die Artikel 71 und 89[2],

auf Vorschlag der Kommission,

nach Stellungnahme des Europäischen Wirtschafts- und Sozialausschusses[3],

nach Stellungnahme des Ausschusses der Regionen[4],

gemäß dem Verfahren des Artikels 251 des Vertrags[5][6],

in Erwägung nachstehender Gründe:

---

[1] Nunmehr Vertrag über die Arbeitsweise der Europäischen Union durch Vertrag von Lissabon v. 13.12.2007 (ABl. C 306 S. 1).

[2] Nunmehr Art. 91 und 109 AEUV durch Vertrag von Lissabon v. 13.12.2007 (ABl. C 306 S. 1).

[3] **Amtl. Anm.:** ABl. C 195 vom 18.8.2006, S. 20.

[4] **Amtl. Anm.:** ABl. C 192 vom 16.8.2006, S. 1.

[5] Nunmehr Art. 294 AEUV durch Vertrag von Lissabon v. 13.12.2007 (ABl. C 306 S. 1).

[6] **Amtl. Anm.:** Stellungnahme des Europäischen Parlaments vom 14. November 2001 (ABl. C 140 E vom 13.6.2002, S. 262), Gemeinsamer Standpunkt des Rates vom 11. Dezember 2006 (ABl. C 70 E vom 27.3.2007, S. 1) und Standpunkt des Europäischen Parlaments vom 10. Mai 2007. Beschluss des Rates vom 18. September 2007.

(1) Artikel 16 des Vertrags[1] bestätigt den Stellenwert, den Dienste von allgemeinem wirtschaftlichem Interesse innerhalb der gemeinsamen Werte der Union einnehmen.

(2) Artikel 86 Absatz 2 des Vertrags[2] bestimmt, dass für Unternehmen, die mit Dienstleistungen von allgemeinem wirtschaftlichem Interesse betraut sind, die Vorschriften des Vertrags, insbesondere die Wettbewerbsregeln, gelten, soweit die Anwendung dieser Vorschriften nicht die Erfüllung der ihnen übertragenen besonderen Aufgaben rechtlich oder tatsächlich verhindert.

(3) Artikel 73 des Vertrags[3] stellt eine Sondervorschrift zu Artikel 86 Absatz 2[2] dar. Darin sind Regeln für die Abgeltung von gemeinwirtschaftlichen Verpflichtungen im Bereich des Landverkehrs festgelegt.

(4) Die Hauptziele des Weißbuchs der Kommission vom 12. September 2001 „Die Europäische Verkehrspolitik bis 2010: Weichenstellungen für die Zukunft" sind die Gewährleistung sicherer, effizienter und hochwertiger Personenverkehrsdienste durch einen regulierten Wettbewerb, der auch die Transparenz und Leistungsfähigkeit öffentlicher Personenverkehrsdienste garantiert, und zwar unter Berücksichtigung sozialer, umweltpolitischer und raumplanerischer Faktoren, oder das Angebot spezieller Tarifbedingungen zugunsten bestimmter Gruppen von Reisenden, wie etwa Rentner, und die Beseitigung von Ungleichheiten zwischen Verkehrsunternehmen aus verschiedenen Mitgliedstaaten, die den Wettbewerb wesentlich verfälschen könnten.

(5) Viele Personenlandverkehrsdienste, die im allgemeinen wirtschaftlichen Interesse erforderlich sind, können derzeit nicht kommerziell betrieben werden. Die zuständigen Behörden der Mitgliedstaaten müssen Maßnahmen ergreifen können, um die Erbringung dieser Dienste sicherzustellen. Zu den Mechanismen, die sie nutzen können, um die Erbringung öffentlicher Personenverkehrsdienste sicherzustellen, zählen unter anderem die Gewährung ausschließlicher Rechte an die Betreiber eines öffentlichen Dienstes, die Gewährung einer finanziellen Ausgleichsleistung für Betreiber eines öffentlichen Dienstes sowie die Festlegung allgemeiner Vorschriften für den Betrieb öffentlicher Verkehrsdienste, die für alle Betreiber gelten. Entscheidet ein Mitgliedstaat sich im Einklang mit dieser Verordnung dafür, bestimmte allgemeine Regeln aus ihrem Anwendungsbereich herauszunehmen, so sollte die allgemeine Regelung für staatliche Beihilfen zur Anwendung kommen.

(6) Viele Mitgliedstaaten haben Rechtsvorschriften erlassen, die zumindest für einen Teilbereich ihres öffentlichen Verkehrsmarktes die Gewährung ausschließlicher Rechte und die Vergabe öffentlicher Dienstleistungsaufträge im Rahmen transparenter und fairer Vergabeverfahren vorsehen. Dies hat eine erhebliche Zunahme des Handels zwischen den Mitgliedstaaten bewirkt und dazu geführt, dass inzwischen mehrere Betreiber eines öffentlichen Dienstes Personenverkehrsdienste in mehr als einem Mitgliedstaat erbringen. Die Entwicklung der nationalen Rechtsvorschriften hat jedoch zu uneinheitlichen Verfahren und Rechtsunsicherheit hinsichtlich der Rechte der Betreiber eines öffentlichen Dienstes und der Pflichten der

---

[1] Nunmehr Art. 14 AEUV durch Vertrag von Lissabon v. 13.12.2007 (ABl. C 306 S. 1).
[2] Nunmehr Art. 106 AEUV durch Vertrag von Lissabon v. 13.12.2007 (ABl. C 306 S. 1).
[3] Nunmehr Art. 93 AEUV durch Vertrag von Lissabon v. 13.12.2007 (ABl. C 306 S. 1).

zuständigen Behörden geführt. Die Verordnung (EWG) Nr. 1191/69 des Rates vom 26. Juni 1969 über das Vorgehen der Mitgliedstaaten bei mit dem Begriff des öffentlichen Dienstes verbundenen Verpflichtungen auf dem Gebiet des Eisenbahn-, Straßen- und Binnenschiffsverkehrs[1] regelt nicht die Art und Weise, in der in der Gemeinschaft öffentliche Dienstleistungsaufträge vergeben werden müssen, und insbesondere nicht die Bedingungen, unter denen diese ausgeschrieben werden sollten. Eine Aktualisierung des gemeinschaftlichen Rechtsrahmens ist daher angebracht.

(7) Studien und die Erfahrungen der Mitgliedstaaten, in denen es schon seit einigen Jahren Wettbewerb im öffentlichen Verkehr gibt, zeigen, dass, sofern angemessene Schutzmaßnahmen vorgesehen werden, die Einführung des regulierten Wettbewerbs zwischen Betreibern zu einem attraktiveren und innovativeren Dienstleistungsangebot zu niedrigeren Kosten führt, ohne dass die Betreiber eines öffentlichen Dienstes bei der Erfüllung der ihnen übertragenen besonderen Aufgaben behindert werden. Dieser Ansatz wurde vom Europäischen Rat im Rahmen des so genannten Lissabon-Prozesses vom 28. März 2000 gebilligt, der die Kommission, den Rat und die Mitgliedstaaten aufgefordert hat, im Rahmen ihrer jeweiligen Befugnisse die Liberalisierung in Bereichen wie dem Verkehr zu beschleunigen.

(8) Personenverkehrsmärkte, die dereguliert sind und in denen keine ausschließlichen Rechte gewährt werden, sollten ihre Merkmale und ihre Funktionsweise beibehalten dürfen, soweit diese mit den Anforderungen des Vertrags vereinbar sind.

(9) Um die öffentlichen Personenverkehrsdienste optimal nach den Bedürfnissen der Bevölkerung gestalten zu können, müssen alle zuständigen Behörden die Möglichkeit haben, die Betreiber eines öffentlichen Dienstes gemäß den Bedingungen dieser Verordnung frei auszuwählen und dabei die Interessen von kleinen und mittleren Unternehmen zu berücksichtigen. Um die Anwendung der Grundsätze der Transparenz, der Gleichbehandlung konkurrierender Betreiber und der Verhältnismäßigkeit zu gewährleisten, wenn Ausgleichsleistungen oder ausschließliche Rechte gewährt werden, müssen in einem öffentlichen Dienstleistungsauftrag der zuständigen Behörde an den ausgewählten Betreiber eines öffentlichen Dienstes die Art der gemeinwirtschaftlichen Verpflichtungen und die vereinbarten Gegenleistungen festgelegt werden. Die Form oder Benennung dieses Vertrags kann je nach den Rechtssystemen der Mitgliedstaaten variieren.

(10) Im Gegensatz zu der Verordnung (EWG) Nr. 1191/69, deren Geltungsbereich sich auch auf die öffentlichen Personenverkehrsdienste auf Binnenschifffahrtswegen erstreckt, wird es nicht als angezeigt erachtet, in der vorliegenden Verordnung die Frage der Vergabe öffentlicher Dienstleistungsaufträge in diesem besonderen Sektor zu regeln. Für die Organisation öffentlicher Personenverkehrsdienste auf Binnenschifffahrtswegen und, soweit sie nicht unter besonderes Gemeinschaftsrecht fallen, auf dem Meer innerhalb der Hoheitsgewässer gelten daher die allgemeinen Grundsätze

---

[1] **Amtl. Anm.:** ABl. L 156 vom 28.6.1969, S. 1. Zuletzt geändert durch die Verordnung (EWG) Nr. 1893/91 (ABl. L 169 vom 29.6.1991, S. 1).

des Vertrags, sofern die Mitgliedstaaten nicht beschließen, die vorliegende Verordnung auf diese besonderen Sektoren anzuwenden. Diese Verordnung steht der Einbeziehung von Verkehrsdiensten auf Binnenschifffahrtswegen und auf dem Meer innerhalb der Hoheitsgewässer in weiter gefasste Stadt-, Vorort- oder Regionalnetze des öffentlichen Personenverkehrs nicht entgegen.

(11) Im Gegensatz zu der Verordnung (EWG) Nr. 1191/69, deren Geltungsbereich sich auch auf Güterbeförderungsdienste erstreckt, wird es nicht als angezeigt erachtet, in der vorliegenden Verordnung die Frage der Vergabe öffentlicher Dienstleistungsaufträge in diesem besonderen Sektor zu regeln. Drei Jahre nach dem Inkrafttreten der vorliegenden Verordnung sollten für die Organisation von Güterbeförderungsdiensten daher die allgemeinen Grundsätze des Vertrags gelten.

(12) Aus gemeinschaftsrechtlicher Sicht ist es unerheblich, ob öffentliche Personenverkehrsdienste von öffentlichen oder privaten Unternehmen erbracht werden. Die vorliegende Verordnung stützt sich auf den Grundsatz der Neutralität im Hinblick auf die Eigentumsordnung gemäß Artikel 295 des Vertrags[1] sowie den Grundsatz der freien Gestaltung der Dienste von allgemeinem wirtschaftlichem Interesse durch die Mitgliedstaaten gemäß Artikel 16 des Vertrags[2] und die Grundsätze der Subsidiarität und der Verhältnismäßigkeit gemäß Artikel 5 des Vertrags[3].

(13) Einige Verkehrsdienste, häufig in Verbindung mit einer speziellen Infrastruktur, werden hauptsächlich aufgrund ihres historischen Interesses oder zu touristischen Zwecken betrieben. Da ihr Betrieb offensichtlich anderen Zwecken dient als der Erbringung öffentlicher Personenverkehrsdienste, müssen die für die Erfüllung von gemeinwirtschaftlichen Anforderungen geltenden Vorschriften und Verfahren hier keine Anwendung finden.

(14) Wenn die zuständigen Behörden für die Organisation des öffentlichen Verkehrsnetzes verantwortlich sind, können hierzu neben dem eigentlichen Betrieb des Verkehrsdienstes eine Reihe von anderen Tätigkeiten und Funktionen zählen, bei denen es den zuständigen Behörden freigestellt sein muss, sie selbst auszuführen oder ganz oder teilweise einem Dritten anzuvertrauen.

(15) Langzeitverträge können bewirken, dass der Markt länger als erforderlich geschlossen bleibt, wodurch sich die Vorteile des Wettbewerbsdrucks verringern. Um den Wettbewerb möglichst wenig zu verzerren und gleichzeitig die Qualität der Dienste sicherzustellen, sollten öffentliche Dienstleistungsaufträge befristet sein. Eine Auftragsverlängerung könnte davon abhängig gemacht werden, dass die Verkehrsteilnehmer die Dienstleistung positiv aufnehmen. Die Möglichkeit, öffentliche Dienstleistungsaufträge um maximal die Hälfte ihrer ursprünglichen Laufzeit zu verlängern, sollte in diesem Rahmen dann vorgesehen werden, wenn der Betreiber eines öffentlichen Dienstes Investitionen in Wirtschaftsgüter tätigen muss, deren Amortisierungsdauer außergewöhnlich lang ist, und – aufgrund ihrer besonderen Merkmale und Zwänge – bei den in Artikel 299 des Vertrags[4]

---

[1] Nunmehr Art. 345 AEUV durch Vertrag von Lissabon v. 13.12.2007 (ABl. C 306 S. 1).
[2] Nunmehr Art. 14 AEUV durch Vertrag von Lissabon v. 13.12.2007 (ABl. C 306 S. 1).
[3] Nunmehr Art. 5 EUV durch Vertrag von Lissabon v. 13.12.2007 (ABl. C 306 S. 1).
[4] Nunmehr Art. 349 bzw. 355 AEUV durch Vertrag von Lissabon v. 13.12.2007 (ABl. C 306 S. 1).

genannten Gebieten in äußerster Randlage. Außerdem sollte eine noch weiter gehende Verlängerung möglich sein, wenn ein Betreiber eines öffentlichen Dienstes Investitionen in Infrastrukturen oder Rollmaterial und Fahrzeuge tätigt, die insofern außergewöhnlich sind, als es dabei jeweils um hohe Mittelbeträge geht, und unter der Voraussetzung, dass der Vertrag im Rahmen eines fairen wettbewerblichen Vergabeverfahrens vergeben wird.

(16) Kann der Abschluss eines öffentlichen Dienstleistungsauftrags zu einem Wechsel des Betreibers eines öffentlichen Dienstes führen, so sollten die zuständigen Behörden den ausgewählten Betreiber eines öffentlichen Dienstes verpflichten können, die Bestimmungen der Richtlinie 2001/23/EG des Rates vom 12. März 2001 zur Angleichung der Rechtsvorschriften der Mitgliedstaaten über die Wahrung von Ansprüchen der Arbeitnehmer beim Übergang von Unternehmen, Betrieben oder Unternehmens- oder Betriebsteilen[1] anzuwenden. Diese Richtlinie hindert die Mitgliedstaaten nicht daran, die Bedingungen für die Übertragung anderer Ansprüche der Arbeitnehmer als der durch die Richtlinie 2001/23/EG abgedeckten zu wahren und dabei gegebenenfalls die durch nationale Rechts- und Verwaltungsvorschriften oder zwischen den Sozialpartnern geschlossene Tarifverträge oder Vereinbarungen festgelegten Sozialstandards zu berücksichtigen.

(17) Gemäß dem Subsidiaritätsprinzip steht es den zuständigen Behörden frei, soziale Kriterien und Qualitätskriterien festzulegen, um Qualitätsstandards für gemeinwirtschaftliche Verpflichtungen aufrechtzuerhalten und zu erhöhen, beispielsweise bezüglich der Mindestarbeitsbedingungen, der Fahrgastrechte, der Bedürfnisse von Personen mit eingeschränkter Mobilität, des Umweltschutzes, der Sicherheit von Fahrgästen und Angestellten sowie bezüglich der sich aus Kollektivvereinbarungen ergebenden Verpflichtungen und anderen Vorschriften und Vereinbarungen in Bezug auf den Arbeitsplatz und den Sozialschutz an dem Ort, an dem der Dienst erbracht wird. Zur Gewährleistung transparenter und vergleichbarer Wettbewerbsbedingungen zwischen den Betreibern und um das Risiko des Sozialdumpings zu verhindern, sollten die zuständigen Behörden besondere soziale Normen und Dienstleistungsqualitätsnormen vorschreiben können.

(18) Vorbehaltlich der einschlägigen Bestimmungen des nationalen Rechts können örtliche Behörden oder − falls diese nicht vorhanden sind − nationale Behörden öffentliche Personenverkehrsdienste in ihrem Gebiet entweder selbst erbringen oder einen internen Betreiber ohne wettbewerbliches Vergabeverfahren damit beauftragen. Zur Gewährleistung gleicher Wettbewerbsbedingungen muss die Möglichkeit der Eigenerbringung jedoch streng kontrolliert werden. Die zuständige Behörde oder die Gruppe zuständiger Behörden, die − kollektiv oder durch ihre Mitglieder − integrierte öffentliche Personenverkehrsdienste erbringt, sollte die erforderliche Kontrolle ausüben. Ferner sollte es einer zuständigen Behörde, die ihre Verkehrsdienste selbst erbringt, oder einem internen Betreiber untersagt sein, an wettbewerblichen Vergabeverfahren außerhalb des Zuständigkeitsgebiets dieser Behörde teilzunehmen. Die Behörde, die die Kontrolle über den internen Betreiber ausübt, sollte ferner die Möglichkeit haben, diesem

---

[1] **Amtl. Anm.:** ABl. L 82 vom 22.3.2001, S. 16.

Betreiber die Teilnahme an wettbewerblichen Vergabeverfahren innerhalb ihres Zuständigkeitsgebiets zu untersagen. Die Beschränkung der Tätigkeit interner Betreiber berührt nicht die Möglichkeit der Direktvergabe öffentlicher Dienstleistungsaufträge, die den Eisenbahnverkehr betreffen, mit Ausnahme anderer schienengestützter Verkehrsträger wie Untergrund- und Straßenbahnen. Außerdem berührt die Direktvergabe öffentlicher Dienstleistungsaufträge für Eisenbahnverkehrsdienste nicht die Möglichkeit der zuständigen Behörden, öffentliche Dienstleistungsaufträge für öffentliche Personenverkehrsdienste mit anderen schienengestützten Verkehrsträgern wie Untergrund- oder Straßenbahnen an einen internen Betreiber zu vergeben.

(19) Die Vergabe von Unteraufträgen kann zu einem effizienteren öffentlichen Personenverkehr beitragen und ermöglicht die Beteiligung weiterer Unternehmen neben dem Betreiber eines öffentlichen Dienstes, der den öffentlichen Dienstleistungsauftrag erhalten hat. Im Hinblick auf eine bestmögliche Nutzung öffentlicher Gelder sollten die zuständigen Behörden jedoch die Bedingungen für die Vergabe von Unteraufträgen bezüglich ihrer öffentlichen Personenverkehrsdienste festlegen können, insbesondere im Falle von Diensten, die von einem internen Betreiber erbracht werden. Ferner sollte es einem Unterauftragnehmer erlaubt sein, an wettbewerblichen Vergabeverfahren im Zuständigkeitsgebiet aller zuständigen Behörden teilzunehmen. Die Auswahl eines Unterauftragnehmers durch die zuständige Behörde oder ihren internen Betreiber muss im Einklang mit dem Gemeinschaftsrecht erfolgen.

(20) Entscheidet eine Behörde, eine Dienstleistung von allgemeinem Interesse einem Dritten zu übertragen, so muss die Auswahl des Betreibers eines öffentlichen Dienstes unter Einhaltung des für das öffentliche Auftragswesen und Konzessionen geltenden Gemeinschaftsrechts, das sich aus den Artikeln 43 bis 49 des Vertrags[1] ergibt, sowie der Grundsätze der Transparenz und der Gleichbehandlung erfolgen. Insbesondere bleiben die Pflichten der Behörden, die sich aus den Richtlinien über die Vergabe öffentlicher Aufträge ergeben, bei unter jene Richtlinien fallenden öffentlichen Dienstleistungsaufträgen von den Bestimmungen dieser Verordnung unberührt.

(21) Ein wirksamer Rechtsschutz sollte nicht nur für Aufträge gelten, die unter die Richtlinie 2004/17/EG des Europäischen Parlaments und des Rates vom 31. März 2004 zur Koordinierung der Zuschlagserteilung durch Auftraggeber im Bereich der Wasser-, Energie- und Verkehrsversorgung sowie der Postdienste[2] und die Richtlinie 2004/18/EG des Europäischen Parlaments und des Rates vom 31. März 2004 über die Koordinierung der Verfahren zur Vergabe öffentlicher Bauaufträge, Lieferaufträge und Dienstleistungsaufträge[3] fallen, sondern auch für andere gemäß der vorliegenden Verordnung abgeschlossene Verträge gelten. Es ist ein wirksames Nachprüfungsverfahren erforderlich, das mit den entsprechenden Verfahren gemäß der Richtlinie 89/665/EWG des Rates vom 21. Dezember 1989

---

[1] Nunmehr Art. 49 bis 56 AEUV durch Vertrag von Lissabon v. 13.12.2007 (ABl. C 306 S. 1).

[2] **Amtl. Anm.:** ABl. L 134 vom 30.4.2004, S. 1. Zuletzt geändert durch die Richtlinie 2006/97/EG des Rates (ABl. L 363 vom 20.12.2006, S. 107).

[3] **Amtl. Anm.:** ABl. L 134 vom 30.4.2004, S. 114. Zuletzt geändert durch die Richtlinie 2006/97/EG.

zur Koordinierung der Rechts- und Verwaltungsvorschriften für die Anwendung der Nachprüfungsverfahren im Rahmen der Vergabe öffentlicher Liefer- und Bauaufträge[1] bzw. der Richtlinie 92/13/EWG des Rates vom 25. Februar 1992 zur Koordinierung der Rechts- und Verwaltungsvorschriften für die Anwendung der Gemeinschaftsvorschriften über die Auftragsvergabe durch Auftraggeber im Bereich der Wasser-, Energie- und Verkehrsversorgung sowie im Telekommunikationssektor[2] vergleichbar sein sollte.

(22) Für einige wettbewerbliche Vergabeverfahren müssen die zuständigen Behörden komplexe Systeme festlegen und erläutern. Daher sollten diese Behörden ermächtigt werden, bei der Vergabe von Aufträgen in solchen Fällen die Einzelheiten des Auftrags mit einigen oder allen potenziellen Betreibern eines öffentlichen Dienstes nach Abgabe der Angebote auszuhandeln.

(23) Ein wettbewerbliches Vergabeverfahren für öffentliche Dienstleistungsaufträge sollte nicht zwingend vorgeschrieben sein, wenn der Auftrag sich auf geringe Summen oder Entfernungen bezieht. In diesem Zusammenhang sollten die zuständigen Behörden in die Lage versetzt werden, bei größeren Summen oder Entfernungen die besonderen Interessen von kleinen und mittleren Unternehmen zu berücksichtigen. Den zuständigen Behörden sollte es nicht gestattet sein, Aufträge oder Netze aufzuteilen, um so ein wettbewerbliches Vergabeverfahren zu vermeiden.

(24) Besteht die Gefahr einer Unterbrechung bei der Erbringung von Diensten, sollten die zuständigen Behörden befugt sein, kurzfristig Notmaßnahmen zu ergreifen, bis ein neuer öffentlicher Dienstleistungsauftrag nach den in dieser Verordnung festgelegten Bedingungen vergeben wurde.

(25) Der öffentliche Schienenpersonenverkehr wirft spezielle Fragen in Bezug auf die Investitionslast und die Infrastrukturkosten auf. Die Kommission hat im März 2004 eine Änderung der Richtlinie 91/440/EWG des Rates vom 29. Juli 1991 zur Entwicklung der Eisenbahnunternehmen der Gemeinschaft[3] vorgeschlagen, damit alle Eisenbahnunternehmen der Gemeinschaft zur Durchführung grenzüberschreitender Personenverkehrsdienste Zugang zur Infrastruktur aller Mitgliedstaaten erhalten. Mit der vorliegenden Verordnung soll ein Rechtsrahmen für die Gewährung einer Ausgleichsleistung und/oder ausschließlicher Rechte für öffentliche Dienstleistungsaufträge geschaffen werden; eine weitere Öffnung des Marktes für Schienenverkehrsdienste ist nicht beabsichtigt.

(26) Diese Verordnung gibt den zuständigen Behörden im Falle öffentlicher Dienstleistungen die Möglichkeit, auf der Grundlage eines öffentlichen Dienstleistungsauftrags einen Betreiber für die Erbringung öffentlicher Personenverkehrsdienste auszuwählen. Angesichts der unterschiedlichen territorialen Organisation der Mitgliedstaaten in dieser Hinsicht ist es

---

[1] **Amtl. Anm.:** 1 ABl. L 395 vom 30.12.1989, S. 33. Geändert durch die Richtlinie 92/50/EWG (ABl. L 209 vom 24.7.1992, S. 1).
[2] **Amtl. Anm.:** ABl. L 76 vom 23.3.1992, S. 14. Zuletzt geändert durch die Richtlinie 2006/97/EG (ABl. L 363 vom 20.12.2006, S. 107).
[3] **Amtl. Anm.:** ABl. L 237 vom 24.8.1991, S. 25. Zuletzt geändert durch die Richtlinie 2006/103/EG (ABl. L 363 vom 20.12.2006, S. 344).

gerechtfertigt, den zuständigen Behörden zu gestatten, öffentliche Dienstleistungsaufträge im Eisenbahnverkehr direkt zu vergeben.

(27) Die von den zuständigen Behörden gewährten Ausgleichsleistungen zur Deckung der Kosten, die durch die Erfüllung gemeinwirtschaftlicher Verpflichtungen verursacht werden, sollten so berechnet werden, dass übermäßige Ausgleichsleistungen vermieden werden. Beabsichtigt eine zuständige Behörde die Vergabe eines öffentlichen Dienstleistungsauftrags ohne wettbewerbliches Vergabeverfahren, so sollte sie auch detaillierte Bestimmungen einhalten, mit denen die Angemessenheit der Ausgleichsleistung gewährleistet wird und die der angestrebten Effizienz und Qualität der Dienste Rechnung tragen.

(28) Die zuständige Behörde und der Betreiber eines öffentlichen Dienstes können beweisen, dass eine übermäßige Ausgleichsleistung vermieden wurde, indem sie allen Auswirkungen der Erfüllung der gemeinwirtschaftlichen Verpflichtungen auf die Nachfrage nach öffentlichen Personenverkehrsdiensten in dem im Anhang enthaltenen Berechnungsmodell gebührend Rechnung tragen.

(29) Hinsichtlich der Vergabe öffentlicher Dienstleistungsaufträge sollten die zuständigen Behörden – außer bei Notmaßnahmen und Aufträgen für geringe Entfernungen – die notwendigen Maßnahmen ergreifen, um mindestens ein Jahr im Voraus bekannt zu geben, dass sie solche Aufträge zu vergeben beabsichtigen, so dass potenzielle Betreiber eines öffentlichen Dienstes darauf reagieren können.

(30) Bei direkt vergebenen öffentlichen Dienstleistungsaufträgen sollte für größere Transparenz gesorgt werden.

(31) Da die zuständigen Behörden und die Betreiber eines öffentlichen Dienstes Zeit benötigen, um den Bestimmungen dieser Verordnung nachzukommen, sollten Übergangsregelungen vorgesehen werden. Im Hinblick auf eine schrittweise Vergabe öffentlicher Dienstleistungsaufträge gemäß dieser Verordnung sollten die Mitgliedstaaten der Kommission binnen sechs Monaten nach der ersten Hälfte des Übergangszeitraums einen Fortschrittsbericht vorlegen. Die Kommission kann auf der Grundlage dieser Berichte geeignete Maßnahmen vorschlagen.

(32) Während des Übergangszeitraums werden die zuständigen Behörden die Bestimmungen dieser Verordnung möglicherweise zu unterschiedlichen Zeitpunkten erstmals anwenden. Daher könnten während dieses Zeitraums Betreiber eines öffentlichen Dienstes aus Märkten, die noch nicht von den Bestimmungen dieser Verordnung betroffen sind, Angebote für öffentliche Dienstleistungsaufträge in Märkten einreichen, die bereits zu einem früheren Zeitpunkt für den kontrollierten Wettbewerb geöffnet wurden. Um mit Hilfe angemessener Maßnahmen eine Unausgewogenheit bei der Öffnung des öffentlichen Verkehrsmarktes zu vermeiden, sollten die zuständigen Behörden in der zweiten Hälfte des Übergangszeitraums die Möglichkeit haben, Angebote von Unternehmen abzulehnen, bei denen mehr als die Hälfte des Wertes der von ihnen erbrachten öffentlichen Verkehrsdienste auf Aufträgen beruht, die nicht im Einklang mit dieser Verordnung vergeben wurden, sofern dies ohne Diskriminierung geschieht und vor Veröffentlichung des wettbewerblichen Vergabeverfahrens beschlossen wird.

(33) In seinem Urteil vom 24. Juli 2003 in der Rechtssache C-280/00, Altmark Trans GmbH[1], hat der Gerichtshof der Europäischen Gemeinschaften in den Randnummern 87 bis 95 festgestellt, dass Ausgleichsleistungen für gemeinwirtschaftliche Verpflichtungen keine Begünstigung im Sinne von Artikel 87 des Vertrags[2] darstellen, sofern vier kumulative Voraussetzungen erfüllt sind. Werden diese Voraussetzungen nicht erfüllt, jedoch die allgemeinen Voraussetzungen für die Anwendung von Artikel 87 Absatz 1 des Vertrags[2], stellen die Ausgleichsleistungen für gemeinwirtschaftliche Verpflichtungen staatliche Beihilfen dar, und es gelten die Artikel 73, 86, 87 und 88 des Vertrags[3].

(34) Ausgleichsleistungen für gemeinwirtschaftliche Verpflichtungen können sich im Bereich des Personenlandverkehrs als erforderlich erweisen, damit die mit öffentlichen Dienstleistungen betrauten Unternehmen gemäß festgelegten Grundsätzen und unter Bedingungen tätig sein können, die ihnen die Erfüllung ihrer Aufgaben ermöglichen. Diese Ausgleichsleistungen können unter bestimmten Voraussetzungen gemäß Artikel 73 des Vertrags[4] mit dem Vertrag vereinbar sein. Zum einen müssen sie gewährt werden, um die Erbringung von Diensten sicherzustellen, die Dienste von allgemeinem Interesse im Sinne des Vertrags sind. Um ungerechtfertigte Wettbewerbsverfälschungen zu vermeiden, darf die Ausgleichsleistung zum anderen nicht den Betrag übersteigen, der notwendig ist, um die Nettokosten zu decken, die durch die Erfüllung der gemeinwirtschaftlichen Verpflichtungen verursacht werden, wobei den dabei erzielten Einnahmen sowie einem angemessenen Gewinn Rechnung zu tragen ist.

(35) Die von den zuständigen Behörden in Übereinstimmung mit dieser Verordnung gewährten Ausgleichsleistungen können daher von der Pflicht zur vorherigen Unterrichtung nach Artikel 88 Absatz 3 des Vertrags[5] ausgenommen werden.

(36) Da die vorliegende Verordnung die Verordnung (EWG) Nr. 1191/69 ersetzt, sollte die genannte Verordnung aufgehoben werden. Die schrittweise Einstellung der von der Kommission nicht genehmigten Ausgleichsleistungen für öffentliche Güterbeförderungsdienste wird durch einen Übergangszeitraum von drei Jahren im Einklang mit den Artikeln 73, 86, 87 und 88 des Vertrags[3] erleichtert werden. Alle anderen durch diese Verordnung nicht erfassten Ausgleichsleistungen für die Erbringung öffentlicher Personenverkehrsdienste, die staatliche Beihilfen im Sinne des Artikels 87 Absatz 1 des Vertrags beinhalten könnten, sollten den Bestimmungen der Artikel 73, 86, 87 und 88 des Vertrags[3] entsprechen, einschließlich aller einschlägigen Auslegungen durch den Gerichtshof der Europäischen Gemeinschaften und insbesondere dessen Entscheidung in der Rechtssache C-280/00, Altmark Trans GmbH. Bei der Prüfung solcher Fälle sollte die Kommission daher ähnliche Grundsätze anwenden wie die, die in dieser Verordnung oder gegebenenfalls in anderen Rechtsvorschriften für den

---

[1] **Amtl. Anm.:** Slg. 2003, I-7747.
[2] Nunmehr Art. 107 AEUV durch Vertrag von Lissabon v. 13.12.2007 (ABl. C 306 S. 1).
[3] Nunmehr Art. 93, 106, 107 und 108 AEUV durch Vertrag von Lissabon v. 13.12.2007 (ABl. C 306 S. 1).
[4] Nunmehr Art. 93 AEUV durch Vertrag von Lissabon v. 13.12.2007 (ABl. C 306 S. 1).
[5] Nunmehr Art. 108 AEUV durch Vertrag von Lissabon v. 13.12.2007 (ABl. C 306 S. 1).

Bereich der Dienstleistungen von allgemeinem wirtschaftlichem Interesse enthalten sind.

(37) Der Anwendungsbereich der Verordnung (EWG) Nr. 1107/70 des Rates vom 4. Juni 1970 über Beihilfen im Eisenbahn-, Straßen- und Binnenschiffsverkehr[1] wird von der vorliegenden Verordnung abgedeckt. Jene Verordnung gilt heute als überholt, da sie die Anwendung von Artikel 73 des Vertrags[2] einschränkt, ohne eine angemessene Rechtsgrundlage für die Zulassung derzeitiger Investitionsregelungen, insbesondere im Hinblick auf Investitionen in Verkehrsinfrastrukturen im Rahmen einer öffentlich-privaten Partnerschaft, zu bieten. Sie sollte daher aufgehoben werden, damit Artikel 73 des Vertrags[2] unbeschadet der vorliegenden Verordnung und der Verordnung (EWG) Nr. 1192/69 des Rates vom 26. Juni 1969 über gemeinsame Regeln für die Normalisierung der Konten der Eisenbahnunternehmen[3] entsprechend dem ständigen Wandel in dem Sektor angewendet werden kann. Um die Anwendung der einschlägigen gemeinschaftlichen Rechtsvorschriften weiter zu erleichtern, wird die Kommission im Jahr 2007 Leitlinien für staatliche Beihilfen für Eisenbahninvestitionen, einschließlich Infrastrukturinvestitionen, vorschlagen.

(38) Zur Bewertung der Durchführung dieser Verordnung und der Entwicklungen im öffentlichen Personenverkehr in der Gemeinschaft, insbesondere der Qualität der öffentlichen Personenverkehrsdienste und der Auswirkungen der Direktvergabe von öffentlichen Dienstleistungsaufträgen, sollte die Kommission einen Bericht erstellen. Diesem Bericht können erforderlichenfalls geeignete Vorschläge zur Änderung dieser Verordnung beigefügt werden –

HABEN FOLGENDE VERORDNUNG ERLASSEN:

Art. 1 Zweck und Anwendungsbereich. (1) *[1]* Zweck dieser Verordnung ist es, festzulegen, wie die zuständigen Behörden unter Einhaltung des Gemeinschaftsrechts im Bereich des öffentlichen Personenverkehrs tätig werden können, um die Erbringung von Dienstleistungen von allgemeinem Interesse zu gewährleisten, die unter anderem zahlreicher, sicherer, höherwertig oder preisgünstiger sind als diejenigen, die das freie Spiel des Marktes ermöglicht hätte.

[2] Hierzu wird in dieser Verordnung festgelegt, unter welchen Bedingungen die zuständigen Behörden den Betreibern eines öffentlichen Dienstes eine Ausgleichsleistung für die ihnen durch die Erfüllung der gemeinwirtschaftlichen Verpflichtungen verursachten Kosten und/oder ausschließliche Rechte im Gegenzug für die Erfüllung solcher Verpflichtungen gewähren, wenn sie ihnen gemeinwirtschaftliche Verpflichtungen auferlegen oder entsprechende Aufträge vergeben.

(2) *[1]* ¹Diese Verordnung gilt für den innerstaatlichen und grenzüberschreitenden Personenverkehr mit der Eisenbahn und andere Arten des Schienenverkehrs sowie auf der Straße, mit Ausnahme von Verkehrsdiensten, die hauptsächlich aus Gründen historischen Interesses oder zu touristischen Zwecken

---

[1] **Amtl. Anm.:** ABl. L 130 vom 15.6.1970, S. 1. Zuletzt geändert durch die Verordnung (EG) Nr. 543/97 (ABl. L 84 vom 26.3.1997, S. 6).
[2] Nunmehr Art. 93 AEUV durch Vertrag von Lissabon v. 13.12.2007 (ABl. C 306 S. 1).
[3] **Amtl. Anm.:** ABl. L 156 vom 28.6.1969, S. 8. Zuletzt geändert durch die Verordnung (EG) Nr. 1791/2006 (ABl. L 363 vom 20.12.2006, S. 1).

betrieben werden. [2] Die Mitgliedstaaten können diese Verordnung auf den öffentlichen Personenverkehr auf Binnenschifffahrtswegen und, unbeschadet der Verordnung (EWG) Nr. 3577/92 des Rates vom 7. Dezember 1992 zur Anwendung des Grundsatzes des freien Dienstleistungsverkehrs auf den Seeverkehr zwischen den Mitgliedstaaten (Seekabotage)[1], auf das Meer innerhalb der Hoheitsgewässer anwenden.

[2] Vorbehaltlich der Zustimmung der zuständigen Behörden der Mitgliedstaaten, in deren Hoheitsgebiet die Dienstleistungen erbracht werden, dürfen sich gemeinwirtschaftliche Verpflichtungen auf öffentliche Verkehrsdienste auf grenzüberschreitender Ebene erstrecken, einschließlich jener, die örtliche und regionale Verkehrsbedürfnisse erfüllen.

(3) Diese Verordnung gilt nicht für öffentliche Baukonzessionen im Sinne von Artikel 1 Absatz 3 Buchstabe a der Richtlinie 2004/17/EG oder im Sinne von Artikel 1 Absatz 3 der Richtlinie 2004/18/EG.

Art. 2 Begriffsbestimmungen. Im Sinne dieser Verordnung bezeichnet der Ausdruck

a) „öffentlicher Personenverkehr" Personenbeförderungsleistungen von allgemeinem wirtschaftlichem Interesse, die für die Allgemeinheit diskriminierungsfrei und fortlaufend erbracht werden;

   aa) „öffentliche Schienenpersonenverkehrsdienste" den öffentlichen Schienenpersonenverkehr mit Ausnahme des Personenverkehrs auf anderen schienengestützten Verkehrsträgern wie Untergrund- oder Straßenbahnen;

b) „zuständige Behörde" jede Behörde oder Gruppe von Behörden eines oder mehrerer Mitgliedstaaten, die zur Intervention im öffentlichen Personenverkehr in einem bestimmten geografischen Gebiet befugt ist, oder jede mit einer derartigen Befugnis ausgestattete Einrichtung;

c) „zuständige örtliche Behörde" jede zuständige Behörde, deren geografischer Zuständigkeitsbereich sich nicht auf das gesamte Staatsgebiet erstreckt;

d) „Betreiber eines öffentlichen Dienstes" jedes privat- oder öffentlich-rechtliche Unternehmen oder jede Gruppe von privat- oder öffentlich-rechtlichen Unternehmen, das/die öffentliche Personenverkehrsdienste betreibt, oder eine öffentliche Einrichtung, die öffentliche Personenverkehrsdienste durchführt;

e) „gemeinwirtschaftliche Verpflichtung" eine von der zuständigen Behörde festgelegte oder bestimmte Anforderung im Hinblick auf die Sicherstellung von im allgemeinen Interesse liegenden öffentlichen Personenverkehrsdiensten, die der Betreiber unter Berücksichtigung seines eigenen wirtschaftlichen Interesses nicht oder nicht im gleichen Umfang oder nicht zu den gleichen Bedingungen ohne Gegenleistung übernommen hätte;

f) „ausschließliches Recht" ein Recht, das einen Betreiber eines öffentlichen Dienstes berechtigt, bestimmte öffentliche Personenverkehrsdienste auf einer bestimmten Strecke oder in einem bestimmten Streckennetz oder Gebiet unter Ausschluss aller anderen solchen Betreiber zu erbringen;

g) „Ausgleichsleistung für gemeinwirtschaftliche Verpflichtungen" jeden Vorteil, insbesondere finanzieller Art, der mittelbar oder unmittelbar von einer

---

[1] **Amtl. Anm.:** ABl. L 364 vom 12.12.1992, S. 7.

zuständigen Behörde aus öffentlichen Mitteln während des Zeitraums der Erfüllung einer gemeinwirtschaftlichen Verpflichtung oder in Verbindung mit diesem Zeitraum gewährt wird;

h) „Direktvergabe" die Vergabe eines öffentlichen Dienstleistungsauftrags an einen bestimmten Betreiber eines öffentlichen Dienstes ohne Durchführung eines vorherigen wettbewerblichen Vergabeverfahrens;

i) „öffentlicher Dienstleistungsauftrag" einen oder mehrere rechtsverbindliche Akte, die die Übereinkunft zwischen einer zuständigen Behörde und einem Betreiber eines öffentlichen Dienstes bekunden, diesen Betreiber eines öffentlichen Dienstes mit der Verwaltung und Erbringung von öffentlichen Personenverkehrsdiensten zu betrauen, die gemeinwirtschaftlichen Verpflichtungen unterliegen; gemäß der jeweiligen Rechtsordnung der Mitgliedstaaten können diese rechtsverbindlichen Akte auch in einer Entscheidung der zuständigen Behörde bestehen:

– die die Form eines Gesetzes oder einer Verwaltungsregelung für den Einzelfall haben kann oder

– die Bedingungen enthält, unter denen die zuständige Behörde diese Dienstleistungen selbst erbringt oder einen internen Betreiber mit der Erbringung dieser Dienstleistungen betraut;

j) „interner Betreiber" eine rechtlich getrennte Einheit, über die eine zuständige örtliche Behörde – oder im Falle einer Gruppe von Behörden wenigstens eine zuständige örtliche Behörde – eine Kontrolle ausübt, die der Kontrolle über ihre eigenen Dienststellen entspricht;

k) „Wert" den Wert eines Verkehrsdienstes, einer Strecke, eines öffentlichen Dienstleistungsauftrags oder einer Ausgleichsregelung des öffentlichen Personenverkehrs, der den Gesamteinnahmen – ohne Mehrwertsteuer – des Betreibers oder der Betreiber eines öffentlichen Dienstes entspricht, einschließlich der Ausgleichsleistung der Behörden gleich welcher Art und aller Einnahmen aus dem Fahrscheinverkauf, die nicht an die betroffene zuständige Behörde abgeführt werden;

l) „allgemeine Vorschrift" eine Maßnahme, die diskriminierungsfrei für alle öffentlichen Personenverkehrsdienste derselben Art in einem bestimmten geografischen Gebiet, das im Zuständigkeitsbereich einer zuständigen Behörde liegt, gilt;

m) „integrierte öffentliche Personenverkehrsdienste" Beförderungsleistungen, die innerhalb eines festgelegten geografischen Gebiets im Verbund erbracht werden und für die ein einziger Informationsdienst, eine einzige Fahrausweisregelung und ein einziger Fahrplan besteht.

Art. **2a** Spezifikation der gemeinwirtschaftlichen Verpflichtungen.

(1) *[1]* ¹Die zuständige Behörde legt Spezifikationen der gemeinwirtschaftlichen Verpflichtungen für die Erbringung öffentlicher Personenverkehrsdienste und den Anwendungsbereich dieser gemeinwirtschaftlichen Verpflichtungen gemäß Artikel 2 Buchstabe e fest. ²Dies schließt die Möglichkeit ein, kostendeckende Dienste mit nicht kostendeckenden Diensten zusammenzufassen.

[2] Bei der Festlegung dieser Spezifikationen und ihres Anwendungsbereichs trägt die zuständige Behörde dem Grundsatz der Verhältnismäßigkeit im Einklang mit dem Unionsrecht gebührend Rechnung.

[3] Diese Spezifikationen müssen mit den politischen Zielen, die in den Strategiepapieren für den öffentlichen Verkehr in den Mitgliedstaaten aufgeführt sind, im Einklang stehen.

[4] Inhalt und Format der Strategiepapiere für den öffentlichen Verkehr und die Verfahren für die Konsultation der einschlägigen Interessengruppen werden nach Maßgabe der nationalen Rechtsvorschriften festgelegt.

(2) Mit den Spezifikationen gemeinwirtschaftlicher Verpflichtungen und der entsprechenden Ausgleichsleistung für finanzielle Nettoauswirkungen gemeinwirtschaftlicher Verpflichtungen sollen

a) die Ziele der Politik für den öffentlichen Verkehr auf kostenwirksame Weise erreicht werden und

b) die finanzielle Nachhaltigkeit der Erbringung öffentlicher Personenverkehrsdienste gemäß den in der Politik für den öffentlichen Verkehr festgelegten Anforderungen langfristig gesichert werden.

Art. 3 Öffentliche Dienstleistungsaufträge und allgemeine Vorschriften. (1) Gewährt eine zuständige Behörde dem ausgewählten Betreiber ausschließliche Rechte und/oder Ausgleichsleistungen gleich welcher Art für die Erfüllung gemeinwirtschaftlicher Verpflichtungen, so erfolgt dies im Rahmen eines öffentlichen Dienstleistungsauftrags.

(2) [1] Abweichend von Absatz 1 können gemeinwirtschaftliche Verpflichtungen zur Festsetzung von Höchsttarifen für alle Fahrgäste oder bestimmte Gruppen von Fahrgästen auch Gegenstand allgemeiner Vorschriften sein. [2] Die zuständige Behörde gewährt den Betreibern eines öffentlichen Dienstes gemäß den in den Artikeln 4 und 6 und im Anhang festgelegten Grundsätzen eine Ausgleichsleistung für die – positiven oder negativen – finanziellen Auswirkungen auf die Kosten und Einnahmen, die auf die Erfüllung der in den allgemeinen Vorschriften festgelegten tariflichen Verpflichtungen zurückzuführen sind; dabei vermeidet sie eine übermäßige Ausgleichsleistung. [3] Dies gilt ungeachtet des Rechts der zuständigen Behörden, gemeinwirtschaftliche Verpflichtungen zur Festsetzung von Höchsttarifen in öffentliche Dienstleistungsaufträge aufzunehmen.

(3) [1] Unbeschadet der Artikel 73, 86, 87 und 88 des Vertrags[1] können die Mitgliedstaaten allgemeine Vorschriften über die finanzielle Abgeltung von gemeinwirtschaftlichen Verpflichtungen, die dazu dienen, Höchsttarife für Schüler, Studenten, Auszubildende und Personen mit eingeschränkter Mobilität festzulegen, aus dem Anwendungsbereich dieser Verordnung ausnehmen. [2] Diese allgemeinen Vorschriften sind nach Artikel 88 des Vertrags[2] mitzuteilen. [3] Jede Mitteilung enthält vollständige Informationen über die Maßnahme, insbesondere Einzelheiten zur Berechnungsmethode.

Art. 4 Obligatorischer Inhalt öffentlicher Dienstleistungsaufträge und allgemeiner Vorschriften. (1) In den öffentlichen Dienstleistungsaufträgen und den allgemeinen Vorschriften

---

[1] Nunmehr Art. 93, 106, 107 und 108 AEUV durch Vertrag von Lissabon v. 13.12.2007 (ABl. C 306 S. 1).
[2] Nunmehr Art. 108 AEUV durch Vertrag von Lissabon v. 13.12.2007 (ABl. C 306 S. 1).

a) sind die vom Betreiber eines öffentlichen Dienstes zu erfüllenden gemeinwirtschaftlichen Verpflichtungen, die in dieser Verordnung definiert und gemäß Artikel 2a dieser Verordnung spezifiziert sind, und die betreffenden geografischen Geltungsbereiche klar festzulegen;

b) sind zuvor in objektiver und transparenter Weise aufzustellen:

   i) die Parameter, anhand deren gegebenenfalls die Ausgleichsleistung berechnet wird, und

   ii) die Art und der Umfang der gegebenenfalls gewährten Ausschließlichkeit; dabei ist eine übermäßige Ausgleichsleistung zu vermeiden.

Bei öffentlichen Dienstleistungsaufträgen, die nicht gemäß Artikel 5 Absatz 1, Absatz 3 oder Absatz 3b vergeben werden, werden diese Parameter so bestimmt, dass die Ausgleichsleistung den Betrag nicht übersteigen kann, der erforderlich ist, um die finanziellen Nettoauswirkungen auf die Kosten und Einnahmen zu decken, die auf die Erfüllung der gemeinwirtschaftlichen Verpflichtungen zurückzuführen sind, wobei die vom Betreiber eines öffentlichen Dienstes erzielten und einbehaltenen Einnahmen und ein angemessener Gewinn berücksichtigt werden;

c) sind die Durchführungsvorschriften für die Aufteilung der Kosten, die mit der Erbringung von Dienstleistungen in Verbindung stehen, festzulegen. Diese Kosten können insbesondere Personalkosten, Energiekosten, Infrastrukturkosten, Wartungs- und Instandsetzungskosten für Fahrzeuge des öffentlichen Personenverkehrs, das Rollmaterial und für den Betrieb der Personenverkehrsdienste erforderliche Anlagen sowie die Fixkosten und eine angemessene Kapitalrendite umfassen.

(2) In den öffentlichen Dienstleistungsaufträgen und den allgemeinen Vorschriften sind die Durchführungsvorschriften für die Aufteilung der Einnahmen aus dem Fahrscheinverkauf festzulegen, die entweder beim Betreiber eines öffentlichen Dienstes verbleiben, an die zuständige Behörde übergehen oder unter ihnen aufgeteilt werden.

(3) ¹Die öffentlichen Dienstleistungsaufträge sind befristet und haben eine Laufzeit von höchstens zehn Jahren für Busverkehrsdienste und von höchstens 15 Jahren für Personenverkehrsdienste mit der Eisenbahn oder anderen schienengestützten Verkehrsträgern. ²Die Laufzeit von öffentlichen Dienstleistungsaufträgen, die mehrere Verkehrsträger umfassen, ist auf 15 Jahre beschränkt, wenn der Verkehr mit der Eisenbahn oder anderen schienengestützten Verkehrsträgern mehr als 50 % des Werts der betreffenden Verkehrsdienste ausmacht.

(4) *[1]* Falls erforderlich kann die Laufzeit des öffentlichen Dienstleistungsauftrags unter Berücksichtigung der Amortisierungsdauer der Wirtschaftsgüter um höchstens 50 % verlängert werden, wenn der Betreiber eines öffentlichen Dienstes einen wesentlichen Anteil der für die Erbringung der Personenverkehrsdienste, die Gegenstand des öffentlichen Dienstleistungsauftrags sind, insgesamt erforderlichen Wirtschaftsgüter bereitstellt und diese vorwiegend an die Personenverkehrsdienste gebunden sind, die von dem Auftrag erfasst werden.

[2] ¹Falls dies durch Kosten, die aus der besonderen geografischen Lage entstehen, gerechtfertigt ist, kann die Laufzeit der in Absatz 3 beschriebenen öffentlichen Dienstleistungsaufträge in den Gebieten in äußerster Randlage um höchstens 50 % verlängert werden. ²Falls dies durch die Abschreibung von Kapital in Verbindung mit außergewöhnlichen Investitionen in Infrastruktur,

Rollmaterial oder Fahrzeuge gerechtfertigt ist und der öffentliche Dienstleistungsauftrag in einem fairen wettbewerblichen Vergabeverfahren vergeben wurde, kann ein öffentlicher Dienstleistungsauftrag eine längere Laufzeit haben. [3] Zur Gewährleistung der Transparenz in diesem Fall muss die zuständige Behörde der Kommission innerhalb von einem Jahr nach Abschluss des Vertrags den öffentlichen Dienstleistungsauftrag und die Elemente, die seine längere Laufzeit rechtfertigen, übermitteln.

(4a) Bei der Ausführung von öffentlichen Dienstleistungsaufträgen halten Betreiber eines öffentlichen Dienstes die nach dem Unionsrecht, dem nationalen Recht oder Tarifverträgen geltenden sozial- und arbeitsrechtlichen Verpflichtungen ein.

(4b) Die Richtlinie 2001/23/EG findet Anwendung auf den Wechsel des Betreibers eines öffentlichen Dienstes, wenn ein solcher Wechsel einen Unternehmensübergang im Sinne jener Richtlinie darstellt.

(5) [1] Unbeschadet des nationalen Rechts und des Gemeinschaftsrechts, einschließlich Tarifverträge zwischen den Sozialpartnern, kann die zuständige Behörde den ausgewählten Betreiber eines öffentlichen Dienstes verpflichten, den Arbeitnehmern, die zuvor zur Erbringung der Dienste eingestellt wurden, die Rechte zu gewähren, auf die sie Anspruch hätten, wenn ein Übergang im Sinne der Richtlinie 2001/23/EG erfolgt wäre. [2] Verpflichtet die zuständige Behörde die Betreiber eines öffentlichen Dienstes, bestimmte Sozialstandards einzuhalten, so werden in den Unterlagen des wettbewerblichen Vergabeverfahrens und den öffentlichen Dienstleistungsaufträgen die betreffenden Arbeitnehmer aufgeführt und transparente Angaben zu ihren vertraglichen Rechten und zu den Bedingungen gemacht, unter denen sie als in einem Verhältnis zu den betreffenden Diensten stehend gelten.

(6) [1] Verpflichtet die zuständige Behörde die Betreiber eines öffentlichen Dienstes im Einklang mit nationalem Recht dazu, bestimmte Qualitäts- und Sozialstandards einzuhalten, oder stellt sie soziale und qualitative Kriterien auf, so werden diese Standards und Kriterien in die Unterlagen des wettbewerblichen Vergabeverfahrens und die öffentlichen Dienstleistungsaufträge aufgenommen. [2] Derartige Unterlagen des wettbewerblichen Vergabeverfahrens und öffentliche Dienstleistungsaufträge müssen gegebenenfalls auch Angaben zu den Rechten und Pflichten in Bezug auf die Übernahme von Personal, das vom vorherigen Betreiber eingestellt worden war, enthalten, unter gleichzeitiger Wahrung der Richtlinie 2001/23/EG.

(7) [1] In den Unterlagen des wettbewerblichen Vergabeverfahrens und den öffentlichen Dienstleistungsaufträgen ist transparent anzugeben, ob und in welchem Umfang eine Vergabe von Unteraufträgen in Frage kommt. [2] Werden Unteraufträge vergeben, so ist der mit der Verwaltung und Erbringung von öffentlichen Personenverkehrsdiensten nach Maßgabe dieser Verordnung betraute Betreiber verpflichtet, einen bedeutenden Teil der öffentlichen Personenverkehrsdienste selbst zu erbringen. [3] Ein öffentlicher Dienstleistungsauftrag, der gleichzeitig Planung, Aufbau und Betrieb öffentlicher Personenverkehrsdienste umfasst, kann eine vollständige Übertragung des Betriebs dieser Dienste an Unterauftragnehmer vorsehen. [4] Im öffentlichen Dienstleistungsauftrag werden entsprechend dem nationalen Recht und dem Gemeinschaftsrecht die für eine Vergabe von Unteraufträgen geltenden Bedingungen festgelegt.

(8) [1] Öffentliche Dienstleistungsaufträge müssen den Betreiber verpflichten, der zuständigen Behörde alle für die Vergabe der öffentlichen Dienstleistungsaufträge wesentlichen Informationen zur Verfügung zu stellen; hierbei ist der legitime Schutz vertraulicher Geschäftsinformationen zu gewährleisten. [2] Die zuständigen Behörden stellen allen interessierten Parteien relevante Informationen für die Vorbereitung eines Angebots im Rahmen eines wettbewerblichen Vergabeverfahrens zur Verfügung und gewährleisten dabei den legitimen Schutz vertraulicher Geschäftsinformationen. [3] Dazu gehören Informationen über Fahrgastnachfrage, Tarife, Kosten und Einnahmen im Zusammenhang mit den öffentlichen Personenverkehrsdiensten, die Gegenstand des wettbewerblichen Vergabeverfahrens sind, sowie Einzelheiten der Infrastrukturspezifikationen, die für den Betrieb der erforderlichen Fahrzeuge bzw. des erforderlichen Rollmaterials relevant sind, um interessierten Parteien die Abfassung fundierter Geschäftspläne zu ermöglichen. [4] Die Schieneninfrastrukturbetreiber unterstützen die zuständigen Behörden bei der Bereitstellung aller einschlägigen Infrastrukturspezifikationen. [5] Die Nichteinhaltung der oben genannten Bestimmungen ist Gegenstand einer rechtlichen Überprüfung im Sinne von Artikel 5 Absatz 7.

Art. 5 Vergabe öffentlicher Dienstleistungsaufträge. (1) [1] Öffentliche Dienstleistungsaufträge werden nach Maßgabe dieser Verordnung vergeben. [2] Dienstleistungsaufträge oder öffentliche Dienstleistungsaufträge gemäß der Definition in den Richtlinien 2004/17/EG oder 2004/18/EG für öffentliche Personenverkehrsdienste mit Bussen und Straßenbahnen werden jedoch gemäß den in jenen Richtlinien vorgesehenen Verfahren vergeben, sofern die Aufträge nicht die Form von Dienstleistungskonzessionen im Sinne jener Richtlinien annehmen. [3] Werden Aufträge nach den Richtlinien 2004/17/EG oder 2004/18/EG vergeben, so sind die Absätze 2 bis 6 des vorliegenden Artikels nicht anwendbar.

(2) [1] Sofern dies nicht nach nationalem Recht untersagt ist, kann jede zuständige örtliche Behörde – unabhängig davon, ob es sich dabei um eine einzelne Behörde oder eine Gruppe von Behörden handelt, die integrierte öffentliche Personenverkehrsdienste anbietet – entscheiden, selbst öffentliche Personenverkehrsdienste zu erbringen oder öffentliche Dienstleistungsaufträge direkt an eine rechtlich getrennte Einheit zu vergeben, über die die zuständige örtliche Behörde – oder im Falle einer Gruppe von Behörden wenigstens eine zuständige örtliche Behörde – eine Kontrolle ausübt, die der Kontrolle über ihre eigenen Dienststellen entspricht.

[2] [1] Im Falle öffentlicher Schienenpersonenverkehrsdienste kann die im ersten Unterabsatz genannte Gruppe von Behörden ausschließlich aus zuständigen örtlichen Behörden bestehen, deren geografischer Zuständigkeitsbereich sich nicht auf das gesamte Staatsgebiet erstreckt. [2] Der in Unterabsatz 1 genannte öffentliche Personenverkehrsdienst oder öffentliche Dienstleistungsauftrag darf nur den Verkehrsbedarf städtischer Ballungsräume und ländlicher Gebiete oder beides decken.

[3] Fasst eine zuständige örtliche Behörde diesen Beschluss, so gilt Folgendes:

a) Um festzustellen, ob die zuständige örtliche Behörde diese Kontrolle ausübt, sind Faktoren zu berücksichtigen, wie der Umfang der Vertretung in Verwaltungs-, Leitungs- oder Aufsichtsgremien, diesbezügliche Bestimmungen in der Satzung, Eigentumsrechte, tatsächlicher Einfluss auf und tatsächliche

Kontrolle über strategische Entscheidungen und einzelne Managemententscheidungen. Im Einklang mit dem Gemeinschaftsrecht ist zur Feststellung, dass eine Kontrolle im Sinne dieses Absatzes gegeben ist, – insbesondere bei öffentlich-privaten Partnerschaften – nicht zwingend erforderlich, dass die zuständige Behörde zu 100 % Eigentümer ist, sofern ein beherrschender öffentlicher Einfluss besteht und aufgrund anderer Kriterien festgestellt werden kann, dass eine Kontrolle ausgeübt wird.

b) Die Voraussetzung für die Anwendung dieses Absatzes ist, dass der interne Betreiber und jede andere Einheit, auf die dieser Betreiber einen auch nur geringfügigen Einfluss ausübt, ihre öffentlichen Personenverkehrsdienste innerhalb des Zuständigkeitsgebiets der zuständigen örtlichen Behörde ausführen – ungeachtet der abgehenden Linien oder sonstiger Teildienste, die in das Zuständigkeitsgebiet benachbarter zuständiger örtlicher Behörden führen – und nicht an außerhalb des Zuständigkeitsgebiets der zuständigen örtlichen Behörde organisierten wettbewerblichen Vergabeverfahren für die Erbringung von öffentlichen Personenverkehrsdiensten teilnehmen.

c) Ungeachtet des Buchstabens b kann ein interner Betreiber frühestens zwei Jahre vor Ablauf des direkt an ihn vergebenen Auftrags an fairen wettbewerblichen Vergabeverfahren teilnehmen, sofern endgültig beschlossen wurde, die öffentlichen Personenverkehrsdienste, die Gegenstand des Auftrags des internen Betreibers sind, im Rahmen eines fairen wettbewerblichen Vergabeverfahrens zu vergeben und der interne Betreiber nicht Auftragnehmer anderer direkt vergebener öffentlicher Dienstleistungsaufträge ist.

d) Gibt es keine zuständige örtliche Behörde, so gelten die Buchstaben a, b und c für die nationalen Behörden in Bezug auf ein geografisches Gebiet, das sich nicht auf das gesamte Staatsgebiet erstreckt, sofern der interne Betreiber nicht an wettbewerblichen Vergabeverfahren für die Erbringung von öffentlichen Personenverkehrsdiensten teilnimmt, die außerhalb des Gebiets, für das der öffentliche Dienstleistungsauftrag erteilt wurde, organisiert werden.

e) Kommt eine Unterauftragsvergabe nach Artikel 4 Absatz 7 in Frage, so ist der interne Betreiber verpflichtet, den überwiegenden Teil des öffentlichen Personenverkehrsdienstes selbst zu erbringen.

(3) [1] Werden die Dienste Dritter, die keine internen Betreiber sind, in Anspruch genommen, so müssen die zuständigen Behörden die öffentlichen Dienstleistungsaufträge außer in den in den Absätzen 3a, 4, 4a, 4b, 5 und 6 vorgesehenen Fällen im Wege eines wettbewerblichen Vergabeverfahrens vergeben. [2] Das für die wettbewerbliche Vergabe angewandte Verfahren muss allen Betreibern offenstehen, fair sein und den Grundsätzen der Transparenz und Nichtdiskriminierung genügen. [3] Nach Abgabe der Angebote und einer eventuellen Vorauswahl können in diesem Verfahren unter Einhaltung dieser Grundsätze Verhandlungen geführt werden, um festzulegen, wie der Besonderheit oder Komplexität der Anforderungen am besten Rechnung zu tragen ist.

(3a) [1] [1] Sofern dies nicht nach nationalem Recht untersagt ist, kann bei öffentlichen Dienstleistungsaufträgen für öffentliche Schienenpersonenverkehrsdienste, die im Wege eines wettbewerblichen Vergabeverfahrens vergeben werden, die zuständige Behörde entscheiden, vorübergehend neue Aufträge direkt zu vergeben, wenn sie der Auffassung ist, dass die direkte Vergabe durch außergewöhnliche Umstände gerechtfertigt ist. [2]Derartige außergewöhnliche Umstände umfassen auch Fälle, in denen

– eine Reihe wettbewerblicher Vergabeverfahren bereits von der zuständigen Behörde oder anderen zuständigen Behörden durchgeführt werden, die die Zahl und die Qualität der Angebote beeinträchtigen könnten, welche voraussichtlich eingehen, wenn der Auftrag im Wege eines wettbewerblichen Vergabeverfahrens vergeben würde, oder

– Änderungen am Umfang eines oder mehrerer öffentlicher Dienstleistungsaufträge erforderlich sind, um die Erbringung öffentlicher Dienste zu optimieren.

[2] Die zuständige Behörde erlässt eine mit Gründen versehene Entscheidung und unterrichtet die Kommission unverzüglich hiervon.

[3] Die Laufzeit der gemäß diesem Absatz vergebenen Aufträge muss in einem angemessenen Verhältnis zu dem jeweiligen außergewöhnlichen Umstand stehen und darf in keinem Fall fünf Jahre überschreiten.

[4] Die zuständige Behörde veröffentlicht solche Aufträge, wobei sie den legitimen Schutz vertraulicher Geschäftsinformationen und geschäftlicher Interessen berücksichtigt.

[5] Der nachfolgende Auftrag für dieselben gemeinwirtschaftlichen Verpflichtungen wird nicht auf der Grundlage dieser Bestimmung vergeben.

(3b) *[1]* Bei der Anwendung von Absatz 3 können die zuständigen Behörden die Anwendung des folgenden Verfahrens beschließen:

[2] Die zuständigen Behörden können die von ihnen beabsichtigte Vergabe eines öffentlichen Dienstleistungsauftrags für öffentliche Schienenpersonenverkehrsdienste durch Veröffentlichung einer Bekanntmachung im *Amtsblatt der Europäischen Union* bekannt geben.

[3] Diese Bekanntmachung muss eine ausführliche Beschreibung der Dienstleistungen, die Gegenstand des zu vergebenden Auftrags sind, sowie Angaben zur Art und Laufzeit des Auftrags enthalten.

[4] Die Betreiber können ihr Interesse innerhalb einer von der zuständigen Behörde festgesetzten Frist bekunden, die mindestens 60 Tage ab Veröffentlichung der Bekanntmachung betragen muss.

[5] Wenn nach Ablauf dieser Frist

a) nur ein Betreiber Interesse bekundet hat, an dem Verfahren zur Vergabe des öffentlichen Dienstleistungsauftrags teilzunehmen,

b) dieser Betreiber ordnungsgemäß nachgewiesen hat, dass er tatsächlich in der Lage sein wird, die Verkehrsdienstleistung unter Einhaltung der im öffentlichen Dienstleistungsauftrag festgelegten Verpflichtungen zu erbringen,

c) der mangelnde Wettbewerb nicht das Ergebnis einer künstlichen Einschränkung der Parameter der Auftragsvergabe ist und

d) keine vernünftige Alternative besteht,

können die zuständigen Behörden mit diesem Betreiber Verhandlungen aufnehmen, um den Auftrag ohne weitere Veröffentlichung eines offenen Verfahrens zu vergeben.

(4) *[1]* Sofern dies nicht nach nationalem Recht untersagt ist, kann die zuständige Behörde entscheiden, öffentliche Dienstleistungsaufträge direkt zu vergeben, wenn

a) ihr Jahresdurchschnittswert auf weniger als 1 000 000 EUR bzw. – im Fall eines öffentlichen Dienstleistungsauftrags, der öffentliche Schienenpersonenverkehrsdienste beinhaltet – weniger als 7 500 000 EUR geschätzt wird oder

b) sie eine jährliche öffentliche Personenverkehrsleistung von weniger als 300 000 km bzw. – im Fall eines öffentlichen Dienstleistungsauftrags, der öffentliche Schienenpersonenverkehrsdienste beinhaltet – von weniger als 500 000 km aufweisen.

[2] Im Falle von öffentlichen Dienstleistungsaufträgen, die direkt an kleine oder mittlere Unternehmen vergeben werden, die nicht mehr als 23 Straßenfahrzeuge betreiben, können diese Schwellen entweder auf einen geschätzten Jahresdurchschnittswert von weniger als 2 000 000 EUR oder auf eine jährliche öffentliche Personenverkehrsleistung von weniger als 600 000 km erhöht werden.

(4a) *[1]* Sofern dies nicht nach nationalem Recht untersagt ist, kann die zuständige Behörde entscheiden, öffentliche Dienstleistungsaufträge für öffentliche Schienenpersonenverkehrsdienste direkt zu vergeben, wenn

a) ihres Erachtens die Direktvergabe aufgrund der jeweiligen strukturellen und geografischen Merkmale des Marktes und des betreffenden Netzes, und insbesondere der Größe, Nachfragemerkmale, Netzkomplexität, technischen und geografischen Abgeschnitten- bzw. Abgeschiedenheit sowie der von dem Auftrag abgedeckten Dienste gerechtfertigt ist und

b) ein derartiger Auftrag zu einer Verbesserung der Qualität der Dienste oder der Kosteneffizienz oder beidem im Vergleich zu dem zuvor vergebenen öffentlichen Dienstleistungsauftrag führen würde.

[2] ¹Auf dieser Grundlage veröffentlicht die zuständige Behörde eine mit Gründen versehene Entscheidung und unterrichtet die Kommission innerhalb eines Monats nach der Veröffentlichung hiervon. ²Die zuständige Behörde kann die Vergabe des Auftrags fortsetzen.

[3] ¹Bei den Mitgliedstaaten, bei denen am 24. Dezember 2017 das maximale jährliche Verkehrsaufkommen weniger als 23 Mio. Zugkilometer beträgt und auf nationaler Ebene nur eine zuständige Behörde und nur ein Dienstleistungsauftrag für öffentliche Personenverkehrsdienste besteht, der das gesamte Netz umfasst, wird davon ausgegangen, dass sie die Bedingungen gemäß Buchstabe a erfüllen. ²Wenn eine zuständige Behörde aus einem dieser Mitgliedstaaten beschließt, einen öffentlichen Dienstleistungsauftrag direkt zu vergeben, so unterrichtet der betreffende Mitgliedstaat die Kommission hiervon. ³Das Vereinigte Königreich kann beschließen, diesen Unterabsatz auf Nordirland anzuwenden.

[4] ¹Wenn die zuständige Behörde beschließt, einen öffentlichen Dienstleistungsauftrag direkt zu vergeben, legt sie messbare, transparente und überprüfbare Leistungsanforderungen fest. ²Diese Anforderungen werden in den Auftrag aufgenommen.

[5] Die Leistungsanforderungen erstrecken sich insbesondere auf folgende Aspekte: Pünktlichkeit der Dienste, Frequenz des Zugbetriebs, Qualität des Rollmaterials und Personenbeförderungskapazität.

[6] ¹Der Auftrag muss spezifische Leistungsindikatoren beinhalten, die der zuständigen Behörde regelmäßige Bewertungen ermöglichen. ²Der Auftrag muss außerdem wirksame und abschreckende Maßnahmen beinhalten, die zu

verhängen sind, wenn das Eisenbahnunternehmen die Leistungsanforderungen nicht erfüllt.

[7] ¹Die zuständige Behörde führt regelmäßig Bewertungen durch, ob das Eisenbahnunternehmen seine Ziele hinsichtlich der Erfüllung der im Auftrag festgelegten Leistungsanforderungen erreicht hat, und gibt ihre Erkenntnisse öffentlich bekannt. ²Diese regelmäßigen Bewertungen finden mindestens alle fünf Jahre statt. ³Die zuständige Behörde ergreift rechtzeitig angemessene Maßnahmen, einschließlich der Verhängung wirksamer und abschreckender Vertragsstrafen, falls die erforderlichen Verbesserungen bei der Qualität der Dienste oder der Kosteneffizienz oder beidem nicht verwirklicht werden. ⁴Die zuständige Behörde kann den nach dieser Bestimmung vergebenen Auftrag jederzeit ganz oder teilweise aussetzen oder kündigen, wenn der Betreiber die Leistungsanforderungen nicht erfüllt.

(4b) *[1]* Sofern dies nicht nach nationalem Recht untersagt ist, kann die zuständige Behörde entscheiden, öffentliche Dienstleistungsaufträge für öffentliche Schienenpersonenverkehrsdienste direkt zu vergeben, wenn diese nur den Betrieb von Schienenpersonenverkehrsdiensten durch einen Betreiber betreffen, der gleichzeitig die gesamte Eisenbahninfrastruktur, auf der die Dienstleistungen erbracht werden, oder den größten Teil davon verwaltet, wenn diese Eisenbahninfrastruktur gemäß Artikel 2 Absatz 3 Buchstabe a oder b der Richtlinie 2012/34/EU des Europäischen Parlaments und des Rates¹⁾ von der Anwendung der Artikel 7, 7a, 7b, 7c, 7d, 8 und 13 sowie des Kapitels IV jener Richtlinie ausgenommen ist.

[2] Abweichend von Artikel 4 Absatz 3 darf die Laufzeit der gemäß diesem Absatz und gemäß Absatz 4a direkt vergebenen Aufträge zehn Jahre nicht überschreiten, es sei denn, Artikel 4 Absatz 4 findet Anwendung.

[3] Die gemäß diesem Absatz und gemäß Absatz 4a vergebenen Aufträge werden veröffentlicht, wobei der legitime Schutz vertraulicher Geschäftsinformationen und geschäftlicher Interessen zu berücksichtigen ist.

(5) *[1]* Die zuständige Behörde kann im Fall einer Unterbrechung des Verkehrsdienstes oder bei unmittelbarer Gefahr des Eintretens einer solchen Situation Notmaßnahmen ergreifen.

[2] ¹Die Notmaßnahmen bestehen in der Direktvergabe oder einer förmlichen Vereinbarung über die Ausweitung eines öffentlichen Dienstleistungsauftrags oder einer Auflage, bestimmte gemeinwirtschaftliche Verpflichtungen zu übernehmen. ²Der Betreiber eines öffentlichen Dienstes hat das Recht, gegen den Beschluss zur Auferlegung der Übernahme bestimmter gemeinwirtschaftlicher Verpflichtungen Widerspruch einzulegen. ³Der Zeitraum, für den ein öffentlicher Dienstleistungsauftrag als Notmaßnahme vergeben, ausgeweitet oder dessen Übernahme auferlegt wird, darf zwei Jahre nicht überschreiten.

(6) ¹Sofern dies nicht nach nationalem Recht untersagt ist, können die zuständigen Behörden entscheiden, öffentliche Dienstleistungsaufträge im Eisenbahnverkehr – mit Ausnahme anderer schienengestützter Verkehrsträger wie Untergrund- oder Straßenbahnen – direkt zu vergeben. ²Abweichend von

---

¹⁾ **Amtl. Anm.**: Richtlinie 2012/34/EU des Europäischen Parlaments und des Rates vom 21. November 2012 zur Schaffung eines einheitlichen europäischen Eisenbahnraums (ABl. L 343 vom 14.12. 2012, S. 32).

Artikel 4 Absatz 3 haben diese Aufträge eine Höchstlaufzeit von zehn Jahren, soweit nicht Artikel 4 Absatz 4 anzuwenden ist.

(6a) [1]Um den Wettbewerb zwischen den Eisenbahnunternehmen zu steigern, können die zuständigen Behörden entscheiden, dass Aufträge für öffentliche Schienenpersonenverkehrsdienste, die Teile desselben Netzes oder Streckenpakets betreffen, an unterschiedliche Eisenbahnunternehmen zu vergeben sind. [2]Zu diesem Zweck können die zuständigen Behörden vor Beginn des wettbewerblichen Vergabeverfahrens entscheiden, die Zahl der Aufträge zu begrenzen, die an ein und dasselbe Eisenbahnunternehmen vergeben werden.

(7) [1] Die Mitgliedstaaten treffen die erforderlichen Maßnahmen, um sicherzustellen, dass die gemäß den Absätzen 2 bis 6 getroffenen Entscheidungen wirksam und rasch auf Antrag einer Person überprüft werden können, die ein Interesse daran hat bzw. hatte, einen bestimmten Auftrag zu erhalten, und die angibt, durch einen Verstoß dieser Entscheidungen gegen Gemeinschaftsrecht oder nationale Vorschriften zur Durchführung des Gemeinschaftsrechts geschädigt zu sein oder geschädigt werden zu können.

[2] [1]Für Fälle gemäß den Absätzen 4a und 4b beinhalten diese Maßnahmen die Möglichkeit, eine Bewertung der von der zuständigen Behörde getroffenen und mit Gründen versehenen Entscheidung durch eine von dem betreffenden Mitgliedstaat benannte unabhängige Stelle zu verlangen. [2]Das Ergebnis dieser Bewertung wird im Einklang mit nationalem Recht öffentlich zugänglich gemacht.

[3] [1]Sind die für die Nachprüfungsverfahren zuständigen Stellen keine Gerichte, so sind ihre Entscheidungen stets schriftlich zu begründen. [2]In einem solchem Fall ist ferner zu gewährleisten, dass Beschwerden aufgrund rechtswidriger Handlungen der Nachprüfungsstellen oder aufgrund fehlerhafter Ausübung der diesen übertragenen Befugnisse der gerichtlichen Überprüfung oder der Überprüfung durch andere Stellen, die Gerichte im Sinne von Artikel 234 des Vertrags[1] und unabhängig von der vertragsschließenden Behörde und der Nachprüfungsstellen sind, unterzogen werden können.

Art. 5a Eisenbahn-Rollmaterial. (1) [1]Im Hinblick auf die Einleitung eines wettbewerblichen Vergabeverfahrens prüfen die zuständigen Behörden, ob Maßnahmen getroffen werden müssen, um einen effektiven und diskriminierungsfreien Zugang zu geeignetem Rollmaterial zu gewährleisten. [2]Bei dieser Prüfung wird berücksichtigt, ob es auf dem betreffenden Markt Leasing-Unternehmen für Rollmaterial oder sonstige Marktteilnehmer, die das Leasing von Rollmaterial anbieten, gibt. [3]Der Prüfungsbericht wird öffentlich zugänglich gemacht.

(2) [1]Die zuständigen Behörden können im Einklang mit dem nationalen Recht und unter Einhaltung der Vorschriften über staatliche Beihilfen entscheiden, angemessene Maßnahmen zur Gewährleistung eines effektiven und diskriminierungsfreien Zugangs zu geeignetem Rollmaterial zu ergreifen. [2]Diese Maßnahmen können Folgendes umfassen:

a) den Erwerb des für die Ausführung des öffentlichen Dienstleistungsauftrags zu verwendenden Rollmaterials durch die zuständige Behörde im Hinblick auf die Bereitstellung für den ausgewählten Betreiber des öffentlichen Diens-

---

[1] Nunmehr Art. 267 AEUV durch Vertrag von Lissabon v. 13.12.2007 (ABl. C 306 S. 1).

tes zu Marktpreisen oder als Teil des öffentlichen Dienstleistungsauftrags gemäß Artikel 4 Absatz 1 Buchstabe b, Artikel 6 und gegebenenfalls dem Anhang,

b) die Übernahme einer Bürgschaft durch die zuständige Behörde für die Finanzierung des für die Ausführung des öffentlichen Dienstleistungsauftrags zu verwendenden Rollmaterials zu Marktpreisen oder als Teil des öffentlichen Dienstleistungsauftrags gemäß Artikel 4 Absatz 1 Buchstabe b, Artikel 6 und, soweit er anzuwenden ist, dem Anhang, einschließlich einer Bürgschaft zur Abdeckung des Restwertrisikos,

c) das Eingehen einer Verpflichtung der zuständigen Behörde in dem öffentlichen Dienstleistungsauftrag, das Rollmaterial zu vorab definierten finanziellen Konditionen am Ende der Laufzeit des Auftrags zu Marktpreisen zu übernehmen, oder

d) die Zusammenarbeit mit anderen zuständigen Behörden, um einen größeren Rollmaterialpark zu schaffen.

(3) Wenn einem neuen Betreiber eines öffentlichen Verkehrsdienstes Rollmaterial zur Verfügung gestellt wird, nimmt die zuständige Behörde alle verfügbaren Informationen über die Kosten für die Instandhaltung des Rollmaterials und seinen physischen Zustand in die Vergabeunterlagen auf.

Art. 6 Ausgleichsleistung für gemeinwirtschaftliche Verpflichtungen.

(1) [1]Jede Ausgleichsleistung im Zusammenhang mit einer allgemeinen Vorschrift oder einem öffentlichen Dienstleistungsauftrag entspricht unabhängig von den Vergabemodalitäten dem Artikel 4. [2]Jede wie auch immer beschaffene Ausgleichsleistung im Zusammenhang mit einem öffentlichen Dienstleistungsauftrag, der nicht gemäß Artikel 5 Absatz 1, Absatz 3 oder Absatz 3b vergeben wurde oder im Zusammenhang mit einer allgemeinen Vorschrift steht, unterliegt darüber hinaus den Bestimmungen des Anhangs.

(2) Die Mitgliedstaaten übermitteln der Kommission auf deren schriftliche Aufforderung binnen drei Monaten oder einer anderen in der Aufforderung gesetzten längeren Frist alle Informationen, die diese für erforderlich hält, um festzustellen, ob eine gewährte Ausgleichsleistung mit dieser Verordnung vereinbar ist.

Art. 7 Veröffentlichung. (1) [1]Jede zuständige Behörde macht einmal jährlich einen Gesamtbericht über die in ihren Zuständigkeitsbereich fallenden gemeinwirtschaftlichen Verpflichtungen öffentlich zugänglich. [2]Dieser Bericht beinhaltet den Beginn und die Laufzeit der öffentlichen Dienstleistungsaufträge, die ausgewählten Betreiber öffentlicher Dienste sowie die diesen Betreibern zur Abgeltung gewährten Ausgleichsleistungen und ausschließlichen Rechte. [3]Der Bericht unterscheidet nach Busverkehr und schienengebundenem Verkehr, er muss eine Kontrolle und Beurteilung der Leistungen, der Qualität und der Finanzierung des öffentlichen Verkehrsnetzes ermöglichen und gegebenenfalls Informationen über Art und Umfang der gewährten Ausschließlichkeit enthalten. [4]Der Bericht muss ferner die politischen Ziele, wie sie in den Strategiepapieren für den öffentlichen Verkehr in dem betreffenden Mitgliedstaat aufgeführt sind, berücksichtigen. [5]Die Mitgliedstaaten erleichtern den Zugang zu diesen Berichten, zum Beispiel über ein gemeinsames Internet-Portal.

(2) [1] Jede zuständige Behörde ergreift die erforderlichen Maßnahmen, um sicherzustellen, dass spätestens ein Jahr vor Einleitung des wettbewerblichen

Vergabeverfahrens oder ein Jahr vor der Direktvergabe mindestens die folgenden Informationen im Amtsblatt der Europäischen Union veröffentlicht werden:

a) der Name und die Anschrift der zuständigen Behörde;

b) die Art des geplanten Vergabeverfahrens;

c) die von der Vergabe möglicherweise betroffenen Dienste und Gebiete;

d) der geplante Beginn und die geplante Laufzeit des öffentlichen Dienstleistungsauftrags.

[2] Die zuständigen Behörden können beschließen, diese Informationen nicht zu veröffentlichen, wenn der öffentliche Dienstleistungsauftrag eine jährliche öffentliche Personenverkehrsleistung von weniger als 50 000 km aufweist.

[3] ¹Sollten sich diese Informationen nach ihrer Veröffentlichung ändern, so hat die zuständige Behörde so rasch wie möglich eine Berichtigung zu veröffentlichen. ²Diese Berichtigung erfolgt unbeschadet des Zeitpunkts der Einleitung der Direktvergabe oder des wettbewerblichen Vergabeverfahrens.

[4] Dieser Absatz findet keine Anwendung auf Artikel 5 Absatz 5.

(3) Bei der Direktvergabe von öffentlichen Dienstleistungsaufträgen im Eisenbahnverkehr nach Artikel 5 Absatz 6 macht die zuständige Behörde innerhalb eines Jahres nach der Auftragsvergabe folgende Informationen öffentlich zugänglich:

a) den Namen des Auftraggebers, seine Eigentümer sowie gegebenenfalls den/die Namen der Partei oder Parteien, die eine rechtliche Kontrolle ausübt/ausüben;

b) die Dauer des öffentlichen Dienstleistungsauftrags;

c) eine Beschreibung der zu erbringenden Personenverkehrsdienste;

d) eine Beschreibung der Parameter für die finanzielle Ausgleichsleistung;

e) Qualitätsziele wie beispielsweise in Bezug auf Pünktlichkeit und Zuverlässigkeit und anwendbare Prämien und Sanktionen;

f) Bedingungen in Bezug auf die wichtigsten Wirtschaftsgüter.

(4) Die zuständige Behörde übermittelt jeder interessierten Partei auf entsprechenden Antrag ihre Gründe für die Entscheidung über die Direktvergabe eines öffentlichen Dienstleistungsauftrags.

Art. 8 Übergangsregelung. (1) ¹Öffentliche Dienstleistungsaufträge werden nach Maßgabe dieser Verordnung vergeben. ²Dienstleistungsaufträge oder öffentliche Dienstleistungsaufträge gemäß der Definition in den Richtlinien 2004/17/EG oder 2004/18/EG für öffentliche Personenverkehrsdienste mit Bussen und Straßenbahnen werden jedoch gemäß den in jenen Richtlinien vorgesehenen Verfahren vergeben, sofern die Aufträge nicht die Form von Dienstleistungskonzessionen im Sinne jener Richtlinien annehmen. ³Werden Aufträge nach den Richtlinien 2004/17/EG oder 2004/18/EG vergeben, so sind die Absätze 2 bis 4 des vorliegenden Artikels nicht anwendbar.

(2) *[1]* Unbeschadet des Absatzes 3

i) gilt Artikel 5 ab dem 3. Dezember 2019 für die Vergabe öffentlicher Dienstleistungsaufträge für Personenverkehrsdienste auf der Straße und auf anderen schienengestützten Verkehrsträgern als der Eisenbahn, wie Untergrund- oder Straßenbahnen;

ii) gilt Artikel 5 ab dem 3. Dezember 2019 für öffentliche Schienenpersonenverkehrsdienste;

iii) finden Artikel 5 Absatz 6 und Artikel 7 Absatz 3 ab dem 25. Dezember 2023 keine Anwendung mehr.

[2] Die Laufzeit von Aufträgen, die gemäß Artikel 5 Absatz 6 zwischen dem 3. Dezember 2019 und dem 24. Dezember 2023 vergeben werden, beträgt höchstens zehn Jahre.

[3] Bis zum 2. Dezember 2019 treffen die Mitgliedstaaten Maßnahmen, um Artikel 5 schrittweise anzuwenden und ernste strukturelle Probleme insbesondere hinsichtlich der Transportkapazität zu vermeiden.

[4] [1] Binnen sechs Monaten nach dem 25. Dezember 2020 legen die Mitgliedstaaten der Kommission einen Fortschrittsbericht vor, in dem die Umsetzung der Vergabe von öffentlichen Dienstleistungsaufträgen, die mit Artikel 5 im Einklang stehen, dargelegt wird. [2] Die Kommission führt auf der Grundlage der Fortschrittsberichte der Mitgliedstaaten eine Überprüfung durch und unterbreitet gegebenenfalls Gesetzgebungsvorschläge.

(2a) [1] Öffentliche Dienstleistungsaufträge für öffentliche Schienenpersonenverkehrsdienste, die auf der Grundlage eines anderen als eines fairen wettbewerblichen Vergabeverfahrens ab dem 24. Dezember 2017 bis zum 2. Dezember 2019 direkt vergeben werden, können für ihre vorgesehene Laufzeit gültig bleiben. [2] Abweichend von Artikel 4 Absatz 3 darf die Laufzeit dieser Aufträge zehn Jahre nicht überschreiten, es sei denn, Artikel 4 Absatz 4 findet Anwendung.

(3) *[1]* Von Absatz 2 ausgenommen sind öffentliche Dienstleistungsaufträge, die gemäß dem Gemeinschaftsrecht und nationalem Recht wie folgt vergeben wurden:

a) vor dem 26. Juli 2000 nach einem fairen wettbewerblichen Vergabeverfahren;

b) vor dem 26. Juli 2000 nach einem anderen Verfahren als einem fairen wettbewerblichen Vergabeverfahren;

c) ab dem 26. Juli 2000 und vor dem 3. Dezember 2009 nach einem fairen wettbewerblichen Vergabeverfahren;

d) ab dem 26. Juli 2000 und vor dem 24. Dezember 2017 nach einem anderen Verfahren als einem fairen wettbewerblichen Vergabeverfahren.

[2] [1] Die unter Buchstabe a genannten Aufträge können für ihre vorgesehene Laufzeit gültig bleiben. [2] Die unter den Buchstaben b und c genannten Aufträge können für ihre vorgesehene Laufzeit gültig bleiben, jedoch nicht länger als 30 Jahre. [3] Die unter Buchstabe d genannten Aufträge können für ihre vorgesehene Laufzeit gültig bleiben, sofern ihre Laufzeit begrenzt und mit den Laufzeiten gemäß Artikel 4 vergleichbar ist.

[3] Öffentliche Dienstleistungsaufträge können für ihre vorgesehene Laufzeit gültig bleiben, wenn ihre Beendigung unangemessene rechtliche oder wirtschaftliche Auswirkungen hätte, vorausgesetzt dass die Kommission der Weiterführung zugestimmt hat.

(4) *[1]* [1] Unbeschadet des Absatzes 3 können die zuständigen Behörden während der zweiten Hälfte des in Absatz 2 genannten Übergangszeitraums diejenigen Betreiber eines öffentlichen Dienstes von der Teilnahme an wettbewerblichen Vergabeverfahren ausschließen, die nicht nachweisen können, dass der

Wert der öffentlichen Verkehrsdienste, für die sie gemäß dieser Verordnung eine Ausgleichsleistung erhalten oder ausschließliche Rechte genießen, mindestens 50 % des Werts aller von ihnen erbrachten öffentlichen Verkehrsdienste, für die sie eine Ausgleichsleistung erhalten oder ausschließliche Rechte genießen, ausmacht. [2] Betreiber eines öffentlichen Dienstes, die die auszuschreibenden Dienste erbringen, können nicht ausgeschlossen werden. [3] Dieses Kriterium gilt nicht für öffentliche Dienstleistungsaufträge, die als Notmaßnahme gemäß Artikel 5 Absatz 5 vergeben wurden.

[2] Machen die zuständigen Behörden von der in Unterabsatz 1 genannten Möglichkeit Gebrauch, so hat dies ohne Diskriminierung zu erfolgen; in diesem Fall schließen sie alle potenziellen Betreiber eines öffentlichen Dienstes aus, die dieses Kriterium erfüllen, und unterrichten potenzielle Betreiber zu Beginn des Vergabeverfahrens für öffentliche Dienstleistungsaufträge von ihrer Entscheidung.

[3] Die betroffenen zuständigen Behörden teilen der Kommission ihre Absicht, diese Vorschrift anzuwenden, mindestens zwei Monate vor der Veröffentlichung des wettbewerblichen Vergabeverfahrens mit.

Art. 9 Vereinbarkeit mit dem Vertrag. (1) [1] Eine gemäß dieser Verordnung gewährte Ausgleichsleistung für gemeinwirtschaftliche Verpflichtungen beim Betrieb öffentlicher Personenverkehrsdienste oder für die Einhaltung von in allgemeinen Vorschriften festgelegten tariflichen Verpflichtungen muss mit dem Gemeinsamen Markt vereinbar sein. [2] Diese Ausgleichsleistungen sind von der Pflicht zur vorherigen Unterrichtung nach Artikel 88 Absatz 3 des Vertrags[1] befreit.

(2) Unbeschadet der Artikel 73, 86, 87 und 88 des Vertrags[2] können die Mitgliedstaaten weiterhin andere als die von dieser Verordnung erfassten Beihilfen für den Verkehrssektor nach Artikel 73 des Vertrags[3] gewähren, die den Erfordernissen der Koordinierung des Verkehrs oder der Abgeltung bestimmter, mit dem Begriff des öffentlichen Dienstes zusammenhängender Leistungen entsprechen, und zwar insbesondere

a) bis zum Inkrafttreten gemeinsamer Vorschriften über die Zuordnung der Infrastrukturkosten, wenn die Beihilfe Unternehmen gewährt wird, die Kosten für die von ihnen benutzte Infrastruktur zu tragen haben, während andere Unternehmen derartigen Belastungen nicht unterworfen sind. Bei der Festlegung des entsprechenden Beihilfebetrags werden die Infrastrukturkosten berücksichtigt, die konkurrierende Verkehrsträger nicht zu tragen haben;

b) wenn mit der Beihilfe die Erforschung oder die Entwicklung von für die Gemeinschaft insgesamt wirtschaftlicheren Verkehrssystemen und -technologien gefördert werden soll. Solche Beihilfen sind auf das Forschungs- und Entwicklungsstadium zu beschränken und dürfen nicht für die kommerzielle Nutzung dieser Verkehrssysteme und -technologien gewährt werden.

---

[1] Nunmehr Art. 108 AEUV durch Vertrag von Lissabon v. 13.12.2007 (ABl. C 306 S. 1).
[2] Nunmehr Art. 93, 106, 107 und 108 AEUV durch Vertrag von Lissabon v. 13.12.2007 (ABl. C 306 S. 1).
[3] Nunmehr Art. 93 AEUV durch Vertrag von Lissabon v. 13.12.2007 (ABl. C 306 S. 1).

Art. 10 Aufhebung. (1) [1]Die Verordnung (EWG) Nr. 1191/69 wird aufgehoben. [2]Sie gilt jedoch während eines Zeitraums von drei Jahren nach Inkrafttreten der vorliegenden Verordnung weiterhin für Güterbeförderungsdienste.

(2) Die Verordnung (EWG) Nr. 1107/70 wird aufgehoben.

Art. 11 Berichte. Die Kommission legt nach Ende des in Artikel 8 Absatz 2 vorgesehenen Übergangszeitraums einen Bericht über die Durchführung dieser Verordnung und über die Entwicklung der Erbringung öffentlicher Personenverkehrsdienste in der Gemeinschaft vor, in dem insbesondere die Entwicklung der Qualität der öffentlichen Personenverkehrsdienste und die Auswirkungen der Direktvergabe bewertet werden und dem erforderlichenfalls geeignete Vorschläge zur Änderung dieser Verordnung beigefügt sind.

Art. 12 Inkrafttreten. Diese Verordnung tritt am 3. Dezember 2009 in Kraft.

Diese Verordnung ist in allen ihren Teilen verbindlich und gilt unmittelbar in jedem Mitgliedstaat.

Anhang.
Regeln für die Gewährung einer Ausgleichsleistung in den in Artikel 6 Absatz 1 genannten Fällen

1. Ausgleichsleistungen im Zusammenhang mit direkt vergebenen öffentlichen Dienstleistungsaufträgen gemäß Artikel 5 Absätze 2, 4, 5 oder 6 oder Ausgleichsleistungen im Zusammenhang mit einer allgemeinen Vorschrift sind nach den Regeln dieses Anhangs zu berechnen.

2. Die Ausgleichsleistung darf den Betrag nicht überschreiten, der dem finanziellen Nettoeffekt der Summe aller (positiven oder negativen) Auswirkungen der Erfüllung gemeinwirtschaftlicher Verpflichtungen auf die Kosten und Einnahmen des Betreibers eines öffentlichen Dienstes entspricht. Die Auswirkungen werden beurteilt anhand des Vergleichs der Situation bei Erfüllung der gemeinwirtschaftlichen Verpflichtung mit der Situation, die vorläge, wenn die gemeinwirtschaftliche Verpflichtung nicht erfüllt worden wäre. Für die Berechnung des finanziellen Nettoeffekts geht die zuständige Behörde nach dem folgenden Modell vor:
Kosten, die in Verbindung mit einer gemeinwirtschaftlichen Verpflichtung oder einem Paket gemeinwirtschaftlicher Verpflichtungen entstehen, die von einer oder mehreren zuständigen Behörden auferlegt wurden und die in einem öffentlichen Dienstleistungsauftrag und/oder in einer allgemeinen Vorschrift enthalten sind,
abzüglich aller positiven finanziellen Auswirkungen, die innerhalb des Netzes entstehen, das im Rahmen der betreffenden gemeinwirtschaftlichen Verpflichtung(en) betrieben wird,
abzüglich Einnahmen aus Tarifentgelten oder aller anderen Einnahmen, die in Erfüllung der betreffenden gemeinwirtschaftlichen Verpflichtung(en) erzielt werden,
zuzüglich eines angemessenen Gewinns,
ergeben den finanziellen Nettoeffekt.

3. Die Erfüllung der gemeinwirtschaftlichen Verpflichtung kann Auswirkungen auf mögliche Beförderungstätigkeiten eines Betreibers haben, die über die betreffende(n) gemeinwirtschaftliche(n) Verpflichtung(en) hinausgehen. Zur Vermeidung von übermäßigen oder unzureichenden Ausgleichsleistungen werden daher bei der Berechnung des finanziellen Nettoeffekts alle quantifizierbaren finanziellen Auswirkungen auf die betroffenen Netze des Betreibers berücksichtigt.

4. Die Berechnung der Kosten und Einnahmen erfolgt anhand der geltenden Rechnungslegungs- und Steuervorschriften.

5. Führt ein Betreiber eines öffentlichen Dienstes neben den Diensten, die Gegenstand einer Ausgleichsleistung sind und gemeinwirtschaftlichen Verpflichtungen unterliegen, auch andere Tätigkeiten aus, so muss die Rechnungslegung für diese öffentlichen Dienste zur Erhöhung der Transparenz und zur Vermeidung von Quersubventionen getrennt erfolgen, wobei zumindest die folgenden Voraussetzungen erfüllt sein müssen:

– Die Konten für jede dieser betrieblichen Tätigkeiten werden getrennt geführt, und der Anteil der zugehörigen Aktiva sowie die Fixkosten werden gemäß den geltenden Rechnungslegungs- und Steuervorschriften umgelegt.

– Alle variablen Kosten, ein angemessener Beitrag zu den Fixkosten und ein angemessener Gewinn im Zusammenhang mit allen anderen Tätigkeiten des Betreibers eines öffentlichen Diensts dürfen auf keinen Fall der betreffenden öffentlichen Dienstleistung zugerechnet werden.

– Die Kosten für die öffentliche Dienstleistung werden durch die Betriebseinnahmen und die Zahlungen staatlicher Behörden ausgeglichen, ohne dass eine Übertragung der Einnahmen in einen anderen Tätigkeitsbereich des Betreibers eines öffentlichen Diensts möglich ist.

6. Unter angemessenem Gewinn ist eine in dem betreffenden Sektor in einem bestimmten Mitgliedstaat übliche angemessene Kapitalrendite zu verstehen, wobei das aufgrund des Eingreifens der Behörde vom Betreiber eines öffentlichen Diensts eingegangene Risiko oder für ihn entfallende Risiko zu berücksichtigen ist.

7. Das Verfahren zur Gewährung der Ausgleichsleistung muss einen Anreiz geben zur Aufrechterhaltung oder Entwicklung

– einer wirtschaftlichen Geschäftsführung des Betreibers eines öffentlichen Diensts, die objektiv nachprüfbar ist, und

– der Erbringung von Personenverkehrsdiensten ausreichend hoher Qualität.

8. Gesetz über die Beschaffung sauberer Straßenfahrzeuge (Saubere-Fahrzeuge-Beschaffungs-Gesetz – SaubFahrzeugBeschG)[1)][2)]

Vom 9. Juni 2021

(BGBl. I S. 1691)

FNA 703-12

Nichtamtliche Inhaltsübersicht

§ 1 Allgemeiner Anwendungsbereich. (1) Dieses Gesetz regelt Mindestziele und deren Sicherstellung bei der Beschaffung bestimmter Straßenfahrzeuge und Dienstleistungen, für die diese Straßenfahrzeuge eingesetzt werden, durch öffentliche Auftraggeber und Sektorenauftraggeber.

(2) Soweit in diesem Gesetz oder aufgrund dieses Gesetzes nichts anderes geregelt ist, sind die allgemeinen vergaberechtlichen Vorschriften anzuwenden.

§ 2 Begriffsbestimmung. Im Sinne dieses Gesetzes ist

1. „öffentlicher Auftraggeber" ein öffentlicher Auftraggeber im Sinne von § 99 Nummer 1 bis 3 des Gesetzes gegen Wettbewerbsbeschränkungen[3)];

2. „Sektorenauftraggeber" ein Auftraggeber im Sinne von § 100 des Gesetzes gegen Wettbewerbsbeschränkungen[3)], mit der Maßgabe, dass für den Linienverkehr gemäß §§ 13 in Verbindung mit 42 Personenbeförderungsgesetz erteilte Genehmigungen keine besonderen oder ausschließlichen Rechte gemäß § 100 Absatz 2 des Gesetzes gegen Wettbewerbsbeschränkungen[3)] darstellen;

3. „Straßenfahrzeug" ein Fahrzeug der Klasse M oder N gemäß Artikel 4 Absatz 1 Buchstabe a und b der Verordnung (EU) 2018/858 des Europäischen Parlaments und des Rates vom 30. Mai 2018 über die Genehmigung und die Marktüberwachung von Kraftfahrzeugen und Kraftfahrzeuganhängern sowie von Systemen, Bauteilen und selbstständigen technischen Einheiten für diese Fahrzeuge, zur Änderung der Verordnung (EG) Nr. 715/

[1)] Verkündet als Art. 1 G v. 9.6.2021 (BGBl. I S. 1691); Inkrafttreten gem. Art. 4 Satz 1 dieses G am 15.6.2021.

[2)] Dieses Gesetz dient der Umsetzung der Richtlinie (EU) 2019/1161 des Europäischen Parlaments und des Rates vom 20. Juni 2019 zur Änderung der Richtlinie 2009/33/EG über die Förderung sauberer und energieeffizienter Straßenfahrzeuge (ABl. L 188 vom 12.7.2019, S. 116).

[3)] Nr. 1.

2007 und (EG) Nr. 595/2009 und zur Aufhebung der Richtlinie 2007/46/ EG (ABl. L 151 vom 14.6.2018, S. 1);

4. „sauberes leichtes Nutzfahrzeug" ein Fahrzeug der Klasse M1, M2 oder N1 einschließlich Personenkraftwagen gemäß Artikel 4 Absatz 1 Buchstabe a Unterbuchstabe i und ii, Buchstabe b Unterbuchstabe i der Verordnung (EU) 2018/858, dessen Auspuffemissionen den in der Tabelle der Anlage 1 angegebenen Wert in CO_2 g/km nicht übersteigen und dessen Luftschadstoffemissionen im praktischen Fahrbetrieb unterhalb des in der Tabelle der Anlage 1 festgelegten Prozentsatzes der anwendbaren Emissionsgrenzwerte liegen;

5. „sauberes schweres Nutzfahrzeug" ein Fahrzeug der Klasse M3, N2 oder N3 gemäß Artikel 4 Absatz 1 Buchstabe a Unterbuchstabe iii, Buchstabe b Unterbuchstabe ii und iii der Verordnung (EU) 2018/858, das mit alternativen Kraftstoffen im Sinne von Artikel 2 Nummer 1 und 2 der Richtlinie 2014/94/EU des Europäischen Parlaments und des Rates vom 22. Oktober 2014 über den Aufbau der Infrastruktur für alternative Kraftstoffe (ABl. L 307 vom 28.10.2014, S. 1), die durch die Delegierte Verordnung (EU) 2018/674 (ABl. L 114 vom 4.5.2018, S. 1) geändert worden ist, betrieben wird, soweit diese Kraftstoffe die Anforderungen der Verordnung über die Beschaffenheit und die Auszeichnung der Qualitäten von Kraft- und Brennstoffen in der jeweils geltenden Fassung erfüllen oder der DIN EN 15940[1]), Ausgabe Oktober 2019, entsprechen, ausgenommen Kraftstoffe, die aus Rohstoffen mit einem hohen Risiko indirekter Landnutzungsänderungen erzeugt wurden, für die gemäß Artikel 26 der Richtlinie (EU) 2018/2001 des Europäischen Parlaments und des Rates vom 11. Dezember 2018 zur Förderung der Nutzung von Energie aus erneuerbaren Quellen (ABl. L 328 vom 21.12.2018, S. 82, L 311 vom 25.9.2020, S. 11) eine erhebliche Ausweitung des Erzeugungsgebiets auf Flächen mit hohem Kohlenstoffbestand zu verzeichnen ist; bei Fahrzeugen, die mit flüssigen Biobrennstoffen oder synthetischen oder paraffinhaltigen Kraftstoffen betrieben werden, dürfen diese Kraftstoffe nicht mit konventionellen fossilen Brennstoffen vermischt werden;

6. „emissionsfreies schweres Nutzfahrzeug" ein Fahrzeug im Sinne von Nummer 5

   a) ohne Verbrennungsmotor oder

   b) mit einem Verbrennungsmotor,

      aa) der weniger als 1g CO_2/kWh, gemessen gemäß der Verordnung (EG) Nr. 595/2009 des Europäischen Parlaments und des Rates vom 18. Juni 2009 über die Typgenehmigung von Kraftfahrzeugen und Motoren hinsichtlich der Emissionen von schweren Nutzfahrzeugen (Euro VI) und über den Zugang zu Fahrzeugreparatur- und -wartungsinformationen, zur Änderung der Verordnung (EG) Nr. 715/2007 und der Richtlinie 2007/46/EG sowie zur Aufhebung der Richtlinien 80/ 1269/EWG, 2005/55/EG und 2005/78/EG (ABl. L 188 vom 18.7. 2009, S. 1, L 200 vom 31.7.2009, S. 52), die zuletzt durch die Verordnung (EU) 2019/1242 (ABl. L 198 vom 25.7.2019, S. 202) geändert worden ist, und der Verordnung (EU) Nr. 582/2011 der Kom-

---

[1]) **Amtl. Anm.**: Amtlicher Hinweis: Die DIN EN 15940 ist vom Beuth Verlag GmbH, Berlin, zu beziehen und beim Deutschen Patentamt archivmäßig gesichert niedergelegt.

mission vom 25. Mai 2011 zur Durchführung und Änderung der Verordnung (EG) Nr. 595/2009 des Europäischen Parlaments und des Rates hinsichtlich der Emissionen von schweren Nutzfahrzeugen (Euro VI) und zur Änderung der Anhänge I und III der Richtlinie 2007/46/EG des Europäischen Parlaments und des Rates (ABl. L 167 vom 25.6.2011, S. 1, L 239 vom 15.9.2015, S. 190), die zuletzt durch die Verordnung (EU) 2020/1181 (ABl. L 263 vom 12.8.2020, S. 1) geändert worden ist, in der jeweils gültigen Fassung, ausstößt oder

  bb) der weniger als 1g CO_2/km, gemessen gemäß der Verordnung (EG) Nr. 715/2007 des Europäischen Parlaments und des Rates vom 20. Juni 2007 über die Typgenehmigung von Kraftfahrzeugen hinsichtlich der Emissionen von leichten Personenkraftwagen und Nutzfahrzeugen (Euro 5 und Euro 6) und über den Zugang zu Reparatur- und Wartungsinformationen für Fahrzeuge (ABl. L 171 vom 29.6.2007, S. 1), die zuletzt durch die Verordnung (EU) 2018/858 (ABl. L 151 vom 14.6.2018, S. 1) geändert worden ist, und der Verordnung (EU) 2017/1151 der Kommission vom 1. Juni 2017 zur Ergänzung der Verordnung (EG) Nr. 715/2007 des Europäischen Parlaments und des Rates über die Typgenehmigung von Kraftfahrzeugen hinsichtlich der Emissionen von leichten Personenkraftwagen und Nutzfahrzeugen (Euro 5 und Euro 6) und über den Zugang zu Fahrzeugreparatur- und -wartungsinformationen, zur Änderung der Richtlinie 2007/46/EG des Europäischen Parlaments und des Rates, der Verordnung (EG) Nr. 692/2008 der Kommission sowie der Verordnung (EU) Nr. 1230/2012 der Kommission und zur Aufhebung der Verordnung (EG) Nr. 692/2008 der Kommission (ABl. L 175 vom 7.7.2017, S. 1, L 209 vom 12.8.2017, S. 63, L 56 vom 28.2.2018, S. 66, L 2 vom 6.1.2020, S. 113, L 338 vom 15.10.2020, S. 12), die zuletzt durch die Verordnung (EU) 2020/49 (ABl. L 17 vom 22.1.2020, S. 1) geändert worden ist, in der jeweils gültigen Fassung ausstößt;

7. „nachgerüstetes Fahrzeug" ein Fahrzeug, das aufgrund einer Nachrüstung einem Fahrzeug im Sinne von Nummer 4, 5 oder 6 entspricht.

§ 3 Sachlicher Anwendungsbereich. Dieses Gesetz gilt für die Beschaffung bestimmter Straßenfahrzeuge und Dienstleistungen durch öffentliche Auftraggeber und Sektorenauftraggeber durch

1. Verträge über den Kauf, das Leasing oder die Anmietung von Straßenfahrzeugen, sofern die Auftraggeber zur Anwendung eines der folgenden Vergabeverfahren verpflichtet sind:

   a) einem Vergabeverfahren nach der Vergabeverordnung[1] oder

   b) einem Vergabeverfahren nach der Sektorenverordnung.

2. Öffentliche Dienstleistungsaufträge im Sinne von Artikel 2 Buchstabe i der Verordnung (EG) Nr. 1370/2007[2] des Europäischen Parlaments und des Rates vom 23. Oktober 2007 über öffentliche Personenverkehrsdienste auf Schiene und Straße und zur Aufhebung der Verordnungen (EWG) Nr. 1191/69 und (EWG) Nr. 1107/70 (ABl. L 315 vom 3.12.2007, S. 1), die zuletzt durch die Verordnung (EU) 2016/2338 (ABl. L 354 vom 23.12.

---

[1] Nr. 2.
[2] Nr. 7.

2016, S. 22) geändert worden ist, die die Erbringung von Personenverkehrsdienstleistungen mit Straßenfahrzeugen gemäß § 2 Nummer 3 in Verbindung mit § 4 Absatz 1 Nummer 5 in Verbindung mit Absatz 2 zum Gegenstand haben; hiervon ausgenommen sind Aufträge,

a) deren geschätzter Jahresdurchschnittswert 1 Million Euro oder deren jährliche öffentliche Personenverkehrsleistung 300 000 Kilometer nicht übersteigt oder

b) deren geschätzter Jahresdurchschnittswert 2 Millionen Euro oder deren jährliche öffentliche Personenverkehrsleistung 600 000 Kilometer nicht übersteigt, sofern die öffentlichen Dienstleistungsaufträge an Auftragnehmer vergeben werden, die nicht mehr als 23 Straßenfahrzeuge betreiben.
3. Dienstleistungsaufträge über Verkehrsdienste gemäß der Tabelle der Anlage 2, sofern die Auftraggeber zur Anwendung eines der folgenden Vergabeverfahren verpflichtet sind:

3. Dienstleistungsaufträge über Verkehrsdienste gemäß der Tabelle der Anlage 2, sofern die Auftraggeber zur Anwendung eines der folgenden Vergabeverfahren verpflichtet sind:

a) einem Vergabeverfahren nach der Vergabeverordnung oder

b) einem Vergabeverfahren nach der Sektorenverordnung.

§ 4 Ausnahmen vom Anwendungsbereich. (1) Dieses Gesetz ist nicht anzuwenden auf

1. landwirtschaftliche und forstwirtschaftliche Fahrzeuge im Sinne der Verordnung (EU) Nr. 167/2013 des Europäischen Parlaments und des Rates vom 5. Februar 2013 über die Genehmigung und Marktüberwachung von land- und forstwirtschaftlichen Fahrzeugen (ABl. L 60 vom 2.3.2013, S. 1), die zuletzt durch die Verordnung (EU) 2019/519 (ABl. L 91 vom 29.3. 2019, S. 42) geändert worden ist,

2. zweirädrige, dreirädrige und vierrädrige Fahrzeuge im Sinne der Verordnung (EU) Nr. 168/2013 des Europäischen Parlaments und des Rates vom 15. Januar 2013 über die Genehmigung und Marktüberwachung von zwei- oder dreirädrigen und vierrädrigen Fahrzeugen (ABl. L 60 vom 2.3.2013, S. 52, L 77 vom 23.3.2016, S. 65, L 64 vom 10.3.2017, S. 116), die zuletzt durch die Verordnung (EU) 2020/1694 (ABl. L 381 vom 13.11.2020, S. 4) geändert worden ist,

3. Kettenfahrzeuge,

4. Fahrzeuge mit eigenem Antrieb, die

a) für die Verrichtung von Arbeiten entwickelt und gebaut wurden und die bauartbedingt nicht zur Beförderung von Personen oder Gütern geeignet sind und

b) keine auf einem Kraftfahrzeugfahrgestell montierte Maschinen sind,

5. für die Personenbeförderung ausgelegte und gebaute Fahrzeuge der Klasse M3 mit mehr als acht Sitzplätzen zusätzlich zum Fahrersitz und mit einer zulässigen Gesamtmasse von mehr als 5 Tonnen.

6. Fahrzeuge, die ausschließlich für den Einsatz durch die Bundeswehr entwickelt und gebaut oder dafür angepasst wurden,

7. Fahrzeuge, die hauptsächlich für den Einsatz auf Baustellen, in Steinbrüchen, in Häfen oder auf Flughäfen entwickelt und gebaut wurden,

8. Fahrzeuge, die für den Einsatz durch den Zivil- und Katastrophenschutz, durch das Rettungswesen, durch die Feuerwehr oder durch die für die Aufrechterhaltung der öffentlichen Sicherheit und Ordnung zuständigen Behörden entwickelt und gebaut oder dafür angepasst wurden,

9. Fahrzeuge mit besonderer Zweckbestimmung, die zum Schutz beförderter Personen oder Güter gegen Beschuss und Ansprengung geschützt sind,

10. Fahrzeuge mit besonderer Zweckbestimmung

   a) der Klasse M, die zur Beförderung Kranker oder Verletzter bestimmt und zu diesem Zweck mit besonderer Ausrüstung ausgestattet sind,

   b) der Klasse M, die zur Beförderung von Leichen bestimmt und zu diesem Zweck mit besonderer Ausrüstung ausgestattet sind,

   c) der Klasse M1, die speziell konstruiert oder umgerüstet wurden, um eine oder mehrere Personen im Rollstuhl sitzend bei Fahrten auf der Straße aufnehmen zu können,

   d) der Klasse N3, die nicht für die Güterbeförderung geeignet sind und die mit einem Kran mit einem zulässigen Lastmoment von mindestens 400 kNm ausgerüstet sind.

(2) Abweichend von Absatz 1 Nummer 5 ist dieses Gesetz anzuwenden auf Fahrzeuge

1. der Klasse M3 mit klassischer Aufbauart der Klasse I mit einer zulässigen Personenzahl von mehr als 22 Personen ohne den Fahrer, die so konstruiert sind, dass Bereiche für Stehplätze vorgesehen werden, um ein häufiges Ein- und Aussteigen der Fahrgäste zu ermöglichen,

2. der Klasse M3 der Klasse A mit einer zulässigen Personenzahl von nicht mehr als 22 Personen ohne den Fahrer, die so konstruiert sind, dass stehende Fahrgäste befördert werden können, und die über Sitz- und Stehplätze verfügen.

§ 5 Einhaltung von Mindestzielen. (1) [1] Öffentliche Auftraggeber und Sektorenauftraggeber haben bei der Beschaffung von Fahrzeugen und Dienstleistungen die für den jeweiligen Referenzzeitraum nach § 6 festgelegten Mindestziele insgesamt einzuhalten. [2] Die Mindestziele bestimmen sich als Mindestprozentsatz sauberer leichter Nutzfahrzeuge und sauberer schwerer Nutzfahrzeuge einschließlich emissionsfreier schwerer Nutzfahrzeuge an der Gesamtzahl der gemäß § 3 in dem jeweiligen Referenzzeitraum beschafften sauberen leichten oder sauberen schweren Nutzfahrzeuge.

(2) [1] Die Länder haben die Einhaltung der Mindestziele durch die öffentlichen Auftraggeber und Sektorenauftraggeber zu überwachen. [2] Die Länder können für ihren Zuständigkeitsbereich zulassen, dass öffentliche Auftraggeber und Sektorenauftraggeber die für den jeweiligen Referenzzeitraum nach § 6 festgelegten Mindestziele nicht einhalten müssen, soweit die Mindestziele bereits durch andere öffentliche Auftraggeber oder Sektorenauftraggeber innerhalb des Landes übererfüllt werden. [3] Die Länder können zur Einhaltung der Mindestziele auch Vereinbarungen mit den jeweiligen Branchenverbänden abschließen. [4] Dabei müssen die Mindestziele nach § 6 innerhalb des jeweiligen Landes insgesamt eingehalten werden.

(3) [1] Für die Einhaltung der Mindestziele können die Länder für ihren Zuständigkeitsbereich bei einer vorliegenden Untererfüllung oder Übererfüllung

der Mindestziele zum Ausgleich ein gemeinsames Mindestziel bilden. [2]Dabei können die Länder zur Einhaltung eines gemeinsamen Mindestziels auch Vereinbarungen mit den jeweiligen Branchenverbänden abschließen. [3]Ein von den Ländern gemeinsam gebildetes Mindestziel muss das Erreichen der Mindestziele für alle in die Berechnung einbezogenen Länder sicherstellen. [4]Die nähere Ausgestaltung des Verfahrens zur Bildung eines gemeinsamen Mindestziels kann im Wege einer Verwaltungsvereinbarung zwischen den betroffenen Ländern geregelt werden.

§ 6 Geltung und Berechnung von Mindestzielen. (1) [1]Bei der Beschaffung sauberer leichter Nutzfahrzeuge gelten für den Referenzzeitraum vom 2. August 2021 bis zum 31. Dezember 2025 sowie vom 1. Januar 2026 bis zum 31. Dezember 2030 die in der Anlage 1 jeweils genannten Emissionsgrenzwerte. [2]Für den Anteil dieser Fahrzeuge an der Gesamtzahl der beschafften leichten Nutzfahrzeuge gilt in beiden Referenzzeiträumen jeweils ein Mindestziel von 38,5 Prozent. [3]Die weitergehenden Verpflichtungen für die Bundesverwaltung bleiben davon unberührt.

(2) Bei der Beschaffung sauberer schwerer Nutzfahrzeuge gelten für ihren Anteil an der Gesamtzahl der beschafften schweren Nutzfahrzeuge folgende Mindestziele:

1. im Zeitraum vom 2. August 2021 bis zum 31. Dezember 2025:

    a) für LKW der Fahrzeugklassen N2 und N3 10 Prozent,

    b) für Busse der Fahrzeugklasse M3 45 Prozent,

2. im Zeitraum vom 1. Januar 2026 bis zum 31. Dezember 2030:

    a) für LKW der Fahrzeugklassen N2 und N3 15 Prozent,

    b) für Busse der Fahrzeugklasse M3 65 Prozent.

(3) Die Hälfte des Mindestziels für den Anteil sauberer Busse nach Absatz 2 Nummer 1 Buchstabe b und Nummer 2 Buchstabe b muss durch die Beschaffung emissionsfreier Busse im Sinne des § 2 Nummer 6 erfüllt werden.

(4) Für die Berechnung der Mindestziele für die Vergabe öffentlicher Aufträge ist das zu berücksichtigende Datum der Vergabe des öffentlichen Auftrags das Datum, an dem der Zuschlag erteilt wird.

(5) Bei Verträgen nach § 3 Nummer 1 wird für die Beurteilung der Einhaltung der Mindestziele für die Vergabe öffentlicher Aufträge die Anzahl der im Rahmen jedes einzelnen Vertrages durch Kauf, Leasing oder Anmietung beschafften Straßenfahrzeuges berücksichtigt.

(6) Bei Aufträgen nach § 3 Nummer 2 und 3 wird für die Beurteilung der Einhaltung der Mindestziele für die Vergabe öffentlicher Aufträge die Anzahl der Straßenfahrzeuge berücksichtigt, die für die Erbringung der Dienstleistung im Rahmen des betreffenden Auftrags eingesetzt werden sollen.

(7) Nachgerüstete Fahrzeuge können bei der Beurteilung der Einhaltung der Mindestziele über den Anteil sauberer leichter Nutzfahrzeuge, sauberer schwerer Nutzfahrzeuge oder emissionsfreier schwerer Nutzfahrzeuge an der Gesamtzahl beschaffter leichter und schwerer Nutzfahrzeuge berücksichtigt werden.

(8) Werden für den Zeitraum ab dem 1. Januar 2031 keine neuen Mindestziele festgelegt, gelten die in den Absätzen 1, 2 und 3 festgelegten Mindestziele fort.

§ 7 Aufgaben des Bundes und der Länder. (1) ¹Der Bund und die Länder stellen in ihrem jeweiligen Zuständigkeitsbereich sicher, dass die öffentlichen Auftraggeber und die Sektorenauftraggeber insgesamt die Mindestziele für die Beschaffung von Fahrzeugen und Dienstleistungen einhalten. ²Die Länder erstellen dabei jährlich einen Bericht an den Bund über die Erfüllung ihrer Aufgaben im Sinne des § 5 Absatz 2 und 3.

(2) ¹Der Bund erlässt Verwaltungsvorschriften, die sicherstellen, dass die in § 5 benannten Mindestziele durch die öffentlichen Auftraggeber und Sektorenauftraggeber des Bundes erreicht werden. ²Dabei werden auch Verpflichtungen für die Bundesverwaltung nach dem Bundesklimaschutzgesetz und dem Klimaschutzprogramm 2030 berücksichtigt.

(3) Weitergehende Verpflichtungen für die Bundesverwaltung führen zu einem Übertreffen der Mindestziele.

§ 8 Dokumentationspflichten. (1) ¹Die öffentlichen Auftraggeber und die Sektorenauftraggeber haben bis zum Ablauf des 24. Oktober 2023 zu den Beschaffungen in denjenigen Vergabebekanntmachungen nach § 39 Absatz 1 der Vergabeverordnung¹⁾ und nach § 38 Absatz 1 der Sektorenverordnung²⁾, die ab dem 2. August 2021 dem Amt für Veröffentlichungen der Europäischen Union übermittelt werden, im Freitextfeld VI.3 des jeweiligen Formulars in den Anhängen III und VI der Durchführungsverordnung (EU) 2015/1986 der Kommission vom 11. November 2015 zur Einführung von Standardformularen für die Veröffentlichung von Vergabebekanntmachungen für öffentliche Aufträge und zur Aufhebung der Durchführungsverordnung (EU) Nr. 842/2011 (ABl. L 296 vom 12.11.2015, S. 1, L 172 vom 5.7.2015, S. 36) in der jeweils geltenden Fassung folgende Daten anzugeben:

1. die Anzahl aller Fahrzeuge, die aufgrund der Auftragsvergabe gekauft, geleast oder gemietet wurden oder deren Nutzung vertraglich vereinbart wurde, unterteilt nach Fahrzeugklassen gemäß § 2 Nummer 3,

2. die Anzahl aller sauberen leichten Nutzfahrzeuge und sauberen schweren Nutzfahrzeuge, die aufgrund der Auftragsvergabe gekauft, geleast oder gemietet wurden oder deren Nutzung vertraglich vereinbart wurde, unterteilt nach Fahrzeugklassen gemäß § 2 Nummer 4, und

3. die Anzahl aller emissionsfreien schweren Nutzfahrzeuge, die aufgrund der Auftragsvergabe gekauft, geleast oder gemietet wurden oder deren Nutzung vertraglich vereinbart wurde, unterteilt nach Fahrzeugklassen gemäß § 2 Nummer 5 in Verbindung mit Nummer 6.

²Ferner haben sie zusätzliche Daten anzugeben sowie weitere Einzelheiten bei der Angabe zu beachten, die durch Rechtsverordnung nach § 9 Absatz 3 Nummer 2 bestimmt werden.

(2) ¹Ab dem 25. Oktober 2023 haben die öffentlichen Auftraggeber und die Sektorenauftraggeber zu den Beschaffungen die folgenden Daten in der Tabelle 2 des Anhangs der Durchführungsverordnung (EU) 2019/1780 zur Einführung von Standardformularen für die Veröffentlichung von Bekanntmachungen für öffentliche Aufträge und zur Aufhebung der Durchführungsverordnung (EU)

---

¹⁾ Nr. 2.
²⁾ Nr. 3.

2015/1986 (ABl. L 272 vom 25.10.2019, S. 7) in der jeweils geltenden Fassung anzugeben:

1. die Anzahl aller Fahrzeuge, die aufgrund der Auftragsvergabe gekauft, geleast oder gemietet wurden oder deren Nutzung vertraglich vereinbart wurde, unterteilt nach Fahrzeugklassen gemäß § 2 Nummer 3,

2. die Anzahl aller sauberen leichten Nutzfahrzeuge und sauberen schweren Nutzfahrzeuge, die aufgrund der Auftragsvergabe gekauft, geleast oder gemietet wurden oder deren Nutzung vertraglich vereinbart wurde, unterteilt nach Fahrzeugklassen gemäß § 2 Nummer 4, und

3. die Anzahl aller emissionsfreien schweren Nutzfahrzeuge, die aufgrund der Auftragsvergabe gekauft, geleast oder gemietet wurden oder deren Nutzung vertraglich vereinbart wurde, unterteilt nach Fahrzeugklassen gemäß § 2 Nummer 5 in Verbindung mit Nummer 6.

[2] Ferner haben sie zusätzliche Daten anzugeben sowie weitere Einzelheiten bei der Angabe zu beachten, die durch Rechtsverordnung nach § 9 Absatz 3 Nummer 2 bestimmt werden.

(3) [1] Für die öffentlichen Dienstleistungsaufträge im Sinne von § 3 Nummer 2, auf welche § 39 Absatz 1 der Vergabeverordnung und § 38 Absatz 1 der Sektorenverordnung keine Anwendung finden, gelten die Absätze 1 und 2 entsprechend. [2] Ferner sind zusätzliche Daten anzugeben sowie weitere Einzelheiten bei der Angabe zu beachten, die durch Rechtsverordnung nach § 9 Absatz 3 Nummer 2 bestimmt werden.

§ 9 Berichterstattung und Datenübermittlung, Verordnungsermächtigung. (1) [1] Das Bundesministerium für Verkehr und digitale Infrastruktur legt im Einvernehmen mit dem Bundesministerium für Wirtschaft und Energie der Europäischen Kommission nach Artikel 10 Absatz 2 der Richtlinie (EU) 2019/1161 des Europäischen Parlaments und des Rates vom 20. Juni 2019 zur Änderung der Richtlinie 2009/33/EG über die Förderung sauberer und energieeffizienter Straßenfahrzeuge (ABl. L 188 vom 12.7.2019 S. 116) Berichte über die Umsetzung der Richtlinie (EU) 2019/1161 vor. [2] Die Berichte müssen folgende Angaben enthalten:

1. getroffene Maßnahmen zur Umsetzung der Richtlinie (EU) 2019/1161,

2. zukünftige Maßnahmen zur Umsetzung der Richtlinie (EU) 2019/1161,

3. sonstige relevante Informationen zur Umsetzung der Richtlinie (EU) 2019/1161,

4. die Gesamtanzahl und Klassen der nach §§ 8 und 9 Absatz 3 Nummer 1 und 2 erfassten Fahrzeuge.

(2) Die Berichterstattung nach Absatz 1 erfolgt erstmals bis zu dem nach Artikel 10 Absatz 2 Satz 1 der Richtlinie (EU) 2019/1161 genannten Datum und danach jeweils im Abstand von drei Jahren.

(3) [1] Das Bundesministerium für Verkehr und digitale Infrastruktur wird ermächtigt, zum Zwecke der Berichterstattung nach § 9 Absatz 1 und zur Überprüfung, ob die Mindestziele nach § 5 eingehalten werden, durch Rechtsverordnung, die der Zustimmung des Bundesrates bedarf, Folgendes zu regeln:

1. die Erhebung und Speicherung von Daten über Fahrzeugnachrüstungen nach § 6 Absatz 7,

2. Einzelheiten zur Erhebung und Speicherung von Daten nach § 8 Absatz 1 bis 3 und die Erhebung und Speicherung weiterer erforderlicher Daten,

3. die Übertragung der Berichtspflichten gegenüber der Europäischen Kommission nach Absatz 1 auf eine andere Behörde des Bundes, eine Anstalt des öffentlichen Rechts des Bundes oder ein privatrechtlich organisiertes Unternehmen des Bundes,

4. die Datenverarbeitungsbefugnisse, die zur Erfüllung der Berichtspflicht sowie zur Überprüfung, ob die Mindestziele nach § 5 eingehalten werden, erforderlich sind.

[2] Soweit bei der Übertragung auf ein Unternehmen des Bundes hoheitliche Aufgaben betroffen sind, ist in der Rechtsverordnung dessen Beleihung auszusprechen.

(4) Die nach Absatz 3 erhobenen und aufbereiteten Daten können zum Zwecke der Überprüfung, ob die Mindestziele nach § 5 eingehalten werden, auf Antrag von der nach Absatz 3 bestimmten Stelle an Bundes-, Landes- oder Kommunalbehörden übermittelt werden.

(5) Bei der Übermittlung der Daten nach dieser Vorschrift ist sicherzustellen, dass

1. die Übermittlung verschlüsselt stattfindet,

2. die dem jeweiligen Stand der Technik entsprechenden Maßnahmen getroffen werden, um den Datenschutz und die Datensicherheit zu gewährleisten und

3. die nach Bundes- oder Landesrecht zuständigen Datenschutzbeauftragten die Möglichkeit zur Einsicht in die Protokolldaten aufgrund der Übermittlung der Daten haben.

§ 10 Anwendungsvorschrift. Dieses Gesetz gilt für Beschaffungen im Sinne des § 3, deren Auftragsbekanntmachung nach dem 2. August 2021 veröffentlicht wird oder bei denen nach dem 2. August 2021 zur Abgabe eines Angebotes aufgefordert wird.

Anlage 1
(zu § 2 Nummer 4, § 6 Absatz 1)

Emissionsgrenzwerte für saubere leichte Nutzfahrzeuge

Fahrzeugklassen	2. August 2021 bis 31. Dezember 2025		1. Januar 2026 bis 31. Dezember 2030	
	CO_2 g/km	Luftschadstoffemissionen im praktischen Fahrbetrieb[1] als Prozentsatz der Emissionsgrenzwerte[2]	CO_2 g/km	Luftschadstoffemissionen im praktischen Fahrbetrieb[1] als Prozentsatz der Emissionsgrenzwerte[2]
M_1	50	80 %	0	k.A.
M_2	50	80 %	0	k.A.
N_1	50	80 %	0	k.A.

[1] **Amtl. Anm.:** Angegebene maximale Emissionswerte für die Anzahl ultrafeiner Partikel (PN) in #/km und Stickoxide (NOx) in mg/km im praktischen Fahrbetrieb (RDE), wie in Nummer 48.2. der Übereinstimmungsbescheinigung angegeben, gemäß Anhang VIII der Durchführungsverordnung (EU) 2020/683 der Kommission vom 15. April 2020 zur Durchführung der Verordnung (EU) 2018/858 des Europäischen Parlaments und des Rates hinsichtlich der administrativen Anforderungen für die Genehmigung und Marktüberwachung von Kraftfahrzeugen und Kraftfahrzeuganhängern sowie von Systemen, Bauteilen und selbstständigen technischen Einheiten für diese Fahrzeuge (ABl. L 163 vom 26.5.2020, S. 1) in der jeweils geltenden Fassung sowohl für vollständige als auch für innerstädtische RDE-Fahrten.

[2] **Amtl. Anm.:** Die geltenden Emissionsgrenzwerte gemäß Anhang I der Verordnung (EG) Nr. 715/2007 in der jeweils geltenden Fassung.

Anlage 2
(zu § 3 Nummer 3)

Codes des gemeinsamen Vokabulars (CPV) für Dienstleistungen

CPV-Referenznummer	Beschreibung
60112000-6	Öffentlicher Verkehr (Straße)
60130000-8	Personensonderbeförderung (Straße)
60140000-1	Bedarfspersonenbeförderung
90511000-2	Abholung von Siedlungsabfällen
60160000-7	Postbeförderung auf der Straße
60161000-4	Paketbeförderung
64121100-1	Postzustellung
64121200-2	Paketzustellung

9. Bundeshaushaltsordnung (BHO)

Vom 19. August 1969

(BGBl. I S. 1284)

FNA 63–1

zuletzt geänd. durch Art. 212 Elfte ZuständigkeitsanpassungsVO v. 19.6.2020 (BGBl. I S. 1328)

– Auszug –

§ 55 Öffentliche Ausschreibung. (1) [1]Dem Abschluss von Verträgen über Lieferungen und Leistungen muss eine Öffentliche Ausschreibung oder eine Beschränkte Ausschreibung mit Teilnahmewettbewerb vorausgehen, sofern nicht die Natur des Geschäfts oder besondere Umstände eine Ausnahme rechtfertigen. [2]Teilnahmewettbewerb ist ein Verfahren, bei dem der öffentliche Auftraggeber nach vorheriger öffentlicher Aufforderung zur Teilnahme eine beschränkte Anzahl von geeigneten Unternehmen nach objektiven, transparenten und nichtdiskriminierenden Kriterien auswählt und zur Abgabe von Angeboten auffordert.

(2) Beim Abschluß von Verträgen ist nach einheitlichen Richtlinien zu verfahren.

10. Gesetz über die Grundsätze des Haushaltsrechts des Bundes und der Länder (Haushaltsgrundsätzegesetz – HGrG)

Vom 19. August 1969

(BGBl. I S. 1273)

FNA 63–14

zuletzt geänd. durch Art. 10 G zur Neuregelung des bundesstaatlichen Finanzausgleichssystems ab dem Jahr 2020 und zur Änd. haushaltsrechtlicher Vorschriften v. 14.8.2017 (BGBl. I S. 3122)

– Auszug –

§ 34 Buchung nach Haushaltsjahren. (1) Zahlungen sowie eingegangene Verpflichtungen, Geldforderungen und andere Bewirtschaftungsvorgänge, für die nach § 33 Satz 2 die Buchführung angeordnet ist, sind nach Haushaltsjahren getrennt zu buchen.

(2) Alle Zahlungen mit Ausnahme der Fälle nach den Absätzen 3 und 4 sind für das Haushaltsjahr zu buchen, in dem sie eingegangen oder geleistet worden sind.

(3) [1] Im kameralen Haushalt sind Zahlungen, die im abgelaufenen Haushaltsjahr fällig waren, jedoch erst später eingehen oder geleistet werden, in den Büchern des abgelaufenen Haushaltsjahres zu buchen, solange die Bücher nicht abgeschlossen sind. [2] Für doppisch basierte Haushalte sind die §§ 7a und 49a entsprechend anzuwenden.

(4) [1] Für das neue Haushaltsjahr sind im kameralen Haushalt zu buchen:

1. Einnahmen, die im neuen Haushaltsjahr fällig werden, jedoch vorher eingehen,

2. Ausgaben, die im neuen Haushaltsjahr fällig werden, jedoch wegen des fristgerechten Eingangs beim Empfänger vorher gezahlt werden müssen,

3. im voraus zu zahlende Dienst-, Versorgungs- und entsprechende Bezüge sowie Renten für den ersten Monat des neuen Haushaltsjahres.

[2] Für doppisch basierte Haushalte sind die §§ 7a und 49a entsprechend anzuwenden.

(5) Die Absätze 3 und 4 Nr. 1 gelten nicht für Steuern, Gebühren, andere Abgaben, Geldstrafen, Geldbußen sowie damit zusammenhängende Kosten.

(6) Ausnahmen von den Absätzen 2 bis 4 können zugelassen werden.

11. Gesetz zur Einrichtung und zum Betrieb eines Registers zum Schutz des Wettbewerbs um öffentliche Aufträge und Konzessionen (Wettbewerbsregistergesetz – WRegG)[1]

Vom 18. Juli 2017

(BGBl. I S. 2739)

FNA 703-7

geänd. durch Art. 10 GWB-DigitalisierungsG v. 18.1.2021 (BGBl. I S. 2)

Nichtamtliche Inhaltsübersicht

§ 1 Einrichtung des Wettbewerbsregisters. (1) Beim Bundeskartellamt (Registerbehörde) wird ein Register zum Schutz des Wettbewerbs um öffentliche Aufträge und Konzessionen (Wettbewerbsregister) eingerichtet und geführt.

(2) Mit dem Wettbewerbsregister werden Auftraggebern im Sinne von § 98 des Gesetzes gegen Wettbewerbsbeschränkungen[2] Informationen über Ausschlussgründe im Sinne der §§ 123 und 124 des Gesetzes gegen Wettbewerbsbeschränkungen[2] zur Verfügung gestellt.

(3) Das Wettbewerbsregister wird in Form einer elektronischen Datenbank geführt.

§ 2 Eintragungsvoraussetzungen. (1) In das Wettbewerbsregister sind einzutragen:

1. rechtskräftige strafgerichtliche Verurteilungen und Strafbefehle, die wegen einer der folgenden Straftaten ergangen sind:

   a) in § 123 Absatz 1 des Gesetzes gegen Wettbewerbsbeschränkungen[2] aufgeführte Straftaten,

---

[1] Verkündet als Art. 1 G zur Einführung eines Wettbewerbsregisters und zur Änd. des GWB v. 18.7.2017 (BGBl. I S. 2739); Inkrafttreten gem. Art. 3 Abs. 1 dieses G am 29.7.2017.
[2] Nr. 1.

b) Betrug nach § 263 des Strafgesetzbuchs und Subventionsbetrug nach § 264 des Strafgesetzbuchs, soweit sich die Straftat gegen öffentliche Haushalte richtet,

c) Vorenthalten und Veruntreuen von Arbeitsentgelt nach § 266a des Strafgesetzbuchs,

d) Steuerhinterziehung nach § 370 der Abgabenordnung oder

e) wettbewerbsbeschränkende Absprachen bei Ausschreibungen nach § 298 des Strafgesetzbuchs;

2. rechtskräftige strafgerichtliche Verurteilungen und Strafbefehle sowie rechtskräftige Bußgeldentscheidungen, die wegen einer der folgenden Straftaten oder Ordnungswidrigkeiten ergangen sind, sofern auf Freiheitsstrafe von mehr als drei Monaten oder Geldstrafe von mehr als 90 Tagessätzen erkannt oder eine Geldbuße von wenigstens zweitausendfünfhundert Euro festgesetzt worden ist:

a) nach § 8 Absatz 1 Nummer 2, den §§ 10 bis 11 des Schwarzarbeitsbekämpfungsgesetzes vom 23. Juli 2004 (BGBl. I S. 1842), das zuletzt durch Artikel 1 des Gesetzes vom 6. März 2017 (BGBl. I S. 399) geändert worden ist,

b) nach § 404 Absatz 1 und 2 Nummer 3 des Dritten Buches Sozialgesetzbuch – Arbeitsförderung – (Artikel 1 des Gesetzes vom 24. März 1997, BGBl. I S. 594, 595), das zuletzt durch Artikel 6 Absatz 8 des Gesetzes vom 23. Mai 2017 (BGBl. I S. 1228) geändert worden ist,

c) nach den §§ 15, 15a, 16 Absatz 1 Nummer 1, 1c, 1d, 1f und 2 des Arbeitnehmerüberlassungsgesetzes in der Fassung der Bekanntmachung vom 3. Februar 1995 (BGBl. I S. 158), das zuletzt durch Artikel 1 des Gesetzes vom 21. Februar 2017 (BGBl. I S. 258) geändert worden ist,

d) nach § 21 Absatz 1 und 2 des Mindestlohngesetzes vom 11. August 2014 (BGBl. I S. 1348), das zuletzt durch Artikel 6 Absatz 39 des Gesetzes vom 13. April 2017 (BGBl. I S. 872) geändert worden ist, oder

e) nach § 23 Absatz 1 und 2 des Arbeitnehmer-Entsendegesetzes vom 20. April 2009 (BGBl. I S. 799), das zuletzt durch Artikel 6 Absatz 40 des Gesetzes vom 13. April 2017 (BGBl. I S. 872) geändert worden ist, oder

3. rechtskräftige Bußgeldentscheidungen, die nach § 30 des Gesetzes über Ordnungswidrigkeiten, auch in Verbindung mit § 130 des Gesetzes über Ordnungswidrigkeiten, wegen Straftaten nach Nummer 1 oder Straftaten oder Ordnungswidrigkeiten nach Nummer 2 ergangen sind.

(2) [1] In das Wettbewerbsregister werden ferner Bußgeldentscheidungen eingetragen, die wegen Ordnungswidrigkeiten nach § 81 Absatz 1 Nummer 1, Absatz 2 Nummer 1 in Verbindung mit § 1 des Gesetzes gegen Wettbewerbsbeschränkungen ergangen sind, wenn eine Geldbuße von wenigstens fünfzigtausend Euro festgesetzt worden ist. [2] Nicht eingetragen werden Bußgeldentscheidungen, die nach § 81a Absatz 1 bis 3 des Gesetzes gegen Wettbewerbsbeschränkungen ergangen sind.

(3) [1] Die Eintragung von strafgerichtlichen Entscheidungen und Bußgeldentscheidungen nach Absatz 1 Nummer 1 und 2 und von Entscheidungen gegen eine natürliche Person nach Absatz 2 erfolgt nur, wenn das Verhalten der natürlichen Person einem Unternehmen zuzurechnen ist. [2] Das ist der Fall, wenn die natürliche Person als für die Leitung des Unternehmens Verantwort-

liche gehandelt hat, wozu auch die Überwachung der Geschäftsführung oder die sonstige Ausübung von Kontrollbefugnissen in leitender Stellung gehört.

(4) [1]Unternehmen im Sinne dieses Gesetzes ist jede natürliche oder juristische Person oder eine Gruppe solcher Personen, die auf dem Markt die Lieferung von Waren, die Ausführung von Bauleistungen oder die Erbringung von sonstigen Leistungen anbietet. [2]Erlischt eine juristische Person oder eine Personenvereinigung mit Unternehmenseigenschaft nachträglich, steht dies der Eintragung nicht entgegen.

§ 3 Inhalt der Eintragung in das Wettbewerbsregister. (1) Die Registerbehörde speichert folgende Daten, die ihr von einer nach § 4 zur Mitteilung verpflichteten Behörde übermittelt wurden, in einer elektronischen Datenbank:

1. den Namen der mitteilenden Behörde,
2. das Datum der einzutragenden Entscheidung und ihrer Rechts- beziehungsweise Bestandskraft,
3. das Aktenzeichen des Vorgangs der mitteilenden Behörde,
4. vom betroffenen Unternehmen
   a) die Firma,
   b) die Rechtsform,
   c) den Familiennamen und den Vornamen der gesetzlichen Vertreter,
   d) bei Personengesellschaften den Familiennamen und den Vornamen der geschäftsführenden Gesellschafter,
   e) die Postanschrift des Unternehmens,
   f) bei inländischen Unternehmen das Registergericht und die Registernummer aus dem Handels-, Genossenschafts-, Vereins-, Partnerschaftsregister oder bei vergleichbaren amtlichen Registern die Registernummer und die registerführende Stelle, soweit vorhanden,
   g) bei ausländischen Unternehmen anstelle der in Buchstabe f genannten Angaben eine der Registernummer vergleichbare Nummer und die registerführende Stelle, soweit vorhanden, sowie
   h) soweit vorhanden, die Umsatzsteueridentifikationsnummer,
5. von der natürlichen Person, gegen die sich die einzutragende Entscheidung richtet oder die im Bußgeldbescheid nach § 30 des Gesetzes gegen Ordnungswidrigkeiten genannt wird,
   a) den Familiennamen, den Geburtsnamen und den Vornamen der natürlichen Person,
   b) das Geburtsdatum, den Geburtsort und den Staat der Geburt der natürlichen Person,
   c) die Anschrift der betroffenen natürlichen Person und
   d) die die Zurechnung des Fehlverhaltens zu einem Unternehmen gemäß § 2 Absatz 3 Satz 2 begründenden Umstände sowie
6. die zur Registereintragung führende Straftat oder Ordnungswidrigkeit einschließlich der verhängten Sanktion.

(2) Teilt ein Unternehmen nach seiner Eintragung in das Wettbewerbsregister der Registerbehörde mit, dass es Maßnahmen zur Selbstreinigung im Sinne des § 123 Absatz 4 Satz 2 oder des § 125 des Gesetzes gegen Wettbewerbs-

beschränkungen[1]) nachweisen kann, speichert die Registerbehörde die übermittelten Daten im Wettbewerbsregister.

(3) Die in dem Wettbewerbsregister gespeicherten Daten und die Verfahrensakten der Registerbehörde sind vertraulich.

§ 4 Mitteilungen. (1) [1]Die Strafverfolgungsbehörden und die Behörden, die zur Verfolgung von Ordnungswidrigkeiten berufen sind, teilen bei Entscheidungen nach § 2 Absatz 1 und 2 der Registerbehörde unverzüglich die in § 3 Absatz 1 bezeichneten Daten mit. [2]§ 30 der Abgabenordnung steht der Mitteilung von Entscheidungen nach § 2 Absatz 1 Nummer 1 Buchstabe d sowie nach § 2 Absatz 1 Nummer 3 in Verbindung mit Absatz 1 Nummer 1 Buchstabe d nicht entgegen.

(2) [1]Die Registerbehörde prüft die übermittelten Daten und sieht von einer Eintragung ab, wenn die Daten offensichtlich fehlerhaft sind. [2]Stellt sich die Fehlerhaftigkeit erst nach der Eintragung heraus, berichtigt oder löscht die Registerbehörde die betroffenen Daten von Amts wegen. [3]§ 8 Absatz 3 gilt entsprechend.

(3) Werden den Strafverfolgungsbehörden oder den Behörden, die für die Verfolgung von Ordnungswidrigkeiten berufen sind, Umstände bekannt, die einer weiteren Speicherung der übermittelten Daten im Wettbewerbsregister entgegenstehen, so haben sie die Registerbehörde unverzüglich zu unterrichten.

§ 5 Gelegenheit zur Stellungnahme vor Eintragung in das Wettbewerbsregister; Auskunftsanspruch. (1) [1]Vor der Eintragung in das Wettbewerbsregister informiert die Registerbehörde das betroffene Unternehmen in Textform über den Inhalt der geplanten Eintragung und gibt ihm Gelegenheit, innerhalb von zwei Wochen nach Zugang der Information Stellung zu nehmen. [2]Weist das betroffene Unternehmen nach, dass die übermittelten Daten fehlerhaft sind, sieht die Registerbehörde von einer Eintragung ab oder korrigiert die fehlerhaften Daten. [3]Die Registerbehörde kann die Frist zur Stellungnahme verlängern. [4]§ 8 Absatz 3 ist entsprechend anzuwenden.

(2) [1]Auf Antrag erteilt die Registerbehörde Unternehmen oder natürlichen Personen Auskunft über den sie betreffenden Inhalt des Wettbewerbsregisters. [2]Unbeschadet des Bestehens datenschutzrechtlicher Auskunftsansprüche ist ein erneuter Antrag nach Satz 1 desselben Unternehmens oder derselben natürlichen Person erst nach Ablauf eines Jahres zulässig, es sei denn, es besteht ein berechtigtes Interesse. [3]Die Registerbehörde erteilt mit Zustimmung des betreffenden Unternehmens auf Antrag auch einer Stelle, die ein amtliches Verzeichnis führt, das den Anforderungen des Artikels 64 der Richtlinie 2014/24/EU entspricht, Auskunft über den das Unternehmen betreffenden Inhalt des Wettbewerbsregisters.

(3) [1]Der Antrag nach Absatz 2 Satz 1 kann schriftlich mit amtlich oder öffentlich beglaubigter Unterschrift gestellt werden. [2]Der Antragsteller hat seine Identität und, wenn er als gesetzlicher Vertreter handelt, zusätzlich seine Vertretungsmacht nachzuweisen. [3]Für ein antragstellendes Unternehmen kann den Antrag nur ein gesetzlicher Vertreter stellen. [4]Der Antragsteller kann sich bei der Antragstellung nicht durch einen Bevollmächtigten vertreten lassen.

---

[1]) Nr. 1.

(4) ¹Der Antrag nach Absatz 2 Satz 1 kann auch elektronisch gestellt werden. ²In diesem Fall bedarf es einer elektronischen Identifizierung.

(5) Die Erteilung einer Auskunft nach Absatz 2 Satz 1 durch die Registerbehörde ist gebührenpflichtig.

(6) Unternehmen, die in das Wettbewerbsregister eingetragen sind oder von einer geplanten Eintragung betroffen sind, können zur Geltendmachung oder Verteidigung ihrer rechtlichen Interessen im Hinblick auf die Eintragung verlangen, dass einem bevollmächtigten Rechtsanwalt unbeschränkte Akteneinsicht gewährt wird.

(7) Für die Erteilung von Auskünften nach Artikel 15 der Verordnung (EU) 2016/679 des Europäischen Parlaments und des Rates vom 27. April 2016 zum Schutz natürlicher Personen bei der Verarbeitung personenbezogener Daten, zum freien Datenverkehr und zur Aufhebung der Richtlinie 95/46/EG gelten die Absätze 3 und 4 entsprechend.

§ 6 Abfragepflicht für Auftraggeber; Entscheidung über einen Ausschluss vom Vergabeverfahren. (1) ¹Ein öffentlicher Auftraggeber nach § 99 des Gesetzes gegen Wettbewerbsbeschränkungen[1] ist verpflichtet, vor der Erteilung des Zuschlags in einem Verfahren über die Vergabe öffentlicher Aufträge mit einem geschätzten Auftragswert ab 30 000 Euro ohne Umsatzsteuer bei der Registerbehörde abzufragen, ob im Wettbewerbsregister Eintragungen zu demjenigen Bieter, an den der öffentliche Auftraggeber den Auftrag zu vergeben beabsichtigt, gespeichert sind. ²Ein Sektorenauftraggeber nach § 100 Absatz 1 Nummer 1 des Gesetzes gegen Wettbewerbsbeschränkungen[1] sowie ein Konzessionsgeber nach § 101 Absatz 1 Nummer 1 und 2 des Gesetzes gegen Wettbewerbsbeschränkungen[1] sind ab Erreichen der Schwellenwerte des § 106 des Gesetzes gegen Wettbewerbsbeschränkungen[1] verpflichtet, bei der Registerbehörde vor Zuschlagserteilung abzufragen, ob im Wettbewerbsregister Eintragungen zu demjenigen Bieter, an den sie den Auftrag zu vergeben beabsichtigen, gespeichert sind. ³Eine Verpflichtung zur Abfrage besteht abweichend von den Sätzen 1 und 2 nicht bei Sachverhalten, für die das Vergaberecht Ausnahmen von der Anwendbarkeit des Vergaberechts vorsieht. ⁴Auslandsdienststellen sind abweichend von den Sätzen 1 und 2 nicht verpflichtet, das Wettbewerbsregister abzufragen. ⁵Auf eine erneute Abfrage bei der Registerbehörde kann der Auftraggeber verzichten, wenn er innerhalb der letzten zwei Monate zu dem entsprechenden Unternehmen bereits eine Auskunft aus dem Wettbewerbsregister erhalten hat. ⁶Auftraggeber dürfen von Bietern oder Bewerbern nicht die Vorlage einer Auskunft nach § 5 Absatz 2 Satz 1 verlangen.

(2) Daneben können Auftraggeber nach Absatz 1 bei der Registerbehörde abfragen

1. bei öffentlichen Aufträgen und Konzessionen mit einem geschätzten Auftrags- oder Vertragswert unterhalb der Wertgrenzen nach Absatz 1, ob Eintragungen im Wettbewerbsregister zu demjenigen Bieter vorliegen, an den der Auftraggeber den Auftrag oder die Konzession zu vergeben beabsichtigt, und

---

[1] Nr. 1.

2. im Rahmen eines Teilnahmewettbewerbs, ob Eintragungen im Wettbewerbsregister in Bezug auf diejenigen Bewerber vorliegen, die der Auftraggeber zur Abgabe eines Angebots auffordern will.

(3) [1] Die Registerbehörde übermittelt dem abfragenden Auftraggeber die im Wettbewerbsregister gespeicherten Daten über das Unternehmen, das in der Abfrage benannt ist. [2] Gibt es im Wettbewerbsregister zu einem Unternehmen keine Eintragung, teilt die Registerbehörde dies dem Auftraggeber mit.

(4) Die Auskünfte aus dem Wettbewerbsregister dürfen nur den Bediensteten zur Kenntnis gebracht werden, die mit der Entgegennahme der Auskunft oder mit der Bearbeitung des Vergabeverfahrens betraut sind.

(5) [1] Der Auftraggeber entscheidet nach Maßgabe der vergaberechtlichen Vorschriften in eigener Verantwortung über den Ausschluss eines Unternehmens von der Teilnahme an dem Vergabeverfahren. [2] § 7 Absatz 2 bleibt unberührt.

(6) [1] Auftraggeber können von den Strafverfolgungsbehörden oder den zur Verfolgung von Ordnungswidrigkeiten berufenen Behörden ergänzende Informationen anfordern, soweit diese nach Einschätzung der Auftraggeber für die Vergabeentscheidung erforderlich sind. [2] Die Strafverfolgungsbehörden und die zur Verfolgung von Ordnungswidrigkeiten berufenen Behörden dürfen die angeforderten Informationen auf Ersuchen des Auftraggebers übermitteln.

(7) [1] Die nach Absatz 3 und 6 sowie nach § 8 Absatz 4 Satz 5 übermittelten Daten sind vertraulich und dürfen vom Auftraggeber nur für Vergabeentscheidungen genutzt werden. [2] Die Daten sind nach Ablauf der rechtlich vorgesehenen Aufbewahrungsfristen zu löschen.

§ 7 Löschung der Eintragung aus dem Wettbewerbsregister nach Fristablauf; Rechtswirkung der Löschung. (1) [1] Eintragungen über Straftaten nach § 2 Absatz 1 Nummer 1 Buchstabe a, c und d werden spätestens nach Ablauf von fünf Jahren ab dem Tag der Rechts- oder Bestandskraft der Entscheidung gelöscht. [2] Eintragungen von Bußgeldentscheidungen nach § 2 Absatz 2 werden spätestens nach Ablauf von drei Jahren ab dem Erlass der Bußgeldentscheidung gelöscht. [3] Im Übrigen werden Eintragungen spätestens nach Ablauf von drei Jahren ab dem Tag gelöscht, an dem die Entscheidung unanfechtbar geworden ist. [4] Bei mehreren Eintragungen wegen desselben Fehlverhaltens ist eine Löschung aller ein Unternehmen betreffenden Eintragungen vorzunehmen, wenn die Voraussetzungen der Löschung für eine Eintragung gegeben sind und dieselben Fristen für die Löschung gelten; bei unterschiedlichen Fristen ist die längere Frist maßgeblich. [5] Die Regelungen des § 4 Absatz 2 Satz 2 und des § 8 Absatz 1 Satz 3 bleiben unberührt.

(2) [1] Ist eine Eintragung im Wettbewerbsregister nach Absatz 1 oder § 8 gelöscht worden, so darf die der Eintragung zugrunde liegende Straftat oder Ordnungswidrigkeit in Vergabeverfahren nicht mehr zum Nachteil des betroffenen Unternehmens verwertet werden. [2] Die Ablehnung eines Löschungsantrags nach § 8 Absatz 1 durch die Registerbehörde ist für den Auftraggeber nicht bindend.

§ 8 Vorzeitige Löschung der Eintragung aus dem Wettbewerbsregister wegen Selbstreinigung; Gebühren und Auslagen. (1) [1] Ist ein Unternehmen in das Wettbewerbsregister eingetragen worden, so kann es bei der Registerbehörde beantragen, dass die Eintragung wegen Selbstreinigung vor Ablauf der Löschungsfrist nach § 7 Absatz 1 aus dem Wettbewerbsregister gelöscht wird. [2] Der Antrag ist zulässig, wenn das Unternehmen ein berechtigtes Interesse an der vorzeitigen Löschung glaubhaft macht. [3] Die Eintragung ist zu löschen, wenn das Unternehmen gegenüber der Registerbehörde die Selbstreinigung im Fall des § 2 Absatz 1 Nummer 1 Buchstabe c und d entsprechend § 123 Absatz 4 Satz 2 des Gesetzes gegen Wettbewerbsbeschränkungen[1]), im Übrigen entsprechend § 125 des Gesetzes gegen Wettbewerbsbeschränkungen[1]) für die Zwecke des Vergabeverfahrens nachgewiesen hat.

(2) [1] Die Registerbehörde ermittelt den Sachverhalt nach Antragstellung von Amts wegen. [2] Sie kann sich dabei auf das beschränken, was von dem Antragsteller vorgebracht wird oder ihr sonst bekannt sein muss. [3] Sie kann von dem Antragsteller verlangen, dass er ihr

1. die strafgerichtliche Entscheidung oder die Bußgeldentscheidung übermittelt,

2. Gutachten oder andere Unterlagen vorlegt, die zur Bewertung der Selbstreinigungsmaßnahmen geeignet sind.

[4] Die §§ 57 und 59 bis 59b des Gesetzes gegen Wettbewerbsbeschränkungen sind entsprechend anzuwenden.

(3) [1] Zur Vorbereitung der Entscheidung über den Antrag kann die Registerbehörde die mitteilende Strafverfolgungsbehörde oder die Behörde, die für die Verfolgung von Ordnungswidrigkeiten berufen ist, ersuchen, ihr Informationen, die nach Einschätzung der Registerbehörde zur Bewertung des Antrags erforderlich sein können, zu übermitteln. [2] Die ersuchte Behörde übermittelt diese Informationen.

(4) [1] Die Registerbehörde bewertet die von dem Unternehmen ergriffenen Selbstreinigungsmaßnahmen und berücksichtigt dabei die Schwere und die besonderen Umstände der Straftat oder des Fehlverhaltens. [2] Hält sie die Selbstreinigungsmaßnahmen des Unternehmens für unzureichend, so verlangt sie von dem Unternehmen ergänzende Informationen oder lehnt den Antrag ab. [3] Lehnt die Registerbehörde den Antrag ab, begründet sie diese Entscheidung gegenüber dem Unternehmen. [4] Die Entscheidung über den Antrag auf vorzeitige Löschung einer Eintragung ist im Wettbewerbsregister zu vermerken. [5] Die Registerbehörde übermittelt einem Auftraggeber auf dessen Ersuchen die Entscheidung zu dem Löschungsantrag sowie weitere Unterlagen.

(5) Die Registerbehörde erlässt Leitlinien zur Anwendung der Absätze 1 bis 4.

(6) [1] Bei Anträgen auf vorzeitige Löschung aus dem Wettbewerbsregister wegen Selbstreinigung werden zur Deckung des Verwaltungsaufwands der Registerbehörde Gebühren und Auslagen erhoben. [2] § 62 des Gesetzes gegen Wettbewerbsbeschränkungen und die auf dieser Grundlage erlassenen Rechtsverordnungen sind entsprechend anzuwenden; der Gebührenrahmen richtet sich nach § 62 Absatz 2 Satz 2 Nummer 2 des Gesetzes gegen Wettbewerbsbeschränkungen.

§ 9 Elektronische Datenübermittlung. (1) Die Kommunikation zwischen der Registerbehörde und den Strafverfolgungsbehörden, den zur Verfolgung von Ordnungswidrigkeiten berufenen Behörden, den Auftraggebern sowie den

---

[1]) Nr. 1.

Unternehmen und den Stellen, die ein amtliches Verzeichnis führen, das den Anforderungen des Artikels 64 der Richtlinie 2014/24/EU entspricht, erfolgt in der Regel elektronisch.

(2) ¹Die Datenübermittlung an Auftraggeber kann im Wege eines automatisierten Verfahrens auf Abruf, das die Übermittlung personenbezogener Daten ermöglicht, erfolgen. ²Für die Verarbeitung von personenbezogenen Daten gelten die allgemeinen datenschutzrechtlichen Vorschriften, soweit dieses Gesetz oder die aufgrund dieses Gesetzes erlassene Rechtsverordnung keine besondere Regelung enthält.

§ 10 Verordnungsermächtigung. Die Bundesregierung erlässt mit Zustimmung des Bundesrates eine Rechtsverordnung, um Folgendes zu regeln:

1. die technischen und organisatorischen Voraussetzungen für

   a) die Speicherung von Daten im Wettbewerbsregister,

   b) die Übermittlung von Daten an die Registerbehörde oder an Auftraggeber einschließlich des automatisierten Abrufverfahrens und

   c) die Kommunikation mit Unternehmen und natürlichen Personen, jeweils einschließlich Regelungen zur Identifizierung und Authentifizierung, sowie mit Stellen, die ein amtliches Verzeichnis führen, das den Anforderungen des Artikels 64 der Richtlinie 2014/24/EU entspricht,

2. die erforderlichen datenschutzrechtlichen Vorgaben für die elektronische Kommunikation mit der Registerbehörde,

3. Inhalt und Umfang der Daten nach § 3 Absatz 1 und der Mitteilung nach § 6 Absatz 3,

4. ein von den Unternehmen zu verwendendes Standardformular für die Mitteilung nach § 3 Absatz 2,

5. Anforderungen an den Inhalt der Mitteilung nach § 4 einschließlich eines von den mitteilungspflichtigen Stellen zu verwendenden Standardformulars sowie die Einzelheiten des Eintragungsverfahrens,

6. nähere Bestimmungen zu den ergänzenden Informationen gemäß § 6 Absatz 6 Satz 1,

7. Anforderungen an vom Antragsteller vorzulegende geeignete Gutachten und Unterlagen nach § 8 Absatz 2 Satz 3 Nummer 2, insbesondere auch an die Zulassung von Systemen unabhängiger Stellen durch die Registerbehörde, mit denen geeignete Vorsorgemaßnahmen zur Verhinderung zukünftiger Verfehlungen für die Zwecke des Vergabeverfahrens belegt werden können und

8. den Gebührensatz und die Erhebung der Gebühr vom Kostenschuldner bei Erteilung der Auskunft nach § 5 Absatz 2 Satz 1 sowie die Erstattung von Auslagen.

§ 11 Rechtsweg. (1) ¹Gegen Entscheidungen der Registerbehörde ist die Beschwerde zulässig. ²§ 63 Absatz 1 Nummer 1 und 2, die §§ 64, 69, 70 Absatz 1 und 2, die §§ 71 bis 73 Absatz 1 Satz 2, Absatz 2 Satz 1 in Verbindung mit § 54 Absatz 2 Nummer 1 und 2, § 73 Absatz 3 und 4 Satz 1 erster Halbsatz und Satz 2, die §§ 74, 75 Absatz 1 bis 3, § 76 Absatz 1 Satz 1 und 2, Absatz 2 und 4 bis 6 sowie § 171 Absatz 3 des Gesetzes gegen Wettbewerbsbeschränkungen[1] sind entsprechend anzuwenden, soweit nichts anderes bestimmt ist.

(2) [1]Das Beschwerdegericht entscheidet durch eines seiner Mitglieder als Einzelrichter. [2]Der Einzelrichter überträgt das Verfahren dem Beschwerdegericht zur Entscheidung in der im Gerichtsverfassungsgesetz vorgeschriebenen Besetzung, wenn

1. die Sache besondere Schwierigkeiten tatsächlicher oder rechtlicher Art aufweist oder

2. die Rechtssache grundsätzliche Bedeutung hat.

[3]Eine Rückübertragung auf den Einzelrichter ist ausgeschlossen.

(3) [1]Die Entscheidung über die Beschwerde kann ohne mündliche Verhandlung ergehen, es sei denn, ein Beteiligter beantragt, eine mündliche Verhandlung durchzuführen. [2]§ 65 Absatz 2 des Gesetzes gegen Wettbewerbsbeschränkungen ist entsprechend anzuwenden.

§ 12 Anwendungsbestimmungen; Verkündung von Rechtsverordnungen. (1) Das Bundesministerium für Wirtschaft und Energie hat

1. das Vorliegen der Voraussetzungen für die elektronische Datenübermittlung entsprechend § 9 Absatz 1 festzustellen und

2. die Feststellung nach Nummer 1 im Bundesanzeiger bekannt zu machen.

(2) [1]Die §§ 2 und 4 sind nach Ablauf des Monats, der auf den Tag der Bekanntmachung nach Absatz 1 Nummer 2 folgt, anzuwenden; dieser Tag ist vom Bundesministerium für Wirtschaft und Energie unverzüglich im Bundesanzeiger bekannt zu machen. [2]§ 5 Absatz 2 und § 6 sind sechs Monate nach dem in Satz 1 genannten Tag anzuwenden; abweichend hiervon kann die Registerbehörde einem Auftraggeber auf dessen Ersuchen die Möglichkeit zur Abfrage nach § 6 Absatz 1 und 2 bereits ab dem in Satz 1 bezeichneten Tag eröffnen. [3]Bis zur verpflichtenden Anwendung der in Satz 2 bezeichneten Vorschriften sind die landesrechtlichen Vorschriften über die Errichtung und den Betrieb eines dem § 1 entsprechenden Registers weiter anzuwenden.

(3) Rechtsverordnungen nach diesem Gesetz können abweichend von § 2 Absatz 1 des Verkündungs- und Bekanntmachungsgesetzes im Bundesanzeiger verkündet werden.

---

[1] Nr. 1.

12. Verordnung über den Betrieb des Registers zum Schutz des Wettbewerbs um öffentliche Aufträge und Konzessionen (Wettbewerbsregisterverordnung – WRegV)

Vom 22. Januar 2021

(BGBl. I S. 809)

FNA 703-7-1

Nichtamtliche Inhaltsübersicht

Auf Grund des § 10 des Wettbewerbsregistergesetzes[1] vom 18. Juli 2017 (BGBl. I S. 2739), der durch Artikel 10 Nummer 6 des Gesetzes vom 18. Januar 2021 (BGBl. I S. 2) geändert worden ist, verordnet die Bundesregierung:

Abschnitt 1. Allgemeine Vorschriften für die elektronische Kommunikation

§ 1 Elektronische Kommunikation und Datenübermittlung. (1) Die elektronische Datenübermittlung und Kommunikation zwischen der Registerbehörde nach § 1 Absatz 1 des Wettbewerbsregistergesetzes[1] und

1. den Strafverfolgungsbehörden,

2. den zur Verfolgung von Ordnungswidrigkeiten berufenen Behörden,

3. den in § 6 Absatz 1 des Wettbewerbsregistergesetzes genannten Auftraggebern,

4. Unternehmen,

---

[1] Nr. 11.

5. natürlichen Personen sowie

6. Stellen, die ein amtliches Verzeichnis führen, das den Anforderungen des Artikels 64 der Richtlinie 2014/24/EU entspricht (amtliche Verzeichnisstellen)

erfolgt nach Maßgabe dieser Verordnung.

(2) [1] Für die elektronische Übermittlung von Daten ist ein sicheres Verfahren zu verwenden, mithilfe dessen der Datenübermittelnde authentifiziert werden kann und die Vertraulichkeit sowie Integrität der zu übermittelnden Daten gewährleistet ist. [2] Anerkannte Standards der IT-Sicherheit sind zu beachten.

(3) Sichere Verfahren zur elektronischen Datenübermittlung nach Absatz 2 sind die Übermittlung über:

1. ein von der Registerbehörde auf der Internetseite www.wettbewerbsregister.de bereitgestelltes Portal,

2. eine durch die Registerbehörde bestimmte amtliche Schnittstelle,

3. einen Postfach- und Versanddienst eines De-Mail-Kontos, wenn der Absender bei Versand der Nachricht nach § 4 Absatz 1 Satz 2 des De-Mail-Gesetzes angemeldet ist und seine sichere Anmeldung nach § 5 Absatz 5 des De-Mail-Gesetzes bestätigt ist,

4. ein besonderes elektronisches Anwaltspostfach im Sinne des § 31a der Bundesrechtsanwaltsordnung oder ein entsprechendes auf gesetzlicher Grundlage errichtetes elektronisches Postfach zum Kontakt mit der elektronischen Poststelle der Registerbehörde,

5. ein nach Durchführung eines Identifizierungsverfahrens im Sinne des § 7 der Elektronischer-Rechtsverkehr-Verordnung eingerichtetes Postfach einer Behörde oder einer juristischen Person des öffentlichen Rechts zum Kontakt mit der elektronischen Poststelle der Registerbehörde,

6. ein Nutzerkonto im Sinne des § 2 Absatz 5 des Onlinezugangsgesetzes,

7. sonstige bundeseinheitliche Verfahren zur elektronischen Datenübermittlung, welche die Authentizität und Integrität der Daten sowie die Barrierefreiheit gewährleisten, soweit die Registerbehörde diese zur Übermittlung von Daten nach Absatz 2 zugelassen hat.

(4) [1] Die für die Datenübermittlung nach Absatz 2 zugelassenen Dateiformate werden von der Registerbehörde nach § 14 Nummer 2 auf ihrer Internetseite veröffentlicht. [2] Genügen die elektronisch übermittelten Daten nicht den von der Registerbehörde für die Bearbeitung gestellten Anforderungen, teilt die Registerbehörde dies dem Absender unter Hinweis auf die geltenden technischen Rahmenbedingungen mit.

§ 2 Nutzung des Portals. (1) Die Nutzung des Portals nach § 1 Absatz 3 Nummer 1 setzt eine vorherige Registrierung der Nutzer voraus.

(2) [1] Für die Registrierung ist ein Antrag bei der Registerbehörde erforderlich. [2] Dazu sind unter Verwendung des auf der Internetseite der Registerbehörde veröffentlichten elektronischen Standardformulars folgende Angaben zu machen:

1. für mitteilungspflichtige Behörden und öffentliche Auftraggeber im Sinne des § 99 Nummer 1 bis 3 des Gesetzes gegen Wettbewerbsbeschränkungen[1]):

---

[1] Nr. 1.

a) Bezeichnung und Art der Behörde, des Sondervermögens, der juristischen Person des öffentlichen Rechts, der juristischen Person des privaten Rechts oder des Verbandes,

b) Kontaktdaten, einschließlich Anschrift, E-Mail-Adresse und Telefonnummer,

c) von dem für die Registrierung verantwortlichen Bediensteten und von den mit der Verwaltung von Portalnutzern betrauten Bediensteten: der Vor- und Nachname sowie die Kontaktdaten im Sinne des Buchstaben b; von den mit der Verwaltung von Portalnutzern betrauten Bediensteten zusätzlich die Nutzerkennungen,

d) bei mitteilungspflichtigen Behörden eine Erklärung des zu registrierenden Nutzers, dass es sich um eine nach § 4 Absatz 1 Satz 1 des Wettbewerbsregistergesetzes[1] mitteilungspflichtige Behörde handelt und

e) bei Auftraggebern eine Erklärung des zu registrierenden Nutzers, dass es sich um einen öffentlichen Auftraggeber im Sinne des § 99 Nummer 1, 2 oder 3 des Gesetzes gegen Wettbewerbsbeschränkungen[2] handelt;

2. für öffentliche Auftraggeber im Sinne des § 99 Nummer 4 des Gesetzes gegen Wettbewerbsbeschränkungen[2]:

a) Bezeichnung der natürlichen oder juristischen Person,

b) Kontaktdaten, einschließlich Anschrift des Sitzes oder der Hauptniederlassung, E-Mail-Adresse und Telefonnummer,

c) von dem für die Registrierung verantwortlichen Bediensteten und von den mit der Verwaltung von Portalnutzern oder der Abfrage betrauten Bediensteten: der Vor- und Nachname sowie die Kontaktdaten im Sinne des Buchstaben b; von den mit der Verwaltung von Portalnutzern oder der Abfrage betrauten Bediensteten zusätzlich die Nutzerkennungen,

d) das voraussichtliche Datum der Fertigstellung oder der Abnahme des Vorhabens, für das der zu registrierende Nutzer als öffentlicher Auftraggeber tätig ist, und

e) eine Erklärung des zu registrierenden Nutzers, dass die Voraussetzungen des § 99 Nummer 4 des Gesetzes gegen Wettbewerbsbeschränkungen[2] im Hinblick auf das Vorhaben nach Buchstabe d erfüllt sind;

3. für amtliche Verzeichnisstellen:

a) Bezeichnung der Stelle,

b) Kontaktdaten, einschließlich Anschrift, E-Mail-Adresse und Telefonnummer,

c) von den für die Registrierung verantwortlichen und den mit der Verwaltung von Portalnutzern betrauten Beschäftigten: der Vor- und Nachname sowie die Kontaktdaten im Sinne des Buchstaben b,

d) eine Erklärung des zu registrierenden Nutzers, dass es sich um eine amtliche Verzeichnisstelle handelt, die den Anforderungen des Artikels 64 der Richtlinie 2014/24/EU entspricht;

4. für Unternehmen:

a) Firma und Rechtsform,

---

[1] Nr. 11.
[2] Nr. 1.

b) Kontaktdaten, einschließlich Anschrift des Firmensitzes und, soweit vorhanden, der Niederlassung in der Bundesrepublik Deutschland,

c) bei inländischen Unternehmen, soweit vorhanden, das Registergericht und die Registernummer aus dem Handels-, Genossenschafts-, Gesellschafts-, Vereins-, Partnerschaftsregister oder bei vergleichbaren amtlichen Registern die Registernummer und die registerführende Stelle,

d) bei ausländischen Unternehmen, soweit vorhanden, eine der Registernummer im Sinne des Buchstaben c vergleichbare Nummer und die nummernführende Stelle,

e) soweit vorhanden, die Umsatzsteuer-Identifikationsnummer und

f) Vor- und Nachname sowie die Kontaktdaten der mit der Registrierung betrauten Beschäftigten sowie die Bevollmächtigung dieser Beschäftigten.

(3) [1]Die Registerbehörde kann weitere Auskünfte und Nachweise verlangen, soweit diese erforderlich sind, um die Eigenschaft des zu registrierenden Nutzers als Auftraggeber zu prüfen. [2]Die Registerbehörde kann dabei auch Erklärungen durch eine andere Stelle verlangen. [3]Für die Auskünfte, Nachweise und Erklärungen sind die von der Registerbehörde auf ihrer Internetseite veröffentlichten Standardformulare zu verwenden.

(4) [1]Sofern einem Bediensteten oder Beschäftigten die Befugnisse zur Verwaltung von Portalnutzern nach der erstmaligen Registrierung neu eingeräumt werden oder diese entfallen, ist dies der Registerbehörde unter Verwendung des auf ihrer Internetseite veröffentlichten Standardformulars unverzüglich anzuzeigen. [2]Der Registerbehörde ist es ebenfalls unverzüglich anzuzeigen, wenn die gesetzlichen Voraussetzungen als mitteilungspflichtige Behörde nach § 4 Absatz 1 des Wettbewerbsregistergesetzes oder als abfrageverpflichteter oder abfrageberechtigter Auftraggeber nach § 6 Absatz 1 und 2 des Wettbewerbsregistergesetzes entfallen. [3]Die Registerbehörde hat im Falle einer Anzeige zum Entfallen der Befugnisse nach Satz 1 oder der Abfrageberechtigung nach Satz 2 die betroffenen Daten unverzüglich im Registrierungssystem zu löschen.

(5) [1]Die Registerbehörde macht weitere Vorgaben zu dem Verfahren, das für die Übermittlung von Angaben und Erklärungen zur Registrierung und die Mitteilung nachträglich eingetretener Änderungen nach Absatz 4 einzuhalten ist. [2]Dazu gehören insbesondere Vorgaben zur Nutzung eines sicheren Verfahrens nach § 1 Absatz 2 und 3. [3]Die Registerbehörde kann Vorgaben zu dem für die Anmeldung am Portal zu verwendenden Authentifizierungsmittel und zu den mit der Portalnutzung verbundenen Pflichten machen.

§ 3 Nutzung der amtlichen Schnittstelle. (1) Hat die Registerbehörde eine amtliche Schnittstelle nach § 1 Absatz 3 Nummer 2 eingerichtet, kann die Registerbehörde diese mitteilungspflichtigen Behörden, öffentlichen Auftraggebern im Sinne des § 99 Nummer 1 bis 3 des Gesetzes gegen Wettbewerbsbeschränkungen[1]) und amtlichen Verzeichnisstellen zur Nutzung zur Verfügung stellen.

(2) Soweit die Registerbehörde für die Nutzung der amtlichen Schnittstelle nach § 1 Absatz 3 Nummer 2 eine Registrierung verlangt, findet § 2 entsprechende Anwendung.

---

[1]) Nr. 1.

Abschnitt 2. Besondere Vorschriften für die elektronische Kommunikation

§ 4 Pflichten der mitteilungspflichtigen Behörden. (1) [1]Die mitteilungspflichtigen Behörden haben der Registerbehörde die in § 3 Absatz 1 des Wettbewerbsregistergesetzes[1)] bezeichneten Daten unter Beachtung der nachfolgenden Vorgaben elektronisch über das Portal nach § 1 Absatz 3 Nummer 1 oder die amtliche Schnittstelle nach § 1 Absatz 3 Nummer 2 zu übermitteln. [2]Die Registerbehörde hat der übermittelnden Stelle eine automatisierte elektronische Eingangsbestätigung auszustellen.

(2) Zu den nach § 4 Absatz 1 Satz 1 in Verbindung mit § 3 Absatz 1 des Wettbewerbsregistergesetzes zu übermittelnden Daten gehören auch folgende Angaben:

1. das Gericht, das die einzutragende Entscheidung verhängt oder erlassen hat, und das Aktenzeichen,

2. soweit einem Unternehmen das Fehlverhalten einer natürlichen Person nach § 2 Absatz 3 Satz 2 des Wettbewerbsregistergesetzes zuzurechnen ist, die die Zurechnung begründenden Umstände:

   a) die im Unternehmen zur Tatzeit ausgeübte Leitungsfunktion, insbesondere unter Berücksichtigung der in § 30 Absatz 1 Nummer 1 bis 5 des Gesetzes über Ordnungswidrigkeiten genannten Funktionen,

   b) das Handeln oder Unterlassen der natürlichen Person in Ausübung dieser Funktion;

3. zur eintragungspflichtigen Tat:

   a) Bezeichnung der zugrunde liegenden Straftat oder Ordnungswidrigkeit,

   b) Tatzeit.

(3) [1]Die mitteilungspflichtige Behörde ist für die Rechtmäßigkeit der Übermittlung sowie die Richtigkeit und Vollständigkeit der übermittelten Daten verantwortlich. [2]Erlangt sie Kenntnis davon, dass die übermittelten Daten unrichtig sind oder sich nachträglich geändert haben, teilt sie dies der Registerbehörde unverzüglich mit. [3]Die Registerbehörde hat im Falle einer Mitteilung nach Satz 2 die betreffenden Eintragungen im Wettbewerbsregister entsprechend zu löschen oder zu ändern.

(4) Die mitteilungspflichtige Behörde hat an die Registerbehörde die in § 3 Absatz 1 in Verbindung mit § 4 Absatz 1 Satz 1 des Wettbewerbsregistergesetzes und die in § 4 Absatz 2 genannten Daten mit folgender Maßgabe zu übermitteln:

1. rechtskräftige strafgerichtliche Verurteilungen, Strafbefehle und Bußgeldbescheide nach § 2 Absatz 1 des Wettbewerbsregistergesetzes, soweit diese ab dem vom Bundesministerium für Wirtschaft und Energie nach § 12 Absatz 2 Satz 1 des Wettbewerbsregistergesetzes im Bundesanzeiger bekanntzumachenden Tag rechtskräftig werden,

2. Bußgeldentscheidungen nach § 2 Absatz 2 Satz 1 des Wettbewerbsregistergesetzes, soweit diese ab dem vom Bundesministerium für Wirtschaft und

---

[1)] Nr. 11.

Energie nach § 12 Absatz 2 Satz 1 des Wettbewerbsregistergesetzes im Bundesanzeiger bekanntzumachenden Tag ergangen sind.

§ 5 Abfrage von Daten durch Auftraggeber. (1) [1]Für die elektronische Abfrage durch Auftraggeber nach § 6 Absatz 1 Satz 1, Satz 2 oder Absatz 2 des Wettbewerbsregistergesetzes[1)] sind das Portal nach § 1 Absatz 3 Nummer 1 oder die amtliche Schnittstelle nach § 1 Absatz 3 Nummer 2 zu nutzen. [2]Bezieht sich die Abfrage auf eine Bietergemeinschaft, ist die Abfrage für jedes Mitglied der Bietergemeinschaft gesondert zu stellen. [3]Auftraggebern nach § 99 Nummer 4 des Gesetzes gegen Wettbewerbsbeschränkungen[2)] steht eine Nutzung der amtlichen Schnittstelle nach § 1 Absatz 3 Nummer 2 nicht zur Verfügung.

(2) [1]Bei der Abfrage sind, soweit bekannt, folgende Angaben zu machen:

1. Kurzbeschreibung des zugrundeliegenden Vergabeverfahrens sowie das dazugehörige Aktenzeichen oder die Verfahrensnummer,
2. Fundstelle der Auftragsbekanntmachung, soweit vorhanden,
3. zu dem Unternehmen die Angaben nach § 3 Absatz 1 Nummer 4 des Wettbewerbsregistergesetzes.

[2]Der Auftraggeber hat zu bestätigen, dass die Voraussetzungen für eine Abfrage nach § 6 Absatz 1 Satz 1 und 2 oder Absatz 2 des Wettbewerbsregistergesetzes erfüllt sind und die Daten nur Bediensteten zur Kenntnis gebracht werden, die mit der Entgegennahme der Auskunft oder mit der Bearbeitung des zugrundeliegenden Vergabeverfahrens betraut sind.

(3) Sofern im Wettbewerbsregister Eintragungen zu dem mittels der Angaben nach Absatz 2 identifizierbaren Unternehmen vorhanden sind, hat die Registerbehörde dem Auftraggeber die nach § 3 Absatz 1 und 2 des Wettbewerbsregistergesetzes und nach den §§ 4 und 10 mitgeteilten Daten, soweit diese im Register gespeichert sind, und, sofern vorhanden, einen Registervermerk nach § 8 Absatz 4 Satz 4 des Wettbewerbsregistergesetzes zu übermitteln.

(4) [1]Die Verantwortung für die Rechtmäßigkeit der Datenabfrage und die Verwendung der Daten trägt der Auftraggeber. [2]Die Registerbehörde prüft die Rechtmäßigkeit der Abfrage, sofern dazu Anlass besteht. [3]Sie ist befugt, von dem Auftraggeber weitere Auskünfte sowie Unterlagen zu verlangen, soweit diese für eine Prüfung der Abfrageberechtigung nach Satz 2 erforderlich sind.

§ 6 Auskunftserteilung an amtliche Verzeichnisstellen. (1) [1]Für die Abfrage durch amtliche Verzeichnisstellen nach § 5 Absatz 2 Satz 3 des Wettbewerbsregistergesetzes[1)] ist die amtliche Schnittstelle nach § 1 Absatz 3 Nummer 2 zu verwenden. [2]Bei der Abfrage hat die amtliche Verzeichnisstelle die in § 3 Absatz 1 Nummer 4 des Wettbewerbsregistergesetzes genannten Angaben zu dem Unternehmen zu machen.

(2) [1]Die gemäß § 5 Absatz 2 Satz 3 des Wettbewerbsregistergesetzes erforderliche Zustimmung des betroffenen Unternehmens zu dem Auskunftsantrag ist ausschließlich gegenüber der amtlichen Verzeichnisstelle zu erklären. [2]Die amtliche Verzeichnisstelle hat gegenüber der Registerbehörde zu versichern, dass sie die Zustimmung nach Satz 1 des im Antrag bezeichneten Unternehmens eingeholt hat. [3]Die Registerbehörde ist befugt, von dem im Antrag

---

[1)] Nr. **11**.
[2)] Nr. **1**.

bezeichneten Unternehmen einen Nachweis für die gegenüber der Verzeichnisstelle erteilte Zustimmung zu verlangen, sofern hierzu Anlass besteht.

(3) Die Registerbehörde kann Auskunftsanträge einer amtlichen Verzeichnisstelle zulassen, die sich auf mehrere Unternehmen beziehen (Sammelabfrage).

§ 7 Elektronische Kommunikation mit Unternehmen. [1] Die Kommunikation von Unternehmen mit der Registerbehörde soll elektronisch erfolgen. [2] Hierzu zählt insbesondere die Nutzung eines Portals nach § 1 Absatz 3 Nummer 1, sofern die Registerbehörde diese Möglichkeit eröffnet. [3] Die von der Registerbehörde auf ihrer Internetseite bereitgestellten Standardformulare sind zu verwenden.

§ 8 Antrag auf Selbstauskunft; Gebühr. (1) [1] Ein elektronischer Antrag auf Selbstauskunft für ein Unternehmen oder eine natürliche Person nach § 5 Absatz 2 Satz 1 des Wettbewerbsregistergesetzes[1)] ist unter Verwendung eines Nutzerkontos im Sinne des Onlinezugangsgesetzes zu stellen. [2] Es muss ein elektronischer Identitätsnachweis nach § 18 des Personalausweisgesetzes, nach § 12 des eID-Karte-Gesetzes oder nach § 78 Absatz 5 des Aufenthaltsgesetzes erbracht werden. [3] Für einen schriftlichen Antrag ist das auf der Internetseite der Registerbehörde bereitgestellte Standardformular zu verwenden.

(2) [1] Für die Erteilung einer Auskunft nach § 5 Absatz 2 Satz 1 des Wettbewerbsregistergesetzes erhebt die Registerbehörde vom Antragsteller eine Gebühr in Höhe von 20 Euro. [2] Die Gebühr wird mit Erteilung der Auskunft durch die Registerbehörde fällig. [3] Die Registerbehörde kann die Zahlung eines Vorschusses verlangen; sie kann die Erteilung der Auskunft von der Zahlung des Vorschusses abhängig machen.

§ 9 Anforderung ergänzender Informationen durch Auftraggeber.

(1) Fordert ein Auftraggeber nach § 6 Absatz 6 Satz 1 des Wettbewerbsregistergesetzes[1)] von der mitteilungspflichtigen Behörde ergänzende Informationen an, unterliegen Art und Umfang der Auskunftserteilung dem pflichtgemäßen Ermessen der mitteilungspflichtigen Behörde.

(2) Die Informationen nach Absatz 1 können nach Maßgabe des § 32b Absatz 4 der Strafprozessordnung durch Übersendung von Abschriften oder beglaubigten Abschriften jeweils in Papierform oder als elektronisches Dokument erfolgen.

(3) Eine Information unterbleibt, soweit ihr eine bundesrechtliche Verwendungsregelung oder Zwecke des Straf- oder Ordnungswidrigkeitenverfahrens entgegenstehen.

Abschnitt 3. Selbstreinigung

§ 10 Mitteilung eines Unternehmens zu Selbstreinigungsmaßnahmen.

(1) [1] Für die Mitteilung über Maßnahmen zur Selbstreinigung eines Unternehmens nach § 3 Absatz 2 des Wettbewerbsregistergesetzes[1)] ist das von der Registerbehörde auf ihrer Internetseite bereitgestellte Standardformular zu verwenden. [2] Das Formular soll elektronisch übermittelt werden. [3] Die Registerbe-

---

[1)] Nr. 11.

hörde kann Vorgaben zum zulässigen Umfang der zu übermittelnden Daten machen. [4]Das Unternehmen hat in der Mitteilung folgende Angaben zu machen:

1. Registereintragung, auf die sich die Selbstreinigungsmaßnahmen beziehen,

2. Maßnahmen, die zum Zweck der Selbstreinigung nach § 123 Absatz 4 Satz 2 oder § 125 Absatz 1 des Gesetzes gegen Wettbewerbsbeschränkungen[1] ergriffen worden sind, und

3. soweit das Unternehmen angibt, dass ein oder mehrere Auftraggeber die mitgeteilten Maßnahmen in einem konkreten Vergabeverfahren als ausreichenden Nachweis für die Selbstreinigung angesehen haben, die Mitteilung, ob und wie viele Auftraggeber die Maßnahmen nicht als ausreichend beurteilt haben.

(2) [1]Die Registerbehörde speichert die nach Absatz 1 übermittelten Daten, ohne diese inhaltlich zu überprüfen. [2]Die Daten werden gelöscht, wenn die betreffende Registereintragung aus dem Register gelöscht wird. [3]Anträge nach § 8 Absatz 1 Satz 1 des Wettbewerbsregistergesetzes auf vorzeitige Löschung der Eintragung bleiben unberührt.

§ 11 Anforderungen an vorzulegende Gutachten und Unterlagen zur Bewertung einer Selbstreinigung. (1) [1]Die Registerbehörde kann zur Bewertung eines Antrags nach § 8 Absatz 1 Satz 1 des Wettbewerbsregistergesetzes[2] auf vorzeitige Löschung einer Eintragung wegen Selbstreinigung verlangen, dass das Unternehmen geeignete Gutachten oder andere Unterlagen zur Bewertung vorgenommener Selbstreinigungsmaßnahmen vorlegt. [2]Die Registerbehörde kann Vorgaben hinsichtlich des zu begutachtenden Sachverhalts oder der zu begutachtenden Themenstellung machen. [3]Die Registerbehörde ist befugt, für die Vorlage des Gutachtens eine angemessene Frist zu setzen.

(2) [1]Auswahl und Beauftragung des Gutachters obliegen dem Unternehmen. [2]Der Gutachter muss sachkundig und unabhängig sein. [3]Zur Beurteilung seiner Unabhängigkeit hat das Unternehmen der Registerbehörde mitzuteilen, ob und in welchem Umfang der Gutachter oder andere ihm zurechenbare Personen in den vergangenen zwei Jahren für das Unternehmen oder mit ihm nach § 36 Absatz 2 des Gesetzes gegen Wettbewerbsbeschränkungen verbundene Unternehmen tätig gewesen sind. [4]Die Registerbehörde ist berechtigt, einen Gutachter abzulehnen, wenn er die Voraussetzungen nach Satz 2 nicht erfüllt. [5]Wird ein Gutachter nach Satz 4 abgelehnt, kann das Unternehmen einen anderen Gutachter entsprechend den Anforderungen nach Satz 1 und 2 vorschlagen.

(3) [1]Das Gutachten muss objektiv und nachvollziehbar den Gegenstand der Untersuchung, die angewandten Methoden sowie die Ergebnisse der Untersuchung darlegen. [2]Die dabei verwendeten Unterlagen und Nachweise sind beizufügen.

---

[1] Nr. 1.
[2] Nr. 11.

Abschnitt 4. Datenschutz und Protokollierung

§ 12 Datenschutz. Bei Datenübermittlungen an oder durch die Registerbehörde müssen die Daten vor einem unbefugten Zugriff Dritter geschützt sein.

§ 13 Protokollierung. (1) ¹Die Registerbehörde protokolliert automatisiert Art und Umfang der über das Portal oder über die amtliche Schnittstelle übermittelten Daten. ²Aus dem Protokoll muss hervorgehen:

1. der Zweck der Datenübermittlung,
2. das Datum und die Uhrzeit der Datenübermittlung,
3. die Bezeichnung der Stelle, die die Daten übermittelt hat,
4. bei Mitteilungen der mitteilungspflichtigen Behörden nach § 4 Absatz 1 Satz 1 des Wettbewerbsregistergesetzes¹⁾ die in § 3 Absatz 1 Nummer 3 und 4 des Wettbewerbsregistergesetzes genannten Daten,
5. bei Abfragen der Auftraggeber nach § 6 Absatz 1 und 2 des Wettbewerbsregistergesetzes die in § 3 Absatz 1 Nummer 4 des Wettbewerbsregistergesetzes und § 5 Absatz 2 genannten Daten,
6. bei Auskunftsanträgen der amtlichen Verzeichnisstellen nach § 5 Absatz 2 Satz 3 des Wettbewerbsregistergesetzes die nach § 3 Absatz 1 Nummer 4 des Wettbewerbsregistergesetzes abgefragten und von der Registerbehörde übermittelten Daten.

(2) ¹Die Protokolldaten dürfen nur zur Sicherstellung eines ordnungsgemäßen Betriebs, zu internen Prüfzwecken und zur Datenschutzkontrolle verarbeitet werden. ²Sie sind durch geeignete Vorkehrungen gegen Missbrauch zu schützen. ³Die Protokolldaten sind spätestens nach einem Jahr zu löschen.

(3) Die oder der Bundesbeauftragte für den Datenschutz und die Informationsfreiheit hat das Recht zur Einsichtnahme in die Protokolldaten.

Abschnitt 5. Bekanntmachungen, Inkrafttreten

§ 14 Veröffentlichungen der Registerbehörde zur elektronischen Kommunikation. Die Registerbehörde veröffentlicht auf ihrer Internetseite Einzelheiten zur elektronischen Kommunikation, insbesondere zu:

1. der Zulassung von sonstigen bundeseinheitlichen Übermittlungswegen im Sinne des § 1 Absatz 3 Nummer 7 durch die Registerbehörde,
2. den zugelassenen Dateiformaten nach § 1 Absatz 4 und den technischen Anforderungen an die zu übermittelnden Daten und die dabei zu verwendenden elektronischen Mittel,
3. den Anforderungen an die Registrierung nach § 2 und § 3 und
4. den nach dieser Verordnung bereitgestellten Standardformularen.

§ 15 Inkrafttreten. Diese Verordnung tritt am Tag nach der Verkündung²⁾ in Kraft.

---

¹⁾ Nr. **11.**
²⁾ Verkündet am 22.4.2021.

13. [Entwurf:] Gesetz über die unternehmerischen Sorgfaltspflichten zur Vermeidung von Menschenrechtsverletzungen in Lieferketten (Sorgfaltspflichtengesetz)

Vom 19. April 2021
(BT-Drs. 19/28649)

Abschnitt 1. Allgemeine Bestimmungen

§ 1 Anwendungsbereich. (1) [1] Dieses Gesetz ist anzuwenden auf Unternehmen ungeachtet ihrer Rechtsform, die

1. ihre Hauptverwaltung, ihre Hauptniederlassung, ihren Verwaltungssitz oder ihren satzungsmäßigen Sitz im Inland haben und

2. in der Regel mindestens 3.000 Arbeitnehmer beschäftigen.

[2] Ab dem 1. Januar 2024 beträgt der in Satz 1 Nummer 2 vorgesehene Schwellenwert 1.000 Arbeitnehmer.

(2) Leiharbeitnehmer sind bei der Berechnung der Arbeitnehmerzahl (Absatz 1 Satz 1 Nummer 2) des Entleihunternehmens zu berücksichtigen, wenn die Einsatzdauer sechs Monate übersteigt.

(3) Innerhalb von verbundenen Unternehmen (§ 15 des Aktiengesetzes) sind die Arbeitnehmer sämtlicher konzernangehöriger Gesellschaften bei der Berechnung der Arbeitnehmerzahl (Absatz 1 Satz 1 Nummer 2) der Konzernmutter zu berücksichtigen.

§ 2 Begriffsbestimmungen. (1) Menschenrechte im Sinne dieses Gesetzes sind solche, die sich aus den in den Nummern 1 bis 11 der Anlage aufgelisteten Übereinkommen ergeben.

(2) Ein menschenrechtliches Risiko im Sinne dieses Gesetzes ist ein Zustand, bei dem auf Grund tatsächlicher Umstände mit hinreichender Wahrscheinlichkeit ein Verstoß gegen eines der folgenden Verbote zum Schutz der in Absatz 1 enthaltenen Rechtspositionen droht:

1. das Verbot der Beschäftigung eines Kindes unter dem zulässigen Mindestalter, wobei das zulässige Mindestalter dem Alter entspricht, in dem nach dem anwendbaren nationalen Recht die Schulpflicht endet und mindestens 15 Jahre beträgt, soweit das Recht des Beschäftigungsortes keine Abweichungen des zulässigen Mindestalters in Übereinstimmung mit Artikel 2 Absatz 4 sowie Artikel 4 bis 8 des Übereinkommens Nr. 138 der Internationalen Arbeitsorganisation vom 26. Juni 1973 über das Mindestalter für die Zulassung zur Beschäftigung (BGBl. 1976 II S. 201, 202) festlegt;

2. das Verbot der schlimmsten Formen der Kinderarbeit für Kinder unter 18 Jahren; dies umfasst gemäß Artikel 3 des Übereinkommens Nr. 182 der Internationalen Arbeitsorganisation vom 17. Juni 1999 über das Verbot und unverzügliche Maßnahmen zur Beseitigung der schlimmsten Formen der Kinderarbeit (BGBl. 2001 II S. 1290, 1291):

   a) alle Formen der Sklaverei oder alle sklavereiähnlichen Praktiken, wie den Verkauf von Kindern und den Kinderhandel, Schuldknechtschaft und Leibeigenschaft sowie Zwangs- oder Pflichtarbeit, einschließlich der Zwangs- oder Pflichtrekrutierung von Kindern für den Einsatz in bewaffneten Konflikten;

   b) das Heranziehen, Vermitteln oder Anbieten eines Kindes zur Prostitution, zur Herstellung von Pornographie oder zu pornographischen Darbietungen;

   c) das Heranziehen, Vermitteln oder Anbieten eines Kindes zu unerlaubten Tätigkeiten, insbesondere zur Gewinnung von und zum Handel mit Drogen;

   d) Arbeit, die ihrer Natur nach oder aufgrund der Umstände, unter denen sie verrichtet wird, voraussichtlich für die Gesundheit, die Sicherheit oder die Sittlichkeit von Kindern schädlich ist;

3. das Verbot der Beschäftigung von Personen in Zwangsarbeit; damit ist jede Arbeitsleistung oder Dienstleistung gemeint, die von einer Person unter Androhung von Strafe verlangt wird und für die sie sich nicht freiwillig zur Verfügung gestellt hat, etwa in Folge von Schuldknechtschaft oder Menschenhandel; ausgenommen von der Zwangsarbeit sind Arbeits- oder

Dienstleistungen, die mit Artikel 2 Absatz 2 des Übereinkommens Nr. 29 der Internationalen Arbeitsorganisation vom 28. Juni 1930 über Zwangs- oder Pflichtarbeit (BGBl. 1956 II S. 640, 641) oder mit Artikel 8 Absatz 3 Nummer 2 und 3 des Internationen Paktes vom 19. Dezember 1966 über bürgerliche und politische Rechte (BGBl. 1973 II S. 1533, 1534) vereinbar sind;

4. das Verbot aller Formen der Sklaverei, sklavenähnlicher Praktiken, Leibeigenschaft oder andere Formen von Herrschaftsausübung oder Unterdrückung im Umfeld der Arbeitsstätte, etwa durch extreme wirtschaftliche oder sexuelle Ausbeutung und Erniedrigungen;

5. das Verbot der Missachtung der nach dem anwendbaren nationalen Recht geltenden Pflichten des Arbeitsschutzes, wenn hierdurch die Gefahr von Unfällen bei der Arbeit oder arbeitsbedingte Gesundheitsgefahren entstehen, insbesondere durch:

   a) offensichtlich ungenügende Sicherheitsstandards bei der Bereitstellung und der Instandhaltung der Arbeitsstätte, des Arbeitsplatzes und der Arbeitsmittel;

   b) das Fehlen geeigneter Schutzmaßnahmen, um Einwirkungen durch chemische, physikalische oder biologische Stoffe zu vermeiden;

   c) das Fehlen von Maßnahmen zur Verhinderung übermäßiger körperlicher und geistiger Ermüdung, insbesondere durch eine ungeeignete Arbeitsorganisation in Bezug auf Arbeitszeiten und Ruhepausen oder

   d) die ungenügende Ausbildung und Unterweisung von Beschäftigten;

6. das Verbot der Missachtung der Koalitionsfreiheit, nach der

   a) Arbeitnehmer sich frei zu Gewerkschaften zusammenzuschließen oder diesen beitreten können,

   b) die Gründung, der Beitritt und die Mitgliedschaft zu einer Gewerkschaft nicht als Grund für ungerechtfertigte Diskriminierungen oder Vergeltungsmaßnahmen genutzt werden dürfen,

   c) Gewerkschaften sich frei und in Übereinstimmung mit dem anwendbaren nationalen Recht betätigen dürfen; dieses umfasst das Streikrecht und das Recht auf Kollektivverhandlungen;

7. das Verbot der Ungleichbehandlung in Beschäftigung, etwa auf Grund von nationaler und ethnischer Abstammung, sozialer Herkunft, Gesundheitsstatus, Behinderung, sexueller Orientierung, Alter, Geschlecht, politischer Meinung, Religion oder Weltanschauung, sofern diese nicht in den Erfordernissen der Beschäftigung begründet ist; eine Ungleichbehandlung umfasst insbesondere die Zahlung ungleichen Entgelts für gleichwertige Arbeit;

8. das Verbot des Vorenthaltens eines angemessenen Lohns; der angemessene Lohn bemisst sich nach den Regelungen des Beschäftigungsortes und beträgt mindestens die Höhe des nach dem anwendbaren Recht festgelegten Mindestlohns;

9. das Verbot der Herbeiführung einer schädlichen Bodenveränderung, Gewässerverunreinigung, Luftverunreinigung, schädlichen Lärmemission oder eines übermäßigen Wasserverbrauchs, die geeignet ist;

   a) die natürlichen Grundlagen zum Erhalt und der Produktion von Nahrung erheblich zu beeinträchtigen,

b) einer Person den Zugang zu einwandfreiem Trinkwasser zu verwehren,

c) einer Person den Zugang zu Sanitäranlagen zu erschweren oder zu zerstören oder

d) die Gesundheit einer Person zu schädigen;

10. das Verbot der widerrechtlichen Zwangsräumung und das Verbot des widerrechtlichen Entzugs von Land, von Wäldern und Gewässern bei dem Erwerb, der Bebauung oder anderweitigen Nutzung von Land, Wäldern und Gewässern, deren Nutzung die Lebensgrundlage einer Person sichert;

11. das Verbot der Beauftragung oder Nutzung privater oder öffentlicher Sicherheitskräfte zum Schutz des unternehmerischen Projekts, wenn aufgrund mangelnder Unterweisung oder Kontrolle seitens des Unternehmens ein Einsatz der Sicherheitskräfte

a) unter Missachtung des Verbots von Folter und grausamer, unmenschlicher oder erniedrigender Behandlung droht;

b) gegen Leib und Leben droht oder

c) gegen die Vereinigungs- und Koalitionsfreiheit droht;

12. das Verbot eines über die Nummern 1 bis 11 hinausgehenden Tuns oder pflichtwidrigen Unterlassens, das unmittelbar geeignet ist, in besonders schwerwiegender Weise die in Absatz 1 geschützten Rechtspositionen zu verletzen und dessen Rechtswidrigkeit bei verständiger Würdigung aller in Betracht kommenden Umstände offensichtlich ist.

(3) Umweltbezogene Pflichten im Sinne dieses Gesetzes sind solche, die sich aus den in den Nummern 12 und 13 der Anlage aufgelisteten Übereinkommen ergeben.

(4) Ein umweltbezogenes Risiko im Sinne dieses Gesetzes ist ein Zustand, bei dem auf Grund tatsächlicher Umstände mit hinreichender Wahrscheinlichkeit eine Verletzung einer in Absatz 3 aufgeführten umweltbezogenen Pflicht durch Verstoß gegen eines der folgenden Verbote droht:

1. das Verbot der Herstellung von mit Quecksilber versetzten Produkten gemäß Artikel 4 Absatz 1 und Anlage A Teil I des Übereinkommens von Minamata vom 10. Oktober 2013 über Quecksilber (BGBl. 2017 II S. 610, 611) (Minamata-Übereinkommen);

2. das Verbot der Verwendung von Quecksilber und Quecksilberverbindungen bei Herstellungsprozessen im Sinne des Artikels 5 Absatz 2 und Anlage B Teil I des Minamata-Übereinkommens ab dem für die jeweiligen Produkte und Prozesse im Überkommen festgelegten Ausstiegsdatum;

3. das Verbot der Behandlung von Quecksilberabfällen entgegen den Bestimmungen des Artikels 11 Absatz 3 des Minamata-Übereinkommens;

4. das Verbot der Produktion und Verwendung von Chemikalien nach Artikel 3 Absatz 1 Buchstabe a und Anlage A des Stockholmer Übereinkommens vom 23. Mai 2001 über persistente organische Schadstoffe (BGBl. 2002 II S. 803, 804) (POPs-Übereinkommen), soweit dieses nach dem anwendbaren nationalen Recht in Übereinstimmung mit dem POPs-Übereinkommen gilt sowie

5. das Verbot der nicht umweltgerechten Handhabung, Sammlung, Lagerung und Entsorgung von Abfällen nach den Regelungen, die in der anwendbaren Rechtsordnung nach den Maßgaben des Artikels 6 Absatz 1 Buchstabe d Ziffer i und ii des POPs-Übereinkommens gelten.

(5) [1] Die Lieferkette im Sinne dieses Gesetzes bezieht sich auf alle Produkte und Dienstleistungen eines Unternehmens. [2] Sie umfasst alle Schritte im In- und Ausland, die zur Herstellung der Produkte und zur Erbringung der Dienstleistungen erforderlich sind, angefangen von der Gewinnung der Rohstoffe bis zu der Lieferung an den Endkunden und erfasst

1. das Handeln eines Unternehmens im eigenen Geschäftsbereich,
2. das Handeln eines unmittelbaren Zulieferers und
3. das Handeln eines mittelbaren Zulieferers.

(6) [1] Der eigene Geschäftsbereich im Sinne dieses Gesetzes erfasst jede Tätigkeit einer Gesellschaft als Rechtsträger des Unternehmens zur Erreichung des Unternehmensziels. [2] Erfasst ist damit jede Tätigkeit zur Erstellung und Verwertung von Produkten und zur Erbringung von Dienstleistungen, unabhängig davon, ob sie an einem Standort im In- oder Ausland vorgenommen wird.

(7) Unmittelbarer Zulieferer im Sinne dieses Gesetzes ist ein Vertragspartner, dessen Zulieferungen für die Herstellung des Produktes des Unternehmens oder zur Erbringung und Inanspruchnahme der betreffenden Dienstleistung notwendig sind.

(8) Mittelbarer Zulieferer im Sinne dieses Gesetzes ist jedes Unternehmen, das kein unmittelbarer Zulieferer ist und dessen Zulieferungen für die Herstellung des Produktes des Unternehmens oder zur Erbringung und Inanspruchnahme der betreffenden Dienstleistung notwendig sind.

Abschnitt 2. Sorgfaltspflichten

§ 3 Sorgfaltspflichten. (1) [1] Unternehmen sind dazu verpflichtet, in ihren Lieferketten die in diesem Abschnitt festgelegten menschenrechtlichen und umweltbezogenen Sorgfaltspflichten in angemessener Weise zu beachten. [2] Die Sorgfaltspflichten enthalten:

1. die Einrichtung eines Risikomanagements (§ 4 Absatz 1),
2. die Festlegung einer betriebsinternen Zuständigkeit (§ 4 Absatz 3),
3. die Durchführung regelmäßiger Risikoanalysen (§ 5),
4. die Verabschiedung einer Grundsatzerklärung (§ 6 Absatz 2),
5. die Verankerung von Präventionsmaßnahmen im eigenen Geschäftsbereich (§ 6 Absatz 1 und 3) und gegenüber unmittelbaren Zulieferern (§ 6 Absatz 4),
6. das Ergreifen von Abhilfemaßnahmen (§ 7 Absätze 1 bis 3),
7. die Einrichtung eines Beschwerdeverfahrens (§ 8),
8. die Umsetzung von Sorgfaltspflichten in Bezug auf Risiken bei mittelbaren Zulieferern (§ 9) und
9. die Dokumentation (§ 10 Absatz 1) und die Berichterstattung (§ 10 Absatz 2).

(2) Die angemessene Weise eines Handelns, das den Sorgfaltspflichten genügt, bestimmt sich nach

1. Art und Umfang der Geschäftstätigkeit des Unternehmens
2. dem Einflussvermögen des Unternehmens auf den unmittelbaren Verursacher der Verletzung einer geschützten Rechtsposition oder einer umweltbezogenen Pflicht,

3. der typischerweise zu erwartenden Schwere der Verletzung, der Umkehr-
barkeit der Verletzung, und der Wahrscheinlichkeit des Verletzungseintritts
einer geschützten Rechtsposition oder einer umweltbezogenen Pflicht sowie
4. nach der Art des Verursachungsbeitrages zu dem menschenrechtlichen oder
umweltbezogenen Risiko.

§ 4 Risikomanagement. (1) [1] Unternehmen müssen ein angemessenes und
wirksames Risikomanagement einrichten. [2] Das Risikomanagement ist in allen
maßgeblichen Geschäftsabläufen durch angemessene Maßnahmen zu verankern.

(2) Wirksam sind solche Maßnahmen, die es ermöglichen, menschenrechtliche und umweltbezogene Risiken zu erkennen, Verletzungen geschützter
Rechtspositionen oder umweltbezogener Pflichten vorzubeugen, sie zu beenden oder zu minimieren, wenn das Unternehmen diese Risiken oder Verletzungen innerhalb der Lieferkette verursacht oder dazu beigetragen hat.

(3) [1] Das Unternehmen hat dafür zu sorgen, dass festgelegt ist, wer innerhalb
des Unternehmens dafür zuständig ist, das Risikomanagement zu überwachen,
etwa durch die Benennung eines Menschenrechtsbeauftragten. [2] Die Geschäftsleitung hat sich regelmäßig, mindestens einmal jährlich, über die Arbeit der
zuständigen Person oder Personen zu informieren.

(4) Das Unternehmen hat die Interessen seiner Beschäftigten, der Beschäftigten innerhalb seiner Lieferkette und derjenigen, die in sonstiger Weise von der
wirtschaftlichen Tätigkeit des Unternehmens oder von Unternehmen in seinen
Lieferketten in einer geschützten Rechtsposition unmittelbar betroffen sein
können, angemessen zu berücksichtigen.

§ 5 Risikoanalyse. (1) [1] Im Rahmen des Risikomanagements hat das Unternehmen eine angemessene Risikoanalyse nach den Abätzen 2 bis 4 durchzuführen, um die menschenrechtlichen und umweltbezogenen Risiken im
eigenen Geschäftsbereich sowie bei seinen unmittelbaren Zulieferern zu ermitteln. [2] In Fällen, in denen eine missbräuchliche Gestaltung der unmittelbaren
Zuliefererbeziehung oder ein Umgehungsgeschäft vorgenommen wurde, um
die Anforderungen an die Sorgfaltspflichten in Hinblick auf den unmittelbaren
Zulieferer zu umgehen, gilt ein mittelbarer Zulieferer als unmittelbarer Zulieferer.

(2) [1] Die ermittelten menschenrechtlichen und umweltbezogenen Risiken
sind angemessen zu gewichten und zu priorisieren. [2] Dabei sind insbesondere
die in § 3 Absatz 2 genannten Kriterien maßgeblich.

(3) Das Unternehmen muss dafür Sorge tragen, dass die Ergebnisse der
Risikoanalyse intern an die maßgeblichen Entscheidungsträger, etwa an den
Vorstand oder an die Einkaufsabteilung, kommuniziert werden und diese die
Ergebnisse angemessen berücksichtigen.

(4) [1] Die Risikoanalyse ist einmal im Jahr sowie anlassbezogen durchzuführen, wenn das Unternehmen mit einer wesentlich veränderten oder wesentlich
erweiterten Risikolage in der Lieferkette rechnen muss, etwa durch die Einführung neuer Produkte, Projekte oder eines neuen Geschäftsfeldes. [2] Erkenntnisse
aus der Bearbeitung von Hinweisen nach § 8 Absatz 1 sind zu berücksichtigen.

§ 6 Grundsatzerklärung und Präventionsmaßnahmen. (1) Stellt ein Unternehmen im Rahmen einer Risikoanalyse nach § 5 ein Risiko fest, hat es

unverzüglich angemessene Präventionsmaßnahmen nach den Absätzen 2 bis 4 zu ergreifen.

(2) [1] Das Unternehmen muss eine Grundsatzerklärung über seine Menschenrechtsstrategie verabschieden. [2] Die Grundsatzerklärung muss durch die Unternehmensleitung verabschiedet werden und mindestens folgende Elemente einer Menschenrechtsstrategie des Unternehmens enthalten:

1. die Beschreibung des Verfahrens, mit dem das Unternehmen seinen Pflichten nach § 4 Absatz 1, § 5 Absatz 1, § 6 Absatz 3 bis 5, sowie den §§ 7 bis 10 nachkommt,

2. die für das Unternehmen auf Grundlage der Risikoanalyse festgestellten prioritären menschenrechtlichen und umweltbezogenen Risiken unter Bezugnahme auf die in der Anlage aufgeführten Übereinkommen und

3. die auf Grundlage der Risikoanalyse erfolgte Festlegung der menschenrechts- und umweltbezogenen Erwartungen, die das Unternehmen an seine Beschäftigten und Zulieferer in der Lieferkette richtet.

(3) Das Unternehmen muss angemessene Präventionsmaßnahmen im eigenen Geschäftsbereich verankern, insbesondere:

1. die Umsetzung der in der Grundsatzerklärung dargelegten Menschenrechtsstrategie in den relevanten Geschäftsabläufen,

2. die Entwicklung und Implementierung geeigneter Beschaffungsstrategien und Einkaufspraktiken, durch die festgestellte Risiken vermieden oder gemindert werden,

3. die Durchführung von Schulungen in den relevanten Geschäftsbereichen,

4. die Durchführung risikobasierter Kontrollmaßnahmen, mit denen die Einhaltung der in der Grundsatzerklärung enthaltenen Menschenrechtsstrategie im eigenen Geschäftsbereich überprüft wird.

(4) Das Unternehmen muss angemessene Präventionsmaßnahmen gegenüber einem unmittelbaren Zulieferer verankern, insbesondere:

1. die Berücksichtigung der menschenrechts- und umweltbezogenen Erwartungen bei der Auswahl eines unmittelbaren Zulieferers,

2. die vertragliche Zusicherung eines unmittelbaren Zulieferers, dass dieser die von der Geschäftsleitung des Unternehmens verlangten menschenrechtsbezogenen und umweltbezogenen Vorgaben einhält und entlang der Lieferkette angemessen adressiert,

3. die Vereinbarung angemessener vertraglicher Kontrollmechanismen sowie die Durchführung von Schulungen und Weiterbildungen zur Durchsetzung der vertraglichen Zusicherungen des unmittelbaren Zulieferers nach Nummer 2,

4. die Durchführung risikobasierter Kontrollmaßnahmen auf Grundlage der vereinbarten Kontrollmechanismen nach Nummer 3, mit denen die Einhaltung der Menschenrechtsstrategie bei dem unmittelbaren Zulieferer überprüft wird.

(5) [1] Die Wirksamkeit der Präventionsmaßnahmen ist einmal im Jahr sowie anlassbezogen zu überprüfen, wenn das Unternehmen mit einer wesentlich veränderten oder wesentlich erweiterten Risikolage im eigenen Geschäftsbereich oder beim unmittelbaren Zulieferer rechnen muss, etwa durch die

Einführung neuer Produkte, Projekte oder eines neuen Geschäftsfeldes. [2]Erkenntnisse aus der Bearbeitung von Hinweisen nach § 8 Absatz 1 sind zu berücksichtigen. [3]Die Maßnahmen sind bei Bedarf unverzüglich zu aktualisieren.

§ 7 Abhilfemaßnahmen. (1) [1]Stellt das Unternehmen fest, dass die Verletzung einer geschützten Rechtsposition oder einer umweltbezogenen Pflicht in seinem eigenen Geschäftsbereich oder bei einem unmittelbaren Zulieferer bereits eingetreten ist oder unmittelbar bevorsteht, hat es unverzüglich angemessene Abhilfemaßnahmen zu ergreifen, um diese Verletzung zu verhindern, zu beenden oder zu minimieren. [2]§ 5 Absatz 1 Satz 2 gilt entsprechend. [3]Im eigenen Geschäftsbereich muss die Abhilfemaßnahme zu einer Beendigung der Verletzung führen.

(2) [1]Ist die Verletzung einer geschützten Rechtsposition oder einer umweltbezogenen Pflicht bei einem unmittelbaren Zulieferer so beschaffen, dass das Unternehmen sie nicht in absehbarer Zeit beenden kann, muss es unverzüglich ein Konzept zur Minimierung erstellen und umsetzen. [2]Das Konzept muss einen konkreten Zeitplan enthalten. [3]Bei der Erstellung und Umsetzung des Konzepts sind insbesondere folgende Maßnahmen in Betracht zu ziehen:

1. die gemeinsame Erarbeitung und Umsetzung eines Plans zur Behebung des Missstandes mit dem Unternehmen, durch das die Verletzung verursacht wird,
2. der Zusammenschluss mit anderen Unternehmen im Rahmen von Brancheninitiativen und Branchenstandards, um die Einflussmöglichkeit auf den Verursacher zu erhöhen,
3. ein temporäres Aussetzen der Geschäftsbeziehung während der Bemühungen zur Risikominimierung.

(3) Der Abbruch einer Geschäftsbeziehung ist nur geboten, wenn

1. die Verletzung einer geschützten Rechtsposition oder einer umweltbezogenen Pflicht als sehr schwerwiegend bewertet wird,
2. die Umsetzung der im Konzept erarbeiteten Maßnahmen nach Ablauf der im Konzept festgelegten Zeit keine Abhilfe bewirkt,
3. dem Unternehmen keine anderen milderen Mittel zur Verfügung stehen und
4. eine Erhöhung des Einflussvermögens nicht aussichtsreich erscheint.

(4) [1]Die Wirksamkeit der Abhilfemaßnahmen ist einmal im Jahr sowie anlassbezogen zu überprüfen, wenn das Unternehmen mit einer wesentlich veränderten oder wesentlich erweiterten Risikolage im eigenen Geschäftsbereich oder beim unmittelbaren Zulieferer rechnen muss, etwa durch die Einführung neuer Produkte, Projekte oder eines neuen Geschäftsfeldes. [2]Erkenntnisse aus der Bearbeitung von Hinweisen nach § 8 Absatz 1 sind zu berücksichtigen. [3]Die Maßnahmen sind bei Bedarf unverzüglich zu aktualisieren.

§ 8 Beschwerdeverfahren. (1) [1]Das Unternehmen hat dafür zu sorgen, dass ein unternehmensinternes Beschwerdeverfahren nach den Absätzen 2 bis 4 eingerichtet ist, das es Personen ermöglicht, die durch wirtschaftliche Tätigkeiten im eigenen Geschäftsbereich des Unternehmens oder durch wirtschaftliche Tätigkeiten eines unmittelbaren Zulieferers unmittelbar betroffen sind oder in einer geschützten Rechtsposition verletzt sein können, sowie Personen, die

Kenntnis von der möglichen Verletzung einer geschützten Rechtsposition oder einer umweltbezogenen Pflicht haben, auf menschenrechtliche und umweltbezogene Risiken oder Verletzungen hinzuweisen. [2]Geht ein Hinweis einer unmittelbar betroffenen Person ein, so ist der Eingang zu bestätigen. [3]Das Unternehmen hat den Sachverhalt mit den Hinweisgebern zu erörtern. [4]Es kann ein Verfahren der einvernehmlichen Beilegung anbieten. [5]Die Unternehmen können sich stattdessen an einem entsprechenden externen Beschwerdeverfahren beteiligen, sofern es die nachfolgenden Kriterien erfüllt.

(2) Das Unternehmen legt schriftlich eine Verfahrensordnung fest.

(3) [1]Die von dem Unternehmen mit der Durchführung des Verfahrens betrauten Personen müssen Gewähr für unparteiisches Handeln bieten, insbesondere müssen sie unabhängig und an Weisungen nicht gebunden sein. [2]Sie sind zur Verschwiegenheit verpflichtet.

(4) [1]Das Unternehmen muss in geeigneter Weise klare und verständliche Informationen zur Erreichbarkeit und Zuständigkeit und zur Durchführung des Beschwerdeverfahrens öffentlich zugänglich machen. [2]Das Beschwerdeverfahren muss für potenzielle Nutzer zugänglich sein, die Vertraulichkeit der Identität wahren und wirksamen Schutz vor Benachteiligung oder Bestrafung aufgrund einer Beschwerde gewährleisten.

(5) [1]Die Wirksamkeit des Beschwerdeverfahrens ist mindestens einmal im Jahr sowie anlassbezogen zu überprüfen, wenn das Unternehmen mit einer wesentlich veränderten oder wesentlich erweiterten Risikolage im eigenen Geschäftsbereich oder beim unmittelbaren Zulieferer rechnen muss, etwa durch die Einführung neuer Produkte, Projekte oder eines neuen Geschäftsfeldes. [2]Die Maßnahmen sind bei Bedarf unverzüglich zu aktualisieren.

§ 9 Mittelbare Zulieferer; Verordnungsermächtigung. (1) Das Unternehmen muss das Beschwerdeverfahren nach § 8 so einrichten, dass es auch Personen, die durch wirtschaftliche Tätigkeiten eines mittelbaren Zulieferers in einer geschützten Rechtsposition verletzt sein können sowie Personen, die Kenntnis von einer möglichen Verletzung einer geschützten Rechtsposition oder einer umweltbezogenen Pflicht haben, ermöglicht, auf diese Verletzung hinzuweisen.

(2) Das Unternehmen muss nach Maßgabe des Absatzes 3 sein bestehendes Risikomanagement im Sinne von § 4 anpassen.

(3) Erlangt das Unternehmen substantiierte Kenntnis über eine mögliche Verletzung einer geschützten Rechtsposition oder einer umweltbezogenen Pflicht bei mittelbaren Zulieferern, so hat es anlassbezogen unverzüglich

1. eine Risikoanalyse gemäß § 5 Absätze 1 bis 3 durchzuführen,
2. angemessene Präventionsmaßnahmen im Sinne des § 6 gegenüber dem Verursacher zu verankern,
3. ein Konzept zur Minimierung und Vermeidung der Verletzung einer geschützten Rechtsposition oder umweltbezogenen Pflicht zu erstellen und umzusetzen und
4. gegebenenfalls entsprechend seine Grundsatzerklärung gemäß § 6 Absatz 2 zu aktualisieren.

(4) Das Bundesministerium für Arbeit und Soziales wird ermächtigt, Näheres zu den Pflichten des Absatzes 3 durch Rechtsverordnung im Einvernehmen

mit dem Bundesministerium für Wirtschaft und Energie ohne Zustimmung des Bundesrates zu regeln.

§ 10 Dokumentations- und Berichtspflicht. (1) [1]Die Erfüllung der Sorgfaltspflichten nach § 3 ist unternehmensintern fortlaufend zu dokumentieren. [2]Die Dokumentation ist ab ihrer Erstellung mindestens sieben Jahre lang aufzubewahren.

(2) [1]Das Unternehmen hat jährlich einen Bericht über die Erfüllung seiner Sorgfaltspflichten im vergangenen Geschäftsjahr zu erstellen. [2]In dem Bericht ist nachvollziehbar mindestens darzulegen,

1. ob und falls ja welche menschenrechtlichen und umweltbezogenen Risiken das Unternehmen identifiziert hat,

2. was das Unternehmen, unter Bezugnahme auf die in den §§ 4 bis 9 beschriebenen Maßnahmen, zur Erfüllung seiner Sorgfaltspflichten unternommen hat; dazu zählen auch die Elemente der Grundsatzerklärung gemäß § 6 Absatz 2, sowie die Maßnahmen, die das Unternehmen aufgrund von Beschwerden nach § 8 getroffen hat,

3. wie das Unternehmen die Auswirkungen und die Wirksamkeit der Maßnahmen bewertet und

4. welche Schlussfolgerungen es aus der Bewertung für zukünftige Maßnahmen zieht.

(3) Hat das Unternehmen kein menschenrechtliches oder umweltbezogenes Risiko festgestellt und dies in seinem Bericht plausibel dargelegt, sind keine weiteren Ausführungen nach Absatz 2 Satz 2 Nummer 2 bis 4 erforderlich.

(4) [1]Der Bericht ist spätestens vier Monate nach dem Schluss des Geschäftsjahrs auf der Internetseite des Unternehmens für einen Zeitraum von sieben Jahren kostenfrei öffentlich zugänglich zu machen. [2]Der Wahrung von Betriebs- und Geschäftsgeheimnissen ist dabei gebührend Rechnung zu tragen.

Abschnitt 3. Zivilprozess

§ 11 Besondere Prozessstandschaft. (1) Wer in einer überragend wichtigen Rechtsposition aus § 2 Absatz 1 verletzt ist, kann zur gerichtlichen Geltendmachung seiner Rechte einer inländischen Gewerkschaft oder Nichtregierungsorganisation die Ermächtigung zur Prozessführung erteilen.

(2) Eine Gewerkschaft oder Nichtregierungsorganisation kann nach Absatz 1 nur ermächtigt werden, wenn sie eine auf Dauer angelegte eigene Präsenz unterhält und sich nach ihrer Satzung nicht gewerbsmäßig und nicht nur vorübergehend dafür einsetzt, die Menschenrechte oder entsprechende Rechte im nationalen Recht eines Staates zu realisieren.

Abschnitt 4. Behördliche Kontrolle und Durchsetzung
Unterabschnitt 1. Berichtsprüfung

§ 12 Einreichung des Berichts. (1) Der Bericht nach § 10 Absatz 2 Satz 1 ist in deutscher Sprache und elektronisch über einen von der zuständigen Behörde bereitgestellten Zugang einzureichen.

(2) Der Bericht ist spätestens vier Monate nach dem Schluss des Geschäftsjahres, auf das er sich bezieht, einzureichen.

§ 13 Behördliche Berichtsprüfung; Verordnungsermächtigung.
(1) Die zuständige Behörde prüft, ob

1. der Bericht nach § 10 Absatz 2 Satz 1 vorliegt sowie
2. die Anforderungen nach § 10 Absatz 2 und 3 eingehalten wurden.

(2) Werden die Anforderungen nach § 10 Absatz 2 und 3 nicht erfüllt, kann die zuständige Behörde verlangen, dass das Unternehmen den Bericht innerhalb einer angemessenen Frist nachbessert.

(3) Das Bundesministerium für Arbeit und Soziales wird ermächtigt, durch Rechtsverordnung im Einvernehmen mit dem Bundesministerium für Wirtschaft und Energie ohne Zustimmung des Bundesrates folgende Verfahren näher zu regeln:

Unterabschnitt 2. Risikobasierte Kontrolle

§ 14 Behördliches Tätigwerden; Verordnungsermächtigung. (1) Die zuständige Behörde wird tätig:

1. nach pflichtgemäßem Ermessen, um die Einhaltung der Pflichten nach den §§ 3 bis 10 Absatz 1 im Hinblick auf mögliche Verletzungen geschützter Rechtspositionen oder umweltbezogener Pflichten zu kontrollieren und solche Verstöße festzustellen, zu beseitigen und zu verhindern,
2. auf Antrag, wenn die antragstellende Person substantiiert geltend macht,
   a) infolge der Nichterfüllung einer in den §§ 3 bis 9 enthaltenen Pflicht in einer geschützten Rechtsposition verletzt zu sein oder
   b) dass eine in Buchstabe a genannte Verletzung unmittelbar bevorsteht.

(2) Das Bundesministerium für Arbeit und Soziales wird ermächtigt, durch Rechtsverordnung im Einvernehmen mit dem Bundesministerium für Wirtschaft und Energie ohne Zustimmung des Bundesrates das Verfahren bei der risikobasierten Kontrolle nach den §§ 14 bis 17 näher zu regeln.

§ 15 Anordnungen und Maßnahmen. ¹Die zuständige Behörde trifft die geeigneten und erforderlichen Anordnungen und Maßnahmen, um Verstöße gegen die Pflichten nach den §§ 3 bis 10 Absatz 1 festzustellen, zu beseitigen und zu verhindern. ²Sie kann insbesondere

1. Personen laden,
2. dem betroffenen Unternehmen aufgeben, innerhalb von drei Monaten ab Bekanntgabe der Anordnung einen Plan zur Behebung der Missstände einschließlich klarer Zeitangaben zu dessen Umsetzung vorzulegen und
3. dem betroffenen Unternehmen konkrete Handlungen zur Erfüllung seiner Pflichten aufgeben.

§ 16 Betretensrechte. Soweit dies zur Wahrnehmung der Aufgaben nach § 15 erforderlich ist, sind die zuständige Behörde und ihre Beauftragten befugt,

1. Betriebsgrundstücke, Geschäftsräume und Wirtschaftsgebäude der Unternehmen während der üblichen Geschäfts- oder Betriebszeiten zu betreten und zu besichtigen sowie

2. bei Unternehmen während der üblichen Geschäfts- oder Betriebszeiten geschäftliche Unterlagen und Aufzeichnungen, aus denen sich ableiten lässt, ob die Sorgfaltspflichten nach den §§ 3 bis 10 Absatz 1 eingehalten wurden, einzusehen und zu prüfen.

§ 17 Auskunfts- und Herausgabepflichten. (1) [1]Unternehmen und nach § 15 Satz 2 Nummer 1 geladene Personen sind verpflichtet, der zuständigen Behörde auf Verlangen die Auskünfte zu erteilen und die Unterlagen herauszugeben, die die Behörde zur Durchführung der ihr durch dieses Gesetz oder auf Grund dieses Gesetzes übertragenen Aufgaben benötigt. [2]Die Verpflichtung erstreckt sich auch auf Auskünfte über verbundene Unternehmen (§ 15 des Aktiengesetzes), unmittelbare und mittelbare Zulieferer und die Herausgabe von Unterlagen dieser Unternehmen, soweit das auskunfts- oder herausgabepflichtige Unternehmen oder die auskunfts- oder herausgabepflichtige Person die Informationen zur Verfügung hat oder auf Grund bestehender rechtlicher Verbindungen zur Beschaffung der verlangten Informationen in der Lage ist.

(2) Die zu erteilenden Auskünfte und herauszugebenden Unterlagen nach Absatz 1 umfassen insbesondere

1. die Angaben und Nachweise zur Feststellung, ob ein Unternehmen in den Anwendungsbereich dieses Gesetzes fällt,

2. die Angaben und Nachweise über die Erfüllung der Pflichten nach den §§ 3 bis 10 Absatz 1 und

3. die Namen der zur Überwachung der internen Prozesse zur Erfüllung der Pflichten nach den §§ 3 bis 10 Absatz 1 zuständigen Personen.

(3) [1]Wer zur Auskunft nach Absatz 1 verpflichtet ist, kann die Auskunft auf solche Fragen verweigern, deren Beantwortung ihn selbst oder einen der in § 52 Absatz 1 der Strafprozessordnung bezeichneten Angehörigen der Gefahr strafgerichtlicher Verfolgung oder eines Verfahrens nach dem Gesetz über Ordnungswidrigkeiten aussetzen würde. [2]Die auskunftspflichtige Person ist über ihr Recht zur Verweigerung der Auskunft zu belehren. [3]Sonstige gesetzliche Auskunfts- oder Aussageverweigerungsrechte sowie gesetzliche Verschwiegenheitspflichten bleiben unberührt.

§ 18 Duldungs- und Mitwirkungspflichten. [1]Die Unternehmen haben die Maßnahmen der zuständigen Behörde und ihrer Beauftragten zu dulden und diese bei der Durchführung der Maßnahmen zu unterstützen. [2]Satz 1 gilt auch für die Inhaber der Unternehmen und ihre Vertretung, bei juristischen Personen für die nach Gesetz oder Satzung zur Vertretung berufenen Personen.

Unterabschnitt 3. Zuständige Behörde, Handreichungen, Rechenschaftsbericht

§ 19 Zuständige Behörde. (1) [1]Für die behördliche Kontrolle und Durchsetzung nach diesem Abschnitt ist das Bundesamt für Wirtschaft und Ausfuhrkontrolle zuständig. [2]Für die Aufgaben nach diesem Gesetz obliegt die Rechts- und Fachaufsicht über das Bundesamt dem Bundesministerium für Wirtschaft und Energie. [3]Das Bundesministerium für Wirtschaft und Energie übt die Rechts- und Fachaufsicht im Einvernehmen mit dem Bundesministerium für Arbeit und Soziales aus.

(2) Bei der Wahrnehmung ihrer Aufgaben verfolgt die zuständige Behörde einen risikobasierten Ansatz.

§ 20 Handreichungen. [1]Die zuständige Behörde veröffentlicht branchenübergreifende oder branchenspezifische Informationen, Hilfestellungen und Empfehlungen zur Einhaltung dieses Gesetzes und stimmt sich dabei mit den fachlich betroffenen Behörden ab. [2]Die Informationen, Hilfestellungen oder Empfehlungen bedürfen vor Veröffentlichung der Zustimmung des Auswärtigen Amtes, insofern außenpolitische Belange davon berührt sind.

§ 21 Rechenschaftsbericht. (1) [1]Die nach § 19 Absatz 1 Satz 1 zuständige Behörde berichtet einmal jährlich über ihre im vorausgegangenen Kalenderjahr erfolgte Kontroll- und Durchsetzungstätigkeiten nach Abschnitt 4. [2]Der jeweilige Bericht ist erstmals für das Jahr 2022 zu erstellen und auf der Webseite der zuständigen Behörde zu veröffentlichen.

(2) Die Berichte sollen auf festgestellte Verstöße und angeordnete Abhilfemaßnahmen hinweisen und diese erläutern sowie eine Auswertung der eingereichten Unternehmensberichte nach § 12 enthalten, ohne die jeweils betroffenen Unternehmen zu benennen.

Abschnitt 5. Öffentliche Beschaffung

§ 22 Ausschluss von der Vergabe öffentlicher Aufträge. (1) [1]Von der Teilnahme an einem Verfahren über die Vergabe eines Liefer-, Bau- oder Dienstleistungsauftrags der in den §§ 99 und 100 des Gesetzes gegen Wettbewerbsbeschränkungen[1]) genannten Auftraggeber sollen Unternehmen bis zur nachgewiesenen Selbstreinigung nach § 125 des Gesetzes gegen Wettbewerbsbeschränkungen[1]) ausgeschlossen werden, die wegen eines rechtskräftig festgestellten Verstoßes nach § 24 Absatz 1 mit einer Geldbuße nach Maßgabe von Absatz 2 belegt worden sind. [2]Der Ausschluss nach Satz 1 darf nur für einen angemessenen Zeitraum von bis zu drei Jahren erfolgen.

(2) [1]Ein Ausschluss nach Absatz 1 setzt einen rechtskräftig festgestellten Verstoß mit einer Geldbuße von wenigstens einhundertfünfundsiebzigtausend Euro voraus. [2]Abweichend von Satz 1 wird

1. in den Fällen des § 24 Absatz 2 Satz 2 in Verbindung mit § 24 Absatz 2 Satz 1 Nummer 2 ein rechtskräftig festgestellter Verstoß mit einer Geldbuße von wenigstens eine Million fünfhunderttausend Euro,

2. in den Fällen des § 24 Absatz 2 Satz 2 in Verbindung mit § 24 Absatz 2 Satz 1 Nummer 1 ein rechtskräftig festgestellter Verstoß mit einer Geldbuße von wenigstens zwei Millionen Euro und

3. in den Fällen des § 24 Absatz 3 ein rechtskräftig festgestellter Verstoß mit einer Geldbuße von wenigstens 0,35 Prozent des durchschnittlichen Jahresumsatzes vorausgesetzt.

(3) Vor der Entscheidung über den Ausschluss ist der Bewerber zu hören.

---

[1]) Nr. 1.

Abschnitt 6. Zwangsgeld und Bußgeld

§ 23 Zwangsgeld. Die Höhe des Zwangsgeldes im Verwaltungszwangsverfahren der nach § 19 Absatz 1 Satz 1 zuständigen Behörde beträgt abweichend von § 11 Absatz 3 des Verwaltungsvollstreckungsgesetzes bis zu 50 000 Euro.

§ 24 Bußgeldvorschriften. (1) Ordnungswidrig handelt wer vorsätzlich oder fahrlässig

1. entgegen § 4 Absatz 3 Satz 1 nicht dafür sorgt, dass eine dort genannte Festlegung getroffen ist,
2. entgegen § 5 Absatz 1 Satz 1 oder § 9 Absatz 3 Nummer 1 eine Risikoanalyse nicht, nicht richtig, nicht vollständig oder nicht rechtzeitig durchführt,
3. entgegen § 6 Absatz 1 eine Präventionsmaßnahme nicht oder nicht rechtzeitig ergreift,
4. entgegen § 6 Absatz 5 Satz 1, § 7 Absatz 4 Satz 1 oder § 8 Absatz 5 Satz 1 eine Überprüfung nicht oder nicht rechtzeitig vornimmt,
5. entgegen § 6 Absatz 5 Satz 3, § 7 Absatz 4 Satz 3 oder § 8 Absatz 5 Satz 2 eine Maßnahme nicht oder nicht rechtzeitig aktualisiert,
6. entgegen § 7 Absatz 1 Satz 1 eine Abhilfemaßnahme nicht oder nicht rechtzeitig ergreift,
7. entgegen
   a) § 7 Absatz 2 Satz 1 oder
   b) § 9 Absatz 3 Nummer 3
   ein Konzept nicht oder nicht rechtzeitig erstellt oder nicht oder nicht rechtzeitig umsetzt,
8. entgegen § 8 Absatz 1 Satz 1, auch in Verbindung mit § 9 Absatz 1, nicht dafür sorgt, dass ein Beschwerdeverfahren eingerichtet ist,
9. entgegen § 10 Absatz 1 Satz 2 eine Dokumentation nicht oder nicht mindestens sieben Jahre aufbewahrt,
10. entgegen § 10 Absatz 2 Satz 1 einen Bericht nicht richtig erstellt,
11. entgegen § 10 Absatz 4 Satz 1 einen dort genannten Bericht nicht oder nicht rechtzeitig öffentlich zugänglich macht,
12. entgegen § 12 einen Bericht nicht oder nicht rechtzeitig einreicht oder
13. einer vollziehbaren Anordnung nach § 13 Absatz 2 oder § 15 Satz 2 Nummer 2 zuwiderhandelt.

(2) ¹Die Ordnungswidrigkeit kann geahndet werden
1. in den Fällen des Absatzes 1
   a) Nummer 3, 7 Buchstabe b und Nummer 8
   b) Nummer 6 und 7 Buchstabe a
   mit einer Geldbuße bis zu achthunderttausend Euro,
2. in den Fällen des Absatzes 1 Nummer 1, 2, 4, 5 und 13 mit einer Geldbuße bis zu fünfhunderttausend Euro und
3. in den übrigen Fällen des Absatzes 1 mit einer Geldbuße bis zu hunderttausend Euro.

² In den Fällen des Satzes 1 Nummer 1 und 2 ist § 30 Absatz 2 Satz 3 des Gesetzes über Ordnungswidrigkeiten anzuwenden.

(3) ¹ Bei einer juristischen Person oder Personenvereinigung mit einem durchschnittlichen Jahresumsatz von mehr als 400 Millionen Euro kann abweichend von Absatz 2 Satz 2 in Verbindung mit Satz 1 Nummer 1 Buchstabe b eine Ordnungswidrigkeit nach Absatz 1 Nummer 6 oder 7 Buchstabe a mit einer Geldbuße bis zu 2 Prozent des durchschnittlichen Jahresumsatzes geahndet werden. ² Bei der Ermittlung des durchschnittlichen Jahresumsatzes der juristischen Person oder Personenvereinigung ist der weltweite Umsatz aller natürlichen und juristischen Personen sowie aller Personenvereinigungen der letzten drei Geschäftsjahre, die der Behördenentscheidung vorausgehen, zugrunde zu legen, soweit diese Personen und Personenvereinigungen als wirtschaftliche Einheit operieren. ³ Der durchschnittliche Jahresumsatz kann geschätzt werden.

(4) ¹ Grundlage für die Bemessung der Geldbuße bei juristischen Personen und Personenvereinigungen ist die Bedeutung der Ordnungswidrigkeit. ² Bei der Bemessung sind die wirtschaftlichen Verhältnisse der juristischen Person oder Personenvereinigung zu berücksichtigen. ³ Bei der Bemessung sind die Umstände, insoweit sie für und gegen die juristische Person oder Personenvereinigung sprechen, gegeneinander abzuwägen. ⁴ Dabei kommen insbesondere in Betracht:

1. der Vorwurf, der den Täter der Ordnungswidrigkeit trifft,

2. die Beweggründe und Ziele des Täters der Ordnungswidrigkeit,

3. Gewicht, Ausmaß und Dauer der Ordnungswidrigkeit,

4. Art der Ausführung der Ordnungswidrigkeit, insbesondere die Anzahl der Täter und deren Position in der juristischen Person oder Personenvereinigung,

5. die Auswirkungen der Ordnungswidrigkeit,

6. vorausgegangene Ordnungswidrigkeiten, für die die juristische Person oder Personenvereinigung nach § 30 des Gesetzes über Ordnungswidrigkeiten, auch in Verbindung mit § 130 des Gesetzes über Ordnungswidrigkeiten, verantwortlich ist, sowie vor der Ordnungswidrigkeit getroffene Vorkehrungen zur Vermeidung und Aufdeckung von Ordnungswidrigkeiten,

7. das Bemühen der juristischen Person oder Personenvereinigung, die Ordnungswidrigkeit aufzudecken und den Schaden wiedergutzumachen, sowie nach der Ordnungswidrigkeit getroffene Vorkehrungen zur Vermeidung und Aufdeckung von Ordnungswidrigkeiten,

8. die Folgen der Ordnungswidrigkeit, die die juristische Person oder Personenvereinigung getroffen haben.

(5) ¹ Verwaltungsbehörde im Sinne des § 36 Absatz 1 Nummer 1 des Gesetzes über Ordnungswidrigkeiten ist das Bundesamt für Wirtschaft und Ausfuhrkontrolle. ² Für die Rechts- und Fachaufsicht über das Bundesamt gilt § 19 Absatz 1 Satz 2 und 3.

Anlage
(zu § 2 Absatz 1 und 3, § 6 Absatz 2 Nummer 2)

Übereinkommen

1. Übereinkommen Nr. 29 der Internationalen Arbeitsorganisation vom 28. Juni 1930 über Zwangs- oder Pflichtarbeit (BGBl. 1956 II S. 640, 641) (ILO-Übereinkommen Nr. 29)

2. Protokoll vom 11. Juni 2014 zum Übereinkommen Nr. 29 der Internationalen Arbeitsorganisation vom 28. Juni 1930 über Zwangs- oder Pflichtarbeit (BGBl. 2019 II S. 437, 438)

3. Übereinkommen Nr. 87 der Internationalen Arbeitsorganisation vom 9. Juli 1948 über die Vereinigungsfreiheit und den Schutz des Vereinigungsrechtes (BGBl. 1956 II S. 2072, 2071) geändert durch das Übereinkommen vom 26. Juni 1961 (BGBl. 1963 II S. 1135, 1136) (ILO-Übereinkommen Nr. 87)

4. Übereinkommen Nr. 98 der Internationalen Arbeitsorganisation vom 1. Juli 1949 über die Anwendung der Grundsätze des Vereinigungsrechtes und des Rechtes zu Kollektivverhandlungen (BGBl. 1955 II S.1122, 1123) geändert durch das Übereinkommen vom 26. Juni 1961 (BGBl. 1963 II S. 1135, 1136) (ILO-Übereinkommen Nr. 98)

5. Übereinkommen Nr. 100 der Internationalen Arbeitsorganisation vom 29. Juni 1951 über die Gleichheit des Entgelts männlicher und weiblicher Arbeitskräfte für gleichwertige Arbeit (BGBl. 1956 II S. 23, 24) (ILO-Übereinkommen Nr. 100)

6. Übereinkommen Nr. 105 der Internationalen Arbeitsorganisation vom 25. Juni 1957 über die Abschaffung der Zwangsarbeit (BGBl. 1959 II S. 441, 442) (ILO-Übereinkommen Nr. 105)

7. Übereinkommen Nr. 111 der Internationalen Arbeitsorganisation vom 25. Juni 1958 über die Diskriminierung in Beschäftigung und Beruf (BGBl. 1961 II S. 97, 98) (ILO-Übereinkommen Nr. 111)

8. Internationaler Pakt vom 19. Dezember 1966 über bürgerliche und politische Rechte, (BGBl. 1973 II S. 1533, 1534)

9. Internationaler Pakt vom 19. Dezember 1966 über wirtschaftliche, soziale und kulturelle Rechte (BGBl. 1973 II S. 1569, 1570)

10. Übereinkommen Nr. 138 der Internationalen Arbeitsorganisation vom 26. Juni 1973 über das Mindestalter für die Zulassung zur Beschäftigung (BGBl. 1976 II S. 201, 202) (ILO-Übereinkommen Nr. 138)

11. Übereinkommen Nr. 182 der Internationalen Arbeitsorganisation vom 17. Juni 1999 über das Verbot und unverzügliche Maßnahmen zur Beseitigung der schlimmsten Formen der Kinderarbeit (BGBl. 2001 II S. 1290, 1291) (ILO-Übereinkommen Nr. 182)

12. Übereinkommen von Minamata vom 10. Oktober 2013 über Quecksilber (BGBl. 2017 II S. 610, 611) (Minamata-Übereinkommen)

13. Stockholmer Übereinkommen vom 6. Mai 2005 über persistente organische Schadstoffe vom 23. Mai 2001 (BGBl. 2002 II S. 803, 804) geändert durch den Beschluss (BGBl. 2009 II S. 1060, 1061) (POPs-Übereinkommen).

14. Vergabe- und Vertragsordnung für Bauleistungen Teil A (VOB/A) Allgemeine Bestimmungen für die Vergabe von Bauleistungen[1][2]

Ausgabe 2019
(BAnz AT 19.02.2019 B2, 3)

Nichtamtliche Inhaltsübersicht
Hinweise für die Überarbeitung VOB/A 2019
Abschnitt 1: Basisparagrafen

---

[1] Verkündet als Bek. v. 31.1.2019 (BAnz AT 19.02.2019 B2).

[2] Die anliegenden vom Deutschen Vergabe- und Vertragsausschuss für Bauleistungen (DVA) erarbeiteten Abschnitte 1 bis 3 der Vergabe- und Vertragsordnung für Bauleistungen Teil A (VOB/A) werden hiermit bekannt gegeben.

Die Neufassung der VOB/A wird im Auftrag des DVA vom Deutschen Institut für Normung e.V. (DIN) als DIN 1960 herausgegeben.

Abschnitt 1 VOB/A ersetzt Abschnitt 1 VOB/A v. 26.6.2016 (BAnz AT 01.07.2016 B4); in Kraft getreten **mWv 1.3.2019**, vgl. hierzu Ministerium internes RdSchr. v. 20.2.2019 v. 20.2.2019.

Abschnitte 2 und 3 VOB/A 2019 ersetzen Abschnitte 2 und 3 VOB/A v. 7.1.2016 (BAnz AT 19.01. 2016 B3); in Kraft getreten **mWv 18.7.2019**, vgl. hierzu Bek. v. 18.6.2019 (GMBl S. 706) v. 18.6. 2019 (GMBl S. 706).

Abschnitt 2. Vergabebestimmungen im Anwendungsbereich der Richtlinie 2014/24/EU (VOB/A – EU)

Abschnitt 3. Vergabebestimmungen im Anwendungsbereich der Richtlinie 2009/81/EG (VOB/A – VS)

§ 21 VS Nachprüfungsbehörden
§ 22 VS Auftragsänderungen während der Vertragslaufzeit
Anhang TS Technische Spezifikationen

Hinweise für die Überarbeitung VOB/A 2019

Der Deutsche Vergabe- und Vertragsausschuss für Bauleistungen (DVA) hat Änderungen in der VOB/A beschlossen.

Sie dienen der Aktualisierung des Abschnitts 1 im Nachgang zur Vergaberechtsreform 2016 und setzen dort auch Beschlüsse des Wohngipfels vom 21. September 2018 um.

Abschnitte 2 und 3 wurden vorwiegend redaktionell geändert. Daneben wurden einige der in Abschnitt 1 beschlossenen Änderungen inhaltsgleich übertragen.

Erläuterungen zu den inhaltlichen Änderungen sind für den Einführungserlass[1] des Bundesministeriums des Innern, für Bau und Heimat zu Abschnitt 1 vorgesehen, der im Gemeinsamen Ministerialblatt des Bundes veröffentlicht werden wird.

Die Änderungen der VOB/A werden in die für die zweite Jahreshälfte 2019 geplante Gesamtausgabe der VOB 2019[2] einfließen.

Abschnitt 1: Basisparagrafen

§ 1 Bauleistungen. Bauleistungen sind Arbeiten jeder Art, durch die eine bauliche Anlage hergestellt, instand gehalten, geändert oder beseitigt wird.

§ 2 Grundsätze. (1) [1]Bauleistungen werden im Wettbewerb und im Wege transparenter Verfahren vergeben. [2]Dabei werden die Grundsätze der Wirtschaftlichkeit und der Verhältnismäßigkeit gewahrt. [3]Wettbewerbsbeschränkende und unlautere Verhaltensweisen sind zu bekämpfen.

(2) Bei der Vergabe von Bauleistungen darf kein Unternehmen diskriminiert werden.

(3) Bauleistungen werden an fachkundige, leistungsfähige und zuverlässige Unternehmen zu angemessenen Preisen vergeben.

(4) Auftraggeber, Bewerber, Bieter und Auftragnehmer wahren die Vertraulichkeit aller Informationen und Unterlagen nach Maßgabe dieser Vergabeordnung oder anderer Rechtsvorschriften.

(5) Die Durchführung von Vergabeverfahren zum Zwecke der Markterkundung ist unzulässig.

(6) Der Auftraggeber soll erst dann ausschreiben, wenn alle Vergabeunterlagen fertig gestellt sind und wenn innerhalb der angegebenen Fristen mit der Ausführung begonnen werden kann.

(7) Es ist anzustreben, die Aufträge so zu erteilen, dass die ganzjährige Bautätigkeit gefördert wird.

---

[1] Siehe Fußnote am Titel.
[2] Siehe Einführungserlass zur Gesamtausgabe VOB 2019 v. 6.9.2019 (GMBl S. 821).

§ 3 Arten der Vergabe. Die Vergabe von Bauleistungen erfolgt nach Öffentlicher Ausschreibung, Beschränkter Ausschreibung mit oder ohne Teilnahmewettbewerb oder nach Freihändiger Vergabe.

1. Bei Öffentlicher Ausschreibung werden Bauleistungen im vorgeschriebenen Verfahren nach öffentlicher Aufforderung einer unbeschränkten Zahl von Unternehmen zur Einreichung von Angeboten vergeben.

2. Bei Beschränkten Ausschreibungen (Beschränkte Ausschreibung mit oder ohne Teilnahmewettbewerb) werden Bauleistungen im vorgeschriebenen Verfahren nach Aufforderung einer beschränkten Zahl von Unternehmen zur Einreichung von Angeboten vergeben.

3. Bei Freihändiger Vergabe werden Bauleistungen in einem vereinfachten Verfahren vergeben.

§ 3a[1]) Zulässigkeitsvoraussetzungen. (1) [1]Dem Auftraggeber stehen nach seiner Wahl die Öffentliche Ausschreibung und die Beschränkte Ausschreibung mit Teilnahmewettbewerb zur Verfügung. [2]Die anderen Verfahrensarten stehen nur zur Verfügung, soweit dies nach den Absätzen zwei und drei gestattet ist.

(2) Beschränkte Ausschreibung ohne Teilnahmewettbewerb kann erfolgen,

1. bis zu folgendem Auftragswert der Bauleistung ohne Umsatzsteuer:[2])
   a) 50 000 Euro für Ausbaugewerke (ohne Energie- und Gebäudetechnik), Landschaftsbau und Straßenausstattung,
   b) 150 000 Euro für Tief-, Verkehrswege- und Ingenieurbau,
   c) 100 000 Euro für alle übrigen Gewerke,

2. wenn eine Öffentliche Ausschreibung oder eine Beschränkte Ausschreibung mit Teilnahmewettbewerb kein annehmbares Ergebnis gehabt hat,

3. wenn die Öffentliche Ausschreibung oder eine Beschränkte Ausschreibung mit Teilnahmewettbewerb aus anderen Gründen (z.B. Dringlichkeit, Geheimhaltung) unzweckmäßig ist.

(3) [1]Freihändige Vergabe ist zulässig, wenn die Öffentliche Ausschreibung oder Beschränkte Ausschreibungen unzweckmäßig sind, besonders,

1. wenn für die Leistung aus besonderen Gründen (z.B. Patentschutz, besondere Erfahrung oder Geräte) nur ein bestimmtes Unternehmen in Betracht kommt,

2. wenn die Leistung besonders dringlich ist,

3. wenn die Leistung nach Art und Umfang vor der Vergabe nicht so eindeutig und erschöpfend festgelegt werden kann, dass hinreichend vergleichbare Angebote erwartet werden können,

4. wenn nach Aufhebung einer Öffentlichen Ausschreibung oder Beschränkten Ausschreibung eine erneute Ausschreibung kein annehmbares Ergebnis verspricht,

5. wenn es aus Gründen der Geheimhaltung erforderlich ist,

---

[1]) Siehe hierzu ua: BMI-Erlass betr. Auslegung von einzelnen Regelungen Vergabe- und Vertragsordnung für Bauleistungen Teil A v. 26.2.2020 (GMBl S. 279).
[2]) **Amtl. Anm.:** Für Bauleistungen zu Wohnzwecken kann bis zum 31. Dezember 2021 eine Beschränkte Ausschreibung ohne Teilnahmewettbewerb für jedes Gewerk bis zu einem Auftragswert von 1 000 000 Euro ohne Umsatzsteuer erfolgen.

6. wenn sich eine kleine Leistung von einer vergebenen größeren Leistung nicht ohne Nachteil trennen lässt.

[2] Freihändige Vergabe kann außerdem bis zu einem Auftragswert von 10 000 Euro ohne Umsatzsteuer erfolgen[1]).

(4) [1] Bauleistungen bis zu einem voraussichtlichen Auftragswert von 3 000 Euro ohne Umsatzsteuer können unter Berücksichtigung der Haushaltsgrundsätze der Wirtschaftlichkeit und Sparsamkeit ohne die Durchführung eines Vergabeverfahrens beschafft werden (Direktauftrag). [2] Der Auftraggeber soll zwischen den beauftragten Unternehmen wechseln.

§ 3b Ablauf der Verfahren. (1) [1] Bei einer Öffentlichen Ausschreibung fordert der Auftraggeber eine unbeschränkte Anzahl von Unternehmen öffentlich zur Abgabe von Angeboten auf. [2] Jedes interessierte Unternehmen kann ein Angebot abgeben.

(2) [1] Bei Beschränkter Ausschreibung mit Teilnahmewettbewerb erfolgt die Auswahl der Unternehmen, die zur Angebotsabgabe aufgefordert werden, durch die Auswertung des Teilnahmewettbewerbs. [2] Dazu fordert der Auftraggeber eine unbeschränkte Anzahl von Unternehmen öffentlich zur Abgabe von Teilnahmeanträgen auf. [3] Die Auswahl der Bewerber erfolgt anhand der vom Auftraggeber festgelegten Eignungskriterien. [4] Die transparenten, objektiven und nichtdiskriminierenden Eignungskriterien für die Begrenzung der Zahl der Bewerber, die Mindestzahl und gegebenenfalls Höchstzahl der einzuladenden Bewerber gibt der Auftraggeber in der Auftragsbekanntmachung des Teilnahmewettbewerbs an. [5] Die vorgesehene Mindestzahl der einzuladenden Bewerber darf nicht niedriger als fünf sein. [6] Liegt die Zahl geeigneter Bewerber unter der Mindestzahl, darf der Auftraggeber das Verfahren mit dem oder den geeigneten Bewerber(n) fortführen.

(3) Bei Beschränkter Ausschreibung ohne Teilnahmewettbewerb sollen mehrere, im Allgemeinen mindestens drei geeignete Unternehmen aufgefordert werden.

(4) Bei Beschränkter Ausschreibung ohne Teilnahmewettbewerb und Freihändiger Vergabe soll unter den Unternehmen möglichst gewechselt werden.

§ 4 Vertragsarten. (1) Bauleistungen sind so zu vergeben, dass die Vergütung nach Leistung bemessen wird (Leistungsvertrag), und zwar:
1. in der Regel zu Einheitspreisen für technisch und wirtschaftlich einheitliche Teilleistungen, deren Menge nach Maß, Gewicht oder Stückzahl vom Auftraggeber in den Vertragsunterlagen anzugeben ist (Einheitspreisvertrag),
2. in geeigneten Fällen für eine Pauschalsumme, wenn die Leistung nach Ausführungsart und Umfang genau bestimmt ist und mit einer Änderung bei der Ausführung nicht zu rechnen ist (Pauschalvertrag).

(2) Abweichend von Absatz 1 können Bauleistungen geringeren Umfangs, die überwiegend Lohnkosten verursachen, im Stundenlohn vergeben werden (Stundenlohnvertrag).

---

[1]) **Amtl. Anm.:** Für Bauleistungen zu Wohnzwecken kann bis zum 31. Dezember 2021 eine Freihändige Vergabe bis zu einem Auftragswert von 100 000 Euro ohne Umsatzsteuer erfolgen.

(3) Das Angebotsverfahren ist darauf abzustellen, dass der Bieter die Preise, die er für seine Leistungen fordert, in die Leistungsbeschreibung einzusetzen oder in anderer Weise im Angebot anzugeben hat.

(4) Das Auf- und Abgebotsverfahren, bei dem vom Auftraggeber angegebene Preise dem Auf- und Abgebot der Bieter unterstellt werden, soll nur ausnahmsweise bei regelmäßig wiederkehrenden Unterhaltungsarbeiten, deren Umfang möglichst zu umgrenzen ist, angewandt werden.

§ 4a Rahmenvereinbarungen. (1) [1]Rahmenvereinbarungen sind Aufträge, die ein oder mehrere Auftraggeber an ein oder mehrere Unternehmen vergeben können, um die Bedingungen für Einzelaufträge, die während eines bestimmten Zeitraumes vergeben werden sollen, festzulegen, insbesondere über den in Aussicht genommenen Preis. [2]Das in Aussicht genommene Auftragsvolumen ist so genau wie möglich zu ermitteln und bekannt zu geben, braucht aber nicht abschließend festgelegt zu werden. [3]Eine Rahmenvereinbarung darf nicht missbräuchlich oder in einer Art angewendet werden, die den Wettbewerb behindert, einschränkt oder verfälscht. [4]Die Laufzeit einer Rahmenvereinbarung darf vier Jahre nicht überschreiten, es sei denn, es liegt ein im Gegenstand der Rahmenvereinbarung begründeter Ausnahmefall vor.

(2) Die Erteilung von Einzelaufträgen ist nur zulässig zwischen den Auftraggebern, die ihren voraussichtlichen Bedarf für das Vergabeverfahren gemeldet haben, und den Unternehmen, mit denen Rahmenvereinbarungen abgeschlossen wurden.

§ 5 Vergabe nach Losen, Einheitliche Vergabe. (1) Bauleistungen sollen so vergeben werden, dass eine einheitliche Ausführung und zweifelsfreie umfassende Haftung für Mängelansprüche erreicht wird; sie sollen daher in der Regel mit den zur Leistung gehörigen Lieferungen vergeben werden.

(2) [1]Bauleistungen sind in der Menge aufgeteilt (Teillose) und getrennt nach Art oder Fachgebiet (Fachlose) zu vergeben. [2]Bei der Vergabe kann aus wirtschaftlichen oder technischen Gründen auf eine Aufteilung oder Trennung verzichtet werden.

§ 6 Teilnehmer am Wettbewerb. (1) Der Wettbewerb darf nicht auf Unternehmen beschränkt werden, die in bestimmten Regionen oder Orten ansässig sind.

(2) Bietergemeinschaften sind Einzelbietern gleichzusetzen, wenn sie die Arbeiten im eigenen Betrieb oder in den Betrieben der Mitglieder ausführen.

(3) Am Wettbewerb können sich nur Unternehmen beteiligen, die sich gewerbsmäßig mit der Ausführung von Leistungen der ausgeschriebenen Art befassen.

§ 6a[1]) Eignungsnachweise. (1) [1]Zum Nachweis ihrer Eignung ist die Fachkunde, Leistungsfähigkeit und Zuverlässigkeit der Bewerber oder Bieter zu prüfen. [2]Bei der Beurteilung der Zuverlässigkeit werden Selbstreinigungsmaßnahmen in entsprechender Anwendung des § 6f EU Absatz 1 und 2 berücksichtigt.

---

[1]) Siehe hierzu ua: BMI-Erlass betr. Auslegung von einzelnen Regelungen Vergabe- und Vertragsordnung für Bauleistungen Teil A v. 26.2.2020 (GMBl S. 279).

(2) Der Nachweis umfasst die folgenden Angaben:

1. den Umsatz des Unternehmens jeweils bezogen auf die letzten drei abgeschlossenen Geschäftsjahre, soweit er Bauleistungen und andere Leistungen betrifft, die mit der zu vergebenden Leistung vergleichbar sind, unter Einschluss des Anteils bei gemeinsam mit anderen Unternehmen ausgeführten Aufträgen,

2. die Ausführung von Leistungen in den letzten bis zu fünf abgeschlossenen Kalenderjahren, die mit der zu vergebenden Leistung vergleichbar sind. Um einen ausreichenden Wettbewerb sicherzustellen, kann der Auftraggeber darauf hinweisen, dass auch einschlägige Bauleistungen berücksichtigt werden, die mehr als fünf Jahre zurückliegen,

3. die Zahl der in den letzten drei abgeschlossenen Kalenderjahren jahresdurchschnittlich beschäftigten Arbeitskräfte, gegliedert nach Lohngruppen mit gesondert ausgewiesenem technischem Leitungspersonal,

4. die Eintragung in das Berufsregister ihres Sitzes oder Wohnsitzes,

sowie Angaben,

5. ob ein Insolvenzverfahren oder ein vergleichbares gesetzlich geregeltes Verfahren eröffnet oder die Eröffnung beantragt worden ist oder der Antrag mangels Masse abgelehnt wurde oder ein Insolvenzplan rechtskräftig bestätigt wurde,

6. ob sich das Unternehmen in Liquidation befindet,

7. dass nachweislich keine schwere Verfehlung begangen wurde, die die Zuverlässigkeit als Bewerber oder Bieter in Frage stellt,

8. dass die Verpflichtung zur Zahlung von Steuern und Abgaben sowie der Beiträge zur Sozialversicherung ordnungsgemäß erfüllt wurde,

9. dass sich das Unternehmen bei der Berufsgenossenschaft angemeldet hat.

(3) Andere, auf den konkreten Auftrag bezogene zusätzliche, insbesondere für die Prüfung der Fachkunde geeignete Angaben können verlangt werden.

(4) Der Auftraggeber wird andere ihm geeignet erscheinende Nachweise der wirtschaftlichen und finanziellen Leistungsfähigkeit zulassen, wenn er feststellt, dass stichhaltige Gründe dafür bestehen.

(5) Der Auftraggeber kann bis zu einem Auftragswert von 10 000 Euro auf Angaben nach Absatz 2 Nummern 1 bis 3, 5 und 6 verzichten, wenn dies durch Art und Umfang des Auftrags gerechtfertigt ist.

§ 6b Mittel der Nachweisführung, Verfahren. (1) Der Nachweis der Eignung kann mit der vom Auftraggeber direkt abrufbaren Eintragung in die allgemein zugängliche Liste des Vereins für die Präqualifikation von Bauunternehmen e.V. (Präqualifikationsverzeichnis) erfolgen.

(2) [1] Die Angaben können die Bewerber oder Bieter auch durch Einzelnachweise erbringen. [2] Der Auftraggeber kann dabei vorsehen, dass für einzelne Angaben Eigenerklärungen ausreichend sind. [3] Eigenerklärungen, die als vorläufiger Nachweis dienen, sind von den Bietern, deren Angebote in die engere Wahl kommen, oder von den in Frage kommenden Bewerbern durch entsprechende Bescheinigungen der zuständigen Stellen zu bestätigen.

(3) Der Auftraggeber verzichtet auf die Vorlage von Nachweisen, wenn die den Zuschlag erteilende Stelle bereits im Besitz dieser Nachweise ist.

(4) [1]Bei Öffentlicher Ausschreibung sind in der Aufforderung zur Angebotsabgabe die Nachweise zu bezeichnen, deren Vorlage mit dem Angebot verlangt oder deren spätere Anforderung vorbehalten wird. [2]Bei Beschränkter Ausschreibung mit Teilnahmewettbewerb ist zu verlangen, dass die Eigenerklärungen oder Nachweise bereits mit dem Teilnahmeantrag vorgelegt werden.

(5) [1]Bei Beschränkter Ausschreibung und Freihändiger Vergabe ist vor der Aufforderung zur Angebotsabgabe die Eignung der Unternehmen zu prüfen. [2]Dabei sind die Unternehmen auszuwählen, deren Eignung die für die Erfüllung der vertraglichen Verpflichtungen notwendige Sicherheit bietet; dies bedeutet, dass sie die erforderliche Fachkunde, Leistungsfähigkeit und Zuverlässigkeit besitzen und über ausreichende technische und wirtschaftliche Mittel verfügen.

§ 7 Leistungsbeschreibung. (1)

1. Die Leistung ist eindeutig und so erschöpfend zu beschreiben, dass alle Unternehmen die Beschreibung im gleichen Sinne verstehen müssen und ihre Preise sicher und ohne umfangreiche Vorarbeiten berechnen können.

2. Um eine einwandfreie Preisermittlung zu ermöglichen, sind alle sie beeinflussenden Umstände festzustellen und in den Vergabeunterlagen anzugeben.

3. Dem Auftragnehmer darf kein ungewöhnliches Wagnis aufgebürdet werden für Umstände und Ereignisse, auf die er keinen Einfluss hat und deren Einwirkung auf die Preise und Fristen er nicht im Voraus schätzen kann.

4. Bedarfspositionen sind grundsätzlich nicht in die Leistungsbeschreibung aufzunehmen. Angehängte Stundenlohnarbeiten dürfen nur in dem unbedingt erforderlichen Umfang in die Leistungsbeschreibung aufgenommen werden.

5. Erforderlichenfalls sind auch der Zweck und die vorgesehene Beanspruchung der fertigen Leistung anzugeben.

6. Die für die Ausführung der Leistung wesentlichen Verhältnisse der Baustelle, z.B. Boden- und Wasserverhältnisse, sind so zu beschreiben, dass das Unternehmen ihre Auswirkungen auf die bauliche Anlage und die Bauausführung hinreichend beurteilen kann.

7. Die „Hinweise für das Aufstellen der Leistungsbeschreibung" in Abschnitt 0 der Allgemeinen Technischen Vertragsbedingungen für Bauleistungen, DIN 18299 ff., sind zu beachten.

(2) In technischen Spezifikationen darf nicht auf eine bestimmte Produktion oder Herkunft oder ein besonderes Verfahren, das die von einem bestimmten Unternehmen bereitgestellten Produkte charakterisiert, oder auf Marken, Patente, Typen oder einen bestimmten Ursprung oder eine bestimmte Produktion verwiesen werden, es sei denn

1. dies ist durch den Auftragsgegenstand gerechtfertigt oder

2. der Auftragsgegenstand kann nicht hinreichend genau und allgemein verständlich beschrieben werden; solche Verweise sind mit dem Zusatz „oder gleichwertig" zu versehen.

(3) Bei der Beschreibung der Leistung sind die verkehrsüblichen Bezeichnungen zu beachten.

§ 7a Technische Spezifikationen. (1) Die technischen Anforderungen (Spezifikationen – siehe Anhang TS Nummer 1) an den Auftragsgegenstand müssen allen Unternehmen gleichermaßen zugänglich sein.

(2) Die technischen Spezifikationen sind in den Vergabeunterlagen zu formulieren:

1. entweder unter Bezugnahme auf die in Anhang TS definierten technischen Spezifikationen in der Rangfolge

   a) nationale Normen, mit denen europäische Normen umgesetzt werden,

   b) europäische technische Bewertungen,

   c) gemeinsame technische Spezifikationen,

   d) internationale Normen und andere technische Bezugssysteme, die von den europäischen Normungsgremien erarbeitet wurden oder,

   e) falls solche Normen und Spezifikationen fehlen, nationale Normen, nationale technische Zulassungen oder nationale technische Spezifikationen für die Planung, Berechnung und Ausführung von Bauwerken und den Einsatz von Produkten.

   Jede Bezugnahme ist mit dem Zusatz „oder gleichwertig" zu versehen;

2. oder in Form von Leistungs- oder Funktionsanforderungen, die so genau zu fassen sind, dass sie den Unternehmen ein klares Bild vom Auftragsgegenstand vermitteln und dem Auftraggeber die Erteilung des Zuschlags ermöglichen;

3. oder in Kombination von Nummer 1 und 2, d.h.

   a) in Form von Leistungs- oder Funktionsanforderungen unter Bezugnahme auf die Spezifikationen gemäß Nummer 1 als Mittel zur Vermutung der Konformität mit diesen Leistungs- oder Funktionsanforderungen;

   b) oder mit Bezugnahme auf die Spezifikationen gemäß Nummer 1 hinsichtlich bestimmter Merkmale und mit Bezugnahme auf die Leistungs- oder Funktionsanforderungen gemäß Nummer 2 hinsichtlich anderer Merkmale.

(3) [1] Verweist der Auftraggeber in der Leistungsbeschreibung auf die in Absatz 2 Nummer 1 genannten Spezifikationen, so darf er ein Angebot nicht mit der Begründung ablehnen, die angebotene Leistung entspräche nicht den herangezogenen Spezifikationen, sofern der Bieter in seinem Angebot dem Auftraggeber nachweist, dass die von ihm vorgeschlagenen Lösungen den Anforderungen der technischen Spezifikation, auf die Bezug genommen wurde, gleichermaßen entsprechen. [2] Als geeignetes Mittel kann eine technische Beschreibung des Herstellers oder ein Prüfbericht einer anerkannten Stelle gelten.

(4) [1] Legt der Auftraggeber die technischen Spezifikationen in Form von Leistungs- oder Funktionsanforderungen fest, so darf er ein Angebot, das einer nationalen Norm entspricht, mit der eine europäische Norm umgesetzt wird, oder einer europäischen technischen Bewertung, einer gemeinsamen technischen Spezifikation, einer internationalen Norm oder einem technischen Bezugssystem, das von den europäischen Normungsgremien erarbeitet wurde, entspricht, nicht zurückweisen, wenn diese Spezifikationen die geforderten Leistungs- oder Funktionsanforderungen betreffen. [2] Der Bieter muss in seinem Angebot mit geeigneten Mitteln dem Auftraggeber nachweisen, dass die der Norm entsprechende jeweilige Leistung den Leistungs- oder Funktionsanfor-

derungen des Auftraggebers entspricht. [3] Als geeignetes Mittel kann eine technische Beschreibung des Herstellers oder ein Prüfbericht einer anerkannten Stelle gelten.

(5) [1] Schreibt der Auftraggeber Umwelteigenschaften in Form von Leistungs- oder Funktionsanforderungen vor, so kann er die Spezifikationen verwenden, die in europäischen, multinationalen oder anderen Umweltzeichen definiert sind, wenn

1. sie sich zur Definition der Merkmale des Auftragsgegenstands eignen,

2. die Anforderungen des Umweltzeichens auf Grundlage von wissenschaftlich abgesicherten Informationen ausgearbeitet werden,

3. die Umweltzeichen im Rahmen eines Verfahrens erlassen werden, an dem interessierte Kreise – wie z.B. staatliche Stellen, Verbraucher, Hersteller, Händler und Umweltorganisationen – teilnehmen können, und

4. wenn das Umweltzeichen für alle Betroffenen zugänglich und verfügbar ist.

[2] Der Auftraggeber kann in den Vergabeunterlagen angeben, dass bei Leistungen, die mit einem Umweltzeichen ausgestattet sind, vermutet wird, dass sie den in der Leistungsbeschreibung festgelegten technischen Spezifikationen genügen. [3] Der Auftraggeber muss jedoch auch jedes andere geeignete Beweismittel, wie technische Unterlagen des Herstellers oder Prüfberichte anerkannter Stellen, akzeptieren. [4] Anerkannte Stellen sind die Prüf- und Eichlaboratorien sowie die Inspektions- und Zertifizierungsstellen, die mit den anwendbaren europäischen Normen übereinstimmen. [5] Der Auftraggeber erkennt Bescheinigungen von in anderen Mitgliedstaaten ansässigen anerkannten Stellen an.

§ 7b Leistungsbeschreibung mit Leistungsverzeichnis. (1) Die Leistung ist in der Regel durch eine allgemeine Darstellung der Bauaufgabe (Baubeschreibung) und ein in Teilleistungen gegliedertes Leistungsverzeichnis zu beschreiben.

(2) [1] Erforderlichenfalls ist die Leistung auch zeichnerisch oder durch Probestücke darzustellen oder anders zu erklären, z.B. durch Hinweise auf ähnliche Leistungen, durch Mengen- oder statische Berechnungen. [2] Zeichnungen und Proben, die für die Ausführung maßgebend sein sollen, sind eindeutig zu bezeichnen.

(3) Leistungen, die nach den Vertragsbedingungen, den Technischen Vertragsbedingungen oder der gewerblichen Verkehrssitte zu der geforderten Leistung gehören (§ 2 Absatz 1 VOB/B[1]), brauchen nicht besonders aufgeführt zu werden.

(4) [1] Im Leistungsverzeichnis ist die Leistung derart aufzugliedern, dass unter einer Ordnungszahl (Position) nur solche Leistungen aufgenommen werden, die nach ihrer technischen Beschaffenheit und für die Preisbildung als in sich gleichartig anzusehen sind. [2] Ungleichartige Leistungen sollen unter einer Ordnungszahl (Sammelposition) nur zusammengefasst werden, wenn eine Teilleistung gegenüber einer anderen für die Bildung eines Durchschnittspreises ohne nennenswerten Einfluss ist.

---

[1] Nr. **14.**

§ 7c Leistungsbeschreibung mit Leistungsprogramm. (1) Wenn es nach Abwägen aller Umstände zweckmäßig ist, abweichend von § 7b Absatz 1 zusammen mit der Bauausführung auch den Entwurf für die Leistung dem Wettbewerb zu unterstellen, um die technisch, wirtschaftlich und gestalterisch beste sowie funktionsgerechteste Lösung der Bauaufgabe zu ermitteln, kann die Leistung durch ein Leistungsprogramm dargestellt werden.

(2)

1. Das Leistungsprogramm umfasst eine Beschreibung der Bauaufgabe, aus der die Unternehmen alle für die Entwurfsbearbeitung und ihr Angebot maßgebenden Bedingungen und Umstände erkennen können und in der sowohl der Zweck der fertigen Leistung als auch die an sie gestellten technischen, wirtschaftlichen, gestalterischen und funktionsbedingten Anforderungen angegeben sind, sowie gegebenenfalls ein Musterleistungsverzeichnis, in dem die Mengenangaben ganz oder teilweise offengelassen sind.

2. § 7b Absatz 2 bis 4 gilt sinngemäß.

(3) [1] Von dem Bieter ist ein Angebot zu verlangen, das außer der Ausführung der Leistung den Entwurf nebst eingehender Erläuterung und eine Darstellung der Bauausführung sowie eine eingehende und zweckmäßig gegliederte Beschreibung der Leistung – gegebenenfalls mit Mengen- und Preisangaben für Teile der Leistung – umfasst. [2] Bei Beschreibung der Leistung mit Mengen- und Preisangaben ist vom Bieter zu verlangen, dass er

1. die Vollständigkeit seiner Angaben, insbesondere die von ihm selbst ermittelten Mengen, entweder ohne Einschränkung oder im Rahmen einer in den Vergabeunterlagen anzugebenden Mengentoleranz vertritt, und dass er

2. etwaige Annahmen, zu denen er in besonderen Fällen gezwungen ist, weil zum Zeitpunkt der Angebotsabgabe einzelne Teilleistungen nach Art und Menge noch nicht bestimmt werden können (z.B. Aushub-, Abbruch- oder Wasserhaltungsarbeiten) – erforderlichenfalls anhand von Plänen und Mengenermittlungen – begründet.

§ 8[1] Vergabeunterlagen. (1) Die Vergabeunterlagen bestehen aus

1. dem Anschreiben (Aufforderung zur Angebotsabgabe gemäß Absatz 2 Nummer 1 bis 3), gegebenenfalls Teilnahmebedingungen (Absatz 2 Nummer 6) und

2. den Vertragsunterlagen (§§ 7 bis 7c und 8a).

(2)

1. Das Anschreiben muss alle Angaben nach § 12 Absatz 1 Nummer 2 enthalten, die außer den Vertragsunterlagen für den Entschluss zur Abgabe eines Angebots notwendig sind, sofern sie nicht bereits veröffentlicht wurden.

2. In den Vergabeunterlagen kann der Auftraggeber die Bieter auffordern, in ihrem Angebot die Leistungen anzugeben, die sie an Nachunternehmen zu vergeben beabsichtigen.

3. [1] Der Auftraggeber hat anzugeben:

a) ob er Nebenangebote nicht zulässt,

---

[1] Siehe hierzu ua: BMI-Erlass betr. Auslegung von einzelnen Regelungen Vergabe- und Vertragsordnung für Bauleistungen Teil A v. 26.2.2020 (GMBl S. 279).

b) ob er Nebenangebote ausnahmsweise nur in Verbindung mit einem Hauptangebot zulässt.

[2] Die Zuschlagskriterien sind so festzulegen, dass sie sowohl auf Hauptangebote als auch auf Nebenangebote anwendbar sind. [3] Es ist dabei auch zulässig, dass der Preis das einzige Zuschlagskriterium ist.

[4] Von Bietern, die eine Leistung anbieten, deren Ausführung nicht in Allgemeinen Technischen Vertragsbedingungen oder in den Vergabeunterlagen geregelt ist, sind im Angebot entsprechende Angaben über Ausführung und Beschaffenheit dieser Leistung zu verlangen.

4. Der Auftraggeber kann in den Vergabeunterlagen angeben, dass er die Abgabe mehrerer Hauptangebote nicht zulässt.

5. Der Auftraggeber hat an zentraler Stelle in den Vergabeunterlagen abschließend alle Unterlagen im Sinne von § 16a Absatz 1 mit Ausnahme von Produktangaben anzugeben.

6. Auftraggeber, die ständig Bauleistungen vergeben, sollen die Erfordernisse, die die Unternehmen bei der Bearbeitung ihrer Angebote beachten müssen, in den Teilnahmebedingungen zusammenfassen und dem Anschreiben beifügen.

§ 8a Allgemeine, Besondere und Zusätzliche Vertragsbedingungen.

(1) [1] In den Vergabeunterlagen ist vorzuschreiben, dass die Allgemeinen Vertragsbedingungen für die Ausführung von Bauleistungen (VOB/B[1])) und die Allgemeinen Technischen Vertragsbedingungen für Bauleistungen (VOB/C) Bestandteile des Vertrags werden. [2] Das gilt auch für etwaige Zusätzliche Vertragsbedingungen und etwaige Zusätzliche Technische Vertragsbedingungen, soweit sie Bestandteile des Vertrags werden sollen.

(2)

1. [1] Die Allgemeinen Vertragsbedingungen bleiben grundsätzlich unverändert. [2] Sie können von Auftraggebern, die ständig Bauleistungen vergeben, für die bei ihnen allgemein gegebenen Verhältnisse durch Zusätzliche Vertragsbedingungen ergänzt werden. [3] Diese dürfen den Allgemeinen Vertragsbedingungen nicht widersprechen.

2. [1] Für die Erfordernisse des Einzelfalles sind die Allgemeinen Vertragsbedingungen und etwaige Zusätzliche Vertragsbedingungen durch Besondere Vertragsbedingungen zu ergänzen. [2] In diesen sollen sich Abweichungen von den Allgemeinen Vertragsbedingungen auf die Fälle beschränken, in denen dort besondere Vereinbarungen ausdrücklich vorgesehen sind und auch nur soweit es die Eigenart der Leistung und ihre Ausführung erfordern.

(3) [1] Die Allgemeinen Technischen Vertragsbedingungen bleiben grundsätzlich unverändert. [2] Sie können von Auftraggebern, die ständig Bauleistungen vergeben, für die bei ihnen allgemein gegebenen Verhältnisse durch Zusätzliche Technische Vertragsbedingungen ergänzt werden. [3] Für die Erfordernisse des Einzelfalles sind Ergänzungen und Änderungen in der Leistungsbeschreibung festzulegen.

---

[1]) Nr. 14.

(4)

1. In den Zusätzlichen Vertragsbedingungen oder in den Besonderen Vertragsbedingungen sollen, soweit erforderlich, folgende Punkte geregelt werden:
   a) Unterlagen (§ 8b Absatz 3; § 3 Absatz 5 und 6 VOB/B),
   b) Benutzung von Lager- und Arbeitsplätzen, Zufahrtswegen, Anschluss-
      gleisen, Wasser- und Energieanschlüssen (§ 4 Absatz 4 VOB/B),
   c) Weitervergabe an Nachunternehmen (§ 4 Absatz 8 VOB/B),
   d) Ausführungsfristen (§ 9; § 5 VOB/B),
   e) Haftung (§ 10 Absatz 2 VOB/B),
   f) Vertragsstrafen und Beschleunigungsvergütungen (§ 9a; § 11VOB/B),
   g) Abnahme (§ 12 VOB/B),
   h) Vertragsart (§§ 4, 4a), Abrechnung (§ 14 VOB/B),
   i) Stundenlohnarbeiten (§ 15 VOB/B),
   j) Zahlungen, Vorauszahlungen (§ 16 VOB/B),
   k) Sicherheitsleistung (§ 9c; § 17VOB/B),
   l) Gerichtsstand (§ 18 Absatz 1 VOB/B),
   m) Lohn- und Gehaltsnebenkosten,
   n) Änderung der Vertragspreise (§ 9d).

2. [1]Im Einzelfall erforderliche besondere Vereinbarungen über die Mängelansprüche sowie deren Verjährung (§ 9b; § 13 Absatz 1, 4 und 7 VOB/B)
   und über die Verteilung der Gefahr bei Schäden, die durch Hochwasser,
   Sturmfluten, Grundwasser, Wind, Schnee, Eis und dergleichen entstehen
   können (§ 7 VOB/B), sind in den Besonderen Vertragsbedingungen zu
   treffen. [2]Sind für bestimmte Bauleistungen gleichgelagerte Voraussetzungen
   im Sinne von § 9b gegeben, so dürfen die besonderen Vereinbarungen auch
   in Zusätzlichen Technischen Vertragsbedingungen vorgesehen werden.

§ 8b Kosten- und Vertrauensregelung, Schiedsverfahren. (1)

1. Bei Öffentlicher Ausschreibung kann eine Erstattung der Kosten für die
   Vervielfältigung der Leistungsbeschreibung und der anderen Unterlagen sowie für die Kosten der postalischen Versendung verlangt werden.

2. Bei Beschränkter Ausschreibung und Freihändiger Vergabe sind alle Unterlagen unentgeltlich abzugeben.

(2)

1. [1]Für die Bearbeitung des Angebots wird keine Entschädigung gewährt.
   [2]Verlangt jedoch der Auftraggeber, dass der Bieter Entwürfe, Pläne, Zeichnungen, statische Berechnungen, Mengenberechnungen oder andere Unterlagen ausarbeitet, insbesondere in den Fällen des § 7c, so ist einheitlich für
   alle Bieter in der Ausschreibung eine angemessene Entschädigung festzusetzen. [3]Diese Entschädigung steht jedem Bieter zu, der ein der Ausschreibung
   entsprechendes Angebot mit den geforderten Unterlagen rechtzeitig eingereicht hat.

2. Diese Grundsätze gelten für die Freihändige Vergabe entsprechend.

(3) [1]Der Auftraggeber darf Angebotsunterlagen und die in den Angeboten
enthaltenen eigenen Vorschläge eines Bieters nur für die Prüfung und Wertung

der Angebote (§§ 16c und 16d) verwenden. [2]Eine darüber hinausgehende Verwendung bedarf der vorherigen schriftlichen Vereinbarung.

(4) Sollen Streitigkeiten aus dem Vertrag unter Ausschluss des ordentlichen Rechtswegs im schiedsrichterlichen Verfahren ausgetragen werden, so ist es in besonderer, nur das Schiedsverfahren betreffender Urkunde zu vereinbaren, soweit nicht § 1031 Absatz 2 der Zivilprozessordnung (ZPO) auch eine andere Form der Vereinbarung zulässt.

§ 9 Ausführungsfristen, Einzelfristen, Verzug. (1)

1. [1]Die Ausführungsfristen sind ausreichend zu bemessen; Jahreszeit, Arbeitsbedingungen und etwaige besondere Schwierigkeiten sind zu berücksichtigen. [2]Für die Bauvorbereitung ist dem Auftragnehmer genügend Zeit zu gewähren.

2. Außergewöhnlich kurze Fristen sind nur bei besonderer Dringlichkeit vorzusehen.

3. Soll vereinbart werden, dass mit der Ausführung erst nach Aufforderung zu beginnen ist (§ 5 Absatz 2 VOB/B[1]), so muss die Frist, innerhalb derer die Aufforderung ausgesprochen werden kann, unter billiger Berücksichtigung der für die Ausführung maßgebenden Verhältnisse zumutbar sein; sie ist in den Vergabeunterlagen festzulegen.

(2)

1. Wenn es ein erhebliches Interesse des Auftraggebers erfordert, sind Einzelfristen für in sich abgeschlossene Teile der Leistung zu bestimmen.

2. Wird ein Bauzeitenplan aufgestellt, damit die Leistungen aller Unternehmen sicher ineinandergreifen, so sollen nur die für den Fortgang der Gesamtarbeit besonders wichtigen Einzelfristen als vertraglich verbindliche Fristen (Vertragsfristen) bezeichnet werden.

(3) Ist für die Einhaltung von Ausführungsfristen die Übergabe von Zeichnungen oder anderen Unterlagen wichtig, so soll hierfür ebenfalls eine Frist festgelegt werden.

(4) [1]Der Auftraggeber darf in den Vertragsunterlagen eine Pauschalierung des Verzugsschadens (§ 5 Absatz 4 VOB/B) vorsehen; sie soll fünf Prozent der Auftragssumme nicht überschreiten. [2]Der Nachweis eines geringeren Schadens ist zuzulassen.

§ 9a Vertragsstrafen, Beschleunigungsvergütung. [1]Vertragsstrafen für die Überschreitung von Vertragsfristen sind nur zu vereinbaren, wenn die Überschreitung erhebliche Nachteile verursachen kann. [2]Die Strafe ist in angemessenen Grenzen zu halten. [3]Beschleunigungsvergütungen (Prämien) sind nur vorzusehen, wenn die Fertigstellung vor Ablauf der Vertragsfristen erhebliche Vorteile bringt.

§ 9b Verjährung der Mängelansprüche. [1]Andere Verjährungsfristen als nach § 13 Absatz 4 VOB/B[1] sollen nur vorgesehen werden, wenn dies wegen der Eigenart der Leistung erforderlich ist. [2]In solchen Fällen sind alle Umstände gegeneinander abzuwägen, insbesondere, wann etwaige Mängel wahrscheinlich erkennbar werden und wieweit die Mängelursachen noch nachgewiesen wer-

---

[1] Nr. **14**.

den können, aber auch die Wirkung auf die Preise und die Notwendigkeit einer billigen Bemessung der Verjährungsfristen für Mängelansprüche.

§ 9c Sicherheitsleistung. (1) [1] Auf Sicherheitsleistung soll ganz oder teilweise verzichtet werden, wenn Mängel der Leistung voraussichtlich nicht eintreten. [2] Unterschreitet die Auftragssumme 250 000 Euro ohne Umsatzsteuer, ist auf Sicherheitsleistung für die Vertragserfüllung und in der Regel auf Sicherheitsleistung für die Mängelansprüche zu verzichten. [3] Bei Beschränkter Ausschreibung sowie bei Freihändiger Vergabe sollen Sicherheitsleistungen in der Regel nicht verlangt werden.

(2) [1] Die Sicherheit soll nicht höher bemessen und ihre Rückgabe nicht für einen späteren Zeitpunkt vorgesehen werden, als nötig ist, um den Auftraggeber vor Schaden zu bewahren. [2] Die Sicherheit für die Erfüllung sämtlicher Verpflichtungen aus dem Vertrag soll fünf Prozent der Auftragssumme nicht überschreiten. [3] Die Sicherheit für Mängelansprüche soll drei Prozent der Abrechnungssumme nicht überschreiten.

§ 9d Änderung der Vergütung. [1] Sind wesentliche Änderungen der Preisermittlungsgrundlagen zu erwarten, deren Eintritt oder Ausmaß ungewiss ist, so kann eine angemessene Änderung der Vergütung in den Vertragsunterlagen vorgesehen werden. [2] Die Einzelheiten der Preisänderungen sind festzulegen.

§ 10 Angebots-, Bewerbungs-, Bindefristen. (1) [1] Für die Bearbeitung und Einreichung der Angebote ist eine ausreichende Angebotsfrist vorzusehen, auch bei Dringlichkeit nicht unter zehn Kalendertagen. [2] Dabei ist insbesondere der zusätzliche Aufwand für die Besichtigung von Baustellen oder die Beschaffung von Unterlagen für die Angebotsbearbeitung zu berücksichtigen.

(2) Bis zum Ablauf der Angebotsfrist können Angebote in Textform zurückgezogen werden.

(3) Für die Einreichung von Teilnahmeanträgen bei Beschränkter Ausschreibung mit Teilnahmewettbewerb ist eine ausreichende Bewerbungsfrist vorzusehen.

(4) [1] Der Auftraggeber bestimmt eine angemessene Frist, innerhalb der die Bieter an ihre Angebote gebunden sind (Bindefrist). [2] Diese soll so kurz wie möglich und nicht länger bemessen werden, als der Auftraggeber für eine zügige Prüfung und Wertung der Angebote (§§ 16 bis 16d) benötigt. [3] Eine längere Bindefrist als 30 Kalendertage soll nur in begründeten Fällen festgelegt werden. [4] Das Ende der Bindefrist ist durch Angabe des Kalendertages zu bezeichnen.

(5) Die Bindefrist beginnt mit dem Ablauf der Angebotsfrist.

(6) Die Absätze 4 und 5 gelten bei Freihändiger Vergabe entsprechend.

§ 11[1] Grundsätze der Informationsübermittlung. (1) [1] Der Auftraggeber gibt in der Auftragsbekanntmachung oder den Vergabeunterlagen an, auf welchem Weg die Kommunikation erfolgen soll. [2] Für den Fall der elektronischen Kommunikation gelten die Absätze 2 bis 6 sowie § 11a. [3] Eine mündliche Kommunikation ist jeweils zulässig, wenn sie nicht die Vergabeunterlagen,

---

[1] Siehe hierzu ua: BMI-Erlass betr. Auslegung von einzelnen Regelungen Vergabe- und Vertragsordnung für Bauleistungen Teil A v. 26.2.2020 (GMBl S. 279).

die Teilnahmeanträge oder die Angebote betrifft und wenn sie in geeigneter Weise ausreichend dokumentiert wird.

(2) Vergabeunterlagen sind elektronisch zur Verfügung zu stellen.

(3) [1] Der Auftraggeber gibt in der Auftragsbekanntmachung eine elektronische Adresse an, unter der die Vergabeunterlagen unentgeltlich, uneingeschränkt, vollständig und direkt abgerufen werden können. [2] Absatz 7 bleibt unberührt.

(4) Die Unternehmen übermitteln ihre Angebote und Teilnahmeanträge in Textform mithilfe elektronischer Mittel.

(5) [1] Der Auftraggeber prüft im Einzelfall, ob zu übermittelnde Daten erhöhte Anforderungen an die Sicherheit stellen. [2] Soweit es erforderlich ist, kann der Auftraggeber verlangen, dass Angebote und Teilnahmeanträge zu versehen sind mit

1. einer fortgeschrittenen elektronischen Signatur,

2. einer qualifizierten elektronischen Signatur,

3. einem fortgeschrittenen elektronischen Siegel oder

4. einem qualifizierten elektronischen Siegel.

(6) [1] Der Auftraggeber kann von jedem Unternehmen die Angabe einer eindeutigen Unternehmensbezeichnung sowie einer elektronischen Adresse verlangen (Registrierung). [2] Für den Zugang zur Auftragsbekanntmachung und zu den Vergabeunterlagen darf der Auftraggeber keine Registrierung verlangen. [3] Eine freiwillige Registrierung ist zulässig.

(7) [1] Enthalten die Vergabeunterlagen schutzwürdige Daten, kann der Auftraggeber Maßnahmen zum Schutz der Vertraulichkeit der Informationen anwenden. [2] Der Auftraggeber kann den Zugriff auf die Vergabeunterlagen insbesondere von der Abgabe einer Verschwiegenheitserklärung abhängig machen. [3] Die Maßnahmen sind in der Auftragsbekanntmachung anzugeben.

§ 11a Anforderungen an elektronische Mittel. (1) [1] Elektronische Mittel und deren technische Merkmale müssen allgemein verfügbar, nichtdiskriminierend und mit allgemein verbreiteten Geräten und Programmen der Informations- und Kommunikationstechnologie kompatibel sein. [2] Sie dürfen den Zugang von Unternehmen zum Vergabeverfahren nicht einschränken. [3] Der Auftraggeber gewährleistet die barrierefreie Ausgestaltung der elektronischen Mittel nach den §§ 4, 12a und 12b des Behindertengleichstellungsgesetzes vom 27. April 2002 (BGBl. I S. 1467, 1468) in der jeweils geltenden Fassung.

(2) Der Auftraggeber verwendet für das Senden, Empfangen, Weiterleiten und Speichern von Daten in einem Vergabeverfahren ausschließlich solche elektronische Mittel, die die Unversehrtheit, die Vertraulichkeit und die Echtheit der Daten gewährleisten.

(3) Der Auftraggeber muss den Unternehmen alle notwendigen Informationen zur Verfügung stellen über

1. die in einem Vergabeverfahren verwendeten elektronischen Mittel,

2. die technischen Parameter zur Einreichung von Teilnahmeanträgen, Angeboten mithilfe elektronischer Mittel und

3. verwendete Verschlüsselungs- und Zeiterfassungsverfahren.

(4) ¹Der Auftraggeber legt das erforderliche Sicherheitsniveau für die elektronischen Mittel fest. ²Elektronische Mittel, die vom Auftraggeber für den Empfang von Angeboten und Teilnahmeanträgen verwendet werden, müssen gewährleisten, dass

1. die Uhrzeit und der Tag des Datenempfanges genau zu bestimmen sind,
2. kein vorfristiger Zugriff auf die empfangenen Daten möglich ist,
3. der Termin für den erstmaligen Zugriff auf die empfangenen Daten nur von den Berechtigten festgelegt oder geändert werden kann,
4. nur die Berechtigten Zugriff auf die empfangenen Daten oder auf einen Teil derselben haben,
5. nur die Berechtigten nach dem festgesetzten Zeitpunkt Dritten Zugriff auf die empfangenen Daten oder auf einen Teil derselben einräumen dürfen,
6. empfangene Daten nicht an Unberechtigte übermittelt werden und
7. Verstöße oder versuchte Verstöße gegen die Anforderungen gemäß den Nummern 1 bis 6 eindeutig festgestellt werden können.

(5) ¹Die elektronischen Mittel, die von dem Auftraggeber für den Empfang von Angeboten und Teilnahmeanträgen genutzt werden, müssen über eine einheitliche Datenaustauschschnittstelle verfügen. ²Es sind die jeweils geltenden Interoperabilitäts- und Sicherheitsstandards der Informationstechnik gemäß § 3 Absatz 1 des Vertrags über die Errichtung des IT-Planungsrats und über die Grundlagen der Zusammenarbeit beim Einsatz der Informationstechnologie in den Verwaltungen von Bund und Ländern vom 1. April 2010 zu verwenden.

(6) Der Auftraggeber kann im Vergabeverfahren die Verwendung elektronischer Mittel, die nicht allgemein verfügbar sind (alternative elektronische Mittel), verlangen, wenn er

1. Unternehmen während des gesamten Vergabeverfahrens unter einer Internetadresse einen unentgeltlichen, uneingeschränkten, vollständigen und direkten Zugang zu diesen alternativen elektronischen Mitteln gewährt und
2. diese alternativen elektronischen Mittel selbst verwendet.

(7) ¹Der Auftraggeber kann für die Vergabe von Bauleistungen und für Wettbewerbe die Nutzung elektronischer Mittel im Rahmen der Bauwerksdatenmodellierung verlangen. ²Sofern die verlangten elektronischen Mittel für die Bauwerksdatenmodellierung nicht allgemein verfügbar sind, bietet der Auftraggeber einen alternativen Zugang zu ihnen gemäß Absatz 6 an.

§ 12 Auftragsbekanntmachung. (1)

1. Öffentliche Ausschreibungen sind bekannt zu machen, z.B. in Tageszeitungen, amtlichen Veröffentlichungsblättern oder auf unentgeltlich nutzbaren und direkt zugänglichen Internetportalen; sie können auch auf www.service.bund.de veröffentlicht werden.
2. Diese Auftragsbekanntmachungen sollen folgende Angaben enthalten:
   a) Name, Anschrift, Telefon-, Telefaxnummer sowie E-Mail-Adresse des Auftraggebers (Vergabestelle),
   b) gewähltes Vergabeverfahren,
   c) gegebenenfalls Auftragsvergabe auf elektronischem Wege und Verfahren der Ver- und Entschlüsselung,
   d) Art des Auftrags,

e) Ort der Ausführung,

f) Art und Umfang der Leistung,

g) Angaben über den Zweck der baulichen Anlage oder des Auftrags, wenn auch Planungsleistungen gefordert werden,

h) falls der Auftrag in mehrere Lose aufgeteilt ist, Art und Umfang der einzelnen Lose und Möglichkeit, Angebote für eines, mehrere oder alle Lose einzureichen,

i) Zeitpunkt, bis zu dem die Bauleistungen beendet werden sollen oder Dauer des Bauleistungsauftrags; sofern möglich, Zeitpunkt, zu dem die Bauleistungen begonnen werden sollen,

j) gegebenenfalls Angaben nach § 8 Absatz 2 Nummer 3 zur Nichtzulassung von Nebenangeboten,

k) gegebenenfalls Angaben nach § 8 Absatz 2 Nummer 4 zur Nichtzulassung der Abgabe mehrerer Hauptangebote,

l) Name und Anschrift, Telefon- und Telefaxnummer, E-Mail-Adresse der Stelle, bei der die Vergabeunterlagen und zusätzliche Unterlagen angefordert und eingesehen werden können; bei Veröffentlichung der Auftragsbekanntmachung auf einem Internetportal die Angabe einer Internetadresse, unter der die Vergabeunterlagen unentgeltlich, uneingeschränkt, vollständig und direkt abgerufen werden können; § 11 Absatz 7 bleibt unberührt,

m) gegebenenfalls Höhe und Bedingungen für die Zahlung des Betrags, der für die Unterlagen zu entrichten ist,

n) bei Teilnahmeantrag: Frist für den Eingang der Anträge auf Teilnahme, Anschrift, an die diese Anträge zu richten sind, Tag, an dem die Aufforderungen zur Angebotsabgabe spätestens abgesandt werden,

o) Frist für den Eingang der Angebote und die Bindefrist,

p) Anschrift, an die die Angebote zu richten sind, gegebenenfalls auch Anschrift, an die Angebote elektronisch zu übermitteln sind,

q) Sprache, in der die Angebote abgefasst sein müssen,

r) die Zuschlagskriterien, sofern diese nicht in den Vergabeunterlagen genannt werden, und gegebenenfalls deren Gewichtung,

s) Datum, Uhrzeit und Ort des Eröffnungstermins sowie Angabe, welche Personen bei der Eröffnung der Angebote anwesend sein dürfen,

t) gegebenenfalls geforderte Sicherheiten,

u) wesentliche Finanzierungs- und Zahlungsbedingungen und/oder Hinweise auf die maßgeblichen Vorschriften, in denen sie enthalten sind,

v) gegebenenfalls Rechtsform, die die Bietergemeinschaft nach der Auftragsvergabe haben muss,

w) verlangte Nachweise für die Beurteilung der Eignung des Bewerbers oder Bieters,

x) Name und Anschrift der Stelle, an die sich der Bewerber oder Bieter zur Nachprüfung behaupteter Verstöße gegen Vergabebestimmungen wenden kann.

(2)

1. Bei Beschränkter Ausschreibung mit Teilnahmewettbewerb sind die Unternehmen durch Auftragsbekanntmachungen, z.B. in Tageszeitungen, amtli-

chen Veröffentlichungsblättern oder auf unentgeltlich nutzbaren und direkt zugänglichen Internetportalen, aufzufordern, ihre Teilnahme am Wettbewerb zu beantragen. Die Auftragsbekanntmachung kann auch auf www.service.bund.de veröffentlicht werden.

2. Diese Auftragsbekanntmachungen sollen die Angaben gemäß § 12 Absatz 1 Nummer 2 enthalten.

(3) Teilnahmeanträge sind auch dann zu berücksichtigen, wenn sie durch Telefax oder in sonstiger Weise elektronisch übermittelt werden, sofern die sonstigen Teilnahmebedingungen erfüllt sind.

§ 12a Versand der Vergabeunterlagen. (1) Soweit die Vergabeunterlagen nicht elektronisch im Sinne von § 11 Absatz 2 und 3 zur Verfügung gestellt werden, sind sie

1. den Unternehmen unverzüglich in geeigneter Weise zu übermitteln.

2. bei Beschränkter Ausschreibung und Freihändiger Vergabe an alle ausgewählten Bewerber am selben Tag abzusenden.

(2) Wenn von den für die Preisermittlung wesentlichen Unterlagen keine Vervielfältigungen abgegeben werden können, sind diese in ausreichender Weise zur Einsicht auszulegen.

(3) Die Namen der Unternehmen, die Vergabeunterlagen erhalten oder eingesehen haben, sind geheim zu halten.

(4) Erbitten Unternehmen zusätzliche sachdienliche Auskünfte über die Vergabeunterlagen, so sind diese Auskünfte allen Unternehmen unverzüglich in gleicher Weise zu erteilen.

§ 13 Form und Inhalt der Angebote. (1)

1. [1]Der Auftraggeber legt fest, in welcher Form die Angebote einzureichen sind. Schriftlich eingereichte Angebote müssen unterzeichnet sein. [2]Elektronische Angebote sind nach Wahl des Auftraggebers in Textform oder versehen mit

   a) einer fortgeschrittenen elektronischen Signatur,

   b) einer qualifizierten elektronischen Signatur,

   c) einem fortgeschrittenen elektronischen Siegel oder

   d) einem qualifizierten elektronischen Siegel

   zu übermitteln.

2. [1]Der Auftraggeber hat die Datenintegrität und die Vertraulichkeit der Angebote auf geeignete Weise zu gewährleisten. [2]Per Post oder direkt übermittelte Angebote sind in einem verschlossenen Umschlag einzureichen, als solche zu kennzeichnen und bis zum Ablauf der für die Einreichung vorgesehenen Frist unter Verschluss zu halten. [3]Bei elektronisch übermittelten Angeboten ist dies durch entsprechende technische Lösungen nach den Anforderungen des Auftraggebers und durch Verschlüsselung sicherzustellen. [4]Die Verschlüsselung muss bis zur Öffnung des ersten Angebots aufrechterhalten bleiben.

3. Die Angebote müssen die geforderten Preise enthalten.

4. Die Angebote müssen die geforderten Erklärungen und Nachweise enthalten.

5. [1]Änderungen an den Vergabeunterlagen sind unzulässig. [2]Änderungen des Bieters an seinen Eintragungen müssen zweifelsfrei sein.

6. Bieter können für die Angebotsabgabe eine selbstgefertigte Abschrift oder Kurzfassung des Leistungsverzeichnisses benutzen, wenn sie den vom Auftraggeber verfassten Wortlaut des Leistungsverzeichnisses im Angebot als allein verbindlich anerkennen; Kurzfassungen müssen jedoch die Ordnungszahlen (Positionen) vollzählig, in der gleichen Reihenfolge und mit den gleichen Nummern wie in dem vom Auftraggeber verfassten Leistungsverzeichnis wiedergeben.

7. Muster und Proben der Bieter müssen als zum Angebot gehörig gekennzeichnet sein.

(2) [1]Eine Leistung, die von den vorgesehenen technischen Spezifikationen nach § 7a Absatz 1 abweicht, kann angeboten werden, wenn sie mit dem geforderten Schutzniveau in Bezug auf Sicherheit, Gesundheit und Gebrauchstauglichkeit gleichwertig ist. [2]Die Abweichung muss im Angebot eindeutig bezeichnet sein. [3]Die Gleichwertigkeit ist mit dem Angebot nachzuweisen.

(3) [1]Die Anzahl von Nebenangeboten ist an einer vom Auftraggeber in den Vergabeunterlagen bezeichneten Stelle aufzuführen. [2]Etwaige Nebenangebote müssen auf besonderer Anlage erstellt und als solche deutlich gekennzeichnet werden. [3]Werden mehrere Hauptangebote abgegeben, muss jedes aus sich heraus zuschlagsfähig sein. [4]Absatz 1 Nummer 2 Satz 2 gilt für jedes Hauptangebot entsprechend.

(4) Soweit Preisnachlässe ohne Bedingungen gewährt werden, sind diese an einer vom Auftraggeber in den Vergabeunterlagen bezeichneten Stelle aufzuführen.

(5) [1]Bietergemeinschaften haben die Mitglieder zu benennen sowie eines ihrer Mitglieder als bevollmächtigten Vertreter für den Abschluss und die Durchführung des Vertrags zu bezeichnen. [2]Fehlt die Bezeichnung des bevollmächtigten Vertreters im Angebot, so ist sie vor der Zuschlagserteilung beizubringen.

(6) Der Auftraggeber hat die Anforderungen an den Inhalt der Angebote nach den Absätzen 1 bis 5 in die Vergabeunterlagen aufzunehmen.

§ 14 Öffnung der Angebote, Öffnungstermin bei ausschließlicher Zulassung elektronischer Angebote. (1) [1]Sind nur elektronische Angebote zugelassen, wird die Öffnung der Angebote von mindestens zwei Vertretern des Auftraggebers gemeinsam an einem Termin (Öffnungstermin) unverzüglich nach Ablauf der Angebotsfrist durchgeführt. [2]Bis zu diesem Termin sind die elektronischen Angebote zu kennzeichnen und verschlüsselt aufzubewahren.

(2)

1. Der Verhandlungsleiter stellt fest, ob die elektronischen Angebote verschlüsselt sind.

2. Die Angebote werden geöffnet und in allen wesentlichen Teilen im Öffnungstermin gekennzeichnet.

3. Muster und Proben der Bieter müssen im Termin zur Stelle sein.

(3) [1]Über den Öffnungstermin ist eine Niederschrift in Textform zu fertigen, in der die beiden Vertreter des Auftraggebers zu benennen sind. [2]Der Niederschrift ist eine Aufstellung mit folgenden Angaben beizufügen:

a) Name und Anschrift der Bieter,

b) die Endbeträge der Angebote oder einzelner Lose,

c) Preisnachlässe ohne Bedingungen,

d) Anzahl der jeweiligen Nebenangebote.

(4) [1] Angebote, die nach Ablauf der Angebotsfrist eingegangen sind, sind in der Niederschrift oder in einem Nachtrag besonders aufzuführen. [2] Die Eingangszeiten und die etwa bekannten Gründe, aus denen die Angebote nicht vorgelegen haben, sind zu vermerken.

(5) [1] Ein Angebot, das nachweislich vor Ablauf der Angebotsfrist dem Auftraggeber zugegangen war, aber dem Verhandlungsleiter nicht vorgelegen hat, ist mit allen Angaben in die Niederschrift oder in einen Nachtrag aufzunehmen. [2] Den Bietern ist dieser Sachverhalt unverzüglich in Textform mitzuteilen. [3] In die Mitteilung sind die Feststellung, ob die Angebote verschlüsselt waren, sowie die Angaben nach Absatz 3 Buchstabe a bis d aufzunehmen. [4] Im Übrigen gilt Absatz 4 Satz 2.

(6) [1] Bei Ausschreibungen stellt der Auftraggeber den Bietern die in Absatz 3 Buchstabe a bis d genannten Informationen unverzüglich elektronisch zur Verfügung. [2] Den Bietern und ihren Bevollmächtigten ist die Einsicht in die Niederschrift und ihre Nachträge (Absätze 4 und 5 sowie § 16c Absatz 3) zu gestatten.

(7) Die Niederschrift darf nicht veröffentlicht werden.

(8) Die Angebote und ihre Anlagen sind sorgfältig zu verwahren und geheim zu halten.

§ 14a **Öffnung der Angebote, Eröffnungstermin bei Zulassung schriftlicher Angebote.** (1) [1] Sind schriftliche Angebote zugelassen, ist bei Ausschreibungen für die Öffnung und Verlesung (Eröffnung) der Angebote ein Eröffnungstermin abzuhalten, in dem nur die Bieter und ihre Bevollmächtigten zugegen sein dürfen. [2] Bis zu diesem Termin sind die zugegangenen Angebote auf dem ungeöffneten Umschlag mit Eingangsvermerk zu versehen und unter Verschluss zu halten. [3] Elektronische Angebote sind zu kennzeichnen und verschlüsselt aufzubewahren.

(2) Zur Eröffnung zuzulassen sind nur Angebote, die bis zum Ablauf der Angebotsfrist eingegangen sind.

(3)

1. Der Verhandlungsleiter stellt fest, ob der Verschluss der schriftlichen Angebote unversehrt ist und die elektronischen Angebote verschlüsselt sind.

2. [1] Die Angebote werden geöffnet und in allen wesentlichen Teilen im Eröffnungstermin gekennzeichnet. [2] Name und Anschrift der Bieter und die Endbeträge der Angebote oder einzelner Lose, sowie Preisnachlässe ohne Bedingungen werden verlesen. [3] Es wird bekannt gegeben, ob und von wem und in welcher Zahl Nebenangebote eingereicht sind. [4] Weiteres aus dem Inhalt der Angebote soll nicht mitgeteilt werden.

3. Muster und Proben der Bieter müssen im Termin zur Stelle sein.

(4)

1. [1] Über den Eröffnungstermin ist eine Niederschrift in Schriftform oder in elektronischer Form zu fertigen. [2] In ihr ist zu vermerken, dass die Angaben

nach Absatz 3 Nummer 2 verlesen und als richtig anerkannt oder welche Einwendungen erhoben worden sind.

2. Sie ist vom Verhandlungsleiter zu unterschreiben oder mit einer Signatur nach § 13 Absatz 1 Nummer 1 zu versehen; die anwesenden Bieter und Bevollmächtigten sind berechtigt, mit zu unterzeichnen oder eine Signatur nach § 13 Absatz 1 Nummer 1 anzubringen.

(5) [1]Angebote, die nach Ablauf der Angebotsfrist eingegangen sind (Absatz 2), sind in der Niederschrift oder in einem Nachtrag besonders aufzuführen. [2]Die Eingangszeiten und die etwa bekannten Gründe, aus denen die Angebote nicht vorgelegen haben, sind zu vermerken. [3]Der Umschlag und andere Beweismittel sind aufzubewahren.

(6) [1]Ein Angebot, das nachweislich vor Ablauf der Angebotsfrist dem Auftraggeber zugegangen war, aber dem Verhandlungsleiter nicht vorgelegen hat, ist mit allen Angaben in die Niederschrift oder in einen Nachtrag aufzunehmen. [2]Den Bietern ist dieser Sachverhalt unverzüglich in Textform mitzuteilen. [3]In die Mitteilung sind die Feststellung, ob der Verschluss unversehrt war und die Angaben nach Absatz 3 Nummer 2 aufzunehmen. [4]Im Übrigen gilt Absatz 5 Satz 2 und 3.

(7) Den Bietern und ihren Bevollmächtigten ist die Einsicht in die Niederschrift und ihre Nachträge (Absätze 5 und 6 sowie § 16c Absatz 3) zu gestatten; den Bietern sind nach Antragstellung die Namen der Bieter sowie die verlesenen und die nachgerechneten Endbeträge der Angebote sowie die Zahl ihrer Nebenangebote nach der rechnerischen Prüfung unverzüglich mitzuteilen.

(8) Die Niederschrift darf nicht veröffentlicht werden.

(9) Die Angebote und ihre Anlagen sind sorgfältig zu verwahren und geheim zu halten; dies gilt auch bei Freihändiger Vergabe.

§ 15 Aufklärung des Angebotsinhalts. (1)

1. Bei Ausschreibungen darf der Auftraggeber nach Öffnung der Angebote bis zur Zuschlagserteilung von einem Bieter nur Aufklärung verlangen, um sich über seine Eignung, insbesondere seine technische und wirtschaftliche Leistungsfähigkeit, das Angebot selbst, etwaige Nebenangebote, die geplante Art der Durchführung, etwaige Ursprungsorte oder Bezugsquellen von Stoffen oder Bauteilen und über die Angemessenheit der Preise, wenn nötig durch Einsicht in die vorzulegenden Preisermittlungen (Kalkulationen), zu unterrichten.

2. [1]Die Ergebnisse solcher Aufklärungen sind geheim zu halten. [2]Sie sollen in Textform niedergelegt werden.

(2) Verweigert ein Bieter die geforderten Aufklärungen und Angaben oder lässt er die ihm gesetzte angemessene Frist unbeantwortet verstreichen, so ist sein Angebot auszuschließen.

(3) Verhandlungen, besonders über Änderung der Angebote oder Preise, sind unstatthaft, außer, wenn sie bei Nebenangeboten oder Angeboten aufgrund eines Leistungsprogramms nötig sind, um unumgängliche technische Änderungen geringen Umfangs und daraus sich ergebende Änderungen der Preise zu vereinbaren.

§ 16 Ausschluss von Angeboten. (1) Auszuschließen sind:

1. Angebote, die nicht fristgerecht eingegangen sind,

2. Angebote, die den Bestimmungen des § 13 Absatz 1 Nummer 1, 2 und 5 nicht entsprechen,

3. Angebote, die die geforderten Unterlagen im Sinne von § 8 Absatz 2 Nummer 5 nicht enthalten, wenn der Auftraggeber gemäß § 16a Absatz 3 festgelegt hat, dass er keine Unterlagen nachfordern wird. Satz 1 gilt für Teilnahmeanträge entsprechend,

4. Angebote, bei denen der Bieter Erklärungen oder Nachweise, deren Vorlage sich der Auftraggeber vorbehalten hat, auf Anforderung nicht innerhalb einer angemessenen, nach dem Kalender bestimmten Frist vorgelegt hat. Satz 1 gilt für Teilnahmeanträge entsprechend,

5. Angebote von Bietern, die in Bezug auf die Ausschreibung eine Abrede getroffen haben, die eine unzulässige Wettbewerbsbeschränkung darstellt,

6. Nebenangebote, wenn der Auftraggeber in der Auftragsbekanntmachung oder in den Vergabeunterlagen erklärt hat, dass er diese nicht zulässt,

7. Hauptangebote von Bietern, die mehrere Hauptangebote abgegeben haben, wenn der Auftraggeber die Abgabe mehrerer Hauptangebote in der Auftragsbekanntmachung oder in den Vergabeunterlagen nicht zugelassen hat,

8. Nebenangebote, die dem § 13 Absatz 3 Satz 2 nicht entsprechen,

9. Hauptangebote, die dem § 13 Absatz 3 Satz 3 nicht entsprechen,

10. Angebote von Bietern, die im Vergabeverfahren vorsätzlich unzutreffende Erklärungen in Bezug auf ihre Fachkunde, Leistungsfähigkeit und Zuverlässigkeit abgegeben haben.

(2) Außerdem können Angebote von Bietern ausgeschlossen werden, wenn

1. ein Insolvenzverfahren oder ein vergleichbares gesetzlich geregeltes Verfahren eröffnet oder die Eröffnung beantragt worden ist oder der Antrag mangels Masse abgelehnt wurde oder ein Insolvenzplan rechtskräftig bestätigt wurde,

2. sich das Unternehmen in Liquidation befindet,

3. nachweislich eine schwere Verfehlung begangen wurde, die die Zuverlässigkeit als Bewerber oder Bieter in Frage stellt,

4. die Verpflichtung zur Zahlung von Steuern und Abgaben sowie der Beiträge zur Sozialversicherung nicht ordnungsgemäß erfüllt wurde,

5. sich das Unternehmen nicht bei der Berufsgenossenschaft angemeldet hat.

§ 16a[1]**) Nachforderung von Unterlagen.** (1) [1]Der Auftraggeber muss Bieter, die für den Zuschlag in Betracht kommen, unter Einhaltung der Grundsätze der Transparenz und der Gleichbehandlung auffordern, fehlende, unvollständige oder fehlerhafte unternehmensbezogene Unterlagen – insbesondere Erklärungen, Angaben oder Nachweise – nachzureichen, zu vervollständigen oder zu korrigieren, oder fehlende oder unvollständige leistungsbezogene Unterlagen – insbesondere Erklärungen, Produkt- und sonstige Angaben oder Nachweise – nachzureichen oder zu vervollständigen (Nachforderung), es sei denn, er hat von seinem Recht aus Absatz 3 Gebrauch gemacht. [2]Es sind nur Unterlagen nachzufordern, die bereits mit dem Angebot vorzulegen waren.

---

[1]) Siehe hierzu ua: BMI-Erlass betr. Auslegung von einzelnen Regelungen Vergabe- und Vertragsordnung für Bauleistungen Teil A v. 26.2.2020 (GMBl S. 279).

(2) [1]Fehlende Preisangaben dürfen nicht nachgefordert werden. [2]Angebote die den Bestimmungen des § 13 Absatz 1 Nummer 3 nicht entsprechen, sind auszuschließen. [3]Dies gilt nicht für Angebote, bei denen lediglich in unwesentlichen Positionen die Angabe des Preises fehlt und sowohl durch die Außerachtlassung dieser Positionen der Wettbewerb und die Wertungsreihenfolge nicht beeinträchtigt werden als auch bei Wertung dieser Positionen mit dem jeweils höchsten Wettbewerbspreis. [4]Hierbei wird nur auf den Preis ohne Berücksichtigung etwaiger Nebenangebote abgestellt. [5]Der Auftraggeber fordert den Bieter nach Maßgabe von Absatz 1 auf, die fehlenden Preispositionen zu ergänzen. [6]Die Sätze 3 bis 5 gelten nicht, wenn der Auftraggeber das Nachfordern von Preisangaben gemäß Absatz 3 ausgeschlossen hat.

(3) Der Auftraggeber kann in der Auftragsbekanntmachung oder den Vergabeunterlagen festlegen, dass er keine Unterlagen oder Preisangaben nachfordern wird.

(4) [1]Die Unterlagen oder fehlenden Preisangaben sind vom Bewerber oder Bieter nach Aufforderung durch den Auftraggeber innerhalb einer angemessenen, nach dem Kalender bestimmten Frist vorzulegen. [2]Die Frist soll sechs Kalendertage nicht überschreiten.

(5) Werden die nachgeforderten Unterlagen nicht innerhalb der Frist vorgelegt, ist das Angebot auszuschließen.

(6) Die Absätze 1, 3, 4 und 5 gelten für den Teilnahmewettbewerb entsprechend.

§ 16b Eignung. (1) [1]Bei Öffentlicher Ausschreibung ist die Eignung der Bieter zu prüfen. [2]Dabei sind anhand der vorgelegten Nachweise die Angebote der Bieter auszuwählen, deren Eignung die für die Erfüllung der vertraglichen Verpflichtungen notwendigen Sicherheiten bietet; dies bedeutet, dass sie die erforderliche Fachkunde, Leistungsfähigkeit und Zuverlässigkeit besitzen und über ausreichende technische und wirtschaftliche Mittel verfügen.

(2) Abweichend von Absatz 1 können die Angebote zuerst geprüft werden, sofern sichergestellt ist, dass die anschließende Prüfung der Eignung unparteiisch und transparent erfolgt.

(3) Bei Beschränkter Ausschreibung und Freihändiger Vergabe sind nur Umstände zu berücksichtigen, die nach Aufforderung zur Angebotsabgabe Zweifel an der Eignung des Bieters begründen (vgl. § 6b Absatz 4).

§ 16c Prüfung. (1) Die nicht ausgeschlossenen Angebote geeigneter Bieter sind auf die Einhaltung der gestellten Anforderungen, insbesondere in rechnerischer, technischer und wirtschaftlicher Hinsicht zu prüfen.

(2)

1. Entspricht der Gesamtbetrag einer Ordnungszahl (Position) nicht dem Ergebnis der Multiplikation von Mengenansatz und Einheitspreis, so ist der Einheitspreis maßgebend.
2. Bei Vergabe für eine Pauschalsumme gilt diese ohne Rücksicht auf etwa angegebene Einzelpreise.
3. Die Nummern 1 und 2 gelten auch bei Freihändiger Vergabe.

(3) Die aufgrund der Prüfung festgestellten Angebotsendsummen sind in der Niederschrift über den (Er-)Öffnungstermin zu vermerken.

§ 16d Wertung. (1) [1]

1. Auf ein Angebot mit einem unangemessen hohen oder niedrigen Preis darf der Zuschlag nicht erteilt werden.

2. [1] Erscheint ein Angebotspreis unangemessen niedrig und ist anhand vorliegender Unterlagen über die Preisermittlung die Angemessenheit nicht zu beurteilen, ist in Textform vom Bieter Aufklärung über die Ermittlung der Preise für die Gesamtleistung oder für Teilleistungen zu verlangen, gegebenenfalls unter Festlegung einer zumutbaren Antwortfrist. [2] Bei der Beurteilung der Angemessenheit sind die Wirtschaftlichkeit des Bauverfahrens, die gewählten technischen Lösungen oder sonstige günstige Ausführungsbedingungen zu berücksichtigen.

3. In die engere Wahl kommen nur solche Angebote, die unter Berücksichtigung rationellen Baubetriebs und sparsamer Wirtschaftsführung eine einwandfreie Ausführung einschließlich Haftung für Mängelansprüche erwarten lassen.

4. [1] Der Zuschlag wird auf das wirtschaftlichste Angebot erteilt. [2] Grundlage dafür ist eine Bewertung des Auftraggebers, ob und inwieweit das Angebot die vorgegebenen Zuschlagskriterien erfüllt. [3] Das wirtschaftlichste Angebot bestimmt sich nach dem besten Preis-Leistungs-Verhältnis. [4] Zu dessen Ermittlung können neben dem Preis oder den Kosten auch qualitative, umweltbezogene oder soziale Aspekte berücksichtigt werden.

5. [1] Es dürfen nur Zuschlagskriterien und gegebenenfalls deren Gewichtung berücksichtigt werden, die in der Auftragsbekanntmachung oder in den Vergabeunterlagen genannt sind. [2] Zuschlagskriterien können neben dem Preis oder den Kosten insbesondere sein:

a) Qualität einschließlich technischer Wert, Ästhetik, Zweckmäßigkeit, Zugänglichkeit, "Design für alle", soziale, umweltbezogene und innovative Eigenschaften;

b) Organisation, Qualifikation und Erfahrung des mit der Ausführung des Auftrags betrauten Personals, wenn die Qualität des eingesetzten Personals erheblichen Einfluss auf das Niveau der Auftragsausführung haben kann, oder

c) Kundendienst und technische Hilfe sowie Ausführungsfrist.

6. Die Zuschlagskriterien müssen mit dem Auftragsgegenstand in Verbindung stehen.

7. Zuschlagskriterien stehen mit dem Auftragsgegenstand in Verbindung, wenn sie sich in irgendeiner Hinsicht auf diesen beziehen, auch wenn derartige Faktoren sich nicht auf die materiellen Eigenschaften des Auftragsgegenstandes auswirken.

[2] Die Zuschlagskriterien müssen so festgelegt und bestimmt sein, dass die Möglichkeit eines wirksamen Wettbewerbs gewährleistet wird, der Zuschlag nicht willkürlich erteilt werden kann und eine wirksame Überprüfung möglich ist, ob und inwieweit die Angebote die Zuschlagskriterien erfüllen.
[3] Es können auch Festpreise oder Festkosten vorgegeben werden, sodass der Wettbewerb nur über die Qualität stattfindet.

(2) Ein Angebot nach § 13 Absatz 2 ist wie ein Hauptangebot zu werten.

(3) Nebenangebote sind zu werten, es sei denn, der Auftraggeber hat sie in der Auftragsbekanntmachung oder in den Vergabeunterlagen nicht zugelassen.

(4) [1] Preisnachlässe ohne Bedingung sind nicht zu werten, wenn sie nicht an der vom Auftraggeber nach § 13 Absatz 4 bezeichneten Stelle aufgeführt sind. [2] Unaufgefordert angebotene Preisnachlässe mit Bedingungen für die Zahlungsfrist (Skonti) werden bei der Wertung der Angebote nicht berücksichtigt.

(5) [1] Die Bestimmungen von Absatz 1 und § 16b gelten auch bei Freihändiger Vergabe. [2] Die Absätze 2 bis 4, § 16 Absatz 1 und § 6 Absatz 2 sind entsprechend auch bei Freihändiger Vergabe anzuwenden.

§ 17 Aufhebung der Ausschreibung. (1) Die Ausschreibung kann aufgehoben werden, wenn:

1. kein Angebot eingegangen ist, das den Ausschreibungsbedingungen entspricht,
2. die Vergabeunterlagen grundlegend geändert werden müssen,
3. andere schwerwiegende Gründe bestehen.

(2) Die Bewerber und Bieter sind von der Aufhebung der Ausschreibung unter Angabe der Gründe, gegebenenfalls über die Absicht, ein neues Vergabeverfahren einzuleiten, unverzüglich in Textform zu unterrichten.

§ 18 Zuschlag. (1) Der Zuschlag ist möglichst bald, mindestens aber so rechtzeitig zu erteilen, dass dem Bieter die Erklärung noch vor Ablauf der Bindefrist (§ 10 Absatz 4 bis 6) zugeht.

(2) Werden Erweiterungen, Einschränkungen oder Änderungen vorgenommen oder wird der Zuschlag verspätet erteilt, so ist der Bieter bei Erteilung des Zuschlags aufzufordern, sich unverzüglich über die Annahme zu erklären.

§ 19 Nicht berücksichtigte Bewerbungen und Angebote. (1) [1] Bieter, deren Angebote ausgeschlossen worden sind (§ 16) und solche, deren Angebote nicht in die engere Wahl kommen, sollen unverzüglich unterrichtet werden. [2] Die übrigen Bieter sind zu unterrichten, sobald der Zuschlag erteilt worden ist.

(2) Auf Verlangen sind den nicht berücksichtigten Bewerbern oder Bietern innerhalb einer Frist von 15 Kalendertagen nach Eingang ihres in Textform gestellten Antrags die Gründe für die Nichtberücksichtigung ihrer Bewerbung oder ihres Angebots in Textform mitzuteilen, den Bietern auch die Merkmale und Vorteile des Angebots des erfolgreichen Bieters sowie dessen Name.

(3) Nicht berücksichtigte Angebote und Ausarbeitungen der Bieter dürfen nicht für eine neue Vergabe oder für andere Zwecke benutzt werden.

(4) Entwürfe, Ausarbeitungen, Muster und Proben zu nicht berücksichtigten Angeboten sind zurückzugeben, wenn dies im Angebot oder innerhalb von 30 Kalendertagen nach Ablehnung des Angebots verlangt wird.

§ 20 Dokumentation, Informationspflicht. (1) [1] Das Vergabeverfahren ist zeitnah so zu dokumentieren, dass die einzelnen Stufen des Verfahrens, die einzelnen Maßnahmen, die maßgebenden Feststellungen sowie die Begründung der einzelnen Entscheidungen in Textform festgehalten werden. [2] Diese Dokumentation muss mindestens enthalten:

1. Name und Anschrift des Auftraggebers,
2. Art und Umfang der Leistung,
3. Wert des Auftrags,

4. Namen der berücksichtigten Bewerber oder Bieter und Gründe für ihre Auswahl,

5. Namen der nicht berücksichtigten Bewerber oder Bieter und die Gründe für die Ablehnung,

6. Gründe für die Ablehnung von ungewöhnlich niedrigen Angeboten,

7. Name des Auftragnehmers und Gründe für die Erteilung des Zuschlags auf sein Angebot,

8. Anteil der beabsichtigten Weitergabe an Nachunternehmen, soweit bekannt,

9. bei Beschränkter Ausschreibung ohne Teilnahmewettbewerb, Freihändiger Vergabe Gründe für die Wahl des jeweiligen Verfahrens,

10. gegebenenfalls die Gründe, aus denen der Auftraggeber auf die Vergabe eines Auftrags verzichtet hat.

[3] Der Auftraggeber trifft geeignete Maßnahmen, um den Ablauf der mit elektronischen Mitteln durchgeführten Vergabeverfahren zu dokumentieren.

(2) [1] Wird auf die Vorlage zusätzlich zum Angebot verlangter Unterlagen und Nachweise verzichtet, ist dies in der Dokumentation zu begründen. [2] Dies gilt auch für den Verzicht auf Angaben zur Eignung gemäß § 6a Absatz 5.

(3) [1] Nach Zuschlagserteilung hat der Auftraggeber auf geeignete Weise, z.B. auf Internetportalen oder im Beschafferprofil zu informieren, wenn bei

1. Beschränkten Ausschreibungen ohne Teilnahmewettbewerb der Auftragswert 25 000 Euro ohne Umsatzsteuer,

2. Freihändigen Vergaben der Auftragswert 15 000 Euro ohne Umsatzsteuer übersteigt. [2] Diese Informationen werden sechs Monate vorgehalten und müssen folgende Angaben enthalten:

a) Name, Anschrift, Telefon-, Telefaxnummer und E-Mail-Adresse des Auftraggebers,

b) gewähltes Vergabeverfahren,

c) Auftragsgegenstand,

d) Ort der Ausführung,

e) Name des beauftragten Unternehmens.

(4) [1] Der Auftraggeber informiert fortlaufend Unternehmen auf Internetportalen oder in seinem Beschafferprofil über beabsichtigte Beschränkte Ausschreibungen nach § 3a Absatz 2 Nummer 1 ab einem voraussichtlichen Auftragswert von 25 000 Euro ohne Umsatzsteuer.
[2] Diese Informationen müssen folgende Angaben enthalten:

1. Name, Anschrift, Telefon-, Telefaxnummer und E-Mail-Adresse des Auftraggebers,

2. Auftragsgegenstand,

3. Ort der Ausführung,

4. Art und voraussichtlicher Umfang der Leistung,

5. voraussichtlicher Zeitraum der Ausführung.

§ 21 Nachprüfungsstellen. In der Auftragsbekanntmachung und den Vergabeunterlagen sind die Nachprüfungsstellen mit Anschrift anzugeben, an die sich der Bewerber oder Bieter zur Nachprüfung behaupteter Verstöße gegen die Vergabebestimmungen wenden kann.

§ 22 Änderungen während der Vertragslaufzeit. Vertragsänderungen nach den Bestimmungen der VOB/B[1] erfordern kein neues Vergabeverfahren; ausgenommen davon sind Vertragsänderungen nach § 1 Absatz 4 Satz 2 VOB/B.

§ 23 Baukonzessionen. (1) Eine Baukonzession ist ein Vertrag über die Durchführung eines Bauauftrages, bei dem die Gegenleistung für die Bauarbeiten statt in einem Entgelt in dem befristeten Recht auf Nutzung der baulichen Anlage, gegebenenfalls zuzüglich der Zahlung eines Preises besteht.

(2) Für die Vergabe von Baukonzessionen sind die §§ 1 bis 22 sinngemäß anzuwenden.

§ 24[2] Vergabe im Ausland. Für die Vergabe von Bauleistungen einer Auslandsdienststelle im Ausland oder einer inländischen Dienststelle, die im Ausland dort zu erbringende Bauleistungen vergibt, kann

1.[3] Freihändige Vergabe erfolgen, wenn dies durch Ausführungsbestimmungen eines Bundes- oder Landesministeriums bis zu einem bestimmten Höchstwert (Wertgrenze) zugelassen ist,

2. auf Angaben nach § 6a verzichtet werden, wenn die örtlichen Verhältnisse eine Vergabe im Ausland erfordern und die Angaben aufgrund der örtlichen Verhältnisse nicht erlangt werden können,

3. abweichend von § 8a Absatz 1 von der Vereinbarung der VOB/B[1] und VOB/C abgesehen werden, wenn die örtlichen Verhältnisse eine Vergabe im Ausland sowie den Verzicht auf die Vereinbarung der VOB/B und VOB/C im Einzelfall erfordern, durch das zugrunde liegende Vertragswerk eine wirtschaftliche Verwendung der Haushaltsmittel gewährleistet ist und die gewünschten technischen Standards eingehalten werden.

---

[1] Nr. **14**.
[2] Siehe hierzu ua: BMI-Erlass betr. Auslegung von einzelnen Regelungen Vergabe- und Vertragsordnung für Bauleistungen Teil A v. 26.2.2020 (GMBl S. 279).
[3] Siehe hierzu ua:
Erlass Wertgrenze für freihändige Vergaben im Auslandsbau, § 24 Nr. 1 VOB/A v. 10.12.2019 (GMBl 2020 S. 100).

Technische Spezifikationen

1. „Technische Spezifikation" hat eine der folgenden Bedeutungen:

a) bei öffentlichen Bauaufträgen die Gesamtheit der insbesondere in den Vergabeunterlagen enthaltenen technischen Beschreibungen, in denen die erforderlichen Eigenschaften eines Werkstoffs, eines Produkts oder einer Lieferung definiert sind, damit dieser/diese den vom Auftraggeber beabsichtigten Zweck erfüllt; zu diesen Eigenschaften gehören Umwelt- und Klimaleistungsstufen, „Design für alle" (einschließlich des Zugangs von Menschen mit Behinderungen) und Konformitätsbewertung, Leistung, Vorgaben für Gebrauchstauglichkeit, Sicherheit oder Abmessungen, einschließlich der Qualitätssicherungsverfahren, der Terminologie, der Symbole, der Versuchs- und Prüfmethoden, der Verpackung, der Kennzeichnung und Beschriftung, der Gebrauchsanleitungen sowie der Produktionsprozesse und -methoden in jeder Phase des Lebenszyklus der Bauleistungen; außerdem gehören dazu auch die Vorschriften für die Planung und die Kostenrechnung, die Bedingungen für die Prüfung, Inspektion und Abnahme von Bauwerken, die Konstruktionsmethoden oder -verfahren und alle anderen technischen Anforderungen, die der Auftraggeber für fertige Bauwerke oder dazu notwendige Materialien oder Teile durch allgemeine und spezielle Vorschriften anzugeben in der Lage ist;

b) bei öffentlichen Dienstleistungs- oder Lieferaufträgen eine Spezifikation, die in einem Schriftstück enthalten ist, das Merkmale für ein Produkt oder eine Dienstleistung vorschreibt, wie Qualitätsstufen, Umwelt- und Klimaleistungsstufen, „Design für alle" (einschließlich des Zugangs von Menschen mit Behinderungen) und Konformitätsbewertung, Leistung, Vorgaben für Gebrauchstauglichkeit, Sicherheit oder Abmessungen des Produkts, einschließlich der Vorschriften über Verkaufsbezeichnung, Terminologie, Symbole, Prüfungen und Prüfverfahren, Verpackung, Kennzeichnung und Beschriftung, Gebrauchsanleitungen, Produktionsprozesse und -methoden in jeder Phase des Lebenszyklus der Lieferung oder der Dienstleistung sowie über Konformitätsbewertungsverfahren;

2. „Norm" bezeichnet eine technische Spezifikation, die von einer anerkannten Normungsorganisation zur wiederholten oder ständigen Anwendung angenommen wurde, deren Einhaltung nicht zwingend ist und die unter eine der nachstehenden Kategorien fällt:

a) internationale Norm: Norm, die von einer internationalen Normungsorganisation angenommen wurde und der Öffentlichkeit zugänglich ist;

b) europäische Norm: Norm, die von einer europäischen Normungsorganisation angenommen wurde und der Öffentlichkeit zugänglich ist;

c) nationale Norm: Norm, die von einer nationalen Normungsorganisation angenommen wurde und der Öffentlichkeit zugänglich ist;

3. „Europäische technische Bewertung" bezeichnet eine dokumentierte Bewertung der Leistung eines Bauprodukts in Bezug auf seine wesentlichen Merkmale im Einklang mit dem betreffenden Europäischen Bewertungsdokument gemäß der Begriffsbestimmung in Artikel 2 Nummer 12 der Verordnung (EU) Nr. 305/2011 des Europäischen Parlaments und des Rates;

4. „gemeinsame technische Spezifikationen" sind technische Spezifikationen im IKT-Bereich, die gemäß den Artikeln 13 und 14 der Verordnung (EU) Nr. 1025/2012 festgelegt wurden;

5. „technische Bezugsgröße" bezeichnet jeden Bezugsrahmen, der keine europäische Norm ist und von den europäischen Normungsorganisationen nach den an die Bedürfnisse des Marktes angepassten Verfahren erarbeitet wurde.

Abschnitt 2. Vergabebestimmungen im Anwendungsbereich der Richtlinie 2014/24/EU[1]) (VOB/A – EU)[2])

§ 1 EU Anwendungsbereich. (1) Bauaufträge sind Verträge über die Ausführung oder die gleichzeitige Planung und Ausführung

1. eines Bauvorhabens oder eines Bauwerks für einen öffentlichen Auftraggeber, das

   a) Ergebnis von Tief- oder Hochbauarbeiten ist und

   b) eine wirtschaftliche oder technische Funktion erfüllen soll oder

2. einer dem öffentlichen Auftraggeber unmittelbar wirtschaftlich zugutekommenden Bauleistung, die Dritte gemäß den vom öffentlichen Auftraggeber genannten Erfordernissen erbringen, wobei der öffentliche Auftraggeber einen entscheidenden Einfluss auf die Art und die Planung des Vorhabens hat.

(2) [1]Die Bestimmungen dieses Abschnittes sind von öffentlichen Auftraggebern im Sinne von § 99 GWB[3]) für Bauaufträge anzuwenden, bei denen der geschätzte Gesamtauftragswert der Baumaßnahme oder des Bauwerks (alle Bauaufträge für eine bauliche Anlage) mindestens dem im § 106 GWB[3]) geregelten Schwellenwert für Bauaufträge ohne Umsatzsteuer entspricht. [2]Die Schätzung des Auftragswerts ist gemäß § 3 VgV[4]) vorzunehmen.

§ 2 EU Grundsätze. (1) [1]Öffentliche Aufträge werden im Wettbewerb und im Wege transparenter Verfahren vergeben. [2]Dabei werden die Grundsätze der Wirtschaftlichkeit und der Verhältnismäßigkeit gewahrt. [3]Wettbewerbsbeschränkende und unlautere Verhaltensweisen sind zu bekämpfen.

(2) Die Teilnehmer an einem Vergabeverfahren sind gleich zu behandeln, es sei denn, eine Ungleichbehandlung ist aufgrund des GWB[5]) ausdrücklich geboten oder gestattet.

(3) Öffentliche Aufträge werden an fachkundige und leistungsfähige (geeignete) Unternehmen vergeben, die nicht nach § 6e EU ausgeschlossen worden sind.

(4) [1]Mehrere öffentliche Auftraggeber können vereinbaren, einen bestimmten Auftrag gemeinsam zu vergeben. [2]Es gilt § 4 VgV[4]).

(5) Die Regelungen darüber, wann natürliche Personen bei Entscheidungen in einem Vergabeverfahren für einen öffentlichen Aufraggeber als voreingenommen gelten und an einem Vergabeverfahren nicht mitwirken dürfen, richten sich nach § 6 VgV.

(6) Öffentliche Auftraggeber, Bewerber, Bieter und Auftragnehmer wahren die Vertraulichkeit aller Informationen und Unterlagen nach Maßgabe dieser Vergabeordnung oder anderen Rechtsvorschriften.

---

[1]) **Amtl. Anm.:** Richtlinie 2014/24/EU des Europäischen Parlaments und des Rates vom 26. Februar 2014 über die öffentliche Auftragsvergabe und zur Aufhebung der Richtlinie 2004/18/EG (ABl. L 94 vom 28.3.2014, S. 65)

[2]) **Amtl. Anm.:** Zitierweise: § x EU Absatz y VOB/A

[3]) Nr. 1.

[4]) Nr. 2.

[5]) Auszugsweise abgedruckt unter Nr. 1.

(7) [1] Vor der Einleitung eines Vergabeverfahrens kann der öffentliche Auftraggeber Marktkonsultationen zur Vorbereitung der Auftragsvergabe und zur Unterrichtung der Unternehmer über seine Pläne zur Auftragsvergabe und die Anforderungen an den Auftrag durchführen. [2] Die Durchführung von Vergabeverfahren zum Zwecke der Markterkundung ist unzulässig.

(8) Der öffentliche Auftraggeber soll erst dann ausschreiben, wenn alle Vergabeunterlagen fertig gestellt sind und wenn innerhalb der angegebenen Fristen mit der Ausführung begonnen werden kann.

(9) Es ist anzustreben, die Aufträge so zu erteilen, dass die ganzjährige Bautätigkeit gefördert wird.

§ 3 EU Arten der Vergabe. Die Vergabe von öffentlichen Aufträgen erfolgt im offenen Verfahren, im nicht offenen Verfahren, im Verhandlungsverfahren, im wettbewerblichen Dialog oder in der Innovationspartnerschaft.

1. Das offene Verfahren ist ein Verfahren, in dem der öffentliche Auftraggeber eine unbeschränkte Anzahl von Unternehmen öffentlich zur Abgabe von Angeboten auffordert.

2. Das nicht offene Verfahren ist ein Verfahren, bei dem der öffentliche Auftraggeber nach vorheriger öffentlicher Aufforderung zur Teilnahme eine beschränkte Anzahl von Unternehmen nach objektiven, transparenten und nichtdiskriminierenden Kriterien auswählt (Teilnahmewettbewerb), die er zur Abgabe von Angeboten auffordert.

3. Das Verhandlungsverfahren ist ein Verfahren, bei dem sich der öffentliche Auftraggeber mit oder ohne Teilnahmewettbewerb an ausgewählte Unternehmen wendet, um mit einem oder mehreren dieser Unternehmen über die Angebote zu verhandeln.

4. Der wettbewerbliche Dialog ist ein Verfahren zur Vergabe öffentlicher Aufträge mit dem Ziel der Ermittlung und Festlegung der Mittel, mit denen die Bedürfnisse des öffentlichen Auftraggebers am besten erfüllt werden können.

5. Die Innovationspartnerschaft ist ein Verfahren zur Entwicklung innovativer, noch nicht auf dem Markt verfügbarer Bauleistungen und zum anschließenden Erwerb der daraus hervorgehenden Leistungen.

§ 3a EU Zulässigkeitsvoraussetzungen. (1) [1] Dem öffentlichen Auftraggeber stehen nach seiner Wahl das offene und das nicht offene Verfahren zur Verfügung. [2] Die anderen Verfahrensarten stehen nur zur Verfügung, soweit dies durch gesetzliche Bestimmungen oder nach den Absätzen 2 bis 5 gestattet ist.

(2) Das Verhandlungsverfahren mit Teilnahmewettbewerb ist zulässig,

1. wenn mindestens eines der folgenden Kriterien erfüllt ist:

    a) die Bedürfnisse des öffentlichen Auftraggebers können nicht ohne die Anpassung bereits verfügbarer Lösungen erfüllt werden;

    b) der Auftrag umfasst konzeptionelle oder innovative Lösungen;

    c) der Auftrag kann aufgrund konkreter Umstände, die mit der Art, der Komplexität oder dem rechtlichen oder finanziellen Rahmen oder den damit einhergehenden Risiken zusammenhängen, nicht ohne vorherige Verhandlungen vergeben werden;

    d) die technischen Spezifikationen können von dem öffentlichen Auftraggeber nicht mit ausreichender Genauigkeit unter Verweis auf eine Norm, eine europäische technische Bewertung (ETA), eine gemeinsame technische Spezifikation oder technische Referenzen im Sinne des Anhangs TS Nummern 2 bis 5 der Richtlinie 2014/24/EU erstellt werden;

2. wenn ein offenes Verfahren oder nicht offenes Verfahren wegen nicht ordnungsgemäßer oder nicht annehmbarer Angebote aufgehoben wurde. Nicht ordnungsgemäß sind insbesondere Angebote, die nicht den Vergabeunterlagen entsprechen, nicht fristgerecht eingegangen sind, nachweislich auf kollusiven Absprachen oder Korruption beruhen oder nach Einschätzung des öffentlichen Auftraggebers ungewöhnlich niedrig sind. Unannehmbar sind insbesondere Angebote von Bietern, die nicht über die erforderlichen Qualifikationen verfügen und Angebote, deren Preis das vor Einleitung des Vergabeverfahrens festgelegte und schriftlich dokumentierte Budget des öffentlichen Auftraggebers übersteigt.

(3) Das Verhandlungsverfahren ohne Teilnahmewettbewerb ist zulässig,

1. wenn bei einem offenen Verfahren oder bei einem nicht offenen Verfahren

   a) keine ordnungsgemäßen oder nur unannehmbare Angebote abgegeben worden sind und

   b) in das Verhandlungsverfahren alle – und nur die – Bieter aus dem vorausgegangenen Verfahren einbezogen werden, die fachkundig und leistungsfähig (geeignet) sind und die nicht nach § 6e EU ausgeschlossen worden sind;

2. wenn bei einem offenen Verfahren oder bei einem nicht offenen Verfahren

   a) keine Angebote oder keine Teilnahmeanträge abgegeben worden sind oder

   b) nur Angebote oder Teilnahmeanträge solcher Bewerber oder Bieter abgegeben worden sind, die nicht fachkundig oder leistungsfähig (geeignet) sind oder die nach § 6e EU ausgeschlossen worden sind oder

   c) nur solche Angebote abgegeben worden sind, die den in den Vergabeunterlagen genannten Bedingungen nicht entsprechen

   und die ursprünglichen Vertragsunterlagen nicht grundlegend geändert werden. Der Europäischen Kommission wird auf Anforderung ein Bericht vorgelegt;

3. wenn die Leistungen aus einem der folgenden Gründe nur von einem bestimmten Unternehmen erbracht werden können:

   a) Erschaffung oder Erwerb eines einzigartigen Kunstwerks oder einer einzigartigen künstlerischen Leistung als Ziel der Auftragsvergabe;

   b) nicht vorhandener Wettbewerb aus technischen Gründen;

   c) Schutz von ausschließlichen Rechten, einschließlich der Rechte des geistigen Eigentums.

   Die in Buchstabe b und c festgelegten Ausnahmen gelten nur dann, wenn es keine vernünftige Alternative oder Ersatzlösung gibt und der mangelnde Wettbewerb nicht das Ergebnis einer künstlichen Einschränkung der Auftragsvergabeparameter ist;

4. wenn wegen der äußersten Dringlichkeit der Leistung aus zwingenden Gründen infolge von Ereignissen, die der öffentliche Auftraggeber nicht verursacht hat und nicht voraussehen konnte, die in § 10a EU, § 10b EU und § 10c EU Absatz 1 vorgeschriebenen Fristen nicht eingehalten werden können;

5. wenn gleichartige Bauleistungen wiederholt werden, die durch denselben öffentlichen Auftraggeber an den Auftragnehmer vergeben werden, der den ursprünglichen Auftrag erhalten hat, und wenn sie einem Grundentwurf entsprechen und dieser Gegenstand des ursprünglichen Auftrags war, der in Einklang mit § 3a EU vergeben wurde. Der Umfang der nachfolgenden Bauleistungen und die Bedingungen, unter denen sie vergeben werden, sind im ursprünglichen Projekt anzugeben. Die Möglichkeit, dieses Verfahren anzuwenden, muss bereits bei der Auftragsbekanntmachung der Ausschreibung für das erste Vorhaben angegeben werden; der für die Fortsetzung der Bauarbeiten in Aussicht gestellte Gesamtauftragswert wird vom öffentlichen Auftraggeber bei der Anwendung von § 3 VgV[1]) berücksichtigt. Dieses Verfahren darf jedoch nur innerhalb von drei Jahren nach Abschluss des ersten Auftrags angewandt werden.

(4) Der wettbewerbliche Dialog ist unter den Voraussetzungen des Absatzes 2 zulässig.

(5) [1] Der öffentliche Auftraggeber kann für die Vergabe eines öffentlichen Auftrags eine Innovationspartnerschaft mit dem Ziel der Entwicklung einer innovativen Leistung und deren anschließendem Erwerb eingehen. [2] Der Beschaffungsbedarf, der der Innovationspartnerschaft zugrunde liegt, darf nicht durch auf dem Markt bereits verfügbare Bauleistungen befriedigt werden können.

§ 3b EU Ablauf der Verfahren. (1) [1] Bei einem offenen Verfahren wird eine unbeschränkte Anzahl von Unternehmen öffentlich zur Abgabe von Angeboten aufgefordert. [2] Jedes interessierte Unternehmen kann ein Angebot abgeben.

(2)

1. [1] Bei einem nicht offenen Verfahren wird im Rahmen eines Teilnahmewettbewerbs eine unbeschränkte Anzahl von Unternehmen öffentlich zur Abgabe von Teilnahmeanträgen aufgefordert. [2] Jedes interessierte Unternehmen kann einen Teilnahmeantrag abgeben. [3] Mit dem Teilnahmeantrag übermitteln die Unternehmen die vom öffentlichen Auftraggeber geforderten Informationen für die Prüfung der Eignung und das Nichtvorliegen von Ausschlussgründen.

2. Nur diejenigen Unternehmen, die vom öffentlichen Auftraggeber infolge einer Bewertung der übermittelten Information dazu aufgefordert werden, können ein Angebot einreichen.

3. [1] Der öffentliche Auftraggeber kann die Zahl geeigneter Bewerber, die zur Angebotsabgabe aufgefordert werden, begrenzen. [2] Dazu gibt der öffentliche Auftraggeber in der Auftragsbekanntmachung oder der Aufforderung zur Interessensbestätigung die von ihm vorgesehenen objektiven und nicht diskriminierenden Eignungskriterien für die Begrenzung der Zahl, die vorgesehene Mindestzahl und gegebenenfalls auch die Höchstzahl der einzuladenden Bewerber an. [3] Die vorgesehene Mindestzahl der einzuladenden Bewerber darf nicht niedriger als fünf sein. [4] In jedem Fall muss die Zahl der eingeladenen Bewerber ausreichend hoch sein, dass ein echter Wettbewerb gewährleistet ist. [5] Sofern geeignete Bewerber in ausreichender Zahl zur Verfügung stehen, lädt der öffentliche Auftraggeber von diesen eine Anzahl ein,

---

[1]) Nr. 2.

die nicht niedriger als die festgelegte Mindestzahl ist. [6]Sofern die Zahl geeigneter Bewerber unter der Mindestzahl liegt, darf der öffentliche Auftraggeber das Verfahren ausschließlich mit diesem oder diesen geeigneten Bewerber(n) fortführen.

(3)

1. [1]Bei einem Verhandlungsverfahren mit Teilnahmewettbewerb wird im Rahmen des Teilnahmewettbewerbs eine unbeschränkte Anzahl von Unternehmen öffentlich zur Abgabe von Teilnahmeanträgen aufgefordert. [2]Jedes interessierte Unternehmen kann einen Teilnahmeantrag abgeben. [3]Mit dem Teilnahmeantrag übermitteln die Unternehmen die vom öffentlichen Auftraggeber geforderten Informationen für die Prüfung der Eignung und das Nichtvorliegen von Ausschlussgründen.

2. Nur diejenigen Unternehmen, die vom öffentlichen Auftraggeber infolge einer Bewertung der übermittelten Informationen dazu aufgefordert werden, können ein Erstangebot übermitteln, das die Grundlage für die späteren Verhandlungen bildet.

3. Im Übrigen gilt Absatz 2 Nummer 3 mit der Maßgabe, dass die in der Auftragsbekanntmachung oder in der Aufforderung zur Interessensbestätigung anzugebende Mindestzahl nicht niedriger als drei sein darf.

4. Bei einem Verhandlungsverfahren ohne Teilnahmewettbewerb erfolgt keine öffentliche Aufforderung zur Teilnahme.

5. Die Mindestanforderungen und die Zuschlagskriterien sind nicht Gegenstand von Verhandlungen.

6. Der öffentliche Auftraggeber verhandelt mit den Bietern über die von ihnen eingereichten Erstangebote und alle Folgeangebote, mit Ausnahme der endgültigen Angebote, mit dem Ziel, die Angebote inhaltlich zu verbessern.

7. Der öffentliche Auftraggeber kann öffentliche Aufträge auf der Grundlage der Erstangebote vergeben, ohne in Verhandlungen einzutreten, wenn er in der Auftragsbekanntmachung oder in der Aufforderung zur Interessensbestätigung darauf hingewiesen hat, dass er sich diese Möglichkeit vorbehält.

8. [1]Der öffentliche Auftraggeber kann vorsehen, dass das Verhandlungsverfahren in verschiedenen aufeinander folgenden Phasen abgewickelt wird, um so die Zahl der Angebote, über die verhandelt wird, oder die zu erörternden Lösungen anhand der vorgegebenen Zuschlagskriterien zu verringern. [2]Wenn der öffentliche Auftraggeber dies vorsieht, gibt er dies in der Auftragsbekanntmachung, der Aufforderung zur Interessensbestätigung oder in den Vergabeunterlagen an. [3]In der Schlussphase des Verfahrens müssen so viele Angebote vorliegen, dass ein echter Wettbewerb gewährleistet ist, sofern eine ausreichende Anzahl von geeigneten Bietern vorhanden ist.

9. [1]Der öffentliche Auftraggeber stellt sicher, dass alle Bieter bei den Verhandlungen gleich behandelt werden. [2]Insbesondere enthält er sich jeder diskriminierenden Weitergabe von Informationen, durch die bestimmte Bieter gegenüber anderen begünstigt werden könnten. [3]Er unterrichtet alle Bieter, deren Angebote nicht gemäß Nummer 8 ausgeschieden wurden, schriftlich über etwaige Änderungen der Leistungsbeschreibung, insbesondere der technischen Anforderungen oder anderer Bestandteile der Vergabeunterlagen, die nicht die Festlegung der Mindestanforderungen betreffen. [4]Im

Anschluss an solche Änderungen gewährt der öffentliche Auftraggeber den Bietern ausreichend Zeit, um ihre Angebote zu ändern und gegebenenfalls überarbeitete Angebote einzureichen. [5] Der öffentliche Auftraggeber darf vertrauliche Informationen eines an den Verhandlungen teilnehmenden Bieters nicht ohne dessen Zustimmung an die anderen Teilnehmer weitergeben. [6] Eine solche Zustimmung darf nicht allgemein erteilt werden, sondern wird nur in Bezug auf die beabsichtigte Mitteilung bestimmter Informationen erteilt.

10. [1] Beabsichtigt der öffentliche Auftraggeber, die Verhandlungen abzuschließen, so unterrichtet er die verbleibenden Bieter und legt eine einheitliche Frist für die Einreichung neuer oder überarbeiteter Angebote fest. [2] Er vergewissert sich, dass die endgültigen Angebote den Mindestanforderungen entsprechen und erteilt den Zuschlag.

(4)

1. [1] Beim wettbewerblichen Dialog fordert der öffentliche Auftraggeber eine unbeschränkte Anzahl von Unternehmen im Rahmen eines Teilnahmewettbewerbs öffentlich zur Abgabe von Teilnahmeanträgen auf. [2] Jedes interessierte Unternehmen kann einen Teilnahmeantrag abgeben. [3] Mit dem Teilnahmeantrag übermitteln die Unternehmen die vom öffentlichen Auftraggeber geforderten Informationen für die Prüfung der Eignung und das Nichtvorliegen von Ausschlussgründen.

2. [1] Nur diejenigen Unternehmen, die vom öffentlichen Auftraggeber infolge einer Bewertung der übermittelten Informationen dazu aufgefordert werden, können in den Dialog mit dem öffentlichen Auftraggeber eintreten. [2] Im Übrigen gilt Absatz 2 Nummer 3 mit der Maßgabe, dass die in der Auftragsbekanntmachung anzugebende Mindestzahl nicht niedriger als drei sein soll.

3. [1] In der Auftragsbekanntmachung oder den Vergabeunterlagen zur Durchführung eines wettbewerblichen Dialogs beschreibt der öffentliche Auftraggeber seine Bedürfnisse und Anforderungen an die zu beschaffende Leistung. [2] Gleichzeitig erläutert und definiert er die hierbei zugrunde gelegten Zuschlagskriterien und legt einen vorläufigen Zeitrahmen für Verhandlungen fest.

4. [1] Der öffentliche Auftraggeber eröffnet mit den ausgewählten Unternehmen einen Dialog, in dem er ermittelt und festlegt, wie seine Bedürfnisse am besten erfüllt werden können. [2] Dabei kann er mit den ausgewählten Unternehmen alle Einzelheiten des Auftrages erörtern. [3] Er sorgt dafür, dass alle Unternehmen bei dem Dialog gleich behandelt werden, gibt Lösungsvorschläge oder vertrauliche Informationen eines Unternehmens nicht ohne dessen Zustimmung an die anderen Unternehmen weiter und verwendet diese nur im Rahmen des Vergabeverfahrens.

5. [1] Der öffentliche Auftraggeber kann vorsehen, dass der Dialog in verschiedenen aufeinander folgenden Phasen geführt wird, sofern der öffentliche Auftraggeber darauf in der Auftragsbekanntmachung oder in den Vergabeunterlagen hingewiesen hat. [2] In jeder Dialogphase kann die Zahl der zu erörternden Lösungen anhand der vorgegebenen Zuschlagskriterien verringert werden. [3] Der öffentliche Auftraggeber hat die Unternehmen zu informieren, wenn deren Lösungen nicht für die folgende Dialogphase vorgesehen sind. [4] In der Schlussphase müssen noch so viele Lösungen vorliegen, dass ein

echter Wettbewerb gewährleistet ist, sofern ursprünglich eine ausreichende Anzahl von Lösungen oder geeigneten Bietern vorhanden war.

6. [1] Der öffentliche Auftraggeber schließt den Dialog ab, wenn

a) eine Lösung gefunden worden ist, die seine Bedürfnisse und Anforderungen erfüllt, oder

b) erkennbar ist, dass keine Lösung gefunden werden kann.

[2] Der öffentliche Auftraggeber informiert die Unternehmen über den Abschluss des Dialogs.

7. [1] Im Fall von Nummer 6 Buchstabe a fordert der öffentliche Auftraggeber die Unternehmen auf, auf der Grundlage der eingereichten und in der Dialogphase näher ausgeführten Lösungen ihr endgültiges Angebot vorzulegen. [2] Die Angebote müssen alle Einzelheiten enthalten, die zur Ausführung des Projekts erforderlich sind. [3] Der öffentliche Auftraggeber kann Klarstellungen und Ergänzungen zu diesen Angeboten verlangen. [4] Diese Klarstellungen oder Ergänzungen dürfen nicht dazu führen, dass grundlegende Elemente des Angebots oder der Auftragsbekanntmachung geändert werden, der Wettbewerb verzerrt wird oder andere am Verfahren beteiligte Unternehmen diskriminiert werden.

8. [1] Der öffentliche Auftraggeber bewertet die Angebote anhand der in der Auftragsbekanntmachung oder in der Beschreibung festgelegten Zuschlagskriterien. [2] Der öffentliche Auftraggeber kann mit dem Unternehmen, dessen Angebot als das wirtschaftlichste ermittelt wurde, mit dem Ziel Verhandlungen führen, um im Angebot enthaltene finanzielle Zusagen oder andere Bedingungen zu bestätigen, die in den Auftragsbedingungen abschließend festgelegt werden. [3] Dies darf nicht dazu führen, dass wesentliche Bestandteile des Angebots oder des öffentlichen Auftrags einschließlich der in der Auftragsbekanntmachung oder der Beschreibung festgelegten Bedürfnisse und Anforderungen grundlegend geändert werden, und dass der Wettbewerb verzerrt wird oder andere am Verfahren beteiligte Unternehmen diskriminiert werden.

9. Verlangt der öffentliche Auftraggeber, dass die am wettbewerblichen Dialog teilnehmenden Unternehmen Entwürfe, Pläne, Zeichnungen, Berechnungen oder andere Unterlagen ausarbeiten, muss er einheitlich allen Unternehmen, die die geforderten Unterlagen rechtzeitig vorgelegt haben, eine angemessene Kostenerstattung gewähren.

(5)

1. [1] Bei einer Innovationspartnerschaft beschreibt der öffentliche Auftraggeber in der Auftragsbekanntmachung oder den Vergabeunterlagen die Nachfrage nach der innovativen Bauleistung. [2] Dabei ist anzugeben, welche Elemente dieser Beschreibung Mindestanforderungen darstellen. [3] Es sind Eignungskriterien vorzugeben, die die Fähigkeiten der Unternehmen auf dem Gebiet der Forschung und Entwicklung sowie die Ausarbeitung und Umsetzung innovativer Lösungen betreffen. [4] Die bereitgestellten Informationen müssen so genau sein, dass die Unternehmen Art und Umfang der geforderten Lösung erkennen und entscheiden können, ob sie eine Teilnahme an dem Verfahren beantragen.

2. [1] Der öffentliche Auftraggeber fordert eine unbeschränkte Anzahl von Unternehmen im Rahmen eines Teilnahmewettbewerbs öffentlich zur Abgabe

von Teilnahmeanträgen auf. [2] Jedes interessierte Unternehmen kann einen Teilnahmeantrag abgeben. [3] Mit dem Teilnahmeantrag übermitteln die Unternehmen die vom öffentlichen Auftraggeber geforderten Informationen für die Prüfung der Eignung und das Nichtvorliegen von Ausschlussgründen.

3. [1] Nur diejenigen Unternehmen, die vom öffentlichen Auftraggeber infolge einer Bewertung der übermittelten Informationen dazu aufgefordert werden, können ein Angebot in Form von Forschungs- und Innovationsprojekten einreichen. [2] Im Übrigen gilt Absatz 2 Nummer 3 mit der Maßgabe, dass die in der Auftragsbekanntmachung anzugebende Mindestzahl nicht niedriger als drei sein darf.

4. [1] Der öffentliche Auftraggeber verhandelt mit den Bietern über die von ihnen eingereichten Erstangebote und alle Folgeangebote, mit Ausnahme der endgültigen Angebote, mit dem Ziel, die Angebote inhaltlich zu verbessern. [2] Dabei darf über den gesamten Auftragsinhalt verhandelt werden mit Ausnahme der vom öffentlichen Auftraggeber in den Vergabeunterlagen festgelegten Mindestanforderungen und Zuschlagskriterien. [3] Sofern der öffentliche Auftraggeber in der Auftragsbekanntmachung oder in den Vergabeunterlagen darauf hingewiesen hat, kann er die Verhandlungen in verschiedenen aufeinander folgenden Phasen abwickeln, um so die Zahl der Angebote, über die verhandelt wird, anhand der vorgegebenen Zuschlagskriterien zu verringern.

5. [1] Der öffentliche Auftraggeber trägt dafür Sorge, dass alle Bieter bei den Verhandlungen gleich behandelt werden. [2] Insbesondere enthält er sich jeder diskriminierenden Weitergabe von Informationen, durch die bestimmte Bieter gegenüber anderen begünstigt werden könnten. [3] Er unterrichtet alle Bieter, deren Angebote gemäß Nummer 4 Satz 3 nicht ausgeschieden wurden, in Textform über etwaige Änderungen der Anforderungen und sonstigen Informationen in den Vergabeunterlagen, die nicht die Festlegung der Mindestanforderungen betreffen. [4] Im Anschluss an solche Änderungen gewährt der öffentliche Auftraggeber den Bietern ausreichend Zeit, um ihre Angebote zu ändern und gegebenenfalls überarbeitete Angebote einzureichen. [5] Der öffentliche Auftraggeber darf vertrauliche Informationen eines an den Verhandlungen teilnehmenden Bieters nicht ohne dessen Zustimmung an die anderen Teilnehmer weitergeben. [6] Eine solche Zustimmung darf nicht allgemein, sondern nur in Bezug auf die beabsichtigte Mitteilung bestimmter Informationen erteilt werden. [7] Der öffentliche Auftraggeber muss in den Vergabeunterlagen die zum Schutz des geistigen Eigentums geltenden Vorkehrungen festlegen.

6. [1] Die Innovationspartnerschaft wird durch Zuschlag auf Angebote eines oder mehrerer Bieter eingegangen. [2] Eine Erteilung des Zuschlags allein auf der Grundlage des niedrigsten Preises oder der niedrigsten Kosten ist ausgeschlossen. [3] Der öffentliche Auftraggeber kann die Innovationspartnerschaft mit einem Partner oder mit mehreren Partnern, die getrennte Forschungs- und Entwicklungstätigkeiten durchführen, eingehen.

7. [1] Die Innovationspartnerschaft wird entsprechend dem Forschungs- und Innovationsprozess in zwei aufeinander folgenden Phasen strukturiert:

a) einer Forschungs- und Entwicklungsphase, die die Herstellung von Prototypen oder die Entwicklung der Bauleistung umfasst, und

b) einer Leistungsphase, in der die aus der Partnerschaft hervorgegangene Leistung erbracht wird.

[2] Die Phasen sind durch die Festlegung von Zwischenzielen zu untergliedern, bei deren Erreichen die Zahlung der Vergütung in angemessenen Teilbeträgen vereinbart wird. [3] Der öffentliche Auftraggeber stellt sicher, dass die Struktur der Partnerschaft und insbesondere die Dauer und der Wert der einzelnen Phasen den Innovationsgrad der vorgeschlagenen Lösung und der Abfolge der Forschungs- und Innovationstätigkeiten widerspiegeln. [4] Der geschätzte Wert der Bauleistung darf in Bezug auf die für ihre Entwicklung erforderlichen Investitionen nicht unverhältnismäßig sein.

8. Auf der Grundlage der Zwischenziele kann der öffentliche Auftraggeber am Ende jedes Entwicklungsabschnitts entscheiden, ob er die Innovationspartnerschaft beendet oder, im Fall einer Innovationspartnerschaft mit mehreren Partnern, die Zahl der Partner durch die Kündigung einzelner Verträge reduziert, sofern der öffentliche Auftraggeber in der Auftragsbekanntmachung oder in den Vergabeunterlagen darauf hingewiesen hat, dass diese Möglichkeiten bestehen und unter welchen Umständen davon Gebrauch gemacht werden kann.

9. Nach Abschluss der Forschungs- und Entwicklungsphase ist der öffentliche Auftraggeber zum anschließenden Erwerb der innovativen Leistung nur dann verpflichtet, wenn das bei Eingehung der Innovationspartnerschaft festgelegte Leistungsniveau und die Kostenobergrenze eingehalten werden.

§ 4 EU Vertragsarten. (1) Bauaufträge sind so zu vergeben, dass die Vergütung nach Leistung bemessen wird (Leistungsvertrag), und zwar:

1. in der Regel zu Einheitspreisen für technisch und wirtschaftlich einheitliche Teilleistungen, deren Menge nach Maß, Gewicht oder Stückzahl vom öffentlichen Auftraggeber in den Vertragsunterlagen anzugeben ist (Einheitspreisvertrag),

2. in geeigneten Fällen für eine Pauschalsumme, wenn die Leistung nach Ausführungsart und Umfang genau bestimmt ist und mit einer Änderung bei der Ausführung nicht zu rechnen ist (Pauschalvertrag).

(2) Abweichend von Absatz 1 können Bauaufträge geringeren Umfangs, die überwiegend Lohnkosten verursachen, im Stundenlohn vergeben werden (Stundenlohnvertrag).

(3) Das Angebotsverfahren ist darauf abzustellen, dass der Bieter die Preise, die er für seine Leistungen fordert, in die Leistungsbeschreibung einzusetzen oder in anderer Weise im Angebot anzugeben hat.

(4) Das Auf- und Abgebotsverfahren, bei dem vom öffentlichen Auftraggeber angegebene Preise dem Auf- und Abgebot der Bieter unterstellt werden, soll nur ausnahmsweise bei regelmäßig wiederkehrenden Unterhaltungsarbeiten, deren Umfang möglichst zu umgrenzen ist, angewandt werden.

§ 4a EU Rahmenvereinbarungen. (1) [1] Der Abschluss einer Rahmenvereinbarung erfolgt im Rahmen einer nach dieser Vergabeordnung anwendbaren Verfahrensart. [2] Das in Aussicht genommene Auftragsvolumen ist so genau wie möglich zu ermitteln und bekannt zu geben, braucht aber nicht abschließend festgelegt zu werden. [3] Eine Rahmenvereinbarung darf nicht missbräuchlich oder in einer Art angewendet werden, die den Wettbewerb behindert, einschränkt oder verfälscht.

(2) [1] Auf einer Rahmenvereinbarung beruhende Einzelaufträge werden nach den Kriterien dieses Absatzes und der Absätze 3 bis 5 vergeben. [2] Die Einzelauftragsvergabe erfolgt ausschließlich zwischen den in der Auftragsbekanntmachung oder der Aufforderung zur Interessensbestätigung genannten öffentlichen Auftraggebern und denjenigen Unternehmen, die zum Zeitpunkt des Abschlusses des Einzelauftrags Vertragspartei der Rahmenvereinbarung sind. [3] Dabei dürfen keine wesentlichen Änderungen an den Bedingungen der Rahmenvereinbarung vorgenommen werden.

(3) [1] Wird eine Rahmenvereinbarung mit nur einem Unternehmen geschlossen, so werden die auf dieser Rahmenvereinbarung beruhenden Einzelaufträge entsprechend den Bedingungen der Rahmenvereinbarung vergeben. [2] Für die Vergabe der Einzelaufträge kann der öffentliche Auftraggeber das an der Rahmenvereinbarung beteiligte Unternehmen in Textform auffordern, sein Angebot erforderlichenfalls zu vervollständigen.

(4) Wird eine Rahmenvereinbarung mit mehr als einem Unternehmen geschlossen, werden die Einzelaufträge wie folgt vergeben:
1. gemäß den Bedingungen der Rahmenvereinbarung ohne erneutes Vergabeverfahren, wenn in der Rahmenvereinbarung alle Bedingungen für die Erbringung der Bauleistung sowie die objektiven Bedingungen für die Auswahl der Unternehmen festgelegt sind, die sie als Partei der Rahmenvereinbarung ausführen werden; die letztgenannten Bedingungen sind in der Auftragsbekanntmachung oder den Vergabeunterlagen für die Rahmenvereinbarung zu nennen;
2. wenn in der Rahmenvereinbarung alle Bedingungen für die Erbringung der Bauleistung festgelegt sind, teilweise ohne erneutes Vergabeverfahren gemäß Nummer 1 und teilweise mit erneutem Vergabeverfahren zwischen den Unternehmen, die Partei der Rahmenvereinbarung sind, gemäß Nummer 3, wenn diese Möglichkeit in der Auftragsbekanntmachung oder den Vergabeunterlagen für die Rahmenvereinbarung durch den öffentlichen Auftraggeber festgelegt ist; die Entscheidung, ob bestimmte Bauleistungen nach erneutem Vergabeverfahren oder direkt entsprechend den Bedingungen der Rahmenvereinbarung beschafft werden sollen, wird nach objektiven Kriterien getroffen, die in der Auftragsbekanntmachung oder den Vergabeunterlagen für die Rahmenvereinbarung festgelegt sind; in der Auftragsbekanntmachung oder den Vergabeunterlagen ist außerdem festzulegen, welche Bedingungen einem erneuten Vergabeverfahren unterliegen können; diese Möglichkeiten gelten auch für jedes Los einer Rahmenvereinbarung, für das alle Bedingungen für die Erbringung der Bauleistung in der Rahmenvereinbarung festgelegt sind, ungeachtet dessen, ob alle Bedingungen für die Erbringung einer Bauleistung für andere Lose festgelegt wurden; oder
3. sofern nicht alle Bedingungen zur Erbringung der Bauleistung in der Rahmenvereinbarung festgelegt sind, mittels eines erneuten Vergabeverfahrens zwischen den Unternehmen, die Parteien der Rahmenvereinbarung sind.

(5) Die in Absatz 4 Nummer 2 und 3 genannten Vergabeverfahren beruhen auf denselben Bedingungen wie der Abschluss der Rahmenvereinbarung und erforderlichenfalls auf genauer formulierten Bedingungen sowie gegebenenfalls auf weiteren Bedingungen, die in der Auftragsbekanntmachung oder den Ver-

gabeunterlagen für die Rahmenvereinbarung in Übereinstimmung mit dem folgenden Verfahren genannt werden:

1. vor Vergabe jedes Einzelauftrags konsultiert der öffentliche Auftraggeber in Textform die Unternehmen, die in der Lage sind, den Auftrag auszuführen;

2. der öffentliche Auftraggeber setzt eine ausreichende Frist für die Abgabe der Angebote für jeden Einzelauftrag fest; dabei berücksichtigt er unter anderem die Komplexität des Auftragsgegenstands und die für die Übermittlung der Angebote erforderliche Zeit;

3. die Angebote sind in Textform einzureichen und dürfen bis zum Ablauf der Einreichungsfrist nicht geöffnet werden;

4. der öffentliche Auftraggeber vergibt die Einzelaufträge an den Bieter, der auf der Grundlage der in der Auftragsbekanntmachung oder den Vergabeunterlagen für die Rahmenvereinbarung genannten Zuschlagskriterien das jeweils wirtschaftlichste Angebot vorgelegt hat.

(6) Die Laufzeit einer Rahmenvereinbarung darf höchstens vier Jahre betragen, es sei denn, es liegt ein im Gegenstand der Rahmenvereinbarung begründeter Sonderfall vor.

§ 4b EU Besondere Instrumente und Methoden. (1) Der öffentliche Auftraggeber kann unter den Voraussetzungen der §§ 22 bis 24 VgV[1]) für die Beschaffung marktüblicher Leistungen ein dynamisches Beschaffungssystem nutzen.

(2) Der öffentliche Auftraggeber kann im Rahmen eines offenen, eines nicht offenen oder eines Verhandlungsverfahrens vor der Zuschlagserteilung eine elektronische Auktion durchführen, sofern die Voraussetzungen der §§ 25 und 26 VgV vorliegen.

(3) [1]Ist der Rückgriff auf elektronische Kommunikationsmittel vorgeschrieben, kann der öffentliche Auftraggeber festlegen, dass die Angebote in Form eines elektronischen Katalogs einzureichen sind oder einen elektronischen Katalog beinhalten müssen. [2]Das Verfahren richtet sich nach § 27 VgV.

§ 5 EU Einheitliche Vergabe, Vergabe nach Losen. (1) Bauaufträge sollen so vergeben werden, dass eine einheitliche Ausführung und zweifelsfreie umfassende Haftung für Mängelansprüche erreicht wird; sie sollen daher in der Regel mit den zur Leistung gehörigen Lieferungen vergeben werden.

(2)

1. [1]Mittelständische Interessen sind bei der Vergabe öffentlicher Aufträge vornehmlich zu berücksichtigen. [2]Leistungen sind in der Menge aufgeteilt (Teillose) und getrennt nach Art oder Fachgebiet (Fachlose) zu vergeben. [3]Mehrere Teil- oder Fachlose dürfen zusammen vergeben werden, wenn wirtschaftliche oder technische Gründe dies erfordern. [4]Wird ein Unternehmen, das nicht öffentlicher Auftraggeber ist, mit der Wahrnehmung oder Durchführung einer öffentlichen Aufgabe betraut, verpflichtet der öffentliche Auftraggeber das Unternehmen, sofern es Unteraufträge an Dritte vergibt, nach den Sätzen 1 bis 3 zu verfahren.

2. Weicht der öffentliche Auftraggeber vom Gebot der Losaufteilung ab, begründet er dies im Vergabevermerk.

---

[1]) Nr. 2.

3. [1] Der öffentliche Auftraggeber gibt in der Auftragsbekanntmachung oder in der Aufforderung zur Interessensbestätigung an, ob Angebote nur für ein Los oder für mehrere oder alle Lose eingereicht werden können. [2] Der öffentliche Auftraggeber kann die Zahl der Lose beschränken, für die ein einzelner Bieter einen Zuschlag erhalten kann. [3] Dies gilt auch dann, wenn ein Bieter Angebote für mehrere oder alle Lose einreichen darf. [4] Diese Begrenzung ist nur zulässig, sofern der öffentliche Auftraggeber die Höchstzahl der Lose pro Bieter in der Auftragsbekanntmachung oder in der Aufforderung zur Interessensbestätigung angegeben hat. [5] Für den Fall, dass ein einzelner Bieter nach Anwendung der Zuschlagskriterien eine größere Zahl an Losen als die zuvor festgelegte Höchstzahl erhalten würde, legt der öffentliche Auftraggeber in den Vergabeunterlagen objektive und nichtdiskriminierende Regeln für die Erteilung des Zuschlags fest. [6] In Fällen, in denen ein einziger Bieter den Zuschlag für mehr als ein Los erhalten kann, kann der öffentliche Auftraggeber Aufträge über mehrere oder alle Lose vergeben, wenn er in der Auftragsbekanntmachung oder in der Aufforderung zur Interessensbestätigung angegeben hat, dass er sich diese Möglichkeit vorbehält und die Lose oder Losgruppen angibt, die kombiniert werden können.

§ 6 EU Teilnehmer am Wettbewerb. (1) Öffentliche Aufträge werden an fachkundige und leistungsfähige (geeignete) Unternehmen vergeben, die nicht nach § 6e EU ausgeschlossen worden sind.

(2) [1] Ein Unternehmen ist geeignet, wenn es die durch den öffentlichen Auftraggeber im Einzelnen zur ordnungsgemäßen Ausführung des öffentlichen Auftrags festgelegten Kriterien (Eignungskriterien) erfüllt. [2] Die Eignungskriterien dürfen ausschließlich Folgendes betreffen:
1. Befähigung und Erlaubnis zur Berufsausübung,
2. wirtschaftliche und finanzielle Leistungsfähigkeit,
3. technische und berufliche Leistungsfähigkeit.

[3] Die Eignungskriterien müssen mit dem Auftragsgegenstand in Verbindung und zu diesem in einem angemessenen Verhältnis stehen.

(3)
1. Der Wettbewerb darf nicht auf Unternehmen beschränkt werden, die in bestimmten Regionen oder Orten ansässig sind.
2. Bewerber- und Bietergemeinschaften sind Einzelbewerbern und -bietern gleichzusetzen. Für den Fall der Auftragserteilung kann der öffentliche Auftraggeber verlangen, dass eine Bietergemeinschaft eine bestimmte Rechtsform annimmt, sofern dies für die ordnungsgemäße Durchführung des Auftrages notwendig ist.
3. Der öffentliche Auftraggeber kann das Recht zur Teilnahme an dem Vergabeverfahren unter den Voraussetzungen des § 118 GWB[1) beschränken.
4. [1] Hat ein Bewerber oder Bieter oder ein mit ihm in Verbindung stehendes Unternehmen vor Einleitung des Vergabeverfahrens den öffentlichen Auftraggeber beraten oder sonst unterstützt, so ergreift der öffentliche Auftrag-

---

1) Nr. 1.

geber angemessene Maßnahmen, um sicherzustellen, dass der Wettbewerb durch die Teilnahme dieses Bieters oder Bewerbers nicht verfälscht wird. [2] Der betreffende Bewerber oder Bieter wird vom Verfahren nur dann ausgeschlossen, wenn keine andere Möglichkeit besteht, den Grundsatz der Gleichbehandlung zu gewährleisten. [3] Vor einem solchen Ausschluss gibt der öffentliche Auftraggeber den Bewerbern oder Bietern die Möglichkeit, nachzuweisen, dass ihre Beteiligung an der Vorbereitung des Vergabeverfahrens den Wettbewerb nicht verzerren kann. [4] Die ergriffenen Maßnahmen werden im Vergabevermerk dokumentiert.

§ 6a EU Eignungsnachweise. Der öffentliche Auftraggeber kann Unternehmen nur die in den Nummern 1 bis 3 genannten Anforderungen an die Teilnahme auferlegen.

1. Zum Nachweis der Befähigung und Erlaubnis zur Berufsausübung kann der öffentliche Auftraggeber die Eintragung in das Berufs- oder Handelsregister oder der Handwerksrolle ihres Sitzes oder Wohnsitzes verlangen.

2. [1] Zum Nachweis der wirtschaftlichen und finanziellen Leistungsfähigkeit kann der öffentliche Auftraggeber verlangen:

a) die Vorlage entsprechender Bankerklärungen oder gegebenenfalls den Nachweis einer entsprechenden Berufshaftpflichtversicherung.

b) die Vorlage von Jahresabschlüssen, falls deren Veröffentlichung in dem Land, in dem das Unternehmen ansässig ist, gesetzlich vorgeschrieben ist. Zusätzlich können weitere Informationen, zum Beispiel über das Verhältnis zwischen Vermögen und Verbindlichkeiten in den Jahresabschlüssen, verlangt werden. Die Methoden und Kriterien für die Berücksichtigung weiterer Informationen müssen in den Vergabeunterlagen spezifiziert werden; sie müssen transparent, objektiv und nichtdiskriminierend sein.

c) eine Erklärung über den Umsatz des Unternehmens jeweils bezogen auf die letzten drei abgeschlossenen Geschäftsjahre, soweit er Bauleistungen und andere Leistungen betrifft, die mit der zu vergebenden Leistung vergleichbar sind, unter Einschluss des Anteils bei gemeinsam mit anderen Unternehmen ausgeführten Aufträgen.
Der öffentliche Auftraggeber kann von den Unternehmen insbesondere verlangen, einen bestimmten Mindestjahresumsatz, einschließlich eines Mindestumsatzes in dem vom Auftrag abgedeckten Bereich nachzuweisen. Der geforderte Mindestjahresumsatz darf das Zweifache des geschätzten Auftragswerts nur in hinreichend begründeten Fällen übersteigen. Die Gründe sind in den Vergabeunterlagen oder in dem Vergabevermerk gemäß § 20 EU anzugeben.
Ist ein Auftrag in Lose unterteilt, finden diese Regelungen auf jedes einzelne Los Anwendung. Der öffentliche Auftraggeber kann jedoch den Mindestjahresumsatz, der von Unternehmen verlangt wird, unter Bezugnahme auf eine Gruppe von Losen in dem Fall festlegen, dass der erfolgreiche Bieter den Zuschlag für mehrere Lose erhält, die gleichzeitig auszuführen sind.
Sind auf einer Rahmenvereinbarung basierende Aufträge infolge eines erneuten Aufrufs zum Wettbewerb zu vergeben, wird der Höchstjahresumsatz aufgrund des erwarteten maximalen Umfangs spezifischer Aufträge berechnet, die gleichzeitig ausgeführt werden, oder – wenn dieser nicht

bekannt ist – aufgrund des geschätzten Werts der Rahmenvereinbarung. Bei dynamischen Beschaffungssystemen wird der Höchstjahresumsatz auf der Basis des erwarteten Höchstumfangs konkreter Aufträge berechnet, die nach diesem System vergeben werden sollen.

[2] Der öffentliche Auftraggeber wird andere ihm geeignet erscheinende Nachweise der wirtschaftlichen und finanziellen Leistungsfähigkeit zulassen, wenn er feststellt, dass stichhaltige Gründe dafür bestehen.

3. Zum Nachweis der beruflichen und technischen Leistungsfähigkeit kann der öffentliche Auftraggeber je nach Art, Menge oder Umfang oder Verwendungszweck der ausgeschriebenen Leistung verlangen:

a) Angaben über die Ausführung von Leistungen in den letzten bis zu fünf abgeschlossenen Kalenderjahren, die mit der zu vergebenden Leistung vergleichbar sind, wobei für die wichtigsten Bauleistungen Bescheinigungen über die ordnungsgemäße Ausführung und das Ergebnis beizufügen sind. Um einen ausreichenden Wettbewerb sicherzustellen, kann der öffentliche Auftraggeber darauf hinweisen, dass er auch einschlägige Bauleistungen berücksichtigen werde, die mehr als fünf Jahre zurückliegen;

b) Angabe der technischen Fachkräfte oder der technischen Stellen, unabhängig davon, ob sie seinem Unternehmen angehören oder nicht, und zwar insbesondere derjenigen, die mit der Qualitätskontrolle beauftragt sind, und derjenigen, über die der Unternehmer für die Errichtung des Bauwerks verfügt;

c) die Beschreibung der technischen Ausrüstung und Maßnahmen des Unternehmens zur Qualitätssicherung und seiner Untersuchungs- und Forschungsmöglichkeiten;

d) Angabe des Lieferkettenmanagement- und -überwachungssystems, das dem Unternehmen zur Vertragserfüllung zur Verfügung steht;

e) Studiennachweise und Bescheinigungen über die berufliche Befähigung des Dienstleisters oder Unternehmers und/oder der Führungskräfte des Unternehmens, sofern sie nicht als Zuschlagskriterium bewertet werden;

f) Angabe der Umweltmanagementmaßnahmen, die der Unternehmer während der Auftragsausführung anwenden kann;

g) Angaben über die Zahl der in den letzten drei abgeschlossenen Kalenderjahren jahresdurchschnittlich beschäftigten Arbeitskräfte, gegliedert nach Lohngruppen mit gesondert ausgewiesenem technischem Leitungspersonal;

h) eine Erklärung, aus der hervorgeht, über welche Ausstattung, welche Geräte und welche technische Ausrüstung das Unternehmen für die Ausführung des Auftrags verfügt;

i) Angabe, welche Teile des Auftrags der Unternehmer unter Umständen als Unteraufträge zu vergeben beabsichtigt.

§ 6b EU Mittel der Nachweisführung, Verfahren. (1) [1] Der Nachweis, auch über das Nichtvorliegen von Ausschlussgründen nach § 6e EU, kann wie folgt geführt werden:

1. durch die vom öffentlichen Auftraggeber direkt abrufbare Eintragung in die allgemein zugängliche Liste des Vereins für die Präqualifikation von Bauunternehmen e.V. (Präqualifikationsverzeichnis). Die im Präqualifikationsverzeichnis hinterlegten Angaben werden nicht ohne Begründung in Zweifel

gezogen. Hinsichtlich der Zahlung von Steuern und Abgaben sowie der Sozialversicherungsbeiträge kann grundsätzlich eine zusätzliche Bescheinigung verlangt werden. Die Eintragung in ein gleichwertiges Verzeichnis anderer Mitgliedstaaten ist als Nachweis ebenso zugelassen.

2. durch Vorlage von Einzelnachweisen. Der öffentliche Auftraggeber kann vorsehen, dass für einzelne Angaben Eigenerklärungen ausreichend sind. Eigenerklärungen, die als vorläufiger Nachweis dienen, sind von den Bietern, deren Angebote in die engere Wahl kommen, durch entsprechende Bescheinigungen der zuständigen Stellen zu bestätigen.

²Der öffentliche Auftraggeber akzeptiert als vorläufigen Nachweis auch eine Einheitliche Europäische Eigenerklärung (EEE).

(2)

1. Wenn dies zur angemessenen Durchführung des Verfahrens erforderlich ist, kann der öffentliche Auftraggeber Bewerber und Bieter, die eine Eigenerklärung abgegeben haben, jederzeit während des Verfahrens auffordern, sämtliche oder einen Teil der Nachweise beizubringen.

2. Beim offenen Verfahren fordert der öffentliche Auftraggeber vor Zuschlagserteilung den Bieter, an den er den Auftrag vergeben will und der bislang nur eine Eigenerklärung als vorläufigen Nachweis vorgelegt hat, auf, die einschlägigen Nachweise unverzüglich beizubringen und prüft diese.

3. ¹Beim nicht offenen Verfahren, beim Verhandlungsverfahren sowie beim wettbewerblichen Dialog und bei der Innovationspartnerschaft fordert der öffentliche Auftraggeber die in Frage kommenden Bewerber auf, ihre Eigenerklärungen durch einschlägige Nachweise unverzüglich zu belegen und prüft diese. ²Dabei sind die Bewerber auszuwählen, deren Eignung die für die Erfüllung der vertraglichen Verpflichtungen notwendige Sicherheit bietet.

4. Der öffentliche Auftraggeber greift auf das Informationssystem e-Certis zurück und verlangt in erster Linie jene Arten von Bescheinigungen und dokumentarischen Nachweisen, die von e-Certis abgedeckt sind.

(3) Unternehmen müssen keine Nachweise vorlegen,

– sofern und soweit die Zuschlag erteilende Stelle diese direkt über eine gebührenfreie nationale Datenbank in einem Mitgliedstaat erhalten kann, oder

– wenn die Zuschlag erteilende Stelle bereits im Besitz dieser Nachweise ist.

§ 6c EU Qualitätssicherung und Umweltmanagement. (1) ¹Verlangt der öffentliche Auftraggeber zum Nachweis dafür, dass Bewerber oder Bieter bestimmte Normen der Qualitätssicherung erfüllen, die Vorlage von Bescheinigungen unabhängiger Stellen, so bezieht sich der öffentliche Auftraggeber auf Qualitätssicherungssysteme, die

1. den einschlägigen europäischen Normen genügen und

2. von akkreditierten Stellen zertifiziert sind.

²Der öffentliche Auftraggeber erkennt auch gleichwertige Bescheinigungen von akkreditierten Stellen aus anderen Staaten an. ³Konnte ein Unternehmen aus Gründen, die es nicht zu vertreten hat, die betreffenden Bescheinigungen

nicht innerhalb der einschlägigen Fristen einholen, so muss der öffentliche Auftraggeber auch andere Unterlagen über gleichwertige Qualitätssicherungssysteme anerkennen, sofern das Unternehmen nachweist, dass die vorgeschlagenen Qualitätssicherungsmaßnahmen den geforderten Qualitätssicherungsnormen entsprechen.

(2) [1] Verlangt der öffentliche Auftraggeber zum Nachweis dafür, dass Bewerber oder Bieter bestimmte Systeme oder Normen des Umweltmanagements erfüllen, die Vorlage von Bescheinigungen unabhängiger Stellen, so bezieht sich der öffentliche Auftraggeber

1. entweder auf das Gemeinschaftssystem für das Umweltmanagement und die Umweltbetriebsprüfung (EMAS) der Europäischen Union oder

2. auf andere nach Artikel 45 der Verordnung (EG) 1221/2009 anerkannte Umweltmanagementsysteme oder

3. auf andere Normen für das Umweltmanagement, die auf den einschlägigen europäischen oder internationalen Normen beruhen und von akkreditierten Stellen zertifiziert sind.

[2] Der öffentliche Auftraggeber erkennt auch gleichwertige Bescheinigungen von Stellen in anderen Staaten an. [3] Hatte ein Unternehmen aus Gründen, die ihm nicht zugerechnet werden können, nachweislich keinen Zugang zu den betreffenden Bescheinigungen oder aus Gründen, die es nicht zu vertreten hat, keine Möglichkeit, diese innerhalb der einschlägigen Fristen zu erlangen, so muss der öffentliche Auftraggeber auch andere Nachweise über gleichwertige Umweltmanagementmaßnahmen anerkennen, sofern das Unternehmen nachweist, dass diese Maßnahmen mit denen, die nach dem geltenden System oder den geltenden Normen für das Umweltmanagement erforderlich sind, gleichwertig sind.

§ 6d EU Kapazitäten anderer Unternehmen. (1) [1] Ein Bewerber oder Bieter kann sich zum Nachweis seiner Eignung auf andere Unternehmen stützen – ungeachtet des rechtlichen Charakters der zwischen ihm und diesen Unternehmen bestehenden Verbindungen (Eignungsleihe).
[2] In diesem Fall weist er dem öffentlichen Auftraggeber gegenüber nach, dass ihm die erforderlichen Kapazitäten zur Verfügung stehen werden, indem er beispielsweise die diesbezüglichen verpflichtenden Zusagen dieser Unternehmen vorlegt.
[3] Eine Inanspruchnahme der Kapazitäten anderer Unternehmen für die berufliche Befähigung (§ 6a EU Absatz 1 Nummer 3 Buchstabe e) oder die berufliche Erfahrung (§ 6a EU Absatz 1 Nummer 3 Buchstaben a und b) ist nur möglich, wenn diese Unternehmen die Arbeiten ausführen, für die diese Kapazitäten benötigt werden.
[4] Der öffentliche Auftraggeber hat zu überprüfen, ob diese Unternehmen die entsprechenden Anforderungen an die Eignung gemäß § 6a EU erfüllen und ob Ausschlussgründe gemäß § 6e EU vorliegen. [5] Der öffentliche Auftraggeber schreibt vor, dass der Bieter ein Unternehmen, das eine einschlägige Eignungsanforderung nicht erfüllt oder bei dem Ausschlussgründe gemäß § 6e EU Absatz 1 bis 5 vorliegen, zu ersetzen hat. [6] Der öffentliche Auftraggeber kann vorschreiben, dass der Bieter ein Unternehmen, bei dem Ausschlussgründe gemäß § 6e EU Absatz 6 vorliegen, ersetzt.

(2) Nimmt ein Bewerber oder Bieter im Hinblick auf die Kriterien für die wirtschaftliche und finanzielle Leistungsfähigkeit die Kapazitäten anderer Unternehmen in Anspruch, so kann der öffentliche Auftraggeber vorschreiben, dass Bewerber oder Bieter und diese Unternehmen gemeinsam für die Auftragsausführung haften.

(3) Werden die Kapazitäten anderer Unternehmen gemäß Absatz 1 in Anspruch genommen, so muss die Nachweisführung entsprechend § 6b EU auch für diese Unternehmen erfolgen.

(4) Der öffentliche Auftraggeber kann vorschreiben, dass bestimmte kritische Aufgaben direkt vom Bieter selbst oder – wenn der Bieter einer Bietergemeinschaft angehört – von einem Mitglied der Bietergemeinschaft ausgeführt werden.

§ 6e EU Ausschlussgründe. (1) Der öffentliche Auftraggeber schließt ein Unternehmen zu jedem Zeitpunkt des Vergabeverfahrens von der Teilnahme aus, wenn er Kenntnis davon hat, dass eine Person, deren Verhalten nach Absatz 3 dem Unternehmen zuzurechnen ist, rechtskräftig verurteilt oder gegen das Unternehmen eine Geldbuße nach § 30 des Gesetzes über Ordnungswidrigkeiten rechtskräftig festgesetzt worden ist wegen einer Straftat nach:

1. § 129 des Strafgesetzbuchs (StGB) (Bildung krimineller Vereinigungen), § 129a StGB (Bildung terroristischer Vereinigungen) oder § 129b StGB (kriminelle und terroristische Vereinigungen im Ausland),
2. § 89c StGB (Terrorismusfinanzierung) oder wegen der Teilnahme an einer solchen Tat oder wegen der Bereitstellung oder Sammlung finanzieller Mittel in Kenntnis dessen, dass diese finanziellen Mittel ganz oder teilweise dazu verwendet werden oder verwendet werden sollen, eine Tat nach § 89a Absatz 2 Nummer 2 StGB zu begehen,
3. § 261 StGB (Geldwäsche; Verschleierung unrechtmäßig erlangter Vermögenswerte),
4. § 263 StGB (Betrug), soweit sich die Straftat gegen den Haushalt der Europäischen Union oder gegen Haushalte richtet, die von der Europäischen Union oder in ihrem Auftrag verwaltet werden,
5. § 264 StGB (Subventionsbetrug), soweit sich die Straftat gegen den Haushalt der Europäischen Union oder gegen Haushalte richtet, die von der Europäischen Union oder in ihrem Auftrag verwaltet werden,
6. § 299 StGB (Bestechlichkeit und Bestechung im geschäftlichen Verkehr), §§ 299a und 299b des StGB (Bestechlichkeit und Bestechung im Gesundheitswesen),
7. § 108e StGB (Bestechlichkeit und Bestechung von Mandatsträgern),
8. den §§ 333 und 334 StGB (Vorteilsgewährung und Bestechung), jeweils auch in Verbindung mit § 335a StGB (Ausländische und internationale Bedienstete),
9. Artikel 2 § 2 des Gesetzes zur Bekämpfung internationaler Bestechung (Bestechung ausländischer Abgeordneter im Zusammenhang mit internationalem Geschäftsverkehr) oder
10. den §§ 232, 232a Absatz 1 bis 5, den §§ 232b bis 233a StGB (Menschenhandel, Zwangsprostitution, Zwangsarbeit, Ausbeutung der Arbeitskraft, Ausbeutung unter Ausnutzung einer Freiheitsberaubung).

(2) Einer Verurteilung oder der Festsetzung einer Geldbuße im Sinne des Absatzes 1 stehen eine Verurteilung oder die Festsetzung einer Geldbuße nach den vergleichbaren Vorschriften anderer Staaten gleich.

(3) Das Verhalten einer rechtskräftig verurteilten Person ist einem Unternehmen zuzurechnen, wenn diese Person als für die Leitung des Unternehmens Verantwortlicher gehandelt hat; dazu gehört auch die Überwachung der Geschäftsführung oder die sonstige Ausübung von Kontrollbefugnissen in leitender Stellung.

(4) [1] Der öffentliche Auftraggeber schließt ein Unternehmen von der Teilnahme an einem Vergabeverfahren aus, wenn

1. das Unternehmen seinen Verpflichtungen zur Zahlung von Steuern, Abgaben und Beiträgen zur Sozialversicherung nicht nachgekommen ist und dies durch eine rechtskräftige Gerichts- oder bestandskräftige Verwaltungsentscheidung festgestellt wurde, oder

2. der öffentliche Auftraggeber auf sonstige geeignete Weise die Verletzung einer Verpflichtung nach Nummer 1 nachweisen kann.

[2] Satz 1 findet keine Anwendung, wenn das Unternehmen seinen Verpflichtungen dadurch nachgekommen ist, dass es die Zahlung vorgenommen oder sich zur Zahlung der Steuern, Abgaben und Beiträge zur Sozialversicherung einschließlich Zinsen, Säumnis- und Strafzuschlägen verpflichtet hat.

(5) [1] Von einem Ausschluss nach Absatz 1 kann abgesehen werden, wenn dies aus zwingenden Gründen des öffentlichen Interesses geboten ist. [2] Von einem Ausschluss nach Absatz 4 Satz 1 kann abgesehen werden, wenn dies aus zwingenden Gründen des öffentlichen Interesses geboten ist oder ein Ausschluss offensichtlich unverhältnismäßig wäre. [3] § 6f EU Absatz 1 und 2 bleiben unberührt.

(6) Der öffentliche Auftraggeber kann unter Berücksichtigung des Grundsatzes der Verhältnismäßigkeit ein Unternehmen zu jedem Zeitpunkt des Vergabeverfahrens von der Teilnahme an einem Vergabeverfahren ausschließen, wenn

1. das Unternehmen bei der Ausführung öffentlicher Aufträge nachweislich gegen geltende umwelt-, sozial- und arbeitsrechtliche Verpflichtungen verstoßen hat,

2. das Unternehmen zahlungsunfähig ist, über das Vermögen des Unternehmens ein Insolvenzverfahren oder ein vergleichbares Verfahren beantragt oder eröffnet worden ist, die Eröffnung eines solchen Verfahrens mangels Masse abgelehnt worden ist, sich das Unternehmen im Verfahren der Liquidation befindet oder seine Tätigkeit eingestellt hat,

3. das Unternehmen im Rahmen der beruflichen Tätigkeit nachweislich eine schwere Verfehlung begangen hat, durch die die Integrität des Unternehmens infrage gestellt wird; § 6e EU Absatz 3 ist entsprechend anzuwenden,

4. der öffentliche Auftraggeber über hinreichende Anhaltspunkte dafür verfügt, dass das Unternehmen mit anderen Unternehmen Vereinbarungen getroffen oder Verhaltensweisen aufeinander abgestimmt hat, die eine Verhinderung, Einschränkung oder Verfälschung des Wettbewerbs bezwecken oder bewirken,

5. ein Interessenkonflikt bei der Durchführung des Vergabeverfahrens besteht, der die Unparteilichkeit und Unabhängigkeit einer für den öffentlichen

Auftraggeber tätigen Person bei der Durchführung des Vergabeverfahrens beeinträchtigen könnte und der durch andere, weniger einschneidende Maßnahmen nicht wirksam beseitigt werden kann,

6. eine Wettbewerbsverzerrung daraus resultiert, dass das Unternehmen bereits in die Vorbereitung des Vergabeverfahrens einbezogen war, und diese Wettbewerbsverzerrung nicht durch andere, weniger einschneidende Maßnahmen beseitigt werden kann,

7. das Unternehmen eine wesentliche Anforderung bei der Ausführung eines früheren öffentlichen Auftrags erheblich oder fortdauernd mangelhaft erfüllt hat und dies zu einer vorzeitigen Beendigung, zu Schadensersatz oder zu einer vergleichbaren Rechtsfolge geführt hat,

8. das Unternehmen in Bezug auf Ausschlussgründe oder Eignungskriterien eine schwerwiegende Täuschung begangen, Auskünfte zurückgehalten hat oder nicht in der Lage ist, die erforderlichen Nachweise zu übermitteln oder

9. das Unternehmen

a) versucht hat, die Entscheidungsfindung des öffentlichen Auftraggebers in unzulässiger Weise zu beeinflussen,

b) versucht hat, vertrauliche Informationen zu erhalten, durch die es unzulässige Vorteile beim Vergabeverfahren erlangen könnte, oder

c) fahrlässig oder vorsätzlich irreführende Informationen übermittelt hat, die die Vergabeentscheidung des öffentlichen Auftraggebers erheblich beeinflussen könnten oder versucht hat, solche Informationen zu übermitteln.

§ 6f EU Selbstreinigung. (1) [1] Öffentliche Auftraggeber schließen ein Unternehmen, bei dem ein Ausschlussgrund nach § 6e EU vorliegt, nicht von der Teilnahme an dem Vergabeverfahren aus, wenn das Unternehmen dem öffentlichen Auftraggeber oder nach § 8 des Wettbewerbsregistergesetzes[1]) dem Bundeskartellamt nachgewiesen hat, dass es

1. für jeden durch eine Straftat oder ein Fehlverhalten verursachten Schaden einen Ausgleich gezahlt oder sich zur Zahlung eines Ausgleichs verpflichtet hat,

2. die Tatsachen und Umstände, die mit der Straftat oder dem Fehlverhalten und dem dadurch verursachten Schaden in Zusammenhang stehen, durch eine aktive Zusammenarbeit mit den Ermittlungsbehörden und dem öffentlichen Auftraggeber umfassend geklärt hat und

3. konkrete technische, organisatorische und personelle Maßnahmen ergriffen hat, die geeignet sind, weitere Straftaten oder weiteres Fehlverhalten zu vermeiden.

[2] § 6e EU Absatz 4 Satz 2 bleibt unberührt.

(2) [1] Bei der Bewertung der von dem Unternehmen ergriffenen Selbstreinigungsmaßnahmen sind die Schwere und die besonderen Umstände der Straftat oder des Fehlverhaltens zu berücksichtigen. [2] Die Entscheidung, dass die Selbstreinigungsmaßnahmen des Unternehmens als unzureichend bewertet werden, ist gegenüber dem Unternehmen zu begründen.

---

[1]) Nr. **11**.

(3) Wenn ein Unternehmen, bei dem ein Ausschlussgrund vorliegt, keine oder keine ausreichenden Selbstreinigungsmaßnahmen nach Absatz 1 ergreift, darf es

1. bei Vorliegen eines Ausschlussgrundes nach § 6e EU Absatz 1 bis 4 höchstens für einen Zeitraum von fünf Jahren ab dem Tag der rechtskräftigen Verurteilung von der Teilnahme an Vergabeverfahren ausgeschlossen werden,

2. bei Vorliegen eines Ausschlussgrundes nach § 6e EU Absatz 6 höchstens für einen Zeitraum von drei Jahren ab dem betreffenden Ereignis von der Teilnahme an Vergabeverfahren ausgeschlossen werden.

§ 7 EU Leistungsbeschreibung. (1)

1. Die Leistung ist eindeutig und so erschöpfend zu beschreiben, dass alle Bewerber die Beschreibung im gleichen Sinne verstehen müssen und ihre Preise sicher und ohne umfangreiche Vorarbeiten berechnen können.

2. Um eine einwandfreie Preisermittlung zu ermöglichen, sind alle sie beeinflussenden Umstände festzustellen und in den Vergabeunterlagen anzugeben.

3. Dem Auftragnehmer darf kein ungewöhnliches Wagnis aufgebürdet werden für Umstände und Ereignisse, auf die er keinen Einfluss hat und deren Einwirkung auf die Preise und Fristen er nicht im Voraus schätzen kann.

4. Bedarfspositionen sind grundsätzlich nicht in die Leistungsbeschreibung aufzunehmen. Angehängte Stundenlohnarbeiten dürfen nur in dem unbedingt erforderlichen Umfang in die Leistungsbeschreibung aufgenommen werden.

5. Erforderlichenfalls sind auch der Zweck und die vorgesehene Beanspruchung der fertigen Leistung anzugeben.

6. Die für die Ausführung der Leistung wesentlichen Verhältnisse der Baustelle, z.B. Boden- und Wasserverhältnisse, sind so zu beschreiben, dass der Bewerber ihre Auswirkungen auf die bauliche Anlage und die Bauausführung hinreichend beurteilen kann.

7. Die „Hinweise für das Aufstellen der Leistungsbeschreibung" in Abschnitt 0 der Allgemeinen Technischen Vertragsbedingungen für Bauleistungen, DIN 18299 ff., sind zu beachten.

(2) [1] Soweit es nicht durch den Auftragsgegenstand gerechtfertigt ist, darf in technischen Spezifikationen nicht auf eine bestimmte Produktion oder Herkunft oder ein besonderes Verfahren, das die von einem bestimmten Unternehmen bereitgestellten Produkte charakterisiert, oder auf Marken, Patente, Typen oder einen bestimmten Ursprung oder eine bestimmte Produktion verwiesen werden, wenn dadurch bestimmte Unternehmen oder bestimmte Produkte begünstigt oder ausgeschlossen werden. [2] Solche Verweise sind jedoch ausnahmsweise zulässig, wenn der Auftragsgegenstand nicht hinreichend genau und allgemein verständlich beschrieben werden kann; solche Verweise sind mit dem Zusatz „oder gleichwertig" zu versehen.

(3) Bei der Beschreibung der Leistung sind die verkehrsüblichen Bezeichnungen zu beachten.

§ 7a EU Technische Spezifikationen, Testberichte, Zertifizierungen, Gütezeichen. (1)

1. Die technischen Anforderungen (Spezifikationen – siehe Anhang TS Nummer 1) an den Auftragsgegenstand müssen allen Unternehmen gleichermaßen zugänglich sein.

2. Die geforderten Merkmale können sich auch auf den spezifischen Prozess oder die spezifische Methode zur Produktion beziehungsweise Erbringung der angeforderten Leistungen oder auf einen spezifischen Prozess eines anderen Lebenszyklus-Stadiums davon beziehen, auch wenn derartige Faktoren nicht materielle Bestandteile von ihnen sind, sofern sie in Verbindung mit dem Auftragsgegenstand stehen und zu dessen Wert und Zielen verhältnismäßig sind.

3. In den technischen Spezifikationen kann angegeben werden, ob Rechte des geistigen Eigentums übertragen werden müssen.

4. Bei jeglicher Beschaffung, die zur Nutzung durch natürliche Personen – ganz gleich, ob durch die Allgemeinheit oder das Personal des öffentlichen Auftraggebers – vorgesehen ist, werden die technischen Spezifikationen – außer in ordnungsgemäß begründeten Fällen – so erstellt, dass die Kriterien der Zugänglichkeit für Personen mit Behinderungen oder der Konzeption für alle Nutzer berücksichtigt werden.

5. Werden verpflichtende Zugänglichkeitserfordernisse mit einem Rechtsakt der Europäischen Union erlassen, so müssen die technischen Spezifikationen, soweit die Kriterien der Zugänglichkeit für Personen mit Behinderungen oder der Konzeption für alle Nutzer betroffen sind, darauf Bezug nehmen.

(2) Die technischen Spezifikationen sind in den Vergabeunterlagen zu formulieren:

1. entweder unter Bezugnahme auf die in Anhang TS definierten technischen Spezifikationen in der Rangfolge
   a) nationale Normen, mit denen europäische Normen umgesetzt werden,
   b) europäische technische Bewertungen,
   c) gemeinsame technische Spezifikationen,
   d) internationale Normen und andere technische Bezugssysteme, die von den europäischen Normungsgremien erarbeitet wurden oder,
   e) falls solche Normen und Spezifikationen fehlen, nationale Normen, nationale technische Zulassungen oder nationale technische Spezifikationen für die Planung, Berechnung und Ausführung von Bauleistungen und den Einsatz von Produkten.
   Jede Bezugnahme ist mit dem Zusatz „oder gleichwertig" zu versehen;

2. oder in Form von Leistungs- oder Funktionsanforderungen, die so genau zu fassen sind, dass sie den Unternehmen ein klares Bild vom Auftragsgegenstand vermitteln und dem Auftraggeber die Erteilung des Zuschlags ermöglichen;

3. oder in Kombination der Nummern 1 und 2, das heißt
   a) in Form von Leistungs- oder Funktionsanforderungen unter Bezugnahme auf die Spezifikationen gemäß Nummer 1 als Mittel zur Vermutung der Konformität mit diesen Leistungs- oder Funktionsanforderungen;
   b) oder mit Bezugnahme auf die Spezifikationen gemäß Nummer 1 hinsichtlich bestimmter Merkmale und mit Bezugnahme auf die Leistungs- oder Funktionsanforderungen gemäß Nummer 2 hinsichtlich anderer Merkmale.

(3)

1. Verweist der öffentliche Auftraggeber in der Leistungsbeschreibung auf die in Absatz 2 Nummer 1 genannten Spezifikationen, so darf er ein Angebot nicht mit der Begründung ablehnen, die angebotene Leistung entspräche nicht den herangezogenen Spezifikationen, sofern der Bieter in seinem Angebot dem öffentlichen Auftraggeber nachweist, dass die von ihm vorgeschlagenen Lösungen den Anforderungen der technischen Spezifikation, auf die Bezug genommen wurde, gleichermaßen entsprechen. Als geeignetes Mittel kann ein Prüfbericht oder eine Zertifizierung einer akkreditierten Konformitätsbewertungsstelle gelten.

2. Eine Konformitätsbewertungsstelle im Sinne dieses Absatzes muss gemäß der Verordnung (EG) Nr. 765/2008 des Europäischen Parlaments und des Rates akkreditiert sein.

3. Der öffentliche Auftraggeber akzeptiert auch andere geeignete Nachweise, wie beispielsweise eine technische Beschreibung des Herstellers, wenn

a) das betreffende Unternehmen keinen Zugang zu den genannten Zertifikaten oder Prüfberichten hatte oder

b) das betreffende Unternehmen keine Möglichkeit hatte, diese Zertifikate oder Prüfberichte innerhalb der einschlägigen Fristen einzuholen, sofern das betreffende Unternehmen den fehlenden Zugang nicht zu verantworten hat

c) und sofern es anhand dieser Nachweise die Erfüllung der festgelegten Anforderungen belegt.

(4) [1]Legt der öffentliche Auftraggeber die technischen Spezifikationen in Form von Leistungs- oder Funktionsanforderungen fest, so darf er ein Angebot, das einer nationalen Norm entspricht, mit der eine europäische Norm umgesetzt wird, oder einer europäischen technischen Bewertung, einer gemeinsamen technischen Spezifikation, einer internationalen Norm oder einem technischen Bezugssystem, das von den europäischen Normungsgremien erarbeitet wurde, entspricht, nicht zurückweisen, wenn diese Spezifikationen die geforderten Leistungs- oder Funktionsanforderungen betreffen. [2]Der Bieter muss in seinem Angebot mit geeigneten Mitteln dem öffentlichen Auftraggeber nachweisen, dass die der Norm entsprechende jeweilige Leistung den Leistungs- oder Funktionsanforderungen des öffentlichen Auftraggebers entspricht. [3]Als geeignetes Mittel kann eine technische Beschreibung des Herstellers oder ein Prüfbericht einer Konformitätsbewertungsstelle gelten.

(5)

1. [1]Zum Nachweis dafür, dass eine Bauleistung bestimmten, in der Leistungsbeschreibung geforderten Merkmalen entspricht, kann der öffentliche Auftraggeber die Vorlage von Bescheinigungen, insbesondere Testberichten oder Zertifizierungen, einer Konformitätsbewertungsstelle verlangen. [2]Wird die Vorlage einer Bescheinigung einer bestimmten Konformitätsbewertungsstelle verlangt, hat der öffentliche Auftraggeber auch Bescheinigungen gleichwertiger anderer Konformitätsbewertungsstellen zu akzeptieren.

2. [1]Der öffentliche Auftraggeber akzeptiert auch andere als die in Nummer 1 genannten geeigneten Nachweise, insbesondere ein technisches Dossier des Herstellers, wenn das Unternehmen keinen Zugang zu den in Nummer 1 genannten Bescheinigungen oder keine Möglichkeit hatte, diese innerhalb

der einschlägigen Fristen einzuholen, sofern das Unternehmen den fehlenden Zugang nicht zu vertreten hat. [2]In diesen Fällen hat das Unternehmen durch die vorgelegten Nachweise zu belegen, dass die von ihm zu erbringende Leistung die vom öffentlichen Auftraggeber angegebenen spezifischen Anforderungen erfüllt.

3. Eine Konformitätsbewertungsstelle ist eine Stelle, die gemäß der Verordnung (EG) Nr. 765/2008 des Europäischen Parlaments und des Rates vom 9. Juli 2008 über die Vorschriften für die Akkreditierung und Marktüberwachung im Zusammenhang mit der Vermarktung von Produkten und zur Aufhebung der Verordnung (EWG) Nr. 339/93 des Rates (ABl. L 218 vom 13.08.2008, S. 30) akkreditiert ist und Konformitätsbewertungstätigkeiten durchführt.

(6)

1. Der öffentliche Auftraggeber kann für Leistungen mit spezifischen umweltbezogenen, sozialen oder sonstigen Merkmalen in den technischen Spezifikationen, den Zuschlagskriterien oder den Ausführungsbedingungen ein bestimmtes Gütezeichen als Nachweis dafür verlangen, dass die Leistungen den geforderten Merkmalen entsprechen, sofern alle nachfolgend genannten Bedingungen erfüllt sind:

a) die Gütezeichen-Anforderungen betreffen lediglich Kriterien, die mit dem Auftragsgegenstand in Verbindung stehen und für die Bestimmung der Merkmale des Auftragsgegenstandes geeignet sind;

b) die Gütezeichen-Anforderungen basieren auf objektiv nachprüfbaren und nichtdiskriminierenden Kriterien;

c) die Gütezeichen werden im Rahmen eines offenen und transparenten Verfahrens eingeführt, an dem alle relevanten interessierten Kreise – wie z.B. staatliche Stellen, Verbraucher, Sozialpartner, Hersteller, Händler und Nichtregierungsorganisationen – teilnehmen können;

d) die Gütezeichen sind für alle Betroffenen zugänglich;

e) die Anforderungen an die Gütezeichen werden von einem Dritten festgelegt, auf den der Unternehmer, der das Gütezeichen beantragt, keinen maßgeblichen Einfluss ausüben kann.

2. Für den Fall, dass die Leistung nicht allen Anforderungen des Gütezeichens entsprechen muss, hat der öffentliche Auftraggeber die betreffenden Anforderungen anzugeben.

3. Der öffentliche Auftraggeber akzeptiert andere Gütezeichen, die gleichwertige Anforderungen an die Leistung stellen.

4. Hatte ein Unternehmen aus Gründen, die ihm nicht zugerechnet werden können, nachweislich keine Möglichkeit, das vom öffentlichen Auftraggeber angegebene oder ein gleichwertiges Gütezeichen innerhalb der einschlägigen Fristen zu erlangen, so muss der öffentliche Auftraggeber andere geeignete Nachweise akzeptieren, sofern das Unternehmen nachweist, dass die von ihm zu erbringende Leistung die Anforderungen des geforderten Gütezeichens oder die vom öffentlichen Auftraggeber angegebenen spezifischen Anforderungen erfüllt.

§ 7b EU Leistungsbeschreibung mit Leistungsverzeichnis. (1) Die Leistung ist in der Regel durch eine allgemeine Darstellung der Bauaufgabe (Baubeschreibung) und ein in Teilleistungen gegliedertes Leistungsverzeichnis zu beschreiben.

(2) [1]Erforderlichenfalls ist die Leistung auch zeichnerisch oder durch Probestücke darzustellen oder anders zu erklären, z.B. durch Hinweise auf ähnliche Leistungen, durch Mengen- oder statische Berechnungen. [2]Zeichnungen und Proben, die für die Ausführung maßgebend sein sollen, sind eindeutig zu bezeichnen.

(3) Leistungen, die nach den Vertragsbedingungen, den Technischen Vertragsbedingungen oder der gewerblichen Verkehrssitte zu der geforderten Leistung gehören (§ 2 Absatz 1 VOB/B[1]), brauchen nicht besonders aufgeführt zu werden.

(4) [1]Im Leistungsverzeichnis ist die Leistung derart aufzugliedern, dass unter einer Ordnungszahl (Position) nur solche Leistungen aufgenommen werden, die nach ihrer technischen Beschaffenheit und für die Preisbildung als in sich gleichartig anzusehen sind. [2]Ungleichartige Leistungen sollen unter einer Ordnungszahl (Sammelposition) nur zusammengefasst werden, wenn eine Teilleistung gegenüber einer anderen für die Bildung eines Durchschnittspreises ohne nennenswerten Einfluss ist.

§ 7c EU Leistungsbeschreibung mit Leistungsprogramm. (1) Wenn es nach Abwägen aller Umstände zweckmäßig ist, abweichend von § 7b EU Absatz 1 zusammen mit der Bauausführung auch den Entwurf für die Leistung dem Wettbewerb zu unterstellen, um die technisch, wirtschaftlich und gestalterisch beste sowie funktionsgerechteste Lösung der Bauaufgabe zu ermitteln, kann die Leistung durch ein Leistungsprogramm dargestellt werden.

(2)
1. Das Leistungsprogramm umfasst eine Beschreibung der Bauaufgabe, aus der die Unternehmen alle für die Entwurfsbearbeitung und ihr Angebot maßgebenden Bedingungen und Umstände erkennen können und in der sowohl der Zweck der fertigen Leistung als auch die an sie gestellten technischen, wirtschaftlichen, gestalterischen und funktionsbedingten Anforderungen angegeben sind, sowie gegebenenfalls ein Musterleistungsverzeichnis, in dem die Mengenangaben ganz oder teilweise offengelassen sind.
2. § 7b EU Absatz 2 bis 4 gilt sinngemäß.

(3)
1. Von dem Bieter ist ein Angebot zu verlangen, das außer der Ausführung der Leistung den Entwurf nebst eingehender Erläuterung und eine Darstellung der Bauausführung sowie eine eingehende und zweckmäßig gegliederte Beschreibung der Leistung – gegebenenfalls mit Mengen- und Preisangaben für Teile der Leistung – umfasst. Bei Beschreibung der Leistung mit Mengen- und Preisangaben ist vom Bieter zu verlangen, dass er
2. die Vollständigkeit seiner Angaben, insbesondere die von ihm selbst ermittelten Mengen, entweder ohne Einschränkung oder im Rahmen einer in den Vergabeunterlagen anzugebenden Mengentoleranz vertritt, und
3. etwaige Annahmen, zu denen er in besonderen Fällen gezwungen ist, weil zum Zeitpunkt der Angebotsabgabe einzelne Teilleistungen nach Art und Menge noch nicht bestimmt werden können (z.B. Aushub-, Abbruch- oder Wasserhaltungsarbeiten) – erforderlichenfalls anhand von Plänen und Mengenermittlungen – begründet.

---

[1] Nr. 14.

§ 8 EU Vergabeunterlagen. (1) Die Vergabeunterlagen bestehen aus

1. dem Anschreiben (Aufforderung zur Angebotsabgabe gemäß Absatz 2 Nummer 1 bis 3), gegebenenfalls Teilnahmebedingungen (Absatz 2 Nummer 6) und

2. den Vertragsunterlagen (§ 8a EU und §§ 7 EU bis 7c EU).

(2)

1. Das Anschreiben muss die nach Anhang V Teil C der Richtlinie 2014/24/EU geforderten Informationen enthalten, die außer den Vertragsunterlagen für den Entschluss zur Abgabe eines Angebots notwendig sind, sofern sie nicht bereits veröffentlicht wurden.

2. In den Vergabeunterlagen kann der öffentliche Auftraggeber den Bieter auffordern, in seinem Angebot die Leistungen, die er im Wege von Unteraufträgen an Dritte zu vergeben gedenkt, sowie die gegebenenfalls vorgeschlagenen Unterauftragnehmer mit Namen, gesetzlichen Vertretern und Kontaktdaten anzugeben.

3. [1] Der öffentliche Auftraggeber kann Nebenangebote in der Auftragsbekanntmachung oder in der Aufforderung zur Interessensbestätigung zulassen oder vorschreiben. [2] Fehlt eine entsprechende Angabe, sind keine Nebenangebote zugelassen. [3] Nebenangebote müssen mit dem Auftragsgegenstand in Verbindung stehen. [4] Hat der öffentliche Auftraggeber in der Auftragsbekanntmachung oder in der Aufforderung zur Interessensbestätigung Nebenangebote zugelassen oder vorgeschrieben, hat er anzugeben,

   a) in welcher Art und Weise Nebenangebote einzureichen sind, insbesondere, ob er Nebenangebote ausnahmsweise nur in Verbindung mit einem Hauptangebot zulässt,

   b) die Mindestanforderungen an Nebenangebote.

[5] Die Zuschlagskriterien sind so festzulegen, dass sie sowohl auf Hauptangebote als auch auf Nebenangebote anwendbar sind. [6] Es ist auch zulässig, dass der Preis das einzige Zuschlagskriterium ist.
[7] Von Bietern, die eine Leistung anbieten, deren Ausführung nicht in Allgemeinen Technischen Vertragsbedingungen oder in den Vergabeunterlagen geregelt ist, sind im Angebot entsprechende Angaben über Ausführung und Beschaffenheit dieser Leistung zu verlangen.

4. Der öffentliche Auftraggeber kann in der Auftragsbekanntmachung oder in der Aufforderung zur Interessensbestätigung angeben, dass er die Abgabe mehrerer Hauptangebote nicht zulässt.

5. Der öffentliche Auftraggeber hat an zentraler Stelle in den Vergabeunterlagen abschließend alle Unterlagen im Sinne von § 16a EU Absatz 1 mit Ausnahme von Produktangaben anzugeben.

6. Öffentliche Auftraggeber, die ständig Bauaufträge vergeben, sollen die Erfordernisse, die die Unternehmen bei der Bearbeitung ihrer Angebote beachten müssen, in den Teilnahmebedingungen zusammenfassen und dem Anschreiben beifügen.

§ 8a EU Allgemeine, Besondere und Zusätzliche Vertragsbedingungen. (1) [1] In den Vergabeunterlagen ist vorzuschreiben, dass die Allgemeinen

Vertragsbedingungen für die Ausführung von Bauleistungen (VOB/B[1)]) und die Allgemeinen Technischen Vertragsbedingungen für Bauleistungen (VOB/C) Bestandteile des Vertrags werden. [2]Das gilt auch für etwaige Zusätzliche Vertragsbedingungen und etwaige Zusätzliche Technische Vertragsbedingungen, soweit sie Bestandteile des Vertrags werden sollen.

(2)

1. [1]Die Allgemeinen Vertragsbedingungen bleiben grundsätzlich unverändert. [2]Sie können von öffentlichen Auftraggebern, die ständig Bauaufträge vergeben, für die bei ihnen allgemein gegebenen Verhältnisse durch Zusätzliche Vertragsbedingungen ergänzt werden. [3]Diese dürfen den Allgemeinen Vertragsbedingungen nicht widersprechen.

2. [1]Für die Erfordernisse des Einzelfalles sind die Allgemeinen Vertragsbedingungen und etwaige Zusätzliche Vertragsbedingungen durch Besondere Vertragsbedingungen zu ergänzen. [2]In diesen sollen sich Abweichungen von den Allgemeinen Vertragsbedingungen auf die Fälle beschränken, in denen dort besondere Vereinbarungen ausdrücklich vorgesehen sind und auch nur soweit es die Eigenart der Leistung und ihre Ausführung erfordern.

(3) [1]Die Allgemeinen Technischen Vertragsbedingungen bleiben grundsätzlich unverändert. [2]Sie können von öffentlichen Auftraggebern, die ständig Bauaufträge vergeben, für die bei ihnen allgemein gegebenen Verhältnisse durch Zusätzliche Technische Vertragsbedingungen ergänzt werden. [3]Für die Erfordernisse des Einzelfalles sind Ergänzungen und Änderungen in der Leistungsbeschreibung festzulegen.

(4)

1. In den Zusätzlichen Vertragsbedingungen oder in den Besonderen Vertragsbedingungen sollen, soweit erforderlich, folgende Punkte geregelt werden:
   a) Unterlagen (§ 8b EU Absatz 2; § 3 Absatz 5 und 6 VOB/B),
   b) Benutzung von Lager- und Arbeitsplätzen, Zufahrtswegen, Anschlussgleisen, Wasser- und Energieanschlüssen (§ 4 Absatz 4 VOB/B),
   c) Weitervergabe an Nachunternehmen (§ 4 Absatz 8 VOB/B),
   d) Ausführungsfristen (§ 9 EU; § 5 VOB/B),
   e) Haftung (§ 10 Absatz 2 VOB/B),
   f) Vertragsstrafen und Beschleunigungsvergütungen (§ 9a EU; § 11 VOB/B),
   g) Abnahme (§ 12 VOB/B),
   h) Vertragsart (§§ 4 EU, 4a EU), Abrechnung (§ 14 VOB/B),
   i) Stundenlohnarbeiten (§ 15 VOB/B),
   j) Zahlungen, Vorauszahlungen (§ 16 VOB/B),
   k) Sicherheitsleistung (§ 9c EU; § 17 VOB/B),
   l) Gerichtsstand (§ 18 Absatz 1 VOB/B),
   m) Lohn- und Gehaltsnebenkosten,
   n) Änderung der Vertragspreise (§ 9d EU).

2. [1]Im Einzelfall erforderliche besondere Vereinbarungen über die Mängelansprüche sowie deren Verjährung (§ 9b EU; § 13 Absatz 1, 4 und 7 VOB/B) und über die Verteilung der Gefahr bei Schäden, die durch Hochwasser,

---

[1)] Nr. 14.

Sturmfluten, Grundwasser, Wind, Schnee, Eis und dergleichen entstehen können (§ 7 VOB/B), sind in den Besonderen Vertragsbedingungen zu treffen. [2]Sind für bestimmte Bauleistungen gleichgelagerte Voraussetzungen im Sinne von § 9b EU gegeben, so dürfen die besonderen Vereinbarungen auch in Zusätzlichen Technischen Vertragsbedingungen vorgesehen werden.

§ 8b EU Kosten- und Vertrauensregelung, Schiedsverfahren. (1)
1. Für die Bearbeitung des Angebotes wird keine Entschädigung gewährt. Verlangt jedoch der öffentliche Auftraggeber, dass das Unternehmen Entwürfe, Pläne, Zeichnungen, statische Berechnungen, Mengenberechnungen oder andere Unterlagen ausarbeitet, insbesondere in den Fällen des § 7c EU, so ist einheitlich für alle Bieter in der Ausschreibung eine angemessene Entschädigung festzusetzen. Diese Entschädigung steht jedem Bieter zu, der ein der Ausschreibung entsprechendes Angebot mit den geforderten Unterlagen rechtzeitig eingereicht hat.
2. Diese Grundsätze gelten für Verhandlungsverfahren, wettbewerbliche Dialoge und Innovationspartnerschaften entsprechend.

(2) [1]Der öffentliche Auftraggeber darf Angebotsunterlagen und die in den Angeboten enthaltenen eigenen Vorschläge eines Bieters nur für die Prüfung und Wertung der Angebote (§§ 16c EU und 16d EU) verwenden. [2]Eine darüber hinausgehende Verwendung bedarf der vorherigen schriftlichen Vereinbarung.

(3) Sollen Streitigkeiten aus dem Vertrag unter Ausschluss des ordentlichen Rechtsweges im schiedsrichterlichen Verfahren ausgetragen werden, so ist es in besonderer, nur das Schiedsverfahren betreffender Urkunde zu vereinbaren, soweit nicht § 1031 Absatz 2 ZPO auch eine andere Form der Vereinbarung zulässt.

§ 8c EU Anforderungen an energieverbrauchsrelevante Waren, technische Geräte oder Ausrüstungen. (1) Wenn die Lieferung von energieverbrauchsrelevanten Waren, technischen Geräten oder Ausrüstungen wesentlicher Bestandteil einer Bauleistung ist, müssen die Anforderungen der Absätze 2 bis 4 beachtet werden.

(2) In der Leistungsbeschreibung sollen im Hinblick auf die Energieeffizienz insbesondere folgende Anforderungen gestellt werden:
1. das höchste Leistungsniveau an Energieeffizienz und
2. soweit vorhanden, die höchste Energieeffizienzklasse im Sinne der Energieverbrauchskennzeichnungsverordnung.

(3) In der Leistungsbeschreibung oder an anderer geeigneter Stelle in den Vergabeunterlagen sind von den Bietern folgende Informationen zu fordern:
1. konkrete Angaben zum Energieverbrauch, es sei denn, die auf dem Markt angebotenen Waren, technischen Geräte oder Ausrüstungen unterscheiden sich im zulässigen Energieverbrauch nur geringfügig, und
2. in geeigneten Fällen,
   a) eine Analyse minimierter Lebenszykluskosten oder
   b) die Ergebnisse einer Buchstabe a vergleichbaren Methode zur Überprüfung der Wirtschaftlichkeit.

(4) Sind energieverbrauchende Waren, technische Geräte oder Ausrüstungen wesentlicher Bestandteil einer Bauleistung und sind über die in der Leistungsbeschreibung gestellten Mindestanforderungen hinsichtlich der Energieeffizienz hinaus nicht nur geringfügige Unterschiede im Energieverbrauch zu erwarten, ist das Zuschlagskriterium „Energieeffizienz" zu berücksichtigen.

§ 9 EU Ausführungsfristen, Einzelfristen, Verzug. (1)

1. [1]Die Ausführungsfristen sind ausreichend zu bemessen; Jahreszeit, Arbeitsbedingungen und etwaige besondere Schwierigkeiten sind zu berücksichtigen. [2]Für die Bauvorbereitung ist dem Auftragnehmer genügend Zeit zu gewähren.

2. Außergewöhnlich kurze Fristen sind nur bei besonderer Dringlichkeit vorzusehen.

3. Soll vereinbart werden, dass mit der Ausführung erst nach Aufforderung zu beginnen ist (§ 5 Absatz 2 VOB/B[1)]), so muss die Frist, innerhalb derer die Aufforderung ausgesprochen werden kann, unter billiger Berücksichtigung der für die Ausführung maßgebenden Verhältnisse zumutbar sein; sie ist in den Vergabeunterlagen festzulegen.

(2)

1. Wenn es ein erhebliches Interesse des öffentlichen Auftraggebers erfordert, sind Einzelfristen für in sich abgeschlossene Teile der Leistung zu bestimmen.

2. Wird ein Bauzeitenplan aufgestellt, damit die Leistungen aller Unternehmen sicher ineinandergreifen, so sollen nur die für den Fortgang der Gesamtarbeit besonders wichtigen Einzelfristen als vertraglich verbindliche Fristen (Vertragsfristen) bezeichnet werden.

(3) Ist für die Einhaltung von Ausführungsfristen die Übergabe von Zeichnungen oder anderen Unterlagen wichtig, so soll hierfür ebenfalls eine Frist festgelegt werden.

(4) [1]Der öffentliche Auftraggeber darf in den Vertragsunterlagen eine Pauschalierung des Verzugsschadens (§ 5 Absatz 4 VOB/B) vorsehen; sie soll fünf Prozent der Auftragssumme nicht überschreiten. [2]Der Nachweis eines geringeren Schadens ist zuzulassen.

§ 9a EU Vertragsstrafen, Beschleunigungsvergütung. [1]Vertragsstrafen für die Überschreitung von Vertragsfristen sind nur zu vereinbaren, wenn die Überschreitung erhebliche Nachteile verursachen kann. [2]Die Strafe ist in angemessenen Grenzen zu halten. [3]Beschleunigungsvergütungen (Prämien) sind nur vorzusehen, wenn die Fertigstellung vor Ablauf der Vertragsfristen erhebliche Vorteile bringt.

§ 9b EU Verjährung der Mängelansprüche. [1]Andere Verjährungsfristen als nach § 13 Absatz 4 VOB/B[1)] sollen nur vorgesehen werden, wenn dies wegen der Eigenart der Leistung erforderlich ist. [2]In solchen Fällen sind alle Umstände gegeneinander abzuwägen, insbesondere, wann etwaige Mängel wahrscheinlich erkennbar werden und wieweit die Mängelursachen noch nachgewiesen werden können, aber auch die Wirkung auf die Preise und die

---

[1)] Nr. 14.

Notwendigkeit einer billigen Bemessung der Verjährungsfristen für Mängelansprüche.

§ 9c EU Sicherheitsleistung. (1) [1]Auf Sicherheitsleistung soll ganz oder
teilweise verzichtet werden, wenn Mängel der Leistung voraussichtlich nicht
eintreten. [2]Unterschreitet die Auftragssumme 250 000 Euro ohne Umsatzsteuer, ist auf Sicherheitsleistung für die Vertragserfüllung und in der Regel auf
Sicherheitsleistung für die Mängelansprüche zu verzichten. [3]Bei nicht offenen
Verfahren sowie bei Verhandlungsverfahren und wettbewerblichen Dialogen
sollen Sicherheitsleistungen in der Regel nicht verlangt werden.

(2) [1]Die Sicherheit soll nicht höher bemessen und ihre Rückgabe nicht für
einen späteren Zeitpunkt vorgesehen werden, als nötig ist, um den öffentlichen
Auftraggeber vor Schaden zu bewahren. [2]Die Sicherheit für die Erfüllung
sämtlicher Verpflichtungen aus dem Vertrag soll fünf Prozent der Auftragssumme nicht überschreiten. [3]Die Sicherheit für Mängelansprüche soll drei
Prozent der Abrechnungssumme nicht überschreiten.

§ 9d EU Änderung der Vergütung. [1]Sind wesentliche Änderungen der
Preisermittlungsgrundlagen zu erwarten, deren Eintritt oder Ausmaß ungewiss
ist, so kann eine angemessene Änderung der Vergütung in den Vertragsunterlagen vorgesehen werden. [2]Die Einzelheiten der Preisänderungen sind festzulegen.

§ 10 EU Fristen. (1) [1]Bei der Festsetzung der Fristen für den Eingang der
Angebote (Angebotsfrist) und der Anträge auf Teilnahme (Teilnahmefrist) berücksichtigt der öffentliche Auftraggeber die Komplexität des Auftrags und die
Zeit, die für die Ausarbeitung der Angebote erforderlich ist (Angemessenheit).
[2]Die Angemessenheit der Frist prüft der öffentliche Auftraggeber in jedem
Einzelfall gesondert. [3]Die nachstehend genannten Mindestfristen stehen unter
dem Vorbehalt der Angemessenheit.

(2) Falls die Angebote nur nach einer Ortsbesichtigung oder Einsichtnahme
in nicht übersandte Unterlagen erstellt werden können, sind längere Fristen als
die Mindestfristen festzulegen, damit alle Unternehmen von allen Informationen, die für die Erstellung des Angebotes erforderlich sind, Kenntnis nehmen
können.

§ 10a EU Fristen im offenen Verfahren. (1) Beim offenen Verfahren
beträgt die Angebotsfrist mindestens 35 Kalendertage, gerechnet vom Tag nach
Absendung der Auftragsbekanntmachung.

(2) [1]Die Angebotsfrist kann auf 15 Kalendertage, gerechnet vom Tag nach
Absendung der Auftragsbekanntmachung, verkürzt werden. [2]Voraussetzung
dafür ist, dass eine Vorinformation nach dem vorgeschriebenen Muster gemäß
§ 12 EU Absatz 1 Nummer 3 mindestens 35 Kalendertage, höchstens aber
zwölf Monate vor dem Tag der Absendung der Auftragsbekanntmachung an
das Amt für Veröffentlichungen der Europäischen Union abgesandt wurde.
[3]Diese Vorinformation muss mindestens die im Muster einer Auftragsbekanntmachung nach Anhang V Teil C der Richtlinie 2014/24/EU für das offene
Verfahren geforderten Angaben enthalten, soweit diese Informationen zum
Zeitpunkt der Absendung der Vorinformation vorlagen.

(3) Für den Fall, dass eine vom öffentlichen Auftraggeber hinreichend begründete Dringlichkeit die Einhaltung der Frist nach Absatz 1 unmöglich

macht, kann der öffentliche Auftraggeber eine Frist festlegen, die 15 Kalendertage, gerechnet vom Tag nach Absendung der Auftragsbekanntmachung, nicht unterschreiten darf.

(4) Die Angebotsfrist nach Absatz 1 kann um fünf Kalendertage verkürzt werden, wenn die elektronische Übermittlung der Angebote gemäß § 11 EU Absatz 4 akzeptiert wird.

(5) [1] Kann ein unentgeltlicher, uneingeschränkter und vollständiger direkter Zugang aus den in § 11b EU genannten Gründen zu bestimmten Vergabeunterlagen nicht angeboten werden, so kann in der Auftragsbekanntmachung angegeben werden, dass die betreffenden Vergabeunterlagen im Einklang mit § 11b EU Absatz 1 nicht elektronisch, sondern durch andere Mittel übermittelt werden, bzw. welche Maßnahmen zum Schutz der Vertraulichkeit der Informationen gefordert werden und wie auf die betreffenden Dokumente zugegriffen werden kann.
[2] In einem derartigen Fall wird die Angebotsfrist um fünf Kalendertage verlängert, außer im Fall einer hinreichend begründeten Dringlichkeit gemäß Absatz 3.

(6) [1] In den folgenden Fällen verlängert der öffentliche Auftraggeber die Fristen für den Eingang der Angebote, sodass alle betroffenen Unternehmen Kenntnis aller Informationen haben können, die für die Erstellung des Angebots erforderlich sind:

1. wenn rechtzeitig angeforderte Zusatzinformationen nicht spätestens sechs Kalendertage vor Ablauf der Angebotsfrist allen Unternehmen in gleicher Weise zur Verfügung gestellt werden können. Bei beschleunigten Verfahren (Dringlichkeit) im Sinne von Absatz 3 beträgt dieser Zeitraum vier Kalendertage;
2. wenn an den Vergabeunterlagen wesentliche Änderungen vorgenommen werden.

[2] Die Fristverlängerung muss in einem angemessenen Verhältnis zur Bedeutung der Informationen oder Änderungen stehen. [3] Wurden die Zusatzinformationen entweder nicht rechtzeitig angefordert oder ist ihre Bedeutung für die Erstellung zulässiger Angebote unerheblich, so ist der öffentlichen Auftraggeber nicht verpflichtet, die Fristen zu verlängern.

(7) Bis zum Ablauf der Angebotsfrist können Angebote in Textform zurückgezogen werden.

(8) [1] Der öffentliche Auftraggeber bestimmt eine angemessene Frist, innerhalb der die Bieter an ihre Angebote gebunden sind (Bindefrist). [2] Diese soll so kurz wie möglich und nicht länger bemessen werden, als der öffentliche Auftraggeber für eine zügige Prüfung und Wertung der Angebote (§§ 16 EU bis 16d EU) benötigt. [3] Die Bindefrist beträgt regelmäßig 60 Kalendertage. [4] In begründeten Fällen kann der öffentliche Auftraggeber eine längere Frist festlegen. [5] Das Ende der Bindefrist ist durch Angabe des Kalendertages zu bezeichnen.

(9) Die Bindefrist beginnt mit dem Ablauf der Angebotsfrist.

§ 10b EU Fristen im nicht offenen Verfahren. (1) Beim nicht offenen Verfahren beträgt die Teilnahmefrist mindestens 30 Kalendertage, gerechnet vom Tag nach Absendung der Auftragsbekanntmachung oder der Aufforderung zur Interessensbestätigung.

(2) Die Angebotsfrist beträgt mindestens 30 Kalendertage, gerechnet vom Tag nach Absendung der Aufforderung zur Angebotsabgabe.

(3) [1]Die Angebotsfrist nach Absatz 2 kann auf zehn Kalendertage, gerechnet vom Tag nach Absendung der Aufforderung zur Angebotsabgabe, verkürzt werden. [2]Voraussetzung dafür ist, dass eine Vorinformation nach dem vorgeschriebenen Muster gemäß § 12 EU Absatz 1 Nummer 3 mindestens 35 Kalendertage, höchstens aber zwölf Monate vor dem Tag der Absendung der Auftragsbekanntmachung an das Amt für Veröffentlichungen der Europäischen Union abgesandt wurde. [3]Diese Vorinformation muss mindestens die im Muster einer Auftragsbekanntmachung nach Anhang V Teil C der Richtlinie 2014/24/EU für das nicht offene Verfahren geforderten Angaben enthalten, soweit diese Informationen zum Zeitpunkt der Absendung der Vorinformation vorlagen.

(4) Die Angebotsfrist nach Absatz 2 kann um fünf Kalendertage verkürzt werden, wenn die elektronische Übermittlung der Angebote gemäß § 11 EU Absatz 4 akzeptiert wird.

(5) Aus Gründen der Dringlichkeit kann

1. die Teilnahmefrist auf mindestens 15 Kalendertage, gerechnet vom Tag nach Absendung der Auftragsbekanntmachung,

2. die Angebotsfrist auf mindestens zehn Kalendertage, gerechnet vom Tag nach Absendung der Aufforderung zur Angebotsabgabe

verkürzt werden.

(6) [1]In den folgenden Fällen verlängert der öffentliche Auftraggeber die Angebotsfrist, sodass alle betroffenen Unternehmen Kenntnis aller Informationen haben können, die für die Erstellung des Angebots erforderlich sind:

1. wenn rechtzeitig angeforderte Zusatzinformationen nicht spätestens sechs Kalendertage vor Ablauf der Angebotsfrist allen Unternehmen in gleicher Weise zur Verfügung gestellt werden können. Bei beschleunigten Verfahren im Sinne von Absatz 5 beträgt dieser Zeitraum vier Kalendertage;

2. wenn an den Vergabeunterlagen wesentliche Änderungen vorgenommen werden.

[2]Die Fristverlängerung muss in einem angemessenen Verhältnis zur Bedeutung der Informationen oder Änderungen stehen. [3]Wurden die Zusatzinformationen entweder nicht rechtzeitig angefordert oder ist ihre Bedeutung für die Erstellung zulässiger Angebote unerheblich, so ist der öffentliche Auftraggeber nicht verpflichtet, die Fristen zu verlängern.

(7) Bis zum Ablauf der Angebotsfrist können Angebote in Textform zurückgezogen werden.

(8) [1]Der öffentliche Auftraggeber bestimmt eine angemessene Frist, innerhalb der die Bieter an ihre Angebote gebunden sind (Bindefrist). [2]Diese soll so kurz wie möglich und nicht länger bemessen werden, als der öffentliche Auftraggeber für eine zügige Prüfung und Wertung der Angebote (§§ 16 EU bis 16d EU) benötigt. [3]Die Bindefrist beträgt regelmäßig 60 Kalendertage. [4]In begründeten Fällen kann der öffentliche Auftraggeber eine längere Frist festlegen. [5]Das Ende der Bindefrist ist durch Angabe des Kalendertages zu bezeichnen.

(9) Die Bindefrist beginnt mit dem Ablauf der Angebotsfrist.

§ 10c EU Fristen im Verhandlungsverfahren. (1) Beim Verhandlungsverfahren mit Teilnahmewettbewerb ist entsprechend § 10 EU und § 10b EU zu verfahren.

(2) [1] Beim Verhandlungsverfahren ohne Teilnahmewettbewerb ist auch bei Dringlichkeit für die Bearbeitung und Einreichung der Angebote eine ausreichende Angebotsfrist nicht unter zehn Kalendertagen vorzusehen. [2] Dabei ist insbesondere der zusätzliche Aufwand für die Besichtigung von Baustellen oder die Beschaffung von Unterlagen für die Angebotsbearbeitung zu berücksichtigen. [3] Es ist entsprechend § 10b EU Absatz 7 bis 9 zu verfahren.

§ 10d EU Fristen im wettbewerblichen Dialog bei der Innovationspartnerschaft. [1] Beim wettbewerblichen Dialog und bei einer Innovationspartnerschaft beträgt die Teilnahmefrist mindestens 30 Kalendertage, gerechnet vom Tag nach Absendung der Auftragsbekanntmachung. [2] § 10b EU Absatz 7 bis 9 gilt entsprechend.

§ 11 EU Grundsätze der Informationsübermittlung. (1) Für das Senden, Empfangen, Weiterleiten und Speichern von Daten in einem Vergabeverfahren verwenden der öffentliche Auftraggeber und die Unternehmen grundsätzlich Geräte und Programme für die elektronische Datenübermittlung (elektronische Mittel).

(2) [1] Auftragsbekanntmachungen, Vorinformationen nach § 12 EU Absatz 1 oder Absatz 2, Vergabebekanntmachungen und Bekanntmachungen über Auftragsänderungen (Bekanntmachungen) sind dem Amt für Veröffentlichungen der Europäischen Union mit elektronischen Mitteln zu übermitteln. [2] Der öffentliche Auftraggeber muss den Tag der Absendung nachweisen können.

(3) Der öffentliche Auftraggeber gibt in der Auftragsbekanntmachung oder der Aufforderung zur Interessensbestätigung eine elektronische Adresse an, unter der die Vergabeunterlagen unentgeltlich, uneingeschränkt, vollständig und direkt abgerufen werden können.

(4) Die Unternehmen übermitteln ihre Angebote, Teilnahmeanträge, Interessensbekundungen und Interessensbestätigungen in Textform mithilfe elektronischer Mittel.

(5) [1] Der öffentliche Auftraggeber prüft im Einzelfall, ob zu übermittelnde Daten erhöhte Anforderungen an die Sicherheit stellen. [2] Soweit es erforderlich ist, kann der öffentliche Auftraggeber verlangen, dass Angebote, Teilnahmeanträge, Interessensbestätigungen und Interessensbekundungen zu versehen sind mit:

1. einer fortgeschrittenen elektronischen Signatur,

2. einer qualifizierten elektronischen Signatur,

3. einem fortgeschrittenen elektronischen Siegel oder

4. einem qualifizierten elektronischen Siegel.

(6) [1] Der öffentliche Auftraggeber kann von jedem Unternehmen die Angabe einer eindeutigen Unternehmensbezeichnung sowie einer elektronischen Adresse verlangen (Registrierung). [2] Für den Zugang zur Auftragsbekanntmachung und zu den Vergabeunterlagen darf der öffentliche Auftraggeber keine Registrierung verlangen. [3] Eine freiwillige Registrierung ist zulässig.

(7) Die Kommunikation in einem Vergabeverfahren kann mündlich erfolgen, wenn sie nicht die Vergabeunterlagen, die Teilnahmeanträge, die Interes-

sensbestätigungen oder die Angebote betrifft und wenn sie ausreichend und in geeigneter Weise dokumentiert wird.

§ 11a EU Anforderungen an elektronische Mittel. (1) [1]Elektronische Mittel und deren technische Merkmale müssen allgemein verfügbar, nichtdiskriminierend und mit allgemein verbreiteten Geräten und Programmen der Informations- und Kommunikationstechnologie kompatibel sein. [2]Sie dürfen den Zugang von Unternehmen zum Vergabeverfahren nicht einschränken. [3]Der öffentliche Auftraggeber gewährleistet die barrierefreie Ausgestaltung der elektronischen Mittel nach den §§ 4 und 12a und 12b des Behindertengleichstellungsgesetzes vom 27. April 2002 (BGBl. I S. 1467, 1468) in der jeweils geltenden Fassung.

(2) Der öffentliche Auftraggeber verwendet für das Senden, Empfangen, Weiterleiten und Speichern von Daten in einem Vergabeverfahren ausschließlich solche elektronischen Mittel, die die Unversehrtheit, die Vertraulichkeit und die Echtheit der Daten gewährleisten.

(3) Der öffentliche Auftraggeber muss den Unternehmen alle notwendigen Informationen zur Verfügung stellen über

1. die in einem Vergabeverfahren verwendeten elektronischen Mittel,

2. die technischen Parameter zur Einreichung von Teilnahmeanträgen, Angeboten und Interessensbestätigungen mithilfe elektronischer Mittel und

3. verwendete Verschlüsselungs- und Zeiterfassungsverfahren.

(4) [1]Der öffentliche Auftraggeber legt das erforderliche Sicherheitsniveau für die elektronischen Mittel fest. [2]Elektronische Mittel, die vom öffentlichen Auftraggeber für den Empfang von Angeboten, Teilnahmeanträgen und Interessensbestätigungen sowie von Plänen und Entwürfen für Planungswettbewerbe verwendet werden, müssen gewährleisten, dass

1. die Uhrzeit und der Tag des Datenempfanges genau zu bestimmen sind,

2. kein vorfristiger Zugriff auf die empfangenen Daten möglich ist,

3. der Termin für den erstmaligen Zugriff auf die empfangenen Daten nur von den Berechtigten festgelegt oder geändert werden kann,

4. nur die Berechtigten Zugriff auf die empfangenen Daten oder auf einen Teil derselben haben,

5. nur die Berechtigten nach dem festgesetzten Zeitpunkt Dritten Zugriff auf die empfangenen Daten oder auf einen Teil derselben einräumen dürfen,

6. empfangene Daten nicht an Unberechtigte übermittelt werden und

7. Verstöße oder versuchte Verstöße gegen die Anforderungen gemäß Nummern 1 bis 6 eindeutig festgestellt werden können.

(5) [1]Die elektronischen Mittel, die von dem öffentlichen Auftraggeber für den Empfang von Angeboten, Teilnahmeanträgen und Interessensbestätigungen sowie von Plänen und Entwürfen für Planungswettbewerbe genutzt werden, müssen über eine einheitliche Datenaustauschschnittstelle verfügen. [2]Es sind die jeweils geltenden Interoperabilitäts- und Sicherheitsstandards der Informationstechnik gemäß § 3 Absatz 1 des Vertrags über die Errichtung des IT-Planungsrats und über die Grundlagen der Zusammenarbeit beim Einsatz der Informationstechnologie in den Verwaltungen von Bund und Ländern vom 1. April 2010 zu verwenden.

(6) Der öffentliche Auftraggeber kann im Vergabeverfahren die Verwendung elektronischer Mittel, die nicht allgemein verfügbar sind (alternative elektronische Mittel), verlangen, wenn er

1. Unternehmen während des gesamten Vergabeverfahrens unter einer Internetadresse einen unentgeltlichen, uneingeschränkten, vollständigen und direkten Zugang zu diesen alternativen elektronischen Mitteln gewährt,

2. diese alternativen elektronischen Mittel selbst verwendet.

(7) ¹Der öffentliche Auftraggeber kann für die Vergabe von Bauleistungen und für Wettbewerbe die Nutzung elektronischer Mittel im Rahmen der Bauwerksdatenmodellierung verlangen. ²Sofern die verlangten elektronischen Mittel für die Bauwerksdatenmodellierung nicht allgemein verfügbar sind, bietet der öffentliche Auftraggeber einen alternativen Zugang zu ihnen gemäß Absatz 6 an.

§ 11b EU Ausnahmen von der Verwendung elektronischer Mittel.

(1) ¹Der öffentliche Auftraggeber kann die Vergabeunterlagen auf einem anderen geeigneten Weg übermitteln, wenn die erforderlichen elektronischen Mittel zum Abruf der Vergabeunterlagen

1. aufgrund der besonderen Art der Auftragsvergabe nicht mit allgemein verfügbaren oder verbreiteten Geräten und Programmen der Informations- und Kommunikationstechnologie kompatibel sind,

2. Dateiformate zur Beschreibung der Angebote verwenden, die nicht mit allgemein verfügbaren oder verbreiteten Programmen verarbeitet werden können oder die durch andere als kostenlose und allgemein verfügbare Lizenzen geschützt sind, oder

3. die Verwendung von Bürogeräten voraussetzen, die öffentlichen Auftraggebern nicht allgemein zur Verfügung stehen.

²Die Angebotsfrist wird in diesen Fällen um fünf Kalendertage verlängert, sofern nicht ein Fall hinreichend begründeter Dringlichkeit gemäß § 10a EU Absatz 3 oder § 10b EU Absatz 5 vorliegt.

(2) ¹In den Fällen des § 5 Absatz 3 VgV¹⁾ gibt der öffentliche Auftraggeber in der Auftragsbekanntmachung oder in der Aufforderung zur Interessensbestätigung an, welche Maßnahmen zum Schutz der Vertraulichkeit von Informationen er anwendet und wie auf die Vergabeunterlagen zugegriffen werden kann. ²Die Angebotsfrist wird um fünf Kalendertage verlängert, sofern nicht ein Fall hinreichend begründeter Dringlichkeit gemäß § 10a EU Absatz 3 oder § 10b EU Absatz 5 vorliegt.

(3) ¹Der öffentliche Auftraggeber ist nicht verpflichtet, die Einreichung von Angeboten mithilfe elektronischer Mittel zu verlangen, wenn auf die zur Einreichung erforderlichen elektronischen Mittel einer der in Absatz 1 Nummer 1 bis 3 genannten Gründe zutrifft oder wenn zugleich physische oder maßstabsgetreue Modelle einzureichen sind, die nicht elektronisch übermittelt werden können. ²In diesen Fällen erfolgt die Kommunikation auf dem Postweg oder auf einem anderen geeigneten Weg oder in Kombination von postalischem oder einem anderen geeigneten Weg und Verwendung elektronischer Mittel. ³Der öffentliche Auftraggeber gibt im Vergabevermerk die Gründe an, warum

---

¹⁾ Nr. 2.

die Angebote mithilfe anderer als elektronischer Mittel eingereicht werden können.

(4) [1] Der öffentliche Auftraggeber kann festlegen, dass Angebote mithilfe anderer als elektronischer Mittel einzureichen sind, wenn sie besonders schutzwürdige Daten enthalten, die bei Verwendung allgemein verfügbarer oder alternativer elektronischer Mittel nicht angemessen geschützt werden können, oder wenn die Sicherheit der elektronischen Mittel nicht gewährleistet werden kann. [2] Der öffentliche Auftraggeber gibt im Vergabevermerk die Gründe an, warum er die Einreichung der Angebote mithilfe anderer als elektronischer Mittel für erforderlich hält.

§ 12 EU Vorinformation, Auftragsbekanntmachung. (1)

1. Die Absicht einer geplanten Auftragsvergabe kann mittels einer Vorinformation bekannt gegeben werden, die die wesentlichen Merkmale des beabsichtigten Bauauftrags enthält.

2. Eine Vorinformation ist nur dann verpflichtend, wenn der öffentliche Auftraggeber von der Möglichkeit einer Verkürzung der Angebotsfrist gemäß § 10a EU Absatz 2 oder § 10b EU Absatz 3 Gebrauch machen möchte.

3. Die Vorinformation ist nach den von der Europäischen Kommission festgelegten Standardformularen zu erstellen und enthält die Informationen nach Anhang V Teil B der Richtlinie 2014/24/EU.

4. [1] Nach Genehmigung der Planung ist die Vorinformation sobald wie möglich dem Amt für Veröffentlichungen der Europäischen Union zu übermitteln oder im Beschafferprofil zu veröffentlichen; in diesem Fall ist dem Amt für Veröffentlichungen der Europäischen Union zuvor auf elektronischem Weg die Ankündigung dieser Veröffentlichung mit den von der Europäischen Kommission festgelegten Standardformularen zu melden. [2] Dabei ist der Tag der Übermittlung anzugeben. [3] Die Vorinformation kann außerdem in Tageszeitungen, amtlichen Veröffentlichungsblättern oder Internetportalen veröffentlicht werden.

(2)

1. Bei nicht offenen Verfahren und Verhandlungsverfahren kann ein subzentraler öffentlicher Auftraggeber eine Vorinformation als Aufruf zum Wettbewerb bekannt geben, sofern die Vorinformation sämtliche folgenden Bedingungen erfüllt:

a) sie bezieht sich eigens auf den Gegenstand des zu vergebenden Auftrags;

b) sie muss den Hinweis enthalten, dass dieser Auftrag im nicht offenen Verfahren oder im Verhandlungsverfahren ohne spätere Veröffentlichung eines Aufrufs zum Wettbewerb vergeben wird, sowie die Aufforderung an die interessierten Unternehmen, ihr Interesse mitzuteilen;

c) sie muss darüber hinaus die Informationen nach Anhang V Teil B Abschnitt I und die Informationen nach Anhang V Teil B Abschnitt II der Richtlinie 2014/24/EU enthalten;

d) sie muss spätestens 35 Kalendertage und frühestens zwölf Monate vor dem Zeitpunkt der Absendung der Aufforderung zur Interessensbestätigung an das Amt für Veröffentlichungen der Europäischen Union zur Veröffentlichung übermittelt worden sein.

Derartige Vorinformationen werden nicht in einem Beschafferprofil veröffentlicht. Allerdings kann gegebenenfalls die zusätzliche Veröffentlichung auf nationaler Ebene gemäß Absatz 3 Nummer 5 in einem Beschafferprofil erfolgen.

2. Die Regelungen des Absatzes 3 Nummer 3 bis 5 gelten entsprechend.

3. Subzentrale öffentliche Auftraggeber sind alle öffentlichen Auftraggeber mit Ausnahme der obersten Bundesbehörden.

(3)

1. [1] Die Unternehmen sind durch Auftragsbekanntmachung aufzufordern, am Wettbewerb teilzunehmen. [2] Dies gilt für alle Arten der Vergabe nach § 3 EU, ausgenommen Verhandlungsverfahren ohne Teilnahmewettbewerb und Verfahren, bei denen eine Vorinformation als Aufruf zum Wettbewerb nach Absatz 2 durchgeführt wurde.

2. [1] Die Auftragsbekanntmachung erfolgt mit den von der Europäischen Kommission festgelegten Standardformularen und enthält die Informationen nach Anhang V Teil C der Richtlinie 2014/24/EU. [2] Dabei sind zu allen Nummern Angaben zu machen; die Texte des Formulars sind nicht zu wiederholen. [3] Die Auftragsbekanntmachung ist dem Amt für Veröffentlichungen der Europäischen Union elektronisch[1]) zu übermitteln.

3. [1] Die Auftragsbekanntmachung wird unentgeltlich fünf Kalendertage nach ihrer Übermittlung in der Originalsprache veröffentlicht. [2] Eine Zusammenfassung der wichtigsten Angaben wird in den übrigen Amtssprachen der Europäischen Union veröffentlicht; der Wortlaut der Originalsprache ist verbindlich.

4. [1] Der öffentliche Auftraggeber muss den Tag der Absendung der Auftragsbekanntmachung nachweisen können. [2] Das Amt für Veröffentlichungen der Europäischen Union stellt dem öffentlichen Auftraggeber eine Bestätigung des Erhalts der Auftragsbekanntmachung und der Veröffentlichung der übermittelten Informationen aus, in denen der Tag dieser Veröffentlichung angegeben ist. [3] Diese Bestätigung dient als Nachweis der Veröffentlichung.

5. [1] Die Auftragsbekanntmachung kann zusätzlich im Inland veröffentlicht werden, beispielsweise in Tageszeitungen, amtlichen Veröffentlichungsblättern oder Internetportalen; sie kann auch auf www.bund.de veröffentlicht werden. [2] Sie darf nur die Angaben enthalten, die dem Amt für Veröffentlichungen der Europäischen Union übermittelt wurden und muss auf den Tag der Übermittlung hinweisen. [3] Sie darf nicht vor der Veröffentlichung durch dieses Amt veröffentlicht werden. [4] Die Veröffentlichung auf nationaler Ebene kann jedoch in jedem Fall erfolgen, wenn der öffentliche Auftraggeber nicht innerhalb von 48 Stunden nach Bestätigung des Eingangs der Auftragsbekanntmachung gemäß Nummer 4 über die Veröffentlichung unterrichtet wurde.

§ 12a EU Versand der Vergabeunterlagen. (1)

1. [1] Die Vergabeunterlagen werden ab dem Tag der Veröffentlichung einer Auftragsbekanntmachung gemäß § 12 EU Absatz 3 oder dem Tag der Aufforderung zur Interessensbestätigung gemäß Nummer 3 unentgeltlich mit uneingeschränktem und vollständigem direkten Zugang anhand elektro-

---

[1]) **Amtl. Anm.:** http://simap.europa.eu/

nischer Mittel angeboten. [2]Die Auftragsbekanntmachung oder die Aufforderung zur Interessensbestätigung muss die Internet-Adresse, über die diese Vergabeunterlagen abrufbar sind, enthalten.

2. Diese Verpflichtung entfällt in den in Fällen nach § 11b EU Absatz 1.

3. [1]Bei nicht offenen Verfahren, Verhandlungsverfahren, wettbewerblichen Dialogen und Innovationspartnerschaften werden alle ausgewählten Bewerber gleichzeitig in Textform aufgefordert, am Wettbewerb teilzunehmen oder wenn eine Vorinformation als Aufruf zum Wettbewerb gemäß § 12 EU Absatz 2 genutzt wurde, zu einer Interessensbestätigung aufgefordert. [2]Die Aufforderungen enthalten einen Verweis auf die elektronische Adresse, über die die Vergabeunterlagen direkt elektronisch zur Verfügung gestellt werden. [3]Bei den in Nummer 2 genannten Gründen sind den Aufforderungen die Vergabeunterlagen beizufügen, soweit sie nicht bereits auf andere Art und Weise zur Verfügung gestellt wurden.

(2) Die Namen der Unternehmen, die Vergabeunterlagen erhalten oder eingesehen haben, sind geheim zu halten.

(3) [1]Rechtzeitig beantragte Auskünfte über die Vergabeunterlagen sind spätestens sechs Kalendertage vor Ablauf der Angebotsfrist allen Unternehmen in gleicher Weise zu erteilen. [2]Bei beschleunigten Verfahren nach § 10a EU Absatz 2, sowie § 10b EU Absatz 5 beträgt diese Frist vier Kalendertage.

§ 13 EU Form und Inhalt der Angebote. (1)

1. [1]Der öffentliche Auftraggeber legt unter Berücksichtigung von § 11 EU fest, in welcher Form die Angebote einzureichen sind. Schriftliche Angebote müssen unterzeichnet sein. [2]Elektronisch übermittelte Angebote sind nach Wahl des Auftraggebers zu versehen mit

a) einer fortgeschrittenen elektronischen Signatur,

b) einer qualifizierten elektronischen Signatur,

c) einem fortgeschrittenen elektronischen Siegel oder

d) einem qualifizierten elektronischen Siegel,

sofern der öffentliche Auftraggeber dies in Einzelfällen entsprechend § 11 EU verlangt hat.

2. [1]Der öffentliche Auftraggeber hat die Datenintegrität und die Vertraulichkeit der Angebote gemäß § 11a EU Absatz 2 zu gewährleisten.
[2]Per Post oder direkt übermittelte Angebote sind in einem verschlossenen Umschlag einzureichen, als solche zu kennzeichnen und bis zum Ablauf der für die Einreichung vorgesehenen Frist unter Verschluss zu halten. [3]Bei elektronisch übermittelten Angeboten ist dies durch entsprechende technische Lösungen nach den Anforderungen des öffentlichen Auftraggebers und durch Verschlüsselung sicherzustellen. [4]Die Verschlüsselung muss bis zur Öffnung des ersten Angebots aufrechterhalten bleiben.

3. Die Angebote müssen die geforderten Preise enthalten.

4. Die Angebote müssen die geforderten Erklärungen und Nachweise enthalten.

5. [1]Das Angebot ist auf der Grundlage der Vergabeunterlagen zu erstellen. Änderungen an den Vergabeunterlagen sind unzulässig. [2]Änderungen des Bieters an seinen Eintragungen müssen zweifelsfrei sein.

6. Bieter können für die Angebotsabgabe eine selbstgefertigte Abschrift oder Kurzfassung des Leistungsverzeichnisses benutzen, wenn sie den vom öffentlichen Auftraggeber verfassten Wortlaut des Leistungsverzeichnisses im Angebot als allein verbindlich anerkennen; Kurzfassungen müssen jedoch die Ordnungszahlen (Positionen) vollzählig, in der gleichen Reihenfolge und mit den gleichen Nummern wie in dem vom öffentlichen Auftraggeber verfassten Leistungsverzeichnis, wiedergeben.

7. Muster und Proben der Bieter müssen als zum Angebot gehörig gekennzeichnet sein.

(2) [1] Eine Leistung, die von den vorgesehenen technischen Spezifikationen nach § 7a EU Absatz 1 Nummer 1 abweicht, kann angeboten werden, wenn sie mit dem geforderten Schutzniveau in Bezug auf Sicherheit, Gesundheit und Gebrauchstauglichkeit gleichwertig ist. [2] Die Abweichung muss im Angebot eindeutig bezeichnet sein. [3] Die Gleichwertigkeit ist mit dem Angebot nachzuweisen.

(3) [1] Die Anzahl von Nebenangeboten ist an einer vom öffentlichen Auftraggeber in den Vergabeunterlagen bezeichneten Stelle aufzuführen. [2] Etwaige Nebenangebote müssen auf besonderer Anlage erstellt und als solche deutlich gekennzeichnet werden. [3] Werden mehrere Hauptangebote abgegeben, muss jedes aus sich heraus zuschlagsfähig sein. [4] Absatz 1 Nummer 2 Satz 2 gilt für jedes Hauptangebot entsprechend.

(4) Soweit Preisnachlässe ohne Bedingungen gewährt werden, sind diese an einer vom öffentlichen Auftraggeber in den Vergabeunterlagen bezeichneten Stelle aufzuführen.

(5) [1] Bietergemeinschaften haben die Mitglieder zu benennen sowie eines ihrer Mitglieder als bevollmächtigten Vertreter für den Abschluss und die Durchführung des Vertrags zu bezeichnen. [2] Fehlt die Bezeichnung des bevollmächtigten Vertreters im Angebot, so ist sie vor der Zuschlagserteilung beizubringen.

(6) Der öffentliche Auftraggeber hat die Anforderungen an den Inhalt der Angebote nach den Absätzen 1 bis 5 in die Vergabeunterlagen aufzunehmen.

§ 14 EU Öffnung der Angebote, Öffnungstermin.

(1) [1] Die Öffnung der Angebote wird von mindestens zwei Vertretern des öffentlichen Auftraggebers gemeinsam an einem Termin (Öffnungstermin) unverzüglich nach Ablauf der Angebotsfrist durchgeführt. [2] Bis zu diesem Termin sind die elektronischen Angebote zu kennzeichnen und verschlüsselt aufzubewahren. [3] Per Post oder direkt zugegangene Angebote sind auf dem ungeöffneten Umschlag mit Eingangsvermerk zu versehen und unter Verschluss zu halten.

(2)

1. Der Verhandlungsleiter stellt fest, ob der Verschluss der schriftlichen Angebote unversehrt ist und die elektronischen Angebote verschlüsselt sind.

2. Die Angebote werden geöffnet und in allen wesentlichen Teilen im Öffnungstermin gekennzeichnet.

3. Muster und Proben der Bieter müssen im Termin zur Stelle sein.

(3) Über den Öffnungstermin ist eine Niederschrift in Textform zu fertigen, in der die beiden Vertreter des öffentlichen Auftraggebers zu benennen sind. Der Niederschrift ist eine Aufstellung mit folgenden Angaben beizufügen:

a) Name und Anschrift der Bieter,
b) die Endbeträge der Angebote oder einzelner Lose,
c) Preisnachlässe ohne Bedingungen,
d) Anzahl der jeweiligen Nebenangebote.

(4) [1] Angebote, die nach Ablauf der Angebotsfrist eingegangen sind, sind in der Niederschrift oder in einem Nachtrag besonders aufzuführen. [2] Die Eingangszeiten und die etwa bekannten Gründe, aus denen die Angebote nicht vorgelegen haben, sind zu vermerken. [3] Der Umschlag und andere Beweismittel sind aufzubewahren.

(5) [1] Ein Angebot, das nachweislich vor Ablauf der Angebotsfrist dem öffentlichen Auftraggeber zugegangen war, aber dem Verhandlungsleiter nicht vorgelegen hat, ist mit allen Angaben in die Niederschrift oder in einen Nachtrag aufzunehmen. [2] Den Bietern ist dieser Sachverhalt unverzüglich in Textform mitzuteilen. [3] In die Mitteilung sind die Feststellung, dass bei schriftlichen Angeboten der Verschluss unversehrt war oder bei elektronischen Angeboten diese verschlüsselt waren und die Angaben nach Absatz 3 Buchstabe a bis d aufzunehmen. [4] Im Übrigen gilt Absatz 4 Satz 2 und 3.

(6) [1] In offenen und nicht offenen Verfahren stellt der öffentliche Auftraggeber den Bietern die in Absatz 3 Buchstabe a bis d genannten Informationen unverzüglich elektronisch zur Verfügung. [2] Den Bietern und ihren Bevollmächtigten ist die Einsicht in die Niederschrift und ihre Nachträge (Absätze 4 und 5 sowie § 16c EU Absatz 3) zu gestatten.

(7) Die Niederschrift darf nicht veröffentlicht werden.

(8) Die Angebote und ihre Anlagen sind sorgfältig zu verwahren und geheim zu halten.

§ 15 EU Aufklärung des Angebotsinhalts. (1)

1. Im offenen und nicht offenen Verfahren darf der öffentliche Auftraggeber nach Öffnung der Angebote bis zur Zuschlagserteilung von einem Bieter nur Aufklärung verlangen, um sich über seine Eignung, insbesondere seine technische und wirtschaftliche Leistungsfähigkeit, das Angebot selbst, etwaige Nebenangebote, die geplante Art der Durchführung, etwaige Ursprungsorte oder Bezugsquellen von Stoffen oder Bauteilen und über die Angemessenheit der Preise, wenn nötig durch Einsicht in die vorzulegenden Preisermittlungen (Kalkulationen) zu unterrichten.
2. [1] Die Ergebnisse solcher Aufklärungen sind geheim zu halten. [2] Sie sollen in Textform niedergelegt werden.

(2) Verweigert ein Bieter die geforderten Aufklärungen und Angaben oder lässt er die ihm gesetzte angemessene Frist unbeantwortet verstreichen, so ist sein Angebot auszuschließen.

(3) Verhandlungen in offenen und nicht offenen Verfahren, besonders über Änderung der Angebote oder Preise, sind unstatthaft, außer wenn sie bei Nebenangeboten oder Angeboten aufgrund eines Leistungsprogramms nötig sind, um unumgängliche technische Änderungen geringen Umfangs und daraus sich ergebende Änderungen der Preise zu vereinbaren.

(4) Der öffentliche Auftraggeber darf nach § 8c EU Absatz 3 übermittelte Informationen überprüfen und hierzu ergänzende Erläuterungen von den Bietern fordern.

§ 16 EU Ausschluss von Angeboten. Auszuschließen sind

1. Angebote, die nicht fristgerecht eingegangen sind,
2. Angebote, die den Bestimmungen des § 13 EU Absatz 1 Nummer 1, 2 und 5 nicht entsprechen,
3. Angebote, die die geforderten Unterlagen im Sinne von § 8 EU Absatz 2 Nummer 5 nicht enthalten, wenn der öffentliche Auftraggeber gemäß § 16a EU Absatz 3 festgelegt hat, dass er keine Unterlagen nachfordern wird. Satz 1 gilt für Teilnahmeanträge entsprechend,
4. Angebote, bei denen der Bieter Erklärungen oder Nachweise, deren Vorlage sich der öffentliche Auftraggeber vorbehalten hat, auf Anforderung nicht innerhalb einer angemessenen, nach dem Kalender bestimmten Frist vorgelegt hat. Satz 1 gilt für Teilnahmeanträge entsprechend,
5. nicht zugelassene Nebenangebote sowie Nebenangebote, die den Mindestanforderungen nicht entsprechen,
6. Hauptangebote von Bietern, die mehrere Hauptangebote abgegeben haben, wenn der öffentliche Auftraggeber die Abgabe mehrerer Hauptangebote in der Auftragsbekanntmachung oder in der Aufforderung zur Interessensbestätigung nicht zugelassen hat,
7. Nebenangebote, die dem § 13 EU Absatz 3 Satz 2 nicht entsprechen,
8. Hauptangebote, die dem § 13 EU Absatz 3 Satz 3 nicht entsprechen.

§ 16a EU Nachforderung von Unterlagen. (1) [1] Der öffentliche Auftraggeber muss Bieter, die für den Zuschlag in Betracht kommen, unter Einhaltung der Grundsätze der Transparenz und der Gleichbehandlung auffordern, fehlende, unvollständige oder fehlerhafte unternehmensbezogene Unterlagen – insbesondere Erklärungen, Angaben oder Nachweise – nachzureichen, zu vervollständigen oder zu korrigieren, oder fehlende oder unvollständige leistungsbezogene Unterlagen – insbesondere Erklärungen, Produkt- und sonstige Angaben oder Nachweise – nachzureichen oder zu vervollständigen (Nachforderung), es sei denn, er hat von seinem Recht aus Absatz 3 Gebrauch gemacht. [2] Es sind nur Unterlagen nachzufordern, die bereits mit dem Angebot vorzulegen waren.

(2) [1] Fehlende Preisangaben dürfen nicht nachgefordert werden. [2] Angebote die den Bestimmungen des § 13 EU Absatz 1 Nummer 3 nicht entsprechen, sind auszuschließen. [3] Dies gilt nicht für Angebote, bei denen lediglich in unwesentlichen Positionen die Angabe des Preises fehlt und sowohl durch die Außerachtlassung dieser Positionen der Wettbewerb und die Wertungsreihenfolge nicht beeinträchtigt werden als auch bei Wertung dieser Positionen mit dem jeweils höchsten Wettbewerbspreis. [4] Hierbei wird nur auf den Preis ohne Berücksichtigung etwaiger Nebenangebote abgestellt. [5] Der öffentliche Auftraggeber fordert den Bieter nach Maßgabe von Absatz 1 auf, die fehlenden Preispositionen zu ergänzen. [6] Die Sätze 3 bis 5 gelten nicht, wenn der öffentliche Auftraggeber das Nachfordern von Preisangaben gemäß Absatz 3 ausgeschlossen hat.

(3) Der öffentliche Auftraggeber kann in der Auftragsbekanntmachung oder den Vergabeunterlagen festlegen, dass er keine Unterlagen oder Preisangaben nachfordern wird.

(4) [1] Die Unterlagen oder fehlenden Preisangaben sind vom Bewerber oder Bieter nach Aufforderung durch den öffentlichen Auftraggeber innerhalb einer

angemessenen, nach dem Kalender bestimmten Frist vorzulegen. [2] Die Frist soll sechs Kalendertage nicht überschreiten.

(5) Werden die nachgeforderten Unterlagen nicht innerhalb der Frist vorgelegt, ist das Angebot auszuschließen.

(6) Die Absätze 1, 3, 4 und 5 gelten für den Teilnahmewettbewerb entsprechend.

§ 16b EU Eignung. (1) [1] Beim offenen Verfahren ist die Eignung der Bieter zu prüfen. [2] Dabei sind anhand der vorgelegten Nachweise die Angebote der Bieter auszuwählen, deren Eignung die für die Erfüllung der vertraglichen Verpflichtungen notwendigen Sicherheiten bietet; dies bedeutet, dass sie die erforderliche Fachkunde und Leistungsfähigkeit besitzen, keine Ausschlussgründe gemäß § 6e EU vorliegen und sie über ausreichende technische und wirtschaftliche Mittel verfügen.

(2) Abweichend von Absatz 1 können die Angebote zuerst geprüft werden, sofern sichergestellt ist, dass die anschließende Prüfung des Nichtvorliegens von Ausschlussgründen und der Einhaltung der Eignungsanforderungen unparteiisch und transparent erfolgt.

(3) Beim nicht offenen Verfahren, Verhandlungsverfahren, beim wettbewerblichen Dialog und bei einer Innovationspartnerschaft sind nur Umstände zu berücksichtigen, die nach Aufforderung zur Angebotsabgabe Zweifel an der Eignung des Bieters begründen (vgl. § 6b EU Absatz 2 Nummer 3).

§ 16c EU Prüfung. (1) [1] Die nicht ausgeschlossenen Angebote geeigneter Bieter sind auf die Einhaltung der gestellten Anforderungen, insbesondere in rechnerischer, technischer und wirtschaftlicher Hinsicht zu prüfen. [2] Als Nachweis für die Erfüllung spezifischer umweltbezogener, sozialer oder sonstiger Merkmale der zu vergebenden Leistung sind Bescheinigungen, insbesondere Gütezeichen, Testberichte, Konformitätserklärungen und Zertifizierungen, welche die in § 7a EU genannten Bedingungen erfüllen, zugelassen.

(2)

1. Entspricht der Gesamtbetrag einer Ordnungszahl (Position) nicht dem Ergebnis der Multiplikation von Mengenansatz und Einheitspreis, so ist der Einheitspreis maßgebend.
2. Bei Vergabe für eine Pauschalsumme gilt diese ohne Rücksicht auf etwa angegebene Einzelpreise.

(3) Die aufgrund der Prüfung festgestellten Angebotsendsummen sind in der Niederschrift über den Öffnungstermin zu vermerken.

§ 16d EU Wertung. (1)

1. [1] Auf ein Angebot mit einem unangemessen hohen oder niedrigen Preis oder mit unangemessen hohen oder niedrigen Kosten darf der Zuschlag nicht erteilt werden. [2] Insbesondere lehnt der öffentliche Auftraggeber ein Angebot ab, das unangemessen niedrig ist, weil es den geltenden umwelt-, sozial- und arbeitsrechtlichen Anforderungen nicht genügt.
2. [1] Erscheint ein Angebotspreis unangemessen niedrig und ist anhand vorliegender Unterlagen über die Preisermittlung die Angemessenheit nicht zu beurteilen, ist vor Ablehnung des Angebots vom Bieter in Textform Aufklärung über die Ermittlung der Preise oder Kosten für die Gesamtleistung

oder für Teilleistungen zu verlangen, gegebenenfalls unter Festlegung einer zumutbaren Antwortfrist. [2] Bei der Beurteilung der Angemessenheit prüft der öffentliche Auftraggeber – in Rücksprache mit dem Bieter – die betreffende Zusammensetzung und berücksichtigt dabei die gelieferten Nachweise.

3. [1] Sind Angebote auf Grund einer staatlichen Beihilfe ungewöhnlich niedrig, ist dies nur dann ein Grund sie zurückzuweisen, wenn der Bieter nicht nachweisen kann, dass die betreffende Beihilfe rechtmäßig gewährt wurde. [2] Für diesen Nachweis hat der öffentliche Auftraggeber dem Bieter eine ausreichende Frist zu gewähren. [3] Öffentliche Auftraggeber, die trotz entsprechender Nachweise des Bieters ein Angebot zurückweisen, müssen die Kommission der Europäischen Union darüber unterrichten.

4. In die engere Wahl kommen nur solche Angebote, die unter Berücksichtigung rationellen Baubetriebs und sparsamer Wirtschaftsführung eine einwandfreie Ausführung einschließlich Haftung für Mängelansprüche erwarten lassen.

(2)

1. [1] Der Zuschlag wird auf das wirtschaftlichste Angebot erteilt. Grundlage dafür ist eine Bewertung des öffentlichen Auftraggebers, ob und inwieweit das Angebot die vorgegebenen Zuschlagskriterien erfüllt. [2] Das wirtschaftlichste Angebot bestimmt sich nach dem besten Preis-Leistungs-Verhältnis. [3] Zu dessen Ermittlung können neben dem Preis oder den Kosten auch qualitative, umweltbezogene oder soziale Aspekte berücksichtigt werden.

2. [1] Es dürfen nur Zuschlagskriterien und deren Gewichtung berücksichtigt werden, die in der Auftragsbekanntmachung oder in den Vergabeunterlagen genannt sind.
[2] Zuschlagskriterien können insbesondere sein:

a) Qualität einschließlich technischer Wert, Ästhetik, Zweckmäßigkeit, Zugänglichkeit, „Design für alle", soziale, umweltbezogene und innovative Eigenschaften;

b) Organisation, Qualifikation und Erfahrung des mit der Ausführung des Auftrags betrauten Personals, wenn die Qualität des eingesetzten Personals erheblichen Einfluss auf das Niveau der Auftragsausführung haben kann, oder

c) Kundendienst und technische Hilfe sowie Ausführungsfrist.

[3] Die Zuschlagskriterien müssen mit dem Auftragsgegenstand in Verbindung stehen. [4] Zuschlagskriterien stehen mit dem Auftragsgegenstand in Verbindung, wenn sie sich in irgendeiner Hinsicht und in irgendeinem Lebenszyklus-Stadium auf diesen beziehen, auch wenn derartige Faktoren sich nicht auf die materiellen Eigenschaften des Auftragsgegenstands auswirken.

3. Die Zuschlagskriterien müssen so festgelegt und bestimmt sein, dass die Möglichkeit eines wirksamen Wettbewerbs gewährleistet wird, der Zuschlag nicht willkürlich erteilt werden kann und eine wirksame Überprüfung möglich ist, ob und inwieweit die Angebote die Zuschlagskriterien erfüllen.

4. Es können auch Festpreise oder Festkosten vorgegeben werden, sodass der Wettbewerb nur über die Qualität stattfindet.

5. Die Lebenszykluskostenrechnung umfasst die folgenden Kosten ganz oder teilweise:

a) von dem öffentlichen Auftraggeber oder anderen Nutzern getragene Kosten, insbesondere Anschaffungskosten, Nutzungskosten, Wartungskosten, sowie Kosten am Ende der Nutzungsdauer (wie Abholungs- und Recyclingkosten);

b) Kosten, die durch die externen Effekte der Umweltbelastung entstehen, die mit der Leistung während ihres Lebenszyklus in Verbindung stehen, sofern ihr Geldwert bestimmt und geprüft werden kann; solche Kosten können Kosten der Emission von Treibhausgasen und anderen Schadstoffen sowie sonstige Kosten für die Eindämmung des Klimawandels umfassen.

6. [1] Bewertet der öffentliche Auftraggeber den Lebenszykluskostenansatz, hat er in der Auftragsbekanntmachung oder in den Vergabeunterlagen die vom Unternehmer bereitzustellenden Daten und die Methode zur Ermittlung der Lebenszykluskosten zu benennen. [2] Die Methode zur Bewertung der externen Umweltkosten muss

a) auf objektiv nachprüfbaren und nichtdiskriminierenden Kriterien beruhen,

b) für alle interessierten Parteien zugänglich sein und

c) gewährleisten, dass sich die geforderten Daten von den Unternehmen mit vertretbarem Aufwand bereitstellen lassen.

7. Für den Fall, dass eine gemeinsame Methode zur Berechnung der Lebenszykluskosten durch einen Rechtsakt der Europäischen Union verbindlich vorgeschrieben wird, findet diese gemeinsame Methode bei der Bewertung der Lebenszykluskosten Anwendung.

(3) Ein Angebot nach § 13 EU Absatz 2 ist wie ein Hauptangebot zu werten.

(4) [1] Preisnachlässe ohne Bedingung sind nicht zu werten, wenn sie nicht an der vom öffentlichen Auftraggeber nach § 13 EU Absatz 4 bezeichneten Stelle aufgeführt sind. [2] Unaufgefordert angebotene Preisnachlässe mit Bedingungen für die Zahlungsfrist (Skonti) werden bei der Wertung der Angebote nicht berücksichtigt.

(5) [1] Die Bestimmungen der Absätze 1 und 2 sowie der §§ 16b EU, 16c EU Absatz 2 gelten auch bei Verhandlungsverfahren, wettbewerblichen Dialogen und Innovationspartnerschaften. [2] Die Absätze 3 und 4 sowie die §§ 16 EU, 16c EU Absatz 1 sind entsprechend auch bei Verhandlungsverfahren, wettbewerblichen Dialogen und Innovationspartnerschaften anzuwenden.

§ 17 EU Aufhebung der Ausschreibung. (1) Die Ausschreibung kann aufgehoben werden, wenn:

1. kein Angebot eingegangen ist, das den Ausschreibungsbedingungen entspricht,

2. die Vergabeunterlagen grundlegend geändert werden müssen,

3. andere schwerwiegende Gründe bestehen.

(2)

1. Die Bewerber und Bieter sind von der Aufhebung der Ausschreibung unter Angabe der Gründe, gegebenenfalls über die Absicht, ein neues Vergabeverfahren einzuleiten, unverzüglich in Textform zu unterrichten.

2. Dabei kann der öffentliche Auftraggeber bestimmte Informationen zurückhalten, wenn die Weitergabe
   a) den Gesetzesvollzug behindern,
   b) dem öffentlichen Interesse zuwiderlaufen,
   c) die berechtigten geschäftlichen Interessen von öffentlichen oder privaten Unternehmen schädigen oder
   d) den fairen Wettbewerb beeinträchtigen würde.

§ 18 EU Zuschlag. (1) Der Zuschlag ist möglichst bald, mindestens aber so rechtzeitig zu erteilen, dass dem Bieter die Erklärung noch vor Ablauf der Bindefrist zugeht.

(2) Werden Erweiterungen, Einschränkungen oder Änderungen vorgenommen oder wird der Zuschlag verspätet erteilt, so ist der Bieter bei Erteilung des Zuschlags aufzufordern, sich unverzüglich über die Annahme zu erklären.

(3)

1. Die Erteilung eines Bauauftrages ist bekannt zu machen.
2. Die Vergabebekanntmachung erfolgt mit den von der Europäischen Kommission festgelegten Standardformularen und enthält die Informationen nach Anhang V Teil D der Richtlinie 2014/24/EU.
3. Aufgrund einer Rahmenvereinbarung vergebene Einzelaufträge werden nicht bekannt gemacht.
4. Erfolgte eine Vorinformation als Aufruf zum Wettbewerb nach § 12 EU Absatz 2 und soll keine weitere Auftragsvergabe während des Zeitraums, der von der Vorinformation abgedeckt ist, vorgenommen werden, so enthält die Vergabebekanntmachung einen entsprechenden Hinweis.
5. Nicht in die Vergabebekanntmachung aufzunehmen sind Angaben, deren Veröffentlichung
   a) den Gesetzesvollzug behindern,
   b) dem öffentlichen Interesse zuwiderlaufen,
   c) die berechtigten geschäftlichen Interessen öffentlicher oder privater Unternehmen schädigen oder
   d) den fairen Wettbewerb beeinträchtigen würde.

(4) Die Vergabebekanntmachung ist dem Amt für Veröffentlichungen der Europäischen Union in kürzester Frist – spätestens 30 Kalendertage nach Auftragserteilung – elektronisch zu übermitteln.

§ 19 EU Nicht berücksichtigte Bewerbungen und Angebote. (1) Bewerber, deren Bewerbung abgelehnt wurde, sowie Bieter, deren Angebote ausgeschlossen worden sind (§ 16 EU), und solche, deren Angebote nicht in die engere Wahl kommen, sollen unverzüglich unterrichtet werden.

(2) [1] Der öffentliche Auftraggeber hat die betroffenen Bieter, deren Angebote nicht berücksichtigt werden sollen,

1. über den Namen des Unternehmens, dessen Angebot angenommen werden soll,
2. über die Gründe der vorgesehenen Nichtberücksichtigung ihres Angebots und
3. über den frühesten Zeitpunkt des Vertragsschlusses

unverzüglich in Textform zu informieren. ²Dies gilt auch für Bewerber, denen keine Information nach Absatz 1 über die Ablehnung ihrer Bewerbung zur Verfügung gestellt wurde, bevor die Mitteilung über die Zuschlagsentscheidung an die betroffenen Bieter ergangen ist. ³Ein Vertrag darf erst 15 Kalendertage nach Absendung der Information nach den Sätzen 1 und 2 geschlossen werden. ⁴Wird die Information per Telefax oder auf elektronischem Weg versendet, verkürzt sich die Frist auf zehn Kalendertage. ⁵Die Frist beginnt am Tag nach Absendung der Information durch den öffentlichen Auftraggeber; auf den Tag des Zugangs beim betroffenen Bewerber oder Bieter kommt es nicht an.

(3) Die Informationspflicht nach Absatz 2 entfällt in den Fällen, in denen das Verhandlungsverfahren ohne Teilnahmewettbewerb wegen besonderer Dringlichkeit gerechtfertigt ist.

(4) ¹Auf Verlangen des Bewerbers oder Bieters unterrichtet der öffentliche Auftraggeber in Textform so schnell wie möglich, spätestens jedoch innerhalb einer Frist von 15 Kalendertagen nach Eingang des Antrags,

1. jeden nicht erfolgreichen Bewerber über die Gründe für die Ablehnung seines Teilnahmeantrags;

2. jeden Bieter, der ein ordnungsgemäßes Angebot eingereicht hat, über die Merkmale und relativen Vorteile des ausgewählten Angebots sowie über den Namen des erfolgreichen Bieters oder der Parteien der Rahmenvereinbarung;

3. jeden Bieter, der ein ordnungsgemäßes Angebot eingereicht hat, über den Verlauf und die Fortschritte der Verhandlungen und des Dialogs mit den Bietern.

²§ 17 EU Absatz 2 Nummer 2 gilt entsprechend.

(5) Nicht berücksichtigte Angebote und Ausarbeitungen der Bieter dürfen nicht für eine neue Vergabe oder für andere Zwecke benutzt werden.

(6) Entwürfe, Ausarbeitungen, Muster und Proben zu nicht berücksichtigten Angeboten sind zurückzugeben, wenn dies im Angebot oder innerhalb von 30 Kalendertagen nach Ablehnung des Angebots verlangt wird.

§ 20 EU Dokumentation. Das Vergabeverfahren ist gemäß § 8 VgV¹⁾ zu dokumentieren.

§ 21 EU Nachprüfungsbehörden. In der Bekanntmachung und den Vergabeunterlagen ist die Nachprüfungsbehörde mit Anschrift anzugeben, an die sich der Bewerber oder Bieter zur Nachprüfung behaupteter Verstöße gegen die Vergabebestimmungen wenden kann.

§ 22 EU Auftragsänderungen während der Vertragslaufzeit. (1) ¹Wesentliche Änderungen eines öffentlichen Auftrags während der Vertragslaufzeit erfordern ein neues Vergabeverfahren. ²Wesentlich sind Änderungen, die dazu führen, dass sich der öffentliche Auftrag erheblich von dem ursprünglich vergebenen öffentlichen Auftrag unterscheidet. ³Eine wesentliche Änderung liegt insbesondere vor, wenn

---

¹⁾ Nr. 2.

1. mit der Änderung Bedingungen eingeführt werden, die, wenn sie für das ursprüngliche Vergabeverfahren gegolten hätten,

    a) die Zulassung anderer Bewerber oder Bieter ermöglicht hätten,

    b) die Annahme eines anderen Angebots ermöglicht hätten oder

    c) das Interesse weiterer Teilnehmer am Vergabeverfahren geweckt hätten,

2. mit der Änderung das wirtschaftliche Gleichgewicht des öffentlichen Auftrags zugunsten des Auftragnehmers in einer Weise verschoben wird, die im ursprünglichen Auftrag nicht vorgesehen war,

3. mit der Änderung der Umfang des öffentlichen Auftrags erheblich ausgeweitet wird oder

4. ein neuer Auftragnehmer den Auftragnehmer in anderen als den in Absatz 2 Nummer 4 vorgesehenen Fällen ersetzt.

(2) Unbeschadet des Absatzes 1 ist die Änderung eines öffentlichen Auftrags ohne Durchführung eines neuen Vergabeverfahrens zulässig, wenn

1. in den ursprünglichen Vergabeunterlagen klare, genaue und eindeutig formulierte Überprüfungsklauseln oder Optionen vorgesehen sind, die Angaben zu Art, Umfang und Voraussetzungen möglicher Auftragsänderungen enthalten, und sich aufgrund der Änderung der Gesamtcharakter des Auftrags nicht verändert,

2. zusätzliche Liefer-, Bau- oder Dienstleistungen erforderlich geworden sind, die nicht in den ursprünglichen Vergabeunterlagen vorgesehen waren, und ein Wechsel des Auftragnehmers

    a) aus wirtschaftlichen oder technischen Gründen nicht erfolgen kann und

    b) mit erheblichen Schwierigkeiten oder beträchtlichen Zusatzkosten für den öffentlichen Auftraggeber verbunden wäre,

3. die Änderung aufgrund von Umständen erforderlich geworden ist, die der öffentliche Auftraggeber im Rahmen seiner Sorgfaltspflicht nicht vorhersehen konnte und sich aufgrund der Änderung der Gesamtcharakter des Auftrags nicht verändert oder

4. ein neuer Auftragnehmer den bisherigen Auftragnehmer ersetzt

    a) aufgrund einer Überprüfungsklausel im Sinne von Nummer 1,

    b) aufgrund der Tatsache, dass ein anderes Unternehmen, das die ursprünglich festgelegten Anforderungen an die Eignung erfüllt, im Zuge einer Unternehmensumstrukturierung, wie zum Beispiel durch Übernahme, Zusammenschluss, Erwerb oder Insolvenz, ganz oder teilweise an die Stelle des ursprünglichen Auftragnehmers tritt, sofern dies keine weiteren wesentlichen Änderungen im Sinne des Absatzes 1 zur Folge hat, oder

    c) aufgrund der Tatsache, dass der öffentliche Auftraggeber selbst die Verpflichtungen des Hauptauftragnehmers gegenüber seinen Unterauftragnehmern übernimmt.

In den Fällen der Nummer 2 und 3 darf der Preis um nicht mehr als 50 Prozent des Werts des ursprünglichen Auftrags erhöht werden. Bei mehreren aufeinander folgenden Änderungen des Auftrags gilt diese Beschränkung für den Wert jeder einzelnen Änderung, sofern die Änderungen nicht mit dem Ziel vorgenommen werden, die Vorschriften dieses Teils zu umgehen.

(3) [1]Die Änderung eines öffentlichen Auftrags ohne Durchführung eines neuen Vergabeverfahrens ist ferner zulässig, wenn sich der Gesamtcharakter des Auftrags nicht ändert und der Wert der Änderung

1. die jeweiligen Schwellenwerte nach § 106 GWB[1]) nicht übersteigt und

2. bei Liefer- und Dienstleistungsaufträgen nicht mehr als 10 Prozent und bei Bauaufträgen nicht mehr als 15 Prozent des ursprünglichen Auftragswertes beträgt.

[2]Bei mehreren aufeinander folgenden Änderungen ist der Gesamtwert der Änderungen maßgeblich.

(4) Enthält der Vertrag eine Indexierungsklausel, wird für die Wertberechnung gemäß Absatz 2 Satz 2 und 3 sowie gemäß Absatz 3 der höhere Preis als Referenzwert herangezogen.

(5) Änderungen nach Absatz 2 Nummer 2 und 3 sind im Amtsblatt der Europäischen Union bekannt zu machen.

---

[1]) Nr. 1.

Technische Spezifikationen

1. „Technische Spezifikation" hat eine der folgenden Bedeutungen:

a) bei öffentlichen Bauaufträgen die Gesamtheit der insbesondere in den Vergabeunterlagen enthaltenen technischen Beschreibungen, in denen die erforderlichen Eigenschaften eines Werkstoffs, eines Produkts oder einer Lieferung definiert sind, damit dieser/diese den vom öffentlichen Auftraggeber beabsichtigten Zweck erfüllt; zu diesen Eigenschaften gehören Umwelt- und Klimaleistungsstufen, „Design für alle" (einschließlich des Zugangs von Menschen mit Behinderungen) und Konformitätsbewertung, Leistung, Vorgaben für Gebrauchstauglichkeit, Sicherheit oder Abmessungen, einschließlich der Qualitätssicherungsverfahren, der Terminologie, der Symbole, der Versuchs- und Prüfmethoden, der Verpackung, der Kennzeichnung und Beschriftung, der Gebrauchsanleitungen sowie der Produktionsprozesse und -methoden in jeder Phase des Lebenszyklus der Bauleistungen; außerdem gehören dazu auch die Vorschriften für die Planung und die Kostenrechnung, die Bedingungen für die Prüfung, Inspektion und Abnahme von Bauwerken, die Konstruktionsmethoden oder -verfahren und alle anderen technischen Anforderungen, die der öffentliche Auftraggeber für fertige Bauwerke oder dazu notwendige Materialien oder Teile durch allgemeine und spezielle Vorschriften anzugeben in der Lage ist;

b) bei öffentlichen Dienstleistungs- oder Lieferaufträgen eine Spezifikation, die in einem Schriftstück enthalten ist, das Merkmale für ein Produkt oder eine Dienstleistung vorschreibt, wie Qualitätsstufen, Umwelt- und Klimaleistungsstufen, „Design für alle" (einschließlich des Zugangs von Menschen mit Behinderungen) und Konformitätsbewertung, Leistung, Vorgaben für Gebrauchstauglichkeit, Sicherheit oder Abmessungen des Produkts, einschließlich der Vorschriften über Verkaufsbezeichnung, Terminologie, Symbole, Prüfungen und Prüfverfahren, Verpackung, Kennzeichnung und Beschriftung, Gebrauchsanleitungen, Produktionsprozesse und -methoden in jeder Phase des Lebenszyklus der Lieferung oder der Dienstleistung sowie über Konformitätsbewertungsverfahren;

2. „Norm" bezeichnet eine technische Spezifikation, die von einer anerkannten Normungsorganisation zur wiederholten oder ständigen Anwendung angenommen wurde, deren Einhaltung nicht zwingend ist und die unter eine der nachstehenden Kategorien fällt:

a) internationale Norm: Norm, die von einer internationalen Normungsorganisation angenommen wurde und der Öffentlichkeit zugänglich ist;

b) europäische Norm: Norm, die von einer europäischen Normungsorganisation angenommen wurde und der Öffentlichkeit zugänglich ist;

c) nationale Norm: Norm, die von einer nationalen Normungsorganisation angenommen wurde und der Öffentlichkeit zugänglich ist;

3. „Europäische technische Bewertung" bezeichnet eine dokumentierte Bewertung der Leistung eines Bauprodukts in Bezug auf seine wesentlichen Merkmale im Einklang mit dem betreffenden Europäischen Bewertungsdokument gemäß der Begriffsbestimmung in Artikel 2 Nummer 12 der Verordnung (EU) Nr. 305/2011 des Europäischen Parlaments und des Rates;

4. „gemeinsame technische Spezifikationen" sind technische Spezifikationen im IKT-Bereich, die gemäß den Artikeln 13 und 14 der Verordnung (EU) Nr. 1025/2012 festgelegt wurden;

5. „technische Bezugsgröße" bezeichnet jeden Bezugsrahmen, der keine europäische Norm ist und von den europäischen Normungsorganisationen nach den an die Bedürfnisse des Marktes angepassten Verfahren erarbeitet wurde.

Abschnitt 3. Vergabebestimmungen im Anwendungsbereich der Richtlinie 2009/81/EG[1] (VOB/A – VS)[2]

§ 1 VS Anwendungsbereich. (1) [1]Bauaufträge sind Verträge über die Ausführung oder die gleichzeitige Planung und Ausführung

1. eines Bauvorhabens oder eines Bauwerks für den Auftraggeber, das
   a) Ergebnis von Tief- oder Hochbauarbeiten ist und
   b) eine wirtschaftliche oder technische Funktion erfüllen soll, oder

2. einer dem Auftraggeber unmittelbar wirtschaftlich zugutekommenden Bauleistung durch Dritte gemäß den vom Auftraggeber genannten Erfordernissen.

[2]Im Bereich Verteidigung und Sicherheit haben Bauaufträge Bauleistungen zum Gegenstand, die in allen Phasen ihres Lebenszyklus im unmittelbaren Zusammenhang mit den in § 104 Absatz 1 GWB[3] genannten Ausrüstungen stehen, sowie Bauleistungen speziell für militärische Zwecke oder Bauleistungen im Rahmen eines Verschlusssachenauftrages. [3]Bauleistungen im Rahmen eines Verschlusssachenauftrages sind Bauleistungen, bei deren Erbringung Verschlusssachen nach § 4 des Gesetzes über die Voraussetzungen und das Verfahren von Sicherheitsüberprüfungen des Bundes oder nach den entsprechenden Bestimmungen der Länder verwendet werden oder die solche Verschlusssachen erfordern oder beinhalten.

(2)

1. Die Bestimmungen dieses Abschnitts sind von Auftraggebern im Sinne von § 99 GWB[3] und Sektorenauftraggebern im Sinne von § 100 GWB[3] für Bauaufträge nach Absatz 1 anzuwenden, bei denen der geschätzte Gesamtauftragswert der Baumaßnahme oder des Bauwerkes (alle Bauaufträge für eine bauliche Anlage) mindestens dem sich aus § 106 Absatz 2 Nummer 3 GWB[3] ergebenden Schwellenwert ohne Umsatzsteuer entspricht.

2. Die Schätzung des Auftragswerts richtet sich nach § 3 der Vergabeverordnung Verteidigung und Sicherheit (VSVgV)[4].

(3) Ist bei einem Bauauftrag ein Teil der Leistung verteidigungs- oder sicherheitsspezifisch, gelten die Bestimmungen des § 111 GWB[3].

§ 2 VS Grundsätze. (1) [1]Öffentliche Aufträge werden im Wettbewerb und im Wege transparenter Verfahren vergeben. [2]Dabei werden die Grundsätze der Wirtschaftlichkeit und der Verhältnismäßigkeit gewahrt. [3]Wettbewerbsbeschränkende und unlautere Verhaltensweisen sind zu bekämpfen.

(2) Die Teilnehmer an einem Vergabeverfahren sind gleich zu behandeln, es sei denn, eine Ungleichbehandlung ist aufgrund des GWB[5] ausdrücklich geboten oder gestattet.

---

[1] **Amtl. Anm.:** Richtlinie 2009/81/EG des Europäischen Parlaments und des Rates vom 13. Juli 2009 über die Koordinierung der Verfahren zur Vergabe öffentlicher Bauaufträge, Lieferaufträge und Dienstleistungsaufträge, (ABl. L 216 vom 20.8.2009 S. 76)
[2] **Amtl. Anm.:** Zitierweise: § x VS Absatz y VOB/A
[3] Nr. **1**.
[4] Nr. **4**.
[5] Auszugsweise abgedruckt unter Nr. **1**.

(3) Öffentliche Aufträge werden an fachkundige und leistungsfähige (geeignete) Unternehmen vergeben, die nicht nach § 6e VS ausgeschlossen worden sind.

(4) Die Regelungen darüber, wann natürliche Personen bei Entscheidungen in einem Vergabeverfahren für einen Auftraggeber als voreingenommen gelten und an einem Vergabeverfahren nicht mitwirken dürfen, richten sich nach § 42 VSVgV[1].

(5) Auftraggeber, Bewerber, Bieter und Auftragnehmer wahren die Vertraulichkeit aller Informationen und Unterlagen nach Maßgabe dieser Vergabeordnung oder anderer Rechtsvorschriften.

(6) [1]Vor der Einleitung eines Vergabeverfahrens kann der Auftraggeber Marktkonsultationen zur Vorbereitung der Auftragsvergabe und zur Unterrichtung der Unternehmer über seine Pläne zur Auftragsvergabe und die Anforderungen an den Auftrag durchführen. [2]Die Durchführung von Vergabeverfahren zum Zwecke der Markterkundung ist unzulässig.

(7) [1]Der Auftraggeber kann Bewerbern und Bietern Auflagen zum Schutz von Verschlusssachen machen, die sie diesen im Zuge des Verfahrens zur Vergabe eines Auftrags übermitteln. [2]Er kann von diesen Bewerbern und Bietern verlangen, die Einhaltung dieser Auflagen durch ihre Unterauftragnehmer sicherzustellen.

§ 3 VS Arten der Vergabe. Bauaufträge im Sinne von § 1 VS werden von öffentlichen Auftraggebern nach § 99 GWB[2] und Sektorenauftraggebern im Sinne von § 100 GWB[2] vergeben:

1. im nicht offenen Verfahren; bei einem nicht offenen Verfahren wird öffentlich zur Teilnahme, aus dem Bewerberkreis sodann eine beschränkte Anzahl von Unternehmen zur Angebotsabgabe aufgefordert,

2. im Verhandlungsverfahren; beim Verhandlungsverfahren mit oder ohne Teilnahmewettbewerb wendet sich der Auftraggeber an ausgewählte Unternehmen und verhandelt mit einem oder mehreren dieser Unternehmen über die von diesen unterbreiteten Angebote, um diese entsprechend den in der Auftragsbekanntmachung, den Vergabeunterlagen und etwaigen sonstigen Unterlagen angegebenen Anforderungen anzupassen,

3. im wettbewerblichen Dialog; ein wettbewerblicher Dialog ist ein Verfahren zur Vergabe öffentlicher Aufträge mit dem Ziel der Ermittlung und Festlegung der Mittel, mit denen die Bedürfnisse des öffentlichen Auftraggebers am besten erfüllt werden können.

§ 3a VS Zulässigkeitsvoraussetzungen. (1) [1]Die Vergabe von Aufträgen erfolgt im nicht offenen Verfahren oder im Verhandlungsverfahren mit Teilnahmewettbewerb. [2]In begründeten Ausnahmefällen ist ein Verhandlungsverfahren ohne Teilnahmewettbewerb oder ein wettbewerblicher Dialog zulässig.

(2) Das Verhandlungsverfahren ohne Teilnahmewettbewerb ist zulässig,

1. wenn bei einem nicht offenen Verfahren, einem Verhandlungsverfahren mit Teilnahmewettbewerb oder einem wettbewerblichen Dialog

    a) keine wirtschaftlichen Angebote abgegeben worden sind und

---

[1] Nr. 4.
[2] Nr. 1.

b) die ursprünglichen Vertragsunterlagen nicht grundlegend geändert werden und

c) in das Verhandlungsverfahren alle Bieter aus dem vorausgegangenen Verfahren einbezogen werden, die fachkundig und leistungsfähig (geeignet) sind und die nicht nach § 6e VS ausgeschlossen worden sind,

2. wenn bei einem nicht offenen Verfahren, einem Verhandlungsverfahren mit Teilnahmewettbewerb oder einem wettbewerblichen Dialog

   a) keine Angebote oder keine Bewerbungen abgegeben worden sind oder

   b) nur solche Angebote abgegeben worden sind, die nach § 16 VS auszuschließen sind,

   und die ursprünglichen Vertragsunterlagen nicht grundlegend geändert werden.

3. wenn die Arbeiten aus technischen Gründen oder auf Grund des Schutzes von Ausschließlichkeitsrechten nur von einem bestimmten Unternehmen ausgeführt werden können,

4. wenn wegen der Dringlichkeit der Leistung aus zwingenden Gründen infolge von Ereignissen, die der Auftraggeber nicht verursacht hat und nicht voraussehen konnte, oder wegen dringlicher Gründe in Krisensituationen die in §§ 10b VS bis 10d VS vorgeschriebenen Fristen nicht eingehalten werden können,

5. wenn gleichartige Bauleistungen wiederholt werden, die durch denselben Auftraggeber an den Auftragnehmer vergeben werden, der den ursprünglichen Auftrag erhalten hat, und wenn sie einem Grundentwurf entsprechen und dessen Gegenstand des ursprünglichen Auftrags war, der nach einem nicht offenen Verfahren, einem Verhandlungsverfahren mit Teilnahmewettbewerb oder im wettbewerblichen Dialog vergeben wurde. Die Möglichkeit, dieses Verfahren anzuwenden, muss bereits bei der Auftragsbekanntmachung für das erste Vorhaben angegeben werden; der für die Fortsetzung der Bauarbeiten in Aussicht gestellte Gesamtauftragswert wird vom Auftraggeber bei der Anwendung von § 1 VS berücksichtigt. Dieses Verfahren darf jedoch nur innerhalb von fünf Jahren nach Abschluss des ersten Auftrags angewandt werden.

(3) Der wettbewerbliche Dialog ist zulässig, wenn der Auftraggeber objektiv nicht in der Lage ist,

1. die technischen Mittel anzugeben, mit denen seine Bedürfnisse und Anforderungen erfüllt werden können, oder

2. die rechtlichen oder finanziellen Bedingungen des Vorhabens anzugeben.

§ 3b VS Ablauf der Verfahren. (1) [1]Beim nicht offenen Verfahren müssen mindestens drei geeignete Bewerber aufgefordert werden. [2]Auf jeden Fall muss die Zahl der aufgeforderten Bewerber einen echten Wettbewerb sicherstellen. [3]Die Eignung ist anhand der mit dem Teilnahmeantrag vorgelegten Nachweise zu prüfen.

(2)

1. Beim Verhandlungsverfahren mit Teilnahmewettbewerb und beim wettbewerblichen Dialog müssen bei einer hinreichenden Anzahl geeigneter Bewerber mindestens drei Bewerber zu Verhandlungen oder zum Dialog aufgefordert werden.

2. [1] Will der Auftraggeber die Zahl der Teilnehmer im Verhandlungsverfahren mit Teilnahmewettbewerb oder im wettbewerblichen Dialog begrenzen, so gibt er in der Auftragsbekanntmachung Folgendes an:

   a) die von ihm vorgesehenen objektiven, nicht diskriminierenden und auftragsbezogenen Kriterien und

   b) die vorgesehene Mindestzahl und gegebenenfalls auch die Höchstzahl der einzuladenden Bewerber.

   [2] Sofern die Zahl von Bewerbern, die die Eignungskriterien und die Mindestanforderungen an die Leistungsfähigkeit erfüllen, unter der Mindestanzahl liegt, kann der Auftraggeber das Verfahren fortführen, indem er den oder die Bewerber einlädt, die über die geforderte Leistungsfähigkeit verfügen. [3] Ist der Auftraggeber der Auffassung, dass die Zahl der geeigneten Bewerber zu gering ist, um einen echten Wettbewerb zu gewährleisten, so kann er das Verfahren aussetzen und die erste Auftragsbekanntmachung gemäß § 12 VS Absatz 2 zur Festsetzung einer neuen Frist für die Einreichung von Anträgen auf Teilnahme erneut veröffentlichen. [4] In diesem Fall werden die nach der ersten sowie die nach der zweiten Veröffentlichung ausgewählten Bewerber eingeladen. [5] Diese Möglichkeit besteht unbeschadet des Rechts des Auftraggebers, das laufende Vergabeverfahren einzustellen und ein neues Verfahren auszuschreiben.

3. [1] Der Auftraggeber trägt dafür Sorge, dass alle Bieter bei den Verhandlungen gleich behandelt werden. [2] Insbesondere enthält er sich jeder diskriminierenden Weitergabe von Informationen, durch die bestimmte Bieter gegenüber anderen begünstigt werden könnten.

4. [1] Der Auftraggeber kann vorsehen, dass das Verhandlungsverfahren in verschiedenen aufeinander folgenden Phasen durchgeführt wird. [2] In jeder Verhandlungsphase kann die Zahl der Angebote, über die verhandelt wird, auf der Grundlage der in der Auftragsbekanntmachung oder in den Vertragsunterlagen angegebenen Zuschlagskriterien verringert werden. [3] In der Schlussphase müssen noch so viele Angebote vorliegen, dass ein Wettbewerb gewährleistet ist.

(3)

1. Beim wettbewerblichen Dialog hat der Auftraggeber seine Bedürfnisse und Anforderungen bekannt zu machen; die Erläuterung dieser Anforderungen erfolgt in der Auftragsbekanntmachung oder in einer Beschreibung.

2. [1] Mit den Unternehmen, die ausgewählt wurden, ist ein Dialog zu eröffnen. [2] In dem Dialog legt der Auftraggeber fest, wie seine Bedürfnisse am besten erfüllt werden können; er kann mit den ausgewählten Unternehmen alle Einzelheiten des Auftrags erörtern.

3. [1] Der Auftraggeber hat dafür zu sorgen, dass alle Unternehmen bei dem Dialog gleich behandelt werden; insbesondere darf er Informationen nicht so weitergeben, dass bestimmte Unternehmen begünstigt werden könnten. [2] Der Auftraggeber darf Lösungsvorschläge oder vertrauliche Informationen eines Unternehmens

   a) nicht ohne dessen Zustimmung an die anderen Unternehmen weitergeben und

   b) nur im Rahmen des Vergabeverfahrens verwenden.

4. [1] Der Auftraggeber kann vorsehen, dass der Dialog in verschiedenen aufeinander folgenden Phasen geführt wird. [2] In jeder Dialogphase kann die Zahl der zu erörternden Lösungen auf Grundlage der in der Auftragsbekanntmachung oder in den Vergabeunterlagen angegebenen Zuschlagskriterien verringert werden. [3] Der Auftraggeber hat die Unternehmen zu informieren, wenn deren Lösungen nicht für die nächstfolgende Dialogphase vorgesehen sind. [4] In der Schlussphase müssen noch so viele Angebote vorliegen, dass ein Wettbewerb gewährleistet ist.

5. [1] Der Auftraggeber hat den Dialog für abgeschlossen zu erklären, wenn

   a) eine Lösung gefunden worden ist, die seine Bedürfnisse und Anforderungen erfüllt, oder

   b) erkennbar ist, dass keine Lösung gefunden werden kann.

   [2] Der Auftraggeber hat die Unternehmen über den Abschluss des Dialogs zu informieren.

6. [1] Im Fall von Nummer 5 Buchstabe a hat der Auftraggeber die Unternehmen aufzufordern, auf der Grundlage der eingereichten und in der Dialogphase näher ausgeführten Lösungen ihr endgültiges Angebot vorzulegen. [2] Die Angebote müssen alle Einzelheiten enthalten, die zur Ausführung des Projekts erforderlich sind. [3] Der Auftraggeber kann verlangen, dass Präzisierungen, Klarstellungen und Ergänzungen zu diesen Angeboten gemacht werden. [4] Diese Präzisierungen, Klarstellungen oder Ergänzungen dürfen jedoch nicht dazu führen, dass grundlegende Elemente des Angebotes oder der Ausschreibung geändert werden, dass der Wettbewerb verzerrt wird oder andere am Verfahren beteiligte Unternehmen diskriminiert werden.

7. [1] Der Auftraggeber hat die Angebote auf Grund der in der Auftragsbekanntmachung oder in den Vergabeunterlagen festgelegten Zuschlagskriterien zu bewerten und das wirtschaftlichste Angebot auszuwählen. [2] Der Auftraggeber darf das Unternehmen, dessen Angebot als das wirtschaftlichste ermittelt wurde, auffordern, bestimmte Einzelheiten des Angebotes näher zu erläutern oder im Angebot enthaltene Zusagen zu bestätigen. [3] Dies darf nicht dazu führen, dass wesentliche Aspekte des Angebotes oder der Ausschreibung geändert werden, und dass der Wettbewerb verzerrt wird oder andere am Verfahren beteiligte Unternehmen diskriminiert werden.

8. Verlangt der Auftraggeber, dass die am wettbewerblichen Dialog teilnehmenden Unternehmen Entwürfe, Pläne, Zeichnungen, Berechnungen oder andere Unterlagen ausarbeiten, muss er einheitlich allen Unternehmen, die die geforderten Unterlagen rechtzeitig vorgelegt haben, eine angemessene Kostenerstattung gewähren.

§ 4 VS Vertragsarten. (1) Bauaufträge sind so zu vergeben, dass die Vergütung nach Leistung bemessen wird (Leistungsvertrag), und zwar:

1. in der Regel zu Einheitspreisen für technisch und wirtschaftlich einheitliche Teilleistungen, deren Menge nach Maß, Gewicht oder Stückzahl vom Auftraggeber in den Vertragsunterlagen anzugeben ist (Einheitspreisvertrag),

2. in geeigneten Fällen für eine Pauschalsumme, wenn die Leistung nach Ausführungsart und Umfang genau bestimmt ist und mit einer Änderung bei der Ausführung nicht zu rechnen ist (Pauschalvertrag).

(2) Abweichend von Absatz 1 können Bauaufträge geringeren Umfangs, die überwiegend Lohnkosten verursachen, im Stundenlohn vergeben werden (Stundenlohnvertrag).

(3) Das Angebotsverfahren ist darauf abzustellen, dass der Bieter die Preise, die er für seine Leistungen fordert, in die Leistungsbeschreibung einzusetzen oder in anderer Weise im Angebot anzugeben hat.

(4) Das Auf- und Abgebotsverfahren, bei dem vom Auftraggeber angegebene Preise dem Auf- und Abgebot der Bieter unterstellt werden, soll nur ausnahmsweise bei regelmäßig wiederkehrenden Unterhaltungsarbeiten, deren Umfang möglichst zu umgrenzen ist, angewandt werden.

§ 4a VS Rahmenvereinbarungen. (1) [1]Der Abschluss einer Rahmenvereinbarung erfolgt im Rahmen einer nach dieser Vergabeordnung anwendbaren Verfahrensart. [2]Das in Aussicht genommene Auftragsvolumen ist so genau wie möglich zu ermitteln und bekannt zu geben, braucht aber nicht abschließend festgelegt zu werden. [3]Eine Rahmenvereinbarung darf nicht missbräuchlich oder in einer Art angewendet werden, die den Wettbewerb behindert, einschränkt oder verfälscht.

(2) [1]Auf einer Rahmenvereinbarung beruhende Einzelaufträge werden nach den Kriterien dieses Absatzes und der Absätze 3 bis 5 vergeben. [2]Die Einzelauftragsvergabe erfolgt ausschließlich zwischen den in der Auftragsbekanntmachung oder der Aufforderung zur Interessensbestätigung genannten Auftraggebern und denjenigen Unternehmen, die zum Zeitpunkt des Abschlusses des Einzelauftrags Vertragspartei der Rahmenvereinbarung sind. [3]Dabei dürfen keine wesentlichen Änderungen an den Bedingungen der Rahmenvereinbarung vorgenommen werden.

(3) [1]Wird eine Rahmenvereinbarung mit nur einem Unternehmen geschlossen, so werden die auf dieser Rahmenvereinbarung beruhenden Einzelaufträge entsprechend den Bedingungen der Rahmenvereinbarung vergeben. [2]Für die Vergabe der Einzelaufträge kann der öffentliche Auftraggeber das an der Rahmenvereinbarung beteiligte Unternehmen in Textform auffordern, sein Angebot erforderlichenfalls zu vervollständigen.

(4) [1]Wird eine Rahmenvereinbarung mit mehr als einem Unternehmen geschlossen, so müssen mindestens drei Unternehmen beteiligt sein, sofern eine ausreichend große Zahl von Unternehmen die Eignungskriterien oder eine ausreichend große Zahl von zulässigen Angeboten die Zuschlagskriterien erfüllt. [2]Die Einzelaufträge, die auf einer mit mehreren Unternehmen geschlossenen Rahmenvereinbarung beruhen, werden wie folgt vergeben:

1. gemäß den Bedingungen der Rahmenvereinbarung ohne erneutes Vergabeverfahren, wenn in der Rahmenvereinbarung alle Bedingungen für die Erbringung der Bauleistung sowie die objektiven Bedingungen für die Auswahl der Unternehmen festgelegt sind, die sie als Partei der Rahmenvereinbarung ausführen werden; die letztgenannten Bedingungen sind in der Auftragsbekanntmachung oder den Vergabeunterlagen für die Rahmenvereinbarung zu nennen;

2. wenn in der Rahmenvereinbarung alle Bedingungen für die Erbringung der Bauleistung festgelegt sind, teilweise ohne erneutes Vergabeverfahren gemäß Nummer 1 und teilweise mit erneutem Vergabeverfahren zwischen den Unternehmen, die Partei der Rahmenvereinbarung sind, gemäß Nummer 3,

wenn diese Möglichkeit in der Auftragsbekanntmachung oder den Vergabeunterlagen für die Rahmenvereinbarung durch den öffentlichen Auftraggeber festgelegt ist; die Entscheidung, ob bestimmte Bauleistungen nach
erneutem Vergabeverfahren oder direkt entsprechend den Bedingungen der
Rahmenvereinbarung beschafft werden sollen, wird nach objektiven Kriterien getroffen, die in der Auftragsbekanntmachung oder den Vergabeunterlagen für die Rahmenvereinbarung festgelegt sind; in der Auftragsbekanntmachung oder den Vergabeunterlagen ist außerdem festzulegen, welche
Bedingungen einem erneuten Vergabeverfahren unterliegen können; diese
Möglichkeiten gelten auch für jedes Los einer Rahmenvereinbarung, für das
alle Bedingungen für die Erbringung der Bauleistung in der Rahmenvereinbarung festgelegt sind, ungeachtet dessen, ob alle Bedingungen für die
Erbringung einer Bauleistung für andere Lose festgelegt wurden; oder

3. sofern nicht alle Bedingungen zur Erbringung der Bauleistung in der Rahmenvereinbarung festgelegt sind, mittels eines erneuten Vergabeverfahrens
zwischen den Unternehmen, die Parteien der Rahmenvereinbarung sind.

(5) Die in Absatz 4 Nummer 2 und 3 genannten Vergabeverfahren beruhen
auf denselben Bedingungen wie der Abschluss der Rahmenvereinbarung und
erforderlichenfalls auf genauer formulierten Bedingungen sowie gegebenenfalls
auf weiteren Bedingungen, die in der Auftragsbekanntmachung oder den Vergabeunterlagen für die Rahmenvereinbarung in Übereinstimmung mit dem
folgenden Verfahren genannt werden:

1. vor Vergabe jedes Einzelauftrags konsultiert der öffentliche Auftraggeber in
Textform die Unternehmen, die in der Lage sind, den Auftrag auszuführen;

2. der öffentliche Auftraggeber setzt eine ausreichende Frist für die Abgabe der
Angebote für jeden Einzelauftrag fest; dabei berücksichtigt er unter anderem
die Komplexität des Auftragsgegenstands und die für die Übermittlung der
Angebote erforderliche Zeit;

3. die Angebote sind in Textform einzureichen und dürfen bis zum Ablauf der
Einreichungsfrist nicht geöffnet werden;

4. der öffentliche Auftraggeber vergibt die Einzelaufträge an den Bieter, der auf
der Grundlage der in der Auftragsbekanntmachung oder den Vergabeunterlagen für die Rahmenvereinbarung genannten Zuschlagskriterien das jeweils
wirtschaftlichste Angebot vorgelegt hat.

(6) Die Laufzeit einer Rahmenvereinbarung darf höchstens sieben Jahre
betragen, es sei denn, es liegt ein im Gegenstand der Rahmenvereinbarung
begründeter Sonderfall vor.

§ 5 VS Einheitliche Vergabe, Vergabe nach Losen. (1) Bauaufträge sollen
so vergeben werden, dass eine einheitliche Ausführung und zweifelsfreie umfassende Haftung für Mängelansprüche erreicht wird; sie sollen daher in der
Regel mit den zur Leistung gehörigen Lieferungen vergeben werden.

(2) [1]Mittelständische Interessen sind bei der Vergabe öffentlicher Aufträge
vornehmlich zu berücksichtigen. [2]Leistungen sind nach der Menge aufgeteilt
(Teillose) und getrennt nach Art oder Fachgebiet (Fachlose) zu vergeben.
[3]Mehrere Teil- oder Fachlose dürfen zusammen vergeben werden, wenn wirtschaftliche oder technische Gründe dies erfordern. [4]Wird ein Unternehmen,
das nicht öffentlicher Auftraggeber ist, mit der Wahrnehmung oder Durchführung einer öffentlichen Aufgabe betraut, verpflichtet der Auftraggeber das

Unternehmen, sofern es Unteraufträge an Dritte vergibt, nach den Sätzen 1 bis 3 zu verfahren.

§ 6 VS Teilnehmer am Wettbewerb. (1) Öffentliche Aufträge werden an fachkundige und leistungsfähige (geeignete) Unternehmen vergeben, die nicht nach § 6e VS ausgeschlossen worden sind.

(2) [1] Ein Unternehmen ist geeignet, wenn es die durch den Auftraggeber im Einzelnen zur ordnungsgemäßen Ausführung des Auftrags festgelegten Kriterien (Eignungskriterien) erfüllt. [2] Die Eignungskriterien dürfen ausschließlich Folgendes betreffen:

1. Befähigung und Erlaubnis zur Berufsausübung,
2. wirtschaftliche und finanzielle Leistungsfähigkeit,
3. technische und berufliche Leistungsfähigkeit.

[3] Die Eignungskriterien müssen mit dem Auftragsgegenstand in Verbindung und zu diesem in einem angemessenen Verhältnis stehen.

(3)

1. Der Wettbewerb darf nicht auf Unternehmen beschränkt werden, die in bestimmten Regionen oder Orten ansässig sind.
2. [1] Bietergemeinschaften sind Einzelbietern gleichzusetzen. [2] Der Auftraggeber kann von Bietergemeinschaften die Annahme einer bestimmten Rechtsform verlangen, wenn dies für die ordnungsgemäße Durchführung des Auftrags notwendig ist. [3] Die Annahme dieser Rechtsform kann von der Bietergemeinschaft nur verlangt werden, wenn ihr der Auftrag erteilt wird.
3. Hat ein Bewerber oder Bieter vor Einleitung des Vergabeverfahrens den Auftraggeber beraten oder sonst unterstützt, so hat der Auftraggeber sicherzustellen, dass der Wettbewerb durch die Teilnahme dieses Bewerbers oder Bieters nicht verfälscht wird.

§ 6a VS Eignungsnachweise. (1) Zum Nachweis ist die Eignung (Fachkunde und Leistungsfähigkeit) sowie das Nichtvorliegen von Ausschlussgründen gemäß § 6e VS der Bewerber oder Bieter zu prüfen.

(2)

1. Der Nachweis umfasst die folgenden Angaben:
   a) den Umsatz des Unternehmens jeweils bezogen auf die letzten drei abgeschlossenen Geschäftsjahre, soweit er Bauleistungen und andere Leistungen betrifft, die mit der zu vergebenden Leistung vergleichbar sind, unter Einschluss des Anteils bei gemeinsam mit anderen Unternehmen ausgeführten Aufträgen,
   b) die Ausführung von Leistungen in den letzten fünf abgeschlossenen Geschäftsjahren, die mit der zu vergebenden Leistung vergleichbar sind,
   c) die Zahl der in den letzten drei abgeschlossenen Geschäftsjahren jahresdurchschnittlich beschäftigten Arbeitskräfte, gegliedert nach Lohngruppen mit gesondert ausgewiesenem technischem Leitungspersonal,
   d) die Eintragung in das Berufsregister ihres Sitzes oder Wohnsitzes und
   e) die Anmeldung des Unternehmens bei der Berufsgenossenschaft.
2. Andere, auf den konkreten Auftrag bezogene zusätzliche geeignete Angaben können verlangt werden, insbesondere Angaben und Nachweise, die für den

Umgang mit Verschlusssachen erforderlich sind oder die Versorgungssicherheit gewährleisten sollen, sowie Angaben, die für die Prüfung der Fachkunde geeignet sind.

3. Der Auftraggeber wird andere ihm geeignet erscheinende Nachweise der wirtschaftlichen und finanziellen Leistungsfähigkeit zulassen, wenn er feststellt, dass stichhaltige Gründe dafür bestehen.

4. Kann ein Unternehmen aus einem berechtigten Grund die geforderten Nachweise nicht beibringen, kann es den Nachweis seiner Eignung durch Vorlage anderer Belege erbringen, die der Auftraggeber für geeignet hält.

§ 6b VS Mittel der Nachweisführung, Verfahren. (1) [1] Der Nachweis, auch über das Nichtvorliegen von Ausschlussgründen nach § 6e VS, kann mit der vom Auftraggeber direkt abrufbaren Eintragung in die allgemein zugängliche Liste des Vereins für die Präqualifikation von Bauunternehmen e.V. (Präqualifikationsverzeichnis) erfolgen. [2] Die Eintragung in ein gleichwertiges Verzeichnis anderer Mitgliedstaaten ist als Nachweis zugelassen.

(2) [1] Die Angaben können die Bewerber oder Bieter auch durch Einzelnachweise erbringen. [2] Der Auftraggeber kann dabei vorsehen, dass für einzelne Angaben Eigenerklärungen ausreichend sind, soweit es mit Verteidigungs- und Sicherheitsinteressen vereinbar ist. [3] Eigenerklärungen, die als vorläufiger Nachweis dienen, sind von den Bietern, deren Angebote in die engere Wahl kommen, durch entsprechende Bescheinigungen der zuständigen Stellen zu bestätigen.

(3) Der Auftraggeber verlangt, dass die Nachweise bereits mit dem Teilnahmeantrag vorgelegt werden.

(4) [1] Vor der Aufforderung zur Angebotsabgabe ist die Eignung der Unternehmen zu prüfen. [2] Dabei sind die Unternehmen auszuwählen, deren Eignung die für die Erfüllung der vertraglichen Verpflichtungen notwendige Sicherheit bietet.

(5) [1] Muss einem Bewerber für das Erstellen eines Angebotes der Zugang zu Verschlusssachen des Grades „VS-VERTRAULICH" oder höher gewährt werden, muss der Bewerber bereits vor Gewährung des Zugangs die geforderten Angaben und Nachweise vorlegen. [2] Kommt der Bewerber dem nicht nach, schließt der Auftraggeber ihn von der Teilnahme am Vergabeverfahren aus.

§ 6c VS Qualitätssicherung und Umweltmanagement. (1) [1] Der Auftraggeber kann zusätzlich Angaben über Umweltmanagementverfahren verlangen, die der Bewerber oder Bieter bei der Ausführung des Auftrags gegebenenfalls anwenden will. [2] In diesem Fall kann der Auftraggeber zum Nachweis dafür, dass der Bewerber oder Bieter bestimmte Normen für das Umweltmanagement erfüllt, die Vorlage von Bescheinigungen unabhängiger Stellen verlangen. [3] Der Auftraggeber nimmt dabei Bezug auf

1. das Gemeinschaftssystem für das Umweltmanagement und die Umweltbetriebsprüfung (EMAS) oder

2. [1] Normen für das Umweltmanagement, die

   a) auf den einschlägigen europäischen oder internationalen Normen beruhen und

b) von entsprechenden Stellen zertifiziert sind, die dem Gemeinschaftsrecht oder einschlägigen europäischen oder internationalen Zertifizierungsnormen entsprechen.

[2] Gleichwertige Bescheinigungen von Stellen in anderen Mitgliedstaaten sind anzuerkennen. [3] Der Auftraggeber erkennt auch andere Nachweise für gleichwertige Umweltmanagement-Maßnahmen an, die von Bewerbern oder Bietern vorgelegt werden.

(2) [1] Auftraggeber können zum Nachweis dafür, dass der Bewerber oder Bieter bestimmte Qualitätssicherungsnormen erfüllt, die Vorlage von Bescheinigungen unabhängiger Stellen verlangen. [2] Der Auftraggeber nimmt dabei auf Qualitätssicherungsverfahren Bezug, die

1. den einschlägigen europäischen Normen genügen und

2. von entsprechenden Stellen zertifiziert sind, die den europäischen Zertifizierungsnormen entsprechen.

[3] Gleichwertige Bescheinigungen von Stellen aus anderen Mitgliedstaaten sind anzuerkennen. [4] Der Auftraggeber erkennt auch andere gleichwertige Nachweise für Qualitätssicherungsmaßnahmen an.

§ 6d VS **Kapazitäten anderer Unternehmen.** [1] Ein Bewerber oder Bieter kann sich, gegebenenfalls auch als Mitglied einer Bietergemeinschaft, zur Erfüllung eines Auftrags der Fähigkeiten anderer Unternehmen bedienen. [2] Dabei kommt es nicht auf den rechtlichen Charakter der Verbindung zwischen ihm und diesen Unternehmen an. [3] In diesem Fall fordert der Auftraggeber von den in der engeren Wahl befindlichen Bewerbern oder Bietern den Nachweis darüber, dass ihnen die erforderlichen Mittel zur Verfügung stehen. [4] Als Nachweise können beispielsweise entsprechende Verpflichtungserklärungen dieser Unternehmen vorgelegt werden.

§ 6e VS **Ausschlussgründe.** (1) Der Auftraggeber schließt ein Unternehmen zu jedem Zeitpunkt des Vergabeverfahrens von der Teilnahme aus, wenn er Kenntnis davon hat, dass eine Person, deren Verhalten nach Absatz 3 dem Unternehmen zuzurechnen ist, rechtskräftig verurteilt oder gegen das Unternehmen eine Geldbuße nach § 30 des Gesetzes über Ordnungswidrigkeiten rechtskräftig festgesetzt worden ist wegen einer Straftat nach:

1. § 129 StGB (Bildung krimineller Vereinigungen), § 129a StGB (Bildung terroristischer Vereinigungen) oder § 129b StGB (kriminelle und terroristische Vereinigungen im Ausland),

2. § 89c StGB (Terrorismusfinanzierung) oder wegen der Teilnahme an einer solchen Tat oder wegen der Bereitstellung oder Sammlung finanzieller Mittel in Kenntnis dessen, dass diese finanziellen Mittel ganz oder teilweise dazu verwendet werden oder verwendet werden sollen, eine Tat nach § 89a Absatz 2 Nummer 2 StGB zu begehen,

3. § 261 StGB (Geldwäsche; Verschleierung unrechtmäßig erlangter Vermögenswerte),

4. § 263 StGB (Betrug), soweit sich die Straftat gegen den Haushalt der Europäischen Union oder gegen Haushalte richtet, die von der Europäischen Union oder in ihrem Auftrag verwaltet werden,

5. § 264 StGB (Subventionsbetrug), soweit sich die Straftat gegen den Haushalt der Europäischen Union oder gegen Haushalte richtet, die von der Europäischen Union oder in ihrem Auftrag verwaltet werden,

6. § 299 StGB (Bestechlichkeit und Bestechung im geschäftlichen Verkehr), den §§ 299a und 299b StGB (Bestechlichkeit und Bestechung im Gesundheitswesen),

7. § 108e StGB (Bestechlichkeit und Bestechung von Mandatsträgern),

8. den §§ 333 und 334 StGB (Vorteilsgewährung und Bestechung), jeweils auch in Verbindung mit § 335a StGB (Ausländische und internationale Bedienstete),

9. Artikel 2 § 2 des Gesetzes zur Bekämpfung internationaler Bestechung (Bestechung ausländischer Abgeordneter im Zusammenhang mit internationalem Geschäftsverkehr) oder

10. den §§ 232, 232a Absatz 1 bis 5, den §§ 232b bis 233a StGB (Menschenhandel, Zwangsprostitution, Zwangsarbeit, Ausbeutung der Arbeitskraft, Ausbeutung unter Ausnutzung einer Freiheitsberaubung).

(2) Einer Verurteilung oder der Festsetzung einer Geldbuße im Sinne des Absatzes 1 stehen eine Verurteilung oder die Festsetzung einer Geldbuße nach den vergleichbaren Vorschriften anderer Staaten gleich.

(3) Das Verhalten einer rechtskräftig verurteilten Person ist einem Unternehmen zuzurechnen, wenn diese Person als für die Leitung des Unternehmens Verantwortlicher gehandelt hat; dazu gehört auch die Überwachung der Geschäftsführung oder die sonstige Ausübung von Kontrollbefugnissen in leitender Stellung.

(4) ¹Der Auftraggeber schließt ein Unternehmen von der Teilnahme an einem Vergabeverfahren aus, wenn

1. das Unternehmen seinen Verpflichtungen zur Zahlung von Steuern, Abgaben und Beiträgen zur Sozialversicherung nicht nachgekommen ist und dies durch eine rechtskräftige Gerichts- oder bestandskräftige Verwaltungsentscheidung festgestellt wurde, oder

2. der Auftraggeber auf sonstige geeignete Weise die Verletzung einer Verpflichtung nach Nummer 1 nachweisen kann.

²Satz 1 findet keine Anwendung, wenn das Unternehmen seinen Verpflichtungen dadurch nachgekommen ist, dass es die Zahlung vorgenommen oder sich zur Zahlung der Steuern, Abgaben und Beiträge zur Sozialversicherung einschließlich Zinsen, Säumnis- und Strafzuschlägen verpflichtet hat.

(5) ¹Von einem Ausschluss nach Absatz 1 kann abgesehen werden, wenn dies aus zwingenden Gründen des öffentlichen Interesses geboten ist. ²Von einem Ausschluss nach Absatz 4 Satz 1 kann abgesehen werden, wenn dies aus zwingenden Gründen des öffentlichen Interesses geboten ist oder ein Ausschluss offensichtlich unverhältnismäßig wäre. ³§ 6f VS Absatz 1 und 2 bleiben unberührt.

(6) Der Auftraggeber kann unter Berücksichtigung des Grundsatzes der Verhältnismäßigkeit ein Unternehmen zu jedem Zeitpunkt des Vergabeverfahrens von der Teilnahme an einem Vergabeverfahren ausschließen, wenn

1. das Unternehmen bei der Ausführung öffentlicher Aufträge nachweislich gegen geltende umwelt-, sozial- und arbeitsrechtliche Verpflichtungen verstoßen hat,

2. das Unternehmen zahlungsunfähig ist, über das Vermögen des Unternehmens ein Insolvenzverfahren oder ein vergleichbares Verfahren beantragt oder eröffnet worden ist, die Eröffnung eines solchen Verfahrens mangels Masse abgelehnt worden ist, sich das Unternehmen im Verfahren der Liquidation befindet oder seine Tätigkeit eingestellt hat,

3. das Unternehmen im Rahmen der beruflichen Tätigkeit nachweislich eine schwere Verfehlung begangen hat, durch die die Integrität des Unternehmens infrage gestellt wird insbesondere im Rahmen seiner beruflichen Tätigkeit seine Pflicht zur Gewährleistung der Informations- oder Versorgungssicherheit bei einem früheren Auftrag verletzt hat; Absatz 3 ist entsprechend anzuwenden,

4. der Auftraggeber über hinreichende Anhaltspunkte dafür verfügt, dass das Unternehmen mit anderen Unternehmen Vereinbarungen getroffen oder Verhaltensweisen aufeinander abgestimmt hat, die eine Verhinderung, Einschränkung oder Verfälschung des Wettbewerbs bezwecken oder bewirken,

5. ein Interessenkonflikt bei der Durchführung des Vergabeverfahrens besteht, der die Unparteilichkeit und Unabhängigkeit einer für den Auftraggeber tätigen Person bei der Durchführung des Vergabeverfahrens beeinträchtigen könnte und der durch andere, weniger einschneidende Maßnahmen nicht wirksam beseitigt werden kann,

6. eine Wettbewerbsverzerrung daraus resultiert, dass das Unternehmen bereits in die Vorbereitung des Vergabeverfahrens einbezogen war, und diese Wettbewerbsverzerrung nicht durch andere, weniger einschneidende Maßnahmen beseitigt werden kann,

7. das Unternehmen eine wesentliche Anforderung bei der Ausführung eines früheren öffentlichen Auftrags erheblich oder fortdauernd mangelhaft erfüllt hat und dies zu einer vorzeitigen Beendigung, zu Schadensersatz oder zu einer vergleichbaren Rechtsfolge geführt hat,

8. das Unternehmen in Bezug auf Ausschlussgründe oder Eignungskriterien eine schwerwiegende Täuschung begangen, Auskünfte zurückgehalten hat oder nicht in der Lage ist, die erforderlichen Nachweise zu übermitteln oder

9. das Unternehmen

   a) versucht hat, die Entscheidungsfindung des Auftraggebers in unzulässiger Weise zu beeinflussen,

   b) versucht hat, vertrauliche Informationen zu erhalten, durch die es unzulässige Vorteile beim Vergabeverfahren erlangen könnte,

   c) fahrlässig oder vorsätzlich irreführende Informationen übermittelt hat, die die Vergabeentscheidung des Auftraggebers erheblich beeinflussen könnten oder versucht hat, solche Informationen zu übermitteln, oder

10. das Unternehmen nachweislich nicht die erforderliche Vertrauenswürdigkeit aufweist, um Risiken für die nationale Sicherheit auszuschließen; als Beweismittel kommen auch geschützte Datenquellen in Betracht.

§ 6f VS Selbstreinigung. (1) [1]Auftraggeber schließen ein Unternehmen, bei dem ein Ausschlussgrund nach § 6e VS vorliegt, nicht von der Teilnahme an dem Vergabeverfahren aus, wenn das Unternehmen dem Auftraggeber oder nach § 8 des Wettbewerbsregistergesetzes[1] dem Bundeskartellamt nachgewiesen hat, dass es

1. für jeden durch eine Straftat oder ein Fehlverhalten verursachten Schaden einen Ausgleich gezahlt oder sich zur Zahlung eines Ausgleichs verpflichtet hat,

2. die Tatsachen und Umstände, die mit der Straftat oder dem Fehlverhalten und dem dadurch verursachten Schaden in Zusammenhang stehen, durch eine aktive Zusammenarbeit mit den Ermittlungsbehörden und dem Auftraggeber umfassend geklärt hat und

3. konkrete technische, organisatorische und personelle Maßnahmen ergriffen hat, die geeignet sind, weitere Straftaten oder weiteres Fehlverhalten zu vermeiden.

[2] § 6e VS Absatz 4 Satz 2 bleibt unberührt.

(2) [1] Bei der Bewertung der von dem Unternehmen ergriffenen Selbstreinigungsmaßnahmen sind die Schwere und die besonderen Umstände der Straftat oder des Fehlverhaltens zu berücksichtigen. [2] Die Entscheidung, dass die Selbstreinigungsmaßnahmen des Unternehmens als unzureichend bewertet werden, ist gegenüber dem Unternehmen zu begründen.

(3) Wenn ein Unternehmen, bei dem ein Ausschlussgrund vorliegt, keine oder keine ausreichenden Selbstreinigungsmaßnahmen nach Absatz 1 ergreift, darf es

1. bei Vorliegen eines Ausschlussgrundes nach § 6e VS Absatz 1 bis 4 höchstens für einen Zeitraum von fünf Jahren ab dem Tag der rechtskräftigen Verurteilung von der Teilnahme an Vergabeverfahren ausgeschlossen werden,

2. bei Vorliegen eines Ausschlussgrundes nach § 6e VS Absatz 6 höchstens für einen Zeitraum von drei Jahren ab dem betreffenden Ereignis von der Teilnahme an Vergabeverfahren ausgeschlossen werden.

§ 7 VS Leistungsbeschreibung. (1)

1. Die Leistung ist eindeutig und so erschöpfend zu beschreiben, dass alle Unternehmen die Beschreibung im gleichen Sinne verstehen müssen und ihre Preise sicher und ohne umfangreiche Vorarbeiten berechnen können.

2. Um eine einwandfreie Preisermittlung zu ermöglichen, sind alle sie beeinflussenden Umstände festzustellen und in den Vergabeunterlagen anzugeben.

3. Dem Auftragnehmer darf kein ungewöhnliches Wagnis aufgebürdet werden für Umstände und Ereignisse, auf die er keinen Einfluss hat und deren Einwirkung auf die Preise und Fristen er nicht im Voraus schätzen kann.

4. [1] Bedarfspositionen sind grundsätzlich nicht in die Leistungsbeschreibung aufzunehmen. [2] Angehängte Stundenlohnarbeiten dürfen nur in dem unbedingt erforderlichen Umfang in die Leistungsbeschreibung aufgenommen werden.

5. Erforderlichenfalls sind auch der Zweck und die vorgesehene Beanspruchung der fertigen Leistung anzugeben.

6. Die für die Ausführung der Leistung wesentlichen Verhältnisse der Baustelle, z.B. Boden- und Wasserverhältnisse, sind so zu beschreiben, dass das Unter-

---

[1] Nr. 11.

nehmen ihre Auswirkungen auf die bauliche Anlage und die Bauausführung hinreichend beurteilen kann.

7. Die „Hinweise für das Aufstellen der Leistungsbeschreibung" in Abschnitt 0 der Allgemeinen Technischen Vertragsbedingungen für Bauleistungen, DIN 18299 ff., sind zu beachten.

(2) [1]Soweit es nicht durch den Auftragsgegenstand gerechtfertigt ist, darf in technischen Spezifikationen nicht auf eine bestimmte Produktion oder Herkunft oder ein besonderes Verfahren, das die von einem bestimmten Unternehmen bereitgestellten Produkte charakterisiert, oder auf Marken, Patente, Typen oder einen bestimmten Ursprung oder eine bestimmte Produktion verwiesen werden, wenn dadurch bestimmte Unternehmen oder bestimmte Produkte begünstigt oder ausgeschlossen werden. [2]Solche Verweise sind jedoch ausnahmsweise zulässig, wenn der Auftragsgegenstand nicht hinreichend genau und allgemein verständlich beschrieben werden kann; solche Verweise sind mit dem Zusatz „oder gleichwertig" zu versehen.

(3) Bei der Beschreibung der Leistung sind die verkehrsüblichen Bezeichnungen zu beachten.

§ 7a VS Technische Spezifikationen. (1) Die technischen Anforderungen (Spezifikationen – siehe Anhang TS Nummer 1) an den Auftragsgegenstand müssen allen Unternehmen gleichermaßen zugänglich sein.

(2) Die technischen Spezifikationen sind in den Vergabeunterlagen zu formulieren:

1. entweder unter Bezugnahme auf die in Anhang TS definierten technischen Spezifikationen in der Rangfolge
   a) nationale zivile Normen, mit denen europäische Normen umgesetzt werden,
   b) europäische technische Bewertungen,
   c) gemeinsame zivile technische Spezifikationen,
   d) nationale zivile Normen, mit denen internationale Normen umgesetzt werden,
   e) andere internationale zivile Normen,
   f) andere technische Bezugssysteme, die von den europäischen Normungsgremien erarbeitet wurden oder, falls solche Normen und Spezifikationen fehlen, nationale Normen, nationale technische Zulassungen oder nationale technische Spezifikationen für die Planung, Berechnung und Ausführung von Bauwerken und den Einsatz von Produkten,
   g) zivile technische Spezifikationen, die von der Industrie entwickelt wurden und von ihr allgemein anerkannt werden oder
   h) die in Anhang III Nummer 3 der Richtlinie 2009/81/EG definierten nationalen „Verteidigungsnormen" und Spezifikationen für Verteidigungsgüter, die diesen Normen entsprechen.
   Jede Bezugnahme ist mit dem Zusatz „oder gleichwertig" zu versehen;

2. oder in Form von Leistungs- oder Funktionsanforderungen, die so genau zu fassen sind, dass sie den Unternehmen ein klares Bild vom Auftragsgegenstand vermitteln und dem Auftraggeber die Erteilung des Zuschlags ermöglichen;

3. oder in Kombination von Nummer 1 und Nummer 2, das heißt

a) in Form von Leistungs- oder Funktionsanforderungen unter Bezugnahme auf die Spezifikationen gemäß Nummer 1 als Mittel zur Vermutung der Konformität mit diesen Leistungs- oder Funktionsanforderungen;

b) oder mit Bezugnahme auf die Spezifikationen gemäß Nummer 1 hinsichtlich bestimmter Merkmale und mit Bezugnahme auf die Leistungs- oder Funktionsanforderungen gemäß Nummer 2 hinsichtlich anderer Merkmale.

(3) [1] Verweist der Auftraggeber in der Leistungsbeschreibung auf die in Absatz 2 Nummer 1 genannten Spezifikationen, so darf er ein Angebot nicht mit der Begründung ablehnen, die angebotene Leistung entspräche nicht den herangezogenen Spezifikationen, sofern der Bieter in seinem Angebot dem Auftraggeber nachweist, dass die von ihm vorgeschlagenen Lösungen den Anforderungen der technischen Spezifikation, auf die Bezug genommen wurde, gleichermaßen entsprechen. [2] Als geeignetes Mittel kann eine technische Beschreibung des Herstellers oder ein Prüfbericht einer anerkannten Stelle gelten.

(4) [1] Legt der Auftraggeber die technischen Spezifikationen in Form von Leistungs- oder Funktionsanforderungen fest, so darf er ein Angebot, das einer nationalen Norm entspricht, mit der eine europäische Norm umgesetzt wird, oder einer europäischen technischen Zulassung, einer gemeinsamen technischen Spezifikation, einer internationalen Norm oder einem technischen Bezugssystem, das von den europäischen Normungsgremien erarbeitet wurde, entspricht, nicht zurückweisen, wenn diese Spezifikation die geforderten Leistungs- oder Funktionsanforderungen betreffen. [2] Der Bieter muss in seinem Angebot mit geeigneten Mitteln dem Auftraggeber nachweisen, dass die der Norm entsprechende jeweilige Leistung den Leistungs- oder Funktionsanforderungen des Auftraggebers entspricht. [3] Als geeignetes Mittel kann eine technische Beschreibung des Herstellers oder ein Prüfbericht einer anerkannten Stelle gelten.

(5) [1] Schreibt der Auftraggeber Umwelteigenschaften in Form von Leistungs- oder Funktionsanforderungen vor, so kann er die Spezifikationen verwenden, die in europäischen, multinationalen oder anderen Umweltzeichen definiert sind, wenn

1. sie sich zur Definition der Merkmale des Auftragsgegenstands eignen,

2. die Anforderungen des Umweltzeichens auf Grundlage von wissenschaftlich abgesicherten Informationen ausgearbeitet werden,

3. die Umweltzeichen im Rahmen eines Verfahrens erlassen werden, an dem interessierte Kreise – wie z.B. staatliche Stellen, Verbraucher, Hersteller, Händler und Umweltorganisationen – teilnehmen können, und

4. das Umweltzeichen für alle Betroffenen zugänglich und verfügbar ist.

[2] Der Auftraggeber kann in den Vergabeunterlagen angeben, dass bei Leistungen, die mit einem Umweltzeichen ausgestattet sind, vermutet wird, dass sie den in der Leistungsbeschreibung festgelegten technischen Spezifikationen genügen. [3] Der Auftraggeber muss jedoch auch jedes andere geeignete Beweismittel, wie technische Unterlagen des Herstellers oder Prüfberichte anerkannter Stellen, akzeptieren. [4] Anerkannte Stellen sind die Prüf- und Eichlaboratorien sowie die Inspektions- und Zertifizierungsstellen, die mit den anwendbaren europäischen Normen übereinstimmen. [5] Der Auftraggeber erkennt

Bescheinigungen von in anderen Mitgliedstaaten ansässigen anerkannten Stellen an.

§ 7b VS Leistungsbeschreibung mit Leistungsverzeichnis. (1) Die Leistung ist in der Regel durch eine allgemeine Darstellung der Bauaufgabe (Baubeschreibung) und ein in Teilleistungen gegliedertes Leistungsverzeichnis zu beschreiben.

(2) [1] Erforderlichenfalls ist die Leistung auch zeichnerisch oder durch Probestücke darzustellen oder anders zu erklären, z.B. durch Hinweise auf ähnliche Leistungen, durch Mengen- oder statische Berechnungen. [2] Zeichnungen und Proben, die für die Ausführung maßgebend sein sollen, sind eindeutig zu bezeichnen.

(3) Leistungen, die nach den Vertragsbedingungen, den Technischen Vertragsbedingungen oder der gewerblichen Verkehrssitte zu der geforderten Leistung gehören (§ 2 Absatz 1 VOB/B[1]), brauchen nicht besonders aufgeführt zu werden.

(4) [1] Im Leistungsverzeichnis ist die Leistung derart aufzugliedern, dass unter einer Ordnungszahl (Position) nur solche Leistungen aufgenommen werden, die nach ihrer technischen Beschaffenheit und für die Preisbildung als in sich gleichartig anzusehen sind. [2] Ungleichartige Leistungen sollen unter einer Ordnungszahl (Sammelposition) nur zusammengefasst werden, wenn eine Teilleistung gegenüber einer anderen für die Bildung eines Durchschnittspreises ohne nennenswerten Einfluss ist.

§ 7c VS Leistungsbeschreibung mit Leistungsprogramm. (1) Wenn es nach Abwägen aller Umstände zweckmäßig ist, abweichend von § 7b VS Absatz 1 zusammen mit der Bauausführung auch den Entwurf für die Leistung dem Wettbewerb zu unterstellen, um die technisch, wirtschaftlich und gestalterisch beste sowie funktionsgerechteste Lösung der Bauaufgabe zu ermitteln, kann die Leistung durch ein Leistungsprogramm dargestellt werden.

(2)

1. Das Leistungsprogramm umfasst eine Beschreibung der Bauaufgabe, aus der die Unternehmen alle für die Entwurfsbearbeitung und ihr Angebot maßgebenden Bedingungen und Umstände erkennen können und in der sowohl der Zweck der fertigen Leistung als auch die an sie gestellten technischen, wirtschaftlichen, gestalterischen und funktionsbedingten Anforderungen angegeben sind, sowie gegebenenfalls ein Musterleistungsverzeichnis, in dem die Mengenangaben ganz oder teilweise offengelassen sind.

2. § 7b VS Absätze 2 bis 4 gelten sinngemäß.

(3) [1] Von dem Bieter ist ein Angebot zu verlangen, das außer der Ausführung der Leistung den Entwurf nebst eingehender Erläuterung und eine Darstellung der Bauausführung sowie eine eingehende und zweckmäßig gegliederte Beschreibung der Leistung – gegebenenfalls mit Mengen- und Preisangaben für Teile der Leistung – umfasst. [2] Bei Beschreibung der Leistung mit Mengen- und Preisangaben ist vom Bieter zu verlangen, dass er

---

[1] Nr. 14.

1. die Vollständigkeit seiner Angaben, insbesondere die von ihm selbst ermittelten Mengen, entweder ohne Einschränkung oder im Rahmen einer in den Vergabeunterlagen anzugebenden Mengentoleranz vertritt, und

2. etwaige Annahmen, zu denen er in besonderen Fällen gezwungen ist, weil zum Zeitpunkt der Angebotsabgabe einzelne Teilleistungen nach Art und Menge noch nicht bestimmt werden können (z.B. Aushub-, Abbruch- oder Wasserhaltungsarbeiten) – erforderlichenfalls anhand von Plänen und Mengenermittlungen – begründet.

§ 8 VS Vergabeunterlagen. (1) Die Vergabeunterlagen bestehen aus

1. dem Anschreiben (Aufforderung zur Angebotsabgabe gemäß Absatz 2 Nummer 1 bis 3), gegebenenfalls Teilnahmebedingungen (Absatz 2 Nummer 6) und

2. den Vertragsunterlagen (Absatz 3 und §§ 7 VS bis 7c VS, § 8a VS Absatz 1 bis 3).

(2)

1. Das Anschreiben muss die in Anhang XV der Durchführungsverordnung (EU) Nr. 2015/1986 geforderten Informationen enthalten, die außer den Vertragsunterlagen für den Entschluss zur Abgabe eines Angebots notwendig sind, sofern sie nicht bereits veröffentlicht wurden.

2. In den Vergabeunterlagen kann der Auftraggeber die Bieter auffordern, in ihrem Angebot die Leistungen anzugeben, die sie an Nachunternehmen zu vergeben beabsichtigen.

3. [1] Hat der Auftraggeber in der Auftragsbekanntmachung Nebenangebote zugelassen, hat er anzugeben:

   a) ob er Nebenangebote ausnahmsweise nur in Verbindung mit einem Hauptangebot zulässt,

   b) die Mindestanforderungen für Nebenangebote.

   [2] Von Bietern, die eine Leistung anbieten, deren Ausführung nicht in Allgemeinen Technischen Vertragsbedingungen oder in den Vergabeunterlagen geregelt ist, sind im Angebot entsprechende Angaben über Ausführung und Beschaffenheit dieser Leistung zu verlangen.

4. Der Auftraggeber kann in der Auftragsbekanntmachung angeben, dass er die Abgabe mehrerer Hauptangebote nicht zulässt.

5. Der Auftraggeber hat an zentraler Stelle in den Vergabeunterlagen abschließend alle Unterlagen im Sinne von § 16a VS Absatz 1 mit Ausnahme von Produktangaben anzugeben.

6. Auftraggeber, die ständig Bauaufträge vergeben, sollen die Erfordernisse, die die Unternehmen bei der Bearbeitung ihrer Angebote beachten müssen, in den Teilnahmebedingungen zusammenfassen und dem Anschreiben beifügen.

(3) Bei der Vergabe von Verschlusssachenaufträgen und Aufträgen, die Anforderungen an die Versorgungssicherheit beinhalten, benennt der Auftraggeber in der Auftragsbekanntmachung oder den Vergabeunterlagen alle Maßnahmen und Anforderungen, die erforderlich sind, um den Schutz solcher Verschlusssachen entsprechend der jeweiligen Sicherheitsstufe zu gewährleisten bzw. um die Versorgungssicherheit zu gewährleisten.

§ 8a VS Allgemeine, Besondere und Zusätzliche Vertragsbedingungen. (1) [1] In den Vergabeunterlagen ist vorzuschreiben, dass die Allgemeinen Vertragsbedingungen für die Ausführung von Bauleistungen (VOB/B[1]) und die Allgemeinen Technischen Vertragsbedingungen für Bauleistungen (VOB/C) Bestandteile des Vertrags werden. [2] Das gilt auch für etwaige Zusätzliche Vertragsbedingungen und etwaige Zusätzliche Technische Vertragsbedingungen, soweit sie Bestandteile des Vertrags werden sollen.

(2)

1. Die Allgemeinen Vertragsbedingungen bleiben grundsätzlich unverändert. Sie können von Auftraggebern, die ständig Bauaufträge vergeben, für die bei ihnen allgemein gegebenen Verhältnisse durch Zusätzliche Vertragsbedingungen ergänzt werden. Diese dürfen den Allgemeinen Vertragsbedingungen nicht widersprechen.

2. Für die Erfordernisse des Einzelfalles sind die Allgemeinen Vertragsbedingungen und etwaige Zusätzliche Vertragsbedingungen durch Besondere Vertragsbedingungen zu ergänzen. In diesen sollen sich Abweichungen von den Allgemeinen Vertragsbedingungen auf die Fälle beschränken, in denen dort besondere Vereinbarungen ausdrücklich vorgesehen sind und auch nur soweit es die Eigenart der Leistung und ihre Ausführung erfordern.

(3) [1] Die Allgemeinen Technischen Vertragsbedingungen bleiben grundsätzlich unverändert. [2] Sie können von Auftraggebern, die ständig Bauaufträge vergeben, für die bei ihnen allgemein gegebenen Verhältnisse durch Zusätzliche Technische Vertragsbedingungen ergänzt werden. [3] Für die Erfordernisse des Einzelfalles sind Ergänzungen und Änderungen in der Leistungsbeschreibung festzulegen.

(4)

1. In den Zusätzlichen Vertragsbedingungen oder in den Besonderen Vertragsbedingungen sollen, soweit erforderlich, folgende Punkte geregelt werden:

    a) Unterlagen (§ 8b VS Absatz 3; § 3 Absatz 5 und 6 VOB/B),

    b) Benutzung von Lager- und Arbeitsplätzen, Zufahrtswegen, Anschlussgleisen, Wasser- und Energieanschlüssen (§ 4 Absatz 4 VOB/B),

    c) Weitervergabe an Nachunternehmen (§ 4 Absatz 8 VOB/B),

    d) Ausführungsfristen (§ 9 VS; § 5 VOB/B),

    e) Haftung (§ 10 Absatz 2 VOB/B),

    f) Vertragsstrafen und Beschleunigungsvergütungen (§ 9a VS; § 11 VOB/B),

    g) Abnahme (§ 12 VOB/B),

    h) Vertragsart (§ 4 VS), Abrechnung (§ 14 VOB/B),

    i) Stundenlohnarbeiten (§ 15 VOB/B),

    j) Zahlungen, Vorauszahlungen (§ 16 VOB/B),

    k) Sicherheitsleistung (§ 9c VS; § 17 VOB/B),

    l) Gerichtsstand (§ 18 Absatz 1 VOB/B),

    m) Lohn- und Gehaltsnebenkosten,

    n) Änderung der Vertragspreise (§ 9d VS).

---

[1] Nr. 14.

2. [1] Im Einzelfall erforderliche besondere Vereinbarungen über die Mängelansprüche sowie deren Verjährung (§ 9b VS; § 13 Absatz 1, 4 und 7 VOB/B) und über die Verteilung der Gefahr bei Schäden, die durch Hochwasser, Sturmfluten, Grundwasser, Wind, Schnee, Eis und dergleichen entstehen können (§ 7 VOB/B), sind in den Besonderen Vertragsbedingungen zu treffen. [2] Sind für bestimmte Bauleistungen gleichgelagerte Voraussetzungen im Sinne von § 9b VS gegeben, so dürfen die besonderen Vereinbarungen auch in Zusätzlichen Technischen Vertragsbedingungen vorgesehen werden.

§ 8b VS Kosten- und Vertrauensregelung, Schiedsverfahren. (1) Beim nicht offenen Verfahren, beim Verhandlungsverfahren und beim wettbewerblichen Dialog sind alle Unterlagen unentgeltlich abzugeben.

(2)

1. [1] Für die Bearbeitung des Angebotes wird keine Entschädigung gewährt. [2] Verlangt jedoch der Auftraggeber, dass der Bieter Entwürfe, Pläne, Zeichnungen, statische Berechnungen, Mengenberechnungen oder andere Unterlagen ausarbeitet, insbesondere in den Fällen des § 7c VS, so ist einheitlich für alle Bieter in der Ausschreibung eine angemessene Entschädigung festzusetzen. [3] Diese Entschädigung steht jedem Bieter zu, der ein der Ausschreibung entsprechendes Angebot mit den geforderten Unterlagen rechtzeitig eingereicht hat.

2. Diese Grundsätze gelten für Verhandlungsverfahren und wettbewerblichen Dialog entsprechend.

(3) [1] Der Auftraggeber darf Angebotsunterlagen und die in den Angeboten enthaltenen eigenen Vorschläge eines Bieters nur für die Prüfung und Wertung der Angebote (§§ 16c VS und 16d VS) verwenden. [2] Eine darüber hinausgehende Verwendung bedarf der vorherigen schriftlichen Vereinbarung.

(4) Sollen Streitigkeiten aus dem Vertrag unter Ausschluss des ordentlichen Rechtsweges im schiedsrichterlichen Verfahren ausgetragen werden, so ist es in besonderer, nur das Schiedsverfahren betreffender Urkunde zu vereinbaren, soweit nicht § 1031 Absatz 2 ZPO auch eine andere Form der Vereinbarung zulässt.

§ 9 VS Ausführungsfristen, Einzelfristen, Verzug. (1)

1. [1] Die Ausführungsfristen sind ausreichend zu bemessen; Jahreszeit, Arbeitsbedingungen und etwaige besondere Schwierigkeiten sind zu berücksichtigen. [2] Für die Bauvorbereitung ist dem Auftragnehmer genügend Zeit zu gewähren.

2. Außergewöhnlich kurze Fristen sind nur bei besonderer Dringlichkeit vorzusehen.

3. Soll vereinbart werden, dass mit der Ausführung erst nach Aufforderung zu beginnen ist (§ 5 Absatz 2 VOB/B[1])), so muss die Frist, innerhalb derer die Aufforderung ausgesprochen werden kann, unter billiger Berücksichtigung der für die Ausführung maßgebenden Verhältnisse zumutbar sein; sie ist in den Vergabeunterlagen festzulegen.

---

[1]) Nr. 14.

(2)

1. Wenn es ein erhebliches Interesse des Auftraggebers erfordert, sind Einzelfristen für in sich abgeschlossene Teile der Leistung zu bestimmen.

2. Wird ein Bauzeitenplan aufgestellt, damit die Leistungen aller Unternehmen sicher ineinandergreifen, so sollen nur die für den Fortgang der Gesamtarbeit besonders wichtigen Einzelfristen als vertraglich verbindliche Fristen (Vertragsfristen) bezeichnet werden.

(3) Ist für die Einhaltung von Ausführungsfristen die Übergabe von Zeichnungen oder anderen Unterlagen wichtig, so soll hierfür ebenfalls eine Frist festgelegt werden.

(4) [1] Der Auftraggeber darf in den Vertragsunterlagen eine Pauschalierung des Verzugsschadens (§ 5 Absatz 4 VOB/B) vorsehen; sie soll fünf Prozent der Auftragssumme nicht überschreiten. [2] Der Nachweis eines geringeren Schadens ist zuzulassen.

§ 9a VS Vertragsstrafen, Beschleunigungsvergütung. [1] Vertragsstrafen für die Überschreitung von Vertragsfristen sind nur zu vereinbaren, wenn die Überschreitung erhebliche Nachteile verursachen kann. [2] Die Strafe ist in angemessenen Grenzen zu halten. [3] Beschleunigungsvergütungen (Prämien) sind nur vorzusehen, wenn die Fertigstellung vor Ablauf der Vertragsfristen erhebliche Vorteile bringt.

§ 9b VS Verjährung der Mängelansprüche. [1] Andere Verjährungsfristen als nach § 13 Absatz 4 VOB/B[1)] sollen nur vorgesehen werden, wenn dies wegen der Eigenart der Leistung erforderlich ist. [2] In solchen Fällen sind alle Umstände gegeneinander abzuwägen, insbesondere, wann etwaige Mängel wahrscheinlich erkennbar werden und wieweit die Mängelursachen noch nachgewiesen werden können, aber auch die Wirkung auf die Preise und die Notwendigkeit einer billigen Bemessung der Verjährungsfristen für Mängelansprüche.

§ 9c VS Sicherheitsleistung. (1) [1] Auf Sicherheitsleistung soll ganz oder teilweise verzichtet werden, wenn Mängel der Leistung voraussichtlich nicht eintreten. [2] Unterschreitet die Auftragssumme 250 000 Euro ohne Umsatzsteuer, ist auf Sicherheitsleistung für die Vertragserfüllung und in der Regel auf Sicherheitsleistung für die Mängelansprüche zu verzichten. [3] Bei nicht offenen Verfahren sowie bei Verhandlungsverfahren und wettbewerblichem Dialog sollen Sicherheitsleistungen in der Regel nicht verlangt werden.

(2) [1] Die Sicherheit soll nicht höher bemessen und ihre Rückgabe nicht für einen späteren Zeitpunkt vorgesehen werden, als nötig ist, um den Auftraggeber vor Schaden zu bewahren. [2] Die Sicherheit für die Erfüllung sämtlicher Verpflichtungen aus dem Vertrag soll fünf Prozent der Auftragssumme nicht überschreiten. [3] Die Sicherheit für Mängelansprüche soll drei Prozent der Abrechnungssumme nicht überschreiten.

§ 9d VS Änderung der Vergütung. [1] Sind wesentliche Änderungen der Preisermittlungsgrundlagen zu erwarten, deren Eintritt oder Ausmaß ungewiss ist, so kann eine angemessene Änderung der Vergütung in den Vertragsunterla-

---

[1)] Nr. 14.

gen vorgesehen werden. [2] Die Einzelheiten der Preisänderungen sind festzulegen.

§ 10 VS Fristen. Falls die Angebote nur nach einer Ortsbesichtigung oder Einsichtnahme in nicht übersandte Unterlagen erstellt werden können, sind längere Fristen als die Mindestfristen festzulegen, damit alle Unternehmen von allen Informationen, die für die Erstellung des Angebotes erforderlich sind, Kenntnis nehmen können.

§ 10a VS frei

§ 10b VS Fristen im nicht offenen Verfahren. (1) Beim nicht offenen Verfahren beträgt die Frist für den Eingang der Anträge auf Teilnahme (Bewerbungsfrist) mindestens 37 Kalendertage, gerechnet vom Tag nach Absendung der Auftragsbekanntmachung.

(2) Die Bewerbungsfrist kann bei Auftragsbekanntmachungen, die über das Internetportal des Amtes für Veröffentlichungen der Europäischen Union auf elektronischem Weg erstellt und übermittelt werden (elektronischen Auftragsbekanntmachungen), um sieben Kalendertage verkürzt werden.

(3) Die Angebotsfrist beträgt mindestens 40 Kalendertage, gerechnet vom Tag nach Absendung der Aufforderung zur Angebotsabgabe.

(4) [1] Die Angebotsfrist kann auf 36 Kalendertage, gerechnet vom Tag nach Absendung der Aufforderung zur Angebotsabgabe, verkürzt werden; sie darf 22 Kalendertage nicht unterschreiten. [2] Voraussetzung dafür ist, dass eine Vorinformation nach dem vorgeschriebenen Muster gemäß § 12 VS Absatz 1 Nummer 3 mindestens 52 Kalendertage, höchstens zwölf Monate vor Absendung der Auftragsbekanntmachung des Auftrages an das Amt für Veröffentlichungen der Europäischen Union abgesandt wurde. [3] Diese Vorinformation muss mindestens die im Muster einer Auftragsbekanntmachung nach § 12 VS Absatz 2 Nummer 2 für das nicht offene Verfahren geforderten Angaben enthalten, soweit diese Informationen zum Zeitpunkt der Absendung der Vorinformation vorlagen.

(5) Die Angebotsfrist kann um weitere fünf Kalendertage verkürzt werden, wenn ab der Veröffentlichung der Auftragsbekanntmachung die Vertragsunterlagen und alle zusätzlichen Unterlagen auf elektronischem Weg frei zugänglich, direkt und vollständig zur Verfügung gestellt werden; in der Auftragsbekanntmachung ist die Internetadresse anzugeben, unter der diese Unterlagen abgerufen werden können.

(6) Aus Gründen der Dringlichkeit kann

1. die Bewerbungsfrist auf mindestens 15 Kalendertage oder mindestens zehn Kalendertage bei elektronischen Auftragsbekanntmachung, wenn ab der Veröffentlichung der Auftragsbekanntmachung die Vertragsunterlagen und alle zusätzlichen Unterlagen auf elektronischem Weg frei zugänglich, direkt und vollständig zur Verfügung gestellt werden; in der Auftragsbekanntmachung ist die Internetadresse anzugeben, unter der diese Unterlagen abgerufen werden können,

2. die Angebotsfrist auf mindestens zehn Kalendertage
verkürzt werden.

(7) Bis zum Ablauf der Angebotsfrist können Angebote in Textform zurückgezogen werden.

(8) ¹Der Auftraggeber bestimmt eine angemessene Frist, innerhalb der die Bieter an ihre Angebote gebunden sind (Bindefrist). ²Diese soll so kurz wie möglich und nicht länger bemessen werden, als der Auftraggeber für eine zügige Prüfung und Wertung der Angebote (§§ 16 VS bis 16d VS) benötigt. ³Eine längere Bindefrist als 30 Kalendertage soll nur in begründeten Fällen festgelegt werden. ⁴Das Ende der Bindefrist ist durch Angabe des Kalendertages zu bezeichnen.

(9) Die Bindefrist beginnt mit dem Ablauf der Angebotsfrist.

§ 10c VS Fristen im Verhandlungsverfahren. (1) Beim Verhandlungsverfahren mit Teilnahmewettbewerb ist entsprechend §§ 10 VS und 10b VS Absatz 1, 2, 6 Nummer 1 und Absatz 8 bis 9 zu verfahren.

(2) ¹Beim Verhandlungsverfahren ohne Teilnahmewettbewerb ist auch bei Dringlichkeit für die Bearbeitung und Einreichung der Angebote eine ausreichende Angebotsfrist nicht unter zehn Kalendertagen vorzusehen. ²Dabei ist insbesondere der zusätzliche Aufwand für die Besichtigung von Baustellen oder die Beschaffung von Unterlagen für die Angebotsbearbeitung zu berücksichtigen. ³Es ist entsprechend § 10b VS Absatz 8 und 9 zu verfahren.

§ 10d VS Fristen im wettbewerblichen Dialog. Beim wettbewerblichen Dialog ist entsprechend §§ 10 VS und 10b VS Absatz 1, 2 und 8 bis 9 zu verfahren.

§ 11 VS Grundsätze der Informationsübermittlung. (1)
1. Der Auftraggeber gibt in der Auftragsbekanntmachung oder den Vergabeunterlagen an, ob Informationen per Post, Telefax, direkt, elektronisch oder durch eine Kombination dieser Kommunikationsmittel übermittelt werden.
2. ¹Das für die elektronische Übermittlung gewählte Netz muss allgemein verfügbar sein und darf den Zugang der Bewerber und Bieter zu den Vergabeverfahren nicht beschränken. ²Die dafür zu verwendenden Programme und ihre technischen Merkmale müssen allgemein zugänglich, mit allgemein verbreiteten Erzeugnissen der Informations- und Kommunikationstechnologie kompatibel und nicht diskriminierend sein.
3. Der Auftraggeber hat dafür Sorge zu tragen, dass den interessierten Unternehmen die Informationen über die Spezifikationen der Geräte, die für die elektronische Übermittlung der Anträge auf Teilnahme und der Angebote erforderlich sind, einschließlich Verschlüsselung zugänglich sind. Außerdem muss gewährleistet sein, dass die in § 11a VS genannten Anforderungen erfüllt sind.

(2) Der Auftraggeber kann im Internet ein Beschafferprofil einrichten, in dem allgemeine Informationen wie Kontaktstelle, Telefon- und Telefaxnummer, Postanschrift und E-Mail-Adresse sowie Angaben über Ausschreibungen, geplante und vergebene Aufträge oder aufgehobene Verfahren veröffentlicht werden können.

(3) ¹Der Auftraggeber hat die Datenintegrität und die Vertraulichkeit der übermittelten Anträge auf Teilnahme am Vergabeverfahren auf geeignete Weise zu gewährleisten. ²Per Post oder direkt übermittelte Anträge sind

1. in einem verschlossenen Umschlag einzureichen,
2. als Anträge auf Teilnahme auf dem Umschlag zu kennzeichnen und
3. bis zum Ablauf der vorgesehenen Frist unter Verschluss zu halten.

[3] Bei elektronisch übermittelten Teilnahmeanträgen sind Datenintegrität und Vertraulichkeit durch entsprechende organisatorische und technische Lösungen nach den Anforderungen des Auftraggebers und durch Verschlüsselung sicherzustellen. [4] Die Verschlüsselung muss bis zum Ablauf der Frist, die für die Einreichung der Anträge bestimmt ist, aufrechterhalten bleiben.

(4) Anträge auf Teilnahme am Vergabeverfahren können auch per Telefax oder telefonisch gestellt werden, müssen dann aber vom Unternehmen bis zum Ablauf der Frist für die Abgabe der Teilnahmeanträge durch Übermittlung per Post, direkt oder elektronisch bestätigt werden.

§ 11a VS Anforderungen an elektronische Mittel. Die Geräte müssen gewährleisten, dass

1. für die Angebote eine elektronische Signatur oder ein elektronisches Siegel verwendet werden können,
2. Tag und Uhrzeit des Eingangs der Teilnahmeanträge oder Angebote genau bestimmbar sind,
3. ein Zugang zu den Daten nicht vor Ablauf des hierfür festgesetzten Termins erfolgt,
4. bei einem Verstoß gegen das Zugangsverbot der Verstoß sicher festgestellt werden kann,
5. ausschließlich die hierfür bestimmten Personen den Zeitpunkt der Öffnung der Daten festlegen oder ändern können,
6. der Zugang zu den übermittelten Daten nur möglich ist, wenn die hierfür bestimmten Personen gleichzeitig und erst nach dem festgesetzten Zeitpunkt tätig werden und
7. die übermittelten Daten ausschließlich den zur Kenntnisnahme bestimmten Personen zugänglich bleiben.

§ 12 VS Vorinformation, Auftragsbekanntmachung. (1)

1. Als Vorinformation sind die wesentlichen Merkmale der beabsichtigten Bauaufträge oder Rahmenvereinbarungen mit mindestens einem geschätzten Gesamtauftragswert für Bauleistungen nach § 106 Absatz 2 Nummer 3 GWB[1)] ohne Umsatzsteuer bekannt zu machen.
2. Eine Vorinformation ist nur dann verpflichtend, wenn der Auftraggeber von der Möglichkeit einer Verkürzung der Angebotsfrist gemäß § 10b VS Absatz 4 Gebrauch machen möchte.
3. Die Vorinformation ist nach dem Muster gemäß Anhang XIII der Durchführungsverordnung (EU) Nr. 2015/1986 zu erstellen.
4. [1] Nach Genehmigung der Planung ist die Vorinformation sobald wie möglich dem Amt für Veröffentlichungen der Europäischen Union[2)] zu übermitteln oder im Beschafferprofil nach § 11 VS Absatz 2 zu veröffentlichen; in diesem

---

[1)] Nr. 1.
[2)] **Amtl. Anm.:** Amt für Veröffentlichungen der Europäischen Union, 2, rue Mercier, L-2985 Luxemburg

Fall ist dem Amt für Veröffentlichungen der Europäischen Union zuvor auf elektronischem Weg die Veröffentlichung mit dem Muster gemäß Anhang VIII der Durchführungsverordnung (EU) Nr. 2015/1986 zu melden, Anhang VI der Richtlinie 2009/81/EG ist zu beachten. [2] Die Vorinformation kann außerdem in Tageszeitungen, amtlichen Veröffentlichungsblättern oder Internetportalen veröffentlicht werden.

(2)

1. Die Unternehmen sind durch Auftragsbekanntmachungen aufzufordern, ihre Teilnahme am Wettbewerb zu beantragen, wenn Bauaufträge im Sinne von § 1 VS oder Rahmenvereinbarungen in einem nicht offenen Verfahren, in einem Verhandlungsverfahren mit Teilnahmewettbewerb oder in einem wettbewerblichen Dialog vergeben werden.

2. [1] Die Auftragsbekanntmachungen müssen die in Anhang XV der Durchführungsverordnung (EU) Nr. 2015/1986 geforderten Informationen enthalten und sollen nicht mehr als 650 Wörter umfassen, wenn der Inhalt der Auftragsbekanntmachung nicht auf elektronischem Weg gemäß dem Muster und unter Beachtung der Verfahren bei der Übermittlung nach Anhang VI Nummer 3 der Richtlinie 2009/81/EG abgesendet wird. [2] Auftragsbekanntmachungen sind im Amtsblatt der Europäischen Union zu veröffentlichen und dem Amt für Veröffentlichungen der Europäischen Union unverzüglich, in Fällen des beschleunigten Verfahrens per Telefax oder elektronisch[1]) zu übermitteln.

3. Der Auftraggeber muss nachweisen können, an welchem Tag die Auftragsbekanntmachung an das Amt für Veröffentlichungen der Europäischen Union abgesendet wurde.

4. [1] Die Auftragsbekanntmachung wird unentgeltlich, spätestens zwölf Kalendertage nach der Absendung im Supplement zum Amtsblatt der Europäischen Union in der Originalsprache veröffentlicht. [2] Eine Zusammenfassung der wichtigsten Angaben wird in den übrigen Amtssprachen der Europäischen Union veröffentlicht; der Wortlaut der Originalsprache ist verbindlich.

5. Auftragsbekanntmachungen, die über das Internetportal des Amtes für Veröffentlichungen der Europäischen Union[1]) auf elektronischem Weg erstellt und übermittelt wurden, werden abweichend von Nummer 4 spätestens fünf Kalendertage nach ihrer Absendung veröffentlicht.

6. Die Auftragsbekanntmachungen können zusätzlich im Inland veröffentlicht werden, beispielsweise in Tageszeitungen, amtlichen Veröffentlichungsblättern oder Internetportalen; sie können auch auf www.service.bund.de veröffentlicht werden. Sie dürfen nur die Angaben enthalten, die dem Amt für Veröffentlichungen der Europäischen Union übermittelt wurden, und dürfen nicht vor Absendung an dieses Amt veröffentlicht werden.

(3)

1. Die Auftragsbekanntmachung ist beim nicht offenen Verfahren, Verhandlungsverfahren und wettbewerblichen Dialog nach dem Muster gemäß Anhang XV der Durchführungsverordnung (EU) Nr. 2015/1986 zu erstellen.

2. Dabei sind zu allen Nummern Angaben zu machen; die Texte des Musters sind nicht zu wiederholen.

---

[1]) **Amtl. Anm.:** http://simap.europa.eu/

§ 12a VS Versand der Vergabeunterlagen. (1)

1. Die Vergabeunterlagen sind den Unternehmen unverzüglich in geeigneter Weise zu übermitteln.

2. Die Vergabeunterlagen sind bei nicht offenen Verfahren sowie bei Verhandlungsverfahren und wettbewerblichem Dialog an alle ausgewählten Bewerber am selben Tag abzusenden.

(2) Wenn von den für die Preisermittlung wesentlichen Unterlagen keine Vervielfältigungen abgegeben werden können, sind diese in ausreichender Weise zur Einsicht auszulegen.

(3) Die Namen der Unternehmen, die Vergabeunterlagen erhalten oder eingesehen haben, sind geheim zu halten.

(4) [1] Rechtzeitig beantragte Auskünfte über die Vergabeunterlagen sind spätestens sechs Kalendertage vor Ablauf der Angebotsfrist allen Unternehmen in gleicher Weise zu erteilen. [2] Bei nicht offenen Verfahren und beschleunigten Verhandlungsverfahren nach § 10b VS Absatz 6 beträgt diese Frist vier Kalendertage.

§ 13 VS Form und Inhalt der Angebote. (1)

1. [1] Der Auftraggeber legt fest, in welcher Form die Angebote einzureichen sind. [2] Sie müssen unterzeichnet sein. Elektronisch übermittelte Angebote sind nach Wahl des Auftraggebers zu versehen mit

a) einer fortgeschrittenen elektronischen Signatur,

b) einer qualifizierten elektronischen Signatur,

c) einem fortgeschrittenen elektronischen Siegel oder

d) einem qualifizierten elektronischen Siegel.

2. [1] Der Auftraggeber hat die Datenintegrität und die Vertraulichkeit der Angebote auf geeignete Weise zu gewährleisten. [2] Per Post oder direkt übermittelte Angebote sind in einem verschlossenen Umschlag einzureichen, als solche zu kennzeichnen und bis zum Ablauf der für die Einreichung vorgesehenen Frist unter Verschluss zu halten. [3] Bei elektronisch übermittelten Angeboten ist dies durch entsprechende technische Lösungen nach den Anforderungen des Auftraggebers und durch Verschlüsselung sicherzustellen. [4] Die Verschlüsselung muss bis zur Öffnung des ersten Angebots aufrechterhalten bleiben.

3. Die Angebote müssen die geforderten Preise enthalten.

4. Die Angebote müssen die geforderten Erklärungen und Nachweise enthalten.

5. [1] Änderungen an den Vergabeunterlagen sind unzulässig. [2] Änderungen des Bieters an seinen Eintragungen müssen zweifelsfrei sein.

6. Bieter können für die Angebotsabgabe eine selbstgefertigte Abschrift oder Kurzfassung des Leistungsverzeichnisses benutzen, wenn sie den vom Auftraggeber verfassten Wortlaut des Leistungsverzeichnisses im Angebot als allein verbindlich anerkennen; Kurzfassungen müssen jedoch die Ordnungszahlen (Positionen) vollzählig, in der gleichen Reihenfolge und mit den gleichen Nummern wie in dem vom Auftraggeber verfassten Leistungsverzeichnis wiedergeben.

7. Muster und Proben der Bieter müssen als zum Angebot gehörig gekennzeichnet sein.

(2) ¹Eine Leistung, die von den vorgesehenen technischen Spezifikationen nach § 7a VS Absatz 1 abweicht, kann angeboten werden, wenn sie mit dem geforderten Schutzniveau in Bezug auf Sicherheit, Gesundheit und Gebrauchstauglichkeit gleichwertig ist. ²Die Abweichung muss im Angebot eindeutig bezeichnet sein. ³Die Gleichwertigkeit ist mit dem Angebot nachzuweisen.

(3) ¹Die Anzahl von Nebenangeboten ist an einer vom Auftraggeber in den Vergabeunterlagen bezeichneten Stelle aufzuführen. ²Etwaige Nebenangebote müssen auf besonderer Anlage erstellt und als solche deutlich gekennzeichnet werden. ³Werden mehrere Hauptangebote abgegeben, muss jedes aus sich heraus zuschlagsfähig sein. ⁴Absatz 1 Nummer 2 Satz 2 gilt für jedes Hauptangebot entsprechend.

(4) Soweit Preisnachlässe ohne Bedingungen gewährt werden, sind diese an einer vom Auftraggeber in den Vergabeunterlagen bezeichneten Stelle aufzuführen.

(5) ¹Bietergemeinschaften haben die Mitglieder zu benennen sowie eines ihrer Mitglieder als bevollmächtigten Vertreter für den Abschluss und die Durchführung des Vertrags zu bezeichnen. ²Fehlt die Bezeichnung des bevollmächtigten Vertreters im Angebot, so ist sie vor der Zuschlagserteilung beizubringen.

(6) Der Auftraggeber hat die Anforderungen an den Inhalt der Angebote nach den Absätzen 1 bis 5 in die Vergabeunterlagen aufzunehmen.

§ 14 VS Öffnung der Angebote, Öffnungstermin. (1) ¹Die Öffnung der Angebote wird von mindestens zwei Vertretern des Auftraggebers gemeinsam an einem Termin (Öffnungstermin) unverzüglich nach Ablauf der Angebotsfrist durchgeführt. ²Bis zu diesem Termin sind die elektronischen Angebote zu kennzeichnen und verschlüsselt aufzubewahren. ³Per Post oder direkt zugegangene Angebote sind auf dem ungeöffneten Umschlag mit Eingangsvermerk zu versehen und unter Verschluss zu halten.

(2)
1. Der Verhandlungsleiter stellt fest, ob der Verschluss der schriftlichen Angebote unversehrt ist und die elektronischen Angebote verschlüsselt sind.
2. Die Angebote werden geöffnet und in allen wesentlichen Teilen im Öffnungstermin gekennzeichnet.
3. Muster und Proben der Bieter müssen im Termin zur Stelle sein.

(3) ¹Über den Öffnungstermin ist eine Niederschrift in Textform zu fertigen, in der die beiden Vertreter des Auftraggebers zu benennen sind. ²Der Niederschrift ist eine Aufstellung mit folgenden Angaben beizufügen:
a) Name und Anschrift der Bieter,
b) die Endbeträge der Angebote oder einzelner Lose,
c) Preisnachlässe ohne Bedingungen,
d) Anzahl der jeweiligen Nebenangebote.

(4) ¹Angebote, die nach Ablauf der Angebotsfrist eingegangen sind, sind in der Niederschrift oder in einem Nachtrag besonders aufzuführen. ²Die Eingangszeiten und die etwa bekannten Gründe, aus denen die Angebote nicht

vorgelegen haben, sind zu vermerken. [3] Der Umschlag und andere Beweismittel sind aufzubewahren.

(5) [1] Ein Angebot, das nachweislich vor Ablauf der Angebotsfrist dem Auftraggeber zugegangen war, aber dem Verhandlungsleiter nicht vorgelegt hat, ist mit allen Angaben in die Niederschrift oder in einen Nachtrag aufzunehmen. [2] Den Bietern ist dieser Sachverhalt unverzüglich in Textform mitzuteilen. [3] In die Mitteilung sind die Feststellung, dass bei schriftlichen Angeboten der Verschluss unversehrt war und bei elektronischen Angeboten diese verschlüsselt waren, sowie die Angaben nach Absatz 3 Buchstabe a bis d aufzunehmen. [4] Im Übrigen gilt Absatz 4 Satz 2 und 3.

(6) [1] In nicht offenen Verfahren stellt der Auftraggeber den Bietern die in Absatz 3 Buchstabe a bis d genannten Informationen unverzüglich elektronisch zur Verfügung. [2] Den Bietern und ihren Bevollmächtigten ist die Einsicht in die Niederschrift und ihre Nachträge (Absätze 4 und 5 sowie § 16c VS Absatz 3) zu gestatten.

(7) Die Niederschrift darf nicht veröffentlicht werden.

(8) Die Angebote und ihre Anlagen sind sorgfältig zu verwahren und geheim zu halten.

§ 15 VS Aufklärung des Angebotsinhalts. (1)

1. Im nicht offenen Verfahren darf der Auftraggeber nach Öffnung der Angebote bis zur Zuschlagserteilung von einem Bieter nur Aufklärung verlangen, um sich über seine Eignung, insbesondere seine technische und wirtschaftliche Leistungsfähigkeit, das Angebot selbst, etwaige Nebenangebote, die geplante Art der Durchführung, etwaige Ursprungsorte oder Bezugsquellen von Stoffen oder Bauteilen und über die Angemessenheit der Preise, wenn nötig durch Einsicht in die vorzulegenden Preisermittlungen (Kalkulationen) zu unterrichten.

2. Die Ergebnisse solcher Aufklärungen sind geheim zu halten. Sie sollen in Textform niedergelegt werden.

(2) Verweigert ein Bieter die geforderten Aufklärungen und Angaben oder lässt er die ihm gesetzte angemessene Frist unbeantwortet verstreichen, so ist sein Angebot auszuschließen.

(3) Verhandlungen in nicht offenen Verfahren, besonders über Änderung der Angebote oder Preise, sind unstatthaft, außer, wenn sie bei Nebenangeboten oder Angeboten aufgrund eines Leistungsprogramms nötig sind, um unumgängliche technische Änderungen geringen Umfangs und daraus sich ergebende Änderungen der Preise zu vereinbaren.

§ 16 VS Ausschluss von Angeboten. Auszuschließen sind:

1. Angebote, die nicht fristgerecht eingegangen sind,

2. Angebote, die den Bestimmungen des § 13 VS Absatz 1 Nummer 1, 2 und 5 nicht entsprechen,

3. Angebote, die die geforderten Unterlagen im Sinne von § 8 VS Absatz 2 Nummer 5 nicht enthalten, wenn der Auftraggeber gemäß § 16a VS Absatz 3 festgelegt hat, dass er keine Unterlagen nachfordern wird. Satz 1 gilt für Teilnahmeanträge entsprechend.

4. Angebote, bei denen der Bieter Erklärungen oder Nachweise, deren Vorlage sich der öffentliche Auftraggeber vorbehalten hat, auf Anforderung nicht

innerhalb einer angemessenen, nach dem Kalendertag bestimmten Frist vorgelegt hat. Satz 1 gilt für Teilnahmeanträge entsprechend,

5. nicht zugelassene Nebenangebote sowie Nebenangebote, die den Mindestanforderungen nicht entsprechen,

6. Hauptangebote, von Bietern, die mehrere Hauptangebote abgegeben haben,
wenn der Auftraggeber die Abgabe mehrerer Hauptangebote in der Auftragsbekanntmachung nicht zugelassen hat,

7. Nebenangebote, die dem § 13 VS Absatz 3 Satz 2 nicht entsprechen,

8. Hauptangebote, die dem § 13 VS Absatz 3 Satz 3 nicht entsprechen.

§ 16a VS Nachforderung von Unterlagen. (1) [1] Der Auftraggeber muss
Bieter, die für den Zuschlag in Betracht kommen, unter Einhaltung der Grundsätze der Transparenz und der Gleichbehandlung auffordern, fehlende, unvollständige oder fehlerhafte unternehmensbezogene Unterlagen – insbesondere
Erklärungen, Angaben oder Nachweise – nachzureichen, zu vervollständigen
oder zu korrigieren, oder fehlende oder unvollständige leistungsbezogene Unterlagen – insbesondere Erklärungen, Produkt- und sonstige Angaben oder
Nachweise – nachzureichen oder zu vervollständigen (Nachforderung), es sei
denn, er hat von seinem Recht aus Absatz 3 Gebrauch gemacht. [2] Es sind nur
Unterlagen nachzufordern, die bereits mit dem Angebot vorzulegen waren.

(2) [1] Fehlende Preisangaben dürfen nicht nachgefordert werden. [2] Angebote
die den Bestimmungen des § 13 VS Absatz 1 Nummer 3 nicht entsprechen,
sind auszuschließen. [3] Dies gilt nicht für Angebote, bei denen lediglich in
unwesentlichen Positionen die Angabe des Preises fehlt und sowohl durch die
Außerachtlassung dieser Positionen der Wettbewerb und die Wertungsreihenfolge nicht beeinträchtigt werden als auch bei Wertung dieser Positionen mit
dem jeweils höchsten Wettbewerbspreis. [4] Hierbei wird nur auf den Preis ohne
Berücksichtigung etwaiger Nebenangebote abgestellt. [5] Der Auftraggeber fordert den Bieter nach Maßgabe von Absatz 1 auf, die fehlenden Preispositionen
zu ergänzen. [6] Die Sätze 3 bis 5 gelten nicht, wenn der Auftraggeber das Nachfordern von Preisangaben gemäß Absatz 3 ausgeschlossen hat.

(3) Der Auftraggeber kann in der Auftragsbekanntmachung oder den Vergabeunterlagen festlegen, dass er keine Unterlagen oder Preisangaben nachfordern wird.

(4) [1] Die Unterlagen oder fehlenden Preisangaben sind vom Bewerber oder
Bieter nach Aufforderung durch den Auftraggeber innerhalb einer angemesse-
nen, nach dem Kalender bestimmten Frist vorzulegen. [2] Die Frist soll sechs
Kalendertage nicht überschreiten.

(5) Werden die nachgeforderten Unterlagen nicht innerhalb der Frist vorgelegt, ist das Angebot auszuschließen.

(6) Die Absätze 1, 3, 4 und 5 gelten für den Teilnahmewettbewerb entsprechend.

§ 16b VS Eignung. Beim nicht offenen Verfahren, Verhandlungsverfahren
und beim wettbewerblichen Dialog sind nur Umstände zu berücksichtigen, die
nach Aufforderung zur Angebotsabgabe Zweifel an der Eignung des Bieters
begründen (vgl. § 6b VS Absatz 4).

§ 16c VS Prüfung. (1) Die nicht ausgeschlossenen Angebote geeigneter Bieter sind auf die Einhaltung der gestellten Anforderungen, insbesondere in rechnerischer, technischer und wirtschaftlicher Hinsicht zu prüfen.

1. Entspricht der Gesamtbetrag einer Ordnungszahl (Position) nicht dem Ergebnis der Multiplikation von Mengenansatz und Einheitspreis, so ist der Einheitspreis maßgebend.

2. Bei Vergabe für eine Pauschalsumme gilt diese ohne Rücksicht auf etwa angegebene Einzelpreise.

(2) Die aufgrund der Prüfung festgestellten Angebotsendsummen sind in der Niederschrift über den Eröffnungstermin zu vermerken.

§ 16d VS Wertung. (1)

1. Auf ein Angebot mit einem unangemessen hohen oder niedrigen Preis darf der Zuschlag nicht erteilt werden.

2. Erscheint ein Angebotspreis unangemessen niedrig und ist anhand vorliegender Unterlagen über die Preisermittlung die Angemessenheit nicht zu beurteilen, ist vor Ablehnung des Angebots vom Bieter in Textform Aufklärung über die Ermittlung der Preise für die Gesamtleistung oder für Teilleistungen zu verlangen, gegebenenfalls unter Festlegung einer zumutbaren Antwortfrist. Bei der Beurteilung der Angemessenheit prüft der Auftraggeber – in Rücksprache mit dem Bieter – die betreffende Zusammensetzung und berücksichtigt dabei die gelieferten Nachweise.

3. In die engere Wahl kommen nur solche Angebote, die unter Berücksichtigung rationellen Baubetriebs und sparsamer Wirtschaftsführung eine einwandfreie Ausführung einschließlich Haftung für Mängelansprüche erwarten lassen.

(2) [1] Bei der Wertung der Angebote dürfen nur Zuschlagskriterien und deren Gewichtung berücksichtigt werden, die in der Auftragsbekanntmachung oder in den Vergabeunterlagen genannt sind. [2] Die Zuschlagskriterien müssen mit dem Auftragsgegenstand zusammenhängen und können beispielsweise sein: Qualität, Preis, technischer Wert, Ästhetik, Zweckmäßigkeit, Umwelteigenschaften, Betriebs- und Folgekosten, Rentabilität, Kundendienst, Versorgungssicherheit, Interoperabilität und Eigenschaft beim Einsatz und technische Hilfe oder Ausführungsfrist.

(3) [1] Sind Angebote auf Grund einer staatlichen Beihilfe ungewöhnlich niedrig, ist dies nur dann ein Grund sie zurückzuweisen, wenn der Bieter nicht nachweisen kann, dass die betreffende Beihilfe rechtmäßig gewährt wurde. [2] Für diesen Nachweis hat der Auftraggeber dem Bieter eine ausreichende Frist zu gewähren. [3] Auftraggeber, die trotz entsprechender Nachweise des Bieters ein Angebot zurückweisen, müssen die Kommission der Europäischen Union darüber unterrichten.

(4) Ein Angebot nach § 13 VS Absatz 2 ist wie ein Hauptangebot zu werten.

(5) [1] Preisnachlässe ohne Bedingung sind nicht zu werten, wenn sie nicht an der vom Auftraggeber nach § 13 VS Absatz 4 bezeichneten Stelle aufgeführt sind. [2] Unaufgefordert angebotene Preisnachlässe mit Bedingungen für die Zahlungsfrist (Skonti) werden bei der Wertung der Angebote nicht berücksichtigt.

(6) [1]Die Bestimmungen der Absätze 1 bis 3, § 16b VS, § 16c VS Absatz 2 gelten auch bei Verhandlungsverfahren und wettbewerblichem Dialog. [2]Die Absätze 4 und 5, § 16 VS sowie § 16c VS Absatz 1 sind entsprechend auch bei Verhandlungsverfahren und wettbewerblichem Dialog anzuwenden.

§ 17 VS Aufhebung der Ausschreibung. (1) Die Ausschreibung kann aufgehoben werden, wenn:

1. kein Angebot eingegangen ist, das den Ausschreibungsbedingungen entspricht,
2. die Vergabeunterlagen grundlegend geändert werden müssen,
3. andere schwerwiegende Gründe bestehen.

(2)

1. Die Bewerber und Bieter sind von der Aufhebung der Ausschreibung unter Angabe der Gründe, gegebenenfalls über die Absicht, ein neues Vergabeverfahren einzuleiten, unverzüglich in Textform zu unterrichten.
2. Dabei kann der Auftraggeber bestimmte Informationen zurückhalten, wenn die Weitergabe
   a) den Gesetzesvollzug behindern,
   b) dem öffentlichen Interesse zuwiderlaufen,
   c) die berechtigten geschäftlichen Interessen von öffentlichen oder privaten Unternehmen schädigen oder
   d) den fairen Wettbewerb beeinträchtigen würde.

§ 18 VS Zuschlag. (1) Der Zuschlag ist möglichst bald, mindestens aber so rechtzeitig zu erteilen, dass dem Bieter die Erklärung noch vor Ablauf der Bindefrist zugeht.

(2) Werden Erweiterungen, Einschränkungen oder Änderungen vorgenommen oder wird der Zuschlag verspätet erteilt, so ist der Bieter bei Erteilung des Zuschlags aufzufordern, sich unverzüglich über die Annahme zu erklären.

(3)

1. Die Erteilung eines Bauauftrags oder der Abschluss einer Rahmenvereinbarung sind bekannt zu machen. Diese Pflicht besteht nicht für die Vergabe von Einzelaufträgen, die aufgrund einer Rahmenvereinbarung erfolgen.
2. Die Vergabebekanntmachung ist nach dem Muster gemäß Anhang XIV der Durchführungsverordnung (EU) Nr. 2015/1986 zu erstellen. Beim Verhandlungsverfahren ohne Teilnahmewettbewerb hat der Auftraggeber die Gründe, die die Wahl dieses Verfahrens rechtfertigen, in der Vergabebekanntmachung mitzuteilen.
3. Nicht in die Vergabebekanntmachung aufzunehmen sind Angaben, deren Veröffentlichung
   a) den Gesetzesvollzug behindern,
   b) dem öffentlichen Interesse, insbesondere Verteidigungs- und Sicherheitsinteressen, zuwiderlaufen,
   c) die berechtigten geschäftlichen Interessen öffentlicher oder privater Unternehmen schädigen oder
   d) den fairen Wettbewerb beeinträchtigen würde.

(4) Die Vergabebekanntmachung ist dem Amt für Veröffentlichungen der Europäischen Union in kürzester Frist – spätestens 48 Kalendertage nach Auftragserteilung – zu übermitteln.

§ 19 VS Nicht berücksichtigte Bewerbungen und Angebote. (1) Bewerber, deren Bewerbung abgelehnt wurde, sowie Bieter, deren Angebote ausgeschlossen worden sind (§ 16 VS), und solche, deren Angebote nicht in die engere Wahl kommen, sollen unverzüglich unterrichtet werden.

(2) [1] Der Auftraggeber hat die betroffenen Bieter, deren Angebote nicht berücksichtigt werden sollen,

1. über den Namen des Unternehmens, dessen Angebot angenommen werden soll,

2. über die Gründe der vorgesehenen Nichtberücksichtigung ihres Angebots und

3. über den frühesten Zeitpunkt des Vertragsschlusses

unverzüglich in Textform zu informieren. [2] Dies gilt auch für Bewerber, denen keine Information über die Ablehnung ihrer Bewerbung zur Verfügung gestellt wurde, bevor die Mitteilung über die Zuschlagserteilung an die betroffenen Bieter ergangen ist. [3] Ein Vertrag darf erst 15 Kalendertage nach Absendung der Information nach den Sätzen 1 und 2 geschlossen werden. [4] Wird die Information per Telefax oder auf elektronischem Weg versendet, verkürzt sich die Frist auf zehn Kalendertage. [5] Die Frist beginnt am Tag nach Absendung der Information durch den Auftraggeber; auf den Tag des Zugangs beim betroffenen Bewerber oder Bieter kommt es nicht an.

(3) Die Informationspflicht nach Absatz 2 entfällt in den Fällen, in denen das Verhandlungsverfahren ohne Teilnahmewettbewerb wegen besonderer Dringlichkeit gerechtfertigt ist.

(4) [1] Auf Verlangen ist den nicht berücksichtigten Bewerbern unverzüglich, spätestens jedoch innerhalb einer Frist von 15 Kalendertagen nach Eingang ihres schriftlichen Antrags Folgendes mitzuteilen:

1. die Entscheidung über die Zuschlagserteilung sowie

2. die Gründe für die Ablehnung ihrer Bewerbung, einschließlich der nicht ausreichenden Erfüllung der Anforderungen in Bezug auf die Informations- und Versorgungssicherheit.

[2] Auf Verlangen sind den Bietern, die ein ordnungsgemäßes Angebot eingereicht haben, die Merkmale und Vorteile des Angebots des erfolgreichen Bieters schriftlich mitzuteilen. [3] Sofern keine Gleichwertigkeit insbesondere in Bezug auf die erforderliche Informations- und Versorgungssicherheit vorliegt, teilt der Auftraggeber dem Bieter dies mit. [4] § 17 VS Absatz 2 Nummer 2 gilt entsprechend.

(5) Nicht berücksichtigte Angebote und Ausarbeitungen der Bieter dürfen nicht für eine neue Vergabe oder für andere Zwecke benutzt werden.

(6) Entwürfe, Ausarbeitungen, Muster und Proben zu nicht berücksichtigten Angeboten sind zurückzugeben, wenn dies im Angebot oder innerhalb von 30 Kalendertagen nach Ablehnung des Angebots verlangt wird.

§ 20 VS Dokumentation. (1) ¹Das Vergabeverfahren ist zeitnah so zu dokumentieren, dass die einzelnen Stufen des Verfahrens, die einzelnen Maßnahmen, die maßgebenden Feststellungen sowie die Begründung der einzelnen Entscheidungen in Textform festgehalten werden. ²Diese Dokumentation muss mindestens enthalten:

1. Name und Anschrift des Auftraggebers,
2. Art und Umfang der Leistung,
3. Wert des Auftrags oder der Rahmenvereinbarung,
4. Namen der berücksichtigten Bewerber oder Bieter und Gründe für ihre Auswahl,
5. Namen der nicht berücksichtigten Bewerber oder Bieter und die Gründe für die Ablehnung,
6. Gründe für die Ablehnung von ungewöhnlich niedrigen Angeboten,
7. Name des Auftragnehmers und Gründe für die Erteilung des Zuschlags auf sein Angebot,
8. Anteil der beabsichtigten Weitergabe an Nachunternehmen, soweit bekannt,
9. bei nicht offenen Verfahren, Verhandlungsverfahren und wettbewerblichem Dialog Gründe für die Wahl des jeweiligen Verfahrens sowie die Gründe für das Überschreiten der Fünfjahresfrist in § 3a VS Absatz 2 Nummer 5,
10. gegebenenfalls die Gründe, aus denen der Auftraggeber auf die Vergabe eines Auftrags oder einer Rahmenvereinbarung verzichtet hat.
11. gegebenenfalls die Gründe, die eine über sieben Jahre hinausgehende Laufzeit einer Rahmenvereinbarung rechtfertigen.

³Der Auftraggeber trifft geeignete Maßnahmen, um den Ablauf der mit elektronischen Mitteln durchgeführten Vergabeverfahren zu dokumentieren.

(2) Wird auf die Vorlage zusätzlich zum Angebot verlangter Unterlagen und Nachweise verzichtet, ist dies in der Dokumentation zu begründen.

§ 21 VS Nachprüfungsbehörden. In der Bekanntmachung und den Vergabeunterlagen ist die Nachprüfungsbehörde mit Anschrift anzugeben, an die sich der Bewerber oder Bieter zur Nachprüfung behaupteter Verstöße gegen die Vergabebestimmungen wenden kann.

§ 22 VS Auftragsänderungen während der Vertragslaufzeit. (1) ¹Wesentliche Änderungen eines öffentlichen Auftrags während der Vertragslaufzeit erfordern ein neues Vergabeverfahren.
²Wesentlich sind Änderungen, die dazu führen, dass sich der öffentliche Auftrag erheblich von dem ursprünglich vergebenen öffentlichen Auftrag unterscheidet. ³Eine wesentliche Änderung liegt insbesondere vor, wenn

1. mit der Änderung Bedingungen eingeführt werden, die, wenn sie für das ursprüngliche Vergabeverfahren gegolten hätten,
   a) die Zulassung anderer Bewerber oder Bieter ermöglicht hätten,
   b) die Annahme eines anderen Angebots ermöglicht hätten oder
   c) das Interesse weiterer Teilnehmer am Vergabeverfahren geweckt hätten,
2. mit der Änderung das wirtschaftliche Gleichgewicht des öffentlichen Auftrags zugunsten des Auftragnehmers in einer Weise verschoben wird, die im ursprünglichen Auftrag nicht vorgesehen war,

3. mit der Änderung der Umfang des öffentlichen Auftrags erheblich ausgeweitet wird oder

4. ein neuer Auftragnehmer den Auftragnehmer in anderen als den in Absatz 2 Nummer 4 vorgesehenen Fällen ersetzt.

(2) [1] Unbeschadet des Absatzes 1 ist die Änderung eines öffentlichen Auftrags ohne Durchführung eines neuen Vergabeverfahrens zulässig, wenn

1. in den ursprünglichen Vergabeunterlagen klare, genaue und eindeutig formulierte Überprüfungsklauseln oder Optionen vorgesehen sind, die Angaben zu Art, Umfang und Voraussetzungen möglicher Auftragsänderungen enthalten, und sich aufgrund der Änderung der Gesamtcharakter des Auftrags nicht verändert,

2. zusätzliche Bauleistungen erforderlich geworden sind, die nicht in den ursprünglichen Vergabeunterlagen vorgesehen waren, und ein Wechsel des Auftragnehmers

   a) aus wirtschaftlichen oder technischen Gründen nicht erfolgen kann und

   b) mit erheblichen Schwierigkeiten oder beträchtlichen Zusatzkosten für den Auftraggeber verbunden wäre,

3. die Änderung aufgrund von Umständen erforderlich geworden ist, die der Auftraggeber im Rahmen seiner Sorgfaltspflicht nicht vorhersehen konnte und sich aufgrund der Änderung der Gesamtcharakter des Auftrags nicht verändert oder

4. ein neuer Auftragnehmer den bisherigen Auftragnehmer ersetzt

   a) aufgrund einer Überprüfungsklausel im Sinne von Nummer 1,

   b) aufgrund der Tatsache, dass ein anderes Unternehmen, das die ursprünglich festgelegten Anforderungen an die Eignung erfüllt, im Zuge einer Unternehmensumstrukturierung, wie zum Beispiel durch Übernahme, Zusammenschluss, Erwerb oder Insolvenz, ganz oder teilweise an die Stelle des ursprünglichen Auftragnehmers tritt, sofern dies keine weiteren wesentlichen Änderungen im Sinne des Absatzes 1 zur Folge hat, oder

   c) aufgrund der Tatsache, dass der Auftraggeber selbst die Verpflichtungen des Hauptauftragnehmers gegenüber seinen Unterauftragnehmern übernimmt.

[2] In den Fällen der Nummer 2 und 3 darf der Preis um nicht mehr als 50 Prozent des Werts des ursprünglichen Auftrags erhöht werden. [3] Bei mehreren aufeinander folgenden Änderungen des Auftrags gilt diese Beschränkung für den Wert jeder einzelnen Änderung, sofern die Änderungen nicht mit dem Ziel vorgenommen werden, die Vorschriften dieses Teils zu umgehen.

(3) [1] Die Änderung eines öffentlichen Auftrags ohne Durchführung eines neuen Vergabeverfahrens ist ferner zulässig, wenn sich der Gesamtcharakter des Auftrags nicht ändert und der Wert der Änderung

1. die jeweiligen Schwellenwerte nach § 106 GWB[1)] nicht übersteigt und

2. bei Liefer- und Dienstleistungsaufträgen nicht mehr als zehn Prozent und bei Bauaufträgen nicht mehr als 15 Prozent des ursprünglichen Auftragswertes beträgt.

[1)] Nr. 1.

² Bei mehreren aufeinander folgenden Änderungen ist der Gesamtwert der Änderungen maßgeblich.

(4) Enthält der Vertrag eine Indexierungsklausel, wird für die Wertberechnung gemäß Absatz 2 Satz 2 und 3 sowie gemäß Absatz 3 der höhere Preis als Referenzwert herangezogen.

(5) Änderungen nach Absatz 2 Nummer 2 und 3 sind im Amtsblatt der Europäischen Union bekannt zu machen.

Anhang TS

Technische Spezifikationen

1. „Technische Spezifikation" hat eine der folgenden Bedeutungen:

   a) bei öffentlichen Bauaufträgen die Gesamtheit der insbesondere in den Vergabeunterlagen enthaltenen technischen Beschreibungen, in denen die erforderlichen Eigenschaften eines Werkstoffs, eines Produkts oder einer Lieferung definiert sind, damit dieser/diese den vom Auftraggeber beabsichtigten Zweck erfüllt; zu diesen Eigenschaften gehören Umwelt- und Klimaleistungsstufen, „Design für alle" (einschließlich des Zugangs von Menschen mit Behinderungen) und Konformitätsbewertung, Leistung, Vorgaben für Gebrauchstauglichkeit, Sicherheit oder Abmessungen, einschließlich der Qualitätssicherungsverfahren, der Terminologie, der Symbole, der Versuchs- und Prüfmethoden, der Verpackung, der Kennzeichnung und Beschriftung, der Gebrauchsanleitungen sowie der Produktionsprozesse und -methoden in jeder Phase des Lebenszyklus der Bauleistungen; außerdem gehören dazu auch die Vorschriften für die Planung und die Kostenrechnung, die Bedingungen für die Prüfung, Inspektion und Abnahme von Bauwerken, die Konstruktionsmethoden oder -verfahren und alle anderen technischen Anforderungen, die der Auftraggeber für fertige Bauwerke oder dazu notwendige Materialien oder Teile durch allgemeine und spezielle Vorschriften anzugeben in der Lage ist;

   b) bei öffentlichen Dienstleistungs- oder Lieferaufträgen eine Spezifikation, die in einem Schriftstück enthalten ist, das Merkmale für ein Produkt oder eine Dienstleistung vorschreibt, wie Qualitätsstufen, Umwelt- und Klimaleistungsstufen, „Design für alle" (einschließlich des Zugangs von Menschen mit Behinderungen) und Konformitätsbewertung, Leistung, Vorgaben für Gebrauchstauglichkeit, Sicherheit oder Abmessungen des Produkts, einschließlich der Vorschriften über Verkaufsbezeichnung, Terminologie, Symbole, Prüfungen und Prüfverfahren, Verpackung, Kennzeichnung und Beschriftung, Gebrauchsanleitungen, Produktionsprozesse und -methoden in jeder Phase des Lebenszyklus der Lieferung oder der Dienstleistung sowie über Konformitätsbewertungsverfahren;

2. „Norm" bezeichnet eine technische Spezifikation, die von einer anerkannten Normungsorganisation zur wiederholten oder ständigen Anwendung angenommen wurde, deren Einhaltung nicht zwingend ist und die unter eine der nachstehenden Kategorien fällt:

   a) internationale Norm: Norm, die von einer internationalen Normungsorganisation angenommen wurde und der Öffentlichkeit zugänglich ist;

   b) europäische Norm: Norm, die von einer europäischen Normungsorganisation angenommen wurde und der Öffentlichkeit zugänglich ist;

   c) nationale Norm: Norm, die von einer nationalen Normungsorganisation angenommen wurde und der Öffentlichkeit zugänglich ist;

3. „Europäische technische Bewertung" bezeichnet eine dokumentierte Bewertung der Leistung eines Bauprodukts in Bezug auf seine wesentlichen Merkmale im Einklang mit dem betreffenden Europäischen Bewertungsdokument gemäß der Begriffsbestimmung in Artikel 2 Nummer 12 der Verordnung (EU) Nr. 305/2011 des Europäischen Parlaments und des Rates;

4. „gemeinsame technische Spezifikationen" sind technische Spezifikationen im IKT-Bereich, die gemäß den Artikeln 13 und 14 der Verordnung (EU) Nr. 1025/2012 festgelegt wurden;

5. „technische Bezugsgröße" bezeichnet jeden Bezugsrahmen, der keine europäische Norm ist und von den europäischen Normungsorganisationen nach den an die Bedürfnisse des Marktes angepassten Verfahren erarbeitet wurde.

14. Vergabe- und Vertragsordnung für Bauleistungen (VOB)
Teil B:
Allgemeine Vertragsbedingungen für die Ausführung von Bauleistungen – Ausgabe 2016 –[1] [2] [3]

Vom 31. Juli 2009

(BAnz. Nr. 155a)

zuletzt geänd. durch Bek.[4] v. 7.1.2016 (BAnz AT 19.01.2016 B3, ber. BAnz AT 01.04.2016 B1)

Nichtamtliche Inhaltsübersicht

§ 1 Art und Umfang der Leistung. (1) [1]Die auszuführende Leistung wird nach Art und Umfang durch den Vertrag bestimmt. [2]Als Bestandteil des Vertrags gelten auch die Allgemeinen Technischen Vertragsbedingungen für Bauleistungen (VOB/C).

(2) Bei Widersprüchen im Vertrag gelten nacheinander:

1. die Leistungsbeschreibung,

2. die Besonderen Vertragsbedingungen,

3. etwaige Zusätzliche Vertragsbedingungen,

---

[1] **Amtl. Anm.:** Diese Allgemeinen Geschäftsbedingungen werden durch den DVA ausschließlich zur Anwendung gegenüber Unternehmen, juristischen Personen des öffentlichen Rechts und öffentlich-rechtlichen Sondervermögens empfohlen (§ 310 BGB).

[2] Die VOB Teil B Ausgabe 2009 ersetzt den Teil B der Vergabe- und Vertragsordnung für Bauleistungen v. 4.9.2006 (BAnz. Nr. 196a S. 1). Einzelheiten der Änderungen ergeben sich aus den Hinweisen zur VOB Teile A und B Ausgabe 2009 v. 31.7.2009 (BAnz. Nr. 155a S. 1). Die VOB Teil B Ausgabe 2009 ist gemeinsam mit der Änderung der Vergabeverordnung (VgV) (Nr. **2**) **mWv 11.6.2010** in Kraft getreten.

[3] Siehe hierzu ua:
Einführungserlass VOB 2019 v. 6.9.2019 (GMBl S. 821);
Bek. v. 7.12.2012 (GVOBl. Schl.-H. 2013 S. 2).

[4] In Kraft getreten am **18.4.2016**; vgl. hierzu den Einführungserlass zur Vergabe- und Vertragsordnung für Bauleistungen (VOB) 2016 v. 7.4.2016 (GMBl S. 400).

416

4. etwaige Zusätzliche Technische Vertragsbedingungen,
5. die Allgemeinen Technischen Vertragsbedingungen für Bauleistungen,
6. die Allgemeinen Vertragsbedingungen für die Ausführung von Bauleistungen.

(3) Änderungen des Bauentwurfs anzuordnen, bleibt dem Auftraggeber vorbehalten.

(4) [1] Nicht vereinbarte Leistungen, die zur Ausführung der vertraglichen Leistung erforderlich werden, hat der Auftragnehmer auf Verlangen des Auftraggebers mit auszuführen, außer wenn sein Betrieb auf derartige Leistungen nicht eingerichtet ist. [2] Andere Leistungen können dem Auftragnehmer nur mit seiner Zustimmung übertragen werden.

§ 2 Vergütung. (1) Durch die vereinbarten Preise werden alle Leistungen abgegolten, die nach der Leistungsbeschreibung, den Besonderen Vertragsbedingungen, den Zusätzlichen Vertragsbedingungen, den Zusätzlichen Technischen Vertragsbedingungen, den Allgemeinen Technischen Vertragsbedingungen für Bauleistungen und der gewerblichen Verkehrssitte zur vertraglichen Leistung gehören.

(2) Die Vergütung wird nach den vertraglichen Einheitspreisen und den tatsächlich ausgeführten Leistungen berechnet, wenn keine andere Berechnungsart (z.B. durch Pauschalsumme, nach Stundenlohnsätzen, nach Selbstkosten) vereinbart ist.

(3)
1. Weicht die ausgeführte Menge der unter einem Einheitspreis erfassten Leistung oder Teilleistung um nicht mehr als 10 v.H. von dem im Vertrag vorgesehenen Umfang ab, so gilt der vertragliche Einheitspreis.
2. Für die über 10 v.H. hinausgehende Überschreitung des Mengenansatzes ist auf Verlangen ein neuer Preis unter Berücksichtigung der Mehr- oder Minderkosten zu vereinbaren.
3. Bei einer über 10 v.H. hinausgehenden Unterschreitung des Mengenansatzes ist auf Verlangen der Einheitspreis für die tatsächlich ausgeführte Menge der Leistung oder Teilleistung zu erhöhen, soweit der Auftragnehmer nicht durch Erhöhung der Mengen bei anderen Ordnungszahlen (Positionen) oder in anderer Weise einen Ausgleich erhält. Die Erhöhung des Einheitspreises soll im Wesentlichen dem Mehrbetrag entsprechen, der sich durch Verteilung der Baustelleneinrichtungs- und Baustellengemeinkosten und der Allgemeinen Geschäftskosten auf die verringerte Menge ergibt. Die Umsatzsteuer wird entsprechend dem neuen Preis vergütet.
4. Sind von der unter einem Einheitspreis erfassten Leistung oder Teilleistung andere Leistungen abhängig, für die eine Pauschalsumme vereinbart ist, so kann mit der Änderung des Einheitspreises auch eine angemessene Änderung der Pauschalsumme gefordert werden.

(4) Werden im Vertrag ausbedungene Leistungen des Auftragnehmers vom Auftraggeber selbst übernommen (z.B. Lieferung von Bau-, Bauhilfs- und Betriebsstoffen), so gilt, wenn nichts anderes vereinbart wird, § 8 Absatz 1 Nummer 2 entsprechend.

(5) [1] Werden durch Änderung des Bauentwurfs oder andere Anordnungen des Auftraggebers die Grundlagen des Preises für eine im Vertrag vorgesehene

Leistung geändert, so ist ein neuer Preis unter Berücksichtigung der Mehr- oder Minderkosten zu vereinbaren. [2] Die Vereinbarung soll vor der Ausführung getroffen werden.

(6)

1. Wird eine im Vertrag nicht vorgesehene Leistung gefordert, so hat der Auftragnehmer Anspruch auf besondere Vergütung. Er muss jedoch den Anspruch dem Auftraggeber ankündigen, bevor er mit der Ausführung der Leistung beginnt.

2. Die Vergütung bestimmt sich nach den Grundlagen der Preisermittlung für die vertragliche Leistung und den besonderen Kosten der geforderten Leistung. Sie ist möglichst vor Beginn der Ausführung zu vereinbaren.

(7)

1. Ist als Vergütung der Leistung eine Pauschalsumme vereinbart, so bleibt die Vergütung unverändert. Weicht jedoch die ausgeführte Leistung von der vertraglich vorgesehenen Leistung so erheblich ab, dass ein Festhalten an der Pauschalsumme nicht zumutbar ist (§ 313 BGB), so ist auf Verlangen ein Ausgleich unter Berücksichtigung der Mehr- oder Minderkosten zu gewähren. Für die Bemessung des Ausgleichs ist von den Grundlagen der Preisermittlung auszugehen.

2. Die Regelungen der Absatz 4, 5 und 6 gelten auch bei Vereinbarung einer Pauschalsumme.

3. Wenn nichts anderes vereinbart ist, gelten die Nummern 1 und 2 auch für Pauschalsummen, die für Teile der Leistung vereinbart sind; Absatz 3 Nummer 4 bleibt unberührt.

(8)

1. Leistungen, die der Auftragnehmer ohne Auftrag oder unter eigenmächtiger Abweichung vom Auftrag ausführt, werden nicht vergütet. Der Auftragnehmer hat sie auf Verlangen innerhalb einer angemessenen Frist zu beseitigen; sonst kann es auf seine Kosten geschehen. Er haftet außerdem für andere Schäden, die dem Auftraggeber hieraus entstehen.

2. Eine Vergütung steht dem Auftragnehmer jedoch zu, wenn der Auftraggeber solche Leistungen nachträglich anerkennt. Eine Vergütung steht ihm auch zu, wenn die Leistungen für die Erfüllung des Vertrags notwendig waren, dem mutmaßlichen Willen des Auftraggebers entsprachen und ihm unverzüglich angezeigt wurden. Soweit dem Auftragnehmer eine Vergütung zusteht, gelten die Berechnungsgrundlagen für geänderte oder zusätzliche Leistungen der Absätze 5 oder 6 entsprechend.

3. Die Vorschriften des BGB über die Geschäftsführung ohne Auftrag (§§ 677 ff. BGB) bleiben unberührt.

(9)

1. Verlangt der Auftraggeber Zeichnungen, Berechnungen oder andere Unterlagen, die der Auftragnehmer nach dem Vertrag, besonders den Technischen Vertragsbedingungen oder der gewerblichen Verkehrssitte, nicht zu beschaffen hat, so hat er sie zu vergüten.

2. Lässt er vom Auftragnehmer nicht aufgestellte technische Berechnungen durch den Auftragnehmer nachprüfen, so hat er die Kosten zu tragen.

(10) Stundenlohnarbeiten werden nur vergütet, wenn sie als solche vor ihrem Beginn ausdrücklich vereinbart worden sind (§ 15).

§ 3 Ausführungsunterlagen. (1) Die für die Ausführung nötigen Unterlagen sind dem Auftragnehmer unentgeltlich und rechtzeitig zu übergeben.

(2) Das Abstecken der Hauptachsen der baulichen Anlagen, ebenso der Grenzen des Geländes, das dem Auftragnehmer zur Verfügung gestellt wird, und das Schaffen der notwendigen Höhenfestpunkte in unmittelbarer Nähe der baulichen Anlagen sind Sache des Auftraggebers.

(3) ¹Die vom Auftraggeber zur Verfügung gestellten Geländeaufnahmen und Absteckungen und die übrigen für die Ausführung übergebenen Unterlagen sind für den Auftragnehmer maßgebend. ²Jedoch hat er sie, soweit es zur ordnungsgemäßen Vertragserfüllung gehört, auf etwaige Unstimmigkeiten zu überprüfen und den Auftraggeber auf entdeckte oder vermutete Mängel hinzuweisen.

(4) Vor Beginn der Arbeiten ist, soweit notwendig, der Zustand der Straßen und Geländeoberfläche, der Vorfluter und Vorflutleitungen, ferner der baulichen Anlagen im Baubereich in einer Niederschrift festzuhalten, die vom Auftraggeber und Auftragnehmer anzuerkennen ist.

(5) Zeichnungen, Berechnungen, Nachprüfungen von Berechnungen oder andere Unterlagen, die der Auftragnehmer nach dem Vertrag, besonders den Technischen Vertragsbedingungen, oder der gewerblichen Verkehrssitte oder auf besonderes Verlangen des Auftraggebers (§ 2 Absatz 9) zu beschaffen hat, sind dem Auftraggeber nach Aufforderung rechtzeitig vorzulegen.

(6)

1. Die in Absatz 5 genannten Unterlagen dürfen ohne Genehmigung ihres Urhebers nicht veröffentlicht, vervielfältigt, geändert oder für einen anderen als den vereinbarten Zweck benutzt werden.

2. An DV-Programmen hat der Auftraggeber das Recht zur Nutzung mit den vereinbarten Leistungsmerkmalen in unveränderter Form auf den festgelegten Geräten. Der Auftraggeber darf zum Zwecke der Datensicherung zwei Kopien herstellen. Diese müssen alle Identifikationsmerkmale enthalten. Der Verbleib der Kopien ist auf Verlangen nachzuweisen.

3. Der Auftragnehmer bleibt unbeschadet des Nutzungsrechts des Auftraggebers zur Nutzung der Unterlagen und der DV-Programme berechtigt.

§ 4 Ausführung. (1)

1. Der Auftraggeber hat für die Aufrechterhaltung der allgemeinen Ordnung auf der Baustelle zu sorgen und das Zusammenwirken der verschiedenen Unternehmer zu regeln. Er hat die erforderlichen öffentlich-rechtlichen Genehmigungen und Erlaubnisse – z.B. nach dem Baurecht, dem Straßenverkehrsrecht, dem Wasserrecht, dem Gewerberecht – herbeizuführen.

2. Der Auftraggeber hat das Recht, die vertragsgemäße Ausführung der Leistung zu überwachen. Hierzu hat er Zutritt zu den Arbeitsplätzen, Werkstätten und Lagerräumen, wo die vertragliche Leistung oder Teile von ihr hergestellt oder die hierfür bestimmten Stoffe und Bauteile gelagert werden. Auf Verlangen sind ihm die Werkzeichnungen oder andere Ausführungsunterlagen sowie die Ergebnisse von Güteprüfungen zur Einsicht vorzulegen und die erforderlichen Auskünfte zu erteilen, wenn hierdurch keine Ge-

schäftsgeheimnisse preisgegeben werden. Als Geschäftsgeheimnis bezeichnete Auskünfte und Unterlagen hat er vertraulich zu behandeln.

3. Der Auftraggeber ist befugt, unter Wahrung der dem Auftragnehmer zustehenden Leitung (Absatz 2) Anordnungen zu treffen, die zur vertragsgemäßen Ausführung der Leistung notwendig sind. Die Anordnungen sind grundsätzlich nur dem Auftragnehmer oder seinem für die Leitung der Ausführung bestellten Vertreter zu erteilen, außer wenn Gefahr im Verzug ist. Dem Auftraggeber ist mitzuteilen, wer jeweils als Vertreter des Auftragnehmers für die Leitung der Ausführung bestellt ist.

4. Hält der Auftragnehmer die Anordnungen des Auftraggebers für unberechtigt oder unzweckmäßig, so hat er seine Bedenken geltend zu machen, die Anordnungen jedoch auf Verlangen auszuführen, wenn nicht gesetzliche oder behördliche Bestimmungen entgegenstehen. Wenn dadurch eine ungerechtfertigte Erschwerung verursacht wird, hat der Auftraggeber die Mehrkosten zu tragen.

(2)

1. Der Auftragnehmer hat die Leistung unter eigener Verantwortung nach dem Vertrag auszuführen. Dabei hat er die anerkannten Regeln der Technik und die gesetzlichen und behördlichen Bestimmungen zu beachten. Es ist seine Sache, die Ausführung seiner vertraglichen Leistung zu leiten und für Ordnung auf seiner Arbeitsstelle zu sorgen.

2. Er ist für die Erfüllung der gesetzlichen, behördlichen und berufsgenossenschaftlichen Verpflichtungen gegenüber seinen Arbeitnehmern allein verantwortlich. Es ist ausschließlich seine Aufgabe, die Vereinbarungen und Maßnahmen zu treffen, die sein Verhältnis zu den Arbeitnehmern regeln.

(3) Hat der Auftragnehmer Bedenken gegen die vorgesehene Art der Ausführung (auch wegen der Sicherung gegen Unfallgefahren), gegen die Güte der vom Auftraggeber gelieferten Stoffe oder Bauteile oder gegen die Leistungen anderer Unternehmer, so hat er sie dem Auftraggeber unverzüglich – möglichst schon vor Beginn der Arbeiten – schriftlich mitzuteilen; der Auftraggeber bleibt jedoch für seine Angaben, Anordnungen oder Lieferungen verantwortlich.

(4) [1] Der Auftraggeber hat, wenn nichts anderes vereinbart ist, dem Auftragnehmer unentgeltlich zur Benutzung oder Mitbenutzung zu überlassen:

1. die notwendigen Lager- und Arbeitsplätze auf der Baustelle,
2. vorhandene Zufahrtswege und Anschlussgleise,
3. vorhandene Anschlüsse für Wasser und Energie. Die Kosten für den Verbrauch und den Messer oder Zähler trägt der Auftragnehmer, mehrere Auftragnehmer tragen sie anteilig.

(5) [1] Der Auftragnehmer hat die von ihm ausgeführten Leistungen und die ihm für die Ausführung übergebenen Gegenstände bis zur Abnahme vor Beschädigung und Diebstahl zu schützen. [2] Auf Verlangen des Auftraggebers hat er sie vor Winterschäden und Grundwasser zu schützen, ferner Schnee und Eis zu beseitigen. [3] Obliegt ihm die Verpflichtung nach Satz 2 nicht schon nach dem Vertrag, so regelt sich die Vergütung nach § 2 Absatz 6.

(6) [1] Stoffe oder Bauteile, die dem Vertrag oder den Proben nicht entsprechen, sind auf Anordnung des Auftraggebers innerhalb einer von ihm bestimmten Frist von der Baustelle zu entfernen. [2] Geschieht es nicht, so können sie auf

Kosten des Auftragnehmers entfernt oder für seine Rechnung veräußert werden.

(7) [1] Leistungen, die schon während der Ausführung als mangelhaft oder vertragswidrig erkannt werden, hat der Auftragnehmer auf eigene Kosten durch mangelfreie zu ersetzen. [2] Hat der Auftragnehmer den Mangel oder die Vertragswidrigkeit zu vertreten, so hat er auch den daraus entstehenden Schaden zu ersetzen. [3] Kommt der Auftragnehmer der Pflicht zur Beseitigung des Mangels nicht nach, so kann ihm der Auftraggeber eine angemessene Frist zur Beseitigung des Mangels setzen und erklären, dass er nach fruchtlosem Ablauf der Frist den Vertrag kündigen werde (§ 8 Absatz 3).

(8)

1. Der Auftragnehmer hat die Leistung im eigenen Betrieb auszuführen. Mit schriftlicher Zustimmung des Auftraggebers darf er sie an Nachunternehmer übertragen. Die Zustimmung ist nicht notwendig bei Leistungen, auf die der Betrieb des Auftragnehmers nicht eingerichtet ist. Erbringt der Auftragnehmer ohne schriftliche Zustimmung des Auftraggebers Leistungen nicht im eigenen Betrieb, obwohl sein Betrieb darauf eingerichtet ist, kann der Auftraggeber ihm eine angemessene Frist zur Aufnahme der Leistung im eigenen Betrieb setzen und erklären, dass er nach fruchtlosem Ablauf der Frist den Vertrag kündigen werde (§ 8 Absatz 3).

2. Der Auftragnehmer hat bei der Weitervergabe von Bauleistungen an Nachunternehmer die Vergabe- und Vertragsordnung für Bauleistungen Teile B und C zugrunde zu legen.

3. Der Auftragnehmer hat dem Auftraggeber die Nachunternehmer und deren Nachunternehmer ohne Aufforderung spätestens bis zum Leistungsbeginn des Nachunternehmers mit Namen, gesetzlichen Vertretern und Kontaktdaten bekannt zu geben. Auf Verlangen des Auftraggebers hat der Auftragnehmer für seine Nachunternehmer Erklärungen und Nachweise zur Eignung vorzulegen.

(9) [1] Werden bei Ausführung der Leistung auf einem Grundstück Gegenstände von Altertums-, Kunst- oder wissenschaftlichem Wert entdeckt, so hat der Auftragnehmer vor jedem weiteren Aufdecken oder Ändern dem Auftraggeber den Fund anzuzeigen und ihm die Gegenstände nach näherer Weisung abzuliefern. [2] Die Vergütung etwaiger Mehrkosten regelt sich nach § 2 Absatz 6. [3] Die Rechte des Entdeckers (§ 984 BGB) hat der Auftraggeber.

(10) [1] Der Zustand von Teilen der Leistung ist auf Verlangen gemeinsam von Auftraggeber und Auftragnehmer festzustellen, wenn diese Teile der Leistung durch die weitere Ausführung der Prüfung und Feststellung entzogen werden. [2] Das Ergebnis ist schriftlich niederzulegen.

§ 5 Ausführungsfristen. (1) [1] Die Ausführung ist nach den verbindlichen Fristen (Vertragsfristen) zu beginnen, angemessen zu fördern und zu vollenden. [2] In einem Bauzeitenplan enthaltene Einzelfristen gelten nur dann als Vertragsfristen, wenn dies im Vertrag ausdrücklich vereinbart ist.

(2) [1] Ist für den Beginn der Ausführung keine Frist vereinbart, so hat der Auftraggeber dem Auftragnehmer auf Verlangen Auskunft über den voraussichtlichen Beginn zu erteilen. [2] Der Auftragnehmer hat innerhalb von 12 Werktagen nach Aufforderung zu beginnen. [3] Der Beginn der Ausführung ist dem Auftraggeber anzuzeigen.

(3) Wenn Arbeitskräfte, Geräte, Gerüste, Stoffe oder Bauteile so unzureichend sind, dass die Ausführungsfristen offenbar nicht eingehalten werden können, muss der Auftragnehmer auf Verlangen unverzüglich Abhilfe schaffen.

(4) Verzögert der Auftragnehmer den Beginn der Ausführung, gerät er mit der Vollendung in Verzug, oder kommt er der in Absatz 3 erwähnten Verpflichtung nicht nach, so kann der Auftraggeber bei Aufrechterhaltung des Vertrages Schadensersatz nach § 6 Absatz 6 verlangen oder dem Auftragnehmer eine angemessene Frist zur Vertragserfüllung setzen und erklären, dass er nach fruchtlosem Ablauf der Frist den Vertrag kündigen werde (§ 8 Absatz 3).

§ 6 Behinderung und Unterbrechung der Ausführung. (1) [1] Glaubt sich der Auftragnehmer in der ordnungsgemäßen Ausführung der Leistung behindert, so hat er es dem Auftraggeber unverzüglich schriftlich anzuzeigen. [2] Unterlässt er die Anzeige, so hat er nur dann Anspruch auf Berücksichtigung der hindernden Umstände, wenn dem Auftraggeber offenkundig die Tatsache und deren hindernde Wirkung bekannt waren.

(2)
1. Ausführungsfristen werden verlängert, soweit die Behinderung verursacht ist:
   a) durch einen Umstand aus dem Risikobereich des Auftraggebers,
   b) durch Streik oder eine von der Berufsvertretung der Arbeitgeber angeordnete Aussperrung im Betrieb des Auftragnehmers oder in einem unmittelbar für ihn arbeitenden Betrieb,
   c) durch höhere Gewalt oder andere für den Auftragnehmer unabwendbare Umstände.
2. Witterungseinflüsse während der Ausführungszeit, mit denen bei Abgabe des Angebots normalerweise gerechnet werden musste, gelten nicht als Behinderung.

(3) [1] Der Auftragnehmer hat alles zu tun, was ihm billigerweise zugemutet werden kann, um die Weiterführung der Arbeiten zu ermöglichen. [2] Sobald die hindernden Umstände wegfallen, hat er ohne weiteres und unverzüglich die Arbeiten wieder aufzunehmen und den Auftraggeber davon zu benachrichtigen.

(4) Die Fristverlängerung wird berechnet nach der Dauer der Behinderung mit einem Zuschlag für die Wiederaufnahme der Arbeiten und die etwaige Verschiebung in eine ungünstigere Jahreszeit.

(5) Wird die Ausführung für voraussichtlich längere Dauer unterbrochen, ohne dass die Leistung dauernd unmöglich wird, so sind die ausgeführten Leistungen nach den Vertragspreisen abzurechnen und außerdem die Kosten zu vergüten, die dem Auftragnehmer bereits entstanden und in den Vertragspreisen des nicht ausgeführten Teils der Leistung enthalten sind.

(6) [1] Sind die hindernden Umstände von einem Vertragsteil zu vertreten, so hat der andere Teil Anspruch auf Ersatz des nachweislich entstandenen Schadens, des entgangenen Gewinns aber nur bei Vorsatz oder grober Fahrlässigkeit. [2] Im Übrigen bleibt der Anspruch des Auftragnehmers auf angemessene Entschädigung nach § 642 BGB unberührt, sofern die Anzeige nach Absatz 1 Satz 1 erfolgt oder wenn Offenkundigkeit nach Absatz 1 Satz 2 gegeben ist.

(7) [1] Dauert eine Unterbrechung länger als 3 Monate, so kann jeder Teil nach Ablauf dieser Zeit den Vertrag schriftlich kündigen. [2] Die Abrechnung

regelt sich nach den Absätzen 5 und 6; wenn der Auftragnehmer die Unterbrechung nicht zu vertreten hat, sind auch die Kosten der Baustellenräumung zu vergüten, soweit sie nicht in der Vergütung für die bereits ausgeführten Leistungen enthalten sind.

§ 7 Verteilung der Gefahr. (1) Wird die ganz oder teilweise ausgeführte Leistung vor der Abnahme durch höhere Gewalt, Krieg, Aufruhr oder andere objektiv unabwendbare vom Auftragnehmer nicht zu vertretende Umstände beschädigt oder zerstört, so hat dieser für die ausgeführten Teile der Leistung die Ansprüche nach § 6 Absatz 5; für andere Schäden besteht keine gegenseitige Ersatzpflicht.

(2) Zu der ganz oder teilweise ausgeführten Leistung gehören alle mit der baulichen Anlage unmittelbar verbundenen, in ihre Substanz eingegangenen Leistungen, unabhängig von deren Fertigstellungsgrad.

(3) [1] Zu der ganz oder teilweise ausgeführten Leistung gehören nicht die noch nicht eingebauten Stoffe und Bauteile sowie die Baustelleneinrichtung und Absteckungen. [2] Zu der ganz oder teilweise ausgeführten Leistung gehören ebenfalls nicht Hilfskonstruktionen und Gerüste, auch wenn diese als Besondere Leistung oder selbständig vergeben sind.

§ 8 Kündigung durch den Auftraggeber. (1)
1. Der Auftraggeber kann bis zur Vollendung der Leistung jederzeit den Vertrag kündigen.
2. Dem Auftragnehmer steht die vereinbarte Vergütung zu. Er muss sich jedoch anrechnen lassen, was er infolge der Aufhebung des Vertrags an Kosten erspart oder durch anderweitige Verwendung seiner Arbeitskraft und seines Betriebs erwirbt oder zu erwerben böswillig unterlässt (§ 649 BGB).

(2)
1. Der Auftraggeber kann den Vertrag kündigen, wenn der Auftragnehmer seine Zahlungen einstellt, von ihm oder zulässigerweise vom Auftraggeber oder einem anderen Gläubiger das Insolvenzverfahren (§§ 14 und 15 InsO) beziehungsweise ein vergleichbares gesetzliches Verfahren beantragt ist, ein solches Verfahren eröffnet wird oder dessen Eröffnung mangels Masse abgelehnt wird.
2. Die ausgeführten Leistungen sind nach § 6 Absatz 5 abzurechnen. Der Auftraggeber kann Schadensersatz wegen Nichterfüllung des Restes verlangen.

(3)
1. Der Auftraggeber kann den Vertrag kündigen, wenn in den Fällen des § 4 Absätze 7 und 8 Nummer 1 und des § 5 Absatz 4 die gesetzte Frist fruchtlos abgelaufen ist. Die Kündigung kann auf einen in sich abgeschlossenen Teil der vertraglichen Leistung beschränkt werden.
2. Nach der Kündigung ist der Auftraggeber berechtigt, den noch nicht vollendeten Teil der Leistung zu Lasten des Auftragnehmers durch einen Dritten ausführen zu lassen, doch bleiben seine Ansprüche auf Ersatz des etwa entstehenden weiteren Schadens bestehen. Er ist auch berechtigt, auf die weitere Ausführung zu verzichten und Schadensersatz wegen Nichterfüllung zu verlangen, wenn die Ausführung aus den Gründen, die zur Kündigung geführt haben, für ihn kein Interesse mehr hat.

3. Für die Weiterführung der Arbeiten kann der Auftraggeber Geräte, Gerüste, auf der Baustelle vorhandene andere Einrichtungen und angelieferte Stoffe und Bauteile gegen angemessene Vergütung in Anspruch nehmen.

4. Der Auftraggeber hat dem Auftragnehmer eine Aufstellung über die entstandenen Mehrkosten und über seine anderen Ansprüche spätestens binnen 12 Werktagen nach Abrechnung mit dem Dritten zuzusenden.

(4) [1] Der Auftraggeber kann den Vertrag kündigen,

1. wenn der Auftragnehmer aus Anlass der Vergabe eine Abrede getroffen hatte, die eine unzulässige Wettbewerbsbeschränkung darstellt. Absatz 3 Nummer 1 Satz 2 und Nummer 2 bis 4 gilt entsprechend.

2. sofern dieser im Anwendungsbereich des 4. Teils des GWB[1]) geschlossen wurde,

a) wenn der Auftragnehmer wegen eines zwingenden Ausschlussgrundes zum Zeitpunkt des Zuschlags nicht hätte beauftragt werden dürfen. Absatz 3 Nummer 1 Satz 2 und Nummer 2 bis 4 gilt entsprechend.

b) bei wesentlicher Änderung des Vertrages oder bei Feststellung einer schweren Verletzung der Verträge über die Europäische Union und die Arbeitsweise der Europäischen Union durch den Europäischen Gerichtshof. Die ausgeführten Leistungen sind nach § 6 Absatz 5 abzurechnen. Etwaige Schadensersatzansprüche der Parteien bleiben unberührt.

[2] Die Kündigung ist innerhalb von 12 Werktagen nach Bekanntwerden des Kündigungsgrundes auszusprechen.

(5) [1] Sofern der Auftragnehmer die Leistung, ungeachtet des Anwendungsbereichs des 4. Teils des GWB[1]), ganz oder teilweise an Nachunternehmer weitervergeben hat, steht auch ihm das Kündigungsrecht gemäß Absatz 4 Nummer 2 Buchstabe b zu, wenn der ihn als Auftragnehmer verpflichtende Vertrag (Hauptauftrag) gemäß Absatz 4 Nummer 2 Buchstabe b gekündigt wurde. [2] Entsprechendes gilt für jeden Auftraggeber der Nachunternehmerkette, sofern sein jeweiliger Auftraggeber den Vertrag gemäß Satz 1 gekündigt hat.

(6) Die Kündigung ist schriftlich zu erklären.

(7) Der Auftragnehmer kann Aufmaß und Abnahme der von ihm ausgeführten Leistungen alsbald nach der Kündigung verlangen; er hat unverzüglich eine prüfbare Rechnung über die ausgeführten Leistungen vorzulegen.

(8) Eine wegen Verzugs verwirkte, nach Zeit bemessene Vertragsstrafe kann nur für die Zeit bis zum Tag der Kündigung des Vertrags gefordert werden.

§ 9 Kündigung durch den Auftragnehmer. (1) Der Auftragnehmer kann den Vertrag kündigen:

1. wenn der Auftraggeber eine ihm obliegende Handlung unterlässt und dadurch den Auftragnehmer außerstande setzt, die Leistung auszuführen (Annahmeverzug nach §§ 293 ff. BGB),

2. wenn der Auftraggeber eine fällige Zahlung nicht leistet oder sonst in Schuldnerverzug gerät.

(2) [1] Die Kündigung ist schriftlich zu erklären. [2] Sie ist erst zulässig, wenn der Auftragnehmer dem Auftraggeber ohne Erfolg eine angemessene Frist zur Ver-

---

[1]) Auszugsweise abgedruckt unter Nr. **1**.

tragserfüllung gesetzt und erklärt hat, dass er nach fruchtlosem Ablauf der Frist den Vertrag kündigen werde.

(3) [1] Die bisherigen Leistungen sind nach den Vertragspreisen abzurechnen. [2] Außerdem hat der Auftragnehmer Anspruch auf angemessene Entschädigung nach § 642 BGB; etwaige weitergehende Ansprüche des Auftragnehmers bleiben unberührt.

§ 10 Haftung der Vertragsparteien. (1) Die Vertragsparteien haften einander für eigenes Verschulden sowie für das Verschulden ihrer gesetzlichen Vertreter und der Personen, deren sie sich zur Erfüllung ihrer Verbindlichkeiten bedienen (§§ 276, 278 BGB).

(2)

1. Entsteht einem Dritten im Zusammenhang mit der Leistung ein Schaden, für den auf Grund gesetzlicher Haftpflichtbestimmungen beide Vertragsparteien haften, so gelten für den Ausgleich zwischen den Vertragsparteien die allgemeinen gesetzlichen Bestimmungen, soweit im Einzelfall nichts anderes vereinbart ist. Soweit der Schaden des Dritten nur die Folge einer Maßnahme ist, die der Auftraggeber in dieser Form angeordnet hat, trägt er den Schaden allein, wenn ihn der Auftragnehmer auf die mit der angeordneten Ausführung verbundene Gefahr nach § 4 Absatz 3 hingewiesen hat.

2. Der Auftragnehmer trägt den Schaden allein, soweit er ihn durch Versicherung seiner gesetzlichen Haftpflicht gedeckt hat oder durch eine solche zu tarifmäßigen, nicht auf außergewöhnliche Verhältnisse abgestellten Prämien und Prämienzuschlägen bei einem im Inland zum Geschäftsbetrieb zugelassenen Versicherer hätte decken können.

(3) Ist der Auftragnehmer einem Dritten nach den §§ 823 ff. BGB zu Schadensersatz verpflichtet wegen unbefugten Betretens oder Beschädigung angrenzender Grundstücke, wegen Entnahme oder Auflagerung von Boden oder anderen Gegenständen außerhalb der vom Auftraggeber dazu angewiesenen Flächen oder wegen der Folgen eigenmächtiger Versperrung von Wegen oder Wasserläufen, so trägt er im Verhältnis zum Auftraggeber den Schaden allein.

(4) Für die Verletzung gewerblicher Schutzrechte haftet im Verhältnis der Vertragsparteien zueinander der Auftragnehmer allein, wenn er selbst das geschützte Verfahren oder die Verwendung geschützter Gegenstände angeboten oder wenn der Auftraggeber die Verwendung vorgeschrieben und auf das Schutzrecht hingewiesen hat.

(5) Ist eine Vertragspartei gegenüber der anderen nach den Absätzen 2, 3 oder 4 von der Ausgleichspflicht befreit, so gilt diese Befreiung auch zugunsten ihrer gesetzlichen Vertreter und Erfüllungsgehilfen, wenn sie nicht vorsätzlich oder grob fahrlässig gehandelt haben.

(6) [1] Soweit eine Vertragspartei von dem Dritten für einen Schaden in Anspruch genommen wird, den nach den Absätzen 2, 3 oder 4 die andere Vertragspartei zu tragen hat, kann sie verlangen, dass ihre Vertragspartei sie von der Verbindlichkeit gegenüber dem Dritten befreit. [2] Sie darf den Anspruch des Dritten nicht anerkennen oder befriedigen, ohne der anderen Vertragspartei vorher Gelegenheit zur Äußerung gegeben zu haben.

§ 11 Vertragsstrafe. (1) Wenn Vertragsstrafen vereinbart sind, gelten die §§ 339 bis 345 BGB.

(2) Ist die Vertragsstrafe für den Fall vereinbart, dass der Auftragnehmer nicht in der vorgesehenen Frist erfüllt, so wird sie fällig, wenn der Auftragnehmer in Verzug gerät.

(3) Ist die Vertragsstrafe nach Tagen bemessen, so zählen nur Werktage; ist sie nach Wochen bemessen, so wird jeder Werktag angefangener Wochen als 1/6 Woche gerechnet.

(4) Hat der Auftraggeber die Leistung abgenommen, so kann er die Strafe nur verlangen, wenn er dies bei der Abnahme vorbehalten hat.

§ 12 Abnahme. (1) Verlangt der Auftragnehmer nach der Fertigstellung – gegebenenfalls auch vor Ablauf der vereinbarten Ausführungsfrist – die Abnahme der Leistung, so hat sie der Auftraggeber binnen 12 Werktagen durchzuführen; eine andere Frist kann vereinbart werden.

(2) Auf Verlangen sind in sich abgeschlossene Teile der Leistung besonders abzunehmen.

(3) Wegen wesentlicher Mängel kann die Abnahme bis zur Beseitigung verweigert werden.

(4)

1. Eine förmliche Abnahme hat stattzufinden, wenn eine Vertragspartei es verlangt. Jede Partei kann auf ihre Kosten einen Sachverständigen zuziehen. Der Befund ist in gemeinsamer Verhandlung schriftlich niederzulegen. In die Niederschrift sind etwaige Vorbehalte wegen bekannter Mängel und wegen Vertragsstrafen aufzunehmen, ebenso etwaige Einwendungen des Auftragnehmers. Jede Partei erhält eine Ausfertigung.

2. Die förmliche Abnahme kann in Abwesenheit des Auftragnehmers stattfinden, wenn der Termin vereinbart war oder der Auftraggeber mit genügender Frist dazu eingeladen hatte. Das Ergebnis der Abnahme ist dem Auftragnehmer alsbald mitzuteilen.

(5)

1. Wird keine Abnahme verlangt, so gilt die Leistung als abgenommen mit Ablauf von 12 Werktagen nach schriftlicher Mitteilung über die Fertigstellung der Leistung.

2. Wird keine Abnahme verlangt und hat der Auftraggeber die Leistung oder einen Teil der Leistung in Benutzung genommen, so gilt die Abnahme nach Ablauf von 6 Werktagen nach Beginn der Benutzung als erfolgt, wenn nichts anderes vereinbart ist. Die Benutzung von Teilen einer baulichen Anlage zur Weiterführung der Arbeiten gilt nicht als Abnahme.

3. Vorbehalte wegen bekannter Mängel oder wegen Vertragsstrafen hat der Auftraggeber spätestens zu den in den Nummern 1 und 2 bezeichneten Zeitpunkten geltend zu machen.

(6) Mit der Abnahme geht die Gefahr auf den Auftraggeber über, soweit er sie nicht schon nach § 7 trägt.

§ 13 Mängelansprüche. (1) [1]Der Auftragnehmer hat dem Auftraggeber seine Leistung zum Zeitpunkt der Abnahme frei von Sachmängeln zu verschaffen. [2]Die Leistung ist zur Zeit der Abnahme frei von Sachmängeln, wenn sie die

vereinbarte Beschaffenheit hat und den anerkannten Regeln der Technik entspricht. [3] Ist die Beschaffenheit nicht vereinbart, so ist die Leistung zur Zeit der
Abnahme frei von Sachmängeln,

1. wenn sie sich für die nach dem Vertrag vorausgesetzte,

sonst

2. für die gewöhnliche Verwendung eignet und eine Beschaffenheit aufweist,
   die bei Werken der gleichen Art üblich ist und die der Auftraggeber nach der
   Art der Leistung erwarten kann.

(2) [1] Bei Leistungen nach Probe gelten die Eigenschaften der Probe als vereinbarte Beschaffenheit, soweit nicht Abweichungen nach der Verkehrssitte als
bedeutungslos anzusehen sind. [2] Dies gilt auch für Proben, die erst nach Vertragsabschluss als solche anerkannt sind.

(3) Ist ein Mangel zurückzuführen auf die Leistungsbeschreibung oder auf
Anordnungen des Auftraggebers, auf die von diesem gelieferten oder vorgeschriebenen Stoffe oder Bauteile oder die Beschaffenheit der Vorleistung
eines anderen Unternehmers, haftet der Auftragnehmer, es sei denn, er hat die
ihm nach § 4 Absatz 3 obliegende Mitteilung gemacht.

(4)

1. Ist für Mängelansprüche keine Verjährungsfrist im Vertrag vereinbart, so
   beträgt sie für Bauwerke 4 Jahre, für andere Werke, deren Erfolg in der
   Herstellung, Wartung oder Veränderung einer Sache besteht, und für die
   vom Feuer berührten Teile von Feuerungsanlagen 2 Jahre. Abweichend von
   Satz 1 beträgt die Verjährungsfrist für feuerberührte und abgasdämmende
   Teile von industriellen Feuerungsanlagen 1 Jahr.

2. Ist für Teile von maschinellen und elektrotechnischen/elektronischen Anlagen, bei denen die Wartung Einfluss auf Sicherheit und Funktionsfähigkeit
   hat, nichts anderes vereinbart, beträgt für diese Anlagenteile die Verjährungsfrist für Mängelansprüche abweichend von Nummer 1 zwei Jahre, wenn der
   Auftraggeber sich dafür entschieden hat, dem Auftragnehmer die Wartung
   für die Dauer der Verjährungsfrist nicht zu übertragen; dies gilt auch, wenn
   für weitere Leistungen eine andere Verjährungsfrist vereinbart ist.

3. Die Frist beginnt mit der Abnahme der gesamten Leistung; nur für in sich
   abgeschlossene Teile der Leistung beginnt sie mit der Teilabnahme (§ 12
   Absatz 2).

(5)

1. Der Auftragnehmer ist verpflichtet, alle während der Verjährungsfrist her-
   vortretenden Mängel, die auf vertragswidrige Leistung zurückzuführen sind,
   auf seine Kosten zu beseitigen, wenn es der Auftraggeber vor Ablauf der Frist
   schriftlich verlangt. Der Anspruch auf Beseitigung der gerügten Mängel verjährt in 2 Jahren, gerechnet vom Zugang des schriftlichen Verlangens an,
   jedoch nicht vor Ablauf der Regelfristen nach Absatz 4 oder der an ihrer
   Stelle vereinbarten Frist. Nach Abnahme der Mängelbeseitigungsleistung
   beginnt für diese Leistung eine Verjährungsfrist von 2 Jahren neu, die jedoch
   nicht vor Ablauf der Regelfristen nach Absatz 4 oder der an ihrer Stelle
   vereinbarten Frist endet.

2. Kommt der Auftragnehmer der Aufforderung zur Mängelbeseitigung in
   einer vom Auftraggeber gesetzten angemessenen Frist nicht nach, so kann

der Auftraggeber die Mängel auf Kosten des Auftragnehmers beseitigen lassen.

(6) Ist die Beseitigung des Mangels für den Auftraggeber unzumutbar oder ist sie unmöglich oder würde sie einen unverhältnismäßig hohen Aufwand erfordern und wird sie deshalb vom Auftragnehmer verweigert, so kann der Auftraggeber durch Erklärung gegenüber dem Auftragnehmer die Vergütung mindern (§ 638 BGB).

(7)

1. Der Auftragnehmer haftet bei schuldhaft verursachten Mängeln für Schäden aus der Verletzung des Lebens, des Körpers oder der Gesundheit.

2. Bei vorsätzlich oder grob fahrlässig verursachten Mängeln haftet er für alle Schäden.

3. Im Übrigen ist dem Auftraggeber der Schaden an der baulichen Anlage zu ersetzen, zu deren Herstellung, Instandhaltung oder Änderung die Leistung dient, wenn ein wesentlicher Mangel vorliegt, der die Gebrauchsfähigkeit erheblich beeinträchtigt und auf ein Verschulden des Auftragnehmers zurückzuführen ist. Einen darüber hinausgehenden Schaden hat der Auftragnehmer nur dann zu ersetzen,

   a) wenn der Mangel auf einem Verstoß gegen die anerkannten Regeln der Technik beruht,

   b) wenn der Mangel in dem Fehlen einer vertraglich vereinbarten Beschaffenheit besteht oder

   c) soweit der Auftragnehmer den Schaden durch Versicherung seiner gesetzlichen Haftpflicht gedeckt hat oder durch eine solche zu tarifmäßigen, nicht auf außergewöhnliche Verhältnisse abgestellten Prämien und Prämienzuschlägen bei einem im Inland zum Geschäftsbetrieb zugelassenen Versicherer hätte decken können.

4. Abweichend von Absatz 4 gelten die gesetzlichen Verjährungsfristen, soweit sich der Auftragnehmer nach Nummer 3 durch Versicherung geschützt hat oder hätte schützen können oder soweit ein besonderer Versicherungsschutz vereinbart ist.

5. Eine Einschränkung oder Erweiterung der Haftung kann in begründeten Sonderfällen vereinbart werden.

§ 14 Abrechnung. (1) ¹Der Auftragnehmer hat seine Leistungen prüfbar abzurechnen. ²Er hat die Rechnungen übersichtlich aufzustellen und dabei die Reihenfolge der Posten einzuhalten und die in den Vertragsbestandteilen enthaltenen Bezeichnungen zu verwenden. ³Die zum Nachweis von Art und Umfang der Leistung erforderlichen Mengenberechnungen, Zeichnungen und andere Belege sind beizufügen. ⁴Änderungen und Ergänzungen des Vertrags sind in der Rechnung besonders kenntlich zu machen; sie sind auf Verlangen getrennt abzurechnen.

(2) ¹Die für die Abrechnung notwendigen Feststellungen sind dem Fortgang der Leistung entsprechend möglichst gemeinsam vorzunehmen. ²Die Abrechnungsbestimmungen in den Technischen Vertragsbedingungen und den anderen Vertragsunterlagen sind zu beachten. ³Für Leistungen, die bei Weiterfüh-

rung der Arbeiten nur schwer feststellbar sind, hat der Auftragnehmer rechtzeitig gemeinsame Feststellungen zu beantragen.

(3) Die Schlussrechnung muss bei Leistungen mit einer vertraglichen Ausführungsfrist von höchstens 3 Monaten spätestens 12 Werktage nach Fertigstellung eingereicht werden, wenn nichts anderes vereinbart ist; diese Frist wird
um je 6 Werktage für je weitere 3 Monate Ausführungsfrist verlängert.

(4) Reicht der Auftragnehmer eine prüfbare Rechnung nicht ein, obwohl
ihm der Auftraggeber dafür eine angemessene Frist gesetzt hat, so kann sie der
Auftraggeber selbst auf Kosten des Auftragnehmers aufstellen.

§ 15 Stundenlohnarbeiten. (1)
1. Stundenlohnarbeiten werden nach den vertraglichen Vereinbarungen abgerechnet.
2. Soweit für die Vergütung keine Vereinbarungen getroffen worden sind, gilt
die ortsübliche Vergütung. Ist diese nicht zu ermitteln, so werden die Aufwendungen des Auftragnehmers für Lohn- und Gehaltskosten der Baustelle,
Lohn- und Gehaltsnebenkosten der Baustelle, Stoffkosten der Baustelle,
Kosten der Einrichtungen, Geräte, Maschinen und maschinellen Anlagen der
Baustelle, Fracht-, Fuhr- und Ladekosten, Sozialkassenbeiträge und Sonderkosten, die bei wirtschaftlicher Betriebsführung entstehen, mit angemessenen
Zuschlägen für Gemeinkosten und Gewinn (einschließlich allgemeinem
Unternehmerwagnis) zuzüglich Umsatzsteuer vergütet.

(2) Verlangt der Auftraggeber, dass die Stundenlohnarbeiten durch einen
Polier oder eine andere Aufsichtsperson beaufsichtigt werden, oder ist die
Aufsicht nach den einschlägigen Unfallverhütungsvorschriften notwendig, so
gilt Absatz 1 entsprechend.

(3) [1]Dem Auftraggeber ist die Ausführung von Stundenlohnarbeiten vor
Beginn anzuzeigen. [2]Über die geleisteten Arbeitsstunden und den dabei erforderlichen, besonders zu vergütenden Aufwand für den Verbrauch von Stoffen, für Vorhaltung von Einrichtungen, Geräten, Maschinen und maschinellen
Anlagen, für Frachten, Fuhr- und Ladeleistungen sowie etwaige Sonderkosten
sind, wenn nichts anderes vereinbart ist, je nach der Verkehrssitte werktäglich
oder wöchentlich Listen (Stundenlohnzettel) einzureichen. [3]Der Auftraggeber
hat die von ihm bescheinigten Stundenlohnzettel unverzüglich, spätestens
jedoch innerhalb von 6 Werktagen nach Zugang, zurückzugeben. [4]Dabei kann
er Einwendungen auf den Stundenlohnzetteln oder gesondert schriftlich erheben. [5]Nicht fristgemäß zurückgegebene Stundenlohnzettel gelten als anerkannt.

(4) [1]Stundenlohnrechnungen sind alsbald nach Abschluss der Stundenlohnarbeiten, längstens jedoch in Abständen von 4 Wochen, einzureichen. [2]Für die
Zahlung gilt § 16.

(5) Wenn Stundenlohnarbeiten zwar vereinbart waren, über den Umfang
der Stundenlohnleistungen aber mangels rechtzeitiger Vorlage der Stundenlohnzettel Zweifel bestehen, so kann der Auftraggeber verlangen, dass für die
nachweisbar ausgeführten Leistungen eine Vergütung vereinbart wird, die nach
Maßgabe von Absatz 1 Nummer 2 für einen wirtschaftlich vertretbaren Aufwand an Arbeitszeit und Verbrauch von Stoffen, für Vorhaltung von Einrichtungen, Geräten, Maschinen und maschinellen Anlagen, für Frachten, Fuhr-
und Ladeleistungen sowie etwaige Sonderkosten ermittelt wird.

§ 16[1] Zahlung. (1)

1. Abschlagszahlungen sind auf Antrag in möglichst kurzen Zeitabständen oder zu den vereinbarten Zeitpunkten zu gewähren, und zwar in Höhe des Wertes der jeweils nachgewiesenen vertragsgemäßen Leistungen einschließlich des ausgewiesenen, darauf entfallenden Umsatzsteuerbetrages. Die Leistungen sind durch eine prüfbare Aufstellung nachzuweisen, die eine rasche und sichere Beurteilung der Leistungen ermöglichen muss. Als Leistungen gelten hierbei auch die für die geforderte Leistung eigens angefertigten und bereitgestellten Bauteile sowie die auf der Baustelle angelieferten Stoffe und Bauteile, wenn dem Auftraggeber nach seiner Wahl das Eigentum an ihnen übertragen ist oder entsprechende Sicherheit gegeben wird.

2. Gegenforderungen können einbehalten werden. Andere Einbehalte sind nur in den im Vertrag und in den gesetzlichen Bestimmungen vorgesehenen Fällen zulässig.

3. Ansprüche auf Abschlagszahlungen werden binnen 21 Tagen nach Zugang der Aufstellung fällig.

4. Die Abschlagszahlungen sind ohne Einfluss auf die Haftung des Auftragnehmers; sie gelten nicht als Abnahme von Teilen der Leistung.

(2)

1. Vorauszahlungen können auch nach Vertragsabschluss vereinbart werden; hierfür ist auf Verlangen des Auftraggebers ausreichende Sicherheit zu leisten. Diese Vorauszahlungen sind, sofern nichts anderes vereinbart wird, mit 3 v. H. über dem Basiszinssatz[2] des § 247 BGB zu verzinsen.

---

[1] Siehe hierzu auch die Anlage zur Bek. v. 26.6.2012 (BAnz AT 13.07.2012 B3) (Hinweise zu § 16 VOB/B v. 26.6.2012 (BAnz AT 13.07.2012 B3)).
[2] Gem. Bekanntmachung der Deutschen Bundesbank beträgt der Basiszinssatz
− ab 1.1.2002 **2,57 %** (Bek. v. 28.12.2001, BAnz. 2002 Nr. 3 S. 98);
− ab 1.7.2002 **2,47 %** (Bek. v. 25.6.2002, BAnz. Nr. 118 S. 14 538);
− ab 1.1.2003 **1,97 %** (Bek. v. 30.12.2002, BAnz. 2003 Nr. 2 S. 76);
− ab 1.7.2003 **1,22 %** (Bek. v. 24.6.2003, BAnz. Nr. 117 S. 13 744);
− ab 1.1.2004 **1,14 %** (Bek. v. 30.12.2003, BAnz. Nr. 2 S. 69);
− ab 1.7.2004 **1,13 %** (Bek. v. 29.6.2004, BAnz. Nr. 122 S. 14 246);
− ab 1.1.2005 **1,21 %** (Bek. v. 30.12.2004, BAnz. Nr. 1 S. 6);
− ab 1.7.2005 **1,17 %** (Bek. v. 28.6.2005, BAnz. Nr. 122 S. 10 041);
− ab 1.1.2006 **1,37 %** (Bek. v. 29.12.2005, BAnz. Nr. 1 S. 2);
− ab 1.7.2006 **1,95 %** (Bek. v. 27.6.2006, BAnz. Nr. 191 S. 4754);
− ab 1.1.2007 **2,70 %** (Bek. v. 28.12.2006, BAnz. Nr. 245 S. 7463);
− ab 1.7.2007 **3,19 %** (Bek. v. 28.6.2007, BAnz. Nr. 117 S. 6530);
− ab 1.1.2008 **3,32 %** (Bek. v. 28.12.2007, BAnz. Nr. 242 S. 8415);
− ab 1.7.2008 **3,19 %** (Bek. v. 24.6.2008, BAnz. Nr. 94 S. 2232);
− ab 1.1.2009 **1,62 %** (Bek. v. 30.12.2008, BAnz. 2009 Nr. 1 S. 6);
− ab 1.7.2009 **0,12 %** (Bek. v. 30.6.2009, BAnz. Nr. 95 S. 2302);
− ab 1.1.2010 **0,12 %** (Bek. v. 29.12.2009, BAnz. Nr. 198 S. 4582);
− ab 1.7.2010 **0,12 %** (Bek. v. 29.6.2010, BAnz. Nr. 96 S. 2264);
− ab 1.1.2011 **0,12 %** (Bek. v. 28.12.2010, BAnz. Nr. 199 S. 4388);
− ab 1.7.2011 **0,37 %** (Bek. v. 30.6.2011, BAnz. Nr. 96 S. 2314);
− ab 1.1.2012 **0,12 %** (Bek. v. 27.12.2011, BAnz. Nr. 197 S. 4659);
− ab 1.7.2012 **0,12 %** (Bek. v. 26.6.2012, BAnz AT 28.06.2012 B3);
− ab 1.1.2013 **−0,13 %** (Bek. v. 28.12.2012, BAnz AT 31.12.2012 B8);
− ab 1.7.2013 **−0,38 %** (Bek. v. 25.6.2013, BAnz AT 27.06.2013 B4);
− ab 1.1.2014 **−0,63 %** (Bek. v. 30.12.2013, BAnz AT 31.12.2013 B7);
− ab 1.7.2014 **−0,73 %** (Bek. v. 24.6.2014, BAnz AT 26.06.2014 B5);
− ab 1.1.2015 **−0,83 %** (Bek. v. 30.12.2014, BAnz AT 31.12.2014 B12);
− ab 1.7.2015 **−0,83 %** (Bek. v. 30.6.2015, BAnz AT 01.07.2015 B6);

2. Vorauszahlungen sind auf die nächstfälligen Zahlungen anzurechnen, soweit damit Leistungen abzugelten sind, für welche die Vorauszahlungen gewährt worden sind.

(3)

1. Der Anspruch auf Schlusszahlung wird alsbald nach Prüfung und Feststellung fällig, spätestens innerhalb von 30 Tagen nach Zugang der Schlussrechnung. Die Frist verlängert sich auf höchstens 60 Tage, wenn sie aufgrund der besonderen Natur oder Merkmale der Vereinbarung sachlich gerechtfertigt ist und ausdrücklich vereinbart wurde. Werden Einwendungen gegen die Prüfbarkeit unter Angabe der Gründe nicht bis zum Ablauf der jeweiligen Frist erhoben, kann der Auftraggeber sich nicht mehr auf die fehlende Prüfbarkeit berufen. Die Prüfung der Schlussrechnung ist nach Möglichkeit zu beschleunigen. Verzögert sie sich, so ist das unbestrittene Guthaben als Abschlagszahlung sofort zu zahlen.

2. Die vorbehaltlose Annahme der Schlusszahlung schließt Nachforderungen aus, wenn der Auftragnehmer über die Schlusszahlung schriftlich unterrichtet und auf die Ausschlusswirkung hingewiesen wurde.

3. Einer Schlusszahlung steht es gleich, wenn der Auftraggeber unter Hinweis auf geleistete Zahlungen weitere Zahlungen endgültig und schriftlich ablehnt.

4. Auch früher gestellte, aber unerledigte Forderungen werden ausgeschlossen, wenn sie nicht nochmals vorbehalten werden.

5. Ein Vorbehalt ist innerhalb von 28 Tagen nach Zugang der Mitteilung nach den Nummern 2 und 3 über die Schlusszahlung zu erklären. Er wird hinfällig, wenn nicht innerhalb von weiteren 28 Tagen – beginnend am Tag nach Ablauf der in Satz 1 genannten 28 Tage – eine prüfbare Rechnung über die vorbehaltenen Forderungen eingereicht oder, wenn das nicht möglich ist, der Vorbehalt eingehend begründet wird.

6. Die Ausschlussfristen gelten nicht für ein Verlangen nach Richtigstellung der Schlussrechnung und -zahlung wegen Aufmaß-, Rechen- und Übertragungsfehlern.

(4) In sich abgeschlossene Teile der Leistung können nach Teilabnahme ohne Rücksicht auf die Vollendung der übrigen Leistungen endgültig festgestellt und bezahlt werden.

(5)

1. Alle Zahlungen sind aufs Äußerste zu beschleunigen.

2. Nicht vereinbarte Skontoabzüge sind unzulässig.

(Fortsetzung der Anm. von voriger Seite)
– ab 1.1.2016 **−0,83 %** (Bek. v. 29.12.2015, BAnz AT 30.12.2015 B8);
– ab 1.7.2016 **−0,88 %** (Bek. v. 28.6.2016, BAnz AT 29.06.2016 B4);
– ab 1.1.2017 **−0,88 %** (Bek. v. 27.12.2016, BAnz AT 29.12.2016 B11);
– ab 1.7.2017 **−0,88 %** (Bek. v. 27.6.2017, BAnz AT 29.06.2017 B10);
– ab 1.1.2018 **−0,88 %** (Bek. v. 19.12.2017, BAnz AT 21.12.2017 B6);
– ab 1.7.2018 **−0,88 %** (Bek. v. 26.6.2018, BAnz AT 28.06.2018 B6);
– ab 1.1.2019 **−0,88 %** (Bek. v. 18.12.2018, BAnz AT 20.12.2018 B10);
– ab 1.7.2019 **−0,88 %** (Bek. v. 25.6.2019, BAnz AT 27.06.2019 B9);
– ab 1.1.2020 **−0,88 %** (Bek. v. 31.12.2019, BAnz AT 06.01.2020 B5);
– ab 1.7.2020 **−0,88 %** (Bek. v. 30.6.2020, BAnz AT 02.07.2020 B5);
– ab 1.1.2021 **−0,88 %** (Bek. v. 29.12.2020, BAnz AT 30.12.2020 B8);
– ab 1.7.2021 **−0,88 %** (Bek. v. 29.6.2021 (BAnz AT 30.06.2021 B6).

3. Zahlt der Auftraggeber bei Fälligkeit nicht, so kann ihm der Auftragnehmer eine angemessene Nachfrist setzen. Zahlt er auch innerhalb der Nachfrist nicht, so hat der Auftragnehmer vom Ende der Nachfrist an Anspruch auf Zinsen in Höhe der in § 288 Absatz 2 BGB angegebenen Zinssätze, wenn er nicht einen höheren Verzugsschaden nachweist. Der Auftraggeber kommt jedoch, ohne dass es einer Nachfristsetzung bedarf, spätestens 30 Tage nach Zugang der Rechnung oder der Aufstellung bei Abschlagszahlungen in Zahlungsverzug, wenn der Auftragnehmer seine vertraglichen und gesetzlichen Verpflichtungen erfüllt und den fälligen Entgeltbetrag nicht rechtzeitig erhalten hat, es sei denn, der Auftraggeber ist für den Zahlungsverzug nicht verantwortlich. Die Frist verlängert sich auf höchstens 60 Tage, wenn sie aufgrund der besonderen Natur oder Merkmale der Vereinbarung sachlich gerechtfertigt ist und ausdrücklich vereinbart wurde.

4. Der Auftragnehmer darf die Arbeiten bei Zahlungsverzug bis zur Zahlung einstellen, sofern eine dem Auftraggeber zuvor gesetzte angemessene Frist erfolglos verstrichen ist.

(6) [1] Der Auftraggeber ist berechtigt, zur Erfüllung seiner Verpflichtungen aus den Absätzen 1 bis 5 Zahlungen an Gläubiger des Auftragnehmers zu leisten, soweit sie an der Ausführung der vertraglichen Leistung des Auftragnehmers aufgrund eines mit diesem abgeschlossenen Dienst- oder Werkvertrags beteiligt sind, wegen Zahlungsverzugs des Auftragnehmers die Fortsetzung ihrer Leistung zu Recht verweigern und die Direktzahlung die Fortsetzung der Leistung sicherstellen soll. [2] Der Auftragnehmer ist verpflichtet, sich auf Verlangen des Auftraggebers innerhalb einer von diesem gesetzten Frist darüber zu erklären, ob und inwieweit er die Forderungen seiner Gläubiger anerkennt; wird diese Erklärung nicht rechtzeitig abgegeben, so gelten die Voraussetzungen für die Direktzahlung als anerkannt.

§ 17 Sicherheitsleistung. (1)

1. Wenn Sicherheitsleistung vereinbart ist, gelten die §§ 232 bis 240 BGB, soweit sich aus den nachstehenden Bestimmungen nichts anderes ergibt.
2. Die Sicherheit dient dazu, die vertragsgemäße Ausführung der Leistung und die Mängelansprüche sicherzustellen.

(2) [1] Wenn im Vertrag nichts anderes vereinbart ist, kann Sicherheit durch Einbehalt oder Hinterlegung von Geld oder durch Bürgschaft eines Kreditinstituts oder Kreditversicherers geleistet werden, sofern das Kreditinstitut oder der Kreditversicherer

[2]

1. in der Europäischen Gemeinschaft oder
2. in einem Staat der Vertragsparteien des Abkommens über den Europäischen Wirtschaftsraum oder
3. in einem Staat der Vertragsparteien des WTO-Übereinkommens über das öffentliche Beschaffungswesen

zugelassen ist.

(3) Der Auftragnehmer hat die Wahl unter den verschiedenen Arten der Sicherheit; er kann eine Sicherheit durch eine andere ersetzen.

(4) [1] Bei Sicherheitsleistung durch Bürgschaft ist Voraussetzung, dass der Auftraggeber den Bürgen als tauglich anerkannt hat. [2] Die Bürgschaftserklärung

ist schriftlich unter Verzicht auf die Einrede der Vorausklage abzugeben (§ 771 BGB); sie darf nicht auf bestimmte Zeit begrenzt und muss nach Vorschrift des Auftraggebers ausgestellt sein. [3] Der Auftraggeber kann als Sicherheit keine Bürgschaft fordern, die den Bürgen zur Zahlung auf erstes Anfordern verpflichtet.

(5) [1] Wird Sicherheit durch Hinterlegung von Geld geleistet, so hat der Auftragnehmer den Betrag bei einem zu vereinbarenden Geldinstitut auf ein Sperrkonto einzuzahlen, über das beide nur gemeinsam verfügen können („Und-Konto"). [2] Etwaige Zinsen stehen dem Auftragnehmer zu.

(6)

1. Soll der Auftraggeber vereinbarungsgemäß die Sicherheit in Teilbeträgen von seinen Zahlungen einbehalten, so darf er jeweils die Zahlung um höchstens 10 v.H. kürzen, bis die vereinbarte Sicherheitssumme erreicht ist. Sofern Rechnungen ohne Umsatzsteuer gemäß § 13b UStG gestellt werden, bleibt die Umsatzsteuer bei der Berechnung des Sicherheitseinbehalts unberücksichtigt. Den jeweils einbehaltenen Betrag hat er dem Auftragnehmer mitzuteilen und binnen 18 Werktagen nach dieser Mitteilung auf ein Sperrkonto bei dem vereinbarten Geldinstitut einzuzahlen. Gleichzeitig muss er veranlassen, dass dieses Geldinstitut den Auftragnehmer von der Einzahlung des Sicherheitsbetrags benachrichtigt. Absatz 5 gilt entsprechend.

2. Bei kleineren oder kurzfristigen Aufträgen ist es zulässig, dass der Auftraggeber den einbehaltenen Sicherheitsbetrag erst bei der Schlusszahlung auf ein Sperrkonto einzahlt.

3. Zahlt der Auftraggeber den einbehaltenen Betrag nicht rechtzeitig ein, so kann ihm der Auftragnehmer hierfür eine angemessene Nachfrist setzen. Lässt der Auftraggeber auch diese verstreichen, so kann der Auftragnehmer die sofortige Auszahlung des einbehaltenen Betrags verlangen und braucht dann keine Sicherheit mehr zu leisten.

4. Öffentliche Auftraggeber sind berechtigt, den als Sicherheit einbehaltenen Betrag auf eigenes Verwahrgeldkonto zu nehmen; der Betrag wird nicht verzinst.

(7) [1] Der Auftragnehmer hat die Sicherheit binnen 18 Werktagen nach Vertragsabschluss zu leisten, wenn nichts anderes vereinbart ist. [2] Soweit er diese Verpflichtung nicht erfüllt hat, ist der Auftraggeber berechtigt, vom Guthaben des Auftragnehmers einen Betrag in Höhe der vereinbarten Sicherheit einzubehalten. [3] Im Übrigen gelten die Absätze 5 und 6 außer Nummer 1 Satz 1 entsprechend.

(8)

1. Der Auftraggeber hat eine nicht verwertete Sicherheit für die Vertragserfüllung zum vereinbarten Zeitpunkt, spätestens nach Abnahme und Stellung der Sicherheit für Mängelansprüche zurückzugeben, es sei denn, dass Ansprüche des Auftraggebers, die nicht von der gestellten Sicherheit für Mängelansprüche umfasst sind, noch nicht erfüllt sind. Dann darf er für diese Vertragserfüllungsansprüche einen entsprechenden Teil der Sicherheit zurückhalten.

2. Der Auftraggeber hat eine nicht verwertete Sicherheit für Mängelansprüche nach Ablauf von 2 Jahren zurückzugeben, sofern kein anderer Rückgabezeitpunkt vereinbart worden ist. Soweit jedoch zu diesem Zeitpunkt seine

geltend gemachten Ansprüche noch nicht erfüllt sind, darf er einen entsprechenden Teil der Sicherheit zurückhalten.

§ 18 Streitigkeiten. (1) [1]Liegen die Voraussetzungen für eine Gerichtsstandvereinbarung nach § 38 der Zivilprozessordnung vor, richtet sich der Gerichtsstand für Streitigkeiten aus dem Vertrag nach dem Sitz der für die Prozessvertretung des Auftraggebers zuständigen Stelle, wenn nichts anderes vereinbart ist. [2]Sie ist dem Auftragnehmer auf Verlangen mitzuteilen.

(2)

1. Entstehen bei Verträgen mit Behörden Meinungsverschiedenheiten, so soll der Auftragnehmer zunächst die der auftraggebenden Stelle unmittelbar vorgesetzte Stelle anrufen. Diese soll dem Auftragnehmer Gelegenheit zur mündlichen Aussprache geben und ihn möglichst innerhalb von 2 Monaten nach der Anrufung schriftlich bescheiden und dabei auf die Rechtsfolgen des Satzes 3 hinweisen. Die Entscheidung gilt als anerkannt, wenn der Auftragnehmer nicht innerhalb von 3 Monaten nach Eingang des Bescheides schriftlich Einspruch beim Auftraggeber erhebt und dieser ihn auf die Ausschlussfrist hingewiesen hat.

2. Mit dem Eingang des schriftlichen Antrages auf Durchführung eines Verfahrens nach Nummer 1 wird die Verjährung des in diesem Antrag geltend gemachten Anspruchs gehemmt. Wollen Auftraggeber oder Auftragnehmer das Verfahren nicht weiter betreiben, teilen sie dies dem jeweils anderen Teil schriftlich mit. Die Hemmung endet 3 Monate nach Zugang des schriftlichen Bescheides oder der Mitteilung nach Satz 2.

(3) [1]Daneben kann ein Verfahren zur Streitbeilegung vereinbart werden. [2]Die Vereinbarung sollte mit Vertragsabschluss erfolgen.

(4) [1]Bei Meinungsverschiedenheiten über die Eigenschaft von Stoffen und Bauteilen, für die allgemein gültige Prüfungsverfahren bestehen, und über die Zulässigkeit oder Zuverlässigkeit der bei der Prüfung verwendeten Maschinen oder angewendeten Prüfungsverfahren kann jede Vertragspartei nach vorheriger Benachrichtigung der anderen Vertragspartei die materialtechnische Untersuchung durch eine staatliche oder staatlich anerkannte Materialprüfungsstelle vornehmen lassen; deren Feststellungen sind verbindlich. [2]Die Kosten trägt der unterliegende Teil.

(5) Streitfälle berechtigen den Auftragnehmer nicht, die Arbeiten einzustellen.

15. Verfahrensordnung für die Vergabe öffentlicher Liefer- und Dienstleistungsaufträge unterhalb der EU-Schwellenwerte (Unterschwellenvergabeordnung – UVgO)

– Ausgabe 2017 –

(BAnz AT 07.02.2017 B1, ber. 08.02.2017 B1)

Bekanntmachung der Verfahrensordnung für die Vergabe öffentlicher Liefer- und Dienstleistungsaufträge unterhalb der EU-Schwellenwerte

Vom 2. Februar 2017

Nachstehend wird die unter Einbeziehung der Länder zwischen den Bundesressorts abgestimmte Verfahrensordnung für die Vergabe öffentlicher Liefer- und Dienstleistungsaufträge unterhalb der EU-Schwellenwerte (Unterschwellenvergabeordnung – UVgO) veröffentlicht.

Sie ersetzt die Bekanntmachung der Vergabe- und Vertragsordnung für Leistungen – Teil A (VOL/A) – Ausgabe 2009 – vom 20. November 2009 (BAnz. Nr. 196a, BAnz. 2010 S. 755). Die UVgO tritt nicht bereits mit der Bekanntmachung im Bundesanzeiger in Kraft, sondern wird erst durch die Neufassung der Allgemeinen Verwaltungsvorschriften zu § 55 der Bundeshaushaltsordnung[1] bzw. für die Länder durch die entsprechenden landesrechtlichen Regelungen[2] in Kraft gesetzt. Nach ihrer Inkraftsetzung gelten die Vorschriften der UVgO für die Vergabe von Liefer- und Dienstleistungsaufträgen unterhalb der Schwellenwerte gemäß § 106 des Gesetzes gegen Wettbewerbsbeschränkungen[3] (EU-Schwellenwerte).

Die UVgO orientiert sich strukturell an der für öffentliche Aufträge oberhalb der EU-Schwellenwerte geltenden Vergabeverordnung[4] von April 2016.

Berlin, den 2. Februar 2017

I B 6 - 26 19 02

Bundesministerium
für Wirtschaft und Energie
Im Auftrag
Dr. Solbach

---

[1] Die Neufassung der VV zu § 55 BHO (RdSchr. d. BMF v. 1.9.2017, GMBl S. 814) trat mWv 2.9.2017 in Kraft.

[2] Siehe hierzu u.a.

– für **Bayern**: Nr. 1 VV zum öffentlichen Auftragswesen v. 14.11.2017 (AllMBl. S. 507), aufgeh. durch Bek. v. 24.3.2020 (BayMBl. Nr. 155) (Einführung der UVgO mWv 1.1.2018)

– für **Hamburg**: § 2a Abs. 1 Nr. 1 Hamburgisches VergabeG (Nr. **21**) (Anwendung der UVgO mWv 1.10.2017).

[3] Nr. **1**.

[4] Nr. **2**.

Inhaltsübersicht

Abschnitt 3. Vergabe von Aufträgen für besondere Leistungen; Planungswettbewerbe

Abschnitt 4. Schlussbestimmungen

Abschnitt 1. Allgemeine Bestimmungen und Kommunikation

Unterabschnitt 1. Allgemeine Bestimmungen

§ 1 Gegenstand und Anwendungsbereich. (1) Diese Verfahrensordnung trifft nähere Bestimmungen über das einzuhaltende Verfahren bei der Vergabe von öffentlichen Liefer- und Dienstleistungsaufträgen und Rahmenvereinbarungen, die nicht dem Teil 4 des Gesetzes gegen Wettbewerbsbeschränkungen unterliegen, weil ihr geschätzter Auftragswert ohne Umsatzsteuer die Schwellenwerte gemäß § 106 des Gesetzes gegen Wettbewerbsbeschränkungen[1] unterschreitet.

(2) Diese Verfahrensordnung ist ungeachtet des Erreichens des jeweiligen Schwellenwerts gemäß § 106 des Gesetzes gegen Wettbewerbsbeschränkungen[1] ferner nicht auf Sachverhalte anzuwenden, für die das Gesetz gegen Wettbewerbsbeschränkungen in den §§ 107, 108, 109, 116, 117 oder 145 Ausnahmen von der Anwendbarkeit des Teils 4 des Gesetzes gegen Wettbewerbsbeschränkungen vorsieht.

(3) Die Regelung zu vorbehaltenen Aufträgen nach § 118 des Gesetzes gegen Wettbewerbsbeschränkungen[1] ist auch im Geltungsbereich dieser Verfahrensordnung entsprechend anzuwenden.

§ 2 Grundsätze der Vergabe. (1) [1]Öffentliche Aufträge werden im Wettbewerb und im Wege transparenter Verfahren vergeben. [2]Dabei werden die Grundsätze der Wirtschaftlichkeit und der Verhältnismäßigkeit gewahrt.

(2) Die Teilnehmer an einem Vergabeverfahren sind gleich zu behandeln, es sei denn, eine Ungleichbehandlung ist aufgrund dieser Verfahrensordnung oder anderer Vorschriften ausdrücklich geboten oder gestattet.

(3) Bei der Vergabe werden Aspekte der Qualität und der Innovation sowie soziale und umweltbezogene Aspekte nach Maßgabe dieser Verfahrensordnung berücksichtigt.

(4) Mittelständische Interessen sind bei der Vergabe öffentlicher Aufträge vornehmlich zu berücksichtigen.

(5) Die Vorschriften über die Preise bei öffentlichen Aufträgen bleiben unberührt.

§ 3 Wahrung der Vertraulichkeit. (1) [1]Sofern in dieser Verfahrensordnung oder anderen Rechtsvorschriften nichts anderes bestimmt ist, darf der Auftrag-

---

[1] Nr. 1.

geber keine von den Unternehmen übermittelten und von diesen als vertraulich gekennzeichneten Informationen weitergeben. [2]Dazu gehören insbesondere Betriebs- und Geschäftsgeheimnisse und die vertraulichen Aspekte der Angebote einschließlich ihrer Anlagen.

(2) [1]Bei der gesamten Kommunikation sowie beim Austausch und der Speicherung von Informationen muss der Auftraggeber die Integrität der Daten und die Vertraulichkeit der Teilnahmeanträge und Angebote einschließlich ihrer Anlagen gewährleisten. [2]Die Teilnahmeanträge und Angebote einschließlich ihrer Anlagen sowie die Dokumentation über Öffnung und Wertung der Teilnahmeanträge und Angebote sind auch nach Abschluss des Vergabeverfahrens vertraulich zu behandeln.

(3) [1]Der Auftraggeber kann Unternehmen Anforderungen vorschreiben, die auf den Schutz der Vertraulichkeit der Informationen im Rahmen des Vergabeverfahrens abzielen. [2]Hierzu gehört insbesondere die Abgabe einer Verschwiegenheitserklärung.

§ 4 Vermeidung von Interessenkonflikten. (1) Organmitglieder oder Mitarbeiter des Auftraggebers oder eines im Namen des Auftraggebers handelnden Beschaffungsdienstleisters, bei denen ein Interessenkonflikt besteht, dürfen in einem Vergabeverfahren nicht mitwirken.

(2) Ein Interessenkonflikt besteht für Personen, die an der Durchführung des Vergabeverfahrens beteiligt sind oder Einfluss auf den Ausgang eines Vergabeverfahrens nehmen können und die ein direktes oder indirektes finanzielles, wirtschaftliches oder persönliches Interesse haben, das ihre Unparteilichkeit und Unabhängigkeit im Rahmen des Vergabeverfahrens beeinträchtigen könnte.

(3) Es wird vermutet, dass ein Interessenkonflikt besteht, wenn die in Absatz 1 genannten Personen

1. Bewerber oder Bieter sind,
2. einen Bewerber oder Bieter beraten oder sonst unterstützen oder als gesetzliche Vertreter oder nur in dem Vergabeverfahren vertreten, oder
3. beschäftigt oder tätig sind
   a) bei einem Bewerber oder Bieter gegen Entgelt oder bei ihm als Mitglied des Vorstandes, Aufsichtsrates oder gleichartigen Organs oder
   b) für ein in das Vergabeverfahren eingeschaltetes Unternehmen, wenn dieses Unternehmen zugleich geschäftliche Beziehungen zum Auftraggeber und zum Bewerber oder Bieter hat.

(4) [1]Die Vermutung des Absatzes 3 gilt auch für Personen, deren Angehörige die Voraussetzungen nach Absatz 3 Nummer 1 bis 3 erfüllen. [2]Angehörige sind Verlobte, Ehegatten, Lebenspartner, Verwandte und Verschwägerte gerader Linie, Geschwister, Kinder der Geschwister, Ehegatten und Lebenspartner der Geschwister und Geschwister der Ehegatten und Lebenspartner, Geschwister der Eltern sowie Pflegeeltern und Pflegekinder.

§ 5 Mitwirkung an der Vorbereitung des Vergabeverfahrens. (1) Hat ein Unternehmen oder ein mit ihm in Verbindung stehendes Unternehmen den Auftraggeber beraten oder war auf andere Art und Weise an der Vorbereitung des Vergabeverfahrens beteiligt (vorbefasstes Unternehmen), so ergreift der

Auftraggeber angemessene Maßnahmen, um sicherzustellen, dass der Wettbewerb durch die Teilnahme dieses Unternehmens nicht verzerrt wird.

(2) Die Maßnahmen nach Absatz 1 umfassen insbesondere die Unterrichtung der anderen am Vergabeverfahren teilnehmenden Unternehmen in Bezug auf die einschlägigen Informationen, die im Zusammenhang mit der Einbeziehung des vorbefassten Unternehmens in der Vorbereitung des Vergabeverfahrens ausgetauscht wurden oder daraus resultieren, und die Festlegung angemessener Fristen für den Eingang der Angebote und Teilnahmeanträge.

(3) ¹Kann der Wettbewerbsvorteil eines vorbefassten Unternehmens nicht durch andere, weniger einschneidende Maßnahmen beseitigt werden, so kann dieses Unternehmen vom Vergabeverfahren ausgeschlossen werden. ²Zuvor ist ihm die Möglichkeit zu geben nachzuweisen, dass seine Beteiligung an der Vorbereitung des Vergabeverfahrens den Wettbewerb nicht verzerren kann.

§ 6 Dokumentation. (1) Das Vergabeverfahren ist von Anbeginn fortlaufend in Textform nach § 126b des Bürgerlichen Gesetzbuchs zu dokumentieren, sodass die einzelnen Stufen des Verfahrens, die einzelnen Maßnahmen sowie die Begründung der einzelnen Entscheidungen festgehalten werden.

(2) ¹Die Dokumentation sowie die Angebote, Teilnahmeanträge und ihre Anlagen sind mindestens für drei Jahre ab dem Tag des Zuschlags aufzubewahren. ²Anderweitige Vorschriften zur Aufbewahrung bleiben unberührt.

Unterabschnitt 2. Kommunikation

§ 7 Grundsätze der Kommunikation. (1) Für das Senden, Empfangen, Weiterleiten und Speichern von Daten in einem Vergabeverfahren verwenden der Auftraggeber und die Unternehmen grundsätzlich Geräte und Programme für die elektronische Datenübermittlung (elektronische Mittel) nach Maßgabe dieser Verfahrensordnung.

(2) Die Kommunikation in einem Vergabeverfahren kann mündlich erfolgen, wenn sie nicht die Vergabeunterlagen, die Teilnahmeanträge oder die Angebote betrifft und wenn sie ausreichend und in geeigneter Weise dokumentiert wird.

(3) ¹Der Auftraggeber kann von jedem Unternehmen die Angabe einer eindeutigen Unternehmensbezeichnung sowie einer elektronischen Adresse verlangen (Registrierung). ²Für den Zugang zur Auftragsbekanntmachung und zu den Vergabeunterlagen darf der Auftraggeber keine Registrierung verlangen; eine freiwillige Registrierung ist zulässig.

(4) Die §§ 10 bis 12 der Vergabeverordnung¹⁾ gelten für die Anforderungen an die verwendeten elektronischen Mittel und deren Einsatz entsprechend.

Abschnitt 2. Vergabeverfahren

Unterabschnitt 1. Verfahrensarten

§ 8 Wahl der Verfahrensart. (1) Die Vergabe von öffentlichen Aufträgen erfolgt durch Öffentliche Ausschreibung, durch Beschränkte Ausschreibung

---

¹⁾ Nr. 2.

mit oder ohne Teilnahmewettbewerb und durch Verhandlungsvergabe mit oder ohne Teilnahmewettbewerb.

(2) ¹Dem Auftraggeber stehen die Öffentliche Ausschreibung und die Beschränkte Ausschreibung mit Teilnahmewettbewerb nach seiner Wahl zur Verfügung. ²Die anderen Verfahrensarten stehen nur zur Verfügung, soweit dies nach den Absätzen 3 und 4 gestattet ist. ³Abschnitt 3 bleibt unberührt.

(3) Der Auftraggeber kann Aufträge im Wege der Beschränkten Ausschreibung ohne Teilnahmewettbewerb vergeben, wenn

1. eine Öffentliche Ausschreibung kein wirtschaftliches Ergebnis gehabt hat oder

2. eine Öffentliche Ausschreibung oder eine Beschränkte Ausschreibung mit Teilnahmewettbewerb für den Auftraggeber oder die Bewerber oder Bieter einen Aufwand verursachen würde, der zu dem erreichten Vorteil oder dem Wert der Leistung im Missverhältnis stehen würde.

(4) Der Auftraggeber kann Aufträge im Wege der Verhandlungsvergabe mit oder ohne Teilnahmewettbewerb vergeben, wenn

1. der Auftrag konzeptionelle oder innovative Lösungen umfasst,

2. der Auftrag aufgrund konkreter Umstände, die mit der Art, der Komplexität oder dem rechtlichen oder finanziellen Rahmen oder den damit einhergehenden Risiken zusammenhängen, nicht ohne vorherige Verhandlungen vergeben werden kann,

3. die Leistung nach Art und Umfang, insbesondere ihre technischen Anforderungen, vor der Vergabe nicht so eindeutig und erschöpfend beschrieben werden kann, dass hinreichend vergleichbare Angebote erwartet werden können,

4. nach Aufhebung einer Öffentlichen oder Beschränkten Ausschreibung eine Wiederholung kein wirtschaftliches Ergebnis verspricht,

5. die Bedürfnisse des Auftraggebers nicht ohne die Anpassung bereits verfügbarer Lösungen erfüllt werden können,

6. es sich um die Lieferung von Waren oder die Erbringung von Dienstleistungen zur Erfüllung wissenschaftlich-technischer Fachaufgaben auf dem Gebiet von Forschung, Entwicklung und Untersuchung handelt, die nicht der Aufrechterhaltung des allgemeinen Dienstbetriebs und der Infrastruktur einer Dienststelle des Auftraggebers dienen,

7. im Anschluss an Entwicklungsleistungen Aufträge im angemessenen Umfang und für angemessene Zeit an Unternehmen, die an der Entwicklung beteiligt waren, vergeben werden müssen,

8. eine Öffentliche Ausschreibung oder eine Beschränkte Ausschreibung mit oder ohne Teilnahmewettbewerb für den Auftraggeber oder die Bewerber oder Bieter einen Aufwand verursachen würde, der zu dem erreichten Vorteil oder dem Wert der Leistung im Missverhältnis stehen würde,

9. die Leistung aufgrund von Umständen, die der Auftraggeber nicht voraussehen konnte, besonders dringlich ist und die Gründe für die besondere Dringlichkeit nicht dem Verhalten des Auftraggebers zuzurechnen sind,

10. die Leistung nur von einem bestimmten Unternehmen erbracht oder bereitgestellt werden kann,

11. es sich um eine auf einer Warenbörse notierte und erwerbbare Lieferleistung handelt,

12. Leistungen des ursprünglichen Auftragnehmers beschafft werden sollen,
    a) die zur teilweisen Erneuerung oder Erweiterung bereits erbrachter Leistungen bestimmt sind,
    b) bei denen ein Wechsel des Unternehmens dazu führen würde, dass der Auftraggeber eine Leistung mit unterschiedlichen technischen Merkmalen kaufen müsste und
    c) bei denen dieser Wechsel eine technische Unvereinbarkeit oder unverhältnismäßige technische Schwierigkeiten bei Gebrauch und Wartung mit sich bringen würde,
13. Ersatzteile und Zubehörstücke zu Maschinen und Geräten vom Lieferanten der ursprünglichen Leistung beschafft werden sollen und diese Stücke in brauchbarer Ausführung von anderen Unternehmen nicht oder nicht unter wirtschaftlichen Bedingungen bezogen werden können,
14. eine vorteilhafte Gelegenheit zu einer wirtschaftlicheren Beschaffung führt, als dies bei Durchführung einer Öffentlichen oder Beschränkten Ausschreibung der Fall wäre,
15. es aus Gründen der Sicherheit oder Geheimhaltung erforderlich ist,
16. der öffentliche Auftrag ausschließlich vergeben werden soll
    a) gemäß § 1 Absatz 3 an Werkstätten für Menschen mit Behinderungen oder an Unternehmen, deren Hauptzweck die soziale und berufliche Integration von Menschen mit Behinderungen oder von benachteiligten Personen ist, oder
    b) an Justizvollzugsanstalten oder
17. dies durch Ausführungsbestimmungen eines Bundes- oder Landesministeriums bis zu einem bestimmten Höchstwert (Wertgrenze) zugelassen ist; eine solche Wertgrenze kann auch festgesetzt werden für die Vergabe von Liefer- oder Dienstleistungsaufträgen einer Auslandsdienststelle im Ausland oder einer inländischen Dienststelle, die im Ausland für einen dort zu deckenden Bedarf beschafft.

§ 9 Öffentliche Ausschreibung. (1) [1] Bei einer Öffentlichen Ausschreibung fordert der Auftraggeber eine unbeschränkte Anzahl von Unternehmen öffentlich zur Abgabe von Angeboten auf. [2] Jedes interessierte Unternehmen kann ein Angebot abgeben.

(2) [1] Der Auftraggeber darf von den Bietern nur Aufklärung über ihre Eignung, das Vorliegen von Ausschlussgründen oder über das Angebot verlangen. [2] Verhandlungen, insbesondere über Änderungen der Angebote oder Preise, sind unzulässig.

§ 10 Beschränkte Ausschreibung mit Teilnahmewettbewerb. (1) [1] Bei einer Beschränkten Ausschreibung mit Teilnahmewettbewerb fordert der Auftraggeber eine unbeschränkte Anzahl von Unternehmen im Rahmen eines Teilnahmewettbewerbs öffentlich zur Abgabe von Teilnahmeanträgen auf. [2] Jedes interessierte Unternehmen kann einen Teilnahmeantrag abgeben. [3] Mit dem Teilnahmeantrag übermitteln die Unternehmen die vom Auftraggeber geforderten Informationen für die Prüfung ihrer Eignung und des Nichtvorliegens von Ausschlussgründen.

(2) [1] Nur diejenigen Unternehmen, die vom Auftraggeber nach Prüfung der übermittelten Informationen gemäß § 37 dazu aufgefordert werden, dürfen ein

Angebot abgeben. [2] Der Auftraggeber kann die Zahl der Bewerber, die zur Angebotsabgabe aufgefordert werden, gemäß § 36 begrenzen.

(3) § 9 Absatz 2 gilt entsprechend.

§ 11 Beschränkte Ausschreibung ohne Teilnahmewettbewerb.

(1) Bei einer Beschränkten Ausschreibung ohne Teilnahmewettbewerb fordert der Auftraggeber ohne vorherige Durchführung eines Teilnahmewettbewerbs mehrere, grundsätzlich mindestens drei Unternehmen zur Abgabe eines Angebots auf.

(2) [1] Für die Auswahl darf der Auftraggeber nur geeignete Unternehmen auffordern, bei denen keine Ausschlussgründe vorliegen. [2] Soweit der Auftraggeber die Erfüllung der Eignungskriterien und das Nichtvorliegen von Ausschlussgründen eines beteiligten Unternehmens im Vorfeld nicht abschließend feststellen kann, darf er die notwendigen Nachweise und Erklärungen auch noch mit oder nach Versendung der Aufforderung zur Angebotsabgabe von dem betreffenden Unternehmen verlangen.

(3) § 9 Absatz 2 gilt entsprechend.

(4) Der Auftraggeber soll zwischen den Unternehmen, die zur Abgabe eines Angebots aufgefordert werden, wechseln.

§ 12 Verhandlungsvergabe mit oder ohne Teilnahmewettbewerb.

(1) [1] Der Auftraggeber kann eine Verhandlungsvergabe mit oder ohne Teilnahmewettbewerb durchführen. [2] Bei einer Verhandlungsvergabe mit Teilnahmewettbewerb gilt § 10 Absatz 1 und 2 entsprechend.

(2) [1] Bei einer Verhandlungsvergabe ohne Teilnahmewettbewerb fordert der Auftraggeber mehrere, grundsätzlich mindestens drei Unternehmen zur Abgabe eines Angebots oder zur Teilnahme an Verhandlungen auf. [2] § 11 Absatz 2 gilt entsprechend. [3] Der Auftraggeber soll zwischen den Unternehmen, die zur Abgabe eines Angebots oder zur Teilnahme an Verhandlungen aufgefordert werden, wechseln.

(3) Im Falle einer Verhandlungsvergabe nach § 8 Absatz 4 Nummer 9 bis 14 darf auch nur ein Unternehmen zur Abgabe eines Angebots oder zur Teilnahme an Verhandlungen aufgefordert werden.

(4) [1] Es darf über den gesamten Angebotsinhalt verhandelt werden mit Ausnahme der vom Auftraggeber in der Leistungsbeschreibung festgelegten Mindestanforderungen und Zuschlagskriterien. [2] Der Auftraggeber kann den Zuschlag, auch ohne zuvor verhandelt zu haben, unter Beachtung der Grundsätze nach § 2 Absatz 1 und 2 auf ein Angebot erteilen, wenn er sich dies in der Auftragsbekanntmachung, den Vergabeunterlagen oder bei der Aufforderung zur Abgabe des Angebots vorbehalten hat und die Bindefrist für den Bieter noch nicht abgelaufen ist.

(5) [1] Der Auftraggeber stellt sicher, dass alle Bieter bei den Verhandlungen gleich behandelt werden. [2] Insbesondere enthält er sich jeder diskriminierenden Weitergabe von Informationen, durch die bestimmte Bieter gegenüber anderen begünstigt werden könnten. [3] Er unterrichtet alle Bieter über etwaige Änderungen der Leistungsbeschreibung, insbesondere der technischen Anforderungen oder anderer Bestandteile der Vergabeunterlagen. [4] Der Auftraggeber darf vertrauliche Informationen eines an den Verhandlungen teilnehmenden Bieters nicht ohne dessen Zustimmung an die anderen Bieter, mit denen verhandelt

wird, weitergeben. [5] Eine solche Zustimmung darf nicht allgemein, sondern nur in Bezug auf die beabsichtigte Mitteilung bestimmter Informationen erteilt werden.

(6) Beabsichtigt der Auftraggeber, nach geführten Verhandlungen diese abzuschließen, so unterrichtet er die Bieter und legt eine einheitliche Frist für die Einreichung der endgültigen Angebote, über die nicht mehr verhandelt werden darf, fest.

§ 13 Angemessene Fristsetzung; Pflicht zur Fristverlängerung.

(1) [1] Der Auftraggeber legt angemessene Fristen für den Eingang der Teilnahmeanträge (Teilnahmefrist) und Angebote (Angebotsfrist) nach den §§ 9 bis 12 sowie für die Geltung der Angebote (Bindefrist) fest. [2] Bei der Festlegung der Fristen sind insbesondere die Komplexität der Leistung, die beizubringenden Erklärungen und Nachweise (Unterlagen), die Zeit für die Ausarbeitung der Teilnahmeanträge und Angebote, die Zeit für die Auswertung der Teilnahmeanträge und Angebote, die gewählten Kommunikationsmittel und die zuvor auf Beschafferprofilen veröffentlichten Informationen angemessen zu berücksichtigen.

(2) Allen Bewerbern und Bietern sind gleiche Fristen zu setzen.

(3) Können Angebote nur nach einer Besichtigung am Ort der Leistungserbringung oder nach Einsichtnahme in die Anlagen zu den Vergabeunterlagen vor Ort beim Auftraggeber erstellt werden, so sind die Angebotsfristen so festzulegen, dass alle Unternehmen von allen Informationen, die für die Erstellung des Angebots erforderlich sind, unter gewöhnlichen Umständen Kenntnis nehmen können.

(4) Die nach Absatz 1 gesetzten Fristen sind, soweit erforderlich, angemessen zu verlängern, wenn

1. zusätzliche wesentliche Informationen vom Auftraggeber vor Ablauf der Angebotsfrist zur Verfügung gestellt werden oder

2. der Auftraggeber wesentliche Änderungen an den Vergabeunterlagen vornimmt.

§ 14 Direktauftrag. [1] Leistungen bis zu einem voraussichtlichen Auftragswert von 1 000 Euro ohne Umsatzsteuer können unter Berücksichtigung der Haushaltsgrundsätze der Wirtschaftlichkeit und Sparsamkeit ohne die Durchführung eines Vergabeverfahrens beschafft werden (Direktauftrag). [2] Der Auftraggeber soll zwischen den beauftragten Unternehmen wechseln.

Unterabschnitt 2. Besondere Methoden und Instrumente in Vergabeverfahren

§ 15 Rahmenvereinbarungen. (1) Rahmenvereinbarungen sind Vereinbarungen zwischen einem oder mehreren Auftraggebern und einem oder mehreren Unternehmen, die dazu dienen, die Bedingungen für die öffentlichen Aufträge, die während eines bestimmten Zeitraums vergeben werden sollen, festzulegen, insbesondere in Bezug auf den Preis.

(2) [1] Der Abschluss einer Rahmenvereinbarung erfolgt im Wege einer nach dieser Verfahrensordnung anwendbaren Verfahrensart. [2] Das in Aussicht genommene Auftragsvolumen ist so genau wie möglich zu ermitteln und bekannt zu geben, braucht aber nicht abschließend festgelegt zu werden. [3] Eine Rahmen-

vereinbarung darf nicht missbräuchlich oder in einer Art angewendet werden, die den Wettbewerb behindert, einschränkt oder verfälscht.

(3) ¹Auf einer Rahmenvereinbarung beruhende Einzelaufträge werden entsprechend den Bedingungen der Rahmenvereinbarung vergeben. ²Die Erteilung von Einzelaufträgen ist nur zulässig zwischen den in der Auftragsbekanntmachung oder in den Vergabeunterlagen genannten Auftraggebern und den Unternehmen, mit denen Rahmenvereinbarungen abgeschlossen wurden. ³Es dürfen keine wesentlichen Änderungen an den Bedingungen der Rahmenvereinbarung vorgenommen werden.

(4) Die Laufzeit einer Rahmenvereinbarung darf höchstens sechs Jahre betragen, es sei denn, es liegt ein im Gegenstand der Rahmenvereinbarung begründeter Sonderfall vor.

§ 16 Gelegentliche gemeinsame Auftragsvergabe; zentrale Beschaffung. Für die Nutzung zentraler Beschaffungsstellen und die gelegentliche gemeinsame Auftragsvergabe finden § 120 Absatz 4 des Gesetzes gegen Wettbewerbsbeschränkungen[1] und § 4 der Vergabeverordnung[2] entsprechende Anwendung.

§ 17 Dynamische Beschaffungssysteme. (1) Der Auftraggeber kann für die Beschaffung marktüblicher Leistungen ein dynamisches Beschaffungssystem nutzen.

(2) Bei der Auftragsvergabe über ein dynamisches Beschaffungssystem befolgt der Auftraggeber die Vorschriften für die Beschränkte Ausschreibung mit Teilnahmewettbewerb.

(3) ¹Ein dynamisches Beschaffungssystem wird ausschließlich mithilfe elektronischer Mittel eingerichtet und betrieben. ²Die §§ 11 oder 12 der Vergabeverordnung[2] finden entsprechende Anwendung.

(4) ¹Ein dynamisches Beschaffungssystem steht im gesamten Zeitraum seiner Einrichtung allen Bietern offen, die die im jeweiligen Vergabeverfahren festgelegten Eignungskriterien erfüllen. ²Die Zahl der zum dynamischen Beschaffungssystem zugelassenen Bewerber darf nicht begrenzt werden.

(5) Der Zugang zu einem dynamischen Beschaffungssystem ist für alle Unternehmen kostenlos.

(6) Für den Betrieb eines dynamischen Beschaffungssystems findet § 23 Absatz 1 und 3 bis 6 der Vergabeverordnung entsprechende Anwendung.

§ 18 Elektronische Auktionen. ¹Der Auftraggeber kann im Rahmen einer Öffentlichen Ausschreibung oder einer Beschränkten Ausschreibung mit Teilnahmewettbewerb eine elektronische Auktion durchführen, sofern der Inhalt der Vergabeunterlagen hinreichend präzise beschrieben und die Leistung mithilfe automatischer Bewertungsmethoden eingestuft werden kann. ²Geistigschöpferische Leistungen können nicht Gegenstand elektronischer Auktionen sein. ³Eine elektronische Auktion kann mehrere, aufeinander folgende Phasen umfassen und findet unter entsprechender Beachtung der Grundsätze für die Durchführung elektronischer Auktionen gemäß § 25 Absatz 2 bis 4 und § 26 der Vergabeverordnung[2] statt.

---

[1] Nr. **1**.
[2] Nr. **2**.

§ 19 Elektronische Kataloge. (1) [1] Der Auftraggeber kann festlegen, dass Angebote in Form eines elektronischen Kataloges einzureichen sind oder einen elektronischen Katalog beinhalten müssen. [2] Angeboten, die in Form eines elektronischen Kataloges eingereicht werden, können weitere Unterlagen beigefügt werden.

(2) § 27 Absatz 2 bis 4 der Vergabeverordnung[1] findet entsprechende Anwendung.

Unterabschnitt 3. Vorbereitung des Vergabeverfahrens

§ 20 Markterkundung. (1) Vor der Einleitung eines Vergabeverfahrens darf der Auftraggeber Markterkundungen zur Vorbereitung der Auftragsvergabe und zur Unterrichtung der Unternehmen über seine Auftragsvergabepläne und -anforderungen durchführen.

(2) Die Durchführung von Vergabeverfahren lediglich zur Markterkundung und zum Zwecke der Kosten- oder Preisermittlung ist unzulässig.

§ 21 Vergabeunterlagen. (1) [1] Die Vergabeunterlagen umfassen alle Angaben, die erforderlich sind, um dem Bewerber oder Bieter eine Entscheidung zur Teilnahme am Vergabeverfahren zu ermöglichen. [2] Sie bestehen in der Regel aus

1. dem Anschreiben, insbesondere der Aufforderung zur Abgabe von Teilnahmeanträgen oder Angeboten oder Begleitschreiben für die Abgabe der angeforderten Unterlagen,

2. der Beschreibung der Einzelheiten der Durchführung des Verfahrens (Bewerbungsbedingungen), einschließlich der Angabe der Eignungs- und Zuschlagskriterien, sofern nicht bereits in der Auftragsbekanntmachung genannt, und

3. den Vertragsunterlagen, die aus der Leistungsbeschreibung und den Vertragsbedingungen bestehen.

(2) Der Teil B der Vergabe- und Vertragsordnung für Leistungen in der bei Einleitung des Vergabeverfahrens jeweils geltenden Fassung ist in der Regel in den Vertrag einzubeziehen.

(3) [1] Vertragsstrafen sollen nur für die Überschreitung von Ausführungsfristen vereinbart werden, wenn die Überschreitung erhebliche Nachteile verursachen kann. [2] Die Strafe ist in angemessenen Grenzen zu halten.

(4) Andere Verjährungsfristen als die in Teil B der Vergabe- und Vertragsordnung für Leistungen in der bei Einleitung des Vergabeverfahrens jeweils geltenden Fassung enthaltenen Verjährungsfristen sind nur vorzusehen, wenn dies nach der Eigenart der Leistung erforderlich ist.

(5) [1] Auf Sicherheitsleistungen soll ganz oder teilweise verzichtet werden, es sei denn, sie erscheinen ausnahmsweise für die sach- und fristgemäße Durchführung der verlangten Leistung notwendig. [2] Die Sicherheit für die Erfüllung sämtlicher Verpflichtungen aus dem Vertrag soll fünf Prozent der Auftragssumme nicht überschreiten.

---

[1] Nr. 2.

§ 22 Aufteilung nach Losen. (1) [1]Leistungen sind in der Menge aufgeteilt (Teillose) und getrennt nach Art oder Fachgebiet (Fachlose) zu vergeben. [2]Bei der Vergabe kann auf eine Aufteilung oder Trennung verzichtet werden, wenn wirtschaftliche oder technische Gründe dies erfordern. [3]Der Auftraggeber kann festlegen, ob die Angebote nur für ein Los, für mehrere oder für alle Lose eingereicht werden dürfen. [4]Er kann, auch wenn Angebote für mehrere oder alle Lose eingereicht werden dürfen, die Zahl der Lose auf eine Höchstzahl beschränken, für die ein einzelner Bieter den Zuschlag erhalten kann.

(2) [1]Der Auftraggeber gibt die Vorgaben nach Absatz 1 bei Öffentlichen Ausschreibungen und Verfahrensarten mit Teilnahmewettbewerb bereits in der Auftragsbekanntmachung, ansonsten in den Vergabeunterlagen bekannt. [2]Er gibt die objektiven und nichtdiskriminierenden Kriterien in den Vergabeunterlagen an, die er bei der Vergabe von Losen anzuwenden beabsichtigt, wenn die Anwendung der Zuschlagskriterien dazu führen würde, dass ein einzelner Bieter den Zuschlag für eine größere Zahl von Losen als die Höchstzahl erhält.

(3) In Fällen, in denen ein einziger Bieter den Zuschlag für mehr als ein Los erhalten kann, kann der Auftraggeber Aufträge über mehrere oder alle Lose vergeben, wenn er bei Öffentlichen Ausschreibungen und Verfahrensarten mit Teilnahmewettbewerb bereits in der Auftragsbekanntmachung, ansonsten in den Vergabeunterlagen angegeben hat, dass er sich diese Möglichkeit vorbehält und die Lose oder Losgruppen angibt, die kombiniert werden können.

§ 23 Leistungsbeschreibung. (1) [1]In der Leistungsbeschreibung ist der Auftragsgegenstand so eindeutig und erschöpfend wie möglich zu beschreiben, sodass die Beschreibung für alle Unternehmen im gleichen Sinne verständlich ist und die Angebote miteinander verglichen werden können. [2]Die Leistungsbeschreibung enthält die Funktions- oder Leistungsanforderungen oder eine Beschreibung der zu lösenden Aufgabe, deren Kenntnis für die Erstellung des Angebots erforderlich ist, sowie Umstände und Bedingungen der Leistungserbringung.

(2) [1]Die Leistungsbeschreibung kann auch Aspekte der Qualität sowie soziale, innovative und umweltbezogene Merkmale umfassen. [2]Diese können sich auch auf den Prozess oder die Methode zur Herstellung oder Erbringung der Leistung oder auf ein anderes Stadium im Lebenszyklus des Auftragsgegenstands einschließlich der Produktions- und Lieferkette beziehen, auch wenn derartige Faktoren nicht materielle Bestandteile der Leistung sind, sofern diese Merkmale in Verbindung mit dem Auftragsgegenstand stehen und zu dessen Wert und Beschaffungszielen verhältnismäßig sind.

(3) In der Leistungsbeschreibung kann ferner festgelegt werden, ob Rechte des geistigen Eigentums übertragen oder dem Auftraggeber daran Nutzungsrechte eingeräumt werden müssen.

(4) Bei der Beschaffung von Leistungen, die zur Nutzung durch natürliche Personen vorgesehen sind, sind bei der Erstellung der Leistungsbeschreibung außer in ordnungsgemäß begründeten Fällen die Zugänglichkeitskriterien für Menschen mit Behinderungen oder die Konzeption für alle Nutzer zu berücksichtigen.

(5) [1]Bezeichnungen für bestimmte Erzeugnisse oder Verfahren wie beispielsweise Markennamen dürfen ausnahmsweise, jedoch nur mit dem Zusatz „oder gleichwertig", verwendet werden, wenn eine hinreichend genaue Beschreibung durch verkehrsübliche Bezeichnungen nicht möglich ist. [2]Der Zusatz

„oder gleichwertig" kann entfallen, wenn ein sachlicher Grund die Produktvorgabe ansonsten rechtfertigt. [3] Ein solcher Grund liegt insbesondere dann vor, wenn die Auftraggeber Erzeugnisse oder Verfahren mit unterschiedlichen Merkmalen zu bereits bei ihnen vorhandenen Erzeugnissen oder Verfahren beschaffen müssten und dies mit unverhältnismäßig hohem finanziellen Aufwand oder unverhältnismäßigen Schwierigkeiten bei Integration, Gebrauch, Betrieb oder Wartung verbunden wäre. [4] Die Gründe sind zu dokumentieren.

§ 24 Nachweisführung durch Gütezeichen. (1) Als Beleg dafür, dass eine Leistung bestimmten, in der Leistungsbeschreibung geforderten Merkmalen entspricht, kann der Auftraggeber die Vorlage von Gütezeichen nach Maßgabe der Absätze 2 bis 4 verlangen.

(2) Das Gütezeichen muss allen folgenden Bedingungen genügen:

1. Die Anforderungen des Gütezeichens beruhen auf objektiv nachprüfbaren und nichtdiskriminierenden Kriterien, die für die Bestimmung der Merkmale der Leistung geeignet sind.

2. Das Gütezeichen wurde im Rahmen eines offenen und transparenten Verfahrens entwickelt, an dem alle interessierten Kreise teilnehmen können.

3. Alle betroffenen Unternehmen haben Zugang zum Gütezeichen.

4. Die Anforderungen wurden von einem Dritten festgelegt, auf den das Unternehmen, das das Gütezeichen erwirbt, keinen maßgeblichen Einfluss ausüben konnte.

(3) Für den Fall, dass die Leistung nicht allen Anforderungen des Gütezeichens entsprechen muss, hat der Auftraggeber die betreffenden Anforderungen anzugeben.

(4) Der Auftraggeber muss andere Gütezeichen akzeptieren, wenn der Bieter nachweist, dass diese gleichwertige Anforderungen an die Leistung stellen.

(5) Hatte ein Unternehmen aus Gründen, die ihm nicht zugerechnet werden können, nachweislich keine Möglichkeit, das vom Auftraggeber angegebene oder ein gleichwertiges Gütezeichen innerhalb einer einschlägigen Frist zu erlangen, so muss der Auftraggeber andere geeignete Belege akzeptieren, sofern das Unternehmen nachweist, dass die von ihm zu erbringende Leistung die Anforderungen des geforderten Gütezeichens oder die vom Auftraggeber angegebenen spezifischen Anforderungen erfüllt.

§ 25 Nebenangebote. [1] Der Auftraggeber kann Nebenangebote bei Öffentlichen Ausschreibungen und Verfahrensarten mit Teilnahmewettbewerb bereits in der Auftragsbekanntmachung, ansonsten in den Vergabeunterlagen zulassen. [2] Fehlt eine entsprechende Angabe, sind keine Nebenangebote zugelassen. [3] Nebenangebote müssen mit dem Auftragsgegenstand in Verbindung stehen. [4] Bei der Entscheidung über den Zuschlag sind die Grundsätze der Transparenz und Gleichbehandlung zu beachten.

§ 26 Unteraufträge. (1) [1] Der Auftraggeber kann Unternehmen in der Auftragsbekanntmachung oder den Vergabeunterlagen auffordern, bei Angebotsabgabe die Teile des Auftrags, die sie im Wege der Unterauftragsvergabe an Dritte zu vergeben beabsichtigen, sowie, falls zumutbar, die vorgesehenen Unterauftragnehmer zu benennen. [2] Vor Zuschlagserteilung kann der Auftraggeber von den Bietern, deren Angebote in die engere Wahl kommen, verlangen, die Unterauftragnehmer zu benennen und nachzuweisen, dass ihnen

die erforderlichen Mittel dieser Unterauftragnehmer zur Verfügung stehen.
³Wenn ein Bewerber oder Bieter die Vergabe eines Teils des Auftrags an einen
Dritten im Wege der Unterauftragsvergabe beabsichtigt und sich zugleich im
Hinblick auf seine Leistungsfähigkeit gemäß § 34 Absatz 2 auf die Kapazitäten
dieses Dritten beruft, ist auch § 35 anzuwenden.

(2) Die Haftung des Hauptauftragnehmers gegenüber dem Auftraggeber
bleibt von Absatz 1 unberührt.

(3) Für Unterauftragnehmer aller Stufen gilt § 128 Absatz 1 des Gesetzes
gegen Wettbewerbsbeschränkungen¹⁾ entsprechend.

(4) ¹Der Auftraggeber kann in den Vertragsbedingungen vorschreiben, dass
der Auftragnehmer spätestens bei Beginn der Auftragsausführung die Namen,
die Kontaktdaten und die gesetzlichen Vertreter seiner Unterauftragnehmer
mitteilt und dass jede im Rahmen der Auftragsausführung eintretende Änderung auf der Ebene der Unterauftragnehmer mitzuteilen ist. ²Des Weiteren
können die Mitteilungspflichten des Auftragnehmers auch auf Lieferanten, die
an Dienstleistungsaufträgen beteiligt sind, sowie auf weitere Stufen in der Kette
der Unterauftragnehmer ausgeweitet werden.

(5) ¹Erhält der Auftraggeber Kenntnis darüber, dass Gründe für einen zwingenden Ausschluss eines Unterauftragnehmers nach § 31 vorliegen, so verlangt
der Auftraggeber die Ersetzung des Unterauftragnehmers. ²Betrifft die Kenntnis fakultative Ausschlussgründe nach § 31, kann der Auftraggeber verlangen,
dass dieser ersetzt wird. ³Der Auftraggeber setzt dem Bewerber oder Bieter
dafür eine Frist. ⁴Die Frist ist so zu bemessen, dass dem Auftraggeber durch die
Verzögerung keine Nachteile entstehen. ⁵Ist dem Bewerber oder Bieter ein
Wechsel des Unterauftragnehmers innerhalb dieser Frist nicht möglich, wird
das Angebot ausgeschlossen.

(6) Der Auftraggeber kann vorschreiben, dass alle oder bestimmte Aufgaben
bei der Leistungserbringung unmittelbar vom Auftragnehmer selbst oder im
Fall einer Bietergemeinschaft von einem Teilnehmer der Bietergemeinschaft
ausgeführt werden müssen.

Unterabschnitt 4. Veröffentlichungen; Transparenz

§ 27 Auftragsbekanntmachung; Beschafferprofil. (1) Der Auftraggeber
teilt seine Absicht, im Wege einer Öffentlichen Ausschreibung, einer Beschränkten Ausschreibung mit Teilnahmewettbewerb oder einer Verhandlungsvergabe mit Teilnahmewettbewerb einen öffentlichen Auftrag zu vergeben oder
eine Rahmenvereinbarung abzuschließen, in einer Auftragsbekanntmachung
mit.

(2) ¹Der Auftraggeber kann im Internet zusätzlich ein Beschafferprofil einrichten. ²Es enthält die Veröffentlichung von Angaben über geplante oder
laufende Vergabeverfahren, über vergebene Aufträge oder aufgehobene Vergabeverfahren sowie alle sonstigen für die Auftragsvergabe relevanten Informationen wie zum Beispiel Kontaktstelle, Anschrift, E-Mail-Adresse, Telefon-
und Telefaxnummer des Auftraggebers.

§ 28 Veröffentlichung von Auftragsbekanntmachungen. (1) ¹Auftragsbekanntmachungen sind auf den Internetseiten des Auftraggebers oder auf

---

¹⁾ Nr. 1.

Internetportalen zu veröffentlichen. [2]Zusätzlich können Auftragsbekannt-machungen in Tageszeitungen, amtlichen Veröffentlichungsblättern oder Fach-zeitschriften veröffentlicht werden. [3]Auftragsbekanntmachungen auf Internet-seiten des Auftraggebers oder auf Internetportalen müssen zentral über die Suchfunktion des Internetportals www.bund.de ermittelt werden können.

(2) [1]Aus der Auftragsbekanntmachung müssen alle Angaben für eine Ent-scheidung zur Teilnahme am Vergabeverfahren oder zur Angebotsabgabe er-sichtlich sein. [2]Sie enthält mindestens:

1. die Bezeichnung und die Anschrift der zur Angebotsabgabe auffordernden Stelle, der den Zuschlag erteilenden Stelle sowie der Stelle, bei der die Angebote oder Teilnahmeanträge einzureichen sind,

2. die Verfahrensart,

3. die Form, in der Teilnahmeanträge oder Angebote einzureichen sind,

4. gegebenenfalls in den Fällen des § 29 Absatz 3 die Maßnahmen zum Schutz der Vertraulichkeit und die Informationen zum Zugriff auf die Vergabe-unterlagen,

5. Art und Umfang der Leistung sowie den Ort der Leistungserbringung,

6. gegebenenfalls die Anzahl, Größe und Art der einzelnen Lose,

7. gegebenenfalls die Zulassung von Nebenangeboten,

8. etwaige Bestimmungen über die Ausführungsfrist,

9. die elektronische Adresse, unter der die Vergabeunterlagen abgerufen wer-den können oder die Bezeichnung und die Anschrift der Stelle, die die Vergabeunterlagen abgibt oder bei der sie eingesehen werden können,

10. die Teilnahme- oder Angebots- und Bindefrist,

11. die Höhe etwa geforderter Sicherheitsleistungen,

12. die wesentlichen Zahlungsbedingungen oder die Angabe der Unterlagen, in denen sie enthalten sind,

13. die mit dem Angebot oder dem Teilnahmeantrag vorzulegenden Unterla-gen, die der Auftraggeber für die Beurteilung der Eignung des Bewerbers oder Bieters und des Nichtvorliegens von Ausschlussgründen verlangt, und

14. die Angabe der Zuschlagskriterien, sofern diese nicht in den Vergabeunter-lagen genannt werden.

§ 29 Bereitstellung der Vergabeunterlagen. (1) Der Auftraggeber gibt in der Auftragsbekanntmachung eine elektronische Adresse an, unter der die Ver-gabeunterlagen unentgeltlich, uneingeschränkt, vollständig und direkt abge-rufen werden können.

(2) Der Auftraggeber kann die Vergabeunterlagen auf einem anderen geeig-neten Weg übermitteln, wenn die erforderlichen elektronischen Mittel zum Abruf der Vergabeunterlagen

1. aufgrund der besonderen Art der Auftragsvergabe nicht mit allgemein ver-fügbaren oder verbreiteten Geräten und Programmen der Informations- und Kommunikationstechnologie kompatibel sind,

2. Dateiformate zur Beschreibung der Angebote verwenden, die nicht mit allgemein verfügbaren oder verbreiteten Programmen verarbeitet werden können oder die durch andere als kostenlose und allgemein verfügbare Lizenzen geschützt sind, oder

3. die Verwendung von Bürogeräten voraussetzen, die dem Auftraggeber nicht allgemein zur Verfügung stehen.

(3) Der Auftraggeber gibt in der Auftragsbekanntmachung an, welche Maßnahmen er zum Schutz der Vertraulichkeit von Informationen anwendet und wie auf die Vergabeunterlagen zugegriffen werden kann.

§ 30 Vergabebekanntmachung. (1) ¹Der Auftraggeber informiert nach der Durchführung einer Beschränkten Ausschreibung ohne Teilnahmewettbewerb oder einer Verhandlungsvergabe ohne Teilnahmewettbewerb für die Dauer von drei Monaten über jeden so vergebenen Auftrag ab einem Auftragswert von 25 000 Euro ohne Umsatzsteuer auf seinen Internetseiten oder auf Internetportalen. ²Diese Information enthält mindestens folgende Angaben:

1. Name und Anschrift des Auftraggebers und dessen Beschaffungsstelle,
2. Name des beauftragten Unternehmens; soweit es sich um eine natürliche Person handelt, ist deren Einwilligung einzuholen oder deren Name zu anonymisieren,
3. Verfahrensart,
4. Art und Umfang der Leistung,
5. Zeitraum der Leistungserbringung.

(2) Der Auftraggeber ist nicht verpflichtet, einzelne Angaben zu veröffentlichen, wenn deren Veröffentlichung

1. den Gesetzesvollzug behindern,
2. dem öffentlichen Interesse zuwiderlaufen,
3. den berechtigten geschäftlichen Interessen eines Unternehmens schaden oder
4. den lauteren Wettbewerb zwischen Unternehmen beeinträchtigen würde.

Unterabschnitt 5. Anforderungen an Unternehmen; Eignung

§ 31 Auswahl geeigneter Unternehmen; Ausschluss von Bewerbern und Bietern. (1) Öffentliche Aufträge werden an fachkundige und leistungsfähige (geeignete) Unternehmen vergeben, die nicht in entsprechender Anwendung der §§ 123 oder 124 des Gesetzes gegen Wettbewerbsbeschränkungen[1] ausgeschlossen worden sind.

(2) ¹Der Auftraggeber überprüft die Eignung der Bewerber oder Bieter anhand der nach § 33 festgelegten Eignungskriterien. ²Die Eignungskriterien können die Befähigung und Erlaubnis zur Berufsausübung oder die wirtschaftliche, finanzielle, technische oder berufliche Leistungsfähigkeit betreffen. ³Bei Vorliegen von Ausschlussgründen sind § 125 des Gesetzes gegen Wettbewerbsbeschränkungen[1] zur Selbstreinigung und § 126 des Gesetzes gegen Wettbewerbsbeschränkungen[1] zur zulässigen Höchstdauer des Ausschlusses entsprechend anzuwenden. ⁴§ 123 Absatz 1 Nummer 4 und 5 des Gesetzes gegen Wettbewerbsbeschränkungen[1] findet auch insoweit entsprechende Anwendung, soweit sich die Straftat gegen öffentliche Haushalte richtet. ⁵§ 124 Absatz 1 Nummer 7 des Gesetzes gegen Wettbewerbsbeschränkungen[1] findet mit der Maßgabe entsprechende Anwendung, dass die mangelhafte Vertragserfül-

---

[1] Nr. 1.

lung weder zu einer vorzeitigen Beendigung des Vertrags, noch zu Schadensersatz oder einer vergleichbaren Rechtsfolge geführt haben muss.

(3) Bei Verfahrensarten mit Teilnahmewettbewerb fordert der Auftraggeber nur solche Bewerber zur Abgabe eines Angebots auf, die ihre Eignung nachgewiesen haben und nicht ausgeschlossen worden sind.

(4) Bei einer Öffentlichen Ausschreibung kann der Auftraggeber entscheiden, ob er die Angebotsprüfung vor der Eignungsprüfung durchführt.

§ 32 Rechtsform von Unternehmen und Bietergemeinschaften.
(1) [1]Bewerber oder Bieter, die gemäß den Rechtsvorschriften des Staates, in dem sie niedergelassen sind, zur Erbringung der betreffenden Leistung berechtigt sind, dürfen nicht allein deshalb zurückgewiesen werden, weil sie gemäß den deutschen Rechtsvorschriften eine natürliche oder juristische Person sein müssten. [2]Juristische Personen können jedoch bei Dienstleistungsaufträgen sowie bei Lieferaufträgen, die zusätzlich Dienstleistungen umfassen, verpflichtet werden, in ihrem Antrag auf Teilnahme oder in ihrem Angebot die Namen und die berufliche Befähigung der Personen anzugeben, die für die Erbringung der Leistung als verantwortlich vorgesehen sind.

(2) [1]Bewerber- und Bietergemeinschaften sind wie Einzelbewerber und -bieter zu behandeln. [2]Der Auftraggeber darf nicht verlangen, dass Gruppen von Unternehmen eine bestimmte Rechtsform haben müssen, um einen Antrag auf Teilnahme zu stellen oder ein Angebot abzugeben. [3]Sofern erforderlich, kann der Auftraggeber in den Vergabeunterlagen Bedingungen festlegen, wie Gruppen von Unternehmen die Eignungskriterien zu erfüllen und den Auftrag auszuführen haben; solche Bedingungen müssen durch sachliche Gründe gerechtfertigt und angemessen sein.

(3) Unbeschadet des Absatzes 2 kann der Auftraggeber verlangen, dass eine Bietergemeinschaft nach Zuschlagserteilung eine bestimmte Rechtsform annimmt, soweit dies für die ordnungsgemäße Durchführung des Auftrags erforderlich ist.

§ 33 Eignungskriterien. (1) [1]Der Auftraggeber kann im Hinblick auf die Befähigung und Erlaubnis zur Berufsausübung und die wirtschaftliche, finanzielle, technische und berufliche Leistungsfähigkeit Anforderungen stellen, die sicherstellen, dass die Bewerber oder Bieter über die erforderliche Eignung für die ordnungsgemäße Ausführung des Auftrags verfügen. [2]Die Anforderungen müssen mit dem Auftragsgegenstand in Verbindung und zu diesem in einem angemessenen Verhältnis stehen. [3]Sie sind bei Öffentlichen Ausschreibungen und Verfahrensarten mit Teilnahmewettbewerb bereits in der Auftragsbekanntmachung, ansonsten in den Vergabeunterlagen aufzuführen.

(2) Soweit eintragungs-, anzeige- oder erlaubnispflichtige Tätigkeiten Gegenstand der Leistung sind, kann der Auftraggeber zu jedem Zeitpunkt des Verfahrens entsprechende Nachweise der Befähigung und Erlaubnis zur Berufsausübung verlangen.

§ 34 Eignungsleihe. (1) [1]Ein Bewerber oder Bieter kann für einen bestimmten öffentlichen Auftrag im Hinblick auf die erforderliche wirtschaftliche, finanzielle, technische und berufliche Leistungsfähigkeit die Kapazitäten anderer Unternehmen in Anspruch nehmen, wenn er nachweist, dass ihm die für den Auftrag erforderlichen Mittel tatsächlich zur Verfügung stehen werden, indem er beispielsweise eine entsprechende Verpflichtungserklärung dieser Unternehmen vorlegt. [2] Diese Möglichkeit besteht unabhängig von der Rechtsnatur der zwischen dem Bewerber oder Bieter und den anderen Unternehmen bestehenden Verbindungen. [3] Ein Bewerber oder Bieter kann jedoch im Hinblick auf Nachweise für die erforderliche berufliche Leistungsfähigkeit wie Ausbildungs- und Befähigungsnachweise oder die einschlägige berufliche Erfahrung die Kapazitäten anderer Unternehmen nur dann in Anspruch nehmen, wenn diese die Leistung erbringen, für die diese Kapazitäten benötigt werden.

(2) [1] Der Auftraggeber überprüft im Rahmen der Eignungsprüfung, ob die Unternehmen, deren Kapazitäten der Bewerber oder Bieter für die Erfüllung bestimmter Eignungskriterien in Anspruch nehmen will, die entsprechenden Eignungskriterien erfüllen und ob Ausschlussgründe vorliegen. [2] § 26 Absatz 5 gilt entsprechend. [3] Legt der Bewerber oder Bieter eine Einheitliche Europäische Eigenerklärung nach § 50 der Vergabeverordnung[1]) vor, so muss diese auch die Angaben enthalten, die für die Überprüfung nach Satz 1 erforderlich sind.

(3) Nimmt ein Bewerber oder Bieter die Kapazitäten eines anderen Unternehmens im Hinblick auf die erforderliche wirtschaftliche und finanzielle Leistungsfähigkeit in Anspruch, so kann der Auftraggeber eine gesamtschuldnerische Haftung des Bewerbers oder Bieters und des anderen Unternehmens für die Auftragsausführung entsprechend dem Umfang der Eignungsleihe verlangen.

(4) Die Absätze 1 bis 3 gelten auch für Bewerber- oder Bietergemeinschaften.

§ 35 Beleg der Eignung und des Nichtvorliegens von Ausschlussgründen. (1) In der Auftragsbekanntmachung oder bei Verfahrensarten ohne Teilnahmewettbewerb in der Aufforderung zur Abgabe eines Angebots ist neben den Eignungskriterien ferner anzugeben, mit welchen Unterlagen (Eigenerklärungen, Angaben, Bescheinigungen und sonstige Nachweise) Bewerber oder Bieter ihre Eignung gemäß den §§ 33 und 34 und das Nichtvorliegen von Ausschlussgründen zu belegen haben.

(2) Der Auftraggeber fordert grundsätzlich die Vorlage von Eigenerklärungen an.

(3) [1] Als vorläufigen Beleg der Eignung und des Nichtvorliegens von Ausschlussgründen kann der Auftraggeber die Vorlage einer Einheitlichen Europäischen Eigenerklärung nach § 50 der Vergabeverordnung[1]) verlangen. [2] § 50 Absatz 1 Satz 1 und Absatz 2 Satz 1 der Vergabeverordnung gelten entsprechend.

(4) Der Auftraggeber kann Bewerber oder Bieter auffordern, die erhaltenen Unterlagen zu erläutern.

(5) Kann ein Bewerber oder Bieter aus einem berechtigten Grund die geforderten Unterlagen nicht beibringen, so kann er die Befähigung und Erlaubnis zur Berufsausübung oder seine wirtschaftliche, finanzielle, technische oder berufliche Leistungsfähigkeit durch Vorlage anderer, vom Auftraggeber als geeignet angesehener Unterlagen belegen.

---

[1]) Nr. 2.

(6) [1] Sofern der Bewerber oder Bieter in einem amtlichen Verzeichnis eingetragen ist oder über eine Zertifizierung verfügt, die jeweils den Anforderungen des Artikels 64 der Richtlinie 2014/24/EU entsprechen, werden die im amtlichen Verzeichnis oder dem Zertifizierungssystem niedergelegten Unterlagen und Angaben vom Auftraggeber nur in begründeten Fällen in Zweifel gezogen (Eignungsvermutung). [2] Ein den Anforderungen des Artikels 64 der Richtlinie 2014/24/EU entsprechendes amtliches Verzeichnis kann auch durch Industrieund Handelskammern eingerichtet werden. [3] Die Industrie- und Handelskammern bedienen sich bei der Führung des amtlichen Verzeichnisses einer gemeinsamen verzeichnisführenden Stelle.

§ 36 Begrenzung der Anzahl der Bewerber. (1) [1] Bei allen Verfahrensarten mit Teilnahmewettbewerb kann der Auftraggeber die Zahl der geeigneten Bewerber, die zur Abgabe eines Angebots oder zur Teilnahme an Verhandlungen aufgefordert werden, begrenzen, sofern genügend geeignete Bewerber zur Verfügung stehen. [2] Dazu gibt der Auftraggeber in der Auftragsbekanntmachung die von ihm vorgesehenen objektiven und nichtdiskriminierenden Eignungskriterien für die Begrenzung der Zahl, die vorgesehene Mindestzahl und gegebenenfalls auch die Höchstzahl der aufzufordernden Bewerber an.

(2) [1] Die vom Auftraggeber vorgesehene Mindestzahl der zur Angebotsabgabe oder zur Teilnahme an Verhandlungen aufzufordernden Bewerber darf nicht niedriger als drei sein. [2] In jedem Fall muss die vorgesehene Mindestzahl ausreichend hoch sein, sodass der Wettbewerb gewährleistet ist. [3] Sofern die Zahl geeigneter Bewerber unter der Mindestzahl liegt, kann der Auftraggeber das Vergabeverfahren fortführen, indem er alle Bewerber zur Angebotsabgabe oder zur Teilnahme an Verhandlungen auffordert, die über die geforderte Eignung verfügen. [4] Unternehmen, die sich nicht um die Teilnahme beworben haben, oder Bewerber, die nicht über die geforderte Eignung verfügen, dürfen nicht zugelassen werden.

Unterabschnitt 6. Einreichung, Form und Umgang mit Teilnahmeanträgen und Angeboten

§ 37 Aufforderung zur Angebotsabgabe oder zur Verhandlung nach Teilnahmewettbewerb. (1) Ist ein Teilnahmewettbewerb durchgeführt worden, wählt der Auftraggeber alle geeigneten, nicht ausgeschlossenen Bewerber oder gemäß § 36 eine begrenzte Anzahl an geeigneten, nicht ausgeschlossenen Bewerbern aus, die er auffordert, ein Angebot einzureichen oder an Verhandlungen teilzunehmen.

(2) Die Aufforderung nach Absatz 1, ein Angebot einzureichen, enthält mindestens:

1. einen Hinweis auf die veröffentlichte Auftragsbekanntmachung,

2. den Tag, bis zu dem ein Angebot eingehen muss, die Anschrift der Stelle, bei der es einzureichen ist, die Art der Einreichung sowie die Sprache, in der es abzufassen ist,

3. die Bezeichnung der gegebenenfalls beizufügenden Unterlagen, sofern nicht bereits in der Auftragsbekanntmachung enthalten.

§ 38 Form und Übermittlung der Teilnahmeanträge und Angebote.

(1) [1] Der Auftraggeber legt fest, ob die Unternehmen ihre Teilnahmeanträge und Angebote in Textform nach § 126b des Bürgerlichen Gesetzbuchs mithilfe elektronischer Mittel gemäß § 7, auf dem Postweg, durch Telefax oder durch einen anderen geeigneten Weg oder durch Kombination dieser Mittel einzureichen haben. [2] Dasselbe gilt für die sonstige Kommunikation nach § 7.

(2) [1] Ab dem 1. Januar 2019 akzeptiert der Auftraggeber die Einreichung von Teilnahmeanträgen und Angeboten in Textform nach § 126b des Bürgerlichen Gesetzbuchs mithilfe elektronischer Mittel gemäß § 7, auch wenn er die Übermittlung auf dem Postweg, durch Telefax oder durch einen anderen geeigneten Weg oder durch Kombination dieser Mittel vorgegeben hat. [2] Dasselbe gilt für die sonstige Kommunikation nach § 7.

(3) [1] Ab dem 1. Januar 2020 gibt der Auftraggeber vor, dass die Unternehmen ihre Teilnahmeanträge und Angebote in Textform nach § 126b des Bürgerlichen Gesetzbuchs ausschließlich mithilfe elektronischer Mittel gemäß § 7 übermitteln. [2] Dasselbe gilt für die sonstige Kommunikation nach § 7.

(4) [1] [1)] Der Auftraggeber ist zur Akzeptanz oder Vorgabe elektronisch eingereichter Teilnahmeanträge oder Angebote nach den Absätzen 2 und 3 nicht verpflichtet, wenn

1. der geschätzte Auftragswert ohne Umsatzsteuer 25 000 Euro nicht überschreitet oder

2. eine Beschränkte Ausschreibung ohne Teilnahmewettbewerb oder eine Verhandlungsvergabe ohne Teilnahmewettbewerb durchgeführt wird.

[2] Dasselbe gilt für die sonstige Kommunikation nach § 7.

(5) [1] Eine Verpflichtung zur Einreichung von Angeboten mithilfe elektronischer Mittel gemäß § 7 besteht nicht, wenn auf die zur Einreichung erforderlichen elektronischen Mittel einer der in § 29 Absatz 2 genannten Gründe zutrifft oder wenn zugleich physische oder maßstabsgetreue Modelle einzureichen sind, die nicht elektronisch übermittelt werden können. [2] In diesen Fällen erfolgt die Kommunikation auf dem Postweg oder auf einem anderen geeigneten Weg.

(6) [1] Ist die Verwendung elektronischer Mittel vorgegeben, prüft der Auftraggeber, ob zu übermittelnde Daten erhöhte Anforderungen an die Sicherheit stellen. [2] Soweit es erforderlich ist, kann der Auftraggeber verlangen, dass Teilnahmeanträge und Angebote

1. mit fortgeschrittenen elektronischen Signatur gemäß Artikel 3 Nummer 11 der Verordnung (EU) Nr. 910/2014 oder mit einem fortgeschrittenen elektronischen Siegel gemäß Artikel 3 Nummer 26 der Verordnung (EU) Nr. 910/2014 oder

2. mit einer qualifizierten elektronischen Signatur gemäß Artikel 3 Nummer 12 der Verordnung (EU) Nr. 910/2014 oder mit einem qualifizierten elektronischen Siegel gemäß Artikel 3 Nummer 27 der Verordnung (EU) Nr. 910/2014 zu versehen sind.

[1)] **Amtl. Anm.:** Das Bundesministerium für Wirtschaft und Energie wird die Auswirkungen der Ausnahmen von der umfassenden Verpflichtung zur Übermittlung der Teilnahmeanträge und Angebote in elektronischer Form auf die Vergabepraxis innerhalb von zwei Jahren nach dem in § 38 Absatz 3 UVgO genannten Datum evaluieren.

(7) Der Auftraggeber kann festlegen, dass Angebote mithilfe anderer als elektronischer Mittel einzureichen sind, wenn sie besonders schutzwürdige Daten enthalten, die bei Verwendung allgemein verfügbarer oder alternativer elektronischer Mittel nicht angemessen geschützt werden können, oder wenn die Sicherheit der elektronischen Mittel nicht gewährleistet werden kann.

(8) Auf dem Postweg oder direkt übermittelte Teilnahmeanträge und Angebote sind in einem verschlossenen Umschlag einzureichen und als solche zu kennzeichnen.

(9) [1] Auf dem Postweg oder direkt übermittelte Teilnahmeanträge und Angebote müssen unterschrieben sein. [2] Bei Abgabe mittels Telefax genügt die Unterschrift auf der Telefaxvorlage.

(10) [1] Änderungen an den Vergabeunterlagen sind unzulässig. [2] Die Teilnahmeanträge und Angebote müssen vollständig sein und alle geforderten Angaben, Erklärungen und Preise enthalten. [3] Nebenangebote müssen als solche gekennzeichnet sein.

(11) Die Unternehmen haben anzugeben, ob für den Auftragsgegenstand gewerbliche Schutzrechte bestehen, beantragt sind oder erwogen werden.

(12) [1] Bewerber- oder Bietergemeinschaften haben im Teilnahmeantrag oder im Angebot jeweils die Mitglieder sowie eines ihrer Mitglieder als bevollmächtigen Vertreter für den Abschluss und die Durchführung des Vertrags zu benennen. [2] Fehlt eine dieser Angaben, so ist sie vor der Zuschlagserteilung beizubringen.

§ 39 Aufbewahrung ungeöffneter Teilnahmeanträge und Angebote.

[1] Elektronisch übermittelte Teilnahmeanträge und Angebote sind auf geeignete Weise zu kennzeichnen und verschlüsselt zu speichern. [2] Auf dem Postweg und direkt übermittelte Teilnahmeanträge und Angebote sind ungeöffnet zu lassen, mit Eingangsvermerk zu versehen und bis zum Zeitpunkt der Öffnung unter Verschluss zu halten. [3] Mittels Telefax übermittelte Teilnahmeanträge und Angebote sind ebenfalls entsprechend zu kennzeichnen und auf geeignete Weise unter Verschluss zu halten.

§ 40 Öffnung der Teilnahmeanträge und Angebote. (1) [1] Der Auftraggeber darf vom Inhalt der Teilnahmeanträge und Angebote erst nach Ablauf der entsprechenden Fristen Kenntnis nehmen. [2] Dies gilt nicht, wenn nach § 12 Absatz 3 nur ein Unternehmen zur Abgabe eines Angebots aufgefordert wurde.

(2) [1] Die Öffnung der Angebote wird von mindestens zwei Vertretern des Auftraggebers gemeinsam an einem Termin unverzüglich nach Ablauf der Angebotsfrist durchgeführt. [2] Bieter sind nicht zugelassen.

Unterabschnitt 7. Prüfung und Wertung der Teilnahmeanträge und Angebote; Zuschlag

§ 41 Prüfung der Teilnahmeanträge und Angebote; Nachforderung von Unterlagen. (1) Die Teilnahmeanträge und Angebote sind auf Vollständigkeit und fachliche Richtigkeit, Angebote zudem auf rechnerische Richtigkeit zu prüfen.

(2) [1] Der Auftraggeber kann den Bewerber oder Bieter unter Einhaltung der Grundsätze der Transparenz und der Gleichbehandlung auffordern, fehlende, unvollständige oder fehlerhafte unternehmensbezogene Unterlagen, insbeson-

dere Eigenerklärungen, Angaben, Bescheinigungen oder sonstige Nachweise, nachzureichen, zu vervollständigen oder zu korrigieren, oder fehlende oder unvollständige leistungsbezogene Unterlagen nachzureichen oder zu vervollständigen. [2]Der Auftraggeber ist berechtigt, in der Auftragsbekanntmachung oder den Vergabeunterlagen festzulegen, dass er keine Unterlagen nachfordern wird.

(3) [1]Die Nachforderung von leistungsbezogenen Unterlagen, die die Wirtschaftlichkeitsbewertung der Angebote anhand der Zuschlagskriterien betreffen, ist ausgeschlossen. [2]Dies gilt nicht für Preisangaben, wenn es sich um unwesentliche Einzelpositionen handelt, deren Einzelpreise den Gesamtpreis nicht verändern oder die Wertungsreihenfolge und den Wettbewerb nicht beeinträchtigen.

(4) Die Unterlagen sind vom Bewerber oder Bieter nach Aufforderung durch den Auftraggeber innerhalb einer von diesem festzulegenden angemessenen, nach dem Kalender bestimmten Frist vorzulegen.

(5) Die Entscheidung zur und das Ergebnis der Nachforderung sind zu dokumentieren.

§ 42 Ausschluss von Teilnahmeanträgen und Angeboten. (1) [1]Angebote von Unternehmen, die gemäß § 31 die Eignungskriterien nicht erfüllen oder die wegen des Vorliegens von Ausschlussgründen ausgeschlossen worden sind, werden bei der Wertung nicht berücksichtigt. [2]Darüber hinaus werden Angebote von der Wertung ausgeschlossen, die nicht den Erfordernissen des § 38 genügen, insbesondere

1. Angebote, die nicht form- oder fristgerecht eingegangen sind, es sei denn, der Bieter hat dies nicht zu vertreten,
2. Angebote, die nicht die geforderten oder nachgeforderten Unterlagen enthalten,
3. Angebote, in denen Änderungen des Bieters an seinen Eintragungen nicht zweifelsfrei sind,
4. Angebote, bei denen Änderungen oder Ergänzungen an den Vergabeunterlagen vorgenommen worden sind,
5. Angebote, die nicht die erforderlichen Preisangaben enthalten, es sei denn, es handelt sich um unwesentliche Einzelpositionen, deren Einzelpreise den Gesamtpreis nicht verändern oder die Wertungsreihenfolge und den Wettbewerb nicht beeinträchtigen, oder
6. nicht zugelassene Nebenangebote.

(2) Hat der Auftraggeber Nebenangebote zugelassen und hierfür Mindestanforderungen vorgegeben, so berücksichtigt er nur die Nebenangebote, die die von ihm verlangten Mindestanforderungen erfüllen.

(3) Absatz 1 findet auf die Prüfung von Teilnahmeanträgen entsprechende Anwendung.

§ 43 Zuschlag und Zuschlagskriterien. (1) Der Zuschlag wird auf das wirtschaftlichste Angebot erteilt.

(2) [1]Die Ermittlung des wirtschaftlichsten Angebots erfolgt auf der Grundlage des besten Preis-Leistungs-Verhältnisses. [2]Neben dem Preis oder den Kosten können auch qualitative, umweltbezogene oder soziale Zuschlagskriterien berücksichtigt werden, insbesondere:

1. die Qualität, einschließlich des technischen Werts, Ästhetik, Zweckmäßigkeit, Zugänglichkeit der Leistung insbesondere für Menschen mit Behinderungen, ihrer Übereinstimmung mit Anforderungen des „Designs für Alle", soziale, umweltbezogene und innovative Eigenschaften sowie Vertriebs- und Handelsbedingungen,

2. die Organisation, Qualifikation und Erfahrung des mit der Ausführung des Auftrags betrauten Personals, wenn die Qualität des eingesetzten Personals erheblichen Einfluss auf das Niveau der Auftragsausführung haben kann, oder

3. die Verfügbarkeit von Kundendienst und technischer Hilfe sowie Lieferbedingungen wie Liefertermin, Lieferverfahren sowie Liefer- oder Ausführungsfristen.

[3] Der Auftraggeber kann auch Festpreise oder Festkosten vorgeben, sodass das wirtschaftlichste Angebot ausschließlich nach qualitativen, umweltbezogenen oder sozialen Zuschlagskriterien nach Satz 2 bestimmt wird.

(3) [1] Die Zuschlagskriterien müssen mit dem Auftragsgegenstand in Verbindung stehen. [2] Diese Verbindung ist auch dann anzunehmen, wenn sich ein Zuschlagskriterium auf Prozesse im Zusammenhang mit der Herstellung, Bereitstellung oder Entsorgung der Leistung, auf den Handel mit der Leistung oder auf ein anderes Stadium im Lebenszyklus der Leistung bezieht, auch wenn sich diese Faktoren nicht auf die materiellen Eigenschaften des Auftragsgegenstands auswirken.

(4) Der Auftraggeber kann vorgeben, dass das Zuschlagskriterium „Kosten" auf der Grundlage der Lebenszykluskosten der Leistung in entsprechender Anwendung des § 59 der Vergabeverordnung[1] berechnet wird.

(5) Die Zuschlagskriterien müssen so festgelegt und bestimmt sein, dass die Möglichkeit eines wirksamen Wettbewerbs gewährleistet wird, der Zuschlag nicht willkürlich erteilt werden kann und eine wirksame Überprüfung möglich ist, ob und inwieweit die Angebote die Zuschlagskriterien erfüllen.

(6) [1] Der Auftraggeber gibt in der Auftragsbekanntmachung oder den Vergabeunterlagen an, wie er die einzelnen Zuschlagskriterien gewichtet, um das wirtschaftlichste Angebot zu ermitteln. [2] Diese Gewichtung kann auch mittels einer Spanne angegeben werden, deren Bandbreite angemessen sein muss. [3] Ist die Gewichtung aus objektiven Gründen nicht möglich, so gibt der Auftraggeber die Zuschlagskriterien in absteigender Rangfolge an.

(7) Für den Beleg, ob und inwieweit die angebotene Leistung den geforderten Zuschlagskriterien entspricht, gilt § 24 entsprechend.

(8) An der Entscheidung über den Zuschlag sollen in der Regel mindestens zwei Vertreter des Auftraggebers mitwirken.

§ 44 Ungewöhnlich niedrige Angebote. (1) Erscheinen der Preis oder die Kosten eines Angebots, auf das der Zuschlag erteilt werden soll, im Verhältnis zu der zu erbringenden Leistung ungewöhnlich niedrig, verlangt der Auftraggeber vom Bieter Aufklärung.

---

[1] Nr. 2.

(2) [1]Der Auftraggeber prüft die Zusammensetzung des Angebots und berücksichtigt die übermittelten Unterlagen. [2]Die Prüfung kann insbesondere betreffen:

1. die Wirtschaftlichkeit des Fertigungsverfahrens einer Lieferleistung oder der Erbringung der Dienstleistung,

2. die gewählten technischen Lösungen oder die außergewöhnlich günstigen Bedingungen, über die das Unternehmen bei der Lieferung der Waren oder bei der Erbringung der Dienstleistung verfügt,

3. die Besonderheiten der angebotenen Leistung,

4. die Einhaltung der Verpflichtungen nach § 128 Absatz 1 des Gesetzes gegen Wettbewerbsbeschränkungen[1]), insbesondere der für das Unternehmen geltenden umwelt-, sozial- und arbeitsrechtlichen Vorschriften, oder

5. die etwaige Gewährung einer staatlichen Beihilfe an das Unternehmen.

(3) [1]Kann der Auftraggeber nach der Prüfung gemäß den Absätzen 1 und 2 die geringe Höhe des angebotenen Preises oder der angebotenen Kosten nicht zufriedenstellend aufklären, darf er den Zuschlag auf dieses Angebot ablehnen. [2]Der Auftraggeber lehnt das Angebot ab, wenn er festgestellt hat, dass der Preis oder die Kosten des Angebots ungewöhnlich niedrig sind, weil Verpflichtungen nach Absatz 2 Satz 2 Nummer 4 nicht eingehalten werden. [3]Der Auftraggeber lehnt das Angebot auch dann ab, wenn der Bieter an der Aufklärung nach den Absätzen 1 und 2 nicht mitwirkt.

(4) Stellt der Auftraggeber fest, dass ein Angebot ungewöhnlich niedrig ist, weil der Bieter eine staatliche Beihilfe erhalten hat, so lehnt der Auftraggeber das Angebot nur dann ab, wenn der Bieter nicht innerhalb einer vom Auftraggeber gesetzten angemessenen Frist nachweisen kann, dass die staatliche Beihilfe rechtmäßig gewährt wurde.

§ 45 Auftragsausführung. (1) Für die Ausführung von öffentlichen Aufträgen gilt § 128 Absatz 1 des Gesetzes gegen Wettbewerbsbeschränkungen[1]) entsprechend.

(2) [1]Auftraggeber können Bedingungen für die Ausführung eines Auftrags festlegen, sofern diese mit dem Auftragsgegenstand in entsprechender Anwendung des § 127 Absatz 3 des Gesetzes gegen Wettbewerbsbeschränkungen[1]) in Verbindung stehen. [2]Die Ausführungsbedingungen müssen sich aus der Auftragsbekanntmachung oder den Vergabeunterlagen ergeben. [3]Sie können insbesondere wirtschaftliche, innovationsbezogene, umweltbezogene, soziale oder beschäftigungspolitische Belange oder den Schutz der Vertraulichkeit von Informationen umfassen.

(3) Für den Beleg, dass die angebotene Leistung den geforderten Ausführungsbedingungen entspricht, gilt § 24 entsprechend.

§ 46 Unterrichtung der Bewerber und Bieter. (1) [1]Der Auftraggeber unterrichtet jeden Bewerber und jeden Bieter unverzüglich über den Abschluss einer Rahmenvereinbarung oder die erfolgte Zuschlagserteilung. [2]Gleiches gilt hinsichtlich der Aufhebung oder erneuten Einleitung eines Vergabeverfahrens einschließlich der Gründe dafür. [3]Der Auftraggeber unterrichtet auf Verlangen des Bewerbers oder Bieters unverzüglich, spätestens innerhalb von 15 Tagen

---

[1]) Nr. 1.

nach Eingang des Antrags die nicht berücksichtigten Bieter über die wesentlichen Gründe für die Ablehnung ihres Angebots, die Merkmale und Vorteile des erfolgreichen Angebots sowie den Namen des erfolgreichen Bieters, und die nicht berücksichtigten Bewerber über die wesentlichen Gründe ihrer Nichtberücksichtigung.

(2) § 30 Absatz 2 gilt für Informationen nach Absatz 1 Satz 3 entsprechend.

§ 47 Auftragsänderung. (1) Für die Änderung eines öffentlichen Liefer- oder Dienstleistungsauftrags ohne Durchführung eines neuen Vergabeverfahrens gilt § 132 Absatz 1, 2 und 4 des Gesetzes gegen Wettbewerbsbeschränkungen[1] entsprechend.

(2) [1] Darüber hinaus ist die Änderung eines öffentlichen Auftrags ohne Durchführung eines neuen Vergabeverfahrens zulässig, wenn sich der Gesamtcharakter des Auftrags nicht ändert und der Wert der Änderung nicht mehr als 20 Prozent des ursprünglichen Auftragswertes beträgt. [2] Bei mehreren aufeinander folgenden Änderungen ist der Gesamtwert der Änderungen maßgeblich.

§ 48 Aufhebung von Vergabeverfahren. (1) Der Auftraggeber ist berechtigt, ein Vergabeverfahren ganz oder teilweise aufzuheben, wenn

1. kein Teilnahmeantrag oder Angebot eingegangen ist, das den Bedingungen entspricht,

2. sich die Grundlage des Vergabeverfahrens wesentlich geändert hat,

3. kein wirtschaftliches Ergebnis erzielt wurde oder

4. andere schwerwiegende Gründe bestehen.

(2) Im Übrigen ist der Auftraggeber grundsätzlich nicht verpflichtet, den Zuschlag zu erteilen.

Abschnitt 3. Vergabe von Aufträgen für besondere Leistungen; Planungswettbewerbe

§ 49 Vergabe von öffentlichen Aufträgen über soziale und andere besondere Dienstleistungen. (1) [1] Abweichend von § 8 Absatz 2 steht dem Auftraggeber für die Vergabe öffentlicher Aufträge über soziale und andere besondere Dienstleistungen im Sinne von § 130 Absatz 1 des Gesetzes gegen Wettbewerbsbeschränkungen[1] neben der Öffentlichen Ausschreibung und der Beschränkten Ausschreibung mit Teilnahmewettbewerb stets auch die Verhandlungsvergabe mit Teilnahmewettbewerb nach seiner Wahl zur Verfügung. [2] In den Fällen, in denen die Voraussetzungen des § 8 Absatz 3 beziehungsweise Absatz 4 vorliegen, kann der Auftraggeber auf einen Teilnahmewettbewerb verzichten. [3] Für soziale und andere besondere Dienstleistungen, die im Rahmen einer freiberuflichen Tätigkeit erbracht oder im Wettbewerb mit freiberuflichen Tätigen angeboten werden, gilt § 50.

(2) [1] Bei der Bewertung der in § 43 Absatz 2 Satz 1 Nummer 2 genannten Zuschlagskriterien können insbesondere der Erfolg und die Qualität bereits erbrachter Leistungen des Bieters oder des vom Bieter eingesetzten Personals berücksichtigt werden. [2] Bei Dienstleistungen nach dem Zweiten und Dritten

---

[1] Nr. 1.

Buch Sozialgesetzbuch können für die Bewertung des Erfolgs und der Qualität bereits erbrachter Leistungen des Bieters insbesondere berücksichtigt werden:

1. Eingliederungsquoten,
2. Abbruchquoten,
3. erreichte Bildungsabschlüsse und
4. Beurteilungen der Vertragsausführung durch den Auftraggeber anhand transparenter und nichtdiskriminierender Methoden.

§ 50 Sonderregelung zur Vergabe von freiberuflichen Leistungen.
[1] Öffentliche Aufträge über Leistungen, die im Rahmen einer freiberuflichen Tätigkeit erbracht oder im Wettbewerb mit freiberuflich Tätigen angeboten werden[1], sind grundsätzlich im Wettbewerb zu vergeben. [2] Dabei ist so viel Wettbewerb zu schaffen, wie dies nach der Natur des Geschäfts oder nach den besonderen Umständen möglich ist.

§ 51 Vergabe von verteidigungs- oder sicherheitsspezifischen öffentlichen Aufträgen. (1) Abweichend von § 8 Absatz 2 stehen dem Auftraggeber für die Vergabe von verteidigungs- oder sicherheitsspezifischen öffentlichen Aufträgen im Sinne von § 104 des Gesetzes gegen Wettbewerbsbeschränkungen[2] die Beschränkte Ausschreibung mit oder ohne Teilnahmewettbewerb oder die Verhandlungsvergabe mit oder ohne Teilnahmewettbewerb nach seiner Wahl zur Verfügung.

(2) Im Falle eines verteidigungs- oder sicherheitsspezifischen öffentlichen Auftrags im Sinne von § 104 Absatz 1 bis 3 des Gesetzes gegen Wettbewerbsbeschränkungen[2] gilt § 7 der Vergabeverordnung Verteidigung und Sicherheit[3] entsprechend.

(3) [1] Auftraggeber legen in der Auftragsbekanntmachung oder den Vergabeunterlagen ihre Anforderungen an die Versorgungssicherheit fest. [2] Auftraggeber können insbesondere verlangen, dass der Teilnahmeantrag oder das Angebot die in § 8 Absatz 2 der Vergabeverordnung Verteidigung und Sicherheit aufgeführten Angaben enthält.

(4) [1] § 31 Absatz 1 gilt bei verteidigungs- oder sicherheitsspezifischen öffentlichen Aufträgen mit der Maßgabe, dass ein Unternehmen in entsprechender Anwendung des § 124 Absatz 1 des Gesetzes gegen Wettbewerbsbeschränkungen[2] auch dann von der Teilnahme an einem Vergabeverfahren ausgeschlossen

---

[1] **Amtl. Anm.:** vgl. § 18 Absatz 1 Nummer 1 des Einkommensteuergesetzes:
(1) Einkünfte aus selbständiger Arbeit sind: 1. Einkünfte aus freiberuflicher Tätigkeit. Zu der freiberuflichen Tätigkeit gehören die selbständig ausgeübte wissenschaftliche, künstlerische, schriftstellerische, unterrichtende oder erzieherische Tätigkeit, die selbständige Berufstätigkeit der Ärzte, Zahnärzte, Tierärzte, Rechtsanwälte, Notare, Patentanwälte, Vermessungsingenieure, Ingenieure, Architekten, Handelschemiker, Wirtschaftsprüfer, Steuerberater, beratenden Volks- und Betriebswirte, vereidigten Buchprüfer (vereidigten Bücherrevisoren), Steuerbevollmächtigten, Heilpraktiker, Dentisten, Krankengymnasten, Journalisten, Bildberichterstatter, Dolmetscher, Übersetzer, Lotsen und ähnlicher Berufe. Ein Angehöriger eines freien Berufs im Sinne der Sätze 1 und 2 ist auch dann freiberuflich tätig, wenn er sich der Mithilfe fachlich vorgebildeter Arbeitskräfte bedient; Voraussetzung ist, dass er auf Grund eigener Fachkenntnisse leitend und eigenverantwortlich tätig wird. Eine Vertretung im Fall vorübergehender Verhinderung steht der Annahme einer leitenden und eigenverantwortlichen Tätigkeit nicht entgegen; …
[2] Nr. 1.
[3] Nr. 4.

werden kann, wenn das Unternehmen nicht die erforderliche Vertrauenswürdigkeit aufweist, um Risiken für die nationale Sicherheit auszuschließen. [2]Der Nachweis, dass Risiken für die nationale Sicherheit nicht auszuschließen sind, kann auch mit Hilfe geschützter Datenquellen erfolgen.

§ 52 Durchführung von Planungswettbewerben. Planungswettbewerbe können insbesondere auf den Gebieten der Raumplanung, des Städtebaus und des Bauwesens oder der Datenverarbeitung durchgeführt werden.

Abschnitt 4. Schlussbestimmungen

§ 53 Vergabe im Ausland. Auslandsdienststellen oder inländische Dienststellen in den Fällen des § 8 Absatz 4 Nummer 17 Halbsatz 2 sind bei der Vergabe von Liefer- und Dienstleistungsaufträgen im Ausland nicht verpflichtet, § 28 Absatz 1 Satz 1 und 3, § 29 Absatz 1, § 30 und § 38 Absatz 2 bis 4 dieser Verfahrensordnung anzuwenden.

§ 54 Fristenbestimmung und -berechnung. (1) Der Auftraggeber soll Fristen festlegen, die nach dem Kalendertag bestimmt sind.

(2) Für die Berechnung der im Rahmen dieser Verfahrensordnung festgelegten Fristen gelten die §§ 186 bis 193 des Bürgerlichen Gesetzbuchs.

16. Allgemeine Vertragsbedingungen für die Ausführung von Leistungen (VOL/B)

In der Fassung der Bekanntmachung vom 5. August 2003
(BAnz. Nr. 178a)

Präambel

Die nachstehenden Allgemeinen Vertragsbedingungen sind bestimmt für Verträge über Leistungen, insbesondere für Dienst-, Kauf- und Werkverträge sowie für Verträge über die Lieferung herzustellender oder zu erzeugender beweglicher Sachen.

§ 1 Art und Umfang der Leistungen.

1. Art und Umfang der beiderseitigen Leistungen werden durch den Vertrag bestimmt.

2. Bei Widersprüchen im Vertrag gelten nacheinander

   a) die Leistungsbeschreibung

   b) Besondere Vertragsbedingungen

   c) etwaige Ergänzende Vertragsbedingungen

   d) etwaige Zusätzliche Vertragsbedingungen

   e) etwaige allgemeine Technische Vertragsbedingungen

   f) die Allgemeinen Vertragsbedingungen für die Ausführung von Leistungen (VOL/B).

§ 2 Änderungen der Leistung.

1. Der Auftraggeber kann nachträglich Änderungen in der Beschaffenheit der Leistung im Rahmen der Leistungsfähigkeit des Auftragnehmers verlangen, es sei denn, dies ist für den Auftragnehmer unzumutbar.

2. Hat der Auftragnehmer Bedenken gegen die Leistungsänderung, so hat er sie dem Auftraggeber unverzüglich schriftlich mitzuteilen. Teilt der Auftraggeber die Bedenken des Auftragnehmers nicht, so bleibt er für seine Angaben und Anordnungen verantwortlich. Zu einer gutachtlichen Äußerung ist der Auftragnehmer nur aufgrund eines gesonderten Auftrags verpflichtet.

3. Werden durch Änderung in der Beschaffenheit der Leistung die Grundlagen des Preises für die im Vertrag vorgesehene Leistung geändert, so ist ein neuer Preis unter Berücksichtigung der Mehr- und Minderkosten zu vereinbaren. In der Vereinbarung sind etwaige Auswirkungen der Leistungsänderung auf sonstige Vertragsbedingungen, insbesondere auf Ausführungsfristen, zu berücksichtigen. Diese Vereinbarung ist unverzüglich zu treffen.

4. (1) Leistungen, die der Auftragnehmer ohne Auftrag oder unter eigenmächtiger Abweichung vom Vertrag ausführt, werden nicht vergütet. Solche Leistungen hat er auf Verlangen innerhalb einer angemessenen Frist zurückzunehmen oder zu beseitigen, sonst können sie auf seine Kosten und Gefahr zurückgesandt oder beseitigt werden. Eine Vergütung steht ihm jedoch zu, wenn der Auftraggeber solche Leistungen nachträglich annimmt.
(2) Weiter gehende Ansprüche des Auftraggebers bleiben unberührt.

§ 3 Ausführungsunterlagen.

1. Die für die Ausführung erforderlichen Unterlagen sind dem Auftragnehmer unentgeltlich und rechtzeitig zu übergeben, soweit sie nicht allgemein zugänglich sind.

2. Die von den Vertragsparteien einander überlassenen Unterlagen dürfen ohne Zustimmung des Vertragspartners weder veröffentlicht, vervielfältigt noch für einen anderen als den vereinbarten Zweck genutzt werden. Sie sind, soweit nichts anderes vereinbart ist, auf Verlangen zurückzugeben.

§ 4 Ausführung der Leistung.

1. (1) Der Auftragnehmer hat die Leistung unter eigener Verantwortung nach dem Vertrag auszuführen. Dabei hat er die Handelsbräuche, die anerkannten Regeln der Technik sowie die gesetzlichen Vorschriften und behördlichen Bestimmungen zu beachten.
(2) Der Auftragnehmer ist für die Erfüllung der gesetzlichen, behördlichen und berufsgenossenschaftlichen Verpflichtungen gegenüber seinen Arbeitnehmern allein verantwortlich. Es ist ausschließlich seine Aufgabe, die Vereinbarungen und Maßnahmen zu treffen, die sein Verhältnis zu seinen Arbeitnehmern regeln.

2. (1) Ist mit dem Auftraggeber vereinbart, dass er sich von der vertragsgemäßen Ausführung der Leistung unterrichten kann, so ist ihm innerhalb der Geschäfts- oder Betriebsstunden zu den Arbeitsplätzen, Werkstätten und Lagerräumen, in denen die Gegenstände der Leistung oder Teile von ihr hergestellt oder die hierfür bestimmten Stoffe gelagert werden, Zutritt zu gewähren. Auf Wunsch sind ihm die zur Unterrichtung erforderlichen Unterlagen zur Einsicht vorzulegen und die entsprechenden Auskünfte zu erteilen.
(2) Dabei hat der Auftraggeber keinen Anspruch auf Preisgabe von Fabrikations- oder Geschäftsgeheimnissen des Auftragnehmers.
(3) Alle bei der Besichtigung oder aus den Unterlagen und der sonstigen Unterrichtung erworbenen Kenntnisse von Fabrikations- oder Geschäfts-

geheimnissen sind vertraulich zu behandeln. Bei Missbrauch haftet der Auftraggeber.

3. Für die Qualität der Zulieferungen des Auftraggebers sowie für die von ihm vereinbarten Leistungen anderer haftet der Auftraggeber, soweit nichts anderes vereinbart ist. Der Auftragnehmer hat die Pflicht, dem Auftraggeber die bei Anwendung der verkehrsüblichen Sorgfalt erkennbaren Mängel der Zulieferungen des Auftraggebers und der vom Auftraggeber vereinbarten Leistungen anderer unverzüglich schriftlich mitzuteilen. Unterlässt er dies, so übernimmt er damit die Haftung.

4. Der Auftragnehmer darf die Ausführung der Leistung oder wesentlicher Teile davon nur mit vorheriger Zustimmung des Auftraggebers an andere übertragen. Die Zustimmung ist nicht erforderlich bei unwesentlichen Teilleistungen oder solchen Teilleistungen, auf die der Betrieb des Auftragnehmers nicht eingerichtet ist. Diese Bestimmung darf nicht zum Nachteil des Handels ausgelegt werden.

§ 5 Behinderung und Unterbrechung der Leistung.

1. Glaubt sich der Auftragnehmer in der ordnungsgemäßen Ausführung der Leistung behindert, so hat er dies dem Auftraggeber unverzüglich schriftlich anzuzeigen. Die Anzeige kann unterbleiben, wenn die Tatsachen und deren hindernde Wirkung offenkundig sind.

2. (1) Die Ausführungsfristen sind angemessen zu verlängern, wenn die Behinderung im Betrieb des Auftragnehmers durch höhere Gewalt, andere vom Auftragnehmer nicht zu vertretende Umstände, Streik oder durch rechtlich zulässige Aussperrung verursacht worden ist. Gleiches gilt für solche Behinderungen von Unterauftragnehmern und Zulieferern, soweit und solange der Auftragnehmer tatsächlich oder rechtlich gehindert ist, Ersatzbeschaffungen vorzunehmen.
(2) Falls nichts anderes vereinbart ist, sind die Parteien, wenn eine nach Absatz 1 vom Auftragnehmer nicht zu vertretende Behinderung länger als drei Monate seit Zugang der Mitteilung gemäß 1 Satz 1 oder Eintritt des offenkundigen Ereignisses gemäß 1 Satz 2 dauert, berechtigt, binnen 30 Tagen nach Ablauf dieser Zeit durch schriftliche Erklärung den Vertrag mit sofortiger Wirkung zu kündigen oder ganz oder teilweise von ihm zurückzutreten.

3. Sobald die hindernden Umstände wegfallen, hat der Auftragnehmer unter schriftlicher Mitteilung an den Auftraggeber die Ausführung der Leistung unverzüglich wieder aufzunehmen.

§ 6 Art der Anlieferung und Versand. [1] Der Auftragnehmer hat, soweit der Auftraggeber die Versandkosten gesondert trägt, unter Beachtung der Versandbedingungen des Auftraggebers dessen Interesse sorgfältig zu wahren. [2] Dies bezieht sich insbesondere auf die Wahl des Beförderungsweges, die Wahl und die Ausnutzung des Beförderungsmittels sowie auf die tariflich günstigste Warenbezeichnung.

§ 7 Pflichtverletzungen des Auftragnehmers.

1. Im Fall von Pflichtverletzungen des Auftragnehmers finden vorbehaltlich der Regelungen des § 14 VOL/B[1]) die gesetzlichen Vorschriften nach Maßgabe der folgenden Bestimmungen Anwendung.

2. (1) Der Auftragnehmer hat dem Auftraggeber im Fall leicht fahrlässig verursachter Schäden aufgrund von Pflichtverletzungen den entgangenen Gewinn des Auftraggebers nicht zu ersetzen. Die Pflicht zum Ersatz dieser Schäden ist ebenfalls ausgeschlossen, wenn der Verzug durch Unterauftragnehmer verursacht worden ist, die der Auftraggeber dem Auftragnehmer vorgeschrieben hat.

(2) Darüber hinaus kann die Schadensersatzpflicht im Einzelfall weiter begrenzt werden. Dabei sollen branchenübliche Lieferbedingungen z.B. dann berücksichtigt werden, wenn die Haftung summenmäßig oder auf die Erstattung von Mehraufwendungen für Ersatzbeschaffungen beschränkt werden soll.

(3) Macht der Auftraggeber Schadensersatz statt der ganzen Leistung oder anstelle davon Aufwendungsersatz geltend, so ist der Auftragnehmer verpflichtet, die ihm überlassenen Unterlagen (Zeichnungen, Berechnungen usw.) unverzüglich zurückzugeben. Der Auftraggeber hat dem Auftragnehmer unverzüglich eine Aufstellung über die Art seiner Ansprüche mitzuteilen. Die Mehrkosten für die Ausführung der Leistung durch einen Dritten hat der Auftraggeber dem Auftragnehmer innerhalb von 3 Monaten nach Abrechnung mit dem Dritten mitzuteilen. Die Höhe der übrigen Ansprüche hat der Auftraggeber dem Auftragnehmer unverzüglich anzugeben.

(4) Macht der Auftraggeber bei bereits teilweise erbrachter Leistung Ansprüche auf Schadensersatz statt der Leistung oder anstelle davon Aufwendungsersatz nur wegen des noch ausstehenden Teils der Leistung geltend, so hat der Auftragnehmer dem Auftraggeber unverzüglich eine prüfbare Rechnung über den bereits bewirkten Teil der Leistung zu übermitteln. Im Übrigen findet Absatz 3 Anwendung.

3. Übt der Auftraggeber ein Rücktrittsrecht aus, findet Nummer 2 Abs. 3 Satz 1 und 4 entsprechende Anwendung; bei teilweisem Rücktritt gilt zusätzlich Nummer 2 Abs. 4 Satz 1 entsprechend.

4. (1) Gerät der Auftragnehmer in Verzug, setzt der Auftraggeber dem Auftragnehmer vor Ausübung des Rücktrittsrechtes eine angemessene Frist zur Leistung oder Nacherfüllung.

(2) Der Auftraggeber ist verpflichtet, auf Verlangen des Auftragnehmers zu erklären, ob er wegen der Verzögerung der Leistung vom Vertrag zurücktritt oder auf der Leistung besteht. Diese Anfrage ist vor Ablauf der Frist nach Absatz 1 zu stellen. Bis zum Zugang der Antwort beim Auftragnehmer bleibt dieser zur Leistung berechtigt.

§ 8 Lösung des Vertrags durch den Auftraggeber.

1. Der Auftraggeber kann vom Vertrag zurücktreten oder den Vertrag mit sofortiger Wirkung kündigen, wenn über das Vermögen des Auftragnehmers das Insolvenzverfahren oder ein vergleichbares gesetzliches Verfahren eröffnet oder die Eröffnung beantragt oder dieser Antrag mangels Masse abgelehnt

---

[1]) Nr. **16**.

worden ist oder die ordnungsgemäße Abwicklung des Vertrags dadurch in Frage gestellt ist, dass er seine Zahlungen nicht nur vorübergehend einstellt.

2. Der Auftraggeber kann auch vom Vertrag zurücktreten oder den Vertrag mit sofortiger Wirkung kündigen, wenn sich der Auftragnehmer in Bezug auf die Vergabe an einer unzulässigen Wettbewerbsbeschränkung im Sinne des Gesetzes gegen Wettbewerbsbeschränkungen[1] beteiligt hat.

3. Im Falle der Kündigung ist die bisherige Leistung, soweit der Auftraggeber für sie Verwendung hat, nach den Vertragspreisen oder nach dem Verhältnis des geleisteten Teils zu der gesamten vertraglichen Leistung auf der Grundlage der Vertragspreise abzurechnen; die nicht verwendbare Leistung wird dem Auftragnehmer auf dessen Kosten zurückgewährt.

4. Die sonstigen gesetzlichen Rechte und Ansprüche des Auftraggebers bleiben unberührt.

§ 9 Verzug des Auftraggebers, Lösung des Vertrags durch den Auftragnehmer.

1. Im Fall des Verzugs des Auftraggebers als Schuldner und als Gläubiger finden die gesetzlichen Vorschriften nach Maßgabe der folgenden Bestimmungen Anwendung.

2. (1) Unterlässt der Auftraggeber ohne Verschulden eine ihm nach dem Vertrag obliegende Mitwirkung und setzt er dadurch den Auftragnehmer außerstande, die Leistung vertragsgemäß zu erbringen, so kann der Auftragnehmer dem Auftraggeber zur Erfüllung dieser Mitwirkungspflicht eine angemessene Frist setzen mit der Erklärung, dass er sich vorbehalte, den Vertrag mit sofortiger Wirkung zu kündigen, wenn die Mitwirkungspflicht nicht bis zum Ablauf der Frist erfüllt werde.

(2) Im Fall der Kündigung sind bis dahin bewirkte Leistungen nach den Vertragspreisen abzurechnen. Im Übrigen hat der Auftragnehmer Anspruch auf eine angemessene Entschädigung, deren Höhe in entsprechender Anwendung des § 642 Abs. 2 des Bürgerlichen Gesetzbuches zu bestimmen ist.

3. Ansprüche des Auftragnehmers wegen schuldhafter Verletzung von Mitwirkungspflichten durch den Auftraggeber bleiben unberührt.

§ 10 Obhutspflichten. Der Auftragnehmer hat bis zum Gefahrübergang die von ihm ausgeführten Leistungen und die für die Ausführung übergebenen Gegenstände vor Beschädigungen oder Verlust zu schützen.

§ 11 Vertragsstrafe.

1. Wenn Vertragsstrafen vereinbart sind, gelten die §§ 339 bis 345 des Bürgerlichen Gesetzbuches. Eine angemessene Obergrenze ist festzulegen.

2. Ist die Vertragsstrafe für die Überschreitung von Ausführungsfristen vereinbart, darf sie für jede vollendete Woche höchstens ½ vom Hundert des Wertes desjenigen Teils der Leistung betragen, der nicht genutzt werden kann. Diese beträgt maximal 8%. Ist die Vertragsstrafe nach Tagen bemessen, so zählen nur Werktage; ist sie nach Wochen bemessen, so wird jeder Werktag einer angefangenen Woche als ⅙ Woche gerechnet.

---

[1] Auszugsweise abgedruckt unter Nr. 1.

Der Auftraggeber kann Ansprüche aus verwirkter Vertragsstrafe bis zur
Schlusszahlung geltend machen.

§ 12 Güteprüfung.

1. Güteprüfung ist die Prüfung der Leistung auf Erfüllung der vertraglich vereinbarten technischen und damit verbundenen organisatorischen Anforderungen durch den Auftraggeber oder seinen gemäß Vertrag benannten Beauftragten. Die Abnahme bleibt davon unberührt.

2. Ist im Vertrag eine Vereinbarung über die Güteprüfung getroffen, die Bestimmungen über Art, Umfang und Ort der Durchführung enthalten muss,
so gelten ergänzend hierzu, falls nichts anderes vereinbart worden ist, die
folgenden Bestimmungen:

a) Auch Teilleistungen können auf Verlangen des Auftraggebers oder Auftragnehmers geprüft werden, insbesondere in den Fällen, in denen die
Prüfung durch die weitere Ausführung wesentlich erschwert oder unmöglich würde.

b) Der Auftragnehmer hat dem Auftraggeber oder dessen Beauftragten den
Zeitpunkt der Bereitstellung der Leistung oder Teilleistungen für die vereinbarten Prüfungen rechtzeitig schriftlich anzuzeigen. Die Parteien legen
dann unverzüglich eine Frist fest, innerhalb derer die Prüfungen durchzuführen sind. Verstreicht diese Frist aus Gründen, die der Auftraggeber zu
vertreten hat, ungenutzt, kann der Auftragnehmer dem Auftraggeber eine
angemessene Nachfrist setzen mit der Forderung, entweder innerhalb der
Nachfrist die Prüfungen durchzuführen oder zu erklären, ob der Auftraggeber auf die Güteprüfung verzichtet. Führt der Auftraggeber die Prüfungen nicht innerhalb der Nachfrist durch und verzichtet der Auftraggeber
auf die Prüfungen nicht, so hat er nach dem Ende der Nachfrist Schadensersatz nach den Vorschriften über den Schuldnerverzug zu leisten.

c) Der Auftragnehmer hat die zur Güteprüfung erforderlichen Arbeitskräfte,
Räume, Maschinen, Geräte, Prüf- und Messeinrichtungen sowie Betriebsstoffe zur Verfügung zu stellen.

d) Besteht auf Grund der Güteprüfung Einvernehmen über die Zurückweisung der Leistung oder von Teilleistungen als nicht vertragsgemäß, so hat
der Auftragnehmer diese durch vertragsgemäße zu ersetzen.

e) Besteht kein Einvernehmen über die Zurückweisung der Leistung auf
Grund von Meinungsverschiedenheiten über das angewandte Prüfverfah-
ren, so kann der Auftragnehmer eine weitere Prüfung durch eine mit dem
Auftraggeber zu vereinbarende Prüfstelle verlangen, deren Entscheidung
endgültig ist. Die hierbei entstehenden Kosten trägt der unterliegende
Teil.

f) Der Auftraggeber hat vor Auslieferung der Leistung einen Freigabever-
merk zu erteilen. Dieser ist die Voraussetzung für die Auslieferung an den
Auftraggeber.

g) Der Vertragspreis enthält die Kosten, die dem Auftragnehmer durch die
vereinbarte Güteprüfung entstehen. Entsprechend der Güteprüfung un-
brauchbar gewordene Stücke werden auf die Leistung nicht angerechnet.

§ 13 Abnahme.

1. (1) Für den Übergang der Gefahr gelten, soweit nichts anderes vereinbart ist, die gesetzlichen Vorschriften.

   (2) Wenn der Versand oder die Übergabe der fertiggestellten Leistung auf Wunsch des Auftraggebers über den im Vertrag vorgesehenen Termin hinausgeschoben wird, so geht, sofern nicht ein anderer Zeitpunkt vereinbart ist, für den Zeitraum der Verschiebung die Gefahr auf den Auftraggeber über.

2. (1) Abnahme ist die Erklärung des Auftraggebers, dass der Vertrag der Hauptsache nach erfüllt ist. Ist eine Abnahme gesetzlich vorgesehen oder vertraglich vereinbart, hat der Auftraggeber innerhalb der vorgesehenen Frist zu erklären, ob er die Leistung abnimmt. Liegt ein nicht wesentlicher Mangel vor, so kann der Auftraggeber die Abnahme nicht verweigern, wenn der Auftragnehmer seine Pflicht zur Beseitigung des Mangels ausdrücklich anerkennt. Bei Nichtabnahme gibt der Auftraggeber dem Auftragnehmer die Gründe bekannt und setzt, sofern insbesondere eine Nacherfüllung möglich und beiden Parteien zumutbar ist, eine Frist zur erneuten Vorstellung zur Abnahme, unbeschadet des Anspruchs des Auftraggebers aus der Nichteinhaltung des ursprünglichen Erfüllungszeitpunkts.

   (2) Mit der Abnahme entfällt die Haftung des Auftragnehmers für erkannte Mängel, soweit sich der Auftraggeber nicht die Geltendmachung von Rechten wegen eines bestimmten Mangels vorbehalten hat.

   (3) Hat der Auftraggeber die Leistung in Benutzung genommen, so gilt die Abnahme mit Beginn der Benutzung als erfolgt, soweit nichts anderes vereinbart ist.

   (4) Bei der Abnahme von Teilen der Leistung gelten die vorstehenden Absätze entsprechend.

3. Der Auftraggeber kann dem Auftragnehmer eine angemessene Frist setzen, um Sachen, die der Auftragnehmer als nicht vertragsgemäß zurückgewiesen hat, fortzuschaffen. Nach Ablauf der Frist kann er diese Sachen unter möglichster Wahrung der Interessen des Auftragnehmers auf dessen Kosten veräußern.

§ 14 Mängelansprüche und Verjährung.

1. Ist ein Mangel auf ein Verlangen des Auftraggebers nach Änderung der Beschaffenheit der Leistung (§ 2 Nr. 1), auf die von ihm gelieferten oder vorgeschriebenen Stoffe oder von ihm geforderten Vorlieferungen eines anderen zurückzuführen, so ist der Auftragnehmer von Ansprüchen auf Grund dieser Mängel frei, wenn er die schriftliche Mitteilung nach § 2 Nr. 2 oder § 4 Nr. 3 erstattet hat oder wenn die vom Auftraggeber gelieferten Stoffe mit Mängeln behaftet sind, die bei Anwendung verkehrsüblicher Sorgfalt nicht erkennbar waren.

2. Für die Mängelansprüche gelten die gesetzlichen Vorschriften mit folgenden Maßgaben:

   a) Weist die Leistung Mängel auf, so ist dem Auftragnehmer zunächst Gelegenheit zur Nacherfüllung innerhalb angemessener Frist zu gewähren. Alle diejenigen Teile oder Leistungen sind nach Wahl des Auftragnehmers unentgeltlich nachzubessern, neu zu liefern oder neu zu erbringen, die innerhalb der Verjährungsfrist einen Sachmangel aufweisen, soweit dessen Ursache bereits im Zeitpunkt des Gefahrübergangs vorlag.

Nach Ablauf der Frist zur Nacherfüllung kann der Auftraggeber die Mängel auf Kosten des Auftragnehmers selbst beseitigen oder durch einen Dritten beseitigen lassen.

Der Auftraggeber kann eine angemessene Frist auch mit dem Hinweis setzen, dass er die Beseitigung des Mangels nach erfolglosem Ablauf der Frist ablehne; in diesem Fall kann der Auftraggeber nach Maßgabe der gesetzlichen Bestimmungen

1. die Vergütung mindern oder vom Vertrag zurücktreten sowie

2. Schadensersatz oder Ersatz vergeblicher Aufwendungen verlangen.

b) Ein Anspruch des Auftraggebers auf Schadensersatz bezieht sich auf den Schaden am Gegenstand des Vertrages selbst, es sei denn,

aa) der entstandene Schaden ist durch Vorsatz oder grobe Fahrlässigkeit des Auftragnehmers selbst, seiner gesetzlichen Vertreter oder seiner Erfüllungsgehilfen (§ 278 des Bürgerlichen Gesetzbuches) verursacht,

bb) der Schaden ist durch die Nichterfüllung einer Garantie für die Beschaffenheit der Leistung verursacht oder

cc) der Schaden resultiert aus einer Verletzung des Lebens, des Körpers oder der Gesundheit.

Soweit der Auftragnehmer nicht nach den Doppelbuchstaben aa bis cc haftet, ist der Anspruch auf Ersatz vergeblicher Aufwendungen begrenzt auf den Wert der vom Mangel betroffenen Leistung.

Die Schadens- und Aufwendungsersatzpflicht gemäß Doppelbuchstabe aa entfällt, wenn der Auftragnehmer nachweist, dass Sabotage vorliegt, oder wenn der Auftraggeber die Erfüllungsgehilfen gestellt hat oder wenn der Auftragnehmer auf die Auswahl der Erfüllungsgehilfen einen entscheidenden Einfluss nicht ausüben konnte.

c) Der Auftraggeber kann dem Auftragnehmer eine angemessene Frist setzen, mangelhafte Sachen fortzuschaffen. Nach Ablauf der Frist kann er diese Sachen unter möglichster Wahrung der Interessen des Auftragnehmers auf dessen Kosten veräußern.

d) Für vom Auftraggeber unsachgemäß und ohne Zustimmung des Auftragnehmers vorgenommene Änderungen oder Instandsetzungsarbeiten und deren Folgen haftet der Auftragnehmer nicht.

3. Soweit nichts anderes vereinbart ist, gelten für die Verjährung der Mängelansprüche die gesetzlichen Fristen des Bürgerlichen Gesetzbuches. Andere Regelungen sollen vorgesehen werden, wenn dies wegen der Eigenart der Leistung erforderlich ist; hierbei können die in dem jeweiligen Wirtschaftszweig üblichen Regelungen in Betracht gezogen werden. Der Auftraggeber hat dem Auftragnehmer Mängel unverzüglich schriftlich anzuzeigen.

§ 15 Rechnung.

1. (1) Der Auftragnehmer hat seine Leistung nachprüfbar abzurechnen. Er hat dazu Rechnungen übersichtlich aufzustellen und dabei die im Vertrag vereinbarte Reihenfolge der Posten einzuhalten, die in den Vertragsbestandteilen enthaltenen Bezeichnungen zu verwenden sowie gegebenenfalls sonstige im Vertrag festgelegte Anforderungen an Rechnungsvordrucke zu erfüllen und Art und Umfang der Leistung durch Belege in allgemein üblicher

Form nachzuweisen. Rechnungsbeträge, die für Änderungen und Ergänzungen zu zahlen sind, sollen unter Hinweis auf die getroffenen Vereinbarungen von den übrigen getrennt aufgeführt oder besonders kenntlich gemacht werden.

(2) Wenn vom Auftragnehmer nicht anders bezeichnet, gilt diese Rechnung als Schlussrechnung.

2. Wird eine prüfbare Rechnung gemäß Nummer 1 trotz Setzung einer angemessenen Frist nicht eingereicht, so kann der Auftraggeber die Rechnung auf Kosten des Auftragnehmers für diesen aufstellen, wenn er dies angekündigt hat.

§ 16 Leistungen nach Stundenverrechnungssätzen.

1. Leistungen werden zu Stundenverrechnungssätzen nur bezahlt, wenn dies im Vertrag vorgesehen ist oder wenn sie vor Beginn der Ausführung vom Auftraggeber in Auftrag gegeben worden sind.

2. Dem Auftraggeber sind Beginn und Beendigung von derartigen Arbeiten anzuzeigen. Soweit nichts anderes vereinbart ist, sind über die Arbeiten nach Stundenverrechnungssätzen wöchentlich Listen einzureichen, in denen die geleisteten Arbeitsstunden und die etwa besonders zu vergütenden Roh- und Werkstoffe, Hilfs- und Betriebsstoffe sowie besonders vereinbarte Vergütungen für die Bereitstellung von Gerüsten, Werkzeugen, Geräten, Maschinen und dergleichen aufzuführen sind.

3. Soweit nichts anderes vereinbart ist, sind Listen wöchentlich, erstmalig 12 Werktage nach Beginn, einzureichen.

§ 17 Zahlung.

1. Die Zahlung des Rechnungsbetrages erfolgt nach Erfüllung der Leistung. Sie kann früher gemäß den vereinbarten Zahlungsbedingungen erfolgen. Fehlen solche Vereinbarungen, so hat die Zahlung des Rechnungsbetrages binnen 30 Tagen nach Eingang der prüfbaren Rechnung zu erfolgen. Die Zahlung geschieht in der Regel bargeldlos. Maßgebend für die Rechtzeitigkeit ist der Zugang des Überweisungsauftrages beim Zahlungsinstitut des Auftraggebers.

2. Sofern Abschlagszahlungen vereinbart sind, sind sie in angemessenen Fristen auf Antrag entsprechend dem Wert der erbrachten Leistungen in vertretbarer Höhe zu leisten. Die Leistungen sind durch nachprüfbare Aufstellungen nachzuweisen. Abschlagszahlungen gelten nicht als Abnahme von Teilen der Leistung.

3. Bleiben bei der Schlussrechnung Meinungsverschiedenheiten, so ist dem Auftragnehmer gleichwohl der ihm unbestritten zustehende Betrag auszuzahlen.

4. Die vorbehaltlose Annahme der als solche gekennzeichneten Schlusszahlung schließt Nachforderungen aus. Ein Vorbehalt ist innerhalb von zwei Wochen nach Eingang der Schlusszahlung zu erklären.
Ein Vorbehalt wird hinfällig, wenn nicht innerhalb eines weiteren Monats eine prüfbare Rechnung über die vorbehaltenen Forderungen eingereicht oder, wenn dies nicht möglich ist, der Vorbehalt eingehend begründet wird.

5. Werden nach Annahme der Schlusszahlung Fehler in den Unterlagen der Abrechnung festgestellt, so ist die Schlussrechnung zu berichtigen. Solche Fehler sind Fehler in der Leistungsermittlung und in der Anwendung der

allgemeinen Rechenregeln, Komma- und Übertragungs- einschließlich Seitenübertragungsfehler. Auftraggeber und Auftragnehmer sind verpflichtet, die sich daraus ergebenden Beträge zu erstatten.

§ 18 Sicherheitsleistung.

1. (1) Soweit nichts anderes vereinbart ist, sind Sicherheitsleistungen unter den Voraussetzungen des § 14 VOL/A erst ab einem Auftragswert von 50 000 Euro zulässig. Wenn eine Sicherheitsleistung vereinbart ist, gelten die §§ 232 bis 240 des Bürgerlichen Gesetzbuches, soweit sich aus den nachstehenden Bestimmungen nichts anderes ergibt.
   (2) Die Sicherheit dient dazu, die vertragsgemäße Ausführung der Leistung und die Durchsetzung von Mängelansprüchen sicherzustellen.

2. (1) Wenn im Vertrag nichts anderes vereinbart ist, kann Sicherheit durch Hinterlegung von Geld oder durch Bürgschaft eines in der Europäischen Union oder in einem Staat, der Vertragspartei des Abkommens über den Europäischen Wirtschaftsraum oder Mitglied des WTO-Dienstleistungsübereinkommens (GATS) ist, zugelassenen Kreditinstituts oder Kreditversicherers geleistet werden. Sofern der Auftraggeber im Einzelfall begründete Bedenken gegen die Tauglichkeit des Bürgen hat, hat der Auftragnehmer die Tauglichkeit nachzuweisen.
   (2) Der Auftragnehmer hat die Wahl unter den verschiedenen Arten der Sicherheit; er kann eine Sicherheit durch eine andere ersetzen.

3. Bei Bürgschaft durch andere als zugelassene Kreditinstitute oder Kreditversicherer ist Voraussetzung, dass der Auftraggeber den Bürgen als tauglich anerkannt hat.

4. (1) Die Bürgschaftserklärung ist schriftlich mit der ausdrücklichen Bestimmung, dass die Bürgschaft deutschem Recht unterliegt, unter Verzicht auf die Einreden der Aufrechenbarkeit, der Anfechtbarkeit und der Vorausklage abzugeben (§§ 770 und 771 des Bürgerlichen Gesetzbuches); sie darf nicht auf bestimmte Zeit begrenzt und muss nach Vorschrift des Auftraggebers ausgestellt sein. Die Bürgschaft muss unter den Voraussetzungen von § 38 der Zivilprozessordnung die ausdrückliche Vereinbarung eines vom Auftraggeber gewählten inländischen Gerichtsstands für alle Streitigkeiten über die Gültigkeit der Bürgschaftsvereinbarung sowie aus der Vereinbarung selbst enthalten.
   (2) Der Auftraggeber kann als Sicherheit keine Bürgschaft fordern, die den Bürgen zur Zahlung auf erstes Anfordern verpflichtet.

5. Wird Sicherheit durch Hinterlegung von Geld geleistet, so hat der Auftragnehmer den Betrag bei einem zu vereinbarenden Geldinstitut auf ein Sperrkonto einzuzahlen, über das beide Parteien nur gemeinsam verfügen können. Etwaige Zinsen stehen dem Auftragnehmer zu.

6. Der Auftragnehmer hat die Sicherheit binnen 18 Werktagen nach Vertragsschluss zu leisten, wenn nichts anderes vereinbart ist.

7. Der Auftraggeber hat eine Sicherheit entsprechend dem völligen oder teilweisen Wegfall des Sicherungszwecks unverzüglich zurückzugeben.

§ 19 Streitigkeiten.

1. Bei Meinungsverschiedenheiten sollen Auftraggeber und Auftragnehmer zunächst versuchen, möglichst binnen zweier Monate eine gütliche Einigung herbeizuführen.

2. Liegen die Voraussetzungen für eine Gerichtsstandsvereinbarung nach § 38 der Zivilprozessordnung vor, richtet sich der Gerichtsstand für alle Streitigkeiten über die Gültigkeit des Vertrages und aus dem Vertragsverhältnis ausschließlich nach dem Sitz der für die Prozessvertretung des Auftraggebers zuständigen Stelle, soweit nichts anderes vereinbart ist. Die auftraggebende Stelle ist auf Verlangen verpflichtet, die den Auftraggeber im Prozess vertretende Stelle mitzuteilen.

3. Streitfälle berechtigen den Auftragnehmer nicht, die übertragenen Leistungen einzustellen, wenn der Auftraggeber erklärt, dass aus Gründen besonderen öffentlichen Interesses eine Fortführung der Leistung geboten ist.

17. Tariftreue- und Mindestlohngesetz für öffentliche Aufträge in Baden-Württemberg (Landestariftreue- und Mindestlohngesetz – LTMG)[1]

Vom 16. April 2013

(GBl. S. 50)

zuletzt geänd. durch Art. 15 G zur Änd. des NaturschutzG und weiterer Vorschriften v. 21.11.2017 (GBl. S. 597)

Nichtamtliche Inhaltsübersicht

Der Landtag hat am 10. April 2013 das folgende Gesetz beschlossen:

§ 1 Zweck des Gesetzes. [1]Dieses Gesetz wirkt Verzerrungen im Wettbewerb um öffentliche Aufträge entgegen, die durch den Einsatz von Niedriglohnkräften entstehen, und mildert Belastungen für die sozialen Sicherungssysteme. [2]Es bestimmt zu diesem Zweck, dass öffentliche Auftraggeber öffentliche Aufträge nach Maßgabe dieses Gesetzes nur an Unternehmen vergeben dürfen, die ihren Beschäftigten das in diesem Gesetz festgesetzte Mindestentgelt bezahlen und sich tariftreu verhalten.

§ 2 Anwendungsbereich. (1) Dieses Gesetz gilt für die Vergabe von öffentlichen Aufträgen über Bau- und Dienstleistungen in Baden-Württemberg im Sinne von § 99 des Gesetzes gegen Wettbewerbsbeschränkungen (GWB)[2] in der jeweils geltenden Fassung.

(2) [1]Im öffentlichen Personenverkehr gilt dieses Gesetz für alle in Baden-Württemberg zu vergebenden Dienstleistungsaufträge im Sinne der Verordnung (EG) Nr. 1370/2007[3] des Europäischen Parlaments und des Rates vom 23. Oktober 2007 über öffentliche Personenverkehrsdienste auf Schiene und Straße und zur Aufhebung der Verordnungen (EWG) Nr. 1191/69 und (EWG) Nr. 1107/70 des Rates (ABl. L 315 vom 3. Dezember 2007, S. 1) in der jeweils geltenden Fassung. [2]Dieses Gesetz gilt auch für öffentliche Dienstleistungsaufträge für Verkehre im Sinne von § 1 der Freistellungs-Verordnung vom 30. August 1962 (BGBl. I S. 601), zuletzt geändert durch Artikel 1 der Verordnung vom 4. Mai 2012 (BGBl. I S. 1037), in der jeweils geltenden Fassung.

---

[1] Die Vorschrift tritt am 1.7.2013 in Kraft, vgl. § 12.
[2] Nr. 1.
[3] Nr. 7.

(3) [1] Dieses Gesetz ist für alle Aufträge nach den Absätzen 1 und 2 ab einem geschätzten Auftragswert von 20 000 Euro (ohne Umsatzsteuer) anzuwenden. [2] Für die Schätzung des Auftragswertes gilt § 3 der Vergabeverordnung[1] in der jeweils geltenden Fassung.

(4) [1] Öffentliche Auftraggeber im Sinne dieses Gesetzes sind die öffentlichen Auftraggeber in Baden-Württemberg gemäß § 98 Nummern 1 bis 5 GWB[2]. [2] Satz 1 gilt nicht, wenn öffentliche Auftraggeber Vergabeverfahren im Namen oder im Auftrag des Bundes oder eines anderen Bundeslandes durchführen.

(5) Soweit nach diesem Gesetz Verpflichtungen im Rahmen der Angebotsabgabe begründet werden, gelten diese Verpflichtungen für Direktvergaben im Sinne von Artikel 5 Absätze 2, 4 und 6 der Verordnung (EG) Nr. 1370/2007 entsprechend und sind vor der Erteilung des Auftrags zu erfüllen.

(6) [1] Sollen öffentliche Aufträge gemeinsam mit Auftraggebern anderer Bundesländer oder aus Nachbarländern der Bundesrepublik Deutschland vergeben werden, ist mit diesen eine Einigung über die Einhaltung der Bestimmungen dieses Gesetzes anzustreben. [2] Kommt diese nicht zustande, kann von den Bestimmungen dieses Gesetzes abgewichen werden.

§ 3 Tariftreuepflicht. (1) Öffentliche Aufträge über Bau- und Dienstleistungen, die vom Arbeitnehmer-Entsendegesetz (AEntG) in der jeweils geltenden Fassung erfasst werden, dürfen nur an Unternehmen vergeben werden, die sich bei Angebotsabgabe schriftlich verpflichten, ihren Beschäftigten bei der Ausführung der Leistung diejenigen Arbeitsbedingungen einschließlich des Entgelts zu gewähren, die nach Art und Höhe mindestens den Vorgaben desjenigen Tarifvertrages entsprechen, an den das Unternehmen aufgrund des Arbeitnehmer-Entsendegesetzes gebunden ist.

(2) Öffentliche Aufträge über Bau- und Dienstleistungen, die vom Mindestarbeitsbedingungengesetz (MiArbG) in der jeweils geltenden Fassung erfasst werden, dürfen nur an Unternehmen vergeben werden, die sich bei Angebotsabgabe schriftlich verpflichten, ihren Beschäftigten bei der Ausführung der Leistung ein Entgelt zu zahlen, das nach Art und Höhe mindestens den Vorgaben einer aufgrund von § 4 Absatz 3 MiArbG erlassenen Rechtsverordnung entspricht, an die das Unternehmen aufgrund des Mindestarbeitsbedingungengesetzes gebunden ist.

(3) [1] Öffentliche Aufträge über Verkehrsdienstleistungen gemäß § 2 Absatz 2 dürfen nur an Unternehmen vergeben werden, die sich bei Angebotsabgabe schriftlich verpflichten,

1. ihren Beschäftigten bei der Ausführung der Leistung ein Entgelt zu zahlen, das insgesamt mindestens dem in Baden-Württemberg für diese Leistung in einem der einschlägigen und repräsentativen mit einer tariffähigen Gewerkschaft vereinbarten Tarifverträge vorgesehenen Entgelt nach den tarifvertraglich festgelegten Modalitäten, einschließlich der Aufwendungen für die Altersversorgung, entspricht und

2. während der Ausführung der Leistung eintretende tarifvertragliche Änderungen des Entgelts nachzuvollziehen.

---

[1] Nr. **2**.
[2] Nr. **1**.

[2] Die öffentlichen Auftraggeber benennen die einschlägigen und repräsentativen Tarifverträge in der Bekanntmachung und den Vergabeunterlagen des öffentlichen Auftrags.

(4) [1] Das Wirtschaftsministerium bestimmt im Einvernehmen mit dem Verkehrsministerium durch Rechtsverordnung,[1]) auf welche Weise festgestellt wird, welche Tarifverträge als repräsentativ anzusehen sind und wie deren Veröffentlichung erfolgt. [2] Die Feststellung erfolgt unter Berücksichtigung der Empfehlungen eines beim Wirtschaftsministerium einzurichtenden Beirats. [3] Der Beirat wird paritätisch mit Vertretern der im Bereich des Verkehrs gemäß § 2 Absatz 2 tätigen Sozialpartner besetzt. [4] Das Verzeichnis der als repräsentativ festgestellten Tarifverträge wird beginnend mit dem Jahr 2013 jährlich und aus besonderem Anlass überprüft und erforderlichenfalls in der Regel zum 1. März des Folgejahres angepasst. [5] Bei der Feststellung der Repräsentativität ist vorrangig abzustellen auf

1. die Zahl der von den jeweils tarifgebundenen Arbeitgebern Beschäftigten in Baden-Württemberg, die unter den Geltungsbereich des Tarifvertrags fallen und

2. die Zahl der jeweils unter den Geltungsbereich des Tarifvertrags fallenden Mitglieder der Gewerkschaft, die den Tarifvertrag geschlossen hat.

(5) [1] Beim Regierungspräsidium Stuttgart wird eine Servicestelle eingerichtet. [2] Sie informiert über das Tariftreue- und Mindestlohngesetz und stellt die Entgeltregelungen aus den einschlägigen und repräsentativen Tarifverträgen zur Verfügung. [3] Die Servicestelle nimmt im Rahmen der Rechtsverordnung nach Absatz 4 zugleich die Aufgaben einer Geschäftsstelle des Beirats wahr.

§ 4 Mindestentgelt. [1] Öffentliche Aufträge dürfen nur an Unternehmen vergeben werden, die sich bei Angebotsabgabe schriftlich verpflichten, ihren unter das Mindestlohngesetz (MiLoG) in der jeweils geltenden Fassung fallenden Beschäftigten bei der Ausführung der Leistung ein Entgelt zu zahlen, das mindestens den Vorgaben des Mindestlohngesetzes und der gemäß § 1 Absatz 2 Satz 2 MiLoG erlassenen Rechtsverordnung in ihrer jeweils geltenden Fassung entspricht. [2] Satz 1 gilt nicht, soweit nach § 3 Tariftreue gefordert werden kann und die danach maßgebliche tarifliche Regelung für die Beschäftigten günstiger ist. [3] Satz 1 gilt ferner nicht für die Leistungserbringung durch Auszubildende und für die Vergabe von Aufträgen an anerkannte Werkstätten für behinderte Menschen und anerkannte Blindenwerkstätten.

§ 5 Verpflichtungserklärung. (1) Die öffentlichen Auftraggeber weisen in der Bekanntmachung des öffentlichen Auftrags und in den Vergabeunterlagen darauf hin, dass die Bieter sowie deren Nachunternehmen und Verleihunternehmen (§ 6 Absatz 1 Satz 1), soweit diese bereits bei Angebotsabgabe bekannt sind, die erforderlichen Verpflichtungserklärungen gemäß § 3 Absatz 1 bis 3 (Tariftreueerklärung) oder § 4 Absatz 1 (Mindestentgelterklärung) abzugeben haben.

(2) In die Verpflichtungserklärungen können auch die im Fall der Auftragserteilung mit den Unternehmen zu treffenden Vereinbarungen nach § 6 Ab-

---

[1]) Siehe die VO zur Feststellung der repräsentativen Tarifverträge im öffentlichen Personenverkehr v. 20.6.2013 (GBl. S. 155), geänd. durch VO v. 23.2.2017 (GBl. S. 99).

satz 2, § 7 Absatz 1 Satz 4 und Absatz 2 Satz 3 sowie § 8 Absätze 1 und 2 aufgenommen werden.

(3) [1] Die Servicestelle nach § 3 Absatz 5 gibt im Internet Muster für die Abgabe der Verpflichtungserklärungen bekannt. [2] Diese können verwendet werden.

(4) Fehlt eine gemäß Absatz 1 geforderte Verpflichtungserklärung bei Angebotsabgabe und wird sie auch nach Aufforderung nicht vorgelegt, so ist das Angebot von der Wertung auszuschließen.

§ 6 Nachunternehmen. (1) Die Unternehmen haben ihre Nachunternehmen sowie Unternehmen, die ihnen Arbeitskräfte verleihen (Verleihunternehmen), sorgfältig auszuwählen.

(2) [1] Für den Fall der Ausführung vertraglich übernommener Leistungen durch Nachunternehmen hat sich das Unternehmen zu verpflichten, die Erfüllung der Verpflichtungen nach den §§ 3 und 4 durch die Nachunternehmen sicherzustellen und dem öffentlichen Auftraggeber Tariftreue- und Mindestentgelterklärungen der Nachunternehmen vorzulegen. [2] Gleiches gilt, wenn das Unternehmen oder ein beauftragtes Nachunternehmen zur Ausführung des Auftrags Arbeitskräfte eines Verleihunternehmens einsetzt. [3] Die Sätze 1 und 2 gelten entsprechend für alle weiteren Nachunternehmen und Verleihunternehmen der vom beauftragten Unternehmen eingeschalteten Nachunternehmen. [4] Auf die Verpflichtung zur Vorlage von Tariftreue- und Mindestentgelterklärungen kann verzichtet werden, wenn das Auftragsvolumen eines Nachunternehmens oder Verleihunternehmens weniger als 10 000 Euro (ohne Umsatzsteuer) beträgt.

§ 7 Nachweise und Kontrollen. (1) [1] Die beauftragten Unternehmen sowie ihre Nachunternehmen und Verleihunternehmen sind verpflichtet, dem öffentlichen Auftraggeber die Einhaltung der Verpflichtung nach den §§ 3 und 4 auf dessen Verlangen jederzeit nachzuweisen. [2] Die öffentlichen Auftraggeber dürfen zu diesem Zweck in erforderlichem Umfang Einsicht in die Entgeltabrechnungen der beauftragten Unternehmen sowie ihrer Nachunternehmen und Verleihunternehmen, in die zwischen dem beauftragten Unternehmen sowie ihren Nachunternehmen und Verleihunternehmen jeweils abgeschlossenen Verträge sowie in andere Geschäftsunterlagen nehmen, aus denen Umfang, Art, Dauer und tatsächliche Entlohnung von Beschäftigungsverhältnissen hervorgehen oder abgeleitet werden können, und hierzu Auskunft verlangen. [3] Die beauftragten Unternehmen sowie ihre Nachunternehmen und Verleihunternehmen haben ihre Beschäftigten auf die Möglichkeit solcher Kontrollen hinzuweisen. [4] Die öffentlichen Auftraggeber verpflichten den Auftragnehmer vertraglich, ihnen ein entsprechendes Auskunfts- und Prüfungsrecht auch bei der Beauftragung von Nachunternehmen und Verleihunternehmen einräumen zu lassen.

(2) [1] Die beauftragten Unternehmen sowie ihre Nachunternehmen und Verleihunternehmen haben vollständige und prüffähige Unterlagen nach Absatz 1 über die eingesetzten Beschäftigten bereitzuhalten. [2] Auf Verlangen des öffentlichen Auftraggebers sind ihm diese Unterlagen vorzulegen. [3] Die öffentlichen Auftraggeber verpflichten den Auftragnehmer vertraglich, die Einhaltung dieser Pflicht durch die beauftragten Nachunternehmen und Verleihunternehmen vertraglich sicherzustellen.

§ 8 Sanktionen. (1) [1] Um die Einhaltung der Verpflichtungen nach den §§ 3 bis 7 zu sichern, vereinbaren die öffentlichen Auftraggeber mit den beauftragten Unternehmen für jeden schuldhaften Verstoß eine Vertragsstrafe in Höhe von einem Prozent des Auftragswertes, bei Verkehrsdienstleistungen gemäß § 2 Absatz 2 eine Vertragsstrafe in Höhe von bis zu einem Prozent. [2] Bei mehreren Verstößen darf die Summe der Vertragsstrafen fünf Prozent des Auftragswertes nicht überschreiten. [3] Die beauftragten Unternehmen sind zur Zahlung einer Vertragsstrafe nach Satz 1 auch für den Fall zu verpflichten, dass der Verstoß durch Nachunternehmen oder Verleihunternehmen begangen wird, es sei denn, dass das beauftragte Unternehmen den Verstoß nicht kannte und unter Beachtung der Sorgfaltspflicht eines ordentlichen Kaufmanns auch nicht kennen musste. [4] Ist die verwirkte Vertragsstrafe unverhältnismäßig hoch, so kann sie von dem öffentlichen Auftraggeber auf Antrag des beauftragten Unternehmens auf den angemessenen Betrag herabgesetzt werden. [5] Soweit infolge des Verstoßes zu niedrige Entgelte gezahlt wurden, soll der angemessene Betrag mindestens dem Dreifachen des Betrages entsprechen, der von dem Unternehmen oder seinen Nachunternehmen und Verleihunternehmen durch den Verstoß eingespart wurde. [6] Die Geltendmachung einer Vertragsstrafe nach diesem Gesetz bleibt von der Geltendmachung einer Vertragsstrafe aus anderem Grunde sowie von der Geltendmachung sonstiger Ansprüche unberührt.

(2) Die öffentlichen Auftraggeber vereinbaren mit den beauftragten Unternehmen, dass die schuldhafte Nichterfüllung einer Verpflichtung nach den §§ 3 bis 7 durch das beauftragte Unternehmen den öffentlichen Auftraggeber zur fristlosen Kündigung aus wichtigem Grund berechtigt und dass das beauftragte Unternehmen dem öffentlichen Auftraggeber den durch die Kündigung entstandenen Schaden zu ersetzen hat.

(3) Haben beauftragte Unternehmen oder deren Nachunternehmen oder Verleihunternehmen schuldhaft gegen Verpflichtungen dieses Gesetzes verstoßen, können die öffentlichen Auftraggeber diese für die Dauer von bis zu drei Jahren von ihren Auftragsvergaben ausschließen.

(4) Die öffentlichen Auftraggeber informieren die für die Verfolgung und Ahndung von Ordnungswidrigkeiten nach § 23 AEntG und § 18 MiArbG zuständigen Stellen über Verstöße der Unternehmen gegen Verpflichtungen nach § 3 Absätze 1 und 2.

§ 9 Informationspflichten beim Betreiberwechsel im öffentlichen Personenverkehr. Soweit öffentliche Auftraggeber im Rahmen der Vergabe eines öffentlichen Dienstleistungsauftrags im Sinne der Verordnung (EG) Nr. 1370/2007[1] auf Grundlage von Artikel 4 Absatz 5 dieser Verordnung Unternehmen dazu verpflichten wollen, die Beschäftigten, die zuvor zur Erbringung der Dienste eingestellt wurden, zu den bisherigen Arbeitsbedingungen zu übernehmen, sind die bisherigen Betreiber verpflichtet, den öffentlichen Auftraggebern auf Anforderung binnen sechs Wochen alle hierzu erforderlichen Informationen zur Verfügung zu stellen.

§ 10 Übergangsbestimmung. Dieses Gesetz findet keine Anwendung auf öffentliche Aufträge, deren Vergabe vor dem Inkrafttreten dieses Gesetzes eingeleitet worden ist.

---

[1] Nr. 7.

§ 11 Überprüfung der Auswirkungen des Gesetzes. [1]Die Auswirkungen dieses Gesetzes werden nach einem Erfahrungszeitraum von vier Jahren nach Inkrafttreten dieses Gesetzes durch die Landesregierung überprüft. [2]Die Landesregierung unterrichtet den Landtag zeitnah über das Ergebnis der Überprüfung. [3]Dabei ist darzustellen, inwieweit die Tariftreue Wirkung entfaltet und, soweit notwendig, welche Maßnahmen ergriffen werden können, um die Tariftreue weiter zu stärken.

§ 12 Inkrafttreten. Dieses Gesetz tritt am ersten Tag des auf die Verkündung[1] folgenden dritten Monats in Kraft.

---

[1] Verkündet am 19.4.2013.

18. Berliner Ausschreibungs- und Vergabegesetz (BerlAVG)[1]

Vom 22. April 2020

(GVBl. S. 276)

BRV 7102-9

Abschnitt 1. Allgemeines

§ 1 Zweck des Gesetzes. (1) [1] Zweck des Gesetzes ist es, soziale, beschäftigungspolitische und umweltbezogene Aspekte bei der Vergabe öffentlicher Aufträge im Sinne der §§ 103 und 104 des Gesetzes gegen Wettbewerbsbeschränkungen[2] zu fördern und zu unterstützen. [2] Gleichzeitig sollen die Rahmenbedingungen für kleine und mittelständische Unternehmen im Bereich der öffentlichen Auftragsvergabe verbessert werden.

(2) Die Umsetzung sozialer, beschäftigungspolitischer und umweltbezogener Aspekte erfolgt auf der Grundlage von Vergabebestimmungen gemäß Abschnitt 2 sowie Ausführungsbedingungen gemäß Abschnitt 3 dieses Gesetzes.

---

[1] Verkündet als Art. 1 G v. 22.4.2020 (GVBl. S. 276); Inkrafttreten gem. Art. 6 Satz 1 dieses G am 1.5. 2020. Bis zu diesem Zeitpunkt siehe das Berliner Ausschreibungs- und Vergabegesetz 2010 v. 8.7.2010 (GVBl. S. 399).
[2] Nr. 1.

§ 2 Persönlicher Anwendungsbereich. (1) Das Land Berlin als öffentlicher Auftraggeber gemäß § 99 Nummer 1 des Gesetzes gegen Wettbewerbsbeschränkungen[1] vergibt öffentliche Aufträge an geeignete Unternehmen nach Maßgabe der Abschnitte 2 bis 4 dieses Gesetzes.

(2) Juristische Personen des öffentlichen Rechts gemäß § 99 Nummer 2 und 3 des Gesetzes gegen Wettbewerbsbeschränkungen[1], die dem Land Berlin zuzurechnen sind und die den Bestimmungen des § 55 der Landeshaushaltsordnung unterliegen, vergeben öffentliche Aufträge an geeignete Unternehmen nach Maßgabe der Abschnitte 3 und 4 dieses Gesetzes.

(3) Juristische Personen des öffentlichen Rechts gemäß § 99 Nummer 2 und 3, § 100 Absatz 1 Nummer 1 des Gesetzes gegen Wettbewerbsbeschränkungen[1], die dem Land Berlin zuzurechnen sind und die nicht den Bestimmungen des § 55 der Landeshaushaltsordnung unterliegen, vergeben öffentliche Aufträge an geeignete Unternehmen nach Maßgabe der Abschnitte 3 und 4 dieses Gesetzes, sofern der geschätzte Auftragswert die Schwellenwerte gemäß § 106 des Gesetzes gegen Wettbewerbsbeschränkungen[1] erreicht oder überschreitet.

(4) Juristische Personen des privaten Rechts gemäß § 99 Nummer 2 sowie § 100 Absatz 1 Nummer 2 des Gesetzes gegen Wettbewerbsbeschränkungen[1], die dem Land Berlin zuzurechnen sind, vergeben öffentliche Aufträge an geeignete Unternehmen nach Maßgabe der Abschnitte 3 und 4 dieses Gesetzes, sofern der geschätzte Auftragswert die Schwellenwerte gemäß § 106 des Gesetzes gegen Wettbewerbsbeschränkungen[1] erreicht oder überschreitet.

(5) Das Land Berlin wirkt im Rahmen seiner Befugnisse darauf hin, dass die Regelungen des Abschnitts 2 auch von den öffentlichen Auftraggebern gemäß § 2 Absatz 2 bis 4 angewendet werden.

§ 3 Sachlicher Anwendungsbereich. (1) Dieses Gesetz ist von den öffentlichen Auftraggebern gemäß § 2 innerhalb der auch insoweit geltenden Grenzen des persönlichen Anwendungsbereichs auf alle öffentlichen Aufträge über Bauleistungen ab einem geschätzten Auftragswert von 50 000 Euro (ohne Umsatzsteuer) und auf alle öffentlichen Aufträge über Liefer- und Dienstleistungen ab einem geschätzten Auftragswert in Höhe von 10 000 Euro (ohne Umsatzsteuer) anzuwenden, es sei denn,

1. es handelt sich um vergaberechtsfreie Aufträge gemäß §§ 107, 109, 116, 117, 137, 140 sowie 145 des Gesetzes gegen Wettbewerbsbeschränkungen[1],

2. der öffentliche Auftrag wird zur Ausübung zentraler Beschaffungstätigkeiten an eine zentrale Beschaffungsstelle im Sinne des § 120 Absatz 4 des Gesetzes gegen Wettbewerbsbeschränkungen[1] oder im Rahmen einer öffentlich-rechtlichen Vereinbarung vergeben,

3. der Auftraggeber muss die Vertragsbedingungen des Auftragnehmers anerkennen, um seinen Bedarf decken zu können,

4. der Bedarf des Auftraggebers kann nicht gedeckt werden, wenn im Rahmen einer Markterkundung oder mangels zuschlagsfähiger Angebote festgestellt wird, dass im Hinblick auf die verpflichtende Vereinbarung der Vertragsbedingungen gemäß § 15 voraussichtlich keine wertbaren Angebote abgegeben werden. Dieses ist in jedem Einzelfall zu begründen und zu dokumentieren.

---

[1] Nr. 1.

(2) Die Erfüllung der Zwecke beziehungsweise Maßgaben dieses Gesetzes steht den Anforderungen aus § 7 Absatz 1 Satz 1 der Landeshaushaltsordnung nicht entgegen.

§ 4 Bündelung von Beschaffungsbedarfen mehrerer öffentlicher Auftraggeber. [1] Bei der Bündelung von Beschaffungsbedarfen mehrerer öffentlicher Auftraggeber ist mit öffentlichen Auftraggebern, die nicht in den Anwendungsbereich des § 2 fallen, vor Beginn des Vergabeverfahrens eine Einigung darüber anzustreben, dass die Vergabebestimmungen des Abschnitts 2 und die Ausführungsbedingungen des Abschnitts 3 bei der Beschaffung Anwendung finden sollen. [2] Kommt eine Einigung nicht zustande, kann von der Anwendung der Abschnitte 2 und 3 abgesehen werden; die Gründe für die fehlende Einigung sind zu dokumentieren.

Abschnitt 2. Vergabebestimmungen

§ 5 Berücksichtigung mittelständischer Interessen. (1) [1] Mittelständische Interessen sind bei der Vergabe öffentlicher Aufträge vornehmlich zu berücksichtigen. [2] Leistungen sind in der Menge aufgeteilt (Teillose) und getrennt nach Art oder Fachgebiet (Fachlose) zu vergeben. [3] Mehrere Teil- oder Fachlose dürfen zusammen vergeben werden, wenn wirtschaftliche oder technische Gründe dies erfordern.

(2) Die öffentlichen Auftraggeber sollen geeignete kleine und mittlere Unternehmen bei Beschränkten Ausschreibungen und Verhandlungsvergaben gemäß Unterschwellenvergabeordnung[1] beziehungsweise bei Beschränkten Ausschreibungen und Freihändigen Vergaben gemäß Vergabe- und Vertragsordnung für Bauleistungen – Teil A Abschnitt 1 in angemessenem Umfang zur Angebotsabgabe auffordern.

§ 6 Wertung unangemessen niedriger Angebote bei der Vergabe. Erscheint bei der Vergabe von Leistungen ein Angebotspreis ungewöhnlich niedrig, verlangt der öffentliche Auftraggeber vor Ablehnung dieses Angebotes vom Bieter Aufklärung, insbesondere durch Anforderung der Kalkulationsunterlagen.

§ 7 Bedarfsermittlung, Leistungsanforderungen und Zuschlagskriterien im Rahmen der umweltverträglichen Beschaffung. (1) [1] Der öffentliche Auftraggeber ist verpflichtet, bei der Vergabe von Aufträgen ökologische Kriterien zu berücksichtigen. [2] Bei der Festlegung der Leistungsanforderungen soll umweltfreundlichen und energieeffizienten Produkten, Materialien und Verfahren der Vorzug gegeben werden. [3] Öffentliche Auftraggeber haben im Rahmen von Liefer-, Bau- und Dienstleistungsaufträgen dafür Sorge zu tragen, dass bei der Herstellung, Verwendung und Entsorgung von Gütern sowie durch die Ausführung der Leistung bewirkte negative Umweltauswirkungen möglichst vermieden werden. [4] Bei der Wertung der Wirtschaftlichkeit der Angebote im Sinne von § 127 Absatz 1 des Gesetzes gegen Wettbewerbsbeschränkungen[2] sind die vollständigen Lebenszykluskosten grundsätzlich zu berücksichtigen.

(2) [1] Der Senat wird nach Vorlage durch die für Umwelt zuständige Senatsverwaltung im Einvernehmen mit den für die öffentliche Auftragsvergabe zustän-

---

[1] Nr. **15**.
[2] Nr. **1**.

digen Senatsverwaltungen ermächtigt, die Anforderungen nach Absatz 1 durch Verwaltungsvorschriften für Liefer-, Bau- und Dienstleistungsaufträge zu konkretisieren und verbindliche Regeln dazu aufzustellen, auf welche Weise die Anforderungen im Rahmen der Planung, der Leistungsbeschreibung und der Zuschlagserteilung zu berücksichtigen sind. ²Durch Verwaltungsvorschrift soll auch bestimmt werden, in welcher Weise die vollständigen Lebenszykluskosten einer Baumaßnahme, eines Produkts oder einer Dienstleistung im Sinne von Absatz 1 Satz 2 zu ermitteln sind. ³Bei der Wertung der Wirtschaftlichkeit der Angebote im Sinne von § 127 Absatz 1 des Gesetzes gegen Wettbewerbsbeschränkungen[1] sind die vollständigen Lebenszykluskosten des Produkts oder der Dienstleistung zu berücksichtigen. ⁴Die Verwaltungsvorschriften sollen spätestens nach fünf Jahren fortgeschrieben werden.

§ 8 Beachtung der ILO-Kernarbeitsnormen. (1) ¹Bei der Vergabe von Bau-, Liefer- oder Dienstleistungen ist darauf hinzuwirken, dass keine Waren für die Erbringung von Leistungen verwendet werden, die unter Missachtung der in den ILO-Kernarbeitsnormen festgelegten Mindeststandards gewonnen, hergestellt oder weiterverarbeitet worden sind. ²Die Mindeststandards der ILO-Kernarbeitsnormen ergeben sich aus

1. dem Übereinkommen Nr. 29 über Zwangs- oder Pflichtarbeit vom 28. Juni 1930 (BGBl. 1956 II S. 641),
2. dem Übereinkommen Nr. 87 über die Vereinigungsfreiheit und den Schutz des Vereinigungsrechtes vom 9. Juli 1948 (BGBl. 1956 II S. 2073),
3. dem Übereinkommen Nr. 98 über die Anwendung der Grundsätze des Vereinigungsrechtes und des Rechtes zu Kollektivverhandlungen vom 1. Juli 1949 (BGBl. 1955 II S. 1123),
4. dem Übereinkommen Nr. 100 über die Gleichheit des Entgelts männlicher und weiblicher Arbeitskräfte für gleichwertige Arbeit vom 29. Juni 1951 (BGBl. 1956 II S. 24),
5. dem Übereinkommen Nr. 105 über die Abschaffung der Zwangsarbeit vom 25. Juni 1957 (BGBl. 1959 II S. 442),
6. dem Übereinkommen Nr. 111 über die Diskriminierung in Beschäftigung und Beruf vom 25. Juni 1958 (BGBl. 1961 II S. 98),
7. dem Übereinkommen Nr. 138 über das Mindestalter für die Zulassung zur Beschäftigung vom 26. Juni 1973 (BGBl. 1976 II S. 202) und
8. dem Übereinkommen Nr. 182 über das Verbot und unverzügliche Maßnahmen zur Beseitigung der schlimmsten Formen der Kinderarbeit vom 17. Juni 1999 (BGBl. 2001 II S. 1291).

(2) ¹Aufträge über Leistungen, die Waren oder Warengruppen enthalten, bei denen eine Gewinnung, Herstellung oder Weiterverarbeitung unter Missachtung der ILO-Kernarbeitsnormen in Betracht kommt, sollen nur an Auftragnehmer vergeben werden, die sich bei der Angebotsabgabe verpflichtet haben, die Leistung nachweislich unter Beachtung der ILO-Kernarbeitsnormen zu erbringen. ²Satz 1 gilt entsprechend für Waren, die im Rahmen der Erbringung von Bau- oder Dienstleistungen verwendet werden.

(3) Die für Wirtschaft zuständige Senatsverwaltung wird ermächtigt, im Einvernehmen mit der für Bauwesen zuständigen Senatsverwaltung Verwaltungsvor-

---

[1] Nr. 1.

schriften zur Ausführung der Vorgaben gemäß Absatz 2, insbesondere über die Bestimmung der Waren und Warengruppen, der Länder oder Gebiete, die im Hinblick auf eine Missachtung der ILO-Kernarbeitsnormen in Betracht kommen, sowie zur Nachweisführung zu erlassen.

Abschnitt 3. Ausführungsbedingungen

§ 9 Mindeststundenentgelt, Tariftreue. (1) [1] Öffentliche Aufträge werden an Auftragnehmer nur vergeben, wenn diese sich bei der Angebotsabgabe verpflichten,

1. ihren Arbeitnehmerinnen und Arbeitnehmern wenigstens diejenigen Entlohnungsregelungen einschließlich des Mindestentgelts zu gewähren, die nach dem Mindestlohngesetz, einem nach dem Tarifvertragsgesetz mit den Wirkungen des Arbeitnehmer-Entsendegesetzes für allgemeinverbindlich erklärten Tarifvertrag oder einer nach § 7, § 7a oder § 11 des Arbeitnehmer-Entsendegesetzes oder einer nach § 3a des Arbeitnehmerüberlassungsgesetzes erlassenen Rechtsverordnung für die betreffende Leistung verbindlich vorgegeben werden,

2. sofern sich der Sitz des Unternehmens im Inland befindet, ihren Arbeitnehmerinnen und Arbeitnehmern bei der Ausführung des Auftrags unabhängig vom Sitz des Betriebes und vom Ort der Erbringung der Arbeitsleistung mindestens die Entlohnung (einschließlich der Überstundensätze) nach den Regelungen des Tarifvertrags zu gewähren, der im Land Berlin auf das entsprechende Gewerbe anwendbar ist. Bestehen Tarifverträge unterschiedlichen Inhalts mit zumindest teilweise demselben fachlichen Geltungsbereich, sind die Regelungen des in entsprechender Anwendung von § 7 Absatz 2 des Arbeitnehmer-Entsendegesetzes repräsentativeren Tarifvertrags maßgeblich. Diese Verpflichtungen gelten nicht für Auftragnehmer mit Sitz im Ausland.

3. ihren Arbeitnehmerinnen und Arbeitnehmern (ohne Auszubildende) bei der Ausführung des Auftrags mindestens das Mindestentgelt je Zeitstunde in Höhe von 12,50 Euro brutto zu entrichten.

[2] Treffen den Auftragnehmer mehr als nur eine dieser Verpflichtungen, so ist die für die Arbeitnehmerinnen und Arbeitnehmer jeweils günstigste Regelung maßgeblich. [3] Diese Verpflichtungen gelten nicht, soweit die Leistungen von Auftragnehmern, Unterauftragnehmern und Verleihern von Arbeitskräften im Ausland erbracht werden.

(2) [1] Der Senat wird ermächtigt, durch Rechtsverordnung nach Vorlage durch die für Wirtschaft zuständige Senatsverwaltung im Einvernehmen mit der für Bauwesen sowie der für Arbeit zuständigen Senatsverwaltung, die Höhe des nach Absatz 1 Nummer 3 Satz 1 zu zahlenden Entgelts festzusetzen, sofern dies wegen veränderter wirtschaftlicher und sozialer Verhältnisse erforderlich ist. [2] Ein entsprechender Anpassungsbedarf wird durch Zugrundelegung der prozentualen Veränderungsrate im Index der tariflichen Monatsverdienste des Statistischen Bundesamtes für die Gesamtwirtschaft in Deutschland (ohne Sonderzahlungen) ermittelt, bei der der Durchschnitt der veröffentlichten Daten für die letzten vier Quartale zugrunde zu legen ist.

(3) Die für Arbeit zuständige Senatsverwaltung wird ermächtigt, im Einvernehmen mit den für die öffentliche Auftragsvergabe zuständigen Senatsverwaltungen Ausführungsbestimmungen nach Absatz 1 Nummer 2 Satz 1 zu erlassen,

insbesondere über das Verfahren zur Feststellung sowie über die Bekanntgabe der jeweils anwendbaren Tarifverträge.

§ 10 Öffentliche Personennahverkehrsdienste. [1]Unbeschadet etwaiger weitergehender Anforderungen nach § 128 des Gesetzes gegen Wettbewerbsbeschränkungen[1) vergeben öffentliche Auftraggeber gemäß § 2 Aufträge über öffentliche Personennahverkehrsdienste, wenn sich die Auftragnehmer bei der Angebotsabgabe verpflichten, ihre Arbeitnehmerinnen und Arbeitnehmer (ohne Auszubildende) bei der Ausführung dieser Dienste mindestens nach den hierfür jeweils geltenden Entgelttarifen zu entlohnen. [2]Die öffentlichen Auftraggeber bestimmen in der Bekanntmachung der Ausschreibung sowie in den Vergabeunterlagen den oder die einschlägigen Tarifverträge nach Satz 1 nach billigem Ermessen und vereinbaren eine dementsprechende Lohngleitklausel für den Fall einer Änderung der Tarifverträge während der Vertragslaufzeit. [3]Außerdem sind insbesondere die Regelungen der Verordnung (EG) Nr. 1370/2007 des Europäischen Parlaments und des Rates vom 23. Oktober 2007 über öffentliche Personenverkehrsdienste auf Schiene und Straße und zur Aufhebung der Verordnungen (EWG) Nr. 1191/69 und (EWG) Nr. 1107/70 des Rates[2) (Abl. L 315 vom 3. Dezember 2007, S. 1) zu beachten.

§ 11 Besondere Ausführungsbedingungen. (1) Im Rahmen von Ausführungsbedingungen im Sinne von § 128 Absatz 2 des Gesetzes gegen Wettbewerbsbeschränkungen[1) können weitergehende Gesichtspunkte bei der Erbringung von Leistungen festgelegt werden, insbesondere im Hinblick auf Kriterien des fairen Handels, der Barrierefreiheit sowie zur Berücksichtigung sozialer oder beschäftigungspolitischer Belange.

(2) Der Senat wird ermächtigt, Verwaltungsvorschriften zur Ausführung der Bestimmungen gemäß Absatz 1, insbesondere in Form von Vertragsbedingungen, zu erlassen.

§ 12 Umweltverträglichkeit. (1) Die öffentlichen Auftraggeber können Ausführungsbedingungen im Hinblick auf die Umweltverträglichkeit im Sinne von § 128 Absatz 2 des Gesetzes gegen Wettbewerbsbeschränkungen[1) festlegen, um bei der Auftragsausführung ergänzende umweltbezogene Pflichten vorzugeben.

(2) [1]Der Senat wird nach Vorlage durch die für Umwelt zuständige Senatsverwaltung im Einvernehmen mit den für die öffentliche Auftragsvergabe zuständigen Senatsverwaltungen ermächtigt, die Anforderungen nach § 12 durch Verwaltungsvorschriften für Liefer-, Bau- und Dienstleistungsaufträge zu konkretisieren und verbindliche Regeln aufzustellen, auf welche Weise die Anforderungen im Rahmen der ergänzenden Verpflichtungen zur Ausführung zu berücksichtigen sind. [2]Die Verwaltungsvorschriften sollen spätestens nach fünf Jahren fortgeschrieben werden.

§ 13 Frauenförderung. Bei allen Vergabeverfahren, auf die § 13 des Landesgleichstellungsgesetzes in der jeweils geltenden Fassung Anwendung findet, ist von den Bietenden eine Erklärung zur Förderung von Frauen entsprechend den dazu erlassenen Regelungen in der jeweils geltenden Frauenförderverordnung abzugeben.

[1) Nr. 1.
[2) Nr. 7.

§ 14 Verhinderung von Benachteiligungen. Unbeschadet etwaiger weitergehender Anforderungen nach § 128 des Gesetzes gegen Wettbewerbsbeschränkungen[1] werden öffentliche Aufträge an Auftragnehmer nur vergeben, wenn diese sich vertraglich verpflichten, bei der Auftragsdurchführung

1. die bundes- und landesrechtlichen Bestimmungen über allgemeine Benachteiligungsverbote, insbesondere das Allgemeine Gleichbehandlungsgesetz, zu beachten,

2. ihren Arbeitnehmerinnen und Arbeitnehmern bei gleicher oder gleichwertiger Arbeit gleiches Entgelt zu zahlen. Tarifvertragliche Regelungen bleiben davon unberührt.

Abschnitt 4. Verfahrensregelungen

§ 15 Vertragsbedingungen. (1) [1]Die öffentlichen Auftraggeber vereinbaren mit den Auftragnehmern Vertragsbedingungen

1. über die Einhaltung der Vergabebestimmungen gemäß §§ 7 und 8 sowie der Ausführungsbedingungen gemäß §§ 9 bis 14, sofern die jeweiligen Voraussetzungen vorliegen,

2. über die Kontrolle der Maßnahmen gemäß §§ 7 bis 13 sowie die Mitwirkung des Auftragnehmers daran,

3. über die Gestattung des Zugangs zu oder über die Übermittlung von vollständigen und prüffähigen Unterlagen gemäß § 16 Absatz 3,

4. über die folgenden Sanktionsmöglichkeiten für den Fall, dass ein Auftragnehmer schuldhaft gegen seine nach § 15 vereinbarten Verpflichtungen verstößt:

   a) die Zahlung einer angemessenen Vertragsstrafe,

   b) die Berechtigung, vom Vertrag zurückzutreten,

   c) die Berechtigung, den Vertrag zu kündigen und,

   soweit dies nach Art der Leistung und Leistungserbringung möglich ist,

   d) die Berechtigung, den vereinbarten Leistungspreis zu mindern, und

   e) die Zahlung von Schadenersatz,

5. über die Einhaltung datenschutzrechtlicher Bedingungen im Rahmen der Vertragserfüllung,

6. auf Grund derer Unterauftragnehmer oder Verleiher von Arbeitskräften vertraglich zur Einhaltung der Vertragsbedingungen gemäß den Nummern 1 bis 6 zu verpflichten sind, ausgenommen

   a) der betreffende Unterauftrag ist vergaberechtsfrei im Sinne der §§ 107, 109, 116, 117, 137, 140 sowie 145 des Gesetzes gegen Wettbewerbsbeschränkungen[1],

   b) der Auftragnehmer muss die Vertragsbedingungen des Unterauftragnehmers anerkennen, um die Leistung erfüllen zu können,

   c) der betreffende Unterauftrag unterschreitet im Fall einer Liefer- oder Dienstleistung den Wert von 10 000 Euro (ohne Umsatzsteuer) oder im Fall einer Bauleistung den Wert von 50 000 Euro (ohne Umsatzsteuer).

---

[1] Nr. 1.

[2] Dabei hat der jeweils einen Auftrag weiter Vergebende die jeweils dokumentierte Übertragung der Verpflichtung und ihre Einhaltung durch die jeweils beteiligten Unterauftragnehmer oder Verleiher von Arbeitskräften sicherzustellen.

(2) Die öffentlichen Auftraggeber vereinbaren vertraglich für den Fall, dass ein Unterauftragnehmer oder Verleiher von Arbeitskräften des Auftragnehmers gegen seine nach Absatz 1 vereinbarten Verpflichtungen verstößt, dass diese dem Auftragnehmer zugerechnet werden.

(3) Absatz 1 Nummer 4 Buchstabe a), d) und e) sowie Absatz 2 sind bei Ausführungsbedingungen gemäß § 9 Absatz 1 Satz 1 Nummer 1 und § 14 nicht anzuwenden.

(4) Die für Wirtschaft zuständige Senatsverwaltung wird ermächtigt, im Einvernehmen mit der für Bauwesen zuständigen Senatsverwaltung Verwaltungsvorschriften zur Verwendung bestimmter Formblätter gemäß Absatz 1 zu erlassen.

§ 16 Kontrolle. (1) [1] Die öffentlichen Auftraggeber kontrollieren stichprobenartig die Einhaltung der nach § 15 vereinbarten Vertragsbedingungen in dem Umfang des § 15 Absatz 1 Nummer 2. [2] Die Kontrollen sollen ab dem Jahr 2022 fünf vom Hundert der unter den Voraussetzungen des Satzes 1 in einem Kalenderjahr vergebenen Aufträge erfassen. [3] Satz 2 gilt jeweils für die Senats- und Bezirksverwaltungen, für die ihnen nachgeordneten Behörden (Sonderbehörden) und nichtrechtsfähigen Anstalten und für die unter ihrer Aufsicht stehenden Eigenbetriebe.

(2) [1] Die zentrale Kontrollgruppe unterstützt öffentliche Auftraggeber gemäß § 2 Absatz 1 bei der Kontrolle gemäß Absatz 1. [2] Die zentrale Kontrollgruppe kann von den öffentlichen Auftraggebern gemäß § 2 Absatz 1 eine Aufstellung über von diesen vergebene öffentliche Aufträge verlangen. [3] Die öffentlichen Auftraggeber gemäß § 2 Absatz 1 sind verpflichtet, der zentralen Kontrollgruppe diejenigen Vergabeunterlagen über vergebene öffentliche Aufträge zu übermitteln, die für eine Kontrolle gemäß Absatz 1 erforderlich sind. [4] Die zentrale Kontrollgruppe teilt dem öffentlichen Auftraggeber das Ergebnis ihrer Kontrollen mit und spricht eine Handlungsempfehlung aus.

(3) [1] Im Rahmen der Kontrolltätigkeit durch die öffentlichen Auftraggeber oder die zentrale Kontrollgruppe gemäß Absatz 1 überlässt beziehungsweise übermittelt der zu kontrollierende Auftragnehmer beziehungsweise Unterauftragnehmer die zur schlüssigen Kontrolle auf Einhaltung der jeweiligen Vertragsbedingung notwendigen Unterlagen zur Einsichtnahme. [2] Die für die Kontrolle erforderlichen Unterlagen werden bereits gemäß § 15 Absatz 1 Nummer 3 zwischen Auftragnehmer und öffentlichem Auftraggeber vertraglich festgelegt.

(4) [1] Die öffentlichen Auftraggeber oder die zentrale Kontrollgruppe entscheiden jeweils unter Berücksichtigung des Verhältnismäßigkeitsgrundsatzes darüber, ob der Einblick nach Absatz 3 durch Anforderung der erforderlichen Unterlagen oder einen Einblick in die Unterlagen vor Ort erfolgt. [2] Werden die Unterlagen von den den Auftrag ausführenden Unternehmen angefordert, sind diese Unterlagen zu bezeichnen und es ist die Form der Übermittlung anzugeben.

(5) Stellt ein öffentlicher Auftraggeber oder die zentrale Kontrollgruppe einen Verstoß eines Auftragnehmers, Unterauftragnehmers oder Verleihers von Arbeitskräften gegen Vertragsbedingungen im Sinne von § 15 fest, ist das bei der für Bauwesen zuständigen Senatsverwaltung geführte Amtliche Unternehmer- und Lieferantenverzeichnis des Landes Berlin sowie das Verzeichnis über ungeeignete

Bewerber und Bieter bei öffentlichen Aufträgen über den Namen, die Anschrift, den Vertragsinhalt und die Art des Verstoßes unverzüglich zu unterrichten.

(6) Liegen einem öffentlichen Auftraggeber oder der zentralen Kontrollgruppe Anhaltspunkte für einen Verstoß eines Auftragnehmers, Unterauftragnehmers oder Verleihers von Arbeitskräften gegen Mindestarbeitsbedingungen gemäß § 128 Absatz 1 des Gesetzes gegen Wettbewerbsbeschränkungen[1] vor, ist unverzüglich die Finanzkontrolle Schwarzarbeit der Bundeszollverwaltung zu benachrichtigen.

(7) Liegen einem öffentlichen Auftraggeber oder der zentralen Kontrollgruppe hinreichende Anhaltspunkte, insbesondere auf Grund von Hinweisen Dritter, für einen Verstoß eines Auftragnehmers, Unterauftragnehmers oder Verleihers von Arbeitskräften gegen die Einhaltung der vereinbarten Ausführungsbedingungen vor, ist grundsätzlich eine Kontrolle gemäß Absatz 1 durchzuführen.

(8) [1] Die für das jeweilige Vergabeverfahren zuständige Stelle des öffentlichen Auftraggebers sowie die Kontrollgruppe dürfen personenbezogene Daten verarbeiten, soweit dieses zum Zweck der Kontrolle nach Absatz 1 erforderlich ist. [2] Dies umfasst auch die Übermittlung der für die Kontrolle erforderlichen personenbezogenen Daten zwischen der für das jeweilige Vergabeverfahren zuständigen Stelle des öffentlichen Auftraggebers und der zentralen Kontrollgruppe. [3] An Dritte, insbesondere Rechtsanwältinnen und Rechtsanwälte, Wirtschaftsprüferinnen und Wirtschaftsprüfer, dürfen personenbezogene Daten übermittelt werden, soweit diese mit der Kontrolle nach Absatz 1 beauftragt werden. [4] Dritte sind dazu zu verpflichten, die übermittelten Daten ausschließlich zum Zweck der Kontrolle nach Absatz 1 zu verarbeiten und Verschwiegenheit über die im Rahmen der Beauftragung erlangten Sachverhalte zu wahren. [5] Die öffentlichen Auftraggeber weisen die Bieter im Rahmen des Vergabeverfahrens darauf hin, dass ihre Beschäftigten vor Angebotsabgabe über die Möglichkeit solcher Kontrollen zu benachrichtigen und im Hinblick auf die Verarbeitung ihrer personenbezogenen Daten aufzuklären sind.

(9) Die für Wirtschaft zuständige Senatsverwaltung wird ermächtigt, eine Verwaltungsvorschrift zur Durchführung der Kontrollen sowie zu den Aufgaben, der Organisation und den Zuständigkeiten der zentralen Kontrollgruppe zu erlassen.

§ 17 Rechtsfolgen einer Pflichtverletzung des Auftragnehmers.

(1) Um bei Lieferleistungen die Einhaltung der Verpflichtungen zu sichern, die nach den §§ 7, 8, 11 und 12 in Verbindung mit § 15 vereinbart sind, soll der öffentliche Auftraggeber bei Nichterfüllung vorrangig die Annahme der Leistung verweigern und Nacherfüllung fordern.

(2) Der öffentliche Auftraggeber soll eine durch den Auftragnehmer oder einen eingesetzten Unterauftragnehmer begangene Verletzung von nach § 15 vereinbarten Vertragsbedingungen insbesondere auf der Grundlage der in § 15 Absatz 1 Nummer 4 vereinbarten Vertragsbedingungen verfolgen.

(3) [1] Von der Teilnahme an einem Wettbewerb um einen öffentlichen Auftrag sowie als Unterauftragnehmer sollen alle Unternehmen ausgeschlossen werden, die gegen die in § 15 vereinbarten Vertragsbedingungen verstoßen haben. [2] Die Dauer des Ausschlusses wird auf der Grundlage des § 124 Absatz 1 Nummer 7

---

[1] Nr. 1.

und Nummer 9 Buchstabe c) sowie des § 126 Nummer 2 des Gesetzes gegen Wettbewerbsbeschränkungen[1]) bestimmt.

Abschnitt 5. Sonstiges

§ 18 Evaluierung. (1) [1]Die Wertgrenze für die Anwendung des § 9 Absatz 1 Satz 1 Nummer 3 bei der Vergabe öffentlicher Aufträge über Liefer- und Dienstleistungen wird bis zum 1. März 2022 und danach alle fünf Jahre evaluiert. [2]Die Wertgrenze nach § 3 Absatz 1 für die Vergabe von Liefer- und Dienstleistungen soll sicherstellen, dass auf mindestens für 95 vom Hundert des erfassten Vergabevolumens von Liefer- und Dienstleistungen die Pflicht zur Zahlung des vergaberechtlichen Mindestentgelts gemäß § 9 Absatz 1 Satz 1 Nummer 3 Anwendung findet. [3]Wird dieses Ziel nicht erreicht, wird die Wertgrenze für die Anwendung des § 9 Absatz 1 Satz 1 Nummer 3 bei der Vergabe öffentlicher Aufträge über Liefer- und Dienstleistungen auf einen geschätzten Auftragswert von 5 000 Euro (ohne Umsatzsteuer) abgesenkt.

(2) [1]Der Senat wird nach Vorlage durch die für Wirtschaft zuständige Senatsverwaltung ermächtigt, durch Rechtsverordnung die Einzelheiten der Datenübermittlung einschließlich des Umfangs der zu übermittelnden Daten sowie die Festsetzung der Wertgrenze gemäß Absatz 1 festzulegen. [2]Die für Wirtschaft zuständige Senatsverwaltung gibt die geänderte Wertgrenze im Gesetz- und Verordnungsblatt für Berlin bekannt.

(3) Der Senat legt alle vier Jahre einen Vergabebericht vor, der die Umsetzung und die Wirkung dieses Gesetzes untersucht und Basis der fortschreitenden Evaluation des Gesetzes ist.

§ 19 Anwendungsbestimmungen, Übergangsbestimmungen. (1) § 9 Absatz 1 Satz 1 Nummer 2 ist erst ab dem Tag anzuwenden, an dem erstmals Ausführungsbestimmungen nach § 9 Absatz 3 in Kraft treten, frühestens jedoch ab dem 30. Juli 2020.

(2) Bis zum Erlass von Verwaltungsvorschriften gemäß § 7 Absatz 2 und § 12 Absatz 2 ist die Verwaltungsvorschrift Beschaffung und Umwelt vom 23. Oktober 2012 (ABl. vom 2. November 2012, S. 1983), die zuletzt durch Verwaltungsvorschrift vom 6. März 2019 (ABl. vom 15. März 2019, S. 1612) geändert worden ist, weiterhin anzuwenden.

(3) Bis zum Erlass von Verwaltungsvorschriften gemäß § 8 Absatz 3 und § 11 Absatz 2 ist § 8 Absatz 2 und 3 des Berliner Ausschreibungs- und Vergabegesetzes vom 8. Juli 2010 (GVBl. S. 399), das zuletzt durch Gesetz vom 5. Juni 2012 (GVBl. S. 159) geändert worden ist, weiterhin anzuwenden.

---

[1]) Nr. 1.

19. Brandenburgisches Gesetz über Mindestanforderungen für die Vergabe von öffentlichen Aufträgen(Brandenburgisches Vergabegesetz – BbgVergG)

Vom 29. September 2016
(GVBl. I Nr. 21)

Sa BbgLR 635–1

zuletzt geänd. durch Art. 1 Zweites G zur Änd. des Brandenburgischen VergabeG v. 13.4.2021
(GVBl. I Nr. 9)

Nichtamtliche Inhaltsübersicht

Der Landtag hat das folgende Gesetz beschlossen:

Teil 1. Allgemeine Vorschriften

§ 1 Zweck des Gesetzes. Zweck des Gesetzes ist es, einen fairen Wettbewerb um das wirtschaftlichste Angebot bei der Vergabe öffentlicher Aufträge unter gleichzeitiger Berücksichtigung sozialer Aspekte zu fördern.

§ 2 Anwendungsbereich und Begriffsbestimmungen. (1) [1] Dieses Gesetz gilt für die Vergabe von öffentlichen Aufträgen im Sinne des Absatzes 2 durch öffentliche Auftraggeber im Sinne des Absatzes 3. [2] Teil 3 dieses Gesetzes gilt nur dann, wenn der geschätzte Auftragswert für Liefer- und Dienstleistungen 5 000 Euro (ohne Umsatzsteuer) und Bauleistungen 10 000 Euro (ohne Umsatzsteuer) erreicht oder überschreitet. [3] Für die Schätzung des Auftragswerts gilt § 3 der Vergabeverordnung[1] in der Fassung der Bekanntmachung vom

---

[1] Nr. 2.

11. Februar 2003 (BGBl. I S. 169), die zuletzt durch Artikel 1 der Verordnung vom 12. April 2016 (BGBl. I S. 624) geändert worden ist, in der jeweils geltenden Fassung, entsprechend.

(2) [1]Öffentliche Aufträge im Sinne dieses Gesetzes sind Öffentliche Aufträge und Konzessionen im Sinne der §§ 103 bis 105 des Gesetzes gegen Wettbewerbsbeschränkungen[1] in der Fassung der Bekanntmachung vom 26. Juni 2013 (BGBl. I S. 1750, 3245), das zuletzt durch Artikel 1 des Gesetzes vom 17. Februar 2016 (BGBl. I S. 203) geändert worden ist, in der jeweils geltenden Fassung. [2]Für die Anwendbarkeit dieses Gesetzes gelten ferner die §§ 107 bis 109, 116, 120 Absatz 4 und § 132 des Gesetzes gegen Wettbewerbsbeschränkungen[1] entsprechend.

(3) [1]Öffentliche Auftraggeber im Sinne dieses Gesetzes sind öffentliche Auftraggeber im Land Brandenburg im Sinne der §§ 99, 100 Absatz 1 Nummer 1 und 2 Buchstabe b, § 101 Absatz 1 Nummer 1, 2 sowie § 101 Absatz 1 Nummer 3 in Verbindung mit § 100 Absatz 1 Nummer 2 Buchstabe b des Gesetzes gegen Wettbewerbsbeschränkungen[1]. [2]Satz 1 gilt nicht, wenn die Auftraggeber Vergabeverfahren im Namen oder im Auftrag des Bundes oder eines anderen Landes der Bundesrepublik Deutschland durchführen.

(4) Dieses Gesetz ist entsprechend bei der Auftragsvergabe durch Empfänger von Zuwendungen anzuwenden, wenn

1. die Zuwendungen ausschließlich aus Mitteln des Landes stammen und

2. dies in den Zuwendungsbescheiden ausdrücklich angeordnet ist.

(5) Dieses Gesetz gilt entsprechend für Direktvergaben im Sinne von Artikel 5 Absatz 2, 4 und 6 der Verordnung (EG) Nr. 1370/2007[2] des Europäischen Parlaments und des Rates vom 23. Oktober 2007 über öffentliche Personenverkehrsdienste auf Schienen und Straße und zur Aufhebung der Verordnung (EWG) Nr. 1191/69 und (EWG) Nr. 1107/70 des Rates (ABl. L 315 vom 3.12.2007, S. 1).

(6) [1]Andere gesetzliche Bestimmungen über Mindestentgelte bleiben unberührt. [2]Diese sind insbesondere, in der jeweils geltenden Fassung:

1. das Mindestlohngesetz vom 11. August 2014 (BGBl. I S. 1348), das durch Artikel 2 Absatz 10 des Gesetzes vom 17. Februar 2016 (BGBl. I S. 203, 230) geändert worden ist,

2. das Arbeitnehmer-Entsendegesetz vom 20. April 2009 (BGBl. I S. 799), das zuletzt durch Artikel 2 Absatz 11 des Gesetzes vom 17. Februar 2016 (BGBl. I S. 203, 230) geändert worden ist,

3. das Tarifvertragsgesetz in der Fassung der Bekanntmachung vom 25. August 1969 (BGBl. I S. 1323), das zuletzt durch Artikel 1 des Gesetzes vom 3. Juli 2015 (BGBl. I S. 1130) geändert worden ist, und

4. das Arbeitnehmerüberlassungsgesetz in der Fassung der Bekanntmachung vom 3. Februar 1995 (BGBl. I S. 158), das zuletzt durch Artikel 7 des Gesetzes vom 11. August 2014 (BGBl. I S. 1348) geändert worden ist.

[3]Andere gesetzliche Bestimmungen über Mindestentgelte sind auch die auf Grundlage der in Satz 2 genannten Gesetze erlassenen Rechtsverordnungen oder für allgemeinverbindlich erklärten Tarifverträge.

---

[1] Nr. 1.
[2] Nr. 7.

Teil 2. Regelungen über das Vergabeverfahren

§ 3 Grundsätze der Vergabe. (1) [1] Öffentliche Aufträge und Konzessionen werden nach Maßgabe der nachfolgenden Grundsätze sowie der weiteren Vorschriften dieses Gesetzes und der haushaltsrechtlichen Bestimmungen vergeben. [2] Die Bestimmungen des Gesetzes gegen Wettbewerbsbeschränkungen[1] bleiben unberührt.

(2) Öffentliche Aufträge und Konzessionen werden im Wettbewerb und im Wege transparenter Verfahren an fachkundige und leistungsfähige Unternehmen sowie an Unternehmen vergeben, die nicht vom Vergabeverfahren ausgeschlossen worden sind.

(3) Die Teilnehmer an einem Verfahren zur Vergabe öffentlicher Aufträge und Konzessionen sind gleich zu behandeln, es sei denn, eine Benachteiligung ist aufgrund des Gesetzes gegen Wettbewerbsbeschränkungen[1], außerhalb dessen Anwendungsbereichs durch oder aufgrund eines Gesetzes geboten oder gestattet.

(4) [1] Bei der Vergabe öffentlicher Aufträge und Konzessionen können Aspekte der Qualität und der Innovation sowie soziale und umweltbezogene Aspekte berücksichtigt werden, wenn sie im sachlichen Zusammenhang mit dem Auftragsgegenstand stehen und sich aus der Bekanntmachung, dem Aufruf zum Teilnahmewettbewerb, zur Interessenbekundung oder den Vergabeunterlagen ergeben. [2] Eine Verbindung zum Auftragsgegenstand kann auch in den in § 127 Absatz 3 Satz 2 des Gesetzes gegen Wettbewerbsbeschränkungen[2] genannten Fällen angenommen werden. [3] Auftraggeber, die an § 55 der Landeshaushaltsordnung in der Fassung der Bekanntmachung vom 21. April 1999 (GVBl. I S. 106) in der jeweils geltenden Fassung gebunden sind, sollen nach den Sätzen 1 und 2 verfahren.

(5) Öffentliche Aufträge und Konzessionen werden unter Wahrung der Grundsätze der Wirtschaftlichkeit und der Verhältnismäßigkeit vergeben.

(6) Unberührt bleiben, in der jeweils geltenden Fassung:

1. § 5 des Brandenburgischen Mittelstandsförderungsgesetzes vom 8. Mai 1992 (GVBl. I S. 166), das zuletzt durch Artikel 6 des Gesetzes vom 24. Mai 2004 (GVBl. I S. 186, 194) geändert worden ist, und
2. § 14 des Landesgleichstellungsgesetzes vom 4. Juli 1994 (GVBl. I S. 254), das zuletzt durch Artikel 1 des Gesetzes vom 5. Dezember 2013 (GVBl. I Nr. 35) geändert worden ist.

§ 4 Regelungen zum öffentlichen Personennahverkehr. (1) [1] Ein Auftrag über eine Leistung des öffentlichen Personennahverkehrs wird nur an einen Bieter vergeben, der sich gegenüber dem Auftraggeber verpflichtet, seine bei der Ausführung der Leistung eingesetzten Beschäftigten mindestens nach dem hierfür jeweils geltenden einschlägigen und repräsentativen Entgelttarifvertrag zu entlohnen und auch seinen auf das Entgelt bezogenen eigenen, gegebenenfalls weitergehenden tariflichen Pflichten in der gesamten Laufzeit des zu vergebenden Verkehrsvertrages ordnungsgemäß nachzukommen. [2] Dies muss Bestandteil des Angebots sein. [3] Der Auftraggeber bestimmt in der Bekannt-

---

[1] Auszugsweise abgedruckt unter Nr. **1**.
[2] Nr. **1**.

machung der Ausschreibung und in den Vergabeunterlagen den oder die Tarifverträge nach Satz 1 nach billigem Ermessen. [4]Die Regelungen der Verordnung (EG) Nr. 1370/2007[1)] sind zu beachten. [5]Die Sätze 1 bis 4 finden keine Anwendung auf ein Unternehmen, das in einem anderen Mitgliedsstaat der Europäischen Union ansässig ist, soweit es als Unternehmen im Sinne des Artikels 1 Absatz 3 Buchstabe b der Richtlinie 96/71/EG des Europäischen Parlaments und des Rates vom 16. Dezember 1996 über die Entsendung von Arbeitnehmern im Rahmen der Erbringung von Dienstleistungen (ABl. L 18 vom 21.1.1997, S. 1) eine Arbeitnehmerin oder einen Arbeitnehmer in eine Niederlassung oder ein der Unternehmensgruppe angehörendes Unternehmen in der Bundesrepublik Deutschland entsendet, sofern für die Dauer der Entsendung ein Arbeitsverhältnis zwischen dem entsendenden Unternehmen und der Arbeitnehmerin oder dem Arbeitnehmer besteht. [6]Die Landesregierung wird ermächtigt, durch Rechtsverordnung festzulegen, in welchem Verfahren festgestellt wird, welche Tarifverträge als repräsentativ im Sinne des Satzes 1 anzusehen sind. [7]Die Rechtsverordnung kann auch die Vorbereitung der Entscheidung durch einen Beirat vorsehen; sie regelt in diesem Fall auch die Zusammensetzung des Beirats. [8]Die Landesregierung kann diese Ermächtigung ganz oder teilweise durch Rechtsverordnung auf ein Mitglied der Landesregierung übertragen.

(2) [1]Aufgabenträger des Schienenpersonennahverkehrs sollen im Rahmen der Vergabe eines öffentlichen Dienstleistungsauftrags im Sinne der Verordnung (EG) Nr. 1370/2007, eines Auftrags im Sinne des § 2 Absatz 2 oder im Rahmen einer Direktvergabe im Sinne des § 2 Absatz 5 Auftragnehmer auf der Grundlage von Artikel 4 Absatz 5 der Verordnung (EG) Nr. 1370/2007 dazu verpflichten, den Arbeitnehmerinnen und Arbeitnehmern, die zuvor zur Erbringung der Verkehrsleistungen eingestellt wurden, ein Angebot zur Übernahme zu den bisherigen Arbeitsbedingungen zu unterbreiten. [2]Der bisherige Betreiber ist nach Aufforderung des Aufgabenträgers binnen sechs Wochen dazu verpflichtet, dem Aufgabenträger alle hierzu erforderlichen Informationen zur Verfügung zu stellen.

(3) [1]Bei der Vergabe von länderübergreifenden Leistungen ist von der Vergabestelle vor Beginn des Verfahrens eine Einigung mit den beteiligten weiteren Vergabestellen anderer Länder über die Anforderungen nach Absatz 1 oder 2 anzustreben. [2]Kommt eine Einigung nicht zustande, so kann von Absatz 1 oder 2 zugunsten einer weniger weitgehenden Regelung, die für einen der beteiligten Auftraggeber gilt, abgewichen werden.

§ 5 Nachweise. (1) [1]Der Auftraggeber hat eine gültige Bescheinigung über die Eintragung in ein Verzeichnis gemäß § 48 Absatz 8 der Vergabeverordnung[2)] über geeignete Unternehmen oder Sammlungen von Eignungsnachweisen auch ohne besonderen Hinweis in der Bekanntmachung oder den Vergabeunterlagen an Stelle individueller Einzelnachweise anzuerkennen. [2]Die Pflicht zur Anerkennung kann nicht dadurch umgangen werden, dass an Inhalt oder Aktualität der Nachweise strengere Anforderungen gestellt werden, als sie für die Eintragung des Unternehmens in das Verzeichnis nach Satz 1 vorgesehen sind. [3]Unterhalb der gemäß § 106 des Gesetzes gegen Wettbewerbs-

---

[1)] Nr. 7.
[2)] Nr. 2.

beschränkungen[1] einschlägigen Schwellenwerte kann der Auftraggeber nach seiner Wahl § 50 der Vergabeverordnung zur Einheitlichen Europäischen Eigenerklärung entsprechend anwenden.

(2) [1]Bei der Vergabe von Bauleistungen fordert der Auftraggeber von dem für den Zuschlag vorgesehenen Bieter, für den Fall, dass kein Nachweis nach Absatz 1 vorliegt, die Bescheinigung der Sozialkasse, der der Bieter kraft allgemeiner Tarifbindung angehört, über die Bruttolohnsumme und die geleisteten Arbeitsstunden sowie die Zahl der gewerblichen Beschäftigten. [2]Die Nachweise dürfen nicht älter als sechs Monate sein, sofern sie nicht Bestandteil eines Nachweises nach Absatz 1 sind. [3]War der Bieter in den vergangenen sechs Monaten nicht im Inland ansässig, so genügt eine Eigenerklärung, in diesem Zeitraum nicht gegen Verpflichtungen über die Entrichtung der Beiträge zur sozialen Sicherheit nach den Rechtsvorschriften des betreffenden Sitzstaates verstoßen zu haben.

(3) [1]Hat ein Bieter in den letzten sechs Monaten vor Ablauf der Angebotsfrist einem Auftraggeber bereits Nachweise nach den Absätzen 1 und 2 oder andere Eignungsnachweise nach den Vergabe- und Vertragsordnungen vorgelegt, so fordert derselbe Auftraggeber von dem Bieter diese Eignungsnachweise nur noch an, wenn begründete Zweifel an der Eignung des Bieters bestehen. [2]Der Bieter weist den Auftraggeber darauf hin, dass er bereits in den letzten sechs Monaten Eignungsnachweise nach den Vergabe- und Vertragsordnungen zur Prüfung vorgelegt hat und benennt das dazugehörige Vergabeverfahren.

(4) Auf Nachunternehmer lautende Nachweise und Erklärungen sind vom Auftragnehmer vor Beginn der Nachunternehmerleistung vorzulegen.

Teil 3. Mindestentgelt

§ 6 Mindestentgelt. (1) Die Regelungen dieses Teils finden keine Anwendung, wenn für die zu beschaffenden Leistungen bereits durch das Mindestlohngesetz, aufgrund des Arbeitnehmer-Entsendegesetzes oder durch andere gesetzliche Bestimmungen über Mindestentgelte im Sinne des § 2 Absatz 6 ein Mindestentgelt definiert ist, welches das Mindestarbeitsentgelt gemäß Absatz 2 erreicht oder übersteigt.

(2) [1]Ein Auftrag wird nur an Bieter vergeben, die sich gegenüber dem Auftraggeber verpflichten, den bei der Erbringung von Leistungen eingesetzten Beschäftigten das zum Zeitpunkt der Angebotsabgabe geltende Mindestentgelt je Zeitstunde zu zahlen. [2]Das Mindestentgelt beträgt ab dem 1. Mai 2021 13 Euro je Zeitstunde.

(3) [1]Das Mindestentgelt muss dem regelmäßig gezahlten Grundentgelt für eine Zeitstunde ohne Sonderzahlungen, Zulagen oder Zuschläge entsprechen. [2]Die Verpflichtung nach Satz 1 und Absatz 2 Satz 1 muss Bestandteil des Angebots sein. [3]Bei einer Lieferung gilt dies nur für die mit der Anlieferung zusammenhängenden Leistungen, insbesondere Transport, Aufstellung, Montage und Einweisung zur Benutzung.

(4) [1]Wenn die Entlohnung der Arbeitnehmer nicht nach Zeitstunden, sondern anhand einer anderen Größe erfolgt, muss der Bieter ergänzend zu der

---

[1] Nr. 1.

Verpflichtung gemäß Absatz 3 Satz 2 spätestens im Rahmen der Kontrolle gemäß § 9 anhand einer transparenten und nachvollziehbaren Kalkulation glaubhaft machen, dass jeder Arbeitnehmer im Durchschnitt mindestens den in Absatz 2 Satz 1 definierten Mindestlohn erhält. [2] Wenn die Entlohnung der Arbeitnehmer sich aus einem Grundlohn und Leistungszuschlägen zusammensetzt, muss der Bieter glaubhaft machen, dass der Grundlohn jedes Arbeitnehmers mindestens dem in Absatz 2 Satz 1 definierten Mindestlohn entspricht.

(5) [1] Wenn Arbeitnehmer in ihrer Arbeitszeit gleichzeitig für verschiedene Auftraggeber tätig sind, von denen nicht alle diesem Gesetz unterliegen, wie es beispielsweise bei Post- oder Wäschereidienstleistungen der Fall sein kann, ist der Mindestlohn gemäß Absatz 2 Satz 1 anteilig für die Arbeitszeit zu zahlen, die auf die Erfüllung der diesem Gesetz unterliegenden Aufträge entfällt. [2] Der Bieter muss ergänzend zu der Verpflichtung gemäß Absatz 3 Satz 2 spätestens im Rahmen der Kontrolle gemäß § 9 anhand einer transparenten und nachvollziehbaren Kalkulation glaubhaft machen, dass jeder Arbeitnehmer anteilig mindestens den in Absatz 2 Satz 1 definierten Mindestlohn erhält.

(6) Die Absätze 2 und 3 gelten nicht für:

1. das Arbeitsentgelt nach § 43 des Strafvollzugsgesetzes,

2. das Arbeitsentgelt behinderter Menschen in anerkannten Werkstätten nach § 138 des Neunten Buches Sozialgesetzbuch,

3. die Auszubildendenvergütung nach § 17 des Berufsbildungsgesetzes vom 23. März 2005 (BGBl. I S. 931), das zuletzt durch Artikel 436 der Verordnung vom 31. August 2015 (BGBl. I S. 1474, 1538) geändert worden ist, in der jeweils geltenden Fassung,

4. das Taschengeld nach § 2 Nummer 4 des Bundesfreiwilligendienstgesetzes vom 28. April 2011 (BGBl. I S. 687), das zuletzt durch Artikel 15 Absatz 5 des Gesetzes vom 20. Oktober 2015 (BGBl. I S. 1722, 1735) geändert worden ist, in der jeweils geltenden Fassung und

5. das Taschengeld nach § 2 Nummer 3 des Jugendfreiwilligendienstegesetzes vom 16. Mai 2008 (BGBl. I S. 842), das durch Artikel 30 des Gesetzes vom 20. Dezember 2011 (BGBl. I S. 2854, 2923) geändert worden ist, in der jeweils geltenden Fassung.

(7) [1] Bei der Vergabe von länderübergreifenden Leistungen ist von der Vergabestelle vor Beginn des Vergabeverfahrens eine Einigung mit den beteiligten weiteren Vergabestellen anderer Länder über die Anforderungen nach den Absätzen 2 und 3 anzustreben. [2] Kommt eine Einigung nicht zustande, so kann von den Absätzen 2 und 3 zugunsten einer weniger weitgehenden Regelung, die für einen der beteiligten Auftraggeber gilt, abgewichen werden.

§ 7 Anpassung des Entgeltsatzes. (1) [1] Die Landesregierung überprüft den in § 6 Absatz 2 genannten Entgeltsatz regelmäßig, mindestens aber alle zwei Jahre, und legt dem Landtag zur Anpassung an eine Änderung der sozialen und wirtschaftlichen Verhältnisse vor, soweit diese erforderlich ist. [2] Bei der Überprüfung und Anpassung des Entgeltsatzes berücksichtigt die Landesregierung den Vorschlag der Kommission nach Absatz 2. [3] Die Landesregierung ist an den Vorschlag der Kommission nicht gebunden.

(2) [1] Die Landesregierung wird ermächtigt, durch Rechtsverordnung eine Kommission unabhängiger Mitglieder zur Anpassung des Entgeltsatzes nach § 6 Absatz 2 einzurichten. [2] Die Kommission besteht aus insgesamt neun Mitglie-

dern, davon je zwei Mitglieder aus den Gruppen der abhängig Beschäftigten, der Arbeitgeber und der Wissenschaft sowie je einer Vertreterin oder einem Vertreter der für Wirtschaft und für Arbeit zuständigen Ministerien sowie einer vorsitzenden Person. [3] Die Landesregierung wirkt darauf hin, dass die gleichberechtigte Teilhabe von Frauen und von Männern gewährleistet ist.

(3) [1] Das für Arbeit zuständige Mitglied der Landesregierung beruft die Mitglieder der Kommission, die Hälfte der einfachen Mitglieder und deren Vertreterinnen und Vertreter auf Vorschlag des für Wirtschaft zuständigen Mitglieds der Landesregierung. [2] Weitere Einzelheiten zur Zusammensetzung und Berufung der Kommission sowie zum Verfahren kann die Landesregierung durch Rechtsverordnung regeln.

(4) Die Landesregierung kann die Ermächtigungen nach den Absätzen 2 und 3 ganz oder teilweise durch Rechtsverordnung auf ein Mitglied der Landesregierung übertragen.

§ 8 Nachunternehmer und Verleiher. [1] Der Auftraggeber vereinbart mit dem Auftragnehmer, dass der Auftragnehmer die Nachunternehmer und Verleiher von Arbeitskräften vertraglich verpflichtet, dass diese ihren Beschäftigten im Rahmen ihrer vertraglichen Leistung mindestens die Arbeitsentgeltbedingungen gewähren, die für die vom Nachunternehmer oder dem Vertragspartner des Verleihers zu erbringenden Leistungen nach § 6 Absatz 2 und Absatz 3 Satz 1 maßgeblich sind. [2] Diese Verpflichtung erstreckt sich auf alle an der Auftragserfüllung beteiligten Unternehmen. [3] Der Auftraggeber hat darauf zu achten, dass der jeweils einen Auftrag weiter Vergebende die rechtsverbindliche Übertragung der Verpflichtung und ihre Einhaltung durch die von ihm beauftragten Nachunternehmer oder Verleiher sicherstellt und seinem unmittelbaren Auftraggeber auf Verlangen nachweist. [4] Die Kontrollrechte sind dabei auch zugunsten des Auftraggebers zu vereinbaren.

§ 9 Kontrollen. (1) [1] Der Auftraggeber ist verpflichtet, die Einhaltung der gemäß § 6 Absatz 2 und Absatz 3 Satz 1 und § 8 vereinbarten Vertragsbestimmungen zu überprüfen. [2] Die Überprüfung erfolgt als Bestandteil der Prüfung der Richtigkeit einer vom Auftragnehmer gestellten Rechnung und durch eine ausreichende Zahl von Stichproben. [3] Zu diesem Zweck sind Nachweispflichten des Auftragnehmers und für den Auftraggeber Betretungsrechte für betriebliche Grundstücke und Räume des Auftragnehmers sowie das Recht zur Befragung von Beschäftigten des Auftragnehmers zu vereinbaren, soweit sie für die Durchführung von Kontrollen erforderlich sind. [4] Bei der Überprüfung der Einhaltung der Vertragsbestimmungen im Sinne des Satzes 1 sind im Regelfall Bescheinigungen eines Steuerberaters oder Wirtschaftsprüfers über die Lohnhöhe oder darüber, dass alle Beschäftigten mindestens den jeweils einschlägigen Mindestlohn erhalten, ausreichend. [5] Von der Überprüfung gemäß Satz 1 kann abgesehen werden, wenn der Auftraggeber annehmen kann, dass die Vertragsbestimmungen im Sinne des Satzes 1 eingehalten werden, insbesondere weil

1. Leistungen in Branchen beschafft werden, die regelmäßig deutlich übertariflich zahlen, oder

2. Leistungen durch einen Auftragnehmer erbracht werden, der dem Auftraggeber bereits aus einer dauerhaften Geschäftsbeziehung bekannt ist.

(2) Erhält der Auftraggeber Kenntnis davon, dass der Auftragnehmer oder ein Nachunternehmer einer bei der Erfüllung der Leistungspflichten einge-

setzten Arbeitnehmerin oder einem bei der Erfüllung der Leistungspflichten eingesetzten Arbeitnehmer nicht mindestens die nach dem Arbeitnehmer-Entsendegesetz oder dem Mindestlohngesetz geltenden Mindestarbeitsbedingungen gewährt, so hat er dies der für die Kontrolle der Einhaltung der genannten Gesetze zuständigen Stelle mitzuteilen.

§ 10 Vertragsstrafe, Kündigung, Auftragssperre. (1) [1]Um die Einhaltung der Verpflichtungen, die nach § 6 Absatz 2 und Absatz 3 Satz 1 und den §§ 8 und 9 Absatz 1 vereinbart sind, zu sichern, hat der Auftraggeber mit dem Auftragnehmer für jede vom Auftragnehmer zu vertretende Verletzung dieser Pflichten durch den Auftragnehmer, seine Nachunternehmer oder Verleiher eine Vertragsstrafe wegen nicht gehöriger Erfüllung zu vereinbaren. [2]Die Vertragsstrafe beträgt 1 Prozent des Auftragswertes. [3]Ist die Vertragsstrafe im Einzelfall unverhältnismäßig hoch, so ist sie vom Auftraggeber auf Antrag auf einen angemessenen Betrag herabzusetzen. [4]Die Summe der Vertragsstrafen nach diesem Gesetz darf insgesamt 5 Prozent des Auftragswertes nicht überschreiten. [5]Es ist vorzusehen, dass die Vertragsstrafe in den Fällen der §§ 6 und 8 je beschäftigter Person je Monat, in allen anderen Fällen nur insgesamt einmal berechnet werden kann.

(2) Der Auftraggeber vereinbart mit dem Auftragnehmer, dass die von diesem zu vertretende Verletzung der nach § 6 Absatz 2 und Absatz 3 Satz 1 und den §§ 8 sowie 9 Absatz 1 vereinbarten Pflichten durch den Auftragnehmer oder seine Nachauftragnehmer oder Verleiher den Auftraggeber nach Abmahnung zur Kündigung des Vertrages mit dem Auftragnehmer berechtigen.

(3) [1]Hat ein Auftragnehmer schuldhaft seine nach § 6 Absatz 2 und Absatz 3 Satz 1 und die §§ 8 sowie 9 Absatz 1 vereinbarten Pflichten verletzt, so soll er für die Dauer von bis zu drei Jahren von der Teilnahme am Wettbewerb um Aufträge der in § 2 genannten Auftraggeber wegen mangelnder Eignung ausgeschlossen werden. [2]Die Auftragssperre ist von Auftraggebern, die nicht selbst privatrechtliche Unternehmen sind, der zentralen Informationsstelle zur Aufnahme in die Sperrliste gemäß § 11 zu melden.

§ 11 Listung von Auftragssperren. (1) Das für Wirtschaft zuständige Ministerium der Landesregierung richtet eine zentrale Stelle ein, die Informationen über Auftragssperren nach § 10 Absatz 3 bereitstellt (zentrale Informationsstelle).

(2) [1]Auftraggeber geben die von ihnen ausgeschlossenen Unternehmen der zentralen Informationsstelle unverzüglich bekannt. [2]Diese Mitteilung hat folgende Daten zu enthalten:

1. den meldenden Auftraggeber,

2. Datum und Aktenzeichen oder Vergabenummer,

3. das betroffene Unternehmen und die betroffene Niederlassung mit Firma, Rechtsform, Sitz und Anschrift des Unternehmens, Registergericht und Handelsregisternummer,

4. Gewerbezweig oder Branche mit CPV-Code der betroffenen Tätigkeiten,

5. Beginn und Dauer des Vergabeausschlusses, Rechtsgrundlage des Ausschlusses.

[3] Betrifft die Auftragssperre oder Sperre als Bezugsquelle ausschließlich eine selbstständige Niederlassung eines Unternehmens, so sind nur die Daten dieser Niederlassung zu melden.

(3) [1] Die zentrale Informationsstelle nimmt die Meldung in eine Sperrliste ohne eigene Prüfung auf. [2] Unrichtige Daten werden unverzüglich berichtigt. [3] Die Sperrliste kann in Form einer automatisierten Datei geführt werden. [4] Die Datenübermittlung kann im Wege eines automatisierten Abrufverfahrens erfolgen.

(4) Der Auftraggeber unterrichtet das von ihm ausgeschlossene Unternehmen über den Ausschluss und über die zur Sperrliste gemeldeten Daten.

(5) [1] Der Auftraggeber, der über den Ausschluss eines Unternehmens entschieden hat, verkürzt die Dauer des Ausschlusses oder hebt den Ausschluss auf, wenn der Nachweis der wiederhergestellten Zuverlässigkeit erbracht wird. [2] Die Zuverlässigkeit ist in der Regel wiederhergestellt, wenn die natürliche oder juristische Person durch geeignete organisatorische und personelle Maßnahmen Vorsorge gegen eine Wiederholung des vorgeworfenen Verhaltens getroffen, eine für die Eintragung maßgebliche unterlassene Handlung nachgeholt und einen darauf beruhenden Schaden ersetzt hat. [3] Eine Entscheidung nach Satz 1 ist der Informationsstelle unverzüglich zu melden und die Änderung oder Löschung der Eintragung zu veranlassen.

(6) Ist der Ausschluss eines Unternehmens aufgehoben oder ist die Ausschlussfrist abgelaufen, werden die Daten unverzüglich gelöscht.

§ 12 Abfrage. (1) [1] Die Auftraggeber sind verpflichtet, vor Entscheidungen über die Vergabe von öffentlichen Aufträgen bei der zentralen Informationsstelle abzufragen, inwieweit Eintragungen in der Sperrliste zu Bietern mit einem für den Zuschlag in Betracht kommenden Angebot vorliegen und eine Eintragung bei der Beurteilung der Zuverlässigkeit des Bewerbers oder Bieters zu berücksichtigen. [2] Die Auftraggeber sollen die Abfragen auch auf bereits benannte Nachauftragnehmer erstrecken. [3] Satz 1 gilt entsprechend vor Entscheidungen über die Beschränkung des Bieterkreises hinsichtlich der aussichtsreichen Bewerber, wenn der Bieterkreis beim Wegfall eines Bieters beschränkt würde.

(2) Bei Vergabeverfahren, auf die das Gesetz wegen des geschätzten Auftragswertes nach § 2 Absatz 1 nicht anwendbar ist, kann der Auftraggeber bei der Informationsstelle nachfragen, ob Eintragungen zu Bewerbern oder Bietern vorliegen.

(3) Erhält der Auftraggeber binnen drei Arbeitstagen von der Informationsstelle keine Auskunft, so kann er davon ausgehen, dass keine die Abfrage betreffenden Eintragungen vorliegen.

(4) Einer Abfrage bedarf es nicht, wenn die zentrale Informationsstelle in einem elektronischen Medium, das eine tägliche Erneuerung der Information zulässt, für die Leistung, die mit der Auftragsvergabe nachgefragt werden soll, allgemein bekannt macht, dass zurzeit keine Eintragungen vorliegen.

(5) Die Informationsstelle hat jederzeit auf Antrag einem Unternehmen und einer natürlichen Person Auskunft über die sie betreffenden Eintragungen in der Sperrliste zu erteilen.

§ 13 Kostenerstattung[1]). (1) [1]Das Land gewährt den Verbandsgemeinden, mitverwalteten Gemeinden, mitverwaltenden Gemeinden, Ämtern, amtsfreien Gemeinden, kreisfreien Städten und Landkreisen (Kommunen) für den mit der Anwendung dieses Teils verbundenen Verwaltungsaufwand einen finanziellen Ausgleich. [2]Für die Verteilung an die Kommunen ist ein Betrag in Höhe von insgesamt 1 000 000 Euro für jedes Kalenderjahr vorgesehen. [3]Die Verteilung der Mittel erfolgt pauschal jeweils zu drei Vierteln nach der Einwohnerzahl und zu einem Viertel nach der Fläche der Kommunen; hierbei wird der Umfang der Aufgaben der kreisfreien Städte gemäß § 1 Absatz 2 der Kommunalverfassung des Landes Brandenburg berücksichtigt. [4]Die Auszahlung der Mittel erfolgt jährlich für das zurückliegende Kalenderjahr.

(2) Absatz 1 ist nicht anwendbar, wenn das im Mindestlohngesetz bestimmte Mindestentgelt die Höhe des Mindestentgelts gemäß § 6 Absatz 2 erreicht oder übersteigt.

(3) [1]Sollte die Anwendbarkeit von Absatz 1 während eines laufenden Kalenderjahres enden, so endet der Ausgleichsanspruch am gleichen Kalendertag. [2]Die Höhe des Ausgleichs ist in diesem Fall nach dem Verhältnis der Kalendertage, an denen Absatz 1 anwendbar war, im Vergleich zu den Tagen, an denen dieser nicht anwendbar war, zu bemessen.

Teil 4. Übergangs- und Schlussbestimmungen

§ 14 Verordnungsermächtigung. (1) Die Landesregierung wird ermächtigt, durch Rechtsverordnung Bestimmungen zu treffen über:

1. die Bearbeitungsschritte der Kontrollen nach § 9 und die zur Wahrung des Datenschutzes zu treffenden Vorkehrungen,

2. die Voraussetzungen und das Verfahren für die Zulassung von Verzeichnissen über geeignete Unternehmen oder Sammlungen von Eignungsnachweisen von nicht der Landesverwaltung angehörenden Stellen und

3. die Voraussetzungen und das Verfahren für die Verhängung einer Auftragssperre nach § 10 Absatz 3 sowie Aufhebung oder Verkürzung einer Auftragssperre nach § 11 Absatz 5.

(2) Die Landesregierung kann die Ermächtigung nach Absatz 1 ganz oder teilweise durch Rechtsverordnung auf ein Mitglied der Landesregierung übertragen.

§ 15 Einschränkung von Grundrechten. Durch die §§ 9, 10 Absatz 3 sowie die §§ 11 und 12 wird das Grundrecht auf Datenschutz (Artikel 11 der Verfassung des Landes Brandenburg) eingeschränkt.

§ 16 Übergangsvorschriften. (1) [1]Zum Zeitpunkt des Inkrafttretens dieses Gesetzes bereits begonnene Vergabeverfahren werden nach dem bisherigen Recht fortgesetzt und abgeschlossen. [2]Enthalten Verträge oder in laufenden Vergabeverfahren eingereichte Angebote Lohngleitklauseln für den Fall von Tarifänderungen, können diese mit Zustimmung des Auftragnehmers oder aller Bieter auf den laufenden Vertrag oder das laufende Vergabeverfahren angewendet werden.

---

[1]) § 13 tritt am 1.1.2017 in Kraft; siehe § 17 Abs. 2.

(2) [1] Für die Kostenerstattung des den Kommunen bis 31. Dezember 2016 entstehenden Verwaltungsaufwands ist § 14 des Brandenburgischen Vergabegesetzes vom 21. September 2011 (GVBl. I Nr. 19), das durch das Gesetz vom 11. Februar 2014 (GVBl. I Nr. 6) geändert worden ist, weiter anzuwenden. [2] Kostenerstattungsanträge nach § 14 des Brandenburgischen Vergabegesetzes vom 21. September 2011 (GVBl. I Nr. 19), das durch das Gesetz vom 11. Februar 2014 (GVBl. I Nr. 6) geändert worden ist, können noch bis zum 31. Dezember 2017 gestellt werden.

§ 17 Inkrafttreten, Außerkrafttreten. (1) [1] Dieses Gesetz tritt, vorbehaltlich des Absatzes 2, am 1. Oktober 2016 in Kraft. [2] Gleichzeitig tritt das Brandenburgische Vergabegesetz vom 21. September 2011 (GVBl. I Nr. 19), das durch das Gesetz vom 11. Februar 2014 (GVBl. I Nr. 6) geändert worden ist, außer Kraft.

(2) § 13 tritt am 1. Januar 2017 in Kraft.

(3) Das für Wirtschaft zuständige Mitglied der Landesregierung wird ermächtigt, die Vergabegesetz-Erstattungsverordnung vom 14. Januar 2013 (GVBl. II Nr. 6) aufzuheben.

20. Bremisches Gesetz zur Sicherung von Tariftreue, Sozialstandards und Wettbewerb bei öffentlicher Auftragsvergabe (Tariftreue- und Vergabegesetz)

Vom 24. November 2009

(Brem.GBl. S. 476)

SaBremR 63–h–2

zuletzt geänd. durch Art. 2 G zur Einführung vorübergehender vergaberechtlicher Erleichterungen v. 22.9.2020 (Brem.GBl. S. 960)

Nichtamtliche Inhaltsübersicht

Der Senat verkündet das nachstehende, von der Bürgerschaft (Landtag) beschlossene Gesetz:

Abschnitt 1. Allgemeines

§ 1 Zweck. Dieses Gesetz regelt die Vergabe von öffentlichen Aufträgen und wirkt Verzerrungen im Wettbewerb um öffentliche Aufträge entgegen, die durch den Einsatz von Niedriglohnkräften entstehen.

§ 2 Anwendungsbereich. (1) [1]Dieses Gesetz gilt für die Vergabe öffentlicher Aufträge über Bau-, Liefer- und Dienstleistungen durch öffentliche Auftraggeber im Sinne des § 99 und durch Sektorenauftraggeber im Sinne des § 100

500

des Gesetzes gegen Wettbewerbsbeschränkungen[1] (Auftraggeber). [2]Auf Rahmenvereinbarungen im Sinne des § 103 Absatz 5 des Gesetzes gegen Wettbewerbsbeschränkungen[1] ist dieses Gesetz entsprechend anwendbar. [3]Aufträge im Sinne dieses Gesetzes umfassen auch Rahmenvereinbarungen.

(2) [1]Im Bereich des öffentlichen Personennahverkehrs auf Straße und Schiene gilt dieses Gesetz für öffentliche Dienstleistungsaufträge, auch in Form von Dienstleistungskonzessionen, und für Linienverkehrsgenehmigungen, soweit diese nach Maßgabe der Richtlinie 2014/25/EU des Europäischen Parlaments und des Rates vom 26. Februar 2014 über die Vergabe von Aufträgen durch Auftraggeber im Bereich der Wasser-, Energie- und Verkehrsversorgung sowie der Postdienste und zur Aufhebung der Richtlinie 2004/17/EG (ABl. L 094 vom 28. März 2014, S. 243), die durch die delegierte Verordnung (EU) 2015/2171 (ABl. L 307 vom 25. November 2015, S. 7) geändert worden ist, der Richtlinie 2014/24/EU des Europäischen Parlaments und des Rates vom 26. Februar 2014 über die öffentliche Auftragsvergabe und zur Aufhebung der Richtlinie 2004/18/EG (ABl. L 94 vom 28. März 2014, S. 65), die durch die delegierte Verordnung (EU) Nr. 2015/2170 (ABl. L 307 vom 25. November 2015, S. 5) geändert worden ist, und der Richtlinie 2014/23/EU des Europäischen Parlaments und des Rates vom 26. Februar 2014 über die Konzessionsvergabe (ABl. L 94 vom 28. März 2014, S. 1, L 114 vom 5. Mai 2015, S. 24), die durch die delegierte Verordnung (EU) 2015/2172 (ABl. L 307 vom 25. November 2015, S. 9) geändert worden ist, oder gemäß Artikel 5 der Verordnung (EG) Nr. 1370/2007[2] des Europäischen Parlaments und des Rates vom 23. Oktober 2007 über öffentliche Personenverkehrsdienste auf Schiene und Straße und zur Aufhebung der Verordnungen (EWG) Nr. 1191/69 und (EWG) Nr. 1107/70 des Rates (ABl. L 315 vom 3. Dezember 2007, S. 1) vergeben oder erteilt werden. [2]Es gilt insbesondere auch für die Direktvergabe gemäß Artikel 5 Absatz 4 bis 6 sowie für die Betrauung eines internen Betreibers gemäß Artikel 5 Absatz 2 der Verordnung (EG) Nr. 1370/2007. [3]Dieses Gesetz gilt auch für Verkehre im Sinne von § 1 der Freistellungs-Verordnung in der im Bundesgesetzblatt Teil III, Gliederungsnummer 9240-1-1, veröffentlichten bereinigten Fassung, geändert durch Artikel 1 der Verordnung vom 4. Mai 2012 (BGBl. I S. 1037).

(3) Dieses Gesetz gilt nicht in den Fällen der §§ 107 bis 109, 116 und 117, 137 bis 140 und 145 des Gesetzes gegen Wettbewerbsbeschränkungen[1].

(4) Abschnitt 2 gilt nicht für die Vergabe öffentlicher Aufträge, deren Auftragswerte die Schwellenwerte des § 106 Absatz 2 des Gesetzes gegen Wettbewerbsbeschränkungen[1] erreichen oder nicht für öffentliche Aufträge, die zum Zweck der Ausübung einer Sektorentätigkeit gemäß § 102 des Gesetzes gegen Wettbewerbsbeschränkungen[1] vergeben werden.

(5) Abschnitt 3 gilt nicht für die Vergabe öffentlicher Aufträge über Lieferleistungen.

§ 3 Auftragswerte. (1) Für die Schätzung der Auftragswerte nach diesem Gesetz ist die Regelung des § 3 Absatz 1 der Vergabeverordnung[3] entsprechend anzuwenden.

---

[1] Nr. 1.
[2] Nr. 7.
[3] Nr. 2.

(2) ¹Der Wert des beabsichtigten Auftrags darf nicht in der Absicht geschätzt oder aufgeteilt werden, ihn der Anwendung dieses Gesetzes zu entziehen. ²Die Verpflichtung gemäß § 4 bleibt davon unberührt.

§ 4 Mittelstandsförderung, Generalunternehmeraufträge. (1) ¹Bei der Vergabe öffentlicher Aufträge sind Leistungen, soweit es die wirtschaftlichen und technischen Voraussetzungen zulassen, nach Art und Menge so in Lose zu zerlegen, dass sich Unternehmen der mittelständischen Wirtschaft mit Angeboten beteiligen können. ²Generalunternehmervergaben stellen die Ausnahme dar und bedürfen einer gesonderten Begründung.

(2) ¹Die Organisation von Vergaben erfolgt ab dem 1. Mai 2015 nach einheitlichen Vertragsbedingungen, Verfahrens- und Formvorschriften über eine zentrale Service- und Koordinierungsstelle, soweit es sich nicht um *Lieferleistung*¹⁾ handelt. ²Das Nähere regelt eine Rechtsverordnung.

Abschnitt 2. Anwendung von Vergaberegelungen

§ 5 Vergabe von Aufträgen nach Einholung von Vergleichsangeboten.

(1) ¹Öffentliche Aufträge werden, soweit nicht die §§ 6 und 7 etwas anderes bestimmen, ohne vorherige Bekanntmachung nach Einholung von Vergleichsangeboten vergeben. ²Dies ist zu dokumentieren.

(2) ¹Von der Einholung von Vergleichsangeboten kann in Fällen abgesehen werden, in denen

a) eine freihändige Vergabe nach Abschnitt 1 § 3a Absatz 3 Nummer 1, 2 und 6 des Teils A der Vergabe- und Vertragsordnung für Bauleistungen²⁾ zugelassen ist;

b) eine Verhandlungsvergabe mit nur einem Unternehmen nach § 12 Absatz 3 in Verbindung mit § 8 Absatz 4 Nummer 9 bis 14 der Unterschwellenvergabeordnung³⁾ zugelassen ist;

c) ein Direktauftrag nach § 14 der Unterschwellenvergabeordnung zugelassen ist;

d) die Leistung des beabsichtigten Auftrages im Rahmen einer freiberuflichen Tätigkeit oder im Wettbewerb mit freiberuflich Tätigen erbracht wird (freiberufliche Leistung) und die Vergütung für diese freiberufliche Leistung in ihren wesentlichen Bestandteilen nach Festbeträgen oder unter Einhaltung der Mindestsätze nach einer verbindlichen Gebühren- oder Honorarordnung abgerechnet wird;

e) die zu vergebende freiberufliche Leistung nach Art und Umfang, insbesondere ihre technischen Anforderungen, vor der Vergabe nicht eindeutig und erschöpfend beschrieben werden kann, die Einholung von Vergleichsangeboten einen Aufwand für den Auftraggeber oder die Bewerber oder Bieter verursachen würde, der zu dem erreichten Vorteil oder dem Wert der Leistung im Missverhältnis stehen würde und ein Auftragswert von 50 000 Euro nicht überschritten wird;

---

¹⁾ Richtig wohl: „Lieferleistungen".
²⁾ Nr. **14**.
³⁾ Nr. **15**.

f) ein Bauauftrag oder ein Auftrag über eine freiberufliche Leistung vergeben wird und dieser einen Auftragswert von 5 000 Euro nicht überschreitet. [2] Der Verzicht auf die Einholung von Vergleichsangeboten ist zu begründen.

§ 6 Vergabe von Bauaufträgen. (1) Bei der Vergabe von Bauaufträgen sind ab einem Auftragswert von 50 000 Euro die Bestimmungen des Abschnitts 1 des Teils A der Vergabe- und Vertragsordnung für Bauleistungen[1] anzuwenden.

(2) [1] Die Vergabe von Bauaufträgen nach Absatz 1 in einem anderen Verfahren als einer öffentlichen Ausschreibung ist zu begründen. [2] Die Begründung ist zu dokumentieren.

(3) [1] Aufträge nach Absatz 1, die einen Auftragswert von 500 000 Euro nicht erreichen, können ohne weitere Einzelfallbegründung im Wege der beschränkten Ausschreibung ohne Teilnahmewettbewerb vergeben werden. [2] Das Verfahren ist in transparenter und nicht diskriminierender Weise durchzuführen.

§ 7 Vergabe von Liefer- und Dienstleistungsaufträgen. (1) [1] Bei der Vergabe von Liefer- und Dienstleistungsaufträgen sind ab einem Auftragswert von 50 000 Euro die Bestimmungen der Unterschwellenvergabeordnung anzuwenden. [2] Hiervon ausgenommen ist die Vergabe von freiberuflichen Leistungen.

(2) [1] Die Vergabe von Aufträgen nach Absatz 1 in einem anderen Verfahren als einer öffentlichen Ausschreibung oder einer beschränkten Ausschreibung mit Teilnahmewettbewerb ist zu begründen. [2] Die Begründung ist zu dokumentieren.

(3) [1] Aufträge nach Absatz 1, die einen Auftragswert von 100 000 Euro nicht erreichen, können ohne weitere Einzelfallbegründung im Wege der beschränkten Ausschreibung ohne Teilnahmewettbewerb vergeben werden. [2] Das Verfahren ist in transparenter und nicht diskriminierender Weise durchzuführen.

§ 8 Präqualifikation. Der Senat kann neben den in Abschnitt 1 des Teils A der Vergabe- und Vertragsordnung für Bauleistungen[1] und in der Unterschwellenvergabeordnung[2] genannten Präqualifikationsmöglichkeiten weitere Präqualifikationsverfahren durch Richtlinien regeln.

Abschnitt 3. Tariftreue/Mindestarbeitsbedingungen

§ 9 Mindestlohn. (1) Öffentliche Aufträge werden nur an solche Unternehmen vergeben, die sich bei der Angebotsabgabe schriftlich verpflichten, ihren Beschäftigten, abgesehen von Auszubildenden, bei der Ausführung der Leistung ein Entgelt in Höhe des Mindestlohns nach § 9 des Landesmindestlohngesetzes zu bezahlen.

(2) [1] Der Auftraggeber fordert die Erklärung nach Absatz 1 nicht, wenn der Auftrag für *den Binnenmarkt*[3] Europäischen Union von Bedeutung ist. [2] Satz 1 gilt nicht für die Vergabe von Dienstleistungen im Bereich des öffentlichen Personennahverkehrs auf Straße und Schiene.

---

[1] Nr. **14.**
[2] Nr. **15.**
[3] Richtig wohl: „den Binnenmarkt der".

§ 10 Tariftreueerklärung. (1) ¹Öffentliche Aufträge für Dienstleistungen oder Genehmigungen im Bereich des öffentlichen Personennahverkehrs auf Straße und Schiene gemäß § 2 Absatz 2 sowie Bauaufträge im Sinne des § 103 Absatz 3 des Gesetzes gegen Wettbewerbsbeschränkungen¹⁾ werden nur an Unternehmen vergeben oder erteilt, die sich bei der Angebotsabgabe oder im Antrag auf Erteilung der Genehmigung schriftlich verpflichten, ihren Beschäftigten bei der Ausführung der Leistungen mindestens das am Ort der Ausführung für die jeweilige Leistung tarifvertraglich vorgesehene Entgelt (Tariflohn), einschließlich der Überstundenzuschläge, zum tarifvertraglich vorgesehenen Zeitpunkt zu bezahlen. ²In den Ausschreibungsunterlagen ist anzugeben, welcher Tariflohn für die Leistung jeweils als maßgeblich im Sinne des Satzes 1 anzusehen ist; im Bereich des öffentlichen Personennahverkehrs erfolgt dies in der Vorabbekanntmachung im Amtsblatt der Europäischen Union.

(2) Der Auftraggeber fordert die Erklärung nach Absatz 1 nur bei Bauaufträgen, die für den Binnenmarkt der Europäischen Union nicht von Bedeutung sind.

(3) ¹Gelten am Ort der Leistung mehrere Tarifverträge für dieselbe Leistung, so hat der Auftraggeber den Tariflohn eines repräsentativen Tarifvertrags zugrunde zu legen, der mit einer tariffähigen Gewerkschaft vereinbart wurde. ²Haustarifverträge sind hiervon ausgenommen. ³Der Senat bestimmt durch Rechtsverordnung, in welchem Verfahren festgestellt wird, welche Tarifverträge als repräsentativ im Sinne der Sätze 1 und 2 anzusehen sind. ⁴Die Rechtsverordnung kann auch die Vorbereitung der Entscheidung durch einen Beirat vorsehen; sie regelt in diesem Fall auch die Zusammensetzung des Beirats.

(4) Gelten für eine Leistung mehrere Tarifverträge (gemischte Leistungen), ist der Tariflohn desjenigen Tarifvertrags maßgeblich, in dem der überwiegende Teil der Leistung liegt.

§ 11 Mindestlohn nach Bundesgesetzen. ¹Öffentliche Aufträge werden nur an solche Unternehmen vergeben, die sich bei der Angebotsabgabe schriftlich verpflichten, ihren Arbeitnehmerinnen und Arbeitnehmern bei der Ausführung der Leistung den gesetzlichen Mindestlohn nach § 1 Absatz 2 des Mindestlohngesetzes zu zahlen. ²Satz 1 gilt entsprechend für die in § 1 Absatz 3 des Mindestlohngesetzes aufgeführten sonstigen Mindestentgelte, soweit das Unternehmen an diese gesetzlich gebunden ist.

§ 12 Günstigkeitsklausel. Erfüllt die Vergabe eines öffentlichen Auftrages oder Erteilung einer Genehmigung im öffentlichen Personennahverkehr gemäß § 2 Absatz 2 die Voraussetzungen von mehr als nur einer der in §§ 9 bis 11 getroffenen Regelungen, so ist die für die Beschäftigten jeweils günstigste Regelung maßgeblich.

§ 13 Auftragnehmer- und Nachunternehmerklausel. (1) Der Auftraggeber hat mit dem Auftragnehmer vertraglich zu vereinbaren, dass er befugt ist, Kontrollen im Sinne des § 16 Absatz 1 und 4 durchzuführen.

(2) ¹Zwischen dem Auftraggeber und dem Auftragnehmer ist zu vereinbaren, dass dem Auftraggeber Einsichtnahme in die zum Nachweis einer ordnungsgemäßen Entgeltleistung geeigneten Unterlagen, insbesondere Entgelt-

---

¹⁾ Nr. 1.

abrechnungen, Stundennachweise und Arbeitsverträge, sämtlicher zur Erfüllung des Auftrages eingesetzten Beschäftigten, auch der eingesetzten Nachunternehmer, gewährt wird. [2] Zudem ist zu vereinbaren, dass dem Auftraggeber Einsicht in sämtliche Unterlagen, insbesondere Meldeunterlagen, Bücher, Nachunternehmerverträge sowie andere Geschäftsunterlagen und Aufzeichnungen, aus denen sich Umfang, Art, Dauer und tatsächliche Entlohnung der Beschäftigten ergeben oder abgeleitet werden, gewährt wird.

(3) [1] Zwischen dem Auftraggeber und dem Auftragnehmer ist weiter zu vereinbaren, dass der Auftragnehmer für den Fall einer Kontrolle nach § 16 Absatz 1 und 4 aktuelle und prüffähige Unterlagen im Sinne des Absatzes 2 bereitzuhalten und diese auf Verlangen des Auftraggebers unverzüglich, spätestens mit Ablauf einer vom Auftraggeber gesetzten Frist am Sitz des Auftraggebers zum Zwecke der Einsichtnahme vorzulegen hat. [2] Zudem ist zu vereinbaren, dass der Auftragnehmer den Auftraggeber im Falle nicht, nicht rechtzeitig oder nicht vollständig vorhandener Unterlagen im Sinne des Absatzes 2 unverzüglich in Kenntnis setzt.

(4) [1] Zwischen dem Auftraggeber und dem Auftragnehmer ist zu vereinbaren, dass der Auftraggeber befugt ist, die Beschäftigten zu ihrer Entlohnung und den weiteren Arbeitsbedingungen zu befragen. [2] Der Auftragnehmer ist durch den Auftraggeber zu verpflichten, seine Beschäftigten auf die Möglichkeit einer solchen Kontrolle hinzuweisen.

(5) [1] Der Auftraggeber verpflichtet die Bieter, bei Abgabe der Angebote anzugeben, welche Leistungen an Nachunternehmer vergeben werden sollen. [2] Der Auftraggeber verpflichtet den Auftragnehmer, mit dem Nachunternehmer zu vereinbaren, dass dieser die dem Auftragnehmer nach § 9 Absatz 1, § 10 Absatz 1, §§ 11 und 12 sowie nach den Absätzen 2 bis 7 aufzuerlegenden Pflichten im Rahmen der Nachunternehmerleistung entsprechend erfüllt. [3] Der Auftraggeber verpflichtet den Auftragnehmer, ihm gegenüber den Einsatz eines Nachunternehmers und dessen Nachunternehmer vor dessen Beginn mit der Ausführung der Leistung schriftlich anzuzeigen.

(6) [1] Der Auftraggeber verpflichtet den Auftragnehmer, die in Absatz 5 Satz 2 genannten Pflichten des Nachunternehmers zu überwachen. [2] Der Auftraggeber lässt sich durch den Auftragnehmer mit der Möglichkeit bevollmächtigen, gegenüber den Nachunternehmern Kontrollen nach § 16 Absatz 1 und 4 durchzuführen, von diesen Unterlagen zum Nachweis der Erfüllung der in Absatz 5 Satz 2 genannten Pflichten des Nachunternehmers nach Maßgabe der Absätze 2 und 3 anzufordern und die eingesetzten Beschäftigten nach Maßgabe des Absatzes 4 Satz 1 zu befragen; der Auftragnehmer wird dadurch nicht von seiner Überwachungspflicht nach Satz 1 entbunden. [3] Der Auftraggeber verpflichtet den Auftragnehmer, dem Nachunternehmer die Pflicht aufzuerlegen, die Beschäftigten auf die Möglichkeit einer solchen Kontrolle hinzuweisen.

(7) [1] Um die Einhaltung der in den Absätzen 5 und 6 genannten Pflichten zu gewährleisten, verpflichtet der Auftraggeber den Auftragnehmer, gegenüber jedem von ihm bei der Ausführung der Leistung eingesetzten Nachunternehmer eine vom Auftraggeber zur Verfügung gestellte vorformulierte Erklärung zu verwenden. [2] Diese Erklärung ist im Rahmen der Anzeige nach Absatz 5 Satz 3 vorzulegen.

§ 14 Wertung unangemessen niedriger Angebote. (1) [1] Erscheint ein Angebot, auf das der Zuschlag erteilt werden könnte, im Hinblick auf die

Lohnkalkulation unangemessen niedrig, so hat der öffentliche Auftraggeber das Angebot vertieft zu prüfen. [2]Dies gilt unabhängig von der nach Teil A der Vergabe- und Vertragsordnung für Bauleistungen[1] und nach der Unterschwellenvergabeordnung[2] vorgegebenen Prüfung unangemessen niedrig erscheinender Angebote.

(2) Soweit ein Auftrag nicht nach § 5 vergeben werden kann, ist eine vertiefte Prüfung durchzuführen, wenn die Lohnkalkulation der rechnerisch geprüften Angebotssumme um mindestens 20 Prozent unter der Kostenschätzung des Auftraggebers liegt oder um mehr als 10 Prozent von der des *nächst höheren* [3] Angebotes abweicht.

(3) Im Rahmen der Überprüfung nach Absatz 1 Satz 1 und Absatz 2 ist der Bieter verpflichtet, nach Aufforderung durch den Auftraggeber eine transparente und nachvollziehbare Kalkulation, insbesondere im Hinblick auf die Entgelte, einschließlich der Überstundenzuschläge, nachzuweisen.

§ 15 Nachweise, Angebotsausschluss. (1) Kommt der Bieter der Verpflichtung nach § 14 Absatz 3 nicht nach oder kann er die begründeten Zweifel des Auftraggebers an seiner Absicht, die Verpflichtungen nach § 9 Absatz 1, § 10 Absatz 1, §§ 11, 12 und 13 Absatz 5 und 6 zu erfüllen, nicht beseitigen, so ist sein Angebot auszuschließen.

(2) [1]Ein Angebot soll von der Wertung ausgeschlossen werden, wenn der Bieter trotz Aufforderung eine Mindestlohnerklärung nach § 9 Absatz 1, eine Tariftreueerklärung nach § 10 Absatz 1 oder eine Mindestlohnerklärung nach § 11 nicht abgibt. [2]Ein Angebot soll auch dann von der Wertung ausgeschlossen werden, wenn der Bieter trotz Aufforderung eine Erklärung über die Verpflichtung seiner Nachunternehmer nach § 13 Absatz 5 und 6 nicht abgibt.

(3) [1]Ein Angebot für eine Bauleistung soll von der Wertung ausgeschlossen werden, wenn der Bieter trotz Aufforderung eine aktuelle Unbedenklichkeitsbescheinigung der Sozialkasse, der er kraft Tarifbindung angehört, nicht abgibt. [2]Die Bescheinigung enthält mindestens die Zahl der zurzeit gemeldeten Arbeitnehmerinnen und Arbeitnehmer und gibt Auskunft darüber, ob den Zahlungsverpflichtungen nachgekommen wurde. [3]Ausländische Unternehmen haben einen vergleichbaren Nachweis zu erbringen. [4]Bei fremdsprachigen Bescheinigungen ist eine Übersetzung in deutscher Sprache beizufügen. [5]Bei Aufträgen über Bauleistungen, deren Auftragswert 10 000 Euro nicht erreicht, tritt an Stelle des Nachweises nach Satz 1 die Erklärung des Bieters, seinen Zahlungsverpflichtungen nachgekommen zu sein.

(4) Soll die Ausführung eines Teils der Leistung einem Nachunternehmer übertragen werden, so soll das Angebot von der Wertung ausgeschlossen werden, wenn der Bieter nach Aufforderung und vor der Auftragserteilung keine auf den Nachunternehmer lautenden Nachweise und Erklärungen nach den Absätzen 2 und 3 vorlegt.

(5) Die in Abschnitt 1 des Teils A der Vergabe- und Vertragsordnung für Bauleistungen und in der Unterschwellenvergabeordnung genannten Nachweispflichten bestehen unbeschadet der Nachweispflichten in den Absätzen 2 bis 4.

---

[1] Nr. **14**.
[2] Nr. **15**.
[3] Richtig wohl: „nächsthöheren".

(6) [1] Hat ein Bieter im Kalenderjahr einem Auftraggeber bereits den Nachweis nach Absatz 3 oder andere Eignungsnachweise nach Teil A der Vergabe- und Vertragsordnung für Bauleistungen oder nach der Unterschwellenvergabeordnung vorgelegt, so fordert derselbe Auftraggeber von dem Bieter dieselben Eignungsnachweise nur noch einmal an, wenn begründete Zweifel an der Eignung des Bieters bestehen. [2] Satz 1 gilt für Nachunternehmer entsprechend.

§ 16 Kontrollen und Sonderkommission. (1) Der Auftraggeber ist verpflichtet, die Einhaltung der gemäß § 9 Absatz 1, § 10 Absatz 1, § 11, § 12 und § 13 Absatz 2 bis 7 vereinbarten Vertragsbedingungen zu überprüfen.

(2) Der Senat richtet eine Sonderkommission für die Kontrolle der Arbeitsbedingungen ein, zu deren Gewährung sich der Auftragnehmer gemäß § 9 Absatz 1, § 10 Absatz 1, § 11 und § 12 oder der Nachunternehmer nach Maßgabe des § 13 Absatz 5 und 6 verpflichtet hat.

(3) [1] Der Auftraggeber hat die Sonderkommission unverzüglich über alle von ihm vergebenen Aufträge zu unterrichten. [2] Der Auftraggeber ist verpflichtet, der Sonderkommission auf Anforderung weitere Informationen über den Auftrag und seine Ausführung zur Verfügung zu stellen.

(4) [1] Die Sonderkommission ordnet auf der Grundlage der Informationen des Auftraggebers Kontrollen an, die der Auftraggeber auf Anforderung der Sonderkommission unverzüglich durchzuführen hat. [2] Der Auftraggeber unterrichtet die Sonderkommission jeweils über die Ergebnisse der von ihm gemäß Absatz 1 durchgeführten Kontrollen sowie über verhängte Sanktionen gemäß § 17. [3] Die Sonderkommission kann sich im Rahmen ihrer Aufgaben bei anderen öffentlichen Stellen, insbesondere den Gewerbeämtern, den Zollbehörden und den Sozialkassen des Baugewerbes informieren und diesen Informationen erteilen.

(5) Der Senat kann das weitere Verfahren zur Vornahme der Kontrollen durch Richtlinien regeln.

(6) Der Senat wird ermächtigt, der Sonderkommission weitere Kontrollaufgaben durch Rechtsverordnung zu übertragen, wenn dies zur ordnungsgemäßen Abwicklung öffentlicher Aufträge notwendig erscheint.

(7) [1] Erhält der Auftraggeber durch eine Kontrolle nach den Absätzen 1 und 4 oder auf sonstige Weise Kenntnis davon, dass der Auftragnehmer oder ein Nachunternehmer einer am Ort der Leistung eingesetzten Arbeitnehmerin oder einem am Ort der Leistung eingesetzten Arbeitnehmer nicht mindestens die nach dem Arbeitnehmer-Entsendegesetz oder § 1 des Mindestlohngesetzes geltenden Mindestarbeitsbedingungen gewährt, so ist er zur Anzeige des Auftragnehmers oder des Nachunternehmers bei dem zuständigen Hauptzollamt verpflichtet. [2] Der Auftragnehmer ist hierauf hinzuweisen und zu verpflichten, seine Nachunternehmer entsprechend zu unterrichten.

(8) [1] Die Sonderkommission legt dem Senat jeweils zum 30. April jedes zweiten Jahres einen Bericht über ihre Tätigkeit vor. [2] Dieser Bericht wird vom Senat veröffentlicht.

(9) Für die Kontrollen im Rahmen der Erteilung einer Genehmigung im öffentlichen Personennahverkehr nach § 2 Absatz 2 gelten die Prüfungsbefugnisse der Genehmigungsbehörde nach § 54a des Personenbeförderungsgesetzes entsprechend.

§ 17 Sanktionen. (1) Im Rahmen der Prüfung der von ihr angeordneten Kontrollen im Sinne des § 16 Absatz 1 und 4 kann die Sonderkommission Empfehlungen für vertragliche Sanktionen im Sinne der Absätze 2 und 3 gegenüber dem Auftraggeber aussprechen.

(2) [1] Um die Einhaltung der dem Auftragnehmer nach § 9 Absatz 1, § 10 Absatz 1, §§ 11, 12, 13 Absatz 2, 3 und 4 Satz 2, Absatz 5 Satz 2 und 3, Absatz 6 und 7 und § 16 Absatz 7 Satz 2 aufzuerlegenden Pflichten zu sichern, hat der Auftraggeber mit dem Auftragnehmer für jede Verletzung dieser Pflichten die Verwirkung einer Vertragsstrafe in Höhe von 1 Prozent des bezuschlagten Auftragswertes zu vereinbaren. [2] Der Auftragnehmer ist zur Zahlung einer Vertragsstrafe nach Satz 1 auch für den Fall zu verpflichten, dass der Verstoß durch einen von ihm eingesetzten Nachunternehmer oder durch dessen Nachunternehmer begangen wird. [3] Ist die verwirkte Vertragsstrafe unverhältnismäßig hoch, so ist sie vom Auftraggeber auf einen angemessenen Betrag herabzusetzen. [4] Die Summe der Vertragsstrafen nach diesem Gesetz darf insgesamt 10 Prozent des bezuschlagten Auftragswertes nicht überschreiten.

(3) [1] Der Auftraggeber vereinbart mit dem Auftragnehmer, dass die Nichterfüllung der dem Auftragnehmer nach § 9 Absatz 1, § 10 Absatz 1, §§ 11, 12, 13 Absatz 2 und 4 Satz 2, Absatz 5 Satz 2, Absatz 6 und 7 Satz 1 und § 16 Absatz 7 Satz 2 aufzuerlegenden Pflichten durch ihn, durch einen von ihm eingesetzten Nachunternehmer oder durch dessen Nachunternehmer zur fristlosen Kündigung berechtigen. [2] Satz 1 gilt entsprechend bei mehrfachen Verstößen gegen die dem Auftragnehmer nach § 13 Absatz 3, 5 Satz 3 und Absatz 7 Satz 2 aufzuerlegenden Pflichten durch ihn, durch einen von ihm eingesetzten Nachunternehmer oder durch dessen Nachunternehmer. [3] Der Auftraggeber vereinbart mit dem Auftragnehmer, dass der Auftragnehmer den dem Auftraggeber aus einer fristlosen Kündigung nach den Sätzen 1 und 2 entstandenen Schaden zu ersetzen hat.

(4) [1] Hat ein Auftragnehmer die ihm nach § 9 Absatz 1, § 10 Absatz 1, §§ 11, 12, 13 Absatz 2 und 4 Satz 2, Absatz 5 Satz 2, Absatz 6 und 7 Satz 1 und § 16 Absatz 7 Satz 2 aufzuerlegenden Pflichten oder hat ein von ihm eingesetzter Nachunternehmer oder dessen Nachunternehmer diese im Rahmen einer Erklärung nach § 13 Absatz 7 Satz 1 zu übernehmenden Pflichten verletzt, so können ihn der Auftraggeber oder die Sonderkommission Mindestlohn von der öffentlichen Auftragsvergabe für die Dauer von bis zu zwei Jahren ausschließen. [2] Satz 1 gilt entsprechend bei einer mehrfachen Verletzung von nach § 13 Absatz 3 und 5 Satz 3 und Absatz 7 Satz 2, auch in Verbindung mit § 13 Absatz 5 Satz 2, auferlegten Pflichten. [3] Für den Fall, dass durch einen vom Auftragnehmer eingesetzten Nachunternehmer oder dessen Nachunternehmer gegen die im Rahmen einer Erklärung nach § 13 Absatz 7 Satz 1 übernommenen Pflichten verstoßen wird, kann auch dieses Unternehmen nach Maßgabe der Sätze 1 und 2 von der öffentlichen Auftragsvergabe ausgeschlossen werden.

(5) [1] Der Senat richtet ein Register über Unternehmen ein, die nach Absatz 4 von der Vergabe öffentlicher Aufträge ausgeschlossen worden sind. [2] Der Senat wird ermächtigt, durch Rechtsverordnung zu regeln

1. die im Register zu speichernden Daten, den Zeitpunkt ihrer Löschung und die Einsichtnahme in das Register,

2. die Verpflichtung der Auftraggeber, Entscheidungen nach Absatz 4 an das Register zu melden und

3. die Verpflichtung der Auftraggeber, zur Prüfung der Zuverlässigkeit von Unternehmen Auskünfte aus dem Register einzuholen.

Abschnitt 4. Berücksichtigung sozialer und weiterer Kriterien bei der Auftragsvergabe

§ 18 Berücksichtigung sozialer und weiterer Kriterien. (1) [1]Für die Auftragsausführung können zusätzliche Anforderungen an Auftragnehmer gestellt werden, die insbesondere soziale, umweltbezogene und innovative Aspekte betreffen, wenn sie im sachlichen Zusammenhang mit dem Auftragsgegenstand stehen und sich aus der Leistungsbeschreibung ergeben. [2]Bei der Vergabe öffentlicher Aufträge über Lieferleistungen können diese Anforderungen an den Herstellungsprozess gestellt werden.

(2) [1]Bei der Vergabe von Bau-, Liefer- oder Dienstleistungen ist darauf hinzuwirken, dass keine Waren Gegenstand der Leistung sind, die unter Missachtung der in den Kernarbeitsnormen der Internationalen Arbeitsorganisation (ILO) festgelegten Mindeststandards gewonnen oder hergestellt worden sind. [2]Diese Mindeststandards ergeben sich aus:

1. dem Übereinkommen Nr. 29 über Zwangs- oder Pflichtarbeit vom 28. Juni 1930 (BGBl. 1956 II S. 641),
2. dem Übereinkommen Nr. 87 über die Vereinigungsfreiheit und den Schutz des Vereinigungsrechtes vom 9. Juli 1948 (BGBl. 1956 II S. 2073),
3. dem Übereinkommen Nr. 98 über die Anwendung der Grundsätze des Vereinigungsrechtes und des Rechtes zu Kollektivverhandlungen vom 1. Juli 1949 (BGBl. 1955 II S. 1123),
4. dem Übereinkommen Nr. 100 über die Gleichheit des Entgelts männlicher und weiblicher Arbeitskräfte für gleichwertige Arbeit vom 29. Juni 1951 (BGBl. 1956 II S. 24),
5. dem Übereinkommen Nr. 105 über die Abschaffung der Zwangsarbeit vom 25. Juni 1957 (BGBl. 1959 II S. 442),
6. dem Übereinkommen Nr. 111 über die Diskriminierung in Beschäftigung und Beruf vom 25. Juni 1958 (BGBl. 1961 II S. 98),
7. dem Übereinkommen Nr. 138 über das Mindestalter für die Zulassung zur Beschäftigung vom 26. Juni 1973 (BGBl. 1976 II S. 202),
8. dem Übereinkommen Nr. 182 über das Verbot und unverzügliche Maßnahmen zur Beseitigung der schlimmsten Formen der Kinderarbeit vom 17. Juni 1999 (BGBl. 2001 II S. 1291).

[3]Der Senat bestimmt durch Rechtsverordnung den Mindestinhalt der vertraglichen Regelungen nach Satz 1, insbesondere die Einbeziehung von Produktgruppen oder Herstellungsverfahren. [4]Die Rechtsverordnung trifft Vorgaben zu Zertifizierungen und Nachweisen sowie zur Ausgestaltung von Kontrollen und von Sanktionen bei der Nichteinhaltung der vertraglichen Regelungen.

(3) [1]Bei der Vergabe öffentlicher Aufträge über Bau- und Dienstleistungen erhält bei wirtschaftlich gleichwertigen Angeboten derjenige Bieter den Zuschlag, der die Pflicht zur Beschäftigung schwerbehinderter Menschen nach § 71 des Neunten Buches Sozialgesetzbuch erfüllt sowie Ausbildungsplätze bereitstellt, sich an tariflichen Umlageverfahren zur Sicherung der beruflichen Erstausbildung oder an Ausbildungsverbünden beteiligt. [2]Gleiches gilt für Bie-

ter, die die Chancengleichheit von Frauen und Männern im Beruf fördern. [3] Ausbildungsplätze nach Satz 1 sind Beschäftigungsverhältnisse, die mit dem Ziel geschlossen werden, den Auszubildenden den Abschluss einer Berufsausbildung zu ermöglichen.

(4) Werden von ausländischen Bietern Angebote abgegeben, findet ihnen gegenüber eine Bevorzugung nach Absatz 3 nicht statt.

(5) Als Nachweis der Voraussetzungen nach Absatz 3 sind von den Bietern Bescheinigungen der jeweils zuständigen Stellen vorzulegen oder darzulegen, wie sie die Chancengleichheit von Frauen und Männern im Beruf fördern.

(6) [1] Die Regelung nach Absatz 3 ist den Bietern in den Vergabeunterlagen bekannt zu machen. [2] Dabei ist auf die Nachweispflicht nach Absatz 5 hinzuweisen.

§ 19 Umweltverträgliche Beschaffung. (1) Bei der Vergabe von Bau-, Liefer- oder Dienstleistungen müssen Umwelteigenschaften einer Ware, die Gegenstand der Leistung ist, berücksichtigt werden.

(2) [1] Schreibt der Auftraggeber Umwelteigenschaften in Form von Leistungs- und Funktionsanforderungen vor, so kann er diejenigen Spezifikationen oder Teile davon verwenden, die in europäischen, multinationalen oder anderen Umweltzeichen definiert sind, wenn

1. diese Spezifikationen geeignet sind, die Merkmale derjenigen Waren oder Dienstleistungen zu definieren, die Gegenstand des Auftrags sind,
2. die Anforderungen des Umweltzeichens auf der Grundlage von wissenschaftlich *abgesicherten Information*[1] ausgearbeitet werden,
3. die Umweltzeichen im Rahmen eines Verfahrens erlassen werden, an dem alle interessierten Kreise, wie staatliche Stellen, Verbraucher, Hersteller, Händler und Umweltorganisationen, teilnehmen können, und
4. die Umweltzeichen für alle Betroffenen zugänglich und verfügbar sind.

[2] Der Auftraggeber kann in den Vergabeunterlagen festlegen, dass bei Waren oder Dienstleistungen, die mit einem Umweltzeichen nach Satz 1 ausgestattet sind, davon ausgegangen wird, dass sie den in der Leistungs- und Aufgabenbeschreibung festgelegten Spezifikationen genügen. [3] Er muss jedes andere Beweismittel, wie geeignete technische Unterlagen des Herstellers oder Prüfberichte anerkannter Stellen, akzeptieren.

(3) [1] Anerkannte Stelle nach Absatz 2 Satz 2 sind Prüf- und Eichlaboratorien im Sinne des Eichgesetzes sowie die Inspektions- und Zertifizierungsstellen, die die jeweils anwendbaren europäischen Normen erfüllen. [2] Der Auftraggeber muss Bescheinigungen nach Absatz 2 von staatlich anerkannten Stellen, die in anderen Mitgliedstaaten der EU ansässig sind, anerkennen.

Abschnitt 5. Schlussvorschriften

§ 19a Evaluation. Der Senat legt der Bürgerschaft (Landtag) bis zum 31. Dezember 2022 einen Bericht über die Anwendung und Auswirkungen der Vergaberegelungen nach den §§ 5, 6 und 7 sowie nach § 2 des Bremischen Gesetzes zur Erleichterung von Investitionen vor.

---

[1] Richtig wohl: „Informationen".

§ 20 Übergangsregelungen. Dieses Gesetz findet keine Anwendung auf öffentliche Aufträge, deren Vergabe vor seinem Inkrafttreten eingeleitet worden ist.

§ 21 Inkrafttreten, Außerkrafttreten. (1) Dieses Gesetz tritt am Tage nach seiner Verkündung[1] in Kraft.

(2) Gleichzeitig tritt das Vergabegesetz für das Land Bremen vom 17. Dezember 2002 (Brem.GBl. S. 594 – 63-h-2) außer Kraft.

---

[1] Verkündet am 1.12.2009.

21. Hamburgisches Vergabegesetz (HmbVgG)[1)]

Vom 13. Februar 2006

(HmbGVBl. S. 57)

BS Hbg 707-1

zuletzt geänd. durch Art. 1 Drittes ÄndG v. 18.7.2017 (HmbGVBl. S. 222)

Nichtamtliche Inhaltsübersicht

§ 1 Sachlicher Anwendungsbereich (1) Dieses Gesetz gilt für die Vergabe öffentlicher Aufträge der Freien und Hansestadt Hamburg im Sinne von § 103 des Gesetzes gegen Wettbewerbsbeschränkungen (GWB)[2)] in der Fassung vom 15. Juli 2005 (BGBl. I S. 2115), zuletzt geändert am 18. Dezember 2007 (BGBl. I S. 2966, 2968), in der jeweils geltenden Fassung, ungeachtet des Erreichens der Schwellenwerte gemäß § 106.

(2) ¹Sollen öffentliche Aufträge gemeinsam mit Auftraggebern anderer Länder vergeben werden, ist mit diesen zwecks Einhaltung der Bestimmungen dieses Gesetzes eine Einigung anzustreben. ²Kommt diese nicht zustande, kann von den Bestimmungen abgewichen werden.

§ 2 Persönlicher Anwendungsbereich. (1) Die Freie und Hansestadt Hamburg und die der Aufsicht der Freien und Hansestadt Hamburg unterstehenden juristischen Personen des öffentlichen Rechts haben bei der Vergabe öffentlicher Aufträge die Bestimmungen dieses Gesetzes zu beachten.

(2) Bei juristischen Personen des privaten Rechts, an denen die Freie und Hansestadt Hamburg unmittelbar oder mittelbar mit Mehrheit beteiligt ist oder auf die sie in sonstiger Weise direkt oder indirekt bestimmenden Einfluss nehmen kann, haben die zuständigen Behörden darauf hinzuwirken, dass unterhalb der Schwellenwerte nach § 106 GWB[2)] die vergaberechtlichen Bestimmungen nach Maßgabe von § 2a sowie die übrigen Bestimmungen dieses Gesetzes angewendet werden.

(3) Absätze 1 und 2 gelten nicht für juristische Personen des öffentlichen oder privaten Rechts im Sinne des § 99 Nummer 2 GWB[2)], die mit mindestens

---

[1)] Verkündet als Art. 1 G v. 13.2.2006 (HmbGVBl. S. 57, geänd. durch Art. 2 G v. 16.12.2008, HmbGVBl. S. 437); Inkrafttreten gem. Art. 3 Abs. 1 Satz 1 dieses G am 1.3.2006.
[2)] Nr. 1.

80 vom Hundert ihres Umsatzes im entwickelten Wettbewerb zu anderen Unternehmen stehen, soweit sie Aufträge in diesem Bereich vergeben.

§ 2a Anwendung vergaberechtlicher Bestimmungen auf Vergaben unterhalb der EU-Schwellenwerte. (1) [1] Bei der Vergabe öffentlicher Aufträge unterhalb der Schwellenwerte gemäß § 106 GWB[1]) ist

1. für Liefer- und Dienstleistungen die Verfahrensordnung für die Vergabe öffentlicher Liefer- und Dienstleistungsaufträge unterhalb der EU-Schwellenwerte (Unterschwellenvergabeordnung – UVgO)[2]) in der Fassung vom 2. Februar 2017 (BAnz. AT 07.02.2017 B1, 08.02.2017 B1) in der jeweils geltenden Fassung und

2. für Bauleistungen Abschnitt 1 der Vergabe- und Vertragsordnung für Bauleistungen (VOB) vom 7. Januar 2016 (BAnz. AT 19.01.2016 B3, 01.04. 2016 B1) der jeweils geltenden Fassung

anzuwenden. [2] Nur oberhalb der von der für Grundsatzangelegenheiten des Vergaberechts zuständigen Behörde jeweils festgelegten Wertgrenze sind § 38 Absätze 2 bis 5 und § 39 Satz 1 UVgO auf Beschränkte Ausschreibungen und Verhandlungsvergaben sowie § 39 Sätze 2 und 3 und § 40 UVgO auf Verhandlungsvergaben anzuwenden. [3] Abweichend von Satz 1 wenden Auftraggeber im Sinne von § 99 Nummern 1 bis 4 GWB[1]) bei der Vergabe von Aufträgen (ohne Bau- und Dienstleistungskonzessionen), die im Zusammenhang mit Tätigkeiten auf dem Gebiet der Trinkwasser- oder Energieversorgung oder des Verkehrs (Sektorentätigkeiten) vergeben werden, auch unterhalb der Schwellenwerte gemäß § 106 GWB[1]) die Regelungen der Sektorenverordnung[3]) vom 12. April 2016 (BGBl. I S. 624, 657) in der jeweils geltenden Fassung entsprechend an.

(2) Bei der Vergabe von Konzessionen ist nur § 3 Absätze 1 bis 4 anzuwenden.

(3) [1] Die für Grundsatzangelegenheiten des Vergaberechts zuständige Behörde kann in einer Verwaltungsvorschrift gemäß § 12 Grenzen für Auftragswerte festlegen, unterhalb derer in Einschränkung zu Absatz 1 Auftraggeber nach § 2 Beschränkte Ausschreibungen, Verhandlungsvergaben und Freihändige Vergaben durchführen können. [2] Das Vergabeverfahren richtet sich in diesen Fällen im Übrigen nach den vergaberechtlichen Regelungen nach Absatz 1.

§ 3 Tariftreueerklärung und Mindestlohn. (1) [1] Öffentliche Aufträge über Bauleistungen und andere Dienstleistungen, die das Arbeitnehmer-Entsendegesetz vom 20. April 2009 (BGBl. I S. 799), zuletzt geändert am 24. Februar 2012 (BGBl. I S. 212, 249), in der jeweils geltenden Fassung, erfasst, dürfen nur an solche Unternehmen vergeben werden, die sich bei der Angebotsabgabe schriftlich, per Telefax oder in Textform mithilfe elektronischer Mittel verpflichtet haben, ihren Arbeitnehmerinnen und Arbeitnehmern bei der Ausführung dieser Leistungen ein Entgelt zu zahlen, das in Höhe und Modalitäten mindestens den Vorgaben desjenigen Tarifvertrages entspricht, an den das Unternehmen auf Grund des Arbeitnehmer-Entsendegesetzes gebunden ist. [2] Satz 1 gilt entsprechend für die Beachtung des Tarifvertragsgesetzes in der Fassung vom 25. August 1969 (BGBl. I S. 1323), zuletzt geändert am 8. Dezem-

---

[1]) Nr. **1**.
[2]) Nr. **15**.
[3]) Nr. **3**.

ber 2010 (BGBl. I S. 1864, 1978), des Arbeitnehmerüberlassungsgesetzes in der Fassung vom 3. Februar 1995 (BGBl. I S. 159), zuletzt geändert am 20. Dezember 2011 (BGBl. I S. 2854, 2923), in der jeweils geltenden Fassung, und anderer gesetzlicher Bestimmungen über Mindestentgelte soweit in diesem Gesetz nichts anderes bestimmt ist.

(2) Öffentliche Aufträge über Bauleistungen und andere Dienstleistungen dürfen unbeschadet weitergehender Anforderungen nur an Unternehmen vergeben werden, die sich bei der Angebotsabgabe durch Erklärung gegenüber dem öffentlichen Auftraggeber nach Festlegung durch diesen schriftlich, per Telefax oder in Textform mithilfe elektronischer Mittel verpflichtet haben, ihren Beschäftigten (ohne Auszubildende) bei der Ausführung der Leistung einen Mindestlohn nach § 1 Absatz 2 des Mindestlohngesetzes vom 11. August 2014 (BGBl. I S. 1348) in der jeweils geltenden Fassung, zu zahlen, soweit die Leistung im Hoheitsgebiet der Bundesrepublik Deutschland erbracht wird.

(3) Öffentliche Aufträge über Bauleistungen und andere Dienstleistungen dürfen nur an solche Unternehmen vergeben werden, die sich bei der Angebotsabgabe nach Festlegung durch diesen schriftlich, per Telefax oder in Textform mithilfe elektronischer Mittel verpflichten, im Fall der Arbeitnehmerüberlassung im Sinne des Arbeitnehmerüberlassungsgesetzes dafür zu sorgen, dass die Verleiher den Leiharbeitnehmerinnen und Leiharbeitnehmern bei der Ausführung der Leistung das gleiche Arbeitsentgelt gewähren wie vergleichbaren Arbeitnehmerinnen und Arbeitnehmern des Entleihers.

(4) Auf bevorzugte Bieter gemäß § 141 Satz 1 und § 143 des Neunten Buches Sozialgesetzbuch vom 19. Juni 2001 (BGBl. I S. 1046, 1047), zuletzt geändert am 12. April 2012 (BGBl. I S 579, 599), finden die Absätze 2 und 3 keine Anwendung.

(5) Auf die Absätze 1 bis 4 findet § 2 Absatz 3 keine Anwendung.

§ 3a Sozialverträgliche Beschaffung. (1) [1]Bei der Vergabe von Bau-, Liefer- oder Dienstleistungen ist darauf hinzuwirken, dass keine Waren Gegenstand der Leistung sind, die unter Missachtung der in den ILO-Kernarbeitsnormen festgelegten Mindeststandards gewonnen oder hergestellt worden sind. [2]Die Mindeststandards der ILO-Kernarbeitsnormen ergeben sich aus

1. dem Übereinkommen Nr. 29 über Zwangs- oder Pflichtarbeit vom 28. Juni 1930 (BGBl. 1956 II S. 641),

2. dem Übereinkommen Nr. 87 über die Vereinigungsfreiheit und den Schutz des Vereinigungsrechtes vom 9. Juli 1948 (BGBl. 1956 II S. 2073),

3. dem Übereinkommen Nr. 98 über die Anwendung der Grundsätze des Vereinigungsrechtes und des Rechtes zu Kollektivverhandlungen vom 1. Juli 1949 (BGBl. 1955 II S. 1123),

4. dem Übereinkommen Nr. 100 über die Gleichheit des Entgelts männlicher und weiblicher Arbeitskräfte für gleichwertige Arbeit vom 29. Juni 1951 (BGBl. 1956 II S. 24),

5. dem Übereinkommen Nr. 105 über die Abschaffung der Zwangsarbeit vom 25. Juni 1957 (BGBl. 1959 II S. 442),

6. dem Übereinkommen Nr. 111 über die Diskriminierung in Beschäftigung und Beruf vom 25. Juni 1958 (BGBl. 1961 II S. 98),

7. dem Übereinkommen Nr. 138 über das Mindestalter für die Zulassung zur Beschäftigung vom 26. Juni 1973 (BGBl. 1976 II S. 202) und

8. dem Übereinkommen Nr. 182 über das Verbot und unverzügliche Maßnahmen zur Beseitigung der schlimmsten Formen der Kinderarbeit vom
17. Juni 1999 (BGBl. 2001 II S. 1291).

(2) [1] Aufträge über Lieferleistungen dürfen nur mit einer Ergänzenden Vertragsbedingung vergeben werden, die den Auftragnehmer verpflichtet, den
Auftrag gemäß der Leistungsbeschreibung ausschließlich mit Waren auszuführen, die nachweislich oder gemäß einer entsprechenden Zusicherung unter
bestmöglicher Beachtung der ILO-Kernarbeitsnormen gemäß Absatz 1 gewonnen oder hergestellt worden sind. [2] Dazu sind entsprechende Nachweise, Zertifizierungen oder Erklärungen von den Bietern zu verlangen. [3] Sätze 1 und 2
gelten entsprechend für Waren, die im Rahmen der Erbringung von Bau- oder
Dienstleistungen verwendet werden.

(3) Absatz 2 gilt nur für Waren oder Warengruppen, bei denen eine Gewinnung oder Herstellung unter Missachtung der ILO-Kernarbeitsnormen gemäß
Absatz 1 im Einzelfall in Betracht kommt.

(4) [1] Bei Aufträgen über Lieferleistungen sollen vorrangig Produkte beschafft
werden, die fair gehandelt wurden, sofern hierfür ein entsprechender Markt
vorhanden und dies wirtschaftlich vertretbar ist. [2] Nachweise zum fairen Handel
können insbesondere durch ein entsprechendes Gütezeichen erbracht werden.

**§ 3b Umweltverträgliche Beschaffung von Liefer- und Dienstleistun-
gen.** (1) Die Auftraggeber nach § 2 haben im Rahmen der Beschaffung dafür
Sorge zu tragen, dass bei Erstellung, Lieferung, Nutzung und Entsorgung der
zu beschaffenden Gegenstände oder Leistungen negative Umweltauswirkungen
vermieden werden, soweit dies wirtschaftlich vertretbar ist.

(2) Bei der Vergabe einer Lieferung von Investitionsgütern sollen in geeigneten Fällen neben den voraussichtlichen Anschaffungskosten unter Berücksichtigung des Lebenszyklusprinzips die voraussichtlichen Betriebskosten über
die Nutzungsdauer, die Kosten für den Energieverbrauch, die zugesagte Re-
paraturfähigkeit sowie die Entsorgungskosten berücksichtigt werden.

(3) Im Rahmen der einer Vergabe einer Lieferung oder Dienstleistung vo-
rangestellten Bedarfsanalyse soll eine umweltfreundliche und energieeffiziente
Gesamtlösung angestrebt werden, gegebenenfalls durch die Zusammenfassung
gleichartiger Bedarfe in Rahmenvereinbarungen.

(4) [1] In der Leistungsbeschreibung oder in der Bekanntmachung sollen die
Leistungsanforderungen hinsichtlich des Umweltschutzes und der Energieeffizienz ausdrücklich genannt werden. [2] Der Nachweis kann durch das Umweltgütezeichen „Blauer Engel" oder durch andere geeignete und gleichwertige
Mittel erbracht werden. [3] Beim Kauf technischer Geräte und Ausrüstungen
oder bei der Ersetzung oder Nachrüstung vorhandener technischer Geräte und
Ausrüstung sind mit der Leistungsbeschreibung im Rahmen der technischen
Anforderungen von den Bietern Angaben zum Energieverbrauch zu fordern;
dabei ist in geeigneten Fällen vom Bieter eine Analyse minimierter Lebenszykluskosten oder eine vergleichbare Methode zur Gewährleistung der Wirtschaftlichkeit zu fordern.

(5) [1] Bei der technischen Spezifikation eines Auftrags sollen Umwelteigenschaften oder Auswirkungen bestimmter Warengruppen oder Dienstleistungen
auf die Umwelt diskriminierungsfrei festgelegt werden. [2] Hierzu können geeig-

nete Spezifikationen verwendet werden, die in Umweltgütezeichen definiert sind, wenn

1. sie sich zur Definition der Merkmale der Waren oder Dienstleistungen eignen, die Gegenstand des Auftrags sind,

2. die Anforderungen an das Umweltgütezeichen auf der Grundlage von wissenschaftlich abgesicherten Informationen von unabhängigen Dritten ausgearbeitet werden,

3. die Umweltgütezeichen im Rahmen eines Verfahrens erlassen werden, an dem interessierte Stellen und Personen teilnehmen können und

4. das Gütezeichen für alle Betroffenen zugänglich und verfügbar ist.

[3] Andere geeignete Nachweise, insbesondere technische Unterlagen der Hersteller oder Prüfberichte anerkannter Stellen, sind ebenfalls zulässig.

(6) [1] Im Rahmen der Eignungsprüfung soll der Auftraggeber von den Bietern und Bewerbern zum Nachweis ihrer Leistungsfähigkeit in nach Art und Umfang geeigneten Fällen verlangen, dass das zu beauftragende Unternehmen bei der Auftragsausführung bestimmte Normen für das Umweltmanagement erfüllt. [2] § 49 Absatz 2 der Vergabeverordnung (VgV)[1)] vom 12. April 2016 (BGBl. I S. 624) in der jeweils geltenden Fassung ist entsprechend anzuwenden.

(7) Bei der Ermittlung des wirtschaftlichsten Angebots sollen auch Kriterien des Umweltschutzes und der Energieeffizienz berücksichtigt werden.

(8) Der Auftraggeber nach § 2 kann zusätzliche umweltbezogene Bedingungen für die Ausführung des Auftrags vorschreiben, wenn diese

1. mit Recht der Europäischen Union vereinbar sind, insbesondere keinen diskriminierenden Charakter haben,

2. in der Bekanntmachung oder in den Vergabeunterlagen angegeben werden und

3. keine versteckten technischen Spezifikationen, Auswahl- oder Zuschlagskriterien darstellen.

(9) Bei der Vergabe von Aufträgen, insbesondere von Transportdienstleistungen, soll darauf hingewirkt werden, dass bei der Auftragsdurchführung emissionsfreie Fahrzeuge zum Einsatz kommen.

§ 4 Mittelstandsförderung und Eignungsnachweis durch Präqualifizierungssysteme. (1) Die Auftraggeber nach § 2 sind verpflichtet, kleine und mittlere Unternehmen bei Beschränkten Ausschreibungen und Verhandlungsvergaben und Freihändigen Vergaben in angemessenem Umfang zur Angebotsabgabe aufzufordern.

(2) Das Vergabeverfahren ist, soweit nach Art und Umfang der anzubietenden Leistungen möglich, so zu wählen und die Vergabeunterlagen sind so zu gestalten, dass kleine und mittlere Unternehmen am Wettbewerb teilnehmen und beim Zuschlag berücksichtigt werden können.

(3) Die für Grundsatzangelegenheiten des Vergaberechts zuständige Behörde kann Präqualifizierungssysteme einrichten oder zulassen, mit denen die Eignung von Unternehmen nachgewiesen werden kann.

[1)] Nr. 2.

§ 5 Nachunternehmereinsatz. (1) [1] Der Auftragnehmer darf Bauleistungen nur auf Nachunternehmer übertragen, wenn der Auftraggeber im Einzelfall schriftlich zugestimmt hat. [2] Die Bieter sind verpflichtet, schon bei Abgabe ihres Angebots anzugeben, welche Leistungen an Nachunternehmer weiter vergeben werden sollen.

(2) [1] Eine nachträgliche Einschaltung oder ein Wechsel eines Nachunternehmers bedarf bei Bauleistungen ebenfalls der Zustimmung des Auftraggebers. [2] Die Zustimmung zum Wechsel eines Nachunternehmers darf nur wegen mangelnder Fachkunde, Leistungsfähigkeit oder eines Ausschlusses gemäß §§ 123, 124 GWB[1]) des Nachunternehmers sowie wegen Nichterfüllung der Nachweispflicht gemäß § 7 Absatz 2 versagt werden.

(3) Bei Liefer- und Dienstleistungen sind § 36 VgV[2]) und § 26 UVgO[3]) anzuwenden.

(4) Auftragnehmer sind für den Fall der Weitergabe von Leistungen an Nachunternehmer vertraglich zu verpflichten,

1. bevorzugt kleine und mittlere Unternehmen als Nachunternehmer zu beteiligen, soweit dies mit der vertragsmäßigen Ausführung des Auftrages vereinbar ist,

2. Nachunternehmer davon in Kenntnis zu setzen, dass es sich um einen öffentlichen Auftrag handelt,

3. bei der Weitervergabe von Bauleistungen an Nachunternehmer die Allgemeinen Vertragsbedingungen für die Ausführung von Bauleistungen der Vergabe- und Vertragsordnung für Bauleistungen, Teil B (VOB/B)[4]), bei der Weitergabe von Dienstleistungen die Allgemeinen Vertragsbedingungen der Vergabe- und Vertragsordnung für Leistungen, Teil B (VOL/B)[5]), zum Vertragsbestandteil zu machen,

4. den Nachunternehmern die für den Auftragnehmer geltenden Pflichten der Absätze 1 und 2 sowie der §§ 3, 3a und 10 aufzuerlegen und die Beachtung dieser Pflichten durch die Nachunternehmer zu kontrollieren und

5. den Nachunternehmern keine, insbesondere hinsichtlich der Zahlungsweise, ungünstigeren Bedingungen aufzuerlegen, als zwischen dem Auftragnehmer und dem Auftraggeber nach § 2 vereinbart sind.

§ 6 Wertung unangemessen niedriger Angebote. [1] Weicht ein Angebot für die Erbringung von Bauleistungen, auf das der Zuschlag erteilt werden könnte, um mindestens 10 v. H. vom nächst höheren Angebot ab, so hat der Auftraggeber nach § 2 die Kalkulation des Angebots zu überprüfen. [2] Im Rahmen dieser Überprüfung sind die Bieter verpflichtet, die ordnungsgemäße Kalkulation nachzuweisen. [3] Kommen die Bieter dieser Verpflichtung nicht nach, so kann der Auftraggeber nach § 2 sie vom weiteren Vergabeverfahren ausschließen.

§ 7 Wertungsausschluss. (1) [1] Hat der Bieter

---

[1]) Nr. **1**.
[2]) Nr. **2**.
[3]) Nr. **15**.
[4]) Nr. **14**.
[5]) Nr. **16**.

1. aktuelle Nachweise über die vollständige Entrichtung von Steuern und Beiträgen,

2. eine geforderte Erklärung nach §§ 3, 3a, 3b, 5 und 10 oder

3. sonstige auf Grundlage dieses Gesetzes geforderte Nachweise oder Erklärungen

nicht zum geforderten Zeitpunkt vorgelegt, entscheidet die Vergabestelle auf Grundlage der Bestimmungen der Vergabe- und Vertragsordnungen im Sinne von § 2a Absatz 1, ob das Angebot von der Wertung ausgeschlossen wird. ²Fremdsprachige Bescheinigungen oder Erklärungen sind nur zu berücksichtigen, wenn sie mit Übersetzung in die deutsche Sprache vorgelegt worden sind.

(2) ¹Soll die Ausführung eines Teils des Auftrags über die Erbringung von Bauleistungen oder Dienstleistungen einem Nachunternehmer übertragen werden, so sind vor der Auftragserteilung auch die auf den Nachunternehmer lautenden Nachweise gemäß Absatz 1 vorzulegen. ²Soweit eine Benennung von Nachunternehmern nach Auftragserteilung zulässig ist, sind die erforderlichen Nachweise nach Absatz 1 bei der Benennung vorzulegen.

§§ 8 und 9 *(aufgehoben)*

§ 10 Kontrollen. ¹Der Auftraggeber nach § 2 ist berechtigt, Kontrollen durchzuführen, um die Einhaltung der dem Auftragnehmer auf Grund dieses Gesetzes auferlegten Verpflichtungen zu überprüfen. ²Zu diesem Zweck müssen der Auftragnehmer und der Nachunternehmer folgende Unterlagen über die eingesetzten Beschäftigten bereithalten:

1. Entgeltabrechnungen der Auftragnehmer und der Nachunternehmer,

2. Unterlagen über die Abführung von Steuern und Beiträgen gemäß § 7 Absatz 1,

3. die zwischen Auftragnehmer und Nachunternehmer abgeschlossenen Verträge.

³Der Auftragnehmer hat seine Beschäftigten auf die Möglichkeit solcher Kontrollen hinzuweisen.

§ 11 Sanktionen bei Bau-, Liefer- und Dienstleistungen. (1) ¹Um die Einhaltung der aus §§ 3, 3a, 5 und § 10 resultierenden Verpflichtungen des Auftragnehmers zu sichern, ist zwischen dem Auftraggeber nach § 2 und dem Auftragnehmer für jeden schuldhaften Verstoß regelmäßig eine Vertragsstrafe in Höhe von bis zu 1 v.H., bei mehreren Verstößen zusammen bis zur Höhe von 5 v.H. der Abrechnungssumme zu vereinbaren. ²Der Auftragnehmer ist zur Zahlung einer Vertragsstrafe nach Satz 1 auch für den Fall zu verpflichten, dass der Verstoß durch einen von ihm eingesetzten Nachunternehmer oder einen von diesem eingesetzten Nachunternehmer zu vertreten ist.

(2) Die Auftraggeber nach § 2 haben mit dem Auftragnehmer zu vereinbaren, dass die schuldhafte Nichterfüllung der aus §§ 3 und 3a resultierenden Anforderungen durch den Auftragnehmer oder seine Nachunternehmer sowie schuldhafte Verstöße gegen die aus § 5 und § 10 resultierenden Verpflichtungen den Auftraggeber nach § 2 zur fristlosen Kündigung oder zum Rücktritt vom Vertrag berechtigen.

§ 12 Erlass von Verwaltungsvorschriften. Die für Grundsatzangelegenheiten des Vergaberechts zuständige Behörde kann Verwaltungsvorschriften erlassen

1. zur Anwendung des Vergaberechts insbesondere zu den Einzelheiten der Verfahren und der Grenzen für Auftragswerte gemäß § 2a Absatz 3,

2. zur Ausgestaltung der Vertragsbedingungen bei der Vergabe von Lieferungen und Leistungen,

3. zur Festlegung der Warengruppen, in denen eine Gewinnung oder Herstellung unter Missachtung der ILO-Kernarbeitsnormen gemäß § 3a Absatz 3 im Einzelfall in Betracht kommt; unbeschadet der Erbringung anderer, gleichwertiger Nachweise, kann die zuständige Behörde zusätzlich anerkannte unabhängige Nachweise oder Zertifizierungen für eine Herstellung unter bestmöglicher Beachtung der ILO-Kernarbeitsnormen benennen, bei deren Vorlage die Erfüllung der Anforderungen nach § 3a Absatz 1 vermutet wird,

4. hinsichtlich zusätzlicher Anforderungen für den Nachunternehmereinsatz gemäß § 5.

22. Hessisches Vergabe- und Tariftreuegesetz (HVTG)

Vom 19. Dezember 2014

(GVBl. S. 354)

FFN 360-22

geänd. durch Art. 10a Elftes G zur Verlängerung der Geltungsdauer und Änd. von Rechtsvorschriften
v. 5.10.2017 (GVBl. S. 294)

Inhaltsübersicht

Erster Teil. Allgemeine Vorschriften

§ 1 Anwendungsbereich. (1) Dieses Gesetz gilt für die Vergabe und Ausführung öffentlicher Aufträge des Landes Hessen sowie der Gemeinden und Gemeindeverbände und ihrer Eigenbetriebe, ihrer Anstalten des öffentlichen Rechts nach § 2c des Hessischen OFFENSIV-Gesetzes vom 20. Dezember 2004 (GVBl. I S. 488, 491), zuletzt geändert durch Gesetz vom 23. Juli 2015 (GVBl. S. 318), sowie kommunale Arbeitsgemeinschaften und Zweckverbände (öffentliche Auftraggeber) und von Auftraggebern im öffentlichen Personennahverkehr nach Abs. 2 (Besteller).

(2) Auftraggeber im öffentlichen Personennahverkehr sind

1. die Aufgabenträger nach § 5 Abs. 1 Satz 1 des Gesetzes über den öffentlichen Personennahverkehr in Hessen vom 1. Dezember 2005 (GVBl. I S. 786), zuletzt geändert durch Gesetz vom 29. November 2012 (GVBl. S. 466),

2. die kreisangehörigen Gemeinden nach § 5 Abs. 3 Satz 1 des Gesetzes über den öffentlichen Personennahverkehr in Hessen, die keine Aufgabenträger sind, aber nach § 14 des Gesetzes über den öffentlichen Personennahverkehr in Hessen freiwillig Aufgaben des öffentlichen Personennahverkehrs in eigener Verantwortung wahrnehmen,

3. die Aufgabenträgerorganisationen nach § 2 Abs. 6 des Gesetzes über den öffentlichen Personennahverkehr in Hessen.

(3) Soweit nach diesem Gesetz Verpflichtungen bei der Angebotsabgabe und Durchführung von Leistungen nach Maßgabe des Gesetzes über den öffentlichen Personennahverkehr in Hessen begründet werden, gelten diese auch für selbst erbrachte Leistungen im öffentlichen Personennahverkehr und bei Direktvergaben nach Art. 5 Abs. 2, 4 und 6 sowie für wettbewerbliche Vergabeverfahren nach Art. 5 Abs. 3 der Verordnung (EG) Nr. 1370/2007[1]) des Europäischen Parlaments und des Rates vom 23. Oktober 2007 über öffentliche Personenverkehrsdienste auf Schiene und Straße und zur Aufhebung der Verordnungen (EWG) Nr. 1191/69 und (EWG) Nr. 1107/70 des Rates (ABl. EU Nr. L 315, S. 1).

(4) Für Vergaben von Bestellern nach Abs. 2 gelten nur Abs. 3 und die §§ 4 bis 9, 18 sowie 22.

(5) [1] Der Schwellenwert für Aufträge, ab welchem die Vergabeverfahren von diesem Gesetz erfasst werden, beträgt 10 000 Euro ohne Umsatzsteuer. [2] Werden die Schwellenwerte für die Vergabe von Aufträgen nach § 106 Abs. 1 Satz 1 des Gesetzes gegen Wettbewerbsbeschränkungen[2]) in der Fassung der Bekanntmachung vom 26. Juni 2013 (BGBl. I S. 1750, 3245), zuletzt geändert durch Gesetz vom 27. August 2017 (BGBl. I S. 3295), erreicht oder überschritten, finden § 10 Abs. 1 bis 6, § 11 Abs. 2 und 3 sowie die §§ 15 und 20 keine Anwendung.

(6) [1] Liegt der Schwellenwert eines Auftrags unterhalb von 10 000 Euro, sind die in den §§ 4 und 6 genannten Verpflichtungen bezüglich Tariftreue und Mindestlohn einzuhalten. [2] Auf die entsprechenden Nachweise kann verzichtet werden. [3] Die Vergabe und Ausführung öffentlicher Aufträge unterhalb von 10 000 Euro können unbeschadet des Haushaltsrechtes durch Verwaltungsvorschrift gesondert geregelt werden.

(7) Diesem Gesetz entgegenstehende Vorgaben für Vergabeverfahren nach dem Recht der Europäischen Union, nach Bundesrecht sowie für im Auftrag des Bundes, der Stationierungsstreitkräfte sowie internationaler und supranationaler Stellen durchzuführende Vergabeverfahren bleiben unberührt.

(8) Die durch Verwaltungsvorschriften zum Haushaltsrecht des Landes und Bekanntmachungen nach dem Gemeindehaushaltsrecht eingeführten Ausführungsvorschriften und Vergabe- und Vertragsordnungen, Teil A, Abschnitt 1, bleiben unberührt, soweit deren Vorschriften diesem Gesetz nicht widersprechen.

§ 2 Allgemeine Grundsätze, Verfahren. (1) [1] Öffentliche Aufträge sind in transparenten und wettbewerblich fairen Verfahren durchzuführen. [2] Sie sind nur an fachkundige, leistungsfähige, gesetzestreue und zuverlässige (geeignete)

---

[1]) Nr. 7.
[2]) Nr. 1.

Unternehmen zu angemessenen Preisen in nicht diskriminierenden, gleichbehandelnden Verfahren zu vergeben.

(2) [1]Bei den Beschaffungen des Landes sind grundsätzlich die Aspekte einer nachhaltigen Entwicklung in Bezug auf den Beschaffungsgegenstand und dessen Auswirkungen auf das ökologische, soziale und wirtschaftliche Gefüge zu berücksichtigen. [2]Die Gemeinden und Gemeindeverbände und ihre Eigenbetriebe können eine nachhaltige Entwicklung bei ihren Beschaffungsmaßnahmen und die dazu erlassenen Richtlinien berücksichtigen.

(3) [1]Den Unternehmen steht es frei, sich an Teilnahmewettbewerben, Interessenbekundungsverfahren oder Vergabeverfahren zu beteiligen. [2]Eine Nichtbeteiligung trotz Aufforderung zur Abgabe einer Bewerbung oder eines Angebots rechtfertigt keine Nichtberücksichtigung bei weiteren Vergabeverfahren.

(4) Die Bevorzugung ortsansässiger oder in der Region ansässiger Unternehmen ist unzulässig.

(5) Die Berechnung der Auftragswerte bestimmt sich in allen Vergabeverfahren nach § 3 der Vergabeverordnung[1]) vom 12. April 2016 (BGBl. I S. 624), geändert durch Gesetz vom 18. Juli 2017 (BGBl. I S. 2745), in der jeweils geltenden Fassung und erfolgt ohne Berücksichtigung der Umsatzsteuer.

(6) [1]Die Vergabeverfahren sind fortlaufend und vollständig zu dokumentieren. [2]Entscheidungen sind zu begründen. [3]Die Berücksichtigung mittelständischer Interessen ist besonders aktenkundig zu machen.

§ 3 Soziale, ökologische und innovative Anforderungen, Nachhaltigkeit. (1) [1]Den öffentlichen Auftraggebern steht es bei der Auftragsvergabe frei, soziale, ökologische, umweltbezogene und innovative Anforderungen zu berücksichtigen, wenn diese mit dem Auftragsgegenstand in Verbindung stehen oder Aspekte des Produktionsprozesses betreffen und sich aus der Leistungsbeschreibung ergeben. [2]Diese Anforderungen sowie alle anderen Zuschlagskriterien und deren Gewichtung müssen in der Bekanntmachung und in den Vergabeunterlagen genannt werden.

(2) Als soziale, ökologische, umweltbezogene und innovative Anforderungen im Sinne des Abs. 1 können von den Unternehmen gefordert werden:

1. die Berücksichtigung der Erstausbildung,
2. die Berücksichtigung der Chancengleichheit bei Aus- und Fortbildung sowie im beruflichen Aufstieg,
3. die Beschäftigung von Langzeitarbeitslosen,
4. die besondere Förderung von Frauen,
5. die besondere Förderung der Vereinbarkeit von Familie und Beruf,
6. die besondere Förderung von Menschen mit Behinderung,
7. die Verwendung von fair gehandelten Produkten,
8. ökologisch nachhaltige Produkte und
9. innovativ orientierte Produkte und Dienstleistungen.

(3) Als ökologische Anforderungen im Sinne des Abs. 2 Nr. 7 und 8 kann die Einhaltung von Bedingungen bezüglich des Umweltmanagements und bezüglich der Umwelteigenschaften der zu beschaffenden Bauleistungen, Lieferungen oder Dienstleistungen gefordert werden, wenn

---

[1]) Nr. 2.

1. das Umweltmanagement nach dem europäischen Umweltmanagement (EMAS) oder vergleichbaren, von den Mitgliedstaaten der Europäischen Union anzuerkennenden Normen oder Umweltmanagementsystemen zertifiziert ist,

2. die zu beschaffenden Bauleistungen, Lieferungen oder Dienstleistungen mit geeigneten Umweltgütezeichen ausgezeichnet sind (Umwelteigenschaft).

(4) Geeignet sind Gütezeichen im Sinne des Abs. 3 Nr. 2,

1. die lediglich Kriterien betreffen, die mit dem Auftragsgegenstand in Verbindung stehen,

2. die auf objektiv nachprüfbaren und nicht diskriminierenden Kriterien basieren,

3. die im Rahmen eines offenen und transparenten Verfahrens eingeführt wurden, an dem alle relevanten interessierten Kreise teilnehmen durften,

4. die für alle Betroffenen zugänglich sind und

5. deren Anforderungen von einem Dritten festgelegt wurden, auf den das Unternehmen, welches das Gütezeichen beantragt, keinen maßgeblichen Einfluss ausüben konnte.

(5) Andere Gütezeichen oder Nachweise, die bestätigen, dass die Bauleistungen, Lieferungen oder Dienstleistungen die Anforderungen des geforderten Gütezeichens erfüllen, sind dem Gütezeichen gleichgestellt.

(6) Hatte ein Unternehmen aus Gründen, die ihm nicht angelastet werden können, nachweislich keine Möglichkeit, das vom öffentlichen Auftraggeber oder Besteller angegebene oder ein gleichwertiges Gütezeichen innerhalb der einschlägigen Fristen zu erlangen, so muss der öffentliche Auftraggeber oder Besteller andere geeignete Nachweise akzeptieren, zu denen auch ein technisches Dossier des Herstellers gehören kann, sofern das betreffende Unternehmen nachweist, dass die von ihm zu erbringenden Bauleistungen, Lieferungen oder Dienstleistungen die Anforderungen des spezifischen Gütezeichens oder die vom öffentlichen Auftraggeber oder Besteller angegebenen spezifischen Anforderungen erfüllen.

Zweiter Teil. Tariftreue, Mindestengelte

§ 4 Tariftreuepflicht. (1) [1] Unternehmen sind verpflichtet, die für sie geltenden gesetzlichen, aufgrund eines Gesetzes festgesetzten und unmittelbar geltenden tarifvertraglichen Leistungen zu gewähren. [2] Liegen Anhaltspunkte dafür vor, dass gegen diese Regelung verstoßen wird, ist auf Anforderung dem öffentlichen Auftraggeber oder dem Besteller die Einhaltung dieser Verpflichtung nachzuweisen.

(2) Leistungen, die vom Arbeitnehmer-Entsendegesetz vom 20. April 2009 (BGBl. I S. 799), zuletzt geändert durch Gesetz vom 18. Juli 2017 (BGBl. I S. 2739), erfasst werden, dürfen insbesondere nur an Unternehmen vergeben werden, die sich bei Angebotsabgabe in Textform verpflichten, ihren Beschäftigten bei der Ausführung der Leistung diejenigen Arbeitsbedingungen einschließlich des Entgelts zu gewähren, die nach Art und Höhe mindestens den Vorgaben desjenigen Tarifvertrages entsprechen, an den das Unternehmen aufgrund des Arbeitnehmer-Entsendegesetzes gebunden ist.

(3) Leistungen, die von dem Mindestlohngesetz vom 11. August 2014 (BGBl. I S. 1348), zuletzt geändert durch Gesetz vom 18. Juli 2017 (BGBl. I S. 2739), erfasst werden, dürfen nur an Unternehmen vergeben werden, die sich bei Angebotsabgabe in Textform verpflichten, ihren Beschäftigten bei der Ausführung der Leistung ein Entgelt zu zahlen, das den Vorgaben des Mindestlohngesetzes entspricht.

(4) Öffentliche Aufträge über Verkehrsdienstleistungen und freigestellte Schülerverkehre von Bestellern nach § 1 Abs. 2 dürfen nur an Unternehmen vergeben werden, die sich bei der Angebotsabgabe in Textform verpflichten,

1. ihren Beschäftigten (ohne Auszubildende) das bei Angebotsabgabe maßgebliche Entgelt zu zahlen, das insgesamt mindestens dem in Hessen für diese Leistungen in einem der einschlägigen und repräsentativen mit einer tariffähigen Gewerkschaft vereinbarten Tarifverträge vorgesehenen Entgelt nach den tarifvertraglich festgelegten Vorschriften, einschließlich der Aufwendungen für die Altersversorgung und der für entgeltrelevant erklärten Bestandteile dieser Tarifverträge, entspricht, und

2. während der Ausführung der Leistung Erhöhungen der Entgelte und der entgeltrelevanten Bestandteile entsprechend dem Tarifvertrag nach Nr. 1 vorzunehmen.

(5) Bei Ausschreibungen von Verkehrsdienstleistungen, die die Grenze des Landes Hessen überschreiten, können die Tarifverträge nach Abs. 4 Nr. 1 oder vergleichbare Tarifverträge des betroffenen Landes zugrunde gelegt werden.

(6) [1] Das für das Tarifwesen zuständige Ministerium gibt im Einvernehmen mit dem für den öffentlichen Personennahverkehr zuständigen Ministerium die nach Abs. 4 und 5 anzuwendenden Tarifverträge sowie die für entgeltrelevant erklärten Bestandteile dieser Tarifverträge bekannt. [2] Die anzuwendenden Tarifverträge und Lohnzuschläge sind im Staatsanzeiger für das Land Hessen und der Hessischen Ausschreibungsdatenbank (HAD) bekannt zu machen. [3] Soweit der vollständige maßgebliche Text anderweitig in elektronischer Form allgemein zugänglich ist, ist ein Hinweis mit der Angabe der Internetseite zugelassen.

(7) [1] Die Feststellung der nach Abs. 4 bis 6 maßgeblichen Tarifverträge und deren entgeltrelevanter Bestandteile erfolgt durch den bei dem für das Tarifwesen zuständigen Ministerium einzurichtenden Beirat. [2] Das für das Tarifwesen zuständige Ministerium kann im Einvernehmen mit dem für den öffentlichen Personenverkehr zuständigen Ministerium durch Rechtsverordnung das Nähere über die Mitglieder, die Bestellung, die Amtsdauer, Amtsführung, das Verfahren und die Geschäftsführung des Beirats bestimmen. [3] Die nach Satz 1 festgestellten Tarifverträge und deren entgeltrelevanten Bestandteile sind von den Bestellern bei der Bekanntmachung vorzugeben. [4] Bei mehreren festgestellten Tarifverträgen darf die Wahlmöglichkeit des sich bewerbenden Unternehmens durch den Besteller nicht beschränkt werden.

§ 5 Betreiberwechsel. Wird in einem Vergabeverfahren im Bereich des öffentlichen Personennahverkehrs ein anderes Unternehmen (Betreiber) als das bisherige beauftragt und will der Besteller auf der Grundlage von Art. 4 Abs. 5 der Verordnung (EG) Nr. 1370/2007[1] – unbeschadet des § 613a des Bürgerlichen Gesetzbuches – den neuen Betreiber verpflichten, die Beschäftigten, die

---

[1] Nr. 7.

zuvor zur Erbringung der Dienste eingestellt worden waren, zu den bisherigen Arbeitsbedingungen zu übernehmen, ist der frühere Betreiber verpflichtet, dem Besteller auf Anforderung innerhalb von sechs Wochen in Textform Informationen zur Verfügung zu stellen, aus denen sich die Bedingungen der Beschäftigungsverhältnisse ergeben.

§ 6 Mindestentgelt. [1] Bewerber und Bieter haben die Einhaltung der nach Bundesrecht oder aufgrund von Bundesrecht für sie geltenden Regelungen von besonders festgesetzten Mindestentgelten (Mindestlohn) als Mindeststandard bei der Bewerbung und im Angebot in Textform besonders zu erklären. [2] Die Erklärung nach Satz 1 kann entfallen, soweit sie in einem Präqualifikationsregister hinterlegt ist. [3] Diese Erklärung ist auch von Nachunternehmen und Verleihunternehmen in Textform abzugeben. [4] Satz 1 gilt nicht, soweit nach § 4 Tariftreue gefordert werden kann und die danach maßgebliche tarifliche Regelung für die Beschäftigten günstiger ist als die für sie nach Bundesrecht geltenden Bestimmungen.

§ 7 Tariftreue- und sonstige Verpflichtungserklärungen. (1) [1] Die öffentlichen Auftraggeber oder Besteller weisen in der Bekanntmachung und in den Vergabeunterlagen darauf hin, dass die Bieter sowie deren Nachunternehmen und Verleihunternehmen (§ 8 Abs. 1), soweit diese bereits bei Angebotsabgabe bekannt sind, die erforderlichen Verpflichtungserklärungen nach § 4 Abs. 1 bis 5 (Tariftreueerklärung), § 6 (Mindestentgelterklärung) und § 8 Abs. 2 abzugeben haben. [2] § 13 ist zu beachten.

(2) [1] In der HAD werden Muster für die Abgabe der Tariftreue- und sonstigen Verpflichtungserklärungen bekannt gegeben. [2] Diese sind zu verwenden. [3] Die Gemeinden und Gemeindeverbände und ihre Eigenbetriebe und die Besteller können diese Muster verwenden.

(3) Fehlt eine nach Abs. 1 geforderte Tariftreue- oder sonstige Verpflichtungserklärung bei Angebotsabgabe und wird sie auch nach Aufforderung des öffentlichen Auftraggebers oder Bestellers nicht innerhalb einer von diesem zu bestimmenden angemessenen Frist vorgelegt, so ist das Angebot von der weiteren Wertung auszuschließen.

§ 8 Nachunternehmen, Verleihunternehmen. (1) Die Unternehmen haben ihre Nachunternehmen sowie Unternehmen, die ihnen Arbeitskräfte überlassen (Verleihunternehmen), sorgfältig auszuwählen.

(2) [1] Für den Fall der Ausführung vertraglich übernommener Leistungen durch Nachunternehmen hat sich das Unternehmen zu verpflichten, die Erfüllung der Verpflichtungen nach den §§ 4 und 6 durch die Nachunternehmen sicherzustellen und dem öffentlichen Auftraggeber Tariftreue- und sonstige Verpflichtungs- sowie Mindestentgelterklärungen der Nachunternehmen nach Auftragserteilung, spätestens vor Beginn der Ausführung der Leistung durch das Nachunternehmen, vorzulegen. [2] Gleiches gilt, wenn das Unternehmen oder ein beauftragtes Nachunternehmen zur Ausführung des Auftrags Arbeitskräfte eines Verleihunternehmens einsetzt. [3] Satz 1 und 2 gelten entsprechend für alle weiteren Nachunternehmen und Verleihunternehmen. [4] Auf die Verpflichtung zur Vorlage von Tariftreue- und sonstige Verpflichtungs- sowie Mindestentgelterklärungen kann verzichtet werden, wenn das Auftragsvolumen eines Nachunternehmens oder Verleihunternehmens weniger als 10 000 Euro ohne Umsatzsteuer beträgt.

(3) ¹Nachunternehmen und Verleihunternehmen haben die für sie geltenden Pflichten nach Abs. 2 in eigener Verantwortung zu erfüllen. ²Bei Verstößen ist der öffentliche Auftraggeber oder Besteller berechtigt, unbeschadet anderer Rechte nach Maßgabe des § 18 zu verfahren.

§ 9 Nachweise und Kontrollen. (1) ¹Die beauftragten Unternehmen sowie ihre Nachunternehmen und Verleihunternehmen sind verpflichtet, dem öffentlichen Auftraggeber oder dem Besteller die Einhaltung der Verpflichtungen nach den §§ 4 und 6 auf dessen Verlangen jederzeit nachzuweisen. ²Die öffentlichen Auftraggeber oder Besteller dürfen zu diesem Zweck angekündigt oder unangekündigt in erforderlichem Umfang anlassbezogen Einsicht in die Entgeltabrechnungen und anderen Geschäftsunterlagen der beauftragten Unternehmen sowie aller weiteren Nachunternehmen und Verleihunternehmen nehmen, aus denen Umfang, Art und Dauer von Beschäftigungsverhältnissen sowie die tatsächliche Entlohnung von Beschäftigten hervorgehen oder abgeleitet werden können. ³Die öffentlichen Auftraggeber oder Besteller können hierzu auch Auskunft verlangen. ⁴Die beauftragten Unternehmen sowie alle Nachunternehmen und Verleihunternehmen haben ihre Beschäftigten auf die Möglichkeit solcher Kontrollen hinzuweisen. ⁵Die öffentlichen Auftraggeber oder Besteller verpflichten den Auftragnehmer vertraglich, ihnen ein entsprechendes Auskunfts- und Prüfungsrecht auch bei der Beauftragung von Nachunternehmen und Verleihunternehmen einräumen zu lassen.

(2) ¹Die beauftragten Unternehmen sowie alle Nachunternehmen und Verleihunternehmen haben vollständige und prüffähige Unterlagen nach Abs. 1 über die eingesetzten Beschäftigten bereitzuhalten. ²Auf Verlangen des öffentlichen Auftraggebers oder des Bestellers sind ihm diese Unterlagen vorzulegen und als Kopie oder elektronisch zur Verfügung zu stellen. ³Die öffentlichen Auftraggeber oder Besteller verpflichten den Auftragnehmer vertraglich, die Einhaltung dieser Pflicht durch alle beauftragten Nachunternehmen und Verleihunternehmen vertraglich sicherzustellen. ⁴Der öffentliche Auftraggeber oder Besteller darf die ihm als Kopie oder elektronisch zur Verfügung gestellten Unterlagen nur zu dem Zweck nach Abs. 1 nutzen; er darf sie höchstens bis zu einem Jahr nach Erfüllung des Vertrags mit dem beauftragten Unternehmen aufbewahren.

(3) Die Bestimmungen der Abs. 1 und 2 sind in die Vertragsbedingungen aufzunehmen.

Dritter Teil. Verfahren

§ 10 Vergabearten. (1) Beschaffungen unterhalb der nach § 106 Abs. 1 Satz 1 des Gesetzes gegen Wettbewerbsbeschränkungen¹⁾ festgelegten Schwellenwerte werden in Öffentlicher Ausschreibung oder in Beschränkter Ausschreibung oder Freihändiger Vergabe mit und ohne Interessenbekundungsverfahren durchgeführt.

(2) ¹Die Vergabe von Aufträgen erfolgt in Öffentlicher Ausschreibung. ²Soweit die Auftragswerte nicht die in § 15 genannten Vergabefreigrenzen erreichen oder überschreiten, oder in begründeten Ausnahmefällen ist eine Beschränkte Ausschreibung oder eine Freihändige Vergabe zulässig. ³Satz 1 gilt

---

¹⁾ Nr. 1.

nicht für Aufträge nach § 1 der Sektorenverordnung[1] vom 12. April 2016 (BGBl. I S. 624, 657), geändert durch Gesetz vom 18. Juli 2017 (BGBl. I S. 2745).

(3) [1] Bei Öffentlicher Ausschreibung wird eine unbeschränkte Anzahl von Unternehmen öffentlich und bei Beschränkter Ausschreibung werden zuvor ausgewählte geeignete Unternehmen zur Abgabe von bindenden Angeboten nach Maßgabe einer Leistungsbeschreibung aufgefordert. [2] Bei Freihändiger Vergabe werden mit mehreren oder wird in besonderen Ausnahmefällen nur mit einem geeigneten Unternehmen über den Gegenstand und die Bedingungen des Auftrags verhandelt.

(4) [1] Interessenbekundungsverfahren sind vereinfachte Teilnahmewettbewerbe zur Auswahl von Bewerbern bei Beschränkter Ausschreibung und Freihändiger Vergabe. [2] Hierzu sind Unternehmen aufzufordern, sich nach Maßgabe der in der Bekanntmachung veröffentlichten Bedingungen um die Berücksichtigung bei der Auswahl der aufzufordernden Unternehmen im Vergabeverfahren formlos zu bewerben. [3] Förmliche Teilnahmewettbewerbe bleiben davon unberührt.

(5) [1] Vor Beschränkter Ausschreibung und Freihändiger Vergabe ist ein Interessenbekundungsverfahren ab einem geschätzten Auftragswert bei

1. Bauleistungen ab 100 000 Euro je Gewerk (Fachlos),
2. Lieferungen ab 50 000 Euro je Auftrag,
3. und Dienstleistungen ab 50 000 Euro je Auftrag

durchzuführen. [2] Werden mehrere Gewerke (Fachlose) ausnahmsweise nach § 12 Abs. 1 Satz 3 zusammengefasst, erhöht sich der in Satz 1 Nr. 1 genannte Wert nicht. [3] Satz 1 Nr. 3 gilt nicht bei Rechtsdienstleistungen. [4] Von einem Interessenbekundungsverfahren kann abgesehen werden, wenn

1. die Lieferung oder Leistung aus technischen oder künstlerischen Gründen oder aufgrund des Schutzes von Ausschließlichkeitsrechten nur von einem bestimmten Unternehmen ausgeführt werden kann oder
2. wegen der Dringlichkeit der Lieferung oder Leistung aus zwingenden Gründen infolge von Ereignissen, die der öffentliche Auftraggeber nicht verursacht hat und nicht voraussehen konnte, die Durchführung des Interessenbekundungsverfahrens unzweckmäßig ist oder
3. es aus Gründen der Geheimhaltung erforderlich ist.

(6) [1] Beschaffungsmaßnahmen für innovative Produkte und Leistungen, für die vertragliche Spezifikationen nicht hinreichend genau festgelegt werden können, sollen im Rahmen einer Freihändigen Vergabe EU-weit bekannt gemacht werden. [2] Die Verpflichtung nach § 11 Abs. 1 bleibt unberührt.

(7) Die Durchführung der Vergabearten bestimmt sich im Übrigen unbeschadet des Rechts der Europäischen Union und der §§ 97 ff. des Gesetzes gegen Wettbewerbsbeschränkungen[2] eigenständig nach den für die öffentlichen Auftraggeber nach Haushaltsrecht eingeführten Vergabevorschriften.

(8) [1] Das für das öffentliche Auftragswesen zuständige Ministerium erarbeitet im Einvernehmen mit dem für das Haushaltswesen zuständigen Ministerium und dem für kommunale Angelegenheiten zuständigen Ministerium einheitli-

---

[1] Nr. 3.
[2] Nr. 1.

che Muster für Vergabeverfahren. [2]Die Muster sind vor der verbindlichen Einführung für die Beschaffungsstellen des Landes mit den übrigen Ressorts zu erörtern. [3]Den Gemeinden und Gemeindeverbänden wird die Einführung der Muster empfohlen.

§ 11 Bekanntmachung, Wettbewerb. (1) [1]Alle nationalen und EU-weiten Bekanntmachungen im Rahmen von Vergaben öffentlicher Aufträge nach dem Recht der Europäischen Union und Ausschreibungen nach § 9 des Gesetzes über den öffentlichen Personennahverkehr sind in der HAD zu veröffentlichen (Pflichtbekanntmachung). [2]Die Veröffentlichung und Einsichtnahme in die Bekanntmachungen sind kostenfrei. [3]Eine weitere Bekanntmachung in anderen Medien bleibt unberührt.

(2) [1]Wenn kein Teilnahmewettbewerb durchgeführt wird, ist zur Beschränkten Ausschreibung und Freihändigen Vergabe nur zuzulassen, wessen Eignung vorab festgestellt wurde. [2]Geeignet ist, wer die allgemeinen Anforderungen nach § 2 Abs. 1 und besonders aufgestellte auftragsbezogene Anforderungen erfüllt.

(3) [1]Wenn kein Teilnahmewettbewerb durchgeführt wird, soll bei Beschränkter Ausschreibung und Freihändiger Vergabe die Aufforderung zur Angebotsabgabe nicht auf ein oder immer dieselben Unternehmen beschränkt werden, sondern es ist unter mehreren geeigneten Unternehmen zu streuen. [2]Es sind mindestens fünf geeignete Unternehmen zur Angebotsabgabe aufzufordern; dabei sollen mindestens zwei Unternehmen, bei weniger als vier geeigneten Unternehmen soll möglichst ein Unternehmen nicht am Ort der Ausführung der Beschaffung ansässig sein. [3]Soweit Unternehmen vom öffentlichen Auftraggeber oder vom Besteller bereits ausgewählt sind, sich am Vergabeverfahren zu beteiligen, ist die Anzahl der ausgewählten Unternehmen, nicht aber deren Name und deren Betriebssitz in der Bekanntmachung anzugeben.

§ 12 Fördergrundsätze. (1) [1]Die Interessen der Unternehmen, die nach § 2 Abs. 1 des Hessischen Mittelstandsförderungsgesetzes vom 25. März 2013 (GVBl. S. 119) zur mittelständischen Wirtschaft zählen, sind bei der Angebotsaufforderung vornehmlich zu berücksichtigen. [2]Leistungen sollen primär in Losen, in der Menge aufgeteilt (Teillose) und/oder getrennt nach Art oder Fachgebiet (Fachlose), eigenständig ausgeschrieben und vergeben werden. [3]Lose dürfen in einem Vergabeverfahren nur zusammengefasst werden, soweit wirtschaftliche oder technische Gründe das erfordern. [4]Ausreichende Bewerbungs- und Angebotsfristen sind zu gewähren.

(2) [1]Bieter- und Bewerbergemeinschaften sind zuzulassen, es sei denn, wettbewerbsbeschränkende Gründe stehen dem entgegen. [2]Die Bildung von Bieter- und Bewerbergemeinschaften darf nicht durch Verfahrens- und Vertragsbedingungen behindert werden.

(3) [1]Bietergemeinschaften haben in den Angeboten die Mitglieder sowie eines ihrer Mitglieder als bevollmächtigte Vertreterin oder bevollmächtigten Vertreter für den Abschluss und die Durchführung des Vertrages zu benennen. [2]Fehlen diese Angaben im Angebot, sind sie vor dem Zuschlag beizubringen.

(4) Hauptauftragnehmer sind verpflichtet, auf Verlangen des öffentlichen Auftraggebers oder des Bestellers im Angebot oder spätestens vor Beginn der Auftragsausführung die geeigneten Nachunternehmen und Verleihunterneh-

men zu benennen und die Zustimmung des öffentlichen Auftraggebers oder Bestellers einzuholen.

§ 13 Nachweis der Eignung, Präqualifikation. (1) [1] Eignungsnachweise der Unternehmen dürfen nur gefordert werden, soweit dies durch den Gegenstand des Auftrags gerechtfertigt ist und sie in der Bekanntmachung und den Vergabeunterlagen bezeichnet sind. [2] Eigenerklärungen sind grundsätzlich ausreichend. [3] Eignungsnachweise sind auf begründete Einzelfälle zu beschränken; die Gründe sind aktenkundig zu machen. [4] Die Nachweise können in Textform erbracht werden. [5] Die Möglichkeit, vor Auftragserteilung in Textform ausgestellte Nachweise von den ausgewählten Bietern zu verlangen, kann in den Vergabeunterlagen vorbehalten werden, soweit sie im Einzelnen benannt sind.

(2) [1] Sind zu der Eigenschaft als mittleres oder kleines Unternehmen oder als Kleinstunternehmen nach § 2 Abs. 1 des Hessischen Mittelstandsförderungsgesetzes oder zu der Eignung als auftragnehmendes Unternehmen Nachweise zu führen und sind diese

1. in einem anerkannten Register eines Mitgliedstaates der Europäischen Union oder eines nach dem Recht der Europäischen Union gleichgestellten Vertragsstaates oder

2. in einem Präqualifikationsregister der Auftragsberatungsstelle Hessen e.V., der DIHK Service GmbH, des Vereins für Präqualifikation von Bauunternehmen e.V. oder vergleichbarer Stellen oder

3. in einem anderen Bundesland oder bei einem öffentlichen Auftraggeber nach § 100 des Gesetzes gegen Wettbewerbsbeschränkungen[1)] zugänglichen Register

hinterlegt und nicht älter als ein Jahr, genügt ein Nachweis aus solchen Registern. [2] Soweit Nachweise nach diesem Absatz in dem zugelassenen Register nicht enthalten sind, kann der Nachweis gesondert einzeln oder nach einem anderen Register geführt werden.

§ 14 Öffentlich-private Partnerschaften. (1) [1] Vergaben in öffentlich-privater Partnerschaft sind nur bei einem nachgewiesenen Wirtschaftlichkeitsvorteil für das Land zulässig. [2] Das gilt auch für die Gemeinden und Gemeindeverbände und ihre Eigenbetriebe nach Maßgabe deren Haushaltsrechts. [3] Vergaben in öffentlich-privater Partnerschaft sind so zu planen, dass mittelständische Unternehmen sich an dem Projekt beteiligen können. [4] Die Zusammenfassung selbstständiger Objekte ist unzulässig, es sei denn, Gründe der Wirtschaftlichkeit erfordern eine Zusammenfassung.

(2) Die Möglichkeiten einer eigenständigen Vergabe städtebaulicher Leistungen und von Architekturleistungen sowie die Beteiligung mittelständischer Unternehmen sind vor Einleitung des Vergabeverfahrens zu prüfen.

(3) [1] Zuzulassen ist, dass mittelständische Unternehmen aus der Projekt- oder Betriebsgesellschaft ausscheiden können. [2] Die Gründe, warum ein vorzeitiges Ausscheiden nicht möglich ist, sind in den Vergabeunterlagen anzugeben.

(4) [1] Zulässig ist die Veräußerung von Vergütungsforderungen des Auftragnehmers gegen den öffentlichen Auftraggeber oder Besteller. [2] Der öffentliche Auftraggeber oder Besteller kann auf Verlangen entweder einen Verzicht auf die

---

[1)] Nr. 1.

Geltendmachung von Einreden wegen Nichterfüllung erklären oder ein schuldbestätigendes oder selbstständiges Anerkenntnis gegenüber dem Erwerber der Forderung abgeben und hat dann das vereinbarte Entgelt bedingungslos an den Erwerber der Forderung zu zahlen.

(5) Für die nach Haushaltsrecht durchzuführende Wirtschaftlichkeitsuntersuchung (Wirtschaftlichkeitsberechnung) sind insbesondere

1. Beschaffungs-, Investitions- und Finanzierungskosten,
2. Jahresmiete, Betriebskosten, Unterhaltungskosten,
3. sonstige Kosten der Nutzungszeit und deren Beendigung und
4. Kosten technischer und städtebaulicher Leistungen sowie der Architektur

auszuweisen.

(6) Bei der Wertung der Angebote ist als weiteres Bewertungskriterium die regionale Wertschöpfung durch die Beteiligung mittelständischer Unternehmen in den Vergabeunterlagen abzufragen und bei der Wertung angemessen zu gewichten.

(7) ¹Das für das Haushaltswesen zuständige Ministerium hat für die Wirtschaftlichkeitsberechnung nach Abs. 5 einheitliche Standards und Rechenmodelle bekannt zu geben, die für Landesbehörden verbindlich sind. ²Für kommunale Projekte können diese Standards und Rechenmodelle entsprechend angewendet werden.

§ 15 Vergabefreigrenzen. (1) ¹Eine Beschränkte Ausschreibung oder Freihändige Vergabe ist ohne Vorliegen der nach den Vergabe- und Vertragsordnungen dafür erforderlichen Voraussetzungen zulässig, wenn folgende Auftragswerte (Vergabefreigrenzen) nicht erreicht werden:

1. Bauleistungen je Gewerk (Fachlos):
   a) bei Beschränkter Ausschreibung 1 Million Euro,
   b) bei Freihändiger Vergabe 100 000 Euro,
2. Lieferungen und Leistungen je Auftrag:
   a) bei Beschränkter Ausschreibung 207 000 Euro,
   b) bei Freihändiger Vergabe 100 000 Euro,

soweit das Recht der Europäischen Union dem nicht entgegensteht. ²Werden mehrere Gewerke (Fachlose) ausnahmsweise nach § 12 Abs. 1 Satz 3 zusammengefasst, erhöhen sich die in Satz 1 Nr. 1 genannten Werte nicht.

(2) Zur Vermeidung und Verfolgung gesetzwidriger Praktiken bei Vergabeverfahren nach Abs. 1 sind eine sorgfältige Überwachung durchzuführen und eine ausführliche und nachvollziehbare Dokumentation vorzunehmen, die mindestens die folgenden Angaben enthält:

1. Bedarfs- und Beschaffungsstelle,
2. Auftrag,
3. Vergabeart,
4. aufgeforderte Bewerber und Bieter (Name, Firma, Ort),
5. Auftragnehmer (Name, Firma, Ort) mit Begründung der Zuschlagsentscheidung,
6. alle Angebote,
7. Übersicht aller nachgerechneten Angebotspreise (Preisspiegel),
8. abgeschlossener Vertragspreis,

9. abgerechnetes Entgelt einschließlich Nachträge,
10. die für das Vergabeverfahren, die Vergabeentscheidung und Abnahme zuständige Person oder zuständigen Personen.

(3) [1] Bei der Vergabe eines Auftrags ab einem Auftragswert von 15 000 Euro ohne Umsatzsteuer gibt der öffentliche Auftraggeber oder Besteller bei Beschränkten Ausschreibungen ohne Interessenbekundungsverfahren und bei Freihändigen Vergaben ohne Interessenbekundungsverfahren für drei Monate seinen Namen und Anschrift, den Namen des Auftragnehmers, den Auftragsgegenstand und bei Bauleistungen den Ort der Ausführung in der HAD bekannt. [2] Dies gilt nicht bei Vergabeverfahren, die der Geheimhaltung unterliegen. [3] Soweit es sich bei dem beauftragten Unternehmen um eine natürliche Person handelt, ist deren Einwilligung einzuholen oder die Angabe des Namens zu anonymisieren.

(4) [1] Die Beschaffung und anschließende Auftragsausführung sollen durch eine von der Vergabestelle unabhängige Stelle wenigstens stichprobenweise kontrolliert und ausführlich dokumentiert werden. [2] Andere geeignete Kontrollverfahren bleiben freigestellt. [3] Alle Nachweise nach Abs. 2 und der Kontrollmaßnahmen sind mindestens zehn Jahre nach Abschluss der Beschaffung aufzubewahren, um eine nachträgliche Prüfung zu ermöglichen. [4] Personenbezogene Daten sind danach zu löschen.

§ 16 Urkalkulation, Zwei-Umschlagsverfahren. (1) [1] Bei einem geschätzten Auftragswert für

1. Bauleistungen ab 50 000 Euro,
2. Lieferungen und Leistungen ab 20 000 Euro

sind Bieter mit einem auffällig niedrigen Angebot, welches den Zuschlag erhalten soll, aufzufordern, in einem gesonderten verschlossenen Umschlag die Urkalkulation des Angebots einzureichen. [2] Dieser Umschlag darf nur zur Ermittlung der Angemessenheit eines auffällig niedrigen Angebots in Anwesenheit des Bieters oder Auftragnehmers geöffnet werden. [3] Die Daten sind vertraulich zu behandeln und danach wieder verschlossen zu den Vergabeakten zu nehmen.

(2) [1] Öffentliche Auftraggeber oder Besteller können unabhängig von Abs. 1 Satz 1 von Bietern verlangen, die Urkalkulation in einem gesonderten verschlossenen Umschlag vor Auftragsvergabe (Zuschlag) einzureichen. [2] Der Umschlag mit der Urkalkulation kann bei einem Nachtrag oder einer Mehrforderung im Rahmen eines abgeschlossenen Vertrags zur Prüfung der Grundlagen der Preise geöffnet werden. [3] Das gilt auch im Falle der nach Abs. 1 Satz 1 eingereichten Urkalkulation. [4] Abs. 1 Satz 2 und 3 gilt entsprechend. [5] Der Bieter oder der Auftragnehmer kann in allen Fällen einen Beauftragten bestimmen, der an der Öffnung und Prüfung der Grundlagen der Preise vertretungsberechtigt teilnimmt.

(3) [1] Angebote für Planungsleistungen, die in Freihändiger Vergabe oder im EU-weiten Verhandlungsverfahren vergeben werden, können getrennt nach Dienstleistung und Entgelt in zwei verschlossenen Umschlägen gefordert werden (Zwei-Umschlagsverfahren). [2] Die Dienstleistung muss eine eigenständige Planungsleistung sein. [3] Allein die Bezugnahme auf die in der Vergabebekanntmachung vorgegebenen oder in einer Honorarordnung enthaltenen Leistungsbilder ist nicht ausreichend für das Zwei-Umschlagsverfahren. [4] Die Umschläge

mit den Entgelten sind erst nach vorläufig abschließender Wertung sowie Reihung und Ausschluss der Leistungsangebote für die Planungsleistung zu öffnen und zu werten.

§ 17 Zuschlag, Preise. (1) [1]Der Zuschlag darf nur auf das unter Berücksichtigung aller Umstände wirtschaftlichste Angebot erteilt werden. [2]Der niedrigste Preis allein ist nicht entscheidend.

(2) [1]Auf Angebote mit einem unangemessenen hohen oder niedrigen Preis darf der Zuschlag nicht erteilt werden. [2]Erscheint ein Angebotspreis unangemessen niedrig und ist anhand der vorliegenden Unterlagen über die Preisermittlung die Angemessenheit nicht zu beurteilen, ist in Textform vom Bieter Aufklärung über die Kalkulation der Preise für die Gesamtleistung oder Teilleistung unter Festsetzung einer angemessenen Antwortfrist zu verlangen.

(3) Bei der Beurteilung der Angemessenheit sind die Wirtschaftlichkeit des Angebots, die Nachhaltigkeit, die gewählte technische Lösung und Eigenschaft, der technische Wert, die Ästhetik, die Zweckmäßigkeit, Umwelteigenschaft, Betriebskosten, Lebenszykluskosten, Rentabilität, der Kundendienst und die technische Hilfe sowie die Qualität und andere günstige Ausführungsbedingungen je nach Auftragsgegenstand zu berücksichtigen.

§ 18 Vertragsstrafe, Sperre. (1) [1]Der öffentliche Auftraggeber oder der Besteller sollen mit dem Auftragnehmer für den Fall der nicht vertragsgerechten Erfüllung übernommener Verpflichtungen ein Strafversprechen (Vertragsstrafe) vereinbaren. [2]Dies ist in der Vergabebekanntmachung anzugeben und in den Vertragsbedingungen aufzunehmen.

(2) [1]Unternehmer oder Unternehmen sollen wegen schwerer Verfehlungen, die ihre Zuverlässigkeit infrage stellen, von Aufträgen öffentlicher Auftraggeber ausgeschlossen werden. [2]Näheres regelt hierzu eine Rechtsverordnung der für das Haushaltswesen zuständigen Ministerin oder des hierfür zuständigen Ministers im Einvernehmen mit der für Wirtschaft zuständigen Ministerin oder dem hierfür zuständigen Minister, in welcher die Einrichtung einer Melde- und Informationsstelle für öffentliche Auftraggeber (einschließlich des Informationsaustausches mit beschaffenden Stellen) sowie das Anhörungs- und Sperrverfahren, insbesondere

1. Verfehlungen von Unternehmern oder Unternehmen, die zum Erlass einer Vergabesperre berechtigen,
2. Anforderungen an die Nachweisbarkeit solcher Verfehlungen,
3. Kriterien für die Dauer einer zu verhängenden Sperre,
4. Möglichkeiten für die Unternehmer oder Unternehmen, zu den Vorwürfen Stellung zu nehmen, und
5. Anforderungen für die Wiederzulassung zum Wettbewerb

festgelegt werden.

(3) [1]Bewerber, Bieter, Auftragnehmer, Nachunternehmen und Verleihunternehmen, die zu den vom öffentlichen Auftraggeber oder Besteller auferlegten Verpflichtungen eine falsche Erklärung abgeben oder einen unzutreffenden Nachweis vorlegen oder haben vorlegen lassen, soll der öffentliche Auftraggeber oder Besteller wegen mangelnder Zuverlässigkeit wenigstens für sechs Monate bis zu drei Jahren von weiteren Vergabeverfahren ausschließen. [2]Liegt ein entsprechender Verstoß erstmals vor, kann anstelle der Sperre eine

schriftliche Verwarnung ausgesprochen werden; bei wiederholtem Verstoß beträgt die Sperre mindestens ein Jahr. [3] Vor einer Verwarnung und dem Ausschluss ist Gelegenheit zur Stellungnahme zu geben. [4] Ein ausgeschlossener Unternehmer oder ein ausgeschlossenes Unternehmen ist auf dessen Antrag hin allgemein oder teilweise wieder zuzulassen, wenn der Grund des Ausschlusses ganz oder teilweise beseitigt ist und mindestens sechs Monate der Sperre abgelaufen sind. [5] Näheres hierzu regelt die Rechtsverordnung nach Abs. 2.

(4) Sind die in einem Präqualifikationsregister nach § 13 Abs. 2 Satz 1 hinterlegten Erklärungen und Nachweise unzutreffend, ist dies dem Register mitzuteilen.

(5) Die Geltendmachung einer Auftragssperre oder Vertragsstrafe aus anderem Grunde sowie sonstige Ansprüche bleiben unberührt.

§ 19 Zahlungen. (1) Fällige Zahlungen sind unverzüglich, spätestens 30 Kalendertage nach Zugang der prüffähigen Rechnung auszuführen.

(2) [1] Abschlagszahlungen sind in der Höhe des Wertes nachgewiesener vertragsgemäßer Leistungen einschließlich ausgewiesener Umsatzsteuer zu gewähren. [2] Bei in sich abgeschlossenen Teilen einer vertragsgemäßen Leistung sind Teilabnahmen ohne Rücksicht auf die Vollendung der übrigen Leistungen durchzuführen, endgültig festzustellen und zu bezahlen (Teilzahlung).

(3) Auftragnehmer sind zu verpflichten, auch gegenüber ihren Nachunternehmen und Verleihunternehmen nach Abs. 1 und 2 zu verfahren.

(4) Vertraglich ist zu sichern, dass der öffentliche Auftraggeber oder Besteller berechtigt ist, zur Erfüllung der sich aus dem Vertrag ergebenden Verpflichtungen Zahlungen unmittelbar an die Gläubiger des Auftragnehmers (Lieferant, Nachunternehmen, Verleihunternehmen) zu leisten, soweit

1. diese an der Ausführung der vertraglichen Leistung des Auftragnehmers aufgrund eines mit diesem abgeschlossenen Vertrags beteiligt sind,

2. diese wegen Zahlungsverzugs des Auftragsnehmers die Fortsetzung ihrer Leistung zu Recht verweigern und

3. die Direktzahlung die Fortsetzung der Leistungen sicherstellen soll.

(5) [1] Erklärt sich der Auftragnehmer auf Verlangen des öffentlichen Auftraggebers oder Bestellers innerhalb einer von diesem gesetzten angemessenen Frist nicht darüber, ob und inwieweit er die Forderung seines Gläubigers anerkennt, und legt er bei Nichtanerkennung keinen entsprechenden Nachweis vor, so gelten die Voraussetzungen für die Direktzahlung als anerkannt. [2] Entsprechendes gilt bei Teilleistungen.

(6) [1] Der Anspruch auf Verzugszinsen des Auftragnehmers (§§ 286 und 288 des Bürgerlichen Gesetzbuches) ist durch den öffentlichen Auftraggeber oder Besteller nicht einschränkbar oder abdingbar. [2] Auftragnehmer sind zu verpflichten, auch gegenüber ihren Auftragnehmern (Nachunternehmen und Verleihunternehmen) und gegenüber mit Leistungen beauftragten Lieferanten nach Satz 1 zu verfahren.

§ 20 Nachprüfungsstellen. (1) [1] Die für das öffentliche Auftragswesen zuständige Ministerin oder der hierfür zuständige Minister kann im Einvernehmen mit der für das Haushaltswesen zuständigen Ministerin oder dem hierfür zuständigen Minister sowie mit der für kommunale Angelegenheiten zuständigen Ministerin oder dem hierfür zuständigen Minister durch Rechtsverordnung eine oder mehrere Nachprüfungsstellen für Bauleistungen (VOB-Stelle) und für Lieferungen und Leistungen (VOL-Stelle) einrichten und deren Verfahren bei Auftragsvergaben unterhalb der nach § 106 Abs. 1 Satz 1 des Gesetzes gegen Wettbewerbsbeschränkungen[1] festgelegten Schwellenwerte regeln. [2] Als VOB-Stelle und VOL-Stelle sollen Behörden oder Einrichtungen, die nicht unmittelbar für die Vergabeverfahren der Beschaffungsstellen zuständig sind, bestimmt werden.

(2) [1] Aufgabe der VOB-Stelle und der VOL-Stelle sind die Prüfung und Feststellung der von Bewerbern sowie Bietern (Rügeberechtigte) vorgetragenen Verstöße gegen nach diesem Gesetz und nach Haushaltsrecht bestehende bewerber- und bieterschützende Vorschriften durch öffentliche Auftraggeber oder Besteller oder durch diese in Beschaffungsverfahren gleichgestellte zuwendungsnehmende Dritte (Zuwendungsnehmer). [2] Rügeberechtigt sind auch berufsständische Kammern und Verbände.

(3) [1] An einem Verfahren nach Abs. 2 beteiligte öffentliche Auftraggeber, Besteller oder Zuwendungsnehmer haben an der Aufklärung des Sachverhalts mitzuwirken und der Nachprüfungsstelle angeforderte Vergabeakten vorzulegen. [2] Die Nachprüfungsstelle soll vor einer Entscheidung über einen Verstoß eine gütliche Streitbeilegung anstreben.

(4) [1] In der Rechtsverordnung sollen für die Verfahren nach Abs. 2 bei Bau-, Liefer- und Dienstleistungen einheitliche Verfahrens- und Kostenvorschriften vorgegeben werden. [2] Der Regelungsinhalt des § 160 Abs. 1, 2 und 3 Satz 1, der §§ 161 bis 165 Abs. 1 bis 3 sowie der §§ 167 und 168 Abs. 1 und 2 des Gesetzes gegen Wettbewerbsbeschränkungen[2] gilt entsprechend. [3] Es kann bestimmt werden, dass im Falle eines zugelassenen Verfahrens nach Abs. 2 die Aussetzung des Zuschlags bis zu zehn Kalendertagen, bei besonders tatsächlichen oder rechtlichen Schwierigkeiten bis zu 15 Kalendertagen angeordnet und unter Berücksichtigung des Interesses der Allgemeinheit an einer unverzüglichen oder wirtschaftlichen Erfüllung der Aufgaben des öffentlichen Auftraggebers, Bestellers oder Zuwendungsnehmers auf Antrag das Zuschlagsverbot aufgehoben werden kann.

(5) [1] Von der Nachprüfungsstelle festgestellte Verstöße und geeignete Maßnahmen zur Beseitigung der Rechtsverletzung sind den Beteiligten und der Aufsichtsbehörde des öffentlichen Auftraggebers, des Bestellers oder der zuwendungsgewährenden Stelle in Textform mit Begründung mitzuteilen. [2] Soweit die Aufsichtsbehörde von den Feststellungen der Nachprüfungsstelle abweicht, hat sie dies den Beteiligten und der Nachprüfungsstelle mitzuteilen und zu begründen.

Vierter Teil. Schlussbestimmungen

§ 21 Überprüfung der Auswirkungen der Tariftreueregelung.

(1) [1] Die Auswirkungen der Tariftreueregelung nach § 4 werden nach einem Erfahrungszeitraum von drei Jahren nach Inkrafttreten dieses Gesetzes durch die Landesregierung überprüft. [2] Die Landesregierung unterrichtet den Landtag zeitnah über das Ergebnis der Überprüfung. [3] Dabei ist darzustellen, inwieweit

---

[1] Nr. **1**.
[2] Nr. **22**.

die Tariftreue Wirkung entfaltet und, soweit notwendig, welche Maßnahmen ergriffen werden können, um die Tariftreue weiter zu stärken.

(2) Das für das Tarifwesen zuständige Ministerium kann im Einvernehmen mit dem für das öffentliche Auftragswesen zuständigen Ministerium und dem für den öffentlichen Personennahverkehr zuständigen Ministerium durch Rechtsverordnung das Nähere über das Verfahren und den Inhalt der Überprüfung regeln.

§ 22 Übergangsbestimmung. Dieses Gesetz findet keine Anwendung auf öffentliche Aufträge von

1. öffentlichen Auftraggebern, deren Vergabe vor dem 1. März 2015, und

2. Bestellern, deren Vergabe vor dem 1. September 2015

eingeleitet worden ist.

§ 23 Aufhebung bisherigen Rechts. Das Hessische Vergabegesetz vom 25. März 2013 (GVBl. S. 119, 121) wird aufgehoben.

§ 24 Inkrafttreten. Dieses Gesetz tritt am 1. März 2015 in Kraft.

23. Gesetz über die Vergabe öffentlicher Aufträge in Mecklenburg-Vorpommern (Vergabegesetz Mecklenburg-Vorpommern – VgG M-V)

Vom 7. Juli 2011

(GVOBl. M-V S. 411)

GS Meckl.-Vorp. 703-2

zuletzt geänd. durch Art. 1 G zur Änd. vergaberechtlicher Vorschriften v. 12.7.2018 (GVOBl. M-V S. 242)

Nichtamtliche Inhaltsübersicht

§ 1 Gesetzeszweck, Anwendungsbereich. (1) [1]Dieses Gesetz soll die Praxis der öffentlichen Auftragsvergabe in Mecklenburg-Vorpommern und die Rahmenbedingungen für mittelständische Unternehmen im Bereich der öffentlichen Auftragsvergabe verbessern. [2]Es dient einem gerechten Interessenausgleich zwischen Auftraggebern und Auftragnehmern sowie zwischen Arbeitgebern und Arbeitnehmern.

(2) [1]Die Bestimmungen dieses Gesetzes gelten für das Land, die Landkreise, Ämter und Gemeinden (Kommunen) sowie für sonstige Körperschaften, Anstalten und Stiftungen des öffentlichen Rechts, die der Aufsicht des Landes oder des Landrates als untere staatliche Verwaltungsbehörde unterstehen. [2]Sie gelten nicht für Sparkassen nach § 1 Absatz 1 des Sparkassengesetzes des Landes Mecklenburg-Vorpommern.

(3) [1]Dieses Gesetz gilt für die Vergabe von Bauleistungen ab einem Auftragswert von mehr als 50 000 Euro, für die Vergabe von Liefer- oder Dienstleistungen ab einem Auftragswert von mehr als 10 000 Euro. [2]Auf die Vergabe von Leistungen bis zu den in Satz 1 genannten Auftragswerten finden § 2 mit Ausnahme von Absatz 1 Satz 1 Nummer 1 und von Absatz 2 Satz 1, § 3 Absätze 1 bis 3, § 9 und § 13 Anwendung.

§ 2 Anzuwendende Vorschriften. (1) [1]Auf das Verfahren zur Vergabe öffentlicher Aufträge sind anzuwenden:

1. die Bestimmungen dieses Gesetzes und die aufgrund dieses Gesetzes erlassenen Rechtsverordnungen,

2. Abschnitt 1 der Vergabe- und Vertragsordnung für Bauleistungen Teil A (VOB/A)[1],

3. Abschnitt 1 der Vergabe- und Vertragsordnung für Leistungen Teil A (VOL/A), ab dem 1. Januar 2019 die Unterschwellenvergabeordnung (UVgO)[2].

[2]Darüber hinaus sind die zum öffentlichen Auftragswesen ergangenen Verwaltungsvorschriften anzuwenden.

(2) [1]Die Bestimmungen dieses Gesetzes und die aufgrund dieses Gesetzes erlassenen Rechtsverordnungen gehen den übrigen Bestimmungen nach Absatz 1 vor. [2]Die Verwaltungsvorschriften haben Vorrang vor den Bestimmungen nach Absatz 1 Satz 1 Nummer 2 und 3.

(3) Höherrangiges Recht, insbesondere das Recht der Europäischen Union sowie der Vierte Teil des Gesetzes gegen Wettbewerbsbeschränkungen und die darauf beruhenden weiteren vergaberechtlichen Bestimmungen, bleibt unberührt.

(4) [1]Die maßgeblichen Fassungen von Abschnitt 1 der VOB/A, Abschnitt 1 der VOL/A und der UVgO werden vom Ministerium für Wirtschaft, Arbeit und Gesundheit im Einvernehmen mit dem Finanzministerium, dem Ministerium für Inneres und Europa und dem Ministerium für Energie, Infrastruktur und Digitalisierung durch Verwaltungsvorschrift eingeführt. [2]Das Ministerium für Wirtschaft, Arbeit und Gesundheit kann im Einvernehmen mit dem Finanzministerium, dem Ministerium für Inneres und Europa und dem Ministerium für Energie, Infrastruktur und Digitalisierung weitere das öffentliche Auftragswesen betreffende Verwaltungsvorschriften erlassen. [3]Erlässt das Ministerium für Wirtschaft, Arbeit und Gesundheit keine Regelungen nach Satz 2, können alle Ministerien jeweils für ihre Geschäftsbereiche im Einvernehmen mit dem Ministerium für Wirtschaft, Arbeit und Gesundheit Regelungen nach Satz 2 treffen.

§ 3 Allgemeine Grundsätze. (1) [1]Öffentliche Aufträge und Konzessionen werden im Wettbewerb und im Wege transparenter Verfahren vergeben. [2]Dabei werden die Grundsätze der Wirtschaftlichkeit und der Verhältnismäßigkeit gewahrt.

(2) [1]Dem Abschluss von Verträgen über Lieferungen und Leistungen muss eine Öffentliche Ausschreibung oder eine Beschränkte Ausschreibung mit Teilnahmewettbewerb vorausgehen, sofern nicht die Natur des Geschäfts oder besondere Umstände eine Ausnahme rechtfertigen. [2]Teilnahmewettbewerb ist ein Verfahren, bei dem der öffentliche Auftraggeber nach vorheriger öffentlicher Aufforderung zur Teilnahme eine beschränkte Anzahl von geeigneten Unternehmen nach objektiven, transparenten und nichtdiskriminierenden Kriterien auswählt und zur Abgabe von Angeboten auffordert.

(3) Die Teilnehmer an einem Vergabeverfahren sind gleich zu behandeln, es sei denn, eine Benachteiligung ist aufgrund dieses Gesetzes ausdrücklich geboten oder gestattet.

(4) [1]In den Vergabeverfahren können die Auftraggeber nach Maßgabe dieses Gesetzes und der nach § 2 Absatz 4 Satz 1 eingeführten Vergabeordnungen insbesondere soziale, umweltbezogene und innovative Aspekte berücksichti-

---

[1] Nr. **14.**
[2] Nr. **15.**

gen. [2] Technische Spezifikationen sowie Leistungs- oder Funktionsanforderungen sollen sie unter Beachtung umweltbezogener Aspekte und unter Bezugnahme auf Umweltzeichen formulieren. [3] Sie sollen auf den Gesichtspunkt einer möglichst hohen Energieeffizienz achten.

§ 4 Berücksichtigung mittelständischer Interessen. [1] Mittelständische Interessen sind bei der Vergabe öffentlicher Aufträge vornehmlich zu berücksichtigen. [2] Leistungen sind in der Menge aufgeteilt (Teillose) und getrennt nach Art oder Fachgebiet (Fachlose) zu vergeben. [3] Mehrere Teil- oder Fachlose dürfen zusammen vergeben werden, wenn wirtschaftliche oder technische Gründe dies erfordern. [4] Wird ein Unternehmen, das nicht öffentlicher Auftraggeber ist, mit der Wahrnehmung oder Durchführung einer öffentlichen Aufgabe betraut, verpflichtet der Auftraggeber das Unternehmen, sofern es Unteraufträge an Dritte vergibt, nach den Sätzen 1 bis 3 zu verfahren.

§ 5 Eignung, Ausführungsbedingungen. (1) Aufträge werden nur an fachkundige, leistungsfähige sowie gesetzestreue und zuverlässige Unternehmen vergeben (geeignete Unternehmen).

(2) [1] Für die Auftragsausführung können zusätzliche Anforderungen an Auftragnehmer gestellt werden, die insbesondere soziale, umweltbezogene oder innovative Aspekte betreffen, wenn sie mit dem Auftragsgegenstand in Verbindung stehen. [2] Diese Verbindung ist auch unter den Voraussetzungen des § 43 Absatz 3 Satz 2 UVgO[1) gegeben. [3] Soziale Anforderungen im Sinne von Satz 1 können insbesondere die Berücksichtigung der Erstausbildung, die Beachtung der Chancengleichheit von Männern und Frauen bei Aus- und Fortbildung oder im beruflichen Aufstieg sowie die Beschäftigung von Langzeitarbeitslosen sein. [4] Die Ausführungsbedingungen müssen sich aus der Auftragsbekanntmachung oder den Vergabeunterlagen ergeben.

§ 6 Angemessenheit des Preises. (1) Auf ein Angebot mit einem unangemessen hohen oder niedrigen Preis darf der Zuschlag nicht erteilt werden.

(2) [1] Zweifel an der Angemessenheit niedriger Preise ergeben sich insbesondere, wenn die Angebotssummen

– eines oder einiger weniger Bieter erheblich geringer sind als die der übrigen oder

– erheblich von der aktuell zutreffenden Preisermittlung des Auftraggebers abweichen.

[2] Solche Zweifel sind grundsätzlich bei einer Abweichung von 20 vom Hundert oder mehr anzunehmen.

(3) Insbesondere darf der Zuschlag nicht erteilt werden auf Unterkostenangebote,

– die in der zielgerichteten Absicht abgegeben werden oder zumindest die Gefahr begründen, dass ein oder mehrere bestimmte Mitbewerber vom Markt vollständig verdrängt werden oder

– die im konkreten Einzelfall den Bieter selbst in wirtschaftliche Schwierigkeiten bringen, sodass er den Auftrag nicht vertragsgerecht durchführen kann.

[1)] Nr. **15**.

§ 7 Zuschlag auf das wirtschaftlichste Angebot. (1) Der Zuschlag ist auf das wirtschaftlichste Angebot zu erteilen.

(2) Das wirtschaftlichste Angebot ist dasjenige mit dem günstigsten Verhältnis von angebotener Leistung und den zu erwartenden Kosten für den Auftraggeber.

(3) Die angebotene Leistung wird nach gewichteten Zuschlagskriterien bewertet.

(4) Die Kosten setzen sich aus dem Angebotspreis und weiteren Kosten zusammen, die dem Auftraggeber nach den Verhältnissen des Einzelfalles im Zusammenhang mit der zu erbringenden Leistung entstehen (Lebenszykluskosten wie etwa Unterhalts-, Wartungs-, Betriebskosten).

(5) Unterscheiden sich die Angebote nur hinsichtlich der Kosten, so darf der Zuschlag auf das kostengünstigste Angebot erteilt werden.

(6) [1] Der Auftraggeber hat in der Bekanntmachung oder in den Vergabeunterlagen das Wertungssystem, mit dem er das wirtschaftlichste Angebot ermittelt, offen zu legen. [2] Von dem bekannt gemachten System darf der Auftraggeber bei der Wertung nicht abweichen.

§ 8 Sicherheitsleistungen. (1) [1] Sicherheiten sind nur zu fordern, wenn sie für die sach- und fristgemäße Durchführung der verlangten Leistung notwendig erscheinen. [2] Die Sicherheiten sollen nicht höher bemessen und ihre Rückgabe nicht für einen späteren Zeitpunkt vorgesehen werden als nötig ist, um den Auftraggeber vor Schaden zu bewahren.

(2) [1] Bei Öffentlicher Ausschreibung sind Sicherheitsleistungen für die Vertragserfüllung in der Regel erst ab einer bestimmten Auftragssumme zu verlangen. [2] Im Übrigen sollen solche Sicherheitsleistungen nicht verlangt werden.

(3) [1] Für die Erfüllung der Verpflichtungen aus Gewährleistung ist in jedem Einzelfall besonders eingehend zu prüfen, ob bis zu einer bestimmten Abrechnungssumme auf Sicherheiten verzichtet werden kann. [2] Das Ergebnis der Prüfung ist aktenkundig zu machen.

(4) Die Landesregierung wird ermächtigt, durch Rechtsverordnung die Höhe der Auftragssumme nach Absatz 2 und der Abrechnungssumme nach Absatz 3 zu bestimmen; sie kann dabei nach unterschiedlichen Leistungsarten differenzieren.

§ 9 Mindestarbeitsbedingungen. (1) Aufträge im Bereich des Schienenpersonennahverkehrs (SPNV) sowie des sonstigen Öffentlichen Personennahverkehrs (ÖPNV) im Sinne der Verordnung (EG) Nr. 1370/2007[1] des Europäischen Parlaments und des Rates vom 23.10.2007 über öffentliche Personenverkehrsdienste auf Schiene und Straße und zur Aufhebung der Verordnungen (EWG) Nr. 1191/69 und (EWG) Nr. 1107/70 des Rates (ABl. EG Nr. L 315 S. 1) dürfen an Unternehmen vergeben werden, die sich durch Erklärung gegenüber dem Auftraggeber verpflichten, ihre bei der vertragsgegenständlichen Ausführung dieser Leistung Beschäftigten mindestens nach den Vorgaben eines im Bundesgebiet oder einem Teil davon für ihre Branche einschlägigen und repräsentativen Tarifvertrages in der jeweils ‚geltenden Fassung zu ent-

---

[1] Nr. 7.

lohnen, sofern sie nicht bereits aufgrund anderweitiger Regelungen zu einer höheren Entgeltzahlung verpflichtet sind.

(2) [1] Ein Tarifvertrag ist dann repräsentativ im Sinne von Absatz 1, wenn er im Zeitpunkt der Angebotsabgabe angewendet wird und wettbewerblich relevant ist, indem er eine erhebliche Zahl von Beschäftigten in der betreffenden Branche umfasst. [2] Repräsentativ sind auch Tarifverträge, die im Zeitpunkt der Angebotsabgabe nur in Mecklenburg-Vorpommern angewendet werden und eine erhebliche Zahl von Beschäftigten in der betreffenden Branche in Mecklenburg-Vorpommern erfassen. [3] Die Landesregierung bestimmt die im Rahmen öffentlicher Vergaben über Personenverkehrsdienste nach Absatz 1 jeweils anzuwendenden repräsentativen Tarifverträge unter Berücksichtigung aller Umstände nach billigem Ermessen. [4] Die Entscheidung ergeht unter Einbeziehung der für Mecklenburg-Vorpommern zuständigen Verbände der Tarifvertragsparteien der jeweiligen Branche.

(3) Das für den öffentlichen Personennahverkehr zuständige Ministerium gibt die nach Absatz 2 bestimmten Tarifverträge im Amtsblatt für Mecklenburg-Vorpommern bekannt.

(4) [1] Land und Kommunen vergeben Aufträge an Unternehmen nur dann, wenn diese sich durch Erklärung gegenüber dem Auftraggeber verpflichten, ihren Arbeitnehmerinnen und Arbeitnehmern bei der Ausführung der Leistung ein Mindest-Stundenentgelt von 9,54 Euro (brutto) zu zahlen. [2] Das für Arbeit zuständige Ministerium hat die Höhe des Mindest-Stundenentgeltes jährlich anzupassen, erstmals zum 1. .Oktober 2018; es wird ermächtigt, die Anpassung durch Rechtsverordnung vorzunehmen. [3] Die Anpassung richtet sich nach der prozentualen Veränderungsrate im Index der tariflichen Monatsverdienste des Statistischen Bundesamtes für die Gesamtwirtschaft in Deutschland (ohne Sonderzahlungen); bei der Ermittlung der Veränderungsrate ist jeweils der Durchschnitt der veröffentlichten Daten für die letzten vier Quartale zugrunde zu legen. [4] Verpflichtungen zur Zahlung höherer Löhne aus anderen Rechtsgründen, insbesondere nach Absatz 1 und nach Bundesrecht, bleiben unberührt.

(5) Soweit Leistungen auf Nachunternehmer übertragen werden sollen, hat sich das Unternehmen durch Erklärung gegenüber dem Auftraggeber zu verpflichten, dem Nachunternehmer die für das Unternehmen geltenden Pflichten aufzuerlegen und die Beachtung dieser Pflichten durch den Nachunternehmer zu überwachen.

(6) [1] Von den Bestimmungen der Absätze 4 und 5 erfasst sind auch Leiharbeitnehmerinnen und Leiharbeitnehmer im Sinne des Arbeitnehmerüberlassungsgesetzes in der Fassung der Bekanntmachung vom 3. Februar 1995 (BGBl. I S. 158), das zuletzt durch Artikel 1 des Gesetzes vom 21. Februar 2017 (BGBl. I S. 258) geändert worden ist, sowie Werkvertragsarbeitnehmerinnen und Werkvertragsarbeitnehmer; Verleiher nach dem Arbeitnehmerüberlassungsgesetz und Werkvertragsunternehmer gelten als Nachunternehmer im Sinne des Absatzes 5. [2] Nicht erfasst sind Auszubildende, Praktikantinnen und Praktikanten, Hilfskräfte und Teilnehmende an Bundesfreiwilligendiensten.

(7) Erklärungen der Unternehmen nach den Absätzen 1, 4 und 5 sind zur Angebotsabgabe in der Form zu fordern, die der Auftraggeber für die Angebote bestimmt hat. Angebote, in denen solche Erklärungen fehlen und zu denen sie nicht innerhalb einer vom Auftraggeber bestimmten Frist nachgereicht werden, werden von der Wertung ausgeschlossen.

(8) [1] Das Land erstattet den Kommunen in den Jahren 2018 und 2019 auf Antrag Mehrkosten, die diesen im Zusammenhang mit der Anwendung der Vorschriften über das Mindest-Stundenentgelt nach Absatz 4 und nach § 10 entstehen. [2] Die Landesregierung wird ermächtigt, das Nähere zur Ausgestaltung des Verfahrens zur Antragstellung, Prüfung und Zahlung der Kostenerstattung durch Rechtsverordnung zu regeln.

(9) Absätze 1 und 4 bis 7 gelten auch bei Leistungserbringung durch Unternehmen oder vorgesehene Nachunternehmer mit Sitz im Ausland; Absätze 4 bis 7 gelten nicht, soweit Unternehmen oder vorgesehene Nachunternehmer mit Sitz im EU-Ausland beabsichtigen, die verfahrensgegenständliche Dienstleistung ganz oder teilweise im EU-Ausland zu erbringen.

(10) [1] Bei bundesländerübergreifenden Vergaben ist von der Vergabestelle vor Beginn des Vergabeverfahrens eine Einigung mit den beteiligten weiteren Vergabestellen anderer Länder über die Anforderungen nach den Absätzen 1, 4 bis 7 und 9 anzustreben. [2] Kommt eine solche Einigung nicht zustande, so kann von den Absätzen 1, 4 bis 7 und 9 abgewichen werden.

(11) Auf bevorzugte Bieter nach § 224 Absatz 1 Satz 1, Absatz 2 und § 226 des Neunten Buches Sozialgesetzbuch vom 23. Dezember 2016 (BGBl. I S. 3234), das zuletzt durch Artikel 23 des Gesetzes vom 17. Juli 2017 (BGBl. I S. 2541) geändert worden ist, finden die Bestimmungen der Absätze 1 und 4 bis 7 keine Anwendung.

§ 10 Kontrollen und Sanktionen. (1) [1] Soweit Unternehmen nach Maßgabe von § 9 Absatz 1 und 4 zur Beachtung von Mindestarbeitsbedingungen verpflichtet sind, kontrollieren die Auftraggeber die Einhaltung dieser Obliegenheiten; das Gleiche gilt, soweit Unternehmen nach Maßgabe von § 9 Absatz 5 verpflichtet sind, Nachunternehmer zu verpflichten und die Beachtung von deren Pflichten zu überwachen. [2] Die Auftraggeber sind von der Pflicht nach Satz 1 befreit, soweit das Land die Kontrolle auf eine andere Stelle übertragen hat.

(2) Im Umfang der nach Absatz 1 bestehenden Kontrollpflicht gelten folgende weitere Maßgaben:

1. [1] Der Auftraggeber hat mit dem Auftragnehmer vertraglich zu vereinbaren, dass er oder die andere Stelle nach Absatz 1 Satz 2 befugt ist, Kontrollen nach Absatz 1 Satz 1 durchzuführen und dabei Einsicht in die Entgeltabrechnungen, die die zur Erfüllung des jeweiligen Auftrages eingesetzten Beschäftigten betreffen, sowie in die zwischen dem Auftragnehmer und seinen Nachunternehmern geschlossenen Verträge zu nehmen. [2] Der Auftraggeber verpflichtet den Auftragnehmer vertraglich, seine Beschäftigten auf die Möglichkeit solcher Kontrollen hinzuweisen. [3] Der Auftraggeber verpflichtet den Auftragnehmer außerdem vertraglich, vollständige und prüffähige Unterlagen zur Vornahme der Kontrollen nach Absatz 1 Satz 1 bereitzuhalten und auf Verlangen dem Auftraggeber oder der anderen Stelle nach Absatz 1 Satz 2 unverzüglich vorzulegen.

2. [1] Zur Sicherung der Einhaltung der Obliegenheiten nach § 9 Absatz 1, 4, 6 und 9 ist der Auftragnehmer zu verpflichten, für jeden schuldhaften Verstoß eine Vertragsstrafe in Höhe von 1 vom Hundert, bei mehreren Verstößen bis zu höchstens 5 vom Hundert des Auftragswertes zu zahlen. [2] Der Auftragnehmer ist zur Zahlung der Vertragsstrafe auch für den Fall zu verpflichten, dass der von ihm beauftragte Nachunternehmer oder ein von diesem einge-

setzter Nachunternehmer gegen seine nach § 9 Absatz 5 begründete Obliegenheit verstößt, sofern der Auftragnehmer diesen Verstoß kannte oder kennen musste.

3. [1]Ist die vereinbarte Vertragsstrafe wegen Nichterfüllung der aufgrund dieses Gesetzes übernommenen Obliegenheiten verwirkt, soll diese verlangt werden. [2]Ist die verwirkte Vertragsstrafe unverhältnismäßig hoch, so kann sie vom Auftraggeber auf Antrag des Auftragnehmers auf einen angemessenen Betrag herabgesetzt werden. [3]Die Vertragsstrafe entfällt, wenn wegen des zu Grunde liegenden Verstoßes gegen den Auftragnehmer rechtskräftig straf- oder ordnungswidrigkeitenrechtliche Maßnahmen ergriffen worden sind. [4]Die Geltendmachung einer Vertragsstrafe nach diesem Gesetz bleibt von der Geltendmachung einer Vertragsstrafe aus anderem Grunde sowie von der Geltendmachung sonstiger Ansprüche unberührt.

4. [1]Der Auftraggeber hat mit dem Auftragnehmer zu vereinbaren, dass der vorsätzliche, grob fahrlässige oder mehrfache Verstoß gegen die Obliegenheiten nach § 9 Absatz 1, 4 bis 6 und 9 durch den Auftragnehmer oder seine Nachunternehmer den Auftraggeber zur fristlosen Kündigung des Vertrages berechtigt. [2]Der Auftraggeber vereinbart mit dem Auftragnehmer, dass dieser dem Auftraggeber den durch die Kündigung entstandenen Schaden zu ersetzen hat.

(3) Die Vereinbarungen nach Absatz 2 Nummer 1, 2 und 4 werden mit Erteilung des Zuschlages geschlossen.

(4) [1]Hat der Auftragnehmer schuldhaft seine Obliegenheiten nach § 9 Absatz 1, 4 bis 6 und 9 verletzt, so soll der öffentliche Auftraggeber ihn wegen mangelnder Eignung für die Dauer von bis zu drei Jahren von der Teilnahme am Wettbewerb um Aufträge ausschließen (Auftragssperre). [2]Beim Ministerium für Wirtschaft, Arbeit und Gesundheit wird eine zentrale Informationsstelle eingerichtet, die Informationen, über Auftragssperren bereitstellt, die von Vergabestellen des Landes verhängt worden sind. [3]Die zentrale Informationsstelle trifft keine Entscheidung über einen Vergabeausschluss. [4]Die Vergabestellen des Landes sind verpflichtet, verhängte Auftragssperren in die Datenbank der zentralen Informationsstelle einzustellen; sie haben sich vor Entscheidungen über die Vergabe von öffentlichen Aufträgen aus der Datenbank der zentralen Informationsstelle zu unterrichten, inwieweit Eintragungen zu Bietern mit einem für den Zuschlag in Betracht kommenden Angebot vorliegen und eine Eintragung bei der Beurteilung der Zuverlässigkeit des Bewerbers oder Bieters zu berücksichtigen. [5]Die Landesregierung wird ermächtigt, durch Rechtsverordnung die Einzelheiten zur Einrichtung der zentralen Informationsstelle und ihrer Datenbank, zur Listung von Auftragssperren und zu Abfragen öffentlicher Auftraggeber in der Datenbank der zentralen Informationsstelle zu regeln. [6]Die anderen öffentlichen Auftraggeber sind befugt, für ihre Vergaben ebenfalls zentrale Informationsstellen für Informationen über Auftragssperren einzurichten. [7]Die Sätze 3 und 4 gelten entsprechend; die Bestimmungen der nach Satz 5 zu erlassenden Rechtsverordnung sind zu beachten.

§ 11 Beachtung der ILO-Kernarbeitsnormen. [1]Bei der Vergabe von Leistungen ist darauf hinzuwirken, dass keine Waren Gegenstand der Leistung sind, die unter Missachtung der in den Kernarbeitsnormen der Internationalen Arbeitsorganisation (International Labour Organization – ILO) festgelegten

Mindeststandards gewonnen oder hergestellt worden sind. [2]Die Mindeststandards der ILO-Kernarbeitsnormen ergeben sich aus:

1. dem Übereinkommen Nr. 29 über Zwangs- oder Pflichtarbeit vom 28. Juni 1930 (BGBl. 1956 II S. 641),

2. dem Übereinkommen Nr. 87 über die Vereinigungsfreiheit und den Schutz des Vereinigungsrechtes vom 9. Juli 1948 (BGBl. 1956 II S. 2073),

3. dem Übereinkommen Nr. 98 über die Anwendung der Grundsätze des Vereinigungsrechtes und des Rechtes zu Kollektivverhandlungen vom 1. Juli 1949 (BGBl. 1955 II S. 1123),

4. dem Übereinkommen Nr. 100 über die Gleichheit des Entgelts männlicher und weiblicher Arbeitskräfte für gleichwertige Arbeit vom 29. Juni 1951 (BGBl. 1956 II S. 24),

5. dem Übereinkommen Nr. 105 über die Abschaffung der Zwangsarbeit vom 25. Juni 1957 (BGBl. 1959 II S. 442),

6. dem Übereinkommen Nr. 111 über die Diskriminierung in Beschäftigung und Beruf vom 25. Juni 1958 (BGBl. 1961 II S. 98),

7. dem Übereinkommen Nr. 138 über das Mindestalter für die Zulassung zur Beschäftigung vom 26. Juni 1973 (BGBl. 1976 II S. 202) und

8. dem Übereinkommen Nr. 182 über das Verbot und unverzügliche Maßnahmen zur Beseitigung der schlimmsten Formen der Kinderarbeit vom 17. Juni 1999 (BGBl. 2001 II S. 1291).

§ 12 Informationspflicht. (1) [1]Der Auftraggeber informiert die Bieter, deren Angebote nicht berücksichtigt werden sollen, über den Namen des Bieters, dessen Angebot angenommen werden soll, und über den Grund der vorgesehenen Nichtberücksichtigung ihres Angebotes. [2]Er gibt die Information in Textform spätestens sieben Kalendertage vor dem Vertragsabschluss.

(2) [1]Absatz 1 findet keine Anwendung, wenn der Auftragswert einen Mindestbetrag nicht übersteigt. [2]Die Landesregierung wird ermächtigt, durch Rechtsverordnung die Höhe des Mindestbetrages festzulegen; sie kann dabei nach unterschiedlichen Leistungsarten differenzieren.

§ 13 Ermittlung des Auftragswertes. Soweit nach diesem Gesetz oder nach einer Vorschrift aufgrund dieses Gesetzes der Auftragswert maßgeblich ist, wird er nach § 3 Absatz 1 bis 4, 6 bis 8, 10 bis 12 der Vergabeverordnung[1]) vom 12. April 2016 (BGBl. I S. 624), die durch Artikel 8 des Gesetzes vom 18. Juli 2017 (BGBl. I S. 2745) geändert worden ist, ermittelt.

§ 14 Änderung von Gesetzen. *(hier nicht wiedergegeben)*

§ 15 Inkrafttreten, Außerkrafttreten. Dieses Gesetz tritt am Tag nach der Verkündung[2]) in Kraft.

---

[1]) Nr. 2.
[2]) Verkündet am 15.7.2011.

24. Niedersächsisches Gesetz zur Sicherung von Tariftreue und Wettbewerb bei der Vergabe öffentlicher Aufträge (Niedersächsisches Tariftreue- und Vergabegesetz – NTVergG)[1]

Vom 31. Oktober 2013
(Nds. GVBl. S. 259)

VORIS 72080

zuletzt geänd. durch Art. 1 G zur Änd. des Niedersächsischen Tariftreue- und VergabeG und der Niedersächsischen LHO v. 20.11.2019 (Nds. GVBl. S. 354)

Nichtamtliche Inhaltsübersicht

Der Niedersächsische Landtag hat das folgende Gesetz beschlossen:

§ 1 Zweck des Gesetzes. Dieses Gesetz soll einen fairen Wettbewerb bei der Vergabe öffentlicher Aufträge gewährleisten sowie die umwelt- und sozialverträgliche Beschaffung durch die öffentliche Hand fördern.

§ 2 Anwendungsbereich. (1) ¹Dieses Gesetz gilt für die Vergabe von öffentlichen Aufträgen über Liefer-, Bau- oder Dienstleistungen und von Rahmenvereinbarungen (§ 103 Abs. 1 bis 5 und § 104 des Gesetzes gegen Wettbewerbsbeschränkungen – GWB –[2]) ab einem geschätzten Auftragswert von 20 000 Euro (ohne Umsatzsteuer) ²Für die Vergabe von Rahmenvereinbarungen gelten, soweit nichts anderes bestimmt ist, dieselben Vorschriften dieses Gesetzes wie für die Vergabe entsprechender öffentlicher Aufträge. ³Für die Schätzung gilt § 3 der Vergabeverordnung[3] vom 12. April 2016 (BGBl. I S. 624) in der jeweils geltenden Fassung.

(2) ¹Dieses Gesetz gilt nicht für

---

[1] Das G tritt am 1.1.2014 in Kraft, bis auf § 3 Abs. 3 und 4, § 4 Abs. 4 und 5, § 5 Abs. 2 sowie § 12 Abs. 2, die bereits am 8.11.2013 in Kraft getreten sind; vgl. § 18.

[2] Nr. 1.

[3] Nr. 2.

1. Wettbewerbe (§ 103 Abs. 6 GWB[1)]) und Konzessionen (§ 105 GWB[1)]),

2. öffentliche Aufträge, die im Namen oder im Auftrag des Bundes ausgeführt oder die nach haushaltsrechtlichen Bestimmungen des Bundes vergeben werden.,

3. der geschätzte Auftragswert bei öffentlichen Aufträgen, die durch öffentliche Auftraggeber nach § 99 Nr. 4 GWB[1)] vergeben werden, den jeweiligen Schwellenwert gemäß § 106 Abs. 2 Nr. 1 oder 3 GWB[1)] nicht erreicht.

[2] Ferner ist dieses Gesetz nicht anzuwenden, wenn

1. der geschätzte Auftragswert bei öffentlichen Aufträgen über Leistungen, die im Rahmen einer freiberuflichen Tätigkeit erbracht oder im Wettbewerb mit freiberuflich Tätigen angeboten werden, den jeweiligen Schwellenwert gemäß § 106 Abs. 2 Nrn. 1 bis 3 GWB[1)] nicht erreicht,

2. der geschätzte Auftragswert bei öffentlichen Aufträgen über Architekten- und Ingenieurleistungen, bei denen der Gegenstand der Leistung eine Aufgabe ist, deren Lösung vorab nicht eindeutig und erschöpfend beschrieben werden kann, den jeweiligen Schwellenwert gemäß § 106 Abs. 2 Nrn. 1 bis 3 GWB[1)] erreicht oder überschreitet.

(3) Für Auftragsvergaben, bei denen der geschätzte Auftragswert den jeweiligen Schwellenwert gemäß § 106 Abs. 2 Nrn. 1 bis 3 GWB[1)] erreicht oder überschreitet, sind von den folgenden Vorschriften nur die Absätze 4 und 6 sowie die §§ 4 bis 6, 8 Abs. 1, §§ 10 bis 15, 17 und 18 ergänzend anzuwenden.

(4) Im Bereich des öffentlichen Personenverkehrs gelten die Regelungen dieses Gesetzes für alle Dienstleistungsaufträge im Sinne der Verordnung (EG) Nr. 1370/2007[2)] des Europäischen Parlaments und des Rates vom 23. Oktober 2007 über öffentliche Personenverkehrsdienste auf Schiene und Straße und zur Aufhebung der Verordnungen (EWG) Nr. 1191/69 und (EWG) Nr. 1107/70 des Rates (ABl. EU Nr. L 315 S. 1), geändert durch die Verordnung (EU) 2016/2338 des Europäischen Parlaments und des Rates vom 14. Dezember 2016 (ABl. EU Nr. L 354 S. 22), ab einem geschätzten Auftragswert von 20 000 Euro (ohne Umsatzsteuer).

(5) Öffentliche Auftraggeber im Sinne dieses Gesetzes sind die niedersächsischen öffentlichen Auftraggeber nach § 99 Nrn. 1 bis 4 und § 100 GWB[1)].

(6) [1] Sollen öffentliche Aufträge gemeinsam mit Auftraggebern anderer Bundesländer, des Bundes oder von Nachbarstaaten der Bundesrepublik Deutschland vergeben werden, so ist mit diesen zwecks Einhaltung der Bestimmungen dieses Gesetzes eine Einigung anzustreben. [2] Kommt diese nicht zustande, so kann von den Bestimmungen abgewichen werden.

§ 3 Anzuwendende Vorschriften; Verordnungsermächtigung.

(1) Bei der Vergabe von öffentlichen Liefer- und Dienstleistungsaufträgen, deren geschätzter Auftragswert die in § 106 Abs. 2 Nrn. 1 bis 3 GWB[1)] genannten Schwellenwerte nicht erreicht, sind die Regelungen der Unterschwellenvergabeordnung (UVgO)[3)] vom 2. Februar 2017 (BAnz AT 07.02. 2017 B1, 08.02.2017 B1) anzuwenden.

[1)] Nr. **1.**
[2)] Nr. **7.**
[3)] Nr. **15.**

(2) Bei der Vergabe von öffentlichen Bauaufträgen, deren geschätzter Auftragswert die Schwellenwerte nach § 106 Abs. 2 Nrn. 1 bis 3 GWB[1]) nicht erreicht, sind die Regelungen zu den Ausnahmen in den §§ 108, 109, 116 Abs. 2, §§ 117 und 145 GWB[1]) sowie die §§ 118 und 128 GWB[1]) entsprechend anzuwenden. 2Ferner sind die Regelungen des Abschnitts 1 der Vergabe- und Vertragsordnung für Bauleistungen Teil A (VOB/A 2019)[2]) vom 31. Januar 2019 (BAnz AT 19.02.2019 B2) anzuwenden.

(3) Das für Öffentliches Auftragswesen zuständige Ministerium wird ermächtigt, zur Beschleunigung und Vereinfachung von Vergabeverfahren durch Verordnung abweichend von den Vergabe- und Vertragsordnungen zu regeln

1. Grenzen für Auftragswerte, bis zu deren Erreichen eine Auftragsvergabe im Wege einer beschränkten Ausschreibung ohne Teilnahmewettbewerb, einer Verhandlungsvergabe mit oder ohne Teilnahmewettbewerb oder einer freihändigen Vergabe nach den Vergabe- und Vertragsordnungen zulässig ist, sowie weitere Anforderungen an die Durchführung dieser Verfahren,

2. weitere Verfahrenserleichterungen, soweit sie sich auf die in den §§ 8 bis 12, 14, 15, 25, 27 bis 31, 33, 35, 37 bis 40, 46 und 47 UVgO oder in den §§ 3 bis 3b, 4a, 6a, 6b, 8 Abs. 2, §§ 10, 12 bis 14 a, 16b, 19, 20 Abs. 3 und 4 und § 22 VOB/A 2019 geregelten Gegenstände beziehen.

(4)[3]) Das für Öffentliches Auftragswesen zuständige Ministerium wird ermächtigt, durch Verordnung im Einvernehmen mit dem fachlich zuständigen Ministerium Ausnahmen im Sinne des Absatzes 3 von anderen landesrechtlich geregelten Vergabevorschriften auch für Vergaben unterhalb des in § 2 Abs. 1 Satz 1 bestimmten Auftragswerts zuzulassen.

§ 4 Mindestentgelte. (1) Öffentliche Aufträge über Bau- und Dienstleistungen dürfen nur an Unternehmen vergeben werden, die bei Angebotsabgabe erklären, bei der Ausführung des Auftrags im Inland

1. ihren Arbeitnehmerinnen und Arbeitnehmern im Sinne des § 22 des Mindestlohngesetzes (MiLoG) vom 11. August 2014 (BGBl. I S. 1348), geändert durch Artikel 2 Abs. 10 des Gesetzes vom 17. Februar 2016 (BGBl. I S. 203), in der jeweils geltenden Fassung, mindestens ein Mindestentgelt nach den Vorgaben des Mindestlohngesetzes und

2. ihren Arbeitnehmerinnen und Arbeitnehmern, die von Regelungen nach § 1 Abs. 3 MiLoG, insbesondere von Branchentarifverträgen, die nach den Vorgaben des Arbeitnehmer-Entsendegesetzes vom 20. April 2009 (BGBl. I S. 799) – AEntG –, zuletzt geändert durch Artikel 2 Abs. 11 des Gesetzes vom 17. Februar 2016 (BGBl. I S. 203), in der jeweils geltenden Fassung, bundesweit zwingend Anwendung finden, erfasst werden, mindestens ein Mindestentgelt nach den Vorgaben dieser Regelungen

zu zahlen.

(2) Fehlt bei Angebotsabgabe die Erklärung nach Absatz 1 und wird sie auch nach Aufforderung nicht vorgelegt, so ist das Angebot von der Wertung auszuschließen.

---

[1]) Nr. 1.
[2]) Nr. 14.
[3]) Beachte zum Inkrafttreten § 18 Satz 2.

§ 5 Tariftreue im öffentlichen Personenverkehr auf Straße und Schiene. (1) [1] Öffentliche Aufträge über Dienstleistungen im Bereich des öffentlichen Personenverkehrs auf Straße und Schiene im Sinne von § 2 Abs. 4 dürfen nur an Unternehmen vergeben werden, die bei Angebotsabgabe erklären, ihren Arbeitnehmerinnen und Arbeitnehmern bei der Ausführung des Auftrags mindestens das in Niedersachsen für diese Leistung in einem der einschlägigen und repräsentativen mit einer tariffähigen Gewerkschaft vereinbarten Tarifverträge vorgesehene Entgelt unter den dort jeweils vorgesehenen Bedingungen zu zahlen und während der Ausführungslaufzeit Änderungen nachzuvollziehen. [2] Bei Ausschreibungen für grenzüberschreitenden Verkehr kann auch ein einschlägiger und repräsentativer Tarifvertrag aus dem jeweiligen Nachbarstaat der Bundesrepublik Deutschland zugrunde gelegt werden. [3] Kann dabei mit dem öffentlichen Auftraggeber oder den öffentlichen Auftraggebern aus den Nachbarstaaten der Bundesrepublik Deutschland keine Einigung über die Vorgabe der einschlägigen und repräsentativen Tarifverträge erzielt werden, so soll die Beachtung eines einschlägigen Tarifvertrags vorgegeben werden. [4] Ist auch dies nicht möglich, so findet Satz 1 keine Anwendung. [5] Sind die tarifvertraglich zustehenden Entgeltleistungen in mehreren Tarifverträgen geregelt, so gelten diese als ein Tarifvertrag.

(2) [1] Die öffentlichen Auftraggeber geben in der Bekanntmachung oder den Vergabeunterlagen des öffentlichen Auftrags an, welche repräsentativen Tarifverträge für die Ausführung des Auftrags einschlägig sind. [2] Hat das für Arbeitsrecht zuständige Ministerium eine Liste der repräsentativen Tarifverträge veröffentlicht, so reicht es aus, die Tarifverträge durch Bezugnahme auf die Liste zu bezeichnen und anzugeben, wo die Liste veröffentlicht ist.

(3) Fehlt bei Angebotsabgabe die Tariftreueerklärung im Sinne des Absatzes 1 und wird sie auch nach Aufforderung nicht vorgelegt, so ist das Angebot von der Wertung auszuschließen.

(4) [1] Das für Angelegenheiten des Arbeitsrechts zuständige Ministerium stellt fest, welche Tarifverträge repräsentativ sind. [2] Merkmale der Repräsentativität sind

1. die Zahl der von den jeweils tarifgebundenen Arbeitgebern beschäftigten unter den Geltungsbereich des Tarifvertrags fallenden Arbeitnehmerinnen und Arbeitnehmer,

2. die Zahl der jeweils unter den Geltungsbereich des Tarifvertrags fallenden Mitglieder der Gewerkschaft, die den Tarifvertrag geschlossen hat.

[3] Das für Angelegenheiten des Arbeitsrechts zuständige Ministerium regelt im Einvernehmen mit dem für Öffentliches Auftragswesen und dem für Verkehr zuständigen Ministerium durch Verordnung das Verfahren, in dem festgestellt wird, welche Tarifverträge repräsentativ sind, sowie die Art der Veröffentlichung dieser Tarifverträge; in der Verordnung können weitere Merkmale der Repräsentativität festgelegt werden. [4] Die Verordnung regelt, dass im Verfahren zur Feststellung der Repräsentativität ein paritätisch aus Vertreterinnen und Vertretern der Tarifpartner zusammengesetzter Beirat beratend mitwirkt.

(5) [1] Bei dem für Öffentliches Auftragswesen zuständigen Ministerium wird eine Servicestelle eingerichtet, die über dieses Gesetz sowie über Tarifregelungen nach Absatz 1 informiert und die Entgeltregelungen aus den einschlägigen Tarifverträgen unentgeltlich zur Verfügung stellt. [2] Die Servicestelle macht

Muster zur Abgabe von Erklärungen nach § 4 Abs. 1 und § 5 Abs. 1 öffentlich bekannt.

§ 6 Betreiberwechsel bei der Erbringung von Personenverkehrsdiensten. [1] Beabsichtigt der öffentliche Auftraggeber, vom ausgewählten Betreiber gemäß Artikel 4 Abs. 5 Satz 1 der Verordnung (EG) Nr. 1370/2007[1]) zu verlangen, dass dieser die Arbeitnehmerinnen und Arbeitnehmer des bisherigen Betreibers zu deren bisherigen Arbeitsbedingungen übernimmt, so verpflichtet er den bisherigen Betreiber, ihm die hierzu erforderlichen Unterlagen zur Verfügung zu stellen oder Einsicht in Lohn- und Meldeunterlagen, Bücher und andere Geschäftsunterlagen und Aufzeichnungen zu gewähren, aus denen Umfang, Art, Dauer und tatsächliche Entlohnung der Arbeitnehmerinnen und Arbeitnehmer hervorgehen oder abgeleitet werden können. [2] Hierdurch entstehende Aufwendungen des bisherigen Betreibers werden durch den öffentlichen Auftraggeber erstattet.

§ 7 Unangemessen niedrig erscheinende Angebotspreise bei Bauleistungen. [1] Erscheint bei Bauleistungen ein Angebotspreis unangemessen niedrig und hat der öffentliche Auftraggeber deswegen die Angemessenheit des Angebotspreises zu prüfen (§ 16d Abs. 1 Nr. 2 VOB/A 2019[2])), so sind die Unternehmen verpflichtet, die ordnungsgemäße Kalkulation nachzuweisen. [2] Ein Angebotspreis erscheint jedenfalls dann unangemessen niedrig im Sinne von § 16d Abs. 1 Nr. 2 VOB/A 2019, wenn das Angebot, auf das der Zuschlag erteilt werden soll, um mindestens 10 vom Hundert vom nächsthöheren Angebot abweicht. [3] Kommt ein Unternehmen der Verpflichtung nach Satz 1 nicht innerhalb einer vom öffentlichen Auftraggeber gesetzten Frist nach, so ist es vom weiteren Verfahren auszuschließen.

§ 8 Nachweise. (1) Die nach diesem Gesetz vorzulegenden Nachweise und Erklärungen können gemäß den Vergabe- und Vertragsordnungen sowie gemäß der Vergabeverordnung[3]) im Wege der Präqualifikation auch erbracht werden, soweit diese Nachweise und Erklärungen für die Aufnahme in ein Präqualifikationsverzeichnis, ein amtliches Verzeichnis oder ein Zertifizierungssystem nicht erforderlich sind.

(2) [1] Bei der Vergabe von Bauaufträgen hat das Unternehmen, das den Zuschlag erhalten soll, für den Fall, dass es nicht in das Präqualifikationsverzeichnis des Vereins für die Qualifizierung von Bauunternehmen eingetragen ist, durch Unterlagen, die nicht älter als ein Jahr sein dürfen, den Nachweis der vollständigen Entrichtung von Beiträgen zur gesetzlichen Sozialversicherung zu erbringen. [2] Die Unterlagen müssen von den zuständigen in- oder ausländischen Sozialversicherungsträger ausgestellt sein. [3] Der Nachweis nach Satz 1 kann durch eine Bescheinigung des ausländischen Staates erbracht werden. [4] Bei fremdsprachigen Bescheinigungen ist eine Übersetzung in die deutsche Sprache beizufügen.

§ 9 Förderung kleiner und mittlerer Unternehmen. (1) [1] Mittelständische Interessen sind bei der Vergabe öffentlicher Aufträge vornehmlich zu berück-

---

[1]) Nr. **7**.
[2]) Nr. **14**.
[3]) Nr. **2**.

sichtigen. [2] Daher sind bei der Vergabe öffentlicher Aufträge Leistungen in den Vergabeunterlagen nach Art und Umfang so in der Menge aufgeteilt (Teillose) und getrennt nach Fachgebieten (Fachlose) festzulegen, dass kleine und mittlere Unternehmen am Wettbewerb teilnehmen und beim Zuschlag berücksichtigt werden können. [3] Mehrere Teil- oder Fachlose dürfen zusammen vergeben werden, wenn wirtschaftliche oder technische Gründe dies erfordern. [4] Generalunternehmervergaben stellen den Ausnahmefall dar und bedürfen einer gesonderten Begründung.

(2) Öffentliche Auftraggeber sollen kleine und mittlere Unternehmen bei beschränkten Ausschreibungen ohne Teilnahmewettbewerb, Verhandlungsvergaben ohne Teilnahmewettbewerb und freihändigen Vergaben in angemessenem Umfang zur Angebotsabgabe auffordern.

§ 10 Umweltverträgliche Beschaffung. [1] Öffentliche Auftraggeber können bei der Festlegung der Anforderungen an die zu beschaffenden Gegenstände oder Leistungen berücksichtigen, inwieweit deren Erstellung, Lieferung, Nutzung und Entsorgung umweltverträglich erfolgt. [2] Entsprechende Anforderungen müssen im sachlichen Zusammenhang mit dem Auftragsgegenstand stehen und sich aus der Leistungsbeschreibung ergeben.

§ 11 Berücksichtigung sozialer Kriterien. (1) [1] Öffentliche Auftraggeber können soziale Kriterien als Anforderungen an die Unternehmen berücksichtigen. [2] Soziale Anforderungen dürfen nur für die Auftragsausführung und nur an Unternehmen mit mindestens 20 Arbeitnehmerinnen und Arbeitnehmern gestellt werden.

(2) Zu berücksichtigende soziale Kriterien können insbesondere sein:

1. die Beschäftigung von schwerbehinderten Menschen,
2. die Förderung der Chancengleichheit und Gleichstellung von Frauen und Männern im Beruf,
3. die Beschäftigung von Auszubildenden,
4. die Beteiligung an tariflichen Umlageverfahren zur Sicherung der beruflichen Erstausbildung oder an Ausbildungsverbünden oder
5. die Beschäftigung von Langzeitarbeitslosen.

§ 12 Beachtung von ILO-Mindestanforderungen an die Arbeitsbedingungen. (1) [1] Bei der Vergabe von Bau-, Liefer- oder Dienstleistungen ist darauf hinzuwirken, dass im Anwendungsbereich des Absatzes 2 keine Waren Gegenstand der Leistung sind, die unter Missachtung der in den Kernarbeitsnormen der Internationalen Arbeitsorganisation (ILO) festgelegten Mindestanforderungen gewonnen oder hergestellt worden sind. [2] Diese Mindestanforderungen ergeben sich aus

1. dem Übereinkommen Nr. 29 über Zwangs- oder Pflichtarbeit vom 28. Juni 1930 (BGBl. 1956 II S. 641),
2. dem Übereinkommen Nr. 87 über die Vereinigungsfreiheit und den Schutz des Vereinigungsrechtes vom 9. Juli 1948 (BGBl. 1956 II S. 2073),
3. dem Übereinkommen Nr. 98 über die Anwendung der Grundsätze des Vereinigungsrechtes und des Rechtes zu Kollektivverhandlungen vom 1. Juli 1949 (BGBl. 1955 II S. 1123),

4. dem Übereinkommen Nr. 100 über die Gleichheit des Entgelts männlicher und weiblicher Arbeitskräfte für gleichwertige Arbeit vom 29. Juni 1951 (BGBl. 1956 II S. 24),

5. dem Übereinkommen Nr. 105 über die Abschaffung der Zwangsarbeit vom 25. Juni 1957 (BGBl. 1959 II S. 442),

6. dem Übereinkommen Nr. 111 über die Diskriminierung in Beschäftigung und Beruf vom 25. Juni 1958 (BGBl. 1961 II S. 98),

7. dem Übereinkommen Nr. 138 über das Mindestalter für die Zulassung zur Beschäftigung vom 26. Juni 1973 (BGBl. 1976 II S. 202) und

8. dem Übereinkommen Nr. 182 über das Verbot und unverzügliche Maßnahmen zur Beseitigung der schlimmsten Formen der Kinderarbeit vom 17. Juni 1999 (BGBl. 2001 II S. 1291).

(2)[1] [1]Die Landesregierung bestimmt durch Verordnung, auf welche Produktgruppen oder Herstellungsverfahren Absatz 1 anzuwenden ist und welchen Mindestinhalt die vertraglichen Regelungen nach Absatz 1 Satz 1 haben sollen. [2]Die Verordnung trifft Bestimmungen zu Zertifizierungen und Nachweisen sowie zur vertraglichen Ausgestaltung von Kontrollen und vertraglichen Sanktionen.

§ 13 Nachunternehmen, Verleihunternehmen. (1) [1]Soweit Nachunternehmen bei der Ausführung des Auftrags eingesetzt werden, muss sich das Unternehmen verpflichten, den eingesetzten Nachunternehmen die Erklärung nach § 4 Abs. 1 und bei Bauleistungen außerdem den Nachweis nach § 8 Abs. 2 abzuverlangen und diese Erklärungen und Nachweise dem öffentlichen Auftraggeber vorzulegen. [2]Soweit bei Aufträgen nach § 2 Abs. 4 Unteraufträge im Sinne von Artikel 4 Abs. 7 der Verordnung (EG) Nr. 1370/2007[2] erteilt werden, muss sich das Unternehmen verpflichten, den eingesetzten Nachunternehmen stattdessen die Erklärung nach § 5 Abs. 1 abzuverlangen und dem öffentlichen Auftraggeber vorzulegen. [3]Das Unternehmen, das einen Auftrag an ein Nachunternehmen vergibt, hat vertraglich sicherzustellen, dass das Nachunternehmen die ihm nach Satz 1 aufzuerlegenden Verpflichtungen übernimmt und die Verpflichtungen, auf die sich die in Satz 1 genannten Erklärungen und Nachweise beziehen, einhält. [4]Für Nachunternehmen gilt § 8 Abs. 1 entsprechend. [5]Werden bei der Ausführung des Auftrags Arbeitnehmerinnen oder Arbeitnehmer überlassen im Sinne des § 1 Abs. 1 des Arbeitnehmerüberlassungsgesetzes (AÜG) in der Fassung vom 3. Februar 1995 (BGBl. I S. 158), zuletzt geändert durch Artikel 7 des Gesetzes vom 11. August 2014 (BGBl. I S. 1348), in der jeweils geltenden Fassung, so gelten die Sätze 1 bis 4 entsprechend.

(2) [1]Bei der Vergabe von Bauaufträgen haben die Unternehmen bei Abgabe ihres Angebots ein Verzeichnis der Leistungen, die durch Nachunternehmen erbracht werden sollen, vorzulegen. [2]Der öffentliche Auftraggeber legt in den Vergabeunterlagen fest, ob die Nachunternehmen, die die Unternehmen für diese Leistungen einsetzen wollen, vor Zuschlagserteilung benannt werden müssen. [3]Nach Zuschlagserteilung bedarf die Einschaltung oder der Wechsel eines Nachunternehmens der Zustimmung des öffentlichen Auftraggebers.

---

[1] Beachte zum Inkrafttreten § 18 Satz 2.
[2] Nr. 7.

[4] Für die Einschaltung und den Wechsel eines Verleihunternehmens gelten die Sätze 2 und 3 entsprechend.

(3) Auf die Vorlage von Erklärungen und Nachweisen kann der öffentliche Auftraggeber verzichten, soweit der Anteil des Auftrags, der auf das jeweilige Nachunternehmen entfällt, weniger als 3 000 Euro (ohne Umsatzsteuer) beträgt.

§ 14 Kontrollen. (1) [1] Die öffentlichen Auftraggeber sind gehalten, Kontrollen durchzuführen, um zu überprüfen, ob die beauftragten Unternehmen sowie die jeweiligen Nachunternehmen und Verleihunternehmen die von ihnen im Hinblick auf dieses Gesetz übernommenen vergaberechtlichen Verpflichtungen einhalten. [2] Das beauftragte Unternehmen sowie die jeweiligen Nachunternehmen und Verleihunternehmen sind verpflichtet, dem öffentlichen Auftraggeber die Einhaltung der Verpflichtungen nach Satz 1 auf dessen Verlangen jederzeit nachzuweisen.

(2) Der öffentliche Auftraggeber darf Einsicht in Unterlagen, insbesondere in Lohn- und Meldeunterlagen, Bücher und andere Geschäftsunterlagen und Aufzeichnungen, nehmen, aus denen Umfang, Art, Dauer und tatsächliche Entlohnung der Beschäftigten hervorgehen oder abgeleitet werden, um die Einhaltung der vergaberechtlichen Verpflichtungen nach Absatz 1 Satz 1 zu überprüfen, die sich auf die Beschäftigten beziehen.

(3) Liegen den öffentlichen Auftraggebern Anhaltspunkte dafür vor, dass die sich aus den Erklärungen nach § 4 Abs. 1 oder § 5 Abs. 1 ergebenden Verpflichtungen nicht eingehalten werden, so sind sie zur Durchführung von Kontrollen verpflichtet.

(4) [1] Das beauftragte Unternehmen sowie die Nachunternehmen und Verleihunternehmen haben vollständige und prüffähige Unterlagen nach Absatz 2 über die eingesetzten Beschäftigten bereitzuhalten. [2] Auf Verlangen des öffentlichen Auftraggebers sind ihm diese Unterlagen vorzulegen. [3] Das beauftragte Unternehmen sowie die Nachunternehmen und Verleihunternehmen haben ihre Beschäftigten auf die Möglichkeit solcher Kontrollen hinzuweisen.

(5) Die Rechte des öffentlichen Auftraggebers nach Absatz 1 Satz 2 und den Absätzen 2 und 4 zur Einsichtnahme in Unterlagen sowie die Auskunfts- und Mitwirkungspflichten des beauftragten Unternehmens, der jeweiligen Nachunternehmen und Verleihunternehmen sind vertraglich sicherzustellen.

(6) Die Servicestelle nach § 5 Abs. 5 nimmt Hinweise zu öffentlichen Aufträgen entgegen, die Anlass für Kontrollen nach Absatz 1 oder 3 sein können, und leitet diese an den jeweiligen öffentlichen Auftraggeber weiter.

§ 15 Sanktionen. (1) [1] Um die Einhaltung der sich aus den Erklärungen nach § 4 Abs. 1 oder § 5 Abs. 1 ergebenden Verpflichtungen zu sichern, hat der öffentliche Auftraggeber für jeden schuldhaften Verstoß eine Vertragsstrafe in Höhe von 1 vom Hundert des Auftragswerts mit dem beauftragten Unternehmen zu vereinbaren; bei mehreren Verstößen darf die Summe der Vertragsstrafen 10 vom Hundert des Auftragswerts nicht überschreiten. [2] Das beauftragte Unternehmen ist zur Zahlung einer Vertragsstrafe nach Satz 1 auch für den Fall zu verpflichten, dass der Verstoß durch ein Nachunternehmen oder ein Verleihunternehmen begangen wird und das beauftragte Unternehmen den Verstoß kannte oder kennen musste. [3] Ist die verwirkte Vertragsstrafe unverhältnismäßig hoch, so kann sie vom öffentlichen Auftraggeber auf Antrag des beauftragten Unternehmens auf einen angemessenen Betrag herabgesetzt werden.

(2) Der öffentliche Auftraggeber vereinbart mit dem zu beauftragenden Unternehmen, dass die schuldhafte und nicht nur unerhebliche Nichterfüllung einer sich aus den Erklärungen nach § 4 Abs. 1 oder § 5 Abs. 1 ergebenden Verpflichtung durch das beauftragte Unternehmen, ein Nachunternehmen oder ein Verleihunternehmen den öffentlichen Auftraggeber zur fristlosen Kündigung aus wichtigem Grund berechtigt.

(3) Hat das beauftragte Unternehmen, ein Nachunternehmen oder ein Verleihunternehmen mindestens grob fahrlässig oder mehrfach gegen die sich aus der Erklärung nach § 5 Abs. 1 ergebenden Verpflichtungen verstoßen, so hat der öffentliche Auftraggeber das betreffende Unternehmen, Nachunternehmen oder Verleihunternehmen für die Dauer von bis zu drei Jahren von seiner Vergabe öffentlicher Aufträge als zu beauftragendes Unternehmen, Nachunternehmen und Verleihunternehmen auszuschließen.

(4) Die öffentlichen Auftraggeber haben die für die Verfolgung und Ahndung von Ordnungswidrigkeiten nach § 21 MiLoG, nach § 23 AEntG und nach § 16 AÜG zuständigen Stellen über Verstöße der Unternehmen gegen die in § 4 Abs. 1 genannten Mindestentgeltregelungen zu informieren.

§ 16 Informations- und Wartepflicht. (1) [1] Bei der Vergabe öffentlicher Aufträge, deren geschätzter Auftragswert den jeweiligen Schwellenwert gemäß § 106 Abs. 2 Nrn. 1 bis 3 GWB[1]) nicht erreicht, haben öffentliche Auftraggeber die Unternehmen, deren Angebote nicht berücksichtigt werden sollen, über den Namen des Unternehmens, auf dessen Angebot der Zuschlag erteilt werden soll, über die Gründe der vorgesehenen Nichtberücksichtigung ihres Angebots und über die Wartefrist bis zur Zuschlagserteilung gemäß Absatz 2 in Textform zu informieren. [2] Dies gilt entsprechend auch für Unternehmen, denen keine Information über die Ablehnung ihrer Bewerbung im Teilnahmewettbewerb zur Verfügung gestellt wurde, bevor die Mitteilung über die Zuschlagsentscheidung an die Unternehmen nach Satz 1 ergangen ist.

(2) [1] Der Zuschlag darf frühestens 15 Kalendertage nach Absendung der Information nach Absatz 1 erteilt werden. [2] Wird die Information auf elektronischem Weg oder durch Telefax versendet, verkürzt sich die Frist auf zehn Kalendertage. [3] Die Frist beginnt am Tag nach der Absendung der Information durch den öffentlichen Auftraggeber; auf den Tag des Zugangs beim betroffenen Unternehmen kommt es nicht an.

(3) [1] Die Informationspflicht entfällt in Fällen besonderer Dringlichkeit. [2] Im Fall verteidigungs- oder sicherheitsspezifischer Aufträge (§ 104 GWB[1])) und aus Gründen der Geheimhaltung können öffentliche Auftraggeber darauf verzichten, bestimmte Informationen über die vorgesehene Zuschlagserteilung mitzuteilen, wenn die Offenlegung den Gesetzesvollzug behindern, dem öffentlichen Interesse, insbesondere Verteidigungs-, Sicherheits- oder Geheimhaltungsinteressen, zuwiderlaufen, berechtigte geschäftliche Interessen von Unternehmen schädigen oder den lauteren Wettbewerb zwischen ihnen beeinträchtigen würde.

---

[1]) Nr. 1.

§ 17 Übergangsbestimmungen. (1) Auf Vergaben, die vor dem Inkrafttreten dieses Gesetzes begonnen haben, ist das Niedersächsische Landesvergabegesetz vom 15. Dezember 2008 (Nds. GVBl. S. 411), geändert durch Gesetz vom 19. Januar 2012 (Nds. GVBl. S. 6), anzuwenden.

(2) Auf Vergaben, die vor dem 1. Juli 2016 begonnen haben, ist dieses Gesetz in der am 30. Juni 2016 geltenden Fassung anzuwenden.

(3) Auf Vergaben, die vor dem 1. Januar 2020 begonnen haben, ist dieses Gesetz in der am 31. Dezember 2019 geltenden Fassung anzuwenden.

(4) Auf Vergaben, die zwischen dem 1. Januar und dem 30. Juni 2020 begonnen haben, findet § 38 Abs. 2 und 3 UVgO[1] keine Anwendung.

§ 18 Inkrafttreten. [1]Dieses Gesetz tritt am 1. Januar 2014 in Kraft. [2]Abweichend von Satz 1 treten § 3 Abs. 3 und 4, § 4 Abs. 4 und 5, § 5 Abs. 2 sowie § 12 Abs. 2 am Tag nach der Verkündung[2] dieses Gesetzes in Kraft.

---

[1] Nr. **15**.
[2] Verkündet am 7.11.2013.

25. Gesetz über die Sicherung von Tariftreue und Mindestlohn bei der Vergabe öffentlicher Aufträge (Tariftreue- und Vergabegesetz Nordrhein-Westfalen – TVgG NRW)[1)]

Vom 22. März 2018

(GV. NRW. S. 172)

§ 1 Zweck des Gesetzes, Anwendungsbereich. (1) Zweck dieses Gesetzes ist es, einen fairen Wettbewerb um das wirtschaftlichste Angebot bei der Vergabe öffentlicher Aufträge sicherzustellen, bei gleichzeitiger Sicherung von Tariftreue und Einhaltung des Mindestlohns.

(2) Dieses Gesetz gilt für die Vergabe öffentlicher Aufträge über die Beschaffung von Leistungen, die die Ausführung von Bauleistungen oder die Erbringung von Dienstleistungen im Sinne des § 103 Absatz 1 des Gesetzes gegen Wettbewerbsbeschränkungen[2)] in der Fassung der Bekanntmachung vom 26. Juni 2013 (BGBl. I S. 1750, 3245), das zuletzt durch Artikel 2 Absatz 2 des Gesetzes vom 18. Juli 2017 (BGBl. I S. 2739) geändert worden ist, zum Gegenstand haben.

(3) [1]Im Bereich des öffentlichen Personenverkehrs gelten die Regelungen dieses Gesetzes für alle öffentlichen Aufträge nach Absatz 2, die Dienstleistungsaufträge im Sinne der Verordnung (EG) Nr. 1370/2007[3)] des Europäischen Parlaments und des Rates vom 23. Oktober 2007 über öffentliche Personenverkehrsdienste auf Schiene und Straße und zur Aufhebung der Verordnungen (EWG) Nr. 1191/69 und (EWG) Nr. 1107/70 des Rates (ABl. L 315 vom 3.12.2007, S. 1), die durch Verordnung (EU) 2016/2338 (ABl. L 354 vom 23.12.2016, S. 22) geändert worden ist, sind. [2]Dieses Gesetz gilt auch für öffentliche Aufträge über Beförderungsleistungen im Sinne von § 1 der Freistellungs-Verordnung in der im Bundesgesetzblatt Teil III, Gliederungsnummer 9240-1-1, veröffentlichten bereinigten Fassung, die zuletzt durch Artikel 1 der Verordnung vom 4. Mai 2012 (BGBl. I S. 1037) geändert worden ist.

(4) Öffentliche Auftraggeber im Sinne dieses Gesetzes sind die nordrhein-westfälischen Auftraggeber im Sinne von § 99 des Gesetzes gegen Wettbewerbsbeschränkungen[2)].

(5) [1]Dieses Gesetz gilt ab einem geschätzten Auftragswert von 25 000 Euro (ohne Umsatzsteuer). [2]Für die Schätzung des Auftragswerts gilt § 3 der Vergabeverordnung[4)] vom 12. April 2016 (BGBl. I S. 624), die durch Artikel 8 des Gesetzes vom 18. Juli 2017 (BGBl. I S. 2745) geändert worden ist.

(6) [1]Dieses Gesetz gilt nicht für öffentliche Aufträge von Sektoren- und Konzessionsauftraggebern im Sinne der §§ 100 und 101 des Gesetzes gegen Wettbewerbsbeschränkungen[2)], für verteidigungs- und sicherheitsspezifische öffentliche Aufträge im Sinne des § 104 des Gesetzes gegen Wettbewerbsbeschränkungen[2)], für Konzessionen im Sinne des § 105 des Gesetzes gegen

---

[1)] Verkündet als Art. 2 G v. 22.3.2018 (GV. NRW. S. 172).
[2)] Nr. **1**.
[3)] Nr. **7**.
[4)] Nr. **2**.

Wettbewerbsbeschränkungen[1], für öffentliche Aufträge im Sinne der §§ 107, 108, 109, 116 und 117 des Gesetzes gegen Wettbewerbsbeschränkungen[1]. [2] Satz 1 gilt nicht für öffentliche Aufträge im Sinne von § 102 Absatz 4 des Gesetzes gegen Wettbewerbsbeschränkungen[1], soweit diese von § 1 Absatz 3 erfasst sind.

(7) Das Gesetz gilt nicht für öffentliche Aufträge, die im Namen oder im Auftrag des Bundes ausgeführt werden.

(8) [1] Sollen öffentliche Aufträge gemeinsam mit Auftraggebern aus anderen Ländern oder aus Nachbarstaaten der Bundesrepublik Deutschland vergeben werden, soll mit diesen eine Einigung über die Einhaltung der Bestimmungen dieses Gesetzes angestrebt werden. [2] Kommt keine Einigung zustande, kann von den Bestimmungen dieses Gesetzes abgewichen werden.

§ 2 Tariftreuepflicht, Mindestlohn. (1) Bei öffentlichen Aufträgen für Leistungen, deren Erbringung dem Geltungsbereich

1. eines nach dem Tarifvertragsgesetz in der Fassung der Bekanntmachung vom 25. August 1969 (BGBl. I S. 1323) in der jeweils geltenden Fassung für allgemein verbindlich erklärten Tarifvertrages,

2. eines nach dem Tarifvertragsgesetz mit den Wirkungen des Arbeitnehmer-Entsendegesetzes vom 20. April 2009 (BGBl. I S. 799) in der jeweils geltenden Fassung für allgemein verbindlich erklärten Tarifvertrages oder

3. einer nach den §§ 7, 7a oder 11 des Arbeitnehmer-Entsendegesetzes oder nach § 3a des Arbeitnehmerüberlassungsgesetzes in der Fassung der Bekanntmachung vom 3. Februar 1995 (BGBl. I S. 158) in der jeweils geltenden Fassung erlassenen Rechtsverordnung unterfällt,

muss das beauftragte Unternehmen bei der Ausführung des Auftrags wenigstens diejenigen Mindestarbeitsbedingungen einschließlich des Mindestentgelts gewähren, die in dem Tarifvertrag oder der Rechtsverordnung verbindlich vorgegeben werden.

(2) Bei öffentlichen Aufträgen im Sinne des § 1 Absatz 3 Satz 1 im Bereich des öffentlichen Personenverkehrs auf Straße und Schiene muss das beauftragte Unternehmen seinen Beschäftigten (ohne Auszubildende) bei der Ausführung des Auftrags wenigstens das in Nordrhein-Westfalen für diese Leistung in einem einschlägigen und repräsentativen mit einer tariffähigen Gewerkschaft vereinbarten Tarifvertrag vorgesehene Entgelt nach den tarifvertraglich festgelegten Modalitäten zahlen und während der Ausführungslaufzeit Änderungen nachvollziehen.

(3) [1] Darüber hinaus muss bei allen anderen öffentlichen Aufträgen im Sinne des § 1 Absatz 2 das beauftragte Unternehmen bei der Ausführung der Leistung wenigstens ein Entgelt zahlen, das den Vorgaben des Mindestlohngesetzes vom 11. August 2014 (BGBl. I S. 1348) in der jeweils geltenden Fassung entspricht. [2] Satz 1 gilt nur, sofern die ausgeschriebene Leistung im Hoheitsgebiet der Bundesrepublik Deutschland erbracht wird.

(4) [1] Die in Absatz 1 bis 3 auferlegten Pflichten gelten entsprechend für sämtliche Nachunternehmen des beauftragten Unternehmens. [2] Das beauftragte Unternehmen stellt sicher, dass die Nachunternehmen die in Absatz 1 bis 3 auferlegten Pflichten ebenfalls einhalten.

---

[1] Nr. 1.

(5) Öffentliche Auftraggeber sind berechtigt, Kontrollen durchzuführen, um die Einhaltung der in Absatz 1 bis 4 auferlegten Pflichten zu überprüfen.

(6) Öffentliche Auftraggeber müssen Vertragsbedingungen verwenden,

1. durch die die beauftragten Unternehmen verpflichtet sind, die in den Absatz 1 bis 4 genannten Vorgaben einzuhalten,

2. die dem öffentlichen Auftraggeber ein Recht zur Kontrolle und Prüfung der Einhaltung der Vorgaben einräumen und dessen Umfang regeln und

3. die dem öffentlichen Auftraggeber ein vertragliches außerordentliches Kündigungsrecht sowie eine Vertragsstrafe für den Fall der Verletzung der in Absatz 1 bis 4 genannten Pflichten einräumen.

(7) Bei öffentlichen Aufträgen im Sinne von § 1 Absatz 3 sind die gemäß § 3 von dem für Arbeit zuständigen Ministerium für repräsentativ erklärten Tarifverträge sowie die Vertragsbedingungen vom öffentlichen Auftraggeber in der Auftragsbekanntmachung oder den Vergabeunterlagen des Vergabeauftrags aufzuführen.

(8) Erfüllt die Vergabe eines öffentlichen Auftrages die Voraussetzungen von mehr als einer der in Absatz 1 bis 3 getroffenen Regelungen, so gilt die für die Beschäftigten jeweils günstigste Regelung.

§ 3 Rechtsverordnungen. (1) Das für Arbeit zuständige Ministerium wird ermächtigt, durch Rechtsverordnung festzustellen, welcher Tarifvertrag oder welche Tarifverträge im Bereich des öffentlichen Personenverkehrs gemäß § 1 Absatz 3 repräsentativ im Sinne von § 2 Absatz 2 sind.

(2) [1]Bei der Feststellung der Repräsentativität eines oder mehrerer Tarifverträge nach § 3 Absatz 1 ist auf die Bedeutung des oder der Tarifverträge für die Arbeitsbedingungen der Arbeitnehmer abzustellen. [2]Hierbei kann insbesondere auf

1. die Zahl der von den jeweils tarifgebundenen Arbeitgebern unter den Geltungsbereich des Tarifvertrags fallenden Beschäftigten oder

2. die Zahl der jeweils unter den Geltungsbereich des Tarifvertrags fallenden Mitglieder der Gewerkschaft, die den Tarifvertrag geschlossen hat,

Bezug genommen werden. [3]Das für Arbeit zuständige Ministerium errichtet einen beratenden Ausschuss für die Feststellung der Repräsentativität der Tarifverträge. [4]Es bestellt für die Dauer von vier Jahren je drei Vertreter der Gewerkschaften und der Arbeitgeber oder *Arbeitgeberverbänden*[1]) im Bereich des öffentlichen Personenverkehrs auf deren Vorschlag als Mitglieder. [5]Die Beratungen koordiniert und leitet eine von dem für Arbeit zuständigen Ministerium beauftragte Person, die kein Stimmrecht hat. [6]Der Ausschuss gibt eine schriftlich begründete Empfehlung ab. [7]Kommt ein mehrheitlicher Beschluss über eine Empfehlung nicht zustande, ist dies unter ausführlicher Darstellung der unterschiedlichen Positionen schriftlich mitzuteilen. [8]Das für Arbeit zuständige Ministerium wird ermächtigt, das Nähere zur Bestellung des Ausschusses, zu Beratungsverfahren und Beschlussfassung, zur Geschäftsordnung und zur Vertretung und Entschädigung der Mitglieder durch Rechtsverordnung zu regeln.

§ 4 Inkrafttreten. Dieses Gesetz tritt am Tag nach der Verkündung[2]) in Kraft.

---

[1]) Richtig wohl: „Arbeitgeberverbände".
[2]) Verkündet am 29.3.2018.

26. Landesgesetz zur Gewährleistung von Tariftreue und Mindestentgelt bei öffentlichen Auftragsvergaben (Landestariftreuegesetz – LTTG)[1)][2)]

Vom 1. Dezember 2010

(GVBl. S. 426)

BS Rh-Pf 70-31

zuletzt geänd. durch Art. 3 G zur Änd. haushalts- und vergaberechtlicher Vorschriften v. 26.11.2019
(GVBl. S. 333)

§ 1 Ziel, Regelungsbereich und allgemeine Grundsätze. (1) [1] Dieses Gesetz wirkt Verzerrungen im Wettbewerb um öffentliche Aufträge entgegen, die durch den Einsatz von Niedriglohnkräften entstehen, und mildert Belastungen für die sozialen Sicherungssysteme. [2] Es bestimmt zu diesem Zweck, dass öffentliche Auftraggeber öffentliche Aufträge im Sinne des § 103 Abs. 1 des Gesetzes gegen Wettbewerbsbeschränkungen (GWB)[3)] in der Fassung vom 26. Juni 2013 (BGBl. I S. 1750, 3245) in der jeweils geltenden Fassung nach Maßgabe dieses Gesetzes nur an Unternehmen vergeben dürfen, die ihren Beschäftigten das in diesem Gesetz festgesetzte Mindestentgelt bezahlen und sich tariftreu verhalten.

(2) Öffentliche Aufträge dürfen nur an fachkundige, leistungsfähige sowie gesetzestreue und zuverlässige Unternehmen vergeben werden.

(3) [1] Für die Auftragsausführung können zusätzliche Anforderungen an Auftragnehmer gestellt werden, die insbesondere soziale, umweltbezogene oder innovative Aspekte betreffen, wenn sie im sachlichen Zusammenhang mit dem Auftragsgegenstand stehen und sich aus der Leistungsbeschreibung ergeben. [2] Als soziale Aspekte in diesem Sinne können insbesondere gefordert werden

1. die Beschäftigung von Auszubildenden,

2. die Beschäftigung von Langzeitarbeitslosen und

3. die Sicherstellung der Entgeltgleichheit von Frauen und Männern.

(4) [1] Aufgabenträger haben im Rahmen der Vergabe eines öffentlichen Dienstleistungsauftrags im Sinne der Verordnung (EG) Nr. 1370/2007[4)] des Europäischen Parlaments und des Rates vom 23. Oktober 2007 über öffentliche Personenverkehrsdienste auf Schiene und Straße und zur Aufhebung der Verordnungen (EWG) Nr. 1191/69 und (EWG) Nr. 1107/70 des Rates (ABl. EU Nr. L 315 S. 1) in der jeweils geltenden Fassung Auftragnehmer auf der Grundlage von Artikel 4 Abs. 5 der Verordnung (EG) Nr. 1370/2007 dazu zu verpflichten, den Arbeitnehmerinnen und Arbeitnehmern, die zuvor zur Erbringung der Dienste eingestellt wurden, ein Angebot zur Übernahme zu den bisherigen Arbeitsbedingungen zu unterbreiten. [2] Der bisherige Betreiber

---

[1)] Verkündet als Art. 1 G v. 1.12.2010 (GVBl. S. 426); Inkrafttreten gem. Art. 4 Satz 1 dieses G am 1.3.2011. Bestimmungen, die zum Erlass von Rechtsverordnungen oder Verwaltungsvorschriften ermächtigen, treten gem. Art. 4 Satz 2 am 14.12.2010 in Kraft.

[2)] Für öffentliche Aufträge, deren Ausschreibung vor dem 1.1.2014 erfolgt ist, richtet sich die Höhe des Mindestentgelts nach den bisher geltenden Bestimmungen, vgl. hierzu Art. 2 Satz 2 G zur Änd. des LandestariftreueG v. 22.11.2013 (GVBl. S. 469) und Art. 2 Abs. 3 Zweites G zur Änd. des LandestariftreueG v. 8.3.2016 (GVBl. S. 178).

[3)] Nr. 1.

[4)] Nr. 7.

ist nach Aufforderung des Aufgabenträgers binnen sechs Wochen dazu verpflichtet, dem Aufgabenträger alle hierzu erforderlichen Informationen zur Verfügung zu stellen. [3] In einem repräsentativen Tarifvertrag im Sinne von § 4 Abs. 3 können Regelungen zu den Arbeitsbedingungen getroffen werden, auf die im Falle einer Übernahme der Arbeitnehmerinnen und Arbeitnehmer auf der Grundlage von Artikel 4 Abs. 5 der Verordnung (EG) Nr. 1370/2007 als vorrangig verwiesen werden kann.

§ 2 Anwendungsbereich. [1] Dieses Gesetz gilt für

1. das Land,
2. die Gemeinden und die Gemeindeverbände und
3. die öffentlichen Auftraggeber im Sinne des § 99 Nr. 2, 3 und 4 GWB[1]) und Sektorenauftraggeber im Sinne des § 100 GWB[1]) sowie

(öffentliche Auftraggeber), soweit sie in Rheinland-Pfalz öffentliche Aufträge vergeben, sowie

4. die dadurch betroffenen Unternehmen und Nachunternehmen

ab einem geschätzten Auftragswert von 20 000 Euro. [2] Für die Schätzung gilt § 3 der Vergabeverordnung[2]) vom 12. April 2016 (BGBl. I S. 624) in der jeweils geltenden Fassung.

§ 2a Beachtung der ILO-Kernarbeitsnormen. Bei der Vergabe öffentlicher Aufträge ist darauf hinzuwirken, dass keine Waren Gegenstand der Leistung sind, die unter Missachtung der in den Kernarbeitsnormen der Internationalen Arbeitsorganisation (ILO) festgelegten Mindestanforderungen gewonnen oder hergestellt worden sind.

§ 3 Mindestentgelt. [1] Soweit nicht nach § 4 Mindestentgelt- oder Tariftreueerklärungen gefordert werden können, dürfen öffentliche Aufträge nur an Unternehmen vergeben werden, die sich bei Angebotsabgabe in Textform verpflichten, ihren Beschäftigten bei der Ausführung der Leistung ein Entgelt von mindestens 8,90 Euro (brutto) pro Stunde zu zahlen (Mindestentgelt). [2] Satz 1 gilt nicht für die Leistungserbringung durch Auszubildende. [3] Fehlt die Mindestentgelterklärung bei Angebotsabgabe und wird sie auch nach Aufforderung nicht vorgelegt, so ist das Angebot von der Wertung auszuschließen. [4] Hat die Servicestelle nach § 4 Abs. 5 Muster zur Abgabe von Mindestentgelterklärungen öffentlich bekannt gemacht, können diese verwendet werden.

§ 4 Tariftreuepflicht. (1) Öffentliche Aufträge, die vom Arbeitnehmer-Entsendegesetz (AEntG) vom 20. April 2009 (BGBl. I S. 799) in der jeweils geltenden Fassung erfasst werden, dürfen nur an Unternehmen vergeben werden, die sich bei Angebotsabgabe in Textform verpflichten, ihren Beschäftigten bei der Ausführung der Leistung ein Entgelt zu zahlen, das in Höhe und Modalitäten mindestens den Vorgaben desjenigen Tarifvertrages entspricht, an den das Unternehmen aufgrund des Arbeitnehmer-Entsendegesetzes gebunden ist.

(2) [1] Leistungen, die vom Mindestlohngesetz (MiLoG) vom 11. August 2014 (BGBl. I S. 1348) in der jeweils geltenden Fassung erfasst werden, dürfen nur

---

[1]) Nr. **1.**
[2]) Nr. **2.**

an Unternehmen vergeben werden, die sich bei Angebotsabgabe in Textform verpflichten, ihren unter das Mindestlohngesetz fallenden Beschäftigten bei der Ausführung der Leistung ein Entgelt zu zahlen, das mindestens den jeweils geltenden Vorgaben des Mindestlohngesetzes und der gemäß § 1 Abs. 2 Satz 2 MiLoG erlassenen Rechtsverordnung entspricht, und Änderungen während der Ausführungslaufzeit gegenüber den Beschäftigten nachzuvollziehen; § 3 Satz 3 und 4 gilt entsprechend. [2]Satz 1 findet so lange keine Anwendung, bis die Höhe des nach dem Mindestlohngesetz und der gemäß § 1 Abs. 2 Satz 2 MiLoG erlassenen Rechtsverordnung zu zahlenden Mindestlohns erstmals die Höhe des nach § 3 Satz 1 zu zahlenden Mindestentgelts bei Angebotsabgabe erreicht oder diese übersteigt.

(3) [1]Öffentliche Aufträge über Dienstleistungen im Bereich des öffentlichen Personenverkehrs auf Straße und Schiene dürfen nur an Unternehmen vergeben werden, die sich bei Angebotsabgabe in Textform verpflichten, ihren Beschäftigten bei der Ausführung der Leistung mindestens das in Rheinland-Pfalz für diese Leistung in einem einschlägigen und repräsentativen mit einer tariffähigen Gewerkschaft vereinbarten Tarifvertrag vorgesehene Entgelt nach den tarifvertraglich festgelegten Modalitäten zu zahlen und während der Ausführungslaufzeit Änderungen nachzuvollziehen. [2]Dies gilt auch für öffentliche Aufträge im freigestellten Schülerverkehr. [3]Bei Angebotsabgabe haben die Unternehmen nachvollziehbar darzustellen, wie sie die Tariftreueverpflichtung nach Satz 1 erfüllen wollen. [4]Im Falle grenzüberschreitender Ausschreibungen kann auch ein einschlägiger und repräsentativer Tarifvertrag aus dem jeweiligen Nachbarland der Bundesrepublik Deutschland zu Grunde gelegt werden. [5]Der öffentliche Auftraggeber benennt die einschlägigen und repräsentativen Tarifverträge in der Bekanntmachung und den Vergabeunterlagen des öffentlichen Auftrags. [6]Kann bei grenzüberschreitenden Auftragsvergaben mit dem oder den öffentlichen Auftraggebern aus den Nachbarländern der Bundesrepublik Deutschland keine Einigung über die Vorgabe der einschlägigen und repräsentativen Tarifvertrages erzielt werden, soll die Beachtung eines einschlägigen Tarifvertrages vorgegeben werden. [7]Ist auch dies nicht möglich, kann ausnahmsweise auf die Vorgabe von Tariftreue verzichtet werden.

(4) [1]Das für die Angelegenheiten des Arbeitsrechts zuständige Ministerium bestimmt mit Zustimmung des für die Angelegenheiten des Verkehrs zuständigen Ministeriums durch Rechtsverordnung, in welchem Verfahren festgestellt wird, welche Tarifverträge als repräsentativ im Sinne von Absatz 3 anzusehen sind und wie deren Veröffentlichung erfolgt. [2]Bei der Feststellung der Repräsentativität ist vorrangig abzustellen auf

1. die Zahl der von den jeweils tarifgebundenen Arbeitgebern beschäftigten unter den Geltungsbereich des Tarifvertrags fallenden Arbeitnehmerinnen und Arbeitnehmern,

2. die Zahl der jeweils unter den Geltungsbereich des Tarifvertrags fallenden Mitglieder der Gewerkschaft, die den Tarifvertrag geschlossen hat.

[3]Die Rechtsverordnung kann auch die Vorbereitung der Entscheidung durch einen Beirat vorsehen; sie regelt in diesem Fall auch die Zusammensetzung und die Geschäftsordnung des Beirats.

(5) [1]Beim Landesamt für Soziales, Jugend und Versorgung wird eine Servicestelle eingerichtet, die über das Landestariftreuegesetz informiert und die Entgeltregelungen aus den einschlägigen und repräsentativen Tarifverträgen

unentgeltlich zur Verfügung stellt. [2] Die Servicestelle ist auch für Prüfungen zuständig, ob die Entgeltregelungen aus den einschlägigen und repräsentativen Tarifverträgen im Sinne von Absatz 3 sowie bei einem Beschäftigtenübergang nach § 1 Abs. 4 aus den übergeleiteten Arbeitsbedingungen zum Vertragsgegenstand gemacht wurden und eingehalten werden. [3] Prüfungen können sowohl anlassbezogen als auch stichprobenweise erfolgen. [4] Der öffentliche Auftraggeber hat der Servicestelle die für die Prüfungen erforderlichen Auskünfte zu erteilen und prüfungsrelevante Unterlagen zur Verfügung zu stellen. [5] Bei der Durchführung der Prüfungen stehen der Servicestelle die in den §§ 5 und 6 aufgeführten Rechte des öffentlichen Auftraggebers entsprechend zur Verfügung. [6] Hat die von der Servicestelle durchgeführte Prüfung einen Verstoß des beauftragten Unternehmens, eines Nachunternehmens oder eines Verleihers gegen dieses Gesetz ergeben, spricht die Servicestelle gegenüber dem öffentlichen Auftraggeber, dessen Vergabe von diesem Verstoß betroffen ist, eine Sanktionsempfehlung aus. [7] Der öffentliche Auftraggeber informiert die Servicestelle zeitnah über die Umsetzung der Sanktionsempfehlung; weicht er von dieser ab, hat er die Gründe für die Abweichung darzulegen.

(6) [1] Fehlt die Tariftreueerklärung bei Angebotsabgabe und wird sie auch nach Aufforderung nicht vorgelegt, so ist das Angebot von der Wertung auszuschließen. [2] Hat die Servicestelle nach Absatz 5 Muster zur Abgabe von Tariftreueerklärungen öffentlich bekannt gemacht, können diese verwendet werden.

§ 5 Nachunternehmen. (1) [1] Die Unternehmen haben ihre Nachunternehmen sorgfältig auszuwählen. [2] Dies schließt die Pflicht ein, die Angebote der Nachunternehmen daraufhin zu überprüfen, ob sie auf der Basis der nach diesem Gesetz anzuwendenden Lohn- und Gehaltstarife kalkuliert sein können.

(2) [1] Im Fall der Ausführung vertraglich übernommener Leistungen durch Nachunternehmer hat das Unternehmen die Erfüllung der Verpflichtungen nach den §§ 3 und 4 durch die Nachunternehmer sicherzustellen und dem öffentlichen Auftraggeber Mindestentgelt- und Tariftreueerklärungen der Nachunternehmen vorzulegen. [2] Gleiches gilt, wenn das Unternehmen oder ein beauftragtes Nachunternehmen zur Ausführung des Auftrags Arbeitnehmerinnen oder Arbeitnehmer eines Verleihers einsetzt sowie für alle weiteren Nachunternehmen des Nachunternehmens. [3] Auf die Verpflichtung zur Vorlage von Mindestentgelt- und Tariftreueerklärungen kann verzichtet werden, wenn das Auftragsvolumen eines Nachunternehmers oder Verleihers weniger als 10 000 Euro beträgt.

§ 6 Nachweise und Kontrollen. (1) [1] Das beauftragte Unternehmen und die Nachunternehmen sind verpflichtet, dem öffentlichen Auftraggeber die Einhaltung der Verpflichtung nach den §§ 3 und 4 auf dessen Verlangen jederzeit nachzuweisen. [2] Der öffentliche Auftraggeber darf zu diesem Zweck in erforderlichem Umfang Einsicht in die Entgeltabrechnungen des beauftragten Unternehmens und der Nachunternehmen, in die zwischen dem beauftragten Unternehmen und den Nachunternehmen jeweils abgeschlossenen Werkverträge sowie in andere Geschäftsunterlagen nehmen, aus denen Umfang, Art, Dauer und tatsächliche Entlohnung von Beschäftigungsverhältnissen hervorgehen oder abgeleitet werden können. [3] Das beauftragte Unternehmen und die

Nachunternehmen haben ihre Beschäftigten auf die Möglichkeit solcher Kontrollen hinzuweisen.

(2) [1]Das beauftragte Unternehmen und die Nachunternehmen haben vollständige und prüffähige Unterlagen nach Absatz 1 über die eingesetzten Beschäftigten bereitzuhalten. [2]Auf Verlangen des öffentlichen Auftraggebers sind ihm diese Unterlagen vorzulegen.

(3) Die Absätze 1 und 2 gelten entsprechend für Verleiher, wenn das Unternehmen oder ein beauftragtes Nachunternehmen zur Ausführung des Auftrags Arbeitnehmerinnen und Arbeitnehmer eines Verleihers einsetzt.

§ 7 Sanktionen. (1) [1]Um die Einhaltung der Verpflichtungen nach den §§ 3 bis 6 zu sichern, hat der öffentliche Auftraggeber für jeden schuldhaften Verstoß eine Vertragsstrafe in Höhe von 1 v. H. des Auftragswertes mit dem beauftragten Unternehmen zu vereinbaren; bei mehreren Verstößen darf die Summe der Vertragsstrafen 10 v. H. des Auftragswertes nicht überschreiten. [2]Das beauftragte Unternehmen ist zur Zahlung einer Vertragsstrafe nach Satz 1 auch für den Fall zu verpflichten, dass der Verstoß durch ein Nachunternehmen begangen wird und das beauftragte Unternehmen den Verstoß kannte oder kennen musste. [3]Ist die verwirkte Vertragsstrafe unverhältnismäßig hoch, so kann sie von dem öffentlichen Auftraggeber auf Antrag des beauftragten Unternehmens auf den angemessenen Betrag herabgesetzt werden. [4]Dieser kann beim Dreifachen des Betrages liegen, den der Auftragnehmer durch den Verstoß gegen die Tariftreuepflicht eingespart hat.

(2) Der öffentliche Auftraggeber vereinbart mit dem beauftragten Unternehmen, dass die mindestens grob fahrlässige und erhebliche Nichterfüllung einer Verpflichtung nach den §§ 3 bis 6 durch das beauftragte Unternehmen den öffentlichen Auftraggeber zur fristlosen Kündigung aus wichtigem Grund berechtigt.

(3) Hat das beauftragte Unternehmen oder ein Nachunternehmen mindestens grob fahrlässig oder mehrfach gegen Verpflichtungen dieses Gesetzes verstoßen, so kann der öffentliche Auftraggeber das betreffende Unternehmen oder Nachunternehmen für die Dauer von bis zu drei Jahren von seiner öffentlichen Auftragsvergabe ausschließen.

(4) Die öffentlichen Auftraggeber und die Servicestelle nach § 4 Abs. 5 haben die für die Verfolgung und Ahndung von Ordnungswidrigkeiten nach § 23 AEntG und § 21 MiLoG zuständigen Stellen über Verstöße der Unternehmen gegen Verpflichtungen nach § 4 Abs. 1 und 2 zu informieren.

§ 8 Übergangsbestimmung. Dieses Gesetz findet keine Anwendung auf öffentliche Aufträge, deren Vergabe vor dem Inkrafttreten dieses Gesetzes eingeleitet worden ist.

27. Gesetz über die Sicherung von Sozialstandards, Tariftreue und Mindestlöhnen bei der Vergabe öffentlicher Aufträge im Saarland (Saarländisches Tariftreuegesetz – STTG)

Vom 6. Februar 2013

(Amtsbl. I S. 84)

Gesetz Nr. 1798

Nichtamtliche Inhaltsübersicht

Der Landtag hat folgendes Gesetz beschlossen, das hiermit verkündet wird:

§ 1 Anwendungsbereich. (1) Dieses Gesetz gilt für die Vergabe von Aufträgen über Bau-, Liefer- und Dienstleistungen durch öffentliche Auftraggeber im Sinne des § 98 des Gesetzes gegen Wettbewerbsbeschränkungen[1] mit Ausnahme von Arbeitsverträgen und Aufträgen nach § 100 Absatz 2 des Gesetzes gegen Wettbewerbsbeschränkungen[1] und des in Absatz 2 geregelten öffentlichen Personennahverkehrs.

(2) [1] Im Bereich des öffentlichen Personennahverkehrs auf Straße und Schiene gilt dieses Gesetz für öffentliche Dienstleistungsaufträge, auch in Form von Dienstleistungskonzessionen, und für Linienverkehrsgenehmigungen, soweit diese nach Maßgabe der Definition in den Richtlinien 2004/17/EG, 2004/18/EG oder gemäß Artikel 5 der Verordnung (EG) Nr. 1370/2007[2] des Europäischen Parlaments und des Rates vom 23. Oktober 2007 über öffentliche Personenverkehrsdienste auf Schiene und Straße und zur Aufhebung der Verordnungen (EWG) Nr. 1191/69 und (EWG) Nr. 1107/70 des Rates vergeben oder erteilt werden. [2] Es gilt insbesondere auch für die Direktvergabe gemäß Artikel 5 Absätze 4 bis 6 sowie für die Betrauung eines internen Betreibers gemäß Artikel 5 Absatz 2 der EG-Verordnung 1370/2007. [3] Dieses Gesetz gilt auch für Verkehre im Sinne von § 1 Freistellungs-Verordnung in der im Bundesgesetzblatt Teil III, Gliederungsnummer 9240-1-1, veröffentlichten bereinigten Fassung, geändert durch Artikel 1 der Verordnung vom 4. Mai 2012 (BGBl. I S. 1037).

---

[1] Nr. 1.
[2] Nr. 7.

(3) Dieses Gesetz gilt nicht für Vergabeverfahren im Bereich des Absatzes 2, soweit diese von einer Gruppe zuständiger Behörden gemäß Artikel 2 lit. b) der EG-VO 1370/2007 durchgeführt werden und sich die zu vergebenden Verkehre nicht ausschließlich auf das Gebiet des Saarlandes beschränken.

(4) Bei der Vergabe länderübergreifender Leistungen ist von der Vergabestelle vor Beginn des Vergabeverfahrens eine Einigung mit den beteiligten weiteren Vergabestellen dieser Länder über die Anforderungen nach den §§ 3 bis 12 anzustreben.

(5) ¹Dieses Gesetz gilt für Vergabeverfahren gemäß Absatz 1 ab einem geschätzten Auftragswert (Schwellenwert) von 25.000,00 Euro. ²Die Berechnung des Auftragswerts bestimmt sich nach § 3 der Verordnung über die Vergabe öffentlicher Aufträge¹⁾ in der Fassung der Bekanntgabe vom 11. Februar 2003 (BGBl. I S. 169), zuletzt geändert durch Verordnung vom 12. Juli 2012 (BGBl. I S. 1508), in der jeweils geltenden Fassung. ³Der Wert eines beabsichtigten Auftrags darf nicht in der Absicht geschätzt oder aufgeteilt werden, den Auftrag der Anwendung dieses Gesetzes zu entziehen.

§ 2 Vergabegrundsätze. (1) Öffentliche Aufträge dürfen nur an fachkundige, leistungsfähige sowie gesetzestreue und zuverlässige Unternehmen vergeben werden.

(2) Für die Auftragsausführung können gemäß § 97 Absatz 4 des Gesetzes gegen Wettbewerbsbeschränkungen²⁾ und im Bereich des ÖPNV gemäß Artikel 4 der EG-VO 1370/2007³⁾, hier insbesondere gemäß Absatz 5 Satz 2, zusätzliche Anforderungen an Auftragnehmer gestellt werden.

(3) Die öffentlichen Auftraggeber behandeln alle Wirtschaftsteilnehmer gleich und nichtdiskriminierend und gehen in transparenter Weise vor.

(4) ¹Fehlt bei Angebotsabgabe eine Tariftreueerklärung gemäß § 3 Absatz 2, 4 und 6 oder § 4, ist das Angebot, soweit auch nach erneuter Fristsetzung die Erklärung nicht nachgereicht wird, von der Wertung auszuschließen. ²Soweit ein Verstoß gegen § 3 Absatz 1 oder 3 vorliegt, gelten die Regelungen über den Ausschluss gemäß § 21 Absatz 1 Arbeitnehmerentsendegesetz vom 20. April 2009 (BGBl. I S. 799), zuletzt geändert durch Artikel 5 Absatz 11 des Gesetzes vom 24. Februar 2012 (BGBl. I S. 212), in der jeweils geltenden Fassung oder § 16 Absatz 1 Mindestarbeitsbedingungengesetz in der im Bundesgesetzblatt Teil III, Gliederungsnummer 802-2, veröffentlichten bereinigten Fassung, zuletzt geändert durch Artikel 1 des Gesetzes vom 22. April 2009 (BGBl. I S. 818), in der jeweils geltenden Fassung.

(5) Die Landesregierung kann neben den in den einschlägigen Vergabeverordnungen oder Verdingungsordnungen genannten Präqualifizierungsmöglichkeiten weitere Präqualifizierungsverfahren durch Richtlinien regeln.

(6) ¹Für Verträge mit einer Laufzeit von mindestens 18 Monaten gilt Folgendes:
²Sind wesentliche Änderungen der Preisermittlungsgrundlagen für Löhne und Gehälter durch die Änderung des gesetzlich festgeschriebenen Mindestlohns gemäß § 3 Absatz 2 beziehungsweise durch Änderungen in den anzuwendenden Tarifverträgen während der Ausführungslaufzeit zu erwarten und ist deren

---

¹⁾ Nr. 2.
²⁾ Nr. 1.
³⁾ Nr. 7.

Eintritt oder Ausmaß ungewiss, so kann eine angemessene Änderung der Vergütung in den Vertragsunterlagen vorgesehen werden. [3] Die Einzelheiten der Preisänderungen sind hierbei festzulegen. [4] Entsprechendes gilt für Auftragnehmer sowie die von ihnen beauftragten Nachunternehmer und Verleiher, im Falle der Übertragung der von ihnen zu erbringenden Leistungen.

§ 3 Tariftreuepflicht, Mindestlohn. (1) Aufträge für Leistungen, deren Erbringung dem Geltungsbereich des Arbeitnehmerentsendegesetz unterfällt, werden nur an Auftragnehmer vergeben, die sich bei der Angebotsabgabe schriftlich verpflichten, ihre Arbeitnehmerinnen und Arbeitnehmer bei der Ausführung mindestens zu denjenigen Arbeitsbedingungen einschließlich des Entgelts und der Arbeitszeitbedingungen zu beschäftigen, die der nach dem Arbeitnehmerentsendegesetz einzuhaltende Tarifvertrag vorgibt.

(2) [1] Aufträge über Leistungen oder Genehmigungen im öffentlichen Personennahverkehr gemäß § 1 Absatz 2 dürfen nur an Auftragnehmer vergeben beziehungsweise erteilt werden, die sich bei der Angebotsabgabe oder im Antrag auf Erteilung einer Genehmigung schriftlich verpflichten, ihren Arbeitnehmerinnen und Arbeitnehmern bei der Ausführung dieser Leistungen mindestens das Entgelt nach den tarifvertraglich festgelegten Modalitäten zu zahlen, das in einem im Saarland für diesen Bereich geltenden Tarifvertrag vorgesehen ist. [2] Des Weiteren ist die Einhaltung der sonstigen tarifvertraglichen Regelungen, insbesondere zum Urlaubsgeld, zu vermögenswirksamen Leistungen, Zuschlagsregelungen und Arbeitgeberleistungen zur Altersvorsorge zu gewährleisten und während der Ausführungslaufzeit sind Änderungen nachzuvollziehen. [3] Sollte das tariflich festgelegte Entgelt unter einem Stundenlohn von 8,50 Euro brutto liegen, gilt Absatz 4.

(3) Aufträge im Sinne des § 1 Absatz 1, die vom Mindestarbeitsbedingungengesetz erfasst werden, dürfen nur an Auftragnehmer vergeben werden, die sich bei Angebotsabgabe schriftlich verpflichten, ihre Arbeitnehmerinnen und Arbeitnehmer bei der Ausführung der Leistung zu denjenigen Arbeitsbedingungen einschließlich des Entgelts und der Arbeitszeitbedingungen zu beschäftigen, die mindestens den Vorgaben der auf der Grundlage von § 4 Absatz 3 Mindestarbeitsbedingungengesetz zu erlassenden Rechtsverordnung entsprechen.

(4) [1] Öffentliche Aufträge über Leistungen dürfen nur an Unternehmen vergeben werden, die sich bei der Angebotsabgabe durch Erklärung gegenüber dem öffentlichen Auftraggeber schriftlich verpflichtet haben, ihren Beschäftigten, ohne Auszubildenden, bei der Ausführung der Leistung mindestens 8,50 Euro brutto pro Stunde zu zahlen. [2] Die Unternehmen müssen im Rahmen der Verpflichtungserklärung die Art der tariflichen Bindung ihres Unternehmens sowie die gezahlte Höhe der Mindeststundenentgelte für die im Rahmen der Leistungserbringung eingesetzten Beschäftigten angeben.

(5) [1] Das für Arbeit zuständige Ministerium wird ermächtigt, mittels Rechtsverordnung eine Kommission zur Anpassung der Höhe des in Absatz 4 verbindlich festgelegten Mindestlohns einzurichten und deren Zusammensetzung und Geschäftsordnung zu regeln. [2] Die Kommission überprüft jährlich, beginnend im Jahr 2014, die Höhe des Mindestlohns unter Berücksichtigung der wirtschaftlichen und sozialen Entwicklung bis zum 31. August eines jeden Jahres. [3] Das für Arbeit zuständige Ministerium wird den von der Kommission

ermittelten Betrag zur Anpassung des Mindestlohns übernehmen und per Rechtsverordnung festsetzen.[1]

(6) Öffentliche Aufträge im Sinne der Absätze 1 bis 4 werden nur an solche Unternehmen vergeben, die sich bei der Angebotsabgabe durch Erklärung gegenüber dem öffentlichen Auftraggeber schriftlich verpflichten, dafür zu sorgen, dass Leiharbeitnehmerinnen und Leiharbeitnehmer im Sinne des Arbeitnehmerüberlassungsgesetzes in der Fassung der Bekanntmachung vom 3. Februar 1995 (BGBl. I S. 158), zuletzt geändert durch Artikel 26 des Gesetzes vom 20. Dezember 2011 (BGBl. I S. 2854) in der jeweils geltenden Fassung, bei der Ausführung der Leistung für die gleiche Tätigkeit ebenso entlohnt werden wie ihre regulär Beschäftigten.

(7) Auf bevorzugte Bieter gemäß §§ 141 Satz 1 und 143 Neuntes Buch Sozialgesetzbuch (SGB IX) – Rehabilitation und Teilhabe behinderter Menschen – Artikel 1 des Gesetzes vom 19. Juni 2001 (BGBl. I S. 1046), zuletzt geändert durch Artikel 12 Absatz 6 des Gesetzes vom 24. März 2011 (BGBl. I S. 453), findet Absatz 4 keine Anwendung.

§ 4 Tariftreue des beauftragten Nachunternehmens. (1) [1] Wird bei einer öffentlichen Auftragsvergabe eine Erklärung nach § 3 gefordert, muss der Auftragnehmer sich jeweils auch schriftlich dazu verpflichten, dass er von einem von ihm beauftragten Nachunternehmer oder von einem von ihm oder einem Nachunternehmer beauftragten Verleiher ebenfalls die Abgabe einer § 3 entsprechenden Erklärung verlangt und diese dem öffentlichen Auftraggeber vorlegt. [2] Diese Verpflichtung erstreckt sich auf alle an der Auftragserfüllung beteiligten Unternehmen. [3] Gleiches gilt, wenn das Unternehmen oder ein beauftragtes Nachunternehmen zur Ausführung des Auftrags Arbeitnehmerinnen oder Arbeitnehmer eines Verleihers einsetzt. [4] Der jeweils einen Auftrag weiter Vergebende hat die jeweilige schriftliche Übertragung der Verpflichtung und ihre Einhaltung durch die jeweils beteiligten Nachunternehmer oder Verleiher sicherzustellen und dem Auftraggeber auf Verlangen nachzuweisen. [5] Öffentliche Auftraggeber können die Vorlage einer Erklärung nach § 3 auch direkt von den jeweils beteiligten Nachunternehmern oder Verleihern verlangen. [6] Die öffentlichen Auftraggeber können in diesem Fall den Auftragnehmer im Wege einer vertraglichen Vereinbarung verpflichten, ihm ein entsprechendes Nachweisrecht bei der Beauftragung von Nachunternehmern und Verleihern einräumen zu lassen.

(2) Bei Beschaffungen bis zu einem Auftragswert von 5.000,00 Euro kann auf die Erklärung nach Absatz 1 verzichtet werden.

§ 5 Wertung unangemessen niedriger Angebote. [1] Bei begründeten Zweifeln an der Angemessenheit des Angebots kann die Vergabestelle sich dazu von dem Bieter der engeren Wahl die Kalkulationsunterlagen vorlegen lassen. [2] Kommt der Bieter der engeren Wahl innerhalb der von der Vergabestelle festgelegten Frist dieser Vorlagepflicht nicht nach, ist er von dem weiteren Verfahren auszuschließen.

---

[1] Siehe hierzu ua: Mindestlohnanpassungsverordnung 2020 v. 11.12.2020 (Amtsbl. 2021 I S. 56).

§ 6 Angabe der einschlägigen Tarifverträge. (1) Das für das Tarifvertragsrecht zuständige Ministerium gibt die nach diesem Gesetz anzuwendenden Tarifentgelte öffentlich bekannt.

(2) ¹Bei allen Vergabeverfahren sind die für die Ausführung des Beschaffungsauftrags maßgeblichen Entgelttarife den Bewerbern und Bietern im Einzelnen bekannt zu geben. ²Sind diese Entgelttarife in allgemein unmittelbar zugänglichen und kostenlos nutzbaren Datenbanken hinterlegt, genügt ein Hinweis darauf in der Vergabebekanntmachung und in den Verdingungsunterlagen oder in der Aufforderung zur Bewerbung um die Teilnahme am Vergabeverfahren.

§ 7 Betreiberwechsel bei der Erbringung von Personalverkehrsdiensten. ¹Öffentliche Auftraggeber können gemäß der Verordnung (EG) Nummer 1370/2007 des Europäischen Parlaments und des Rates vom 23. Oktober 2007 über öffentliche Personenverkehrsdienste auf Schiene und Straße und zur Aufhebung der Verordnungen (EWG) Nr. 1191/69 und (EWG) Nr. 1107/70 des Rates (ABl. L 315/1 vom 3. Dezember 2007) verlangen, dass der ausgewählte Betreiber die Arbeitnehmerinnen und Arbeitnehmer des bisherigen Betreibers zu den Arbeitsbedingungen übernimmt, die diesen von dem vorherigen Betreiber gewährt wurden. ²Die bisherigen Betreiber sind verpflichtet, den Auftraggebern auf Anforderung die hierzu erforderlichen Unterlagen zur Verfügung zu stellen oder Einsicht in Lohn- und Meldeunterlagen, Bücher und andere Geschäftsunterlagen und Aufzeichnungen zu gewähren, aus denen Umfang, Art, Dauer und tatsächliche Entlohnung der Arbeitnehmerinnen und Arbeitnehmer hervorgehen oder abgeleitet werden können. ³Hierdurch entstehende Aufwendungen des bisherigen Betreibers werden durch den öffentlichen Auftraggeber erstattet.

§ 8¹) Nachweise. (1) Hat die Landesregierung Muster zur Abgabe von Verpflichtungserklärungen im Sinne der §§ 3 und 4 öffentlich bekannt gemacht, kann der öffentliche Auftraggeber beziehungsweise die Genehmigungsbehörde nach dem Personenbeförderungsgesetz verlangen, dass der Auftragnehmer die Übernahme der Verpflichtung nach dem einschlägigen Muster erklärt.

(2) ¹Der Auftragnehmer und die von ihm im Sinne des § 4 beauftragten Nachunternehmer sind verpflichtet, dem öffentlichen Auftraggeber beziehungsweise der Genehmigungsbehörde nach dem Personenbeförderungsgesetz die Einhaltung der Verpflichtungen nach §§ 3 und 4 auf dessen Verlangen nachzuweisen. ²Ferner sind der Auftragnehmer und die von ihm im Sinne des § 4 beauftragten Nachunternehmer verpflichtet, dem öffentlichen Auftraggeber beziehungsweise der Genehmigungsbehörde nach dem Personenbeförderungsgesetz zur Prüfung, ob die Verpflichtungen nach §§ 3 und 4 eingehalten werden, während der Betriebszeit im erforderlichen Umfang Einsicht in ihre Unterlagen zu gewähren. ³Die Beschäftigten sind von diesen über die Möglichkeit der in den Sätzen 1 und 2 beschriebenen Kontrollen zu informieren.

§ 9 Kontrollen. (1) ¹Die öffentlichen Auftraggeber haben das Recht, stichprobenartige Kontrollen durchzuführen, um die Einhaltung der in diesem Gesetz vorgesehenen Auflagen und Pflichten zu überprüfen. ²Die kontrollie-

---

¹⁾ Siehe hierzu ua: Bek. von Mustern zur Abgabe von Verpflichtungserklärungen nach dem Tariftreuegesetz v. 10.1.2021 (Amtsbl. I S. 122)

renden Personen dürfen zu Kontrollzwecken Einblick in die Entgeltabrechnungen der ausführenden Unternehmen, in die Unterlagen über die Abführung von Steuern und Beiträgen an in- und ausländische Sozialversicherungsträger, in die Unterlagen über die Abführung von Beiträgen an in- und ausländische Sozialkassen des Baugewerbes und in die zwischen den ausführenden Unternehmen abgeschlossenen Verträge nehmen und hierzu Auskünfte verlangen. [3] Der jeweilige Auftragnehmer sowie die von ihm beauftragten Nachunternehmer haben ihre Arbeitnehmerinnen und Arbeitnehmer auf die Möglichkeit solcher Kontrollen hinzuweisen. [4] Die öffentlichen Auftraggeber haben den Auftragnehmer im Wege einer vertraglichen Vereinbarung zu verpflichten, ihm ein entsprechendes Auskunfts- und Prüfrecht bei der Beauftragung von Nachunternehmern einräumen zu lassen.

(2) Die Auftragnehmer haben vollständige und prüffähige Unterlagen zur Prüfung nach Absatz 1 bereitzuhalten und auf Verlangen dem öffentlichen Auftraggeber vorzulegen.

(3) Für die Kontrollen im Rahmen der Erteilung einer Genehmigung im öffentlichen Personennahverkehr nach § 1 Absatz 2 gelten die Prüfungsbefugnisse der Genehmigungsbehörde nach § 54a Personenbeförderungsgesetz entsprechend.

(4) Das für Arbeit zuständige Ministerium wird ermächtigt, durch Rechtsverordnung ein Kontrollsystem zur wirksamen Überprüfung der Einhaltung der sich aus diesem Gesetz für die Auftragnehmer ergebenden Pflichten einzurichten.

§ 10 Sanktionen. (1) [1] Um die Einhaltung der sich aus diesem Gesetz für den Auftragnehmer ergebenden Verpflichtungen zu sichern, hat der öffentliche Auftraggeber für jeden schuldhaften Verstoß eine Vertragsstrafe in Höhe von bis zu fünf Prozent des Auftragswertes mit dem beauftragten Unternehmen zu vereinbaren, bei mehreren Verstößen darf die Summe der Vertragsstrafen zehn Prozent des Auftragswertes nicht überschreiten. [2] Das beauftragte Unternehmen ist zur Zahlung einer Vertragsstrafe nach Satz 1 auch für den Fall zu verpflichten, dass der Verstoß durch ein Nachunternehmen begangen wird und das beauftragte Unternehmen den Verstoß kannte oder kennen musste. [3] Ist die verwirkte Strafe unverhältnismäßig hoch, so kann sie von dem öffentlichen Auftraggeber auf Antrag des beauftragten Unternehmens auf den angemessenen Eurobetrag herabgesetzt werden. [4] Dieser kann beim Dreifachen des Betrages liegen, den der Auftragnehmer durch den Verstoß gegen die Tariftreuepflichten gemäß § 3 des Gesetzes eingespart hat.

(2) Die öffentlichen Auftraggeber haben mit dem Auftragnehmer zu vereinbaren, dass die schuldhafte Nichterfüllung der aus diesem Gesetz resultierenden Anforderungen durch den Auftragnehmer oder seine Nachunternehmer den öffentlichen Auftraggeber zur fristlosen Kündigung berechtigt.

(3) [1] Von der Teilnahme an einem Wettbewerb um einen öffentlichen Auftrag sollen alle Unternehmer beziehungsweise deren Nachunternehmer für eine Dauer von bis zu fünf Jahren ausgeschlossen werden, soweit diese gegen die in § 3 Absatz 2, 4 und 6 sowie in den §§ 4 bis 9 geregelten Pflichten und Auflagen verstoßen haben. [2] Im Falle eines Verstoßes gegen § 3 Absatz 1 und 3 findet § 2 Absatz 4 Satz 2 Anwendung.

(4) [1] Das für Arbeit zuständige Ministerium richtet ein Register über Unternehmen ein, die nach Absatz 3 von der Vergabe öffentlicher Aufträge aus-

geschlossen worden sind. [2]Das für Arbeit zuständige Ministerium wird ermächtigt, durch Rechtsverordnung zu regeln:

1. die im Register zu speichernden Daten, den Zeitpunkt ihrer Löschung und die Einsichtnahme in das Register,

2. die Verpflichtung der öffentlichen Auftraggeber, Entscheidungen nach Absatz 3 an das Register zu melden und

3. die Verpflichtung der öffentlichen Auftraggeber, zur Prüfung der Zuverlässigkeit von Unternehmen Auskünfte aus dem Register einzuholen.

§ 11 Beachtung der ILO-Kernarbeitsnormen. [1]Bei der Vergabe von Leistungen nach § 1 Absatz 1 ist darauf hinzuwirken, dass keine Waren Gegenstand der Leistung sind, die unter Missachtung der in den ILO-Kernarbeitsnormen festgelegten Mindeststandards gewonnen oder hergestellt worden sind. [2]Die Mindeststandards der ILO-Kernarbeitsnormen ergeben sich aus:

1. dem Übereinkommen Nr. 29 über Zwangs- oder Pflichtarbeit vom 28. Juni 1930 (BGBl. 1956 II S. 641),

2. dem Übereinkommen Nr. 87 über die Vereinigungsfreiheit und den Schutz des Vereinigungsrechtes vom 9. Juli 1948 (BGBl. 1956 II S. 2073),

3. dem Übereinkommen Nr. 98 über die Anwendung der Grundsätze des Vereinigungsrechtes und des Rechtes zu Kollektivverhandlungen vom 1. Juli 1949 (BGBl. 1955 II S. 1123),

4. dem Übereinkommen Nr. 100 über die Gleichheit des Entgelts männlicher und weiblicher Arbeitskräfte für gleichwertige Arbeit vom 29. Juni 1951 (BGBl. 1956 II S. 24),

5. dem Übereinkommen Nr. 105 über die Abschaffung der Zwangsarbeit vom 25. Juni 1957 (BGBl. 1959 II S. 442),

6. dem Übereinkommen Nr. 111 über die Diskriminierung in Beschäftigung und Beruf vom 25. Juni 1958 (BGBl. 1961 II S. 98),

7. dem Übereinkommen Nr. 138 über das Mindestalter für die Zulassung zur Beschäftigung vom 26. Juni 1973 (BGBl. 1976 II S. 202) und

8. dem Übereinkommen Nr. 182 über das Verbot und unverzügliche Maßnahmen zur Beseitigung der schlimmsten Formen der Kinderarbeit vom 17. Juni 1999 (BGBl. 2001 II S. 1291).

§ 12 Umweltverträgliche Beschaffung. [1]Öffentliche Auftraggeber sollen im Rahmen von Liefer-, Bau- und Dienstleistungsaufträgen dafür Sorge tragen, dass bei der Herstellung, Verwendung und Entsorgung von Gütern sowie durch die Ausführung der Leistung bewirkte negative Umweltauswirkungen gering gehalten werden. [2]Dies umfasst das Recht, bei der Bedarfsermittlung, der Leistungsbeschreibung und der Zuschlagserteilung Anforderungen im Sinne von Satz 1 aufzustellen und angemessen zu berücksichtigen sowie für die Auftragsausführung ergänzende Verpflichtungen auszusprechen.

§ 13 Allgemeine Verwaltungsvorschriften. Zur Konkretisierung der Vorschriften in diesem Gesetz kann das für Arbeit zuständige Ministerium allgemeine Verwaltungsvorschriften erlassen.

§ 14 Inkrafttreten, Außerkrafttreten. (1) Dieses Gesetz tritt am Tag nach der Verkündung[1] in Kraft.

(2) Gleichzeitig mit dem Inkrafttreten dieses Gesetzes tritt das Gesetz über die Vergabe öffentlicher Aufträge und zur Sicherung von Sozialstandards und Tariftreue im Saarland (Saarländisches Vergabe- und Tariftreuegesetz) vom 15. September 2010 (Amtsbl. I S. 1378) außer Kraft.

(3) Dieses Gesetz findet keine Anwendung auf öffentliche Aufträge, deren Vergabe vor seinem Inkrafttreten durch Bekanntmachung eingeleitet worden sind.

---

[1] Verkündet am 21.3.2013.

28. Gesetz über die Vergabe öffentlicher Aufträge im Freistaat Sachsen (Sächsisches Vergabegesetz – SächsVergabeG)

Vom 14. Februar 2013

(SächsGVBl. S. 109)

BS Sachsen 56-4/2

geänd. durch Art. 2 Abs. 18 Sächsisches Verwaltungskostenrechtsneuordnungsgesetz v. 5.4.2019 (SächsGVBl. S. 245)

Nichtamtliche Inhaltsübersicht

Der Sächsische Landtag hat am 30. Januar 2013 das folgende Gesetz beschlossen:

§ 1 Sachlicher Anwendungsbereich. (1) Die Bestimmungen dieses Gesetz gelten für die Vergabe öffentlicher Aufträge im Sinne des § 99 des Gesetzes gegen Wettbewerbsbeschränkungen (GWB)[1] in der jeweils geltenden Fassung vom 15. Juli 2005 (BGBl. I S. 2114, 2009 I S. 3850), das zuletzt durch Artikel 2 Abs. 62 des Gesetzes vom 22. Dezember 2011 (BGBl. I S. 3044, 3046) geändert worden ist, in der jeweils geltenden Fassung, soweit die Auftragswerte nach § 100 Abs. 1 GWB[1] nicht erreicht werden.

(2) Die Vergabe- und Vertragsordnung für Leistungen Teil A Abschnitt 1 (VOL/A) in der Fassung vom 20. November 2009 (BAnz. Nr. 196a vom 29. Dezember 2009, Nr. 32 vom 26. Februar 2010) und Teil B (VOL/B) in der Fassung vom 5. August 2003 (BAnz. Nr. 178a vom 29. September 2003) sowie die Vergabe- und Vertragsordnung für Bauleistungen[2] Teil A Abschnitt 1 (VOB/A) und Teil B (VOB/B) in der Fassung vom 31. Juli 2009 (BAnz. Nr. 155a vom 15. Oktober 2009, Nr. 36 vom 5. März 2010) sind in der jeweils geltenden Fassung anzuwenden, soweit dieses Gesetz nichts anderes bestimmt.

(3) Dieses Gesetz findet keine Anwendung auf die in § 100 Abs. 2 GWB[1] genannten Fälle sowie auf die Vergabe von Leistungen, die im Rahmen einer freiberuflichen Tätigkeit erbracht oder im Wettbewerb mit freiberuflich Tätigen angeboten werden und deren Gegenstand eine Aufgabe ist, deren Lösung nicht vorab eindeutig erschöpfend beschrieben werden kann.

---

[1] Nr. 1.
[2] Nr. 14.

§ 2 Persönlicher Anwendungsbereich. (1) Die Bestimmungen dieses Gesetzes gelten für alle staatlichen und kommunalen Auftraggeber, für sonstige Körperschaften, Anstalten und Stiftungen des öffentlichen Rechts, die § 55 der Haushaltsordnung des Freistaates Sachsen (Sächsische Haushaltsordnung – SäHO) in der Fassung der Bekanntmachung vom 10. April 2001 (SächsGVBl. S. 153), die zuletzt durch Artikel 1 des Gesetzes vom 13. Dezember 2012 (SächsGVBl. S. 725) geändert worden ist, in der jeweils geltenden Fassung, zu beachten haben, sowie für Zuwendungsempfänger, die nach den allgemeinen Nebenbestimmungen für Zuwendungen die Vergabevorschriften anzuwenden haben.

(2) Kommunale Auftraggeber im Sinne dieses Gesetzes sind die Gemeinden, die Landkreise, die Verwaltungsverbände, die Zweckverbände und sonstige juristische Personen des öffentlichen Rechts sowie deren Sondervermögen, auf die das Gemeindewirtschaftsrecht Anwendung findet.

(3) Die staatlichen und kommunalen Auftraggeber wirken in Ausübung ihrer Gesellschafterrechte in Unternehmen, an denen sie beteiligt sind, darauf hin, dass die Bestimmungen dieses Gesetzes in gleicher Weise beachtet werden.

(4) Die Verpflichtung nach Absatz 3 entfällt im Hinblick auf Unternehmen im Sinne des § 98 Nr. 4 und 5 GWB[1)] sowie Unternehmen, die mit Gewinnerzielungsabsicht tätig sind, im Wettbewerb mit anderen Unternehmen stehen und ihre Aufwendungen ohne Zuwendungen aus öffentlichen Haushalten decken.

§ 3 Nachweis der Eignung. (1) [1]Zum Nachweis der Eignung des Bewerbers oder Bieters sollen nur Unterlagen und Angaben gefordert werden, die durch den Gegenstand des Auftrags gerechtfertigt sind. [2]Grundsätzlich sind Eigenerklärungen zu verlangen.

(2) [1]Bei Bietern oder Bewerbern, die in der Liste des Vereins für die Präqualifikation von Bauunternehmen e.V. (PQ-Bau) oder in die Präqualifikationsdatenbank für den Liefer- und Dienstleistungsbereich (PQ-VOL) eingetragen sind, gelten die Eignungskriterien als erfüllt, auf die sich die Prüfung der Präqualifizierungsstelle bezieht. [2]Bescheinigungen anderer Präqualifizierungsstellen sollen anerkannt werden, wenn in der Bescheinigung angegeben wird, welche Eignungskriterien anhand welcher Dokumente bei der Präqualifizierung geprüft wurden. [3]Die Dokumente müssen bei der Präqualifizierungsstelle einsehbar sein.

§ 4 Freihändige Vergabe. (1) [1]Der Höchstwert für eine freihändige Vergabe nach § 3 Abs. 5 Buchst. i VOL/A wird auf 25 000 EUR (ohne Umsatzsteuer) festgesetzt. [2]Freihändige Vergaben nach § 3 Abs. 5 VOB/A[2)] sind bis zu einem geschätzten Auftragswert in Höhe von 25 000 EUR (ohne Umsatzsteuer) zulässig.

(2) Die Beschaffung preisgebundener Schulbücher kann, wenn der Auftragswert nach § 100 Abs. 1 GWB[1)] nicht erreicht wird, durch eine freihändige Vergabe erfolgen.

§ 5 Prüfung und Wertung der Angebote. (1) [1]Die Prüfung und Wertung der Angebote sind sorgfältig und zügig anhand des Prüfschemas zur Wertung von Angeboten (Anlage 1) durchzuführen. [2]Der Zuschlag ist auf das unter Berück-

---

[1)] Nr. 1.
[2)] Nr. 14.

sichtigung aller Umstände wirtschaftlichste Angebot zu erteilen. ³Der niedrigste Angebotspreis allein ist nicht entscheidend.

(2) ¹Auf ein Angebot mit einem unangemessen hohen oder niedrigen Preis darf der Zuschlag nicht erteilt werden. ²Die Angemessenheit des Preises ist insbesondere dann zweifelhaft, wenn ein Angebot um mehr als 10 Prozent von dem nächsthöheren oder nächstniedrigeren Angebot abweicht. ³Die Gründe für die Abweichung sind vom Auftraggeber aufzuklären. ⁴Im Rahmen dieser Aufklärung ist der Bieter verpflichtet, seine Preisermittlung gegenüber dem Auftraggeber darzulegen.

§ 6 Weitergabe von Leistungen. (1) ¹Im Fall der Auftragserteilung sind die vom Auftragnehmer angebotenen Leistungen grundsätzlich im eigenen Betrieb auszuführen. ²Die Weitergabe von Leistungen an Nachunternehmer ist grundsätzlich nur bis zu einer Höhe von 50 Prozent des Auftragswertes und nur mit Zustimmung des Auftraggebers zulässig. ³Die Bieter haben bei der Angebotsabgabe ein Verzeichnis der Leistungen vorzulegen, die durch Nachunternehmer erbracht werden sollen. ⁴Die Vergabestellen können von den Bietern, die in der engeren Wahl sind, fordern, die Nachunternehmer zu benennen, Unterlagen und Angaben zu deren Eignung sowie deren Verpflichtungserklärung vorzulegen. ⁵Angebote, zu denen die nachgeforderten Erklärungen und Nachweise nicht fristgemäß eingereicht werden, werden vom weiteren Verfahren ausgeschlossen.

(2) Auftragnehmer sind für den Fall der Weitergabe von Leistungen an Nachunternehmer vertraglich zu verpflichten,

1. bevorzugt Unternehmen der mittelständischen Wirtschaft zu beteiligen, soweit es mit der vertragsgemäßen Ausführung des Auftrags zu vereinbaren ist,
2. Nachunternehmer davon in Kenntnis zu setzen, dass es sich um einen öffentlichen Auftrag handelt,
3. bei der Weitergabe von Bauleistungen an Nachunternehmen die Allgemeinen Vertragsbedingungen für die Ausführung von Bauleistungen der Vergabe- und Vertragsordnung für Bauleistungen (VOB/B), bei der Weitergabe von Lieferungen und Dienstleistungen die Allgemeinen Vertragsbedingungen für die Ausführung von Leistungen der Vergabe- und Vertragsordnung für Leistungen (VOL/B) zum Vertragsbestandteil zu machen,
4. den Nachunternehmern keine, insbesondere hinsichtlich der Zahlungsweise, ungünstigeren Bedingungen aufzuerlegen, als zwischen dem Auftragnehmer und dem öffentlichen Auftraggeber vereinbart sind.

§ 7 Sicherheitsleistung. Im Anwendungsbereich der VOB ist bei einer Auftragssumme unter 250 000 EUR (ohne Umsatzsteuer) auf Sicherheitsleistungen für Vertragserfüllung und für Mängelansprüche zu verzichten.

§ 8 Informationspflicht und Nachprüfungsverfahren. (1) ¹Der Auftraggeber informiert die Bieter, deren Angebote nicht berücksichtigt werden sollen, über den Namen des Bieters, dessen Angebot angenommen werden soll, und über den Grund der vorgesehenen Nichtberücksichtigung ihres Angebotes. ²Er gibt die Information in Textform spätestens zehn Kalendertage vor dem Vertragsabschluss ab.

(2) ¹Beanstandet ein Bieter vor Ablauf der Frist schriftlich beim Auftraggeber die Nichteinhaltung der Vergabevorschriften, hat der Auftraggeber die Nachprüfungsbehörde zu unterrichten, es sei denn, der Beanstandung wurde durch die

Vergabestelle abgeholfen. [2] Der Zuschlag darf in dem Fall nur erteilt werden, wenn die Nachprüfungsbehörde nicht innerhalb von zehn Kalendertagen nach Unterrichtung das Vergabeverfahren unter Angabe von Gründen beanstandet; andernfalls hat der Auftraggeber die Auffassung der Nachprüfungsbehörde zu beachten. [3] Ein Anspruch des Bieters auf Tätigwerden der Nachprüfungsbehörde besteht nicht. [4] Nachprüfungsbehörde ist die Aufsichtsbehörde, bei kreisangehörigen Gemeinden und Zweckverbänden die Landesdirektion Sachsen. [5] Bei Zuwendungsempfängern, die nicht öffentliche Auftraggeber sind, tritt an die Stelle der Aufsichtsbehörde die Bewilligungsbehörde.

(3) Die Absätze 1 und 2 finden keine Anwendung, wenn der Auftragswert bei Bauleistungen 75 000 EUR (ohne Umsatzsteuer) und bei Lieferungen und Leistungen 50 000 EUR (ohne Umsatzsteuer) nicht übersteigt.

(4) [1] Für Amtshandlungen der Nachprüfungsbehörde werden Kosten (Gebühren und Auslagen) zur Deckung des Verwaltungsaufwandes erhoben. [2] Das Sächsische Verwaltungskostengesetz vom 5. April 2019 (SächsGVBl. S. 245), in der jeweils geltenden Fassung, findet Anwendung. [3] Die Höhe der Gebühren bestimmt sich nach dem personellen und sachlichen Aufwand der Nachprüfungsbehörde unter Berücksichtigung der wirtschaftlichen Bedeutung des Gegenstands der Nachprüfung. [4] Die Gebühr beträgt mindestens 100 EUR, soll aber den Betrag von 1 000 EUR nicht überschreiten. [5] Ergibt die Nachprüfung, dass ein Bieter zu Recht das Vergabeverfahren beanstandet hat, sind keine Kosten zu seinen Lasten zu erheben.

§ 9 Vergabebericht. (1) Die Staatsregierung berichtet dem Landtag alle zwei Jahre bis zum 30. Juni über die Vergabe der öffentlichen Aufträge durch die staatlichen Auftraggeber und staatlichen Unternehmen in den vorangegangenen zwei Haushaltsjahren (Vergabebericht der Staatsregierung).

(2) Der Gemeinderat oder Kreistag kann sich im Rahmen seiner jeweiligen Zuständigkeit einen Bericht über die Entwicklung des Vergabewesens einschließlich der Entwicklung des Vergabewesens bei den kommunalen Unternehmen des Vorjahres erstatten lassen.

(3) [1] Das Staatsministerium für Wirtschaft, Arbeit und Verkehr bereitet den Vergabebericht der Staatsregierung vor. [2] Die Staatskanzlei und die Staatsministerien übermitteln dazu die erforderlichen Informationen aus ihrem Geschäftsbereich. [3] Der Vergabebericht ist öffentlich zugänglich zu machen.

(4) Der Vergabebericht muss im Wesentlichen Folgendes beinhalten:

1. eine Statistik über die Vergabe der öffentlichen Aufträge der vergangenen zwei Haushaltsjahre, aufgeschlüsselt nach Geschäftsbereichen, Auftragsart, Anzahl der Aufträge, Auftragswert, Vergabeart und Sitz des Auftragnehmers innerhalb oder außerhalb Sachsens,

2. Erläuterung der Statistik.

(5) Die Anforderungen des Absatzes 4 Nr. 1 gelten auch für Vergabeberichte nach Absatz 2.

§ 10 Übergangsvorschrift. [1] Bereits vor Inkrafttreten dieses Gesetzes begonnene Vergabeverfahren werden auf der Grundlage des bisherigen Rechts abgeschlossen. [2] Der Vergabebericht der Staatsregierung für das Jahr 2012 wird auf der Grundlage des bisherigen Rechts erstellt und dem Landtag bis zum 30. Juni 2013 zugeleitet.

§ 11 Inkrafttreten, Außerkrafttreten. [1] Dieses Gesetz tritt am Tage nach seiner Verkündung[1]) in Kraft. [2] Gleichzeitig treten außer Kraft:

1. das Gesetz über die Vergabe öffentlicher Aufträge im Freistaat Sachsen (Sächsisches Vergabegesetz – SächsVergabeG) vom 8. Juli 2002 (SächsGVBl. S. 218) und

2. die Verordnung der Sächsischen Staatsregierung zur Durchführung des Sächsischen Vergabegesetzes (Sächsische Vergabedurchführungsverordnung – SächsVergabeDVO) vom 17. Dezember 2002 (SächsGVBl. S. 378, 2003 S. 120), geändert durch Artikel 8 der Verordnung vom 8. Dezember 2009 (SächsGVBl. S. 594, 600, 2010 S. 81).

Anlage
(zu § 5 Abs. 1)

Prüfschema zur Wertung von Angeboten

Die Wertung von Angeboten hat in vier Prüfungsschritten (Wertungsstufen) zu erfolgen.

1. Formale Angebotswertung
  a) Zwingende Ausschlussgründe
  b) Fakultative Ausschlussgründe
2. Eignungsprüfung
  a) Fachkunde
  b) Zuverlässigkeit
  c) Leistungsfähigkeit
3. Prüfung der Angemessenheit des Preises
Verbot des Zuschlages auf Angebote mit unangemessen hohen oder niedrigen Preisen
4. Auswahl des wirtschaftlichsten Angebots
Herausfiltern des Angebotes mit dem besten Preis-Leistungsverhältnis aus den verbleibenden Angeboten der engeren Wahl
Eine in sich abgeschlossene, stufenweise Wertung bei klarer Trennung der Prüfungsabschnitte ist zwingend und in der Vergabedokumentation für eine objektiv prüfbare Vergabeentscheidung zu dokumentieren.

1. Wertungsstufe: formale Angebotswertung

a) Zwingende Ausschlussgründe

  aa) Angebot enthält nicht die geforderten oder nachgeforderten Erklärungen, Nachweise oder Preise
  bb) Angebot ist nicht unterschrieben beziehungsweise elektronisch signiert
  cc) Bietereintragungen sind nicht zweifelsfrei
  dd) Änderung oder Ergänzung der Vertragsunterlagen
  ee) Angebot ist nicht form- oder fristgerecht eingegangen
  ff) Wettbewerbswidrige Absprachen
  gg) Nicht zugelassene oder nicht auf besondere Anlage gemachte oder als solche nicht deutlich gekennzeichnete Nebenangebote
  hh) Vorsätzlich unzutreffende Erklärungen des Bieters in Bezug auf seine Fachkunde, Leistungsfähigkeit und Zuverlässigkeit

b) Fakultative Ausschlussgründe

  aa) Bieter ist insolvent beziehungsweise befindet sich in Liquidation
  bb) Bieter hat schwere Verfehlung begangen, die seine Zuverlässigkeit als Bewerber in Frage stellt
  cc) Bieter hat Verpflichtung zur Zahlung von Steuern und Abgaben sowie Beiträge zur gesetzlichen Sozialversicherung nicht ordnungsgemäß erfüllt

---

[1]) Verkündet am 13.3.2013.

dd) Bieter hat sich nicht bei der Berufsgenossenschaft angemeldet (soweit einschlägig)

2. Wertungsstufe: Eignungsprüfung

Der Auftraggeber hat sich hinreichend und sachgerecht zu informieren, ob die von ihm geforderte Fachkunde, Leistungsfähigkeit und Zuverlässigkeit der Bewerber/Bieter gegeben ist. Dies hat er nach sorgfältiger Prüfung und im Rahmen eines Beurteilungsspielraumes zu entscheiden. Weist ein Bewerber/Bieter seine Qualifikation trotz wiederholter Aufforderung nicht nach, ist sein Angebot auszuschließen.

Bei Bejahung der generellen Eignung der Bieter in dieser Wertungsstufe darf ein „Mehr an Eignung" nicht als Zuschlagskriterium in Wertungsstufe 4 berücksichtigt werden.

Fachkunde, Leistungsfähigkeit und Zuverlässigkeit der Bieter sind bei

a) öffentlicher Ausschreibung im Rahmen der Wertung der Angebote,

b) beschränkter Ausschreibung und freihändiger Vergabe bereits vor Aufforderung zur Angebotsabgabe

zu prüfen.

3. Wertungsstufe: Prüfung der Angemessenheit der Preise

Der Zuschlag darf nicht auf unangemessen hohe oder niedrige Preise erteilt werden. Angebote, deren Preise in offenbarem Missverhältnis zur Leistung stehen, sind auszuschließen. Für die Beurteilung der Angemessenheit des Preises für Bauleistungen ist besonders zu überprüfen, ob die kalkulierte Gesamtstundenzahl des Angebots den geschätzten bautechnisch erforderlichen Ansätzen der Vergabestelle entspricht. Wird der geschätzte bautechnisch erforderliche Gesamtstundenansatz um mehr als 10 Prozent unterschritten, ergeben sich Zweifel an der Angemessenheit des Angebots.

Ist die Angemessenheit des Preises anhand vorliegender Unterlagen über die Preisermittlung nicht zu beurteilen, muss vom Bieter Aufklärung über die Ermittlung der Preise verlangt werden. Der Auftraggeber ist berechtigt, die Kalkulation anzufordern und einzusehen (Bauleistungen) und die erforderlichen Belege (Liefer- und Dienstleistungen) abzuverlangen.

Hilfsmittel für die Preisprüfung:

a) Erfahrungswerte anderer vergleichbarer Vergaben

b) Angaben zur Preisermittlung (EFB-Preis 1/VOB)

c) Aufgliederung wichtiger Einheitspreise (EFB-Preis 2/VOB)

d) Analyse des Preisspiegels

Im Bausektor sind bei Zweifeln an der Angemessenheit des Angebotsendpreises die Einzelansätze für Lohnkosten, Stoffkosten, Baustellengemeinkosten, Gerätevorhaltekosten und für die allgemeinen Geschäftskosten zu überprüfen.

4. Wertungsstufe: Auswahl des wirtschaftlichsten Angebotes

In die engere Wahl kommen nach den Prüfungsabschnitten 1 bis 3 nur solche Angebote, die eine einwandfreie Ausführung, Qualität und Gewährleistung erwarten lassen. Bei der Ermittlung der Angebote, die in die engere Wahl kommen, hat der Auftraggeber einen Beurteilungsspielraum.

a) Prüfung, ob die Angebote den gestellten technischen/inhaltlichen Anforderungen entsprechen

b) Prüfung der Wirtschaftlichkeit

Zur Ermittlung des wirtschaftlichsten Angebotes sind bereits in der Bekanntmachung oder in den Vergabeunterlagen alle wichtigen auftragsbezogenen Kriterien, wie zum Beispiel Preis, Ausführungsfrist, Betriebs- und Folgekosten, Gestaltung, Rentabilität, technischer Wert, Wartungskosten, Service, möglichst in der Reihenfolge der ihnen zuerkannten Bedeutung zu benennen. Nur so kommt das wirtschaftlichste Angebot zum Zuge. Der niedrigste Angebotspreis ist allein nicht entscheidend.

Der Zuschlag ist auf das wirtschaftlichste Angebot (bestes Preis-Leistungsverhältnis) zu erteilen. Sind die angebotenen Leistungen nach Art und Umfang gleich, ist der Zuschlag auf das Angebot mit dem niedrigsten Preis zu erteilen.

29. Gesetz über die Vergabe öffentlicher Aufträge in Sachsen-Anhalt (Landesvergabegesetz – LVG LSA)

Vom 19. November 2012
(GVBl. LSA S. 536)

BS LSA 703.4

zuletzt geänd. durch § 1 Zweites ÄndG v. 27.10.2015 (GVBl. LSA S. 562)

Nichtamtliche Inhaltsübersicht

§ 1 Sachlicher Anwendungsbereich. (1) [1] Dieses Gesetz gilt für die Vergabe öffentlicher Aufträge in Sachsen-Anhalt im Sinne des § 99 des Gesetzes gegen Wettbewerbsbeschränkungen[1] in der Fassung der Bekanntmachung vom 15. Juli 2005 (BGBl. I S. 2114, 2009 I S. 3850), zuletzt geändert durch Artikel 2 Abs. 62 des Gesetzes vom 22. Dezember 2011 (BGBl. I S. 3044, 3050), in der jeweils geltenden Fassung unabhängig von den Schwellenwerten nach § 100 des Gesetzes gegen Wettbewerbsbeschränkungen[1]. [2] Die Schwellenwerte, ab denen Vergabeverfahren von diesem Gesetz erfasst werden, liegen

1. bei Bauaufträgen bei einem geschätzten Auftragswert von 50 000 Euro ohne Umsatzsteuer und

2. bei Liefer- und Dienstleistungsaufträgen bei einem geschätzten Auftragswert von 25 000 Euro ohne Umsatzsteuer.

---

[1] Nr. 1.

[3] Für die Schätzung gilt § 3 der Vergabeverordnung[1) in der Fassung der Bekanntmachung vom 11. Februar 2003 (BGBl. I S. 169), zuletzt geändert durch Artikel 1 der Verordnung vom 12. Juli 2012 (BGBl. I S. 1508), in der jeweils geltenden Fassung.

(2) [1] Bei der Vergabe öffentlicher Aufträge sind unterhalb der Schwellenwerte nach § 100 Abs. 1 des Gesetzes gegen Wettbewerbsbeschränkungen[2) diejenigen Regelungen der Vergabe- und Vertragsordnung für Leistungen und der Vergabe- und Vertragsordnung für Bauleistungen[3) anzuwenden, die für die Vergabe von Bau-, Liefer- und Dienstleistungsaufträgen gelten, die nicht im Anwendungsbereich des Vierten Teils des Gesetzes gegen Wettbewerbsbeschränkungen[4) liegen. [2] Das für öffentliches Auftragswesen zuständige Ministerium wird ermächtigt, durch Verordnung Grenzen für Auftragswerte festzulegen, bis zu deren Erreichen eine Auftragsvergabe im Wege einer beschränkten Ausschreibung oder einer freihändigen Vergabe nach den Vergabe- und Vertragsordnungen zulässig ist.

(3) Dieses Gesetz findet keine Anwendung für die Vergabe öffentlicher Aufträge, deren Gegenstand

1. in unmittelbarem Zusammenhang mit der Abwehr oder Eindämmung eines Katastrophenfalls steht oder

2. im räumlichen und sachlichen Zusammenhang mit der Erstaufnahme oder Unterbringung und Versorgung von Flüchtlingen und Asylbewerbern steht und der Vergabe unter Anwendung dieses Gesetzes dringliche und zwingende Gründe entgegenstehen.

§ 2 Persönlicher Anwendungsbereich. (1) Dieses Gesetz gilt für das Land, die Kommunen, die Verbandsgemeinden und die der Aufsicht des Landes unterstehenden anderen Körperschaften, Anstalten und Stiftungen des öffentlichen Rechts.

(2) Für juristische Personen des Privatrechts, die die Voraussetzungen des § 98 Nr. 2 des Gesetzes gegen Wettbewerbsbeschränkungen[2) erfüllen, gilt Absatz 1 entsprechend.

§ 3 Mittelstandsförderung. (1) Die öffentlichen Auftraggeber sind verpflichtet, kleine und mittlere Unternehmen bei beschränkten Ausschreibungen und freihändigen Vergaben in angemessenem Umfang zur Angebotsabgabe aufzufordern.

(2) Unbeschadet der Verpflichtung zur Teilung der Leistungen in Fach- und Teillose nach dem Gesetz gegen Wettbewerbsbeschränkungen[4), der Vergabe- und Vertragsordnung für Leistungen und der Vergabe- und Vertragsordnung für Bauleistungen[3) ist das Vergabeverfahren, soweit nach Art und Umfang der anzubietenden Leistungen möglich, so zu wählen und sind die Vergabeunterlagen so zu gestalten, dass kleine und mittlere Unternehmen am Wettbewerb teilnehmen und beim Zuschlag berücksichtigt werden können.

(3) [1] Staatliche Auftraggeber haben die Ausschreibung eines öffentlichen Auftrages in elektronischer Form auf der zentralen Veröffentlichungs- und

---

[1) Nr. 2.
[2) Nr. 1.
[3) Nr. 14.
[4) Auszugsweise abgedruckt unter Nr. 1.

Vergabeplattform des Landes Sachsen-Anhalt bekannt zu machen. [2] Das für öffentliches Auftragswesen zuständige Ministerium wird ermächtigt, durch Verordnung Vorgaben für das elektronische Verfahren zur Bekanntmachung öffentlicher Aufträge sowie die elektronische Abwicklung der Vergabeverfahren festzulegen.

§ 4 Berücksichtigung sozialer, umweltbezogener und innovativer Kriterien im Vergabeverfahren, technische Spezifikation. (1) [1] Aufträge werden an fachkundige, leistungsfähige sowie gesetzestreue und zuverlässige Unternehmen vergeben. [2] Zusätzliche Anforderungen im Sinne von § 97 Abs. 4 Satz 2 des Gesetzes gegen Wettbewerbsbeschränkungen[1]) dürfen nur an Auftragnehmer mit mindestens 25 Arbeitnehmern gestellt werden.

(2) Zu berücksichtigende, im sachlichen Zusammenhang stehende soziale Belange sind:

1. die Beschäftigung von Auszubildenden,
2. qualitative Maßnahmen zur Familienförderung und
3. die Sicherstellung der Entgeltgleichheit von Frauen und Männern.

(3) Bei der Vergabe öffentlicher Aufträge ist § 141 Satz 1 des Neunten Buches Sozialgesetzbuch zu beachten.

(4) Zulässig ist auch die Berücksichtigung von Umweltbelangen und zwar insbesondere, wenn diese zu zusätzlichen Energieeinsparungen führen.

(5) [1] Bei der technischen Spezifikation eines Auftrags können Umwelteigenschaften und Auswirkungen bestimmter Warengruppen oder Dienstleistungen auf die Umwelt festgelegt werden. [2] Hierzu können geeignete Spezifikationen verwendet werden, die in Umweltgütezeichen definiert sind, wenn

1. sie sich zur Definition der Merkmale der Waren oder Dienstleistungen eignen, die Gegenstand des Auftrags sind,
2. die Anforderungen an das Umweltgütezeichen auf der Grundlage von wissenschaftlich abgesicherten Informationen ausgearbeitet werden,
3. die Umweltgütezeichen im Rahmen eines Verfahrens erlassen werden, an dem interessierte Stellen und Personen teilnehmen können, und
4. das Umweltgütezeichen für alle Betroffenen zugänglich und verfügbar ist.

§ 5 Formularwesen. [1] Das für öffentliches Auftragswesen zuständige Ministerium hat die Einführung und Weiterentwicklung eines weitgehend einheitlichen Formularwesens bezüglich der Vergabe öffentlicher Bauaufträge in Anlehnung an die Vergabe- und Vertragshandbücher für die Baumaßnahmen des Bundes durch Verordnung zu regeln. [2] Das Formularwesen wird mindestens im Abstand von zwei Jahren auf seine Praktikabilität und seinen Bürokratieaufwand überprüft.

§ 6 Präqualifizierung und Zertifizierung. [1] Den Nachweis seiner Eignung kann der Bieter auch durch eine gültige Bescheinigung nach einem Präqualifizierungsverfahren nach den Vergabe- und Vertragsordnungen führen. [2] Das für öffentliches Auftragswesen zuständige Ministerium wird ermächtigt, weitere Präqualifizierungsverfahren und besondere Zertifizierungen in den unter § 4 definierten zusätzlichen Belangen durch Verordnung zu regeln.

---

[1]) Nr. 1.

§ 7 Auswahl der Bieter. (1) Vor Erteilung des Zuschlags hat der öffentliche Auftraggeber zu prüfen, ob die Bieter die für die Erfüllung der vertraglichen Verpflichtungen erforderliche Fachkunde, Leistungsfähigkeit und Zuverlässigkeit besitzen.

(2) Ausgeschlossen werden kann ein Bieter, der gegen eine arbeitnehmerschützende Rechtsvorschrift, eine Vorschrift des Umweltrechts oder gegen eine Rechtsvorschrift über unrechtmäßige Absprachen bei öffentlichen Aufträgen verstoßen hat, wenn der Verstoß mit einem rechtskräftigen Urteil oder einem Beschluss mit gleicher Wirkung geahndet wurde und eine schwere Verfehlung darstellt, die die Zuverlässigkeit des Bieters in Frage stellt.

(3) [1] Im Rahmen der zu überprüfenden technischen Fachkunde können Umweltbelange Berücksichtigung finden. [2] Der öffentliche Auftraggeber kann mit dem Auftragsgegenstand zusammenhängende und ihm angemessene Anforderungen an die technische Leistungsfähigkeit des Bieters aufstellen, die in der Bekanntmachung oder den Vergabeunterlagen anzugeben sind. [3] Diese können bei umweltrelevanten öffentlichen Bau- und Dienstleistungsaufträgen in der Angabe der Umweltmanagementmaßnahmen bestehen, die bei der Ausführung des Auftrags zur Anwendung kommen sollen. [4] Zum Nachweis dafür, dass der Bieter bestimmte Normen für das Umweltmanagement erfüllt, kann der öffentliche Auftraggeber die Vorlage von Bescheinigungen unabhängiger Stellen verlangen. [5] Die Sätze 1 bis 4 finden bei Lieferaufträgen keine Anwendung.

(4) [1] Die Eintragung eines Unternehmens in das Register des Eco-Management and Audit Scheme kann für die Beurteilung der technischen Fachkunde eines Bieters herangezogen werden. [2] Dabei dürfen die öffentlichen Auftraggeber nicht auf die Registrierung als solche abstellen, sondern es muss ein Bezug zur Ausführung des Auftrags vorhanden sein.

§ 8 Erteilung des Zuschlags. [1] Der Zuschlag ist auf das unter Berücksichtigung aller Umstände wirtschaftlichste Angebot zu erteilen. [2] Der niedrigste Angebotspreis allein ist nicht entscheidend. [3] Bei gleichwertigen Angeboten werden, sofern in der Bekanntmachung oder den Vergabeunterlagen angegeben, die zusätzlichen Belange nach § 4 für die Vergabe herangezogen.

§ 9 Bedingungen für die Ausführung des Auftrags. (1) Der öffentliche Auftraggeber kann zusätzliche Bedingungen für die Ausführung des Auftrags vorschreiben, wenn diese

1. in der Bekanntmachung oder in den Vergabeunterlagen angegeben werden und

2. keine versteckten technischen Spezifikationen, Auswahl- oder Zuschlagskriterien darstellen.

(2) Unter den Voraussetzungen des Absatzes 1 kann bei geeigneten umweltbedeutsamen Aufträgen, bei denen ein Zusammenhang mit dem Auftragsgegenstand besteht, der öffentliche Auftraggeber einen Nachweis dafür verlangen, dass bestimmte Umweltmanagementmaßnahmen bei der Ausführung des Auftrags ergriffen werden.

§ 10 Tariftreue und Entgeltgleichheit. (1) [1] Für Bauleistungen und andere Dienstleistungen, die das Arbeitnehmer-Entsendegesetz vom 20. April 2009 (BGBl. I S. 799), zuletzt geändert durch Artikel 5 Abs. 11 des Gesetzes vom

24. Februar 2012 (BGBl. I S. 212, 249), in der jeweils geltenden Fassung erfasst, dürfen öffentliche Aufträge nur an Bieter vergeben werden, die sich bei der Angebotsabgabe schriftlich verpflichtet haben, ihren Arbeitnehmern bei der Ausführung dieser Leistungen Arbeitsbedingungen zu gewähren, die mindestens den Vorgaben desjenigen Tarifvertrages entsprechen, an den das Unternehmen aufgrund des Arbeitnehmer-Entsendegesetzes gebunden ist. [2]Satz 1 gilt entsprechend für Beiträge an eine gemeinsame Einrichtung der Tarifvertragsparteien im Sinne von § 5 Nr. 3 des Arbeitnehmer-Entsendegesetzes sowie für andere gesetzliche Bestimmungen über Mindestentgelte.

(2) [1]Bei der Vergabe von Leistungen über öffentliche Personennahverkehrsdienste dürfen Bieter, die nicht tarifgebunden sind, nur berücksichtigt werden, wenn sie sich bei der Angebotsabgabe schriftlich verpflichten, dass sie ihre Arbeitnehmer bei der Ausführung dieser Leistungen mindestens das im Land Sachsen-Anhalt für diese Leistung in einem einschlägigen und repräsentativen mit einer tariffähigen Gewerkschaft vereinbarten Tarifvertrag vorgesehene Entgelt nach tarifvertraglich festgelegten Bedingungen zahlen. [2]Im Falle länderübergreifender Ausschreibungen kann auch ein einschlägiger und repräsentativer Tarifvertrag aus dem jeweiligen Land zugrunde gelegt werden. [3]Das für Tarifrecht zuständige Ministerium hat durch Verordnung zu bestimmen, in welchem Verfahren festgestellt wird, welche Tarifverträge als repräsentativ im Sinne von Satz 1 anzusehen sind und auf welche Weise deren Veröffentlichung erfolgt. [4]Bei der Feststellung, welche Tarifverträge als repräsentativ anzusehen sind, ist vorrangig abzustellen auf

1. die Zahl der Arbeitnehmer, für die der jeweilige Tarifvertrag eines tarifgebundenen Arbeitgebers gilt, und
2. die Zahl der Mitglieder der Gewerkschaft, die den Tarifvertrag geschlossen hat, für die der jeweilige Tarifvertrag gilt.

(3) Öffentliche Aufträge dürfen nur an Bieter vergeben werden, die sich bei der Angebotsabgabe schriftlich verpflichten, dass sie bei der Auftragsdurchführung ihren Arbeitnehmern bei gleicher oder gleichwertiger Arbeit gleiches Entgelt zahlen.

(4) Bei der Vergabe öffentlicher Aufträge ist im Bereich der Architekten- und Ingenieursleistungen die Honorarordnung für Architekten und Ingenieure zu beachten.

§ 11 Betreiberwechsel bei der Erbringung von Personenverkehrsdiensten. [1]Öffentliche Auftraggeber können gemäß der Verordnung (EG) Nr. 1370/2007[1]) des Europäischen Parlaments und des Rates vom 23. Oktober 2007 über öffentliche Personenverkehrsdienste auf Schiene und Straße und zur Aufhebung der Verordnungen (EWG) Nr. 1191/69 und (EWG) Nr. 1107/70 des Rates verlangen, dass der ausgewählte Betreiber eines öffentlichen Dienstes die Arbeitnehmer des bisherigen Betreibers zu den Arbeitsbedingungen übernimmt, die diesen von dem vorherigen Betreiber gewährt wurden. [2]Die bisherigen Betreiber sind verpflichtet, den öffentlichen Auftraggebern auf Anforderung die hierzu erforderlichen Unterlagen zur Verfügung zu stellen oder Einsicht in Lohn- und Meldeunterlagen, Bücher und andere Geschäftsunterlagen und Aufzeichnungen zu gewähren, aus denen Umfang, Art, Dauer und

---

[1]) Nr. 7.

tatsächliche Entlohnung der Arbeitnehmer hervorgehen oder abgeleitet werden können. [3] Die im Rahmen des Verfahrens nach Satz 2 entstehenden Aufwendungen des bisherigen Betreibers werden durch den öffentlichen Auftraggeber erstattet.

§ 12 ILO-Kernarbeitsnormen. (1) [1] Bei der Vergabe von Bau-, Liefer- oder Dienstleistungen sollen keine Waren Gegenstand der Leistung sein, die unter Missachtung der in den Kernarbeitsnormen der Internationalen Arbeitsorganisation (ILO) festgelegten Mindeststandards gewonnen oder hergestellt worden sind. [2] Diese Mindeststandards ergeben sich aus:

1. dem Übereinkommen Nr. 29 über Zwangs- oder Pflichtarbeit vom 28. Juni 1930 (BGBl. 1956 II S. 640, 641),

2. dem Übereinkommen Nr. 87 über die Vereinigungsfreiheit und den Schutz des Vereinigungsrechtes vom 9. Juli 1948 (BGBl. 1956 II S. 2072, 2073),

3. dem Übereinkommen Nr. 98 über die Anwendung der Grundsätze des Vereinigungsrechtes und des Rechtes zu Kollektivverhandlungen vom 1. Juli 1949 (BGBl. 1955 II S. 1122, 1123),

4. dem Übereinkommen Nr. 100 über die Gleichheit des Entgelts männlicher und weiblicher Arbeitskräfte für gleichwertige Arbeit vom 29. Juni 1951 (BGBl. 1956 II S. 23, 24),

5. dem Übereinkommen Nr. 105 über die Abschaffung der Zwangsarbeit vom 25. Juni 1957 (BGBl. 1959 II S. 441, 442),

6. dem Übereinkommen Nr. 111 über die Diskriminierung in Beschäftigung und Beruf vom 25. Juni 1958 (BGBl. 1961 II S. 97, 98),

7. dem Übereinkommen Nr. 138 über das Mindestalter für die Zulassung zur Beschäftigung vom 26. Juni 1973 (BGBl. 1976 II S. 201, 202),

8. dem Übereinkommen Nr. 182 über das Verbot und unverzügliche Maßnahmen zur Beseitigung der schlimmsten Formen der Kinderarbeit vom 17. Juni 1999 (BGBl. 2001 II S. 1290, 1291)

in der jeweils geltenden Fassung.

(2) [1] Aufträge über Lieferleistungen dürfen nur an solche Bieter vergeben werden, die sich bei Angebotsabgabe schriftlich verpflichtet haben, den Auftrag gemäß der Leistungsbeschreibung ausschließlich mit Waren auszuführen, die nachweislich unter Beachtung der ILO-Kernarbeitsnormen nach Absatz 1 gewonnen oder hergestellt worden sind. [2] Hierzu sind von den Bietern entsprechende Nachweise oder Erklärungen zu verlangen. [3] Die Sätze 1 und 2 gelten entsprechend für Waren, die im Rahmen der Erbringung von Bau- oder Dienstleistungen verwendet werden.

§ 13 Nachunternehmereinsatz. (1) [1] Beabsichtigt der Auftragnehmer, Bau-, Liefer- und Dienstleistungen auf Nachunternehmer zu übertragen, hat er dem öffentlichen Auftraggeber die Nachunternehmen schriftlich zu benennen. [2] Der öffentliche Auftraggeber kann der Übertragung wegen mangelnder Fachkunde, mangelnder Zuverlässigkeit oder Leistungsfähigkeit des Nachunternehmers sowie wegen Nichterfüllung der Nachweispflicht nach § 15 Abs. 2 oder wegen eines Ausschlusses des Nachunternehmens nach § 18 Abs. 2 widersprechen.

(2) [1] Öffentliche Aufträge werden nur an Bieter vergeben, die bei Abgabe des Angebots schriftlich erklären, dass eine Beauftragung von Nachunterneh-

mern oder Verleihern nur erfolgt, wenn diese ihren Arbeitnehmern mindestens die Arbeitsbedingungen gewähren, die der Bieter selbst einzuhalten verspricht. [2]Der Bieter hat die schriftliche Übertragung der Verpflichtung und ihre Einhaltung durch die beteiligten Nachunternehmer oder Verleiher sicherzustellen und dem öffentlichen Auftraggeber auf Verlangen nachzuweisen.

(3) Absatz 1 gilt entsprechend für die nachträgliche Beauftragung oder den Wechsel eines Nachunternehmers.

(4) Öffentliche Aufträge dürfen nur an Bieter vergeben werden, die sich bei der Angebotsabgabe schriftlich verpflichten, für den Fall der Weitergabe von Leistungen an Nachunternehmer

1. bevorzugt kleine und mittlere Unternehmen zu beteiligen, soweit es mit der vertragsgemäßen Ausführung des Auftrags zu vereinbaren ist,
2. Nachunternehmer davon in Kenntnis zu setzen, dass es sich um einen öffentlichen Auftrag handelt,
3. bei der Weitergabe von Bauleistungen an Nachunternehmer Teil B der Vergabe- und Vertragsordnung für Bauleistungen (VOB/B)[1], bei der Weitergabe von Dienstleistungen Teil B der Vergabe- und Vertragsordnung für Leistungen (VOL/B)[2] zum Vertragsbestandteil zu machen und
4. den Nachunternehmern keine, insbesondere hinsichtlich der Zahlungsweise, ungünstigeren Bedingungen aufzuerlegen, als zwischen dem Auftragnehmer und dem öffentlichen Auftraggeber vereinbart sind.

§ 14 Wertung ungewöhnlich niedriger Angebote. (1) [1]Der öffentliche Auftraggeber hat ungewöhnlich niedrige Angebote, auf die der Zuschlag erfolgen soll, zu überprüfen. [2]Dies gilt unabhängig von der nach Teil A der Vergabe- und Vertragsordnung für Bauleistungen (VOB/A)[1] und Teil A der Vergabe- und Vertragsordnung für Leistungen (VOL/A) vorgegebenen Prüfung ungewöhnlich niedrig erscheinender Angebote.

(2) [1]Weicht ein Angebot für die Erbringung von Bau-, Liefer- oder Dienstleistungen, auf das der Zuschlag erteilt werden soll, um mindestens 10 v.H. vom nächst höheren Angebot ab, so hat der öffentliche Auftraggeber die Kalkulation des Angebots zu überprüfen. [2]Im Rahmen dieser Überprüfung ist der Bieter verpflichtet, die ordnungsgemäße Kalkulation nachzuweisen. [3]Kommt der Bieter dieser Verpflichtung auch nach Aufforderung des öffentlichen Auftraggebers nicht nach, so ist er vom weiteren Vergabeverfahren auszuschließen.

§ 15 Wertungsausschluss. (1) [1]Hat der Bieter

1. aktuelle Nachweise oder Eigenerklärungen über die vollständige Entrichtung von Steuern und Sozialversicherungsbeiträgen,
2. eine Erklärung nach den §§ 10 und 12 Abs. 2 oder
3. sonstige Nachweise oder Erklärungen

nicht zum geforderten Zeitpunkt vorgelegt, entscheidet der öffentliche Auftraggeber auf der Grundlage der Bestimmungen der Vergabe- und Vertragsordnung für Leistungen und der Vergabe- und Vertragsordnung für Bauleistungen[1], ob das Angebot von der Wertung ausgeschlossen wird. [2]Fremdspra-

---

[1] Nr. **14**.
[2] Nr. **16**.

chige Nachweise oder Erklärungen sind nur zu berücksichtigen, wenn sie mit einer Übersetzung in die deutsche Sprache vorgelegt worden sind.

(2) [1] Soll die Ausführung eines Teils des Auftrags über die Erbringung von Bauleistungen oder Dienstleistungen einem Nachunternehmer übertragen werden, so sind vor der Auftragserteilung auch die auf den Nachunternehmer lautenden Nachweise und Erklärungen nach Absatz 1 vorzulegen. [2] Soweit eine Benennung von Nachunternehmern nach Auftragserteilung zulässig ist, sind die erforderlichen Nachweise und Erklärungen nach Absatz 1 bei der Benennung vorzulegen.

§ 16 Sicherheitsleistung bei Bauleistungen. (1) [1] Für die vertragsgemäße Erfüllung von Bauleistungen sollen bei öffentlicher Ausschreibung und offenem Verfahren ab einem Auftragswert von 250 000 Euro ohne Umsatzsteuer Sicherheitsleistungen verlangt werden. [2] Bei beschränkter Ausschreibung, beschränkter Ausschreibung nach öffentlichem Teilnahmewettbewerb, freihändiger Vergabe, nichtoffenem Verfahren und Verhandlungsverfahren sollen Sicherheitsleistungen in der Regel nicht verlangt werden.

(2) Für die Erfüllung der Mängelansprüche sollen Sicherheitsleistungen in der Regel ab einem Auftragswert oder einer Abrechnungssumme von 250 000 Euro ohne Umsatzsteuer verlangt werden.

§ 17 Kontrollen. (1) [1] Der öffentliche Auftraggeber kann Kontrollen durchführen, um die Einhaltung der Vertragspflichten des Auftragnehmers zu überprüfen. [2] Der öffentliche Auftraggeber hat zu diesem Zweck mit dem Auftragnehmer vertraglich zu vereinbaren, dass ihm auf Verlangen die Entgeltabrechnungen des Auftragnehmers und der Nachunternehmer sowie die Unterlagen über die Abführung von Steuern und Sozialversicherungsbeiträgen nach § 15 Abs. 1 Satz 1 Nr. 1 und die zwischen Auftragnehmer und Nachunternehmer abgeschlossenen Werkverträge vorgelegt werden. [3] Der Auftragnehmer hat seine Arbeitnehmer auf die Möglichkeit solcher Kontrollen hinzuweisen.

(2) Der Auftragnehmer und seine Nachunternehmer haben vollständige und prüffähige Unterlagen nach Absatz 1 über die eingesetzten Arbeitnehmer bereitzuhalten.

§ 18 Sanktionen. (1) [1] Um die Einhaltung der in den §§ 10, 11, 12 Abs. 2 und § 17 Abs. 2 genannten Vertragspflichten des Auftragnehmers zu sichern, ist zwischen dem öffentlichen Auftraggeber und dem Auftragnehmer für jeden schuldhaften Verstoß regelmäßig eine Vertragsstrafe von bis zu 5 v.H. des Auftragswerts zu vereinbaren. [2] Der Auftragnehmer ist zur Zahlung einer Vertragsstrafe nach Satz 1 auch für den Fall zu verpflichten, dass der Verstoß durch einen von ihm eingesetzten Nachunternehmer oder einen von diesem eingesetzten Nachunternehmer begangen wird, es sei denn, dass der Auftragnehmer den Verstoß weder kannte noch kennen musste.

(2) Der öffentliche Auftraggeber hat mit dem Auftragnehmer zu vereinbaren, dass die schuldhafte Verletzung einer der in den §§ 10, 11, 12 Abs. 2 und § 17 Abs. 2 genannten Vertragspflichten durch den Auftragnehmer oder seine Nachunternehmer den öffentlichen Auftraggeber zur fristlosen Kündigung des Vertrags berechtigen.

(3) [1] Hat der Auftragnehmer eine der in den §§ 10, 11, 12 Abs. 2 und in § 17 Abs. 2 genannten Vertragspflichten verletzt, soll jeweils der öffentliche

Auftraggeber dieses Unternehmen von der öffentlichen Auftragsvergabe für die Dauer von bis zu drei Jahren ausschließen. [2] Satz 1 gilt auch für Nachunternehmer. [3] Vor dem Ausschluss ist dem Unternehmen Gelegenheit zur Stellungnahme zu geben. [4] Ein ausgeschlossenes Unternehmen ist auf dessen Antrag allgemein oder teilweise wieder zuzulassen, wenn der Grund des Ausschlusses weggefallen ist und mindestens sechs Monate der Sperre abgelaufen sind.

(4) Der öffentliche Auftraggeber darf Maßnahmen nach den Absätzen 1 bis 3 unabhängig von der Geltendmachung einer Vertragsstrafe aus anderem Grunde sowie von der Geltendmachung sonstiger Ansprüche ergreifen.

§ 19 Information der Bieter, Nachprüfung des Vergabeverfahrens unterhalb der Schwellenwerte. (1) [1] Unterhalb der Schwellenwerte nach § 100 des Gesetzes gegen Wettbewerbsbeschränkungen[1]) informiert der öffentliche Auftraggeber die Bieter, deren Angebote nicht berücksichtigt werden sollen, über den Namen des Bieters, dessen Angebot angenommen werden soll, und über die Gründe der vorgesehenen Nichtberücksichtigung ihres Angebotes. [2] Er gibt die Information schriftlich, spätestens sieben Kalendertage vor dem Vertragsabschluss, ab.

(2) [1] Beanstandet ein Bieter vor Ablauf der Frist schriftlich beim öffentlichen Auftraggeber die Nichteinhaltung der Vergabevorschriften und hilft der öffentliche Auftraggeber der Beanstandung nicht ab, ist die Nachprüfungsbehörde durch Übersendung der vollständigen Vergabeakten zu unterrichten. [2] Der Zuschlag darf in dem Fall nur erteilt werden, wenn die Nachprüfungsbehörde nicht innerhalb von vier Wochen nach Unterrichtung das Vergabeverfahren mit Gründen beanstandet. [3] Der Vorsitzende der Vergabekammer kann diese Frist im Einzelfall um zwei Wochen verlängern. [4] Wird das Vergabeverfahren beanstandet, hat der öffentliche Auftraggeber die Entscheidung der Nachprüfungsbehörde umzusetzen. [5] Die Frist beginnt am Tag nach dem Eingang der Unterrichtung.

(3) Nachprüfungsbehörde ist die beim Landesverwaltungsamt nach § 2 Abs. 1 der Richtlinie über die Einrichtung von Vergabekammern in Sachsen-Anhalt[2]) vom 4. März 1999 (MBl. LSA S. 441), zuletzt geändert durch die Verwaltungsvorschrift vom 8. Dezember 2003 (MBl. LSA S. 942), in der jeweils geltenden Fassung eingerichtete Vergabekammer.

(4) Die Absätze 1 und 2 finden keine Anwendung, wenn der voraussichtliche Gesamtauftragswert bei Bauleistungen ohne Umsatzsteuer einen Betrag von 150 000 Euro, bei Leistungen und Lieferungen ohne Umsatzsteuer einen Betrag von 50 000 Euro nicht übersteigt.

(5) [1] Für Amtshandlungen der Nachprüfungsbehörde werden Kosten zur Deckung des Verwaltungsaufwandes erhoben. [2] Die Höhe der Gebühren bestimmt sich nach dem personellen und sachlichen Aufwand der Nachprüfungsbehörde unter Berücksichtigung der wirtschaftlichen Bedeutung des Gegenstands der Nachprüfung. [3] Die Gebühr beträgt mindestens 100 Euro, soll aber den Betrag von 1 000 Euro nicht überschreiten. [4] Ergibt die Nachprüfung, dass ein Bieter zu Recht das Vergabeverfahren beanstandet hat, sind keine Kosten zu seinen Lasten zu erheben.

---

[1]) Nr. **1**.
[2]) Nr. **41**.

§ 20 Ausgleich für Kosten bei den Kommunen. [1] Für die Erfüllung der Aufgaben nach diesem Gesetz erhalten die Kommunen einen Betrag von insgesamt einer Million Euro für jedes Kalenderjahr. [2] Von diesem Betrag erhalten die kreisfreien Städte 25 v.H., die kreisangehörigen Gemeinden 55 v.H. und die Landkreise 20 v.H. [3] Die Verteilung der Mittel erfolgt jeweils zu 75 v.H. nach der Einwohnerzahl und zu 25 v.H. nach der Fläche. [4] Die Auszahlung erfolgt in Raten zum 10. der Monate Februar, Mai, August und November eines jeden Kalenderjahres.

§ 21 Evaluierung. [1] Dieses Gesetz ist vier Jahre nach Inkrafttreten durch das für öffentliches Auftragswesen zuständige Ministerium zu evaluieren. [2] Abweichend von Satz 1 wird die Regelung des § 20 durch die Landesregierung im vierten Quartal 2014 überprüft; dem Landtag wird über das Ergebnis spätestens im zweiten Quartal 2015 berichtet.

§ 22 Sprachliche Gleichstellung. Personen- und Funktionsbezeichnungen in diesem Gesetz gelten jeweils in männlicher und weiblicher Form.

§ 23 Übergangsvorschrift. Zum Zeitpunkt des Inkrafttretens dieses Gesetzes bereits begonnene Vergabeverfahren werden nach dem bisherigen Recht fortgesetzt und abgeschlossen.

§ 24 Änderung des Mittelstandsförderungsgesetzes. § 8 des Mittelstandsförderungsgesetzes vom 27. Juni 2001 (GVBl. LSA S. 230) wird aufgehoben.

§ 25 Anpassung der Schwellenwerte. Für die Vergabe öffentlicher Aufträge, deren Gegenstand im räumlichen und sachlichen Zusammenhang mit den Hochwasserereignissen im Mai und Juni 2013 steht, sofern dringliche und zwingende Gründe bestehen, werden die Schwellenwerte nach § 1 Abs. 1 bis zum 30. Juni 2014 durch folgende Schwellenwerte ersetzt:

1. bei Bauaufträgen ein geschätzter Auftragswert von fünf Millionen Euro ohne Umsatzsteuer und

2. bei Liefer- und Dienstleistungsaufträgen ein geschätzter Auftragswert von 200 000 Euro ohne Umsatzsteuer.

§ 26 Inkrafttreten. Dieses Gesetz tritt am 1. Januar 2013 in Kraft.

30. Vergabegesetz Schleswig-Holstein (VGSH)[1)]

Vom 8. Februar 2019

(GVOBl. Schl.-H. S. 40)

GS Schl.-H. II 7220-4

§ 1 Anwendungsbereich. (1) [1]Dieses Gesetz gilt für das Land, die Kreise, die Gemeinden und die Gemeindeverbände in Schleswig-Holstein sowie die übrigen Auftraggeber im Sinne des § 98 des Gesetzes gegen Wettbewerbsbeschränkungen (GWB)[2)] vom 26. Juni 2013 (BGBl. I S. 1750), zuletzt geändert durch Artikel 10 Absatz 9 des Gesetzes vom 30. Oktober 2017 (BGBl. I S. 3618), die in Schleswig-Holstein öffentliche Aufträge oder Konzessionen im Sinne des GWB[3)] vergeben, deren Auftragswert die Schwellenwerte nach § 106 GWB[2)] nicht erreichen, soweit in diesem Gesetz nichts anderes bestimmt ist. [2]Für die Schätzung des Auftragswerts gilt § 3 der Vergabeverordnung[4)] des Bundes vom 12. April 2016 (BGBl. I S. 624). [3]Dieses Gesetz gilt nicht, soweit das Vergabeverfahren im Namen oder im Auftrag des Bundes oder eines anderen Bundeslandes oder gemeinsam mit Auftraggebern anderer Bundesländer durchgeführt wird.

(2) Für dieses Gesetz gelten die Ausnahmen der §§ 107, 108, 109, 116, 117 oder 145 GWB[2)] entsprechend.

(3) [1]Für öffentliche Aufträge im Bereich des öffentlichen Personenverkehrs gelten die Regelungen dieses Gesetzes für alle Dienstleistungsaufträge im Sinne der Verordnung Nummer 1370/2007[5), 6)]. [2]Dieses Gesetz gilt auch für Beförderungsleistungen im Sinne von § 1 Freistellungs-Verordnung vom 30. August 1962 (BGBl. I S. 601), zuletzt geändert durch Verordnung vom 4. Mai 2012 (BGBl. I S. 1037).

§ 2 Verfahrensgrundsätze. (1) [1]Öffentliche Aufträge und Konzessionen werden im Wege transparenter Verfahren und grundsätzlich im Wettbewerb vergeben unter Beachtung der Grundsätze der Wirtschaftlichkeit und der Verhältnismäßigkeit. [2]Bei der Vergabe können gemäß § 97 Absatz 3 GWB[2)] Aspekte der Qualität und der Innovation sowie soziale, gleichstellungs- und umweltbezogene Aspekte Berücksichtigung finden. [3]Strategische Ziele und Nachhaltigkeitsaspekte können in jeder Phase eines Vergabeverfahrens, von der Definition der Leistung über die Festlegung von Eignungs- und Zuschlagskriterien bis hin zur Vorgabe von Ausführungsbedingungen einbezogen werden.

[1)] Verkündet als Art. 1 G v. 8.2.2019 (GVOBl. Schl.-H. S. 40); Inkrafttreten gem. Art. 3 dieses G am 1.4.2019.

[2)] Nr. **1**.

[3)] Auszugsweise abgedruckt unter Nr. **1**.

[4)] Nr. **2**.

[5)] Nr. **7**.

[6)] **Amtl. Anm.:** *Verordnung (EG) Nummer 1370/20071* des Europäischen Parlaments und des Rates vom 23. Oktober 2007 über öffentliche Personenverkehrsdienste auf Schiene und Straße und zur Aufhebung der Verordnungen (EWG) :191/69 und (EWG) Nummer 1107/70 des Rates (ABl. L 315 vom 3. Dezember 2007, S. 1) in der Fassung der Verordnung (EU) 2016/2338 des europäischen Parlaments und des Rates vom 14. Dezember 2016 (ABl. L 354/22 vom 23. Dezember 2016).

(2) Die Teilnehmerinnen oder Teilnehmer an einem Vergabeverfahren sind gleich zu behandeln, es sei denn, eine Ungleichbehandlung ist aufgrund von Rechtsvorschriften ausdrücklich geboten oder gestattet.

(3) ¹Mittelständische Interessen sind bei der Vergabe öffentlicher Aufträge und Konzessionen vornehmlich zu berücksichtigen, insbesondere durch die Beachtung des Gebotes der Losaufteilung. ²Grundsätzlich werden als eignungsbezogene Unterlagen nur Eigenerklärungen und Angaben gefordert; Ausnahmen bedürfen einer zu dokumentierenden Begründung. ³Nachweise, insbesondere Bescheinigungen Dritter, sollen nur von dem für den Zuschlag vorgesehenen Bieter verlangt werden. ⁴Bei Beschränkten Ausschreibungen, Freihändigen Vergaben und Verhandlungsvergaben sollen auch kleine und mittlere Unternehmen zur Angebotsabgabe aufgefordert werden.

§ 3 Verfahrensordnungen. (1) Bei öffentlichen Aufträgen sind anzuwenden:

1. die Verfahrensordnung für die Vergabe öffentlicher Liefer- und Dienstleistungsaufträge unterhalb der EU-Schwellenwerte (Unterschwellenvergabeordnung – UVgO)¹⁾ in der Fassung vom 2. Februar 2017 (BAnz. AT 7. Februar 2017, B1, 8. Februar 2017 B1),

2. die Vergabe- und Vertragsordnung für Bauleistungen (VOB), Abschnitt 1 der VOB/A 2016 vom 23. Juni 2016 in der Fassung der Bekanntmachung vom 1. Juli 2016 B4 sowie die VOB/B²⁾ in der Ausgabe 2016 (BAnz. AT 13. Juli 2012 B3 mit den Änderungen, veröffentlicht in BAnz AT 19. Januar 2016 B3 sowie der Berichtigung in BAnz AT 1. April 2016 B1 2016).

(2) Die in Absatz 1 genannten UVgO und VOB sind bei deren Änderung oder Neufassung in der Fassung anzuwenden, die das für Wirtschaft zuständige Ministerium im Gesetz- und Verordnungsblatt für Schleswig-Holstein für verbindlich erklärt hat.

(3) ¹Aufträge von Sektorenauftraggebern im Sinne der §§ 100, 102 GWB³⁾ werden in einem frei gestalteten Verfahren vergeben, welches sich nach den Grundsätzen des § 2 richtet. ²Satz 1 gilt entsprechend für die Vergabe von Dienstleistungskonzessionen durch Konzessionsgeber im Sinne der §§ 101, 105 GWB³⁾.

§ 4 Vergabemindestlohn, repräsentative Tarifverträge. (1) ¹Unabhängig vom Erreichen der Schwellenwerte nach § 106 GWB³⁾ dürfen alle öffentlichen Aufträge ab einem Einzelauftragswert von 20.000 Euro (ohne Umsatzsteuer) nur an Unternehmen vergeben werden, die sich verpflichten, ihren unmittelbar für die Leistungserbringung in Deutschland eingesetzten Beschäftigten, ohne Auszubildende, Praktikantinnen und Praktikanten, Hilfskräfte und Teilnehmende an Bundesfreiwilligendiensten, wenigstens ein Mindeststundenentgelt von 9,99 Euro (brutto) zu zahlen. ²Ein beauftragtes Unternehmen hat sicherzustellen, dass diese Pflicht auch von sämtlichen Nachunternehmen und Verleihern von Arbeitnehmern eingehalten wird. ³Dieser Absatz gilt nicht für bevorzugte Bieter gemäß § 224 Absatz 1 Satz 1 und Absatz 2 sowie § 226 des Neunten Buches Sozialgesetzbuch – Rehabilitation und Teilhabe behinderter

---

¹⁾ Nr. **15**.
²⁾ Nr. **14**.
³⁾ Nr. **1**.

Menschen – vom 23. Dezember 2016 (BGBl. I S. 3234), zuletzt geändert durch Artikel 23 des Gesetzes vom 17. Juli 2017 (BGBl. I S. 2541).

(2) [1] Öffentliche Aufträge im Bereich des öffentlichen Personenverkehrs auf Straße und Schiene im Sinne des § 1 Absatz 3 Satz 1 dürfen nur an Unternehmen vergeben werden, die sich verpflichten, ihren bei der Ausführung der Leistung eingesetzten Beschäftigten, ohne Auszubildende, mindestens das in Schleswig-Holstein für diese Leistung in einem der einschlägigen und repräsentativen mit einer tariffähigen Gewerkschaft vereinbarten Tarifverträge vorgesehene Entgelt nach den tarifvertraglich festgelegten Modalitäten zu zahlen und die tariflich vereinbarten weiteren Leistungen zu gewähren. [2] Während der Ausführungszeit sind tarifliche Änderungen nachzuvollziehen. [3] Ein beauftragtes Unternehmen hat sicherzustellen, dass diese Pflichten auch von sämtlichen Nachunternehmen und Verleihern von Arbeitnehmern eingehalten werden. [4] Ein bisheriger Betreiber ist verpflichtet, dem Auftraggeber auf Anforderung die für die nach der Verordnung Nummer 1370/2007[1)] mögliche Anordnung eines Personalübergangs erforderlichen Unterlagen und Informationen zur Verfügung zu stellen oder entsprechende Einsicht zu gewähren. [5] Hierdurch entstehende Aufwendungen des bisherigen Betreibers werden durch den öffentlichen Auftraggeber erstattet.

(3) Öffentliche Auftraggeber sind berechtigt, Kontrollen durchzuführen und Unterlagen anzufordern, um die Einhaltung der in Absatz 1 und 2 auferlegten Pflichten zu überprüfen.

(4) Öffentliche Auftraggeber müssen Vertragsbedingungen verwenden,

1. durch die die beauftragten Unternehmen verpflichtet sind, die in den Absatz 1 und 2 genannten Vorgaben einzuhalten,

2. die dem öffentlichen Auftraggeber ein Recht zur Kontrolle und Prüfung der Einhaltung der Vorgaben einräumen und dessen Umfang regeln,

3. die dem öffentlichen Auftraggeber ein vertragliches außerordentliches Kündigungsrecht sowie eine Vertragsstrafe für den Fall der Verletzung der in Absatz 1 und 2 genannten Pflichten oder einer Vereitelung der Kontrollen nach Absatz 3 einräumen.

§ 5 Rechtsverordnungen, Ausschuss. (1) Das für Wirtschaft zuständige Ministerium wird ermächtigt, durch Rechtsverordnung

1. einzelne Auftraggeber nach § 1 Absatz 1 von der Anwendung einzelner Normen der UVgO[2)] und der VOB/A auszunehmen,

2. abweichende Regelungen von den nach § 3 anzuwendenden UVgO und VOB/A zu treffen,

3. Wertgrenzen für öffentliche Aufträge zu bestimmen, unterhalb derer die UVgO oder die VOB/A nicht anzuwenden sind oder eine Beschränkte Ausschreibung, eine Verhandlungsvergabe oder eine Freihändige Vergabe zulässig ist,

4. nähere Regelungen für Vergaben nach § 3 Absatz 3 zu bestimmen.

(2) [1] Das für Arbeit zuständige Ministerium wird ermächtigt, durch Rechtsverordnung festzustellen, welche Tarifverträge im Bereich des öffentlichen

---

[1)] Nr. **7**.
[2)] Nr. **15**.

Personenverkehrs gemäß § 1 Absatz 3 Satz 1 repräsentativ im Sinne von § 4 Absatz 2 sind. [2] Bei der Feststellung der Repräsentativität eines Tarifvertrages ist auf die Bedeutung des Tarifvertrages für die Arbeitsbedingungen der Arbeitnehmer abzustellen. [3] Hierbei muss insbesondere auf

1. die Zahl der von den jeweils tarifgebundenen Arbeitgebern unter den Geltungsbereich des Tarifvertrages fallenden Beschäftigten oder
2. die Zahl der jeweils unter den Geltungsbereich des Tarifvertrages fallenden Mitglieder der Gewerkschaft, die den Tarifvertrag geschlossen hat, Bezug genommen werden.

(3) Das für Arbeit zuständige Ministerium wird ermächtigt, das Nähere zur Bestellung des Ausschusses nach Absatz 4, zu dessen Beratungsverfahren und Beschlussfassung, zu seiner Geschäftsordnung und Vertretung und Entschädigung seiner Mitglieder durch Rechtsverordnung zu regeln.

(4) [1] Das für Arbeit zuständige Ministerium errichtet einen beratenden Ausschuss für die Feststellung der Repräsentativität der Tarifverträge. [2] Es bestellt für die Dauer von vier Jahren je drei Vertreter von Gewerkschaften und von Arbeitgebern oder Arbeitgeberverbänden im Bereich des öffentlichen Personenverkehrs auf deren Vorschlag als Mitglieder. [3] Die Beratungen koordiniert und leitet eine von dem für Arbeit zuständigen Ministerium beauftragte Person, die kein Stimmrecht hat. [4] Der Ausschuss gibt eine schriftlich begründete Empfehlung ab. [5] Kommt ein mehrheitlicher Beschluss über eine Empfehlung nicht zustande, so ist dies unter ausführlicher Darstellung der unterschiedlichen Positionen schriftlich mitzuteilen.

§ 6 Übergangsregelung. Für Vergabeverfahren, die vor dem Inkrafttreten dieses Gesetzes begonnen wurden, ist das Tariftreue- und Vergabegesetz Schleswig-Holstein vom 31. Mai 2013 (GVOBl. Schl.-H. S. 239) weiter anzuwenden.

31. Thüringer Gesetz über die Vergabe öffentlicher Aufträge (Thüringer Vergabegesetz – ThürVgG –)

In der Fassung der Bekanntmachung vom 23. Januar 2020[1]

(GVBl. S. 29)

Nichtamtliche Inhaltsübersicht

Der Landtag hat das folgende Gesetz beschlossen:

§ 1 Sachlicher Anwendungsbereich. (1) [1]Dieses Gesetz gilt für die Vergabe öffentlicher Aufträge im Sinne der §§ 103 und 104 des Gesetzes gegen Wettbewerbsbeschränkungen (GWB)[2] in der Fassung vom 26. Juni 2013 (BGBl. I S. 1750, 3245) in der jeweils geltenden Fassung ungeachtet des Erreichens der Schwellenwerte nach § 106 GWB[2], soweit bei Bauaufträgen ein geschätzter Auftragswert von 50.000 Euro (ohne Umsatzsteuer) und bei Liefer- und Dienstleistungsaufträgen ein geschätzter Auftragswert von 20.000 Euro (ohne Umsatzsteuer) überschritten wird. [2]Für die Schätzung gilt § 3 der Vergabeverordnung[3] vom 12. April 2016 (BGBl. I S. 624) in der jeweils geltenden Fassung.

---

[1] Neubekanntmachung des ThürVgG v. 18.4.2011 (GVBl. S. 69) in der ab 1.12.2019 geltenden Fassung.

[2] Nr. **1**.

[3] Nr. **2**.

(2) [1] Bei der Vergabe öffentlicher Aufträge sind ungeachtet der Auftragswertgrenzen des Absatzes 1 unterhalb der Schwellenwerte nach § 106 GWB[1]) die Regelungen

1. der Verfahrensordnung für die Vergabe öffentlicher Liefer- und Dienstleistungsaufträge unterhalb der EU-Schwellenwerte (Unterschwellenvergabeordnung - UVgO -)[2]) vom 2. Februar 2017 (BAnz. AT 07.02.2017 B1, AT 08.02.2017 B1) und

2. des Teils A Abschnitt 1 der Vergabe- und Vertragsordnung für Bauleistungen (VOB/A)[3]) vom 22. Juni 2016 (BAnz. AT 01.07.2016 B4)

jeweils in der jeweils geltenden Fassung anzuwenden. [2] Das für Angelegenheiten im öffentlichen Auftragswesen zuständige Ministerium kann Einzelheiten zu den Verfahren und Grenzen für Auftragswerte festlegen, bis zu deren Erreichen eine Auftragsvergabe im Wege einer Beschränkten Ausschreibung, einer Verhandlungsvergabe oder einer Freihändigen Vergabe nach den Bestimmungen der Vergabe- und Vertragsordnung für Bauleistungen und der Unterschwellenvergabeordnung zulässig ist. [3] Die Beschaffung preisgebundener Schulbücher kann unterhalb der Schwellenwerte nach § 106 GWB[1]) durch eine Verhandlungsvergabe mit oder ohne Teilnahmewettbewerb erfolgen. [4] Die Bestimmungen dieses Gesetzes und aufgrund dieses Gesetzes gehen den Bestimmungen nach Satz 1 vor.

(3) Dieses Gesetz ist nicht anzuwenden auf

1. die in den §§ 107, 108, 109, 116, 117 und 145 GWB[1]) genannten Sachverhalte,

2. die Vergabe von öffentlichen Aufträgen durch Sektorenauftraggeber zum Zweck der Ausübung einer Sektorentätigkeit sowie

3. die Vergabe von Leistungen, die im Rahmen einer freiberuflichen Tätigkeit erbracht oder im Wettbewerb mit freiberuflich Tätigen angeboten werden, soweit der geschätzte Auftragswert den jeweiligen Schwellenwert nach § 106 GWB[1]) nicht erreicht; es gilt § 50 UVgO.

(4) [1] Sollen öffentliche Aufträge gemeinsam mit Auftraggebern anderer Bundesländer, des Bundes oder aus Nachbarstaaten der Bundesrepublik Deutschland vergeben werden, soll mit diesen eine Einigung über die Einhaltung der Bestimmungen dieses Gesetzes angestrebt werden. [2] Kommt eine Einigung nicht zustande, kann von den Bestimmungen dieses Gesetzes abgewichen werden.

§ 2 Persönlicher Anwendungsbereich. (1) [1] Dieses Gesetz gilt für alle staatlichen und kommunalen Auftraggeber, sonstige Körperschaften, Anstalten und Stiftungen des öffentlichen Rechts, für die § 55 der Thüringer Landeshaushaltsordnung in der Fassung vom 19. September 2000 (GVBl. S. 282) oder § 31 der Thüringer Gemeindehaushaltsverordnung vom 26. Januar 1993 (GVBl. S. 181) beziehungsweise § 24 der Thüringer Gemeindehaushaltsverordnung Doppik vom 11. Dezember 2008 (GVBl. S. 504) jeweils in der jeweils geltenden Fassung gilt. [2] Die Auftraggeber stellen sicher, dass die mit der Vergabe öffentlicher Aufträge befassten Beschäftigten über angemessene Kenntnisse im Ver-

---

[1]) Nr. **1**.
[2]) Nr. **15**.
[3]) Nr. **14**.

gaberecht verfügen. ³Zuwendungsempfänger haben dieses Gesetz zu beachten, soweit sie nach den allgemeinen Nebenbestimmungen für Zuwendungen hierzu verpflichtet werden.

(2) Kommunale Auftraggeber im Sinne dieses Gesetzes sind die Gemeinden, die Landkreise, die kommunalen Anstalten, die Zweckverbände, die gemeinsamen kommunalen Anstalten sowie die Verwaltungsgemeinschaften.

(3) Für juristische Personen des Privatrechts, die die Voraussetzungen des § 99 Nr. 2 GWB[1] erfüllen, gilt Absatz 1 entsprechend.

§ 3 Mittelstandsförderung. (1) Die Auftraggeber sind verpflichtet, kleine und mittlere Unternehmen bei Beschränkten Ausschreibungen, Verhandlungsvergaben und Freihändigen Vergaben in angemessenem Umfang zur Angebotsabgabe aufzufordern.

(2) Unbeschadet der Verpflichtung zur Teilung der Leistungen in Fach- und Teillose nach dem Gesetz gegen Wettbewerbsbeschränkungen[2], der Vergabeverordnung[3], der Unterschwellenvergabeordnung[4] und der Vergabe- und Vertragsordnung für Bauleistungen[5] ist das Vergabeverfahren, soweit nach Art und Umfang der anzubietenden Leistungen möglich, so zu wählen und die Verdingungsunterlagen so zu gestalten, dass kleine und mittlere Unternehmen am Wettbewerb teilnehmen und beim Zuschlag berücksichtigt werden können.

(3) ¹Staatliche Auftraggeber im Sinne des § 2 Abs. 1 haben die Bekanntmachung eines öffentlichen Auftrages in elektronischer Form auf der zentralen Landesvergabeplattform zu veröffentlichen. ²Sonstige Körperschaften, Anstalten und Stiftungen des öffentlichen Rechts im Sinne des § 2 Abs. 1, kommunale Auftraggeber im Sinne des § 2 Abs. 2, und juristische Personen im Sinne des § 2 Abs. 3 können die zentrale Landesvergabeplattform für ihre Bekanntmachungen von öffentlichen Aufträgen nutzen.

§ 4 Umweltverträgliche Beschaffung, Open-Source-Software, Berücksichtigung umweltbezogener und sozialer Aspekte im Vergabeverfahren. (1) ¹Staatliche Auftraggeber sollen bei der Beschaffung eines Investitionsgutes mit einem Stückwert von mehr als 1.000 Euro (ohne Umsatzsteuer) neben den voraussichtlichen Anschaffungskosten unter Berücksichtigung des Lebenszyklusprinzips die voraussichtlichen Betriebskosten über die Nutzungsdauer, die Kosten für den Energieverbrauch sowie die Entsorgungskosten berücksichtigen. ²Die kommunalen Auftraggeber und die sonstigen Auftraggeber im Sinne des § 2 können nach Satz 1 verfahren.

(2) ¹Bei der Beschaffung von IT- und IT-gestützten Produkten gilt § 4 des Thüringer Gesetzes zur Förderung der elektronischen Verwaltung (ThürEGovG) in der jeweils geltenden Fassung. ²Dort, wo es technisch möglich und wirtschaftlich ist, soll der Einsatz von Open-Source-Software vorrangig erfolgen. ³Darüber hinaus sollen auch die Aspekte Bedienbarkeit, Zukunftssicherheit, Interoperabilität und IT-Sicherheit berücksichtigt werden. ⁴Unter Open-Source-Produkten sind solche Produkte zu verstehen, deren Quellcode öffent-

---

[1] Nr. **1**.
[2] Auszugsweise abgedruckt unter Nr. **1**.
[3] Nr. **2**.
[4] Nr. **15**.
[5] Nr. **14**.

lich zugänglich ist und deren Lizenz die Verwendung, Weitergabe und Veränderung nicht einschränkt.

(3) Umweltbezogene und soziale Aspekte können auf allen Stufen des Vergabeverfahrens, namentlich bei der Definition des Auftragsgegenstands, dessen technischer Spezifikation, der Auswahl der Bieter, der Erteilung des Zuschlags und den Bedingungen für die Ausführung des Auftrags berücksichtigt werden, wenn sie im sachlichen Zusammenhang mit der Auftragsleistung stehen und in der Bekanntmachung oder den Vergabeunterlagen angegeben sind.

(4) Als umweltbezogene und soziale Aspekte nach Absatz 3 können insbesondere in Betracht kommen:

1. der Anteil sozialversicherungspflichtig beschäftigter Arbeitnehmer,

2. die Einbeziehung von Auszubildenden, Langzeitarbeitslosen oder schwerbehinderten Menschen in geeignetem Umfang,

3. die Berücksichtigung der Belange von Menschen mit Behinderungen,

4. Maßnahmen zur Förderung der Chancengleichheit von Frauen und Männern im Beruf und zur Vereinbarkeit von Familie und Beruf,

5. die umweltbezogene und soziale Verträglichkeit der verwendeten Produkte einschließlich deren Herkunft und Produktion,

6. die Energieeffizienz.

§ 5 Definition des Auftragsgegenstands. Bereits bei der Definition des Auftragsgegenstands kann der Auftraggeber ökologische und soziale Belange berücksichtigen, soweit nicht haushaltsrechtliche Grundsätze der Wirtschaftlichkeit und Sparsamkeit, Vorgaben des Umweltrechts oder Unionsrecht, insbesondere keine Beeinträchtigung des Marktzugangs für ausländische Bieter entgegenstehen.

§ 6 Technische Spezifikation. (1) [1]Bei der technischen Spezifikation eines Auftrages können Umwelteigenschaften oder Auswirkungen bestimmter Warengruppen oder Dienstleistungen auf die Umwelt, oder auch beide, festgelegt werden. [2]Hierzu können geeignete Spezifikationen verwendet werden, die in Umweltgütezeichen definiert sind. [3]Für die Anforderungen an Umweltgütezeichen gelten die jeweils einschlägigen Bestimmungen der Vergabeverordnung[1)], der Vergabe- und Vertragsordnung für Bauleistungen[2)] und der Unterschwellenvergabeordnung[3)].

(2) [1]Andere geeignete Beweismittel, insbesondere technische Unterlagen der Hersteller oder Prüfberichte anerkannter Stellen, sind ebenfalls zulässig. [2]Die technischen Spezifikationen dürfen die Öffnung der öffentlichen Beschaffungsmärkte für den Wettbewerb nicht in ungerechtfertigter Weise behindern.

§ 7 Auswahl der Bieter. (1) Vor Erteilung des Zuschlags hat der öffentliche Auftraggeber zu prüfen, ob die Bieter die für die Erfüllung der vertraglichen Verpflichtungen erforderliche Fachkunde, Leistungsfähigkeit und Zuverlässigkeit besitzen.

[1)] Nr. 2.
[2)] Nr. 14.
[3)] Nr. 15.

(2) [1]Den Nachweis seiner Eignung kann der Bieter auch durch eine gültige Bescheinigung eines in der Vergabeverordnung[1], der Vergabe- und Vertragsordnung für Bauleistungen[2] und der Unterschwellenvergabeordnung[3] genannten Präqualifizierungsverfahrens führen. [2]Das für Angelegenheiten im öffentlichen Auftragswesen zuständige Ministerium kann weitere Präqualifizierungsverfahren und besondere Zertifizierungen in den Bereichen Ökologie, Chancengleichheit und Nachwuchsförderung durch Richtlinien regeln.

(2a) [1]Hat ein Bieter in den letzten zwölf Monaten vor Ablauf der Angebotsfrist einem Auftraggeber bereits den Nachweis nach Absatz 2 oder andere Eignungsnachweise nach der Vergabeverordnung, der Vergabe- und Vertragsordnung für Bauleistungen oder der Unterschwellenvergabeordnung vorgelegt, so hat er den Auftraggeber unter Benennung des Vergabeverfahrens darauf hinzuweisen. [2]In den Fällen des Satzes 1 fordert derselbe Auftraggeber von dem Bieter diese Eignungsnachweise nur dann an, wenn begründete Zweifel an der Eignung des Bieters bestehen.

(3) Ausgeschlossen werden kann ein Bieter insbesondere, wenn dieser bei der Ausführung öffentlicher Aufträge nachweislich gegen geltende umwelt-, sozial- oder arbeitsrechtliche Verpflichtungen verstoßen hat oder der Auftraggeber über hinreichende Anhaltspunkte dafür verfügt, dass der Bieter Vereinbarungen mit anderen Bietern getroffen hat, die eine Verhinderung, Einschränkung oder Verfälschung des Wettbewerbs bezwecken oder bewirken.

(4) [1]Im Rahmen der zu überprüfenden technischen Fachkunde können mit Ausnahme bei Lieferaufträgen Umweltbelange Berücksichtigung finden. [2]Der öffentliche Auftraggeber kann mit dem Auftragsgegenstand zusammenhängende und ihm angemessene Anforderungen an die technische Leistungsfähigkeit des Bieters aufstellen, die in der Bekanntmachung oder den Vergabeunterlagen anzugeben sind. [3]Diese können bei umweltrelevanten öffentlichen Bau- und Dienstleistungsaufträgen in der Angabe der Umweltmanagementmaßnahmen bestehen, die bei der Ausführung des Auftrags zur Anwendung kommen sollen. [4]Zum Nachweis dafür, dass der Bieter bestimmte Normen für das Umweltmanagement erfüllt, kann der Auftraggeber die Vorlage von Bescheinigungen unabhängiger Stellen verlangen.

(5) [1]Eco-Management and Audit Scheme (EMAS) ist als europäische Auszeichnung für betriebliches Umweltmanagement zum Nachweis der Erfüllung von bestimmten Normen für das Umweltmanagement geeignet. [2]Die Eintragung eines Unternehmens in das EMAS-Register kann für die Beurteilung der technischen Fachkunde eines Bieters unter folgenden Bedingungen herangezogen werden:

1. die Vergabestellen dürfen nicht auf die Registrierung als solche abstellen, sondern es muss ein Bezug zur Ausführung des Auftrags vorhanden sein und

2. dem EMAS gleichwertige Nachweise für Umweltmanagementmaßnahmen sind anzuerkennen.

§ 8 Erteilung des Zuschlags. [1]Der Zuschlag ist auf das unter Berücksichtigung aller Umstände wirtschaftlichste Angebot zu erteilen. [2]Das wirtschaft-

---

[1] Nr. 2.
[2] Nr. 14.
[3] Nr. 15.

lichste Angebot bestimmt sich nach dem besten Preis-Leistungs-Verhältnis. [3] Zu dessen Ermittlung können neben dem Preis oder den Kosten auch qualitative, umweltbezogene oder soziale Aspekte berücksichtigt werden. [4] Die Berücksichtigung von Umweltkriterien bei der Zuschlagserteilung ist zulässig, wenn

1. die Umweltkriterien mit dem Auftragsgegenstand zusammenhängen,
2. die Umweltkriterien im Leistungsverzeichnis oder in der Bekanntmachung des Auftrags ausdrücklich genannt sind,
3. dem Auftraggeber durch die Festlegung des Kriteriums keine uneingeschränkte Entscheidungsfreiheit eingeräumt wird und
4. alle Grundsätze des Unionsrechts, vor allem das Diskriminierungsverbot, gewahrt werden.

§ 9 Bedingungen für die Ausführung des Auftrags, umweltverträgliche Auftragsausführung. (1) Der Auftraggeber kann zusätzliche Bedingungen für die Ausführung des Auftrags vorschreiben, wenn diese

1. mit Unionsrecht vereinbar sind, insbesondere keinen diskriminierenden Charakter haben,
2. in der Bekanntmachung oder in den Vergabeunterlagen angegeben werden,
3. keine versteckten technischen Spezifikationen, Auswahl- oder Zuschlagskriterien darstellen und
4. alle Bewerber in der Lage sind, diesen Bedingungen nachzukommen, falls sie den Zuschlag erhalten.

(2) Unter den Voraussetzungen des Absatzes 1 kann bei geeigneten umweltbedeutsamen Aufträgen, bei denen ein Zusammenhang mit dem Auftragsgegenstand besteht, der Auftraggeber einen Nachweis dafür verlangen, dass bestimmte Umweltmanagementmaßnahmen bei der Ausführung des Auftrags ergriffen werden.

(3) [1] Staatliche Auftraggeber sollen für die Ausführung des Auftrags in geeigneten Fällen mindestens einen umweltbezogenen Aspekt vorschreiben, sofern nicht bereits im Rahmen der Leistungsbeschreibung oder der Zuschlagskriterien mindestens ein umweltbezogener Aspekt vorgegeben wurde. [2] Als umweltbezogene Aspekte in diesem Sinne gelten umweltfreundliche und energieeffiziente Produkte, Materialien und Verfahren, wie zum Beispiel:

1. Geräte, Fahrzeuge, Gebäude oder Gebäudebestandteile mit hoher Energieeffizienzklasse,
2. Produkte, die aus recycelten Materialien hergestellt wurden,
3. ressourcenschonend hergestellte Produkte, Materialien oder der Einsatz ressourcenschonender Verfahren bei der Auftragsausführung,
4. Verfahren, die einen möglichst geringen Schadstoffausstoß (zum Beispiel niedriger CO_2-Fußabdruck), möglichst geringe Geräusch-, Geruchs- oder sonstige Emissionen verursachen oder weitestgehend auf den Einsatz von Pflanzenschutzmitteln und Pestiziden verzichten sowie
5. Produkte, Materialien oder Verfahren, die Umweltgütezeichen im Sinne von § 6 Absatz 1 Satz 3 tragen.

§ 10 Tariftreue, Mindestentgelt und Entgeltgleichheit. (1) [1] Für Bauleistungen und andere Dienstleistungen, die das Arbeitnehmer-Entsendegesetz (AEntG) vom 20. April 2009 (BGBl. I S. 799) oder die das Tarifvertragsgesetz in der Fassung vom 25. August 1969 (BGBl. I S. 1323) jeweils in der jeweils geltenden Fassung erfasst, dürfen öffentliche Aufträge nur an Unternehmen vergeben werden, die sich verpflichtet haben, ihren Arbeitnehmern bei der Ausführung dieser Leistungen Arbeitsbedingungen zu gewähren, die mindestens den Vorgaben desjenigen Tarifvertrages entsprechen, an den das Unternehmen aufgrund des Arbeitnehmer-Entsendegesetzes gebunden ist oder der nach dem Tarifvertragsgesetz für allgemein verbindlich erklärt wurde. [2] Satz 1 gilt entsprechend für Beiträge an eine gemeinsame Einrichtung der Tarifvertragsparteien im Sinne des § 5 Satz 1 Nr. 3 AEntG sowie für andere gesetzliche Bestimmungen über Mindestentgelte.

(2) [1] Öffentliche Aufträge für Dienstleistungen der allgemein zugänglichen Beförderung von Personen im öffentlichen Personennahverkehr dürfen nur an Unternehmen vergeben werden, die sich verpflichtet haben, ihren Arbeitnehmern bei der Ausführung der Leistung mindestens das in Thüringen für diese Leistung in einem einschlägigen und repräsentativen mit einer tariffähigen Gewerkschaft vereinbarten Tarifvertrag vorgesehene Entgelt nach den tarifvertraglich festgelegten Modalitäten zu zahlen und während der Ausführungslaufzeit Änderungen des Tarifentgelts nachzuvollziehen. [2] Das für Arbeit zuständige Ministerium gibt im Einvernehmen mit dem für das Verkehrswesen zuständigen Ministerium im Thüringer Staatsanzeiger bekannt, welcher Tarifvertrag beziehungsweise welche Tarifverträge als repräsentativ im Sinne des Satzes 1 anzusehen sind. [3] Der Auftraggeber führt diesen oder diese in der Bekanntmachung oder den Vergabeunterlagen auf. [4] Bei mehreren festgestellten Tarifverträgen darf die Wahlmöglichkeit des sich bewerbenden Unternehmens nicht beschränkt werden.

(3) [1] Bei der Feststellung der Repräsentativität eines oder mehrerer Tarifverträge nach Absatz 2 ist auf die Bedeutung des oder der Tarifverträge im Bereich des öffentlichen Personennahverkehrs für die Arbeitsbedingungen der Arbeitnehmer abzustellen. [2] Hierbei kann insbesondere auf

1. die Zahl der von den jeweils tarifgebundenen Arbeitgebern unter den Geltungsbereich des Tarifvertrages fallenden Arbeitnehmer oder

2. die Zahl der jeweils unter den Geltungsbereich des Tarifvertrages fallenden Mitglieder der Gewerkschaft, die den Tarifvertrag geschlossen hat

Bezug genommen werden. [3] Es wird ein beratender Ausschuss für die Feststellung der Repräsentativität eines Tarifvertrages oder mehrerer Tarifverträge nach den Sätzen 1 und 2 bei dem für das Verkehrswesen zuständigen Ministerium errichtet. [4] Dieser ist paritätisch aus jeweils drei Vertretern der Gewerkschaften, die auf deren Vorschlag durch das für Arbeit zuständige Ministerium zu benennen sind, und der Arbeitgeber oder Arbeitgeberverbände im Bereich des öffentlichen Personennahverkehrs, die auf deren Vorschlag durch das für Verkehrswesen zuständige Ministerium zu benennen sind, zusammenzusetzen. [5] Die Beratungen koordiniert und leitet eine von dem für Verkehrswesen zuständigen Ministerium beauftragte Person, die kein Stimmrecht hat. [6] Das für Arbeit zuständige Ministerium entsendet einen nicht stimmberechtigten Vertreter in den Ausschuss, um die Mitglieder in Angelegenheiten des Arbeits- und Tarifrechts zu unterstützen. [7] Das für Verkehrswesen zuständige Ministerium wird ermächtigt, im Einvernehmen mit dem für Arbeit zuständigen Ministerium das Nähere zur Errichtung und Bestellung des Ausschusses, zur Amtsdauer und Amtsführung der Mitglieder, zur Vertretung der Mitglieder, zum Beratungsverfahren und zur Beschlussfassung sowie zur Geschäftsordnung durch Rechtsverordnung zu regeln.

(4) [1] Staatliche Auftraggeber vergeben Aufträge an Unternehmen nur dann, wenn diese sich verpflichten, ihren Arbeitnehmern bei der Ausführung der Leistung mindestens das in Thüringen für die jeweilige Branche in einem einschlägigen und repräsentativen mit einer tariffähigen Gewerkschaft vereinbarten Tarifvertrag vorgesehene Entgelt nach den tarifvertraglich festgelegten Modalitäten zu zahlen und während der Ausführungslaufzeit Änderungen des Tarifentgelts nachzuvollziehen. [2] Bei mehreren als repräsentativ festgestellten Tarifverträgen darf die Wahlmöglichkeit des sich bewerbenden Unternehmens nicht beschränkt werden. [3] Absatz 2 Satz 3 gilt entsprechend. [4] Das für Arbeit zuständige Ministerium gibt im Thüringer Staatsanzeiger bekannt, welcher Tarifvertrag beziehungsweise welche Tarifverträge für die jeweilige Branche als repräsentativ im Sinne des Satzes 1 anzusehen sind; Absatz 3 gilt entsprechend mit der Maßgabe, dass das für Arbeit zuständige Ministerium die in Absatz 3 geregelten Rechte und Pflichten in alleiniger Zuständigkeit wahrnimmt. [5] Unterfällt die ausgeschriebene Leistung keinem als repräsentativ festgestellten Tarifvertrag im Sinne des Satzes 1 oder liegt keine Bekanntgabe im Sinne des Satzes 4 vor, vergeben staatliche Auftraggeber Aufträge an Unternehmen nur dann, wenn diese sich verpflichten, ihren Arbeitnehmern bei der Ausführung der Leistung ein Mindeststundenentgelt von 11,42 Euro (brutto) zu zahlen. [6] Gleiches gilt, wenn das in dem als repräsentativ festgestellten Tarifvertrag vorgesehene Stundenentgelt geringer ist als das in Satz 5 genannte Mindeststundenentgelt. [7] Als Entgelt im Sinne der Sätze 1 und 5 gelten alle Zahlungen, die im arbeitsvertraglichen Austauschverhältnis als Gegenleistung für die vom Arbeitnehmer erbrachte Arbeit gezahlt werden. [8] Die Verpflichtung zur Zahlung der in Satz 1 oder Satz 5 genannten Mindeststundenentgelte gilt nicht, wenn die ausgeschriebene Leistung im sachlichen und räumlichen Anwendungsbereich

1. eines nach dem Tarifvertragsgesetz für allgemeinverbindlich erklärten Tarifvertrages oder

2. eines Tarifvertrages, dessen Geltung durch eine Rechtsverordnung nach dem Arbeitnehmer-Entsendegesetz auf alle Arbeitgeber und Arbeitnehmer erstreckt wurde,

liegt und sich hieraus ein Mindeststundenentgelt ergibt.

(5) [1] Auszubildende, Praktikanten und Teilnehmende an Bundes- und Jugendfreiwilligendiensten gelten nicht als Arbeitnehmer im Sinne des Absatzes 4. [2] Setzt das Unternehmen Leiharbeitnehmer im Sinne des Arbeitnehmerüberlassungsgesetzes in der Fassung vom 3. Februar 1995 (BGBl. I S. 158) in der jeweils geltenden Fassung ein, muss es sicherstellen, dass diese bei der Ausführung des öffentlichen Auftrages nach Maßgabe der Bestimmungen des Arbeitnehmerüberlassungsgesetzes für die gleiche Tätigkeit ebenso entlohnt werden, wie in dem seinem Unternehmen vergleichbaren Arbeitnehmer; ihr Entgelt muss mindestens der durch Rechtsverordnung verbindlich festgelegten Lohnuntergrenze nach dem Arbeitnehmerüberlassungsgesetz entsprechen. [3] Liegt eine Rechtsverordnung nach dem Arbeitnehmerüberlassungsgesetz nicht vor, muss das Unternehmen sicherstellen, dass die eingesetzten Leiharbeitnehmer bei der Ausführung des öffentlichen Auftrages unbeschadet der Verpflichtung nach Satz 2 mindestens das in Absatz 4 Satz 1, Satz 5 oder Satz 6 genannte

Stundenentgelt erhalten. [4]Schließt das Unternehmen Verträge mit Nachunternehmen, muss es sicherstellen, dass die vom Nachunternehmen beschäftigten Arbeitnehmer bei der Ausführung des öffentlichen Auftrages mindestens das in Absatz 4 Satz 1, Satz 5 oder Satz 6 genannte Mindeststundenentgelt erhalten, sofern für diese nicht ein Tarifvertrag im Sinne des Absatzes 4 Satz 8 oder eine Rechtsverordnung nach dem Arbeitnehmerüberlassungsgesetz ein Mindeststundenentgelt vorsehen.

(6) [1]Das für Arbeit zuständige Ministerium passt die Höhe des Mindeststundenentgeltes jährlich, erstmals zum 1. Januar 2021, an und veröffentlicht diese im Thüringer Staatsanzeiger. [2]Die Anpassung richtet sich nach der prozentualen Veränderungsrate im Index der tariflichen Monatsverdienste des Statistischen Bundesamtes für die Gesamtwirtschaft in Deutschland (ohne Sonderzahlungen); bei der Ermittlung der Veränderungsrate ist jeweils der Durchschnitt der veröffentlichten Daten für die letzten vier Quartale zugrunde zu legen.

(7) Die kommunalen Auftraggeber und die sonstigen Auftraggeber im Sinne des § 2 können nach den Absätzen 4 und 5 verfahren.

(8) Die Absätze 4 und 5 gelten auch bei der Leistungserbringung durch Unternehmen oder vorgesehene Nachunternehmen mit Sitz im Ausland, soweit die Leistung im Inland erbracht wird.

(9) Auf bevorzugte Bieter nach § 224 Abs. 1 Satz 1 und Abs. 2 sowie § 226 des Neunten Buches Sozialgesetzbuch findet Absatz 4 keine Anwendung.

(10) Die Bieter haben zu erklären, dass sie bei der Auftragsdurchführung ihren Arbeitnehmern bei gleicher oder gleichwertiger Arbeit gleiches Entgelt zahlen.

§ 10a Betreiberwechsel bei der Erbringung von Personenverkehrsdiensten. [1]Öffentliche Auftraggeber können nach der Verordnung (EG) Nr. 1370/2007[1)] des Europäischen Parlaments und des Rates vom 23. Oktober 2007 über öffentliche Personenverkehrsdienste auf Schiene und Straße und zur Aufhebung der Verordnungen (EWG) Nr. 1191/69 und (EWG) Nr. 1107/70 des Rates (ABl. L 315 vom 3.12.2007, S. 1) in der jeweils geltenden Fassung verlangen, dass der ausgewählte Betreiber eines öffentlichen Dienstes die Arbeitnehmer des bisherigen Betreibers zu den Arbeitsbedingungen übernimmt, die diesen von dem vorherigen Betreiber gewährt wurden. [2]Die bisherigen Betreiber sind verpflichtet, den öffentlichen Auftraggebern auf Anforderung die hierzu erforderlichen Unterlagen zur Verfügung zu stellen oder Einsicht in Lohn- und Meldeunterlagen, Geschäftsbücher und andere Geschäftsunterlagen und Aufzeichnungen zu gewähren, aus denen Umfang, Art, Dauer und tatsächliche Entlohnung der Arbeitnehmer hervorgehen oder abgeleitet werden können. [3]Die im Rahmen des Verfahrens nach Satz 2 entstehenden Aufwendungen des bisherigen Betreibers werden durch den öffentlichen Auftraggeber erstattet. [4]Das Verlangen der Übernahme der Arbeitnehmer des bisherigen Betreibers nach Satz 1 ist in der Bekanntmachung oder in den Vergabeunterlagen anzugeben.

§ 11 ILO – Kernarbeitsnormen. (1) [1]Bei der Vergabe von Bau-, Liefer- oder Dienstleistungen sollen keine Waren Gegenstand der Leistung sein, die

---

[1)] Nr. 7.

unter Missachtung der in den Kernarbeitsnormen der Internationalen Arbeitsorganisation (ILO) festgelegten Mindeststandards gewonnen oder hergestellt worden sind. [2] Diese Mindeststandards ergeben sich aus:

1. dem Übereinkommen Nr. 29 über Zwangs- oder Pflichtarbeit vom 28. Juni 1930 (BGBl. 1956 II S. 640 –641–),
2. dem Übereinkommen Nr. 87 über die Vereinigungsfreiheit und den Schutz des Vereinigungsrechtes vom 9. Juli 1948 (BGBl. 1956 II S. 2072 –2073–),
3. dem Übereinkommen Nr. 98 über die Anwendung der Grundsätze des Vereinigungsrechtes und des Rechtes zu Kollektivverhandlungen vom 1. Juli 1949 (BGBl. 1955 II S. 1122 –1123–),
4. dem Übereinkommen Nr. 100 über die Gleichheit des Entgelts männlicher und weiblicher Arbeitskräfte für gleichwertige Arbeit vom 29. Juni 1951 (BGBl. 1956 II S. 23 –24–),
5. dem Übereinkommen Nr. 105 über die Abschaffung der Zwangsarbeit vom 25. Juni 1957 (BGBl. 1959 II S. 441 –442–),
6. dem Übereinkommen Nr. 111 über die Diskriminierung in Beschäftigung und Beruf vom 25. Juni 1958 (BGBl. 1961 II S. 97 –98–),
7. dem Übereinkommen Nr. 138 über das Mindestalter für die Zulassung zur Beschäftigung vom 26. Juni 1973 (BGBl. 1976 II S. 201 –202–),
8. dem Übereinkommen Nr. 182 über das Verbot und unverzügliche Maßnahmen zur Beseitigung der schlimmsten Formen der Kinderarbeit vom 17. Juni 1999 (BGBl. 2001 II S. 1290 –1291–)

jeweils in der jeweils geltenden Fassung.

(2) [1] Aufträge über Lieferleistungen dürfen nur an solche Auftragnehmer vergeben werden, die sich verpflichtet haben, den Auftrag gemäß der Leistungsbeschreibung ausschließlich mit Waren auszuführen, die nachweislich oder gemäß einer entsprechenden Zusicherung unter Beachtung der ILO-Kernarbeitsnormen nach Absatz 1 gewonnen oder hergestellt worden sind. [2] Hierzu sind von den Bietern entsprechende Nachweise oder Erklärungen zu verlangen. [3] Die Sätze 1 und 2 gelten entsprechend für Waren, die im Rahmen der Erbringung von Bau- oder Dienstleistungen verwendet werden.

§ 12 Nachunternehmereinsatz. (1) [1] Der Auftragnehmer darf Bau- und Dienstleistungen nur auf Nachunternehmer übertragen, wenn der Auftraggeber im Einzelfall in der für Erklärungen des Auftragnehmers nach § 12a Abs. 1 Satz 2 bestimmten Form zugestimmt hat. [2] Die Zustimmung ist nicht notwendig bei Leistungen, auf die der Betrieb des Auftragnehmers nicht eingestellt ist. [3] Die Bieter haben bereits bei Abgabe ihres Angebots ein Verzeichnis der Nachunternehmerleistungen vorzulegen.

(2) Soweit Leistungen nach Absatz 1 auf Nachunternehmer übertragen werden, hat sich der Auftragnehmer auch zu verpflichten, den Nachunternehmern die für Auftragnehmer geltenden Pflichten der Absätze 3 und 4 sowie der §§ 10, 11 und 17 Abs. 2 aufzuerlegen und die Beachtung dieser Pflichten durch die Nachunternehmer zu kontrollieren.

(3) [1] Die nachträgliche Einschaltung oder der Wechsel eines Nachunternehmers bedarf der Zustimmung des öffentlichen Auftraggebers; Absatz 1 Satz 2 und § 15 Abs. 2 gelten entsprechend. [2] Die Zustimmung darf nur wegen mangelnder Fachkunde, Zuverlässigkeit oder Leistungsfähigkeit des Nachunternehmers, des Vorliegens von zwingenden oder fakultativen Ausschlussgründen

nach den Bestimmungen der jeweils einschlägigen Vergabeverordnung[1], der Vergabe- und Vertragsordnung für Bauleistungen[2] und der Unterschwellenvergabeordnung[3] sowie wegen Nichterfüllung der Nachweispflicht nach § 15 Abs. 2 versagt werden.

(4) Die Auftragnehmer sind für den Fall der Weitergabe von Leistungen an Nachunternehmer vertraglich zu verpflichten,

1. bevorzugt kleine und mittlere Unternehmen zu beteiligen, soweit es mit der vertragsgemäßen Ausführung des Auftrags zu vereinbaren ist,

2. Nachunternehmer davon in Kenntnis zu setzen, dass es sich um einen öffentlichen Auftrag handelt,

3. bei der Weitergabe von Bauleistungen an Nachunternehmer die Allgemeinen Vertragsbedingungen für die Ausführung von Bauleistungen der Vergabe- und Vertragsordnung für Bauleistungen (VOB/B)[2], bei der Weitergabe von Dienstleistungen die Allgemeinen Vertragsbedingungen für die Ausführung von Leistungen der Vergabe- und Vertragsordnung für Leistungen (VOL/B)[4] zum Vertragsbestandteil zu machen und

4. den Nachunternehmern keine, insbesondere hinsichtlich der Zahlungsweise, ungünstigeren Bedingungen aufzuerlegen, als zwischen dem Auftragnehmer und dem öffentlichen Auftraggeber vereinbart sind.

§ 12a Verfahrensanforderungen zu den Erklärungen, Bestbieterprinzip. (1) [1]Die nach diesem Gesetz verpflichtend vorzulegenden Erklärungen und Nachweise sind nur von demjenigen Bieter, dem nach Abschluss der Wertung der Angebote der Zuschlag erteilt werden soll (Bestbieter), vorzulegen. [2]Der Auftraggeber bestimmt unter Beachtung der jeweils einschlägigen vergaberechtlichen Formvorschriften in der Bekanntmachung oder in den Vergabeunterlagen, in welcher Form die Erklärungen und Nachweise übermittelt werden müssen.

(2) [1]Der Auftraggeber ist verpflichtet, in der Bekanntmachung oder in den Vergabeunterlagen darauf hinzuweisen, dass der Bestbieter im Fall der beabsichtigten Zuschlagserteilung die nach diesem Gesetz verpflichtend vorzulegenden Erklärungen und Nachweise nach Aufforderung innerhalb einer nach Tagen bestimmten Frist vorlegen muss und dass, bei nicht fristgerechter Vorlage der verpflichtend vorzulegenden Erklärungen und Nachweise, das Angebot von der Wertung auszuschließen ist. [2]Die Frist muss mindestens drei Werktage betragen und darf fünf Werktage nicht überschreiten.

(3) [1]Der Auftraggeber fordert den Bestbieter auf, die nach diesem Gesetz verpflichtend vorzulegenden Erklärungen und Nachweise innerhalb der Frist nach Absatz 2 vorzulegen. [2]Die Frist beginnt an dem Tag, der auf die Absendung dieser Aufforderung folgt. [3]Der Auftraggeber kann im Ausnahmefall die Frist verlängern, wenn die nach diesem Gesetz verpflichtenden Erklärungen und Nachweise nicht innerhalb des nach Satz 1 bestimmten Zeitraumes vorgelegt werden können oder dies im Hinblick auf Art und Umfang des Auftrages angemessen erscheint.

---

[1] Nr. **2**.
[2] Nr. **14**.
[3] Nr. **15**.
[4] Nr. **16**.

(4) ¹Werden die nach diesem Gesetz verpflichtend vorzulegenden Erklärungen und Nachweise nicht innerhalb der in Absatz 3 bestimmten Frist rechtzeitig beim Auftraggeber vorgelegt, ist das Angebot abweichend von § 15 Abs. 1 Satz 1 Nr. 2 von der Wertung auszuschließen. ²In diesem Fall ist das in der Wertungsrangfolge nächste Angebot heranzuziehen; auf dieses Angebot finden diese Vorschriften Anwendung.

(5) ¹Bei nicht von dem Auftraggeber zu vertretender, objektiver Dringlichkeit kann dieser vom Bestbieterprinzip absehen. ²In diesem Fall sind von den Bietern mit der Abgabe des Angebotes die nach diesem Gesetz verpflichtend vorzulegenden Erklärungen und Nachweise dem Auftraggeber vorzulegen. ³In der Bekanntmachung oder in den Vergabeunterlagen ist darauf hinzuweisen, dass die verpflichtend vorzulegenden Erklärungen und Nachweise mit der Abgabe des Angebotes vorgelegt werden müssen. ⁴Es gilt § 15.

§ 13 Berücksichtigung von sozialen oder umweltbezogenen Maßnahmen bei gleichwertigen Angeboten. ¹Bei der Entscheidung über den Zuschlag auf ein Angebot ist bei sonst gleichwertigen Angeboten über die bereits auf den vorhergehenden Stufen des Vergabeverfahrens im sachlichen Zusammenhang mit der Auftragsleistung berücksichtigten umweltbezogenen und sozialen Aspekte das Angebot des Bieters zu bevorzugen, der in seinem Unternehmen gemessen an seiner Betriebsstruktur mehr als ein anderer Bieter mit gleichwertigem Angebot soziale oder umweltbezogene Maßnahmen durchführt. ²Derartige Maßnahmen können insbesondere sein:

1. die bestehende Tarifbindung,
2. der Anteil sozialversicherungspflichtig beschäftigter Arbeitnehmer,
3. Maßnahmen zur Förderung der Chancengleichheit von Frauen und Männern im Beruf und zur Vereinbarkeit von Familie und Beruf,
4. die Beteiligung an der beruflichen Erstausbildung,
5. die Beschäftigung von Langzeitarbeitslosen oder schwerbehinderten Menschen,
6. Maßnahmen zur Förderung der Energieeffizienz oder anderer ökologischer Ziele.

³In der Bekanntmachung oder in den Vergabeunterlagen ist anzugeben, welche Maßnahme oder Maßnahmen bei sonst gleichwertigen Angeboten nach Satz 1 zugrunde gelegt werden.

§ 14 Wertung unangemessen niedriger Angebote. (1) ¹Der Auftraggeber hat ungewöhnlich niedrige Angebote, auf die der Zuschlag erfolgen soll, zu überprüfen. ²Dies gilt unabhängig von der nach der Vergabeverordnung¹⁾, der Vergabe- und Vertragsordnung für Bauleistungen²⁾ und der Unterschwellenvergabeordnung³⁾ vorgegebenen Prüfung unangemessen niedrig erscheinender Angebote.

(2) ¹Weicht ein Angebot für die Erbringung von Bau- oder Dienstleistungen, auf das der Zuschlag erteilt werden könnte, um mindestens 20 vom Hundert vom nächsthöheren Angebot ab, so hat der Auftraggeber die Kalkula-

---

¹⁾ Nr. 2.
²⁾ Nr. 14.
³⁾ Nr. 15.

tion des Angebots zu überprüfen. [2] Im Rahmen dieser Überprüfung ist der Bieter verpflichtet, die ordnungsgemäße Kalkulation nachzuweisen. [3] Kommt der Bieter dieser Verpflichtung auch nach Aufforderung des Auftraggebers nicht nach, so ist er vom weiteren Vergabeverfahren auszuschließen.

§ 15 Wertungsausschluss. (1) [1] Hat der Bieter

1. aktuelle Nachweise über die vollständige Entrichtung von Steuern und Sozialversicherungsbeiträgen,

2. eine Erklärung nach den §§ 10, 11, 12 und 17 oder

3. sonstige Nachweise oder Erklärungen

nicht zum geforderten Zeitpunkt vorgelegt, entscheidet die Vergabestelle auf der Grundlage der Bestimmungen der Vergabeverordnung[1], der Unterschwellenvergabeordnung[2] und der Vergabe- und Vertragsordnung für Bauleistungen[3], ob das Angebot von der Wertung ausgeschlossen wird. [2] Fremdsprachige Bescheinigungen oder Erklärungen sind nur zu berücksichtigen, wenn sie mit einer Übersetzung in die deutsche Sprache vorgelegt worden sind.

(2) [1] Soll die Ausführung eines Teils des Auftrags über die Erbringung von Bauleistungen oder Dienstleistungen einem Nachunternehmer übertragen werden, so sind vor der Auftragserteilung auch die auf den Nachunternehmer lautenden Nachweise und Erklärungen nach Absatz 1 vorzulegen. [2] Soweit eine Benennung von Nachunternehmern nach Auftragserteilung zulässig ist, sind die erforderlichen Nachweise und Erklärungen nach Absatz 1 bei der Benennung vorzulegen.

§ 16 Sicherheitsleistung bei Bauleistungen. (1) [1] Für die vertragsgemäße Erfüllung von Bauleistungen sollen bei Öffentlicher Ausschreibung und Offenem Verfahren ab einer Auftragssumme von 250 000 Euro (ohne Umsatzsteuer) Sicherheitsleistungen verlangt werden. [2] Bei Beschränkter Ausschreibung, Beschränkter Ausschreibung nach Öffentlichem Teilnahmewettbewerb, Freihändiger Vergabe, Nichtoffenem Verfahren und Verhandlungsverfahren sollen Sicherheitsleistungen in der Regel nicht verlangt werden.

(2) Für die Erfüllung der Mängelansprüche sollen Sicherheitsleistungen in der Regel ab einer Auftragssumme oder Abrechnungssumme von 250 000 Euro (ohne Umsatzsteuer) verlangt werden.

§ 17 Kontrollen. (1) [1] Der Auftraggeber kann Kontrollen durchführen, um die Einhaltung der dem Auftragnehmer aufgrund dieses Gesetzes auferlegten Verpflichtungen zu überprüfen. [2] Der Auftraggeber hat zu diesem Zweck mit dem Auftragnehmer vertraglich zu vereinbaren, dass ihm auf Verlangen die Entgeltabrechnungen des Auftragnehmers und der Nachunternehmer sowie die Unterlagen über die Abführung von Steuern und Sozialversicherungsbeiträgen nach § 15 Abs. 1 Satz 1 Nr. 1 und die zwischen Auftragnehmer und Nachunternehmer abgeschlossenen Werkverträge vorgelegt werden. [3] Die Bestimmungen der Verordnung (EU) 2016/679 des Europäischen Parlaments und des Rates vom 27. April 2016 zum Schutz natürlicher Personen bei der Verarbeitung personenbezogener Daten, zum freien Datenverkehr und zur Auf-

---

[1] Nr. 2.
[2] Nr. 15.
[3] Nr. 14.

hebung der Richtlinie 95/46/EG (Datenschutz-Grundverordnung) (ABl. L 119 vom 4.5.2016, S. 1; L 314 vom 22.11.2016, S. 72; L 127 vom 23.5.2018, S. 2) in Verbindung mit dem Thüringer Datenschutzgesetz vom 6. Juni 2018 (GVBl. S. 229) jeweils in der jeweils geltenden Fassung sind im Umgang mit personenbezogenen Daten zu beachten. [4] Der Auftragnehmer hat seine Beschäftigten auf die Möglichkeit solcher Kontrollen hinzuweisen.

(2) Der Auftragnehmer und seine Nachunternehmer haben vollständige und prüffähige Unterlagen nach Absatz 1 über die eingesetzten Beschäftigten bereitzuhalten.

§ 18 Sanktionen. (1) [1] Um die Einhaltung der Verpflichtungen nach den §§ 10, 11, 12 und 17 Abs. 2 zu sichern, ist zwischen dem Auftraggeber und dem Auftragnehmer für jeden schuldhaften Verstoß regelmäßig eine Vertragsstrafe von bis zu fünf von Hundert des Auftragswerts zu vereinbaren; bei mehreren Verstößen darf die Summe der Vertragsstrafen fünf von Hundert des Auftragswertes (netto) nicht überschreiten. [2] Der Auftragnehmer ist zur Zahlung einer Vertragsstrafe nach Satz 1 auch für den Fall zu verpflichten, dass der Verstoß durch einen von ihm eingesetzten Nachunternehmer oder einen von diesem eingesetzten Nachunternehmer begangen wird, es sei denn, dass der Auftragnehmer den Verstoß weder kannte noch kennen musste.

(2) Der Auftraggeber hat mit dem Auftragnehmer zu vereinbaren, dass die schuldhafte Nichterfüllung der aus den §§ 10 und 11 resultierenden Anforderungen durch den Auftragnehmer oder seine Nachunternehmer sowie schuldhafte Verstöße gegen die Verpflichtungen der §§ 12 und 17 Abs. 2 den Auftraggeber zur fristlosen Kündigung des Vertrags berechtigen.

(3) [1] Hat der Auftragnehmer, ein Bewerber oder Bieter gegen die sich aus den §§ 10, 11, 12 und 17 Abs. 2 ergebenden Verpflichtungen verstoßen, soll jeweils der Auftraggeber dieses Unternehmen von der öffentlichen Auftragsvergabe für die Dauer von bis zu drei Jahren ausschließen. [2] Satz 1 gilt auch für Nachunternehmer. Vor dem Ausschluss ist dem Unternehmen Gelegenheit zur Stellungnahme zu geben. [3] Ein ausgeschlossenes Unternehmen ist auf dessen Antrag allgemein oder teilweise wieder zuzulassen, wenn der Grund des Ausschlusses weggefallen ist.

(4) Maßnahmen nach den Absätzen 1 bis 3 bleiben von der Geltendmachung einer Vertragsstrafe aus anderem Grunde sowie von der Geltendmachung sonstiger Ansprüche unberührt.

§ 19 Information der Bieter, Nachprüfung des Vergabeverfahrens unterhalb der Schwellenwerte. (1) [1] Unterhalb der Schwellenwerte nach § 106 GWB[1] informiert der Auftraggeber die Bieter, deren Angebote nicht berücksichtigt werden sollen, über den Namen des Bieters, dessen Angebot angenommen werden soll, über die Gründe der vorgesehenen Nichtberücksichtigung ihres Angebotes und den frühestmöglichen Zeitpunkt der Zuschlagserteilung. [2] Er gibt die Information in der nach § 12a Abs. 1 Satz 2 bestimmten Form spätestens sieben Kalendertage vor dem Vertragsabschluss ab.

(2) [1] Beanstandet ein Bieter vor Ablauf der Frist in der nach § 12a Abs. 1 Satz 2 bestimmten Form beim Auftraggeber eine Verletzung seiner Rechte durch die Nichteinhaltung der Vergabevorschriften und hilft der Auftraggeber

---

[1] Nr. 1.

der Beanstandung nicht ab, ist die Nachprüfungsbehörde durch Übersendung der vollständigen Vergabeakten zu unterrichten. [2] Der Zuschlag darf in dem Fall nur erteilt werden, wenn die Nachprüfungsbehörde nicht innerhalb von 14 Kalendertagen nach Unterrichtung das Vergabeverfahren mit Gründen beanstandet; andernfalls hat der Auftraggeber die Auffassung der Nachprüfungsbehörde zu beachten. [3] Die Frist beginnt am Tag nach dem Eingang der Unterrichtung. [4] In Ausnahmefällen ist eine einmalige Verlängerung der Frist durch die Nachprüfungsbehörde um weitere sieben Kalendertage möglich; diese Verlängerung ist zu begründen. [5] Ein Anspruch des Bieters auf Tätigwerden der Nachprüfungsbehörde besteht nicht. [6] Im Falle ihres Tätigwerdens entscheidet die Nachprüfungsbehörde abschließend, ob der Bieter durch die Nichteinhaltung von Vergabevorschriften in seinen Rechten verletzt wurde.

(3) [1] Nachprüfungsbehörde ist die beim Landesverwaltungsamt nach § 2 Abs. 1 der Thüringer Vergabekammerverordnung (ThürVkVO)[1] vom 10. Juni 1999 (GVBl. S. 417), in der jeweils geltenden Fassung, eingerichtete Vergabekammer. [2] § 2 Abs. 2 und Abs. 3 ThürVkVO gelten nicht.

(4) Die Absätze 1 und 2 finden keine Anwendung, wenn der voraussichtliche Gesamtauftragswert bei Bauleistungen 150 000 Euro (ohne Umsatzsteuer), bei Leistungen und Lieferungen 50 000 Euro (ohne Umsatzsteuer) nicht übersteigt.

(5) [1] Für Amtshandlungen der Nachprüfungsbehörde werden Kosten (Gebühren und Auslagen) zur Deckung des Verwaltungsaufwandes erhoben. [2] Das Thüringer Verwaltungskostengesetz (ThürVwKostG) vom 23. September 2005 (GVBl. S. 325) in der jeweils geltenden Fassung, findet Anwendung. [3] Die Höhe der Gebühren bestimmt sich nach dem personellen und sachlichen Aufwand der Nachprüfungsbehörde unter Berücksichtigung der wirtschaftlichen Bedeutung des Gegenstands der Nachprüfung. [4] Die Gebühr beträgt mindestens 100 Euro, soll aber den Betrag von 1000 Euro nicht überschreiten. [5] Ergibt die Nachprüfung, dass ein Bieter zu Recht das Vergabeverfahren beanstandet hat, sind keine Kosten zu seinen Lasten zu erheben.

§ 20 Evaluierung. (1) Dieses Gesetz wird acht Jahre nach Inkrafttreten des Gesetzes zur Änderung des Thüringer Vergabegesetzes und anderer haushaltsrechtlicher Vorschriften[2] einer Evaluierung unterzogen.

(2) Hinsichtlich der Auswirkungen des § 10 Abs. 4 bis 8 auf die Lohnentwicklung im Niedriglohnsektor und die Preissteigerungen öffentlicher Aufträge erfolgt eine Evaluation bereits vier Jahre nach Inkrafttreten des Gesetzes zur Änderung des Thüringer Vergabegesetzes und anderer haushaltsrechtlicher Vorschriften.

§ 21 Gleichstellungsbestimmung. Status- und Funktionsbezeichnungen in diesem Gesetz gelten für alle Geschlechter.

§ 22 Übergangsregelung. (1) Zum Zeitpunkt des Inkrafttretens dieses Gesetzes bereits begonnene Vergabeverfahren werden nach dem bisherigen Recht fortgesetzt und abgeschlossen.

---

[1] Nr. **46**.
[2] In Kraft ab 1.12.2019.

(2) Zum Zeitpunkt des Inkrafttretens des Gesetzes zur Änderung des Thüringer Vergabegesetzes und anderer haushaltsrechtlicher Vorschriften bereits begonnene Vergabeverfahren werden nach dem Thüringer Vergabegesetz in der am Tag vor Inkrafttreten des Gesetzes zur Änderung des Thüringer Vergabegesetzes und anderer haushaltsrechtlicher Vorschriften geltenden Fassung fortgesetzt und abgeschlossen.

§ 22a Übergangsregelung zu § 10. § 10 Abs. 4 und 5 ist mit der Maßgabe anzuwenden, dass die Regelungen zu den Entgelten auf Grundlage repräsentativer Tarifverträge bis einschließlich 29. Juli 2020 nicht anzuwenden sind.

§ 23 Inkrafttreten. Dieses Gesetz tritt am ersten Tage des auf die Verkündung[1] folgenden ersten Kalendermonats in Kraft.

---

[1] Verkündet am 28.4.2011.

32. Verordnung der Landesregierung über die Nachprüfung der Vergabe öffentlicher Aufträge (Vergabenachprüfungsverordnung – VNPVO)

Vom 12. April 1999

(GBl. S. 153)

BWGültV Sachgebiet 708

geänd. durch Art. 77 Verwaltungsstruktur-ReformG v. 1.7.2004 (GBl. S. 469)

Auf Grund von § 106 Abs. 2 des Gesetzes gegen Wettbewerbsbeschränkungen (GWB)[1] in der Fassung vom 26. August 1998 (BGBl. I S. 2547) wird verordnet:

§ 1 Vergabekammern. (1) [1] Es wird eine Vergabekammer beim Regierungspräsidium Karlsruhe errichtet. [2] Die Regierungspräsidentin oder der Regierungspräsident kann bei Bedarf auch zusätzliche Kammern einrichten.

(2) [1] Die Regierungspräsidentin oder der Regierungspräsident beruft die für die ausreichende Besetzung der Vergabekammer nach Maßgabe von § 105 Abs. 2 GWB[2] erforderliche Anzahl von Mitgliedern. [2] Für Vergabeverfahren der staatlichen Vermögens- und Hochbauverwaltung und der Landesbeteiligungen schlägt das Finanzministerium, für Vergabeverfahren der Straßenbauverwaltung das Ministerium für Umwelt und Verkehr die hauptamtlich beisitzenden Mitglieder vor. [3] Für Vergabeverfahren kommunaler Auftraggeber und von Einrichtungen nach § 98 Nr. 2 bis 4 GWB[2], auf die kommunale Auftraggeber allein oder gemeinsam einen beherrschenden Einfluss ausüben, sollen hauptamtlich beisitzende Mitglieder auf gemeinsamen Vorschlag der kommunalen Landesverbände berufen werden. [4] Mindestens je ein ehrenamtlich beisitzendes Mitglied wird berufen auf Vorschlag

1. des Baden-Württembergischen Industrie- und Handelskammertags,

2. der Arbeitsgemeinschaft der Handwerkskammern in Baden-Württemberg,

3. der Architektenkammer Baden-Württemberg,

4. der Ingenieurkammer Baden-Württemberg.

[5] Wird nach Aufforderung der in den Sätzen 3 und 4 genannten Stellen innerhalb von zwei Monaten kein Vorschlag eingereicht, können ersatzweise sonstige Personen aus der öffentlichen Verwaltung, als ehrenamtliche Beisitzer auch Personen aus der Wirtschaft, berufen werden.

(3) [1] Die Amtszeit der Mitglieder beträgt fünf Jahre; eine mehrmalige Berufung ist zulässig. [2] Die Mitglieder sind bei ihrer Nachprüfungstätigkeit unabhängig und nur dem Gesetz unterworfen. [3] Sie dürfen während ihrer Amtszeit nicht mit Fällen befaßt werden, bei denen sie selbst an der Vergabeentscheidung mitgewirkt haben oder bei denen sie für Bewerber oder Bieter tätig waren.

(4) Die Regierungspräsidentin oder der Regierungspräsident erlässt eine Geschäftsordnung und veröffentlicht diese im Gemeinsamen Amtsblatt, be-

---

[1] Auszugsweise abgedruckt unter Nr. **1**.
[2] Nr. **1**.

stimmt über die Geschäftsverteilung und führt die Dienstaufsicht über die Mitglieder der Vergabekammern.

§ 2 Inkrafttreten. ¹Diese Verordnung tritt am Tage nach ihrer Verkündung¹⁾ in Kraft. ²Gleichzeitig tritt die Vergabeüberwachungsverordnung vom 30. Januar 1995 (GBl. S. 275), geändert durch Artikel 75 der 5. Anpassungsverordnung vom 17. Juni 1997 (GBl. S. 278), außer Kraft. ³Bis 31. Dezember 1998 anhängige Nachpfüfungsverfahren werden von den bis dahin zuständigen Stellen beendet.

---

¹⁾ Verkündet am 20.4.1999.

33. Verordnung zur Regelung von Organisation und Zuständigkeiten im Nachprüfungsverfahren für öffentliche Aufträge (BayNpV)

Vom 1. Januar 1999

(GVBl. S. 2)

BayRS 73-1-W

zuletzt geänd. durch § 1 Abs. 319 V zur Anpassung des Landesrechts an die geltende Geschäftsverteilung v. 26.3.2019 (GVBl. S. 98)

Nichtamtliche Inhaltsübersicht

Auf Grund von § 106 Abs. 2 Satz 1 des Gesetzes gegen Wettbewerbsbeschränkungen (GWB)[1] vom 26. August 1998 (BGBl I S. 2546) erlässt die Bayerische Staatsregierung folgende Verordnung:

§ 1 Anwendungsbereich. (1) [1]Diese Verordnung regelt die Organisation und die Zuständigkeit der Vergabekammern im Freistaat Bayern. [2]Sie gilt nur für Aufträge, deren geschätzter Auftragswert oder Gesamtauftragswert den jeweiligen EG-Schwellenwert erreicht oder übersteigt.

(2) Für die Nachprüfung der Vergabe sind die Vergabekammern des Freistaates Bayern zuständig, soweit nicht eine Zuständigkeit der Vergabekammer des Bundes gegeben ist.

(3) Die Vergabekammern des Freistaates Bayern sind für die Nachprüfung der Vergabeverfahren auch dann zuständig, wenn

1. Vergabestellen des Freistaates Bayern Aufträge im Rahmen der Auftragsverwaltung des Bundes oder auf Grund vertraglicher Vereinbarungen mit anderen Ländern vergeben;
2. in den Fällen des § 98 Nrn. 2 und 4 GWB[1] sowohl Stellen des Bundes bzw. anderer Länder als auch des Freistaates Bayern beteiligt sind, der Schwerpunkt bei den Stellen des Freistaates Bayern liegt oder sich die Stellen des Bundes bzw. der Länder und des Freistaates Bayern auf die Nachprüfung im Freistaat Bayern geeinigt haben. Ein Schwerpunkt liegt dann vor, wenn Stellen des Freistaates Bayern unmittelbar oder mittelbar die Mehrheit des gezeichneten Kapitals des Auftraggebers besitzen oder über die Mehrheit der mit den Anteilen des Auftraggebers verbundenen Stimmrechte verfügen oder mehr als die Hälfte der Mitglieder des Verwaltungs-, Leitungs- oder Aufsichtsorgans des Auftraggebers bestellen können;
3. im Fall des § 98 Nr. 3 GWB[1] bei länderübergreifenden bzw. bundesweiten Verbänden des privaten Rechts, wenn eine Stelle des Freistaates Bayern eine Aufgabe erfüllt, die die Verwaltung der Beteiligung, die Gewährung der sonstigen Finanzierung oder die Aufsicht über die Leitung oder die Bestimmung der Mitglieder des zur Geschäftsführung oder zur Aufsicht berufenen Organs betrifft; dies gilt auch, wenn sowohl eine Stelle des Freistaates Bayern

---

[1] Nr. 1.

als auch Stellen des Bundes oder anderer Länder die Aufgabe gegenüber einzelnen Mitgliedern ausüben und sich die beteiligten Vergabestellen auf die Nachprüfung im Freistaat Bayern geeinigt haben;

4. im Fall des § 98 Nr. 5 GWB[1] die Mittel sowohl von Zuwendungsgebern des Bundes bzw. anderer Länder als auch von Zuwendungsgebern des Freistaates Bayern stammen und der Schwerpunkt bei den Zuwendungen des Freistaates Bayern liegt oder sich die beteiligten Zuwendungsgeber auf die Nachprüfung im Freistaat Bayern geeinigt haben;

5. Vergabestellen des Bundes oder anderer Länder als Organ des Freistaates Bayern tätig werden.

(4) [1]Vergaben von Stellen des Freistaates Bayern, soweit diese als Organ des Bundes tätig werden, sowie Vergaben von Stellen des Bundes oder anderer Länder, die im Freistaat Bayern tätig werden, fallen nicht unter diese Verordnung. [2]Dies gilt auch für andere als die in Absatz 3 Nr. 1 genannten Stellen, soweit sie Vergabeverfahren für Stellen außerhalb des Freistaates Bayern durchführen.

(5) Das Staatsministerium für Wirtschaft, Landesentwicklung und Energie gibt in den Fällen, in denen eine Einigung gemäß Absatz 3 Nrn. 2 bis 4 erfolgt ist, diese bekannt.

§ 2 Vergabekammern. (1) Die Aufgaben der Vergabekammern nehmen die Regierung von Oberbayern – Vergabekammer Südbayern – und die Regierung von Mittelfranken – Vergabekammer Nordbayern – wahr, soweit sich nicht die in § 1 Abs. 3 Nrn. 2 bis 4 genannten Stellen auf eine andere Vergabekammer geeinigt haben.

(2) [1]Die Vergabekammer Südbayern ist örtlich zuständig für die Nachprüfung der Vergabeverfahren von Auftraggebern nach § 98 Nrn. 1 bis 6 GWB[1], deren Vergabestelle ihren Sitz in den Regierungsbezirken Oberbayern, Niederbayern oder Schwaben hat. [2]Die Vergabekammer Nordbayern ist zuständig für die Nachprüfung der Vergabeverfahren von Auftraggebern nach § 98 Nrn. 1 bis 6 GWB[1], deren Vergabestelle ihren Sitz in den Regierungsbezirken Oberpfalz, Oberfranken, Mittelfranken oder Unterfranken hat. [3]Im Fall des § 98 Nr. 5 GWB[1] richtet sich die örtliche Zuständigkeit nach dem Sitz der die Zuwendung bewilligenden Stelle, in dem Fall des § 98 Nr. 6 GWB[1] nach dem Sitz der in § 98 Nrn. 1 bis 3 GWB[1] genannten Stellen.

(3) Die Vergabekammer entscheidet in der Besetzung von einem vorsitzenden Mitglied, einem beisitzenden Mitglied und einem ehrenamtlichen beisitzenden Mitglied.

(4) [1]Das vorsitzende Mitglied und das beisitzende Mitglied müssen Beamte auf Lebenszeit mit der Befähigung zum höheren Verwaltungsdienst oder vergleichbar fachkundige Angestellte sein. [2]Das vorsitzende Mitglied muß die Befähigung zum Richteramt haben. [3]Das beisitzende Mitglied soll über gründliche Kenntnisse des Vergabewesens, das ehrenamtliche beisitzende Mitglied auch über mehrjährige praktische Erfahrung auf dem Gebiet des Vergabewesens verfügen.

(5) [1]Als ehrenamtliche beisitzende Mitglieder sollen auf gemeinsamen Vorschlag der Spitzenorganisationen der Wirtschaft und der Freien Berufe im

---

[1] Nr. 1.

Freistaat Bayern für jede Vergabekammer mindestens je fünf Persönlichkeiten aus dem Bau-, Liefer- und Dienstleistungsbereich, davon mindestens je eine aus dem Sektorenbereich berufen werden. [2] Wird innerhalb von einem Monat nach Aufforderung durch die Regierung keine oder keine ausreichende Zahl gemeinsamer Vorschläge eingereicht, werden die ehrenamtlichen beisitzenden Mitglieder ersatzweise von der Regierung bestimmt, bei der die Vergabekammer eingerichtet ist.

(6) Organisation und Besetzung der Vergabekammern regelt der Regierungspräsident, bei dessen Regierung die Vergabekammer eingerichtet ist; gleiches gilt für die Berufung der Mitglieder der Vergabekammer und die Führung der Dienstaufsicht.

(7) Die Vergabekammer gibt sich eine Geschäftsordnung.

§ 3 Inkrafttreten, Außerkrafttreten. (1) Diese Verordnung tritt mit Wirkung vom 1. Januar 1999 in Kraft.

(2) Die Verordnung zur Regelung von Organisation und Zuständigkeiten im Nachprüfungsverfahren für öffentliche Aufträge (BayNpV) vom 27. September 1994 (GVBl S. 968, BayRS 630-14-W) tritt mit Ablauf des 31. Dezember 1998 außer Kraft.

§ 4 *(aufgehoben)*

34. Verordnung zur Regelung von Organisation und Zuständigkeiten im Nachprüfungsverfahren für öffentliche Aufträge (BerlNpVO)

Vom 25. Januar 1999

(GVBl. S. 63)

BRV 7102-8

zuletzt geänd. durch Art. 1 Zweite ÄndVO v. 10.5.2016 (GVBl. S. 279)

Auf Grund des § 158 Absatz 2 des Gesetzes gegen Wettbewerbsbeschränkungen[1] in der Fassung der Bekanntmachung vom 26. Juni 2013 (BGBl. I S. 1750, 3245), das zuletzt durch Artikel 1 des Gesetzes vom 17. Februar 2016 (BGBl. I S. 203) geändert worden ist wird verordnet:

§ 1 Anwendungsbereich. (1) [1]Diese Verordnung regelt gemäß § 158 Absatz 2 des Gesetzes gegen Wettbewerbsbeschränkungen[1] die Einrichtung, Organisation, Besetzung und Zuständigkeit der für die Nachprüfung von öffentlichen Aufträgen und Konzessionen zuständigen Behörde. [2]Die Behörde trägt die Bezeichnung Vergabekammer des Landes Berlin.

(2) Die Vergabekammer des Landes Berlin übt ihre Tätigkeit im Sinne des § 157 Absatz 1 des Gesetzes gegen Wettbewerbsbeschränkungen[1] unabhängig und in eigener Verantwortung aus.

(3) Die örtliche Zuständigkeit der Vergabekammer des Landes Berlin richtet sich nach § 159 des Gesetzes gegen Wettbewerbsbeschränkungen[1], die sachliche Zuständigkeit ergibt sich aus § 106 Absatz 1 Satz 1 GWB[1].

§ 2 Vergabekammer des Landes Berlin. (1) [1]Die Vergabekammer des Landes Berlin nach § 156 Absatz 1 des Gesetzes gegen Wettbewerbsbeschränkungen[1] wird im Geschäftsbereich der für Wirtschaft zuständigen Senatsverwaltung gebildet. [2]Die Vergabekammer des Landes Berlin besteht aus mindestens zwei Beschlussabteilungen, von denen eine für Bauleistungen, für Architekten- und Ingenieurleistungen sowie Baukonzessionen zuständig ist. [3]Jede Beschlussabteilung besteht aus einem vorsitzenden und mehreren hauptamtlichen und ehrenamtlichen Mitgliedern.

(2) Die für Wirtschaft zuständige Senatsverwaltung erläßt im Einvernehmen mit der für Justiz zuständigen Senatsverwaltung eine Geschäftsordnung, in der insbesondere die Geschäftsverteilung, die Vertretung der Mitglieder untereinander, die Organisation der Geschäftsstelle sowie der Geschäftsgang geregelt werden.

---

[1] Nr. 1.

(3) Die für Wirtschaft zuständige Senatsverwaltung nimmt die Aufgaben der Geschäftsstelle der Vergabekammer wahr und führt die Dienstaufsicht über die Mitglieder der Vergabekammer des Landes Berlin.

§ 3 Besetzung der Mitglieder. (1) [1] Die Mitglieder der Beschlussabteilungen werden von dem für Wirtschaft zuständigen Mitglied des Senats ernannt. [2] Das vorsitzende und die hauptamtlichen beisitzenden Mitglieder der für Bauleistungen, für Architekten- und Ingenieurleistungen sowie Baukonzessionen zuständigen Beschlussabteilung werden von der für Justiz zuständigen Senatsverwaltung benannt. [3] Die ehrenamtlichen beisitzenden Mitglieder werden auf Vorschlag der Architektenkammer Berlin, der Baukammer Berlin, der Handwerkskammer Berlin sowie der Industrie- und Handelskammer Berlin ernannt. [4] Wird innerhalb von zwei Monaten nach Aufforderung durch die für Wirtschaft zuständige Senatsverwaltung keine ausreichende Zahl von Vorschlägen eingereicht, werden die ehrenamtlichen beisitzenden Mitglieder ersatzweise ernannt.

(2) [1] Die Mitglieder der Beschlussabteilungen der Vergabekammer des Landes Berlin werden gemäß § 157 Absatz 4 des Gesetzes gegen Wettbewerbsbeschränkungen[1] für eine Amtszeit von fünf Jahren bestellt. [2] Vor Ablauf der Amtszeit kann ein Mitglied nur auf eigenen Antrag oder mit seinem Einverständnis aus der Kammer ausscheiden.

(3) [1] Die vorsitzenden und hauptamtlichen beisitzenden Mitglieder der Beschlussabteilungen müssen gemäß § 157 Absatz 2 Satz 2 des Gesetzes gegen Wettbewerbsbeschränkungen[1] Beamte auf Lebenszeit mit der Befähigung zum höheren Verwaltungsdienst oder vergleichbar fachkundige Angestellte sein. [2] Im Hinblick auf die Voraussetzungen gemäß § 157 Absatz 2 Satz 3 des Gesetzes gegen Wettbewerbsbeschränkungen[1] sollen die vorsitzenden und hauptamtlichen beisitzenden Mitglieder die Befähigung zum Richteramt haben. [3] Die beisitzenden Mitglieder sollen über gründliche Kenntnisse des Vergabewesens, die ehrenamtlichen beisitzenden Mitglieder auch über mehrjährige praktische Erfahrungen auf dem Gebiet des Vergabewesens verfügen.

(4) Die Einzelheiten zur Bildung einer beschlussfähigen Vergabekammer im Sinne des § 157 Absatz 2 des Gesetzes gegen Wettbewerbsbeschränkungen[1] werden in der Geschäftsordnung geregelt.

§ 4 Inkrafttreten, Außerkrafttreten. [1] Diese Verordnung tritt am Tage nach der Verkündung[2] im Gesetz- und Verordnungsblatt für Berlin in Kraft. [2] Gleichzeitig tritt die Verordnung zur Regelung von Organisation und Zuständigkeiten im Nachprüfungsverfahren für öffentliche Aufträge vom 28. August 1995 (GVBl. S. 570) außer Kraft.

---

[1] Nr. **1**.
[2] Verkündet am 6.2.1999.

35. Verordnung über die Nachprüfungsbehörden (Landesnachprüfungsverordnung – LNpV) [Brandenburg]

Vom 19. Mai 1999

(GVBl. II S. 332)

Sa BbgLR 44-02

geänd. durch Art. 1 ÄndVO v. 31.7.2018 (GVBl. II Nr. 50)

Auf Grund des § 106 Abs. 2 des Gesetzes gegen Wettbewerbsbeschränkungen[1]) in der Fassung der Bekanntmachung vom 26. August 1998 (BGBl. I S. 2546) in Verbindung mit § 5 Abs. 2 Satz 2 des Landesorganisationsgesetzes in der Fassung der Bekanntmachung vom 12. September 1994 (GVBl. I S. 406) verordnet die Landesregierung:

§ 1 Anwendungsbereich. Diese Verordnung regelt die Einrichtung, Organisation und Besetzung der Vergabekammern des Landes Brandenburg zur Nachprüfung von Vergaben öffentlicher Aufträge und Konzessionen nach Teil 4 des Gesetzes gegen Wettbewerbsbeschränkungen[1]).

§ 2 Vergabekammern. Das für Wirtschaft zuständige Ministerium richtet die erforderliche Zahl von Vergabekammern ein und erlässt eine Geschäftsordnung zur Regelung der Verteilung und des Gangs der Geschäfte.

§ 3 Besetzung der Vergabekammern. (1) Das für Wirtschaft zuständige Ministerium bestellt die Vorsitzenden der Vergabekammern, die hauptamtlichen Beisitzerinnen oder Beisitzer und auf Vorschlag der Handwerkskammern, der Industrie- und Handelskammern, der Brandenburgischen Ingenieurkammer, der Brandenburgischen Architektenkammer und der kommunalen Spitzenverbände im Land Brandenburg die ehrenamtlichen Beisitzerinnen oder Beisitzer und deren Stellvertreterinnen oder Stellvertreter.

(2) Im Übrigen gilt § 157 des Gesetzes gegen Wettbewerbsbeschränkungen[2]) für die Vergabekammern des Landes Brandenburg entsprechend.

§ 4 Vergabeprüfstellen. Die obersten Landesbehörden entscheiden über die Einrichtung von Vergabeprüfstellen für ihren Geschäftsbereich und für sonstige Auftraggeber im Sinne des § 99 Nummer 1 bis 3 des Gesetzes gegen Wettbewerbsbeschränkungen[2]) in ihrem Zuständigkeitsbereich selbst.

§ 5 Inkrafttreten. [1]Diese Verordnung tritt am Tage nach der Verkündung[3]) in Kraft. [2]Gleichzeitig wird die Landesnachprüfungsverordnung vom 5. Mai 1995 (GVBl. II S. 392) aufgehoben.

---

[1]) Auszugsweise abgedruckt unter Nr. **1**.

[2]) Nr. **1**.

[3]) Verkündet am 22.6.1999.

36. Bekanntmachung über die Zuständigkeiten in Nachprüfungsverfahren bei der Vergabe öffentlicher Aufträge

Vom 8. Juni 1999

(Brem.ABl. S. 489)

Sa BremR 63–h–1

zuletzt geänd. durch Art. 1 ÄndBek. v. 13.9.2011 (Brem.ABl. S. 1332)

Nichtamtliche Inhaltsübersicht

Der Senat bestimmt:

§ 1 [Einrichtung einer Vergabekammer] Für die Nachprüfung der Vergabe öffentlicher Aufträge im Sinne des Vierten Teils des Gesetzes gegen Wettbewerbsbeschränkungen[1] wird im Land Bremen eine Vergabekammer eingerichtet.

§ 2 *(aufgehoben)*

§ 3 [Vergabekammern, Zuständigkeit, Besetzung] (1) Zuständige Stelle für die Einrichtung, Organisation und Besetzung der Vergabekammer des Landes Bremen im Sinne des § 106 Absatz 2 Satz 1 des Gesetzes gegen Wettbewerbsbeschränkungen[2] ist der Senator für Umwelt, Bau und Verkehr.

(2) Bei der Besetzung der Vergabekammer des Landes Bremen sind die Stadt Bremerhaven, die Handelskammer Bremen, die Industrie- und Handelskammer Bremerhaven, die Architektenkammer der Freien Hansestadt Bremen und die Ingenieurkammer der Freien Hansestadt Bremen angemessen zu berücksichtigen.

§ 4 [Inkrafttreten, Außerkrafttreten] (1) Diese Bekanntmachung tritt am 1. Juli 1999 in Kraft.

(2) Gleichzeitig tritt die Bekanntmachung über die Zuständigkeit von Behörden in Nachprüfungsverfahren für öffentliche Aufträge nach dem Haushaltsgrundsätzegesetz und der Nachprüfungsordnung vom 10. Oktober 1995 (Brem. ABl. S. 832 – 63–h–1) außer Kraft.

---

[1] Auszugsweise abgedruckt unter Nr. **1**.
[2] Nr. **1**.

614

37. Anordnung über die Einrichtung, Organisation und Besetzung der Nachprüfungsbehörden nach dem Gesetz gegen Wettbewerbsbeschränkungen

AnO d. Hamb. Senats v. 20.1.2011
(Amtl. Anz. S. 150)

Auf Grund der Anordnung über die Zuständigkeit für die Einrichtung, Organisation und Besetzung der Nachprüfungsbehörden nach dem Gesetz gegen Wettbewerbsbeschränkungen vom 20. Januar 2011 in Verbindung mit § 106 Absatz 2 Satz 1 des Gesetzes gegen Wettbewerbsbeschränkungen (GWB)[1] in der Fassung vom 15. Juli 2005 (BGBl. 2005 I S. 2115, 2009 I S. 3850), zuletzt geändert am 4. November 2010 (BGBl. I S. 1480, 1481), in der jeweils geltenden Fassung ordnet die Finanzbehörde an:

I. Einrichtung der Vergabekammern

Zuständige Stelle für die Überprüfung von Vergabeentscheidungen nach dem Zweiten Abschnitt des Vierten Teils des GWB[2] in der jeweils geltenden Fassung ist, soweit in einem Gesetz oder auf Grund eines Gesetzes nichts anderes bestimmt ist, für Auftraggeber mit Sitz im Hoheitsgebiet der Freien und Hansestadt Hamburg

1. für Auftragsvergaben nach der Vergabe- und Vertragsordnung für Bauleistungen (VOB)[3] in der jeweils geltenden Fassung, für Auftragsvergaben an Architekten, Ingenieure, Stadtplaner und Bausachverständige nach der Vergabeordnung für freiberufliche Leistungen (VOF) in der jeweils geltenden Fassung sowie für Auftragsvergaben im Geltungsbereich der Sektorenverordnung (SektVO)[4] vom 23. September 2009 (BGBl. I S. 3110), geändert am 7. Juni 2010 (BGBl. I S. 724, 727), in der jeweils geltenden Fassung bei der Vergabe von Bauaufträgen oder baubezogenen Dienstleistungen nach den Kategorien 1 und 12 von Anhang 1 Teil A SektVO

die Vergabekammer bei der
Behörde für Stadtentwicklung und Umwelt,

2. für Auftragsvergaben nach der Vergabe- und Vertragsordnung für Leistungen (VOL) sowie für Auftragsvergaben nach der VOF oder nach der Sektorenverordnung, soweit diese nicht in die Zuständigkeit der Vergabekammer der Behörde für Stadtentwicklung und Umwelt nach Nummer 1 fallen,

die Vergabekammer bei der Finanzbehörde.

II. Organisation und Besetzung der Vergabekammern

1. Die Besetzung der Vergabekammern und die Anforderungen an ihre Mitglieder sowie die Unabhängigkeit der Vergabekammern und ihrer Mitglieder richten sich nach § 105 GWB[1]. Für den Fall der Verhinderung der oder des

---

[1] Nr. **1**.
[2] Auszugsweise abgedruckt unter Nr. **1**.
[3] Nr. **14**.
[4] Nr. **3**.

Vorsitzenden wird mindestens eine stellvertretende Vorsitzende bzw. ein stellvertretender Vorsitzender, die bzw. der die Voraussetzungen für den Vorsitz erfüllt, bestellt.

2. Die hauptamtlichen Beisitzerinnen bzw. Beisitzer werden auf Vorschlag der bzw. des Vorsitzenden der jeweiligen Vergabekammer bestellt. Sie sollen bei der Behörde, bei der die jeweilige Vergabekammer eingerichtet ist, beschäftigt sein.

3. Die ehrenamtlichen Beisitzerinnen bzw. Beisitzer sollen

a) für die Vergabekammer bei der Behörde für Stadtentwicklung und Umwelt
auf Vorschlag der Handelskammer, der Handwerkskammer, der Hamburgischen Architektenkammer und der Hamburgischen Ingenieurkammer-Bau,

b) für die Vergabekammer bei der Finanzbehörde
auf Vorschlag der Handelskammer und der Handwerkskammer

bestellt werden. Dazu fordert die bzw. der Vorsitzende der jeweiligen Vergabekammer die vorschlagsberechtigten Kammern zu geeigneter Zeit auf, entsprechende Bestellungsvorschläge einzureichen und dabei jeweils darzulegen, inwieweit die vorgeschlagene Person die Anforderungen nach § 105 Absatz 2 Satz 4 GWB[1] erfüllt. Auf Grundlage der eingegangenen Vorschläge erstellt die bzw. der jeweilige Vorsitzende der Vergabekammer den Bestellungsvorschlag für die Bestellung durch die zuständige Staatsrätin bzw. den zuständigen Staatsrat. Je Vergabekammer sollen sechs ehrenamtliche Beisitzerinnen oder Beisitzer bestellt werden.

4. Die Mitglieder der Vergabekammer werden durch die jeweils zuständige Staatsrätin beziehungsweise den jeweils zuständigen Staatsrat für eine Amtszeit von fünf Jahren zur Person bestellt.

5. Die Vergabekammern erhalten eine einheitliche Geschäftsordnung, die durch die Finanzbehörde im Einvernehmen mit der Behörde für Stadtentwicklung und Umwelt erlassen wird.

6. Die nähere Organisation der Vergabekammer (zum Beispiel Geschäftsstelle) regelt die Behörde, bei der sie eingerichtet ist.

III. Schlussvorschriften

[1] Die Anordnung über die Organisation der Vergabekammern vom 17. April 2007 (Amtl. Anz. S. 1013) wird aufgehoben. [2] Auf Grundlage dieser Anordnung erlassene Regelungen oder unter dieser Anordnung fortgeltende Regelungen, die auf Grundlage früherer Anordnungen erlassen wurden (zum Beispiel die Geschäftsordnung der Vergabekammern der Freien und Hansestadt Hamburg vom 20. Mai 1999), gelten fort. [3] Die Kammerbesetzung bereits eingeleiteter Nachprüfungsverfahren bleibt unberührt.

---

[1] Nr. 1.

38. Verordnung über die Vergabekammern [Hessen]

Vom 18. Juni 1999

(GVBl. I S. 318)

FFN 43-67

zuletzt geänd. durch Art. 11 Elfte VO zur Verlängerung der Geltungsdauer und Änd. befristeter Rechtsvorschriften v. 3.11.2014 (GVBl. S. 269)

Aufgrund des § 106 Abs. 2 Satz 1 des Gesetzes gegen Wettbewerbsbeschränkungen[1] in der Fassung vom 26. August 1998 (BGBl. I S. 2547) wird verordnet:

§ 1 Vergabekammern des Landes Hessen. (1) [1]Bei dem Regierungspräsidium Darmstadt wird eine Vergabekammer des Landes zur Nachprüfung der Vergabe öffentlicher Aufträge nach § 104 Abs. 1 des Gesetzes gegen Wettbewerbsbeschränkungen[1] eingerichtet. [2]Das Regierungspräsidium kann bei Bedarf zusätzliche Kammern einrichten.

(2) [1]Die Mitglieder der Vergabekammer bestellt das Regierungspräsidium. [2]Für den Widerruf der Bestellung eines Mitglieds gilt § 86 des Hessischen Verwaltungsverfahrensgesetzes entsprechend.

(3) [1]Zur Bestellung als hauptamtliche beisitzende Mitglieder sollen die anderen Regierungspräsidien in Hessen, die Oberfinanzdirektion Frankfurt am Main und das Hessen Mobil – Straßen- und Verkehrsmanagement geeignete Personen vorschlagen; die kommunalen Spitzenverbände in Hessen können hierzu geeignete Personen vorschlagen. [2]Zur Bestellung als ehrenamtliche beisitzende Mitglieder können die Arbeitsgemeinschaft der hessischen Industrie- und Handelskammern, die Arbeitsgemeinschaft Hessischer Handwerkskammern, die Architekten- und Stadtplanerkammer Hessen und die Ingenieurkammer Hessen geeignete Personen vorschlagen. [3]Personen können sich auch selbst als hauptamtliche oder ehrenamtliche beisitzende Mitglieder bewerben.

(4) Die mit einem Nachprüfungsverfahren befassten Mitglieder der Vergabekammer dürfen an der Vorbereitung, Durchführung oder Entscheidung des Vergabeverfahrens nicht bereits unmittelbar oder mittelbar mitgewirkt haben oder für Bewerber oder Bieter tätig gewesen sein; im übrigen gelten die §§ 20 und 21 des Hessischen Verwaltungsverfahrensgesetzes entsprechend.

(5) [1]Das Regierungspräsidium erlässt eine Geschäftsordnung für die Verfahren vor der Vergabekammer, bestimmt über die Geschäftsverteilung und führt unbeschadet des § 105 Abs. 1 des Gesetzes gegen Wettbewerbsbeschränkungen die Dienstaufsicht über die Mitglieder der Vergabekammer. [2]Die Geschäftsordnung ist im Staatsanzeiger für das Land Hessen zu veröffentlichen.

§ 2 Inkrafttreten. Diese Verordnung tritt am Tage nach der Verkündung[2] in Kraft.

---

[1] Nr. 1.
[2] Verkündet am 29.6.1999.

39. Gesetz über die Nachprüfung öffentlicher Auftragsvergaben in Mecklenburg-Vorpommern (Vergabenachprüfungsgesetz – VgNG M-V)

Vom 28. Juni 1999
(GVOBl. M-V S. 396, ber. S. 432)

GS Meckl.-Vorp. Gl. Nr.703-1

Nichtamtliche Inhaltsübersicht

Der Landestag hat das folgende Gesetz beschlossen:

§ 1 Einrichtung von Vergabekammern. (1) Beim Wirtschaftsministerium werden Vergabekammern nach dem Gesetz gegen Wettbewerbsbeschränkungen[1] in der Fassung der Bekanntmachung vom 26. August 1998 (BGBl. I S. 2521) eingerichtet.

(2) Das Wirtschaftsministerium wird ermächtigt, die Zahl der Vergabekammern durch Verordnung[2] zu bestimmen.

§ 2 Bestellung der Kammermitglieder. (1) Das Wirtschaftsministerium bestellt die hauptamtlichen und die ehrenamtlichen Mitglieder der Vergabekammern im Einvernehmen mit dem Innenministerium und dem Finanzministerium.

(2) [1]Die ehrenamtlichen Beisitzer bestellt das Wirtschaftsministerium auf Vorschlag der öffentlich-rechtlichen Kammern sowie der Verbände der Wirtschaft und der Freien Berufe in Mecklenburg-Vorpommern. [2]Die Aufforderung zur Abgabe von Vorschlägen wird im Amtsblatt für Mecklenburg-Vorpommern veröffentlicht. [3]Das Wirtschaftsministerium kann Vorschläge zurückweisen. [4]Soweit nicht innerhalb von zwei Monaten nach Aufforderung durch das Wirtschaftsministerium genügend Vorschläge eingereicht worden sind, bestellt das Wirtschaftsministerium die ehrenamtlichen Beisitzer nach eigener Wahl.

§ 3 Voraussetzungen der Bestellung. (1) Der Vorsitzende muß die Befähigung zum Richteramt besitzen und Beamter auf Lebenszeit oder vergleichbar fachkundiger Angestellter sein.

---

[1] Auszugsweise abgedruckt unter Nr. **1**.
[2] Siehe die VergabekammernVO v. 29.6.1999 (GVOBl. M-V S. 404), geänd. durch VO v. 8.6.2003 (GVOBl. M-V S. 364).

(2) ¹ Der hauptamtliche Beisitzer soll Beamter auf Lebenszeit mit der Befähigung zum höheren technischen Verwaltungsdienst oder vergleichbar fachkundiger Angestellter sein. ² In begründeten Ausnahmefällen kann er Beamter auf Lebenszeit mit der Befähigung zum gehobenen technischen Verwaltungsdienst oder vergleichbar fachkundiger Angestellter sein.

(3) Die Beisitzer sollen über gründliche Kenntnisse des Vergabewesens, der ehrenamtliche Beisitzer auch über mehrjährige praktische Erfahrungen auf dem Gebiet des Vergabewesens verfügen.

§ 4 Wirksamkeit der Bestellung, Dienstaufsicht. (1) ¹ Für den Vorsitzenden und den hauptamtlichen Beisitzer der Vergabekammer gelten § 18 Abs. 1 und 2 Nr. 3, § 19 Abs. 1 Nr. 1, 3 und 4 und Abs. 2, § 26 Abs. 1 und 2 des Deutschen Richtergesetzes in der Fassung der Bekanntmachung vom 19. April 1972 (BGBl. I S. 713), zuletzt geändert durch Artikel 7 des Gesetzes vom 6. August 1998 (BGBl. I S. 2026), entsprechend. ² Das Wirtschaftsministerium führt die Dienstaufsicht.

(2) ¹ Für den ehrenamtlichen Beisitzer der Vergabekammer gelten § 18 Abs. 1 und 2 Nr. 3, § 19 Abs. 1 Nr. 1, 3 und 4 und Abs. 2, § 21 Abs. 2 Nr. 4 des Deutschen Richtergesetzes entsprechend. ² Die Bestellung ist auch zurückzunehmen, wenn der ehrenamtliche Beisitzer seine Pflichten gröblich verletzt hat.

(3) Die Nichtigkeit einer Bestellung kann erst geltend gemacht werden, nachdem das Wirtschaftsministerium sie bestandskräftig festgestellt hat.

(4) Die allgemeinen Bestimmungen über die Beendigung von Dienst- und Arbeitsverhältnissen und von ehrenamtlicher Tätigkeit bleiben unberührt.

§ 5 Aufgaben der Kammermitglieder. ¹ Berichterstatter können nur der Vorsitzende und der hauptamtliche Beisitzer einer Vergabekammer sein. ² Der ehrenamtliche Beisitzer unterstützt die Vergabekammer auch außerhalb der mündlichen Verhandlung mit seinen besonderen Fachkenntnissen.

§ 6 Entschädigung. Die ehrenamtlichen Beisitzer erhalten für ihre Tätigkeit in den Vergabekammern eine Entschädigung entsprechend den *§§ 1 bis 5 und 9 bis 11 des Gesetzes über die Entschädigung ehrenamtlicher Richter*¹⁾ in der Fassung der Bekanntmachung vom 1. Oktober 1969 (BGBl. I S. 1753), zuletzt geändert durch Artikel 5 des Gesetzes vom 24. Juni 1994 (BGBl. I S. 1325).

§ 7 Haftung. ¹ Die Mitglieder der Vergabekammern haften dem Land für Schäden, die diesem aus ihrer Tätigkeit in den Vergabekammern erwachsen, nur nach Maßgabe von § 839 Abs. 2 des Bürgerlichen Gesetzbuches. ² Für die Kammermitglieder günstigere Regelungen in anderen Gesetzen bleiben unberührt.

§ 8 Organisation der Vergabekammern. (1) Die Vergabekammern bilden das Vergabekollegium des Landes Mecklenburg-Vorpommern.

(2) Das Wirtschaftsministerium bestellt den Vorsitzenden einer Vergabekammer zum Vorsitzenden des Vergabekollegiums.

---

¹⁾ Verweis amtlich nicht angepasst; siehe jetzt Justizvergütungs- und -entschädigungsG.

(3) [1]Der Vorsitzende des Vergabekollegiums bestimmt die Besetzung der Vergabekammern, verteilt die Geschäfte und regelt die Vertretung der Kammermitglieder. [2]Er erläßt eine Geschäftsordnung, die im Amtsblatt für Mecklenburg-Vorpommern veröffentlicht wird.

§ 9 Geschäftsstelle. Bei dem Vergabekollegium wird eine Geschäftsstelle eingerichtet, die mit der erforderlichen Zahl von Mitarbeitern zu besetzen ist.

§ 10 Berichtspflicht. Die Landesregierung berichtet dem Landtag im Abstand von zwei Jahren über die Durchführung dieses Gesetzes.

§ 11 Inkrafttreten, Außerkrafttreten. [1]Dieses Gesetz tritt am Tage nach der Verkündung[1)] in Kraft. [2]Gleichzeitig tritt die Nachprüfungsverordnung Mecklenburg-Vorpommern vom 23. Mai 1995 (GVOBl. M-V S. 277) außer Kraft.

[1)] Verkündet am 30.6.1999.

40. Öffentliches Auftragswesen; Zuständigkeitsverlagerung bei den niedersächsischen Vergabekammern

Beschl. d. LReg v. 20.5.2008 – MW 24-32571/0230 –

(Nds. MBl. S. 577)

– VORIS 72081 –

Bezug:

a) Beschl. v. 1.12.1998 (Nds. MBl. S. 1432)

b) RdErl. d. MW v. 2.12.2004 (Nds. MBl. S. 293)

– VORIS 72081 –

Zur Vereinfachung und Effizienzsteigerung der Verwaltungsstrukturen hat die LReg Folgendes beschlossen:

1. [Auflösung, Aufhebung]

[1] Die Vergabekammer bei der OFD Hannover im Geschäftsbereich des MF wird mit Ablauf des 30.6.2008 aufgelöst. [2] Gleichzeitig werden der Bezugsbeschluss zu a sowie der Bezugserlass zu b aufgehoben.

2. [Übertragung]

Der Vergabekammer Lüneburg beim MW, Regierungsvertretung Lüneburg, werden mit Wirkung vom 1.7.2008 die Nachprüfungsverfahren nach den §§ 102ff. des Gesetzes gegen Wettbewerbsbeschränkungen (GWB) für Vergaben der niedersächsischen Hochbauverwaltung und sämtlicher anderer Vergaben des Geschäftsbereichs des MF übertragen.

3. [Name der Kammer]

Die Vergabekammer trägt den Namen „Vergabekammer Niedersachsen beim Niedersächsischen Ministerium für Wirtschaft, Arbeit und Verkehr – Regierungsvertretung Lüneburg".

4. [Nachprüfungsverfahren]

[1] Die Vergabekammer Niedersachsen beim MW, Regierungsvertretung Lüneburg, führt alle Nachprüfungsverfahren fort, die bis zum 30.6.2008 bei der Vergabekammer der OFD Hannover beantragt und eingeleitet, aber noch nicht abgeschlossen sind. [2] Gleiches gilt sinngemäß für Entscheidungen über Kostenfestsetzungsanträge, welche von den Beteiligten im Nachgang zu beendeten Nachprüfungsverfahren noch vor dem 1.7.2008 bei der Vergabekammer der OFD Hannover gestellt werden.

5. [Regelung der Maßnahmen]

Die mit der Aufgabenverlagerung nach Nummer 2 zusammenhängenden erforderlichen personalwirtschaftlichen, organisatorischen und stellenwirtschaftlichen Maßnahmen regelt das federführende MW zusammen mit dem MI und dem MF.

41. Verordnung über Einrichtung und Zuständigkeit der Vergabekammern NRW (Zuständigkeitsverordnung Vergabekammern NRW – VK ZuStV NRW)

Vom 2. Dezember 2014

(GV. NRW. S. 872)

SGV. NRW. 630

zuletzt geänd. durch Art. 1 Zweite ÄndVO v. 27.11.2018 (GV. NRW. S. 639)

Auf Grund des § 106 Absatz 2 des Gesetzes gegen Wettbewerbsbeschränkungen[1] in der Fassung der Bekanntmachung vom 26. Juni 2013 (BGBl. I S. 1750, 3245), und des § 5 Absatz 3 Satz 1 Landesorganisationsgesetz vom 10. Juli 1962 (GV. NRW. S. 421), der zuletzt durch Artikel 10 des Gesetzes vom 9. Mai 2000 (GV. NRW. S. 462) geändert worden ist, insoweit nach Anhörung des fachlich zuständigen Ausschusses des Landtags, verordnet die Landesregierung:

§ 1 Anwendungsbereich. (1) Diese Verordnung gilt für die Nachprüfung der Vergabe öffentlicher Aufträge im Sinne von § 103 Absatz 1 des Gesetzes gegen Wettbewerbsbeschränkungen[1] sowie für Konzessionen im Sinne von § 105 Absatz 1 des Gesetzes gegen Wettbewerbsbeschränkungen[1] der Auftraggeberinnen und Auftraggeber gemäß § 98 des Gesetzes gegen Wettbewerbsbeschränkungen[1] mit Sitz in Nordrhein-Westfalen durch die gemäß § 156 Absatz 1 des Gesetzes gegen Wettbewerbsbeschränkungen[1] in Verbindung mit dieser Verordnung eingerichteten Vergabekammern in Nordrhein-Westfalen sowie für Nachprüfungen auf Grund von gesetzlichen Zuweisungen weiterer Sonderzuständigkeiten an die Vergabekammern der Länder.

(2) Die Abgrenzung zwischen der Zuständigkeit der Vergabekammern in Nordrhein-Westfalen und den Vergabekammern anderer Länder oder des Bundes bestimmt sich gemäß § 159 Absatz 1 und 2 des Gesetzes gegen Wettbewerbsbeschränkungen[1].

§ 2 Vergabekammern. (1) Es werden für die Regierungsbezirke Arnsberg, Detmold und Münster die Vergabekammer Westfalen mit Sitz in Münster und für die Regierungsbezirke Düsseldorf und Köln die Vergabekammer Rheinland mit Sitz in Köln eingerichtet.

(2) Die örtliche Zuständigkeit der Vergabekammer Westfalen und Rheinland richtet sich danach, in welchem räumlichen Bezirk die jeweilige Vergabestelle der Auftraggeberin oder des Auftraggebers ihren Sitz hat.

(3) [1] Die Vorsitzende oder der Vorsitzende sowie die hauptamtliche Beisitzerin oder der hauptamtliche Beisitzer eines Spruchkörpers müssen neben den Anforderungen an die Mindestqualifikation des § 157 Absatz 2 Satz 2 des Gesetzes gegen Wettbewerbsbeschränkungen[1] über die Befähigung zum Richteramt verfügen. [2] Die Vergabekammern müssen je Spruchkörper neben der Vorsitzenden oder dem Vorsitzenden über mindestens eine hauptamtliche Beisitzerin oder einen hauptamtlichen Beisitzer und einen ehrenamtlichen Beisitzer oder eine ehrenamtliche Beisitzerin verfügen. [3] Darüber hinaus können

---

[1] Nr. 1.

auch Fachbeamtinnen und Fachbeamte der Laufbahngruppe 2, zweites Einstiegsamt, zu zusätzlichen hauptamtlichen Beisitzerinnen oder Beisitzern bestellt werden.

(4) [1] Die Regierungspräsidentin oder der Regierungspräsident der Bezirksregierung Münster für die Vergabekammer Westfalen sowie die Regierungspräsidentin oder der Regierungspräsident der Bezirksregierung Köln für die Vergabekammer Rheinland bestellen die jeweiligen hauptamtlichen Mitglieder der Vergabekammern. [2] Diese werden gemäß § 157 Absatz 4 Satz 1 des Gesetzes gegen Wettbewerbsbeschränkungen[1] für eine Amtszeit von fünf Jahren bestellt und von weiteren Aufgaben freigestellt. [3] Eine erneute Bestellung ist möglich. [4] Die Regierungspräsidentin oder der Regierungspräsident der jeweiligen Bezirksregierung ernennt die ehrenamtlich beisitzenden Mitglieder sowie deren Stellvertreterinnen oder Stellvertreter aus dem Kreis von Personen, die von den kommunalen Spitzenverbänden, den öffentlich-rechtlichen Kammern in Nordrhein-Westfalen sowie von den Verbänden der Wirtschaft und der freien Berufe vorgeschlagen worden sind. [5] Auf Grund besonderer fachlicher Anforderungen können ehrenamtlich beisitzende Mitglieder der Vergabekammern auch auf Vorschlag der Bezirksregierungen ernannt werden. [6] Die Bestellung der hauptamtlichen Mitglieder sowie die Ernennung der ehrenamtlich beisitzenden Mitglieder sowie der Widerruf der Bestellung oder Ernennung der Mitglieder aus wichtigem Grund bedürfen der Zustimmung des für Wirtschaft zuständigen Ministeriums.

(5) Im Übrigen bleiben die Regelungen im § 157 des Gesetzes gegen Wettbewerbsbeschränkungen[1] unberührt.

(6) [1] Die Mitglieder der Vergabekammern dürfen während ihrer Amtszeit nicht mit Fällen befasst werden, bei denen sie selbst an der Vergabeentscheidung mitgewirkt oder bei denen sie eigene oder Interessen von Bieterinnen oder Bietern oder Bewerberinnen oder Bewerbern wahrgenommen haben. [2] § 54 Absatz 1 der Verwaltungsgerichtsordnung in Verbindung mit §§ 41 bis 49 der Zivilprozessordnung in der jeweils geltenden Fassung gilt entsprechend.

(7) [1] Die Vergabekammern Westfalen und Rheinland geben sich im Einvernehmen mit dem für Wirtschaft zuständigen Ministerium, mit dem Finanzministerium, mit dem für Inneres zuständigen Ministerium und im Benehmen mit den für die Vergabekammern Westfalen und Rheinland zuständigen Regierungspräsidentinnen oder Regierungspräsidenten eine gemeinsame Geschäftsordnung. [2] Darin werden insbesondere die Besetzung der Vergabekammern sowie die Anzahl und Organisation der Spruchkörper geregelt. [3] Die Gemeinsame Geschäftsordnung der Vergabekammern NRW regelt die Vertretung zwischen den Spruchkörpern einer Vergabekammer. [4] Die Geschäftsordnung regelt auch die Aufwandsentschädigung für die Tätigkeit der ehrenamtlich beisitzenden Mitglieder. [5] Die Geschäftsordnung wird im Ministerialblatt für das Land Nordrhein-Westfalen veröffentlicht.

(8) [1] Bei den Vergabekammern werden Geschäftsstellen eingerichtet. [2] Die Funktionsfähigkeit der jeweiligen Geschäftsstelle ist durch Vertretungsregelungen zu gewährleisten.

---

[1] Nr. 1.

(9) [1]Sitzungsort der Vergabekammer Westfalen ist Münster. [2]Sitzungsorte der Vergabekammer Rheinland sind Köln und Düsseldorf. [3]Die Vergabekammer Rheinland tagt regelmäßig in Köln und Düsseldorf.

§ 3 Inkrafttreten und Außerkrafttreten, Übergangsregelungen. [1]Diese Verordnung tritt am 1. Januar 2015 in Kraft. [2]Gleichzeitig tritt die Zuständigkeitsverordnung Nachprüfungsverfahren vom 23. Februar 1999 (GV. NRW. S. 46), die zuletzt durch Artikel 1 der Verordnung vom 25. November 2008 (GV. NRW. S. 766) geändert worden ist, außer Kraft.

42. Landesverordnung über die Nachprüfungsbehörden für die Vergabe öffentlicher Aufträge und von Konzessionen [Rheinland-Pfalz]

Vom 19. Januar 1999

(GVBl. S. 18)

BS Rh-Pf 70-30

zuletzt geänd. durch Dritte ÄndVO v. 11.9.2018 (GVBl. S. 350)

Aufgrund des § 89 Abs. 1 Satz 2, des § 92 Abs. 1 Satz 2, des § 93 Satz 1 in Verbindung mit § 92 Abs. 1 Satz 2, des § 96 Halbsatz 1 in Verbindung mit § 89 Abs. 1 Satz 2, § 92 Abs. 1 Satz 2 und § 93 Satz 1, des § 106 Abs. 1 und des § 116 Abs. 4 Satz 2 des Gesetzes gegen Wettbewerbsbeschränkungen (GWB)[1] in der Fassung vom 26. August 1998 (BGBl. I S. 2546) und des § 7 Abs. 2 Satz 1 des Verkündungsgesetzes vom 3. Dezember 1973 (GVBl. S. 375), geändert durch Artikel 23 des Gesetzes vom 7. Februar 1983 (GVBl. S. 17), BS 114-1, verordnet die Landesregierung:

§ 1 [Vergabekammern; Besetzung] (1) Zur Nachprüfung der Vergabe öffentlicher Aufträge und von Konzessionen richtet das für das öffentliche Auftragswesen zuständige Ministerium die erforderliche Anzahl von Vergabekammern bei diesem Ministerium ein.

(2) [1]Für die Besetzung der Vergabekammer gilt § 157 Abs. 2 und 3 des Gesetzes gegen Wettbewerbsbeschränkungen (GWB)[2] in der Fassung vom 26. Juni 2013 (BGBl. I S. 1750, 3245) in der jeweils geltenden Fassung entsprechend. [2]Die an dem Vergabeverfahren beteiligten Bediensteten sind von der Mitwirkung an Entscheidungen der Vergabekammer ausgeschlossen.

(3) [1]Die Mitglieder der Vergabekammer werden von dem für das öffentliche Auftragswesen zuständigen Ministerium für eine Amtszeit von 5 Jahren bestellt. [2]Eine erneute Bestellung ist möglich. [3]Bei der Besetzung sollen Frauen angemessen berücksichtigt werden.

(4) [1]Die ehrenamtlichen beisitzenden Mitglieder werden auf Vorschlag der Spitzenorganisationen der rheinland-pfälzischen Industrie- und Handelskammern und der Handwerkskammern sowie der Architektenkammer Rheinland-Pfalz, der Ingenieurkammer Rheinland-Pfalz und der Bauwirtschaft Rheinland-Pfalz e.V. bestellt. [2]Wird nach Aufforderung des für das öffentliche Auftragswesen zuständigen Ministeriums kein Vorschlag eingereicht, kann dieses ersatzweise Personen aus der Wirtschaft oder der Wirtschaftsverwaltung bestellen.

(5) Die ehrenamtlichen beisitzenden Mitglieder erhalten eine Entschädigung entsprechend Abschnitt 4 des Justizvergütungs- und -entschädigungsgesetzes vom 5. Mai 2004 (BGBl. I S. 718 – 776 –) in der jeweils geltenden Fassung.

(6) [1]Die Vergabekammer gibt sich eine Geschäftsordnung; bestehen mehrere Vergabekammern, gegen diese sich eine gemeinsame Geschäftsordnung. [2]Die

---

[1] Auszugsweise abgedruckt unter Nr. **1**.
[2] Nr. **1**.

Geschäftsordnung ist im Ministerialblatt der Landesregierung von Rheinland-Pfalz zu veröffentlichen.

§ 2 [Inkrafttreten, Außerkrafttreten] (1) Diese Verordnung tritt am Tage nach der Verkündung[1] in Kraft.

(2) Gleichzeitig tritt die Landesverordnung zur Durchführung des Haushaltsgrundsätzegesetzes vom 29. November 1994 (GVBl. S. 451, BS 63-2) außer Kraft.

---

[1] Verkündet am 4.2.1999.

43. Verordnung über die Regelung der Nachprüfungsverfahren der Vergabe öffentlicher Aufträge und Konzessionen im Sinne von § 106 des Gesetzes gegen Wettbewerbsbeschränkungen [Saarland]

Vom 31. August 2018

(Amtsbl. I S. 644)

Nichtamtliche Inhaltsübersicht

Aufgrund der §§ 156 Absatz 1 und 158 Absatz 2 Satz 1 des Gesetzes gegen Wettbewerbsbeschränkungen[1)] in der Fassung der Bekanntmachung vom 26. Juni 2013 (BGBl. I S. 1750, 3245), zuletzt geändert durch Artikel 10 Absatz 9 des Gesetzes vom 30. Oktober 2017 (BGBl. I S. 3618), und des § 5 Absatz 3 des Landesorganisationsgesetzes in der Fassung der Bekanntmachung vom 27. März 1997 (Amtsbl. S. 410), zuletzt geändert durch das Gesetz vom 24. Oktober 2017 (Amtsbl. I S. 1006), verordnet die Landesregierung:

§ 1 Anwendungsbereich. (1) Diese Verordnung gilt für die Nachprüfung der Vergabe öffentlicher Aufträge und Konzessionen im Sinne von § 106 des Gesetzes gegen Wettbewerbsbeschränkungen[1)] durch Auftraggeber im Sinne der §§ 98 bis 101 des Gesetzes gegen Wettbewerbsbeschränkungen[1)].

(2) Die Abgrenzung zwischen der Zuständigkeit der Vergabekammern des Saarlandes und der Vergabekammern anderer Länder oder des Bundes bestimmt sich nach § 159 des Gesetzes gegen Wettbewerbsbeschränkungen[1)].

§ 2 Vergabekammern. (1) Zur Nachprüfung der Vergabe öffentlicher Aufträge und Konzessionen im Sinne von § 106 des Gesetzes gegen Wettbewerbsbeschränkungen[1)] richtet das für Wirtschaft zuständige Ministerium eine Vergabekammer für Vergaben des Landes (1. Vergabekammer), eine Vergabekammer für Vergaben der Landkreise und des Regionalverbandes Saarbrücken (2. Vergabekammer) und eine Vergabekammer für Vergaben der Städte, der Gemeinden und der kommunalen Zweckverbände (3. Vergabekammer) ein.

(2) [1] Das für Wirtschaft zuständige Ministerium benennt und bestellt einen Vorsitzenden oder eine Vorsitzende für die Vergabekammern. [2] Die Bestellung erfolgt für eine Amtszeit von fünf Jahren. [3] Eine erneute Bestellung ist möglich.

(3) [1] Das für Wirtschaft zuständige Ministerium bestellt die hauptamtlichen und die ehrenamtlichen Beisitzer und Beisitzerinnen. [2] Die Bestellungen erfol-

---

[1)] Nr. 1.

gen jeweils für eine Amtszeit von fünf Jahren. [3] Eine erneute Bestellung ist möglich.

(4) Die hauptamtlichen Beisitzer und Beisitzerinnen und deren Vertreter und Vertreterinnen werden für Vergaben des Landes (1. Vergabekammer) vom für Wirtschaft zuständigen Ministerium, für Vergaben der Landkreise und des Regionalverbandes Saarbrücken (2. Vergabekammer) vom Landkreistag Saarland und für Vergaben der Städte, der Gemeinden und der kommunalen Zweckverbände (3. Vergabekammer) vom Saarländischen Städte- und Gemeindetag benannt.

(5) Der oder die für Vergaben des Landes (1. Vergabekammer) bestellte hauptamtliche Beisitzer oder Beisitzerin ist zugleich Vertreter oder Vertreterin des Vorsitzenden oder der Vorsitzenden der Vergabekammern.

(6) Für die Besetzung und das Verfahren der Vergabekammern gilt § 157 Absatz 2 und 3 des Gesetzes gegen Wettbewerbsbeschränkungen[1] entsprechend mit der Maßgabe, dass sowohl der Vorsitzende oder die Vorsitzende als auch die hauptamtlichen Beisitzer und Beisitzerinnen die Befähigung zum Richteramt haben müssen.

(7) Die Beisitzer und Beisitzerinnen sollen über gründliche Kenntnisse des Vergabewesens, die ehrenamtlichen Beisitzer und Beisitzerinnen auch über mehrjährige praktische Erfahrungen auf dem Gebiet des Vergabewesens verfügen.

(8) [1] Die ehrenamtlichen Beisitzer und Beisitzerinnen werden auf Vorschlag der Industrie- und Handelskammer des Saarlandes, der Handwerkskammer des Saarlandes, der Architektenkammer des Saarlandes, der Ingenieurkammer des Saarlandes, der Arbeitskammer des Saarlandes und der kommunalen Spitzenverbände des Saarlandes bestellt. [2] Wird nach Aufforderung des für Wirtschaft zuständigen Ministeriums kein Vorschlag eingereicht, kann dieses ersatzweise Personen aus der Wirtschaft oder der Wirtschaftsverwaltung bestellen. [3] Die ehrenamtlichen Beisitzer und Beisitzerinnen können mehreren Kammern angehören.

(9) Die Vergabekammern sind gemäß § 29 des Landesgleichstellungsgesetzes vom 24. April 1996 (Amtsbl. S. 623), zuletzt geändert durch das Gesetz vom 20. September 2017 (Amtsbl. I S. 974), in der jeweils geltenden Fassung, möglichst hälftig mit Frauen zu besetzen.

§ 3 Wirksamkeit der Bestellung, Dienstaufsicht.
(1) [1] Für den Vorsitzenden oder die Vorsitzende und die hauptamtlichen Beisitzer und Beisitzerinnen der Vergabekammern gelten § 18 Absatz 1 und 2 Nummer 3, § 19 Absatz 1 Nummer 1, 3 und 4 und Absatz 2 sowie § 26 Absatz 1 und 2 des Deutschen Richtergesetzes in der Fassung der Bekanntmachung vom 19. April 1972 (BGBl. I S. 713), zuletzt geändert durch Artikel 9 des Gesetzes vom 8. Juni 2017 (BGBl. I S. 1570), in der jeweils geltenden Fassung, entsprechend. [2] Das für Wirtschaft zuständige Ministerium führt die Dienstaufsicht.

(2) [1] Für die ehrenamtlichen Beisitzer und Beisitzerinnen der Vergabekammern gelten § 18 Absatz 1 und 2 Nummer 3, § 19 Absatz 1 Nummer 1, 3 und 4 und Absatz 2 sowie § 21 Absatz 2 Nummer 4 des Deutschen Richtergesetzes entsprechend. [2] Die Bestellung ist auch zurückzunehmen, wenn ein

---

[1] Nr. 1.

ehrenamtlicher Beisitzer oder eine Beisitzerin seine oder ihre Pflichten gröblich verletzt hat.

(3) Die Nichtigkeit einer Bestellung kann erst geltend gemacht werden, nachdem das für Wirtschaft zuständige Ministerium sie bestandskräftig festgestellt hat.

(4) Die allgemeinen Bestimmungen über die Beendigung von Dienst- und Arbeitsverhältnissen und von ehrenamtlicher Tätigkeit bleiben unberührt.

§ 4 Aufgaben der Vergabekammermitglieder. [1] Berichterstatter oder Berichterstatterin können nur der Vorsitzende oder die Vorsitzende und die hauptamtlichen Beisitzer und Beisitzerinnen sein. [2] Der oder die jeweilige ehrenamtliche Beisitzer oder Beisitzerin unterstützt die Vergabekammer auch außerhalb der mündlichen Verhandlung mit seinen oder ihren besonderen Fachkenntnissen.

§ 5 Entschädigung. Die ehrenamtlichen Beisitzer und Beisitzerinnen erhalten für ihre Tätigkeit in den Vergabekammern entsprechend den §§ 15 bis 18 des Justizvergütungs- und -entschädigungsgesetzes vom 5. Mai 2004 (BGBl. I S. 718, 776), zuletzt geändert durch Artikel 5 Absatz 2 des Gesetzes vom 11. Oktober 2016 (BGBl. I S. 2222), in der jeweils geltenden Fassung, eine Entschädigung.

§ 6 Unabhängigkeit. [1] Die Vergabekammern üben ihre Tätigkeit im Rahmen der Gesetze unabhängig und in eigener Verantwortung aus. [2] Die Mitglieder der Vergabekammern entscheiden unabhängig und sind nur dem Gesetz unterworfen. [3] Sie dürfen während ihrer Amtszeit nicht mit Fällen befasst werden, bei denen sie selbst mitgewirkt haben oder beteiligt waren.

§ 7 Organisation der Vergabekammern. [1] Die Vergabekammern des Saarlandes geben sich eine gemeinsame Geschäftsordnung zur Regelung der Organisation, der Grundsätze der Geschäftsverteilung, des Geschäftsgangs und des Verfahrens. [2] Die Geschäftsordnung ist im Amtsblatt des Saarlandes zu veröffentlichen.

§ 8 Geschäftsstelle. Beim für Wirtschaft zuständigen Ministerium wird eine Geschäftsstelle für die Vergabekammern eingerichtet.

§ 9 Inkrafttreten, Außerkrafttreten, Übergangsregelung. (1) Diese Verordnung tritt am Tag nach ihrer Verkündung[1]) in Kraft.

(2) Gleichzeitig tritt die Verordnung über die Regelung der Nachprüfungsverfahren der Vergabe öffentlicher Aufträge vom 17. August 1999 (Amtsbl. S. 1132), zuletzt geändert durch das Gesetz vom 21. November 2007 (Amtsbl. S. 2393), außer Kraft.

(3) [1] Die vor dem Inkrafttreten der Verordnung erfolgten Bestellungen bleiben bestehen. [2] Im Übrigen ist die Verordnung auch auf diese Bestellungen anzuwenden.

---

[1]) Verkündet am 13.9.2018.

44. Verordnung der Sächsischen Staatsregierung über Einrichtung, Organisation und Besetzung der Vergabekammern des Freistaates Sachsen (SächsVgKVO)

Vom 23. März 1999

(SächsGVBl. S. 214)

BS Sachsen 56-3

zuletzt geänd. durch Art. 21 ÄndVO v. 2.3.2012 (SächsGVBl. S. 163)

Auf Grund von § 106 Abs. 2 Satz 1 des Gesetzes gegen Wettbewerbsbeschränkungen (GWB)[1] in der Fassung der Bekanntmachung vom 26. August 1998 (BGBl. I S. 2546) wird verordnet:

§ 1 Anwendungsbereich. [1] Diese Verordnung regelt die Einrichtung, Organisation und Besetzung der Vergabekammern des Freistaates Sachsen (Vergabekammern Sachsen). [2] Sie gilt für Aufträge, deren geschätzter Auftragswert den jeweiligen Schwellenwert erreicht oder übersteigt.

§ 2 Vergabekammern. (1) [1] Die Vergabekammern Sachsen werden bei der Landesdirektion Sachsen eingerichtet. [2] Zur geschäftsmäßigen Erledigung der Aufgaben der Vergabekammern Sachsen wird bei der Landesdirektion Sachsen eine Geschäftsstelle eingerichtet. [3] Die Dienstaufsicht über die Mitglieder der Vergabekammern obliegt dem Staatsministerium des Innern. [4] Die Aufsicht über die Beschäftigten der Geschäftsstelle obliegt der Landesdirektion Sachsen.

(2) [1] Einer Vergabekammer gehören der Vorsitzende, mindestens zwei hauptamtliche Beisitzer und mindestens vier ehrenamtliche Beisitzer an; die ehrenamtlichen Beisitzer können auch mehreren Vergabekammern angehören. [2] Die Vergabekammer entscheidet in der Besetzung mit einem Vorsitzenden, einem hauptamtlichen Beisitzer und einem ehrenamtlichen Beisitzer.

(3) [1] Je ein ehrenamtlicher Beisitzer wird von den Industrie- und Handelskammern, den Handwerkskammern sowie der Architekten- und der Ingenieurkammer vorgeschlagen. [2] Wird innerhalb eines Monats nach Aufforderung durch die Landesdirektion Sachsen kein Vorschlag eingereicht oder ist die vorgeschlagene Person nicht geeignet, wählt das Regierungspräsidium Leipzig ersatzweise eine geeignete Person aus der gewerblichen Wirtschaft oder der Wirtschaftsverwaltung aus.

(4) [1] Die Vorsitzenden und die weiteren Mitglieder der Vergabekammern werden für eine Amtszeit von 5 Jahren bestellt. [2] Eine mehrmalige Bestellung ist zulässig.

(5) Der Vorsitzende der Vergabekammer wird im Verhinderungsfall von einem hauptamtlichen Beisitzer vertreten, der die Befähigung zum Richteramt hat.

(6) [1] Die Vergabekammer gibt sich mit Genehmigung der Landesdirektion Sachsen eine Geschäftsordnung und veröffentlicht diese im Sächsischen Amts-

---

[1] Auszugsweise abgedruckt unter Nr. **1**.

blatt. [2]Bestehen mehrere Vergabekammern, geben sie sich eine gemeinsame Geschäftsordnung; Satz 1 gilt entsprechend.

§ 3 In-Kraft-Treten und Außer-Kraft-Treten. [1]Diese Verordnung tritt am Tage nach ihrer Verkündung[1] in Kraft. [2]Gleichzeitig tritt die Verordnung der Sächsischen Staatsregierung zur Regelung von Organisation und Zuständigkeiten im Nachprüfungsverfahren für öffentliche Aufträge (SächsNpV) vom 16. April 1996 (SächsGVBl. S. 162) außer Kraft.

---

[1] Verkündet am 21.5.1999.

45. Öffentliches Auftragswesen; Richtlinie über die Einrichtung von Vergabekammern in Sachsen-Anhalt

Vom 4. März 1999

(SaAnhM S. 441)

63-32570/03

geänd. durch I. RdErl. des MW v. 8.12.2003 (SaAnhM. S. 942)

I. Allgemeines

[1] Durch die §§ 97 bis 129 des Gesetzes gegen Wettbewerbsbeschränkungen (GWB)[1] i.d.F. vom 26.8.1998 (BGBl. I S. 2546) wurde die Vergabe öffentlicher Aufträge oberhalb der EU-Schwellenwerte neu geregelt. [2] Durch die Regelung im GWB, die zum 1.1.1999 in Kraft getreten ist, werden die bisherigen §§ 57a bis 57c des Haushaltsgrundsätzegesetzes vom 19.8.1969 (BGBl. I S. 1273), zuletzt geändert durch Art. 3 Nr. 1 des Vergaberechtsänderungsgesetzes vom 26.8.1998 (BGBl. I S. 2512), ersetzt. [3] Die §§ 102 bis 124 GWB[1] enthalten Neuregelungen über das Nachprüfungsverfahren. [4] Über Vergabebeschwerden entscheiden nunmehr neu einzurichtende Vergabekammern, gegen deren Entscheidung im Wege der sofortigen Beschwerde das zuständige Oberlandesgericht (Vergabesenat).

Dieser RdErl. dient der Umsetzung der Neuregelung, insbesondere hinsichtlich der Einrichtung, Organisation und Besetzung der Vergabekammern in Sachsen-Anhalt (§ 106 Abs. 2 GWB[1]).

II. Einrichtung und Zuständigkeit der Vergabekammern

1. [1] Für die Nachprüfung von Vergabeverfahren von öffentlichen Aufträgen, die in den Anwendungsbereich der §§ 97 bis 129 GWB[1] fallen, richtet das Land Sachsen-Anhalt Vergabekammern ein. [2] Die Vergabekammern des Landes sind im Rahmen ihrer in den §§ 102 bis 115 GWB[1] näher definierten Aufgaben zuständig für die Nachprüfung der dem Land Sachsen-Anhalt zuzurechnenden Aufträge.

Eine Zuständigkeit der Vergabekammern des Landes besteht insbesondere auch, wenn

a) Vergabestellen des Landes Sachsen-Anhalt Aufträge im Rahmen der Auftragsverwaltung des Bundes oder auf Grund vertraglicher Vereinbarungen mit anderen Ländern vergeben.

b) in den Fällen des § 98 Nrn. 2 und 4 GWB[1] sowohl Stellen des Bundes oder anderer Länder als auch des Landes Sachsen-Anhalt beteiligt sind, der Schwerpunkt bei den Stellen des Landes Sachsen-Anhalt liegt oder sich die Stellen des Bundes oder der Länder und des Landes Sachsen-Anhalt auf die Nachprüfung im Land Sachsen-Anhalt geeinigt haben.
Ein Schwerpunkt liegt dann vor, wenn Stellen des Landes Sachsen-Anhalt unmittelbar oder mittelbar die Mehrheit des gezeichneten Kapitals des Auftraggebers besitzen oder über die Mehrheit der mit den Anteilen des Auftraggebers verbundenen Stimmrechte verfügen oder mehr als die Hälfte der

---

[1] Nr. 1.

Mitglieder des Verwaltungs-, Leitungs- oder Aufsichtsorgans des Auftraggebers bestellen können.

c) im Fall des § 98 Nr. 3 GWB[1] bei länderübergreifenden oder bundesweiten Verbänden des privaten Rechts, wenn eine Stelle des Landes Sachsen-Anhalt eine Aufgabe erfüllt, die die Verwaltung der Beteiligung, die Gewährung der sonstigen Finanzierung oder die Aufsicht über die Leitung oder die Bestimmung der Mitglieder des zur Geschäftsführung oder zur Aufsicht berufenen Organs betrifft; dies gilt auch, wenn sowohl eine Stelle des Landes Sachsen-Arthalt als auch Stellen des Bundes oder anderer Länder die Aufgabe gegenüber einzelnen Mitgliedern ausüben und sich die beteiligten Vergabestellen auf die Nachprüfung in Sachsen-Anhalt geeinigt haben.

d) im Fall des § 98 Nr. 5 GWB[1] die Mittel sowohl von Zuwendungsgebern des Bundes oder anderer Länder als auch von Zuwendungsgebern des Landes Sachsen-Anhalt stammen und der Schwerpunkt bei den Zuwendungen des Landes Sachsen-Anhalt liegt oder sich die beteiligten Zuwendungsgeber auf die Nachprüfung, im Land Sachsen-Anhalt geeinigt haben.

e) Vergabestellen des Bundes oder anderer Länder als Organ des Landes Sachsen-Anhalt tätig werden.

Die Vergabekammern des Landes Sachsen-Anhalt sind nicht zuständig, soweit Stellen des Landes als Organ des Bundes oder anderer Länder tätig werden oder soweit Stellen des Bundes oder anderer Länder im Land Sachsen-Anhalt tätig werden.

Etwaige Änderungen auf Grund einer künftigen Verordnung der Bundesregierung nach § 127 Nr. 5 GWB[1] bleiben vorbehalten.

2. [1] Die Vergabekammern der Regierungspräsidien einschließlich deren Aufgaben gehen an das Landesverwaltungsamt über. [2] Die Vergabekammer bei der Oberfinanzdirektion (OFD) Magdeburg wird am 1.1.2004 aufgelöst. [3] Deren Aufgaben übernimmt ab 1.1.2004 das Landesverwaltungsamt.

[1] Für Verfahren, bei denen Anträge auf Nachprüfung bei der Vergabekammer der OFD bis zum 31.12.2003 vorliegen, werden diese von der Vergabekammer der OFD abschließend bearbeitet. [2] Laufende Verfahren, bei denen die Vergabekammer der OFD noch benannt ist, die Anträge auf Nachprüfung aber nach dem 31.12.2003 eingehen, werden durch die Vergabekammern des Landesverwaltungsamtes bearbeitet.

III. Organisation und Besetzung der Vergabekammern

1. Die Vergabekammern entscheiden in der Besetzung mit einem vorsitzenden Mitglied und zwei beisitzenden Mitgliedern, von denen eines ein ehrenamtliches Mitglied ist (§ 105 Abs. 2 Satz 1 GWB[1]).

2. [1] Das vorsitzende Mitglied und das nicht ehrenamtliche Mitglied (nachfolgend hauptamtliches beisitzendes Mitglied) müssen Beamtinnen oder Beamte auf Lebenszeit mit der Befähigung zum höheren Verwaltungsdienst oder vergleichbar fachkundige Angestellte sein. [2] Soweit gründliche Kenntnisse des Vergabewesens vorhanden sind, können auch Beamtinnen oder Beamte auf Probe mit der Befähigung zum höheren Verwaltungsdienst als vorsitzende oder hauptamtliche beisitzende Mitglieder sowie Beamtinnen oder Beamte auf Lebenszeit oder auf Probe mit der Befähigung zum gehobenen Verwaltungsdienst

---

[1] Nr. 1.

oder in vergleichbare Vergütungsgruppen eingruppierte Angestellte als hauptamtliche beisitzende Mitglieder bestellt werden (Besetzungsregelung nach
§ 106 Abs. 2 GWB[1]). [3] Das vorsitzende Mitglied oder das hauptamtliche
beisitzende Mitglied müssen die Befähigung zum Richteramt haben; in der
Regel soll dies das vorsitzende Mitglied sein. [4] Das ehrenamtliche beisitzende
Mitglied soll über gründliche Kenntnisse und mehrjährige praktische Erfahrungen auf dem Gebiet des Vergabewesens verfügen.

3. [1] Organisation und Besetzung der Vergabekammern nach den Vorgaben
dieses RdErl. regelt die Präsidentin oder der Präsident des Landesverwaltungsamtes im Benehmen mit dem Ministerium des Innern; gleiches gilt für die
Berufung der Mitglieder der Vergabekammer, die Bestimmung der Anzahl der
Vergabekammern und die Führung der Dienstaufsicht. [2] Die hauptamtlichen
Mitglieder der Vergabekammern sind von anderweitigen Aufgaben zu entlasten, soweit dieses für eine fristgerechte Behandlung eingehender Anträge auf
Nachprüfung erforderlich ist.

4. [1] Die ehrenamtlichen beisitzenden Mitglieder und deren Stellvertreter
werden auf Vorschlag der Industrie- und Handelskammern, der Handwerkskammern, der Ingenieurkammer, der Architektenkammer sowie der Spitzenorganisationen der Wirtschaft und der freien Berufe des Landes berufen. [2] Soweit danach keine ausreichende Anzahl von geeigneten Vorschlägen vorliegt,
kann die Landesverwaltungsamtspräsidentin oder Landesverwaltungsamtspräsident im Benehmen mit dem Ministerium des Innern zusätzliche ehrenamtliche beisitzende Mitglieder auswählen. [3] Ein Anspruch auf Berücksichtigung
von Vorschlägen besteht nicht.

5. [1] Die Vergabekammern geben sich eine Geschäftsordnung. [2] Die Geschäftsordnungen sind dem Ministerium für Wirtschaft und Technologie zur
Genehmigung vorzulegen und durch dieses nach Genehmigung unter Beteiligung des Ministeriums des Innern im Ministerialblatt für das Land Sachsen-
Anhalt zu veröffentlichen. [3] Das Ministerium und die Vergabekammern sollen
eine möglichst einheitliche Geschäftsordnung aller Vergabekammern des Landes anstreben. [4] Da das GWB eine Geschäftsordnung für die Vergabekammern
der Länder nicht zwingend vorsieht, werden eingehende Vergabebeschwerden
auch schon vor Abfassung und Veröffentlichung der Geschäftsordnung durch
die Vergabekammern nach den Vorgaben der §§ 102 bis 115 GWB[1] bearbeitet.

IV. Benennung der zuständigen Vergabekammer

[1] In den Fällen, in denen das Nachprüfungsverfahren nach §§ 102 bis 124
GWB[1] eröffnet ist, ist die zuständige Vergabekammer in den Vergabebekanntmachungen und in den Vergabeunterlagen zu benennen. [2] Dabei soll folgende
Formulierung verwendet werden:

„Zuständige Stelle für ein Nachprüfungsverfahren nach §§ 102 bis 124 des
Gesetzes gegen Wettbewerbsbeschränkungen (GWB)[1]:
Landesverwaltungsamt, Vergabekammern, Willy-Lohmann-Str. 7, 06114 Halle
(Saale)
Es wird darauf hingewiesen, dass das Verfahren vor der Vergabekammer für die
unterliegende Partei kostenpflichtig ist.“

---

[1] Nr. 1.

V. Vergabeprüfstellen

Vergabeprüfstellen nach § 103 GWB[1] im Bereich europaweiter Vergabeverfahren werden nicht eingerichtet.

VI. Inkrafttreten

Dieser RdErl. tritt am 1.5.1999 in Kraft; gleichzeitig tritt der Bezugs-RdErl.
außer Kraft, wobei bis dahin anhängige Nachprüfungsverfahren nach bisheri-
gem Recht beendet werden.

---

[1] Nr. **1**.

46. Landesverordnung zur Ausführung des Vierten Teils des Gesetzes gegen Wettbewerbsbeschränkungen (GWB-Ausführungsverordnung – GWBAVO)

Vom 20. Juli 2009

(GVOBl. Schl.-H. S. 425)

GS Schl.-H. II, Gl.Nr. B 703-0-2

zuletzt geänd. durch Art. 1 VO zur Änd. der VO zur Ausführung des Vierten Teils des Gs gegen Wettbewerbsbeschränkungen v. 27.7.2020 (GVOBl. Schl.-H. S. 454)

Nichtamtliche Inhaltsübersicht

Aufgrund des § 106 Abs. 2 des Gesetzes gegen Wettbewerbsbeschränkungen (GWB)[1] in der Fassung der Bekanntmachung vom 15. Juli 2005 (BGBl. I S. 2114), zuletzt geändert durch Artikel 13 Abs. 21 des Gesetzes vom 25. Mai 2009 (BGBl. I S. 1102), verordnet die Landesregierung:

§ 1 Anwendungsbereich. (1) [1]Diese Verordnung regelt die Einrichtung, Organisation und Besetzung der Vergabekammern. [2]Sie ist anzuwenden bei der Auftragsvergabe durch Auftraggeber im Sinne der §§ 98 bis 101 des Gesetzes gegen Wettbewerbsbeschränkungen (GWB)[2] in der Fassung der Bekanntmachung vom 26. Juni 2013, zuletzt geändert durch Artikel 10 des Gesetzes vom 12. Juli 2018 mit Sitz in Schleswig-Holstein.

(2) Die Abgrenzung zwischen der Zuständigkeit der Vergabekammer Schleswig-Holstein und der Zuständigkeit der Vergabekammern des Bundes oder anderer Länder bestimmt sich nach § 159 GWB[2] in der Fassung der Bekanntmachung vom 26. Juni 2013.

(3) Diese Verordnung ist nur anzuwenden, wenn die geschätzten Auftragswerte der zu vergebenden Aufträge ohne Umsatzsteuer die jeweiligen EU-Schwellenwerte erreichen oder überschreiten.

§ 2 Einrichtung. [1]Beim für Wirtschaft zuständige Ministerium sind eine Vergabekammer und eine Geschäftsstelle eingerichtet. [2]Das Ministerium kann bei Bedarf zusätzliche Kammern einrichten.

§ 3 Besetzung. (1) [1]Das für Wirtschaft zuständige Ministerium ernennt die Mitglieder der dort eingerichteten Vergabekammern. [2]Das vorsitzende und das jeweils hauptamtlich beisitzende Mitglied sollen, mindestens einer von ihnen muss die Befähigung zum Richteramt haben. [3]Die ehrenamtlich beisitzenden Mitglieder werden auf Vorschlag der Spitzenorganisationen und der öffentlich-rechtlichen Kammern der Wirtschaft ernannt.

---

[1] Auszugsweise abgedruckt unter Nr. **1**.
[2] Nr. **1**.

(2) Für die Vergabekammern nach § 2 können alle Ministerien ergänzend nach Maßgabe von § 3 Absatz 1 geeignete Bedienstete vorschlagen.

(3) Das für Wirtschaft zuständige Ministerium führt unbeschadet des § 157 Absatz 1 GWB[1] in der Fassung der Bekanntmachung vom 26.06.2013 die Dienstaufsicht über die Mitglieder der Vergabekammer.

§ 4 Organisation. Die Vergabekammer gibt sich eine Geschäftsordnung.

§ 5 Ermächtigung. Die Ermächtigung zur Änderung dieser Verordnung wird auf das für Wirtschaft zuständige Ministerium übertragen.

§ 6 Inkrafttreten. [1] Diese Verordnung tritt am Tage nach ihrer Verkündung[2] in Kraft. [2] Gleichzeitig tritt die Landesverordnung zur Ausführung des Vierten Teils des Gesetzes gegen Wettbewerbsbeschränkungen vom 25. Juni 1999 (GVOBl. Schl.-H. S. 215)[3], zuletzt geändert durch Verordnung vom 15. Mai 2007 (GVOBl. Schl.-H. S. 279), außer Kraft.

---

[1] Nr. **1**.
[2] Verkündet am 30.7.2009.
[3] **Amtl. Anm.:** GS Schl.-H. II, Gl.Nr.B 703-0-1

47. Thüringer Verordnung zur Regelung der Einrichtung, Organisation und Besetzung der Vergabekammern (Thüringer Vergabekammerverordnung – ThürVkVO)

Vom 10. Juni 1999

(GVBl. S. 417)

BS Thür 2000-16

Aufgrund des § 106 Abs. 2 Satz 1 des Gesetzes gegen Wettbewerbsbeschränkungen (GWB)[1] in der Fassung vom 26. August 1998 (BGBl. I S. 2546) verordnet die Landesregierung:

§ 1 Anwendungsbereich. [1] Diese Verordnung regelt die Einrichtung, Organisation und Besetzung der Vergabekammern. [2] Sie gilt nur für öffentliche Aufträge im Sinne des § 99 Abs. 1 GWB[2], deren Auftragswerte die Schwellenwerte (§ 100 Abs. 1 GWB[2]) erreichen oder überschreiten und die dem Land zuzurechnen sind.

§ 2 Vergabekammern. (1) [1] Die Vergabekammern werden beim Landesverwaltungsamt eingerichtet. [2] Die erforderliche Anzahl von Vergabekammern und die Geschäftsverteilung bestimmt das Landesverwaltungsamt im Einvernehmen mit dem für Wirtschaftsrecht zuständigen Ministerium.

(2) [1] Das Landesverwaltungsamt beruft nach Maßgabe des § 105 Abs. 2 GWB[2] die für die ausreichende Besetzung der Vergabekammern erforderliche Anzahl von Mitgliedern im Einvernehmen mit dem für Wirtschaftsrecht zuständigen Ministerium. [2] Abweichend von § 105 Abs. 2 Satz 2 GWB[2] können hauptamtliche Beisitzer Beamte auf Lebenszeit oder auf Probe mit der Befähigung zum höheren Dienst oder vergleichbar fachkundige Angestellte sein. [3] Die ehrenamtlichen Beisitzer und deren Stellvertreter sollen insbesondere auf Vorschlag der der Aufsicht des Landes unterstehenden Kammern der gewerblichen Wirtschaft und der Freien Berufe ernannt werden. [4] Sofern nach Ablauf einer in der Aufforderung festzulegenden angemessenen Frist keine oder keine ausreichende Zahl von Vorschlägen eingegangen ist, erfolgt die weitere Auswahl durch das Landesverwaltungsamt.

(3) [1] Das Landesverwaltungsamt erlässt die Geschäftsordnung und veröffentlicht diese im Thüringer Staatsanzeiger. [2] Die Geschäftsordnung bedarf der Genehmigung durch das für Wirtschaftsrecht zuständige Ministerium.

§ 3 Übergangsbestimmung. Bis zum 31. Dezember 1998 anhängige Nachprüfungsverfahren werden mit Einrichtung und Besetzung der Vergabekammern auf diese übergeleitet.

§ 4 Gleichstellungsbestimmung. Status- und Funktionsbezeichnungen in dieser Verordnung gelten jeweils in männlicher und weiblicher Form.

---

[1] Auszugsweise abgedruckt unter Nr. **1**.
[2] Nr. **1**.

§ 5 In-Kraft-Treten. [1] Diese Verordnung tritt am 1. Juli 1999 in Kraft. [2] Gleichzeitig tritt die Thüringer Nachprüfungsverordnung vom 18. Oktober 1994 (GVBl. S. 1172) außer Kraft.

Sachverzeichnis

Die fetten Zahlen bezeichnen die Nummern, unter denen die Texte in dieser Ausgabe abgedruckt sind, die mageren Zahlen bedeuten §§ oder Ziffern.

Sachverzeichnis

Sachverzeichnis

Fette Zahlen = Gesetze

RVG
Rechtsanwalts-
vergütungsG

Gerichtskostengesetz
Justizvergütungs-
und -entschädigungsgesetz

14. Auflage
2021

Beck-Texte im dtv

Stand
1.1.2021
Mit KostRÄG
2021

EuR
Europa-Recht

Europäische Union
(EUV/AEUV)
Charta der Grundrechte
Gerichtsbarkeit
Europarat-Satzung
EMRK
Begleitgesetze

28. Auflage
2020

Beck-Texte im dtv

Einstieg

**RVG · Rechtsanwaltsvergütungs-
gesetz**
Textausgabe   `TOPTITEL`
14. Aufl. 2021. 300 S.   `NEU`
€ 13,90. dtv 5762
Neu im März 2021

Rechtsanwaltsvergütungsgesetz, Gerichtskostengesetz, Justizvergütungs- und
-entschädigungsgesetz.

Loos
Recht: verstanden!
So funktioniert unser Rechtssystem.
Juristische Grundlagen einfach erklärt.
Beck im dtv
2. Aufl. 2015. 186 S.
€ 12,90. dtv 50764
Auch als **ebook** erhältlich.

Warum gibt es Recht? Wer macht die Gesetze?
Warum bekommt der, der Recht hat, nicht
immer Recht. Mit vielen Beispielen.

Haft
Aus der Waagschale der Justitia
Eine Reise durch 4000 Jahre Rechtsgeschichte.
Beck im dtv
4. Aufl. 2009. 335 S.
€ 18,90. dtv 5690

Europa

EuR · Europa-Recht
Textausgabe   `TOPTITEL`
28. Aufl. 2020. 777 S.
€ 13,90. dtv 5014

Vertrag über die Europäische Union, Vertrag
über die Arbeitsweise der Europäischen
Union, Charta der Grundrechte der Europäischen Union, Rechtsstellung des Unionsbür-
gers, Integrationsverantwortungsgesetz, Aus-
führungsgesetze zu Art. 23 GG, Europawahl-
Gesetz, Verfahrensordnungen, Satzung des
Europarates, Menschenrechtskonvention

Schrötter
Kleines Europa-Lexikon
Geschichte · Politik · Recht.
Beck im dtv
2. Aufl. 2016. 623 S.
€ 24,90. dtv 50782
Auch als **ebook** erhältlich.

Über 200 praxisnahe Stichworte von der
Agrarpolitik bis hin zur Zypernfrage. Die
rechtlichen und politischen Hintergründe
des modernen Europa werden in diesem
Lexikon klar und verständlich dargestellt.

Völkerrechtliche Verträge
Vereinte Nationen, Zwischenstaatliche Beziehungen, Menschenrechte, See-, Luft- und WeltraumR, UmweltR, Streitbeilegung, KriegsverhütungsR, KriegsR, Internationale Strafgerichtsbarkeit.
Textausgabe   **TOPTITEL**
15. Aufl. 2019. 886 S.
€ 19,90. dtv 5031

Europäisches Beihilfenrecht
Textausgabe
1. Aufl. 2017. 407 S.
€ 15,90. dtv 5784

WTO · Welthandelsorganisation
Textausgabe
6. Aufl. 2020. 448 S.
€ 25,90. dtv 5752

Mit WTO-Übereinkommen, GATT 1947/1994, Landwirtschaftsübereinkommen, Übereinkommen über Handelserleichterungen (TFA), Übereinkommen über gesundheitspolizeiliche Maßnahmen (SPS), Übereinkommen über technische Handelshemmnisse (TBT), Subventionsübereinkommen, Antidumping-Übereinkommen, Dienstleistungsabkommen (GATS), Übereinkommen über geistiges Eigentum (TRIPS), Streitbeilegungsvereinbarung (DSU), Übereinkommen über das öffentliche Beschaffungswesen (GPA)

Menschenrechte –
Ihr internationaler Schutz
Menschenrechtspakte, EU-Grundrechtecharta, Flüchtlinge, Folter/Todesstrafe, Antidiskriminierung, Biomedizin/Genomforschung, Internationaler Strafgerichtshof, Verfahrensordnungen.
Textausgabe
7. Aufl. 2018. 759 S.
€ 28,90. dtv 5531

Jugend und Recht

JugR · Jugendrecht
SGB VIII – Kinder- und Jugendhilfe,
AdoptionsvermittlungsG, Unterhalts-
vorschussG, JugendschutzG.
Textausgabe **TOPTITEL**
42. Aufl. 2021. 664 S. **NEU**
€ 10,90. dtv 5008
Neu im März 2021

AdoptionsvermittlungsG, BAföG, Bayerisches
StrafvollzugsG (Auszug), BerufsbildungsG
(Auszug), Brüssel IIa-VO (Auszug), Bürger-
liches Gesetzbuch mit EGBGB (Auszug),
Bundes-ImmissionsschutzG (Auszug), FamFG
(Auszug), JugendarbeitsschutzG, Jugendfrei-
willigendiensteG, JugendgerichtsG, Jugend-
medienschutz-Staatsvertrag, JugendschutzG,
JugendstrafvollzugsG NRW, Gesetz zur
Kooperation und Information im Kinderschutz
(KKG), Kinderschutzübereinkommen (Aus-
zug), SGB I: Allgemeiner Teil (Auszug), SGB II:
Grundsicherung für Arbeitsuchende (Auszug),
SGB III: Arbeitsförderung (Auszug), SGB VIII:
Kinder- und Jugendhilfe, SGB XII: Sozialhilfe
(Auszug), Strafgesetzbuch (Auszug), Unter-
haltsvorschussG

Schule und Hochschule

Glossner/Dallmayer
Jura – erfolgreich studieren
Für Schüler und Studenten.
Rechtsberater **TOPTITEL**
8. Aufl. 2021. 298 S. **NEU**
€ 16,90. dtv 51258
Auch als **ebook** erhältlich.
Neu im Februar 2021

Brehm/Zimmerling/
Brehm-Kaiser/Zimmerling
Erfolgreich zum Wunschstudienplatz
Bewerbung · hochschulstart.de · NC · Aus-
wahlverfahren und -tests · Rechtsschutz ·
Studienplatzklage.
Rechtsberater
2. Aufl. 2015. 300 S. € 16,90. dtv 50765

BAföG · Bildungsförderung
Textausgabe
32. Aufl. 2016. 400 S. € 15,90. dtv 5033

Theisen
ABC des wissenschaftlichen Arbeitens
Erfolgreich in Schule, Studium und Beruf.
Beck im dtv
1. Aufl. 2006. 263 S. € 9,50. dtv 50897

Ehe, Familie und Partnerschaft

FamR · Familienrecht
Ehe, Scheidung, Unterhalt, Versorgungsausgleich, Internationales Recht.
Textausgabe `TOPTITEL`
20. Aufl. 2021. 932 S. `NEU`
€ 15,90. dtv 5577
Neu im April 2021

Die 20. Auflage der Textausgabe ist umfassend aktualisiert und bietet ein ausführliches Sachverzeichnis für den schnellen, gezielten Zugriff sowie eine aktualisierte Einführung von Universitätsprofessorin Dr. Dagmar Coester-Waltjen.

Grziwotz
Rechtsfragen zur Ehe
Voreheliches Zusammenleben, Ehevermögensrecht, Unterhalt, Vereinbarungen
Rechtsberater `TOPTITEL`
5. Aufl. 2019. 201 S.
€ 14,90. dtv 51214
Auch als **ebook** erhältlich.

Dieser aktuelle Ratgeber informiert **allgemeinverständlich und praxisnah** über alle Rechtsfragen rund um die Eheschließung, Eintragung der Lebenspartnerschaft, Vollmachten in der Ehe, Familienunterhalt, Namensrecht und Güterrecht.

Zahlreiche Beispiele und praktische Tipps machen die Ausführungen anschaulich.

Klein
Eheverträge
Sicherheit für die Zukunft.
Rechtsberater
6. Aufl. 2020. 276 S.
€ 19,90. dtv 51244
Auch als **ebook** erhältlich.

Dieser Rechtsberater gibt **wertvolle Tipps anhand von vielen Beispielsfällen und Mustern** für die Regelungen im Ehevertrag – vor Schließung der Ehe, während der Ehe und im Fall von Trennung und Scheidung.

Dahmen-Lösche
Ehevertrag – Vorteil oder Falle?
So finden Sie Ihre perfekte Regelung.
Rechtsberater
3. Aufl. 2017. 164 S.
€ 13,90. dtv 51216
Auch als **ebook** erhältlich.

Mit zahlreichen Mustern und Beispielen.

Lütkehaus/Matthäus
Guter Umgang für Eltern und Kinder
Ein Ratgeber bei Trennung und Scheidung
Rechtsberater
2018. 249 S.
€ 18,90. dtv 51227
Auch als **ebook** erhältlich.

Beispielsfälle aus der langjährigen Praxis der Autoren, Erfahrungsberichte, Info-Kästen, Checklisten, Übungen und Muster bieten **konkrete Hilfestellungen.**

Heiß/Heiß
Die Höhe des Unterhalts von A–Z
Mehr als 400 Stichwörter zum aktuellen Unterhaltsrecht.
Rechtsberater
12. Aufl. 2018. 536 S.
€ 21,90. dtv 51217
Auch als **ebook** erhältlich.

Peyerl
Vermögensteilung bei Scheidung
So sichern Sie Ihre Ansprüche.
Rechtsberater
3. Aufl. 2016. 132 S.
€ 11,90. dtv 50786
Auch als **ebook** erhältlich.

Thomas Matthäus | Isabell Lütkehaus

Umgang im Wechselmodell

Eine Familie, zwei Zuhause:
Gleichberechtigte Eltern bleiben
nach Trennung und Scheidung

Beck-Rechtsberater im dtv

Matthäus/Lütkehaus
Umgang im Wechselmodell
Eine Familie, zwei Zuhause:
Gleichberechtigte Eltern bleiben
nach Trennung und Scheidung
Rechtsberater im großen Format
2021. 268 S.
€ 24,90. dtv 51245
Auch als **ebook** erhältlich.
Neu im Januar 2021

TOPTITEL
NEU

Grziwotz/Kappler/Kappler
**Trennung und Scheidung
richtig gestalten**
Getrenntleben, Scheidung, Lebenspart-
nerschaftsaufhebung, Vermögens-
auseinandersetzung und Unterhalt.
Rechtsberater
9. Aufl. 2018. 301 S.
€ 14,90. dtv 51229
Auch als **ebook** erhältlich.

Schwab/Görtz-Leible
**Meine Rechte bei
Trennung und Scheidung**
Unterhalt · Ehewohnung · Sorge · Zugewinn-
und Versorgungsausgleich.
Rechtsberater
9. Aufl. 2017. 326 S.
€ 15,90. dtv 51208
Auch als **ebook** erhältlich.

Strecker
Versöhnliche Scheidung
Trennung, Scheidung und deren Folgen
einvernehmlich regeln.
Rechtsberater
5. Aufl. 2014. 349 S.
€ 16,90. dtv 50759
Auch als **ebook** erhältlich.

Schlickum
**Scheidungsberater
für Männer**
Meine Rechte und Ansprüche bei Trennung
und Scheidung.
Rechtsberater
4. Aufl. 2018. 194 S.
€ 14,90. dtv 51220
Auch als **ebook** erhältlich.

Dahmen-Lösche
Scheidungsberater für Frauen
Ihre Rechte und Ansprüche bei Trennung
und Scheidung.
Rechtsberater
3. Aufl. 2016. 166 S.
€ 11,90. dtv 50753
Auch als **ebook** erhältlich.

Dieses Buch berät umfassend mit vielen
Beispielen, Mustern und Checklisten.

Wernitznig
Meine Rechte und Pflichten als Vater
Vaterschaft, Sorgerecht, Umgang, Namensrecht, Unterhaltsfragen, erbrechtliche und
steuerrechtliche Fragen.
Rechtsberater
2. Aufl. 2014. 148 S.
€ 11,90. dtv 50756
Auch als **ebook** erhältlich.

SGB IX

Rehabilitation und
Teilhabe von Menschen
mit Behinderungen

BehindertengleichstG
BundesversorgungsG
Werkstättenverordnung
Gemeinsame Empfehlungen
GdS-Tabelle

10. Auflage
2020

Beck-Texte im dtv

BtR

Betreuungsrecht

BetreuungsbehördenG
Vormünder- und Betreuer-
vergütungsG
und Auszüge aus
Bürgerliches Gesetzbuch
RPflG, FamFG, GNotKG

16. Auflage
2020

Beck-Texte im dtv

Behinderung

**SGB IX · Rehabilitation und Teilhabe
von Menschen mit Behinderungen**
Textausgabe　　　　　　　　TOPTITEL
10. Aufl. 2020. 947 S.
€ 19,90. dtv 5755

Auf dem Stand Januar 2020 beinhaltet die
Textausgabe die für das Recht schwerbehinderter Menschen relevanten Normtexte, zum
Teil in Auszügen. Aufgrund der Neufassung
des SGB IX wurde die Textsammlung vollständig neu konzipiert und inhaltlich erweitert.

Greß
**Recht und Förderung für
mein behindertes Kind**
Elternratgeber für alle Lebensphasen –
Sozialleistungen, Betreuung und Behinderten-
testament.
Rechtsberater　　　　　　　　TOPTITEL
3. Aufl. 2018. 328 S.
€ 19,90. dtv 51232
Auch als **ebook** erhältlich.

Kompetenter Rechtsrat für Eltern mit behin-
derten Kindern in den einzelnen Lebenssitua-
tionen, wie z. B. Geburt, Schulbesuch, Ausbildung, Volljährigkeit und Auszug aus dem
Elternhaus.

Betreuung und Alter

BtR · Betreuungsrecht
Mit Bürgerliches Gesetzbuch (Auszug),
mit Einführungsgesetz zum BGB (Auszug),
Gerichtsverfassungsgesetz (Auszug), Rechts-
pflegergesetz (Auszug), FamFG (Auszug),
Betreuungsbehördengesetz, Gerichts- und
Notarkostengesetz (Auszug), Vormünder- und
Betreuervergütungsgesetz.
Textausgabe　　　　　　　　TOPTITEL
16. Aufl. 2020. 165 S.
€ 7,90. dtv 5570

Zimmermann
Betreuungsrecht von A–Z
Rund 470 Stichwörter zum
aktuellen Recht.
Rechtsberater
5. Aufl. 2014. 389 S.
€ 19,90. dtv 50757
Auch als **ebook** erhältlich.

Der Ratgeber informiert lexikalisch umfassend und leicht verständlich über alle
wesentlichen Fragen der Betreuung.

Zimmermann
Ratgeber Betreuungsrecht
Hilfe für Betreute, Betreuer
und Angehörige.
Rechtsberater `TOPTITEL`
11. Aufl. 2020. 335 S.
€ 21,90. dtv 51240
Auch als **ebook** erhältlich.

Dieser Rechtsberater informiert umfassend
über Rechte und Pflichten der Beteiligten bei
einer Betreuung. Beantwortet sind alle wesentlichen Fragen zum Betreuungsrecht, u. a.:

▸ Wann und wie wird ein Betreuer bestellt?

▸ Was kann ich mit einer Patientenverfügung
regeln?

▸ Welche Kosten entstehen und wer muss sie
tragen?

Mit praxisnahen Beispielen, tabellarischen
Übersichten und Lösungsvorschlägen.

Putz/Steldinger/Unger
Patientenrechte am Ende des Lebens
Vorsorgevollmacht · Patientenverfügung ·
Selbstbestimmtes Sterben.
Rechtsberater `TOPTITEL`
7. Aufl. 2021. 379 S.
€ 19,90. dtv 51242
Auch als **ebook** erhältlich.

Der Ratgeber konzentriert sich auf den Aspekt
der Vorsorge, auf **Patientenverfügung und
Vorsorgevollmacht** und damit auf die Themen und Fragen:

▸ Selbstbestimmung und Vorsorge bei Krank-
heit und Tod, Durchsetzung Ihrer Rechte

▸ Recht auf Leben, Recht auf Sterben, Pflicht
zu leben?

▸ Welche Behandlung wünsche ich in bestimmten Situation – und welche nicht?

▸ Wer vertritt meine Rechte, wenn ich nicht
mehr in der Lage bin?

Lindemann-Hinz/Wabbel
Elternunterhalt
Das müssen Kinder für ihre Eltern zahlen.
Rechtsberater `TOPTITEL`
4. Aufl. 2020. XIV, 163 S.
€ 15,90. dtv 51246
Auch als **ebook** erhältlich.

Erfahren Sie hier, wie viel Unterhalt Sie für Ihre Eltern zahlen müssen, wenn diese sich nicht mehr selbst unterhalten können. Von der Erteilung der Auskunft über das eigene Einkommen und Vermögen über die Freibeträge und die eigene Altersvorsorge bis zum Zugriff auf Immobilienvermögen behandelt der Band alle relevanten Themen.

Zahlreiche Tipps lassen den Betroffenen nicht im Regen stehen. Viele Beispiele mit **Musterberechnungen** machen die Ausführungen anschaulich.

Kempchen/Krahmer
Mein Recht bei Pflegebedürftigkeit
Leitfaden zu Leistungen der Pflegeversicherung.
Rechtsberater
4. Aufl. 2018. 296 S.
€ 18,90. dtv 50775
Auch als **ebook** erhältlich.

Behandelt das Thema leicht verständlich und erklärt es anhand von vielen Beispielen.

Winkler
Betreuung in Frage und Antwort
Alle wichtigen rechtlichen Aspekte für Betreute und Betreuer
Rechtsberater
2. Aufl. 2017. 250 S.
€ 15,90. dtv 51203
Auch als **ebook** erhältlich.

Mit zahlreichen Beispielen und Checklisten.